BGB

**Neueste Fassung
Ausgabe 01.11.2003**

Deutsche**Anwalt**Auskunft

**Neueste Fassung
Ausgabe 01.11.2003**

Umwelthinweis:
Dieses Buch wurde auf chlorfrei gebleichtem Papier gedruckt. Die Einschrumpffolie – zum Schutz vor Verschmutzung – ist aus umweltverträglichem und recyclingfähigem PE-Material.

© by Deutscher Anwaltverlag, Bonn

Lizenzausgabe für KOMET Verlag GmbH, Köln

Gesamtherstellung: KOMET Verlag GmbH, Köln

ISBN 3-89836-385-6

www.komet-verlag.de

Professor Dr. Barbara Dauner-Lieb, Universität zu Köln

Einführung

A. Zu den Hintergründen

Mit dem Gesetz zur Modernisierung des Schuldrechts, das am 1. 1. 2002 in Kraft getreten ist, finden die seit über 20 Jahren andauernden Bemühungen um eine Neugestaltung der Grundlagen des BGB ihren Abschluss. Am Anfang standen 24 im Auftrag des Bundesministers der Justiz erstellte wissenschaftliche Reformgutachten, die in den Jahren 1981–1983 im Druck erschienen. Auf dieser Basis erarbeitete eine ebenfalls vom Bundesministerium der Justiz berufene Schuldrechtskommission von 1984–1991 Reformvorschläge für das allgemeine Leistungsstörungsrecht, das Gewährleistungsrecht bei Kauf- und Werkverträgen sowie das Verjährungsrecht und orientierte sich dabei in weiten Teilen am Regelungsmodell des 1989 für Deutschland in Kraft getretenen einheitlichen UN-Kaufrechts (CISG). Der Abschlussbericht wurde 1992 vorgelegt. Er beschäftigte 1994 den 60. Deutschen Juristentag und wurde dort jedenfalls in seinem rechtspolitischen Grundanliegen überwiegend positiv aufgenommen. In der Folgezeit gab es freilich auch ins Gewicht fallende kritische Stimmen. Eine breite, repräsentative wissenschaftliche Diskussion fand nicht statt, schon weil mit einer Umsetzung der Kommissionsvorschläge politisch damals nicht ernsthaft zu rechnen war. Neue, entscheidende Impulse bekam die Schuldrechtsreformbewegung aus Brüssel. Zunächst musste bis zum 1. 1. 2002 zwingend die Verbrauchsgüterkaufrichtlinie (RiL 1999/44/ EG) umgesetzt werden. Dies erklärt den ungeheuren Zeitdruck, unter dem das Gesamtvorhaben stand. Handlungsbedarf bestand auch im Hinblick auf die bis zum 7. 8. 2002 umzusetzende Zahlungsverzugsrichtlinie (RiL 2000/35/EG). Zwar hatte der Gesetzgeber beabsichtigt, die Vorgaben dieser Richtlinie bereits vor ihrer Verabschiedung mit dem „Gesetz zur Beschleunigung fälliger Zahlungen" umzusetzen, doch ist dies wie bekannt misslungen, so dass insoweit Nachbesserungen erforderlich waren. Zum 16. 1. 2002 war schließlich auch noch die E-Commerce-Richtlinie (RiL 2000/31/EG) umzusetzen.
Die Verbrauchsgüterkaufrichtlinie erfasst Kaufverträge zwischen Verbrauchern und beruflichen oder gewerblichen Verkäufern über bewegliche Sachen unter Einschluss von Verträgen über die Lieferung herzustellender oder zu erzeugender Sachen. Sie regelt den Sachmangelbegriff (genauer: den Begriff der Vertragsmäßigkeit), die Rechte des Verbrauchers bei Vertragswidrigkeit, allerdings mit Ausnahme des Schadensersatzes, sowie die Gewährleistungsfristen und Formalanforderungen für vertragsbegleitende Garantien. Inhaltlich von besonderer Bedeutung sind die Einführung eines Rechts des Käufers auf Nacherfüllung in Form der Beseitigung des Mangels oder der Lieferung einer mangelfreien

Sache, die Verlängerung der Gewährleistungsfrist auf zwei Jahre, die Beweislastumkehr zugunsten des Verbrauchers sowie ein Rückgriffsrecht des Letztverkäufers.

B. Zum Gesetzgebungsverfahren

I. Motive für die „Große Lösung"

Das Bundesjustizministerium zeigte sich von Anfang an fest entschlossen, sich nicht (wie etwa Österreich) auf eine 1:1-Umsetzung der Richtlinien zu beschränken, sondern die Vorgaben aus Brüssel zum Anlass (oder auch Vorwand) für die Durchsetzung einer „großen" Lösung zu nehmen: Die Einführung eines besonderen Verbraucherkaufrechts sei nicht sinnvoll, weil das Kaufrecht dann völlig unübersichtlich und unsystematisch werde. Das Kaufrecht sei aber seinerseits so eng mit dem allgemeinen Schuldrecht und dem Verjährungsrecht verwoben, dass man es nicht isoliert überarbeiten könne, sondern die Reform sich schon kraft Sachzusammenhangs auf die anderen Bereiche erstrecken müsse. Eine wissenschaftlich fundierte Grundlage für ein solches Großvorhaben glaubte man in den bereits erwähnten Vorarbeiten zur Überarbeitung des Schuldrechts aus den 80er Jahren zu haben. Dementsprechend folgte der erste Diskussionsentwurf des BMJ vom August 2000 (DiskE) im Wesentlichen den Vorschlägen der alten Schuldrechtskommission aus dem Jahr 1992 und übernahm insoweit auch wörtlich (z. T. leicht gekürzt) die Begründung aus dem Abschlussbericht, das Leistungsstörungsrecht könne in wichtigen Teilen nicht als gelungen bezeichnet werden. Es stelle sachwidrig den Begriff der Unmöglichkeit in den Mittelpunkt und ignoriere die praktisch viel bedeutendere positive Vertragsverletzung. Auch der Rechtsprechung sei es mit den ihr zu Gebote stehenden Mitteln nicht gelungen, die daraus resultierenden Mängel auf überzeugende Weise zu beseitigen. Insbesondere das Nebeneinander von gesetzlich geregelten Gewährleistungsansprüchen und den ungeschriebenen, von der Rechtsprechung entwickelten Ansprüchen aus positiver Vertragsverletzung mit z. T. ganz unterschiedlichen Verjährungsfristen führe zu schwierigen, für die Praxis nicht hinnehmbaren Abgrenzungsproblemen. Aus der Übernahme des Ausgangsbefunds ergibt sich das zentrale rechtspolitische Anliegen der Reform: Es geht um Modernisierung durch Vereinheitlichung und Vereinfachung, insbesondere der Rechtsfolgen. Durch die Kodifizierung von Richterrecht soll die Schere zwischen Gesetzestext und tatsächlich praktiziertem Recht geschlossen und damit ein Zuwachs an Transparenz und Rechtssicherheit erzielt werden. Unter der Flagge der Vereinfachung läuft auch die Integration des AGB-Gesetzes und weiterer (fast aller) Verbraucherschutzgesetze (mit Ausnahme – ausgerechnet – des Produkthaftungsgesetzes!). Die Vielzahl der in den letzten Jahrzehnten entstandenen Sondergesetze stelle ein wesentliches

Hindernis für eine transparente Rechtsordnung dar. Die Schuldrechtsmodernisierung biete auf Jahre hinaus die einzige Chance, diesen Wildwuchs zu beseitigen. Im Übrigen sei man – so ein immer wieder vorgetragenes Zusatzargument – mit dem geltenden, differenzierten Leistungsstörungssystem des BGB auf europäischer Ebene nicht diskussions- und konkurrenzfähig. Mit einer Modernisierung im Sinne der Schuldrechtskommission gewinne man Anschluss an die internationale Entwicklung und damit sogar eine Chance, bei der anstehenden Europäisierung des Zivilrechts eine Vorreiterrolle zu übernehmen; eine sicherlich typisch deutsche Hoffnung!

II. Der Marktplatz der Ideen

Mit der Veröffentlichung des DiskE verband das BMJ den eindringlichen Appell an die Wissenschaft, die ihr obliegende Mitverantwortung für das Zivilrecht anzunehmen und das anspruchsvolle Projekt konstruktiv wissenschaftlich zu begleiten. In diesem Sinne wurde im Rahmen von Anhörungen, Expertenrunden und Vortragsveranstaltungen intensiv um Unterstützung geworben. Diese Gesprächsoffensive zielte einmal darauf ab, möglichst viele Fehler frühzeitig zu entdecken und zu korrigieren. Darüber hinaus ging es aber auch darum, die heiße politische Phase des Gesetzgebungsverfahrens effektiv vorzubereiten und potenzielle Querdenker durch Einbindung zu neutralisieren: Es lag auf der Hand, dass eine Reform, die in ihren zentralen Teilen nicht auf die Anordnung neuer Rechtsfolgen zielt, sondern auf eine Umgestaltung und Verbesserung des dogmatischen Fundaments, deutlich höhere Akzeptanzchancen haben würde, wenn sie von sich behaupten könnte, nicht nur die Vertreter der richterlichen, anwaltlichen und notariellen Praxis (aus welchen Gründen auch immer) auf ihrer Seite zu haben, sondern auch von einem repräsentativen Kreis anerkannter Experten begleitet und mitgetragen worden zu sein. Dieses kluge und vorausschauende Marketingkonzept ist letztlich in vollem Umfang aufgegangen. Zunächst dominierte freilich der Widerstand, der in der von *Zimmermann/Ern*st initiierten und organisierten Tagung in Regensburg im November 2000 einen Höhepunkt fand. Auf der Basis von 12 Grundsatzreferaten diskutierten rund 70 Zivilrechtslehrer mit Vertretern des BMJ. Das Ergebnis war ernüchternd; keiner der Referenten hielt in seinem Spezialbereich den DiskE für verabschiedungsreif. Auch im Grundsatz reformfreudige Teilnehmer meldeten lange Änderungswunschzettel an, die über eine Forderung nach kosmetischen Detailkorrekturen deutlich hinausgingen. Als Reaktion auf diese für den Erfolg des Gesamtvorhabens schwer einzuschätzenden, jedenfalls nicht ganz ungefährlichen Fundamentalangriffe setzte das BMJ nach einigem Zögern eine weitere Expertenkommission für das Allgemeine Schuldrecht ein, die „Kommission Leistungsstörungsrecht", zusammengesetzt aus Vertretern der Wissenschaft, aber auch Mitgliedern der alten Schuldrechtskommission. Auf der Grundlage ihrer Beschlüsse sowie der Arbeiten der ebenfalls neu gebildeten Bund-Länder-Kommission für das Kauf- und Verjährungsrecht wurde im BMJ eine völlige Neufassung, die sog. konsolidierte Fassung (KF), erarbeitet, die im Verjährungsrecht einen weiteren radikalen Systemwechsel vollzog und sich vor allem im Leistungsstörungsrecht dem BGB wieder deutlich annäherte. So wurde insbesondere die im Kommissionsentwurf und im DiskE eliminierte Leistungsbefreiung bei Unmöglichkeit wieder eingeführt und die Zentrierung auf den neuen Begriff der Pflichtverletzung in wichtigen Punkten abgeschwächt; insbesondere wurde innerhalb der zunächst vereinheitlichten Rechtsfolgen Schadensersatz und Rücktritt doch wieder zwischen den einzelnen Leistungsstörungstypen unterschieden. Diese Abkehr vom Kommissionsentwurf und vom DiskE konnte man zwar als Beleg für die Gesprächsbereitschaft und Aufgeschlossenheit des BMJ begrüßen; die Ergebnisoffenheit deutete freilich auch darauf hin, dass es zu diesem Zeitpunkt politisch schon längst nicht mehr um die Realisierung bestimmter Sachkonzepte ging, sondern um die Durchsetzung einer großen Lösung „an sich", mit welchem konkreten Inhalt und in welcher rechtstechnischen Ausgestaltung auch immer. Noch wichtiger erscheint in diesem Zusammenhang, dass spätestens zu diesem Zeitpunkt dem bis zuletzt textbausteinartig wiederholten Argument, die Reform sei durch die Vorarbeiten der alten Schuldrechtskommission wissenschaftlich gründlich vorbereitet worden, endgültig der Boden entzogen war. Die KF wurde Ende März 2001 in Berlin auf einer turbulent verlaufenden Sondertagung der Zivilrechtslehrervereinigung diskutiert, teilweise in Anwesenheit der Justizministerin *Däubler-Gmelin*. Die treibende und prägende Kraft der „Kommission Leistungsstörungsrecht", *Claus-Wilhelm Canaris*, erläuterte und verteidigte das Konzept und die Einzelheiten der KF und beschwor die Anwesenden, die Gunst der Stunde und die Dialogbereitschaft der Politik durch konstruktive Einflussnahme auf das Reformprojekt zu nutzen. In der Konsequenz dieses sehr kontroversen Treffens, möglicherweise aber auch unter dem Eindruck, Versuchen politischer Instrumentalisierung und Gängelei ausgesetzt zu sein, erklärten auf Initiative von *Altmeppen/ Wilhelm* 250 Zivilrechtler öffentlich ihre Ablehnung des Reformvorhabens in der angestrebten Form.

III. Der Regierungsentwurf und seine Weiterentwicklung

Das BMJ ließ sich dennoch nicht beirren. Es legte Anfang Mai 2001 den Regierungsentwurf (BT-Drucks 14/6040) vor, der wiederum gegenüber der KF in vielen Punkten verändert worden war. In der Expertenanhörung des Rechtsausschusses am 2./4. Juli 2001 formulierten einige wenige Wissenschaftler (*Altmeppen, Dauner-Lieb, Ernst, Kirchner*) noch einmal die grundsätzlichen Bedenken gegen eine sofortige Realisierung einer „großen Lösung", nämlich hohe Umstellungskosten für Unternehmen, Hochschulen, Justiz, mangelnde Europagängigkeit des Regierungsentwurfes, vor allem aber mangelnde wissenschaftliche Überprüfung der einzelnen Problemkomplexe sowie ihrer Verzahnung untereinander. Die breite Mehrheit der Anwesenden unterstützte freilich das BMJ und versicherte, die Sorge um die Belange der Praxis sei völlig unnötig, weil diese die Vorteile der Reform ohne Schwierigkeiten erkennen und nach einer kurzen Umstellungsphase Gewinn bringend für sich nutzen könne. Der Regierungsentwurf wurde allerdings im weiteren Gesetzgebungsverfahren noch in zahlreichen Punkten geändert. Aus dem Bundesrat kamen über 150 einstimmige Änderungsanträge, von denen mehr als 100 in der Gegenäußerung der Bundesregierung akzeptiert wurden (BT-Drucks 14/6857). Im Übrigen tagten auch noch einmal die Kommission Leistungsstörungsrecht und die Bund-Länder-Kommission und brachten Optimierungswünsche ein. Auf dieser Grundlage wurde vom Rechtsausschuss eine dann am 25. September 2001 verabschiedete Beschlussempfehlung entwickelt, die sich wiederum maßgeblich vom Regierungsentwurf unterschied. Die Änderungen betrafen nicht nur kosmetische Korrekturen und gesetzestechnische Glättungen, sondern auch ganz praktische, rechtspolitisch bedeutsame Problembereiche: So wurde etwa auf Druck der Wirtschaft die Jahresendverjährung doch wieder eingefügt und der Berufsstand der Architekten im letzten Augenblick doch noch von der äußerst belastenden werkvertraglichen Regelung des § 634 a Abs. 1 Nr. 2 RE verschont. Das Gesetz wurde am 11. Oktober 2001 vom Bundestag verabschiedet und passierte am 9. November 2001 den Bundesrat.

C. Die Neuregelungen im Überblick

I. Das Kaufrecht

Im Kaufrecht wird zwecks Erhaltung eines einheitlichen Regelungskonzepts der personelle Anwendungsbereich der durch die Verbrauchsgüterkaufrichtlinie veranlassten Neuregelungen auf alle Kaufverträge ausgedehnt. Sie gelten also grundsätzlich auch in Vertragsverhältnissen zwischen Unternehmer/Unternehmer, Verbraucher/Verbraucher und auch dann, wenn der Verkäufer Verbraucher und der Käufer Unternehmer ist. Einbezogen werden auch unbewegliche Sachen. Der Sachmangel wird in Anlehnung an Art. 2 der Verbrauchsgüterkaufrichtlinie neu definiert (§ 434). Im Ergebnis ergeben sich insoweit keine wesentlichen Unterschiede gegenüber dem bisher praktizierten subjektiven Fehlerbegriff. Allerdings soll ein Sachmangel grundsätzlich auch bei Fehlen solcher Eigenschaften vorliegen, die der Käufer aufgrund von öffentlichen Äußerungen des Verkäufers oder Herstellers in der Werbung erwarten kann (§ 434 Abs. 1 S. 2). Als Sachmangel qualifiziert wird auch der fehlerhafte Zusammenbau der Kaufsache durch den Verkäufer sowie der fehlerhafte Zusammenbau durch den Käufer aufgrund einer fehlerhaften Zusammenbauanleitung (§ 434 Abs. 2; sog. Ikea-Klausel). Tatbestände, die man bisher wahrscheinlich eher als Nebenpflichtverletzung eingeordnet und daher mit Hilfe der positiven

Vertragsverletzung bewältigt hätte. Ist die Sache mangelhaft, kann der Käufer zunächst Nacherfüllung, also nach seiner Wahl Nachbesserung oder Nachlieferung, verlangen (§§ 437, 439); der Verkäufer kann die vom Käufer gewählte Art der Nacherfüllung verweigern, wenn sie nur mit unverhältnismäßigen Kosten möglich ist (§ 439 Abs. 2). Dem Anspruch des Käufers auf Nacherfüllung entspricht (von der Richtlinie nicht vorgegeben) ein Recht des Verkäufers zur „zweiten Andienung". Der Käufer kann also erst dann mindern (§ 441), sich gemäß §§ 437, 323 vom Vertrag lösen (bisher Wandlung, nunmehr Rücktritt) oder gemäß §§ 437, 280 Abs. 1, 3 i. V. m. 281 Schadensersatz statt der Leistung (bisher Schadensersatz wegen Nichterfüllung) verlangen, wenn er dem Verkäufer eine Chance gegeben hat, seine vertraglichen Pflichten im Rahmen einer angemessenen Frist doch noch ordnungsgemäß zu erfüllen. Die bisher gegebene Möglichkeit der sofortigen Wandlung oder Minderung entfällt; der Käufer wird insoweit deutlich schlechter gestellt. Die Rechtsfolgen von Sach- und Rechtsmängeln werden vereinheitlicht (§§ 437, 434 f); der angestrebte Vereinheitlichungseffekt wird freilich dadurch wieder relativiert, dass zwischen den beiden Mängelarten bei der Verjährung unterschieden wird (§ 438 Abs. 1 Nr. 1/2, 3). Die Unterscheidung des bisher geltenden Rechts zwischen Stück- und Gattungskauf entfällt. Außerdem werden – zwecks Beseitigung der bekannten Abgrenzungsprobleme – die aliud-Lieferung und die Zuweniglieferung dem Sachmangel gleichgestellt (§ 434 Abs. 3). Dies ist bei der Stückschuld gewöhnungsbedürftig, wenn auch wohl in der Sache unschädlich, weil nunmehr auch das bisher völlig unproblematische „Identitätsaliud" unter den Mangelbegriff fällt: Wird statt des geschuldeten Kanarienvogels ein Wellensittich geliefert, dann ist dieser Wellensittich – rechtstechnisch – nunmehr ein mangelhafter Kanarienvogel! Da der wesentliche Inhalt der Verbrauchsgüterkaufrichtlinie zu deutschem Regelkaufrecht erhoben wurde, bedurfte es für den Verbrauchsgüterkauf zwischen Unternehmern und Verbrauchern (§§ 13, 14) nur weniger Sondervorschriften (§§ 474 ff): Zu nennen sind die Anordnung zwingender Wirkung (§ 475), an der insbesondere jeglicher Gewährleistungsausschluss (auch beim Verkauf gebrauchter Sachen!) scheitert, und die für die Praxis besonders wichtige, garantieähnliche Beweislastumkehr des § 476, aufgrund derer vermutet wird, dass die Sache bereits bei Gefahrübergang mangelhaft war, wenn sich innerhalb von 6 Monaten ein Sachmangel zeigt, sowie Erleichterungen des Rückgriffs des Letztverkäufers gegenüber seinem Lieferanten (§§ 478 f), wenn er vom Verbraucher in Anspruch genommen wurde. Auf diese Weise ist auch der Anspruch auf Erhaltung der Einheitlichkeit des Kaufrechts im personellen Anwendungsbereich (zwangsläufig) insbesondere im Hinblick auf die Reichweite privatautonomer Gestaltungsfreiheit relativiert worden: Das Kaufrecht ist zwar weiterhin im Grundsatz dispositiv, jedoch im Geltungsbereich der Verbrauchsgüterkaufrichtlinie auch für Individualverträge zwingend (§ 475). Insoweit verlieren die Inhaltskontrolle von AGB und damit auch § 310 Abs. 2 erheblich an Bedeutung. Gleichzeitig wird umgekehrt durch die Neuregelung erstmals – möglicherweise systemsprengend – zwingendes Verbraucherrecht zum Regelrecht gemacht. Dies wird den unternehmerischen Geschäftsverkehr dazu veranlassen, seine Beziehungen noch stärker als bisher durch AGB zu regeln; dabei wird sich allerdings möglicherweise die Frage nach der Kontrollfestigkeit solcher AGB im Hinblick auf das neue kaufrechtliche (verbraucherrechtlich geprägte!) Leitbild in gefährlicherem Licht stellen. Erhebliche Konsequenzen ergeben sich auch für den Kauf unter Privatleuten: Der Verkäufer kann sich nicht mehr ohne weiteres darauf verlassen, dass das Gesetz eine ausgewogene, die Interessen beider Parteien berücksichtigende Regelung bereithält, sondern muss verstärkt über Haftungsausschlüsse nachdenken.

II. Das allgemeine Leistungsstörungsrecht

Die Rechtsfolgen einer mangelhaften Leistung sind nur noch teilweise im Besonderen Schuldrecht geregelt, nämlich der Anspruch auf Nachbesserung (§§ 437 Nr. 1, 439) und die Möglichkeit der Minderung (§§ 437 Nr. 2, 441). Im Übrigen verweist das Kaufrecht auf die Regelungen des neu strukturierten Allgemeinen Schuldrechts (§§ 437 Nr. 2, 3). Dort wird nunmehr der Tatbestand der Pflichtverletzung in den Mittelpunkt gestellt (§ 280 Abs. 1), der das objektive Zurückbleiben hinter dem Pflichtenprogramm des Schuldverhältnisses bezeichnet. Er erfasst sowohl die klassischen Leistungsstörungen der Unmöglichkeit und des Verzugs als auch die mangelhafte Leistung, und zwar auch, soweit sie zu Mangelfolgeschäden geführt hat. Abgedeckt sind darüber hinaus die Verletzung von leistungsbezogenen Nebenpflichten (z. B. mangelhafte Verpackung) und schließlich die Verletzung von Schutzpflichten (neu: § 241 Abs. 2). Damit sollen nunmehr auch die Probleme, die bisher von der Rechtsprechung mit Hilfe der positiven Vertragsverletzung gelöst wurden, eine gesetzliche Regelung finden. Verletzt der Schuldner eine solche Pflicht aus dem Schuldverhältnis, so kann der Gläubiger grundsätzlich Ersatz des hieraus entstandenen Schadens verlangen. Bezüglich des Verschuldens muss sich der Schuldner entlasten (§ 280 Abs. 1 S. 2). Die angestrebte Vereinheitlichung ließ sich freilich nicht völlig durchhalten: Der Ersatz des Verzögerungsschadens und der Schadensersatz statt der Leistung wird an weitere, doch wieder auf die speziellen Leistungsstörungstatbestände zugeschnittene Voraussetzungen geknüpft (§§ 281 ff). Neu ist, dass der Gläubiger nunmehr anstelle des Schadensersatzes statt der Leistung Ersatz der Aufwendungen verlangen kann, die er im Vertrauen auf den Erhalt der Leistung gemacht hat und billigerweise machen durfte (§ 284). Die zentrale Rücktrittsregelung (§ 323), die bei Kauf- und Werkvertrag an die Stelle des bisherigen Wandlungsrechts getreten ist, ist inhaltlich auf § 281 abgestimmt, greift aber nunmehr unabhängig davon, ob der Schuldner die Leistungsstörung zu vertreten hat. Im Übrigen kann der

Gläubiger auch dann, wenn er vom Vertrag zurückgetreten ist, nicht nur Ansprüche aus dem Rückabwicklungsschuldverhältnis, sondern auch Schadensersatzansprüche wegen Nichterfüllung des Vertrages geltend machen; die seit jeher umstrittene Alternativität zwischen Rücktritt und Schadensersatz ist entfallen (§ 325). Die Wirkungen des Rücktritts sind völlig neu gestaltet worden (§§ 346 ff). Für die Unmöglichkeit der Leistung ist nunmehr (anders als noch im DiskE) eine Befreiung von der primären Leistungspflicht angeordnet worden (§§ 275, 326 Abs. 1), während bezüglich der sekundären Pflicht zur Leistung von Schadensersatz die allgemeine Regelung der §§ 280 Abs. 1, 3 i. V. m. 283 gilt. Dieses Regelungsmodell gilt auch für die Fälle des anfänglichen Unvermögens (bisher Garantiehaftung!) und auch bei anfänglicher objektiver Unmöglichkeit, die die Wirksamkeit des Vertrags in Zukunft unberührt lässt (§ 311 a Abs. 1). Der Anspruch einer Vereinheitlichung aller Fälle der Unmöglichkeit konnte freilich insoweit nicht vollständig eingelöst werden, als für den Schadensersatz ein anderer Bezugspunkt für die Haftung gilt (§ 311 a Abs. 2). Die Zusammenfassung aller Leistungsstörungen in dem einheitlichen Tatbestand der Pflichtverletzung zielt vor allem auch auf Integration der bisher im Besonderen Schuldrecht angesiedelten Gewährleistungsregeln in das Allgemeine Schuldrecht. Der rechtstechnische Hebel für diese Integration ist beim Kauf die Regelung des § 433 Abs. 1 S. 2, die den Verkäufer verpflichtet, dem Käufer die Sache frei von Sach- und Rechtsmängeln zu verschaffen und damit die Leistung einer mangelfreien Kaufsache auch beim Stückkauf zum Gegenstand der Erfüllungspflicht macht. Damit stellt die Leistung einer mangelhaften Sache eine Pflichtverletzung i. S. v. § 280 dar, die grundsätzlich die gleichen Rechtsfolgen nach sich zieht wie die klassischen Leistungsstörungen des Allgemeinen Schuldrechts, nämlich Rücktritt und Schadensersatz. Hat der Verkäufer die Leistung einer fehlerhaften Sache zu vertreten, kann der Gläubiger nunmehr Schadensersatz gemäß §§ 280, 281 verlangen, die insoweit § 463 aF ersetzen und den ergänzenden Rückgriff auf die PFV entbehrlich machen. Damit wird – eine zentrale sachliche Änderung – eine Schadensersatzhaftung des Verkäufers für den „eigentlichen Mangelschaden" schon bei bloßer Fahrlässigkeit eingeführt. Im Hinblick darauf wurde eine besondere Schadensersatzregelung für die Fälle des Fehlens einer zugesicherten Eigenschaft oder des arglistigen Verschweigens eines Mangels für entbehrlich gehalten. § 463 aF soll in den §§ 280, 281 aufgehen, ohne dass damit eine sachliche Änderung der bisher geltenden Rechtslage beabsichtigt sei. Die Kategorie der Zusicherung einer Eigenschaft soll aber der Sache nach in § 276 im Wege der Ergänzung durch die „Übernahme einer Garantie" wieder aufgegriffen werden und nunmehr für die Frage maßgeblich sein, ob der auf Schadensersatz in Anspruch genommene Verkäufer die Leistung der fehlerhaften Sache i. S. v. § 276 zu vertreten hat. Ergänzt wird die Neustrukturierung des Leistungsstörungsrechts durch die Bemühung, die sich immer weiter öffnende Schere zwischen Gesetzesrecht und Richterrecht, zwischen Gesetzestext und praktiziertem Recht, zu schließen. Dementsprechend finden sich im neuen Leistungsstörungsrecht Versuche, neben der positiven Vertragsverletzung auch die von der Rechtsprechung entwickelten Grundsätze zur Haftung wegen culpa in contrahendo (§ 311 Abs. 2, 3), zum Wegfall der Geschäftsgrundlage (§ 313) und zur Kündigung von Dauerschuldverhältnissen aus wichtigem Grund (§ 314) gesetzlich zu verankern. Sachliche Änderungen sind insoweit freilich ebenso wenig beabsichtigt wie eine Kanalisierung oder Einengung der weiteren Rechtsprechungsentwicklung. Dementsprechend begnügt sich der Gesetzgeber weitgehend mit einer Wiederholung von Leitsätzen und verzichtet auf eine schärfere und damit rechtssicherere Fassung der Tatbestände.

III. Verjährung

Das Verjährungsrecht wurde völlig umgestaltet. An die Stelle der Regelverjährung von 30 Jahren tritt nunmehr grundsätzlich eine Verjährungsfrist von 3 Jahren, beginnend mit dem Schluss des Jahres, in dem der Anspruch entstanden ist und der Gläubiger von den Anspruch begründenden Umständen und der Person des Schuldners Kenntnis erlangt hat oder ohne grobe Fahrlässigkeit erlangt haben müsste (§§ 195, 199). Dieser Wechsel zu einem subjektiven Verjährungsregime wird durch kenntnisunabhängige, absolute Fristen von 30 bzw. 10 Jahren (§ 199 Abs. 2–4) ergänzt. Das neue Regelungsmodell gilt grundsätzlich für alle vertraglichen und gesetzlichen Ansprüche (z. B. aus Delikt und ungerechtfertigter Bereicherung). Damit verjähren auch (fällige) Haupt- und Gegenleistungsansprüche nunmehr im Ergebnis in 3 Jahren ab Fälligkeit, beginnend mit dem Schluss des Jahres, in dem der Anspruch entstanden ist (§ 199 Abs. 1). Eine Ausnahme gilt nach wie vor für die Verjährung der Gewährleistungsrechte, die dementsprechend (abweichend vom DiskE) doch wieder im Besonderen Schuldrecht geregelt ist (§§ 438, 634 a, 218). Hier gelten andere Fristen und für den Verjährungsbeginn nach wie vor objektive Kriterien (z. B. Ablieferung der Sache). Da diese Sonderverjährung an der Mangelhaftigkeit der Sache anknüpft, wird die Verletzung leistungsbezogener Neben- und Schutzpflichten nicht erfasst, so dass darauf gegründete Schadensersatzansprüche anders verjähren als etwa der Nachbesserungsanspruch oder Schadensersatzansprüche wegen Schlechtleistung. Es macht also nach wie vor verjährungsrechtlich einen zentralen Unterschied, ob ein Verkäufer statt des geschuldeten Superbenzins Benzin minderer Qualität liefert oder ob er das geschuldete Normalbenzin versehentlich in den für Superbenzin bestimmten Tank abfüllt. Die vom Gesetzgeber vehement geforderte und versprochene Vereinheitlichung konnte (möglicherweise ganz unvermeidbar) nicht erreicht werden.

IV. Sonstiges und Integration von Sondergesetzen

Die übrigen Änderungen sind im sachlichen Ergebnis weniger dramatisch, dürfen aber schon wegen der in den Konsequenzen nicht immer ohne weiteres abzuschätzenden Änderungen von Terminologie und Struktur nicht vernachlässigt werden. Dies gilt zunächst für die Eingriffe in das Werkvertragsrecht (§§ 632 ff.) und das Kreditrecht (§§ 488 ff. für das Gelddarlehen, §§ 607 ff. für das Sachdarlehen). Im Übrigen werden das AGB-Gesetz (nunmehr §§ 305–310) und die meisten Verbraucherschutzgesetze, u. a. das Verbraucherkreditgesetz (nunmehr §§ 491–506, 358 f., 655 a–655 e), in das BGB integriert und dabei teilweise auch inhaltlich modifiziert. Auch insoweit werden sonderprivatrechtliche Ansätze in das BGB hineingetragen. Die weitere Entwicklung wird zeigen, ob dies tatsächlich zur erwünschten Stärkung der Kodifikation führen oder – genau umgekehrt – Sprengstoff für die Kodifikation bedeuten wird. Auf jeden Fall gelitten hat die Übersichtlichkeit.

V. Zu den Übergangsregelungen

Grundsätzlich soll das neue Recht nur für Neuverträge gelten, nicht dagegen für Schuldverhältnisse, die bereits vor dem 1. 1. 2002 entstanden sind. Auf bereits entstandene Dauerschuldverhältnisse sollen die neuen Vorschriften allerdings für die Zukunft angewendet werden. Um den Parteien die Möglichkeit einer Vertragsanpassung zu geben, soll das neue Recht insoweit – zeitlich versetzt – erst ab dem 1. 1. 2003 gelten (Art. 229 § 4 Abs. 1 EGBGB). Im Hinblick auf die Verjährung gilt für am 1. 1. 2002 bereits bestehende, aber noch nicht verjährte Ansprüche eine differenzierte Regelung (Art. 229 § 5 EGBGB).

Bürgerliches Gesetzbuch[1]
Vom 18.8.1896, RGBl. I S. 195
BGBl. III 400-2

In der Fassung der Bekanntmachung vom 2.1.2002, BGBl. I S. 42

Zuletzt geändert durch Berichtigung der Bekanntmachung der Neufassung des Bürgerlichen Gesetzbuchs vom 15.5.2003, BGBl. I S. 738

---

1) Amtlicher Hinweis: Dieses Gesetz dient der Umsetzung folgender Richtlinien:
   1. Richtlinie 76/207/EWG des Rates vom 9. Februar 1976 zur Verwirklichung des Grundsatzes der Gleichbehandlung von Männern und Frauen hinsichtlich des Zugangs zur Beschäftigung, zur Berufsbildung und zum beruflichen Aufstieg sowie in Bezug auf die Arbeitsbedingungen (ABl. EG Nr. L 39 S. 40),
   2. Richtlinie 77/187/EWG des Rates vom 14. Februar 1977 zur Angleichung der Rechtsvorschriften der Mitgliedstaaten über die Wahrung von Ansprüchen der Arbeitnehmer beim Übergang von Unternehmen, Betrieben oder Betriebsteilen (ABl. EG Nr. L 61 S. 26),
   3. Richtlinie 85/577/EWG des Rates vom 20. Dezember 1985 betreffend den Verbraucherschutz im Falle von außerhalb von Geschäftsräumen geschlossenen Verträgen (ABl. EG Nr. L 372 S. 31),
   4. Richtlinie 87/102/EWG des Rates zur Angleichung der Rechts- und Verwaltungsvorschriften der Mitgliedstaaten über den Verbraucherkredit (ABl. EG Nr. L 42 S. 48), zuletzt geändert durch die Richtlinie 98/7/EG des Europäischen Parlaments und des Rates vom 16. Februar 1998 zur Änderung der Richtlinie 87/102/EWG zur Angleichung der Rechts- und Verwaltungsvorschriften der Mitgliedstaaten über den Verbraucherkredit (ABl. EG Nr. L 101 S. 17),
   5. Richtlinie 90/314/EWG des Europäischen Parlaments und des Rates vom 13. Juni 1990 über Pauschalreisen (ABl. EG Nr. L 158 S. 59),
   6. Richtlinie 93/13/EWG des Rates vom 5. April 1993 über missbräuchliche Klauseln in Verbraucherverträgen (ABl. EG Nr. L 95 S. 29),
   7. Richtlinie 94/47/EG des Europäischen Parlaments und des Rates vom 26. Oktober 1994 zum Schutz der Erwerber im Hinblick auf bestimmte Aspekte von Verträgen über den Erwerb von Teilzeitnutzungsrechten an Immobilien (ABl. EG Nr. L 280 S. 82),
   8. der Richtlinie 97/5/EG des Europäischen Parlaments und des Rates vom 27. Januar 1997 über grenzüberschreitende Überweisungen (ABl. EG Nr. L 43 S. 25),
   9. Richtlinie 97/7/EG des Europäischen Parlaments und des Rates vom 20. Mai 1997 über den Verbraucherschutz bei Vertragsabschlüssen im Fernabsatz (ABl. EG Nr. L 144 S. 19),
   10. Artikel 3 bis 5 der Richtlinie 98/26/EG des Europäischen Parlaments und des Rates über die Wirksamkeit von Abrechnungen in Zahlungs- und Wertpapierliefer- und -abrechnungssystemen vom 19. Mai 1998 (ABl. EG Nr. L 166 S. 45),
   11. Richtlinie 1999/44/EG des Europäischen Parlaments und des Rates vom 25. Mai 1999 zu bestimmten Aspekten des Verbrauchsgüterkaufs und der Garantien für Verbrauchsgüter (ABl. EG Nr. L 171 S. 12),
   12. Artikel 10, 11 und 18 der Richtlinie 2000/31/EG des Europäischen Parlaments und des Rates vom 8. Juni 2000 über bestimmte rechtliche Aspekte der Dienste der Informationsgesellschaft, insbesondere des elektronischen Geschäftsverkehrs, im Binnenmarkt ("Richtlinie über den elektronischen Geschäftsverkehr", ABl. EG Nr. L 178 S. 1),
   13. Richtlinie 2000/35/EG des Europäischen Parlaments und des Rates vom 29. Juni 2000 zur Bekämpfung von Zahlungsverzug im Geschäftsverkehr (ABl. EG Nr. L 200 S. 35).

Inhaltsverzeichnis

Buch 1: Allgemeiner Teil
Abschnitt 1: **Personen**
Titel 1: **Natürliche Personen, Verbraucher, Unternehmer**
§ 1 Beginn der Rechtsfähigkeit
§ 2 Eintritt der Volljährigkeit
§§ 3 bis 6 (weggefallen)
§ 7 Wohnsitz; Begründung und Aufhebung
§ 8 Wohnsitz nicht voll Geschäftsfähiger
§ 9 Wohnsitz eines Soldaten
§ 10 (weggefallen)
§ 11 Wohnsitz des Kindes
§ 12 Namensrecht
§ 13 Verbraucher
§ 14 Unternehmer
§§ 15 bis 20 (weggefallen)
Titel 2: **Juristische Personen**
Untertitel 1: **Vereine**
Kapitel 1: **Allgemeine Vorschriften**
§ 21 Nicht wirtschaftlicher Verein
§ 22 Wirtschaftlicher Verein
§ 23 Ausländischer Verein
§ 24 Sitz
§ 25 Verfassung
§ 26 Vorstand; Vertretung
§ 27 Bestellung und Geschäftsführung des Vorstands
§ 28 Beschlussfassung und Passivvertretung
§ 29 Notbestellung durch Amtsgericht
§ 30 Besondere Vertreter
§ 31 Haftung des Vereins für Organe
§ 32 Mitgliederversammlung; Beschlussfassung
§ 33 Satzungsänderung
§ 34 Ausschluss vom Stimmrecht
§ 35 Sonderrechte
§ 36 Berufung der Mitgliederversammlung
§ 37 Berufung auf Verlangen einer Minderheit
§ 38 Mitgliedschaft
§ 39 Austritt aus dem Verein
§ 40 Nachgiebige Vorschriften
§ 41 Auflösung des Vereins
§ 42 Insolvenz
§ 43 Entziehung der Rechtsfähigkeit
§ 44 Zuständigkeit und Verfahren
§ 45 Anfall des Vereinsvermögens
§ 46 Anfall an den Fiskus
§ 47 Liquidation
§ 48 Liquidatoren
§ 49 Aufgaben der Liquidatoren
§ 50 Bekanntmachung
§ 51 Sperrjahr
§ 52 Sicherung für Gläubiger
§ 53 Schadensersatzpflicht der Liquidatoren
§ 54 Nicht rechtsfähige Vereine
Kapitel 2: **Eingetragene Vereine**
§ 55 Zuständigkeit für die Registereintragung
§ 55 a Elektronisches Vereinsregister
§ 56 Mindestmitgliederzahl des Vereins
§ 57 Mindesterfordernisse an die Vereinssatzung
§ 58 Sollinhalt der Vereinssatzung
§ 59 Anmeldung zur Eintragung
§ 60 Zurückweisung der Anmeldung
§§ 61 bis 63 (weggefallen)
§ 64 Inhalt der Vereinsregistereintragung
§ 65 Namenszusatz
§ 66 Bekanntmachung
§ 67 Änderung des Vorstands
§ 68 Vertrauensschutz durch Vereinsregister
§ 69 Nachweis des Vereinsvorstands
§ 70 Beschränkung der Vertretungsmacht; Beschlussfassung
§ 71 Änderungen der Satzung
§ 72 Bescheinigung der Mitgliederzahl
§ 73 Unterschreiten der Mindestmitgliederzahl
§ 74 Auflösung
§ 75 Eröffnung des Insolvenzverfahrens
§ 76 Eintragung der Liquidatoren
§ 77 Form der Anmeldungen
§ 78 Festsetzung von Zwangsgeld
§ 79 Einsicht in das Vereinsregister
Untertitel 2: **Stiftungen**
§ 80 Entstehung einer rechtsfähigen Stiftung
§ 81 Stiftungsgeschäft
§ 82 Übertragungspflicht des Stifters
§ 83 Stiftung von Todes wegen
§ 84 Anerkennung nach Tod des Stifters
§ 85 Stiftungsverfassung
§ 86 Anwendung des Vereinsrechts
§ 87 Zweckänderung; Aufhebung
§ 88 Vermögensanfall
Untertitel 3: **Juristische Personen des öffentlichen Rechts**
§ 89 Haftung für Organe; Insolvenz
Abschnitt 2: **Sachen und Tiere**
§ 90 Begriff der Sache
§ 90 a Tiere
§ 91 Vertretbare Sachen
§ 92 Verbrauchbare Sachen
§ 93 Wesentliche Bestandteile einer Sache
§ 94 Wesentliche Bestandteile eines Grundstücks oder Gebäudes
§ 95 Nur vorübergehender Zweck
§ 96 Rechte als Bestandteile eines Grundstücks

Inhaltsverzeichnis

§ 97	Zubehör
§ 98	Gewerbliches und landwirtschaftliches Inventar
§ 99	Früchte
§ 100	Nutzungen
§ 101	Verteilung der Früchte
§ 102	Ersatz der Gewinnungskosten
§ 103	Verteilung der Lasten

Abschnitt 3: Rechtsgeschäfte

Titel 1: Geschäftsfähigkeit

§ 104	Geschäftsunfähigkeit
§ 105	Nichtigkeit der Willenserklärung
§ 105 a	Geschäfte des täglichen Lebens
§ 106	Beschränkte Geschäftsfähigkeit Minderjähriger
§ 107	Einwilligung des gesetzlichen Vertreters
§ 108	Vertragsschluss ohne Einwilligung
§ 109	Widerrufsrecht des anderen Teils
§ 110	Bewirken der Leistung mit eigenen Mitteln
§ 111	Einseitige Rechtsgeschäfte
§ 112	Selbständiger Betrieb eines Erwerbsgeschäfts
§ 113	Dienst- oder Arbeitsverhältnis
§§ 114, 115	(weggefallen)

Titel 2: Willenserklärung

§ 116	Geheimer Vorbehalt
§ 117	Scheingeschäft
§ 118	Mangel der Ernstlichkeit
§ 119	Anfechtbarkeit wegen Irrtums
§ 120	Anfechtbarkeit wegen falscher Übermittlung
§ 121	Anfechtungsfrist
§ 122	Schadensersatzpflicht des Anfechtenden
§ 123	Anfechtbarkeit wegen Täuschung oder Drohung
§ 124	Anfechtungsfrist
§ 125	Nichtigkeit wegen Formmangels
§ 126	Schriftform
§ 126 a	Elektronische Form
§ 126 b	Textform
§ 127	Vereinbarte Form
§ 127 a	Gerichtlicher Vergleich
§ 128	Notarielle Beurkundung
§ 129	Öffentliche Beglaubigung
§ 130	Wirksamwerden der Willenserklärung gegenüber Abwesenden
§ 131	Wirksamwerden gegenüber nicht voll Geschäftsfähigen
§ 132	Ersatz des Zugehens durch Zustellung
§ 133	Auslegung einer Willenserklärung
§ 134	Gesetzliches Verbot
§ 135	Gesetzliches Veräußerungsverbot
§ 136	Behördliches Veräußerungsverbot
§ 137	Rechtsgeschäftliches Verfügungsverbot
§ 138	Sittenwidriges Rechtsgeschäft; Wucher
§ 139	Teilnichtigkeit
§ 140	Umdeutung
§ 141	Bestätigung des nichtigen Rechtsgeschäfts
§ 142	Wirkung der Anfechtung
§ 143	Anfechtungserklärung
§ 144	Bestätigung des anfechtbaren Rechtsgeschäfts

Titel 3: Vertrag

§ 145	Bindung an den Antrag
§ 146	Erlöschen des Antrags
§ 147	Annahmefrist
§ 148	Bestimmung einer Annahmefrist
§ 149	Verspätet zugegangene Annahmeerklärung
§ 150	Verspätete und abändernde Annahme
§ 151	Annahme ohne Erklärung gegenüber dem Antragenden
§ 152	Annahme bei notarieller Beurkundung
§ 153	Tod oder Geschäftsunfähigkeit des Antragenden
§ 154	Offener Einigungsmangel; fehlende Beurkundung
§ 155	Versteckter Einigungsmangel
§ 156	Vertragsschluss bei Versteigerung
§ 157	Auslegung von Verträgen

Titel 4: Bedingung und Zeitbestimmung

§ 158	Aufschiebende und auflösende Bedingung
§ 159	Rückbeziehung
§ 160	Haftung während der Schwebezeit
§ 161	Unwirksamkeit von Verfügungen während der Schwebezeit
§ 162	Verhinderung oder Herbeiführung des Bedingungseintritts
§ 163	Zeitbestimmung

Titel 5: Vertretung und Vollmacht

§ 164	Wirkung der Erklärung des Vertreters
§ 165	Beschränkt geschäftsfähiger Vertreter
§ 166	Willensmängel; Wissenszurechnung
§ 167	Erteilung der Vollmacht
§ 168	Erlöschen der Vollmacht
§ 169	Vollmacht des Beauftragten und des geschäftsführenden Gesellschafters
§ 170	Wirkungsdauer der Vollmacht
§ 171	Wirkungsdauer bei Kundgebung
§ 172	Vollmachtsurkunde
§ 173	Wirkungsdauer bei Kenntnis und fahrlässiger Unkenntnis
§ 174	Einseitiges Rechtsgeschäft eines Bevollmächtigten
§ 175	Rückgabe der Vollmachtsurkunde
§ 176	Kraftloserklärung der Vollmachtsurkunde
§ 177	Vertragsschluss durch Vertreter ohne Vertretungsmacht
§ 178	Widerrufsrecht des anderen Teils
§ 179	Haftung des Vertreters ohne Vertretungsmacht
§ 180	Einseitiges Rechtsgeschäft
§ 181	Insichgeschäft

Titel 6: Einwilligung und Genehmigung

§ 182	Zustimmung
§ 183	Widerruflichkeit der Einwilligung

Inhaltsverzeichnis

§ 184 Rückwirkung der Genehmigung
§ 185 Verfügung eines Nichtberechtigten

Abschnitt 4: Fristen, Termine

§ 186 Geltungsbereich
§ 187 Fristbeginn
§ 188 Fristende
§ 189 Berechnung einzelner Fristen
§ 190 Fristverlängerung
§ 191 Berechnung von Zeiträumen
§ 192 Anfang, Mitte, Ende des Monats
§ 193 Sonn- und Feiertag; Sonnabend

Abschnitt 5: Verjährung

Titel 1: **Gegenstand und Dauer der Verjährung**

§ 194 Gegenstand der Verjährung
§ 195 Regelmäßige Verjährungsfrist
§ 196 Verjährungsfrist bei Rechten an einem Grundstück
§ 197 Dreißigjährige Verjährungsfrist
§ 198 Verjährung bei Rechtsnachfolge
§ 199 Beginn der regelmäßigen Verjährungsfrist und Höchstfristen
§ 200 Beginn anderer Verjährungsfristen
§ 201 Beginn der Verjährungsfrist von festgestellten Ansprüchen
§ 202 Unzulässigkeit von Vereinbarungen über die Verjährung

Titel 2: **Hemmung, Ablaufhemmung und Neubeginn der Verjährung**

§ 203 Hemmung der Verjährung bei Verhandlungen
§ 204 Hemmung der Verjährung durch Rechtsverfolgung
§ 205 Hemmung der Verjährung bei Leistungsverweigerungsrecht
§ 206 Hemmung der Verjährung bei höherer Gewalt
§ 207 Hemmung der Verjährung aus familiären und ähnlichen Gründen
§ 208 Hemmung der Verjährung bei Ansprüchen wegen Verletzung der sexuellen Selbstbestimmung
§ 209 Wirkung der Hemmung
§ 210 Ablaufhemmung bei nicht voll Geschäftsfähigen
§ 211 Ablaufhemmung in Nachlassfällen
§ 212 Neubeginn der Verjährung
§ 213 Hemmung, Ablaufhemmung und erneuter Beginn der Verjährung bei anderen Ansprüchen

Titel 3: **Rechtsfolgen der Verjährung**

§ 214 Wirkung der Verjährung
§ 215 Aufrechnung und Zurückbehaltungsrecht nach Eintritt der Verjährung
§ 216 Wirkung der Verjährung bei gesicherten Ansprüchen
§ 217 Verjährung von Nebenleistungen
§ 218 Unwirksamkeit des Rücktritts
§§ 219 bis 225 (weggefallen)

Abschnitt 6: Ausübung der Rechte, Selbstverteidigung, Selbsthilfe

§ 226 Schikaneverbot
§ 227 Notwehr
§ 228 Notstand
§ 229 Selbsthilfe
§ 230 Grenzen der Selbsthilfe
§ 231 Irrtümliche Selbsthilfe

Abschnitt 7: Sicherheitsleistung

§ 232 Arten
§ 233 Wirkung der Hinterlegung
§ 234 Geeignete Wertpapiere
§ 235 Umtauschrecht
§ 236 Buchforderungen
§ 237 Bewegliche Sachen
§ 238 Hypotheken, Grund- und Rentenschulden
§ 239 Bürge
§ 240 Ergänzungspflicht

Buch 2: Recht der Schuldverhältnisse

Abschnitt 1: Inhalt der Schuldverhältnisse

Titel 1: **Verpflichtung zur Leistung**

§ 241 Pflichten aus dem Schuldverhältnis
§ 241 a Unbestellte Leistungen
§ 242 Leistung nach Treu und Glauben
§ 243 Gattungsschuld
§ 244 Fremdwährungsschuld
§ 245 Geldsortenschuld
§ 246 Gesetzlicher Zinssatz
§ 247 Basiszinssatz
§ 248 Zinseszinsen
§ 249 Art und Umfang des Schadensersatzes
§ 250 Schadensersatz in Geld nach Fristsetzung
§ 251 Schadensersatz in Geld ohne Fristsetzung
§ 252 Entgangener Gewinn
§ 253 Immaterieller Schaden
§ 254 Mitverschulden
§ 255 Abtretung der Ersatzansprüche
§ 256 Verzinsung von Aufwendungen
§ 257 Befreiungsanspruch
§ 258 Wegnahmerecht
§ 259 Umfang der Rechenschaftspflicht
§ 260 Pflichten bei Herausgabe oder Auskunft über Inbegriff von Gegenständen
§ 261 Abgabe der eidesstattlichen Versicherung
§ 262 Wahlschuld; Wahlrecht
§ 263 Ausübung des Wahlrechts; Wirkung
§ 264 Verzug des Wahlberechtigten
§ 265 Unmöglichkeit bei Wahlschuld
§ 266 Teilleistungen
§ 267 Leistung durch Dritte
§ 268 Ablösungsrecht des Dritten
§ 269 Leistungsort
§ 270 Zahlungsort
§ 271 Leistungszeit
§ 272 Zwischenzinsen
§ 273 Zurückbehaltungsrecht

Inhaltsverzeichnis

§	
§ 274	Wirkungen des Zurückbehaltungsrechts
§ 275	Ausschluss der Leistungspflicht
§ 276	Verantwortlichkeit des Schuldners
§ 277	Sorgfalt in eigenen Angelegenheiten
§ 278	Verantwortlichkeit des Schuldners für Dritte
§ 279	(weggefallen)
§ 280	Schadensersatz wegen Pflichtverletzung
§ 281	Schadensersatz statt der Leistung wegen nicht oder nicht wie geschuldet erbrachter Leistung
§ 282	Schadensersatz statt der Leistung wegen Verletzung einer Pflicht nach § 241 Abs. 2
§ 283	Schadensersatz statt der Leistung bei Ausschluss der Leistungspflicht
§ 284	Ersatz vergeblicher Aufwendungen
§ 285	Herausgabe des Ersatzes
§ 286	Verzug des Schuldners
§ 287	Verantwortlichkeit während des Verzugs
§ 288	Verzugszinsen
§ 289	Zinseszinsverbot
§ 290	Verzinsung des Wertersatzes
§ 291	Prozesszinsen
§ 292	Haftung bei Herausgabepflicht

Titel 2: **Verzug des Gläubigers**

§	
§ 293	Annahmeverzug
§ 294	Tatsächliches Angebot
§ 295	Wörtliches Angebot
§ 296	Entbehrlichkeit des Angebots
§ 297	Unvermögen des Schuldners
§ 298	Zug-um-Zug-Leistungen
§ 299	Vorübergehende Annahmeverhinderung
§ 300	Wirkungen des Gläubigerverzugs
§ 301	Wegfall der Verzinsung
§ 302	Nutzungen
§ 303	Recht zur Besitzaufgabe
§ 304	Ersatz von Mehraufwendungen

Abschnitt 2: **Gestaltung rechtsgeschäftlicher Schuldverhältnisse durch Allgemeine Geschäftsbedingungen**

§	
§ 305	Einbeziehung Allgemeiner Geschäftsbedingungen in den Vertrag
§ 305 a	Einbeziehung in besonderen Fällen
§ 305 b	Vorrang der Individualabrede
§ 305 c	Überraschende und mehrdeutige Klauseln
§ 306	Rechtsfolgen bei Nichteinbeziehung und Unwirksamkeit
§ 306 a	Umgehungsverbot
§ 307	Inhaltskontrolle
§ 308	Klauselverbote mit Wertungsmöglichkeit
§ 309	Klauselverbote ohne Wertungsmöglichkeit
§ 310	Anwendungsbereich

Abschnitt 3: **Schuldverhältnisse aus Verträgen**

Titel 1: **Begründung, Inhalt und Beendigung**

Untertitel 1: **Begründung**

§	
§ 311	Rechtsgeschäftliche und rechtsgeschäftsähnliche Schuldverhältnisse
§ 311 a	Leistungshindernis bei Vertragsschluss
§ 311 b	Verträge über Grundstücke, das Vermögen und den Nachlass
§ 311 c	Erstreckung auf Zubehör

Untertitel 2: **Besondere Vertriebsformen**

§	
§ 312	Widerrufsrecht bei Haustürgeschäften
§ 312 a	Verhältnis zu anderen Vorschriften
§ 312 b	Fernabsatzverträge
§ 312 c	Unterrichtung des Verbrauchers bei Fernabsatzverträgen
§ 312 d	Widerrufs- und Rückgaberecht bei Fernabsatzverträgen
§ 312 e	Pflichten im elektronischen Geschäftsverkehr
§ 312 f	Abweichende Vereinbarungen

Untertitel 3: **Anpassung und Beendigung von Verträgen**

§	
§ 313	Störung der Geschäftsgrundlage
§ 314	Kündigung von Dauerschuldverhältnissen aus wichtigem Grund

Untertitel 4: **Einseitige Leistungsbestimmungsrechte**

§	
§ 315	Bestimmung der Leistung durch eine Partei
§ 316	Bestimmung der Gegenleistung
§ 317	Bestimmung der Leistung durch einen Dritten
§ 318	Anfechtung der Bestimmung
§ 319	Unwirksamkeit der Bestimmung; Ersetzung

Titel 2: **Gegenseitiger Vertrag**

§	
§ 320	Einrede des nicht erfüllten Vertrags
§ 321	Unsicherheitseinrede
§ 322	Verurteilung zur Leistung Zug-um-Zug
§ 323	Rücktritt wegen nicht oder nicht vertragsgemäß erbrachter Leistung
§ 324	Rücktritt wegen Verletzung einer Pflicht nach § 241 Abs. 2
§ 325	Schadensersatz und Rücktritt
§ 326	Befreiung von der Gegenleistung und Rücktritt beim Ausschluss der Leistungspflicht
§ 327	(weggefallen)

Titel 3: **Versprechen der Leistung an einen Dritten**

§	
§ 328	Vertrag zugunsten Dritter
§ 329	Auslegungsregel bei Erfüllungsübernahme
§ 330	Auslegungsregel bei Lebensversicherungs- oder Leibrentenvertrag
§ 331	Leistung nach Todesfall
§ 332	Änderung durch Verfügung von Todes wegen bei Vorbehalt

Inhaltsverzeichnis

§ 333	Zurückweisung des Rechts durch den Dritten
§ 334	Einwendungen des Schuldners gegenüber dem Dritten
§ 335	Forderungsrecht des Versprechensempfängers

Titel 4: **Draufgabe, Vertragsstrafe**

§ 336	Auslegung der Draufgabe
§ 337	Anrechnung oder Rückgabe der Draufgabe
§ 338	Draufgabe bei zu vertretender Unmöglichkeit der Leistung
§ 339	Verwirkung der Vertragsstrafe
§ 340	Strafversprechen für Nichterfüllung
§ 341	Strafversprechen für nicht gehörige Erfüllung
§ 342	Andere als Geldstrafe
§ 343	Herabsetzung der Strafe
§ 344	Unwirksames Strafversprechen
§ 345	Beweislast

Titel 5: **Rücktritt; Widerrufs- und Rückgaberecht bei Verbraucherverträgen**

Untertitel 1: **Rücktritt**

§ 346	Wirkungen des Rücktritts
§ 347	Nutzungen und Verwendungen nach Rücktritt
§ 348	Erfüllung Zug-um-Zug
§ 349	Erklärung des Rücktritts
§ 350	Erlöschen des Rücktrittsrechts nach Fristsetzung
§ 351	Unteilbarkeit des Rücktrittsrechts
§ 352	Aufrechnung nach Nichterfüllung
§ 353	Rücktritt gegen Reugeld
§ 354	Verwirkungsklausel

Untertitel 2 : **Widerrufs – und Rückgaberecht bei Verbraucherverträgen**

§ 355	Widerrufsrecht bei Verbraucherverträgen
§ 356	Rückgaberecht bei Verbraucherverträgen
§ 357	Rechtsfolgen des Widerrufs und der Rückgabe
§ 358	Verbundene Verträge
§ 359	Einwendungen bei verbundenen Verträgen
§§ 360, 361	(weggefallen)

Abschnitt 4: **Erlöschen der Schuldverhältnisse**

Titel 1: **Erfüllung**

§ 362	Erlöschen durch Leistung
§ 363	Beweislast bei Annahme als Erfüllung
§ 364	Annahme an Erfüllungs statt
§ 365	Gewährleistung bei Hingabe an Erfüllungs statt
§ 366	Anrechnung der Leistung auf mehrere Forderungen
§ 367	Anrechnung auf Zinsen und Kosten
§ 368	Quittung
§ 369	Kosten der Quittung
§ 370	Leistung an den Überbringer der Quittung
§ 371	Rückgabe des Schuldscheins

Titel 2: **Hinterlegung**

§ 372	Voraussetzungen
§ 373	Zug-um-Zug-Leistung
§ 374	Hinterlegungsort; Anzeigepflicht
§ 375	Rückwirkung bei Postübersendung
§ 376	Rücknahmerecht
§ 377	Unpfändbarkeit des Rücknahmerechts
§ 378	Wirkung der Hinterlegung bei ausgeschlossener Rücknahme
§ 379	Wirkung der Hinterlegung bei nicht ausgeschlossener Rücknahme
§ 380	Nachweis der Empfangsberechtigung
§ 381	Kosten der Hinterlegung
§ 382	Erlöschen des Gläubigerrechts
§ 383	Versteigerung hinterlegungsunfähiger Sachen
§ 384	Androhung der Versteigerung
§ 385	Freihändiger Verkauf
§ 386	Kosten der Versteigerung

Titel 3: **Aufrechnung**

§ 387	Voraussetzungen
§ 388	Erklärung der Aufrechnung
§ 389	Wirkung der Aufrechnung
§ 390	Keine Aufrechnung mit einredebehafteter Forderung
§ 391	Aufrechnung bei Verschiedenheit der Leistungsorte
§ 392	Aufrechnung gegen beschlagnahmte Forderung
§ 393	Keine Aufrechnung gegen Forderung aus unerlaubter Handlung
§ 394	Keine Aufrechnung gegen unpfändbare Forderung
§ 395	Aufrechnung gegen Forderungen öffentlich-rechtlicher Körperschaften
§ 396	Mehrheit von Forderungen

Titel 4: **Erlass**

| § 397 | Erlassvertrag, negatives Schuldanerkenntnis |

Abschnitt 5: **Übertragung einer Forderung**

§ 398	Abtretung
§ 399	Ausschluss der Abtretung bei Inhaltsänderung oder Vereinbarung
§ 400	Ausschluss bei unpfändbaren Forderungen
§ 401	Übergang der Neben- und Vorzugsrechte
§ 402	Auskunftspflicht; Urkundenauslieferung
§ 403	Pflicht zur Beurkundung
§ 404	Einwendungen des Schuldners
§ 405	Abtretung unter Urkundenvorlegung
§ 406	Aufrechnung gegenüber dem neuen Gläubiger
§ 407	Rechtshandlungen gegenüber dem bisherigen Gläubiger
§ 408	Mehrfache Abtretung
§ 409	Abtretungsanzeige
§ 410	Aushändigung der Abtretungsurkunde

Inhaltsverzeichnis

§ 411	Gehaltsabtretung
§ 412	Gesetzlicher Forderungsübergang
§ 413	Übertragung anderer Rechte

Abschnitt 6: **Schuldübernahme**

§ 414	Vertrag zwischen Gläubiger und Übernehmer
§ 415	Vertrag zwischen Schuldner und Übernehmer
§ 416	Übernahme einer Hypothekenschuld
§ 417	Einwendungen des Übernehmers
§ 418	Erlöschen von Sicherungs- und Vorzugsrechten
§ 419	(weggefallen)

Abschnitt 7: **Mehrheit von Schuldnern und Gläubigern**

§ 420	Teilbare Leistung
§ 421	Gesamtschuldner
§ 422	Wirkung der Erfüllung
§ 423	Wirkung des Erlasses
§ 424	Wirkung des Gläubigerverzugs
§ 425	Wirkung anderer Tatsachen
§ 426	Ausgleichungspflicht, Forderungsübergang
§ 427	Gemeinschaftliche vertragliche Verpflichtung
§ 428	Gesamtgläubiger
§ 429	Wirkung von Veränderungen
§ 430	Ausgleichungspflicht der Gesamtgläubiger
§ 431	Mehrere Schuldner einer unteilbaren Leistung
§ 432	Mehrere Gläubiger einer unteilbaren Leistung

Abschnitt 8: **Einzelne Schuldverhältnisse**

Titel 1: **Kauf, Tausch**

Untertitel 1: **Allgemeine Vorschriften**

§ 433	Vertragstypische Pflichten beim Kaufvertrag
§ 434	Sachmangel
§ 435	Rechtsmangel
§ 436	Öffentliche Lasten von Grundstücken
§ 437	Rechte des Käufers bei Mängeln
§ 438	Verjährung der Mängelansprüche
§ 439	Nacherfüllung
§ 440	Besondere Bestimmungen für Rücktritt und Schadensersatz
§ 441	Minderung
§ 442	Kenntnis des Käufers
§ 443	Beschaffenheits- und Haltbarkeitsgarantie
§ 444	Haftungsausschluss
§ 445	Haftungsbegrenzung bei öffentlichen Versteigerungen
§ 446	Gefahr- und Lastenübergang
§ 447	Gefahrübergang beim Versendungskauf
§ 448	Kosten der Übergabe und vergleichbare Kosten
§ 449	Eigentumsvorbehalt
§ 450	Ausgeschlossene Käufer bei bestimmten Verkäufen
§ 451	Kauf durch ausgeschlossenen Käufer
§ 452	Schiffskauf
§ 453	Rechtskauf

Untertitel 2: **Besondere Arten des Kaufs**

Kapitel 1: **Kauf auf Probe**

§ 454	Zustandekommen des Kaufvertrags
§ 455	Billigungsfrist

Kapitel 2: **Wiederkauf**

§ 456	Zustandekommen des Wiederkaufs
§ 457	Haftung des Wiederverkäufers
§ 458	Beseitigung von Rechten Dritter
§ 459	Ersatz von Verwendungen
§ 460	Wiederkauf zum Schätzungswert
§ 461	Mehrere Wiederkaufsberechtigte
§ 462	Ausschlussfrist

Kapitel 3: **Vorkauf**

§ 463	Voraussetzungen der Ausübung
§ 464	Ausübung des Vorkaufsrechts
§ 465	Unwirksame Vereinbarungen
§ 466	Nebenleistungen
§ 467	Gesamtpreis
§ 468	Stundung des Kaufpreises
§ 469	Mitteilungspflicht, Ausübungsfrist
§ 470	Verkauf an gesetzlichen Erben
§ 471	Verkauf bei Zwangsvollstreckung oder Insolvenz
§ 472	Mehrere Vorkaufsberechtigte
§ 473	Unübertragbarkeit

Untertitel 3: **Verbrauchsgüterkauf**

§ 474	Begriff des Verbrauchsgüterkaufs
§ 475	Abweichende Vereinbarungen
§ 476	Beweislastumkehr
§ 477	Sonderbestimmungen für Garantien
§ 478	Rückgriff des Unternehmers
§ 479	Verjährung von Rückgriffsansprüchen

Untertitel 4: **Tausch**

§ 480	Tausch

Titel 2: **Teilzeit-Wohnrechteverträge**

§ 481	Begriff des Teilzeit-Wohnrechtevertrags
§ 482	Prospektpflicht bei Teilzeit-Wohnrechteverträgen
§ 483	Vertrags- und Prospektsprache bei Teilzeit-Wohnrechteverträgen
§ 484	Schriftform bei Teilzeit-Wohnrechteverträgen
§ 485	Widerrufsrecht bei Teilzeit-Wohnrechteverträgen
§ 486	Anzahlungsverbot bei Teilzeit-Wohnrechteverträgen
§ 487	Abweichende Vereinbarungen

Titel 3: **Darlehensvertrag; Finanzierungshilfen und Ratenlieferungsverträge zwischen einem Unternehmer und einem Verbraucher**

Untertitel 1: **Darlehensvertrag**

§ 488	Vertragstypische Pflichten beim Darlehensvertrag
§ 489	Ordentliches Kündigungsrecht des Darlehensnehmers
§ 490	Außerordentliches Kündigungsrecht
§ 491	Verbraucherdarlehensvertrag

Inhaltsverzeichnis

§ 492	Schriftform, Vertragsinhalt
§ 493	Überziehungskredit
§ 494	Rechtsfolgen von Formmängeln
§ 495	Widerrufsrecht
§ 496	Einwendungsverzicht, Wechsel- und Scheckverbot
§ 497	Behandlung der Verzugszinsen, Anrechnung von Teilleistungen
§ 498	Gesamtfälligstellung bei Teilzahlungsdarlehen

Untertitel 2: **Finanzierungshilfen zwischen einem Unternehmer und einem Verbraucher**

§ 499	Zahlungsaufschub, sonstige Finanzierungshilfe
§ 500	Finanzierungsleasingverträge
§ 501	Teilzahlungsgeschäfte
§ 502	Erforderliche Angaben, Rechtsfolgen von Formmängeln bei Teilzahlungsgeschäften
§ 503	Rückgaberecht, Rücktritt bei Teilzahlungsgeschäften
§ 504	Vorzeitige Zahlung bei Teilzahlungsgeschäften

Untertitel 3: **Ratenlieferungsverträge zwischen einem Unternehmer und einem Verbraucher**

§ 505	Ratenlieferungsverträge

Untertitel 4: **Unabdingbarkeit, Anwendung auf Existenzgründer**

§ 506	Abweichende Vereinbarungen (gültig bis 30.06.2005)
§ 506	Abweichende Vereinbarungen (gültig ab 01.07.2005)
§ 507	Anwendung auf Existenzgründer
§§ 508 bis 515	(weggefallen)

Titel 4: **Schenkung**

§ 516	Begriff der Schenkung
§ 517	Unterlassen eines Vermögenserwerbs
§ 518	Form des Schenkungsversprechens
§ 519	Einrede des Notbedarfs
§ 520	Erlöschen eines Rentenversprechens
§ 521	Haftung des Schenkers
§ 522	Keine Verzugszinsen
§ 523	Haftung für Rechtsmängel
§ 524	Haftung für Sachmängel
§ 525	Schenkung unter Auflage
§ 526	Verweigerung der Vollziehung der Auflage
§ 527	Nichtvollziehung der Auflage
§ 528	Rückforderung wegen Verarmung des Schenkers
§ 529	Ausschluss des Rückforderungsanspruchs
§ 530	Widerruf der Schenkung
§ 531	Widerrufserklärung
§ 532	Ausschluss des Widerrufs
§ 533	Verzicht auf Widerrufsrecht
§ 534	Pflicht- und Anstandsschenkungen

Titel 5: **Mietvertrag, Pachtvertrag**

Untertitel 1: **Allgemeine Vorschriften für Mietverhältnisse**

§ 535	Inhalt und Hauptpflichten des Mietvertrags
§ 536	Mietminderung bei Sach- und Rechtsmängeln
§ 536 a	Schadens- und Aufwendungsersatzanspruch des Mieters wegen eines Mangels
§ 536 b	Kenntnis des Mieters vom Mangel bei Vertragsschluss oder Annahme
§ 536 c	Während der Mietzeit auftretende Mängel; Mängelanzeige durch den Mieter
§ 536 d	Vertraglicher Ausschluss von Rechten des Mieters wegen eines Mangels
§ 537	Entrichtung der Miete bei persönlicher Verhinderung des Mieters
§ 538	Abnutzung der Mietsache durch vertragsgemäßen Gebrauch
§ 539	Ersatz sonstiger Aufwendungen und Wegnahmerecht des Mieters
§ 540	Gebrauchsüberlassung an Dritte
§ 541	Unterlassungsklage bei vertragswidrigem Gebrauch
§ 542	Ende des Mietverhältnisses
§ 543	Außerordentliche fristlose Kündigung aus wichtigem Grund
§ 544	Vertrag über mehr als 30 Jahre
§ 545	Stillschweigende Verlängerung des Mietverhältnisses
§ 546	Rückgabepflicht des Mieters
§ 546 a	Entschädigung des Vermieters bei verspäteter Rückgabe
§ 547	Erstattung von im Voraus entrichteter Miete
§ 548	Verjährung der Ersatzansprüche und des Wegnahmerechts

Untertitel 2: **Mietverhältnisse über Wohnraum**

Kapitel 1: **Allgemeine Vorschriften**

§ 549	Auf Wohnraummietverhältnisse anwendbare Vorschriften
§ 550	Form des Mietvertrags
§ 551	Begrenzung und Anlage von Mietsicherheiten
§ 552	Abwendung des Wegnahmerechts des Mieters
§ 553	Gestattung der Gebrauchsüberlassung an Dritte
§ 554	Duldung von Erhaltungs- und Modernisierungsmaßnahmen
§ 554 a	Barrierefreiheit
§ 555	Unwirksamkeit einer Vertragsstrafe

Kapitel 2: **Die Miete**

Unterkapitel 1: **Vereinbarungen über die Miete**

§ 556	Vereinbarungen über Betriebskosten
§ 556 a	Abrechnungsmaßstab für Betriebskosten
§ 556 b	Fälligkeit der Miete, Aufrechnungs- und Zurückbehaltungsrecht

Inhaltsverzeichnis

Unterkapitel 2: **Regelungen über die Miethöhe**
§ 557 Mieterhöhungen nach Vereinbarung oder Gesetz
§ 557 a Staffelmiete
§ 557 b Indexmiete
§ 558 Mieterhöhung bis zur ortsüblichen Vergleichsmiete
§ 558 a Form und Begründung der Mieterhöhung
§ 558 b Zustimmung zur Mieterhöhung
§ 558 c Mietspiegel
§ 558 d Qualifizierter Mietspiegel
§ 558 e Mietdatenbank
§ 559 Mieterhöhung bei Modernisierung
§ 559 a Anrechnung von Drittmitteln
§ 559 b Geltendmachung der Erhöhung, Wirkung der Erhöhungserklärung
§ 560 Veränderungen von Betriebskosten
§ 561 Sonderkündigungsrecht des Mieters nach Mieterhöhung

Kapitel 3: **Pfandrecht des Vermieters**
§ 562 Umfang des Vermieterpfandrechts
§ 562 a Erlöschen des Vermieterpfandrechts
§ 562 b Selbsthilferecht, Herausgabeanspruch
§ 562 c Abwendung des Pfandrechts durch Sicherheitsleistung
§ 562 d Pfändung durch Dritte

Kapitel 4: **Wechsel der Vertragsparteien**
§ 563 Eintrittsrecht bei Tod des Mieters
§ 563 a Fortsetzung mit überlebenden Mietern
§ 563 b Haftung bei Eintritt oder Fortsetzung
§ 564 Fortsetzung des Mietverhältnisses mit dem Erben, außerordentliche Kündigung
§ 565 Gewerbliche Weitervermietung
§ 566 Kauf bricht nicht Miete
§ 566 a Mietsicherheit
§ 566 b Vorausverfügung über die Miete
§ 566 c Vereinbarung zwischen Mieter und Vermieter über die Miete
§ 566 d Aufrechnung durch den Mieter
§ 566 e Mitteilung des Eigentumsübergangs durch den Vermieter
§ 567 Belastung des Wohnraums durch den Vermieter
§ 567 a Veräußerung oder Belastung vor der Überlassung des Wohnraums
§ 567 b Weiterveräußerung oder Belastung durch Erwerber

Kapitel 5: **Beendigung des Mietverhältnisses**
Unterkapitel 1: **Allgemeine Vorschriften**
§ 568 Form und Inhalt der Kündigung
§ 569 Außerordentliche fristlose Kündigung aus wichtigem Grund
§ 570 Ausschluss des Zurückbehaltungsrechts
§ 571 Weiterer Schadensersatz bei verspäteter Rückgabe von Wohnraum
§ 572 Vereinbartes Rücktrittsrecht; Mietverhältnis unter auflösender Bedingung

Unterkapitel 2: **Mietverhältnisse auf unbestimmte Zeit**
§ 573 Ordentliche Kündigung des Vermieters
§ 573 a Erleichterte Kündigung des Vermieters
§ 573 b Teilkündigung des Vermieters
§ 573 c Fristen der ordentlichen Kündigung
§ 573 d Außerordentliche Kündigung mit gesetzlicher Frist
§ 574 Widerspruch des Mieters gegen die Kündigung
§ 574 a Fortsetzung des Mietverhältnisses nach Widerspruch
§ 574 b Form und Frist des Widerspruchs
§ 574 c Weitere Fortsetzung des Mietverhältnisses bei unvorhergesehenen Umständen

Unterkapitel 3: **Mietverhältnisse auf bestimmte Zeit**
§ 575 Zeitmietvertrag
§ 575 a Außerordentliche Kündigung mit gesetzlicher Frist

Unterkapitel 4: **Werkwohnungen**
§ 576 Fristen der ordentlichen Kündigung bei Werkmietwohnungen
§ 576 a Besonderheiten des Widerspruchsrechts bei Werkmietwohnungen
§ 576 b Entsprechende Geltung des Mietrechts bei Werkdienstwohnungen

Kapitel 6: **Besonderheiten bei der Bildung von Wohnungseigentum an vermieteten Wohnungen**
§ 577 Vorkaufsrecht des Mieters
§ 577 a Kündigungsbeschränkung bei Wohnungsumwandlung

Untertitel 3: **Mietverhältnisse über andere Sachen**
§ 578 Mietverhältnisse über Grundstücke und Räume
§ 578 a Mietverhältnisse über eingetragene Schiffe
§ 579 Fälligkeit der Miete
§ 580 Außerordentliche Kündigung bei Tod des Mieters
§ 580 a Kündigungsfristen

Untertitel 4: **Pachtvertrag**
§ 581 Vertragstypische Pflichten beim Pachtvertrag
§ 582 Erhaltung des Inventars
§ 582 a Inventarübernahme zum Schätzwert
§ 583 Pächterpfandrecht am Inventar
§ 583 a Verfügungsbeschränkungen bei Inventar
§ 584 Kündigungsfrist
§ 584 a Ausschluss bestimmter mietrechtlicher Kündigungsrechte
§ 584 b Verspätete Rückgabe

Untertitel 5: **Landpachtvertrag**
§ 585 Begriff des Landpachtvertrags
§ 585 a Form des Landpachtvertrags
§ 585 b Beschreibung der Pachtsache

Inhaltsverzeichnis

§ 586	Vertragstypische Pflichten beim Landpachtvertrag
§ 586 a	Lasten der Pachtsache
§ 587	Fälligkeit der Pacht; Entrichtung der Pacht bei persönlicher Verhinderung des Pächters
§ 588	Maßnahmen zur Erhaltung oder Verbesserung
§ 589	Nutzungsüberlassung an Dritte
§ 590	Änderung der landwirtschaftlichen Bestimmung oder der bisherigen Nutzung
§ 590 a	Vertragswidriger Gebrauch
§ 590 b	Notwendige Verwendungen
§ 591	Wertverbessernde Verwendungen
§ 591 a	Wegnahme von Einrichtungen
§ 591 b	Verjährung von Ersatzansprüchen
§ 592	Verpächterpfandrecht
§ 593	Änderung von Landpachtverträgen
§ 593 a	Betriebsübergabe
§ 593 b	Veräußerung oder Belastung des verpachteten Grundstücks
§ 594	Ende und Verlängerung des Pachtverhältnisses
§ 594 a	Kündigungsfristen
§ 594 b	Vertrag über mehr als 30 Jahre
§ 594 c	Kündigung bei Berufsunfähigkeit des Pächters
§ 594 d	Tod des Pächters
§ 594 e	Außerordentliche fristlose Kündigung aus wichtigem Grund
§ 594 f	Schriftform der Kündigung
§ 595	Fortsetzung des Pachtverhältnisses
§ 595 a	Vorzeitige Kündigung von Landpachtverträgen
§ 596	Rückgabe der Pachtsache
§ 596 a	Ersatzpflicht bei vorzeitigem Pachtende
§ 596 b	Rücklassungspflicht
§ 597	Verspätete Rückgabe

Titel 6: **Leihe**

§ 598	Vertragstypische Pflichten bei der Leihe
§ 599	Haftung des Verleihers
§ 600	Mängelhaftung
§ 601	Verwendungsersatz
§ 602	Abnutzung der Sache
§ 603	Vertragsmäßiger Gebrauch
§ 604	Rückgabepflicht
§ 605	Kündigungsrecht
§ 606	Kurze Verjährung

Titel 7: **Sachdarlehensvertrag**

§ 607	Vertragstypische Pflichten beim Sachdarlehensvertrag
§ 608	Kündigung
§ 609	Entgelt
§ 610	(weggefallen)

Titel 8: **Dienstvertrag**

§ 611	Vertragstypische Pflichten beim Dienstvertrag
§ 611 a	Geschlechtsbezogene Benachteiligung
§ 611 b	Arbeitsplatzausschreibung
§ 612	Vergütung
§ 612 a	Maßregelungsverbot
§ 613	Unübertragbarkeit
§ 613 a	Rechte und Pflichten bei Betriebsübergang
§ 614	Fälligkeit der Vergütung
§ 615	Vergütung bei Annahmeverzug und bei Betriebsrisiko
§ 616	Vorübergehende Verhinderung
§ 617	Pflicht zur Krankenfürsorge
§ 618	Pflicht zu Schutzmaßnahmen
§ 619	Unabdingbarkeit der Fürsorgepflichten
§ 619 a	Beweislast bei Haftung des Arbeitnehmers
§ 620	Beendigung des Dienstverhältnisses
§ 621	Kündigungsfristen bei Dienstverhältnissen
§ 622	Kündigungsfristen bei Arbeitsverhältnissen
§ 623	Schriftform der Kündigung
§ 624	Kündigungsfrist bei Verträgen über mehr als fünf Jahre
§ 625	Stillschweigende Verlängerung
§ 626	Fristlose Kündigung aus wichtigem Grund
§ 627	Fristlose Kündigung bei Vertrauensstellung
§ 628	Teilvergütung und Schadensersatz bei fristloser Kündigung
§ 629	Freizeit zur Stellungssuche
§ 630	Pflicht zur Zeugniserteilung

Titel 9: **Werkvertrag und ähnliche Verträge**

Untertitel 1: **Werkvertrag**

§ 631	Vertragstypische Pflichten beim Werkvertrag
§ 632	Vergütung
§ 632 a	Abschlagszahlungen
§ 633	Sach- und Rechtsmangel
§ 634	Rechte des Bestellers bei Mängeln
§ 634 a	Verjährung der Mängelansprüche
§ 635	Nacherfüllung
§ 636	Besondere Bestimmungen für Rücktritt und Schadensersatz
§ 637	Selbstvornahme
§ 638	Minderung
§ 639	Haftungsausschluss
§ 640	Abnahme
§ 641	Fälligkeit der Vergütung
§ 641 a	Fertigstellungsbescheinigung
§ 642	Mitwirkung des Bestellers
§ 643	Kündigung bei unterlassener Mitwirkung
§ 644	Gefahrtragung
§ 645	Verantwortlichkeit des Bestellers
§ 646	Vollendung statt Abnahme
§ 647	Unternehmerpfandrecht
§ 648	Sicherungshypothek des Bauunternehmers
§ 648 a	Bauhandwerkersicherung
§ 649	Kündigungsrecht des Bestellers
§ 650	Kostenanschlag

Inhaltsverzeichnis

§ 651 Anwendung des Kaufrechts
Untertitel 2: Reisevertrag
§ 651 a Vertragstypische Pflichten beim Reisevertrag
§ 651 b Vertragsübertragung
§ 651 c Abhilfe
§ 651 d Minderung
§ 651 e Kündigung wegen Mangels
§ 651 f Schadensersatz
§ 651 g Ausschlussfrist, Verjährung
§ 651 h Zulässige Haftungsbeschränkung
§ 651 i Rücktritt vor Reisebeginn
§ 651 j Kündigung wegen höherer Gewalt
§ 651 k Sicherstellung, Zahlung
§ 651 l Gastschulaufenthalte
§ 651 m Abweichende Vereinbarungen

Titel 10: Mäklervertrag
Untertitel 1: Allgemeine Vorschriften
§ 652 Entstehung des Lohnanspruchs
§ 653 Mäklerlohn
§ 654 Verwirkung des Lohnanspruchs
§ 655 Herabsetzung des Mäklerlohns

Untertitel 2: Darlehensvermittlungsvertrag zwischen einem Unternehmer und einem Verbraucher
§ 655 a Darlehensvermittlungsvertrag
§ 655 b Schriftform
§ 655 c Vergütung
§ 655 d Nebenentgelte
§ 655 e Abweichende Vereinbarungen, Anwendung auf Existenzgründer

Untertitel 3: Ehevermittlung
§ 656 Heiratsvermittlung

Titel 11: Auslobung
§ 657 Bindendes Versprechen
§ 658 Widerruf
§ 659 Mehrfache Vornahme
§ 660 Mitwirkung mehrerer
§ 661 Preisausschreiben
§ 661 a Gewinnzusagen

Titel 12: Auftrag und Geschäftsbesorgungsvertrag
Untertitel 1: Auftrag
§ 662 Vertragstypische Pflichten beim Auftrag
§ 663 Anzeigepflicht bei Ablehnung
§ 664 Unübertragbarkeit; Haftung für Gehilfen
§ 665 Abweichung von Weisungen
§ 666 Auskunfts- und Rechenschaftspflicht
§ 667 Herausgabepflicht
§ 668 Verzinsung des verwendeten Geldes
§ 669 Vorschusspflicht
§ 670 Ersatz von Aufwendungen
§ 671 Widerruf; Kündigung
§ 672 Tod oder Geschäftsunfähigkeit des Auftraggebers
§ 673 Tod des Beauftragten
§ 674 Fiktion des Fortbestehens

Untertitel 2: Geschäftsbesorgungsvertrag

Kapitel 1: Allgemeines
§ 675 Entgeltliche Geschäftsbesorgung
§ 675 a Informationspflichten
§ 676 Kündigung von Übertragungsverträgen

Kapitel 2: Überweisungsvertrag
§ 676 a Vertragstypische Pflichten; Kündigung
§ 676 b Haftung für verspätete Ausführung; Geld-zurück-Garantie
§ 676 c Verschuldensunabhängige Haftung; sonstige Ansprüche

Kapitel 3: Zahlungsvertrag
§ 676 d Vertragstypische Pflichten beim Zahlungsvertrag
§ 676 e Ausgleichsansprüche

Kapitel 4: Girovertrag
§ 676 f Vertragstypische Pflichten beim Girovertrag
§ 676 g Gutschriftsanspruch des Kunden
§ 676 h Missbrauch von Zahlungskarten

Titel 13: Geschäftsführung ohne Auftrag
§ 677 Pflichten des Geschäftsführers
§ 678 Geschäftsführung gegen den Willen des Geschäftsherrn
§ 679 Unbeachtlichkeit des entgegenstehenden Willens des Geschäftsherrn
§ 680 Geschäftsführung zur Gefahrenabwehr
§ 681 Nebenpflichten des Geschäftsführers
§ 682 Fehlende Geschäftsfähigkeit des Geschäftsführers
§ 683 Ersatz von Aufwendungen
§ 684 Herausgabe der Bereicherung
§ 685 Schenkungsabsicht
§ 686 Irrtum über die Person des Geschäftsherrn
§ 687 Unechte Geschäftsführung

Titel 14: Verwahrung
§ 688 Vertragstypische Pflichten bei der Verwahrung
§ 689 Vergütung
§ 690 Haftung bei unentgeltlicher Verwahrung
§ 691 Hinterlegung bei Dritten
§ 692 Änderung der Aufbewahrung
§ 693 Ersatz von Aufwendungen
§ 694 Schadensersatzpflicht des Hinterlegers
§ 695 Rückforderungsrecht des Hinterlegers
§ 696 Rücknahmeanspruch des Verwahrers
§ 697 Rückgabeort
§ 698 Verzinsung des verwendeten Geldes
§ 699 Fälligkeit der Vergütung
§ 700 Unregelmäßiger Verwahrungsvertrag

Titel 15: Einbringung von Sachen bei Gastwirten
§ 701 Haftung des Gastwirts
§ 702 Beschränkung der Haftung; Wertsachen
§ 702 a Erlass der Haftung
§ 703 Erlöschen des Schadensersatzanspruchs
§ 704 Pfandrecht des Gastwirts

Titel 16: Gesellschaft
§ 705 Inhalt des Gesellschaftsvertrags

Inhaltsverzeichnis

§ 706 Beiträge der Gesellschafter
§ 707 Erhöhung des vereinbarten Beitrags
§ 708 Haftung der Gesellschafter
§ 709 Gemeinschaftliche Geschäftsführung
§ 710 Übertragung der Geschäftsführung
§ 711 Widerspruchsrecht
§ 712 Entziehung und Kündigung der Geschäftsführung
§ 713 Rechte und Pflichten der geschäftsführenden Gesellschafter
§ 714 Vertretungsmacht
§ 715 Entziehung der Vertretungsmacht
§ 716 Kontrollrecht der Gesellschafter
§ 717 Nichtübertragbarkeit der Gesellschafterrechte
§ 718 Gesellschaftsvermögen
§ 719 Gesamthänderische Bindung
§ 720 Schutz des gutgläubigen Schuldners
§ 721 Gewinn- und Verlustverteilung
§ 722 Anteile am Gewinn und Verlust
§ 723 Kündigung durch Gesellschafter
§ 724 Kündigung bei Gesellschaft auf Lebenszeit oder fortgesetzter Gesellschaft
§ 725 Kündigung durch Pfändungspfandgläubiger
§ 726 Auflösung wegen Erreichens oder Unmöglichwerdens des Zweckes
§ 727 Auflösung durch Tod eines Gesellschafters
§ 728 Auflösung durch Insolvenz der Gesellschaft oder eines Gesellschafters
§ 729 Fortdauer der Geschäftsführungsbefugnis
§ 730 Auseinandersetzung; Geschäftsführung
§ 731 Verfahren bei Auseinandersetzung
§ 732 Rückgabe von Gegenständen
§ 733 Berichtigung der Gesellschaftsschulden; Erstattung der Einlagen
§ 734 Verteilung des Überschusses
§ 735 Nachschusspflicht bei Verlust
§ 736 Ausscheiden eines Gesellschafters, Nachhaftung
§ 737 Ausschluss eines Gesellschafters
§ 738 Auseinandersetzung beim Ausscheiden
§ 739 Haftung für Fehlbetrag
§ 740 Beteiligung am Ergebnis schwebender Geschäfte

Titel 17: **Gemeinschaft**
§ 741 Gemeinschaft nach Bruchteilen
§ 742 Gleiche Anteile
§ 743 Früchteanteil; Gebrauchsbefugnis
§ 744 Gemeinschaftliche Verwaltung
§ 745 Verwaltung und Benutzung durch Beschluss
§ 746 Wirkung gegen Sondernachfolger
§ 747 Verfügung über Anteil und gemeinschaftliche Gegenstände
§ 748 Lasten- und Kostentragung
§ 749 Aufhebungsanspruch
§ 750 Ausschluss der Aufhebung im Todesfall

§ 751 Ausschluss der Aufhebung und Sondernachfolger
§ 752 Teilung in Natur
§ 753 Teilung durch Verkauf
§ 754 Verkauf gemeinschaftlicher Forderungen
§ 755 Berichtigung einer Gesamtschuld
§ 756 Berichtigung einer Teilhaberschuld
§ 757 Gewährleistung bei Zuteilung an einen Teilhaber
§ 758 Unverjährbarkeit des Aufhebungsanspruchs

Titel 18: **Leibrente**
§ 759 Dauer und Betrag der Rente
§ 760 Vorauszahlung
§ 761 Form des Leibrentenversprechens

Titel 19: **Unvollkommene Verbindlichkeiten**
§ 762 Spiel, Wette
§ 763 Lotterie- und Ausspielvertrag
§ 764 (aufgehoben)

Titel 20: **Bürgschaft**
§ 765 Vertragstypische Pflichten bei der Bürgschaft
§ 766 Schriftform der Bürgschaftserklärung
§ 767 Umfang der Bürgschaftsschuld
§ 768 Einreden des Bürgen
§ 769 Mitbürgschaft
§ 770 Einreden der Anfechtbarkeit und der Aufrechenbarkeit
§ 771 Einrede der Vorausklage
§ 772 Vollstreckungs- und Verwertungspflicht des Gläubigers
§ 773 Ausschluss der Einrede der Vorausklage
§ 774 Gesetzlicher Forderungsübergang
§ 775 Anspruch des Bürgen auf Befreiung
§ 776 Aufgabe einer Sicherheit
§ 777 Bürgschaft auf Zeit
§ 778 Kreditauftrag

Titel 21: **Vergleich**
§ 779 Begriff des Vergleichs, Irrtum über die Vergleichsgrundlage

Titel 22: **Schuldversprechen, Schuldanerkenntnis**
§ 780 Schuldversprechen
§ 781 Schuldanerkenntnis
§ 782 Formfreiheit bei Vergleich

Titel 23: **Anweisung**
§ 783 Rechte aus der Anweisung
§ 784 Annahme der Anweisung
§ 785 Aushändigung der Anweisung
§ 786 (weggefallen)
§ 787 Anweisung auf Schuld
§ 788 Valutaverhältnis
§ 789 Anzeigepflicht des Anweisungsempfängers
§ 790 Widerruf der Anweisung
§ 791 Tod oder Geschäftsunfähigkeit eines Beteiligten
§ 792 Übertragung der Anweisung

Inhaltsverzeichnis

Titel 24: Schuldverschreibung auf den Inhaber
- § 793 Rechte aus der Schuldverschreibung auf den Inhaber
- § 794 Haftung des Ausstellers
- § 795 (weggefallen)
- § 796 Einwendungen des Ausstellers
- § 797 Leistungspflicht nur gegen Aushändigung
- § 798 Ersatzurkunde
- § 799 Kraftloserklärung
- § 800 Wirkung der Kraftloserklärung
- § 801 Erlöschen; Verjährung
- § 802 Zahlungssperre
- § 803 Zinsscheine
- § 804 Verlust von Zins- oder ähnlichen Scheinen
- § 805 Neue Zins- und Rentenscheine
- § 806 Umschreibung auf den Namen
- § 807 Inhaberkarten und -marken
- § 808 Namenspapiere mit Inhaberklausel

Titel 25: Vorlegung von Sachen
- § 809 Besichtigung einer Sache
- § 810 Einsicht in Urkunden
- § 811 Vorlegungsort, Gefahr und Kosten

Titel 26: Ungerechtfertigte Bereicherung
- § 812 Herausgabeanspruch
- § 813 Erfüllung trotz Einrede
- § 814 Kenntnis der Nichtschuld
- § 815 Nichteintritt des Erfolgs
- § 816 Verfügung eines Nichtberechtigten
- § 817 Verstoß gegen Gesetz oder gute Sitten
- § 818 Umfang des Bereicherungsanspruchs
- § 819 Verschärfte Haftung bei Kenntnis und bei Gesetzes- oder Sittenverstoß
- § 820 Verschärfte Haftung bei ungewissem Erfolgseintritt
- § 821 Einrede der Bereicherung
- § 822 Herausgabepflicht Dritter

Titel 27: Unerlaubte Handlungen
- § 823 Schadensersatzpflicht
- § 824 Kreditgefährdung
- § 825 Bestimmung zu sexuellen Handlungen
- § 826 Sittenwidrige vorsätzliche Schädigung
- § 827 Ausschluss und Minderung der Verantwortlichkeit
- § 828 Minderjährige; Taubstumme
- § 829 Ersatzpflicht aus Billigkeitsgründen
- § 830 Mittäter und Beteiligte
- § 831 Haftung für den Verrichtungsgehilfen
- § 832 Haftung des Aufsichtspflichtigen
- § 833 Haftung des Tierhalters
- § 834 Haftung des Tieraufsehers
- § 835 (weggefallen)
- § 836 Haftung des Grundstücksbesitzers
- § 837 Haftung des Gebäudebesitzers
- § 838 Haftung des Gebäudeunterhaltungspflichtigen
- § 839 Haftung bei Amtspflichtverletzung
- § 839 a Haftung des gerichtlichen Sachverständigen
- § 840 Haftung mehrerer
- § 841 Ausgleichung bei Beamtenhaftung
- § 842 Umfang der Ersatzpflicht bei Verletzung einer Person
- § 843 Geldrente oder Kapitalabfindung
- § 844 Ersatzansprüche Dritter bei Tötung
- § 845 Ersatzansprüche wegen entgangener Dienste
- § 846 Mitverschulden des Verletzten
- § 847 (aufgehoben)
- § 848 Haftung für Zufall bei Entziehung einer Sache
- § 849 Verzinsung der Ersatzsumme
- § 850 Ersatz von Verwendungen
- § 851 Ersatzleistung an Nichtberechtigten
- § 852 Herausgabeanspruch nach Eintritt der Verjährung
- § 853 Arglisteinrede

Buch 3: Sachenrecht

Abschnitt 1: **Besitz**
- § 854 Erwerb des Besitzes
- § 855 Besitzdiener
- § 856 Beendigung des Besitzes
- § 857 Vererblichkeit
- § 858 Verbotene Eigenmacht
- § 859 Selbsthilfe des Besitzers
- § 860 Selbsthilfe des Besitzdieners
- § 861 Anspruch wegen Besitzentziehung
- § 862 Anspruch wegen Besitzstörung
- § 863 Einwendungen des Entziehers oder Störers
- § 864 Erlöschen der Besitzansprüche
- § 865 Teilbesitz
- § 866 Mitbesitz
- § 867 Verfolgungsrecht des Besitzers
- § 868 Mittelbarer Besitz
- § 869 Ansprüche des mittelbaren Besitzers
- § 870 Übertragung des mittelbaren Besitzes
- § 871 Mehrstufiger mittelbarer Besitz
- § 872 Eigenbesitz

Abschnitt 2: **Allgemeine Vorschriften über Rechte an Grundstücken**
- § 873 Erwerb durch Einigung und Eintragung
- § 874 Bezugnahme auf die Eintragungsbewilligung
- § 875 Aufhebung eines Rechts
- § 876 Aufhebung eines belasteten Rechts
- § 877 Rechtsänderungen
- § 878 Nachträgliche Verfügungsbeschränkungen
- § 879 Rangverhältnis mehrerer Rechte
- § 880 Rangänderung
- § 881 Rangvorbehalt
- § 882 Höchstbetrag des Wertersatzes
- § 883 Voraussetzungen und Wirkung der Vormerkung
- § 884 Wirkung gegenüber Erben
- § 885 Voraussetzung für die Eintragung der Vormerkung
- § 886 Beseitigungsanspruch

Inhaltsverzeichnis

§ 887	Aufgebot des Vormerkungsgläubigers
§ 888	Anspruch des Vormerkungsberechtigten auf Zustimmung
§ 889	Ausschluss der Konsolidation bei dinglichen Rechten
§ 890	Vereinigung von Grundstücken; Zuschreibung
§ 891	Gesetzliche Vermutung
§ 892	Öffentlicher Glaube des Grundbuchs
§ 893	Rechtsgeschäft mit dem Eingetragenen
§ 894	Berichtigung des Grundbuchs
§ 895	Voreintragung des Verpflichteten
§ 896	Vorlegung des Briefes
§ 897	Kosten der Berichtigung
§ 898	Unverjährbarkeit der Berichtigungsansprüche
§ 899	Eintragung eines Widerspruchs
§ 900	Buchersitzung
§ 901	Erlöschen nicht eingetragener Rechte
§ 902	Unverjährbarkeit eingetragener Rechte

Abschnitt 3: Eigentum

Titel 1: Inhalt des Eigentums

§ 903	Befugnisse des Eigentümers
§ 904	Notstand
§ 905	Begrenzung des Eigentums
§ 906	Zuführung unwägbarer Stoffe
§ 907	Gefahr drohende Anlagen
§ 908	Drohender Gebäudeeinsturz
§ 909	Vertiefung
§ 910	Überhang
§ 911	Überfall
§ 912	Überbau; Duldungspflicht
§ 913	Zahlung der Überbaurente
§ 914	Rang, Eintragung und Erlöschen der Rente
§ 915	Abkauf
§ 916	Beeinträchtigung von Erbbaurecht oder Dienstbarkeit
§ 917	Notweg
§ 918	Ausschluss des Notwegrechts
§ 919	Grenzabmarkung
§ 920	Grenzverwirrung
§ 921	Gemeinschaftliche Benutzung von Grenzanlagen
§ 922	Art der Benutzung und Unterhaltung
§ 923	Grenzbaum
§ 924	Unverjährbarkeit nachbarrechtlicher Ansprüche

Titel 2: Erwerb und Verlust des Eigentums an Grundstücken

§ 925	Auflassung
§ 925 a	Urkunde über Grundgeschäft
§ 926	Zubehör des Grundstücks
§ 927	Aufgebotsverfahren
§ 928	Aufgabe des Eigentums, Aneignung des Fiskus

Titel 3: Erwerb und Verlust des Eigentums an beweglichen Sachen

Untertitel 1: Übertragung

§ 929	Einigung und Übergabe
§ 929 a	Einigung bei nicht eingetragenem Seeschiff
§ 930	Besitzkonstitut
§ 931	Abtretung des Herausgabeanspruchs
§ 932	Gutgläubiger Erwerb vom Nichtberechtigten
§ 932 a	Gutgläubiger Erwerb nicht eingetragener Seeschiffe
§ 933	Gutgläubiger Erwerb bei Besitzkonstitut
§ 934	Gutgläubiger Erwerb bei Abtretung des Herausgabeanspruchs
§ 935	Kein gutgläubiger Erwerb von abhanden gekommenen Sachen
§ 936	Erlöschen von Rechten Dritter

Untertitel 2: Ersitzung

§ 937	Voraussetzungen, Ausschluss bei Kenntnis
§ 938	Vermutung des Eigenbesitzes
§ 939	Hemmung der Ersitzung
§ 940	Unterbrechung durch Besitzverlust
§ 941	Unterbrechung durch Vollstreckungshandlung
§ 942	Wirkung der Unterbrechung
§ 943	Ersitzung bei Rechtsnachfolge
§ 944	Erbschaftsbesitzer
§ 945	Erlöschen von Rechten Dritter

Untertitel 3: Verbindung, Vermischung, Verarbeitung

§ 946	Verbindung mit einem Grundstück
§ 947	Verbindung mit beweglichen Sachen
§ 948	Vermischung
§ 949	Erlöschen von Rechten Dritter
§ 950	Verarbeitung
§ 951	Entschädigung für Rechtsverlust
§ 952	Eigentum an Schuldurkunden

Untertitel 4: Erwerb von Erzeugnissen und sonstigen Bestandteilen einer Sache

§ 953	Eigentum an getrennten Erzeugnissen und Bestandteilen
§ 954	Erwerb durch dinglich Berechtigten
§ 955	Erwerb durch gutgläubigen Eigenbesitzer
§ 956	Erwerb durch persönlich Berechtigten
§ 957	Gestattung durch den Nichtberechtigten

Untertitel 5: Aneignung

§ 958	Eigentumserwerb an beweglichen herrenlosen Sachen
§ 959	Aufgabe des Eigentums
§ 960	Wilde Tiere
§ 961	Eigentumsverlust bei Bienenschwärmen
§ 962	Verfolgungsrecht des Eigentümers
§ 963	Vereinigung von Bienenschwärmen
§ 964	Vermischung von Bienenschwärmen

Untertitel 6: Fund

§ 965	Anzeigepflicht des Finders
§ 966	Verwahrungspflicht
§ 967	Ablieferungspflicht
§ 968	Umfang der Haftung
§ 969	Herausgabe an den Verlierer
§ 970	Ersatz von Aufwendungen

Inhaltsverzeichnis

§ 971	Finderlohn
§ 972	Zurückbehaltungsrecht des Finders
§ 973	Eigentumserwerb des Finders
§ 974	Eigentumserwerb nach Verschweigung
§ 975	Rechte des Finders nach Ablieferung
§ 976	Eigentumserwerb der Gemeinde
§ 977	Bereicherungsanspruch
§ 978	Fund in öffentlicher Behörde oder Verkehrsanstalt
§ 979	Öffentliche Versteigerung
§ 980	Öffentliche Bekanntmachung des Fundes
§ 981	Empfang des Versteigerungserlöses
§ 982	Ausführungsvorschriften
§ 983	Unanbringbare Sachen bei Behörden
§ 984	Schatzfund

Titel 4: **Ansprüche aus dem Eigentum**

§ 985	Herausgabeanspruch
§ 986	Einwendungen des Besitzers
§ 987	Nutzungen nach Rechtshängigkeit
§ 988	Nutzungen des unentgeltlichen Besitzers
§ 989	Schadensersatz nach Rechtshängigkeit
§ 990	Haftung des Besitzers bei Kenntnis
§ 991	Haftung des Besitzmittlers
§ 992	Haftung des deliktischen Besitzers
§ 993	Haftung des redlichen Besitzers
§ 994	Notwendige Verwendungen
§ 995	Lasten
§ 996	Nützliche Verwendungen
§ 997	Wegnahmerecht
§ 998	Bestellungskosten bei landwirtschaftlichem Grundstück
§ 999	Ersatz von Verwendungen des Rechtsvorgängers
§ 1000	Zurückbehaltungsrecht des Besitzers
§ 1001	Klage auf Verwendungsersatz
§ 1002	Erlöschen des Verwendungsanspruchs
§ 1003	Befriedigungsrecht des Besitzers
§ 1004	Beseitigungs- und Unterlassungsanspruch
§ 1005	Verfolgungsrecht
§ 1006	Eigentumsvermutung für Besitzer
§ 1007	Ansprüche des früheren Besitzers, Ausschluss bei Kenntnis

Titel 5: **Miteigentum**

§ 1008	Miteigentum nach Bruchteilen
§ 1009	Belastung zugunsten eines Miteigentümers
§ 1010	Sondernachfolger eines Miteigentümers
§ 1011	Ansprüche aus dem Miteigentum
§§ 1012 bis 1017	(weggefallen)

Abschnitt 4: **Dienstbarkeiten**

Titel 1: **Grunddienstbarkeiten**

§ 1018	Gesetzlicher Inhalt der Grunddienstbarkeit
§ 1019	Vorteil des herrschenden Grundstücks
§ 1020	Schonende Ausübung
§ 1021	Vereinbarte Unterhaltungspflicht
§ 1022	Anlagen auf baulichen Anlagen
§ 1023	Verlegung der Ausübung
§ 1024	Zusammentreffen mehrerer Nutzungsrechte
§ 1025	Teilung des herrschenden Grundstücks
§ 1026	Teilung des dienenden Grundstücks
§ 1027	Beeinträchtigung der Grunddienstbarkeit
§ 1028	Verjährung
§ 1029	Besitzschutz des Rechtsbesitzers

Titel 2: **Nießbrauch**

Untertitel 1: **Nießbrauch an Sachen**

§ 1030	Gesetzlicher Inhalt des Nießbrauchs an Sachen
§ 1031	Erstreckung auf Zubehör
§ 1032	Bestellung an beweglichen Sachen
§ 1033	Erwerb durch Ersitzung
§ 1034	Feststellung des Zustands
§ 1035	Nießbrauch an Inbegriff von Sachen; Verzeichnis
§ 1036	Besitzrecht; Ausübung des Nießbrauchs
§ 1037	Umgestaltung
§ 1038	Wirtschaftsplan für Wald und Bergwerk
§ 1039	Übermäßige Fruchtziehung
§ 1040	Schatz
§ 1041	Erhaltung der Sache
§ 1042	Anzeigepflicht des Nießbrauchers
§ 1043	Ausbesserung oder Erneuerung
§ 1044	Duldung von Ausbesserungen
§ 1045	Versicherungspflicht des Nießbrauchers
§ 1046	Nießbrauch an der Versicherungsforderung
§ 1047	Lastentragung
§ 1048	Nießbrauch an Grundstück mit Inventar
§ 1049	Ersatz von Verwendungen
§ 1050	Abnutzung
§ 1051	Sicherheitsleistung
§ 1052	Gerichtliche Verwaltung mangels Sicherheitsleistung
§ 1053	Unterlassungsklage bei unbefugtem Gebrauch
§ 1054	Gerichtliche Verwaltung wegen Pflichtverletzung
§ 1055	Rückgabepflicht des Nießbrauchers
§ 1056	Miet- und Pachtverhältnisse bei Beendigung des Nießbrauchs
§ 1057	Verjährung der Ersatzansprüche
§ 1058	Besteller als Eigentümer
§ 1059	Unübertragbarkeit; Überlassung der Ausübung
§ 1059 a	Übertragbarkeit bei juristischer Person oder rechtsfähiger Personengesellschaft
§ 1059 b	Unpfändbarkeit
§ 1059 c	Übergang oder Übertragung des Nießbrauchs
§ 1059 d	Miet- und Pachtverhältnisse bei Übertragung des Nießbrauchs
§ 1059 e	Anspruch auf Einräumung des Nießbrauchs
§ 1060	Zusammentreffen mehrerer Nutzungsrechte
§ 1061	Tod des Nießbrauchers

Inhaltsverzeichnis

§ 1062 Erstreckung der Aufhebung auf das Zubehör
§ 1063 Zusammentreffen mit dem Eigentum
§ 1064 Aufhebung des Nießbrauchs an beweglichen Sachen
§ 1065 Beeinträchtigung des Nießbrauchsrechts
§ 1066 Nießbrauch am Anteil eines Miteigentümers
§ 1067 Nießbrauch an verbrauchbaren Sachen

Untertitel 2: **Nießbrauch an Rechten**
§ 1068 Gesetzlicher Inhalt des Nießbrauchs an Rechten
§ 1069 Bestellung
§ 1070 Nießbrauch an Recht auf Leistung
§ 1071 Aufhebung oder Änderung des belasteten Rechts
§ 1072 Beendigung des Nießbrauchs
§ 1073 Nießbrauch an einer Leibrente
§ 1074 Nießbrauch an einer Forderung; Kündigung und Einziehung
§ 1075 Wirkung der Leistung
§ 1076 Nießbrauch an verzinslicher Forderung
§ 1077 Kündigung und Zahlung
§ 1078 Mitwirkung zur Einziehung
§ 1079 Anlegung des Kapitals
§ 1080 Nießbrauch an Grund- oder Rentenschuld
§ 1081 Nießbrauch an Inhaber- oder Orderpapieren
§ 1082 Hinterlegung
§ 1083 Mitwirkung zur Einziehung
§ 1084 Verbrauchbare Sachen

Untertitel 3: **Nießbrauch an einem Vermögen**
§ 1085 Bestellung des Nießbrauchs an einem Vermögen
§ 1086 Rechte der Gläubiger des Bestellers
§ 1087 Verhältnis zwischen Nießbraucher und Besteller
§ 1088 Haftung des Nießbrauchers
§ 1089 Nießbrauch an einer Erbschaft

Titel 3: **Beschränkte persönliche Dienstbarkeiten**
§ 1090 Gesetzlicher Inhalt der beschränkten persönlichen Dienstbarkeit
§ 1091 Umfang
§ 1092 Unübertragbarkeit; Überlassung der Ausübung
§ 1093 Wohnungsrecht

Abschnitt 5: **Vorkaufsrecht**
§ 1094 Gesetzlicher Inhalt des dinglichen Vorkaufsrechts
§ 1095 Belastung eines Bruchteils
§ 1096 Erstreckung auf Zubehör
§ 1097 Bestellung für einen oder mehrere Verkaufsfälle
§ 1098 Wirkung des Vorkaufsrechts
§ 1099 Mitteilungen
§ 1100 Rechte des Käufers
§ 1101 Befreiung des Berechtigten
§ 1102 Befreiung des Käufers
§ 1103 Subjektiv-dingliches und subjektiv-persönliches Vorkaufsrecht
§ 1104 Ausschluss unbekannter Berechtigter

Abschnitt 6: **Reallasten**
§ 1105 Gesetzlicher Inhalt der Reallast
§ 1106 Belastung eines Bruchteils
§ 1107 Einzelleistungen
§ 1108 Persönliche Haftung des Eigentümers
§ 1109 Teilung des herrschenden Grundstücks
§ 1110 Subjektiv-dingliche Reallast
§ 1111 Subjektiv-persönliche Reallast
§ 1112 Ausschluss unbekannter Berechtigter

Abschnitt 7: **Hypothek, Grundschuld, Rentenschuld**

Titel 1: **Hypothek**
§ 1113 Gesetzlicher Inhalt der Hypothek
§ 1114 Belastung eines Bruchteils
§ 1115 Eintragung der Hypothek
§ 1116 Brief- und Buchhypothek
§ 1117 Erwerb der Briefhypothek
§ 1118 Haftung für Nebenforderungen
§ 1119 Erweiterung der Haftung für Zinsen
§ 1120 Erstreckung auf Erzeugnisse, Bestandteile und Zubehör
§ 1121 Enthaftung durch Veräußerung und Entfernung
§ 1122 Enthaftung ohne Veräußerung
§ 1123 Erstreckung auf Miet- oder Pachtforderung
§ 1124 Vorausverfügung über Miete oder Pacht
§ 1125 Aufrechnung gegen Miete oder Pacht
§ 1126 Erstreckung auf wiederkehrende Leistungen
§ 1127 Erstreckung auf die Versicherungsforderung
§ 1128 Gebäudeversicherung
§ 1129 Sonstige Schadensversicherung
§ 1130 Wiederherstellungsklausel
§ 1131 Zuschreibung eines Grundstücks
§ 1132 Gesamthypothek
§ 1133 Gefährdung der Sicherheit der Hypothek
§ 1134 Unterlassungsklage
§ 1135 Verschlechterung des Zubehörs
§ 1136 Rechtsgeschäftliche Verfügungsbeschränkung
§ 1137 Einreden des Eigentümers
§ 1138 Öffentlicher Glaube des Grundbuchs
§ 1139 Widerspruch bei Darlehensbuchhypothek
§ 1140 Hypothekenbrief und Unrichtigkeit des Grundbuchs
§ 1141 Kündigung der Hypothek
§ 1142 Befriedigungsrecht des Eigentümers
§ 1143 Übergang der Forderung
§ 1144 Aushändigung der Urkunden
§ 1145 Teilweise Befriedigung
§ 1146 Verzugszinsen

Inhaltsverzeichnis

§ 1147 Befriedigung durch Zwangsvollstreckung
§ 1148 Eigentumsfiktion
§ 1149 Unzulässige Befriedigungsabreden
§ 1150 Ablösungsrecht Dritter
§ 1151 Rangänderung bei Teilhypotheken
§ 1152 Teilhypothekenbrief
§ 1153 Übertragung von Hypothek und Forderung
§ 1154 Abtretung der Forderung
§ 1155 Öffentlicher Glaube beglaubigter Abtretungserklärungen
§ 1156 Rechtsverhältnis zwischen Eigentümer und neuem Gläubiger
§ 1157 Fortbestehen der Einreden gegen die Hypothek
§ 1158 Künftige Nebenleistungen
§ 1159 Rückständige Nebenleistungen
§ 1160 Geltendmachung der Briefhypothek
§ 1161 Geltendmachung der Forderung
§ 1162 Aufgebot des Hypothekenbriefs
§ 1163 Eigentümerhypothek
§ 1164 Übergang der Hypothek auf den Schuldner
§ 1165 Freiwerden des Schuldners
§ 1166 Benachrichtigung des Schuldners
§ 1167 Aushändigung der Berichtigungsurkunden
§ 1168 Verzicht auf die Hypothek
§ 1169 Rechtszerstörende Einrede
§ 1170 Ausschluss unbekannter Gläubiger
§ 1171 Ausschluss durch Hinterlegung
§ 1172 Eigentümergesamthypothek
§ 1173 Befriedigung durch einen der Eigentümer
§ 1174 Befriedigung durch den persönlichen Schuldner
§ 1175 Verzicht auf die Gesamthypothek
§ 1176 Eigentümerteilhypothek; Kollisionsklausel
§ 1177 Eigentümergrundschuld, Eigentümerhypothek
§ 1178 Hypothek für Nebenleistungen und Kosten
§ 1179 Löschungsvormerkung
§ 1179 a Löschungsanspruch bei fremden Rechten
§ 1179 b Löschungsanspruch bei eigenem Recht
§ 1180 Auswechslung der Forderung
§ 1181 Erlöschen durch Befriedigung aus dem Grundstück
§ 1182 Übergang bei Befriedigung aus der Gesamthypothek
§ 1183 Aufhebung der Hypothek
§ 1184 Sicherungshypothek
§ 1185 Buchhypothek; unanwendbare Vorschriften
§ 1186 Zulässige Umwandlungen
§ 1187 Sicherungshypothek für Inhaber- und Orderpapiere
§ 1188 Sondervorschrift für Schuldverschreibungen auf den Inhaber
§ 1189 Bestellung eines Grundbuchvertreters
§ 1190 Höchstbetragshypothek

Titel 2: **Grundschuld, Rentenschuld**

Untertitel 1: **Grundschuld**
§ 1191 Gesetzlicher Inhalt der Grundschuld
§ 1192 Anwendbare Vorschriften
§ 1193 Kündigung
§ 1194 Zahlungsort
§ 1195 Inhabergrundschuld
§ 1196 Eigentümergrundschuld
§ 1197 Abweichungen von der Fremdgrundschuld
§ 1198 Zulässige Umwandlungen

Untertitel 2: **Rentenschuld**
§ 1199 Gesetzlicher Inhalt der Rentenschuld
§ 1200 Anwendbare Vorschriften
§ 1201 Ablösungsrecht
§ 1202 Kündigung
§ 1203 Zulässige Umwandlungen

Abschnitt 8: **Pfandrecht an beweglichen Sachen und an Rechten**

Titel 1: **Pfandrecht an beweglichen Sachen**
§ 1204 Gesetzlicher Inhalt des Pfandrechts an beweglichen Sachen
§ 1205 Bestellung
§ 1206 Übergabeersatz durch Einräumung des Mitbesitzes
§ 1207 Verpfändung durch Nichtberechtigten
§ 1208 Gutgläubiger Erwerb des Vorrangs
§ 1209 Rang des Pfandrechts
§ 1210 Umfang der Haftung des Pfandes
§ 1211 Einreden des Verpfänders
§ 1212 Erstreckung auf getrennte Erzeugnisse
§ 1213 Nutzungspfand
§ 1214 Pflichten des nutzungsberechtigten Pfandgläubigers
§ 1215 Verwahrungspflicht
§ 1216 Ersatz von Verwendungen
§ 1217 Rechtsverletzung durch den Pfandgläubiger
§ 1218 Rechte des Verpfänders bei drohendem Verderb
§ 1219 Rechte des Pfandgläubigers bei drohendem Verderb
§ 1220 Androhung der Versteigerung
§ 1221 Freihändiger Verkauf
§ 1222 Pfandrecht an mehreren Sachen
§ 1223 Rückgabepflicht; Einlösungsrecht
§ 1224 Befriedigung durch Hinterlegung oder Aufrechnung
§ 1225 Forderungsübergang auf den Verpfänder
§ 1226 Verjährung der Ersatzansprüche
§ 1227 Schutz des Pfandrechts
§ 1228 Befriedigung durch Pfandverkauf
§ 1229 Verbot der Verfallvereinbarung
§ 1230 Auswahl unter mehreren Pfändern
§ 1231 Herausgabe des Pfandes zum Verkauf
§ 1232 Nachstehende Pfandgläubiger

Inhaltsverzeichnis

§ 1233 Ausführung des Verkaufs
§ 1234 Verkaufsandrohung; Wartefrist
§ 1235 Öffentliche Versteigerung
§ 1236 Versteigerungsort
§ 1237 Öffentliche Bekanntmachung
§ 1238 Verkaufsbedingungen
§ 1239 Mitbieten durch Gläubiger und Eigentümer
§ 1240 Gold- und Silbersachen
§ 1241 Benachrichtigung des Eigentümers
§ 1242 Wirkungen der rechtmäßigen Veräußerung
§ 1243 Rechtswidrige Veräußerung
§ 1244 Gutgläubiger Erwerb
§ 1245 Abweichende Vereinbarungen
§ 1246 Abweichung aus Billigkeitsgründen
§ 1247 Erlös aus dem Pfande
§ 1248 Eigentumsvermutung
§ 1249 Ablösungsrecht
§ 1250 Übertragung der Forderung
§ 1251 Wirkung des Pfandrechtsübergangs
§ 1252 Erlöschen mit der Forderung
§ 1253 Erlöschen durch Rückgabe
§ 1254 Anspruch auf Rückgabe
§ 1255 Aufhebung des Pfandrechts
§ 1256 Zusammentreffen von Pfandrecht und Eigentum
§ 1257 Gesetzliches Pfandrecht
§ 1258 Pfandrecht am Anteil eines Miteigentümers
§§ 1259 bis 1272 (weggefallen)

Titel 2: **Pfandrecht an Rechten**
§ 1273 Gesetzlicher Inhalt des Pfandrechts an Rechten
§ 1274 Bestellung
§ 1275 Pfandrecht an Recht auf Leistung
§ 1276 Aufhebung oder Änderung des verpfändeten Rechts
§ 1277 Befriedigung durch Zwangsvollstreckung
§ 1278 Erlöschen durch Rückgabe
§ 1279 Pfandrecht an einer Forderung
§ 1280 Anzeige an den Schuldner
§ 1281 Leistung vor Fälligkeit
§ 1282 Leistung nach Fälligkeit
§ 1283 Kündigung
§ 1284 Abweichende Vereinbarungen
§ 1285 Mitwirkung zur Einziehung
§ 1286 Kündigungspflicht bei Gefährdung
§ 1287 Wirkung der Leistung
§ 1288 Anlegung eingezogenen Geldes
§ 1289 Erstreckung auf die Zinsen
§ 1290 Einziehung bei mehrfacher Verpfändung
§ 1291 Pfandrecht an Grund- oder Rentenschuld
§ 1292 Verpfändung von Orderpapieren
§ 1293 Pfandrecht an Inhaberpapieren
§ 1294 Einziehung und Kündigung
§ 1295 Freihändiger Verkauf von Orderpapieren
§ 1296 Erstreckung auf Zinsscheine

Buch 4: Familienrecht
Abschnitt 1: **Bürgerliche Ehe**
Titel 1: **Verlöbnis**
§ 1297 Unklagbarkeit, Nichtigkeit eines Strafversprechens
§ 1298 Ersatzpflicht bei Rücktritt
§ 1299 Rücktritt aus Verschulden des anderen Teils
§ 1300 (weggefallen)
§ 1301 Rückgabe der Geschenke
§ 1302 Verjährung

Titel 2: **Eingehung der Ehe**
Untertitel 1: **Ehefähigkeit**
§ 1303 Ehemündigkeit
§ 1304 Geschäftsunfähigkeit
§ 1305 (weggefallen)

Untertitel 2: **Eheverbote**
§ 1306 Doppelehe
§ 1307 Verwandtschaft
§ 1308 Annahme als Kind

Untertitel 3: **Ehefähigkeitszeugnis**
§ 1309 Ehefähigkeitszeugnis für Ausländer

Untertitel 4: **Eheschließung**
§ 1310 Zuständigkeit des Standesbeamten, Heilung fehlerhafter Ehen
§ 1311 Persönliche Erklärung
§ 1312 Trauung, Eintragung

Titel 3: **Aufhebung der Ehe**
§ 1313 Aufhebung durch Urteil
§ 1314 Aufhebungsgründe
§ 1315 Ausschluss der Aufhebung
§ 1316 Antragsberechtigung
§ 1317 Antragsfrist
§ 1318 Folgen der Aufhebung

Titel 4: **Wiederverheiratung nach Todeserklärung**
§ 1319 Aufhebung der bisherigen Ehe
§ 1320 Aufhebung der neuen Ehe
§§ 1321 bis 1352 (weggefallen)

Titel 5: **Wirkungen der Ehe im Allgemeinen**
§ 1353 Eheliche Lebensgemeinschaft
§ 1354 (weggefallen)
§ 1355 Ehename
§ 1356 Haushaltsführung, Erwerbstätigkeit
§ 1357 Geschäfte zur Deckung des Lebensbedarfs
§ 1358 (weggefallen)
§ 1359 Umfang der Sorgfaltspflicht
§ 1360 Verpflichtung zum Familienunterhalt
§ 1360 a Umfang der Unterhaltspflicht
§ 1360 b Zuvielleistung
§ 1361 Unterhalt bei Getrenntleben
§ 1361 a Hausratsverteilung bei Getrenntleben
§ 1361 b Ehewohnung bei Getrenntleben
§ 1362 Eigentumsvermutung

Titel 6: **Eheliches Güterrecht**
Untertitel 1: **Gesetzliches Güterrecht**
§ 1363 Zugewinngemeinschaft

§		§	
1364	Vermögensverwaltung		Unterkapitel 2: **Verwaltung des Gesamtguts durch den Mann oder die Frau**
1365	Verfügung über Vermögen im Ganzen		
1366	Genehmigung von Verträgen	1422	Inhalt des Verwaltungsrechts
1367	Einseitige Rechtsgeschäfte	1423	Verfügung über das Gesamtgut im Ganzen
1368	Geltendmachung der Unwirksamkeit		
1369	Verfügungen über Haushaltsgegenstände	1424	Verfügung über Grundstücke, Schiffe oder Schiffsbauwerke
1370	Ersatz von Haushaltsgegenständen	1425	Schenkungen
1371	Zugewinnausgleich im Todesfall	1426	Ersetzung der Zustimmung des anderen Ehegatten
1372	Zugewinnausgleich in anderen Fällen		
1373	Zugewinn	1427	Rechtsfolgen fehlender Einwilligung
1374	Anfangsvermögen	1428	Verfügungen ohne Zustimmung
1375	Endvermögen	1429	Notverwaltungsrecht
1376	Wertermittlung des Anfangs- und Endvermögens	1430	Ersetzung der Zustimmung des Verwalters
1377	Verzeichnis des Anfangsvermögens	1431	Selbständiges Erwerbsgeschäft
1378	Ausgleichsforderung	1432	Annahme einer Erbschaft; Ablehnung von Vertragsantrag oder Schenkung
1379	Auskunftspflicht		
1380	Anrechnung von Vorausempfängen	1433	Fortsetzung eines Rechtsstreits
1381	Leistungsverweigerung wegen grober Unbilligkeit	1434	Ungerechtfertigte Bereicherung des Gesamtguts
1382	Stundung	1435	Pflichten des Verwalters
1383	Übertragung von Vermögensgegenständen	1436	Verwalter unter Vormundschaft oder Betreuung
1384	Berechnungszeitpunkt bei Scheidung	1437	Gesamtgutsverbindlichkeiten; persönliche Haftung
1385	Vorzeitiger Zugewinnausgleich bei Getrenntleben	1438	Haftung des Gesamtguts
1386	Vorzeitiger Zugewinnausgleich in sonstigen Fällen	1439	Keine Haftung bei Erwerb einer Erbschaft
1387	Berechnungszeitpunkt bei vorzeitigem Ausgleich	1440	Haftung für Vorbehalts- oder Sondergut
1388	Eintritt der Gütertrennung	1441	Haftung im Innenverhältnis
1389	Sicherheitsleistung	1442	Verbindlichkeiten des Sonderguts und eines Erwerbsgeschäfts
1390	Ansprüche des Ausgleichsberechtigten gegen Dritte	1443	Prozesskosten
§§ 1391 bis 1407 (weggefallen)		1444	Kosten der Ausstattung eines Kindes
		1445	Ausgleichung zwischen Vorbehalts-, Sonder- und Gesamtgut
Untertitel 2: **Vertragliches Güterrecht**			
Kapitel 1: **Allgemeine Vorschriften**		1446	Fälligkeit des Ausgleichsanspruchs
1408	Ehevertrag, Vertragsfreiheit	1447	Aufhebungsklage des nicht verwaltenden Ehegatten
1409	Beschränkung der Vertragsfreiheit		
1410	Form	1448	Aufhebungsklage des Verwalters
1411	Eheverträge beschränkt Geschäftsfähiger und Geschäftsunfähiger	1449	Wirkung des Aufhebungsurteils
		Unterkapitel 3 : **Gemeinschaftliche Verwaltung des Gesamtguts durch die Ehegatten**	
1412	Wirkung gegenüber Dritten		
1413	Widerruf der Überlassung der Vermögensverwaltung	1450	Gemeinschaftliche Verwaltung durch die Ehegatten
Kapitel 2: **Gütertrennung**		1451	Mitwirkungspflicht beider Ehegatten
1414	Eintritt der Gütertrennung	1452	Ersetzung der Zustimmung
Kapitel 3: **Gütergemeinschaft**		1453	Verfügung ohne Einwilligung
		1454	Notverwaltungsrecht
Unterkapitel 1: **Allgemeine Vorschriften**		1455	Verwaltungshandlungen ohne Mitwirkung des anderen Ehegatten
1415	Vereinbarung durch Ehevertrag		
1416	Gesamtgut	1456	Selbständiges Erwerbsgeschäft
1417	Sondergut	1457	Ungerechtfertigte Bereicherung des Gesamtguts
1418	Vorbehaltsgut		
1419	Gesamthandsgemeinschaft	1458	Vormundschaft über einen Ehegatten
1420	Verwendung zum Unterhalt	1459	Gesamtgutsverbindlichkeiten; persönliche Haftung
1421	Verwaltung des Gesamtguts		
		1460	Haftung des Gesamtguts
		1461	Keine Haftung bei Erwerb einer Erbschaft

Inhaltsverzeichnis

§ 1462 Haftung für Vorbehalts- oder Sondergut
§ 1463 Haftung im Innenverhältnis
§ 1464 Verbindlichkeiten des Sonderguts und eines Erwerbsgeschäfts
§ 1465 Prozesskosten
§ 1466 Kosten der Ausstattung eines nicht gemeinschaftlichen Kindes
§ 1467 Ausgleichung zwischen Vorbehalts-, Sonder- und Gesamtgut
§ 1468 Fälligkeit des Ausgleichsanspruchs
§ 1469 Aufhebungsklage
§ 1470 Wirkung des Aufhebungsurteils

Unterkapitel 4: **Auseinandersetzung des Gesamtguts**
§ 1471 Beginn der Auseinandersetzung
§ 1472 Gemeinschaftliche Verwaltung des Gesamtguts
§ 1473 Unmittelbare Ersetzung
§ 1474 Durchführung der Auseinandersetzung
§ 1475 Berichtigung der Gesamtgutsverbindlichkeiten
§ 1476 Teilung des Überschusses
§ 1477 Durchführung der Teilung
§ 1478 Auseinandersetzung nach Scheidung
§ 1479 Auseinandersetzung nach Aufhebungsurteil
§ 1480 Haftung nach der Teilung gegenüber Dritten
§ 1481 Haftung der Ehegatten untereinander
§ 1482 Eheauflösung durch Tod

Unterkapitel 5: **Fortgesetzte Gütergemeinschaft**
§ 1483 Eintritt der fortgesetzten Gütergemeinschaft
§ 1484 Ablehnung der fortgesetzten Gütergemeinschaft
§ 1485 Gesamtgut
§ 1486 Vorbehaltsgut; Sondergut
§ 1487 Rechtsstellung des Ehegatten und der Abkömmlinge
§ 1488 Gesamtgutsverbindlichkeiten
§ 1489 Persönliche Haftung für die Gesamtgutsverbindlichkeiten
§ 1490 Tod eines Abkömmlings
§ 1491 Verzicht eines Abkömmlings
§ 1492 Aufhebung durch den überlebenden Ehegatten
§ 1493 Wiederverheiratung oder Begründung einer Lebenspartnerschaft des überlebenden Ehegatten
§ 1494 Tod des überlebenden Ehegatten
§ 1495 Aufhebungsklage eines Abkömmlings
§ 1496 Wirkung des Aufhebungsurteils
§ 1497 Rechtsverhältnis bis zur Auseinandersetzung
§ 1498 Durchführung der Auseinandersetzung
§ 1499 Verbindlichkeiten zu Lasten des überlebenden Ehegatten
§ 1500 Verbindlichkeiten zu Lasten der Abkömmlinge
§ 1501 Anrechnung von Abfindungen
§ 1502 Übernahmerecht des überlebenden Ehegatten
§ 1503 Teilung unter den Abkömmlingen
§ 1504 Haftungsausgleich unter Abkömmlingen
§ 1505 Ergänzung des Anteils des Abkömmlings
§ 1506 Anteilsunwürdigkeit
§ 1507 Zeugnis über Fortsetzung der Gütergemeinschaft
§ 1508 (weggefallen)
§ 1509 Ausschließung der fortgesetzten Gütergemeinschaft durch letztwillige Verfügung
§ 1510 Wirkung der Ausschließung
§ 1511 Ausschließung eines Abkömmlings
§ 1512 Herabsetzung des Anteils
§ 1513 Entziehung des Anteils
§ 1514 Zuwendung des entzogenen Betrags
§ 1515 Übernahmerecht eines Abkömmlings und des Ehegatten
§ 1516 Zustimmung des anderen Ehegatten
§ 1517 Verzicht eines Abkömmlings auf seinen Anteil
§ 1518 Zwingendes Recht
§§ 1519 bis 1557 (weggefallen)

Untertitel 3: **Güterrechtsregister**
§ 1558 Zuständiges Registergericht
§ 1559 Verlegung des gewöhnlichen Aufenthalts
§ 1560 Antrag auf Eintragung
§ 1561 Antragserfordernisse
§ 1562 Öffentliche Bekanntmachung
§ 1563 Registereinsicht

Titel 7: **Scheidung der Ehe**

Untertitel 1: **Scheidungsgründe**
§ 1564 Scheidung durch Urteil
§ 1565 Scheitern der Ehe
§ 1566 Vermutung für das Scheitern
§ 1567 Getrenntleben
§ 1568 Härteklausel

Untertitel 2: **Unterhalt des geschiedenen Ehegatten**

Kapitel 1: **Grundsatz**
§ 1569 Abschließende Regelung

Kapitel 2: **Unterhaltsberechtigung**
§ 1570 Unterhalt wegen Betreuung eines Kindes
§ 1571 Unterhalt wegen Alters
§ 1572 Unterhalt wegen Krankheit oder Gebrechen
§ 1573 Unterhalt wegen Erwerbslosigkeit und Aufstockungsunterhalt
§ 1574 Angemessene Erwerbstätigkeit
§ 1575 Ausbildung, Fortbildung oder Umschulung
§ 1576 Unterhalt aus Billigkeitsgründen
§ 1577 Bedürftigkeit
§ 1578 Maß des Unterhalts

Inhaltsverzeichnis

§ 1578 a Deckungsvermutung bei schadensbedingten Mehraufwendungen
§ 1579 Beschränkung oder Wegfall der Verpflichtung
§ 1580 Auskunftspflicht

Kapitel 3: **Leistungsfähigkeit und Rangfolge**
§ 1581 Leistungsfähigkeit
§ 1582 Rangverhältnisse mehrerer Unterhaltsbedürftiger
§ 1583 Einfluss des Güterstands
§ 1584 Rangverhältnisse mehrerer Unterhaltsverpflichteter

Kapitel 4: **Gestaltung des Unterhaltsanspruchs**
§ 1585 Art der Unterhaltsgewährung
§ 1585 a Sicherheitsleistung
§ 1585 b Unterhalt für die Vergangenheit
§ 1585 c Vereinbarungen über den Unterhalt

Kapitel 5: **Ende des Unterhaltsanspruchs**
§ 1586 Wiederverheiratung, Begründung einer Lebenspartnerschaft oder Tod des Berechtigten
§ 1586 a Wiederaufleben des Unterhaltsanspruchs
§ 1586 b Kein Erlöschen bei Tod des Verpflichteten

Untertitel 3: **Versorgungsausgleich**

Kapitel 1: **Grundsatz**
§ 1587 Auszugleichende Versorgungsanrechte

Kapitel 2: **Wertausgleich von Anwartschaften oder Aussichten auf eine Versorgung**
§ 1587 a Ausgleichsanspruch
§ 1587 b Übertragung und Begründung von Rentenanwartschaften durch das Familiengericht
§ 1587 c Beschränkung oder Wegfall des Ausgleichs
§ 1587 d Ruhen der Verpflichtung zur Begründung von Rentenanwartschaften
§ 1587 e Auskunftspflicht; Erlöschen des Ausgleichsanspruchs

Kapitel 3: **Schuldrechtlicher Versorgungsausgleich**
§ 1587 f Voraussetzungen
§ 1587 g Anspruch auf Rentenzahlung
§ 1587 h Beschränkung oder Wegfall des Ausgleichsanspruchs
§ 1587 i Abtretung von Versorgungsansprüchen
§ 1587 k Anwendbare Vorschriften; Erlöschen des Ausgleichsanspruchs
§ 1587 l Anspruch auf Abfindung künftiger Ausgleichsansprüche
§ 1587 m Erlöschen des Abfindungsanspruchs
§ 1587 n Anrechnung auf Unterhaltsanspruch

Kapitel 4: **Parteivereinbarungen**
§ 1587 o Vereinbarungen über den Ausgleich

Kapitel 5: **Schutz des Versorgungsschuldners**
§ 1587 p Leistung an den bisherigen Berechtigten

Titel 8: **Kirchliche Verpflichtungen**
§ 1588 (keine Überschrift)

Abschnitt 2: **Verwandtschaft**

Titel 1: **Allgemeine Vorschriften**
§ 1589 Verwandtschaft
§ 1590 Schwägerschaft

Titel 2: **Abstammung**
§ 1591 Mutterschaft
§ 1592 Vaterschaft
§ 1593 Vaterschaft bei Auflösung der Ehe durch Tod
§ 1594 Anerkennung der Vaterschaft
§ 1595 Zustimmungsbedürftigkeit der Anerkennung
§ 1596 Anerkennung und Zustimmung bei fehlender oder beschränkter Geschäftsfähigkeit
§ 1597 Formerfordernisse; Widerruf
§ 1598 Unwirksamkeit von Anerkennung, Zustimmung und Widerruf
§ 1599 Nichtbestehen der Vaterschaft
§ 1600 Anfechtungsberechtigte
§ 1600 a Persönliche Anfechtung; Anfechtung bei fehlender oder beschränkter Geschäftsfähigkeit
§ 1600 b Anfechtungsfristen
§ 1600 c Vaterschaftsvermutung im Anfechtungsverfahren
§ 1600 d Gerichtliche Feststellung der Vaterschaft
§ 1600 e Zuständigkeit des Familiengerichts; Aktiv- und Passivlegitimation

Titel 3: **Unterhaltspflicht**

Untertitel 1: **Allgemeine Vorschriften**
§ 1601 Unterhaltsverpflichtete
§ 1602 Bedürftigkeit
§ 1603 Leistungsfähigkeit
§ 1604 Einfluss des Güterstands
§ 1605 Auskunftspflicht
§ 1606 Rangverhältnisse mehrerer Pflichtiger
§ 1607 Ersatzhaftung und gesetzlicher Forderungsübergang
§ 1608 Haftung des Ehegatten oder Lebenspartners
§ 1609 Rangverhältnisse mehrerer Bedürftiger
§ 1610 Maß des Unterhalts
§ 1610 a Deckungsvermutung bei schadensbedingten Mehraufwendungen
§ 1611 Beschränkung oder Wegfall der Verpflichtung
§ 1612 Art der Unterhaltsgewährung
§ 1612 a Art der Unterhaltsgewährung bei minderjährigen Kindern
§ 1612 b Anrechnung von Kindergeld
§ 1612 c Anrechnung anderer kindbezogener Leistungen
§ 1613 Unterhalt für die Vergangenheit
§ 1614 Verzicht auf den Unterhaltsanspruch; Vorausleistung
§ 1615 Erlöschen des Unterhaltsanspruchs

Inhaltsverzeichnis

Untertitel 2: **Besonderes Vorschriften für das Kind und seine nicht miteinander verheirateten Eltern**
§ 1615 a Anwendbare Vorschriften
§§ 1615 b bis 1615 k (weggefallen)
§ 1615 l Unterhaltsanspruch von Mutter und Vater aus Anlass der Geburt
§ 1615 m Beerdigungskosten für die Mutter
§ 1615 n Kein Erlöschen bei Tod des Vaters oder Totgeburt
§ 1615 o Einstweilige Verfügung

Titel 4: **Rechtsverhältnis zwischen den Eltern und dem Kind im Allgemeinen**
§ 1616 Geburtsname bei Eltern mit Ehenamen
§ 1617 Geburtsname bei Eltern ohne Ehenamen und gemeinsamer Sorge
§ 1617 a Geburtsname bei Eltern ohne Ehenamen und Alleinsorge
§ 1617 b Name bei nachträglicher gemeinsamer Sorge oder Scheinvaterschaft
§ 1617 c Name bei Namensänderung der Eltern
§ 1618 Einbenennung
§ 1618 a Pflicht zu Beistand und Rücksicht
§ 1619 Dienstleistungen in Haus und Geschäft
§ 1620 Aufwendungen des Kindes für den elterlichen Haushalt
§§ 1621 bis 1623 (weggefallen)
§ 1624 Ausstattung aus dem Elternvermögen
§ 1625 Ausstattung aus dem Kindesvermögen

Titel 5: **Elterliche Sorge**
§ 1626 Elterliche Sorge, Grundsätze
§ 1626 a Elterliche Sorge nicht miteinander verheirateter Eltern; Sorgeerklärungen
§ 1626 b Besondere Wirksamkeitsvoraussetzungen der Sorgeerklärung
§ 1626 c Persönliche Abgabe; beschränkt geschäftsfähiger Elternteil
§ 1626 d Form; Mitteilungspflicht
§ 1626 e Unwirksamkeit
§ 1627 Ausübung der elterlichen Sorge
§ 1628 Gerichtliche Entscheidung bei Meinungsverschiedenheiten der Eltern
§ 1629 Vertretung des Kindes
§ 1629 a Beschränkung der Minderjährigenhaftung
§ 1630 Elterliche Sorge bei Pflegerbestellung oder Familienpflege
§ 1631 Inhalt und Grenzen der Personensorge
§ 1631 a Ausbildung und Beruf
§ 1631 b Mit Freiheitsentziehung verbundene Unterbringung
§ 1631 c Verbot der Sterilisation
§ 1632 Herausgabe des Kindes; Bestimmung des Umgangs; Verbleibensanordnung bei Familienpflege
§ 1633 Personensorge für verheirateten Minderjährigen
§§ 1634 bis 1637 (weggefallen)
§ 1638 Beschränkung der Vermögenssorge
§ 1639 Anordnungen des Erblassers oder Zuwendenden
§ 1640 Vermögensverzeichnis
§ 1641 Schenkungsverbot
§ 1642 Anlegung von Geld
§ 1643 Genehmigungspflichtige Rechtsgeschäfte
§ 1644 Überlassung von Vermögensgegenständen an das Kind
§ 1645 Neues Erwerbsgeschäft
§ 1646 Erwerb mit Mitteln des Kindes
§ 1647 (weggefallen)
§ 1648 Ersatz von Aufwendungen
§ 1649 Verwendung der Einkünfte des Kindesvermögens
§§ 1650 bis 1663 (weggefallen)
§ 1664 Beschränkte Haftung der Eltern
§ 1665 (weggefallen)
§ 1666 Gerichtliche Maßnahmen bei Gefährdung des Kindeswohls
§ 1666 a Grundsatz der Verhältnismäßigkeit; Vorrang öffentlicher Hilfen
§ 1667 Gerichtliche Maßnahmen bei Gefährdung des Kindesvermögens
§§ 1668 bis 1670 (weggefallen)
§ 1671 Getrenntleben bei gemeinsamer elterlicher Sorge
§ 1672 Getrenntleben bei elterlicher Sorge der Mutter
§ 1673 Ruhen der elterlichen Sorge bei rechtlichem Hindernis
§ 1674 Ruhen der elterlichen Sorge bei tatsächlichem Hindernis
§ 1675 Wirkung des Ruhens
§ 1676 (weggefallen)
§ 1677 Beendigung der Sorge durch Todeserklärung
§ 1678 Folgen der tatsächlichen Verhinderung oder des Ruhens für den anderen Elternteil
§ 1679 (weggefallen)
§ 1680 Tod eines Elternteils oder Entziehung des Sorgerechts
§ 1681 Todeserklärung eines Elternteils
§ 1682 Verbleibensanordnung zugunsten von Bezugspersonen
§ 1683 Vermögensverzeichnis bei Wiederheirat
§ 1684 Umgang des Kindes mit den Eltern
§ 1685 Umgang des Kindes mit anderen Bezugspersonen
§ 1686 Auskunft über die persönlichen Verhältnisse des Kindes
§ 1687 Ausübung der gemeinsamen Sorge bei Getrenntleben
§ 1687 a Entscheidungsbefugnisse des nicht sorgeberechtigten Elternteils
§ 1687 b Sorgerechtliche Befugnisse des Ehegatten
§ 1688 Entscheidungsbefugnisse der Pflegeperson
§§ 1689 bis 1692 (weggefallen)

Inhaltsverzeichnis

§ 1693 Gerichtliche Maßnahmen bei Verhinderung der Eltern
§§ 1694, 1695 (weggefallen)
§ 1696 Abänderung und Überprüfung gerichtlicher Anordnungen
§ 1697 Anordnung von Vormundschaft oder Pflegschaft durch das Familiengericht
§ 1697 a Kindeswohlprinzip
§ 1698 Herausgabe des Kindesvermögens; Rechnungslegung
§ 1698 a Fortführung der Geschäfte in Unkenntnis der Beendigung der elterlichen Sorge
§ 1698 b Fortführung dringender Geschäfte nach Tod des Kindes
§§ 1699 bis 1711 (weggefallen)

Titel 6: **Beistandschaft**
§ 1712 Beistandschaft des Jugendamts; Aufgaben
§ 1713 Antragsberechtigte
§ 1714 Eintritt der Beistandschaft
§ 1715 Beendigung der Beistandschaft
§ 1716 Wirkungen der Beistandschaft
§ 1717 Erfordernis des gewöhnlichen Aufenthalts im Inland
§§ 1718 bis 1740 (weggefallen)

Titel 7: **Annahme als Kind**

Untertitel 1: **Annahme Minderjähriger**
§ 1741 Zulässigkeit der Annahme
§ 1742 Annahme nur als gemeinschaftliches Kind
§ 1743 Mindestalter
§ 1744 Probezeit
§ 1745 Verbot der Annahme
§ 1746 Einwilligung des Kindes
§ 1747 Einwilligung der Eltern des Kindes
§ 1748 Ersetzung der Einwilligung eines Elternteils
§ 1749 Einwilligung des Ehegatten
§ 1750 Einwilligungserklärung
§ 1751 Wirkung der elterlichen Einwilligung, Verpflichtung zum Unterhalt
§ 1752 Beschluss des Vormundschaftsgerichts, Antrag
§ 1753 Annahme nach dem Tode
§ 1754 Wirkung der Annahme
§ 1755 Erlöschen von Verwandtschaftsverhältnissen
§ 1756 Bestehenbleiben von Verwandtschaftsverhältnissen
§ 1757 Name des Kindes
§ 1758 Offenbarungs- und Ausforschungsverbot
§ 1759 Aufhebung des Annahmeverhältnisses
§ 1760 Aufhebung wegen fehlender Erklärungen
§ 1761 Aufhebungshindernisse
§ 1762 Antragsberechtigung; Antragsfrist, Form
§ 1763 Aufhebung von Amts wegen
§ 1764 Wirkung der Aufhebung
§ 1765 Name des Kindes nach der Aufhebung
§ 1766 Ehe zwischen Annehmendem und Kind

Untertitel 2: **Annahme Volljähriger**
§ 1767 Zulässigkeit der Annahme, anzuwendende Vorschriften
§ 1768 Antrag
§ 1769 Verbot der Annahme
§ 1770 Wirkung der Annahme
§ 1771 Aufhebung des Annahmeverhältnisses
§ 1772 Annahme mit den Wirkungen der Minderjährigenannahme

Abschnitt 3: **Vormundschaft, Rechtliche Betreuung, Pflegschaft**

Titel 1: **Vormundschaft**

Untertitel 1: **Begründung der Vormundschaft**
§ 1773 Voraussetzungen
§ 1774 Anordnung von Amts wegen
§ 1775 Mehrere Vormünder
§ 1776 Benennungsrecht der Eltern
§ 1777 Voraussetzungen des Benennungsrechts
§ 1778 Übergehen des benannten Vormunds
§ 1779 Auswahl durch das Vormundschaftsgericht
§ 1780 Unfähigkeit zur Vormundschaft
§ 1781 Untauglichkeit zur Vormundschaft
§ 1782 Ausschluss durch die Eltern
§ 1783 (weggefallen)
§ 1784 Beamter oder Religionsdiener als Vormund
§ 1785 Übernahmepflicht
§ 1786 Ablehnungsrecht
§ 1787 Folgen der unbegründeten Ablehnung
§ 1788 Zwangsgeld
§ 1789 Bestellung durch das Vormundschaftsgericht
§ 1790 Bestellung unter Vorbehalt
§ 1791 Bestallungsurkunde
§ 1791 a Vereinsvormundschaft
§ 1791 b Bestellte Amtsvormundschaft des Jugendamts
§ 1791 c Gesetzliche Amtsvormundschaft des Jugendamts
§ 1792 Gegenvormund

Untertitel 2: **Führung der Vormundschaft**
§ 1793 Aufgaben des Vormunds, Haftung des Mündels
§ 1794 Beschränkung durch Pflegschaft
§ 1795 Ausschluss der Vertretungsmacht
§ 1796 Entziehung der Vertretungsmacht
§ 1797 Mehrere Vormünder
§ 1798 Meinungsverschiedenheiten
§ 1799 Pflichten und Rechte des Gegenvormunds
§ 1800 Umfang der Personensorge
§ 1801 Religiöse Erziehung
§ 1802 Vermögensverzeichnis
§ 1803 Vermögensverwaltung bei Erbschaft oder Schenkung
§ 1804 Schenkungen des Vormunds

Inhaltsverzeichnis

§ 1805 Verwendung für den Vormund
§ 1806 Anlegung von Mündelgeld
§ 1807 Art der Anlegung
§ 1808 (weggefallen)
§ 1809 Anlegung mit Sperrvermerk
§ 1810 Mitwirkung von Gegenvormund oder Vormundschaftsgericht
§ 1811 Andere Anlegung
§ 1812 Verfügungen über Forderungen und Wertpapiere
§ 1813 Genehmigungsfreie Geschäfte
§ 1814 Hinterlegung von Inhaberpapieren
§ 1815 Umschreibung und Umwandlung von Inhaberpapieren
§ 1816 Sperrung von Buchforderungen
§ 1817 Befreiung
§ 1818 Anordnung der Hinterlegung
§ 1819 Genehmigung bei Hinterlegung
§ 1820 Genehmigung nach Umschreibung und Umwandlung
§ 1821 Genehmigung für Geschäfte über Grundstücke, Schiffe oder Schiffsbauwerke
§ 1822 Genehmigung für sonstige Geschäfte
§ 1823 Genehmigung bei einem Erwerbsgeschäft des Mündels
§ 1824 Genehmigung für die Überlassung von Gegenständen an den Mündel
§ 1825 Allgemeine Ermächtigung
§ 1826 Anhörung des Gegenvormunds vor Erteilung der Genehmigung
§ 1827 (weggefallen)
§ 1828 Erklärung der Genehmigung
§ 1829 Nachträgliche Genehmigung
§ 1830 Widerrufsrecht des Geschäftspartners
§ 1831 Einseitiges Rechtsgeschäft ohne Genehmigung
§ 1832 Genehmigung des Gegenvormunds
§ 1833 Haftung des Vormunds
§ 1834 Verzinsungspflicht
§ 1835 Aufwendungsersatz
§ 1835 a Aufwandsentschädigung
§ 1836 Vergütung des Vormunds
§ 1836 a Vergütung aus der Staatskasse
§ 1836 b Vergütung des Berufsvormunds, Zeitbegrenzung
§ 1836 c Einzusetzende Mittel des Mündels
§ 1836 d Mittellosigkeit des Mündels
§ 1836 e Gesetzlicher Forderungsübergang

Untertitel 3: Fürsorge und Aufsicht des Vormundschaftsgerichts
§ 1837 Beratung und Aufsicht
§ 1838 (weggefallen)
§ 1839 Auskunftspflicht des Vormunds
§ 1840 Bericht und Rechnungslegung
§ 1841 Inhalt der Rechnungslegung
§ 1842 Mitwirkung des Gegenvormunds
§ 1843 Prüfung durch das Vormundschaftsgericht
§ 1844 (weggefallen)
§ 1845 Eheschließung des zum Vormund bestellten Elternteils
§ 1846 Einstweilige Maßregeln des Vormundschaftsgerichts
§ 1847 Anhörung von Angehörigen
§ 1848 (weggefallen)

Untertitel 4: Mitwirkung des Jugendamts
§§ 1849, 1850 (weggefallen)
§ 1851 Mitteilungspflichten

Untertitel 5: Befreite Vormundschaft
§ 1852 Befreiung durch den Vater
§ 1853 Befreiung von Hinterlegung und Sperrung
§ 1854 Befreiung von der Rechnungslegungspflicht
§ 1855 Befreiung durch die Mutter
§ 1856 Voraussetzungen der Befreiung
§ 1857 Aufhebung der Befreiung durch das Vormundschaftsgericht
§ 1857 a Befreiung des Jugendamts und des Vereins
§§ 1858 bis 1881 (weggefallen)

Untertitel 6: Beendigung der Vormundschaft
§ 1882 Wegfall der Voraussetzungen
§ 1883 (weggefallen)
§ 1884 Verschollenheit und Todeserklärung des Mündels
§ 1885 (weggefallen)
§ 1886 Entlassung des Einzelvormunds
§ 1887 Entlassung des Jugendamts oder Vereins
§ 1888 Entlassung von Beamten und Religionsdienern
§ 1889 Entlassung auf eigenen Antrag
§ 1890 Vermögensherausgabe und Rechnungslegung
§ 1891 Mitwirkung des Gegenvormunds
§ 1892 Rechnungsprüfung und -anerkennung
§ 1893 Fortführung der Geschäfte nach Beendigung der Vormundschaft, Rückgabe von Urkunden
§ 1894 Anzeige bei Tod des Vormunds
§ 1895 Amtsende des Gegenvormunds

Titel 2: Rechtliche Betreuung
§ 1896 Voraussetzungen
§ 1897 Bestellung einer natürlichen Person
§ 1898 Übernahmepflicht
§ 1899 Mehrere Betreuer
§ 1900 Betreuung durch Verein oder Behörde
§ 1901 Umfang der Betreuung, Pflichten des Betreuers
§ 1901 a Schriftliche Betreuungswünsche
§ 1902 Vertretung des Betreuten
§ 1903 Einwilligungsvorbehalt
§ 1904 Genehmigung des Vormundschaftsgerichts bei ärztlichen Maßnahmen
§ 1905 Sterilisation
§ 1906 Genehmigung des Vormundschaftsgerichts bei der Unterbringung

Inhaltsverzeichnis

§ 1907 Genehmigung des Vormundschaftsgerichts bei der Aufgabe der Mietwohnung
§ 1908 Genehmigung des Vormundschaftsgerichts bei der Ausstattung
§ 1908 a Vorsorgliche Betreuerbestellung und Anordnung des Einwilligungsvorbehalts für Minderjährige
§ 1908 b Entlassung des Betreuers
§ 1908 c Bestellung eines neuen Betreuers
§ 1908 d Aufhebung oder Änderung von Betreuung und Einwilligungsvorbehalt
§ 1908 e Aufwendungsersatz und Vergütung für Vereine
§ 1908 f Anerkennung als Betreuungsverein
§ 1908 g Behördenbetreuer
§ 1908 h Aufwendungsersatz und Vergütung für Behördenbetreuer
§ 1908 i Entsprechend anwendbare Vorschriften
§ 1908 k Mitteilung an die Betreuungsbehörde

Titel 3: **Pflegschaft**

§ 1909 Ergänzungspflegschaft
§ 1910 (weggefallen)
§ 1911 Abwesenheitspflegschaft
§ 1912 Pflegschaft für eine Leibesfrucht
§ 1913 Pflegschaft für unbekannte Beteiligte
§ 1914 Pflegschaft für gesammeltes Vermögen
§ 1915 Anwendung des Vormundschaftsrechts
§ 1916 Berufung als Ergänzungspfleger
§ 1917 Ernennung des Ergänzungspflegers durch Erblasser und Dritte
§ 1918 Ende der Pflegschaft kraft Gesetzes
§ 1919 Aufhebung der Pflegschaft bei Wegfall des Grundes
§ 1920 (weggefallen)
§ 1921 Aufhebung der Abwesenheitspflegschaft

Buch 5: Erbrecht

Abschnitt 1: **Erbfolge**

§ 1922 Gesamtrechtsnachfolge
§ 1923 Erbfähigkeit
§ 1924 Gesetzliche Erben erster Ordnung
§ 1925 Gesetzliche Erben zweiter Ordnung
§ 1926 Gesetzliche Erben dritter Ordnung
§ 1927 Mehrere Erbteile bei mehrfacher Verwandtschaft
§ 1928 Gesetzliche Erben vierter Ordnung
§ 1929 Fernere Ordnungen
§ 1930 Rangfolge der Ordnungen
§ 1931 Gesetzliches Erbrecht des Ehegatten
§ 1932 Voraus des Ehegatten
§ 1933 Ausschluss des Ehegattenerbrechts
§ 1934 Erbrecht des verwandten Ehegatten
§ 1935 Folgen der Erbteilserhöhung
§ 1936 Gesetzliches Erbrecht des Fiskus
§ 1937 Erbeinsetzung durch letztwillige Verfügung
§ 1938 Enterbung ohne Erbeinsetzung
§ 1939 Vermächtnis
§ 1940 Auflage
§ 1941 Erbvertrag

Abschnitt 2: **Rechtliche Stellung des Erben**

Titel 1: **Annahme und Ausschlagung der Erbschaft, Fürsorge des Nachlassgerichts**

§ 1942 Anfall und Ausschlagung der Erbschaft
§ 1943 Annahme und Ausschlagung der Erbschaft
§ 1944 Ausschlagungsfrist
§ 1945 Form der Ausschlagung
§ 1946 Zeitpunkt für Annahme oder Ausschlagung
§ 1947 Bedingung und Zeitbestimmung
§ 1948 Mehrere Berufungsgründe
§ 1949 Irrtum über den Berufungsgrund
§ 1950 Teilannahme; Teilausschlagung
§ 1951 Mehrere Erbteile
§ 1952 Vererblichkeit des Ausschlagungsrechts
§ 1953 Wirkung der Ausschlagung
§ 1954 Anfechtungsfrist
§ 1955 Form der Anfechtung
§ 1956 Anfechtung der Fristversäumung
§ 1957 Wirkung der Anfechtung
§ 1958 Gerichtliche Geltendmachung von Ansprüchen gegen den Erben
§ 1959 Geschäftsführung vor der Ausschlagung
§ 1960 Sicherung des Nachlasses; Nachlasspfleger
§ 1961 Nachlasspflegschaft auf Antrag
§ 1962 Zuständigkeit des Nachlassgerichts
§ 1963 Unterhalt der werdenden Mutter eines Erben
§ 1964 Erbvermutung für den Fiskus durch Feststellung
§ 1965 Öffentliche Aufforderung zur Anmeldung der Erbrechte
§ 1966 Rechtsstellung des Fiskus vor Feststellung

Titel 2: **Haftung des Erben für die Nachlassverbindlichkeiten**

Untertitel 1: **Nachlassverbindlichkeiten**

§ 1967 Erbenhaftung, Nachlassverbindlichkeiten
§ 1968 Beerdigungskosten
§ 1969 Dreißigster

Untertitel 2: **Aufgebot der Nachlassgläubiger**

§ 1970 Anmeldung der Forderungen
§ 1971 Nicht betroffene Gläubiger
§ 1972 Nicht betroffene Rechte
§ 1973 Ausschluss von Nachlassgläubigern
§ 1974 Verschweigungseinrede

Untertitel 3: **Beschränkung der Haftung des Erben**

§ 1975 Nachlassverwaltung; Nachlassinsolvenz
§ 1976 Wirkung auf vor Vereinigung erloschene Rechtsverhältnisse
§ 1977 Wirkung auf eine Aufrechnung

Inhaltsverzeichnis

§ 1978 Verantwortlichkeit des Erben für bisherige Verwaltung, Aufwendungsersatz
§ 1979 Berichtigung von Nachlassverbindlichkeiten
§ 1980 Antrag auf Eröffnung des Nachlassinsolvenzverfahrens
§ 1981 Anordnung der Nachlassverwaltung
§ 1982 Ablehnung der Anordnung der Nachlassverwaltung mangels Masse
§ 1983 Bekanntmachung
§ 1984 Wirkung der Anordnung
§ 1985 Pflichten und Haftung des Nachlassverwalters
§ 1986 Herausgabe des Nachlasses
§ 1987 Vergütung des Nachlassverwalters
§ 1988 Ende und Aufhebung der Nachlassverwaltung
§ 1989 Erschöpfungseinrede des Erben
§ 1990 Dürftigkeitseinrede des Erben
§ 1991 Folgen der Dürftigkeitseinrede
§ 1992 Überschuldung durch Vermächtnisse und Auflagen

Untertitel 4: Inventarerrichtung, unbeschränkte Haftung des Erben

§ 1993 Inventarerrichtung
§ 1994 Inventarfrist
§ 1995 Dauer der Frist
§ 1996 Bestimmung einer neuen Frist
§ 1997 Hemmung des Fristablaufs
§ 1998 Tod des Erben vor Fristablauf
§ 1999 Mitteilung an das Vormundschaftsgericht
§ 2000 Unwirksamkeit der Fristbestimmung
§ 2001 Inhalt des Inventars
§ 2002 Aufnahme des Inventars durch den Erben
§ 2003 Amtliche Aufnahme des Inventars
§ 2004 Bezugnahme auf ein vorhandenes Inventar
§ 2005 Unbeschränkte Haftung des Erben bei Unrichtigkeit des Inventars
§ 2006 Eidesstattliche Versicherung
§ 2007 Haftung bei mehreren Erbteilen
§ 2008 Inventar für eine zum Gesamtgut gehörende Erbschaft
§ 2009 Wirkung der Inventarerrichtung
§ 2010 Einsicht des Inventars
§ 2011 Keine Inventarfrist für den Fiskus als Erben
§ 2012 Keine Inventarfrist für den Nachlasspfleger und Nachlassverwalter
§ 2013 Folgen der unbeschränkten Haftung des Erben

Untertitel 5: Aufschiebende Einreden

§ 2014 Dreimonatseinrede
§ 2015 Einrede des Aufgebotsverfahrens
§ 2016 Ausschluss der Einreden bei unbeschränkter Erbenhaftung
§ 2017 Fristbeginn bei Nachlasspflegschaft

Titel 3: Erbschaftsanspruch

§ 2018 Herausgabepflicht des Erbschaftsbesitzers
§ 2019 Unmittelbare Ersetzung
§ 2020 Nutzungen und Früchte
§ 2021 Herausgabepflicht nach Bereicherungsgrundsätzen
§ 2022 Ersatz von Verwendungen und Aufwendungen
§ 2023 Haftung bei Rechtshängigkeit, Nutzungen und Verwendungen
§ 2024 Haftung bei Kenntnis
§ 2025 Haftung bei unerlaubter Handlung
§ 2026 Keine Berufung auf Ersitzung
§ 2027 Auskunftspflicht des Erbschaftsbesitzers
§ 2028 Auskunftspflicht des Hausgenossen
§ 2029 Haftung bei Einzelansprüchen des Erben
§ 2030 Rechtsstellung des Erbschaftserwerbers
§ 2031 Herausgabeanspruch des für tot Erklärten

Titel 4: Mehrheit von Erben

Untertitel 1: Rechtsverhältnis der Erben untereinander

§ 2032 Erbengemeinschaft
§ 2033 Verfügungsrecht des Miterben
§ 2034 Vorkaufsrecht gegenüber dem Verkäufer
§ 2035 Vorkaufsrecht gegenüber dem Käufer
§ 2036 Haftung des Erbteilkäufers
§ 2037 Weiterveräußerung des Erbteils
§ 2038 Gemeinschaftliche Verwaltung des Nachlasses
§ 2039 Nachlassforderungen
§ 2040 Verfügung über Nachlassgegenstände, Aufrechnung
§ 2041 Unmittelbare Ersetzung
§ 2042 Auseinandersetzung
§ 2043 Aufschub der Auseinandersetzung
§ 2044 Ausschluss der Auseinandersetzung
§ 2045 Aufschub der Auseinandersetzung
§ 2046 Berichtigung der Nachlassverbindlichkeiten
§ 2047 Verteilung des Überschusses
§ 2048 Teilungsanordnungen des Erblassers
§ 2049 Übernahme eines Landguts
§ 2050 Ausgleichungspflicht für Abkömmlinge als gesetzliche Erben
§ 2051 Ausgleichungspflicht bei Wegfall eines Abkömmlings
§ 2052 Ausgleichungspflicht für Abkömmlinge als gewillkürte Erben
§ 2053 Zuwendung an entfernteren oder angenommenen Abkömmling
§ 2054 Zuwendung aus dem Gesamtgut
§ 2055 Durchführung der Ausgleichung
§ 2056 Mehrempfang
§ 2057 Auskunftspflicht
§ 2057 a Ausgleichungspflicht bei besonderen Leistungen eines Abkömmlings

Inhaltsverzeichnis

Untertitel 2: Rechtsverhältnis zwischen den Erben und den Nachlassgläubigern
§ 2058 Gesamtschuldnerische Haftung
§ 2059 Haftung bis zur Teilung
§ 2060 Haftung nach der Teilung
§ 2061 Aufgebot der Nachlassgläubiger
§ 2062 Antrag auf Nachlassverwaltung
§ 2063 Errichtung eines Inventars, Haftungsbeschränkung

Abschnitt 3: Testament

Titel 1: Allgemeine Vorschriften
§ 2064 Persönliche Errichtung
§ 2065 Bestimmung durch Dritte
§ 2066 Gesetzliche Erben des Erblassers
§ 2067 Verwandte des Erblassers
§ 2068 Kinder des Erblassers
§ 2069 Abkömmlinge des Erblassers
§ 2070 Abkömmlinge eines Dritten
§ 2071 Personengruppe
§ 2072 Die Armen
§ 2073 Mehrdeutige Bezeichnung
§ 2074 Aufschiebende Bedingung
§ 2075 Auflösende Bedingung
§ 2076 Bedingung zum Vorteil eines Dritten
§ 2077 Unwirksamkeit letztwilliger Verfügungen bei Auflösung der Ehe oder Verlobung
§ 2078 Anfechtung wegen Irrtums oder Drohung
§ 2079 Anfechtung wegen Übergehung eines Pflichtteilsberechtigten
§ 2080 Anfechtungsberechtigte
§ 2081 Anfechtungserklärung
§ 2082 Anfechtungsfrist
§ 2083 Anfechtbarkeitseinrede
§ 2084 Auslegung zugunsten der Wirksamkeit
§ 2085 Teilweise Unwirksamkeit
§ 2086 Ergänzungsvorbehalt

Titel 2: Erbeinsetzung
§ 2087 Zuwendung des Vermögens, eines Bruchteils oder einzelner Gegenstände
§ 2088 Einsetzung auf Bruchteile
§ 2089 Erhöhung der Bruchteile
§ 2090 Minderung der Bruchteile
§ 2091 Unbestimmte Bruchteile
§ 2092 Teilweise Einsetzung auf Bruchteile
§ 2093 Gemeinschaftlicher Erbteil
§ 2094 Anwachsung
§ 2095 Angewachsener Erbteil
§ 2096 Ersatzerbe
§ 2097 Auslegungsregel bei Ersatzerben
§ 2098 Wechselseitige Einsetzung als Ersatzerben
§ 2099 Ersatzerbe und Anwachsung

Titel 3: Einsetzung eines Nacherben
§ 2100 Nacherbe
§ 2101 Noch nicht erzeugter Nacherbe
§ 2102 Nacherbe und Ersatzerbe
§ 2103 Anordnung der Herausgabe der Erbschaft
§ 2104 Gesetzliche Erben als Nacherben
§ 2105 Gesetzliche Erben als Vorerben
§ 2106 Eintritt der Nacherbfolge
§ 2107 Kinderloser Vorerbe
§ 2108 Erbfähigkeit; Vererblichkeit des Nacherbrechts
§ 2109 Unwirksamwerden der Nacherbschaft
§ 2110 Umfang des Nacherbrechts
§ 2111 Unmittelbare Ersetzung
§ 2112 Verfügungsrecht des Vorerben
§ 2113 Verfügungen über Grundstücke, Schiffe und Schiffsbauwerke; Schenkungen
§ 2114 Verfügungen über Hypothekenforderungen, Grund- und Rentenschulden
§ 2115 Zwangsvollstreckungsverfügungen gegen Vorerben
§ 2116 Hinterlegung von Wertpapieren
§ 2117 Umschreibung; Umwandlung
§ 2118 Sperrvermerk im Schuldbuch
§ 2119 Anlegung von Geld
§ 2120 Einwilligungspflicht des Nacherben
§ 2121 Verzeichnis der Erbschaftsgegenstände
§ 2122 Feststellung des Zustands der Erbschaft
§ 2123 Wirtschaftsplan
§ 2124 Erhaltungskosten
§ 2125 Verwendungen; Wegnahmerecht
§ 2126 Außerordentliche Lasten
§ 2127 Auskunftsrecht des Nacherben
§ 2128 Sicherheitsleistung
§ 2129 Wirkung einer Entziehung der Verwaltung
§ 2130 Herausgabepflicht nach dem Eintritt der Nacherbfolge, Rechenschaftspflicht
§ 2131 Umfang der Sorgfaltspflicht
§ 2132 Keine Haftung für gewöhnliche Abnutzung
§ 2133 Ordnungswidrige oder übermäßige Fruchtziehung
§ 2134 Eigennützige Verwendung
§ 2135 Miet- und Pachtverhältnis bei der Nacherbfolge
§ 2136 Befreiung des Vorerben
§ 2137 Auslegungsregel für die Befreiung
§ 2138 Beschränkte Herausgabepflicht
§ 2139 Wirkung des Eintritts der Nacherbfolge
§ 2140 Verfügungen des Vorerben nach Eintritt der Nacherbfolge
§ 2141 Unterhalt der werdenden Mutter eines Nacherben
§ 2142 Ausschlagung der Nacherbschaft
§ 2143 Wiederaufleben erloschener Rechtsverhältnisse
§ 2144 Haftung des Nacherben für Nachlassverbindlichkeiten
§ 2145 Haftung des Vorerben für Nachlassverbindlichkeiten
§ 2146 Anzeigepflicht des Vorerben gegenüber Nachlassgläubigern

Titel 4: Vermächtnis
§ 2147 Beschwerter

Inhaltsverzeichnis

§ 2148	Mehrere Beschwerte
§ 2149	Vermächtnis an die gesetzlichen Erben
§ 2150	Vorausvermächtnis
§ 2151	Bestimmungsrecht des Beschwerten oder eines Dritten bei mehreren Bedachten
§ 2152	Wahlweise Bedachte
§ 2153	Bestimmung der Anteile
§ 2154	Wahlvermächtnis
§ 2155	Gattungsvermächtnis
§ 2156	Zweckvermächtnis
§ 2157	Gemeinschaftliches Vermächtnis
§ 2158	Anwachsung
§ 2159	Selbständigkeit der Anwachsung
§ 2160	Vorversterben des Bedachten
§ 2161	Wegfall des Beschwerten
§ 2162	Dreißigjährige Frist für aufgeschobenes Vermächtnis
§ 2163	Ausnahmen von der dreißigjährigen Frist
§ 2164	Erstreckung auf Zubehör und Ersatzansprüche
§ 2165	Belastungen
§ 2166	Belastung mit einer Hypothek
§ 2167	Belastung mit einer Gesamthypothek
§ 2168	Belastung mit einer Gesamtgrundschuld
§ 2168 a	Anwendung auf Schiffe, Schiffsbauwerke und Schiffshypotheken
§ 2169	Vermächtnis fremder Gegenstände
§ 2170	Verschaffungsvermächtnis
§ 2171	Unmöglichkeit, gesetzliches Verbot
§ 2172	Verbindung, Vermischung, Vermengung der vermachten Sache
§ 2173	Forderungsvermächtnis
§ 2174	Vermächtnisanspruch
§ 2175	Wiederaufleben erloschener Rechtsverhältnisse
§ 2176	Anfall des Vermächtnisses
§ 2177	Anfall bei einer Bedingung oder Befristung
§ 2178	Anfall bei einem noch nicht erzeugten oder bestimmten Bedachten
§ 2179	Schwebezeit
§ 2180	Annahme und Ausschlagung
§ 2181	Fälligkeit bei Beliebigkeit
§ 2182	Gewährleistung für Rechtsmängel
§ 2183	Gewährleistung für Sachmängel
§ 2184	Früchte; Nutzungen
§ 2185	Ersatz von Verwendungen und Aufwendungen
§ 2186	Fälligkeit eines Untervermächtnisses oder einer Auflage
§ 2187	Haftung des Hauptvermächtnisnehmers
§ 2188	Kürzung der Beschwerungen
§ 2189	Anordnung eines Vorrangs
§ 2190	Ersatzvermächtnisnehmer
§ 2191	Nachvermächtnisnehmer

Titel 5: **Auflage**

§ 2192	Anzuwendende Vorschriften
§ 2193	Bestimmung des Begünstigten, Vollziehungsfrist
§ 2194	Anspruch auf Vollziehung
§ 2195	Verhältnis von Auflage und Zuwendung
§ 2196	Unmöglichkeit der Vollziehung

Titel 6: **Testamentsvollstrecker**

§ 2197	Ernennung des Testamentsvollstreckers
§ 2198	Bestimmung des Testamentsvollstreckers durch einen Dritten
§ 2199	Ernennung eines Mitvollstreckers oder Nachfolgers
§ 2200	Ernennung durch das Nachlassgericht
§ 2201	Unwirksamkeit der Ernennung
§ 2202	Annahme und Ablehnung des Amts
§ 2203	Aufgabe des Testamentsvollstreckers
§ 2204	Auseinandersetzung unter Miterben
§ 2205	Verwaltung des Nachlasses, Verfügungsbefugnis
§ 2206	Eingehung von Verbindlichkeiten
§ 2207	Erweiterte Verpflichtungsbefugnis
§ 2208	Beschränkung der Rechte des Testamentsvollstreckers, Ausführung durch den Erben
§ 2209	Dauervollstreckung
§ 2210	Dreißigjährige Frist für die Dauervollstreckung
§ 2211	Verfügungsbeschränkung des Erben
§ 2212	Gerichtliche Geltendmachung von der Testamentsvollstreckung unterliegenden Rechten
§ 2213	Gerichtliche Geltendmachung von Ansprüchen gegen den Nachlass
§ 2214	Gläubiger des Erben
§ 2215	Nachlassverzeichnis
§ 2216	Ordnungsmäßige Verwaltung des Nachlasses, Befolgung von Anordnungen
§ 2217	Überlassung von Nachlassgegenständen
§ 2218	Rechtsverhältnis zum Erben; Rechnungslegung
§ 2219	Haftung des Testamentsvollstreckers
§ 2220	Zwingendes Recht
§ 2221	Vergütung des Testamentsvollstreckers
§ 2222	Nacherbenvollstrecker
§ 2223	Vermächtnisvollstrecker
§ 2224	Mehrere Testamentsvollstrecker
§ 2225	Erlöschen des Amts des Testamentsvollstreckers
§ 2226	Kündigung durch den Testamentsvollstrecker
§ 2227	Entlassung des Testamentsvollstreckers
§ 2228	Akteneinsicht

Titel 7: **Errichtung und Aufhebung eines Testaments**

§ 2229	Testierfähigkeit Minderjähriger, Testierunfähigkeit
§ 2230	(weggefallen)
§ 2231	Ordentliche Testamente
§ 2232	Öffentliches Testament
§ 2233	Sonderfälle
§§ 2234 bis 2246	(weggefallen)
§ 2247	Eigenhändiges Testament

Inhaltsverzeichnis

§	
§ 2248	Verwahrung des eigenhändigen Testaments
§ 2249	Nottestament vor dem Bürgermeister
§ 2250	Nottestament vor drei Zeugen
§ 2251	Nottestament auf See
§ 2252	Gültigkeitsdauer der Nottestamente
§ 2253	Widerruf eines Testaments
§ 2254	Widerruf durch Testament
§ 2255	Widerruf durch Vernichtung oder Veränderungen
§ 2256	Widerruf durch Rücknahme des Testaments aus der amtlichen Verwahrung
§ 2257	Widerruf des Widerrufs
§ 2258	Widerruf durch ein späteres Testament
§ 2258 a	Zuständigkeit für die besondere amtliche Verwahrung
§ 2258 b	Verfahren bei der besonderen amtlichen Verwahrung
§ 2259	Ablieferungspflicht
§ 2260	Eröffnung des Testaments durch das Nachlassgericht
§ 2261	Eröffnung durch ein anderes Gericht
§ 2262	Benachrichtigung der Beteiligten durch das Nachlassgericht
§ 2263	Nichtigkeit eines Eröffnungsverbots
§ 2263 a	Eröffnungsfrist für Testamente
§ 2264	Einsichtnahme in das und Abschrifterteilung von dem eröffneten Testament

Titel 8: **Gemeinschaftliches Testament**

§	
§ 2265	Errichtung durch Ehegatten
§ 2266	Gemeinschaftliches Nottestament
§ 2267	Gemeinschaftliches eigenhändiges Testament
§ 2268	Wirkung der Ehenichtigkeit oder -auflösung
§ 2269	Gegenseitige Einsetzung
§ 2270	Wechselbezügliche Verfügungen
§ 2271	Widerruf wechselbezüglicher Verfügungen
§ 2272	Rücknahme aus amtlicher Verwahrung
§ 2273	Eröffnung

Abschnitt 4: **Erbvertrag**

§	
§ 2274	Persönlicher Abschluss
§ 2275	Voraussetzungen
§ 2276	Form
§ 2277	Besondere amtliche Verwahrung
§ 2278	Zulässige vertragsmäßige Verfügungen
§ 2279	Vertragsmäßige Zuwendungen und Auflagen; Anwendung von § 2077
§ 2280	Anwendung von § 2269
§ 2281	Anfechtung durch den Erblasser
§ 2282	Vertretung, Form der Anfechtung
§ 2283	Anfechtungsfrist
§ 2284	Bestätigung
§ 2285	Anfechtung durch Dritte
§ 2286	Verfügungen unter Lebenden
§ 2287	Den Vertragserben beeinträchtigende Schenkungen
§ 2288	Beeinträchtigung des Vermächtnisnehmers
§ 2289	Wirkung des Erbvertrags auf letztwillige Verfügungen; Anwendung von § 2338
§ 2290	Aufhebung durch Vertrag
§ 2291	Aufhebung durch Testament
§ 2292	Aufhebung durch gemeinschaftliches Testament
§ 2293	Rücktritt bei Vorbehalt
§ 2294	Rücktritt bei Verfehlungen des Bedachten
§ 2295	Rücktritt bei Aufhebung der Gegenverpflichtung
§ 2296	Vertretung, Form des Rücktritts
§ 2297	Rücktritt durch Testament
§ 2298	Gegenseitiger Erbvertrag
§ 2299	Einseitige Verfügungen
§ 2300	Amtliche Verwahrung; Eröffnung
§ 2300 a	Eröffnungsfrist
§ 2301	Schenkungsversprechen von Todes wegen
§ 2302	Unbeschränkbare Testierfreiheit

Abschnitt 5: **Pflichtteil**

§	
§ 2303	Pflichtteilsberechtigte; Höhe des Pflichtteils
§ 2304	Auslegungsregel
§ 2305	Zusatzpflichtteil
§ 2306	Beschränkungen und Beschwerungen
§ 2307	Zuwendung eines Vermächtnisses
§ 2308	Anfechtung der Ausschlagung
§ 2309	Pflichtteilsrecht der Eltern und entfernteren Abkömmlinge
§ 2310	Feststellung des Erbteils für die Berechnung des Pflichtteils
§ 2311	Wert des Nachlasses
§ 2312	Wert eines Landguts
§ 2313	Ansatz bedingter, ungewisser oder unsicherer Rechte; Feststellungspflicht des Erben
§ 2314	Auskunftspflicht des Erben
§ 2315	Anrechnung von Zuwendungen auf den Pflichtteil
§ 2316	Ausgleichungspflicht
§ 2317	Entstehung und Übertragbarkeit des Pflichtteilsanspruchs
§ 2318	Pflichtteilslast bei Vermächtnissen und Auflagen
§ 2319	Pflichtteilsberechtigter Miterbe
§ 2320	Pflichtteilslast des an die Stelle des Pflichtteilsberechtigten getretenen Erben
§ 2321	Pflichtteilslast bei Vermächtnisausschlagung
§ 2322	Kürzung von Vermächtnissen und Auflagen
§ 2323	Nicht pflichtteilsbelasteter Erbe
§ 2324	Abweichende Anordnungen des Erblassers hinsichtlich der Pflichtteilslast
§ 2325	Pflichtteilsergänzungsanspruch bei Schenkungen

Inhaltsverzeichnis

§	
§ 2326	Ergänzung über die Hälfte des gesetzlichen Erbteils
§ 2327	Beschenkter Pflichtteilsberechtigter
§ 2328	Selbst pflichtteilsberechtigter Erbe
§ 2329	Anspruch gegen den Beschenkten
§ 2330	Anstandsschenkungen
§ 2331	Zuwendungen aus dem Gesamtgut
§ 2331 a	Stundung
§ 2332	Verjährung
§ 2333	Entziehung des Pflichtteils eines Abkömmlings
§ 2334	Entziehung des Elternpflichtteils
§ 2335	Entziehung des Ehegattenpflichtteils
§ 2336	Form, Beweislast, Unwirksamwerden
§ 2337	Verzeihung
§ 2338	Pflichtteilsbeschränkung

Abschnitt 6: Erbunwürdigkeit

§	
§ 2339	Gründe für Erbunwürdigkeit
§ 2340	Geltendmachung der Erbunwürdigkeit durch Anfechtung
§ 2341	Anfechtungsberechtigte
§ 2342	Anfechtungsklage
§ 2343	Verzeihung
§ 2344	Wirkung der Erbunwürdigerklärung
§ 2345	Vermächtnisunwürdigkeit; Pflichtteilsunwürdigkeit

Abschnitt 7: Erbverzicht

§	
§ 2346	Wirkung des Erbverzichts, Beschränkungsmöglichkeit
§ 2347	Persönliche Anforderungen, Vertretung
§ 2348	Form
§ 2349	Erstreckung auf Abkömmlinge
§ 2350	Verzicht zugunsten eines anderen
§ 2351	Aufhebung des Erbverzichts
§ 2352	Verzicht auf Zuwendungen

Abschnitt 8: Erbschein

§	
§ 2353	Zuständigkeit des Nachlassgerichts, Antrag
§ 2354	Angaben des gesetzlichen Erben im Antrag
§ 2355	Angaben des gewillkürten Erben im Antrag
§ 2356	Nachweis der Richtigkeit der Angaben
§ 2357	Gemeinschaftlicher Erbschein
§ 2358	Ermittlungen des Nachlassgerichts
§ 2359	Voraussetzungen für die Erteilung des Erbscheins
§ 2360	Anhörung von Betroffenen
§ 2361	Einziehung oder Kraftloserklärung des unrichtigen Erbscheins
§ 2362	Herausgabe- und Auskunftsanspruch des wirklichen Erben
§ 2363	Inhalt des Erbscheins für den Vorerben
§ 2364	Angabe des Testamentsvollstreckers im Erbschein, Herausgabeanspruch des Testamentsvollstreckers
§ 2365	Vermutung der Richtigkeit des Erbscheins
§ 2366	Öffentlicher Glaube des Erbscheins
§ 2367	Leistung an Erbscheinserben
§ 2368	Testamentsvollstreckerzeugnis
§ 2369	Gegenständlich beschränkter Erbschein
§ 2370	Öffentlicher Glaube bei Todeserklärung

Abschnitt 9: Erbschaftskauf

§	
§ 2371	Form
§ 2372	Dem Käufer zustehende Vorteile
§ 2373	Dem Verkäufer verbleibende Teile
§ 2374	Herausgabepflicht
§ 2375	Ersatzpflicht
§ 2376	Haftung des Verkäufers
§ 2377	Wiederaufleben erloschener Rechtsverhältnisse
§ 2378	Nachlassverbindlichkeiten
§ 2379	Nutzungen und Lasten vor Verkauf
§ 2380	Gefahrübergang, Nutzungen und Lasten nach Verkauf
§ 2381	Ersatz von Verwendungen und Aufwendungen
§ 2382	Haftung des Käufers gegenüber Nachlassgläubigern
§ 2383	Umfang der Haftung des Käufers
§ 2384	Anzeigepflicht des Verkäufers gegenüber Nachlassgläubigern, Einsichtsrecht
§ 2385	Anwendung auf ähnliche Verträge

Buch 1: Allgemeiner Teil

Abschnitt 1: Personen

Titel 1: Natürliche Personen, Verbraucher, Unternehmer

§ 1 Beginn der Rechtsfähigkeit ¹Die Rechtsfähigkeit des Menschen beginnt mit der Vollendung der Geburt.

§ 2 Eintritt der Volljährigkeit ¹Die Volljährigkeit tritt mit der Vollendung des 18. Lebensjahres ein.

§§ 3 bis 6 (weggefallen)

§ 7 Wohnsitz; Begründung und Aufhebung (1) ¹Wer sich an einem Orte ständig niederlässt, begründet an diesem Orte seinen Wohnsitz.
(2) ¹Der Wohnsitz kann gleichzeitig an mehreren Orten bestehen.
(3) ¹Der Wohnsitz wird aufgehoben, wenn die Niederlassung mit dem Willen aufgehoben wird, sie aufzugeben.

§ 8 Wohnsitz nicht voll Geschäftsfähiger (1) ¹Wer geschäftsunfähig oder in der Geschäftsfähigkeit beschränkt ist, kann ohne den Willen seines gesetzlichen Vertreters einen Wohnsitz weder begründen noch aufheben.
(2) ¹Ein Minderjähriger, der verheiratet ist oder war, kann selbständig einen Wohnsitz begründen und aufheben.

§ 9 Wohnsitz eines Soldaten (1) ¹Ein Soldat hat seinen Wohnsitz am Standort. ²Als Wohnsitz eines Soldaten, der im Inland keinen Standort hat, gilt der letzte inländische Standort.
(2) ¹Diese Vorschriften finden keine Anwendung auf Soldaten, die nur auf Grund der Wehrpflicht Wehrdienst leisten oder die nicht selbständig einen Wohnsitz begründen können.

§ 10 (weggefallen)

§ 11 Wohnsitz des Kindes ¹Ein minderjähriges Kind teilt den Wohnsitz der Eltern; es teilt nicht den Wohnsitz eines Elternteils, dem das Recht fehlt, für die Person des Kindes zu sorgen. ²Steht keinem Elternteil das Recht zu, für die Person des Kindes zu sorgen, so teilt das Kind den Wohnsitz desjenigen, dem dieses Recht zusteht. ³Das Kind behält den Wohnsitz, bis es ihn rechtsgültig aufhebt.

§ 12 Namensrecht ¹Wird das Recht zum Gebrauch eines Namens dem Berechtigten von einem anderen bestritten oder wird das Interesse des Berechtigten dadurch verletzt, dass ein anderer unbefugt den gleichen Namen gebraucht, so kann der Berechtigte von dem anderen Beseitigung der Beeinträchtigung verlangen. ²Sind weitere Beeinträchtigungen zu besorgen, so kann er auf Unterlassung klagen.

§ 13[2] **Verbraucher** ¹Verbraucher ist jede natürliche Person, die ein Rechtsgeschäft zu einem Zwecke abschließt, der weder ihrer gewerblichen noch ihrer selbständigen beruflichen Tätigkeit zugerechnet werden kann.

---

2) Amtlicher Hinweis:
Diese Vorschriften dienen der Umsetzung der eingangs zu den Nummern 3, 4, 6, 7, 9 und 11 genannten Richtlinien.

BGB §§ 14–27

§ 14[3] **Unternehmer** (1) ¹Unternehmer ist eine natürliche oder juristische Person oder eine rechtsfähige Personengesellschaft, die bei Abschluss eines Rechtsgeschäfts in Ausübung ihrer gewerblichen oder selbständigen beruflichen Tätigkeit handelt.
(2) ¹Eine rechtsfähige Personengesellschaft ist eine Personengesellschaft, die mit der Fähigkeit ausgestattet ist, Rechte zu erwerben und Verbindlichkeiten einzugehen.

§§ 15 bis 20 (weggefallen)

Titel 2: Juristische Personen
Untertitel 1: Vereine
Kapitel 1: Allgemeine Vorschriften

§ 21 Nicht wirtschaftlicher Verein ¹Ein Verein, dessen Zweck nicht auf einen wirtschaftlichen Geschäftsbetrieb gerichtet ist, erlangt Rechtsfähigkeit durch Eintragung in das Vereinsregister des zuständigen Amtsgerichts.

§ 22 Wirtschaftlicher Verein ¹Ein Verein, dessen Zweck auf einen wirtschaftlichen Geschäftsbetrieb gerichtet ist, erlangt in Ermangelung besonderer *reichs*gesetzlicher Vorschriften Rechtsfähigkeit durch staatliche Verleihung. ²Die Verleihung steht dem Bundesstaate zu, in dessen Gebiet der Verein seinen Sitz hat.

§ 23 Ausländischer Verein ¹Einem Verein, der seinen Sitz nicht in einem Bundes*staate* hat, kann in Ermangelung besonderer *reichs*gesetzlicher Vorschriften Rechtsfähigkeit durch Beschluss des *Bundesrates* verliehen werden.

§ 24 Sitz ¹Als Sitz eines Vereins gilt, wenn nicht ein anderes bestimmt ist, der Ort, an welchem die Verwaltung geführt wird.

§ 25 Verfassung ¹Die Verfassung eines rechtsfähigen Vereins wird, soweit sie nicht auf den nachfolgenden Vorschriften beruht, durch die Vereinssatzung bestimmt.

§ 26 Vorstand; Vertretung (1) ¹Der Verein muss einen Vorstand haben. ²Der Vorstand kann aus mehreren Personen bestehen.
(2) ¹Der Vorstand vertritt den Verein gerichtlich und außergerichtlich; er hat die Stellung eines gesetzlichen Vertreters. ²Der Umfang seiner Vertretungsmacht kann durch die Satzung mit Wirkung gegen Dritte beschränkt werden.

§ 27 Bestellung und Geschäftsführung des Vorstands (1) ¹Die Bestellung des Vorstands erfolgt durch Beschluss der Mitgliederversammlung.
(2) ¹Die Bestellung ist jederzeit widerruflich, unbeschadet des Anspruchs auf die vertragsmäßige Vergütung. ²Die Widerruflichkeit kann durch die Satzung auf den Fall beschränkt werden, dass ein wichtiger Grund für den Widerruf vorliegt; ein solcher Grund ist insbesondere grobe Pflichtverletzung oder Unfähigkeit zur ordnungsmäßigen Geschäftsführung.
(3) ¹Auf die Geschäftsführung des Vorstands finden die für den Auftrag geltenden Vorschriften der §§ 664 bis 670 entsprechende Anwendung.

---

[3] Amtlicher Hinweis:
   Diese Vorschriften dienen der Umsetzung der eingangs zu den Nummern 3, 4, 6, 7, 9 und 11 genannten Richtlinien.

§§ 28–37 BGB

§ 28 Beschlussfassung und Passivvertretung (1) ¹Besteht der Vorstand aus mehreren Personen, so erfolgt die Beschlussfassung nach den für die Beschlüsse der Mitglieder des Vereins geltenden Vorschriften der §§ 32, 34.
(2) ¹Ist eine Willenserklärung dem Verein gegenüber abzugeben, so genügt die Abgabe gegenüber einem Mitglied des Vorstands.

§ 29 Notbestellung durch Amtsgericht ¹Soweit die erforderlichen Mitglieder des Vorstands fehlen, sind sie in dringenden Fällen für die Zeit bis zur Behebung des Mangels auf Antrag eines Beteiligten von dem Amtsgericht zu bestellen, das für den Bezirk, in dem der Verein seinen Sitz hat, das Vereinsregister führt.

§ 30 Besondere Vertreter ¹Durch die Satzung kann bestimmt werden, dass neben dem Vorstand für gewisse Geschäfte besondere Vertreter zu bestellen sind. ²Die Vertretungsmacht eines solchen Vertreters erstreckt sich im Zweifel auf alle Rechtsgeschäfte, die der ihm zugewiesene Geschäftskreis gewöhnlich mit sich bringt.

§ 31 Haftung des Vereins für Organe ¹Der Verein ist für den Schaden verantwortlich, den der Vorstand, ein Mitglied des Vorstands oder ein anderer verfassungsmäßig berufener Vertreter durch eine in Ausführung der ihm zustehenden Verrichtungen begangene, zum Schadensersatz verpflichtende Handlung einem Dritten zufügt.

§ 32 Mitgliederversammlung; Beschlussfassung (1) ¹Die Angelegenheiten des Vereins werden, soweit sie nicht von dem Vorstand oder einem anderen Vereinsorgan zu besorgen sind, durch Beschlussfassung in einer Versammlung der Mitglieder geordnet. ²Zur Gültigkeit des Beschlusses ist erforderlich, dass der Gegenstand bei der Berufung bezeichnet wird. ³Bei der Beschlussfassung entscheidet die Mehrheit der erschienenen Mitglieder.
(2) ¹Auch ohne Versammlung der Mitglieder ist ein Beschluss gültig, wenn alle Mitglieder ihre Zustimmung zu dem Beschluss schriftlich erklären.

§ 33 Satzungsänderung (1) ¹Zu einem Beschluss, der eine Änderung der Satzung enthält, ist eine Mehrheit von drei Vierteln der erschienenen Mitglieder erforderlich. ²Zur Änderung des Zweckes des Vereins ist die Zustimmung aller Mitglieder erforderlich; die Zustimmung der nicht erschienenen Mitglieder muss schriftlich erfolgen.
(2) ¹Beruht die Rechtsfähigkeit des Vereins auf Verleihung, so ist zu jeder Änderung der Satzung staatliche Genehmigung oder, falls die Verleihung durch den *Bundesrat* erfolgt ist, die Genehmigung des *Bundesrates* erforderlich.

§ 34 Ausschluss vom Stimmrecht ¹Ein Mitglied ist nicht stimmberechtigt, wenn die Beschlussfassung die Vornahme eines Rechtsgeschäfts mit ihm oder die Einleitung oder Erledigung eines Rechtsstreits zwischen ihm und dem Verein betrifft.

§ 35 Sonderrechte ¹Sonderrechte eines Mitglieds können nicht ohne dessen Zustimmung durch Beschluss der Mitgliederversammlung beeinträchtigt werden.

§ 36 Berufung der Mitgliederversammlung ¹Die Mitgliederversammlung ist in den durch die Satzung bestimmten Fällen sowie dann zu berufen, wenn das Interesse des Vereins es erfordert.

§ 37 Berufung auf Verlangen einer Minderheit (1) ¹Die Mitgliederversammlung ist zu berufen, wenn der durch die Satzung bestimmte Teil oder in Ermangelung einer Bestimmung der zehnte Teil der Mitglieder die Berufung schriftlich unter Angabe des Zweckes und der Gründe verlangt.

BGB §§ 38–44

(2) ¹Wird dem Verlangen nicht entsprochen, so kann das Amtsgericht die Mitglieder, die das Verlangen gestellt haben, zur Berufung der Versammlung ermächtigen; es kann Anordnungen über die Führung des Vorsitzes in der Versammlung treffen. ²Zuständig ist das Amtsgericht, das für den Bezirk, in dem der Verein seinen Sitz hat, das Vereinsregister führt. ³Auf die Ermächtigung muss bei der Berufung der Versammlung Bezug genommen werden.

§ 38 Mitgliedschaft ¹Die Mitgliedschaft ist nicht übertragbar und nicht vererblich. ²Die Ausübung der Mitgliedschaftsrechte kann nicht einem anderen überlassen werden.

§ 39 Austritt aus dem Verein (1) ¹Die Mitglieder sind zum Austritt aus dem Verein berechtigt.

(2) ¹Durch die Satzung kann bestimmt werden, dass der Austritt nur am Schluss eines Geschäftsjahrs oder erst nach dem Ablauf einer Kündigungsfrist zulässig ist; die Kündigungsfrist kann höchstens zwei Jahre betragen.

§ 40 Nachgiebige Vorschriften ¹Die Vorschriften des § 27 Abs. 1, 3, des § 28 Abs. 1 und der §§ 32, 33, 38 finden insoweit keine Anwendung, als die Satzung ein anderes bestimmt.

§ 41 Auflösung des Vereins ¹Der Verein kann durch Beschluss der Mitgliederversammlung aufgelöst werden. ²Zu dem Beschluss ist eine Mehrheit von drei Vierteln der erschienenen Mitglieder erforderlich, wenn nicht die Satzung ein anderes bestimmt.

§ 42 Insolvenz (1) ¹Der Verein wird durch die Eröffnung des Insolvenzverfahrens aufgelöst. ²Wird das Verfahren auf Antrag des Schuldners eingestellt oder nach der Bestätigung eines Insolvenzplans, der den Fortbestand des Vereins vorsieht, aufgehoben, so kann die Mitgliederversammlung die Fortsetzung des Vereins beschließen. ³Durch die Satzung kann bestimmt werden, dass der Verein im Falle der Eröffnung des Insolvenzverfahrens als nicht rechtsfähiger Verein fortbesteht; auch in diesem Falle kann unter den Voraussetzungen des Satzes 2 die Fortsetzung als rechtsfähiger Verein beschlossen werden.

(2) ¹Der Vorstand hat im Falle der Zahlungsunfähigkeit oder der Überschuldung die Eröffnung des Insolvenzverfahrens zu beantragen. ²Wird die Stellung des Antrags verzögert, so sind die Vorstandsmitglieder, denen ein Verschulden zur Last fällt, den Gläubigern für den daraus entstehenden Schaden verantwortlich; sie haften als Gesamtschuldner.

§ 43 Entziehung der Rechtsfähigkeit (1) ¹Dem Verein kann die Rechtsfähigkeit entzogen werden, wenn er durch einen gesetzwidrigen Beschluss der Mitgliederversammlung oder durch gesetzwidriges Verhalten des Vorstands das Gemeinwohl gefährdet.

(2) ¹Einem Verein, dessen Zweck nach der Satzung nicht auf einen wirtschaftlichen Geschäftsbetrieb gerichtet ist, kann die Rechtsfähigkeit entzogen werden, wenn er einen solchen Zweck verfolgt.

(3) (weggefallen)

(4) ¹Einem Verein, dessen Rechtsfähigkeit auf Verleihung beruht, kann die Rechtsfähigkeit entzogen werden, wenn er einen anderen als den in der Satzung bestimmten Zweck verfolgt.

§ 44 Zuständigkeit und Verfahren (1) ¹Die Zuständigkeit und das Verfahren bestimmen sich in den Fällen des § 43 nach dem Recht des Landes, in dem der Verein seinen Sitz hat.

(2) ¹Beruht die Rechtsfähigkeit auf Verleihung durch den *Bundesrat*, so erfolgt die Entziehung durch Beschluss des *Bundesrates*.

§ 45 Anfall des Vereinsvermögens (1) [1]Mit der Auflösung des Vereins oder der Entziehung der Rechtsfähigkeit fällt das Vermögen an die in der Satzung bestimmten Personen.
(2) [1]Durch die Satzung kann vorgeschrieben werden, dass die Anfallberechtigten durch Beschluss der Mitgliederversammlung oder eines anderen Vereinsorgans bestimmt werden. [2]Ist der Zweck des Vereins nicht auf einen wirtschaftlichen Geschäftsbetrieb gerichtet, so kann die Mitgliederversammlung auch ohne eine solche Vorschrift das Vermögen einer öffentlichen Stiftung oder Anstalt zuweisen.
(3) [1]Fehlt es an einer Bestimmung der Anfallberechtigten, so fällt das Vermögen, wenn der Verein nach der Satzung ausschließlich den Interessen seiner Mitglieder diente, an die zur Zeit der Auflösung oder der Entziehung der Rechtsfähigkeit vorhandenen Mitglieder zu gleichen Teilen, anderenfalls an den Fiskus des Bundesstaats, in dessen Gebiet der Verein seinen Sitz hatte.

§ 46 Anfall an den Fiskus [1]Fällt das Vereinsvermögen an den Fiskus, so finden die Vorschriften über eine dem Fiskus als gesetzlichem Erben anfallende Erbschaft entsprechende Anwendung. [2]Der Fiskus hat das Vermögen tunlichst in einer den Zwecken des Vereins entsprechenden Weise zu verwenden.

§ 47 Liquidation [1]Fällt das Vereinsvermögen nicht an den Fiskus, so muss eine Liquidation stattfinden, sofern nicht über das Vermögen des Vereins das Insolvenzverfahren eröffnet ist.

§ 48 Liquidatoren (1) [1]Die Liquidation erfolgt durch den Vorstand. [2]Zu Liquidatoren können auch andere Personen bestellt werden; für die Bestellung sind die für die Bestellung des Vorstands geltenden Vorschriften maßgebend.
(2) [1]Die Liquidatoren haben die rechtliche Stellung des Vorstands, soweit sich nicht aus dem Zwecke der Liquidation ein anderes ergibt.
(3) [1]Sind mehrere Liquidatoren vorhanden, so ist für ihre Beschlüsse Übereinstimmung aller erforderlich, sofern nicht ein anderes bestimmt ist.

§ 49 Aufgaben der Liquidatoren (1) [1]Die Liquidatoren haben die laufenden Geschäfte zu beendigen, die Forderungen einzuziehen, das übrige Vermögen in Geld umzusetzen, die Gläubiger zu befriedigen und den Überschuss den Anfallberechtigten auszuantworten. [2]Zur Beendigung schwebender Geschäfte können die Liquidatoren auch neue Geschäfte eingehen. [3]Die Einziehung der Forderungen sowie die Umsetzung des übrigen Vermögens in Geld darf unterbleiben, soweit diese Maßregeln nicht zur Befriedigung der Gläubiger oder zur Verteilung des Überschusses unter die Anfallberechtigten erforderlich sind.
(2) [1]Der Verein gilt bis zur Beendigung der Liquidation als fortbestehend, soweit der Zweck der Liquidation es erfordert.

§ 50 Bekanntmachung (1) [1]Die Auflösung des Vereins oder die Entziehung der Rechtsfähigkeit ist durch die Liquidatoren öffentlich bekannt zu machen. [2]In der Bekanntmachung sind die Gläubiger zur Anmeldung ihrer Ansprüche aufzufordern. [3]Die Bekanntmachung erfolgt durch das in der Satzung für Veröffentlichungen bestimmte Blatt, in Ermangelung eines solchen durch dasjenige Blatt, welches für Bekanntmachungen des Amtsgerichts bestimmt ist, in dessen Bezirk der Verein seinen Sitz hatte. [4]Die Bekanntmachung gilt mit dem Ablauf des zweiten Tages nach der Einrückung oder der ersten Einrückung als bewirkt.
(2) [1]Bekannte Gläubiger sind durch besondere Mitteilung zur Anmeldung aufzufordern.

§ 51 Sperrjahr [1]Das Vermögen darf den Anfallberechtigten nicht vor dem Ablauf eines Jahres nach der Bekanntmachung der Auflösung des Vereins oder der Entziehung der Rechtsfähigkeit ausgeantwortet werden.

§ 52 Sicherung für Gläubiger
(1) ¹Meldet sich ein bekannter Gläubiger nicht, so ist der geschuldete Betrag, wenn die Berechtigung zur Hinterlegung vorhanden ist, für den Gläubiger zu hinterlegen.
(2) ¹Ist die Berichtigung einer Verbindlichkeit zur Zeit nicht ausführbar oder ist eine Verbindlichkeit streitig, so darf das Vermögen den Anfallberechtigten nur ausgeantwortet werden, wenn dem Gläubiger Sicherheit geleistet ist.

§ 53 Schadensersatzpflicht der Liquidatoren
¹Liquidatoren, welche die ihnen nach dem § 42 Abs. 2 und den §§ 50 bis 52 obliegenden Verpflichtungen verletzen oder vor der Befriedigung der Gläubiger Vermögen den Anfallberechtigten ausantworten, sind, wenn ihnen ein Verschulden zur Last fällt, den Gläubigern für den daraus entstehenden Schaden verantwortlich; sie haften als Gesamtschuldner.

§ 54 Nicht rechtsfähige Vereine
¹Auf Vereine, die nicht rechtsfähig sind, finden die Vorschriften über die Gesellschaft Anwendung. ²Aus einem Rechtsgeschäft, das im Namen eines solchen Vereins einem Dritten gegenüber vorgenommen wird, haftet der Handelnde persönlich; handeln mehrere, so haften sie als Gesamtschuldner.

Kapitel 2: Eingetragene Vereine

§ 55 Zuständigkeit für die Registereintragung
(1) ¹Die Eintragung eines Vereins der in § 21 bezeichneten Art in das Vereinsregister hat bei dem Amtsgericht zu geschehen, in dessen Bezirk der Verein seinen Sitz hat.
(2) ¹Die Landesjustizverwaltungen können die Vereinssachen einem Amtsgericht für die Bezirke mehrerer Amtsgerichte zuweisen.

§ 55 a Elektronisches Vereinsregister
(1) ¹Die Landesregierungen können durch Rechtsverordnung bestimmen, dass und in welchem Umfang das Vereinsregister in maschineller Form als automatisierte Datei geführt wird. ²Hierbei muss gewährleistet sein, dass
1. die Grundsätze einer ordnungsgemäßen Datenverarbeitung eingehalten, insbesondere Vorkehrungen gegen einen Datenverlust getroffen sowie die erforderlichen Kopien der Datenbestände mindestens tagesaktuell gehalten und die originären Datenbestände sowie deren Kopien sicher aufbewahrt werden,
2. die vorzunehmenden Eintragungen alsbald in einen Datenspeicher aufgenommen und auf Dauer inhaltlich unverändert in lesbarer Form wiedergegeben werden können,
3. die nach der Anlage zu § 126 Abs. 1 Satz 2 Nr. 3 der Grundbuchordnung gebotenen Maßnahmen getroffen werden.

³Die Landesregierungen können durch Rechtsverordnung die Ermächtigung nach Satz 1 auf die Landesjustizverwaltungen übertragen.
(2) ¹Die Führung des Vereinsregisters auch in maschineller Form umfasst die Einrichtung und Führung eines Verzeichnisses der Vereine sowie weiterer, für die Führung des Vereinsregisters erforderlicher Verzeichnisse.
(3) ¹Das maschinell geführte Vereinsregister tritt für eine Seite des Registers an die Stelle des bisherigen Registers, sobald die Eintragungen dieser Seite in den für die Vereinsregistereintragungen bestimmten Datenspeicher aufgenommen und als Vereinsregister freigegeben worden sind. ²Die entsprechenden Seiten des bisherigen Vereinsregisters sind mit einem Schließungsvermerk zu versehen.

(4) ¹Eine Eintragung wird wirksam, sobald sie in den für die Registereintragungen bestimmten Datenspeicher aufgenommen ist und auf Dauer inhaltlich unverändert in lesbarer Form wiedergegeben werden kann. ²Durch eine Bestätigungsanzeige oder in anderer geeigneter Weise ist zu überprüfen, ob diese Voraussetzungen eingetreten sind. ³Jede Eintragung soll den Tag angeben, an dem sie wirksam geworden ist.

(5) ¹Die zum Vereinsregister eingereichten Schriftstücke können zur Ersetzung der Urschrift auch als Wiedergabe auf einem Bildträger oder auf anderen Datenträgern aufbewahrt werden, wenn sichergestellt ist, dass die Wiedergaben oder die Daten innerhalb angemessener Zeit lesbar gemacht werden können. ²Bei der Herstellung der Bild- oder Datenträger ist ein schriftlicher Nachweis über ihre inhaltliche Übereinstimmung mit der Urschrift anzufertigen.

(6) ¹Wird das Vereinsregister in maschineller Form als automatisierte Datei geführt, so kann die Datenverarbeitung im Auftrag des zuständigen Amtsgerichts auf den Anlagen einer anderen staatlichen Stelle oder auf den Anlagen einer juristischen Person des öffentlichen Rechts vorgenommen werden, wenn die ordnungsgemäße Erledigung der Registersachen sichergestellt ist. ²Die Landesregierungen werden ermächtigt, durch Rechtsverordnung zu bestimmen, dass die Daten des bei einem Amtsgericht in maschineller Form geführten Vereinsregisters an andere Amtsgerichte übermittelt und dort auch zur Einsicht und zur Erteilung von Ausdrucken bereitgehalten werden, wenn dies der Erleichterung des Rechtsverkehrs dient und mit einer rationellen Registerführung vereinbar ist; die Landesregierungen können durch Rechtsverordnung die Ermächtigung auf die Landesjustizverwaltungen übertragen.

(7) ¹Das Bundesministerium der Justiz wird ermächtigt, durch Rechtsverordnung mit Zustimmung des Bundesrates nähere Vorschriften zu erlassen über die Einzelheiten der Einrichtung und Führung des Vereinsregisters, auch soweit es maschinell geführt wird.

§ 56 Mindestmitgliederzahl des Vereins
¹Die Eintragung soll nur erfolgen, wenn die Zahl der Mitglieder mindestens sieben beträgt.

§ 57 Mindesterfordernisse an die Vereinssatzung
(1) ¹Die Satzung muss den Zweck, den Namen und den Sitz des Vereins enthalten und ergeben, dass der Verein eingetragen werden soll.

(2) ¹Der Name soll sich von den Namen der an demselben Orte oder in derselben Gemeinde bestehenden eingetragenen Vereine deutlich unterscheiden.

§ 58 Sollinhalt der Vereinssatzung
Die Satzung soll Bestimmungen enthalten:
1. über den Eintritt und Austritt der Mitglieder,
2. darüber, ob und welche Beiträge von den Mitgliedern zu leisten sind,
3. über die Bildung des Vorstands,
4. über die Voraussetzungen, unter denen die Mitgliederversammlung zu berufen ist, über die Form der Berufung und über die Beurkundung der Beschlüsse.

§ 59 Anmeldung zur Eintragung
(1) ¹Der Vorstand hat den Verein zur Eintragung anzumelden.

(2) ¹Der Anmeldung sind beizufügen:
1. die Satzung in Urschrift und Abschrift,
2. eine Abschrift der Urkunden über die Bestellung des Vorstands.

(3) ¹Die Satzung soll von mindestens sieben Mitgliedern unterzeichnet sein und die Angabe des Tages der Errichtung enthalten.

BGB §§ 60–73

§ 60 Zurückweisung der Anmeldung (1) ¹Die Anmeldung ist, wenn den Erfordernissen der §§ 56 bis 59 nicht genügt ist, von dem Amtsgericht unter Angabe der Gründe zurückzuweisen.
(2) (weggefallen)

§§ 61 bis 63 (weggefallen)

§ 64 Inhalt der Vereinsregistereintragung ¹Bei der Eintragung sind der Name und der Sitz des Vereins, der Tag der Errichtung der Satzung, die Mitglieder des Vorstands und ihre Vertretungsmacht anzugeben.

§ 65 Namenszusatz ¹Mit der Eintragung erhält der Name des Vereins den Zusatz „eingetragener Verein".

§ 66 Bekanntmachung (1) ¹Das Amtsgericht hat die Eintragung durch das für seine Bekanntmachungen bestimmte Blatt zu veröffentlichen.
(2) ¹Die Urschrift der Satzung ist mit der Bescheinigung der Eintragung zu versehen und zurückzugeben. ²Die Abschrift wird von dem Amtsgericht beglaubigt und mit den übrigen Schriftstücken aufbewahrt.

§ 67 Änderung des Vorstands (1) ¹Jede Änderung des Vorstands ist von dem Vorstand zur Eintragung anzumelden. ²Der Anmeldung ist eine Abschrift der Urkunde über die Änderung beizufügen.
(2) ¹Die Eintragung gerichtlich bestellter Vorstandsmitglieder erfolgt von Amts wegen.

§ 68 Vertrauensschutz durch Vereinsregister ¹Wird zwischen den bisherigen Mitgliedern des Vorstands und einem Dritten ein Rechtsgeschäft vorgenommen, so kann die Änderung des Vorstands dem Dritten nur entgegengesetzt werden, wenn sie zur Zeit der Vornahme des Rechtsgeschäfts im Vereinsregister eingetragen oder dem Dritten bekannt ist. ²Ist die Änderung eingetragen, so braucht der Dritte sie nicht gegen sich gelten zu lassen, wenn er sie nicht kennt, seine Unkenntnis auch nicht auf Fahrlässigkeit beruht.

§ 69 Nachweis des Vereinsvorstands ¹Der Nachweis, dass der Vorstand aus den im Register eingetragenen Personen besteht, wird Behörden gegenüber durch ein Zeugnis des Amtsgerichts über die Eintragung geführt.

§ 70 Beschränkung der Vertretungsmacht; Beschlussfassung
¹Die Vorschriften des § 68 gelten auch für Bestimmungen, die den Umfang der Vertretungsmacht des Vorstands beschränken oder die Beschlussfassung des Vorstands abweichend von der Vorschrift des § 28 Abs. 1 regeln.

§ 71 Änderungen der Satzung (1) ¹Änderungen der Satzung bedürfen zu ihrer Wirksamkeit der Eintragung in das Vereinsregister. ²Die Änderung ist von dem Vorstand zur Eintragung anzumelden. ³Der Anmeldung ist der die Änderung enthaltende Beschluss in Urschrift und Abschrift beizufügen.
(2) ¹Die Vorschriften der §§ 60, 64 und des § 66 Abs. 2 finden entsprechende Anwendung.

§ 72 Bescheinigung der Mitgliederzahl ¹Der Vorstand hat dem Amtsgericht auf dessen Verlangen jederzeit eine von ihm vollzogene Bescheinigung über die Zahl der Vereinsmitglieder einzureichen.

§ 73 Unterschreiten der Mindestmitgliederzahl (1) ¹Sinkt die Zahl der Vereinsmitglieder unter drei herab, so hat das Amtsgericht auf Antrag des Vorstands und, wenn der Antrag nicht binnen drei Monaten gestellt wird, von Amts wegen nach Anhörung des Vorstands dem Verein die Rechtsfähigkeit zu entziehen.
(2) (weggefallen)

§ 74 Auflösung (1) ¹Die Auflösung des Vereins sowie die Entziehung der Rechtsfähigkeit ist in das Vereinsregister einzutragen. ²Im Falle der Eröffnung des Insolvenzverfahrens unterbleibt die Eintragung.

(2) ¹Wird der Verein durch Beschluss der Mitgliederversammlung oder durch den Ablauf der für die Dauer des Vereins bestimmten Zeit aufgelöst, so hat der Vorstand die Auflösung zur Eintragung anzumelden. ²Der Anmeldung ist im ersteren Falle eine Abschrift des Auflösungsbeschlusses beizufügen.

(3) ¹Wird dem Verein auf Grund des § 43 die Rechtsfähigkeit entzogen, so erfolgt die Eintragung auf Anzeige der zuständigen Behörde.

§ 75 Eröffnung des Insolvenzverfahrens ¹Die Eröffnung des Insolvenzverfahrens ist von Amts wegen einzutragen. ²Das Gleiche gilt für
1. die Aufhebung des Eröffnungsbeschlusses,
2. die Bestellung eines vorläufigen Insolvenzverwalters, wenn zusätzlich dem Schuldner ein allgemeines Verfügungsverbot auferlegt oder angeordnet wird, dass Verfügungen des Schuldners nur mit Zustimmung des vorläufigen Insolvenzverwalters wirksam sind, und die Aufhebung einer derartigen Sicherungsmaßnahme,
3. die Anordnung der Eigenverwaltung durch den Schuldner und deren Aufhebung sowie die Anordnung der Zustimmungsbedürftigkeit bestimmter Rechtsgeschäfte des Schuldners,
4. die Einstellung und die Aufhebung des Verfahrens und
5. die Überwachung der Erfüllung eines Insolvenzplans und die Aufhebung der Überwachung.

§ 76 Eintragung der Liquidatoren (1) ¹Die Liquidatoren sind in das Vereinsregister einzutragen. ²Das Gleiche gilt von Bestimmungen, welche die Beschlussfassung der Liquidatoren abweichend von der Vorschrift des § 48 Abs. 3 regeln.

(2) ¹Die Anmeldung hat durch den Vorstand, bei späteren Änderungen durch die Liquidatoren zu erfolgen. ²Bei der Anmeldung ist der Umfang der Vertretungsmacht der Liquidatoren anzugeben. ³Der Anmeldung der durch Beschluss der Mitgliederversammlung bestellten Liquidatoren ist eine Abschrift des Beschlusses, der Anmeldung einer Bestimmung über die Beschlussfassung der Liquidatoren eine Abschrift der die Bestimmung enthaltenden Urkunde beizufügen.

(3) ¹Die Eintragung gerichtlich bestellter Liquidatoren geschieht von Amts wegen.

§ 77 Form der Anmeldungen ¹Die Anmeldungen zum Vereinsregister sind von den Mitgliedern des Vorstands sowie von den Liquidatoren mittels öffentlich beglaubigter Erklärung zu bewirken.

§ 78 Festsetzung von Zwangsgeld (1) ¹Das Amtsgericht kann die Mitglieder des Vorstands zur Befolgung der Vorschriften des § 67 Abs. 1, des § 71 Abs. 1, des § 72, des § 74 Abs. 2 und des § 76 durch Festsetzung von Zwangsgeld anhalten.

(2) ¹In gleicher Weise können die Liquidatoren zur Befolgung der Vorschriften des § 76 angehalten werden.

§ 79 Einsicht in das Vereinsregister (1) ¹Die Einsicht des Vereinsregisters sowie der von dem Verein bei dem Amtsgericht eingereichten Schriftstücke ist jedem gestattet. ²Von den Eintragungen kann eine Abschrift gefordert werden; die Abschrift ist auf Verlangen zu beglaubigen. ³Werden die Schriftstücke nach § 55 a Abs. 5 aufbewahrt, so kann eine Abschrift nur von der Wiedergabe gefordert werden. ⁴Die Abschrift ist auf Verlangen zu beglaubigen. ⁵Eine Einsicht

BGB §§ 80–81

in das Original ist nur gestattet, wenn ein berechtigtes Interesse an der Einsicht darin dargelegt wird.

(2) ¹Die Einrichtung eines automatisierten Verfahrens, das die Übermittlung der Daten aus dem maschinell geführten Vereinsregister durch Abruf ermöglicht, ist zulässig, sofern sichergestellt ist, dass
1. der Abruf von Daten die nach Absatz 1 zulässige Einsicht nicht überschreitet und
2. die Zulässigkeit der Abrufe auf der Grundlage einer Protokollierung kontrolliert werden kann.

(3) ¹Der Nutzer ist darauf hinzuweisen, dass er die übermittelten Daten nur zu Informationszwecken verwenden darf. ²Die zuständige Stelle hat (z. B. durch Stichproben) zu prüfen, ob sich Anhaltspunkte dafür ergeben, dass die nach Satz 1 zulässige Einsicht überschritten oder übermittelte Daten missbraucht werden.

(4) ¹Die zuständige Stelle kann einen Nutzer, der die Funktionsfähigkeit der Abrufeinrichtung gefährdet, die nach Absatz 3 Satz 1 zulässige Einsicht überschreitet oder übermittelte Daten missbraucht, von der Teilnahme am automatisierten Abrufverfahren ausschließen; dasselbe gilt bei drohender Überschreitung oder drohendem Missbrauch.

(5) ¹Zuständige Stelle ist die Landesjustizverwaltung. ²Örtlich zuständig ist die Behörde, in deren Bezirk das betreffende Amtsgericht liegt. ³Die Zuständigkeit kann durch Rechtsverordnung der Landesregierung abweichend geregelt werden. ⁴Sie kann diese Ermächtigung durch Rechtsverordnung auf die Landesjustizverwaltung übertragen.

Untertitel 2: Stiftungen

§ 80 Entstehung einer rechtsfähigen Stiftung

(1) ¹Zur Entstehung einer rechtsfähigen Stiftung sind das Stiftungsgeschäft und die Anerkennung durch die zuständige Behörde des Landes erforderlich, in dem die Stiftung ihren Sitz haben soll.

(2) ¹Die Stiftung ist als rechtsfähig anzuerkennen, wenn das Stiftungsgeschäft den Anforderungen des § 81 Abs. 1 genügt, die dauernde und nachhaltige Erfüllung des Stiftungszwecks gesichert erscheint und der Stiftungszweck das Gemeinwohl nicht gefährdet.

(3) ¹Vorschriften der Landesgesetze über kirchliche Stiftungen bleiben unberührt. ²Das gilt entsprechend für Stiftungen, die nach den Landesgesetzen kirchlichen Stiftungen gleichgestellt sind.

§ 81 Stiftungsgeschäft

(1) ¹Das Stiftungsgeschäft unter Lebenden bedarf der schriftlichen Form. ²Es muss die verbindliche Erklärung des Stifters enthalten, ein Vermögen zur Erfüllung eines von ihm vorgegebenen Zweckes zu widmen. ³Durch das Stiftungsgeschäft muss die Stiftung eine Satzung erhalten mit Regelungen über
1. den Namen der Stiftung,
2. den Sitz der Stiftung,
3. den Zweck der Stiftung,
4. das Vermögen der Stiftung,
5. die Bildung des Vorstands der Stiftung.

⁴Genügt das Stiftungsgeschäft den Erfordernissen des Satzes 3 nicht und ist der Stifter verstorben, findet § 83 Satz 2 bis 4 entsprechende Anwendung.

(2) ¹Bis zur Anerkennung der Stiftung als rechtsfähig ist der Stifter zum Widerruf des Stiftungsgeschäfts berechtigt. ²Ist die Anerkennung bei der zuständigen Behörde beantragt, so kann der Widerruf nur dieser gegenüber erklärt werden. ³Der Erbe des Stifters ist zum Widerruf nicht berechtigt, wenn der Stifter den Antrag bei der zuständigen Behörde gestellt oder im Falle der notariellen Beurkundung des Stiftungsgeschäfts den Notar bei oder nach der Beurkundung mit der Antragstellung betraut hat.

§ 82 Übertragungspflicht des Stifters ¹Wird die Stiftung als rechtsfähig anerkannt, so ist der Stifter verpflichtet, das in dem Stiftungsgeschäft zugesicherte Vermögen auf die Stiftung zu übertragen. ²Rechte, zu deren Übertragung der Abtretungsvertrag genügt, gehen mit der Anerkennung auf die Stiftung über, sofern nicht aus dem Stiftungsgeschäft sich ein anderer Wille des Stifters ergibt.

§ 83 Stiftung von Todes wegen ¹Besteht das Stiftungsgeschäft in einer Verfügung von Todes wegen, so hat das Nachlassgericht dies der zuständigen Behörde zur Anerkennung mitzuteilen, sofern sie nicht von dem Erben oder dem Testamentsvollstrecker beantragt wird. ²Genügt das Stiftungsgeschäft nicht den Erfordernissen des § 81 Abs. 1 Satz 3, wird der Stiftung durch die zuständige Behörde vor der Anerkennung eine Satzung gegeben oder eine unvollständige Satzung ergänzt; dabei soll der Wille des Stifters berücksichtigt werden. ³Als Sitz der Stiftung gilt, wenn nicht ein anderes bestimmt ist, der Ort, an welchem die Verwaltung geführt wird. ⁴Im Zweifel gilt der letzte Wohnsitz des Stifters im Inland als Sitz.

§ 84 Anerkennung nach Tod des Stifters ¹Wird die Stiftung erst nach dem Tode des Stifters als rechtsfähig anerkannt, so gilt sie für die Zuwendungen des Stifters als schon vor dessen Tod entstanden.

§ 85 Stiftungsverfassung ¹Die Verfassung einer Stiftung wird, soweit sie nicht auf Bundes- oder Landesgesetz beruht, durch das Stiftungsgeschäft bestimmt.

§ 86 Anwendung des Vereinsrechts ¹Die Vorschriften der §§ 23 und 26, des § 27 Abs. 3 und der §§ 28 bis 31, 42 finden auf Stiftungen entsprechende Anwendung, die Vorschriften des § 27 Abs. 3 und des § 28 Abs. 1 jedoch nur insoweit, als sich nicht aus der Verfassung, insbesondere daraus, dass die Verwaltung der Stiftung von einer öffentlichen Behörde geführt wird, ein anderes ergibt. ²Die Vorschriften des § 28 Abs. 2 und des § 29 finden auf Stiftungen, deren Verwaltung von einer öffentlichen Behörde geführt wird, keine Anwendung.

§ 87 Zweckänderung; Aufhebung (1) ¹Ist die Erfüllung des Stiftungszwecks unmöglich geworden oder gefährdet sie das Gemeinwohl, so kann die zuständige Behörde der Stiftung eine andere Zweckbestimmung geben oder sie aufheben.
(2) ¹Bei der Umwandlung des Zweckes soll der Wille des Stifters berücksichtigt werden, insbesondere soll dafür gesorgt werden, dass die Erträge des Stiftungsvermögens dem Personenkreis, dem sie zustatten kommen sollten, im Sinne des Stifters erhalten bleiben. ²Die Behörde kann die Verfassung der Stiftung ändern, soweit die Umwandlung des Zweckes es erfordert.
(3) ¹Vor der Umwandlung des Zweckes und der Änderung der Verfassung soll der Vorstand der Stiftung gehört werden.

§ 88 Vermögensanfall ¹Mit dem Erlöschen der Stiftung fällt das Vermögen an die in der Verfassung bestimmten Personen. ²Fehlt es an einer Bestimmung der Anfallberechtigten, so fällt das Vermögen an den Fiskus des Landes, in dem die Stiftung ihren Sitz hatte, oder an einen anderen nach dem Recht dieses

Landes bestimmten Anfallberechtigten. ³Die Vorschriften der §§ 46 bis 53 finden entsprechende Anwendung.

Untertitel 3: Juristische Personen des öffentlichen Rechts

§ 89 Haftung für Organe; Insolvenz (1) ¹Die Vorschrift des § 31 findet auf den Fiskus sowie auf die Körperschaften, Stiftungen und Anstalten des öffentlichen Rechts entsprechende Anwendung.
(2) ¹Das Gleiche gilt, soweit bei Körperschaften, Stiftungen und Anstalten des öffentlichen Rechts das Insolvenzverfahren zulässig ist, von der Vorschrift des § 42 Abs. 2.

Abschnitt 2: Sachen und Tiere

§ 90 Begriff der Sache ¹Sachen im Sinne des Gesetzes sind nur körperliche Gegenstände.

§ 90 a Tiere ¹Tiere sind keine Sachen. ²Sie werden durch besondere Gesetze geschützt. ³Auf sie sind die für Sachen geltenden Vorschriften entsprechend anzuwenden, soweit nicht etwas anderes bestimmt ist.

§ 91 Vertretbare Sachen ¹Vertretbare Sachen im Sinne des Gesetzes sind bewegliche Sachen, die im Verkehr nach Zahl, Maß oder Gewicht bestimmt zu werden pflegen.

§ 92 Verbrauchbare Sachen (1) ¹Verbrauchbare Sachen im Sinne des Gesetzes sind bewegliche Sachen, deren bestimmungsmäßiger Gebrauch in dem Verbrauch oder in der Veräußerung besteht.
(2) ¹Als verbrauchbar gelten auch bewegliche Sachen, die zu einem Warenlager oder zu einem sonstigen Sachinbegriff gehören, dessen bestimmungsmäßiger Gebrauch in der Veräußerung der einzelnen Sachen besteht.

§ 93 Wesentliche Bestandteile einer Sache ¹Bestandteile einer Sache, die voneinander nicht getrennt werden können, ohne dass der eine oder der andere zerstört oder in seinem Wesen verändert wird (wesentliche Bestandteile), können nicht Gegenstand besonderer Rechte sein.

§ 94 Wesentliche Bestandteile eines Grundstücks oder Gebäudes
(1) ¹Zu den wesentlichen Bestandteilen eines Grundstücks gehören die mit dem Grund und Boden fest verbundenen Sachen, insbesondere Gebäude, sowie die Erzeugnisse des Grundstücks, solange sie mit dem Boden zusammenhängen. ²Samen wird mit dem Aussäen, eine Pflanze wird mit dem Einpflanzen wesentlicher Bestandteil des Grundstücks.
(2) ¹Zu den wesentlichen Bestandteilen eines Gebäudes gehören die zur Herstellung des Gebäudes eingefügten Sachen.

§ 95 Nur vorübergehender Zweck (1) ¹Zu den Bestandteilen eines Grundstücks gehören solche Sachen nicht, die nur zu einem vorübergehenden Zweck mit dem Grund und Boden verbunden sind. ²Das Gleiche gilt von einem Gebäude oder anderen Werk, das in Ausübung eines Rechts an einem fremden Grundstück von dem Berechtigten mit dem Grundstück verbunden worden ist.
(2) ¹Sachen, die nur zu einem vorübergehenden Zwecke in ein Gebäude eingefügt sind, gehören nicht zu den Bestandteilen des Gebäudes.

§ 96 Rechte als Bestandteile eines Grundstücks ¹Rechte, die mit dem Eigentum an einem Grundstück verbunden sind, gelten als Bestandteile des Grundstücks.

§§ 97–103 BGB

§ 97 Zubehör (1) ¹Zubehör sind bewegliche Sachen, die, ohne Bestandteile der Hauptsache zu sein, dem wirtschaftlichen Zwecke der Hauptsache zu dienen bestimmt sind und zu ihr in einem dieser Bestimmung entsprechenden räumlichen Verhältnis stehen. ²Eine Sache ist nicht Zubehör, wenn sie im Verkehr nicht als Zubehör angesehen wird.
(2) ¹Die vorübergehende Benutzung einer Sache für den wirtschaftlichen Zweck einer anderen begründet nicht die Zubehöreigenschaft. ²Die vorübergehende Trennung eines Zubehörstücks von der Hauptsache hebt die Zubehöreigenschaft nicht auf.

§ 98 Gewerbliches und landwirtschaftliches Inventar ¹Dem wirtschaftlichen Zwecke der Hauptsache sind zu dienen bestimmt:
1. bei einem Gebäude, das für einen gewerblichen Betrieb dauernd eingerichtet ist, insbesondere bei einer Mühle, einer Schmiede, einem Brauhaus, einer Fabrik, die zu dem Betrieb bestimmten Maschinen und sonstigen Gerätschaften,
2. bei einem Landgut das zum Wirtschaftsbetrieb bestimmte Gerät und Vieh, die landwirtschaftlichen Erzeugnisse, soweit sie zur Fortführung der Wirtschaft bis zu der Zeit erforderlich sind, zu welcher gleiche oder ähnliche Erzeugnisse voraussichtlich gewonnen werden, sowie der vorhandene, auf dem Gut gewonnene Dünger.

§ 99 Früchte (1) ¹Früchte einer Sache sind die Erzeugnisse der Sache und die sonstige Ausbeute, welche aus der Sache ihrer Bestimmung gemäß gewonnen wird.
(2) ¹Früchte eines Rechts sind die Erträge, welche das Recht seiner Bestimmung gemäß gewährt, insbesondere bei einem Recht auf Gewinnung von Bodenbestandteilen die gewonnenen Bestandteile.
(3) ¹Früchte sind auch die Erträge, welche eine Sache oder ein Recht vermöge eines Rechtsverhältnisses gewährt.

§ 100 Nutzungen ¹Nutzungen sind die Früchte einer Sache oder eines Rechts sowie die Vorteile, welche der Gebrauch der Sache oder des Rechts gewährt.

§ 101 Verteilung der Früchte ¹Ist jemand berechtigt, die Früchte einer Sache oder eines Rechts bis zu einer bestimmten Zeit oder von einer bestimmten Zeit an zu beziehen, so gebühren ihm, sofern nicht ein anderes bestimmt ist:
1. die in § 99 Abs. 1 bezeichneten Erzeugnisse und Bestandteile, auch wenn er sie als Früchte eines Rechts zu beziehen hat, insoweit, als sie während der Dauer der Berechtigung von der Sache getrennt werden,
2. andere Früchte insoweit, als sie während der Dauer der Berechtigung fällig werden; bestehen jedoch die Früchte in der Vergütung für die Überlassung des Gebrauchs oder des Fruchtgenusses, in Zinsen, Gewinnanteilen oder anderen regelmäßig wiederkehrenden Erträgen, so gebührt dem Berechtigten ein der Dauer seiner Berechtigung entsprechender Teil.

§ 102 Ersatz der Gewinnungskosten ¹Wer zur Herausgabe von Früchten verpflichtet ist, kann Ersatz der auf die Gewinnung der Früchte verwendeten Kosten insoweit verlangen, als sie einer ordnungsmäßigen Wirtschaft entsprechen und den Wert der Früchte nicht übersteigen.

§ 103 Verteilung der Lasten ¹Wer verpflichtet ist, die Lasten einer Sache oder eines Rechts bis zu einer bestimmten Zeit oder von einer bestimmten Zeit an zu tragen, hat, sofern nicht ein anderes bestimmt ist, die regelmäßig wiederkehrenden Lasten nach dem Verhältnis der Dauer seiner Verpflichtung, andere Lasten insoweit zu tragen, als sie während der Dauer seiner Verpflichtung zu entrichten sind.

Abschnitt 3: Rechtsgeschäfte

Titel 1: Geschäftsfähigkeit

§ 104 Geschäftsunfähigkeit
Geschäftsunfähig ist:
1. wer nicht das siebente Lebensjahr vollendet hat,
2. wer sich in einem die freie Willensbestimmung ausschließenden Zustand krankhafter Störung der Geistestätigkeit befindet, sofern nicht der Zustand seiner Natur nach ein vorübergehender ist.

§ 105 Nichtigkeit der Willenserklärung (1) ¹Die Willenserklärung eines Geschäftsunfähigen ist nichtig.
(2) ¹Nichtig ist auch eine Willenserklärung, die im Zustand der Bewusstlosigkeit oder vorübergehender Störung der Geistestätigkeit abgegeben wird.

§ 105a Geschäfte des täglichen Lebens ¹Tätigt ein volljähriger Geschäftsunfähiger ein Geschäft des täglichen Lebens, das mit geringwertigen Mitteln bewirkt werden kann, so gilt der von ihm geschlossene Vertrag in Ansehung von Leistung und, soweit vereinbart, Gegenleistung als wirksam, sobald Leistung und Gegenleistung bewirkt sind. ²Satz 1 gilt nicht bei einer erheblichen Gefahr für die Person oder das Vermögen des Geschäftsunfähigen.

§ 106 Beschränkte Geschäftsfähigkeit Minderjähriger ¹Ein Minderjähriger, der das siebente Lebensjahr vollendet hat, ist nach Maßgabe der §§ 107 bis 113 in der Geschäftsfähigkeit beschränkt.

§ 107 Einwilligung des gesetzlichen Vertreters ¹Der Minderjährige bedarf zu einer Willenserklärung, durch die er nicht lediglich einen rechtlichen Vorteil erlangt, der Einwilligung seines gesetzlichen Vertreters.

§ 108 Vertragsschluss ohne Einwilligung (1) ¹Schließt der Minderjährige einen Vertrag ohne die erforderliche Einwilligung des gesetzlichen Vertreters, so hängt die Wirksamkeit des Vertrags von der Genehmigung des Vertreters ab.
(2) ¹Fordert der andere Teil den Vertreter zur Erklärung über die Genehmigung auf, so kann die Erklärung nur ihm gegenüber erfolgen; eine vor der Aufforderung dem Minderjährigen gegenüber erklärte Genehmigung oder Verweigerung der Genehmigung wird unwirksam. ²Die Genehmigung kann nur bis zum Ablauf von zwei Wochen nach dem Empfang der Aufforderung erklärt werden; wird sie nicht erklärt, so gilt sie als verweigert.
(3) ¹Ist der Minderjährige unbeschränkt geschäftsfähig geworden, so tritt seine Genehmigung an die Stelle der Genehmigung des Vertreters.

§ 109 Widerrufsrecht des anderen Teils (1) ¹Bis zur Genehmigung des Vertrags ist der andere Teil zum Widerruf berechtigt. ²Der Widerruf kann auch dem Minderjährigen gegenüber erklärt werden.
(2) ¹Hat der andere Teil die Minderjährigkeit gekannt, so kann er nur widerrufen, wenn der Minderjährige der Wahrheit zuwider die Einwilligung des Vertreters behauptet hat; er kann auch in diesem Falle nicht widerrufen, wenn ihm das Fehlen der Einwilligung bei dem Abschluss des Vertrags bekannt war.

§§ 110–117 BGB

§ 110 Bewirken der Leistung mit eigenen Mitteln ¹Ein von dem Minderjährigen ohne Zustimmung des gesetzlichen Vertreters geschlossener Vertrag gilt als von Anfang an wirksam, wenn der Minderjährige die vertragsmäßige Leistung mit Mitteln bewirkt, die ihm zu diesem Zweck oder zu freier Verfügung von dem Vertreter oder mit dessen Zustimmung von einem Dritten überlassen worden sind. → *Taschengeldparagraph!!*

§ 111 Einseitige Rechtsgeschäfte ¹Ein einseitiges Rechtsgeschäft, das der Minderjährige ohne die erforderliche Einwilligung des gesetzlichen Vertreters vornimmt, ist unwirksam. ²Nimmt der Minderjährige mit dieser Einwilligung ein solches Rechtsgeschäft einem anderen gegenüber vor, so ist das Rechtsgeschäft unwirksam, wenn der Minderjährige die Einwilligung nicht in schriftlicher Form vorlegt und der andere das Rechtsgeschäft aus diesem Grunde unverzüglich zurückweist. ³Die Zurückweisung ist ausgeschlossen, wenn der Vertreter den anderen von der Einwilligung in Kenntnis gesetzt hatte.

§ 112 Selbständiger Betrieb eines Erwerbsgeschäfts (1) ¹Ermächtigt der gesetzliche Vertreter mit Genehmigung des Vormundschaftsgerichts den Minderjährigen zum selbständigen Betrieb eines Erwerbsgeschäfts, so ist der Minderjährige für solche Rechtsgeschäfte unbeschränkt geschäftsfähig, welche der Geschäftsbetrieb mit sich bringt. ²Ausgenommen sind Rechtsgeschäfte, zu denen der Vertreter der Genehmigung des Vormundschaftsgerichts bedarf.
(2) ¹Die Ermächtigung kann von dem Vertreter nur mit Genehmigung des Vormundschaftsgerichts zurückgenommen werden.

§ 113 Dienst- oder Arbeitsverhältnis (1) ¹Ermächtigt der gesetzliche Vertreter den Minderjährigen, in Dienst oder in Arbeit zu treten, so ist der Minderjährige für solche Rechtsgeschäfte unbeschränkt geschäftsfähig, welche die Eingehung oder Aufhebung eines Dienst- oder Arbeitsverhältnisses der gestatteten Art oder der Erfüllung der sich aus einem solchen Verhältnis ergebenden Verpflichtungen betreffen. ²Ausgenommen sind Verträge, zu denen der Vertreter der Genehmigung des Vormundschaftsgerichts bedarf.
(2) ¹Die Ermächtigung kann von dem Vertreter zurückgenommen oder eingeschränkt werden.
(3) ¹Ist der gesetzliche Vertreter ein Vormund, so kann die Ermächtigung, wenn sie von ihm verweigert wird, auf Antrag des Minderjährigen durch das Vormundschaftsgericht ersetzt werden. ²Das Vormundschaftsgericht hat die Ermächtigung zu ersetzen, wenn sie im Interesse des Mündels liegt.
(4) ¹Die für einen einzelnen Fall erteilte Ermächtigung gilt im Zweifel als allgemeine Ermächtigung zur Eingehung von Verhältnissen derselben Art.

§§ 114, 115 (weggefallen)

Titel 2: Willenserklärung

§ 116 Geheimer Vorbehalt ¹Eine Willenserklärung ist nicht deshalb nichtig, weil sich der Erklärende insgeheim vorbehält, das Erklärte nicht zu wollen. ²Die Erklärung ist nichtig, wenn sie einem anderen gegenüber abzugeben ist und dieser den Vorbehalt kennt.

§ 117 Scheingeschäft (1) ¹Wird eine Willenserklärung, die einem anderen gegenüber abzugeben ist, mit dessen Einverständnis nur zum Schein abgegeben, so ist sie nichtig.
(2) ¹Wird durch ein Scheingeschäft ein anderes Rechtsgeschäft verdeckt, so finden die für das verdeckte Rechtsgeschäft geltenden Vorschriften Anwendung.

§ 118 Mangel der Ernstlichkeit
¹Eine nicht ernstlich gemeinte Willenserklärung, die in der Erwartung abgegeben wird, der Mangel der Ernstlichkeit werde nicht verkannt werden, ist nichtig.

§ 119 Anfechtbarkeit wegen Irrtums
(1) ¹Wer bei der Abgabe einer Willenserklärung über deren Inhalt im Irrtum war oder eine Erklärung dieses Inhalts überhaupt nicht abgeben wollte, kann die Erklärung anfechten, wenn anzunehmen ist, dass er sie bei Kenntnis der Sachlage und bei verständiger Würdigung des Falles nicht abgegeben haben würde.
(2) ¹Als Irrtum über den Inhalt der Erklärung gilt auch der Irrtum über solche Eigenschaften der Person oder der Sache, die im Verkehr als wesentlich angesehen werden.

§ 120 Anfechtbarkeit wegen falscher Übermittlung
¹Eine Willenserklärung, welche durch die zur Übermittlung verwendete Person oder Einrichtung unrichtig übermittelt worden ist, kann unter der gleichen Voraussetzung angefochten werden wie nach § 119 eine irrtümlich abgegebene Willenserklärung.

§ 121 Anfechtungsfrist
(1) ¹Die Anfechtung muss in den Fällen der §§ 119, 120 ohne schuldhaftes Zögern (unverzüglich) erfolgen, nachdem der Anfechtungsberechtigte von dem Anfechtungsgrund Kenntnis erlangt hat. ²Die einem Abwesenden gegenüber erfolgte Anfechtung gilt als rechtzeitig erfolgt, wenn die Anfechtungserklärung unverzüglich abgesendet worden ist.
(2) ¹Die Anfechtung ist ausgeschlossen, wenn seit der Abgabe der Willenserklärung zehn Jahre verstrichen sind.

§ 122 Schadensersatzpflicht des Anfechtenden
(1) ¹Ist eine Willenserklärung nach § 118 nichtig oder auf Grund der §§ 119, 120 angefochten, so hat der Erklärende, wenn die Erklärung einem anderen gegenüber abzugeben war, diesem, andernfalls jedem Dritten den Schaden zu ersetzen, den der andere oder der Dritte dadurch erleidet, dass er auf die Gültigkeit der Erklärung vertraut, jedoch nicht über den Betrag des Interesses hinaus, welches der andere oder der Dritte an der Gültigkeit der Erklärung hat.
(2) ¹Die Schadensersatzpflicht tritt nicht ein, wenn der Beschädigte den Grund der Nichtigkeit oder der Anfechtbarkeit kannte oder infolge von Fahrlässigkeit nicht kannte (kennen musste).

§ 123 Anfechtbarkeit wegen Täuschung oder Drohung
(1) ¹Wer zur Abgabe einer Willenserklärung durch arglistige Täuschung oder widerrechtlich durch Drohung bestimmt worden ist, kann die Erklärung anfechten.
(2) ¹Hat ein Dritter die Täuschung verübt, so ist eine Erklärung, die einem anderen gegenüber abzugeben war, nur dann anfechtbar, wenn dieser die Täuschung kannte oder kennen musste. ²Soweit ein anderer als derjenige, welchem gegenüber die Erklärung abzugeben war, aus der Erklärung unmittelbar ein Recht erworben hat, ist die Erklärung ihm gegenüber anfechtbar, wenn er die Täuschung kannte oder kennen musste.

§ 124 Anfechtungsfrist
(1) ¹Die Anfechtung einer nach § 123 anfechtbaren Willenserklärung kann nur binnen Jahresfrist erfolgen.
(2) ¹Die Frist beginnt im Falle der arglistigen Täuschung mit dem Zeitpunkt, in welchem der Anfechtungsberechtigte die Täuschung entdeckt, im Falle der Drohung mit dem Zeitpunkt, in welchem die Zwangslage aufhört. ²Auf den Lauf der Frist finden die für die Verjährung geltenden Vorschriften der §§ 206, 210 und 211 entsprechende Anwendung.
(3) ¹Die Anfechtung ist ausgeschlossen, wenn seit der Abgabe der Willenserklärung zehn Jahre verstrichen sind.

§§ 125–128 BGB

§ 125 Nichtigkeit wegen Formmangels [1]Ein Rechtsgeschäft, welches der durch Gesetz vorgeschriebenen Form ermangelt, ist nichtig. [2]Der Mangel der durch Rechtsgeschäft bestimmten Form hat im Zweifel gleichfalls Nichtigkeit zur Folge.

§ 126 Schriftform (1) [1]Ist durch Gesetz schriftliche Form vorgeschrieben, so muss die Urkunde von dem Aussteller eigenhändig durch Namensunterschrift oder mittels notariell beglaubigten Handzeichens unterzeichnet werden.
(2) [1]Bei einem Vertrag muss die Unterzeichnung der Parteien auf derselben Urkunde erfolgen. [2]Werden über den Vertrag mehrere gleichlautende Urkunden aufgenommen, so genügt es, wenn jede Partei die für die andere Partei bestimmte Urkunde unterzeichnet.
(3) [1]Die schriftliche Form kann durch die elektronische Form ersetzt werden, wenn sich nicht aus dem Gesetz ein anderes ergibt.
(4) [1]Die schriftliche Form wird durch die notarielle Beurkundung ersetzt.

§ 126 a Elektronische Form (1) [1]Soll die gesetzlich vorgeschriebene schriftliche Form durch die elektronische Form ersetzt werden, so muss der Aussteller der Erklärung dieser seinen Namen hinzufügen und das elektronische Dokument mit einer qualifizierten elektronischen Signatur nach dem Signaturgesetz versehen.
(2) [1]Bei einem Vertrag müssen die Parteien jeweils ein gleichlautendes Dokument in der in Absatz 1 bezeichneten Weise elektronisch signieren.

§ 126 b Textform [1]Ist durch Gesetz Textform vorgeschrieben, so muss die Erklärung in einer Urkunde oder auf andere zur dauerhaften Wiedergabe in Schriftzeichen geeignete Weise abgegeben, die Person des Erklärenden genannt und der Abschluss der Erklärung durch Nachbildung der Namensunterschrift oder anders erkennbar gemacht werden.

§ 127 Vereinbarte Form (1) [1]Die Vorschriften des § 126, des § 126 a oder des § 126 b gelten im Zweifel auch für die durch Rechtsgeschäft bestimmte Form.
(2) [1]Zur Wahrung der durch Rechtsgeschäft bestimmten schriftlichen Form genügt, soweit nicht ein anderer Wille anzunehmen ist, die telekommunikative Übermittlung und bei einem Vertrag der Briefwechsel. [2]Wird eine solche Form gewählt, so kann nachträglich eine dem § 126 entsprechende Beurkundung verlangt werden.
(3) [1]Zur Wahrung der durch Rechtsgeschäft bestimmten elektronischen Form genügt, soweit nicht ein anderer Wille anzunehmen ist, auch eine andere als die in § 126 a bestimmte elektronische Signatur und bei einem Vertrag der Austausch von Angebots- und Annahmeerklärung, die jeweils mit einer elektronischen Signatur versehen sind. [2]Wird eine solche Form gewählt, so kann nachträglich eine dem § 126 a entsprechende elektronische Signierung oder, wenn diese einer der Parteien nicht möglich ist, eine dem § 126 entsprechende Beurkundung verlangt werden.

§ 127 a Gerichtlicher Vergleich [1]Die notarielle Beurkundung wird bei einem gerichtlichen Vergleich durch die Aufnahme der Erklärungen in ein nach den Vorschriften der Zivilprozessordnung errichtetes Protokoll ersetzt.

§ 128 Notarielle Beurkundung [1]Ist durch Gesetz notarielle Beurkundung eines Vertrags vorgeschrieben, so genügt es, wenn zunächst der Antrag und sodann die Annahme des Antrags von einem Notar beurkundet wird.

BGB §§ 129–135

§ 129 Öffentliche Beglaubigung (1) ¹Ist durch Gesetz für eine Erklärung öffentliche Beglaubigung vorgeschrieben, so muss die Erklärung schriftlich abgefasst und die Unterschrift des Erklärenden von einem Notar beglaubigt werden. ²Wird die Erklärung von dem Aussteller mittels Handzeichens unterzeichnet, so ist die in § 126 Abs. 1 vorgeschriebene Beglaubigung des Handzeichens erforderlich und genügend.
(2) ¹Die öffentliche Beglaubigung wird durch die notarielle Beurkundung der Erklärung ersetzt.

§ 130 Wirksamwerden der Willenserklärung gegenüber Abwesenden (1) ¹Eine Willenserklärung, die einem anderen gegenüber abzugeben ist, wird, wenn sie in dessen Abwesenheit abgegeben wird, in dem Zeitpunkt wirksam, in welchem sie ihm zugeht. ²Sie wird nicht wirksam, wenn dem anderen vorher oder gleichzeitig ein Widerruf zugeht.
(2) ¹Auf die Wirksamkeit der Willenserklärung ist es ohne Einfluss, wenn der Erklärende nach der Abgabe stirbt oder geschäftsunfähig wird.
(3) ¹Diese Vorschriften finden auch dann Anwendung, wenn die Willenserklärung einer Behörde gegenüber abzugeben ist.

§ 131 Wirksamwerden gegenüber nicht voll Geschäftsfähigen
(1) ¹Wird die Willenserklärung einem Geschäftsunfähigen gegenüber abgegeben, so wird sie nicht wirksam, bevor sie dem gesetzlichen Vertreter zugeht.
(2) ¹Das Gleiche gilt, wenn die Willenserklärung einer in der Geschäftsfähigkeit beschränkten Person gegenüber abgegeben wird. ²Bringt die Erklärung jedoch der in der Geschäftsfähigkeit beschränkten Person lediglich einen rechtlichen Vorteil oder hat der gesetzliche Vertreter seine Einwilligung erteilt, so wird die Erklärung in dem Zeitpunkt wirksam, in welchem sie ihr zugeht.

§ 132 Ersatz des Zugehens durch Zustellung (1) ¹Eine Willenserklärung gilt auch dann als zugegangen, wenn sie durch Vermittlung eines Gerichtsvollziehers zugestellt worden ist. ²Die Zustellung erfolgt nach den Vorschriften der Zivilprozessordnung.
(2) ¹Befindet sich der Erklärende über die Person desjenigen, welchem gegenüber die Erklärung abzugeben ist, in einer nicht auf Fahrlässigkeit beruhenden Unkenntnis oder ist der Aufenthalt dieser Person unbekannt, so kann die Zustellung nach den für die öffentliche Zustellung einer Ladung geltenden Vorschriften der Zivilprozessordnung erfolgen. ²Zuständig für die Bewilligung ist im ersteren Falle das Amtsgericht, in dessen Bezirk der Erklärende seinen Wohnsitz oder in Ermangelung eines inländischen Wohnsitzes seinen Aufenthalt hat, im letzteren Falle das Amtsgericht, in dessen Bezirk die Person, welcher zuzustellen ist, den letzten Wohnsitz oder in Ermangelung eines inländischen Wohnsitzes den letzten Aufenthalt hatte.

§ 133 Auslegung einer Willenserklärung ¹Bei der Auslegung einer Willenserklärung ist der wirkliche Wille zu erforschen und nicht an dem buchstäblichen Sinne des Ausdrucks zu haften.

§ 134 Gesetzliches Verbot ¹Ein Rechtsgeschäft, das gegen ein gesetzliches Verbot verstößt, ist nichtig, wenn sich nicht aus dem Gesetz ein anderes ergibt.

§ 135 Gesetzliches Veräußerungsverbot (1) ¹Verstößt die Verfügung über einen Gegenstand gegen ein gesetzliches Veräußerungsverbot, das nur den Schutz bestimmter Personen bezweckt, so ist sie nur diesen Personen gegenüber unwirksam. ²Der rechtsgeschäftlichen Verfügung steht eine Verfügung gleich, die im Wege der Zwangsvollstreckung oder der Arrestvollziehung erfolgt.

(2) ¹Die Vorschriften zugunsten derjenigen, welche Rechte von einem Nichtberechtigten herleiten, finden entsprechende Anwendung.

§ 136 Behördliches Veräußerungsverbot ¹Ein Veräußerungsverbot, das von einem Gericht oder von einer anderen Behörde innerhalb ihrer Zuständigkeit erlassen wird, steht einem gesetzlichen Veräußerungsverbot der in § 135 bezeichneten Art gleich.

§ 137 Rechtsgeschäftliches Verfügungsverbot ¹Die Befugnis zur Verfügung über ein veräußerliches Recht kann nicht durch Rechtsgeschäft ausgeschlossen oder beschränkt werden. ²Die Wirksamkeit einer Verpflichtung, über ein solches Recht nicht zu verfügen, wird durch diese Vorschrift nicht berührt.

§ 138 Sittenwidriges Rechtsgeschäft; Wucher (1) ¹Ein Rechtsgeschäft, das gegen die guten Sitten verstößt, ist nichtig.
(2) ¹Nichtig ist insbesondere ein Rechtsgeschäft, durch das jemand unter Ausbeutung der Zwangslage, der Unerfahrenheit, des Mangels an Urteilsvermögen oder der erheblichen Willensschwäche eines anderen sich oder einem Dritten für eine Leistung Vermögensvorteile versprechen oder gewähren lässt, die in einem auffälligen Missverhältnis zu der Leistung stehen.

§ 139 Teilnichtigkeit ¹Ist ein Teil eines Rechtsgeschäfts nichtig, so ist das ganze Rechtsgeschäft nichtig, wenn nicht anzunehmen ist, dass es auch ohne den nichtigen Teil vorgenommen sein würde.

§ 140 Umdeutung ¹Entspricht ein nichtiges Rechtsgeschäft den Erfordernissen eines anderen Rechtsgeschäfts, so gilt das letztere, wenn anzunehmen ist, dass dessen Geltung bei Kenntnis der Nichtigkeit gewollt sein würde.

§ 141 Bestätigung des nichtigen Rechtsgeschäfts (1) ¹Wird ein nichtiges Rechtsgeschäft von demjenigen, welcher es vorgenommen hat, bestätigt, so ist die Bestätigung als erneute Vornahme zu beurteilen.
(2) ¹Wird ein nichtiger Vertrag von den Parteien bestätigt, so sind diese im Zweifel verpflichtet, einander zu gewähren, was sie haben würden, wenn der Vertrag von Anfang an gültig gewesen wäre.

§ 142 Wirkung der Anfechtung (1) ¹Wird ein anfechtbares Rechtsgeschäft angefochten, so ist es als von Anfang an nichtig anzusehen.
(2) ¹Wer die Anfechtbarkeit kannte oder kennen musste, wird, wenn die Anfechtung erfolgt, so behandelt, wie wenn er die Nichtigkeit des Rechtsgeschäfts gekannt hätte oder hätte kennen müssen.

§ 143 Anfechtungserklärung (1) ¹Die Anfechtung erfolgt durch Erklärung gegenüber dem Anfechtungsgegner.
(2) ¹Anfechtungsgegner ist bei einem Vertrag der andere Teil, im Falle des § 123 Abs. 2 Satz 2 derjenige, welcher aus dem Vertrag unmittelbar ein Recht erworben hat.
(3) ¹Bei einem einseitigen Rechtsgeschäft, das einem anderen gegenüber vorzunehmen war, ist der andere der Anfechtungsgegner. ²Das Gleiche gilt bei einem Rechtsgeschäft, das einem anderen oder einer Behörde gegenüber vorzunehmen war, auch dann, wenn das Rechtsgeschäft der Behörde gegenüber vorgenommen worden ist.
(4) ¹Bei einem einseitigen Rechtsgeschäft anderer Art ist Anfechtungsgegner jeder, der auf Grund des Rechtsgeschäfts unmittelbar einen rechtlichen Vorteil erlangt hat. ²Die Anfechtung kann jedoch, wenn die Willenserklärung einer Behörde gegenüber abzugeben war, durch Erklärung gegenüber der Behörde

erfolgen; die Behörde soll die Anfechtung demjenigen mitteilen, welcher durch das Rechtsgeschäft unmittelbar betroffen worden ist.

§ 144 Bestätigung des anfechtbaren Rechtsgeschäfts (1) [1]Die Anfechtung ist ausgeschlossen, wenn das anfechtbare Rechtsgeschäft von dem Anfechtungsberechtigten bestätigt wird.
(2) [1]Die Bestätigung bedarf nicht der für das Rechtsgeschäft bestimmten Form.

Titel 3: Vertrag

§ 145 Bindung an den Antrag [1]Wer einem anderen die Schließung eines Vertrags anträgt, ist an den Antrag gebunden, es sei denn, dass er die Gebundenheit ausgeschlossen hat.

§ 146 Erlöschen des Antrags [1]Der Antrag erlischt, wenn er dem Antragenden gegenüber abgelehnt oder wenn er nicht diesem gegenüber nach den §§ 147 bis 149 rechtzeitig angenommen wird.

§ 147 Annahmefrist (1) [1]Der einem Anwesenden gemachte Antrag kann nur sofort angenommen werden. [2]Dies gilt auch von einem mittels Fernsprechers oder einer sonstigen technischen Einrichtung von Person zu Person gemachten Antrag.
(2) [1]Der einem Abwesenden gemachte Antrag kann nur bis zu dem Zeitpunkt angenommen werden, in welchem der Antragende den Eingang der Antwort unter regelmäßigen Umständen erwarten darf.

§ 148 Bestimmung einer Annahmefrist [1]Hat der Antragende für die Annahme des Antrags eine Frist bestimmt, so kann die Annahme nur innerhalb der Frist erfolgen.

§ 149 Verspätet zugegangene Annahmeerklärung [1]Ist eine dem Antragenden verspätet zugegangene Annahmeerklärung dergestalt abgesendet worden, dass sie bei regelmäßiger Beförderung ihm rechtzeitig zugegangen sein würde, und musste der Antragende dies erkennen, so hat er die Verspätung dem Annehmenden unverzüglich nach dem Empfang der Erklärung anzuzeigen, sofern es nicht schon vorher geschehen ist. [2]Verzögert er die Absendung der Anzeige, so gilt die Annahme als nicht verspätet.

§ 150 Verspätete und abändernde Annahme (1) [1]Die verspätete Annahme eines Antrags gilt als neuer Antrag.
(2) [1]Eine Annahme unter Erweiterungen, Einschränkungen oder sonstigen Änderungen gilt als Ablehnung verbunden mit einem neuen Antrag.

§ 151 Annahme ohne Erklärung gegenüber dem Antragenden
[1]Der Vertrag kommt durch die Annahme des Antrags zustande, ohne dass die Annahme dem Antragenden gegenüber erklärt zu werden braucht, wenn eine solche Erklärung nach der Verkehrssitte nicht zu erwarten ist oder der Antragende auf sie verzichtet hat. [2]Der Zeitpunkt, in welchem der Antrag erlischt, bestimmt sich nach dem aus dem Antrag oder den Umständen zu entnehmenden Willen des Antragenden.

§ 152 Annahme bei notarieller Beurkundung [1]Wird ein Vertrag notariell beurkundet, ohne dass beide Teile gleichzeitig anwesend sind, so kommt der Vertrag mit der nach § 128 erfolgten Beurkundung der Annahme zustande, wenn nicht ein anderes bestimmt ist. [2]Die Vorschrift des § 151 Satz 2 findet Anwendung.

§ 153 Tod oder Geschäftsunfähigkeit des Antragenden ¹Das Zustandekommen des Vertrags wird nicht dadurch gehindert, dass der Antragende vor der Annahme stirbt oder geschäftsunfähig wird, es sei denn, dass ein anderer Wille des Antragenden anzunehmen ist.

§ 154 Offener Einigungsmangel; fehlende Beurkundung (1) ¹Solange nicht die Parteien sich über alle Punkte eines Vertrags geeinigt haben, über die nach der Erklärung auch nur einer Partei eine Vereinbarung getroffen werden soll, ist im Zweifel der Vertrag nicht geschlossen. ²Die Verständigung über einzelne Punkte ist auch dann nicht bindend, wenn eine Aufzeichnung stattgefunden hat.
(2) ¹Ist eine Beurkundung des beabsichtigten Vertrags verabredet worden, so ist im Zweifel der Vertrag nicht geschlossen, bis die Beurkundung erfolgt ist.

§ 155 Versteckter Einigungsmangel ¹Haben sich die Parteien bei einem Vertrag, den sie als geschlossen ansehen, über einen Punkt, über den eine Vereinbarung getroffen werden sollte, in Wirklichkeit nicht geeinigt, so gilt das Vereinbarte, sofern anzunehmen ist, dass der Vertrag auch ohne eine Bestimmung über diesen Punkt geschlossen sein würde.

§ 156 Vertragsschluss bei Versteigerung ¹Bei einer Versteigerung kommt der Vertrag erst durch den Zuschlag zustande. ²Ein Gebot erlischt, wenn ein Übergebot abgegeben oder die Versteigerung ohne Erteilung des Zuschlags geschlossen wird.

§ 157 Auslegung von Verträgen ¹Verträge sind so auszulegen, wie Treu und Glauben mit Rücksicht auf die Verkehrssitte es erfordern.

Titel 4: Bedingung und Zeitbestimmung

§ 158 Aufschiebende und auflösende Bedingung (1) ¹Wird ein Rechtsgeschäft unter einer aufschiebenden Bedingung vorgenommen, so tritt die von der Bedingung abhängig gemachte Wirkung mit dem Eintritt der Bedingung ein.
(2) ¹Wird ein Rechtsgeschäft unter einer auflösenden Bedingung vorgenommen, so endigt mit dem Eintritt der Bedingung die Wirkung des Rechtsgeschäfts; mit diesem Zeitpunkt tritt der frühere Rechtszustand wieder ein.

§ 159 Rückbeziehung ¹Sollen nach dem Inhalt des Rechtsgeschäfts die an den Eintritt der Bedingung geknüpften Folgen auf einen früheren Zeitpunkt zurückbezogen werden, so sind im Falle des Eintritts der Bedingung die Beteiligten verpflichtet, einander zu gewähren, was sie haben würden, wenn die Folgen in dem früheren Zeitpunkt eingetreten wären.

§ 160 Haftung während der Schwebezeit (1) ¹Wer unter einer aufschiebenden Bedingung berechtigt ist, kann im Falle des Eintritts der Bedingung Schadensersatz von dem anderen Teil verlangen, wenn dieser während der Schwebezeit das von der Bedingung abhängige Recht durch sein Verschulden vereitelt oder beeinträchtigt.
(2) ¹Den gleichen Anspruch hat unter denselben Voraussetzungen bei einem unter einer auflösenden Bedingung vorgenommenen Rechtsgeschäft derjenige, zu dessen Gunsten der frühere Rechtszustand wieder eintritt.

§ 161 Unwirksamkeit von Verfügungen während der Schwebezeit
(1) ¹Hat jemand unter einer aufschiebenden Bedingung über einen Gegenstand verfügt, so ist jede weitere Verfügung, die er während der Schwebezeit über den Gegenstand trifft, im Falle des Eintritts der Bedingung insoweit unwirksam, als sie die von der Bedingung abhängige Wirkung vereiteln oder beeinträchtigen würde. ²Einer solchen Verfügung steht eine Verfügung gleich, die während der Schwebezeit im Wege der Zwangsvollstreckung oder der Arrestvollziehung oder durch den Insolvenzverwalter erfolgt.
(2) ¹Dasselbe gilt bei einer auflösenden Bedingung von den Verfügungen desjenigen, dessen Recht mit dem Eintritt der Bedingung endigt.
(3) ¹Die Vorschriften zugunsten derjenigen, welche Rechte von einem Nichtberechtigten herleiten, finden entsprechende Anwendung.

§ 162 Verhinderung oder Herbeiführung des Bedingungseintritts
(1) ¹Wird der Eintritt der Bedingung von der Partei, zu deren Nachteil er gereichen würde, wider Treu und Glauben verhindert, so gilt die Bedingung als eingetreten.
(2) ¹Wird der Eintritt der Bedingung von der Partei, zu deren Vorteil er gereicht, wider Treu und Glauben herbeigeführt, so gilt der Eintritt als nicht erfolgt.

§ 163 Zeitbestimmung
¹Ist für die Wirkung eines Rechtsgeschäfts bei dessen Vornahme ein Anfangs- oder ein Endtermin bestimmt worden, so finden im ersteren Falle die für die aufschiebende, im letzteren Falle die für die auflösende Bedingung geltenden Vorschriften der §§ 158, 160, 161 entsprechende Anwendung.

Titel 5: Vertretung und Vollmacht

§ 164 Wirkung der Erklärung des Vertreters
(1) ¹Eine Willenserklärung, die jemand innerhalb der ihm zustehenden Vertretungsmacht im Namen des Vertretenen abgibt, wirkt unmittelbar für und gegen den Vertretenen. ²Es macht keinen Unterschied, ob die Erklärung ausdrücklich im Namen des Vertretenen erfolgt oder ob die Umstände ergeben, dass sie in dessen Namen erfolgen soll.
(2) ¹Tritt der Wille, in fremdem Namen zu handeln, nicht erkennbar hervor, so kommt der Mangel des Willens, im eigenen Namen zu handeln, nicht in Betracht.
(3) ¹Die Vorschriften des Absatzes 1 finden entsprechende Anwendung, wenn eine gegenüber einem anderen abzugebende Willenserklärung dessen Vertreter gegenüber erfolgt.

§ 165 Beschränkt geschäftsfähiger Vertreter
¹Die Wirksamkeit einer von oder gegenüber einem Vertreter abgegebenen Willenserklärung wird nicht dadurch beeinträchtigt, dass der Vertreter in der Geschäftsfähigkeit beschränkt ist.

§ 166 Willensmängel; Wissenszurechnung
(1) ¹Soweit die rechtlichen Folgen einer Willenserklärung durch Willensmängel oder durch die Kenntnis oder das Kennenmüssen gewisser Umstände beeinflusst werden, kommt nicht die Person des Vertretenen, sondern die des Vertreters in Betracht.
(2) ¹Hat im Falle einer durch Rechtsgeschäft erteilten Vertretungsmacht (Vollmacht) der Vertreter nach bestimmten Weisungen des Vollmachtgebers gehandelt, so kann sich dieser in Ansehung solcher Umstände, die er selbst kannte, nicht auf die Unkenntnis des Vertreters berufen. ²Dasselbe gilt von Umständen, die der Vollmachtgeber kennen musste, sofern das Kennenmüssen der Kenntnis gleichsteht.

§ 167 Erteilung der Vollmacht (1) ¹Die Erteilung der Vollmacht erfolgt durch Erklärung gegenüber dem zu Bevollmächtigenden oder dem Dritten, dem gegenüber die Vertretung stattfinden soll.
(2) ¹Die Erklärung bedarf nicht der Form, welche für das Rechtsgeschäft bestimmt ist, auf das sich die Vollmacht bezieht.

§ 168 Erlöschen der Vollmacht ¹Das Erlöschen der Vollmacht bestimmt sich nach dem ihrer Erteilung zugrunde liegenden Rechtsverhältnis. ²Die Vollmacht ist auch bei dem Fortbestehen des Rechtsverhältnisses widerruflich, sofern sich nicht aus diesem ein anderes ergibt. ³Auf die Erklärung des Widerrufs findet die Vorschrift des § 167 Abs. 1 entsprechende Anwendung.

§ 169 Vollmacht des Beauftragten und des geschäftsführenden Gesellschafters ¹Soweit nach den §§ 674, 729 die erloschene Vollmacht eines Beauftragten oder eines geschäftsführenden Gesellschafters als fortbestehend gilt, wirkt sie nicht zugunsten eines Dritten, der bei der Vornahme eines Rechtsgeschäfts das Erlöschen kennt oder kennen muss.

§ 170 Wirkungsdauer der Vollmacht ¹Wird die Vollmacht durch Erklärung gegenüber einem Dritten erteilt, so bleibt sie diesem gegenüber in Kraft, bis ihm das Erlöschen von dem Vollmachtgeber angezeigt wird.

§ 171 Wirkungsdauer bei Kundgebung (1) ¹Hat jemand durch besondere Mitteilung an einen Dritten oder durch öffentliche Bekanntmachung kundgegeben, dass er einen anderen bevollmächtigt habe, so ist dieser auf Grund der Kundgebung im ersteren Falle dem Dritten gegenüber, im letzteren Falle jedem Dritten gegenüber zur Vertretung befugt.
(2) ¹Die Vertretungsmacht bleibt bestehen, bis die Kundgebung in derselben Weise, wie sie erfolgt ist, widerrufen wird.

§ 172 Vollmachtsurkunde (1) ¹Der besonderen Mitteilung einer Bevollmächtigung durch den Vollmachtgeber steht es gleich, wenn dieser dem Vertreter eine Vollmachtsurkunde ausgehändigt hat und der Vertreter sie dem Dritten vorlegt.
(2) ¹Die Vertretungsmacht bleibt bestehen, bis die Vollmachtsurkunde dem Vollmachtgeber zurückgegeben oder für kraftlos erklärt wird.

§ 173 Wirkungsdauer bei Kenntnis und fahrlässiger Unkenntnis
¹Die Vorschriften des § 170, des § 171 Abs. 2 und des § 172 Abs. 2 finden keine Anwendung, wenn der Dritte das Erlöschen der Vertretungsmacht bei der Vornahme des Rechtsgeschäfts kennt oder kennen muss.

§ 174 Einseitiges Rechtsgeschäft eines Bevollmächtigten ¹Ein einseitiges Rechtsgeschäft, das ein Bevollmächtigter einem anderen gegenüber vornimmt, ist unwirksam, wenn der Bevollmächtigte eine Vollmachtsurkunde nicht vorlegt und der andere das Rechtsgeschäft aus diesem Grunde unverzüglich zurückweist. ²Die Zurückweisung ist ausgeschlossen, wenn der Vollmachtgeber den anderen von der Bevollmächtigung in Kenntnis gesetzt hatte.

§ 175 Rückgabe der Vollmachtsurkunde ¹Nach dem Erlöschen der Vollmacht hat der Bevollmächtigte die Vollmachtsurkunde dem Vollmachtgeber zurückzugeben; ein Zurückbehaltungsrecht steht ihm nicht zu.

§ 176 Kraftloserklärung der Vollmachtsurkunde (1) ¹Der Vollmachtgeber kann die Vollmachtsurkunde durch eine öffentliche Bekanntmachung für kraftlos erklären; die Kraftloserklärung muss nach den für die öffentliche Zustellung einer Ladung geltenden Vorschriften der Zivilprozessordnung veröffentlicht werden. ²Mit dem Ablauf eines Monats nach der letzten Einrückung in die öffentlichen Blätter wird die Kraftloserklärung wirksam.

BGB §§ 177–181

(2) ¹Zuständig für die Bewilligung der Veröffentlichung ist sowohl das Amtsgericht, in dessen Bezirk der Vollmachtgeber seinen allgemeinen Gerichtsstand hat, als das Amtsgericht, welches für die Klage auf Rückgabe der Urkunde, abgesehen von dem Wert des Streitgegenstands, zuständig sein würde.
(3) ¹Die Kraftloserklärung ist unwirksam, wenn der Vollmachtgeber die Vollmacht nicht widerrufen kann.

§ 177 Vertragsschluss durch Vertreter ohne Vertretungsmacht
(1) ¹Schließt jemand ohne Vertretungsmacht im Namen eines anderen einen Vertrag, so hängt die Wirksamkeit des Vertrags für und gegen den Vertretenen von dessen Genehmigung ab.
(2) ¹Fordert der andere Teil den Vertretenen zur Erklärung über die Genehmigung auf, so kann die Erklärung nur ihm gegenüber erfolgen; eine vor der Aufforderung dem Vertreter gegenüber erklärte Genehmigung oder Verweigerung der Genehmigung wird unwirksam. ²Die Genehmigung kann nur bis zum Ablauf von zwei Wochen nach dem Empfang der Aufforderung erklärt werden; wird sie nicht erklärt, so gilt sie als verweigert.

§ 178 Widerrufsrecht des anderen Teils
¹Bis zur Genehmigung des Vertrags ist der andere Teil zum Widerruf berechtigt, es sei denn, dass er den Mangel der Vertretungsmacht bei dem Abschluss des Vertrags gekannt hat. ²Der Widerruf kann auch dem Vertreter gegenüber erklärt werden.

§ 179 Haftung des Vertreters ohne Vertretungsmacht
(1) ¹Wer als Vertreter einen Vertrag geschlossen hat, ist, sofern er nicht seine Vertretungsmacht nachweist, dem anderen Teil nach dessen Wahl zur Erfüllung oder zum Schadensersatz verpflichtet, wenn der Vertretene die Genehmigung des Vertrags verweigert.
(2) ¹Hat der Vertreter den Mangel der Vertretungsmacht nicht gekannt, so ist er nur zum Ersatz desjenigen Schadens verpflichtet, welchen der andere Teil dadurch erleidet, dass er auf die Vertretungsmacht vertraut, jedoch nicht über den Betrag des Interesses hinaus, welches der andere Teil an der Wirksamkeit des Vertrags hat.
(3) ¹Der Vertreter haftet nicht, wenn der andere Teil den Mangel der Vertretungsmacht kannte oder kennen musste. ²Der Vertreter haftet auch dann nicht, wenn er in der Geschäftsfähigkeit beschränkt war, es sei denn, dass er mit Zustimmung seines gesetzlichen Vertreters gehandelt hat.

§ 180 Einseitiges Rechtsgeschäft
¹Bei einem einseitigen Rechtsgeschäft ist Vertretung ohne Vertretungsmacht unzulässig. ²Hat jedoch derjenige, welchem gegenüber ein solches Rechtsgeschäft vorzunehmen war, die von dem Vertreter behauptete Vertretungsmacht bei der Vornahme des Rechtsgeschäfts nicht beanstandet oder ist er damit einverstanden gewesen, dass der Vertreter ohne Vertretungsmacht handele, so finden die Vorschriften über Verträge entsprechende Anwendung. ³Das Gleiche gilt, wenn ein einseitiges Rechtsgeschäft gegenüber einem Vertreter ohne Vertretungsmacht mit dessen Einverständnis vorgenommen wird.

§ 181 Insichgeschäft
¹Ein Vertreter kann, soweit nicht ein anderes ihm gestattet ist, im Namen des Vertretenen mit sich im eigenen Namen oder als Vertreter eines Dritten ein Rechtsgeschäft nicht vornehmen, es sei denn, dass das Rechtsgeschäft ausschließlich in der Erfüllung einer Verbindlichkeit besteht.

Titel 6: Einwilligung und Genehmigung

§ 182 Zustimmung (1) ¹Hängt die Wirksamkeit eines Vertrags oder eines einseitigen Rechtsgeschäfts, das einem anderen gegenüber vorzunehmen ist, von der Zustimmung eines Dritten ab, so kann die Erteilung sowie die Verweigerung der Zustimmung sowohl dem einen als dem anderen Teil gegenüber erklärt werden.
(2) ¹Die Zustimmung bedarf nicht der für das Rechtsgeschäft bestimmten Form.
(3) ¹Wird ein einseitiges Rechtsgeschäft, dessen Wirksamkeit von der Zustimmung eines Dritten abhängt, mit Einwilligung des Dritten vorgenommen, so finden die Vorschriften des § 111 Satz 2, 3 entsprechende Anwendung.

§ 183 Widerruflichkeit der Einwilligung ¹Die vorherige Zustimmung (Einwilligung) ist bis zur Vornahme des Rechtsgeschäfts widerruflich, soweit nicht aus dem ihrer Erteilung zugrunde liegenden Rechtsverhältnis sich ein anderes ergibt. ²Der Widerruf kann sowohl dem einen als dem anderen Teil gegenüber erklärt werden.

§ 184 Rückwirkung der Genehmigung (1) ¹Die nachträgliche Zustimmung (Genehmigung) wirkt auf den Zeitpunkt der Vornahme des Rechtsgeschäfts zurück, soweit nicht ein anderes bestimmt ist.
(2) ¹Durch die Rückwirkung werden Verfügungen nicht unwirksam, die vor der Genehmigung über den Gegenstand des Rechtsgeschäfts von dem Genehmigenden getroffen worden oder im Wege der Zwangsvollstreckung oder der Arrestvollziehung oder durch den Insolvenzverwalter erfolgt sind.

§ 185 Verfügung eines Nichtberechtigten (1) ¹Eine Verfügung, die ein Nichtberechtigter über einen Gegenstand trifft, ist wirksam, wenn sie mit Einwilligung des Berechtigten erfolgt.
(2) ¹Die Verfügung wird wirksam, wenn der Berechtigte sie genehmigt oder wenn der Verfügende den Gegenstand erwirbt oder wenn er von dem Berechtigten beerbt wird und dieser für die Nachlassverbindlichkeiten unbeschränkt haftet. ²In den beiden letzteren Fällen wird, wenn über den Gegenstand mehrere miteinander nicht in Einklang stehende Verfügungen getroffen worden sind, nur die frühere Verfügung wirksam.

Abschnitt 4: Fristen, Termine

§ 186 Geltungsbereich ¹Für die in Gesetzen, gerichtlichen Verfügungen und Rechtsgeschäften enthaltenen Frist- und Terminsbestimmungen gelten die Auslegungsvorschriften der §§ 187 bis 193.

§ 187 Fristbeginn (1) ¹Ist für den Anfang einer Frist ein Ereignis oder ein in den Lauf eines Tages fallender Zeitpunkt maßgebend, so wird bei der Berechnung der Frist der Tag nicht mitgerechnet, in welchen das Ereignis oder der Zeitpunkt fällt.
(2) ¹Ist der Beginn eines Tages der für den Anfang einer Frist maßgebende Zeitpunkt, so wird dieser Tag bei der Berechnung der Frist mitgerechnet. ²Das Gleiche gilt von dem Tage der Geburt bei der Berechnung des Lebensalters.

§ 188 Fristende (1) ¹Eine nach Tagen bestimmte Frist endigt mit dem Ablauf des letzten Tages der Frist.

BGB   §§ 189–197

(2) ¹Eine Frist, die nach Wochen, nach Monaten oder nach einem mehrere Monate umfassenden Zeitraum – Jahr, halbes Jahr, Vierteljahr – bestimmt ist, endigt im Falle des § 187 Abs. 1 mit dem Ablauf desjenigen Tages der letzten Woche oder des letzten Monats, welcher durch seine Benennung oder seine Zahl dem Tage entspricht, in den das Ereignis oder der Zeitpunkt fällt, im Falle des § 187 Abs. 2 mit dem Ablauf desjenigen Tages der letzten Woche oder des letzten Monats, welcher dem Tage vorhergeht, der durch seine Benennung oder seine Zahl dem Anfangstag der Frist entspricht.
(3) ¹Fehlt bei einer nach Monaten bestimmten Frist in dem letzten Monat der für ihren Ablauf maßgebende Tag, so endigt die Frist mit dem Ablauf des letzten Tages dieses Monats.

§ 189 Berechnung einzelner Fristen (1) ¹Unter einem halben Jahr wird eine Frist von sechs Monaten, unter einem Vierteljahr eine Frist von drei Monaten, unter einem halben Monat eine Frist von 15 Tagen verstanden.
(2) ¹Ist eine Frist auf einen oder mehrere ganze Monate und einen halben Monat gestellt, so sind die 15 Tage zuletzt zu zählen.

§ 190 Fristverlängerung ¹Im Falle der Verlängerung einer Frist wird die neue Frist von dem Ablauf der vorigen Frist an berechnet.

§ 191 Berechnung von Zeiträumen ¹Ist ein Zeitraum nach Monaten oder nach Jahren in dem Sinne bestimmt, dass er nicht zusammenhängend zu verlaufen braucht, so wird der Monat zu 30, das Jahr zu 365 Tagen gerechnet.

§ 192 Anfang, Mitte, Ende des Monats ¹Unter Anfang des Monats wird der erste, unter Mitte des Monats der 15., unter Ende des Monats der letzte Tag des Monats verstanden.

§ 193 Sonn- und Feiertag; Sonnabend ¹Ist an einem bestimmten Tage oder innerhalb einer Frist eine Willenserklärung abzugeben oder eine Leistung zu bewirken und fällt der bestimmte Tag oder der letzte Tag der Frist auf einen Sonntag, einen am Erklärungs- oder Leistungsort staatlich anerkannten allgemeinen Feiertag oder einen Sonnabend, so tritt an die Stelle eines solchen Tages der nächste Werktag.

Abschnitt 5: Verjährung

Titel 1: Gegenstand und Dauer der Verjährung

§ 194 Gegenstand der Verjährung (1) ¹Das Recht, von einem anderen ein Tun oder Unterlassen zu verlangen (Anspruch), unterliegt der Verjährung.
(2) ¹Ansprüche aus einem familienrechtlichen Verhältnis unterliegen der Verjährung nicht, soweit sie auf die Herstellung des dem Verhältnis entsprechenden Zustands für die Zukunft gerichtet sind.

§ 195 Regelmäßige Verjährungsfrist ¹Die regelmäßige Verjährungsfrist beträgt drei Jahre.

§ 196 Verjährungsfrist bei Rechten an einem Grundstück ¹Ansprüche auf Übertragung des Eigentums an einem Grundstück sowie auf Begründung, Übertragung oder Aufhebung eines Rechts an einem Grundstück oder auf Änderung des Inhalts eines solchen Rechts sowie die Ansprüche auf die Gegenleistung verjähren in zehn Jahren. 92 Bundesgesetzblatt Jahrgang 2002 Teil I Nr. 2, ausgegeben zu Bonn am 8. Januar 2002

§ 197 Dreißigjährige Verjährungsfrist (1) ¹In 30 Jahren verjähren, soweit nicht ein anderes bestimmt ist,

1. Herausgabeansprüche aus Eigentum und anderen dinglichen Rechten,
2. familien- und erbrechtliche Ansprüche,
3. rechtskräftig festgestellte Ansprüche,
4. Ansprüche aus vollstreckbaren Vergleichen oder vollstreckbaren Urkunden und
5. Ansprüche, die durch die im Insolvenzverfahren erfolgte Feststellung vollstreckbar geworden sind.

(2) ¹Soweit Ansprüche nach Absatz 1 Nr. 2 regelmäßig wiederkehrende Leistungen oder Unterhaltsleistungen und Ansprüche nach Absatz 1 Nr. 3 bis 5 künftig fällig werdende regelmäßig wiederkehrende Leistungen zum Inhalt haben, tritt an die Stelle der Verjährungsfrist von 30 Jahren die regelmäßige Verjährungsfrist.

§ 198 Verjährung bei Rechtsnachfolge ¹Gelangt eine Sache, hinsichtlich derer ein dinglicher Anspruch besteht, durch Rechtsnachfolge in den Besitz eines Dritten, so kommt die während des Besitzes des Rechtsvorgängers verstrichene Verjährungszeit dem Rechtsnachfolger zugute.

§ 199 Beginn der regelmäßigen Verjährungsfrist und Höchstfristen (1) ¹Die regelmäßige Verjährungsfrist beginnt mit dem Schluss des Jahres, in dem
1. der Anspruch entstanden ist und
2. der Gläubiger von den den Anspruch begründenden Umständen und der Person des Schuldners Kenntnis erlangt oder ohne grobe Fahrlässigkeit erlangen müsste.

(2) ¹Schadensersatzansprüche, die auf der Verletzung des Lebens, des Körpers, der Gesundheit oder der Freiheit beruhen, verjähren ohne Rücksicht auf ihre Entstehung und die Kenntnis oder grob fahrlässige Unkenntnis in 30 Jahren von der Begehung der Handlung, der Pflichtverletzung oder dem sonstigen, den Schaden auslösenden Ereignis an.

(3) ¹Sonstige Schadensersatzansprüche verjähren
1. ohne Rücksicht auf die Kenntnis oder grob fahrlässige Unkenntnis in zehn Jahren von ihrer Entstehung an und
2. ohne Rücksicht auf ihre Entstehung und die Kenntnis oder grob fahrlässige Unkenntnis in 30 Jahren von der Begehung der Handlung, der Pflichtverletzung oder dem sonstigen, den Schaden auslösenden Ereignis an.

Maßgeblich ist die früher endende Frist.

(4) ¹Andere Ansprüche als Schadensersatzansprüche verjähren ohne Rücksicht auf die Kenntnis oder grob fahrlässige Unkenntnis in zehn Jahren von ihrer Entstehung an.

(5) ¹Geht der Anspruch auf ein Unterlassen, so tritt an die Stelle der Entstehung die Zuwiderhandlung.

§ 200 Beginn anderer Verjährungsfristen ¹Die Verjährungsfrist von Ansprüchen, die nicht der regelmäßigen Verjährung unterliegen, beginnt mit der Entstehung des Anspruchs, soweit nicht ein anderer Verjährungsbeginn bestimmt ist. ²§ 199 Abs. 5 findet entsprechende Anwendung.

§ 201 Beginn der Verjährungsfrist von festgestellten Ansprüchen ¹Die Verjährung von Ansprüchen der in § 197 Abs. 1 Nr. 3 bis 5 bezeichneten Art beginnt mit der Rechtskraft der Entscheidung, der Errichtung des vollstreckbaren Titels oder der Feststellung im Insolvenzverfahren, nicht jedoch vor der Entstehung des Anspruchs. ²§ 199 Abs. 5 findet entsprechende Anwendung.

§ 202 Unzulässigkeit von Vereinbarungen über die Verjährung (1) ¹Die Verjährung kann bei Haftung wegen Vorsatzes nicht im Voraus durch Rechtsgeschäft erleichtert werden.

BGB §§ 203–204

(2) ¹Die Verjährung kann durch Rechtsgeschäft nicht über eine Verjährungsfrist von 30 Jahren ab dem gesetzlichen Verjährungsbeginn hinaus erschwert werden.

Titel 2: Hemmung, Ablaufhemmung und Neubeginn der Verjährung

§ 203 Hemmung der Verjährung bei Verhandlungen ¹Schweben zwischen dem Schuldner und dem Gläubiger Verhandlungen über den Anspruch oder die den Anspruch begründenden Umstände, so ist die Verjährung gehemmt, bis der eine oder der andere Teil die Fortsetzung der Verhandlungen verweigert. ²Die Verjährung tritt frühestens drei Monate nach dem Ende der Hemmung ein.

§ 204 Hemmung der Verjährung durch Rechtsverfolgung (1) ¹Die Verjährung wird gehemmt durch
1. die Erhebung der Klage auf Leistung oder auf Feststellung des Anspruchs, auf Erteilung der Vollstreckungsklausel oder auf Erlass des Vollstreckungsurteils,
2. die Zustellung des Antrags im vereinfachten Verfahren über den Unterhalt Minderjähriger,
3. die Zustellung des Mahnbescheids im Mahnverfahren,
4. die Veranlassung der Bekanntgabe des Güteantrags, der bei einer durch die Landesjustizverwaltung eingerichteten oder anerkannten Gütestelle oder, wenn die Parteien den Einigungsversuch einvernehmlich unternehmen, bei einer sonstigen Gütestelle, die Streitbeilegungen betreibt, eingereicht ist; wird die Bekanntgabe demnächst nach der Einreichung des Antrags veranlasst, so tritt die Hemmung der Verjährung bereits mit der Einreichung ein,
5. die Geltendmachung der Aufrechnung des Anspruchs im Prozess,
6. die Zustellung der Streitverkündung,
7. die Zustellung des Antrags auf Durchführung eines selbständigen Beweisverfahrens,
8. den Beginn eines vereinbarten Begutachtungsverfahrens oder die Beauftragung des Gutachters in dem Verfahren nach § 641 a,
9. die Zustellung des Antrags auf Erlass eines Arrests, einer einstweiligen Verfügung oder einer einstweiligen Anordnung, oder, wenn der Antrag nicht zugestellt wird, dessen Einreichung, wenn der Arrestbefehl, die einstweilige Verfügung oder die einstweilige Anordnung innerhalb eines Monats seit Verkündung oder Zustellung an den Gläubiger dem Schuldner zugestellt wird,
10. die Anmeldung des Anspruchs im Insolvenzverfahren oder im Schifffahrtsrechtlichen Verteilungsverfahren,
11. den Beginn des schiedsrichterlichen Verfahrens,
12. die Einreichung des Antrags bei einer Behörde, wenn die Zulässigkeit der Klage von der Vorentscheidung dieser Behörde abhängt und innerhalb von drei Monaten nach Erledigung des Gesuchs die Klage erhoben wird; dies gilt entsprechend für bei einem Gericht oder bei einer in Nummer 4 bezeichneten Gütestelle zu stellende Anträge, deren Zulässigkeit von der Vorentscheidung einer Behörde abhängt,
13. die Einreichung des Antrags bei dem höheren Gericht, wenn dieses das zuständige Gericht zu bestimmen hat und innerhalb von drei Monaten nach Erledigung des Gesuchs die Klage erhoben oder der Antrag, für den die Gerichtsstandsbestimmung zu erfolgen hat, gestellt wird, und

§§ 205–210 BGB

14. die Veranlassung der Bekanntgabe des erstmaligen Antrags auf Gewährung von Prozesskostenhilfe; wird die Bekanntgabe demnächst nach der Einreichung des Antrags veranlasst, so tritt die Hemmung der Verjährung bereits mit der Einreichung ein.

(2) [1]Die Hemmung nach Absatz 1 endet sechs Monate nach der rechtskräftigen Entscheidung oder anderweitigen Beendigung des eingeleiteten Verfahrens. [2]Gerät das Verfahren dadurch in Stillstand, dass die Parteien es nicht betreiben, so tritt an die Stelle der Beendigung des Verfahrens die letzte Verfahrenshandlung der Parteien, des Gerichts oder der sonst mit dem Verfahren befassten Stelle. [3]Die Hemmung beginnt erneut, wenn eine der Parteien das Verfahren weiter betreibt.

(3) [1]Auf die Frist nach Absatz 1 Nr. 9, 12 und 13 finden die §§ 206, 210 und 211 entsprechende Anwendung.

§ 205 Hemmung der Verjährung bei Leistungsverweigerungsrecht [1]Die Verjährung ist gehemmt, solange der Schuldner auf Grund einer Vereinbarung mit dem Gläubiger vorübergehend zur Verweigerung der Leistung berechtigt ist.

§ 206 Hemmung der Verjährung bei höherer Gewalt [1]Die Verjährung ist gehemmt, solange der Gläubiger innerhalb der letzten sechs Monate der Verjährungsfrist durch höhere Gewalt an der Rechtsverfolgung gehindert ist.

§ 207 Hemmung der Verjährung aus familiären und ähnlichen Gründen (1) [1]Die Verjährung von Ansprüchen zwischen Ehegatten ist gehemmt, solange die Ehe besteht. [2]Das Gleiche gilt für Ansprüche zwischen
1. Lebenspartnern, solange die Lebenspartnerschaft besteht,
2. Eltern und Kindern und dem Ehegatten eines Elternteils und dessen Kindern während der Minderjährigkeit der Kinder,
3. dem Vormund und dem Mündel während der Dauer des Vormundschaftsverhältnisses,
4. dem Betreuten und dem Betreuer während der Dauer des Betreuungsverhältnisses und
5. dem Pflegling und dem Pfleger während der Dauer der Pflegschaft.

[3]Die Verjährung von Ansprüchen des Kindes gegen den Beistand ist während der Dauer der Beistandschaft gehemmt.

(2) [1]§ 208 bleibt unberührt.

§ 208 Hemmung der Verjährung bei Ansprüchen wegen Verletzung der sexuellen Selbstbestimmung [1]Die Verjährung von Ansprüchen wegen Verletzung der sexuellen Selbstbestimmung ist bis zur Vollendung des 21. Lebensjahrs des Gläubigers gehemmt. [2]Lebt der Gläubiger von Ansprüchen wegen Verletzung der sexuellen Selbstbestimmung bei Beginn der Verjährung mit dem Schuldner in häuslicher Gemeinschaft, so ist die Verjährung auch bis zur Beendigung der häuslichen Gemeinschaft gehemmt.

§ 209 Wirkung der Hemmung [1]Der Zeitraum, während dessen die Verjährung gehemmt ist, wird in die Verjährungsfrist nicht eingerechnet.

§ 210 Ablaufhemmung bei nicht voll Geschäftsfähigen (1) [1]Ist eine geschäftsunfähige oder in der Geschäftsfähigkeit beschränkte Person ohne gesetzlichen Vertreter, so tritt eine für oder gegen sie laufende Verjährung nicht vor dem Ablauf von sechs Monaten nach dem Zeitpunkt ein, in dem die Person unbeschränkt geschäftsfähig oder der Mangel der Vertretung behoben wird. [2]Ist die Verjährungsfrist kürzer als sechs Monate, so tritt der für die Verjährung bestimmte Zeitraum an die Stelle der sechs Monate.

(2) [1]Absatz 1 findet keine Anwendung, soweit eine in der Geschäftsfähigkeit beschränkte Person prozessfähig ist.

BGB   §§ 211–216

§ 211 Ablaufhemmung in Nachlassfällen   ¹Die Verjährung eines Anspruchs, der zu einem Nachlass gehört oder sich gegen einen Nachlass richtet, tritt nicht vor dem Ablauf von sechs Monaten nach dem Zeitpunkt ein, in dem die Erbschaft von dem Erben angenommen oder das Insolvenzverfahren über den Nachlass eröffnet wird oder von dem an der Anspruch von einem oder gegen einen Vertreter geltend gemacht werden kann. ²Ist die Verjährungsfrist kürzer als sechs Monate, so tritt der für die Verjährung bestimmte Zeitraum an die Stelle der sechs Monate.

§ 212 Neubeginn der Verjährung   (1) ¹Die Verjährung beginnt erneut, wenn
1. der Schuldner dem Gläubiger gegenüber den Anspruch durch Abschlagszahlung, Zinszahlung, Sicherheitsleistung oder in anderer Weise anerkennt oder
2. eine gerichtliche oder behördliche Vollstreckungshandlung vorgenommen oder beantragt wird.

(2) ¹Der erneute Beginn der Verjährung infolge einer Vollstreckungshandlung gilt als nicht eingetreten, wenn die Vollstreckungshandlung auf Antrag des Gläubigers oder wegen Mangels der gesetzlichen Voraussetzungen aufgehoben wird.

(3) ¹Der erneute Beginn der Verjährung durch den Antrag auf Vornahme einer Vollstreckungshandlung gilt als nicht eingetreten, wenn dem Antrag nicht stattgegeben oder der Antrag vor der Vollstreckungshandlung zurückgenommen oder die erwirkte Vollstreckungshandlung nach Absatz 2 aufgehoben wird.

§ 213 Hemmung, Ablaufhemmung und erneuter Beginn der Verjährung bei anderen Ansprüchen   ¹Die Hemmung, die Ablaufhemmung und der erneute Beginn der Verjährung gelten auch für Ansprüche, die aus demselben Grunde wahlweise neben dem Anspruch oder an seiner Stelle gegeben sind.

Titel 3: Rechtsfolgen der Verjährung

§ 214 Wirkung der Verjährung   (1) ¹Nach Eintritt der Verjährung ist der Schuldner berechtigt, die Leistung zu verweigern.

(2) ¹Das zur Befriedigung eines verjährten Anspruchs Geleistete kann nicht zurückgefordert werden, auch wenn in Unkenntnis der Verjährung geleistet worden ist. ²Das Gleiche gilt von einem vertragsmäßigen Anerkenntnis sowie einer Sicherheitsleistung des Schuldners.

§ 215 Aufrechnung und Zurückbehaltungsrecht nach Eintritt der Verjährung   ¹Die Verjährung schließt die Aufrechnung und die Geltendmachung eines Zurückbehaltungsrechts nicht aus, wenn der Anspruch in dem Zeitpunkt noch nicht verjährt war, in dem erstmals aufgerechnet oder die Leistung verweigert werden konnte.

§ 216 Wirkung der Verjährung bei gesicherten Ansprüchen
(1) ¹Die Verjährung eines Anspruchs, für den eine Hypothek, eine Schiffshypothek oder ein Pfandrecht besteht, hindert den Gläubiger nicht, seine Befriedigung aus dem belasteten Gegenstand zu suchen.

(2) ¹Ist zur Sicherung eines Anspruchs ein Recht verschafft worden, so kann die Rückübertragung nicht auf Grund der Verjährung des Anspruchs gefordert werden. ²Ist das Eigentum vorbehalten, so kann der Rücktritt vom Vertrag auch erfolgen, wenn der gesicherte Anspruch verjährt ist.

(3) ¹Die Absätze 1 und 2 finden keine Anwendung auf die Verjährung von Ansprüchen auf Zinsen und andere wiederkehrende Leistungen.

§ 217 Verjährung von Nebenleistungen ¹Mit dem Hauptanspruch verjährt der Anspruch auf die von ihm abhängenden Nebenleistungen, auch wenn die für diesen Anspruch geltende besondere Verjährung noch nicht eingetreten ist.

§ 218 Unwirksamkeit des Rücktritts (1) ¹Der Rücktritt wegen nicht oder nicht vertragsgemäß erbrachter Leistung ist unwirksam, wenn der Anspruch auf die Leistung oder der Nacherfüllungsanspruch verjährt ist und der Schuldner sich hierauf beruft. ²Dies gilt auch, wenn der Schuldner nach § 275 Abs. 1 bis 3, § 439 Abs. 3 oder § 635 Abs. 3 nicht zu leisten braucht und der Anspruch auf die Leistung oder der Nacherfüllungsanspruch verjährt wäre. ³§ 216 Abs. 2 Satz 2 bleibt unberührt.
(2) ¹§ 214 Abs. 2 findet entsprechende Anwendung.

§§ 219 bis 225 (weggefallen)

Abschnitt 6: Ausübung der Rechte, Selbstverteidigung, Selbsthilfe

§ 226 Schikaneverbot ¹Die Ausübung eines Rechts ist unzulässig, wenn sie nur den Zweck haben kann, einem anderen Schaden zuzufügen.

§ 227 Notwehr (1) ¹Eine durch Notwehr gebotene Handlung ist nicht widerrechtlich.
(2) ¹Notwehr ist diejenige Verteidigung, welche erforderlich ist, um einen gegenwärtigen rechtswidrigen Angriff von sich oder einem anderen abzuwenden.

§ 228 Notstand ¹Wer eine fremde Sache beschädigt oder zerstört, um eine durch sie drohende Gefahr von sich oder einem anderen abzuwenden, handelt nicht widerrechtlich, wenn die Beschädigung oder die Zerstörung zur Abwendung der Gefahr erforderlich ist und der Schaden nicht außer Verhältnis zu der Gefahr steht. ²Hat der Handelnde die Gefahr verschuldet, so ist er zum Schadensersatz verpflichtet.

§ 229 Selbsthilfe ¹Wer zum Zwecke der Selbsthilfe eine Sache wegnimmt, zerstört oder beschädigt oder wer zum Zwecke der Selbsthilfe einen Verpflichteten, welcher der Flucht verdächtig ist, festnimmt oder den Widerstand des Verpflichteten gegen eine Handlung, die dieser zu dulden verpflichtet ist, beseitigt, handelt nicht widerrechtlich, wenn obrigkeitliche Hilfe nicht rechtzeitig zu erlangen ist und ohne sofortiges Eingreifen die Gefahr besteht, dass die Verwirklichung des Anspruchs vereitelt oder wesentlich erschwert werde.

§ 230 Grenzen der Selbsthilfe (1) ¹Die Selbsthilfe darf nicht weiter gehen, als zur Abwendung der Gefahr erforderlich ist.
(2) ¹Im Falle der Wegnahme von Sachen ist, sofern nicht Zwangsvollstreckung erwirkt wird, der dingliche Arrest zu beantragen.
(3) ¹Im Falle der Festnahme des Verpflichteten ist, sofern er nicht wieder in Freiheit gesetzt wird, der persönliche Sicherheitsarrest bei dem Amtsgericht zu beantragen, in dessen Bezirk die Festnahme erfolgt ist; der Verpflichtete ist unverzüglich dem Gericht vorzuführen.
(4) ¹Wird der Arrestantrag verzögert oder abgelehnt, so hat die Rückgabe der weggenommenen Sachen und die Freilassung des Festgenommenen unverzüglich zu erfolgen.

BGB   §§ 231–238

§ 231 Irrtümliche Selbsthilfe [1]Wer eine der in § 229 bezeichneten Handlungen in der irrigen Annahme vornimmt, dass die für den Ausschluss der Widerrechtlichkeit erforderlichen Voraussetzungen vorhanden seien, ist dem anderen Teil zum Schadensersatz verpflichtet, auch wenn der Irrtum nicht auf Fahrlässigkeit beruht.

Abschnitt 7: Sicherheitsleistung

§ 232 Arten (1) [1]Wer Sicherheit zu leisten hat, kann dies bewirken durch Hinterlegung von Geld oder Wertpapieren, durch Verpfändung von Forderungen, die in das Bundesschuldbuch oder in das Landesschuldbuch eines Landes eingetragen sind, durch Verpfändung beweglicher Sachen, durch Bestellung von Schiffshypotheken an Schiffen oder Schiffsbauwerken, die in einem deutschen Schiffsregister oder Schiffsbauregister eingetragen sind, durch Bestellung von Hypotheken an inländischen Grundstücken, durch Verpfändung von Forderungen, für die eine Hypothek an einem inländischen Grundstück besteht, oder durch Verpfändung von Grundschulden oder Rentenschulden an inländischen Grundstücken.
(2) [1]Kann die Sicherheit nicht in dieser Weise geleistet werden, so ist die Stellung eines tauglichen Bürgen zulässig.

§ 233 Wirkung der Hinterlegung [1]Mit der Hinterlegung erwirbt der Berechtigte ein Pfandrecht an dem hinterlegten Geld oder an den hinterlegten Wertpapieren und, wenn das Geld oder die Wertpapiere in das Eigentum des Fiskus oder der als Hinterlegungsstelle bestimmten Anstalt übergehen, ein Pfandrecht an der Forderung auf Rückerstattung.

§ 234 Geeignete Wertpapiere (1) [1]Wertpapiere sind zur Sicherheitsleistung nur geeignet, wenn sie auf den Inhaber lauten, einen Kurswert haben und einer Gattung angehören, in der Mündelgeld angelegt werden darf. [2]Den Inhaberpapieren stehen Orderpapiere gleich, die mit Blankoindossament versehen sind.
(2) [1]Mit den Wertpapieren sind die Zins-, Renten-, Gewinnanteil- und Erneuerungsscheine zu hinterlegen.
(3) [1]Mit Wertpapieren kann Sicherheit nur in Höhe von drei Vierteln des Kurswerts geleistet werden.

§ 235 Umtauschrecht [1]Wer durch Hinterlegung von Geld oder von Wertpapieren Sicherheit geleistet hat, ist berechtigt, das hinterlegte Geld gegen geeignete Wertpapiere, die hinterlegten Wertpapiere gegen andere geeignete Wertpapiere oder gegen Geld umzutauschen.

§ 236 Buchforderungen [1]Mit einer Schuldbuchforderung gegen den Bund oder gegen ein Land kann Sicherheit nur in Höhe von drei Vierteln des Kurswerts der Wertpapiere geleistet werden, deren Aushändigung der Gläubiger gegen Löschung seiner Forderung verlangen kann.

§ 237 Bewegliche Sachen [1]Mit einer beweglichen Sache kann Sicherheit nur in Höhe von zwei Dritteln des Schätzungswerts geleistet werden. [2]Sachen, deren Verderb zu besorgen oder deren Aufbewahrung mit besonderen Schwierigkeiten verbunden ist, können zurückgewiesen werden.

§ 238 Hypotheken, Grund- und Rentenschulden (1) [1]Eine Hypothekenforderung, eine Grundschuld oder eine Rentenschuld ist zur Sicherheitsleistung nur geeignet, wenn sie den Voraussetzungen entspricht, unter denen am Orte der Sicherheitsleistung Mündelgeld in Hypothekenforderungen, Grundschulden oder Rentenschulden angelegt werden darf.

(2) ¹Eine Forderung, für die eine Sicherungshypothek besteht, ist zur Sicherheitsleistung nicht geeignet.

§ 239 Bürge (1) ¹Ein Bürge ist tauglich, wenn er ein der Höhe der zu leistenden Sicherheit angemessenes Vermögen besitzt und seinen allgemeinen Gerichtsstand im Inland hat.
(2) ¹Die Bürgschaftserklärung muss den Verzicht auf die Einrede der Vorausklage enthalten.

§ 240 Ergänzungspflicht ¹Wird die geleistete Sicherheit ohne Verschulden des Berechtigten unzureichend, so ist sie zu ergänzen oder anderweitige Sicherheit zu leisten.

Buch 2: Recht der Schuldverhältnisse
Abschnitt 1: Inhalt der Schuldverhältnisse
Titel 1: Verpflichtung zur Leistung

§ 241 Pflichten aus dem Schuldverhältnis (1) ¹Kraft des Schuldverhältnisses ist der Gläubiger berechtigt, von dem Schuldner eine Leistung zu fordern. ²Die Leistung kann auch in einem Unterlassen bestehen.
(2) ¹Das Schuldverhältnis kann nach seinem Inhalt jeden Teil zur Rücksicht auf die Rechte, Rechtsgüter und Interessen des anderen Teils verpflichten.

§ 241 a[4)] Unbestellte Leistungen (1) ¹Durch die Lieferung unbestellter Sachen oder durch die Erbringung unbestellter sonstiger Leistungen durch einen Unternehmer an einen Verbraucher wird ein Anspruch gegen diesen nicht begründet.
(2) ¹Gesetzliche Ansprüche sind nicht ausgeschlossen, wenn die Leistung nicht für den Empfänger bestimmt war oder in der irrigen Vorstellung einer Bestellung erfolgte und der Empfänger dies erkannt hat oder bei Anwendung der im Verkehr erforderlichen Sorgfalt hätte erkennen können.
(3) ¹Eine unbestellte Leistung liegt nicht vor, wenn dem Verbraucher statt der bestellten eine nach Qualität und Preis gleichwertige Leistung angeboten und er darauf hingewiesen wird, dass er zur Annahme nicht verpflichtet ist und die Kosten der Rücksendung nicht zu tragen hat.

§ 242 Leistung nach Treu und Glauben ¹Der Schuldner ist verpflichtet, die Leistung so zu bewirken, wie Treu und Glauben mit Rücksicht auf die Verkehrssitte es erfordern.

§ 243 Gattungsschuld (1) ¹Wer eine nur der Gattung nach bestimmte Sache schuldet, hat eine Sache von mittlerer Art und Güte zu leisten.
(2) ¹Hat der Schuldner das zur Leistung einer solchen Sache seinerseits Erforderliche getan, so beschränkt sich das Schuldverhältnis auf diese Sache.

---

4) Amtlicher Hinweis:
   Diese Vorschrift dient der Umsetzung von Artikel 9 der Richtlinie 97/7/EG des Europäischen Parlaments und des Rates vom 20. Mai 1997 über den Verbraucherschutz bei Vertragsabschlüssen im Fernabsatz (ABl. EG Nr. L 144 S. 19).

§ 244 Fremdwährungsschuld (1) ¹Ist eine in einer anderen Währung als Euro ausgedrückte Geldschuld im Inland zu zahlen, so kann die Zahlung in Euro erfolgen, es sei denn, dass Zahlung in der anderen Währung ausdrücklich vereinbart ist.
(2) ¹Die Umrechnung erfolgt nach dem Kurswert, der zur Zeit der Zahlung für den Zahlungsort maßgebend ist.

§ 245 Geldsortenschuld ¹Ist eine Geldschuld in einer bestimmten Münzsorte zu zahlen, die sich zur Zeit der Zahlung nicht mehr im Umlauf befindet, so ist die Zahlung so zu leisten, wie wenn die Münzsorte nicht bestimmt wäre.

§ 246 Gesetzlicher Zinssatz ¹Ist eine Schuld nach Gesetz oder Rechtsgeschäft zu verzinsen, so sind vier vom Hundert für das Jahr zu entrichten, sofern nicht ein anderes bestimmt ist.

§ 247[5] Basiszinssatz (1) ¹Der Basiszinssatz beträgt 3,62 Prozent. ²Er verändert sich zum 1. Januar und 1. Juli eines jeden Jahres um die Prozentpunkte, um welche die Bezugsgröße seit der letzten Veränderung des Basiszinssatzes gestiegen oder gefallen ist. ³Bezugsgröße ist der Zinssatz für die jüngste Hauptrefinanzierungsoperation der Europäischen Zentralbank vor dem ersten Kalendertag des betreffenden Halbjahrs.
(2) ¹Die Deutsche Bundesbank gibt den geltenden Basiszinssatz unverzüglich nach den in Absatz 1 Satz 2 genannten Zeitpunkten im Bundesanzeiger bekannt.

§ 248 Zinseszinsen (1) ¹Eine im Voraus getroffene Vereinbarung, dass fällige Zinsen wieder Zinsen tragen sollen, ist nichtig.
(2) ¹Sparkassen, Kreditanstalten und Inhaber von Bankgeschäften können im Voraus vereinbaren, dass nicht erhobene Zinsen von Einlagen als neue verzinsliche Einlagen gelten sollen. ²Kreditanstalten, die berechtigt sind, für den Betrag der von ihnen gewährten Darlehen verzinsliche Schuldverschreibungen auf den Inhaber auszugeben, können sich bei solchen Darlehen die Verzinsung rückständiger Zinsen im Voraus versprechen lassen.

§ 249 Art und Umfang des Schadensersatzes (1) ¹Wer zum Schadensersatz verpflichtet ist, hat den Zustand herzustellen, der bestehen würde, wenn der zum Ersatz verpflichtende Umstand nicht eingetreten wäre.
(2) ¹Ist wegen Verletzung einer Person oder wegen Beschädigung einer Sache Schadensersatz zu leisten, so kann der Gläubiger statt der Herstellung den dazu erforderlichen Geldbetrag verlangen. ²Bei der Beschädigung einer Sache schließt der nach Satz 1 erforderliche Geldbetrag die Umsatzsteuer nur mit ein, wenn und soweit sie tatsächlich angefallen ist.

§ 250 Schadensersatz in Geld nach Fristsetzung ¹Der Gläubiger kann dem Ersatzpflichtigen zur Herstellung eine angemessene Frist mit der Erklärung bestimmen, dass er die Herstellung nach dem Ablauf der Frist ablehne. ²Nach dem Ablauf der Frist kann der Gläubiger den Ersatz in Geld verlangen, wenn nicht die Herstellung rechtzeitig erfolgt; der Anspruch auf die Herstellung ist ausgeschlossen.

---

5) Amtlicher Hinweis:
Diese Vorschrift dient der Umsetzung von Artikel 3 der Richtlinie 2000/35/EG des Europäischen Parlaments und des Rates vom 29. Juni 2000 zur Bekämpfung von Zahlungsverzug im Geschäftsverkehr (ABl. EG Nr. L 200 S. 35).

§ 251 Schadensersatz in Geld ohne Fristsetzung (1) ¹Soweit die Herstellung nicht möglich oder zur Entschädigung des Gläubigers nicht genügend ist, hat der Ersatzpflichtige den Gläubiger in Geld zu entschädigen.

(2) ¹Der Ersatzpflichtige kann den Gläubiger in Geld entschädigen, wenn die Herstellung nur mit unverhältnismäßigen Aufwendungen möglich ist. ²Die aus der Heilbehandlung eines verletzten Tieres entstandenen Aufwendungen sind nicht bereits dann unverhältnismäßig, wenn sie dessen Wert erheblich übersteigen.

§ 252 Entgangener Gewinn ¹Der zu ersetzende Schaden umfasst auch den entgangenen Gewinn. ²Als entgangen gilt der Gewinn, welcher nach dem gewöhnlichen Lauf der Dinge oder nach den besonderen Umständen, insbesondere nach den getroffenen Anstalten und Vorkehrungen, mit Wahrscheinlichkeit erwartet werden konnte.

§ 253 Immaterieller Schaden (1) ¹Wegen eines Schadens, der nicht Vermögensschaden ist, kann Entschädigung in Geld nur in den durch das Gesetz bestimmten Fällen gefordert werden.

(2) ¹Ist wegen einer Verletzung des Körpers, der Gesundheit, der Freiheit oder der sexuellen Selbstbestimmung Schadensersatz zu leisten, kann auch wegen des Schadens, der nicht Vermögensschaden ist, eine billige Entschädigung in Geld gefordert werden.

§ 254 Mitverschulden (1) ¹Hat bei der Entstehung des Schadens ein Verschulden des Beschädigten mitgewirkt, so hängt die Verpflichtung zum Ersatz sowie der Umfang des zu leistenden Ersatzes von den Umständen, insbesondere davon ab, inwieweit der Schaden vorwiegend von dem einen oder dem anderen Teil verursacht worden ist.

(2) ¹Dies gilt auch dann, wenn sich das Verschulden des Beschädigten darauf beschränkt, dass er unterlassen hat, den Schuldner auf die Gefahr eines ungewöhnlich hohen Schadens aufmerksam zu machen, die der Schuldner weder kannte noch kennen musste, oder dass er unterlassen hat, den Schaden abzuwenden oder zu mindern. ²Die Vorschrift des § 278 findet entsprechende Anwendung.

§ 255 Abtretung der Ersatzansprüche ¹Wer für den Verlust einer Sache oder eines Rechts Schadensersatz zu leisten hat, ist zum Ersatz nur gegen Abtretung der Ansprüche verpflichtet, die dem Ersatzberechtigten auf Grund des Eigentums an der Sache oder auf Grund des Rechts gegen Dritte zustehen.

§ 256 Verzinsung von Aufwendungen ¹Wer zum Ersatz von Aufwendungen verpflichtet ist, hat den aufgewendeten Betrag oder, wenn andere Gegenstände als Geld aufgewendet worden sind, den als Ersatz ihres Wertes zu zahlenden Betrag von der Zeit der Aufwendung an zu verzinsen. ²Sind Aufwendungen auf einen Gegenstand gemacht worden, der dem Ersatzpflichtigen herauszugeben ist, so sind Zinsen für die Zeit, für welche dem Ersatzberechtigten die Nutzungen oder die Früchte des Gegenstands ohne Vergütung verbleiben, nicht zu entrichten.

§ 257 Befreiungsanspruch ¹Wer berechtigt ist, Ersatz für Aufwendungen zu verlangen, die er für einen bestimmten Zweck macht, kann, wenn er für diesen Zweck eine Verbindlichkeit eingeht, Befreiung von der Verbindlichkeit verlangen. ²Ist die Verbindlichkeit noch nicht fällig, so kann ihm der Ersatzpflichtige, statt ihn zu befreien, Sicherheit leisten.

BGB   §§ 258–263

§ 258 Wegnahmerecht ¹Wer berechtigt ist, von einer Sache, die er einem anderen herauszugeben hat, eine Einrichtung wegzunehmen, hat im Falle der Wegnahme die Sache auf seine Kosten in den vorigen Stand zu setzen. ²Erlangt der andere den Besitz der Sache, so ist er verpflichtet, die Wegnahme der Einrichtung zu gestatten; er kann die Gestattung verweigern, bis ihm für den mit der Wegnahme verbundenen Schaden Sicherheit geleistet wird.

§ 259 Umfang der Rechenschaftspflicht (1) ¹Wer verpflichtet ist, über eine mit Einnahmen oder Ausgaben verbundene Verwaltung Rechenschaft abzulegen, hat dem Berechtigten eine die geordnete Zusammenstellung der Einnahmen oder der Ausgaben enthaltende Rechnung mitzuteilen und, soweit Belege erteilt zu werden pflegen, Belege vorzulegen.

(2) ¹Besteht Grund zu der Annahme, dass die in der Rechnung enthaltenen Angaben über die Einnahmen nicht mit der erforderlichen Sorgfalt gemacht worden sind, so hat der Verpflichtete auf Verlangen zu Protokoll an Eides statt zu versichern, dass er nach bestem Wissen die Einnahmen so vollständig angegeben habe, als er dazu imstande sei.

(3) ¹In Angelegenheiten von geringer Bedeutung besteht eine Verpflichtung zur Abgabe der eidesstattlichen Versicherung nicht.

§ 260 Pflichten bei Herausgabe oder Auskunft über Inbegriff von Gegenständen (1) ¹Wer verpflichtet ist, einen Inbegriff von Gegenständen herauszugeben oder über den Bestand eines solchen Inbegriffs Auskunft zu erteilen, hat dem Berechtigten ein Verzeichnis des Bestands vorzulegen.

(2) ¹Besteht Grund zu der Annahme, dass das Verzeichnis nicht mit der erforderlichen Sorgfalt aufgestellt worden ist, so hat der Verpflichtete auf Verlangen zu Protokoll an Eides statt zu versichern, dass er nach bestem Wissen den Bestand so vollständig angegeben habe, als er dazu imstande sei.

(3) ¹Die Vorschrift des § 259 Abs. 3 findet Anwendung.

§ 261 Abgabe der eidesstattlichen Versicherung (1) ¹Die eidesstattliche Versicherung ist, sofern sie nicht vor dem Vollstreckungsgericht abzugeben ist, vor dem Amtsgericht des Ortes abzugeben, an welchem die Verpflichtung zur Rechnungslegung oder zur Vorlegung des Verzeichnisses zu erfüllen ist. ²Hat der Verpflichtete seinen Wohnsitz oder seinen Aufenthalt im Inland, so kann er die Versicherung vor dem Amtsgericht des Wohnsitzes oder des Aufenthaltsorts abgeben.

(2) ¹Das Gericht kann eine den Umständen entsprechende Änderung der eidesstattlichen Versicherung beschließen.

(3) ¹Die Kosten der Abnahme der eidesstattlichen Versicherung hat derjenige zu tragen, welcher die Abgabe der Versicherung verlangt.

§ 262 Wahlschuld; Wahlrecht ¹Werden mehrere Leistungen in der Weise geschuldet, dass nur die eine oder die andere zu bewirken ist, so steht das Wahlrecht im Zweifel dem Schuldner zu.

§ 263 Ausübung des Wahlrechts; Wirkung (1) ¹Die Wahl erfolgt durch Erklärung gegenüber dem anderen Teil.

(2) ¹Die gewählte Leistung gilt als die von Anfang an allein geschuldete.

§ 264 Verzug des Wahlberechtigten

(1) ¹Nimmt der wahlberechtigte Schuldner die Wahl nicht vor dem Beginn der Zwangsvollstreckung vor, so kann der Gläubiger die Zwangsvollstreckung nach seiner Wahl auf die eine oder auf die andere Leistung richten; der Schuldner kann sich jedoch, solange nicht der Gläubiger die gewählte Leistung ganz oder zum Teil empfangen hat, durch eine der übrigen Leistungen von seiner Verbindlichkeit befreien.

(2) ¹Ist der wahlberechtigte Gläubiger im Verzug, so kann der Schuldner ihn unter Bestimmung einer angemessenen Frist zur Vornahme der Wahl auffordern. ²Mit dem Ablauf der Frist geht das Wahlrecht auf den Schuldner über, wenn nicht der Gläubiger rechtzeitig die Wahl vornimmt.

§ 265 Unmöglichkeit bei Wahlschuld

¹Ist eine der Leistungen von Anfang an unmöglich oder wird sie später unmöglich, so beschränkt sich das Schuldverhältnis auf die übrigen Leistungen. ²Die Beschränkung tritt nicht ein, wenn die Leistung infolge eines Umstands unmöglich wird, den der nicht wahlberechtigte Teil zu vertreten hat.

§ 266 Teilleistungen

¹Der Schuldner ist zu Teilleistungen nicht berechtigt.

§ 267 Leistung durch Dritte

(1) ¹Hat der Schuldner nicht in Person zu leisten, so kann auch ein Dritter die Leistung bewirken. ²Die Einwilligung des Schuldners ist nicht erforderlich.

(2) ¹Der Gläubiger kann die Leistung ablehnen, wenn der Schuldner widerspricht.

§ 268 Ablösungsrecht des Dritten

(1) ¹Betreibt der Gläubiger die Zwangsvollstreckung in einen dem Schuldner gehörenden Gegenstand, so ist jeder, der Gefahr läuft, durch die Zwangsvollstreckung ein Recht an dem Gegenstand zu verlieren, berechtigt, den Gläubiger zu befriedigen. ²Das gleiche Recht steht dem Besitzer einer Sache zu, wenn er Gefahr läuft, durch die Zwangsvollstreckung den Besitz zu verlieren.

(2) ¹Die Befriedigung kann auch durch Hinterlegung oder durch Aufrechnung erfolgen.

(3) ¹Soweit der Dritte den Gläubiger befriedigt, geht die Forderung auf ihn über. ²Der Übergang kann nicht zum Nachteil des Gläubigers geltend gemacht werden.

§ 269 Leistungsort

(1) ¹Ist ein Ort für die Leistung weder bestimmt noch aus den Umständen, insbesondere aus der Natur des Schuldverhältnisses, zu entnehmen, so hat die Leistung an dem Orte zu erfolgen, an welchem der Schuldner zur Zeit der Entstehung des Schuldverhältnisses seinen Wohnsitz hatte.

(2) ¹Ist die Verbindlichkeit im Gewerbebetrieb des Schuldners entstanden, so tritt, wenn der Schuldner seine gewerbliche Niederlassung an einem anderen Orte hatte, der Ort der Niederlassung an die Stelle des Wohnsitzes.

(3) ¹Aus dem Umstand allein, dass der Schuldner die Kosten der Versendung übernommen hat, ist nicht zu entnehmen, dass der Ort, nach welchem die Versendung zu erfolgen hat, der Leistungsort sein soll.

§ 270 Zahlungsort

(1) ¹Geld hat der Schuldner im Zweifel auf seine Gefahr und seine Kosten dem Gläubiger an dessen Wohnsitz zu übermitteln.

(2) ¹Ist die Forderung im Gewerbebetrieb des Gläubigers entstanden, so tritt, wenn der Gläubiger seine gewerbliche Niederlassung an einem anderen Orte hat, der Ort der Niederlassung an die Stelle des Wohnsitzes.

(3) ¹Erhöhen sich infolge einer nach der Entstehung des Schuldverhältnisses eintretenden Änderung des Wohnsitzes oder der gewerblichen Niederlassung des Gläubigers die Kosten oder die Gefahr der Übermittlung, so hat der Gläubiger im ersteren Falle die Mehrkosten, im letzteren Falle die Gefahr zu tragen.

BGB §§ 271–275

(4) ¹Die Vorschriften über den Leistungsort bleiben unberührt.

§ 271 Leistungszeit (1) ¹Ist eine Zeit für die Leistung weder bestimmt noch aus den Umständen zu entnehmen, so kann der Gläubiger die Leistung sofort verlangen, der Schuldner sie sofort bewirken.
(2) ¹Ist eine Zeit bestimmt, so ist im Zweifel anzunehmen, dass der Gläubiger die Leistung nicht vor dieser Zeit verlangen, der Schuldner aber sie vorher bewirken kann.

§ 272 Zwischenzinsen ¹Bezahlt der Schuldner eine unverzinsliche Schuld vor der Fälligkeit, so ist er zu einem Abzug wegen der Zwischenzinsen nicht berechtigt.

§ 273 Zurückbehaltungsrecht (1) ¹Hat der Schuldner aus demselben rechtlichen Verhältnis, auf dem seine Verpflichtung beruht, einen fälligen Anspruch gegen den Gläubiger, so kann er, sofern nicht aus dem Schuldverhältnis sich ein anderes ergibt, die geschuldete Leistung verweigern, bis die ihm gebührende Leistung bewirkt wird (Zurückbehaltungsrecht).
(2) ¹Wer zur Herausgabe eines Gegenstands verpflichtet ist, hat das gleiche Recht, wenn ihm ein fälliger Anspruch wegen Verwendungen auf den Gegenstand oder wegen eines ihm durch diesen verursachten Schadens zusteht, es sei denn, dass er den Gegenstand durch eine vorsätzlich begangene unerlaubte Handlung erlangt hat.
(3) ¹Der Gläubiger kann die Ausübung des Zurückbehaltungsrechts durch Sicherheitsleistung abwenden. ²Die Sicherheitsleistung durch Bürgen ist ausgeschlossen.

§ 274 Wirkungen des Zurückbehaltungsrechts (1) ¹Gegenüber der Klage des Gläubigers hat die Geltendmachung des Zurückbehaltungsrechts nur die Wirkung, dass der Schuldner zur Leistung gegen Empfang der ihm gebührenden Leistung (Erfüllung Zug um Zug) zu verurteilen ist.
(2) ¹Auf Grund einer solchen Verurteilung kann der Gläubiger seinen Anspruch ohne Bewirkung der ihm obliegenden Leistung im Wege der Zwangsvollstreckung verfolgen, wenn der Schuldner im Verzug der Annahme ist.

§ 275[6] **Ausschluss der Leistungspflicht** (1) ¹Der Anspruch auf Leistung ist ausgeschlossen, soweit diese für den Schuldner oder für jedermann unmöglich ist.
(2) ¹Der Schuldner kann die Leistung verweigern, soweit diese einen Aufwand erfordert, der unter Beachtung des Inhalts des Schuldverhältnisses und der Gebote von Treu und Glauben in einem groben Missverhältnis zu dem Leistungsinteresse des Gläubigers steht. ²Bei der Bestimmung der dem Schuldner zuzumutenden Anstrengungen ist auch zu berücksichtigen, ob der Schuldner das Leistungshindernis zu vertreten hat.
(3) ¹Der Schuldner kann die Leistung ferner verweigern, wenn er die Leistung persönlich zu erbringen hat und sie ihm unter Abwägung des seiner Leistung entgegenstehenden Hindernisses mit dem Leistungsinteresse des Gläubigers nicht zugemutet werden kann.
(4) ¹Die Rechte des Gläubigers bestimmen sich nach den §§ 280, 283 bis 285, 311a und 326.

---

6) Amtlicher Hinweis:
Diese Vorschrift dient auch der Umsetzung der Richtlinie 1999/44/EG des Europäischen Parlaments und des Rates vom 25. Mai 1999 zu bestimmten Aspekten des Verbrauchsgüterkaufs und der Garantien für Verbrauchsgüter (ABl. EG Nr. L 171 S. 12).

§ 276 Verantwortlichkeit des Schuldners (1) ¹Der Schuldner hat Vorsatz und Fahrlässigkeit zu vertreten, wenn eine strengere oder mildere Haftung weder bestimmt noch aus dem sonstigen Inhalt des Schuldverhältnisses, insbesondere aus der Übernahme einer Garantie oder eines Beschaffungsrisikos, zu entnehmen ist. ²Die Vorschriften der §§ 827 und 828 finden entsprechende Anwendung.
(2) ¹Fahrlässig handelt, wer die im Verkehr erforderliche Sorgfalt außer Acht lässt.
(3) ¹Die Haftung wegen Vorsatzes kann dem Schuldner nicht im Voraus erlassen werden.

§ 277 Sorgfalt in eigenen Angelegenheiten ¹Wer nur für diejenige Sorgfalt einzustehen hat, welche er in eigenen Angelegenheiten anzuwenden pflegt, ist von der Haftung wegen grober Fahrlässigkeit nicht befreit.

§ 278 Verantwortlichkeit des Schuldners für Dritte ¹Der Schuldner hat ein Verschulden seines gesetzlichen Vertreters und der Personen, deren er sich zur Erfüllung seiner Verbindlichkeit bedient, in gleichem Umfang zu vertreten wie eigenes Verschulden. ²Die Vorschrift des § 276 Abs. 3 findet keine Anwendung.

§ 279 (weggefallen)

§ 280 Schadensersatz wegen Pflichtverletzung (1) ¹Verletzt der Schuldner eine Pflicht aus dem Schuldverhältnis, so kann der Gläubiger Ersatz des hierdurch entstehenden Schadens verlangen. ²Dies gilt nicht, wenn der Schuldner die Pflichtverletzung nicht zu vertreten hat.
(2) ¹Schadensersatz wegen Verzögerung der Leistung kann der Gläubiger nur unter der zusätzlichen Voraussetzung des § 286 verlangen.
(3) ¹Schadensersatz statt der Leistung kann der Gläubiger nur unter den zusätzlichen Voraussetzungen des § 281, des § 282 oder des § 283 verlangen.

§ 281 Schadensersatz statt der Leistung wegen nicht oder nicht wie geschuldet erbrachter Leistung (1) ¹Soweit der Schuldner die fällige Leistung nicht oder nicht wie geschuldet erbringt, kann der Gläubiger unter den Voraussetzungen des § 280 Abs. 1 Schadensersatz statt der Leistung verlangen, wenn er dem Schuldner erfolglos eine angemessene Frist zur Leistung oder Nacherfüllung bestimmt hat. ²Hat der Schuldner eine Teilleistung bewirkt, so kann der Gläubiger Schadensersatz statt der ganzen Leistung nur verlangen, wenn er an der Teilleistung kein Interesse hat. ³Hat der Schuldner die Leistung nicht wie geschuldet bewirkt, so kann der Gläubiger Schadensersatz statt der ganzen Leistung nicht verlangen, wenn die Pflichtverletzung unerheblich ist.
(2) ¹Die Fristsetzung ist entbehrlich, wenn der Schuldner die Leistung ernsthaft und endgültig verweigert oder wenn besondere Umstände vorliegen, die unter Abwägung der beiderseitigen Interessen die sofortige Geltendmachung des Schadensersatzanspruchs rechtfertigen.
(3) ¹Kommt nach der Art der Pflichtverletzung eine Fristsetzung nicht in Betracht, so tritt an deren Stelle eine Abmahnung.
(4) ¹Der Anspruch auf die Leistung ist ausgeschlossen, sobald der Gläubiger statt der Leistung Schadensersatz verlangt hat.
(5) ¹Verlangt der Gläubiger Schadensersatz statt der ganzen Leistung, so ist der Schuldner zur Rückforderung des Geleisteten nach den §§ 346 bis 348 berechtigt.

§ 282 Schadensersatz statt der Leistung wegen Verletzung einer Pflicht nach § 241 Abs. 2 ¹Verletzt der Schuldner eine Pflicht nach § 241 Abs. 2, kann der Gläubiger unter den Voraussetzungen des § 280 Abs. 1 Schadensersatz statt der Leistung verlangen, wenn ihm die Leistung durch den Schuldner nicht mehr zuzumuten ist.

§ 283 Schadensersatz statt der Leistung bei Ausschluss der Leistungspflicht
¹Braucht der Schuldner nach § 275 Abs. 1 bis 3 nicht zu leisten, kann der Gläubiger unter den Voraussetzungen des § 280 Abs. 1 Schadensersatz statt der Leistung verlangen. ²§ 281 Abs. 1 Satz 2 und 3 und Abs. 5 findet entsprechende Anwendung.

§ 284 Ersatz vergeblicher Aufwendungen
¹Anstelle des Schadensersatzes statt der Leistung kann der Gläubiger Ersatz der Aufwendungen verlangen, die er im Vertrauen auf den Erhalt der Leistung gemacht hat und billigerweise machen durfte, es sei denn, deren Zweck wäre auch ohne die Pflichtverletzung des Schuldners nicht erreicht worden.

§ 285 Herausgabe des Ersatzes
(1) ¹Erlangt der Schuldner infolge des Umstands, auf Grund dessen er die Leistung nach § 275 Abs. 1 bis 3 nicht zu erbringen braucht, für den geschuldeten Gegenstand einen Ersatz oder einen Ersatzanspruch, so kann der Gläubiger Herausgabe des als Ersatz Empfangenen oder Abtretung des Ersatzanspruchs verlangen.
(2) ¹Kann der Gläubiger statt der Leistung Schadensersatz verlangen, so mindert sich dieser, wenn er von dem in Absatz 1 bestimmten Recht Gebrauch macht, um den Wert des erlangten Ersatzes oder Ersatzanspruchs.

§ 286[7]) Verzug des Schuldners
(1) ¹Leistet der Schuldner auf eine Mahnung des Gläubigers nicht, die nach dem Eintritt der Fälligkeit erfolgt, so kommt er durch die Mahnung in Verzug. ²Der Mahnung stehen die Erhebung der Klage auf die Leistung sowie die Zustellung eines Mahnbescheids im Mahnverfahren gleich.
(2) ¹Der Mahnung bedarf es nicht, wenn
1. für die Leistung eine Zeit nach dem Kalender bestimmt ist,
2. der Leistung ein Ereignis vorauszugehen hat und eine angemessene Zeit für die Leistung in der Weise bestimmt ist, dass sie sich von dem Ereignis an nach dem Kalender berechnen lässt,
3. der Schuldner die Leistung ernsthaft und endgültig verweigert,
4. aus besonderen Gründen unter Abwägung der beiderseitigen Interessen der sofortige Eintritt des Verzugs gerechtfertigt ist.
(3) ¹Der Schuldner einer Entgeltforderung kommt spätestens in Verzug, wenn er nicht innerhalb von 30 Tagen nach Fälligkeit und Zugang einer Rechnung oder gleichwertigen Zahlungsaufstellung leistet; dies gilt gegenüber einem Schuldner, der Verbraucher ist, nur, wenn auf diese Folgen in der Rechnung oder Zahlungsaufstellung besonders hingewiesen worden ist. ²Wenn der Zeitpunkt des Zugangs der Rechnung oder Zahlungsaufstellung unsicher ist, kommt der Schuldner, der nicht Verbraucher ist, spätestens 30 Tage nach Fälligkeit und Empfang der Gegenleistung in Verzug.
(4) ¹Der Schuldner kommt nicht in Verzug, solange die Leistung infolge eines Umstands unterbleibt, den er nicht zu vertreten hat.

§ 287 Verantwortlichkeit während des Verzugs
¹Der Schuldner hat während des Verzugs jede Fahrlässigkeit zu vertreten. ²Er haftet wegen der Leistung auch für Zufall, es sei denn, dass der Schaden auch bei rechtzeitiger Leistung eingetreten sein würde.

---

[7]) Amtlicher Hinweis:
Diese Vorschrift dient zum Teil auch der Umsetzung der Richtlinie 2000/35/EG des Europäischen Parlaments und des Rates vom 29. Juni 2000 zur Bekämpfung von Zahlungsverzug im Geschäftsverkehr (ABl. EG Nr. L 200 S. 35).

§ 288[8)] **Verzugszinsen** (1) [1]Eine Geldschuld ist während des Verzugs zu verzinsen. [2]Der Verzugszinssatz beträgt für das Jahr fünf Prozentpunkte über dem Basiszinssatz.
(2) [1]Bei Rechtsgeschäften, an denen ein Verbraucher nicht beteiligt ist, beträgt der Zinssatz für Entgeltforderungen acht Prozentpunkte über dem Basiszinssatz.
(3) [1]Der Gläubiger kann aus einem anderen Rechtsgrund höhere Zinsen verlangen.
(4) [1]Die Geltendmachung eines weiteren Schadens ist nicht ausgeschlossen.

§ 289 Zinseszinsverbot [1]Von Zinsen sind Verzugszinsen nicht zu entrichten. [2]Das Recht des Gläubigers auf Ersatz des durch den Verzug entstehenden Schadens bleibt unberührt.

§ 290 Verzinsung des Wertersatzes [1]Ist der Schuldner zum Ersatz des Wertes eines Gegenstands verpflichtet, der während des Verzugs untergegangen ist oder aus einem während des Verzugs eingetretenen Grund nicht herausgegeben werden kann, so kann der Gläubiger Zinsen von dem zu ersetzenden Betrags von dem Zeitpunkt an verlangen, welcher der Bestimmung des Wertes zugrunde gelegt wird. [2]Das Gleiche gilt, wenn der Schuldner zum Ersatz der Minderung des Wertes eines während des Verzugs verschlechterten Gegenstands verpflichtet ist.

§ 291 Prozesszinsen [1]Eine Geldschuld hat der Schuldner von dem Eintritt der Rechtshängigkeit an zu verzinsen, auch wenn er nicht im Verzug ist; wird die Schuld erst später fällig, so ist sie von der Fälligkeit an zu verzinsen. [2]Die Vorschriften des § 288 Abs. 1 Satz 2, Abs. 2, Abs. 3 und des § 289 Satz 1 finden entsprechende Anwendung.

§ 292 Haftung bei Herausgabepflicht (1) [1]Hat der Schuldner einen bestimmten Gegenstand herauszugeben, so bestimmt sich von dem Eintritt der Rechtshängigkeit an der Anspruch des Gläubigers auf Schadensersatz wegen Verschlechterung, Untergangs oder einer aus einem anderen Grunde eintretenden Unmöglichkeit der Herausgabe nach den Vorschriften, welche für das Verhältnis zwischen dem Eigentümer und dem Besitzer von dem Eintritt der Rechtshängigkeit des Eigentumsanspruchs an gelten, soweit nicht aus dem Schuldverhältnis oder dem Verzug des Schuldners sich zugunsten des Gläubigers ein anderes ergibt.
(2) [1]Das Gleiche gilt von dem Anspruch des Gläubigers auf Herausgabe oder Vergütung von Nutzungen und von dem Anspruch des Schuldners auf Ersatz von Verwendungen.

Titel 2: Verzug des Gläubigers

§ 293 Annahmeverzug [1]Der Gläubiger kommt in Verzug, wenn er die ihm angebotene Leistung nicht annimmt.

§ 294 Tatsächliches Angebot [1]Die Leistung muss dem Gläubiger so, wie sie zu bewirken ist, tatsächlich angeboten werden.

---

8) Amtlicher Hinweis:
Diese Vorschrift dient zum Teil auch der Umsetzung der Richtlinie 2000/35/EG des Europäischen Parlaments und des Rates vom 29. Juni 2000 zur Bekämpfung von Zahlungsverzug im Geschäftsverkehr (ABl. EG Nr. L 200 S. 35).

§ 295 Wörtliches Angebot ¹Ein wörtliches Angebot des Schuldners genügt, wenn der Gläubiger ihm erklärt hat, dass er die Leistung nicht annehmen werde, oder wenn zur Bewirkung der Leistung eine Handlung des Gläubigers erforderlich ist, insbesondere wenn der Gläubiger die geschuldete Sache abzuholen hat. ²Dem Angebot der Leistung steht die Aufforderung an den Gläubiger gleich, die erforderliche Handlung vorzunehmen.

§ 296 Entbehrlichkeit des Angebots ¹Ist für die von dem Gläubiger vorzunehmende Handlung eine Zeit nach dem Kalender bestimmt, so bedarf es des Angebots nur, wenn der Gläubiger die Handlung rechtzeitig vornimmt. ²Das Gleiche gilt, wenn der Handlung ein Ereignis vorauszugehen hat und eine angemessene Zeit für die Handlung in der Weise bestimmt ist, dass sie sich von dem Ereignis an nach dem Kalender berechnen lässt.

§ 297 Unvermögen des Schuldners ¹Der Gläubiger kommt nicht in Verzug, wenn der Schuldner zur Zeit des Angebots oder im Falle des § 296 zu der für die Handlung des Gläubigers bestimmten Zeit außerstande ist, die Leistung zu bewirken.

§ 298 Zug-um-Zug-Leistungen ¹Ist der Schuldner nur gegen eine Leistung des Gläubigers zu leisten verpflichtet, so kommt der Gläubiger in Verzug, wenn er zwar die angebotene Leistung anzunehmen bereit ist, die verlangte Gegenleistung aber nicht anbietet.

§ 299 Vorübergehende Annahmeverhinderung ¹Ist die Leistungszeit nicht bestimmt oder ist der Schuldner berechtigt, vor der bestimmten Zeit zu leisten, so kommt der Gläubiger nicht dadurch in Verzug, dass er vorübergehend an der Annahme der angebotenen Leistung verhindert ist, es sei denn, dass der Schuldner ihm die Leistung eine angemessene Zeit vorher angekündigt hat.

§ 300 Wirkungen des Gläubigerverzugs (1) ¹Der Schuldner hat während des Verzugs des Gläubigers nur Vorsatz und grobe Fahrlässigkeit zu vertreten.
(2) ¹Wird eine nur der Gattung nach bestimmte Sache geschuldet, so geht die Gefahr mit dem Zeitpunkt auf den Gläubiger über, in welchem er dadurch in Verzug kommt, dass er die angebotene Sache nicht annimmt.

§ 301 Wegfall der Verzinsung ¹Von einer verzinslichen Geldschuld hat der Schuldner während des Verzugs des Gläubigers Zinsen nicht zu entrichten.

§ 302 Nutzungen ¹Hat der Schuldner die Nutzungen eines Gegenstands herauszugeben oder zu ersetzen, so beschränkt sich seine Verpflichtung während des Verzugs des Gläubigers auf die Nutzungen, welche er zieht.

§ 303 Recht zur Besitzaufgabe ¹Ist der Schuldner zur Herausgabe eines Grundstücks oder eines eingetragenen Schiffs oder Schiffsbauwerks verpflichtet, so kann er nach dem Eintritt des Verzugs des Gläubigers den Besitz aufgeben. ²Das Aufgeben muss dem Gläubiger vorher angedroht werden, es sei denn, dass die Androhung untunlich ist.

§ 304 Ersatz von Mehraufwendungen ¹Der Schuldner kann im Falle des Verzugs des Gläubigers Ersatz der Mehraufwendungen verlangen, die er für das erfolglose Angebot sowie für die Aufbewahrung und Erhaltung des geschuldeten Gegenstands machen musste.

Abschnitt 2[9]: Gestaltung rechtsgeschäftlicher Schuldverhältnisse durch Allgemeine Geschäftsbedingungen

§ 305 Einbeziehung Allgemeiner Geschäftsbedingungen in den Vertrag
(1) ¹Allgemeine Geschäftsbedingungen sind alle für eine Vielzahl von Verträgen vorformulierten Vertragsbedingungen, die eine Vertragspartei (Verwender) der anderen Vertragspartei bei Abschluss eines Vertrags stellt. ²Gleichgültig ist, ob die Bestimmungen einen äußerlich gesonderten Bestandteil des Vertrags bilden oder in die Vertragsurkunde selbst aufgenommen werden, welchen Umfang sie haben, in welcher Schriftart sie verfasst sind und welche Form der Vertrag hat. ³Allgemeine Geschäftsbedingungen liegen nicht vor, soweit die Vertragsbedingungen zwischen den Vertragsparteien im Einzelnen ausgehandelt sind.
(2) ¹Allgemeine Geschäftsbedingungen werden nur dann Bestandteil eines Vertrags, wenn der Verwender bei Vertragsschluss
1. die andere Vertragspartei ausdrücklich oder, wenn ein ausdrücklicher Hinweis wegen der Art des Vertragsschlusses nur unter unverhältnismäßigen Schwierigkeiten möglich ist, durch deutlich sichtbaren Aushang am Orte des Vertragsschlusses auf sie hinweist und
2. der anderen Vertragspartei die Möglichkeit verschafft, in zumutbarer Weise, die auch eine für den Verwender erkennbare körperliche Behinderung der anderen Vertragspartei angemessen berücksichtigt, von ihrem Inhalt Kenntnis zu nehmen,

und wenn die andere Vertragspartei mit ihrer Geltung einverstanden ist.
(3) ¹Die Vertragsparteien können für eine bestimmte Art von Rechtsgeschäften die Geltung bestimmter Allgemeiner Geschäftsbedingungen unter Beachtung der in Absatz 2 bezeichneten Erfordernisse im Voraus vereinbaren.

§ 305 a Einbeziehung in besonderen Fällen
¹Auch ohne Einhaltung der in § 305 Abs. 2 Nr. 1 und 2bezeichneten Erfordernisse werden einbezogen, wenn die andere Vertragspartei mit ihrer Geltung einverstanden ist,
1. die mit Genehmigung der zuständigen Verkehrsbehörde oder auf Grund von internationalen Übereinkommen erlassenen Tarife und Ausführungsbestimmungen der Eisenbahnen und die nach Maßgabe des Personenbeförderungsgesetzes genehmigten Beförderungsbedingungen der Straßenbahnen, Obusse und Kraftfahrzeuge im Linienverkehr in den Beförderungsvertrag,
2. die im Amtsblatt der Regulierungsbehörde für Telekommunikation und Post veröffentlichten und in den Geschäftsstellen des Verwenders bereitgehaltenen Allgemeinen Geschäftsbedingungen
   a) in Beförderungsverträge, die außerhalb von Geschäftsräumen durch den Einwurf von Postsendungen in Briefkästen abgeschlossen werden,
   b) in Verträge über Telekommunikations-, Informations- und andere Dienstleistungen, die unmittelbar durch Einsatz von Fernkommunikationsmitteln und während der Erbringung einer Telekommunikationsdienstleistung in einem Mal erbracht werden, wenn die Allgemeinen Geschäftsbedingungen der anderen Vertragspartei nur unter unverhältnismäßigen Schwierigkeiten vor dem Vertragsschluss zugänglich gemacht werden können.

---
9) Amtlicher Hinweis:
Dieser Abschnitt dient auch der Umsetzung der Richtlinie 93/13/EWG des Rates vom 5. April 1993 über missbräuchliche Klauseln in Verbraucherverträgen (ABl. EG Nr. L 95 S. 29).

§ 305 b Vorrang der Individualabrede [1]Individuelle Vertragsabreden haben Vorrang vor Allgemeinen Geschäftsbedingungen.

§ 305 c Überraschende und mehrdeutige Klauseln (1) [1]Bestimmungen in Allgemeinen Geschäftsbedingungen, die nach den Umständen, insbesondere nach dem äußeren Erscheinungsbild des Vertrags, so ungewöhnlich sind, dass der Vertragspartner des Verwenders mit ihnen nicht zu rechnen braucht, werden nicht Vertragsbestandteil.

(2) [1]Zweifel bei der Auslegung Allgemeiner Geschäftsbedingungen gehen zu Lasten des Verwenders.

§ 306 Rechtsfolgen bei Nichteinbeziehung und Unwirksamkeit
(1) [1]Sind Allgemeine Geschäftsbedingungen ganz oder teilweise nicht Vertragsbestandteil geworden oder unwirksam, so bleibt der Vertrag im Übrigen wirksam.
(2) [1]Soweit die Bestimmungen nicht Vertragsbestandteil geworden oder unwirksam sind, richtet sich der Inhalt des Vertrags nach den gesetzlichen Vorschriften.
(3) [1]Der Vertrag ist unwirksam, wenn das Festhalten an ihm auch unter Berücksichtigung der nach Absatz 2 vorgesehenen Änderung eine unzumutbare Härte für eine Vertragspartei darstellen würde.

§ 306 a Umgehungsverbot [1]Die Vorschriften dieses Abschnitts finden auch Anwendung, wenn sie durch anderweitige Gestaltungen umgangen werden.

§ 307 Inhaltskontrolle (1) [1]Bestimmungen in Allgemeinen Geschäftsbedingungen sind unwirksam, wenn sie den Vertragspartner des Verwenders entgegen den Geboten von Treu und Glauben unangemessen benachteiligen. [2]Eine unangemessene Benachteiligung kann sich auch daraus ergeben, dass die Bestimmung nicht klar und verständlich ist.

(2) [1]Eine unangemessene Benachteiligung ist im Zweifel anzunehmen, wenn eine Bestimmung
1. mit wesentlichen Grundgedanken der gesetzlichen Regelung, von der abgewichen wird, nicht zu vereinbaren ist oder
2. wesentliche Rechte oder Pflichten, die sich aus der Natur des Vertrags ergeben, so einschränkt, dass die Erreichung des Vertragszwecks gefährdet ist.

(3) [1]Die Absätze 1 und 2 sowie die §§ 308 und 309 gelten nur für Bestimmungen in Allgemeinen Geschäftsbedingungen, durch die von Rechtsvorschriften abweichende oder diese ergänzende Regelungen vereinbart werden. [2]Andere Bestimmungen können nach Absatz 1 Satz 2 in Verbindung mit Absatz 1 Satz 1 unwirksam sein.

§ 308 Klauselverbote mit Wertungsmöglichkeit [1]In Allgemeinen Geschäftsbedingungen ist insbesondere unwirksam
1. (Annahme- und Leistungsfrist)
    eine Bestimmung, durch die sich der Verwender unangemessen lange oder nicht hinreichend bestimmte Fristen für die Annahme oder Ablehnung eines Angebots oder der Erbringung einer Leistung vorbehält; ausgenommen hiervon ist der Vorbehalt, erst nach Ablauf der Widerrufs- oder Rückgabefrist nach § 355 Abs. 1 und 2 und § 356 zu leisten;
2. (Nachfrist)
    eine Bestimmung, durch die sich der Verwender für die von ihm zu bewirkende Leistung abweichend von Rechtsvorschriften eine unangemessen lange oder nicht hinreichend bestimmte Nachfrist vorbehält;
3. (Rücktrittsvorbehalt)

die Vereinbarung eines Rechts des Verwenders, sich ohne sachlich gerechtfertigten und im Vertrag angegebenen Grund von seiner Leistungspflicht zu lösen; dies gilt nicht für Dauerschuldverhältnisse;
4. (Änderungsvorbehalt)
die Vereinbarung eines Rechts des Verwenders, die versprochene Leistung zu ändern oder von ihr abzuweichen, wenn nicht die Vereinbarung der Änderung oder Abweichung unter Berücksichtigung der Interessen des Verwenders für den anderen Vertragsteil zumutbar ist;
5. (Fingierte Erklärungen)
eine Bestimmung, wonach eine Erklärung des Vertragspartners des Verwenders bei Vornahme oder Unterlassung einer bestimmten Handlung als von ihm abgegeben oder nicht abgegeben gilt, es sei denn, dass
   a) dem Vertragspartner eine angemessene Frist zur Abgabe einer ausdrücklichen Erklärung eingeräumt ist und
   b) der Verwender sich verpflichtet, den Vertragspartner bei Beginn der Frist auf die vorgesehene Bedeutung seines Verhaltens besonders hinzuweisen; dies gilt nicht für Verträge, in die Teil B der Verdingungsordnung für Bauleistungen insgesamt einbezogen ist;
6. (Fiktion des Zugangs)
eine Bestimmung, die vorsieht, dass eine Erklärung des Verwenders von besonderer Bedeutung dem anderen Vertragsteil als zugegangen gilt;
7. (Abwicklung von Verträgen)
eine Bestimmung, nach der der Verwender für den Fall, dass eine Vertragspartei vom Vertrag zurücktritt oder den Vertrag kündigt,
   a) eine unangemessen hohe Vergütung für die Nutzung oder den Gebrauch einer Sache oder eines Rechts oder für erbrachte Leistungen oder
   b) einen unangemessen hohen Ersatz von Aufwendungen verlangen kann;
8. (Nichtverfügbarkeit der Leistung)
die nach Nummer 3 zulässige Vereinbarung eines Vorbehalts des Verwenders, sich von der Verpflichtung zur Erfüllung des Vertrags bei Nichtverfügbarkeit der Leistung zu lösen, wenn sich der Verwender nicht verpflichtet,
   a) den Vertragspartner unverzüglich über die Nichtverfügbarkeit zu informieren und
   b) Gegenleistungen des Vertragspartners unverzüglich zu erstatten.

§ 309 Klauselverbote ohne Wertungsmöglichkeit [1]Auch soweit eine Abweichung von den gesetzlichen Vorschriften zulässig ist, ist in Allgemeinen Geschäftsbedingungen unwirksam
1. (Kurzfristige Preiserhöhungen)
eine Bestimmung, welche die Erhöhung des Entgelts für Waren oder Leistungen vorsieht, die innerhalb von vier Monaten nach Vertragsschluss geliefert oder erbracht werden sollen; dies gilt nicht bei Waren oder Leistungen, die im Rahmen von Dauerschuldverhältnissen geliefert oder erbracht werden;
2. (Leistungsverweigerungsrechte)
eine Bestimmung, durch die
   a) das Leistungsverweigerungsrecht, das dem Vertragspartner des Verwenders nach § 320 zusteht, ausgeschlossen oder eingeschränkt wird oder
   b) ein dem Vertragspartner des Verwenders zustehendes Zurückbehaltungsrecht, soweit es auf demselben Vertragsverhältnis beruht, aus-

geschlossen oder eingeschränkt, insbesondere von der Anerkennung von Mängeln durch den Verwender abhängig gemacht wird;
3. (Aufrechnungsverbot)
eine Bestimmung, durch die dem Vertragspartner des Verwenders die Befugnis genommen wird, mit einer unbestrittenen oder rechtskräftig festgestellten Forderung aufzurechnen;
4. (Mahnung, Fristsetzung)
eine Bestimmung, durch die der Verwender von der gesetzlichen Obliegenheit freigestellt wird, den anderen Vertragsteil zu mahnen oder ihm eine Frist für die Leistung oder Nacherfüllung zu setzen;
5. (Pauschalierung von Schadensersatzansprüchen)
die Vereinbarung eines pauschalierten Anspruchs des Verwenders auf Schadensersatz oder Ersatz einer Wertminderung, wenn
   a) die Pauschale den in den geregelten Fällen nach dem gewöhnlichen Lauf der Dinge zu erwartenden Schaden oder die gewöhnlich eintretende Wertminderung übersteigt oder
   b) dem anderen Vertragsteil nicht ausdrücklich der Nachweis gestattet wird, ein Schaden oder eine Wertminderung sei überhaupt nicht entstanden oder wesentlich niedriger als die Pauschale;
6. (Vertragsstrafe)
eine Bestimmung, durch die dem Verwender für den Fall der Nichtabnahme oder verspäteten Abnahme der Leistung, des Zahlungsverzugs oder für den Fall, dass der andere Vertragsteil sich vom Vertrag löst, Zahlung einer Vertragsstrafe versprochen wird;
7. (Haftungsausschluss bei Verletzung von Leben, Körper, Gesundheit und bei grobem Verschulden)
   a) (Verletzung von Leben, Körper, Gesundheit)
   ein Ausschluss oder eine Begrenzung der Haftung für Schäden aus der Verletzung des Lebens, des Körpers oder der Gesundheit, die auf einer fahrlässigen Pflichtverletzung des Verwenders oder einer vorsätzlichen oder fahrlässigen Pflichtverletzung eines gesetzlichen Vertreters oder Erfüllungsgehilfen des Verwenders beruhen;
   b) (Grobes Verschulden)
   ein Ausschluss oder eine Begrenzung der Haftung für sonstige Schäden, die auf einer grob fahrlässigen Pflichtverletzung des Verwenders oder auf einer vorsätzlichen oder grob fahrlässigen Pflichtverletzung eines gesetzlichen Vertreters oder Erfüllungsgehilfen des Verwenders beruhen;
   die Buchstaben a und b gelten nicht für Haftungsbeschränkungen in den nach Maßgabe des Personenbeförderungsgesetzes genehmigten Beförderungsbedingungen und Tarifvorschriften der Straßenbahnen, Obusse und Kraftfahrzeuge im Linienverkehr, soweit sie nicht zum Nachteil des Fahrgasts von der Verordnung über die Allgemeinen Beförderungsbedingungen für den Straßenbahn- und Obusverkehr sowie den Linienverkehr mit Kraftfahrzeugen vom 27. Februar 1970 abweichen; Buchstabe b gilt nicht für Haftungsbeschränkungen für staatlich genehmigte Lotterie- oder Ausspielverträge;
8. (Sonstige Haftungsausschlüsse bei Pflichtverletzung)
   a) (Ausschluss des Rechts, sich vom Vertrag zu lösen)
   eine Bestimmung, die bei einer vom Verwender zu vertretenden, nicht in einem Mangel der Kaufsache oder des Werkes bestehenden Pflicht-

verletzung das Recht des anderen Vertragsteils, sich vom Vertrag zu lösen, ausschließt oder einschränkt; dies gilt nicht für die in der Nummer 7 bezeichneten Beförderungsbedingungen und Tarifvorschriften unter den dort genannten Voraussetzungen;
b) (Mängel)
eine Bestimmung, durch die bei Verträgen über Lieferungen neu hergestellter Sachen und über Werkleistungen
aa) (Ausschluss und Verweisung auf Dritte)
die Ansprüche gegen den Verwender wegen eines Mangels insgesamt oder bezüglich einzelner Teile ausgeschlossen, auf die Einräumung von Ansprüchen gegen Dritte beschränkt oder von der vorherigen gerichtlichen Inanspruchnahme Dritter abhängig gemacht werden;
bb) (Beschränkung auf Nacherfüllung)
die Ansprüche gegen den Verwender insgesamt oder bezüglich einzelner Teile auf ein Recht auf Nacherfüllung beschränkt werden, sofern dem anderen Vertragsteil nicht ausdrücklich das Recht vorbehalten wird, bei Fehlschlagen der Nacherfüllung zu mindern oder, wenn nicht eine Bauleistung Gegenstand der Mängelhaftung ist, nach seiner Wahl vom Vertrag zurückzutreten;
cc) (Aufwendungen bei Nacherfüllung)
die Verpflichtung des Verwenders ausgeschlossen oder beschränkt wird, die zum Zwecke der Nacherfüllung erforderlichen Aufwendungen, insbesondere Transport-, Wege-, Arbeits- und Materialkosten, zu tragen;
dd) (Vorenthalten der Nacherfüllung)
der Verwender die Nacherfüllung von der vorherigen Zahlung des vollständigen Entgelts oder eines unter Berücksichtigung des Mangels unverhältnismäßig hohen Teils des Entgelts abhängig macht;
ee) (Ausschlussfrist für Mängelanzeige)
der Verwender dem anderen Vertragsteil für die Anzeige nicht offensichtlicher Mängel eine Ausschlussfrist setzt, die kürzer ist als die nach dem Doppelbuchstaben ff zulässige Frist;
ff) (Erleichterung der Verjährung)
die Verjährung von Ansprüchen gegen den Verwender wegen eines Mangels in den Fällen des § 438 Abs. 1 Nr. 2 und des § 634 a Abs. 1 Nr. 2 erleichtert oder in den sonstigen Fällen eine weniger als ein Jahr betragende Verjährungsfrist ab dem gesetzlichen Verjährungsbeginn erreicht wird; dies gilt nicht für Verträge, in die Teil B der Verdingungsordnung für Bauleistungen insgesamt einbezogen ist;
9. (Laufzeit bei Dauerschuldverhältnissen)
bei einem Vertragsverhältnis, das die regelmäßige Lieferung von Waren oder die regelmäßige Erbringung von Dienst- oder Werkleistungen durch den Verwender zum Gegenstand hat,
a) eine den anderen Vertragsteil länger als zwei Jahre bindende Laufzeit des Vertrags,
b) eine den anderen Vertragsteil bindende stillschweigende Verlängerung des Vertragsverhältnisses um jeweils mehr als ein Jahr oder

c) zu Lasten des anderen Vertragsteils eine längere Kündigungsfrist als drei Monate vor Ablauf der zunächst vorgesehenen oder stillschweigend verlängerten Vertragsdauer;
dies gilt nicht für Verträge über die Lieferung als zusammengehörig verkaufter Sachen, für Versicherungsverträge sowie für Verträge zwischen den Inhabern urheberrechtlicher Rechte und Ansprüche und Verwertungsgesellschaften im Sinne des Gesetzes über die Wahrnehmung von Urheberrechten und verwandten Schutzrechten;

10. (Wechsel des Vertragspartners)
eine Bestimmung, wonach bei Kauf-, Dienst- oder Werkverträgen ein Dritter anstelle des Verwenders in die sich aus dem Vertrag ergebenden Rechte und Pflichten eintritt oder eintreten kann, es sei denn, in der Bestimmung wird
   a) der Dritte namentlich bezeichnet oder
   b) dem anderen Vertragsteil das Recht eingeräumt, sich vom Vertrag zu lösen;

11. (Haftung des Abschlussvertreters)
eine Bestimmung, durch die der Verwender einem Vertreter, der den Vertrag für den anderen Vertragsteil abschließt,
   a) ohne hierauf gerichtete ausdrückliche und gesonderte Erklärung eine eigene Haftung oder Einstandspflicht oder
   b) im Falle vollmachtsloser Vertretung eine über § 179 hinausgehende Haftung
auferlegt;

12. (Beweislast)
eine Bestimmung, durch die der Verwender die Beweislast zum Nachteil des anderen Vertragsteils ändert, insbesondere indem er
   a) diesem die Beweislast für Umstände auferlegt, die im Verantwortungsbereich des Verwenders liegen, oder
   b) den anderen Vertragsteil bestimmte Tatsachen bestätigen lässt;
Buchstabe b gilt nicht für Empfangsbekenntnisse, die gesondert unterschrieben oder mit einer gesonderten qualifizierten elektronischen Signatur versehen sind;

13. (Form von Anzeigen und Erklärungen)
eine Bestimmung, durch die Anzeigen oder Erklärungen, die dem Verwender oder einem Dritten gegenüber abzugeben sind, an eine strengere Form als die Schriftform oder an besondere Zugangserfordernisse gebunden werden.

§ 310 Anwendungsbereich (1) ¹§ 305 Abs. 2 und 3 und die §§ 308 und 309 finden keine Anwendung auf Allgemeine Geschäftsbedingungen, die gegenüber einem Unternehmer, einer juristischen Person des öffentlichen Rechts oder einem öffentlichrechtlichen Sondervermögen verwendet werden. ²§ 307 Abs. 1 und 2 findet in den Fällen des Satzes 1 auch insoweit Anwendung, als dies zur Unwirksamkeit von in den §§ 308 und 309 genannten Vertragsbestimmungen führt; auf die im Handelsverkehr geltenden Gewohnheiten und Gebräuche ist angemessen Rücksicht zu nehmen.

(2) ¹Die §§ 308 und 309 finden keine Anwendung auf Verträge der Elektrizitäts-, Gas-, Fernwärme- und Wasserversorgungsunternehmen über die Versorgung von Sonderabnehmern mit elektrischer Energie, Gas, Fernwärme und Wasser aus dem Versorgungsnetz, soweit die Versorgungsbedingungen nicht zum Nachteil der Abnehmer von Verordnungen über Allgemeine Bedingungen für die Versorgung

von Tarifkunden mit elektrischer Energie, Gas, Fernwärme und Wasser abweichen. ²Satz 1 gilt entsprechend für Verträge über die Entsorgung von Abwasser.
(3) ¹Bei Verträgen zwischen einem Unternehmer und einem Verbraucher (Verbraucherverträge) finden die Vorschriften dieses Abschnitts mit folgenden Maßgaben Anwendung:
1. Allgemeine Geschäftsbedingungen gelten als vom Unternehmer gestellt, es sei denn, dass sie durch den Verbraucher in den Vertrag eingeführt wurden;
2. § 305 c Abs. 2 und die §§ 306 und 307 bis 309 dieses Gesetzes sowie Artikel 29 a des Einführungsgesetzes zum Bürgerlichen Gesetzbuche finden auf vorformulierte Vertragsbedingungen auch dann Anwendung, wenn diese nur zur einmaligen Verwendung bestimmt sind und soweit der Verbraucher auf Grund der Vorformulierung auf ihren Inhalt keinen Einfluss nehmen konnte;
3. bei der Beurteilung der unangemessenen Benachteiligung nach § 307 Abs. 1 und 2 sind auch die den Vertragsschluss begleitenden Umstände zu berücksichtigen.
(4) ¹Dieser Abschnitt findet keine Anwendung bei Verträgen auf dem Gebiet des Erb-, Familien- und Gesellschaftsrechts sowie auf Tarifverträge, Betriebs- und Dienstvereinbarungen. ²Bei der Anwendung auf Arbeitsverträge sind die im Arbeitsrecht geltenden Besonderheiten angemessen zu berücksichtigen; § 305 Abs. 2 und 3 ist nicht anzuwenden. ³Tarifverträge, Betriebs- und Dienstvereinbarungen stehen Rechtsvorschriften im Sinne von § 307 Abs. 3 gleich.

Abschnitt 3: Schuldverhältnisse aus Verträgen

Titel 1: Begründung, Inhalt und Beendigung

Untertitel 1: Begründung

§ 311 Rechtsgeschäftliche und rechtsgeschäftsähnliche Schuldverhältnisse (1) ¹Zur Begründung eines Schuldverhältnisses durch Rechtsgeschäft sowie zur Änderung des Inhalts eines Schuldverhältnisses ist ein Vertrag zwischen den Beteiligten erforderlich, soweit nicht das Gesetz ein anderes vorschreibt.
(2) ¹Ein Schuldverhältnis mit Pflichten nach § 241 Abs. 2 entsteht auch durch
1. die Aufnahme von Vertragsverhandlungen,
2. die Anbahnung eines Vertrags, bei welcher der eine Teil im Hinblick auf eine etwaige rechtsgeschäftliche Beziehung dem anderen Teil die Möglichkeit zur Einwirkung auf seine Rechte, Rechtsgüter und Interessen gewährt oder ihm diese anvertraut oder
3. ähnliche geschäftliche Kontakte.
(3) ¹Ein Schuldverhältnis mit Pflichten nach § 241 Abs. 2 kann auch zu Personen entstehen, die nicht selbst Vertragspartei werden sollen. ²Ein solches Schuldverhältnis entsteht insbesondere, wenn der Dritte in besonderem Maße Vertrauen für sich in Anspruch nimmt und dadurch die Vertragsverhandlungen oder den Vertragsschluss erheblich beeinflusst.

§ 311 a Leistungshindernis bei Vertragsschluss (1) ¹Der Wirksamkeit eines Vertrags steht es nicht entgegen, dass der Schuldner nach § 275 Abs. 1 bis 3 nicht zu leisten braucht und das Leistungshindernis schon bei Vertragsschluss vorliegt.

BGB §§ 311 b–312

(2) ¹Der Gläubiger kann nach seiner Wahl Schadensersatz statt der Leistung oder Ersatz seiner Aufwendungen in dem in § 284 bestimmten Umfang verlangen. ²Dies gilt nicht, wenn der Schuldner das Leistungshindernis bei Vertragsschluss nicht kannte und seine Unkenntnis auch nicht zu vertreten hat. ³§ 281 Abs. 1 Satz 2 und 3 und Abs. 5 findet entsprechende Anwendung.

§ 311 b Verträge über Grundstücke, das Vermögen und den Nachlass (1) ¹Ein Vertrag, durch den sich der eine Teil verpflichtet, das Eigentum an einem Grundstück zu übertragen oder zu erwerben, bedarf der notariellen Beurkundung. ²Ein ohne Beachtung dieser Form geschlossener Vertrag wird seinem ganzen Inhalt nach gültig, wenn die Auflassung und die Eintragung in das Grundbuch erfolgen.
(2) ¹Ein Vertrag, durch den sich der eine Teil verpflichtet, sein künftiges Vermögen oder einen Bruchteil seines künftigen Vermögens zu übertragen oder mit einem Nießbrauch zu belasten, ist nichtig.
(3) ¹Ein Vertrag, durch den sich der eine Teil verpflichtet, sein gegenwärtiges Vermögen oder einen Bruchteil seines gegenwärtigen Vermögens zu übertragen oder mit einem Nießbrauch zu belasten, bedarf der notariellen Beurkundung.
(4) ¹Ein Vertrag über den Nachlass eines noch lebenden Dritten ist nichtig. ²Das Gleiche gilt von einem Vertrag über den Pflichtteil oder ein Vermächtnis aus dem Nachlass eines noch lebenden Dritten.
(5) ¹Absatz 4 gilt nicht für einen Vertrag, der unter künftigen gesetzlichen Erben über den gesetzlichen Erbteil oder den Pflichtteil eines von ihnen geschlossen wird. ²Ein solcher Vertrag bedarf der notariellen Beurkundung.

§ 311 c Erstreckung auf Zubehör ¹Verpflichtet sich jemand zur Veräußerung oder Belastung einer Sache, so erstreckt sich diese Verpflichtung im Zweifel auch auf das Zubehör der Sache.

Untertitel 2: Besondere Vertriebsformen[10]

§ 312 Widerrufsrecht bei Haustürgeschäften (1) ¹Bei einem Vertrag zwischen einem Unternehmer und einem Verbraucher, der eine entgeltliche Leistung zum Gegenstand hat und zu dessen Abschluss der Verbraucher
1. durch mündliche Verhandlungen an seinem Arbeitsplatz oder im Bereich einer Privatwohnung,
2. anlässlich einer vom Unternehmer oder von einem Dritten zumindest auch im Interesse des Unternehmers durchgeführten Freizeitveranstaltung oder
3. im Anschluss an ein überraschendes Ansprechen in Verkehrsmitteln oder im Bereich öffentlich zugänglicher Verkehrsflächen

---

10) Amtlicher Hinweis:
   Dieser Untertitel dient der Umsetzung
   1. der Richtlinie 85/577/EWG des Rates vom 20. Dezember 1985 betreffend den Verbraucherschutz im Falle von außerhalb von Geschäftsräumen geschlossenen Verträgen (ABl. EG Nr. L 372 S. 31),
   2. der Richtlinie 97/7/EG des Europäischen Parlaments und des Rates vom 20. Mai 1997 über den Verbraucherschutz bei Vertragsabschlüssen im Fernabsatz (ABl. EG Nr. L 144 S. 19) und
   3. der Artikel 10, 11 und 18 der Richtlinie 2000/31/EG des Europäischen Parlaments und des Rates vom 8. Juni 2000 über bestimmte rechtliche Aspekte der Dienste der Informationsgesellschaft, insbesondere des elektronischen Geschäftsverkehrs, im Binnenmarkt („Richtlinie über den elektronischen Geschäftsverkehr", ABl. EG Nr. L 178 S. 1).

bestimmt worden ist (Haustürgeschäft), steht dem Verbraucher ein Widerrufsrecht gemäß § 355 zu. ²Dem Verbraucher kann anstelle des Widerrufsrechts ein Rückgaberecht nach § 356 eingeräumt werden, wenn zwischen dem Verbraucher und dem Unternehmer im Zusammenhang mit diesem oder einem späteren Geschäft auch eine ständige Verbindung aufrechterhalten werden soll.

(2) ¹Die erforderliche Belehrung über das Widerrufs- oder Rückgaberecht muss auf die Rechtsfolgen des § 357 Abs. 1 und 3 hinweisen.

(3) ¹Das Widerrufs- oder Rückgaberecht besteht unbeschadet anderer Vorschriften nicht bei Versicherungsverträgen oder wenn

1. im Falle von Absatz 1 Nr. 1 die mündlichen Verhandlungen, auf denen der Abschluss des Vertrags beruht, auf vorhergehende Bestellung des Verbrauchers geführt worden sind oder
2. die Leistung bei Abschluss der Verhandlungen sofort erbracht und bezahlt wird und das Entgelt 40 Euro nicht übersteigt oder
3. die Willenserklärung des Verbrauchers von einem Notar beurkundet worden ist.

§ 312 a Verhältnis zu anderen Vorschriften ¹Steht dem Verbraucher zugleich nach Maßgabe anderer Vorschriften ein Widerrufs- oder Rückgaberecht nach § 355 oder § 356 dieses Gesetzes, nach § 11 oder § 15 h des Gesetzes über den Vertrieb ausländischer Investmentanteile oder nach § 23 des Gesetzes über Kapitalanlagegesellschaften zu, ist das Widerrufs- oder Rückgaberecht nach § 312 ausgeschlossen.

§ 312 b Fernabsatzverträge (1) ¹Fernabsatzverträge sind Verträge über die Lieferung von Waren oder über die Erbringung von Dienstleistungen, die zwischen einem Unternehmer und einem Verbraucher unter ausschließlicher Verwendung von Fernkommunikationsmitteln abgeschlossen werden, es sei denn, dass der Vertragsschluss nicht im Rahmen eines für den Fernabsatz organisierten Vertriebs- oder Dienstleistungssystems erfolgt.

(2) ¹Fernkommunikationsmittel sind Kommunikationsmittel, die zur Anbahnung oder zum Abschluss eines Vertrags zwischen einem Verbraucher und einem Unternehmer ohne gleichzeitige körperliche Anwesenheit der Vertragsparteien eingesetzt werden können, insbesondere Briefe, Kataloge, Telefonanrufe, Telekopien, E-Mails sowie Rundfunk, Tele- und Mediendienste.

(3) ¹Die Vorschriften über Fernabsatzverträge finden keine Anwendung auf Verträge

1. über Fernunterricht (§ 1 des Fernunterrichtsschutzgesetzes),
2. über die Teilzeitnutzung von Wohngebäuden (§ 481),
3. über Finanzgeschäfte, insbesondere Bankgeschäfte, Finanz- und Wertpapierdienstleistungen und Versicherungen sowie deren Vermittlung, ausgenommen Darlehensvermittlungsverträge,
4. über die Veräußerung von Grundstücken und grundstücksgleichen Rechten, die Begründung, Veräußerung und Aufhebung von dinglichen Rechten an Grundstücken und grundstücksgleichen Rechten sowie über die Errichtung von Bauwerken,
5. über die Lieferung von Lebensmitteln, Getränken oder sonstigen Haushaltsgegenständen des täglichen Bedarfs, die am Wohnsitz, am Aufenthaltsort oder am Arbeitsplatz eines Verbrauchers von Unternehmern im Rahmen häufiger und regelmäßiger Fahrten geliefert werden,
6. über die Erbringung von Dienstleistungen in den Bereichen Unterbringung, Beförderung, Lieferung von Speisen und Getränken sowie Freizeitgestaltung, wenn sich der Unternehmer bei Vertragsschluss verpflichtet, die

Dienstleistungen zu einem bestimmten Zeitpunkt oder innerhalb eines genau angegebenen Zeitraums zu erbringen,
7. die geschlossen werden
   a) unter Verwendung von Warenautomaten oder automatisierten Geschäftsräumen oder
   b) mit Betreibern von Telekommunikationsmitteln auf Grund der Benutzung von öffentlichen Fernsprechern, soweit sie deren Benutzung zum Gegenstand haben.

§ 312 c Unterrichtung des Verbrauchers bei Fernabsatzverträgen

(1) [1]Der Unternehmer hat den Verbraucher rechtzeitig vor Abschluss eines Fernabsatzvertrags in einer dem eingesetzten Fernkommunikationsmittel entsprechenden Weise klar und verständlich zu informieren über
1. die Einzelheiten des Vertrags, für die dies in der Rechtsverordnung nach Artikel 240 des Einführungsgesetzes zum Bürgerlichen Gesetzbuche bestimmt ist, und
2. den geschäftlichen Zweck des Vertrags.

[2]Bei Telefongesprächen muss der Unternehmer seine Identität und den geschäftlichen Zweck des Vertrags bereits zu Beginn des Gesprächs ausdrücklich offen legen.

(2) [1]Der Unternehmer hat dem Verbraucher die in der Rechtsverordnung nach Artikel 240 des Einführungsgesetzes zum Bürgerlichen Gesetzbuche bestimmten Informationen in dem dort bestimmten Umfang und der dort bestimmten Art und Weise alsbald, spätestens bis zur vollständigen Erfüllung des Vertrags, bei Waren spätestens bei Lieferung an den Verbraucher, in Textform mitzuteilen.

(3) [1]Absatz 2 gilt nicht für Dienstleistungen, die unmittelbar durch Einsatz von Fernkommunikationsmitteln erbracht werden, sofern diese Leistungen in einem Mal erfolgen und über den Betreiber der Fernkommunikationsmittel abgerechnet werden. [2]Der Verbraucher muss sich in diesem Fall aber über die Anschrift der Niederlassung des Unternehmers informieren können, bei der er Beanstandungen vorbringen kann.

(4) [1]Weitergehende Einschränkungen bei der Verwendung von Fernkommunikationsmitteln und weitergehende Informationspflichten auf Grund anderer Vorschriften bleiben unberührt.

§ 312 d Widerrufs- und Rückgaberecht bei Fernabsatzverträgen

(1) [1]Dem Verbraucher steht bei einem Fernabsatzvertrag ein Widerrufsrecht nach § 355 zu. [2]Anstelle des Widerrufsrechts kann dem Verbraucher bei Verträgen über die Lieferung von Waren ein Rückgaberecht nach § 356 eingeräumt werden.

(2) [1]Die Widerrufsfrist beginnt abweichend von § 355 Abs. 2 Satz 1 nicht vor Erfüllung der Informationspflichten gemäß § 312 c Abs. 2, bei der Lieferung von Waren nicht vor dem Tage ihres Eingangs beim Empfänger, bei der wiederkehrenden Lieferung gleichartiger Waren nicht vor dem Tage des Eingangs der ersten Teillieferung und bei Dienstleistungen nicht vor dem Tage des Vertragsschlusses.

(3) [1]Das Widerrufsrecht erlischt bei einer Dienstleistung auch, wenn der Unternehmer mit der Ausführung der Dienstleistung mit ausdrücklicher Zustimmung des Verbrauchers vor Ende der Widerrufsfrist begonnen hat oder der Verbraucher diese selbst veranlasst hat.

(4) [1]Das Widerrufsrecht besteht, soweit nicht ein anderes bestimmt ist, nicht bei Fernabsatzverträgen
1. zur Lieferung von Waren, die nach Kundenspezifikation angefertigt werden oder eindeutig auf die persönlichen Bedürfnisse zugeschnitten sind oder die

auf Grund ihrer Beschaffenheit nicht für eine Rücksendung geeignet sind oder schnell verderben können oder deren Verfalldatum überschritten würde,
2. zur Lieferung von Audio- oder Videoaufzeichnungen oder von Software, sofern die gelieferten Datenträger vom Verbraucher entsiegelt worden sind,
3. zur Lieferung von Zeitungen, Zeitschriften und Illustrierten,
4. zur Erbringung von Wett- und Lotterie-Dienstleistungen oder
5. die in der Form von Versteigerungen (§ 156) geschlossen werden.
(5) [1]Das Widerrufsrecht besteht ferner nicht bei Fernabsatzverträgen, bei denen dem Verbraucher bereits auf Grund der §§ 499 bis 507 ein Widerrufs- oder Rückgaberecht nach § 355 oder § 356 zusteht. [2]Bei solchen Verträgen gilt Absatz 2 entsprechend.

§ 312 e Pflichten im elektronischen Geschäftsverkehr (1) [1]Bedient sich ein Unternehmer zum Zwecke des Abschlusses eines Vertrags über die Lieferung von Waren oder über die Erbringung von Dienstleistungen eines Tele- oder Mediendienstes (Vertrag im elektronischen Geschäftsverkehr), hat er dem Kunden
1. angemessene, wirksame und zugängliche technische Mittel zur Verfügung zu stellen, mit deren Hilfe der Kunde Eingabefehler vor Abgabe seiner Bestellung erkennen und berichtigen kann,
2. die in der Rechtsverordnung nach Artikel 241 des Einführungsgesetzes zum Bürgerlichen Gesetzbuche bestimmten Informationen rechtzeitig vor Abgabe von dessen Bestellung klar und verständlich mitzuteilen,
3. den Zugang von dessen Bestellung unverzüglich auf elektronischem Wege zu bestätigen und
4. die Möglichkeit zu verschaffen, die Vertragsbestimmungen einschließlich der Allgemeinen Geschäftsbedingungen bei Vertragsschluss abzurufen und in wiedergabefähiger Form zu speichern.
Bestellung und Empfangsbestätigung im Sinne von Satz 1 Nr. 3 gelten als zugegangen, wenn die Parteien, für die sie bestimmt sind, sie unter gewöhnlichen Umständen abrufen können.
(2) [1]Absatz 1 Satz 1 Nr. 1 bis 3 findet keine Anwendung, wenn der Vertrag ausschließlich durch individuelle Kommunikation geschlossen wird. [2]Absatz 1 Satz 1 Nr. 1 bis 3 und Satz 2 findet keine Anwendung, wenn zwischen Vertragsparteien, die nicht Verbraucher sind, etwas anderes vereinbart wird.
(3) [1]Weitergehende Informationspflichten auf Grund anderer Vorschriften bleiben unberührt. [2]Steht dem Kunden ein Widerrufsrecht gemäß § 355 zu, beginnt die Widerrufsfrist abweichend von § 355 Abs. 2 Satz 1 nicht vor Erfüllung der in Absatz 1 Satz 1 geregelten Pflichten.

§ 312 f Abweichende Vereinbarungen [1]Von den Vorschriften dieses Untertitels darf, soweit nicht ein anderes bestimmt ist, nicht zum Nachteil des Verbrauchers oder Kunden abgewichen werden. [2]Die Vorschriften dieses Untertitels finden, soweit nicht ein anderes bestimmt ist, auch Anwendung, wenn sie durch anderweitige Gestaltungen umgangen werden.

Untertitel 3: Anpassung und Beendigung von Verträgen

§ 313 Störung der Geschäftsgrundlage (1) [1]Haben sich Umstände, die zur Grundlage des Vertrags geworden sind, nach Vertragsschluss schwerwiegend verändert und hätten die Parteien den Vertrag nicht oder mit anderem Inhalt geschlossen, wenn sie diese Veränderung vorausgesehen hätten, so kann Anpassung des Vertrags verlangt werden, soweit einem Teil unter Berücksichtigung aller Umstände des Einzelfalls, insbesondere der vertraglichen oder gesetzlichen Risikoverteilung, das Festhalten am unveränderten Vertrag nicht zugemutet werden kann.

(2) ¹Einer Veränderung der Umstände steht es gleich, wenn wesentliche Vorstellungen, die zur Grundlage des Vertrags geworden sind, sich als falsch herausstellen.

(3) ¹Ist eine Anpassung des Vertrags nicht möglich oder einem Teil nicht zumutbar, so kann der benachteiligte Teil vom Vertrag zurücktreten. ²An die Stelle des Rücktrittsrechts tritt für Dauerschuldverhältnisse das Recht zur Kündigung.

§ 314 Kündigung von Dauerschuldverhältnissen aus wichtigem Grund (1) ¹Dauerschuldverhältnisse kann jeder Vertragsteil aus wichtigem Grund ohne Einhaltung einer Kündigungsfrist kündigen. ²Ein wichtiger Grund liegt vor, wenn dem kündigenden Teil unter Berücksichtigung aller Umstände des Einzelfalls und unter Abwägung der beiderseitigen Interessen die Fortsetzung des Vertragsverhältnisses bis zur vereinbarten Beendigung oder bis zum Ablauf einer Kündigungsfrist nicht zugemutet werden kann.

(2) ¹Besteht der wichtige Grund in der Verletzung einer Pflicht aus dem Vertrag, ist die Kündigung erst nach erfolglosem Ablauf einer zur Abhilfe bestimmten Frist oder nach erfolgloser Abmahnung zulässig. ²§ 323 Abs. 2 findet entsprechende Anwendung.

(3) ¹Der Berechtigte kann nur innerhalb einer angemessenen Frist kündigen, nachdem er vom Kündigungsgrund Kenntnis erlangt hat.

(4) ¹Die Berechtigung, Schadensersatz zu verlangen, wird durch die Kündigung nicht ausgeschlossen.

Untertitel 4: Einseitige Leistungsbestimmungsrechte

§ 315 Bestimmung der Leistung durch eine Partei (1) ¹Soll die Leistung durch einen der Vertragschließenden bestimmt werden, so ist im Zweifel anzunehmen, dass die Bestimmung nach billigem Ermessen zu treffen ist.

(2) ¹Die Bestimmung erfolgt durch Erklärung gegenüber dem anderen Teil.

(3) ¹Soll die Bestimmung nach billigem Ermessen erfolgen, so ist die getroffene Bestimmung für den anderen Teil nur verbindlich, wenn sie der Billigkeit entspricht. ²Entspricht sie nicht der Billigkeit, so wird die Bestimmung durch Urteil getroffen; das Gleiche gilt, wenn die Bestimmung verzögert wird.

§ 316 Bestimmung der Gegenleistung ¹Ist der Umfang der für eine Leistung versprochenen Gegenleistung nicht bestimmt, so steht die Bestimmung im Zweifel demjenigen Teil zu, welcher die Gegenleistung zu fordern hat.

§ 317 Bestimmung der Leistung durch einen Dritten (1) ¹Ist die Bestimmung der Leistung einem Dritten überlassen, so ist im Zweifel anzunehmen, dass sie nach billigem Ermessen zu treffen ist.

(2) ¹Soll die Bestimmung durch mehrere Dritte erfolgen, so ist im Zweifel Übereinstimmung aller erforderlich; soll eine Summe bestimmt werden, so ist, wenn verschiedene Summen bestimmt werden, im Zweifel die Durchschnittssumme maßgebend.

§ 318 Anfechtung der Bestimmung (1) ¹Die einem Dritten überlassene Bestimmung der Leistung erfolgt durch Erklärung gegenüber einem der Vertragschließenden.

(2) ¹Die Anfechtung der getroffenen Bestimmung wegen Irrtums, Drohung oder arglistiger Täuschung steht nur den Vertragschließenden zu; Anfechtungsgegner ist der andere Teil. ²Die Anfechtung muss unverzüglich erfolgen, nachdem der Anfechtungsberechtigte von dem Anfechtungsgrund Kenntnis erlangt hat. ³Sie ist ausgeschlossen, wenn 30 Jahre verstrichen sind, nachdem die Bestimmung getroffen worden ist.

§ 319 Unwirksamkeit der Bestimmung; Ersetzung (1) ¹Soll der Dritte die Leistung nach billigem Ermessen bestimmen, so ist die getroffene Bestimmung für die Vertragschließenden nicht verbindlich, wenn sie offenbar unbillig ist. ²Die Bestimmung erfolgt in diesem Falle durch Urteil; das Gleiche gilt, wenn der Dritte die Bestimmung nicht treffen kann oder will oder wenn er sie verzögert.

(2) ¹Soll der Dritte die Bestimmung nach freiem Belieben treffen, so ist der Vertrag unwirksam, wenn der Dritte die Bestimmung nicht treffen kann oder will oder wenn er sie verzögert.

Titel 2: Gegenseitiger Vertrag

§ 320 Einrede des nicht erfüllten Vertrags (1) ¹Wer aus einem gegenseitigen Vertrag verpflichtet ist, kann die ihm obliegende Leistung bis zur Bewirkung der Gegenleistung verweigern, es sei denn, dass er vorzuleisten verpflichtet ist. ²Hat die Leistung an mehrere zu erfolgen, so kann dem einzelnen der ihm gebührende Teil bis zur Bewirkung der ganzen Gegenleistung verweigert werden. ³Die Vorschrift des § 273 Abs. 3 findet keine Anwendung.

(2) ¹Ist von der einen Seite teilweise geleistet worden, so kann die Gegenleistung insoweit nicht verweigert werden, als die Verweigerung nach den Umständen, insbesondere wegen verhältnismäßiger Geringfügigkeit des rückständigen Teils, gegen Treu und Glauben verstoßen würde.

§ 321 Unsicherheitseinrede (1) ¹Wer aus einem gegenseitigen Vertrag vorzuleisten verpflichtet ist, kann die ihm obliegende Leistung verweigern, wenn nach Abschluss des Vertrags erkennbar wird, dass sein Anspruch auf die Gegenleistung durch mangelnde Leistungsfähigkeit des anderen Teils gefährdet wird. ²Das Leistungsverweigerungsrecht entfällt, wenn die Gegenleistung bewirkt oder Sicherheit für sie geleistet wird.

(2) ¹Der Vorleistungspflichtige kann eine angemessene Frist bestimmen, in welcher der andere Teil Zug um Zug gegen die Leistung nach seiner Wahl die Gegenleistung zu bewirken oder Sicherheit zu leisten hat. ²Nach erfolglosem Ablauf der Frist kann der Vorleistungspflichtige vom Vertrag zurücktreten. ³§ 323 findet entsprechende Anwendung.

§ 322 Verurteilung zur Leistung Zug-um-Zug (1) ¹Erhebt aus einem gegenseitigen Vertrag der eine Teil Klage auf die ihm geschuldete Leistung, so hat die Geltendmachung des dem anderen Teil zustehenden Rechts, die Leistung bis zur Bewirkung der Gegenleistung zu verweigern, nur die Wirkung, dass der andere Teil zur Erfüllung Zug um Zug zu verurteilen ist.

(2) ¹Hat der klagende Teil vorzuleisten, so kann er, wenn der andere Teil im Verzug der Annahme ist, auf Leistung nach Empfang der Gegenleistung klagen.

(3) ¹Auf die Zwangsvollstreckung findet die Vorschrift des § 274 Abs. 2 Anwendung.

BGB §§ 323–326

§ 323[11] **Rücktritt wegen nicht oder nicht vertragsgemäß erbrachter Leistung** (1) ¹Erbringt bei einem gegenseitigen Vertrag der Schuldner eine fällige Leistung nicht oder nicht vertragsgemäß, so kann der Gläubiger, wenn er dem Schuldner erfolglos eine angemessene Frist zur Leistung oder Nacherfüllung bestimmt hat, vom Vertrag zurücktreten.

(2) ¹Die Fristsetzung ist entbehrlich, wenn
1. der Schuldner die Leistung ernsthaft und endgültig verweigert,
2. der Schuldner die Leistung zu einem im Vertrag bestimmten Termin oder innerhalb einer bestimmten Frist nicht bewirkt und der Gläubiger im Vertrag den Fortbestand seines Leistungsinteresses an die Rechtzeitigkeit der Leistung gebunden hat oder
3. besondere Umstände vorliegen, die unter Abwägung der beiderseitigen Interessen den sofortigen Rücktritt rechtfertigen.

(3) ¹Kommt nach der Art der Pflichtverletzung eine Fristsetzung nicht in Betracht, so tritt an deren Stelle eine Abmahnung.

(4) ¹Der Gläubiger kann bereits vor dem Eintritt der Fälligkeit der Leistung zurücktreten, wenn offensichtlich ist, dass die Voraussetzungen des Rücktritts eintreten werden.

(5) ¹Hat der Schuldner eine Teilleistung bewirkt, so kann der Gläubiger vom ganzen Vertrag nur zurücktreten, wenn er an der Teilleistung kein Interesse hat. ²Hat der Schuldner die Leistung nicht vertragsgemäß bewirkt, so kann der Gläubiger vom Vertrag nicht zurücktreten, wenn die Pflichtverletzung unerheblich ist.

(6) ¹Der Rücktritt ist ausgeschlossen, wenn der Gläubiger für den Umstand, der ihn zum Rücktritt berechtigen würde, allein oder weit überwiegend verantwortlich ist oder wenn der vom Schuldner nicht zu vertretende Umstand zu einer Zeit eintritt, zu welcher der Gläubiger im Verzug der Annahme ist.

§ 324 Rücktritt wegen Verletzung einer Pflicht nach § 241 Abs. 2
¹Verletzt der Schuldner bei einem gegenseitigen Vertrag eine Pflicht nach § 241 Abs. 2, so kann der Gläubiger zurücktreten, wenn ihm ein Festhalten am Vertrag nicht mehr zuzumuten ist.

§ 325 Schadensersatz und Rücktritt ¹Das Recht, bei einem gegenseitigen Vertrag Schadensersatz zu verlangen, wird durch den Rücktritt nicht ausgeschlossen. ²BGBL!0111

§ 326[12] **Befreiung von der Gegenleistung und Rücktritt beim Ausschluss der Leistungspflicht** (1) ¹Braucht der Schuldner nach § 275 Abs. 1 bis 3 nicht zu leisten, entfällt der Anspruch auf die Gegenleistung; bei einer Teilleistung findet § 441 Abs. 3 entsprechende Anwendung. ²Satz 1 gilt nicht, wenn der Schuldner im Falle der nicht vertragsgemäßen Leistung die Nacherfüllung nach § 275 Abs. 1 bis 3 nicht zu erbringen braucht.

---

11) Amtlicher Hinweis:
Diese Vorschrift dient auch der Umsetzung der Richtlinie 1999/44/EG des Europäischen Parlaments und des Rates vom 25. Mai 1999 zu bestimmten Aspekten des Verbrauchsgüterkaufs und der Garantien für Verbrauchsgüter (ABl. EG Nr. L 171 S. 12).

12) Amtlicher Hinweis:
Diese Vorschrift dient auch der Umsetzung der Richtlinie 1999/44/EG des Europäischen Parlaments und des Rates vom 25. Mai 1999 zu bestimmten Aspekten des Verbrauchsgüterkaufs und der Garantien für Verbrauchsgüter (ABl. EG Nr. L 171 S. 12).

(2) ¹Ist der Gläubiger für den Umstand, auf Grund dessen der Schuldner nach § 275 Abs. 1 bis 3 nicht zu leisten braucht, allein oder weit überwiegend verantwortlich oder tritt dieser vom Schuldner nicht zu vertretende Umstand zu einer Zeit ein, zu welcher der Gläubiger im Verzug der Annahme ist, so behält der Schuldner den Anspruch auf die Gegenleistung. ²Er muss sich jedoch dasjenige anrechnen lassen, was er infolge der Befreiung von der Leistung erspart oder durch anderweitige Verwendung seiner Arbeitskraft erwirbt oder zu erwerben böswillig unterlässt.

(3) ¹Verlangt der Gläubiger nach § 285 Herausgabe des für den geschuldeten Gegenstand erlangten Ersatzes oder Abtretung des Ersatzanspruchs, so bleibt er zur Gegenleistung verpflichtet. ²Diese mindert sich jedoch nach Maßgabe des § 441 Abs. 3 insoweit, als der Wert des Ersatzes oder des Ersatzanspruchs hinter dem Wert der geschuldeten Leistung zurückbleibt.

(4) ¹Soweit die nach dieser Vorschrift nicht geschuldete Gegenleistung bewirkt ist, kann das Geleistete nach den §§ 346 bis 348 zurückgefordert werden.

(5) ¹Braucht der Schuldner nach § 275 Abs. 1 bis 3 nicht zu leisten, kann der Gläubiger zurücktreten; auf den Rücktritt findet § 323 mit der Maßgabe entsprechende Anwendung, dass die Fristsetzung entbehrlich ist.

§ 327 (weggefallen)

Titel 3: Versprechen der Leistung an einen Dritten

§ 328 Vertrag zugunsten Dritter (1) ¹Durch Vertrag kann eine Leistung an einen Dritten mit der Wirkung bedungen werden, dass der Dritte unmittelbar das Recht erwirbt, die Leistung zu fordern.

(2) ¹In Ermangelung einer besonderen Bestimmung ist aus den Umständen, insbesondere aus dem Zwecke des Vertrags, zu entnehmen, ob der Dritte das Recht erwerben, ob das Recht des Dritten sofort oder nur unter gewissen Voraussetzungen entstehen und ob den Vertragschließenden die Befugnis vorbehalten sein soll, das Recht des Dritten ohne dessen Zustimmung aufzuheben oder zu ändern.

§ 329 Auslegungsregel bei Erfüllungsübernahme ¹Verpflichtet sich in einem Vertrag der eine Teil zur Befriedigung eines Gläubigers des anderen Teils, ohne die Schuld zu übernehmen, so ist im Zweifel nicht anzunehmen, dass der Gläubiger unmittelbar das Recht erwerben soll, die Befriedigung von ihm zu fordern.

§ 330 Auslegungsregel bei Lebensversicherungs- oder Leibrentenvertrag ¹Wird in einem Lebensversicherungs- oder einem Leibrentenvertrag die Zahlung der Versicherungssumme oder der Leibrente an einen Dritten bedungen, so ist im Zweifel anzunehmen, dass der Dritte unmittelbar das Recht erwerben soll, die Leistung zu fordern. ²Das Gleiche gilt, wenn bei einer unentgeltlichen Zuwendung dem Bedachten eine Leistung an einen Dritten auferlegt oder bei einer Vermögens- oder Gutsübernahme von dem Übernehmer eine Leistung an einen Dritten zum Zwecke der Abfindung versprochen wird.

§ 331 Leistung nach Todesfall (1) ¹Soll die Leistung an den Dritten nach dem Tode desjenigen erfolgen, welchem sie versprochen wird, so erwirbt der Dritte das Recht auf die Leistung im Zweifel mit dem Tod des Versprechensempfängers.

(2) ¹Stirbt der Versprechensempfänger vor der Geburt des Dritten, so kann das Versprechen, an den Dritten zu leisten, nur dann noch aufgehoben oder geändert werden, wenn die Befugnis dazu vorbehalten worden ist.

§ 332 Änderung durch Verfügung von Todes wegen bei Vorbehalt
¹Hat sich der Versprechensempfänger die Befugnis vorbehalten, ohne Zustimmung des Versprechenden an die Stelle des in dem Vertrag bezeichneten Dritten einen anderen zu setzen, so kann dies im Zweifel auch in einer Verfügung von Todes wegen geschehen.

§ 333 Zurückweisung des Rechts durch den Dritten
¹Weist der Dritte das aus dem Vertrag erworbene Recht dem Versprechenden gegenüber zurück, so gilt das Recht als nicht erworben.

§ 334 Einwendungen des Schuldners gegenüber dem Dritten
¹Einwendungen aus dem Vertrag stehen dem Versprechenden auch gegenüber dem Dritten zu.

§ 335 Forderungsrecht des Versprechensempfängers
¹Der Versprechensempfänger kann, sofern nicht ein anderer Wille der Vertragschließenden anzunehmen ist, die Leistung an den Dritten auch dann fordern, wenn diesem das Recht auf die Leistung zusteht.

Titel 4: Draufgabe, Vertragsstrafe

§ 336 Auslegung der Draufgabe
(1) ¹Wird bei der Eingehung eines Vertrags etwas als Draufgabe gegeben, so gilt dies als Zeichen des Abschlusses des Vertrags.
(2) ¹Die Draufgabe gilt im Zweifel nicht als Reugeld.

§ 337 Anrechnung oder Rückgabe der Draufgabe
(1) ¹Die Draufgabe ist im Zweifel auf die von dem Geber geschuldete Leistung anzurechnen oder, wenn dies nicht geschehen kann, bei der Erfüllung des Vertrags zurückzugeben.
(2) ¹Wird der Vertrag wieder aufgehoben, so ist die Draufgabe zurückzugeben.

§ 338 Draufgabe bei zu vertretender Unmöglichkeit der Leistung
¹Wird die von dem Geber geschuldete Leistung infolge eines Umstands, den er zu vertreten hat, unmöglich oder verschuldet der Geber die Wiederaufhebung des Vertrags, so ist der Empfänger berechtigt, die Draufgabe zu behalten. ²Verlangt der Empfänger Schadensersatz wegen Nichterfüllung, so ist die Draufgabe im Zweifel anzurechnen oder, wenn dies nicht geschehen kann, bei der Leistung des Schadensersatzes zurückzugeben.

§ 339 Verwirkung der Vertragsstrafe
¹Verspricht der Schuldner dem Gläubiger für den Fall, dass er seine Verbindlichkeit nicht oder nicht in gehöriger Weise erfüllt, die Zahlung einer Geldsumme als Strafe, so ist die Strafe verwirkt, wenn er in Verzug kommt. ²Besteht die geschuldete Leistung in einem Unterlassen, so tritt die Verwirkung mit der Zuwiderhandlung ein.

§ 340 Strafversprechen für Nichterfüllung
(1) ¹Hat der Schuldner die Strafe für den Fall versprochen, dass er seine Verbindlichkeit nicht erfüllt, so kann der Gläubiger die verwirkte Strafe statt der Erfüllung verlangen. ²Erklärt der Gläubiger dem Schuldner, dass er die Strafe verlange, so ist der Anspruch auf Erfüllung ausgeschlossen.
(2) ¹Steht dem Gläubiger ein Anspruch auf Schadensersatz wegen Nichterfüllung zu, so kann er die verwirkte Strafe als Mindestbetrag des Schadens verlangen. ²Die Geltendmachung eines weiteren Schadens ist nicht ausgeschlossen.

§ 341 Strafversprechen für nicht gehörige Erfüllung
(1) ¹Hat der Schuldner die Strafe für den Fall versprochen, dass er seine Verbindlichkeit nicht in gehöriger Weise, insbesondere nicht zu der bestimmten Zeit, erfüllt, so kann der Gläubiger die verwirkte Strafe neben der Erfüllung verlangen.

(2) ¹Steht dem Gläubiger ein Anspruch auf Schadensersatz wegen der nicht gehörigen Erfüllung zu, so findet die Vorschrift des § 340 Abs. 2 Anwendung.
(3) ¹Nimmt der Gläubiger die Erfüllung an, so kann er die Strafe nur verlangen, wenn er sich das Recht dazu bei der Annahme vorbehält.

§ 342 Andere als Geldstrafe ¹Wird als Strafe eine andere Leistung als die Zahlung einer Geldsumme versprochen, so finden die Vorschriften der §§ 339 bis 341 Anwendung; der Anspruch auf Schadensersatz ist ausgeschlossen, wenn der Gläubiger die Strafe verlangt.

§ 343 Herabsetzung der Strafe (1) ¹Ist eine verwirkte Strafe unverhältnismäßig hoch, so kann sie auf Antrag des Schuldners durch Urteil auf den angemessenen Betrag herabgesetzt werden. ²Bei der Beurteilung der Angemessenheit ist jedes berechtigte Interesse des Gläubigers, nicht bloß das Vermögensinteresse, in Betracht zu ziehen. ³Nach der Entrichtung der Strafe ist die Herabsetzung ausgeschlossen.
(2) ¹Das Gleiche gilt auch außer in den Fällen der §§ 339, 342, wenn jemand eine Strafe für den Fall verspricht, dass er eine Handlung vornimmt oder unterlässt.

§ 344 Unwirksames Strafversprechen ¹Erklärt das Gesetz das Versprechen einer Leistung für unwirksam, so ist auch die für den Fall der Nichterfüllung des Versprechens getroffene Vereinbarung einer Strafe unwirksam, selbst wenn die Parteien die Unwirksamkeit des Versprechens gekannt haben.

§ 345 Beweislast ¹Bestreitet der Schuldner die Verwirkung der Strafe, weil er seine Verbindlichkeit erfüllt habe, so hat er die Erfüllung zu beweisen, sofern nicht die geschuldete Leistung in einem Unterlassen besteht.

Titel 5: Rücktritt; Widerrufs- und Rückgaberecht bei Verbraucherverträgen
Untertitel 1: Rücktritt[13)]

§ 346 Wirkungen des Rücktritts (1) ¹Hat sich eine Vertragspartei vertraglich den Rücktritt vorbehalten oder steht ihr ein gesetzliches Rücktrittsrecht zu, so sind im Falle des Rücktritts die empfangenen Leistungen zurückzugewähren und die gezogenen Nutzungen herauszugeben.
(2) ¹Statt der Rückgewähr oder Herausgabe hat der Schuldner Wertersatz zu leisten, soweit
1. die Rückgewähr oder die Herausgabe nach der Natur des Erlangten ausgeschlossen ist,
2. er den empfangenen Gegenstand verbraucht, veräußert, belastet, verarbeitet oder umgestaltet hat,
3. der empfangene Gegenstand sich verschlechtert hat oder untergegangen ist; jedoch bleibt die durch die bestimmungsgemäße Ingebrauchnahme entstandene Verschlechterung außer Betracht.

²Ist im Vertrag eine Gegenleistung bestimmt, ist sie bei der Berechnung des Wertersatzes zugrunde zu legen; ist Wertersatz für den Gebrauchsvorteil eines Darlehens zu leisten, kann nachgewiesen werden, dass der Wert des Gebrauchsvorteils niedriger war.

---

13) Amtlicher Hinweis:
   Dieser Untertitel dient auch der Umsetzung der Richtlinie 1999/44/EG des Europäischen Parlaments und des Rates vom 25. Mai 1999 zu bestimmten Aspekten des Verbrauchsgüterkaufs und der Garantien für Verbrauchsgüter (ABl. EG Nr. L 171 S. 12).

BGB   §§ 347–354

(3) ¹Die Pflicht zum Wertersatz entfällt,
1. wenn sich der zum Rücktritt berechtigende Mangel erst während der Verarbeitung oder Umgestaltung des Gegenstandes gezeigt hat,
2. soweit der Gläubiger die Verschlechterung oder den Untergang zu vertreten hat oder der Schaden bei ihm gleichfalls eingetreten wäre,
3. wenn im Falle eines gesetzlichen Rücktrittsrechts die Verschlechterung oder der Untergang beim Berechtigten eingetreten ist, obwohl dieser diejenige Sorgfalt beobachtet hat, die er in eigenen Angelegenheiten anzuwenden pflegt.

²Eine verbleibende Bereicherung ist herauszugeben.

(4) ¹Der Gläubiger kann wegen Verletzung einer Pflicht aus Absatz 1 nach Maßgabe der §§ 280 bis 283 Schadensersatz verlangen.

§ 347 Nutzungen und Verwendungen nach Rücktritt (1) ¹Zieht der Schuldner Nutzungen entgegen den Regeln einer ordnungsmäßigen Wirtschaft nicht, obwohl ihm das möglich gewesen wäre, so ist er dem Gläubiger zum Wertersatz verpflichtet. ²Im Falle eines gesetzlichen Rücktrittsrechts hat der Berechtigte hinsichtlich der Nutzungen nur für diejenige Sorgfalt einzustehen, die er in eigenen Angelegenheiten anzuwenden pflegt.

(2) ¹Gibt der Schuldner den Gegenstand zurück, leistet er Wertersatz oder ist seine Wertersatzpflicht gemäß § 346 Abs. 3 Nr. 1 oder 2 ausgeschlossen, so sind ihm notwendige Verwendungen zu ersetzen. ²Andere Aufwendungen sind zu ersetzen, soweit der Gläubiger durch diese bereichert wird.

§ 348 Erfüllung Zug-um-Zug ¹Die sich aus dem Rücktritt ergebenden Verpflichtungen der Parteien sind Zug um Zug zu erfüllen. ²Die Vorschriften der §§ 320, 322 finden entsprechende Anwendung.

§ 349 Erklärung des Rücktritts ¹Der Rücktritt erfolgt durch Erklärung gegenüber dem anderen Teil.

§ 350 Erlöschen des Rücktrittsrechts nach Fristsetzung ¹Ist für die Ausübung des vertraglichen Rücktrittsrechts eine Frist nicht vereinbart, so kann dem Berechtigten von dem anderen Teil für die Ausübung eine angemessene Frist bestimmt werden. ²Das Rücktrittsrecht erlischt, wenn nicht der Rücktritt vor dem Ablauf der Frist erklärt wird.

§ 351 Unteilbarkeit des Rücktrittsrechts ¹Sind bei einem Vertrag auf der einen oder der anderen Seite mehrere beteiligt, so kann das Rücktrittsrecht nur von allen und gegen alle ausgeübt werden. ²Erlischt das Rücktrittsrecht für einen der Berechtigten, so erlischt es auch für die übrigen.

§ 352 Aufrechnung nach Nichterfüllung ¹Der Rücktritt wegen Nichterfüllung einer Verbindlichkeit wird unwirksam, wenn der Schuldner sich von der Verbindlichkeit durch Aufrechnung befreien konnte und unverzüglich nach dem Rücktritt die Aufrechnung erklärt.

§ 353 Rücktritt gegen Reugeld ¹Ist der Rücktritt gegen Zahlung eines Reugelds vorbehalten, so ist der Rücktritt unwirksam, wenn das Reugeld nicht vor oder bei der Erklärung entrichtet wird und der andere Teil aus diesem Grunde die Erklärung unverzüglich zurückweist. ²Die Erklärung ist jedoch wirksam, wenn das Reugeld unverzüglich nach der Zurückweisung entrichtet wird.

§ 354 Verwirkungsklausel ¹Ist ein Vertrag mit dem Vorbehalt geschlossen, dass der Schuldner seiner Rechte aus dem Vertrag verlustig sein soll, wenn er seine Verbindlichkeit nicht erfüllt, so ist der Gläubiger bei dem Eintritt dieses Falles zum Rücktritt von dem Vertrag berechtigt.

§§ 355–356 BGB

Untertitel 2[14]**: Widerrufs – und Rückgaberecht bei Verbraucherverträgen**

§ 355 Widerrufsrecht bei Verbraucherverträgen (1) ¹Wird einem Verbraucher durch Gesetz ein Widerrufsrecht nach dieser Vorschrift eingeräumt, so ist er an seine auf den Abschluss des Vertrags gerichtete Willenserklärung nicht mehr gebunden, wenn er sie fristgerecht widerrufen hat. ²Der Widerruf muss keine Begründung enthalten und ist in Textform oder durch Rücksendung der Sache innerhalb von zwei Wochen gegenüber dem Unternehmer zu erklären; zur Fristwahrung genügt die rechtzeitige Absendung.
(2) ¹Die Frist beginnt mit dem Zeitpunkt, zu dem dem Verbraucher eine deutlich gestaltete Belehrung über sein Widerrufsrecht, die ihm entsprechend den Erfordernissen des eingesetzten Kommunikationsmittels seine Rechte deutlich macht, in Textform mitgeteilt worden ist, die auch Namen und Anschrift desjenigen, gegenüber dem der Widerruf zu erklären ist, und einen Hinweis auf den Fristbeginn und die Regelung des Absatzes 1 Satz 2 enthält. ²Wird die Belehrung nach Vertragsschluss mitgeteilt, beträgt die Frist abweichend von Absatz 1 Satz 2 einen Monat. ³Ist der Vertrag schriftlich abzuschließen, so beginnt die Frist nicht zu laufen, bevor dem Verbraucher auch eine Vertragsurkunde, der schriftliche Antrag des Verbrauchers oder eine Abschrift der Vertragsurkunde oder des Antrags zur Verfügung gestellt werden. ⁴Ist der Fristbeginn streitig, so trifft die Beweislast den Unternehmer.
(3) ¹Das Widerrufsrecht erlischt spätestens sechs Monate nach Vertragsschluss. ²Bei der Lieferung von Waren beginnt die Frist nicht vor dem Tag ihres Eingangs beim Empfänger. ³Abweichend von Satz 1 erlischt das Widerrufsrecht nicht, wenn der Verbraucher nicht ordnungsgemäß über sein Widerrufsrecht belehrt worden ist.

§ 356 Rückgaberecht bei Verbraucherverträgen (1) ¹Das Widerrufsrecht nach § 355 kann, soweit dies ausdrücklich durch Gesetz zugelassen ist, beim Vertragsschluss auf Grund eines Verkaufsprospekts im Vertrag durch ein uneingeschränktes Rückgaberecht ersetzt werden. ²Voraussetzung ist, dass
1. im Verkaufsprospekt eine deutlich gestaltete Belehrung über das Rückgaberecht enthalten ist,
2. der Verbraucher den Verkaufsprospekt in Abwesenheit des Unternehmers eingehend zur Kenntnis nehmen konnte und
3. dem Verbraucher das Rückgaberecht in Textform eingeräumt wird.

(2) ¹Das Rückgaberecht kann innerhalb der Widerrufsfrist, die jedoch nicht vor Erhalt der Sache beginnt, und nur durch Rücksendung der Sache oder, wenn die Sache nicht als Paket versandt werden kann, durch Rücknahmeverlangen ausgeübt werden. ²§ 355 Abs. 1 Satz 2 findet entsprechende Anwendung.

---

14) Amtlicher Hinweis:
Dieser Untertitel dient der Umsetzung
1. Richtlinie 85/577/EWG des Rates vom 20. Dezember 1985 betreffend den Verbraucherschutz im Falle von außerhalb von Geschäftsräumen geschlossenen Verträgen (ABl. EG Nr. L 372 S. 31),
2. Richtlinie 94/47/EG des Europäischen Parlaments und des Rates vom 26. Oktober 1994 zum Schutz der Erwerber im Hinblick auf bestimmte Aspekte von Verträgen über den Erwerb von Teilzeitnutzungsrechten an Immobilien (ABl. EG Nr. L 280 S. 82) und
3. Richtlinie 97/7/EG des Europäischen Parlaments und des Rates vom 20. Mai 1997 über den Verbraucherschutz bei Vertragsabschlüssen im Fernabsatz (ABl. EG Nr. L 144 S. 19).

BGB   §§ 357–358

§ 357 Rechtsfolgen des Widerrufs und der Rückgabe (1) ¹Auf das Widerrufs- und das Rückgaberecht finden, soweit nicht ein anderes bestimmt ist, die Vorschriften über den gesetzlichen Rücktritt entsprechende Anwendung. ²Die in § 286 Abs. 3 bestimmte Frist beginnt mit der Widerrufs- oder Rückgabeerklärung des Verbrauchers.

(2) ¹Der Verbraucher ist bei Ausübung des Widerrufsrechts zur Rücksendung verpflichtet, wenn die Sache durch Paket versandt werden kann. ²Kosten und Gefahr der Rücksendung trägt bei Widerruf und Rückgabe der Unternehmer. ³Wenn ein Widerrufsrecht besteht, dürfen dem Verbraucher bei einer Bestellung bis zu einem Betrag von 40 Euro die regelmäßigen Kosten der Rücksendung vertraglich auferlegt werden, es sei denn, dass die gelieferte Ware nicht der bestellten entspricht.

(3) ¹Der Verbraucher hat abweichend von § 346 Abs. 2 Satz 1 Nr. 3 Wertersatz für eine durch die bestimmungsgemäße Ingebrauchnahme der Sache entstandene Verschlechterung zu leisten, wenn er spätestens bei Vertragsschluss in Textform auf diese Rechtsfolge und eine Möglichkeit hingewiesen worden ist, sie zu vermeiden. ²Dies gilt nicht, wenn die Verschlechterung ausschließlich auf die Prüfung der Sache zurückzuführen ist. ³§ 346 Abs. 3 Satz 1 Nr. 3 findet keine Anwendung, wenn der Verbraucher über sein Widerrufsrecht ordnungsgemäß belehrt worden ist oder hiervon anderweitig Kenntnis erlangt hat.

(4) ¹Weitergehende Ansprüche bestehen nicht.

§ 358 Verbundene Verträge (1) ¹Hat der Verbraucher seine auf den Abschluss eines Vertrags über die Lieferung einer Ware oder die Erbringung einer anderen Leistung durch einen Unternehmer gerichtete Willenserklärung wirksam widerrufen, so ist er auch an seine auf den Abschluss eines mit diesem Vertrag verbundenen Verbraucherdarlehensvertrags gerichtete Willenserklärung nicht mehr gebunden.

(2) ¹Hat der Verbraucher seine auf den Abschluss eines Verbraucherdarlehensvertrags gerichtete Willenserklärung wirksam widerrufen, so ist er auch an seine auf den Abschluss eines mit diesem Verbraucherdarlehensvertrag verbundenen Vertrags über die Lieferung einer Ware oder die Erbringung einer anderen Leistung gerichtete Willenserklärung nicht mehr gebunden. ²Kann der Verbraucher die auf den Abschluss des verbundenen Vertrags gerichtete Willenserklärung nach Maßgabe dieses Untertitels widerrufen, gilt allein Absatz 1 und sein Widerrufsrecht aus § 495 Abs. 1 ist ausgeschlossen. ³Erklärt der Verbraucher im Falle des Satzes 2 dennoch den Widerruf des Verbraucherdarlehensvertrags, gilt dies als Widerruf des verbundenen Vertrags gegenüber dem Unternehmer gemäß Absatz 1.

(3) ¹Ein Vertrag über die Lieferung einer Ware oder die Erbringung einer anderen Leistung und ein Verbraucherdarlehensvertrag sind verbunden, wenn das Darlehen ganz oder teilweise der Finanzierung des anderen Vertrags dient und beide Verträge eine wirtschaftliche Einheit bilden. ²Eine wirtschaftliche Einheit ist insbesondere anzunehmen, wenn der Unternehmer selbst die Gegenleistung des Verbrauchers finanziert, oder im Falle der Finanzierung durch einen Dritten, wenn sich der Darlehensgeber bei der Vorbereitung oder dem Abschluss des Verbraucherdarlehensvertrags der Mitwirkung des Unternehmers bedient. ³Bei einem finanzierten Erwerb eines Grundstücks oder eines grundstücksgleichen Rechts ist eine wirtschaftliche Einheit nur anzunehmen, wenn der Darlehensgeber selbst das Grundstück oder das grundstücksgleiche Recht verschafft oder wenn er über die Zurverfügungstellung von Darlehen hinaus den Erwerb des Grundstücks oder grundstücksgleichen Rechts durch Zusammenwirken mit dem Unternehmer

§§ 359–365 BGB

fördert, indem er sich dessen Veräußerungsinteressen ganz oder teilweise zu Eigen macht, bei der Planung, Werbung oder Durchführung des Projekts Funktionen des Veräußerers übernimmt oder den Veräußerer einseitig begünstigt.
(4) ¹§ 357 gilt für den verbundenen Vertrag entsprechend. ²Im Falle des Absatzes 1 sind jedoch Ansprüche auf Zahlung von Zinsen und Kosten aus der Rückabwicklung des Verbraucherdarlehensvertrags gegen den Verbraucher ausgeschlossen. ³Der Darlehensgeber tritt im Verhältnis zum Verbraucher hinsichtlich der Rechtsfolgen des Widerrufs oder der Rückgabe in die Rechte und Pflichten des Unternehmers aus dem verbundenen Vertrag ein, wenn das Darlehen dem Unternehmer bei Wirksamwerden des Widerrufs oder der Rückgabe bereits zugeflossen ist.
(5) ¹Die erforderliche Belehrung über das Widerrufs- oder Rückgaberecht muss auf die Rechtsfolgen nach den Absätzen 1 und 2 Satz 1 und 2 hinweisen.

§ 359 Einwendungen bei verbundenen Verträgen ¹Der Verbraucher kann die Rückzahlung des Darlehens verweigern, soweit Einwendungen aus dem verbundenen Vertrag ihn gegenüber dem Unternehmer, mit dem er den verbundenen Vertrag geschlossen hat, zur Verweigerung seiner Leistung berechtigen würden. ²Dies gilt nicht, wenn das finanzierte Entgelt 200 Euro nicht überschreitet, sowie bei Einwendungen, die auf einer zwischen diesem Unternehmer und dem Verbraucher nach Abschluss des Verbraucherdarlehensvertrags vereinbarten Vertragsänderung beruhen. ³Kann der Verbraucher Nacherfüllung verlangen, so kann er die Rückzahlung des Darlehens erst verweigern, wenn die Nacherfüllung fehlgeschlagen ist.

§§ 360, 361 (weggefallen)

Abschnitt 4: Erlöschen der Schuldverhältnisse

Titel 1: Erfüllung

§ 362 Erlöschen durch Leistung (1) ¹Das Schuldverhältnis erlischt, wenn die geschuldete Leistung an den Gläubiger bewirkt wird.
(2) ¹Wird an einen Dritten zum Zwecke der Erfüllung geleistet, so findet die Vorschrift des § 185 Anwendung.

§ 363 Beweislast bei Annahme als Erfüllung ¹Hat der Gläubiger eine ihm als Erfüllung angebotene Leistung als Erfüllung angenommen, so trifft ihn die Beweislast, wenn er die Leistung deshalb nicht als Erfüllung gelten lassen will, weil sie eine andere als die geschuldete Leistung oder weil sie unvollständig gewesen sei.

§ 364 Annahme an Erfüllungs statt (1) ¹Das Schuldverhältnis erlischt, wenn der Gläubiger eine andere als die geschuldete Leistung an Erfüllungs statt annimmt.
(2) ¹Übernimmt der Schuldner zum Zwecke der Befriedigung des Gläubigers diesem gegenüber eine neue Verbindlichkeit, so ist im Zweifel nicht anzunehmen, dass er die Verbindlichkeit an Erfüllungs statt übernimmt.

§ 365 Gewährleistung bei Hingabe an Erfüllungs statt ¹Wird eine Sache, eine Forderung gegen einen Dritten oder ein anderes Recht an Erfüllungs statt gegeben, so hat der Schuldner wegen eines Mangels im Recht oder wegen eines Mangels der Sache in gleicher Weise wie ein Verkäufer Gewähr zu leisten.

§ 366 Anrechnung der Leistung auf mehrere Forderungen
(1) ¹Ist der Schuldner dem Gläubiger aus mehreren Schuldverhältnissen zu gleichartigen Leistungen verpflichtet und reicht das von ihm Geleistete nicht zur Tilgung sämtlicher Schulden aus, so wird diejenige Schuld getilgt, welche er bei der Leistung bestimmt.
(2) ¹Trifft der Schuldner keine Bestimmung, so wird zunächst die fällige Schuld, unter mehreren fälligen Schulden diejenige, welche dem Gläubiger geringere Sicherheit bietet, unter mehreren gleich sicheren die dem Schuldner lästigere, unter mehreren gleich lästigen die ältere Schuld und bei gleichem Alter jede Schuld verhältnismäßig getilgt.

§ 367 Anrechnung auf Zinsen und Kosten
(1) ¹Hat der Schuldner außer der Hauptleistung Zinsen und Kosten zu entrichten, so wird eine zur Tilgung der ganzen Schuld nicht ausreichende Leistung zunächst auf die Kosten, dann auf die Zinsen und zuletzt auf die Hauptleistung angerechnet.
(2) ¹Bestimmt der Schuldner eine andere Anrechnung, so kann der Gläubiger die Annahme der Leistung ablehnen.

§ 368 Quittung
¹Der Gläubiger hat gegen Empfang der Leistung auf Verlangen ein schriftliches Empfangsbekenntnis (Quittung) zu erteilen. ²Hat der Schuldner ein rechtliches Interesse, dass die Quittung in anderer Form erteilt wird, so kann er die Erteilung in dieser Form verlangen.

§ 369 Kosten der Quittung
(1) ¹Die Kosten der Quittung hat der Schuldner zu tragen und vorzuschießen, sofern nicht aus dem zwischen ihm und dem Gläubiger bestehenden Rechtsverhältnis sich ein anderes ergibt.
(2) ¹Treten infolge einer Übertragung der Forderung oder im Wege der Erbfolge an die Stelle des ursprünglichen Gläubigers mehrere Gläubiger, so fallen die Mehrkosten den Gläubigern zur Last.

§ 370 Leistung an den Überbringer der Quittung
¹Der Überbringer einer Quittung gilt als ermächtigt, die Leistung zu empfangen, sofern nicht die dem Leistenden bekannten Umstände der Annahme einer solchen Ermächtigung entgegenstehen.

§ 371 Rückgabe des Schuldscheins
¹Ist über die Forderung ein Schuldschein ausgestellt worden, so kann der Schuldner neben der Quittung Rückgabe des Schuldscheins verlangen. ²Behauptet der Gläubiger, zur Rückgabe außerstande zu sein, so kann der Schuldner das öffentlich beglaubigte Anerkenntnis verlangen, dass die Schuld erloschen sei.

Titel 2: Hinterlegung

§ 372 Voraussetzungen
¹Geld, Wertpapiere und sonstige Urkunden sowie Kostbarkeiten kann der Schuldner bei einer dazu bestimmten öffentlichen Stelle für den Gläubiger hinterlegen, wenn der Gläubiger im Verzug der Annahme ist. ²Das Gleiche gilt, wenn der Schuldner aus einem anderen in der Person des Gläubigers liegenden Grund oder infolge einer nicht auf Fahrlässigkeit beruhenden Ungewissheit über die Person des Gläubigers seine Verbindlichkeit nicht oder nicht mit Sicherheit erfüllen kann.

§ 373 Zug-um-Zug-Leistung
¹Ist der Schuldner nur gegen eine Leistung des Gläubigers zu leisten verpflichtet, so kann er das Recht des Gläubigers zum Empfang der hinterlegten Sache von der Bewirkung der Gegenleistung abhängig machen.

§§ 374–381 BGB

§ 374 Hinterlegungsort; Anzeigepflicht (1) ¹Die Hinterlegung hat bei der Hinterlegungsstelle des Leistungsorts zu erfolgen; hinterlegt der Schuldner bei einer anderen Stelle, so hat er dem Gläubiger den daraus entstehenden Schaden zu ersetzen.

(2) ¹Der Schuldner hat dem Gläubiger die Hinterlegung unverzüglich anzuzeigen; im Falle der Unterlassung ist er zum Schadensersatz verpflichtet. ²Die Anzeige darf unterbleiben, wenn sie untunlich ist.

§ 375 Rückwirkung bei Postübersendung ¹Ist die hinterlegte Sache der Hinterlegungsstelle durch die Post übersendet worden, so wirkt die Hinterlegung auf die Zeit der Aufgabe der Sache zur Post zurück.

§ 376 Rücknahmerecht (1) ¹Der Schuldner hat das Recht, die hinterlegte Sache zurückzunehmen.

(2) ¹Die Rücknahme ist ausgeschlossen:
1. wenn der Schuldner der Hinterlegungsstelle erklärt, dass er auf das Recht zur Rücknahme verzichte,
2. wenn der Gläubiger der Hinterlegungsstelle die Annahme erklärt,
3. wenn der Hinterlegungsstelle ein zwischen dem Gläubiger und dem Schuldner ergangenes rechtskräftiges Urteil vorgelegt wird, das die Hinterlegung für rechtmäßig erklärt.

§ 377 Unpfändbarkeit des Rücknahmerechts (1) ¹Das Recht zur Rücknahme ist der Pfändung nicht unterworfen.

(2) ¹Wird über das Vermögen des Schuldners das Insolvenzverfahren eröffnet, so kann während des Insolvenzverfahrens das Recht zur Rücknahme auch nicht von dem Schuldner ausgeübt werden.

§ 378 Wirkung der Hinterlegung bei ausgeschlossener Rücknahme ¹Ist die Rücknahme der hinterlegten Sache ausgeschlossen, so wird der Schuldner durch die Hinterlegung von seiner Verbindlichkeit in gleicher Weise befreit, wie wenn er zur Zeit der Hinterlegung an den Gläubiger geleistet hätte.

§ 379 Wirkung der Hinterlegung bei nicht ausgeschlossener Rücknahme (1) ¹Ist die Rücknahme der hinterlegten Sache nicht ausgeschlossen, so kann der Schuldner den Gläubiger auf die hinterlegte Sache verweisen.

(2) ¹Solange die Sache hinterlegt ist, trägt der Gläubiger die Gefahr und ist der Schuldner nicht verpflichtet, Zinsen zu zahlen oder Ersatz für nicht gezogene Nutzungen zu leisten.

(3) ¹Nimmt der Schuldner die hinterlegte Sache zurück, so gilt die Hinterlegung als nicht erfolgt.

§ 380 Nachweis der Empfangsberechtigung ¹Soweit nach den für die Hinterlegungsstelle geltenden Bestimmungen zum Nachweis der Empfangsberechtigung des Gläubigers eine diese Berechtigung anerkennende Erklärung des Schuldners erforderlich oder genügend ist, kann der Gläubiger von dem Schuldner die Abgabe der Erklärung unter denselben Voraussetzungen verlangen, unter denen er die Leistung zu fordern berechtigt sein würde, wenn die Hinterlegung nicht erfolgt wäre.

§ 381 Kosten der Hinterlegung ¹Die Kosten der Hinterlegung fallen dem Gläubiger zur Last, sofern nicht der Schuldner die hinterlegte Sache zurücknimmt.

BGB §§ 382–390

§ 382 Erlöschen des Gläubigerrechts ¹Das Recht des Gläubigers auf den hinterlegten Betrag erlischt mit dem Ablauf von 30 Jahren nach dem Empfang der Anzeige von der Hinterlegung, wenn nicht der Gläubiger sich vorher bei der Hinterlegungsstelle meldet; der Schuldner ist zur Rücknahme berechtigt, auch wenn er auf das Recht zur Rücknahme verzichtet hat.

§ 383 Versteigerung hinterlegungsunfähiger Sachen (1) ¹Ist die geschuldete bewegliche Sache zur Hinterlegung nicht geeignet, so kann der Schuldner sie im Falle des Verzugs des Gläubigers am Leistungsort versteigern lassen und den Erlös hinterlegen. ²Das Gleiche gilt in den Fällen des § 372 Satz 2, wenn der Verderb der Sache zu besorgen oder die Aufbewahrung mit unverhältnismäßigen Kosten verbunden ist.
(2) ¹Ist von der Versteigerung am Leistungsort ein angemessener Erfolg nicht zu erwarten, so ist die Sache an einem geeigneten anderen Orte zu versteigern.
(3) ¹Die Versteigerung hat durch einen für den Versteigerungsort bestellten Gerichtsvollzieher oder zu Versteigerungen befugten anderen Beamten oder öffentlich angestellten Versteigerer öffentlich zu erfolgen (öffentliche Versteigerung). ²Zeit und Ort der Versteigerung sind unter allgemeiner Bezeichnung der Sache öffentlich bekannt zu machen.
(4) ¹Die Vorschriften der Absätze 1 bis 3 gelten nicht für eingetragene Schiffe und Schiffsbauwerke.

§ 384 Androhung der Versteigerung (1) ¹Die Versteigerung ist erst zulässig, nachdem sie dem Gläubiger angedroht worden ist; die Androhung darf unterbleiben, wenn die Sache dem Verderb ausgesetzt und mit dem Aufschub der Versteigerung Gefahr verbunden ist.
(2) ¹Der Schuldner hat den Gläubiger von der Versteigerung unverzüglich zu benachrichtigen; im Falle der Unterlassung ist er zum Schadensersatz verpflichtet.
(3) ¹Die Androhung und die Benachrichtigung dürfen unterbleiben, wenn sie untunlich sind.

§ 385 Freihändiger Verkauf ¹Hat die Sache einen Börsen- oder Marktpreis, so kann der Schuldner den Verkauf aus freier Hand durch einen zu solchen Verkäufen öffentlich ermächtigten Handelsmäkler oder durch eine zur öffentlichen Versteigerung befugte Person zum laufenden Preis bewirken.

§ 386 Kosten der Versteigerung ¹Die Kosten der Versteigerung oder des nach § 385 erfolgten Verkaufs fallen dem Gläubiger zur Last, sofern nicht der Schuldner den hinterlegten Erlös zurücknimmt.

Titel 3: Aufrechnung

§ 387 Voraussetzungen ¹Schulden zwei Personen einander Leistungen, die ihrem Gegenstand nach gleichartig sind, so kann jeder Teil seine Forderung gegen die Forderung des anderen Teils aufrechnen, sobald er die ihm gebührende Leistung fordern und die ihm obliegende Leistung bewirken kann.

§ 388 Erklärung der Aufrechnung ¹Die Aufrechnung erfolgt durch Erklärung gegenüber dem anderen Teil. ²Die Erklärung ist unwirksam, wenn sie unter einer Bedingung oder einer Zeitbestimmung abgegeben wird.

§ 389 Wirkung der Aufrechnung ¹Die Aufrechnung bewirkt, dass die Forderungen, soweit sie sich decken, als in dem Zeitpunkt erloschen gelten, in welchem sie zur Aufrechnung geeignet einander gegenübergetreten sind.

§ 390 Keine Aufrechnung mit einredebehafteter Forderung ¹Eine Forderung, der eine Einrede entgegensteht, kann nicht aufgerechnet werden.

§ 391 Aufrechnung bei Verschiedenheit der Leistungsorte
(1) ¹Die Aufrechnung wird nicht dadurch ausgeschlossen, dass für die Forderungen verschiedene Leistungs- oder Ablieferungsorte bestehen. ²Der aufrechnende Teil hat jedoch den Schaden zu ersetzen, den der andere Teil dadurch erleidet, dass er infolge der Aufrechnung die Leistung nicht an dem bestimmten Orte erhält oder bewirken kann.
(2) ¹Ist vereinbart, dass die Leistung zu einer bestimmten Zeit an einem bestimmten Orte erfolgen soll, so ist im Zweifel anzunehmen, dass die Aufrechnung einer Forderung, für die ein anderer Leistungsort besteht, ausgeschlossen sein soll.

§ 392 Aufrechnung gegen beschlagnahmte Forderung
¹Durch die Beschlagnahme einer Forderung wird die Aufrechnung einer dem Schuldner gegen den Gläubiger zustehenden Forderung nur dann ausgeschlossen, wenn der Schuldner seine Forderung nach der Beschlagnahme erworben hat oder wenn seine Forderung erst nach der Beschlagnahme und später als die in Beschlag genommene Forderung fällig geworden ist.

§ 393 Keine Aufrechnung gegen Forderung aus unerlaubter Handlung
¹Gegen eine Forderung aus einer vorsätzlich begangenen unerlaubten Handlung ist die Aufrechnung nicht zulässig.

§ 394 Keine Aufrechnung gegen unpfändbare Forderung
¹Soweit eine Forderung der Pfändung nicht unterworfen ist, findet die Aufrechnung gegen die Forderung nicht statt. ²Gegen die aus Kranken-, Hilfs- oder Sterbekassen, insbesondere aus Knappschaftskassen und Kassen der Knappschaftsvereine, zu beziehenden Hebungen können jedoch geschuldete Beiträge aufgerechnet werden.

§ 395 Aufrechnung gegen Forderungen öffentlich-rechtlicher Körperschaften
¹Gegen eine Forderung des Bundes oder eines Landes sowie gegen eine Forderung einer Gemeinde oder eines anderen Kommunalverbands ist die Aufrechnung nur zulässig, wenn die Leistung an dieselbe Kasse zu erfolgen hat, aus der die Forderung des Aufrechnenden zu berichtigen ist.

§ 396 Mehrheit von Forderungen
(1) ¹Hat der eine oder der andere Teil mehrere zur Aufrechnung geeignete Forderungen, so kann der aufrechnende Teil die Forderungen bestimmen, die gegeneinander aufgerechnet werden sollen. ²Wird die Aufrechnung ohne eine solche Bestimmung erklärt oder widerspricht der andere Teil unverzüglich, so findet die Vorschrift des § 366 Abs. 2 entsprechende Anwendung.
(2) ¹Schuldet der aufrechnende Teil dem anderen Teil außer der Hauptleistung Zinsen und Kosten, so findet die Vorschrift des § 367 entsprechende Anwendung.

Titel 4: Erlass
§ 397 Erlassvertrag, negatives Schuldanerkenntnis
(1) ¹Das Schuldverhältnis erlischt, wenn der Gläubiger dem Schuldner durch Vertrag die Schuld erlässt.
(2) ¹Das Gleiche gilt, wenn der Gläubiger durch Vertrag mit dem Schuldner anerkennt, dass das Schuldverhältnis nicht bestehe.

Abschnitt 5: Übertragung einer Forderung

§ 398 Abtretung [1]Eine Forderung kann von dem Gläubiger durch Vertrag mit einem anderen auf diesen übertragen werden (Abtretung). [2]Mit dem Abschluss des Vertrags tritt der neue Gläubiger an die Stelle des bisherigen Gläubigers.

§ 399 Ausschluss der Abtretung bei Inhaltsänderung oder Vereinbarung [1]Eine Forderung kann nicht abgetreten werden, wenn die Leistung an einen anderen als den ursprünglichen Gläubiger nicht ohne Veränderung ihres Inhalts erfolgen kann oder wenn die Abtretung durch Vereinbarung mit dem Schuldner ausgeschlossen ist.

§ 400 Ausschluss bei unpfändbaren Forderungen [1]Eine Forderung kann nicht abgetreten werden, soweit sie der Pfändung nicht unterworfen ist.

§ 401 Übergang der Neben- und Vorzugsrechte (1) [1]Mit der abgetretenen Forderung gehen die Hypotheken, Schiffshypotheken oder Pfandrechte, die für sie bestehen, sowie die Rechte aus einer für sie bestellten Bürgschaft auf den neuen Gläubiger über.
(2) [1]Ein mit der Forderung für den Fall der Zwangsvollstreckung oder des Insolvenzverfahrens verbundenes Vorzugsrecht kann auch der neue Gläubiger geltend machen.

§ 402 Auskunftspflicht; Urkundenauslieferung [1]Der bisherige Gläubiger ist verpflichtet, dem neuen Gläubiger die zur Geltendmachung der Forderung nötige Auskunft zu erteilen und ihm die zum Beweis der Forderung dienenden Urkunden, soweit sie sich in seinem Besitz befinden, auszuliefern.

§ 403 Pflicht zur Beurkundung [1]Der bisherige Gläubiger hat dem neuen Gläubiger auf Verlangen eine öffentlich beglaubigte Urkunde über die Abtretung auszustellen. [2]Die Kosten hat der neue Gläubiger zu tragen und vorzuschießen.

§ 404 Einwendungen des Schuldners [1]Der Schuldner kann dem neuen Gläubiger die Einwendungen entgegensetzen, die zur Zeit der Abtretung der Forderung gegen den bisherigen Gläubiger begründet waren.

§ 405 Abtretung unter Urkundenvorlegung [1]Hat der Schuldner eine Urkunde über die Schuld ausgestellt, so kann er sich, wenn die Forderung unter Vorlegung der Urkunde abgetreten wird, dem neuen Gläubiger gegenüber nicht darauf berufen, dass die Eingehung oder Anerkennung des Schuldverhältnisses nur zum Schein erfolgt oder dass die Abtretung durch Vereinbarung mit dem ursprünglichen Gläubiger ausgeschlossen sei, es sei denn, dass der neue Gläubiger bei der Abtretung den Sachverhalt kannte oder kennen musste.

§ 406 Aufrechnung gegenüber dem neuen Gläubiger [1]Der Schuldner kann eine ihm gegen den bisherigen Gläubiger zustehende Forderung auch dem neuen Gläubiger gegenüber aufrechnen, es sei denn, dass er bei dem Erwerb der Forderung von der Abtretung Kenntnis hatte oder dass die Forderung erst nach der Erlangung der Kenntnis und später als die abgetretene Forderung fällig geworden ist.

§ 407 Rechtshandlungen gegenüber dem bisherigen Gläubiger
(1) [1]Der neue Gläubiger muss eine Leistung, die der Schuldner nach der Abtretung an den bisherigen Gläubiger bewirkt, sowie jedes Rechtsgeschäft, das nach der Abtretung zwischen dem Schuldner und dem bisherigen Gläubiger in Ansehung der Forderung vorgenommen wird, gegen sich gelten lassen, es sei denn, dass der Schuldner die Abtretung bei der Leistung oder der Vornahme des Rechtsgeschäfts kennt.

(2) ¹Ist in einem nach der Abtretung zwischen dem Schuldner und dem bisherigen Gläubiger anhängig gewordenen Rechtsstreit ein rechtskräftiges Urteil über die Forderung ergangen, so muss der neue Gläubiger das Urteil gegen sich gelten lassen, es sei denn, dass der Schuldner die Abtretung bei dem Eintritt der Rechtshängigkeit gekannt hat.

§ 408 Mehrfache Abtretung (1) ¹Wird eine abgetretene Forderung von dem bisherigen Gläubiger nochmals an einen Dritten abgetreten, so findet, wenn der Schuldner an den Dritten leistet oder wenn zwischen dem Schuldner und dem Dritten ein Rechtsgeschäft vorgenommen oder ein Rechtsstreit anhängig wird, zugunsten des Schuldners die Vorschrift des § 407 dem früheren Erwerber gegenüber entsprechende Anwendung.
(2) ¹Das Gleiche gilt, wenn die bereits abgetretene Forderung durch gerichtlichen Beschluss einem Dritten überwiesen wird oder wenn der bisherige Gläubiger dem Dritten gegenüber anerkennt, dass die bereits abgetretene Forderung kraft Gesetzes auf den Dritten übergegangen sei.

§ 409 Abtretungsanzeige (1) ¹Zeigt der Gläubiger dem Schuldner an, dass er die Forderung abgetreten habe, so muss er dem Schuldner gegenüber die angezeigte Abtretung gegen sich gelten lassen, auch wenn sie nicht erfolgt oder nicht wirksam ist. ²Der Anzeige steht es gleich, wenn der Gläubiger eine Urkunde über die Abtretung dem in der Urkunde bezeichneten neuen Gläubiger ausgestellt hat und dieser sie dem Schuldner vorlegt.
(2) ¹Die Anzeige kann nur mit Zustimmung desjenigen zurückgenommen werden, welcher als der neue Gläubiger bezeichnet worden ist.

§ 410 Aushändigung der Abtretungsurkunde (1) ¹Der Schuldner ist dem neuen Gläubiger gegenüber zur Leistung nur gegen Aushändigung einer von dem bisherigen Gläubiger über die Abtretung ausgestellten Urkunde verpflichtet. ²Eine Kündigung oder eine Mahnung des neuen Gläubigers ist unwirksam, wenn sie ohne Vorlegung einer solchen Urkunde erfolgt und der Schuldner sie aus diesem Grunde unverzüglich zurückweist.
(2) ¹Diese Vorschriften finden keine Anwendung, wenn der bisherige Gläubiger dem Schuldner die Abtretung schriftlich angezeigt hat.

§ 411 Gehaltsabtretung ¹Tritt eine Militärperson, ein Beamter, ein Geistlicher oder ein Lehrer an einer öffentlichen Unterrichtsanstalt den übertragbaren Teil des Diensteinkommens, des Wartegelds oder des Ruhegehalts ab, so ist die auszahlende Kasse durch Aushändigung einer von dem bisherigen Gläubiger ausgestellten, öffentlich oder amtlich beglaubigten Urkunde von der Abtretung zu benachrichtigen. ²Bis zur Benachrichtigung gilt die Abtretung als der Kasse nicht bekannt.

§ 412 Gesetzlicher Forderungsübergang ¹Auf die Übertragung einer Forderung kraft Gesetzes finden die Vorschriften der §§ 399 bis 404, 406 bis 410 entsprechende Anwendung.

§ 413 Übertragung anderer Rechte ¹Die Vorschriften über die Übertragung von Forderungen finden auf die Übertragung anderer Rechte entsprechende Anwendung, soweit nicht das Gesetz ein anderes vorschreibt.

Abschnitt 6: Schuldübernahme

§ 414 Vertrag zwischen Gläubiger und Übernehmer ¹Eine Schuld kann von einem Dritten durch Vertrag mit dem Gläubiger in der Weise übernommen werden, dass der Dritte an die Stelle des bisherigen Schuldners tritt.

§ 415 Vertrag zwischen Schuldner und Übernehmer (1) ¹Wird die Schuldübernahme von dem Dritten mit dem Schuldner vereinbart, so hängt ihre Wirksamkeit von der Genehmigung des Gläubigers ab. ²Die Genehmigung kann erst erfolgen, wenn der Schuldner oder der Dritte dem Gläubiger die Schuldübernahme mitgeteilt hat. ³Bis zur Genehmigung können die Parteien den Vertrag ändern oder aufheben.
(2) ¹Wird die Genehmigung verweigert, so gilt die Schuldübernahme als nicht erfolgt. ²Fordert der Schuldner oder der Dritte den Gläubiger unter Bestimmung einer Frist zur Erklärung über die Genehmigung auf, so kann die Genehmigung nur bis zum Ablauf der Frist erklärt werden; wird sie nicht erklärt, so gilt sie als verweigert.
(3) ¹Solange nicht der Gläubiger die Genehmigung erteilt hat, ist im Zweifel der Übernehmer dem Schuldner gegenüber verpflichtet, den Gläubiger rechtzeitig zu befriedigen. ²Das Gleiche gilt, wenn der Gläubiger die Genehmigung verweigert.

§ 416 Übernahme einer Hypothekenschuld (1) ¹Übernimmt der Erwerber eines Grundstücks durch Vertrag mit dem Veräußerer eine Schuld des Veräußerers, für die eine Hypothek an dem Grundstück besteht, so kann der Gläubiger die Schuldübernahme nur genehmigen, wenn der Veräußerer sie ihm mitteilt. ²Sind seit dem Empfang der Mitteilung sechs Monate verstrichen, so gilt die Genehmigung als erteilt, wenn nicht der Gläubiger sie dem Veräußerer gegenüber vorher verweigert hat; die Vorschrift des § 415 Abs. 2 Satz 2 findet keine Anwendung.
(2) ¹Die Mitteilung des Veräußerers kann erst erfolgen, wenn der Erwerber als Eigentümer im Grundbuch eingetragen ist. ²Sie muss schriftlich geschehen und den Hinweis enthalten, dass der Übernehmer an die Stelle des bisherigen Schuldners tritt, wenn nicht der Gläubiger die Verweigerung innerhalb der sechs Monate erklärt.
(3) ¹Der Veräußerer hat auf Verlangen des Erwerbers dem Gläubiger die Schuldübernahme mitzuteilen. ²Sobald die Erteilung oder Verweigerung der Genehmigung feststeht, hat der Veräußerer den Erwerber zu benachrichtigen.

§ 417 Einwendungen des Übernehmers (1) ¹Der Übernehmer kann dem Gläubiger die Einwendungen entgegensetzen, welche sich aus dem Rechtsverhältnis zwischen dem Gläubiger und dem bisherigen Schuldner ergeben. ²Eine dem bisherigen Schuldner zustehende Forderung kann er nicht aufrechnen.
(2) ¹Aus dem der Schuldübernahme zugrunde liegenden Rechtsverhältnis zwischen dem Übernehmer und dem bisherigen Schuldner kann der Übernehmer dem Gläubiger gegenüber Einwendungen nicht herleiten.

§ 418 Erlöschen von Sicherungs- und Vorzugsrechten (1) ¹Infolge der Schuldübernahme erlöschen die für die Forderung bestellten Bürgschaften und Pfandrechte. ²Besteht für die Forderung eine Hypothek oder eine Schiffshypothek, so tritt das Gleiche ein, wie wenn der Gläubiger auf die Hypothek oder die Schiffshypothek verzichtet. ³Diese Vorschriften finden keine Anwendung, wenn der Bürge oder derjenige, welchem der verhaftete Gegenstand zur Zeit der Schuldübernahme gehört, in diese einwilligt.
(2) ¹Ein mit der Forderung für den Fall des Insolvenzverfahrens verbundenes Vorzugsrecht kann nicht im Insolvenzverfahren über das Vermögen des Übernehmers geltend gemacht werden.

§ 419 (weggefallen)

Abschnitt 7: Mehrheit von Schuldnern und Gläubigern

§ 420 Teilbare Leistung ¹Schulden mehrere eine teilbare Leistung oder haben mehrere eine teilbare Leistung zu fordern, so ist im Zweifel jeder Schuldner nur zu einem gleichen Anteil verpflichtet, jeder Gläubiger nur zu einem gleichen Anteil berechtigt.

§ 421 Gesamtschuldner ¹Schulden mehrere eine Leistung in der Weise, dass jeder die ganze Leistung zu bewirken verpflichtet, der Gläubiger aber die Leistung nur einmal zu fordern berechtigt ist (Gesamtschuldner), so kann der Gläubiger die Leistung nach seinem Belieben von jedem der Schuldner ganz oder zu einem Teil fordern. ²Bis zur Bewirkung der ganzen Leistung bleiben sämtliche Schuldner verpflichtet.

§ 422 Wirkung der Erfüllung (1) ¹Die Erfüllung durch einen Gesamtschuldner wirkt auch für die übrigen Schuldner. ²Das Gleiche gilt von der Leistung an Erfüllungs statt, der Hinterlegung und der Aufrechnung.
(2) ¹Eine Forderung, die einem Gesamtschuldner zusteht, kann nicht von den übrigen Schuldnern aufgerechnet werden.

§ 423 Wirkung des Erlasses ¹Ein zwischen dem Gläubiger und einem Gesamtschuldner vereinbarter Erlass wirkt auch für die übrigen Schuldner, wenn die Vertragschließenden das ganze Schuldverhältnis aufheben wollten.

§ 424 Wirkung des Gläubigerverzugs ¹Der Verzug des Gläubigers gegenüber einem Gesamtschuldner wirkt auch für die übrigen Schuldner.

§ 425 Wirkung anderer Tatsachen (1) ¹Andere als die in den §§ 422 bis 424 bezeichneten Tatsachen wirken, soweit sich nicht aus dem Schuldverhältnis ein anderes ergibt, nur für und gegen den Gesamtschuldner, in dessen Person sie eintreten.
(2) ¹Dies gilt insbesondere von der Kündigung, dem Verzug, dem Verschulden, von der Unmöglichkeit der Leistung in der Person eines Gesamtschuldners, von der Verjährung, deren Neubeginn, Hemmung und Ablaufhemmung, von der Vereinigung der Forderung mit der Schuld und von dem rechtskräftigen Urteil.

§ 426 Ausgleichungspflicht, Forderungsübergang (1) ¹Die Gesamtschuldner sind im Verhältnis zueinander zu gleichen Anteilen verpflichtet, soweit nicht ein anderes bestimmt ist. ²Kann von einem Gesamtschuldner der auf ihn entfallende Beitrag nicht erlangt werden, so ist der Ausfall von den übrigen zur Ausgleichung verpflichteten Schuldnern zu tragen.
(2) ¹Soweit ein Gesamtschuldner den Gläubiger befriedigt und von den übrigen Schuldnern Ausgleichung verlangen kann, geht die Forderung des Gläubigers gegen die übrigen Schuldner auf ihn über. ²Der Übergang kann nicht zum Nachteil des Gläubigers geltend gemacht werden.

§ 427 Gemeinschaftliche vertragliche Verpflichtung ¹Verpflichten sich mehrere durch Vertrag gemeinschaftlich zu einer teilbaren Leistung, so haften sie im Zweifel als Gesamtschuldner.

§ 428 Gesamtgläubiger ¹Sind mehrere eine Leistung in der Weise zu fordern berechtigt, dass jeder die ganze Leistung fordern kann, der Schuldner aber die Leistung nur einmal zu bewirken verpflichtet ist (Gesamtgläubiger), so kann der Schuldner nach seinem Belieben an jeden der Gläubiger leisten. ²Dies gilt auch dann, wenn einer der Gläubiger bereits Klage auf die Leistung erhoben hat.

§ 429 Wirkung von Veränderungen (1) ¹Der Verzug eines Gesamtgläubigers wirkt auch gegen die übrigen Gläubiger.
(2) ¹Vereinigen sich Forderung und Schuld in der Person eines Gesamtgläubigers, so erlöschen die Rechte der übrigen Gläubiger gegen den Schuldner.
(3) ¹Im Übrigen finden die Vorschriften der §§ 422, 423, 425 entsprechende Anwendung. ²Insbesondere bleiben, wenn ein Gesamtgläubiger seine Forderung auf einen anderen überträgt, die Rechte der übrigen Gläubiger unberührt.

§ 430 Ausgleichungspflicht der Gesamtgläubiger ¹Die Gesamtgläubiger sind im Verhältnis zueinander zu gleichen Anteilen berechtigt, soweit nicht ein anderes bestimmt ist.

§ 431 Mehrere Schuldner einer unteilbaren Leistung ¹Schulden mehrere eine unteilbare Leistung, so haften sie als Gesamtschuldner.

§ 432 Mehrere Gläubiger einer unteilbaren Leistung (1) ¹Haben mehrere eine unteilbare Leistung zu fordern, so kann, sofern sie nicht Gesamtgläubiger sind, der Schuldner nur an alle gemeinschaftlich leisten und jeder Gläubiger nur die Leistung an alle fordern. ²Jeder Gläubiger kann verlangen, dass der Schuldner die geschuldete Sache für alle Gläubiger hinterlegt oder, wenn sie sich nicht zur Hinterlegung eignet, an einen gerichtlich zu bestellenden Verwahrer abliefert.
(2) ¹Im Übrigen wirkt eine Tatsache, die nur in der Person eines der Gläubiger eintritt, nicht für und gegen die übrigen Gläubiger.

Abschnitt 8: Einzelne Schuldverhältnisse

Titel 1: Kauf, Tausch[15)]

Untertitel 1: Allgemeine Vorschriften

§ 433 Vertragstypische Pflichten beim Kaufvertrag (1) ¹Durch den Kaufvertrag wird der Verkäufer einer Sache verpflichtet, dem Käufer die Sache zu übergeben und das Eigentum an der Sache zu verschaffen. ²Der Verkäufer hat dem Käufer die Sache frei von Sach- und Rechtsmängeln zu verschaffen.
(2) ¹Der Käufer ist verpflichtet, dem Verkäufer den vereinbarten Kaufpreis zu zahlen und die gekaufte Sache abzunehmen.

§ 434 Sachmangel (1) ¹Die Sache ist frei von Sachmängeln, wenn sie bei Gefahrübergang die vereinbarte Beschaffenheit hat. ²Soweit die Beschaffenheit nicht vereinbart ist, ist die Sache frei von Sachmängeln,
1. wenn sie sich für die nach dem Vertrag vorausgesetzte Verwendung eignet, sonst
2. wenn sie sich für die gewöhnliche Verwendung eignet und eine Beschaffenheit aufweist, die bei Sachen der gleichen Art üblich ist und die der Käufer nach der Art der Sache erwarten kann.

³Zu der Beschaffenheit nach Satz 2 Nr. 2 gehören auch Eigenschaften, die der Käufer nach den öffentlichen Äußerungen des Verkäufers, des Herstellers (§ 4 Abs. 1 und 2 des Produkthaftungsgesetzes) oder seines Gehilfen insbesondere in der Werbung oder bei der Kennzeichnung über bestimmte Eigenschaften der Sache erwarten kann, es sei denn, dass der Verkäufer die Äußerung nicht kannte

---

15) Amtlicher Hinweis:
Dieser Titel dient der Umsetzung der Richtlinie 1999/44/EG des Europäischen Parlaments und des Rates vom 25. Mai 1999 zu bestimmten Aspekten des Verbrauchsgüterkaufs und der Garantien für Verbrauchsgüter (ABl. EG Nr. L 171 S. 12).

und auch nicht kennen musste, dass sie im Zeitpunkt des Vertragsschlusses in gleichwertiger Weise berichtigt war oder dass sie die Kaufentscheidung nicht beeinflussen konnte.

(2) ¹Ein Sachmangel ist auch dann gegeben, wenn die vereinbarte Montage durch den Verkäufer oder dessen Erfüllungsgehilfen unsachgemäß durchgeführt worden ist. ²Ein Sachmangel liegt bei einer zur Montage bestimmten Sache ferner vor, wenn die Montageanleitung mangelhaft ist, es sei denn, die Sache ist fehlerfrei montiert worden.

(3) ¹Einem Sachmangel steht es gleich, wenn der Verkäufer eine andere Sache oder eine zu geringe Menge liefert.

§ 435 Rechtsmangel

¹Die Sache ist frei von Rechtsmängeln, wenn Dritte in Bezug auf die Sache keine oder nur die im Kaufvertrag übernommenen Rechte gegen den Käufer geltend machen können. ²Einem Rechtsmangel steht es gleich, wenn im Grundbuch ein Recht eingetragen ist, das nicht besteht.

§ 436 Öffentliche Lasten von Grundstücken

(1) ¹Soweit nicht anders vereinbart, ist der Verkäufer eines Grundstücks verpflichtet, Erschließungsbeiträge und sonstige Anliegerbeiträge für die Maßnahmen zu tragen, die bis zum Tage des Vertragsschlusses bautechnisch begonnen sind, unabhängig vom Zeitpunkt des Entstehens der Beitragsschuld.

(2) ¹Der Verkäufer eines Grundstücks haftet nicht für die Freiheit des Grundstücks von anderen öffentlichen Abgaben und von anderen öffentlichen Lasten, die zur Eintragung in das Grundbuch nicht geeignet sind.

§ 437 Rechte des Käufers bei Mängeln

¹Ist die Sache mangelhaft, kann der Käufer, wenn die Voraussetzungen der folgenden Vorschriften vorliegen und soweit nicht ein anderes bestimmt ist,
1. nach § 439 Nacherfüllung verlangen,
2. nach den §§ 440, 323 und 326 Abs. 5 von dem Vertrag zurücktreten oder nach § 441 den Kaufpreis mindern und
3. nach den §§ 440, 280, 281, 283 und 311 a Schadensersatz oder nach § 284 Ersatz vergeblicher Aufwendungen verlangen.

§ 438 Verjährung der Mängelansprüche

(1) ¹Die in § 437 Nr. 1 und 3 bezeichneten Ansprüche verjähren
1. in 30 Jahren, wenn der Mangel
    a) in einem dinglichen Recht eines Dritten, auf Grund dessen Herausgabe der Kaufsache verlangt werden kann, oder
    b) in einem sonstigen Recht, das im Grundbuch eingetragen ist,
    besteht,
2. in fünf Jahren
    a) bei einem Bauwerk und
    b) bei einer Sache, die entsprechend ihrer üblichen Verwendungsweise für ein Bauwerk verwendet worden ist und dessen Mangelhaftigkeit verursacht hat, und
3. im Übrigen in zwei Jahren.

(2) ¹Die Verjährung beginnt bei Grundstücken mit der Übergabe, im Übrigen mit der Ablieferung der Sache.

(3) ¹Abweichend von Absatz 1 Nr. 2 und 3 und Absatz 2 verjähren die Ansprüche in der regelmäßigen Verjährungsfrist, wenn der Verkäufer den Mangel arglistig verschwiegen hat. ²Im Falle des Absatzes 1 Nr. 2 tritt die Verjährung jedoch nicht vor Ablauf der dort bestimmten Frist ein.

BGB   §§ 439–442

(4) ¹Für das in § 437 bezeichnete Rücktrittsrecht gilt § 218. Der Käufer kann trotz einer Unwirksamkeit des Rücktritts nach § 218 Abs. 1 die Zahlung des Kaufpreises insoweit verweigern, als er auf Grund des Rücktritts dazu berechtigt sein würde. ²Macht er von diesem Recht Gebrauch, kann der Verkäufer vom Vertrag zurücktreten.
(5) ¹Auf das in § 437 bezeichnete Minderungsrecht finden § 218 und Absatz 4 Satz 2 entsprechende Anwendung.

§ 439 Nacherfüllung
(1) ¹Der Käufer kann als Nacherfüllung nach seiner Wahl die Beseitigung des Mangels oder die Lieferung einer mangelfreien Sache verlangen.
(2) ¹Der Verkäufer hat die zum Zwecke der Nacherfüllung erforderlichen Aufwendungen, insbesondere Transport-, Wege-, Arbeits- und Materialkosten zu tragen.
(3) ¹Der Verkäufer kann die vom Käufer gewählte Art der Nacherfüllung unbeschadet des § 275 Abs. 2 und 3 verweigern, wenn sie nur mit unverhältnismäßigen Kosten möglich ist. ²Dabei sind insbesondere der Wert der Sache in mangelfreiem Zustand, die Bedeutung des Mangels und die Frage zu berücksichtigen, ob auf die andere Art der Nacherfüllung ohne erhebliche Nachteile für den Käufer zurückgegriffen werden könnte. ³Der Anspruch des Käufers beschränkt sich in diesem Fall auf die andere Art der Nacherfüllung; das Recht des Verkäufers, auch diese unter den Voraussetzungen des Satzes 1 zu verweigern, bleibt unberührt.
(4) ¹Liefert der Verkäufer zum Zwecke der Nacherfüllung eine mangelfreie Sache, so kann er vom Käufer Rückgewähr der mangelhaften Sache nach Maßgabe der §§ 346 bis 348 verlangen.

§ 440 Besondere Bestimmungen für Rücktritt und Schadensersatz
¹Außer in den Fällen des § 281 Abs. 2 und des § 323 Abs. 2 bedarf es der Fristsetzung auch dann nicht, wenn der Verkäufer beide Arten der Nacherfüllung gemäß § 439 Abs. 3 verweigert oder wenn die dem Käufer zustehende Art der Nacherfüllung fehlgeschlagen oder ihm unzumutbar ist. ²Eine Nachbesserung gilt nach dem erfolglosen zweiten Versuch als fehlgeschlagen, wenn sich nicht insbesondere aus der Art der Sache oder des Mangels oder den sonstigen Umständen etwas anderes ergibt.

§ 441 Minderung
(1) ¹Statt zurückzutreten, kann der Käufer den Kaufpreis durch Erklärung gegenüber dem Verkäufer mindern. ²Der Ausschlussgrund des § 323 Abs. 5 Satz 2 findet keine Anwendung.
(2) ¹Sind auf der Seite des Käufers oder auf der Seite des Verkäufers mehrere beteiligt, so kann die Minderung nur von allen oder gegen alle erklärt werden.
(3) ¹Bei der Minderung ist der Kaufpreis in dem Verhältnis herabzusetzen, in welchem zur Zeit des Vertragsschlusses der Wert der Sache in mangelfreiem Zustand zu dem wirklichen Wert gestanden haben würde. ²Die Minderung ist, soweit erforderlich, durch Schätzung zu ermitteln.
(4) ¹Hat der Käufer mehr als den geminderten Kaufpreis gezahlt, so ist der Mehrbetrag vom Verkäufer zu erstatten. ²§ 346 Abs. 1 und § 347 Abs. 1 finden entsprechende Anwendung.

§ 442 Kenntnis des Käufers
(1) ¹Die Rechte des Käufers wegen eines Mangels sind ausgeschlossen, wenn er bei Vertragsschluss den Mangel kennt. ²Ist dem Käufer ein Mangel infolge grober Fahrlässigkeit unbekannt geblieben, kann der Käufer Rechte wegen dieses Mangels nur geltend machen, wenn der Verkäufer den Mangel arglistig verschwiegen oder eine Garantie für die Beschaffenheit der Sache übernommen hat.

(2) ¹Ein im Grundbuch eingetragenes Recht hat der Verkäufer zu beseitigen, auch wenn es der Käufer kennt.

§ 443 Beschaffenheits- und Haltbarkeitsgarantie (1) ¹Übernimmt der Verkäufer oder ein Dritter eine Garantie für die Beschaffenheit der Sache oder dafür, dass die Sache für eine bestimmte Dauer eine bestimmte Beschaffenheit behält (Haltbarkeitsgarantie), so stehen dem Käufer im Garantiefall unbeschadet der gesetzlichen Ansprüche die Rechte aus der Garantie zu den in der Garantieerklärung und der einschlägigen Werbung angegebenen Bedingungen gegenüber demjenigen zu, der die Garantie eingeräumt hat.
(2) ¹Soweit eine Haltbarkeitsgarantie übernommen worden ist, wird vermutet, dass ein während ihrer Geltungsdauer auftretender Sachmangel die Rechte aus der Garantie begründet.

§ 444 Haftungsausschluss ¹Auf eine Vereinbarung, durch welche die Rechte des Käufers wegen eines Mangels ausgeschlossen oder beschränkt werden, kann sich der Verkäufer nicht berufen, wenn er den Mangel arglistig verschwiegen oder eine Garantie für die Beschaffenheit der Sache übernommen hat.

§ 445 Haftungsbegrenzung bei öffentlichen Versteigerungen
¹Wird eine Sache auf Grund eines Pfandrechts in einer öffentlichen Versteigerung unter der Bezeichnung als Pfand verkauft, so stehen dem Käufer Rechte wegen eines Mangels nur zu, wenn der Verkäufer den Mangel arglistig verschwiegen oder eine Garantie für die Beschaffenheit der Sache übernommen hat.

§ 446 Gefahr- und Lastenübergang ¹Mit der Übergabe der verkauften Sache geht die Gefahr des zufälligen Untergangs und der zufälligen Verschlechterung auf den Käufer über. ²Von der Übergabe an gebühren dem Käufer die Nutzungen und trägt er die Lasten der Sache. ³Der Übergabe steht es gleich, wenn der Käufer im Verzug der Annahme ist.

§ 447 Gefahrübergang beim Versendungskauf (1) ¹Versendet der Verkäufer auf Verlangen des Käufers die verkaufte Sache nach einem anderen Ort als dem Erfüllungsort, so geht die Gefahr auf den Käufer über, sobald der Verkäufer die Sache dem Spediteur, dem Frachtführer oder der sonst zur Ausführung der Versendung bestimmten Person oder Anstalt ausgeliefert hat.
(2) ¹Hat der Käufer eine besondere Anweisung über die Art der Versendung erteilt und weicht der Verkäufer ohne dringenden Grund von der Anweisung ab, so ist der Verkäufer dem Käufer für den daraus entstehenden Schaden verantwortlich.

§ 448 Kosten der Übergabe und vergleichbare Kosten (1) ¹Der Verkäufer trägt die Kosten der Übergabe der Sache, der Käufer die Kosten der Abnahme und der Versendung der Sache nach einem anderen Ort als dem Erfüllungsort.
(2) ¹Der Käufer eines Grundstücks trägt die Kosten der Beurkundung des Kaufvertrags und der Auflassung, der Eintragung ins Grundbuch und der zu der Eintragung erforderlichen Erklärungen.

§ 449 Eigentumsvorbehalt (1) ¹Hat sich der Verkäufer einer beweglichen Sache das Eigentum bis zur Zahlung des Kaufpreises vorbehalten, so ist im Zweifel anzunehmen, dass das Eigentum unter der aufschiebenden Bedingung vollständiger Zahlung des Kaufpreises übertragen wird (Eigentumsvorbehalt).
(2) ¹Auf Grund des Eigentumsvorbehalts kann der Verkäufer die Sache nur herausverlangen, wenn er vom Vertrag zurückgetreten ist.

(3) ¹Die Vereinbarung eines Eigentumsvorbehalts ist nichtig, soweit der Eigentumsübergang davon abhängig gemacht wird, dass der Käufer Forderungen eines Dritten, insbesondere eines mit dem Verkäufer verbundenen Unternehmens, erfüllt.

§ 450 Ausgeschlossene Käufer bei bestimmten Verkäufen
(1) ¹Bei einem Verkauf im Wege der Zwangsvollstreckung dürfen der mit der Vornahme oder Leitung des Verkaufs Beauftragte und die von ihm zugezogenen Gehilfen einschließlich des Protokollführers den zu verkaufenden Gegenstand weder für sich persönlich oder durch einen anderen noch als Vertreter eines anderen kaufen.
(2) ¹Absatz 1 gilt auch bei einem Verkauf außerhalb der Zwangsvollstreckung, wenn der Auftrag zu dem Verkauf auf Grund einer gesetzlichen Vorschrift erteilt worden ist, die den Auftraggeber ermächtigt, den Gegenstand für Rechnung eines anderen verkaufen zu lassen, insbesondere in den Fällen des Pfandverkaufs und des in den §§ 383 und 385 zugelassenen Verkaufs, sowie bei einem Verkauf aus einer Insolvenzmasse.

§ 451 Kauf durch ausgeschlossenen Käufer
(1) ¹Die Wirksamkeit eines dem § 450 zuwider erfolgten Kaufs und der Übertragung des gekauften Gegenstandes hängt von der Zustimmung der bei dem Verkauf als Schuldner, Eigentümer oder Gläubiger Beteiligten ab. ²Fordert der Käufer einen Beteiligten zur Erklärung über die Genehmigung auf, so findet § 177 Abs. 2 entsprechende Anwendung.
(2) ¹Wird infolge der Verweigerung der Genehmigung ein neuer Verkauf vorgenommen, so hat der frühere Käufer für die Kosten des neuen Verkaufs sowie für einen Mindererlös aufzukommen.

§ 452 Schiffskauf
¹Die Vorschriften dieses Untertitels über den Kauf von Grundstücken finden auf den Kauf von eingetragenen Schiffen und Schiffsbauwerken entsprechende Anwendung.

§ 453 Rechtskauf
(1) ¹Die Vorschriften über den Kauf von Sachen finden auf den Kauf von Rechten und sonstigen Gegenständen entsprechende Anwendung.
(2) ¹Der Verkäufer trägt die Kosten der Begründung und Übertragung des Rechts.
(3) ¹Ist ein Recht verkauft, das zum Besitz einer Sache berechtigt, so ist der Verkäufer verpflichtet, dem Käufer die Sache frei von Sach- und Rechtsmängeln zu übergeben.

Untertitel 2: Besondere Arten des Kaufs

Kapitel 1: Kauf auf Probe

§ 454 Zustandekommen des Kaufvertrags
(1) ¹Bei einem Kauf auf Probe oder auf Besichtigung steht die Billigung des gekauften Gegenstandes im Belieben des Käufers. ²Der Kauf ist im Zweifel unter der aufschiebenden Bedingung der Billigung geschlossen.
(2) ¹Der Verkäufer ist verpflichtet, dem Käufer die Untersuchung des Gegenstandes zu gestatten.

§ 455 Billigungsfrist
¹Die Billigung eines auf Probe oder auf Besichtigung gekauften Gegenstandes kann nur innerhalb der vereinbarten Frist und in Ermangelung einer solchen nur bis zum Ablauf einer dem Käufer von dem Verkäufer bestimmten angemessenen Frist erklärt werden. ²War die Sache dem Käufer zum Zwecke der Probe oder der Besichtigung übergeben, so gilt sein Schweigen als Billigung.

Kapitel 2: Wiederkauf

§ 456 Zustandekommen des Wiederkaufs (1) ¹Hat sich der Verkäufer in dem Kaufvertrag das Recht des Wiederkaufs vorbehalten, so kommt der Wiederkauf mit der Erklärung des Verkäufers gegenüber dem Käufer, dass er das Wiederkaufsrecht ausübe, zustande. ²Die Erklärung bedarf nicht der für den Kaufvertrag bestimmten Form.

(2) ¹Der Preis, zu welchem verkauft worden ist, gilt im Zweifel auch für den Wiederkauf.

§ 457 Haftung des Wiederverkäufers (1) ¹Der Wiederverkäufer ist verpflichtet, dem Wiederkäufer den gekauften Gegenstand nebst Zubehör herauszugeben.

(2) ¹Hat der Wiederverkäufer vor der Ausübung des Wiederkaufsrechts eine Verschlechterung, den Untergang oder eine aus einem anderen Grund eingetretene Unmöglichkeit der Herausgabe des gekauften Gegenstandes verschuldet oder den Gegenstand wesentlich verändert, so ist er für den daraus entstehenden Schaden verantwortlich. ²Ist der Gegenstand ohne Verschulden des Wiederverkäufers verschlechtert oder ist er nur unwesentlich verändert, so kann der Wiederkäufer Minderung des Kaufpreises nicht verlangen.

§ 458 Beseitigung von Rechten Dritter ¹Hat der Wiederverkäufer vor der Ausübung des Wiederkaufsrechts über den gekauften Gegenstand verfügt, so ist er verpflichtet, die dadurch begründeten Rechte Dritter zu beseitigen. ²Einer Verfügung des Wiederverkäufers steht eine Verfügung gleich, die im Wege der Zwangsvollstreckung oder der Arrestvollziehung oder durch den Insolvenzverwalter erfolgt.

§ 459 Ersatz von Verwendungen ¹Der Wiederverkäufer kann für Verwendungen, die er auf den gekauften Gegenstand vor dem Wiederkauf gemacht hat, insoweit Ersatz verlangen, als der Wert des Gegenstandes durch die Verwendungen erhöht ist. ²Eine Einrichtung, mit der er die herauszugebende Sache versehen hat, kann er wegnehmen.

§ 460 Wiederkauf zum Schätzungswert ¹Ist als Wiederkaufpreis der Schätzungswert vereinbart, den der gekaufte Gegenstand zur Zeit des Wiederkaufs hat, so ist der Wiederverkäufer für eine Verschlechterung, den Untergang oder die aus einem anderen Grund eingetretene Unmöglichkeit der Herausgabe des Gegenstandes nicht verantwortlich, der Wiederkäufer zum Ersatz von Verwendungen nicht verpflichtet.

§ 461 Mehrere Wiederkaufsberechtigte ¹Steht das Wiederkaufsrecht mehreren gemeinschaftlich zu, so kann es nur im Ganzen ausgeübt werden. ²Ist es für einen der Berechtigten erloschen oder übt einer von ihnen sein Recht nicht aus, so sind die übrigen berechtigt, das Wiederkaufsrecht im Ganzen auszuüben.

§ 462 Ausschlussfrist ¹Das Wiederkaufsrecht kann bei Grundstücken nur bis zum Ablauf von 30, bei anderen Gegenständen nur bis zum Ablauf von drei Jahren nach der Vereinbarung des Vorbehalts ausgeübt werden. ²Ist für die Ausübung eine Frist bestimmt, so tritt diese an die Stelle der gesetzlichen Frist.

Kapitel 3: Vorkauf

§ 463 Voraussetzungen der Ausübung [1]Wer in Ansehung eines Gegenstandes zum Vorkauf berechtigt ist, kann das Vorkaufsrecht ausüben, sobald der Verpflichtete mit einem Dritten einen Kaufvertrag über den Gegenstand geschlossen hat.

§ 464 Ausübung des Vorkaufsrechts (1) [1]Die Ausübung des Vorkaufsrechts erfolgt durch Erklärung gegenüber dem Verpflichteten. [2]Die Erklärung bedarf nicht der für den Kaufvertrag bestimmten Form.
(2) [1]Mit der Ausübung des Vorkaufsrechts kommt der Kauf zwischen dem Berechtigten und dem Verpflichteten unter den Bestimmungen zustande, welche der Verpflichtete mit dem Dritten vereinbart hat.

§ 465 Unwirksame Vereinbarungen [1]Eine Vereinbarung des Verpflichteten mit dem Dritten, durch welche der Kauf von der Nichtausübung des Vorkaufsrechts abhängig gemacht oder dem Verpflichteten für den Fall der Ausübung des Vorkaufsrechts der Rücktritt vorbehalten wird, ist dem Vorkaufsberechtigten gegenüber unwirksam.

§ 466 Nebenleistungen [1]Hat sich der Dritte in dem Vertrag zu einer Nebenleistung verpflichtet, die der Vorkaufsberechtigte zu bewirken außerstande ist, so hat der Vorkaufsberechtigte statt der Nebenleistung ihren Wert zu entrichten. [2]Lässt sich die Nebenleistung nicht in Geld schätzen, so ist die Ausübung des Vorkaufsrechts ausgeschlossen; die Vereinbarung der Nebenleistung kommt jedoch nicht in Betracht, wenn der Vertrag mit dem Dritten auch ohne sie geschlossen sein würde.

§ 467 Gesamtpreis [1]Hat der Dritte den Gegenstand, auf den sich das Vorkaufsrecht bezieht, mit anderen Gegenständen zu einem Gesamtpreis gekauft, so hat der Vorkaufsberechtigte einen verhältnismäßigen Teil des Gesamtpreises zu entrichten. [2]Der Verpflichtete kann verlangen, dass der Vorkauf auf alle Sachen erstreckt wird, die nicht ohne Nachteil für ihn getrennt werden können.

§ 468 Stundung des Kaufpreises (1) [1]Ist dem Dritten in dem Vertrag der Kaufpreis gestundet worden, so kann der Vorkaufsberechtigte die Stundung nur in Anspruch nehmen, wenn er für den gestundeten Betrag Sicherheit leistet.
(2) [1]Ist ein Grundstück Gegenstand des Vorkaufs, so bedarf es der Sicherheitsleistung insoweit nicht, als für den gestundeten Kaufpreis die Bestellung einer Hypothek an dem Grundstück vereinbart oder in Anrechnung auf den Kaufpreis eine Schuld, für die eine Hypothek an dem Grundstück besteht, übernommen worden ist. [2]Entsprechendes gilt, wenn ein eingetragenes Schiff oder Schiffsbauwerk Gegenstand des Vorkaufs ist.

§ 469 Mitteilungspflicht, Ausübungsfrist (1) [1]Der Verpflichtete hat dem Vorkaufsberechtigten den Inhalt des mit dem Dritten geschlossenen Vertrags unverzüglich mitzuteilen. [2]Die Mitteilung des Verpflichteten wird durch die Mitteilung des Dritten ersetzt.
(2) [1]Das Vorkaufsrecht kann bei Grundstücken nur bis zum Ablauf von zwei Monaten, bei anderen Gegenständen nur bis zum Ablauf einer Woche nach dem Empfang der Mitteilung ausgeübt werden. [2]Ist für die Ausübung eine Frist bestimmt, so tritt diese an die Stelle der gesetzlichen Frist.

§ 470 Verkauf an gesetzlichen Erben [1]Das Vorkaufsrecht erstreckt sich im Zweifel nicht auf einen Verkauf, der mit Rücksicht auf ein künftiges Erbrecht an einen gesetzlichen Erben erfolgt.

§ 471 Verkauf bei Zwangsvollstreckung oder Insolvenz ¹Das Vorkaufsrecht ist ausgeschlossen, wenn der Verkauf im Wege der Zwangsvollstreckung oder aus einer Insolvenzmasse erfolgt.

§ 472 Mehrere Vorkaufsberechtigte ¹Steht das Vorkaufsrecht mehreren gemeinschaftlich zu, so kann es nur im Ganzen ausgeübt werden. ²Ist es für einen der Berechtigten erloschen oder übt einer von ihnen sein Recht nicht aus, so sind die übrigen berechtigt, das Vorkaufsrecht im Ganzen auszuüben.

§ 473 Unübertragbarkeit ¹Das Vorkaufsrecht ist nicht übertragbar und geht nicht auf die Erben des Berechtigten über, sofern nicht ein anderes bestimmt ist. ²Ist das Recht auf eine bestimmte Zeit beschränkt, so ist es im Zweifel vererblich.

Untertitel 3: Verbrauchsgüterkauf

§ 474 Begriff des Verbrauchsgüterkaufs (1) ¹Kauft ein Verbraucher von einem Unternehmer eine bewegliche Sache (Verbrauchsgüterkauf), gelten ergänzend die folgenden Vorschriften. ²Dies gilt nicht für gebrauchte Sachen, die in einer öffentlichen Versteigerung verkauft werden, an der der Verbraucher persönlich teilnehmen kann.
(2) ¹Die §§ 445 und 447 finden auf die in diesem Untertitel geregelten Kaufverträge keine Anwendung.

§ 475 Abweichende Vereinbarungen (1) ¹Auf eine vor Mitteilung eines Mangels an den Unternehmer getroffene Vereinbarung, die zum Nachteil des Verbrauchers von den §§ 433 bis 435, 437, 439 bis 443 sowie von den Vorschriften dieses Untertitels abweicht, kann der Unternehmer sich nicht berufen. ²Die in Satz 1 bezeichneten Vorschriften finden auch Anwendung, wenn sie durch anderweitige Gestaltungen umgangen werden.
(2) ¹Die Verjährung der in § 437 bezeichneten Ansprüche kann vor Mitteilung eines Mangels an den Unternehmer nicht durch Rechtsgeschäft erleichtert werden, wenn die Vereinbarung zu einer Verjährungsfrist ab dem gesetzlichen Verjährungsbeginn von weniger als zwei Jahren, bei gebrauchten Sachen von weniger als einem Jahr führt.
(3) ¹Die Absätze 1 und 2 gelten unbeschadet der §§ 307 bis 309 nicht für den Ausschluss oder die Beschränkung des Anspruchs auf Schadensersatz.

§ 476 Beweislastumkehr ¹Zeigt sich innerhalb von sechs Monaten seit Gefahrübergang ein Sachmangel, so wird vermutet, dass die Sache bereits bei Gefahrübergang mangelhaft war, es sei denn, diese Vermutung ist mit der Art der Sache oder des Mangels unvereinbar.

§ 477 Sonderbestimmungen für Garantien (1) ¹Eine Garantieerklärung (§ 443) muss einfach und verständlich abgefasst sein. ²Sie muss enthalten
1. den Hinweis auf die gesetzlichen Rechte des Verbrauchers sowie darauf, dass sie durch die Garantie nicht eingeschränkt werden und
2. den Inhalt der Garantie und alle wesentlichen Angaben, die für die Geltendmachung der Garantie erforderlich sind, insbesondere die Dauer und den räumlichen Geltungsbereich des Garantieschutzes sowie Namen und Anschrift des Garantiegebers.

(2) ¹Der Verbraucher kann verlangen, dass ihm die Garantieerklärung in Textform mitgeteilt wird.
(3) ¹Die Wirksamkeit der Garantieverpflichtung wird nicht dadurch berührt, dass eine der vorstehenden Anforderungen nicht erfüllt wird.

BGB   §§ 478–480

§ 478 Rückgriff des Unternehmers (1) ¹Wenn der Unternehmer die verkaufte neu hergestellte Sache als Folge ihrer Mangelhaftigkeit zurücknehmen musste oder der Verbraucher den Kaufpreis gemindert hat, bedarf es für die in § 437 bezeichneten Rechte des Unternehmers gegen den Unternehmer, der ihm die Sache verkauft hatte (Lieferant), wegen des vom Verbraucher geltend gemachten Mangels einer sonst erforderlichen Fristsetzung nicht.
(2) ¹Der Unternehmer kann beim Verkauf einer neu hergestellten Sache von seinem Lieferanten Ersatz der Aufwendungen verlangen, die der Unternehmer im Verhältnis zum Verbraucher nach § 439 Abs. 2 zu tragen hatte, wenn der vom Verbraucher geltend gemachte Mangel bereits beim Übergang der Gefahr auf den Unternehmer vorhanden war.
(3) ¹In den Fällen der Absätze 1 und 2 findet § 476 mit der Maßgabe Anwendung, dass die Frist mit dem Übergang der Gefahr auf den Verbraucher beginnt.
(4) ¹Auf eine vor Mitteilung eines Mangels an den Lieferanten getroffene Vereinbarung, die zum Nachteil des Unternehmers von den §§ 433 bis 435, 437, 439 bis 443 sowie von den Absätzen 1 bis 3 und von § 479 abweicht, kann sich der Lieferant nicht berufen, wenn dem Rückgriffsgläubiger kein gleichwertiger Ausgleich eingeräumt wird. ²Satz 1 gilt unbeschadet des § 307 nicht für den Ausschluss oder die Beschränkung des Anspruchs auf Schadensersatz. ³Die in Satz 1 bezeichneten Vorschriften finden auch Anwendung, wenn sie durch anderweitige Gestaltungen umgangen werden.
(5) ¹Die Absätze 1 bis 4 finden auf die Ansprüche des Lieferanten und der übrigen Käufer in der Lieferkette gegen die jeweiligen Verkäufer entsprechende Anwendung, wenn die Schuldner Unternehmer sind.
(6) ¹§ 377 des Handelsgesetzbuchs bleibt unberührt.

§ 479 Verjährung von Rückgriffsansprüchen (1) ¹Die in § 478 Abs. 2 bestimmten Aufwendungsersatzansprüche verjähren in zwei Jahren ab Ablieferung der Sache.
(2) ¹Die Verjährung der in den § § 437
und 478 Abs. 2
bestimmten Ansprüche des Unternehmers gegen seinen Lieferanten wegen des Mangels einer an einen Verbraucher verkauften neu hergestellten Sache tritt frühestens zwei Monate nach dem Zeitpunkt ein, in dem der Unternehmer die Ansprüche des Verbrauchers erfüllt hat. Diese Ablaufhemmung endet spätestens fünf Jahre nach dem Zeitpunkt, in dem der Lieferant die Sache dem Unternehmer abgeliefert hat.
(3) ¹Die vorstehenden Absätze finden auf die Ansprüche des Lieferanten und der übrigen Käufer in der Lieferkette gegen die jeweiligen Verkäufer entsprechende Anwendung, wenn die Schuldner Unternehmer sind.

Untertitel 4: Tausch

§ 480 Tausch ¹Auf den Tausch finden die Vorschriften über den Kauf entsprechende Anwendung.

Titel 2: Teilzeit-Wohnrechteverträge[16)]

§ 481 Begriff des Teilzeit-Wohnrechtevertrags (1) [1]Teilzeit-Wohnrechteverträge sind Verträge, durch die ein Unternehmer einem Verbraucher gegen Zahlung eines Gesamtpreises das Recht verschafft oder zu verschaffen verspricht, für die Dauer von mindestens drei Jahren ein Wohngebäude jeweils für einen bestimmten oder zu bestimmenden Zeitraum des Jahres zu Erholungs- oder Wohnzwecken zu nutzen. [2]Das Recht kann ein dingliches oder anderes Recht sein und insbesondere auch durch eine Mitgliedschaft in einem Verein oder einen Anteil an einer Gesellschaft eingeräumt werden.
(2) [1]Das Recht kann auch darin bestehen, die Nutzung eines Wohngebäudes jeweils aus einem Bestand von Wohngebäuden zu wählen.
(3) [1]Einem Wohngebäude steht ein Teil eines Wohngebäudes gleich.

§ 482 Prospektpflicht bei Teilzeit-Wohnrechteverträgen (1) [1]Wer als Unternehmer den Abschluss von Teilzeit-Wohnrechteverträgen anbietet, hat jedem Verbraucher, der Interesse bekundet, einen Prospekt auszuhändigen.
(2) [1]Der in Absatz 1 bezeichnete Prospekt muss eine allgemeine Beschreibung des Wohngebäudes oder des Bestandes von Wohngebäuden sowie die in der Rechtsverordnung nach Artikel 242 des Einführungsgesetzes zum Bürgerlichen Gesetzbuche bestimmten Angaben enthalten.
(3) [1]Der Unternehmer kann vor Vertragsschluss eine Änderung gegenüber den im Prospekt enthaltenen Angaben vornehmen, soweit dies auf Grund von Umständen erforderlich wird, auf die er keinen Einfluss nehmen konnte.
(4) [1]In jeder Werbung für den Abschluss von Teilzeit-Wohnrechteverträgen ist anzugeben, dass der Prospekt erhältlich ist und wo er angefordert werden kann.

§ 483 Vertrags- und Prospektsprache bei Teilzeit-Wohnrechteverträgen (1) [1]Der Vertrag ist in der Amtssprache oder, wenn es dort mehrere Amtssprachen gibt, in der vom Verbraucher gewählten Amtssprache des Mitgliedstaats der Europäischen Union oder des Vertragsstaats des Abkommens über den Europäischen Wirtschaftsraum abzufassen, in dem der Verbraucher seinen Wohnsitz hat. [2]Ist der Verbraucher Angehöriger eines anderen Mitgliedstaats, so kann er statt der Sprache seines Wohnsitzstaats auch die oder eine der Amtssprachen des Staats, dem er angehört, wählen. [3]Die Sätze 1 und 2 gelten auch für den Prospekt.
(2) [1]Ist der Vertrag vor einem deutschen Notar zu beurkunden, so gelten die §§ 5 und 16 des Beurkundungsgesetzes mit der Maßgabe, dass dem Verbraucher eine beglaubigte Übersetzung des Vertrags in der von ihm nach Absatz 1 gewählten Sprache auszuhändigen ist.
(3) [1]Teilzeit-Wohnrechteverträge, die Absatz 1 Satz 1 und 2 oder Absatz 2 nicht entsprechen, sind nichtig.

§ 484 Schriftform bei Teilzeit-Wohnrechteverträgen (1) [1]Der Teilzeit-Wohnrechtevertrag bedarf der schriftlichen Form, soweit nicht in anderen Vorschriften eine strengere Form vorgeschrieben ist. [2]Der Abschluss des Vertrags in elektronischer Form ist ausgeschlossen. [3]Die in dem in § 482 bezeichneten, dem Verbraucher ausgehändigten Prospekt enthaltenen Angaben werden Inhalt des Vertrags, soweit die Parteien nicht ausdrücklich und unter Hinweis auf

---

16) Amtlicher Hinweis:
Dieser Titel dient der Umsetzung der Richtlinie 94/47/EG des Europäischen Parlaments und des Rates vom 26. Oktober 1994 zum Schutz der Erwerber im Hinblick auf bestimmte Aspekte von Verträgen über den Erwerb von Teilzeitnutzungsrechten an Immobilien (ABl. EG Nr. L 280 S. 82).

BGB §§ 485–487

die Abweichung vom Prospekt eine abweichende Vereinbarung treffen. [4]Solche Änderungen müssen dem Verbraucher vor Abschluss des Vertrags mitgeteilt werden. [5]Unbeschadet der Geltung der Prospektangaben nach Satz 3 muss die Vertragsurkunde die in der in § 482 Abs. 2 bezeichneten Rechtsverordnung bestimmten Angaben enthalten.

(2) [1]Der Unternehmer hat dem Verbraucher eine Vertragsurkunde oder Abschrift der Vertragsurkunde auszuhändigen. [2]Er hat ihm ferner, wenn die Vertragssprache und die Sprache des Staates, in dem das Wohngebäude belegen ist, verschieden sind, eine beglaubigte Übersetzung des Vertrags in der oder einer zu den Amtssprachen der Europäischen Union oder des Übereinkommens über den Europäischen Wirtschaftsraum zählenden Sprache des Staates auszuhändigen, in dem das Wohngebäude belegen ist. [3]Die Pflicht zur Aushändigung einer beglaubigten Übersetzung entfällt, wenn sich das Nutzungsrecht auf einen Bestand von Wohngebäuden bezieht, die in verschiedenen Staaten belegen sind.

§ 485 Widerrufsrecht bei Teilzeit-Wohnrechteverträgen (1) [1]Dem Verbraucher steht bei einem Teilzeit-Wohnrechtevertrag ein Widerrufsrecht nach § 355 zu.

(2) [1]Die erforderliche Belehrung über das Widerrufsrecht muss auch die Kosten angeben, die der Verbraucher im Falle des Widerrufs gemäß Absatz 5 Satz 2 zu erstatten hat.

(3) [1]Ist dem Verbraucher der in § 482 bezeichnete Prospekt vor Vertragsschluss nicht oder nicht in der in § 483 Abs. 1 vorgeschriebenen Sprache ausgehändigt worden, so beträgt die Frist zur Ausübung des Widerrufsrechts abweichend von § 355 Abs. 1 Satz 2 einen Monat.

(4) [1]Fehlt im Vertrag eine der Angaben, die in der in § 482 Abs. 2 bezeichneten Rechtsverordnung bestimmt werden, so beginnt die Frist zur Ausübung des Widerrufsrechts erst, wenn dem Verbraucher diese Angabe schriftlich mitgeteilt wird.

(5) [1]Eine Vergütung für geleistete Dienste sowie für die Überlassung der Nutzung von Wohngebäuden ist abweichend von § 357 Abs. 1 und 3 ausgeschlossen. [2]Bedurfte der Vertrag der notariellen Beurkundung, so hat der Verbraucher dem Unternehmer die Kosten der Beurkundung zu erstatten, wenn dies im Vertrag ausdrücklich bestimmt ist. [3]In den Fällen der Absätze 3 und 4 entfällt die Verpflichtung zur Erstattung von Kosten; der Verbraucher kann vom Unternehmer Ersatz der Kosten des Vertrags verlangen.

§ 486 Anzahlungsverbot bei Teilzeit-Wohnrechteverträgen [1]Der Unternehmer darf Zahlungen des Verbrauchers vor Ablauf der Widerrufsfrist nicht fordern oder annehmen. [2]Für den Verbraucher günstigere Vorschriften bleiben unberührt.

§ 487 Abweichende Vereinbarungen [1]Von den Vorschriften dieses Untertitels darf nicht zum Nachteil des Verbrauchers abgewichen werden. [2]Die Vorschriften dieses Titels finden, soweit nicht ein anderes bestimmt ist, auch Anwendung, wenn sie durch anderweitige Gestaltungen umgangen werden.

Titel 3: Darlehensvertrag; Finanzierungshilfen und Ratenlieferungsverträge zwischen einem Unternehmer und einem Verbraucher[17]

Untertitel 1: Darlehensvertrag

§ 488 Vertragstypische Pflichten beim Darlehensvertrag

(1) ¹Durch den Darlehensvertrag wird der Darlehensgeber verpflichtet, dem Darlehensnehmer einen Geldbetrag in der vereinbarten Höhe zur Verfügung zu stellen. ²Der Darlehensnehmer ist verpflichtet, einen geschuldeten Zins zu zahlen und bei Fälligkeit das zur Verfügung gestellte Darlehen zurückzuerstatten.

(2) ¹Die vereinbarten Zinsen sind, soweit nicht ein anderes bestimmt ist, nach dem Ablauf je eines Jahres und, wenn das Darlehen vor dem Ablauf eines Jahres zurückzuerstatten ist, bei der Rückerstattung zu entrichten.

(3) ¹Ist für die Rückerstattung des Darlehens eine Zeit nicht bestimmt, so hängt die Fälligkeit davon ab, dass der Darlehensgeber oder der Darlehensnehmer kündigt. ²Die Kündigungsfrist beträgt drei Monate. ³Sind Zinsen nicht geschuldet, so ist der Darlehensnehmer auch ohne Kündigung zur Rückerstattung berechtigt.

§ 489 Ordentliches Kündigungsrecht des Darlehensnehmers

(1) ¹Der Darlehensnehmer kann einen Darlehensvertrag, bei dem für einen bestimmten Zeitraum ein fester Zinssatz vereinbart ist, ganz oder teilweise kündigen,
1. wenn die Zinsbindung vor der für die Rückzahlung bestimmten Zeit endet und keine neue Vereinbarung über den Zinssatz getroffen ist, unter Einhaltung einer Kündigungsfrist von einem Monat frühestens für den Ablauf des Tages, an dem die Zinsbindung endet; ist eine Anpassung des Zinssatzes in bestimmten Zeiträumen bis zu einem Jahr vereinbart, so kann der Darlehensnehmer jeweils nur für den Ablauf des Tages, an dem die Zinsbindung endet, kündigen;
2. wenn das Darlehen einem Verbraucher gewährt und nicht durch ein Grund- oder Schiffspfandrecht gesichert ist, nach Ablauf von sechs Monaten nach dem vollständigen Empfang unter Einhaltung einer Kündigungsfrist von drei Monaten;
3. in jedem Fall nach Ablauf von zehn Jahren nach dem vollständigen Empfang unter Einhaltung einer Kündigungsfrist von sechs Monaten; wird nach dem Empfang des Darlehens eine neue Vereinbarung über die Zeit der Rückzahlung oder den Zinssatz getroffen, so tritt der Zeitpunkt dieser Vereinbarung an die Stelle des Zeitpunkts der Auszahlung.

(2) ¹Der Darlehensnehmer kann einen Darlehensvertrag mit veränderlichem Zinssatz jederzeit unter Einhaltung einer Kündigungsfrist von drei Monaten kündigen.

(3) ¹Eine Kündigung des Darlehensnehmers nach Absatz 1 oder Absatz 2 gilt als nicht erfolgt, wenn er den geschuldeten Betrag nicht binnen zwei Wochen nach Wirksamwerden der Kündigung zurückzahlt.

---

17) Amtlicher Hinweis:
Dieser Titel dient der Umsetzung der Richtlinie 87/102/EWG des Rates zur Angleichung der Rechts- und Verwaltungsvorschriften der Mitgliedstaaten über den Verbraucherkredit (ABl. EG Nr. L 42 S. 48), zuletzt geändert durch die Richtlinie 98/7/EG des Europäischen Parlaments und des Rates vom 16. Februar 1998 zur Änderung der Richtlinie 87/102/EWG zur Angleichung der Rechts- und Verwaltungsvorschriften der Mitgliedstaaten über den Verbraucherkredit (ABl. EG Nr. L 101 S. 17).

BGB §§ 490–492

(4) ¹Das Kündigungsrecht des Darlehensnehmers nach den Absätzen 1 und 2 kann nicht durch Vertrag ausgeschlossen oder erschwert werden. ²Dies gilt nicht bei Darlehen an den Bund, ein Sondervermögen des Bundes, ein Land, eine Gemeinde, einen Gemeindeverband, die Europäischen Gemeinschaften oder ausländische Gebietskörperschaften.

§ 490 Außerordentliches Kündigungsrecht (1) ¹Wenn in den Vermögensverhältnissen des Darlehensnehmers oder in der Werthaltigkeit einer für das Darlehen gestellten Sicherheit eine wesentliche Verschlechterung eintritt oder einzutreten droht, durch die die Rückerstattung des Darlehens, auch unter Verwertung der Sicherheit, gefährdet wird, kann der Darlehensgeber den Darlehensvertrag vor Auszahlung des Darlehens im Zweifel stets, nach Auszahlung nur in der Regel fristlos kündigen.

(2) ¹Der Darlehensnehmer kann einen Darlehensvertrag, bei dem für einen bestimmten Zeitraum ein fester Zinssatz vereinbart und das Darlehen durch ein Grund- oder Schiffspfandrecht gesichert ist, unter Einhaltung der Fristen des § 489 Abs. 1 Nr. 2 vorzeitig kündigen, wenn seine berechtigten Interessen dies gebieten. ²Ein solches Interesse liegt insbesondere vor, wenn der Darlehensnehmer ein Bedürfnis nach einer anderweitigen Verwertung der zur Sicherung des Darlehens beliehenen Sache hat. ³Der Darlehensnehmer hat dem Darlehensgeber denjenigen Schaden zu ersetzen, der diesem aus der vorzeitigen Kündigung entsteht (Vorfälligkeitsentschädigung).

(3) ¹Die Vorschriften der §§ 313 und 314 bleiben unberührt.

§ 491 Verbraucherdarlehensvertrag (1) ¹Für entgeltliche Darlehensverträge zwischen einem Unternehmer als Darlehensgeber und einem Verbraucher als Darlehensnehmer (Verbraucherdarlehensvertrag) gelten vorbehaltlich der Absätze 2 und 3 ergänzend die folgenden Vorschriften.

(2) ¹Die folgenden Vorschriften finden keine Anwendung auf Verbraucherdarlehensverträge,
1. bei denen das auszuzahlende Darlehen (Nettodarlehensbetrag) 200 Euro nicht übersteigt,
2. die ein Arbeitgeber mit seinem Arbeitnehmer zu Zinsen abschließt, die unter den marktüblichen Sätzen liegen,
3. die im Rahmen der Förderung des Wohnungswesens und des Städtebaus auf Grund öffentlich-rechtlicher Bewilligungsbescheide oder auf Grund von Zuwendungen aus öffentlichen Haushalten unmittelbar zwischen der die Fördermittel vergebenden öffentlichrechtlichen Anstalt und dem Darlehensnehmer zu Zinssätzen abgeschlossen werden, die unter den marktüblichen Sätzen liegen.

(3) ¹Keine Anwendung finden ferner
1. § 358 Abs. 2, 4 und 5 und die §§ 492 bis 495 auf Verbraucherdarlehensverträge, die in ein nach den Vorschriften der Zivilprozessordnung errichtetes gerichtliches Protokoll aufgenommen oder notariell beurkundet sind, wenn das Protokoll oder die notarielle Urkunde den Jahreszins, die bei Abschluss des Vertrags in Rechnung gestellten Kosten des Darlehens sowie die Voraussetzungen enthält, unter denen der Jahreszins oder die Kosten geändert werden können;
2. § 358 Abs. 2, 4 und 5 und § 359 auf Verbraucherdarlehensverträge, die der Finanzierung des Erwerbs von Wertpapieren, Devisen, Derivaten oder Edelmetallen dienen.

§ 492 Schriftform, Vertragsinhalt (1) ¹Verbraucherdarlehensverträge sind, soweit nicht eine strengere Form vorgeschrieben ist, schriftlich ab-

zuschließen. ²Der Abschluss des Vertrags in elektronischer Form ist ausgeschlossen. ³Der Schriftform ist genügt, wenn Antrag und Annahme durch die Vertragsparteien jeweils getrennt schriftlich erklärt werden. ⁴Die Erklärung des Darlehensgebers bedarf keiner Unterzeichnung, wenn sie mit Hilfe einer automatischen Einrichtung erstellt wird. ⁵Die vom Darlehensnehmer zu unterzeichnende Vertragserklärung muss angeben:
1. den Nettodarlehensbetrag, gegebenenfalls die Höchstgrenze des Darlehens,
2. den Gesamtbetrag aller vom Darlehensnehmer zur Tilgung des Darlehens sowie zur Zahlung der Zinsen und sonstigen Kosten zu entrichtenden Teilzahlungen, wenn der Gesamtbetrag bei Abschluss des Verbraucherdarlehensvertrags für die gesamte Laufzeit der Höhe nach feststeht, bei Darlehen mit veränderlichen Bedingungen, die in Teilzahlungen getilgt werden, einen Gesamtbetrag auf der Grundlage der bei Abschluss des Vertrags maßgeblichen Darlehensbedingungen,
3. die Art und Weise der Rückzahlung des Darlehens oder, wenn eine Vereinbarung hierüber nicht vorgesehen ist, die Regelung der Vertragsbeendigung,
4. den Zinssatz und alle sonstigen Kosten des Darlehens, die, soweit ihre Höhe bekannt ist, im Einzelnen zu bezeichnen, im Übrigen dem Grunde nach anzugeben sind, einschließlich etwaiger vom Darlehensnehmer zu tragender Vermittlungskosten,
5. den effektiven Jahreszins oder, wenn eine Änderung des Zinssatzes oder anderer preisbestimmender Faktoren vorbehalten ist, den anfänglichen effektiven Jahreszins; zusammen mit dem anfänglichen effektiven Jahreszins ist auch anzugeben, unter welchen Voraussetzungen preisbestimmende Faktoren geändert werden können und auf welchen Zeitraum Belastungen, die sich aus einer nicht vollständigen Auszahlung oder aus einem Zuschlag zu dem Darlehen ergeben, bei der Berechnung des effektiven Jahreszinses verrechnet werden,
6. die Kosten einer Restschuld- oder sonstigen Versicherung, die im Zusammenhang mit dem Verbraucherdarlehensvertrag abgeschlossen wird,
7. zu bestellende Sicherheiten.
(1a) ¹Abweichend von Absatz 1 Satz 5 Nr. 2 ist kein Gesamtbetrag anzugeben bei Darlehen, bei denen die Inanspruchnahme bis zu einer Höchstgrenze freigestellt ist, sowie bei Immobiliardarlehensverträgen. ²Immobiliardarlehensverträge sind Verbraucherdarlehensverträge, bei denen die Zurverfügungstellung des Darlehens von der Sicherung durch ein Grundpfandrecht abhängig gemacht wird und zu Bedingungen erfolgt, die für grundpfandrechtlich abgesicherte Darlehensverträge und deren Zwischenfinanzierung üblich sind; der Sicherung durch ein Grundpfandrecht steht es gleich, wenn eine weitere Sicherung gemäß § 7 Abs. 3 bis 5 des Gesetzes über Bausparkassen abgesehen wird.
(2) ¹Effektiver Jahreszins ist die in einem Prozentsatz des Nettodarlehensbetrags anzugebende Gesamtbelastung pro Jahr. ²Die Berechnung des effektiven und des anfänglichen effektiven Jahreszinses richtet sich nach § 6 der Verordnung zur Regelung der Preisangaben.
(3) ¹Der Darlehensgeber hat dem Darlehensnehmer eine Abschrift der Vertragserklärungen zur Verfügung zu stellen.
(4) ¹Die Absätze 1 und 2 gelten auch für die Vollmacht, die ein Darlehensnehmer zum Abschluss eines Verbraucherdarlehensvertrags erteilt. ²Satz 1 gilt nicht für die Prozessvollmacht und eine Vollmacht, die notariell beurkundet ist.

§ 493 Überziehungskredit (1) ¹Die Bestimmungen des § 492 gelten nicht für Verbraucherdarlehensverträge, bei denen ein Kreditinstitut einem Darlehensnehmer das Recht einräumt, sein laufendes Konto in bestimmter Höhe zu überziehen, wenn außer den Zinsen für das in Anspruch genommene Darlehen keine weiteren Kosten in Rechnung gestellt werden und die Zinsen nicht in kürzeren Perioden als drei Monaten belastet werden. ²Das Kreditinstitut hat den Darlehensnehmer vor der Inanspruchnahme eines solchen Darlehens zu unterrichten über

1. die Höchstgrenze des Darlehens,
2. den zum Zeitpunkt der Unterrichtung geltenden Jahreszins,
3. die Bedingungen, unter denen der Zinssatz geändert werden kann,
4. die Regelung der Vertragsbeendigung.

³Die Vertragsbedingungen nach Satz 2 Nr. 1 bis 4 sind dem Darlehensnehmer spätestens nach der ersten Inanspruchnahme des Darlehens zu bestätigen. ⁴Ferner ist der Darlehensnehmer während der Inanspruchnahme des Darlehens über jede Änderung des Jahreszinses zu unterrichten. ⁵Die Bestätigung nach Satz 3 und die Unterrichtung nach Satz 4 haben in Textform zu erfolgen; es genügt, wenn sie auf einem Kontoauszug erfolgen.

(2) ¹Duldet das Kreditinstitut die Überziehung eines laufenden Kontos und wird das Konto länger als drei Monate überzogen, so hat das Kreditinstitut den Darlehensnehmer über den Jahreszins, die Kosten sowie die diesbezüglichen Änderungen zu unterrichten; dies kann in Form eines Ausdrucks auf einem Kontoauszug erfolgen.

§ 494 Rechtsfolgen von Formmängeln

(1) ¹Der Verbraucherdarlehensvertrag und die auf Abschluss eines solchen Vertrags vom Verbraucher erteilte Vollmacht sind nichtig, wenn die Schriftform insgesamt nicht eingehalten ist oder wenn eine der in § 492 Abs. 1 Satz 5 Nr. 1 bis 6 vorgeschriebenen Angaben fehlt.

(2) ¹Ungeachtet eines Mangels nach Absatz 1 wird der Verbraucherdarlehensvertrag gültig, soweit der Darlehensnehmer das Darlehen empfängt oder in Anspruch nimmt. ²Jedoch ermäßigt sich der dem Verbraucherdarlehensvertrag zugrunde gelegte Zinssatz (§ 492 Abs. 1 Satz 5 Nr. 4) auf den gesetzlichen Zinssatz, wenn seine Angabe, die Angabe des effektiven oder anfänglichen effektiven Jahreszinses (§ 492 Abs. 1 Satz 5 Nr. 5) oder die Angabe des Gesamtbetrags (§ 492 Abs. 1 Satz 5 Nr. 2, Abs. 1 a) fehlt. ³Nicht angegebene Kosten werden vom Darlehensnehmer nicht geschuldet. ⁴Vereinbarte Teilzahlungen sind unter Berücksichtigung der verminderten Zinsen oder Kosten neu zu berechnen. ⁵Ist nicht angegeben, unter welchen Voraussetzungen preisbestimmende Faktoren geändert werden können, so entfällt die Möglichkeit, diese zum Nachteil des Darlehensnehmers zu ändern. ⁶Sicherheiten können bei fehlenden Angaben hierüber nicht gefordert werden; dies gilt nicht, wenn der Nettodarlehensbetrag 50 000 Euro übersteigt.

(3) ¹Ist der effektive oder der anfängliche effektive Jahreszins zu niedrig angegeben, so vermindert sich der dem Verbraucherdarlehensvertrag zugrunde gelegte Zinssatz um den Prozentsatz, um den der effektive oder anfängliche effektive Jahreszins zu niedrig angegeben ist.

§ 495 Widerrufsrecht

(1) ¹Dem Darlehensnehmer steht bei einem Verbraucherdarlehensvertrag ein Widerrufsrecht nach § 355 zu.

(2) ¹Absatz 1 findet keine Anwendung auf die in § 493 Abs. 1 Satz 1 genannten Verbraucherdarlehensverträge, wenn der Darlehensnehmer nach dem Vertrag das Darlehen jederzeit ohne Einhaltung einer Kündigungsfrist und ohne zusätzliche Kosten zurückzahlen kann.

§§ 496–498 BGB

§ 496 Einwendungsverzicht, Wechsel- und Scheckverbot

(1) ¹Eine Vereinbarung, durch die der Darlehensnehmer auf das Recht verzichtet, Einwendungen, die ihm gegenüber dem Darlehensgeber zustehen, gemäß § 404 einem Abtretungsgläubiger entgegenzusetzen oder eine ihm gegen den Darlehensgeber zustehende Forderung gemäß § 406 auch dem Abtretungsgläubiger gegenüber aufzurechnen, ist unwirksam.

(2) ¹Der Darlehensnehmer darf nicht verpflichtet werden, für die Ansprüche des Darlehensgebers aus dem Verbraucherdarlehensvertrag eine Wechselverbindlichkeit einzugehen. ²Der Darlehensgeber darf vom Darlehensnehmer zur Sicherung seiner Ansprüche aus dem Verbraucherdarlehensvertrag einen Scheck nicht entgegennehmen. ³Der Darlehensnehmer kann vom Darlehensgeber jederzeit die Herausgabe eines Wechsels oder Schecks, der entgegen Satz 1 oder 2 begeben worden ist, verlangen. ⁴Der Darlehensgeber haftet für jeden Schaden, der dem Darlehensnehmer aus einer solchen Wechsel- oder Scheckbegebung entsteht.

§ 497 Behandlung der Verzugszinsen, Anrechnung von Teilleistungen

(1) ¹Soweit der Darlehensnehmer mit Zahlungen, die er auf Grund des Verbraucherdarlehensvertrags schuldet, in Verzug kommt, hat er den geschuldeten Betrag nach § 288 Abs. 1 zu verzinsen; dies gilt nicht für Immobiliardarlehensverträge. ²Bei diesen Verträgen beträgt der Verzugszinssatz für das Jahr zweieinhalb Prozentpunkte über dem Basiszinssatz. ³Im Einzelfall kann der Darlehensgeber einen höheren oder der Darlehensnehmer einen niedrigeren Schaden nachweisen.

(2) ¹Die nach Eintritt des Verzugs anfallenden Zinsen sind auf einem gesonderten Konto zu verbuchen und dürfen nicht in ein Kontokorrent mit dem geschuldeten Betrag oder anderen Forderungen des Darlehensgebers eingestellt werden. ²Hinsichtlich dieser Zinsen gilt § 289 Satz 2 mit der Maßgabe, dass der Darlehensgeber Schadensersatz nur bis zur Höhe des gesetzlichen Zinssatzes (§ 246) verlangen kann.

(3) ¹Zahlungen des Darlehensnehmers, die zur Tilgung der gesamten fälligen Schuld nicht ausreichen, werden abweichend von § 367 Abs. 1 zunächst auf die Kosten der Rechtsverfolgung, dann auf den übrigen geschuldeten Betrag (Absatz 1) und zuletzt auf die Zinsen (Absatz 2) angerechnet. ²Der Darlehensgeber darf Teilzahlungen nicht zurückweisen. ³Die Verjährung der Ansprüche auf Darlehensrückerstattung und Zinsen vom Eintritt des Verzugs nach Absatz 1 an bis zu ihrer Feststellung in einer in § 197 Abs. 1 Nr. 3 bis 5 bezeichneten Art gehemmt, jedoch nicht länger als zehn Jahre von ihrer Entstehung an. ⁴Auf die Ansprüche auf Zinsen findet § 197 Abs. 2 keine Anwendung. ⁵Die Sätze 1 bis 4 finden keine Anwendung, soweit Zahlungen auf Vollstreckungstitel geleistet werden, deren Hauptforderung auf Zinsen lautet.

(4) ¹Die Absätze 2 und 3 Satz 1, 2, 4 und 5 gelten nicht für Immobiliardarlehensverträge.

§ 498 Gesamtfälligstellung bei Teilzahlungsdarlehen

(1) ¹Wegen Zahlungsverzugs des Darlehensnehmers kann der Darlehensgeber den Verbraucherdarlehensvertrag bei einem Darlehen, das in Teilzahlungen zu tilgen ist, nur kündigen, wenn

1. der Darlehensnehmer mit mindestens zwei aufeinanderfolgenden Teilzahlungen ganz oder teilweise und mindestens zehn Prozent, bei einer Laufzeit

des Verbraucherdarlehensvertrags über drei Jahre mit fünf Prozent des Nennbetrags des Darlehens oder des Teilzahlungspreises in Verzug ist und
2. der Darlehensgeber dem Darlehensnehmer erfolglos eine zweiwöchige Frist zur Zahlung des rückständigen Betrags mit der Erklärung gesetzt hat, dass er bei Nichtzahlung innerhalb der Frist die gesamte Restschuld verlange.
²Der Darlehensgeber soll dem Darlehensnehmer spätestens mit der Fristsetzung ein Gespräch über die Möglichkeiten einer einverständlichen Regelung anbieten.
(2) ¹Kündigt der Darlehensgeber den Verbraucherdarlehensvertrag, so vermindert sich die Restschuld um die Zinsen und sonstigen laufzeitabhängigen Kosten des Darlehens, die bei staffelmäßiger Berechnung auf die Zeit nach Wirksamwerden der Kündigung entfallen.
(3) ¹Die Absätze 1 und 2 gelten nicht für Immobiliardarlehensverträge.

Untertitel 2: Finanzierungshilfen zwischen einem Unternehmer und einem Verbraucher

§ 499 Zahlungsaufschub, sonstige Finanzierungshilfe (1) ¹Die Vorschriften der §§ 358, 359 und 492 Abs. 1 bis 3 und der §§ 494 bis 498 finden vorbehaltlich der Absätze 2 und 3 entsprechende Anwendung auf Verträge, durch die ein Unternehmer einem Verbraucher einen entgeltlichen Zahlungsaufschub von mehr als drei Monaten oder eine sonstige entgeltliche Finanzierungshilfe gewährt.
(2) ¹Für Finanzierungsleasingverträge und Verträge, die die Lieferung einer bestimmten Sache oder die Erbringung einer bestimmten anderen Leistung gegen Teilzahlungen zum Gegenstand haben (Teilzahlungsgeschäfte), gelten vorbehaltlich des Absatzes 3 die in den §§ 500 bis 504 geregelten Besonderheiten.
(3) ¹Die Vorschriften dieses Untertitels finden in dem in § 491 Abs. 2 und 3 bestimmten Umfang keine Anwendung. ²Bei einem Teilzahlungsgeschäft tritt an die Stelle des in § 491 Abs. 2 Nr. 1 genannten Nettodarlehensbetrags der Barzahlungspreis.

§ 500 Finanzierungsleasingverträge ¹Auf Finanzierungsleasingverträge zwischen einem Unternehmer und einem Verbraucher finden lediglich die Vorschriften der §§ 358, 359, 492 Abs. 1 Satz 1 bis 4, § 492 Abs. 2 und 3 und § 495 Abs. 1 sowie der §§ 496 bis 498 entsprechende Anwendung.

§ 501 Teilzahlungsgeschäfte ¹Auf Teilzahlungsgeschäfte zwischen einem Unternehmer und einem Verbraucher finden lediglich die Vorschriften der §§ 358, 359, 492 Abs. 1 Satz 1 bis 4, § 492 Abs. 2 und 3, § 495 Abs. 1 sowie der §§ 496 bis 498 entsprechende Anwendung. ²Im Übrigen gelten die folgenden Vorschriften.

§ 502 Erforderliche Angaben, Rechtsfolgen von Formmängeln bei Teilzahlungsgeschäften (1) ¹Die vom Verbraucher zu unterzeichnende Vertragserklärung muss bei Teilzahlungsgeschäften angeben
1. den Barzahlungspreis,
2. den Teilzahlungspreis (Gesamtbetrag von Anzahlung und allen vom Verbraucher zu entrichtenden Teilzahlungen einschließlich Zinsen und sonstiger Kosten),
3. Betrag, Zahl und Fälligkeit der einzelnen Teilzahlungen,
4. den effektiven Jahreszins,
5. die Kosten einer Versicherung, die im Zusammenhang mit dem Teilzahlungsgeschäft abgeschlossen wird,
6. die Vereinbarung eines Eigentumsvorbehalts oder einer anderen zu bestellenden Sicherheit.

²Der Angabe eines Barzahlungspreises und eines effektiven Jahreszinses bedarf es nicht, wenn der Unternehmer nur gegen Teilzahlungen Sachen liefert oder Leistungen erbringt.

(2) ¹Die Erfordernisse des Absatzes 1, des § 492 Abs. 1 Satz 1 bis 4 und des § 492 Abs. 3 gelten nicht für Teilzahlungsgeschäfte im Fernabsatz, wenn die in Absatz 1 Satz 1 Nr. 1 bis 5 bezeichneten Angaben mit Ausnahme des Betrags der einzelnen Teilzahlungen dem Verbraucher so rechtzeitig in Textform mitgeteilt sind, dass er die Angaben vor dem Abschluss des Vertrags eingehend zur Kenntnis nehmen kann.

(3) ¹Das Teilzahlungsgeschäft ist nichtig, wenn die Schriftform des § 492 Abs. 1 Satz 1 bis 4 nicht eingehalten ist oder wenn eine der im Absatz 1 Satz 1 Nr. 1 bis 5 vorgeschriebenen Angaben fehlt. ²Ungeachtet eines Mangels nach Satz 1 wird das Teilzahlungsgeschäft gültig, wenn dem Verbraucher die Sache übergeben oder die Leistung erbracht wird. ³Jedoch ist der Barzahlungspreis höchstens mit dem gesetzlichen Zinssatz zu verzinsen, wenn die Angabe des Teilzahlungspreises oder des effektiven Jahreszinses fehlt. ⁴Ist ein Barzahlungspreis nicht genannt, so gilt im Zweifel der Marktpreis als Barzahlungspreis. ⁵Die Bestellung von Sicherheiten kann bei fehlenden Angaben hierüber nicht gefordert werden. ⁶Ist der effektive oder der anfängliche effektive Jahreszins zu niedrig angegeben, so vermindert sich der Teilzahlungspreis um den Prozentsatz, um den der effektive oder anfängliche effektive Jahreszins zu niedrig angegeben ist.

§ 503 Rückgaberecht, Rücktritt bei Teilzahlungsgeschäften

(1) ¹Anstelle des dem Verbraucher gemäß § 495 Abs. 1 zustehenden Widerrufsrechts kann dem Verbraucher ein Rückgaberecht nach § 356 eingeräumt werden.

(2) ¹Der Unternehmer kann von einem Teilzahlungsgeschäft wegen Zahlungsverzugs des Verbrauchers nur unter den in § 498 Abs. 1 bezeichneten Voraussetzungen zurücktreten. ²Der Verbraucher hat dem Unternehmer auch die infolge des Vertrags gemachten Aufwendungen zu ersetzen. ³Bei der Bemessung der Vergütung von Nutzungen einer zurückzugewährenden Sache ist auf die inzwischen eingetretene Wertminderung Rücksicht zu nehmen. ⁴Nimmt der Unternehmer die auf Grund des Teilzahlungsgeschäfts gelieferte Sache wieder an sich, gilt dies als Ausübung des Rücktrittsrechts, es sei denn, der Unternehmer einigt sich mit dem Verbraucher, diesem den gewöhnlichen Verkaufswert der Sache im Zeitpunkt der Wegnahme zu vergüten. ⁵Satz 4 gilt entsprechend, wenn im Vertrag über die Lieferung einer Sache mit einem Verbraucherdarlehensvertrag verbunden ist (§ 358 Abs. 2) und wenn der Darlehensgeber die Sache an sich nimmt; im Falle des Rücktritts bestimmt sich das Rechtsverhältnis zwischen dem Darlehensgeber und dem Verbraucher nach den Sätzen 2 und 3.

§ 504 Vorzeitige Zahlung bei Teilzahlungsgeschäften

¹Erfüllt der Verbraucher vorzeitig seine Verbindlichkeiten aus dem Teilzahlungsgeschäft, so vermindert sich der Teilzahlungspreis um die Zinsen und sonstigen laufzeitabhängigen Kosten, die bei gestaffelter Berechnung auf die Zeit nach der vorzeitigen Erfüllung entfallen. ²Ist ein Barzahlungspreis gemäß § 502 Abs. 1 Satz 2 nicht anzugeben, so ist der gesetzliche Zinssatz (§ 246) zugrunde zu legen. ³Zinsen und sonstige laufzeitabhängige Kosten kann der Unternehmer jedoch für die ersten neun Monate der ursprünglich vorgesehenen Laufzeit auch dann verlangen, wenn der Verbraucher seine Verbindlichkeiten vor Ablauf dieses Zeitraums erfüllt.

Untertitel 3: Ratenlieferungsverträge zwischen einem Unternehmer und einem Verbraucher

§ 505 Ratenlieferungsverträge (1) [1]Dem Verbraucher steht vorbehaltlich des Satzes 2 bei Verträgen mit einem Unternehmer, in denen die Willenserklärung des Verbrauchers auf den Abschluss eines Vertrags gerichtet ist, der
1. die Lieferung mehrerer als zusammengehörend verkaufter Sachen in Teilleistungen zum Gegenstand hat und bei dem das Entgelt für die Gesamtheit der Sachen in Teilzahlungen zu entrichten ist oder
2. die regelmäßige Lieferung von Sachen gleicher Art zum Gegenstand hat oder
3. die Verpflichtung zum wiederkehrenden Erwerb oder Bezug von Sachen zum Gegenstand hat,

ein Widerrufsrecht gemäß § 355 zu. [1]Dies gilt nicht in dem in § 491 Abs. 2 und 3 bestimmten Umfang. [2]Dem in § 491 Abs. 2 Nr. 1 genannten Nettodarlehensbetrag entspricht die Summe aller vom Verbraucher bis zum frühestmöglichen Kündigungszeitpunkt zu entrichtenden Teilzahlungen.

(2) [1]Der Ratenlieferungsvertrag nach Absatz 1 bedarf der schriftlichen Form. [2]Satz 1 gilt nicht, wenn dem Verbraucher die Möglichkeit verschafft wird, die Vertragsbestimmungen einschließlich der Allgemeinen Geschäftsbedingungen bei Vertragsschluss abzurufen und in wiedergabefähiger Form zu speichern. [3]Der Unternehmer hat dem Verbraucher den Vertragsinhalt in Textform mitzuteilen.

Untertitel 4: Unabdingbarkeit, Anwendung auf Existenzgründer

§ 506 Abweichende Vereinbarungen (gültig bis 30.06.2005)
(1) [1]Von den Vorschriften der §§ 491 bis 505 darf nicht zum Nachteil des Verbrauchers abgewichen werden. [2]Diese Vorschriften finden auch Anwendung, wenn sie durch anderweitige Gestaltungen umgangen werden.

(2) [1]Durch besondere schriftliche Vereinbarung kann bestimmt werden, dass der Widerruf als nicht erfolgt gilt, wenn der Verbraucher das empfangene Darlehen nicht binnen zwei Wochen entweder nach Erklärung des Widerrufs oder nach Auszahlung des Darlehens zurückzahlt. [2]Dies gilt nicht im Falle des § 358 Abs. 2 sowie bei Haustürgeschäften.

(3) [1]Das Widerrufsrecht nach § 495 kann bei Immobiliardarlehensverträgen, die keine Haustürgeschäfte sind, durch besondere schriftliche Vereinbarung ausgeschlossen werden.

(4) [1]Die Vereinbarungen nach den Absätzen 2 und 3 können in die Vertragserklärung nach § 492 Abs. 1 Satz 5 aufgenommen werden, wenn sie deutlich hervorgehoben werden.

§ 506 Abweichende Vereinbarungen (gültig ab 01.07.2005) [1]Von den Vorschriften der §§ 491 bis 505 darf nicht zum Nachteil des Verbrauchers abgewichen werden. [2]Diese Vorschriften finden auch Anwendung, wenn sie durch anderweitige Gestaltungen umgangen werden.

§ 507 Anwendung auf Existenzgründer [1]Die §§ 491 bis 506 gelten auch für natürliche Personen, die sich ein Darlehen, einen Zahlungsaufschub oder eine sonstige Finanzierungshilfe für die Aufnahme einer gewerblichen oder selbständigen beruflichen Tätigkeit gewähren lassen oder zu diesem Zweck einen Ratenlieferungsvertrag schließen, es sei denn, der Nettodarlehensbetrag oder Barzahlungspreis übersteigt 50 000 Euro.

§§ 508 bis 515 (weggefallen)

Titel 4: Schenkung

§ 516 Begriff der Schenkung (1) ¹Eine Zuwendung, durch die jemand aus seinem Vermögen einen anderen bereichert, ist Schenkung, wenn beide Teile darüber einig sind, dass die Zuwendung unentgeltlich erfolgt.
(2) ¹Ist die Zuwendung ohne den Willen des anderen erfolgt, so kann ihn der Zuwendende unter Bestimmung einer angemessenen Frist zur Erklärung über die Annahme auffordern. ²Nach dem Ablauf der Frist gilt die Schenkung als angenommen, wenn nicht der andere sie vorher abgelehnt hat. ³Im Falle der Ablehnung kann die Herausgabe des Zugewendeten nach den Vorschriften über die Herausgabe einer ungerechtfertigten Bereicherung gefordert werden.

§ 517 Unterlassen eines Vermögenserwerbs ¹Eine Schenkung liegt nicht vor, wenn jemand zum Vorteil eines anderen einen Vermögenserwerb unterlässt oder auf ein angefallenes, noch nicht endgültig erworbenes Recht verzichtet oder eine Erbschaft oder ein Vermächtnis ausschlägt.

§ 518 Form des Schenkungsversprechens (1) ¹Zur Gültigkeit eines Vertrags, durch den eine Leistung schenkweise versprochen wird, ist die notarielle Beurkundung des Versprechens erforderlich. ²Das Gleiche gilt, wenn ein Schuldversprechen oder ein Schuldanerkenntnis der in den §§ 780, 781 bezeichneten Art schenkweise erteilt wird, von dem Versprechen oder der Anerkennungserklärung.
(2) ¹Der Mangel der Form wird durch die Bewirkung der versprochenen Leistung geheilt.

§ 519 Einrede des Notbedarfs (1) ¹Der Schenker ist berechtigt, die Erfüllung eines schenkweise erteilten Versprechens zu verweigern, soweit er bei Berücksichtigung seiner sonstigen Verpflichtungen außerstande ist, das Versprechen zu erfüllen, ohne dass sein angemessener Unterhalt oder die Erfüllung der ihm kraft Gesetzes obliegenden Unterhaltspflichten gefährdet wird.
(2) ¹Treffen die Ansprüche mehrerer Beschenkten zusammen, so geht der früher entstandene Anspruch vor.

§ 520 Erlöschen eines Rentenversprechens ¹Verspricht der Schenker eine in wiederkehrenden Leistungen bestehende Unterstützung, so erlischt die Verbindlichkeit mit seinem Tode, sofern nicht aus dem Versprechen sich ein anderes ergibt.

§ 521 Haftung des Schenkers ¹Der Schenker hat nur Vorsatz und grobe Fahrlässigkeit zu vertreten.

§ 522 Keine Verzugszinsen ¹Zur Entrichtung von Verzugszinsen ist der Schenker nicht verpflichtet.

§ 523 Haftung für Rechtsmängel (1) ¹Verschweigt der Schenker arglistig einen Mangel im Recht, so ist er verpflichtet, dem Beschenkten den daraus entstehenden Schaden zu ersetzen.
(2) ¹Hatte der Schenker die Leistung eines Gegenstandes versprochen, den er erst erwerben sollte, so kann der Beschenkte wegen eines Mangels im Recht Schadensersatz wegen Nichterfüllung verlangen, wenn der Mangel dem Schenker bei dem Erwerb der Sache bekannt gewesen oder infolge grober Fahrlässigkeit unbekannt geblieben ist. ²Die für die Haftung des Verkäufers für Rechtsmängel geltenden Vorschriften des § 433 Abs. 1 und der §§ 435, 436, 444, 452, 453 finden entsprechende Anwendung.

§ 524 Haftung für Sachmängel (1) ¹Verschweigt der Schenker arglistig einen Fehler der verschenkten Sache, so ist er verpflichtet, dem Beschenkten den daraus entstehenden Schaden zu ersetzen.

BGB   §§ 525–529

(2) ¹Hatte der Schenker die Leistung einer nur der Gattung nach bestimmten Sache versprochen, die er erst erwerben sollte, so kann der Beschenkte, wenn die geleistete Sache fehlerhaft und der Mangel dem Schenker bei dem Erwerb der Sache bekannt gewesen oder infolge grober Fahrlässigkeit unbekannt geblieben ist, verlangen, dass ihm anstelle der fehlerhaften Sache eine fehlerfreie geliefert wird. ²Hat der Schenker den Fehler arglistig verschwiegen, so kann der Beschenkte statt der Lieferung einer fehlerfreien Sache Schadensersatz wegen Nichterfüllung verlangen. ³Auf diese Ansprüche finden die für die Gewährleistung wegen Fehler einer verkauften Sache geltenden Vorschriften entsprechende Anwendung.

§ 525 Schenkung unter Auflage (1) ¹Wer eine Schenkung unter einer Auflage macht, kann die Vollziehung der Auflage verlangen, wenn er seinerseits geleistet hat.
(2) ¹Liegt die Vollziehung der Auflage im öffentlichen Interesse, so kann nach dem Tod des Schenkers auch die zuständige Behörde die Vollziehung verlangen.

§ 526 Verweigerung der Vollziehung der Auflage ¹Soweit infolge eines Mangels im Recht oder eines Mangels der verschenkten Sache der Wert der Zuwendung die Höhe der zur Vollziehung der Auflage erforderlichen Aufwendungen nicht erreicht, ist der Beschenkte berechtigt, die Vollziehung der Auflage zu verweigern, bis der durch den Mangel entstandene Fehlbetrag ausgeglichen wird. ²Vollzieht der Beschenkte die Auflage ohne Kenntnis des Mangels, so kann er von dem Schenker Ersatz der durch die Vollziehung verursachten Aufwendungen insoweit verlangen, als sie infolge des Mangels den Wert der Zuwendung übersteigen.

§ 527 Nichtvollziehung der Auflage (1) ¹Unterbleibt die Vollziehung der Auflage, so kann der Schenker die Herausgabe des Geschenkes unter den für das Rücktrittsrecht bei gegenseitigen Verträgen bestimmten Voraussetzungen nach den Vorschriften über die Herausgabe einer ungerechtfertigten Bereicherung insoweit fordern, als das Geschenk zur Vollziehung der Auflage hätte verwendet werden müssen.
(2) ¹Der Anspruch ist ausgeschlossen, wenn ein Dritter berechtigt ist, die Vollziehung der Auflage zu verlangen.

§ 528 Rückforderung wegen Verarmung des Schenkers (1) ¹Soweit der Schenker nach der Vollziehung der Schenkung außerstande ist, seinen angemessenen Unterhalt zu bestreiten und die ihm seinen Verwandten, seinem Ehegatten, seinem Lebenspartner oder seinem früheren Ehegatten oder Lebenspartner gegenüber gesetzlich obliegende Unterhaltspflicht zu erfüllen, kann er von dem Beschenkten die Herausgabe des Geschenkes nach den Vorschriften über die Herausgabe einer ungerechtfertigten Bereicherung fordern. ²Der Beschenkte kann die Herausgabe durch Zahlung des für den Unterhalt erforderlichen Betrags abwenden. ³Auf die Verpflichtung des Beschenkten findet die Vorschrift des § 760 sowie die für die Unterhaltspflicht der Verwandten geltende Vorschrift des § 1613 und im Falle des Todes des Schenkers auch die Vorschrift des § 1615 entsprechende Anwendung.
(2) ¹Unter mehreren Beschenkten haftet der früher Beschenkte nur insoweit, als der später Beschenkte nicht verpflichtet ist.

§ 529 Ausschluss des Rückforderungsanspruchs (1) ¹Der Anspruch auf Herausgabe des Geschenkes ist ausgeschlossen, wenn der Schenker seine Bedürftigkeit vorsätzlich oder durch grobe Fahrlässigkeit herbeigeführt hat oder wenn zur Zeit des Eintritts seiner Bedürftigkeit seit der Leistung des geschenkten Gegenstandes zehn Jahre verstrichen sind.

(2) ¹Das Gleiche gilt, soweit der Beschenkte bei Berücksichtigung seiner sonstigen Verpflichtungen außerstande ist, das Geschenk herauszugeben, ohne dass sein standesmäßiger Unterhalt oder die Erfüllung der ihm kraft Gesetzes obliegenden Unterhaltspflichten gefährdet wird.

§ 530 Widerruf der Schenkung (1) ¹Eine Schenkung kann widerrufen werden, wenn sich der Beschenkte durch eine schwere Verfehlung gegen den Schenker oder einen nahen Angehörigen des Schenkers groben Undanks schuldig macht.
(2) ¹Dem Erben des Schenkers steht das Recht des Widerrufs nur zu, wenn der Beschenkte vorsätzlich und widerrechtlich den Schenker getötet oder am Widerruf gehindert hat.

§ 531 Widerrufserklärung (1) ¹Der Widerruf erfolgt durch Erklärung gegenüber dem Beschenkten.
(2) ¹Ist die Schenkung widerrufen, so kann die Herausgabe des Geschenks nach den Vorschriften über die Herausgabe einer ungerechtfertigten Bereicherung gefordert werden.

§ 532 Ausschluss des Widerrufs ¹Der Widerruf ist ausgeschlossen, wenn der Schenker dem Beschenkten verziehen hat oder wenn seit dem Zeitpunkt, in welchem der Widerrufsberechtigte von dem Eintritt der Voraussetzungen seines Rechts Kenntnis erlangt hat, ein Jahr verstrichen ist. ²Nach dem Tod des Beschenkten ist der Widerruf nicht mehr zulässig.

§ 533 Verzicht auf Widerrufsrecht ¹Auf das Widerrufsrecht kann erst verzichtet werden, wenn der Undank dem Widerrufsberechtigten bekannt geworden ist.

§ 534 Pflicht- und Anstandsschenkungen ¹Schenkungen, durch die einer sittlichen Pflicht oder einer auf den Anstand zu nehmenden Rücksicht entsprochen wird, unterliegen nicht der Rückforderung und dem Widerruf.

Titel 5: Mietvertrag, Pachtvertrag

Untertitel 1: Allgemeine Vorschriften für Mietverhältnisse

§ 535 Inhalt und Hauptpflichten des Mietvertrags (1) ¹Durch den Mietvertrag wird der Vermieter verpflichtet, dem Mieter den Gebrauch der Mietsache während der Mietzeit zu gewähren. ²Der Vermieter hat die Mietsache dem Mieter in einem zum vertragsgemäßen Gebrauch geeigneten Zustand zu überlassen und sie während der Mietzeit in diesem Zustand zu erhalten. ³Er hat die auf der Mietsache ruhenden Lasten zu tragen.
(2) ¹Der Mieter ist verpflichtet, dem Vermieter die vereinbarte Miete zu entrichten.

§ 536 Mietminderung bei Sach- und Rechtsmängeln (1) ¹Hat die Mietsache zur Zeit der Überlassung an den Mieter einen Mangel, der ihre Tauglichkeit zum vertragsgemäßen Gebrauch aufhebt, oder entsteht während der Mietzeit ein solcher Mangel, so ist der Mieter für die Zeit, in der die Tauglichkeit aufgehoben ist, von der Entrichtung der Miete befreit. ²Für die Zeit, während der die Tauglichkeit gemindert ist, hat er nur eine angemessen herabgesetzte Miete zu entrichten. ³Eine unerhebliche Minderung der Tauglichkeit bleibt außer Betracht.
(2) ¹Absatz 1 Satz 1 und 2 gilt auch, wenn eine zugesicherte Eigenschaft fehlt oder später wegfällt.

(3) ¹Wird dem Mieter der vertragsgemäße Gebrauch der Mietsache durch das Recht eines Dritten ganz oder zum Teil entzogen, so gelten die Absätze 1 und 2 entsprechend.
(4) ¹Bei einem Mietverhältnis über Wohnraum ist eine zum Nachteil des Mieters abweichende Vereinbarung unwirksam.

§ 536 a Schadens- und Aufwendungsersatzanspruch des Mieters wegen eines Mangels
(1) ¹Ist ein Mangel im Sinne des § 536 bei Vertragsschluss vorhanden oder entsteht ein solcher Mangel später wegen eines Umstands, den der Vermieter zu vertreten hat, oder kommt der Vermieter mit der Beseitigung eines Mangels in Verzug, so kann der Mieter unbeschadet der Rechte aus § 536 Schadensersatz verlangen.
(2) ¹Der Mieter kann den Mangel selbst beseitigen und Ersatz der erforderlichen Aufwendungen verlangen, wenn
1. der Vermieter mit der Beseitigung des Mangels in Verzug ist oder
2. die umgehende Beseitigung des Mangels zur Erhaltung oder Wiederherstellung des Bestands der Mietsache notwendig ist.

§ 536 b Kenntnis des Mieters vom Mangel bei Vertragsschluss oder Annahme
¹Kennt der Mieter bei Vertragsschluss den Mangel der Mietsache, so stehen ihm die Rechte aus den §§ 536 und 536 a nicht zu. ²Ist ihm der Mangel infolge grober Fahrlässigkeit unbekannt geblieben, so stehen ihm diese Rechte nur zu, wenn der Vermieter den Mangel arglistig verschwiegen hat. ³Nimmt der Mieter eine mangelhafte Sache an, obwohl er den Mangel kennt, so kann er die Rechte aus den §§ 536 und 536 a nur geltend machen, wenn er sich seine Rechte bei der Annahme vorbehält.

§ 536 c Während der Mietzeit auftretende Mängel; Mängelanzeige durch den Mieter
(1) ¹Zeigt sich im Laufe der Mietzeit ein Mangel der Mietsache oder wird eine Maßnahme zum Schutz der Mietsache gegen eine nicht vorhergesehene Gefahr erforderlich, so hat der Mieter dies dem Vermieter unverzüglich anzuzeigen. ²Das Gleiche gilt, wenn ein Dritter sich ein Recht an der Sache anmaßt.
(2) ¹Unterlässt der Mieter die Anzeige, so ist er dem Vermieter zum Ersatz des daraus entstehenden Schadens verpflichtet. ²Soweit der Vermieter infolge der Unterlassung der Anzeige nicht Abhilfe schaffen konnte, ist der Mieter nicht berechtigt,
1. die in § 536 bestimmten Rechte geltend zu machen,
2. nach § 536 a Abs. 1 Schadensersatz zu verlangen oder
3. ohne Bestimmung einer angemessenen Frist zur Abhilfe nach § 543 Abs. 3 Satz 1 zu kündigen.

§ 536 d Vertraglicher Ausschluss von Rechten des Mieters wegen eines Mangels
¹Auf eine Vereinbarung, durch die die Rechte des Mieters wegen eines Mangels der Mietsache ausgeschlossen oder beschränkt werden, kann sich der Vermieter nicht berufen, wenn er den Mangel arglistig verschwiegen hat.

§ 537 Entrichtung der Miete bei persönlicher Verhinderung des Mieters
(1) ¹Der Mieter wird von der Entrichtung der Miete nicht dadurch befreit, dass er durch einen in seiner Person liegenden Grund an der Ausübung seines Gebrauchsrechts gehindert wird. ²Der Vermieter muss sich jedoch den Wert der ersparten Aufwendungen sowie derjenigen Vorteile anrechnen lassen, die er aus einer anderweitigen Verwertung des Gebrauchs erlangt.

(2) ¹Solange der Vermieter infolge der Überlassung des Gebrauchs an einen Dritten außerstande ist, dem Mieter den Gebrauch zu gewähren, ist der Mieter zur Entrichtung der Miete nicht verpflichtet.

§ 538 Abnutzung der Mietsache durch vertragsgemäßen Gebrauch
¹Veränderungen oder Verschlechterungen der Mietsache, die durch den vertragsgemäßen Gebrauch herbeigeführt werden, hat der Mieter nicht zu vertreten.

§ 539 Ersatz sonstiger Aufwendungen und Wegnahmerecht des Mieters
(1) ¹Der Mieter kann vom Vermieter Aufwendungen auf die Mietsache, die der Vermieter ihm nicht nach § 536 a Abs. 2 zu ersetzen hat, nach den Vorschriften über die Geschäftsführung ohne Auftrag ersetzt verlangen.

(2) ¹Der Mieter ist berechtigt, eine Einrichtung wegzunehmen, mit der er die Mietsache versehen hat.

§ 540 Gebrauchsüberlassung an Dritte
(1) ¹Der Mieter ist ohne die Erlaubnis des Vermieters nicht berechtigt, den Gebrauch der Mietsache einem Dritten zu überlassen, insbesondere sie weiter zu vermieten. ²Verweigert der Vermieter die Erlaubnis, so kann der Mieter das Mietverhältnis außerordentlich mit der gesetzlichen Frist kündigen, sofern nicht in der Person des Dritten ein wichtiger Grund vorliegt.

(2) ¹Überlässt der Mieter den Gebrauch einem Dritten, so hat er ein dem Dritten bei dem Gebrauch zur Last fallendes Verschulden zu vertreten, auch wenn der Vermieter die Erlaubnis zur Überlassung erteilt hat.

§ 541 Unterlassungsklage bei vertragswidrigem Gebrauch
¹Setzt der Mieter einen vertragswidrigen Gebrauch der Mietsache trotz einer Abmahnung des Vermieters fort, so kann dieser auf Unterlassung klagen.

§ 542 Ende des Mietverhältnisses
(1) ¹Ist die Mietzeit nicht bestimmt, so kann jede Vertragspartei das Mietverhältnis nach den gesetzlichen Vorschriften kündigen.

(2) ¹Ein Mietverhältnis, das auf bestimmte Zeit eingegangen ist, endet mit dem Ablauf dieser Zeit, sofern es nicht
1. in den gesetzlich zugelassenen Fällen außerordentlich gekündigt oder
2. verlängert wird.

§ 543 Außerordentliche fristlose Kündigung aus wichtigem Grund
(1) ¹Jede Vertragspartei kann das Mietverhältnis aus wichtigem Grund außerordentlich fristlos kündigen. ²Ein wichtiger Grund liegt vor, wenn dem Kündigenden unter Berücksichtigung aller Umstände des Einzelfalls, insbesondere eines Verschuldens der Vertragsparteien, und unter Abwägung der beiderseitigen Interessen die Fortsetzung des Mietverhältnisses bis zum Ablauf der Kündigungsfrist oder bis zur sonstigen Beendigung des Mietverhältnisses nicht zugemutet werden kann.

(2) ¹Ein wichtiger Grund liegt insbesondere vor, wenn
1. dem Mieter der vertragsgemäße Gebrauch der Mietsache ganz oder zum Teil nicht rechtzeitig gewährt oder wieder entzogen wird,
2. der Mieter die Rechte des Vermieters dadurch in erheblichem Maße verletzt, dass er die Mietsache durch Vernachlässigung der ihm obliegenden Sorgfalt erheblich gefährdet oder sie unbefugt einem Dritten überlässt oder
3. der Mieter
    a) für zwei aufeinander folgende Termine mit der Entrichtung der Miete oder eines nicht unerheblichen Teils der Miete in Verzug ist oder

b) in einem Zeitraum, der sich über mehr als zwei Termine erstreckt, mit der Entrichtung der Miete in Höhe eines Betrages in Verzug ist, der die Miete für zwei Monate erreicht.

²Im Falle des Satzes 1 Nr. 3 ist die Kündigung ausgeschlossen, wenn der Vermieter vorher befriedigt wird. ³Sie wird unwirksam, wenn sich der Mieter von seiner Schuld durch Aufrechnung befreien konnte und unverzüglich nach der Kündigung die Aufrechnung erklärt.

(3) ¹Besteht der wichtige Grund in der Verletzung einer Pflicht aus dem Mietvertrag, so ist die Kündigung erst nach erfolglosem Ablauf einer zur Abhilfe bestimmten angemessenen Frist oder nach erfolgloser Abmahnung zulässig. ²Dies gilt nicht, wenn
1. eine Frist oder Abmahnung offensichtlich keinen Erfolg verspricht,
2. die sofortige Kündigung aus besonderen Gründen unter Abwägung der beiderseitigen Interessen gerechtfertigt ist oder
3. der Mieter mit der Entrichtung der Miete im Sinne des Absatzes 2 Nr. 3 in Verzug ist.

(4) ¹Auf das dem Mieter nach Absatz 2 Nr. 1 zustehende Kündigungsrecht sind die §§ 536 b und 536 d entsprechend anzuwenden. ²Ist streitig, ob der Vermieter den Gebrauch der Mietsache rechtzeitig gewährt oder die Abhilfe vor Ablauf der hierzu bestimmten Frist bewirkt hat, so trifft ihn die Beweislast.

§ 544 Vertrag über mehr als 30 Jahre
¹Wird ein Mietvertrag für eine längere Zeit als 30 Jahre geschlossen, so kann jede Vertragspartei nach Ablauf von 30 Jahren nach Überlassung der Mietsache das Mietverhältnis außerordentlich mit der gesetzlichen Frist kündigen. ²Die Kündigung ist unzulässig, wenn der Vertrag für die Lebenszeit des Vermieters oder des Mieters geschlossen worden ist.

§ 545 Stillschweigende Verlängerung des Mietverhältnisses
¹Setzt der Mieter nach Ablauf der Mietzeit den Gebrauch der Mietsache fort, so verlängert sich das Mietverhältnis auf unbestimmte Zeit, sofern nicht eine Vertragspartei ihren entgegenstehenden Willen innerhalb von zwei Wochen dem anderen Teil erklärt. ²Die Frist beginnt
1. für den Mieter mit der Fortsetzung des Gebrauchs,
2. für den Vermieter mit dem Zeitpunkt, in dem er von der Fortsetzung Kenntnis erhält.

§ 546 Rückgabepflicht des Mieters
(1) ¹Der Mieter ist verpflichtet, die Mietsache nach Beendigung des Mietverhältnisses zurückzugeben.
(2) ¹Hat der Mieter den Gebrauch der Mietsache einem Dritten überlassen, so kann der Vermieter die Sache nach Beendigung des Mietverhältnisses auch von dem Dritten zurückfordern.

§ 546 a Entschädigung des Vermieters bei verspäteter Rückgabe
(1) ¹Gibt der Mieter die Mietsache nach Beendigung des Mietverhältnisses nicht zurück, so kann der Vermieter für die Dauer der Vorenthaltung als Entschädigung die vereinbarte Miete oder die Miete verlangen, die für vergleichbare Sachen ortsüblich ist.
(2) ¹Die Geltendmachung eines weiteren Schadens ist nicht ausgeschlossen.

§ 547 Erstattung von im Voraus entrichteter Miete
(1) ¹Ist die Miete für die Zeit nach Beendigung des Mietverhältnisses im Voraus entrichtet worden, so hat der Vermieter sie zurückzuerstatten und ab Empfang zu verzinsen. ²Hat der Vermieter die Beendigung des Mietverhältnisses nicht zu vertreten, so hat er das Erlangte nach den Vorschriften über die Herausgabe einer ungerechtfertigten Bereicherung zurückzuerstatten.

(2) ¹Bei einem Mietverhältnis über Wohnraum ist eine zum Nachteil des Mieters abweichende Vereinbarung unwirksam.

§ 548 Verjährung der Ersatzansprüche und des Wegnahmerechts
(1) ¹Die Ersatzansprüche des Vermieters wegen Veränderungen oder Verschlechterungen der Mietsache verjähren in sechs Monaten. ²Die Verjährung beginnt mit dem Zeitpunkt, in dem er die Mietsache zurückerhält. ³Mit der Verjährung des Anspruchs des Vermieters auf Rückgabe der Mietsache verjähren auch seine Ersatzansprüche.
(2) ¹Ansprüche des Mieters auf Ersatz von Aufwendungen oder auf Gestattung der Wegnahme einer Einrichtung verjähren in sechs Monaten nach der Beendigung des Mietverhältnisses.

Untertitel 2: Mietverhältnisse über Wohnraum

Kapitel 1: Allgemeine Vorschriften

§ 549 Auf Wohnraummietverhältnisse anwendbare Vorschriften
(1) ¹Für Mietverhältnisse über Wohnraum gelten die §§ 535 bis 548, soweit sich nicht aus den §§ 549 bis 577 a etwas anderes ergibt.
(2) ¹Die Vorschriften über die Mieterhöhung (§§ 557 bis 561) und über den Mieterschutz bei Beendigung des Mietverhältnisses sowie bei der Begründung von Wohnungseigentum (§ 568 Abs. 2, §§ 573, 573 a, 573 d Abs. 1, §§ 574 bis 575, 575 a Abs. 1 und §§ 577, 577 a) gelten nicht für Mietverhältnisse über
1. Wohnraum, der nur zum vorübergehenden Gebrauch vermietet ist,
2. Wohnraum, der Teil der vom Vermieter selbst bewohnten Wohnung ist und den der Vermieter überwiegend mit Einrichtungsgegenständen auszustatten hat, sofern der Wohnraum dem Mieter nicht zum dauernden Gebrauch mit seiner Familie oder mit Personen überlassen ist, mit denen er einen auf Dauer angelegten gemeinsamen Haushalt führt,
3. Wohnraum, den eine juristische Person des öffentlichen Rechts oder ein anerkannter privater Träger der Wohlfahrtspflege angemietet hat, um ihn Personen mit dringendem Wohnungsbedarf zu überlassen, wenn sie den Mieter bei Vertragsschluss auf die Zweckbestimmung des Wohnraums und die Ausnahme von den genannten Vorschriften hingewiesen hat.

(3) ¹Für Wohnraum in einem Studenten- oder Jugendwohnheim gelten die §§ 557 bis 561 sowie die §§ 573, 573 a, 573 d Abs. 1 und §§ 575, 575 a Abs. 1, §§ 577, 577 a nicht.

§ 550 Form des Mietvertrags
¹Wird der Mietvertrag für längere Zeit als ein Jahr nicht in schriftlicher Form geschlossen, so gilt er für unbestimmte Zeit. ²Die Kündigung ist jedoch frühestens zum Ablauf eines Jahres nach Überlassung des Wohnraums zulässig.

§ 551 Begrenzung und Anlage von Mietsicherheiten
(1) ¹Hat der Mieter dem Vermieter für die Erfüllung seiner Pflichten Sicherheit zu leisten, so darf diese vorbehaltlich des Absatzes 3 Satz 4 höchstens das Dreifache der auf einen Monat entfallenden Miete ohne die als Pauschale oder als Vorauszahlung ausgewiesenen Betriebskosten betragen.
(2) ¹Ist als Sicherheit eine Geldsumme bereitzustellen, so ist der Mieter zu drei gleichen monatlichen Teilzahlungen berechtigt. ²Die erste Teilzahlung ist zu Beginn des Mietverhältnisses fällig.

BGB §§ 552–554

(3) ¹Der Vermieter hat eine ihm als Sicherheit überlassene Geldsumme bei einem Kreditinstitut zu dem für Spareinlagen mit dreimonatiger Kündigungsfrist üblichen Zinssatz anzulegen. ²Die Vertragsparteien können eine andere Anlageform vereinbaren. ³In beiden Fällen muss die Anlage vom Vermögen des Vermieters getrennt erfolgen und stehen die Erträge dem Mieter zu. ⁴Sie erhöhen die Sicherheit. ⁵Bei Wohnraum in einem Studenten- oder Jugendwohnheim besteht für den Vermieter keine Pflicht, die Sicherheitsleistung zu verzinsen.
(4) ¹Eine zum Nachteil des Mieters abweichende Vereinbarung ist unwirksam.

§ 552 Abwendung des Wegnahmerechts des Mieters (1) ¹Der Vermieter kann die Ausübung des Wegnahmerechts (§ 539 Abs. 2) durch Zahlung einer angemessenen Entschädigung abwenden, wenn nicht der Mieter ein berechtigtes Interesse an der Wegnahme hat.
(2) ¹Eine Vereinbarung, durch die das Wegnahmerecht ausgeschlossen wird, ist nur wirksam, wenn ein angemessener Ausgleich vorgesehen ist.

§ 553 Gestattung der Gebrauchsüberlassung an Dritte (1) ¹Entsteht für den Mieter nach Abschluss des Mietvertrags ein berechtigtes Interesse, einen Teil des Wohnraums einem Dritten zum Gebrauch zu überlassen, so kann er von dem Vermieter die Erlaubnis hierzu verlangen. ²Dies gilt nicht, wenn in der Person des Dritten ein wichtiger Grund vorliegt, der Wohnraum übermäßig belegt würde oder dem Vermieter die Überlassung aus sonstigen Gründen nicht zugemutet werden kann.
(2) ¹Ist dem Vermieter die Überlassung nur bei einer angemessenen Erhöhung der Miete zuzumuten, so kann er die Erlaubnis davon abhängig machen, dass der Mieter sich mit einer solchen Erhöhung einverstanden erklärt.
(3) ¹Eine zum Nachteil des Mieters abweichende Vereinbarung ist unwirksam.

§ 554 Duldung von Erhaltungs- und Modernisierungsmaßnahmen
(1) ¹Der Mieter hat Maßnahmen zu dulden, die zur Erhaltung der Mietsache erforderlich sind.
(2) ¹Maßnahmen zur Verbesserung der Mietsache, zur Einsparung von Energie oder Wasser oder zur Schaffung neuen Wohnraums hat der Mieter zu dulden. ²Dies gilt nicht, wenn die Maßnahme für ihn, seine Familie oder einen anderen Angehörigen seines Haushalts eine Härte bedeuten würde, die auch unter Würdigung der berechtigten Interessen des Vermieters und anderer Mieter in dem Gebäude nicht zu rechtfertigen ist. ³Dabei sind insbesondere die vorzunehmenden Arbeiten, die baulichen Folgen, vorausgegangene Aufwendungen des Mieters und die zu erwartende Mieterhöhung zu berücksichtigen. ⁴Die zu erwartende Mieterhöhung ist nicht als Härte anzusehen, wenn die Mietsache lediglich in einen Zustand versetzt wird, wie er allgemein üblich ist.
(3) ¹Bei Maßnahmen nach Absatz 2 Satz 1 hat der Vermieter dem Mieter spätestens drei Monate vor Beginn der Maßnahme deren Art sowie voraussichtlichen Umfang und Beginn, voraussichtliche Dauer und die zu erwartende Mieterhöhung in Textform mitzuteilen. ²Der Mieter ist berechtigt, bis zum Ablauf des Monats, der auf den Zugang der Mitteilung folgt, außerordentlich zum Ablauf des nächsten Monats zu kündigen. ³Diese Vorschriften gelten nicht bei Maßnahmen, die nur mit einer unerheblichen Einwirkung auf die vermieteten Räume verbunden sind und nur zu einer unerheblichen Mieterhöhung führen.
(4) ¹Aufwendungen, die der Mieter infolge einer Maßnahme nach Absatz 1 oder 2 Satz 1 machen musste, hat der Vermieter in angemessenem Umfang zu ersetzen. ²Auf Verlangen hat er Vorschuss zu leisten.
(5) ¹Eine zum Nachteil des Mieters von den Absätzen 2 bis 4 abweichende Vereinbarung ist unwirksam.

§ 554 a Barrierefreiheit

(1) ¹Der Mieter kann vom Vermieter die Zustimmung zu baulichen Veränderungen oder sonstigen Einrichtungen verlangen, die für eine behindertengerechte Nutzung der Mietsache oder den Zugang zu ihr erforderlich sind, wenn er ein berechtigtes Interesse daran hat. ²Der Vermieter kann seine Zustimmung verweigern, wenn sein Interesse an der unveränderten Erhaltung der Mietsache oder des Gebäudes das Interesse des Mieters an einer behindertengerechten Nutzung der Mietsache überwiegt. ³Dabei sind auch die berechtigten Interessen anderer Mieter in dem Gebäude zu berücksichtigen.

(2) ¹Der Vermieter kann seine Zustimmung von der Leistung einer angemessenen zusätzlichen Sicherheit für die Wiederherstellung des ursprünglichen Zustands abhängig machen. ²§ 551 Abs. 3 und 4 gilt entsprechend.

(3) ¹Eine zum Nachteil des Mieters von Absatz 1 abweichende Vereinbarung ist unwirksam.

§ 555 Unwirksamkeit einer Vertragsstrafe

¹Eine Vereinbarung, durch die sich der Vermieter eine Vertragsstrafe vom Mieter versprechen lässt, ist unwirksam.

Kapitel 2: Die Miete

Unterkapitel 1: Vereinbarungen über die Miete

§ 556 Vereinbarungen über Betriebskosten

(1) ¹Die Vertragsparteien können vereinbaren, dass der Mieter Betriebskosten im Sinne des § 19 Abs. 2 des Wohnraumförderungsgesetzes trägt. ²Bis zum Erlass der Verordnung nach § 19 Abs. 2 Satz 2 des Wohnraumförderungsgesetzes ist hinsichtlich der Betriebskosten nach Satz 1 § 27 der Zweiten Berechnungsverordnung anzuwenden.

(2) ¹Die Vertragsparteien können vorbehaltlich anderweitiger Vorschriften vereinbaren, dass Betriebskosten als Pauschale oder als Vorauszahlung ausgewiesen werden. ²Vorauszahlungen für Betriebskosten dürfen nur in angemessener Höhe vereinbart werden.

(3) ¹Über die Vorauszahlungen für Betriebskosten ist jährlich abzurechnen; dabei ist der Grundsatz der Wirtschaftlichkeit zu beachten. ²Die Abrechnung ist dem Mieter spätestens bis zum Ablauf des zwölften Monats nach Ende des Abrechnungszeitraums mitzuteilen. ³Nach Ablauf dieser Frist ist die Geltendmachung einer Nachforderung durch den Vermieter ausgeschlossen, es sei denn, der Vermieter hat die verspätete Geltendmachung nicht zu vertreten. ⁴Der Vermieter ist zu Teilabrechnungen nicht verpflichtet. ⁵Einwendungen gegen die Abrechnung hat der Mieter dem Vermieter spätestens bis zum Ablauf des zwölften Monats nach Zugang der Abrechnung mitzuteilen. ⁶Nach Ablauf dieser Frist kann der Mieter Einwendungen nicht mehr geltend machen, es sei denn, der Mieter hat die verspätete Geltendmachung nicht zu vertreten.

(4) ¹Eine zum Nachteil des Mieters von Absatz 1, Absatz 2 Satz 2 oder Absatz 3 abweichende Vereinbarung ist unwirksam.

§ 556 a Abrechnungsmaßstab für Betriebskosten

(1) ¹Haben die Vertragsparteien nichts anderes vereinbart, sind die Betriebskosten vorbehaltlich anderweitiger Vorschriften nach dem Anteil der Wohnfläche umzulegen. ²Betriebskosten, die von einem erfassten Verbrauch oder einer erfassten Verursachung durch die Mieter abhängen, sind nach einem Maßstab umzulegen, der dem unterschiedlichen Verbrauch oder der unterschiedlichen Verursachung Rechnung trägt.

(2) ¹Haben die Vertragsparteien etwas anderes vereinbart, kann der Vermieter durch Erklärung in Textform bestimmen, dass die Betriebskosten zukünftig abweichend von der getroffenen Vereinbarung ganz oder teilweise nach einem Maßstab umgelegt werden dürfen, der dem erfassten unterschiedlichen Verbrauch oder der erfassten unterschiedlichen Verursachung Rechnung trägt. ²Die Erklärung ist nur vor Beginn eines Abrechnungszeitraums zulässig. ³Sind die Kosten bislang in der Miete enthalten, so ist diese entsprechend herabzusetzen.
(3) ¹Eine zum Nachteil des Mieters von Absatz 2 abweichende Vereinbarung ist unwirksam.

§ 556 b Fälligkeit der Miete, Aufrechnungs- und Zurückbehaltungsrecht (1) ¹Die Miete ist zu Beginn, spätestens bis zum dritten Werktag der einzelnen Zeitabschnitte zu entrichten, nach denen sie bemessen ist.
(2) ¹Der Mieter kann entgegen einer vertraglichen Bestimmung gegen eine Mietforderung mit einer Forderung auf Grund der §§ 536 a, 539 oder aus ungerechtfertigter Bereicherung wegen zu viel gezahlter Miete aufrechnen oder wegen einer solchen Forderung ein Zurückbehaltungsrecht ausüben, wenn er seine Absicht dem Vermieter mindestens einen Monat vor der Fälligkeit der Miete in Textform angezeigt hat. ²Eine zum Nachteil des Mieters abweichende Vereinbarung ist unwirksam.

Unterkapitel 2: Regelungen über die Miethöhe

§ 557 Mieterhöhungen nach Vereinbarung oder Gesetz (1) ¹Während des Mietverhältnisses können die Parteien eine Erhöhung der Miete vereinbaren.
(2) ¹Künftige Änderungen der Miethöhe können die Vertragsparteien als Staffelmiete nach § 557 a oder als Indexmiete nach § 557 b vereinbaren.
(3) ¹Im Übrigen kann der Vermieter Mieterhöhungen nur nach Maßgabe der §§ 558 bis 560 verlangen, soweit nicht eine Erhöhung durch Vereinbarung ausgeschlossen ist oder sich der Ausschluss aus den Umständen ergibt.
(4) ¹Eine zum Nachteil des Mieters abweichende Vereinbarung ist unwirksam.

§ 557 a Staffelmiete (1) ¹Die Miete kann für bestimmte Zeiträume in unterschiedlicher Höhe schriftlich vereinbart werden; in der Vereinbarung ist die jeweilige Miete oder die jeweilige Erhöhung in einem Geldbetrag auszuweisen (Staffelmiete).
(2) ¹Die Miete muss jeweils mindestens ein Jahr unverändert bleiben. ²Während der Laufzeit einer Staffelmiete ist eine Erhöhung nach den §§ 558 bis 559 b ausgeschlossen.
(3) ¹Das Kündigungsrecht des Mieters kann für höchstens vier Jahre seit Abschluss der Staffelmietvereinbarung ausgeschlossen werden. ²Die Kündigung ist frühestens zum Ablauf dieses Zeitraums zulässig.
(4) ¹Eine zum Nachteil des Mieters abweichende Vereinbarung ist unwirksam.

§ 557 b Indexmiete (1) ¹Die Vertragsparteien können schriftlich vereinbaren, dass die Miete durch den vom Statistischen Bundesamt ermittelten Preisindex für die Lebenshaltung aller privaten Haushalte in Deutschland bestimmt wird (Indexmiete).
(2) ¹Während der Geltung einer Indexmiete muss die Miete, von Erhöhungen nach den §§ 559 bis 560 abgesehen, jeweils mindestens ein Jahr unverändert bleiben. ²Eine Erhöhung nach § 559 kann nur verlangt werden, soweit der Vermieter bauliche Maßnahmen auf Grund von Umständen durchgeführt hat, die er nicht zu vertreten hat. ³Eine Erhöhung nach § 558 ist ausgeschlossen.

(3) ¹Eine Änderung der Miete nach Absatz 1 muss durch Erklärung in Textform geltend gemacht werden. ²Dabei sind die eingetretene Änderung des Preisindexes sowie die jeweilige Miete oder die Erhöhung in einem Geldbetrag anzugeben. ³Die geänderte Miete ist mit Beginn des übernächsten Monats nach dem Zugang der Erklärung zu entrichten.

(4) ¹Eine zum Nachteil des Mieters abweichende Vereinbarung ist unwirksam.

§ 558 Mieterhöhung bis zur ortsüblichen Vergleichsmiete

(1) ¹Der Vermieter kann die Zustimmung zu einer Erhöhung der Miete bis zur ortsüblichen Vergleichsmiete verlangen, wenn die Miete in dem Zeitpunkt, zu dem die Erhöhung eintreten soll, seit 15 Monaten unverändert ist. ²Das Mieterhöhungsverlangen kann frühestens ein Jahr nach der letzten Mieterhöhung geltend gemacht werden. ³Erhöhungen nach den §§ 559 bis 560 werden nicht berücksichtigt.

(2) ¹Die ortsübliche Vergleichsmiete wird gebildet aus den üblichen Entgelten, die in der Gemeinde oder einer vergleichbaren Gemeinde für Wohnraum vergleichbarer Art, Größe, Ausstattung, Beschaffenheit und Lage in den letzten vier Jahren vereinbart oder, von Erhöhungen nach § 560 abgesehen, geändert worden sind. ²Ausgenommen ist Wohnraum, bei dem die Miethöhe durch Gesetz oder im Zusammenhang mit einer Förderzusage festgelegt worden ist.

(3) ¹Bei Erhöhungen nach Absatz 1 darf sich die Miete innerhalb von drei Jahren, von Erhöhungen nach den §§ 559 bis 560 abgesehen, nicht um mehr als 20 vom Hundert erhöhen (Kappungsgrenze).

(4) ¹Die Kappungsgrenze gilt nicht,
1. wenn eine Verpflichtung des Mieters zur Ausgleichszahlung nach den Vorschriften über den Abbau der Fehlsubventionierung im Wohnungswesen wegen des Wegfalls der öffentlichen Bindung erloschen ist und
2. soweit die Erhöhung den Betrag der zuletzt zu entrichtenden Ausgleichszahlung nicht übersteigt.

²Der Vermieter kann vom Mieter frühestens vier Monate vor dem Wegfall der öffentlichen Bindung verlangen, ihm innerhalb eines Monats über die Verpflichtung zur Ausgleichszahlung und über deren Höhe Auskunft zu erteilen. ³Satz 1 gilt entsprechend, wenn die Verpflichtung des Mieters zur Leistung einer Ausgleichszahlung nach den §§ 34 bis 37 des Wohnraumförderungsgesetzes und den hierzu ergangenen landesrechtlichen Vorschriften wegen Wegfalls der Mietbindung erloschen ist.

(5) ¹Von dem Jahresbetrag, der sich bei einer Erhöhung auf die ortsübliche Vergleichsmiete ergäbe, sind Drittmittel im Sinne des § 559 a abzuziehen, im Falle des § 559 a Abs. 1 mit 11 vom Hundert des Zuschusses.

(6) ¹Eine zum Nachteil des Mieters abweichende Vereinbarung ist unwirksam.

§ 558 a Form und Begründung der Mieterhöhung

(1) ¹Das Mieterhöhungsverlangen nach § 558 ist dem Mieter in Textform zu erklären und zu begründen.

(2) ¹Zur Begründung kann insbesondere Bezug genommen werden auf
1. einen Mietspiegel (§§ 558 c, 558 d),
2. eine Auskunft aus einer Mietdatenbank (§ 558 e),
3. ein mit Gründen versehenes Gutachten eines öffentlich bestellten und vereidigten Sachverständigen,
4. entsprechende Entgelte für einzelne vergleichbare Wohnungen; hierbei genügt die Benennung von drei Wohnungen.

(3) ¹Enthält ein qualifizierter Mietspiegel (§ 558 d Abs. 1), bei dem die Vorschrift des § 558 d Abs. 2 eingehalten ist, Angaben für die Wohnung, so hat der Vermieter in seinem Mieterhöhungsverlangen diese Angaben auch dann mitzuteilen, wenn er die Mieterhöhung auf ein anderes Begründungsmittel nach Absatz 2 stützt.
(4) ¹Bei der Bezugnahme auf einen Mietspiegel, der Spannen enthält, reicht es aus, wenn die verlangte Miete innerhalb der Spanne liegt. ²Ist in dem Zeitpunkt, in dem der Vermieter seine Erklärung abgibt, kein Mietspiegel vorhanden, bei dem § 558 c Abs. 3 oder § 558 d Abs. 2 eingehalten ist, so kann auch ein anderer, insbesondere ein veralteter Mietspiegel oder ein Mietspiegel einer vergleichbaren Gemeinde verwendet werden.
(5) ¹Eine zum Nachteil des Mieters abweichende Vereinbarung ist unwirksam.

§ 558 b Zustimmung zur Mieterhöhung
(1) ¹Soweit der Mieter der Mieterhöhung zustimmt, schuldet er die erhöhte Miete mit Beginn des dritten Kalendermonats nach dem Zugang des Erhöhungsverlangens.
(2) ¹Soweit der Mieter der Mieterhöhung nicht bis zum Ablauf des zweiten Kalendermonats nach dem Zugang des Verlangens zustimmt, kann der Vermieter auf Erteilung der Zustimmung klagen. ²Die Klage muss innerhalb von drei weiteren Monaten erhoben werden.
(3) ¹Ist der Klage ein Erhöhungsverlangen vorausgegangen, das den Anforderungen des § 558 a nicht entspricht, so kann es der Vermieter im Rechtsstreit nachholen oder die Mängel des Erhöhungsverlangens beheben. ²Dem Mieter steht auch in diesem Fall die Zustimmungsfrist nach Absatz 2 Satz 1 zu.
(4) ¹Eine zum Nachteil des Mieters abweichende Vereinbarung ist unwirksam.

§ 558 c Mietspiegel
(1) ¹Ein Mietspiegel ist eine Übersicht über die ortsübliche Vergleichsmiete, soweit die Übersicht von der Gemeinde oder von Interessenvertretern der Vermieter und der Mieter gemeinsam erstellt oder anerkannt worden ist.
(2) ¹Mietspiegel können für das Gebiet einer Gemeinde oder mehrerer Gemeinden oder für Teile von Gemeinden erstellt werden.
(3) ¹Mietspiegel sollen im Abstand von zwei Jahren der Marktentwicklung angepasst werden.
(4) ¹Gemeinden sollen Mietspiegel erstellen, wenn hierfür ein Bedürfnis besteht und dies mit einem vertretbaren Aufwand möglich ist. ²Die Mietspiegel und ihre Änderungen sollen veröffentlicht werden.
(5) ¹Die Bundesregierung wird ermächtigt, durch Rechtsverordnung mit Zustimmung des Bundesrates Vorschriften über den näheren Inhalt und das Verfahren zur Aufstellung und Anpassung von Mietspiegeln zu erlassen.

§ 558 d Qualifizierter Mietspiegel
(1) ¹Ein qualifizierter Mietspiegel ist ein Mietspiegel, der nach anerkannten wissenschaftlichen Grundsätzen erstellt und von der Gemeinde oder von Interessenvertretern der Vermieter und der Mieter anerkannt worden ist.
(2) ¹Der qualifizierte Mietspiegel ist im Abstand von zwei Jahren der Marktentwicklung anzupassen. ²Dabei kann eine Stichprobe oder die Entwicklung des vom Statistischen Bundesamt ermittelten Preisindexes für die Lebenshaltung aller privaten Haushalte in Deutschland zugrunde gelegt werden. ³Nach vier Jahren ist der qualifizierte Mietspiegel neu zu erstellen.
(3) ¹Ist die Vorschrift des Absatzes 2 eingehalten, so wird vermutet, dass die im qualifizierten Mietspiegel bezeichneten Entgelte die ortsübliche Vergleichsmiete wiedergeben.

§ 558 e Mietdatenbank ¹Eine Mietdatenbank ist eine zur Ermittlung der ortsüblichen Vergleichsmiete fortlaufend geführte Sammlung von Mieten, die von der Gemeinde oder von Interessenvertretern der Vermieter und der Mieter gemeinsam geführt oder anerkannt wird und aus der Auskünfte gegeben werden, die für einzelne Wohnungen einen Schluss auf die ortsübliche Vergleichsmiete zulassen.

§ 559 Mieterhöhung bei Modernisierung (1) ¹Hat der Vermieter bauliche Maßnahmen durchgeführt, die den Gebrauchswert der Mietsache nachhaltig erhöhen, die allgemeinen Wohnverhältnisse auf Dauer verbessern oder nachhaltig Einsparungen von Energie oder Wasser bewirken (Modernisierung), oder hat er andere bauliche Maßnahmen auf Grund von Umständen durchgeführt, die er nicht zu vertreten hat, so kann er die jährliche Miete um 11 vom Hundert der für die Wohnung aufgewendeten Kosten erhöhen.
(2) ¹Sind die baulichen Maßnahmen für mehrere Wohnungen durchgeführt worden, so sind die Kosten angemessen auf die einzelnen Wohnungen aufzuteilen.
(3) ¹Eine zum Nachteil des Mieters abweichende Vereinbarung ist unwirksam.

§ 559 a Anrechnung von Drittmitteln (1) ¹Kosten, die vom Mieter oder für diesen von einem Dritten übernommen oder die mit Zuschüssen aus öffentlichen Haushalten gedeckt werden, gehören nicht zu den aufgewendeten Kosten im Sinne des § 559.
(2) ¹Werden die Kosten für die baulichen Maßnahmen ganz oder teilweise durch zinsverbilligte oder zinslose Darlehen aus öffentlichen Haushalten gedeckt, so verringert sich der Erhöhungsbetrag nach § 559 um den Jahresbetrag der Zinsermäßigung. ²Dieser wird errechnet aus dem Unterschied zwischen dem ermäßigten Zinssatz und dem marktüblichen Zinssatz für den Ursprungsbetrag des Darlehens. ³Maßgebend ist der marktübliche Zinssatz für erstrangige Hypotheken zum Zeitpunkt der Beendigung der Maßnahmen. ⁴Werden Zuschüsse oder Darlehen zur Deckung von laufenden Aufwendungen gewährt, so verringert sich der Erhöhungsbetrag um den Jahresbetrag des Zuschusses oder Darlehens.
(3) ¹Ein Mieterdarlehen, eine Mietvorauszahlung oder eine von einem Dritten für den Mieter erbrachte Leistung für die baulichen Maßnahmen stehen einem Darlehen aus öffentlichen Haushalten gleich. ²Mittel der Finanzierungsinstitute des Bundes oder eines Landes gelten als Mittel aus öffentlichen Haushalten.
(4) ¹Kann nicht festgestellt werden, in welcher Höhe Zuschüsse oder Darlehen für die einzelnen Wohnungen gewährt worden sind, so sind sie nach dem Verhältnis der für die einzelnen Wohnungen aufgewendeten Kosten aufzuteilen.
(5) ¹Eine zum Nachteil des Mieters abweichende Vereinbarung ist unwirksam.

§ 559 b Geltendmachung der Erhöhung, Wirkung der Erhöhungserklärung (1) ¹Die Mieterhöhung nach § 559 ist dem Mieter in Textform zu erklären. ²Die Erklärung ist nur wirksam, wenn in ihr die Erhöhung auf Grund der entstandenen Kosten berechnet und entsprechend den Voraussetzungen der §§ 559 und 559 a erläutert wird.
(2) ¹Der Mieter schuldet die erhöhte Miete mit Beginn des dritten Monats nach dem Zugang der Erklärung. ²Die Frist verlängert sich um sechs Monate, wenn der Vermieter dem Mieter die zu erwartende Erhöhung der Miete nicht nach § 554 Abs. 3 Satz 1 mitgeteilt hat oder wenn die tatsächliche Mieterhöhung mehr als 10 vom Hundert höher ist als die mitgeteilte.
(3) ¹Eine zum Nachteil des Mieters abweichende Vereinbarung ist unwirksam.

§ 560 Veränderungen von Betriebskosten (1) ¹Bei einer Betriebskostenpauschale ist der Vermieter berechtigt, Erhöhungen der Betriebskosten durch Erklärung in Textform anteilig auf den Mieter umzulegen, soweit dies im

Mietvertrag vereinbart ist. ²Die Erklärung ist nur wirksam, wenn in ihr der Grund für die Umlage bezeichnet und erläutert wird.
(2) ¹Der Mieter schuldet den auf ihn entfallenden Teil der Umlage mit Beginn des auf die Erklärung folgenden übernächsten Monats. ²Soweit die Erklärung darauf beruht, dass sich die Betriebskosten rückwirkend erhöht haben, wirkt sie auf den Zeitpunkt der Erhöhung der Betriebskosten, höchstens jedoch auf den Beginn des der Erklärung vorausgehenden Kalenderjahres zurück, sofern der Vermieter die Erklärung innerhalb von drei Monaten nach Kenntnis von der Erhöhung abgibt.
(3) ¹Ermäßigen sich die Betriebskosten, so ist eine Betriebskostenpauschale vom Zeitpunkt der Ermäßigung an entsprechend herabzusetzen. ²Die Ermäßigung ist dem Mieter unverzüglich mitzuteilen.
(4) ¹Sind Betriebskostenvorauszahlungen vereinbart worden, so kann jede Vertragspartei nach einer Abrechnung durch Erklärung in Textform eine Anpassung auf eine angemessene Höhe vornehmen.
(5) ¹Bei Veränderungen von Betriebskosten ist der Grundsatz der Wirtschaftlichkeit zu beachten.
(6) ¹Eine zum Nachteil des Mieters abweichende Vereinbarung ist unwirksam.

§ 561 Sonderkündigungsrecht des Mieters nach Mieterhöhung
(1) ¹Macht der Vermieter eine Mieterhöhung nach § 558 oder § 559 geltend, so kann der Mieter bis zum Ablauf des zweiten Monats nach dem Zugang der Erklärung des Vermieters das Mietverhältnis außerordentlich zum Ablauf des übernächsten Monats kündigen. ²Kündigt der Mieter, so tritt die Mieterhöhung nicht ein.
(2) ¹Eine zum Nachteil des Mieters abweichende Vereinbarung ist unwirksam.

Kapitel 3: Pfandrecht des Vermieters

§ 562 Umfang des Vermieterpfandrechts
(1) ¹Der Vermieter hat für seine Forderungen aus dem Mietverhältnis ein Pfandrecht an den eingebrachten Sachen des Mieters. ²Es erstreckt sich nicht auf die Sachen, die der Pfändung nicht unterliegen.
(2) ¹Für künftige Entschädigungsforderungen und für die Miete für eine spätere Zeit als das laufende und das folgende Mietjahr kann das Pfandrecht nicht geltend gemacht werden.

§ 562 a Erlöschen des Vermieterpfandrechts
¹Das Pfandrecht des Vermieters erlischt mit der Entfernung der Sachen von dem Grundstück, außer wenn diese ohne Wissen oder unter Widerspruch des Vermieters erfolgt. ²Der Vermieter kann nicht widersprechen, wenn sie den gewöhnlichen Lebensverhältnissen entspricht oder wenn die zurückbleibenden Sachen zur Sicherung des Vermieters offenbar ausreichen.

§ 562 b Selbsthilferecht, Herausgabeanspruch
(1) ¹Der Vermieter darf die Entfernung der Sachen, die seinem Pfandrecht unterliegen, auch ohne Anrufen des Gerichts verhindern, soweit er berechtigt ist, der Entfernung zu widersprechen. ²Wenn der Mieter auszieht, darf der Vermieter diese Sachen in seinen Besitz nehmen.
(2) ¹Sind die Sachen ohne Wissen oder unter Widerspruch des Vermieters entfernt worden, so kann er die Herausgabe zum Zwecke der Zurückschaffung auf das Grundstück und, wenn der Mieter ausgezogen ist, die Überlassung des Besitzes verlangen. ²Das Pfandrecht erlischt mit dem Ablauf eines Monats, nachdem der Vermieter von der Entfernung der Sachen Kenntnis erlangt hat, wenn er diesen Anspruch nicht vorher gerichtlich geltend gemacht hat.

§ 562 c Abwendung des Pfandrechts durch Sicherheitsleistung
¹Der Mieter kann die Geltendmachung des Pfandrechts des Vermieters durch Sicherheitsleistung abwenden. ²Er kann jede einzelne Sache dadurch von dem Pfandrecht befreien, dass er in Höhe ihres Wertes Sicherheit leistet.

§ 562 d Pfändung durch Dritte
¹Wird eine Sache, die dem Pfandrecht des Vermieters unterliegt, für einen anderen Gläubiger gepfändet, so kann diesem gegenüber das Pfandrecht nicht wegen der Miete für eine frühere Zeit als das letzte Jahr vor der Pfändung geltend gemacht werden.

Kapitel 4: Wechsel der Vertragsparteien

§ 563 Eintrittsrecht bei Tod des Mieters
(1) ¹Der Ehegatte, der mit dem Mieter einen gemeinsamen Haushalt führt, tritt mit dem Tod des Mieters in das Mietverhältnis ein. ²Dasselbe gilt für den Lebenspartner.
(2) ¹Leben in dem gemeinsamen Haushalt Kinder des Mieters, treten diese mit dem Tod des Mieters in das Mietverhältnis ein, wenn nicht der Ehegatte eintritt. ²Der Eintritt des Lebenspartners bleibt vom Eintritt der Kinder des Mieters unberührt. ³Andere Familienangehörige, die mit dem Mieter einen gemeinsamen Haushalt führen, treten mit dem Tod des Mieters in das Mietverhältnis ein, wenn nicht der Ehegatte oder der Lebenspartner eintritt. ⁴Dasselbe gilt für Personen, die mit dem Mieter einen auf Dauer angelegten gemeinsamen Haushalt führen.
(3) ¹Erklären eingetretene Personen im Sinne des Absatzes 1 oder 2 innerhalb eines Monats, nachdem sie vom Tod des Mieters Kenntnis erlangt haben, dem Vermieter, dass sie das Mietverhältnis nicht fortsetzen wollen, gilt der Eintritt als nicht erfolgt. ²Für geschäftsunfähige oder in der Geschäftsfähigkeit beschränkte Personen gilt § 210 entsprechend. ³Sind mehrere Personen in das Mietverhältnis eingetreten, so kann jeder die Erklärung für sich abgeben.
(4) ¹Der Vermieter kann das Mietverhältnis innerhalb eines Monats, nachdem er von dem endgültigen Eintritt in das Mietverhältnis Kenntnis erlangt hat, außerordentlich mit der gesetzlichen Frist kündigen, wenn in der Person des Eingetretenen ein wichtiger Grund vorliegt.
(5) ¹Eine abweichende Vereinbarung zum Nachteil des Mieters oder solcher Personen, die nach Absatz 1 oder 2 eintrittsberechtigt sind, ist unwirksam.

§ 563 a Fortsetzung mit überlebenden Mietern
(1) ¹Sind mehrere Personen im Sinne des § 563 gemeinsam Mieter, so wird das Mietverhältnis beim Tod eines Mieters mit den überlebenden Mietern fortgesetzt.
(2) ¹Die überlebenden Mieter können das Mietverhältnis innerhalb eines Monats, nachdem sie vom Tod des Mieters Kenntnis erlangt haben, außerordentlich mit der gesetzlichen Frist kündigen.
(3) ¹Eine abweichende Vereinbarung zum Nachteil der Mieter ist unwirksam.

§ 563 b Haftung bei Eintritt oder Fortsetzung
(1) ¹Die Personen, die nach § 563 in das Mietverhältnis eingetreten sind oder mit denen es nach § 563 a fortgesetzt wird, haften neben dem Erben für die bis zum Tod des Mieters entstandenen Verbindlichkeiten als Gesamtschuldner. ²Im Verhältnis zu diesen Personen haftet der Erbe allein, soweit nichts anderes bestimmt ist.
(2) ¹Hat der Mieter die Miete für einen nach seinem Tod liegenden Zeitraum im Voraus entrichtet, sind die Personen, die nach § 563 in das Mietverhältnis eingetreten sind oder mit denen es nach § 563 a fortgesetzt wird, verpflichtet, dem Erben dasjenige herauszugeben, was sie infolge der Vorausentrichtung der Miete ersparen oder erlangen.

(3) ¹Der Vermieter kann, falls der verstorbene Mieter keine Sicherheit geleistet hat, von den Personen, die nach § 563 in das Mietverhältnis eingetreten sind oder mit denen es nach § 563 a fortgesetzt wird, nach Maßgabe des § 551 eine Sicherheitsleistung verlangen.

§ 564 Fortsetzung des Mietverhältnisses mit dem Erben, außerordentliche Kündigung
¹Treten beim Tod des Mieters keine Personen im Sinne des § 563 in das Mietverhältnis ein oder wird es nicht mit ihnen nach § 563 a fortgesetzt, so wird es mit dem Erben fortgesetzt. ²In diesem Fall ist sowohl der Erbe als auch der Vermieter berechtigt, das Mietverhältnis innerhalb eines Monats außerordentlich mit der gesetzlichen Frist zu kündigen, nachdem sie vom Tod des Mieters und davon Kenntnis erlangt haben, dass ein Eintritt in das Mietverhältnis oder dessen Fortsetzung nicht erfolgt sind.

§ 565 Gewerbliche Weitervermietung
(1) ¹Soll der Mieter nach dem Mietvertrag den gemieteten Wohnraum gewerblich einem Dritten zu Wohnzwecken weitervermieten, so tritt der Vermieter bei der Beendigung des Mietverhältnisses in die Rechte und Pflichten aus dem Mietverhältnis zwischen dem Mieter und dem Dritten ein. ²Schließt der Vermieter erneut einen Mietvertrag zur gewerblichen Weitervermietung ab, so tritt der Mieter anstelle der bisherigen Vertragspartei in die Rechte und Pflichten aus dem Mietverhältnis mit dem Dritten ein.
(2) ¹Die §§ 566 a bis 566 e gelten entsprechend.
(3) ¹Eine zum Nachteil des Dritten abweichende Vereinbarung ist unwirksam.

§ 566 Kauf bricht nicht Miete
(1) ¹Wird der vermietete Wohnraum nach der Überlassung an den Mieter von dem Vermieter an einen Dritten veräußert, so tritt der Erwerber anstelle des Vermieters in die sich während der Dauer seines Eigentums aus dem Mietverhältnis ergebenden Rechte und Pflichten ein.
(2) ¹Erfüllt der Erwerber die Pflichten nicht, so haftet der Vermieter für den von dem Erwerber zu ersetzenden Schaden wie ein Bürge, der auf die Einrede der Vorausklage verzichtet hat. ²Erlangt der Mieter von dem Übergang des Eigentums durch Mitteilung des Vermieters Kenntnis, so wird der Vermieter von der Haftung befreit, wenn nicht der Mieter das Mietverhältnis zum ersten Termin kündigt, zu dem die Kündigung zulässig ist.

§ 566 a Mietsicherheit
¹Hat der Mieter des veräußerten Wohnraums dem Vermieter für die Erfüllung seiner Pflichten Sicherheit geleistet, so tritt der Erwerber in die dadurch begründeten Rechte und Pflichten ein. ²Kann bei Beendigung des Mietverhältnisses der Mieter die Sicherheit von dem Erwerber nicht erlangen, so ist der Vermieter weiterhin zur Rückgewähr verpflichtet.

§ 566 b Vorausverfügung über die Miete
(1) ¹Hat der Vermieter vor dem Übergang des Eigentums über die Miete verfügt, die auf die Zeit der Berechtigung des Erwerbers entfällt, so ist die Verfügung wirksam, soweit sie sich auf die Miete für den zur Zeit des Eigentumsübergangs laufenden Kalendermonat bezieht. ²Geht das Eigentum nach dem 15. Tag des Monats über, so ist die Verfügung auch wirksam, soweit sie sich auf die Miete für den folgenden Kalendermonat bezieht.
(2) ¹Eine Verfügung über die Miete für eine spätere Zeit muss der Erwerber gegen sich gelten lassen, wenn er sie zur Zeit des Übergangs des Eigentums kennt.

§ 566 c Vereinbarung zwischen Mieter und Vermieter über die Miete
¹Ein Rechtsgeschäft, das zwischen dem Mieter und dem Vermieter über die Mietforderung vorgenommen wird, insbesondere die Entrichtung der Miete,

ist dem Erwerber gegenüber wirksam, soweit es sich nicht auf die Miete für eine spätere Zeit als den Kalendermonat bezieht, in welchem der Mieter von dem Übergang des Eigentums Kenntnis erlangt. ²Erlangt der Mieter die Kenntnis nach dem 15. Tag des Monats, so ist das Rechtsgeschäft auch wirksam, soweit es sich auf die Miete für den folgenden Kalendermonat bezieht. ³Ein Rechtsgeschäft, das nach dem Übergang des Eigentums vorgenommen wird, ist jedoch unwirksam, wenn der Mieter bei der Vornahme des Rechtsgeschäfts von dem Übergang des Eigentums Kenntnis hat.

§ 566 d Aufrechnung durch den Mieter ¹Soweit die Entrichtung der Miete an den Vermieter nach § 566 c dem Erwerber gegenüber wirksam ist, kann der Mieter gegen die Mietforderung des Erwerbers eine ihm gegen den Vermieter zustehende Forderung aufrechnen. ²Die Aufrechnung ist ausgeschlossen, wenn der Mieter die Gegenforderung erworben hat, nachdem er von dem Übergang des Eigentums Kenntnis erlangt hat, oder wenn die Gegenforderung erst nach der Erlangung der Kenntnis und später als die Miete fällig geworden ist.

§ 566 e Mitteilung des Eigentumsübergangs durch den Vermieter
(1) ¹Teilt der Vermieter dem Mieter mit, dass er das Eigentum an dem vermieteten Wohnraum auf einen Dritten übertragen hat, so muss er in Ansehung der Mietforderung dem Mieter gegenüber die mitgeteilte Übertragung gegen sich gelten lassen, auch wenn sie nicht erfolgt oder nicht wirksam ist.
(2) ¹Die Mitteilung kann nur mit Zustimmung desjenigen zurückgenommen werden, der als der neue Eigentümer bezeichnet worden ist.

§ 567 Belastung des Wohnraums durch den Vermieter ¹Wird der vermietete Wohnraum nach der Überlassung an den Mieter von dem Vermieter mit dem Recht eines Dritten belastet, so sind die §§ 566 bis 566 e entsprechend anzuwenden, wenn durch die Ausübung des Rechts dem Mieter der vertragsgemäße Gebrauch entzogen wird. ²Wird der Mieter durch die Ausübung des Rechts in dem vertragsgemäßen Gebrauch beschränkt, so ist der Dritte dem Mieter gegenüber verpflichtet, die Ausübung zu unterlassen, soweit sie den vertragsgemäßen Gebrauch beeinträchtigen würde.

§ 567 a Veräußerung oder Belastung vor der Überlassung des Wohnraums ¹Hat vor der Überlassung des vermieteten Wohnraums an den Mieter der Vermieter den Wohnraum an einen Dritten veräußert oder mit einem Recht belastet, durch dessen Ausübung der vertragsgemäße Gebrauch dem Mieter entzogen oder beschränkt wird, so gilt das Gleiche wie in den Fällen des § 566 Abs. 1 und des § 567, wenn der Erwerber dem Vermieter gegenüber die Erfüllung der sich aus dem Mietverhältnis ergebenden Pflichten übernommen hat.

§ 567 b Weiterveräußerung oder Belastung durch Erwerber Wird der vermietete Wohnraum von dem Erwerber weiterveräußert oder belastet, so sind § 566 Abs. 1 und die §§ 566 a bis 567 a entsprechend anzuwenden. Erfüllt der neue Erwerber die sich aus dem Mietverhältnis ergebenden Pflichten nicht, so haftet der Vermieter dem Mieter nach § 566 Abs. 2.

Kapitel 5: Beendigung des Mietverhältnisses

Unterkapitel 1: Allgemeine Vorschriften

§ 568 Form und Inhalt der Kündigung
(1) ¹Die Kündigung des Mietverhältnisses bedarf der schriftlichen Form.
(2) ¹Der Vermieter soll den Mieter auf die Möglichkeit, die Form und die Frist des Widerspruchs nach den §§ 574 bis 574 b rechtzeitig hinweisen.

§ 569 Außerordentliche fristlose Kündigung aus wichtigem Grund
(1) ¹Ein wichtiger Grund im Sinne des § 543 Abs. 1 liegt für den Mieter auch vor, wenn der gemietete Wohnraum so beschaffen ist, dass seine Benutzung mit einer erheblichen Gefährdung der Gesundheit verbunden ist. ²Dies gilt auch, wenn der Mieter die Gefahr bringende Beschaffenheit bei Vertragsschluss gekannt oder darauf verzichtet hat, die ihm wegen dieser Beschaffenheit zustehenden Rechte geltend zu machen.
(2) ¹Ein wichtiger Grund im Sinne des § 543 Abs. 1 liegt ferner vor, wenn eine Vertragspartei den Hausfrieden nachhaltig stört, so dass dem Kündigenden unter Berücksichtigung aller Umstände des Einzelfalls, insbesondere eines Verschuldens der Vertragsparteien, und unter Abwägung der beiderseitigen Interessen die Fortsetzung des Mietverhältnisses bis zum Ablauf der Kündigungsfrist oder bis zur sonstigen Beendigung des Mietverhältnisses nicht zugemutet werden kann.
(3) ¹Ergänzend zu § 543 Abs. 2 Satz 1 Nr. 3 gilt:
1. Im Falle des § 543 Abs. 2 Satz 1 Nr. 3 Buchstabe a ist der rückständige Teil der Miete nur dann als nicht unerheblich anzusehen, wenn er die Miete für einen Monat übersteigt. Dies gilt nicht, wenn der Wohnraum nur zum vorübergehenden Gebrauch vermietet ist.
2. Die Kündigung wird auch dann unwirksam, wenn der Vermieter spätestens bis zum Ablauf von zwei Monaten nach Eintritt der Rechtshängigkeit des Räumungsanspruchs hinsichtlich der fälligen Miete und der fälligen Entschädigung nach § 546 a Abs. 1 befriedigt wird oder sich eine öffentliche Stelle zur Befriedigung verpflichtet. Dies gilt nicht, wenn der Kündigung vor nicht länger als zwei Jahren bereits eine nach Satz 1 unwirksam gewordene Kündigung vorausgegangen ist.
3. Ist der Mieter rechtskräftig zur Zahlung einer erhöhten Miete nach den §§ 558 bis 560 verurteilt worden, so kann der Vermieter das Mietverhältnis wegen Zahlungsverzugs des Mieters nicht vor Ablauf von zwei Monaten nach rechtskräftiger Verurteilung kündigen, wenn nicht die Voraussetzungen der außerordentlichen fristlosen Kündigung schon wegen der bisher geschuldeten Miete erfüllt sind.

(4) ¹Der zur Kündigung führende wichtige Grund ist in dem Kündigungsschreiben anzugeben.
(5) ¹Eine Vereinbarung, die zum Nachteil des Mieters von den Absätzen 1 bis 3 dieser Vorschrift oder von § 543 abweicht, ist unwirksam. ²Ferner ist eine Vereinbarung unwirksam, nach der der Vermieter berechtigt sein soll, aus anderen als den im Gesetz zugelassenen Gründen außerordentlich fristlos zu kündigen.

§ 570 Ausschluss des Zurückbehaltungsrechts
¹Dem Mieter steht kein Zurückbehaltungsrecht gegen den Rückgabeanspruch des Vermieters zu.

§ 571 Weiterer Schadensersatz bei verspäteter Rückgabe von Wohnraum
(1) ¹Gibt der Mieter den gemieteten Wohnraum nach Beendigung des Mietverhältnisses nicht zurück, so kann der Vermieter einen weiteren Schaden im Sinne des § 546 a Abs. 2 nur geltend machen, wenn die Rückgabe infolge von Umständen unterblieben ist, die der Mieter zu vertreten hat. ²Der Schaden

ist nur insoweit zu ersetzen, als die Billigkeit eine Schadloshaltung erfordert. ³Dies gilt nicht, wenn der Mieter gekündigt hat.

(2) ¹Wird dem Mieter nach § 721 oder § 794 a der Zivilprozessordnung eine Räumungsfrist gewährt, so ist er für die Zeit von der Beendigung des Mietverhältnisses bis zum Ablauf der Räumungsfrist zum Ersatz eines weiteren Schadens nicht verpflichtet.

(3) ¹Eine zum Nachteil des Mieters abweichende Vereinbarung ist unwirksam.

§ 572 Vereinbartes Rücktrittsrecht; Mietverhältnis unter auflösender Bedingung

(1) ¹Auf eine Vereinbarung, nach der der Vermieter berechtigt sein soll, nach Überlassung des Wohnraums an den Mieter vom Vertrag zurückzutreten, kann der Vermieter sich nicht berufen.

(2) ¹Ferner kann der Vermieter sich nicht auf eine Vereinbarung berufen, nach der das Mietverhältnis zum Nachteil des Mieters auflösend bedingt ist.

Unterkapitel 2: Mietverhältnisse auf unbestimmte Zeit

§ 573 Ordentliche Kündigung des Vermieters

(1) ¹Der Vermieter kann nur kündigen, wenn er ein berechtigtes Interesse an der Beendigung des Mietverhältnisses hat. ²Die Kündigung zum Zwecke der Mieterhöhung ist ausgeschlossen.

(2) ¹Ein berechtigtes Interesse des Vermieters an der Beendigung des Mietverhältnisses liegt insbesondere vor, wenn

1. der Mieter seine vertraglichen Pflichten schuldhaft nicht unerheblich verletzt hat,
2. der Vermieter die Räume als Wohnung für sich, seine Familienangehörigen oder Angehörige seines Haushalts benötigt oder
3. der Vermieter durch die Fortsetzung des Mietverhältnisses an einer angemessenen wirtschaftlichen Verwertung des Grundstücks gehindert und dadurch erhebliche Nachteile erleiden würde; die Möglichkeit, durch eine anderweitige Vermietung als Wohnraum eine höhere Miete zu erzielen, bleibt außer Betracht; der Vermieter kann sich auch nicht darauf berufen, dass er die Mieträume im Zusammenhang mit einer beabsichtigten oder nach Überlassung an den Mieter erfolgten Begründung von Wohnungseigentum veräußern will.

(3) ¹Die Gründe für ein berechtigtes Interesse des Vermieters sind in dem Kündigungsschreiben anzugeben. ²Andere Gründe werden nur berücksichtigt, soweit sie nachträglich entstanden sind.

(4) ¹Eine zum Nachteil des Mieters abweichende Vereinbarung ist unwirksam.

§ 573 a Erleichterte Kündigung des Vermieters

(1) ¹Ein Mietverhältnis über eine Wohnung in einem vom Vermieter selbst bewohnten Gebäude mit nicht mehr als zwei Wohnungen kann der Vermieter auch kündigen, ohne dass es eines berechtigten Interesses im Sinne des § 573 bedarf. ²Die Kündigungsfrist verlängert sich in diesem Fall um drei Monate.

(2) ¹Absatz 1 gilt entsprechend für Wohnraum innerhalb der vom Vermieter selbst bewohnten Wohnung, sofern der Wohnraum nicht nach § 549 Abs. 2 Nr. 2 vom Mieterschutz ausgenommen ist.

(3) ¹In dem Kündigungsschreiben ist anzugeben, dass die Kündigung auf die Voraussetzungen des Absatzes 1 oder 2 gestützt wird.

(4) ¹Eine zum Nachteil des Mieters abweichende Vereinbarung ist unwirksam.

§ 573 b Teilkündigung des Vermieters

(1) ¹Der Vermieter kann nicht zum Wohnen bestimmte Nebenräume oder Teile eines Grundstücks ohne ein berechtigtes Interesse im Sinne des § 573 kündigen, wenn er die Kündigung auf diese Räume oder Grundstücksteile beschränkt und sie dazu verwenden will,
1. Wohnraum zum Zwecke der Vermietung zu schaffen oder
2. den neu zu schaffenden und den vorhandenen Wohnraum mit Nebenräumen oder Grundstücksteilen auszustatten.

(2) ¹Die Kündigung ist spätestens am dritten Werktag eines Kalendermonats zum Ablauf des übernächsten Monats zulässig.

(3) ¹Verzögert sich der Beginn der Bauarbeiten, so kann der Mieter eine Verlängerung des Mietverhältnisses um einen entsprechenden Zeitraum verlangen.

(4) ¹Der Mieter kann eine angemessene Senkung der Miete verlangen.

(5) ¹Eine zum Nachteil des Mieters abweichende Vereinbarung ist unwirksam.

§ 573 c Fristen der ordentlichen Kündigung

(1) ¹Die Kündigung ist spätestens am dritten Werktag eines Kalendermonats zum Ablauf des übernächsten Monats zulässig. ²Die Kündigungsfrist für den Vermieter verlängert sich nach fünf und acht Jahren seit der Überlassung des Wohnraums um jeweils drei Monate.

(2) ¹Bei Wohnraum, der nur zum vorübergehenden Gebrauch vermietet worden ist, kann eine kürzere Kündigungsfrist vereinbart werden.

(3) ¹Bei Wohnraum nach § 549 Abs. 2 Nr. 2 ist die Kündigung spätestens am 15. eines Monats zum Ablauf dieses Monats zulässig.

(4) ¹Eine zum Nachteil des Mieters von Absatz 1 oder 3 abweichende Vereinbarung ist unwirksam.

§ 573 d Außerordentliche Kündigung mit gesetzlicher Frist

(1) ¹Kann ein Mietverhältnis außerordentlich mit der gesetzlichen Frist gekündigt werden, so gelten mit Ausnahme der Kündigung gegenüber Erben des Mieters nach § 564 die §§ 573 und 573 a entsprechend.

(2) ¹Die Kündigung ist spätestens am dritten Werktag eines Kalendermonats zum Ablauf des übernächsten Monats zulässig, bei Wohnraum nach § 549 Abs. 2 Nr. 2 spätestens am 15. eines Monats zum Ablauf dieses Monats (gesetzliche Frist). ²§ 573 a Abs. 1 Satz 2 findet keine Anwendung.

(3) ¹Eine zum Nachteil des Mieters abweichende Vereinbarung ist unwirksam.

§ 574 Widerspruch des Mieters gegen die Kündigung

(1) ¹Der Mieter kann der Kündigung des Vermieters widersprechen und von ihm die Fortsetzung des Mietverhältnisses verlangen, wenn die Beendigung des Mietverhältnisses für den Mieter, seine Familie oder einen anderen Angehörigen seines Haushalts eine Härte bedeuten würde, die auch unter Würdigung der berechtigten Interessen des Vermieters nicht zu rechtfertigen ist. ²Dies gilt nicht, wenn ein Grund vorliegt, der den Vermieter zur außerordentlichen fristlosen Kündigung berechtigt.

(2) ¹Eine Härte liegt auch vor, wenn angemessener Ersatzwohnraum zu zumutbaren Bedingungen nicht beschafft werden kann.

(3) ¹Bei der Würdigung der berechtigten Interessen des Vermieters werden nur die in dem Kündigungsschreiben nach § 573 Abs. 3 angegebenen Gründe berücksichtigt, außer wenn die Gründe nachträglich entstanden sind.

(4) ¹Eine zum Nachteil des Mieters abweichende Vereinbarung ist unwirksam.

§ 574 a Fortsetzung des Mietverhältnisses nach Widerspruch

(1) ¹Im Falle des § 574 kann der Mieter verlangen, dass das Mietverhältnis so lange fortgesetzt wird, wie dies unter Berücksichtigung aller Umstände angemessen ist. ²Ist dem Vermieter nicht zuzumuten, das Mietverhältnis zu den

bisherigen Vertragsbedingungen fortzusetzen, so kann der Mieter nur verlangen, dass es unter einer angemessenen Änderung der Bedingungen fortgesetzt wird.

(2) [1]Kommt keine Einigung zustande, so werden die Fortsetzung des Mietverhältnisses, deren Dauer sowie die Bedingungen, zu denen es fortgesetzt wird, durch Urteil bestimmt. [2]Ist ungewiss, wann voraussichtlich die Umstände wegfallen, auf Grund derer die Beendigung des Mietverhältnisses eine Härte bedeutet, so kann bestimmt werden, dass das Mietverhältnis auf unbestimmte Zeit fortgesetzt wird.

(3) [1]Eine zum Nachteil des Mieters abweichende Vereinbarung ist unwirksam.

§ 574 b Form und Frist des Widerspruchs
(1) [1]Der Widerspruch des Mieters gegen die Kündigung ist schriftlich zu erklären. [2]Auf Verlangen des Vermieters soll der Mieter über die Gründe des Widerspruchs unverzüglich Auskunft erteilen.

(2) [1]Der Vermieter kann die Fortsetzung des Mietverhältnisses ablehnen, wenn der Mieter ihm den Widerspruch nicht spätestens zwei Monate vor der Beendigung des Mietverhältnisses erklärt hat. [2]Hat der Vermieter nicht rechtzeitig vor Ablauf der Widerspruchsfrist auf die Möglichkeit des Widerspruchs sowie auf dessen Form und Frist hingewiesen, so kann der Mieter den Widerspruch noch im ersten Termin des Räumungsrechtsstreits erklären.

(3) [1]Eine zum Nachteil des Mieters abweichende Vereinbarung ist unwirksam.

§ 574 c Weitere Fortsetzung des Mietverhältnisses bei unvorhergesehenen Umständen
(1) [1]Ist auf Grund der §§ 574 bis 574 b durch Einigung oder Urteil bestimmt worden, dass das Mietverhältnis auf bestimmte Zeit fortgesetzt wird, so kann der Mieter dessen weitere Fortsetzung nur verlangen, wenn dies durch eine wesentliche Änderung der Umstände gerechtfertigt ist oder wenn Umstände nicht eingetreten sind, deren vorgesehener Eintritt für die Zeitdauer der Fortsetzung bestimmend gewesen war.

(2) [1]Kündigt der Vermieter ein Mietverhältnis, dessen Fortsetzung auf unbestimmte Zeit durch Urteil bestimmt worden ist, so kann der Mieter der Kündigung widersprechen und vom Vermieter verlangen, das Mietverhältnis auf unbestimmte Zeit fortzusetzen. [2]Haben sich die Umstände verändert, die für die Fortsetzung bestimmend gewesen waren, so kann der Mieter eine Fortsetzung des Mietverhältnisses nur nach § 574 verlangen; unerhebliche Veränderungen bleiben außer Betracht.

(3) [1]Eine zum Nachteil des Mieters abweichende Vereinbarung ist unwirksam.

Unterkapitel 3: Mietverhältnisse auf bestimmte Zeit

§ 575 Zeitmietvertrag
(1) [1]Ein Mietverhältnis kann auf bestimmte Zeit eingegangen werden, wenn der Vermieter nach Ablauf der Mietzeit
1. die Räume als Wohnung für sich, seine Familienangehörigen oder Angehörige seines Haushalts nutzen will,
2. in zulässiger Weise die Räume beseitigen oder so wesentlich verändern oder instand setzen will, dass die Maßnahmen durch eine Fortsetzung des Mietverhältnisses erheblich erschwert würden, oder
3. die Räume an einen zur Dienstleistung Verpflichteten vermieten will

und er dem Mieter den Grund der Befristung bei Vertragsschluss schriftlich mitteilt. [2]Anderenfalls gilt das Mietverhältnis als auf unbestimmte Zeit abgeschlossen.

(2) ¹Der Mieter kann vom Vermieter frühestens vier Monate vor Ablauf der Befristung verlangen, dass dieser ihm binnen eines Monats mitteilt, ob der Befristungsgrund noch besteht. ²Erfolgt die Mitteilung später, so kann der Mieter eine Verlängerung des Mietverhältnisses um den Zeitraum der Verspätung verlangen.
(3) ¹Tritt der Grund der Befristung erst später ein, so kann der Mieter eine Verlängerung des Mietverhältnisses um einen entsprechenden Zeitraum verlangen. ²Entfällt der Grund, so kann der Mieter eine Verlängerung auf unbestimmte Zeit verlangen. ³Die Beweislast für den Eintritt des Befristungsgrundes und die Dauer der Verzögerung trifft den Vermieter.
(4) ¹Eine zum Nachteil des Mieters abweichende Vereinbarung ist unwirksam.

§ 575 a Außerordentliche Kündigung mit gesetzlicher Frist

(1) ¹Kann ein Mietverhältnis, das auf bestimmte Zeit eingegangen ist, außerordentlich mit der gesetzlichen Frist gekündigt werden, so gelten mit Ausnahme der Kündigung gegenüber Erben des Mieters nach § 564 die §§ 573 und 573 a entsprechend.
(2) ¹Die §§ 574 bis 574 c gelten entsprechend mit der Maßgabe, dass die Fortsetzung des Mietverhältnisses höchstens bis zum vertraglich bestimmten Zeitpunkt der Beendigung verlangt werden kann.
(3) ¹Die Kündigung ist spätestens am dritten Werktag eines Kalendermonats zum Ablauf des übernächsten Monats zulässig, bei Wohnraum nach § 549 Abs. 2 Nr. 2 spätestens am 15. eines Monats zum Ablauf dieses Monats (gesetzliche Frist). ²§ 573 a Abs. 1 Satz 2 findet keine Anwendung.
(4) ¹Eine zum Nachteil des Mieters abweichende Vereinbarung ist unwirksam.

Unterkapitel 4: Werkwohnungen

§ 576 Fristen der ordentlichen Kündigung bei Werkmietwohnungen

(1) ¹Ist Wohnraum mit Rücksicht auf das Bestehen eines Dienstverhältnisses vermietet, so kann der Vermieter nach Beendigung des Dienstverhältnisses abweichend von § 573 c Abs. 1 Satz 2 mit folgenden Fristen kündigen:
1. bei Wohnraum, der dem Mieter weniger als zehn Jahre überlassen war, spätestens am dritten Werktag eines Kalendermonats zum Ablauf des übernächsten Monats, wenn der Wohnraum für einen anderen zur Dienstleistung Verpflichteten benötigt wird;
2. spätestens am dritten Werktag eines Kalendermonats zum Ablauf dieses Monats, wenn das Dienstverhältnis seiner Art nach die Überlassung von Wohnraum erfordert hat, der in unmittelbarer Beziehung oder Nähe zur Arbeitsstätte steht, und der Wohnraum aus dem gleichen Grund für einen anderen zur Dienstleistung Verpflichteten benötigt wird.

(2) ¹Eine zum Nachteil des Mieters abweichende Vereinbarung ist unwirksam.

§ 576 a Besonderheiten des Widerspruchsrechts bei Werkmietwohnungen

(1) ¹Bei der Anwendung der §§ 574 bis 574 c auf Werkmietwohnungen sind auch die Belange des Dienstberechtigten zu berücksichtigen.
(2) ¹Die §§ 574 bis 574 c gelten nicht, wenn
1. der Vermieter nach § 576 Abs. 1 Nr. 2 gekündigt hat;
2. der Mieter das Dienstverhältnis gelöst hat, ohne dass ihm von dem Dienstberechtigten gesetzlich begründeter Anlass dazu gegeben war, oder der Mieter durch sein Verhalten dem Dienstberechtigten gesetzlich begründeten Anlass zur Auflösung des Dienstverhältnisses gegeben hat.

(3) ¹Eine zum Nachteil des Mieters abweichende Vereinbarung ist unwirksam.

§ 576 b Entsprechende Geltung des Mietrechts bei Werkdienstwohnungen
(1) ¹Ist Wohnraum im Rahmen eines Dienstverhältnisses überlassen, so gelten für die Beendigung des Rechtsverhältnisses hinsichtlich des Wohnraums die Vorschriften über Mietverhältnisse entsprechend, wenn der zur Dienstleistung Verpflichtete den Wohnraum überwiegend mit Einrichtungsgegenständen ausgestattet hat oder in dem Wohnraum mit seiner Familie oder Personen lebt, mit denen er einen auf Dauer angelegten gemeinsamen Haushalt führt.
(2) ¹Eine zum Nachteil des Mieters abweichende Vereinbarung ist unwirksam.

Kapitel 6: Besonderheiten bei der Bildung von Wohnungseigentum an vermieteten Wohnungen

§ 577 Vorkaufsrecht des Mieters
(1) ¹Werden vermietete Wohnräume, an denen nach der Überlassung an den Mieter Wohnungseigentum begründet worden ist oder begründet werden soll, an einen Dritten verkauft, so ist der Mieter zum Vorkauf berechtigt. ²Dies gilt nicht, wenn der Vermieter die Wohnräume an einen Familienangehörigen oder an einen Angehörigen seines Haushalts verkauft. ³Soweit sich nicht aus den nachfolgenden Absätzen etwas anderes ergibt, finden auf das Vorkaufsrecht die Vorschriften über den Vorkauf Anwendung.
(2) ¹Die Mitteilung des Verkäufers oder des Dritten über den Inhalt des Kaufvertrags ist mit einer Unterrichtung des Mieters über sein Vorkaufsrecht zu verbinden.
(3) ¹Die Ausübung des Vorkaufsrechts erfolgt durch schriftliche Erklärung des Mieters gegenüber dem Verkäufer.
(4) ¹Stirbt der Mieter, so geht das Vorkaufsrecht auf diejenigen über, die in das Mietverhältnis nach § 563 Abs. 1 oder 2 eintreten.
(5) ¹Eine zum Nachteil des Mieters abweichende Vereinbarung ist unwirksam.

§ 577 a Kündigungsbeschränkung bei Wohnungsumwandlung
(1) ¹Ist an vermieteten Wohnräumen nach der Überlassung an den Mieter Wohnungseigentum begründet und das Wohnungseigentum veräußert worden, so kann sich ein Erwerber auf berechtigte Interessen im Sinne des § 573 Abs. 2 Nr. 2 oder 3 erst nach Ablauf von drei Jahren seit der Veräußerung berufen.
(2) ¹Die Frist nach Absatz 1 beträgt bis zu zehn Jahre, wenn die ausreichende Versorgung der Bevölkerung mit Mietwohnungen zu angemessenen Bedingungen in einer Gemeinde oder einem Teil einer Gemeinde besonders gefährdet ist und diese Gebiete nach Satz 2 bestimmt sind. ²Die Landesregierungen werden ermächtigt, diese Gebiete und die Frist nach Satz 1 durch Rechtsverordnung für die Dauer von jeweils höchstens zehn Jahren zu bestimmen.
(3) ¹Eine zum Nachteil des Mieters abweichende Vereinbarung ist unwirksam.

Untertitel 3: Mietverhältnisse über andere Sachen

§ 578 Mietverhältnisse über Grundstücke und Räume
(1) ¹Auf Mietverhältnisse über Grundstücke sind die Vorschriften der §§ 550, 562 bis 562 d, 566 bis 567 b sowie 570 entsprechend anzuwenden.
(2) ¹Auf Mietverhältnisse über Räume, die keine Wohnräume sind, sind die in Absatz 1 genannten Vorschriften sowie § 552 Abs. 1, § 554 Abs. 1 bis 4 und § 569 Abs. 2 entsprechend anzuwenden. ²Sind die Räume zum Aufenthalt von Menschen bestimmt, so gilt außerdem § 569 Abs. 1 entsprechend.

§ 578 a Mietverhältnisse über eingetragene Schiffe
(1) ¹Die Vorschriften der §§ 566, 566 a, 566 e bis 567 b gelten im Falle der Veräußerung oder Belastung eines im Schiffsregister eingetragenen Schiffs entsprechend.

BGB §§ 579–580 a

(2) ¹Eine Verfügung, die der Vermieter vor dem Übergang des Eigentums über die Miete getroffen hat, die auf die Zeit der Berechtigung des Erwerbers entfällt, ist dem Erwerber gegenüber wirksam. ²Das Gleiche gilt für ein Rechtsgeschäft, das zwischen dem Mieter und dem Vermieter über die Mietforderung vorgenommen wird, insbesondere die Entrichtung der Miete; ein Rechtsgeschäft, das nach dem Übergang des Eigentums vorgenommen wird, ist jedoch unwirksam, wenn der Mieter bei der Vornahme des Rechtsgeschäfts von dem Übergang des Eigentums Kenntnis hat. ³§ 566 d gilt entsprechend.

§ 579 Fälligkeit der Miete (1) ¹Die Miete für ein Grundstück, ein im Schiffsregister eingetragenes Schiff und für bewegliche Sachen ist am Ende der Mietzeit zu entrichten. ²Ist die Miete nach Zeitabschnitten bemessen, so ist sie nach Ablauf der einzelnen Zeitabschnitte zu entrichten. ³Die Miete für ein Grundstück ist, sofern sie nicht nach kürzeren Zeitabschnitten bemessen ist, jeweils nach Ablauf eines Kalendervierteljahres am ersten Werktag des folgenden Monats zu entrichten.

(2) ¹Für Mietverhältnisse über Räume gilt § 556 b Abs. 1 entsprechend.

§ 580 Außerordentliche Kündigung bei Tod des Mieters ¹Stirbt der Mieter, so ist sowohl der Erbe als auch der Vermieter berechtigt, das Mietverhältnis innerhalb eines Monats, nachdem sie vom Tod des Mieters Kenntnis erlangt haben, außerordentlich mit der gesetzlichen Frist zu kündigen.

§ 580 a Kündigungsfristen (1) ¹Bei einem Mietverhältnis über Grundstücke, über Räume, die keine Geschäftsräume sind, oder über im Schiffsregister eingetragene Schiffe ist die ordentliche Kündigung zulässig,
1. wenn die Miete nach Tagen bemessen ist, an jedem Tag zum Ablauf des folgenden Tages;
2. wenn die Miete nach Wochen bemessen ist, spätestens am ersten Werktag einer Woche zum Ablauf des folgenden Sonnabends;
3. wenn die Miete nach Monaten oder längeren Zeitabschnitten bemessen ist, spätestens am dritten Werktag eines Kalendermonats zum Ablauf des übernächsten Monats, bei einem Mietverhältnis über gewerblich genutzte unbebaute Grundstücke oder im Schiffsregister eingetragene Schiffe jedoch nur zum Ablauf eines Kalendervierteljahres.

(2) ¹Bei einem Mietverhältnis über Geschäftsräume ist die ordentliche Kündigung spätestens am dritten Werktag eines Kalendervierteljahres zum Ablauf des nächsten Kalendervierteljahres zulässig.

(3) ¹Bei einem Mietverhältnis über bewegliche Sachen ist die ordentliche Kündigung zulässig,
1. wenn die Miete nach Tagen bemessen ist, an jedem Tag zum Ablauf des folgenden Tages;
2. wenn die Miete nach längeren Zeitabschnitten bemessen ist, spätestens am dritten Tag vor dem Tag, mit dessen Ablauf das Mietverhältnis enden soll.

(4) ¹Absatz 1 Nr. 3, Absatz 2 und 3 Nr. 2 sind auch anzuwenden, wenn ein Mietverhältnis außerordentlich mit der gesetzlichen Frist gekündigt werden kann.

Untertitel 4: Pachtvertrag

§ 581 Vertragstypische Pflichten beim Pachtvertrag (1) ¹Durch den Pachtvertrag wird der Verpächter verpflichtet, dem Pächter den Gebrauch des verpachteten Gegenstands und den Genuss der Früchte, soweit sie nach den Regeln einer ordnungsmäßigen Wirtschaft als Ertrag anzusehen sind, während der Pachtzeit zu gewähren. ²Der Pächter ist verpflichtet, dem Verpächter die vereinbarte Pacht zu entrichten.

(2) ¹Auf den Pachtvertrag mit Ausnahme des Landpachtvertrags sind, soweit sich nicht aus den §§ 582 bis 584 b etwas anderes ergibt, die Vorschriften über den Mietvertrag entsprechend anzuwenden.

§ 582 Erhaltung des Inventars (1) ¹Wird ein Grundstück mit Inventar verpachtet, so obliegt dem Pächter die Erhaltung der einzelnen Inventarstücke.

(2) ¹Der Verpächter ist verpflichtet, Inventarstücke zu ersetzen, die infolge eines vom Pächter nicht zu vertretenden Umstands in Abgang kommen. ²Der Pächter hat jedoch den gewöhnlichen Abgang der zum Inventar gehörenden Tiere insoweit zu ersetzen, als dies einer ordnungsmäßigen Wirtschaft entspricht.

§ 582 a Inventarübernahme zum Schätzwert (1) ¹Übernimmt der Pächter eines Grundstücks das Inventar zum Schätzwert mit der Verpflichtung, es bei Beendigung des Pachtverhältnisses zum Schätzwert zurückzugewähren, so trägt er die Gefahr des zufälligen Untergangs und der zufälligen Verschlechterung des Inventars. ²Innerhalb der Grenzen einer ordnungsmäßigen Wirtschaft kann er über die einzelnen Inventarstücke verfügen.

(2) ¹Der Pächter hat das Inventar in dem Zustand zu erhalten und in dem Umfang laufend zu ersetzen, der den Regeln einer ordnungsmäßigen Wirtschaft entspricht. ²Die von ihm angeschafften Stücke werden mit der Einverleibung in das Inventar Eigentum des Verpächters.

(3) ¹Bei Beendigung des Pachtverhältnisses hat der Pächter das vorhandene Inventar dem Verpächter zurückzugewähren. ²Der Verpächter kann die Übernahme derjenigen von dem Pächter angeschafften Inventarstücke ablehnen, welche nach den Regeln einer ordnungsmäßigen Wirtschaft für das Grundstück überflüssig oder zu wertvoll sind; mit der Ablehnung geht das Eigentum an den abgelehnten Stücken auf den Pächter über. ³Besteht zwischen dem Gesamtschätzwert des übernommenen und dem des zurückzugewährenden Inventars ein Unterschied, so ist dieser in Geld auszugleichen. ⁴Den Schätzwerten sind die Preise im Zeitpunkt der Beendigung des Pachtverhältnisses zugrunde zu legen.

§ 583 Pächterpfandrecht am Inventar (1) ¹Dem Pächter eines Grundstücks steht für die Forderungen gegen den Verpächter, die sich auf das mitgepachtete Inventar beziehen, ein Pfandrecht an den in seinen Besitz gelangten Inventarstücken zu.

(2) ¹Der Verpächter kann die Geltendmachung des Pfandrechts des Pächters durch Sicherheitsleistung abwenden. ²Er kann jedes einzelne Inventarstück dadurch von dem Pfandrecht befreien, dass er in Höhe des Wertes Sicherheit leistet.

§ 583 a Verfügungsbeschränkungen bei Inventar ¹Vertragsbestimmungen, die den Pächter eines Betriebs verpflichten, nicht oder nicht ohne Einwilligung des Verpächters über Inventarstücke zu verfügen oder Inventar an den Verpächter zu veräußern, sind nur wirksam, wenn sich der Verpächter verpflichtet, das Inventar bei der Beendigung des Pachtverhältnisses zum Schätzwert zu erwerben.

BGB §§ 584–585 b

§ 584 Kündigungsfrist (1) ¹Ist bei dem Pachtverhältnis über ein Grundstück oder ein Recht die Pachtzeit nicht bestimmt, so ist die Kündigung nur für den Schluss eines Pachtjahrs zulässig; sie hat spätestens am dritten Werktag des halben Jahres zu erfolgen, mit dessen Ablauf die Pacht enden soll.
(2) ¹Dies gilt auch, wenn das Pachtverhältnis außerordentlich mit der gesetzlichen Frist gekündigt werden kann.

§ 584 a Ausschluss bestimmter mietrechtlicher Kündigungsrechte (1) ¹Dem Pächter steht das in § 540 Abs. 1 bestimmte Kündigungsrecht nicht zu.
(2) ¹Der Verpächter ist nicht berechtigt, das Pachtverhältnis nach § 580 zu kündigen.

§ 584 b Verspätete Rückgabe ¹Gibt der Pächter den gepachteten Gegenstand nach der Beendigung des Pachtverhältnisses nicht zurück, so kann der Verpächter für die Dauer der Vorenthaltung als Entschädigung die vereinbarte Pacht nach dem Verhältnis verlangen, in dem die Nutzungen, die der Pächter während dieser Zeit gezogen hat oder hätte ziehen können, zu den Nutzungen des ganzen Pachtjahrs stehen. ²Die Geltendmachung eines weiteren Schadens ist nicht ausgeschlossen.

Untertitel 5: Landpachtvertrag

§ 585 Begriff des Landpachtvertrags (1) ¹Durch den Landpachtvertrag wird ein Grundstück mit den seiner Bewirtschaftung dienenden Wohn- oder Wirtschaftsgebäuden (Betrieb) oder ein Grundstück ohne solche Gebäude überwiegend zur Landwirtschaft verpachtet. ²Landwirtschaft sind die Bodenbewirtschaftung und die mit der Bodennutzung verbundene Tierhaltung, um pflanzliche oder tierische Erzeugnisse zu gewinnen, sowie die gartenbauliche Erzeugung.
(2) ¹Für Landpachtverträge gelten § 581 Abs. 1 und die §§ 582 bis 583 a sowie die nachfolgenden besonderen Vorschriften.
(3) ¹Die Vorschriften über Landpachtverträge gelten auch für Pachtverhältnisse über forstwirtschaftliche Grundstücke, wenn die Grundstücke zur Nutzung in einem überwiegend landwirtschaftlichen Betrieb verpachtet werden.

§ 585 a Form des Landpachtvertrags ¹Wird der Landpachtvertrag für längere Zeit als zwei Jahre nicht in schriftlicher Form geschlossen, so gilt er für unbestimmte Zeit.

§ 585 b Beschreibung der Pachtsache (1) ¹Der Verpächter und der Pächter sollen bei Beginn des Pachtverhältnisses gemeinsam eine Beschreibung der Pachtsache anfertigen, in der ihr Umfang sowie der Zustand, in dem sie sich bei der Überlassung befindet, festgestellt werden. ²Dies gilt für die Beendigung des Pachtverhältnisses entsprechend. ³Die Beschreibung soll mit der Angabe des Tages der Anfertigung versehen werden und ist von beiden Teilen zu unterschreiben.
(2) ¹Weigert sich ein Vertragsteil, bei der Anfertigung einer Beschreibung mitzuwirken, oder ergeben sich bei der Anfertigung Meinungsverschiedenheiten tatsächlicher Art, so kann jeder Vertragsteil verlangen, dass eine Beschreibung durch einen Sachverständigen angefertigt wird, es sei denn, dass seit der Überlassung der Pachtsache mehr als neun Monate oder seit der Beendigung des Pachtverhältnisses mehr als drei Monate verstrichen sind; der Sachverständige wird auf Antrag durch das Landwirtschaftsgericht ernannt. ²Die insoweit entstehenden Kosten trägt jeder Vertragsteil zur Hälfte.

(3) ¹Ist eine Beschreibung der genannten Art angefertigt, so wird im Verhältnis der Vertragsteile zueinander vermutet, dass sie richtig ist.

§ 586 Vertragstypische Pflichten beim Landpachtvertrag (1) ¹Der Verpächter hat die Pachtsache dem Pächter in einem zu der vertragsmäßigen Nutzung geeigneten Zustand zu überlassen und sie während der Pachtzeit in diesem Zustand zu erhalten. ²Der Pächter hat jedoch die gewöhnlichen Ausbesserungen der Pachtsache, insbesondere die der Wohn- und Wirtschaftsgebäude, der Wege, Gräben, Dränungen und Einfriedigungen, auf seine Kosten durchzuführen. ³Er ist zur ordnungsmäßigen Bewirtschaftung der Pachtsache verpflichtet.

(2) ¹Für die Haftung des Verpächters für Sach- und Rechtsmängel der Pachtsache sowie für die Rechte und Pflichten des Pächters wegen solcher Mängel gelten die Vorschriften des § 536 Abs. 1 bis 3 und der §§ 536 a bis 536 d entsprechend.

§ 586 a Lasten der Pachtsache ¹Der Verpächter hat die auf der Pachtsache ruhenden Lasten zu tragen.

§ 587 Fälligkeit der Pacht; Entrichtung der Pacht bei persönlicher Verhinderung des Pächters (1) ¹Die Pacht ist am Ende der Pachtzeit zu entrichten. ²Ist die Pacht nach Zeitabschnitten bemessen, so ist sie am ersten Werktag nach dem Ablauf der einzelnen Zeitabschnitte zu entrichten.

(2) ¹Der Pächter wird von der Entrichtung der Pacht nicht dadurch befreit, dass er durch einen in seiner Person liegenden Grund an der Ausübung des ihm zustehenden Nutzungsrechts verhindert ist. ²§ 537 Abs. 1 Satz 2 und Abs. 2 gilt entsprechend.

§ 588 Maßnahmen zur Erhaltung oder Verbesserung (1) ¹Der Pächter hat Einwirkungen auf die Pachtsache zu dulden, die zu ihrer Erhaltung erforderlich sind.

(2) ¹Maßnahmen zur Verbesserung der Pachtsache hat der Pächter zu dulden, es sei denn, dass die Maßnahme für ihn eine Härte bedeuten würde, die auch unter Würdigung der berechtigten Interessen des Verpächters nicht zu rechtfertigen ist. ²Der Verpächter hat dem Pächter durch die Maßnahme entstandenen Aufwendungen und entgangenen Erträge in einem den Umständen nach angemessenen Umfang zu ersetzen. ³Auf Verlangen hat der Verpächter Vorschuss zu leisten.

(3) ¹Soweit der Pächter infolge von Maßnahmen nach Absatz 2 Satz 1 höhere Erträge erzielt oder bei ordnungsmäßiger Bewirtschaftung erzielen könnte, kann der Verpächter verlangen, dass der Pächter in eine angemessene Erhöhung der Pacht einwilligt, es sei denn, dass dem Pächter eine Erhöhung der Pacht nach den Verhältnissen des Betriebs nicht zugemutet werden kann.

(4) ¹Über Streitigkeiten nach den Absätzen 1 und 2 entscheidet auf Antrag das Landwirtschaftsgericht. ²Verweigert der Pächter in den Fällen des Absatzes 3 seine Einwilligung, so kann sie das Landwirtschaftsgericht auf Antrag des Verpächters ersetzen.

§ 589 Nutzungsüberlassung an Dritte (1) ¹Der Pächter ist ohne Erlaubnis des Verpächters nicht berechtigt,
1. die Nutzung der Pachtsache einem Dritten zu überlassen, insbesondere die Sache weiter zu verpachten,
2. die Pachtsache ganz oder teilweise einem landwirtschaftlichen Zusammenschluss zum Zwecke der gemeinsamen Nutzung zu überlassen.

(2) ¹Überlässt der Pächter die Nutzung der Pachtsache einem Dritten, so hat er ein Verschulden, das dem Dritten bei der Nutzung zur Last fällt, zu vertreten, auch wenn der Verpächter die Erlaubnis zur Überlassung erteilt hat.

BGB   §§ 590–591

§ 590 Änderung der landwirtschaftlichen Bestimmung oder der bisherigen Nutzung (1) [1]Der Pächter darf die landwirtschaftliche Bestimmung der Pachtsache nur mit vorheriger Erlaubnis des Verpächters ändern.
(2) [1]Zur Änderung der bisherigen Nutzung der Pachtsache ist die vorherige Erlaubnis des Verpächters nur dann erforderlich, wenn durch die Änderung die Art der Nutzung über die Pachtzeit hinaus beeinflusst wird. [2]Der Pächter darf Gebäude nur mit vorheriger Erlaubnis des Verpächters errichten. [3]Verweigert der Verpächter die Erlaubnis, so kann sie auf Antrag des Pächters durch das Landwirtschaftsgericht ersetzt werden, soweit die Änderung zur Erhaltung oder nachhaltigen Verbesserung der Rentabilität des Betriebs geeignet erscheint und dem Verpächter bei Berücksichtigung seiner berechtigten Interessen zugemutet werden kann. [4]Dies gilt nicht, wenn der Pachtvertrag gekündigt ist oder das Pachtverhältnis in weniger als drei Jahren endet. [5]Das Landwirtschaftsgericht kann die Erlaubnis unter Bedingungen und Auflagen ersetzen, insbesondere eine Sicherheitsleistung anordnen sowie Art und Umfang der Sicherheit bestimmen. [6]Ist die Veranlassung für die Sicherheitsleistung weggefallen, so entscheidet auf Antrag das Landwirtschaftsgericht über die Rückgabe der Sicherheit; § 109 der Zivilprozessordnung gilt entsprechend.
(3) [1]Hat der Pächter das nach § 582 a zum Schätzwert übernommene Inventar im Zusammenhang mit einer Änderung der Nutzung der Pachtsache wesentlich vermindert, so kann der Verpächter schon während der Pachtzeit einen Geldausgleich in entsprechender Anwendung des § 582 a Abs. 3 verlangen, es sei denn, dass der Erlös der veräußerten Inventarstücke zu einer zur Höhe des Erlöses in angemessenem Verhältnis stehenden Verbesserung der Pachtsache nach § 591 verwendet worden ist.

§ 590 a Vertragswidriger Gebrauch [1]Macht der Pächter von der Pachtsache einen vertragswidrigen Gebrauch und setzt er den Gebrauch ungeachtet einer Abmahnung des Verpächters fort, so kann der Verpächter auf Unterlassung klagen.

§ 590 b Notwendige Verwendungen [1]Der Verpächter ist verpflichtet, dem Pächter die notwendigen Verwendungen auf die Pachtsache zu ersetzen.

§ 591 Wertverbessernde Verwendungen (1) [1]Andere als notwendige Verwendungen, denen der Verpächter zugestimmt hat, hat er dem Pächter bei Beendigung des Pachtverhältnisses zu ersetzen, soweit die Verwendungen den Wert der Pachtsache über die Pachtzeit hinaus erhöhen (Mehrwert).
(2) [1]Weigert sich der Verpächter, den Verwendungen zuzustimmen, so kann die Zustimmung auf Antrag des Pächters durch das Landwirtschaftsgericht ersetzt werden, soweit die Verwendungen zur Erhaltung oder nachhaltigen Verbesserung der Rentabilität des Betriebs geeignet sind und dem Verpächter bei Berücksichtigung seiner berechtigten Interessen zugemutet werden können. [2]Dies gilt nicht, wenn der Pachtvertrag gekündigt ist oder das Pachtverhältnis in weniger als drei Jahren endet. [3]Das Landwirtschaftsgericht kann die Zustimmung unter Bedingungen und Auflagen ersetzen.
(3) [1]Das Landwirtschaftsgericht kann auf Antrag auch über den Mehrwert Bestimmungen treffen und ihn festsetzen. [2]Es kann bestimmen, dass der Verpächter den Mehrwert nur in Teilbeträgen zu ersetzen hat, und kann Bedingungen für die Bewilligung solcher Teilzahlungen festsetzen. [3]Ist dem Verpächter ein Ersatz des Mehrwerts bei Beendigung des Pachtverhältnisses auch in Teilbeträgen nicht zuzumuten, so kann der Pächter nur verlangen, dass das Pachtverhältnis zu den bisherigen Bedingungen so lange fortgesetzt wird, bis der Mehrwert der

Pachtsache abgegolten ist. ⁴Kommt keine Einigung zustande, so entscheidet auf Antrag das Landwirtschaftsgericht über eine Fortsetzung des Pachtverhältnisses.

§ 591 a Wegnahme von Einrichtungen ¹Der Pächter ist berechtigt, eine Einrichtung, mit der er die Sache versehen hat, wegzunehmen. ²Der Verpächter kann die Ausübung des Wegnahmerechts durch Zahlung einer angemessenen Entschädigung abwenden, es sei denn, dass der Pächter ein berechtigtes Interesse an der Wegnahme hat. ³Eine Vereinbarung, durch die das Wegnahmerecht des Pächters ausgeschlossen wird, ist nur wirksam, wenn ein angemessener Ausgleich vorgesehen ist.

§ 591 b Verjährung von Ersatzansprüchen (1) ¹Die Ersatzansprüche des Verpächters wegen Veränderung oder Verschlechterung der verpachteten Sache sowie die Ansprüche des Pächters auf Ersatz von Verwendungen oder auf Gestattung der Wegnahme einer Einrichtung verjähren in sechs Monaten.
(2) ¹Die Verjährung der Ersatzansprüche des Verpächters beginnt mit dem Zeitpunkt, in welchem er die Sache zurückerhält. ²Die Verjährung der Ansprüche des Pächters beginnt mit der Beendigung des Pachtverhältnisses.
(3) ¹Mit der Verjährung des Anspruchs des Verpächters auf Rückgabe der Sache verjähren auch die Ersatzansprüche des Verpächters.

§ 592 Verpächterpfandrecht ¹Der Verpächter hat für seine Forderungen aus dem Pachtverhältnis ein Pfandrecht an den eingebrachten Sachen des Pächters sowie an den Früchten der Pachtsache. ²Für künftige Entschädigungsforderungen kann das Pfandrecht nicht geltend gemacht werden. ³Mit Ausnahme der in § 811 Abs. 1 Nr. 4 der Zivilprozessordnung genannten Sachen erstreckt sich das Pfandrecht nicht auf Sachen, die der Pfändung nicht unterworfen sind. ⁴Die Vorschriften der §§ 562 a bis 562 c gelten entsprechend.

§ 593 Änderung von Landpachtverträgen (1) ¹Haben sich nach Abschluss des Pachtvertrags die Verhältnisse, die für die Festsetzung der Vertragsleistungen maßgebend waren, nachhaltig so geändert, dass die gegenseitigen Verpflichtungen in ein grobes Missverhältnis zueinander geraten sind, so kann jeder Vertragsteil eine Änderung des Vertrags mit Ausnahme der Pachtdauer verlangen. ²Verbessert oder verschlechtert sich infolge der Bewirtschaftung der Pachtsache durch den Pächter deren Ertrag, so kann, soweit nichts anderes vereinbart ist, eine Änderung der Pacht nicht verlangt werden.
(2) ¹Eine Änderung kann frühestens zwei Jahre nach Beginn des Pachtverhältnisses oder nach dem Wirksamwerden der letzten Änderung der Vertragsleistungen verlangt werden. ²Dies gilt nicht, wenn verwüstende Naturereignisse, gegen die ein Versicherungsschutz nicht üblich ist, das Verhältnis der Vertragsleistungen grundlegend und nachhaltig verändert haben.
(3) ¹Die Änderung kann nicht für eine frühere Zeit als für das Pachtjahr verlangt werden, in dem das Änderungsverlangen erklärt wird.
(4) ¹Weigert sich ein Vertragsteil, in eine Änderung des Vertrags einzuwilligen, so kann der andere Teil die Entscheidung des Landwirtschaftsgerichts beantragen.
(5) ¹Auf das Recht, eine Änderung des Vertrags nach den Absätzen 1 bis 4 zu verlangen, kann nicht verzichtet werden. ²Eine Vereinbarung, dass einem Vertragsteil besondere Nachteile oder Vorteile erwachsen sollen, wenn er die Rechte nach den Absätzen 1 bis 4 ausübt oder nicht ausübt, ist unwirksam.

§ 593 a Betriebsübergabe ¹Wird bei der Übergabe eines Betriebs im Wege der vorweggenommenen Erbfolge ein zugepachtetes Grundstück, das der Landwirtschaft dient, mit übergeben, so tritt der Übernehmer anstelle des Pächters in den Pachtvertrag ein. ²Der Verpächter ist von der Betriebsübergabe jedoch unverzüglich zu benachrichtigen. ³Ist die ordnungsmäßige Bewirtschaftung der Pachtsache durch den Übernehmer nicht gewährleistet, so ist der Verpächter berechtigt, das Pachtverhältnis außerordentlich mit der gesetzlichen Frist zu kündigen.

§ 593 b Veräußerung oder Belastung des verpachteten Grundstücks ¹Wird das verpachtete Grundstück veräußert oder mit dem Recht eines Dritten belastet, so gelten die §§ 566 bis 567 b entsprechend.

§ 594 Ende und Verlängerung des Pachtverhältnisses ¹Das Pachtverhältnis endet mit dem Ablauf der Zeit, für die es eingegangen ist. ²Es verlängert sich bei Pachtverträgen, die auf mindestens drei Jahre geschlossen worden sind, auf unbestimmte Zeit, wenn auf die Anfrage eines Vertragsteils, ob der andere Teil zur Fortsetzung des Pachtverhältnisses bereit ist, dieser nicht binnen einer Frist von drei Monaten die Fortsetzung ablehnt. ³Die Anfrage und die Ablehnung bedürfen der schriftlichen Form. ⁴Die Anfrage ist ohne Wirkung, wenn in ihr nicht auf die Folge der Nichtbeachtung ausdrücklich hingewiesen wird und wenn sie nicht innerhalb des drittletzten Pachtjahrs gestellt wird.

§ 594 a Kündigungsfristen (1) ¹Ist die Pachtzeit nicht bestimmt, so kann jeder Vertragsteil das Pachtverhältnis spätestens am dritten Werktag eines Pachtjahrs für den Schluss des nächsten Pachtjahrs kündigen. ²Im Zweifel gilt das Kalenderjahr als Pachtjahr. ³Die Vereinbarung einer kürzeren Frist bedarf der Schriftform.
(2) ¹Für die Fälle, in denen das Pachtverhältnis außerordentlich mit der gesetzlichen Frist vorzeitig gekündigt werden kann, ist die Kündigung nur für den Schluss eines Pachtjahrs zulässig; sie hat spätestens am dritten Werktag des halben Jahres zu erfolgen, mit dessen Ablauf die Pacht enden soll.

§ 594 b Vertrag über mehr als 30 Jahre ¹Wird ein Pachtvertrag für eine längere Zeit als 30 Jahre geschlossen, so kann nach 30 Jahren jeder Vertragsteil das Pachtverhältnis spätestens am dritten Werktag eines Pachtjahrs für den Schluss des nächsten Pachtjahrs kündigen. ²Die Kündigung ist nicht zulässig, wenn der Vertrag für die Lebenszeit des Verpächters oder des Pächters geschlossen ist.

§ 594 c Kündigung bei Berufsunfähigkeit des Pächters ¹Ist der Pächter berufsunfähig im Sinne der Vorschriften der gesetzlichen Rentenversicherung geworden, so kann er das Pachtverhältnis außerordentlich mit der gesetzlichen Frist kündigen, wenn der Verpächter der Überlassung der Pachtsache zur Nutzung an einen Dritten, der eine ordnungsmäßige Bewirtschaftung gewährleistet, widerspricht. ²Eine abweichende Vereinbarung ist unwirksam.

§ 594 d Tod des Pächters (1) ¹Stirbt der Pächter, so sind sowohl seine Erben als auch der Verpächter innerhalb eines Monats, nachdem sie vom Tod des Pächters Kenntnis erlangt haben, berechtigt, das Pachtverhältnis mit einer Frist von sechs Monaten zum Ende eines Kalendervierteljahrs zu kündigen.
(2) ¹Die Erben können der Kündigung des Verpächters widersprechen und die Fortsetzung des Pachtverhältnisses verlangen, wenn die ordnungsmäßige Bewirtschaftung der Pachtsache durch sie oder durch einen von ihnen beauftragten Miterben oder Dritten gewährleistet erscheint. ²Der Verpächter kann die Fortsetzung des Pachtverhältnisses ablehnen, wenn die Erben den Widerspruch nicht spätestens drei Monate vor Ablauf des Pachtverhältnisses erklärt und die Umstände mitgeteilt haben, nach denen die weitere ordnungsmäßige Bewirtschaftung der Pachtsache gewährleistet erscheint. ³Die Widerspruchserklärung und die Mitteilung bedürfen der schriftlichen Form. ⁴Kommt keine Einigung zustande, so entscheidet auf Antrag das Landwirtschaftsgericht.

(3) ¹Gegenüber einer Kündigung des Verpächters nach Absatz 1 ist ein Fortsetzungsverlangen des Erben nach § 595 ausgeschlossen.

§ 594 e Außerordentliche fristlose Kündigung aus wichtigem Grund
(1) ¹Die außerordentliche fristlose Kündigung des Pachtverhältnisses ist in entsprechender Anwendung der §§ 543, 569 Abs. 1 und 2 zulässig.

(2) ¹Abweichend von § 543 Abs. 2 Nr. 3 Buchstaben a und b liegt ein wichtiger Grund insbesondere vor, wenn der Pächter mit der Entrichtung der Pacht oder eines nicht unerheblichen Teils der Pacht länger als drei Monate in Verzug ist. ²Ist die Pacht nach Zeitabschnitten von weniger als einem Jahr bemessen, so ist die Kündigung erst zulässig, wenn der Pächter für zwei aufeinander folgende Termine mit der Entrichtung der Pacht oder eines nicht unerheblichen Teils der Pacht in Verzug ist.

§ 594 f Schriftform der Kündigung
¹Die Kündigung bedarf der schriftlichen Form.

§ 595 Fortsetzung des Pachtverhältnisses
(1) ¹Der Pächter kann vom Verpächter die Fortsetzung des Pachtverhältnisses verlangen, wenn
1. bei einem Betriebspachtverhältnis der Betrieb seine wirtschaftliche Lebensgrundlage bildet,
2. bei dem Pachtverhältnis über ein Grundstück der Pächter auf dieses Grundstück zur Aufrechterhaltung seines Betriebs, der seine wirtschaftliche Lebensgrundlage bildet, angewiesen ist

und die vertragsmäßige Beendigung des Pachtverhältnisses für den Pächter oder seine Familie eine Härte bedeuten würde, die auch unter Würdigung der berechtigten Interessen des Verpächters nicht zu rechtfertigen ist. ²Die Fortsetzung kann unter diesen Voraussetzungen wiederholt verlangt werden.

(2) ¹Im Falle des Absatzes 1 kann der Pächter verlangen, dass das Pachtverhältnis so lange fortgesetzt wird, wie dies unter Berücksichtigung aller Umstände angemessen ist. ²Ist dem Verpächter nicht zuzumuten, das Pachtverhältnis nach den bisher geltenden Vertragsbedingungen fortzusetzen, so kann der Pächter nur verlangen, dass es unter einer angemessenen Änderung der Bedingungen fortgesetzt wird.

(3) ¹Der Pächter kann die Fortsetzung des Pachtverhältnisses nicht verlangen, wenn
1. er das Pachtverhältnis gekündigt hat,
2. der Verpächter zur außerordentlichen fristlosen Kündigung oder im Falle des § 593 a zur außerordentlichen Kündigung mit der gesetzlichen Frist berechtigt ist,
3. die Laufzeit des Vertrags bei einem Pachtverhältnis über einen Betrieb, der Zupachtung von Grundstücken, durch die ein Betrieb entsteht, oder bei einem Pachtverhältnis über Moor- und Ödland, das vom Pächter kultiviert worden ist, auf mindestens 18 Jahre, bei der Pacht anderer Grundstücke auf mindestens zwölf Jahre vereinbart ist,
4. der Verpächter die nur vorübergehend verpachtete Sache in eigene Nutzung nehmen oder zur Erfüllung gesetzlicher oder sonstiger öffentlicher Aufgaben verwenden will.

(4) ¹Die Erklärung des Pächters, mit der er die Fortsetzung des Pachtverhältnisses verlangt, bedarf der schriftlichen Form. ²Auf Verlangen des Verpächters soll der Pächter über die Gründe des Fortsetzungsverlangens unverzüglich Auskunft erteilen.

(5) ¹Der Verpächter kann die Fortsetzung des Pachtverhältnisses ablehnen, wenn der Pächter die Fortsetzung nicht mindestens ein Jahr vor Beendigung des Pachtverhältnisses vom Verpächter verlangt oder auf eine Anfrage des Verpächters nach § 594 die Fortsetzung abgelehnt hat. ²Ist eine zwölfmonatige oder kürzere Kündigungsfrist vereinbart, so genügt es, wenn das Verlangen innerhalb eines Monats nach Zugang der Kündigung erklärt wird.
(6) ¹Kommt keine Einigung zustande, so entscheidet auf Antrag das Landwirtschaftsgericht über eine Fortsetzung und über die Dauer des Pachtverhältnisses sowie über die Bedingungen, zu denen es fortgesetzt wird. ²Das Gericht kann die Fortsetzung des Pachtverhältnisses jedoch nur bis zu einem Zeitpunkt anordnen, der die in Absatz 3. Nr. 3 genannten Fristen, ausgehend vom Beginn des laufenden Pachtverhältnisses, nicht übersteigt. ³Die Fortsetzung kann auch auf einen Teil der Pachtsache beschränkt werden.
(7) ¹Der Pächter hat den Antrag auf gerichtliche Entscheidung spätestens neun Monate vor Beendigung des Pachtverhältnisses und im Falle einer zwölfmonatigen oder kürzeren Kündigungsfrist zwei Monate nach Zugang der Kündigung bei dem Landwirtschaftsgericht zu stellen. ²Das Gericht kann den Antrag nachträglich zulassen, wenn es zur Vermeidung einer unbilligen Härte geboten erscheint und der Pachtvertrag noch nicht abgelaufen ist.
(8) ¹Auf das Recht, die Verlängerung eines Pachtverhältnisses nach den Absätzen 1 bis 7 zu verlangen, kann nur verzichtet werden, wenn der Verzicht zur Beilegung eines Pachtstreits vor Gericht oder vor einer berufsständischen Pachtschlichtungsstelle erklärt wird. ²Eine Vereinbarung, dass einem Vertragsteil besondere Nachteile oder besondere Vorteile erwachsen sollen, wenn er die Rechte nach den Absätzen 1 bis 7 ausübt oder nicht ausübt, ist unwirksam.

§ 595 a Vorzeitige Kündigung von Landpachtverträgen
(1) ¹Soweit die Vertragsteile zur außerordentlichen Kündigung eines Landpachtverhältnisses mit der gesetzlichen Frist berechtigt sind, steht ihnen dieses Recht auch nach Verlängerung des Landpachtverhältnisses oder Änderung des Landpachtvertrags zu.
(2) ¹Auf Antrag eines Vertragsteils kann das Landwirtschaftsgericht Anordnungen über die Abwicklung eines vorzeitig beendeten oder eines teilweise beendeten Landpachtvertrags treffen. ²Wird die Verlängerung eines Landpachtvertrags auf einen Teil der Pachtsache beschränkt, kann das Landwirtschaftsgericht die Pacht für diesen Teil festsetzen.
(3) ¹Der Inhalt von Anordnungen des Landwirtschaftsgerichts gilt unter den Vertragsteilen als Vertragsinhalt. ²Über Streitigkeiten, die diesen Vertragsinhalt betreffen, entscheidet auf Antrag das Landwirtschaftsgericht.

§ 596 Rückgabe der Pachtsache
(1) ¹Der Pächter ist verpflichtet, die Pachtsache nach Beendigung des Pachtverhältnisses in dem Zustand zurückzugeben, der einer bis zur Rückgabe fortgesetzten ordnungsmäßigen Bewirtschaftung entspricht.
(2) ¹Dem Pächter steht wegen seiner Ansprüche gegen den Verpächter ein Zurückbehaltungsrecht am Grundstück nicht zu.
(3) ¹Hat der Pächter die Nutzung der Pachtsache einem Dritten überlassen, so kann der Verpächter die Sache nach Beendigung des Pachtverhältnisses auch von dem Dritten zurückfordern.

§ 596 a Ersatzpflicht bei vorzeitigem Pachtende
(1) ¹Endet das Pachtverhältnis im Laufe eines Pachtjahrs, so hat der Verpächter dem Pächter den Wert der noch nicht getrennten, jedoch nach den Regeln einer ordnungsmäßigen

Bewirtschaftung vor dem Ende des Pachtjahrs zu trennenden Früchte zu ersetzen. ²Dabei ist das Ernterisiko angemessen zu berücksichtigen.

(2) ¹Lässt sich der in Absatz 1 bezeichnete Wert aus jahreszeitlich bedingten Gründen nicht feststellen, so hat der Verpächter dem Pächter die Aufwendungen auf diese Früchte insoweit zu ersetzen, als sie einer ordnungsmäßigen Bewirtschaftung entsprechen.

(3) ¹Absatz 1 gilt auch für das zum Einschlag vorgesehene, aber noch nicht eingeschlagene Holz. ²Hat der Pächter mehr Holz eingeschlagen, als bei ordnungsmäßiger Nutzung zulässig war, so hat er dem Verpächter den Wert der die normale Nutzung übersteigenden Holzmenge zu ersetzen. ³Die Geltendmachung eines weiteren Schadens ist nicht ausgeschlossen.

§ 596 b Rücklassungspflicht (1) ¹Der Pächter eines Betriebs hat von den bei Beendigung des Pachtverhältnisses vorhandenen landwirtschaftlichen Erzeugnissen so viel zurückzulassen, wie zur Fortführung der Wirtschaft bis zur nächsten Ernte nötig ist, auch wenn er bei Beginn des Pachtverhältnisses solche Erzeugnisse nicht übernommen hat.

(2) ¹Soweit der Pächter nach Absatz 1 Erzeugnisse in größerer Menge oder besserer Beschaffenheit zurückzulassen verpflichtet ist, als er bei Beginn des Pachtverhältnisses übernommen hat, kann er vom Verpächter Ersatz des Wertes verlangen.

§ 597 Verspätete Rückgabe ¹Gibt der Pächter die Pachtsache nach Beendigung des Pachtverhältnisses nicht zurück, so kann der Verpächter für die Dauer der Vorenthaltung als Entschädigung die vereinbarte Pacht verlangen. ²Die Geltendmachung eines weiteren Schadens ist nicht ausgeschlossen.

Titel 6: Leihe

§ 598 Vertragstypische Pflichten bei der Leihe ¹Durch den Leihvertrag wird der Verleiher einer Sache verpflichtet, dem Entleiher den Gebrauch der Sache unentgeltlich zu gestatten.

§ 599 Haftung des Verleihers ¹Der Verleiher hat nur Vorsatz und grobe Fahrlässigkeit zu vertreten.

§ 600 Mängelhaftung ¹Verschweigt der Verleiher arglistig einen Mangel im Recht oder einen Fehler der verliehenen Sache, so ist er verpflichtet, dem Entleiher den daraus entstehenden Schaden zu ersetzen.

§ 601 Verwendungsersatz (1) ¹Der Entleiher hat die gewöhnlichen Kosten der Erhaltung der geliehenen Sache, bei der Leihe eines Tieres insbesondere die Fütterungskosten, zu tragen.

(2) ¹Die Verpflichtung des Verleihers zum Ersatz anderer Verwendungen bestimmt sich nach den Vorschriften über die Geschäftsführung ohne Auftrag. ²Der Entleiher ist berechtigt, eine Einrichtung, mit der er die Sache versehen hat, wegzunehmen.

§ 602 Abnutzung der Sache ¹Veränderungen oder Verschlechterungen der geliehenen Sache, die durch den vertragsmäßigen Gebrauch herbeigeführt werden, hat der Entleiher nicht zu vertreten.

§ 603 Vertragsmäßiger Gebrauch ¹Der Entleiher darf von der geliehenen Sache keinen anderen als den vertragsmäßigen Gebrauch machen. ²Er ist ohne die Erlaubnis des Verleihers nicht berechtigt, den Gebrauch der Sache einem Dritten zu überlassen.

§ 604 Rückgabepflicht (1) ¹Der Entleiher ist verpflichtet, die geliehene Sache nach dem Ablauf der für die Leihe bestimmten Zeit zurückzugeben.
(2) ¹Ist eine Zeit nicht bestimmt, so ist die Sache zurückzugeben, nachdem der Entleiher den sich aus dem Zweck der Leihe ergebenden Gebrauch gemacht hat. ²Der Verleiher kann die Sache schon vorher zurückfordern, wenn so viel Zeit verstrichen ist, dass der Entleiher den Gebrauch hätte machen können.
(3) ¹Ist die Dauer der Leihe weder bestimmt noch aus dem Zweck zu entnehmen, so kann der Verleiher die Sache jederzeit zurückfordern.
(4) ¹Überlässt der Entleiher den Gebrauch der Sache einem Dritten, so kann der Verleiher sie nach der Beendigung der Leihe auch von dem Dritten zurückfordern.
(5) ¹Die Verjährung des Anspruchs auf Rückgabe der Sache beginnt mit der Beendigung der Leihe.

§ 605 Kündigungsrecht
Der Verleiher kann die Leihe kündigen:
1. wenn er infolge eines nicht vorhergesehenen Umstandes der verliehenen Sache bedarf,
2. wenn der Entleiher einen vertragswidrigen Gebrauch von der Sache macht, insbesondere unbefugt den Gebrauch einem Dritten überlässt, oder die Sache durch Vernachlässigung der ihm obliegenden Sorgfalt erheblich gefährdet,
3. wenn der Entleiher stirbt.

§ 606 Kurze Verjährung ¹Die Ersatzansprüche des Verleihers wegen Veränderungen oder Verschlechterungen der verliehenen Sache sowie die Ansprüche des Entleihers auf Ersatz von Verwendungen oder auf Gestattung der Wegnahme einer Einrichtung verjähren in sechs Monaten. ²Die Vorschriften des § 548 Abs. 1 Satz 2 und 3, Abs. 2 finden entsprechende Anwendung.

Titel 7: Sachdarlehensvertrag

§ 607 Vertragstypische Pflichten beim Sachdarlehensvertrag
(1) ¹Durch den Sachdarlehensvertrag wird der Darlehensgeber verpflichtet, dem Darlehensnehmer eine vereinbarte vertretbare Sache zu überlassen. ²Der Darlehensnehmer ist zur Zahlung eines Darlehensentgelts und bei Fälligkeit zur Rückerstattung von Sachen gleicher Art, Güte und Menge verpflichtet.
(2) ¹Die Vorschriften dieses Titels finden keine Anwendung auf die Überlassung von Geld.

§ 608 Kündigung (1) ¹Ist für die Rückerstattung der überlassenen Sache eine Zeit nicht bestimmt, hängt die Fälligkeit davon ab, dass der Darlehensgeber oder der Darlehensnehmer kündigt.
(2) ¹Ein auf unbestimmte Zeit abgeschlossener Sachdarlehensvertrag kann, soweit nicht ein anderes vereinbart ist, jederzeit vom Darlehensgeber oder Darlehensnehmer ganz oder teilweise gekündigt werden.

§ 609 Entgelt ¹Ein Entgelt hat der Darlehensnehmer spätestens bei Rückerstattung der überlassenen Sache zu bezahlen.

§ 610 (weggefallen)

Titel 8: Dienstvertrag[18)]

§ 611 Vertragstypische Pflichten beim Dienstvertrag (1) [1]Durch den Dienstvertrag wird derjenige, welcher Dienste zusagt, zur Leistung der versprochenen Dienste, der andere Teil zur Gewährung der vereinbarten Vergütung verpflichtet.
(2) [1]Gegenstand des Dienstvertrags können Dienste jeder Art sein.

§ 611 a Geschlechtsbezogene Benachteiligung (1) [1]Der Arbeitgeber darf einen Arbeitnehmer bei einer Vereinbarung oder einer Maßnahme, insbesondere bei der Begründung des Arbeitsverhältnisses, beim beruflichen Aufstieg, bei einer Weisung oder einer Kündigung, nicht wegen seines Geschlechts benachteiligen. [2]Eine unterschiedliche Behandlung wegen des Geschlechts ist jedoch zulässig, soweit eine Vereinbarung oder eine Maßnahme die Art der vom Arbeitnehmer auszuübenden Tätigkeit zum Gegenstand hat und ein bestimmtes Geschlecht unverzichtbare Voraussetzung für diese Tätigkeit ist. [3]Wenn im Streitfall der Arbeitnehmer Tatsachen glaubhaft macht, die eine Benachteiligung wegen des Geschlechts vermuten lassen, trägt der Arbeitgeber die Beweislast dafür, dass nicht auf das Geschlecht bezogene, sachliche Gründe eine unterschiedliche Behandlung rechtfertigen oder das Geschlecht unverzichtbare Voraussetzung für die auszuübende Tätigkeit ist.
(2) [1]Verstößt der Arbeitgeber gegen das in Absatz 1 geregelte Benachteiligungsverbot bei der Begründung eines Arbeitsverhältnisses, so kann der hierdurch benachteiligte Bewerber eine angemessene Entschädigung in Geld verlangen; ein Anspruch auf Begründung eines Arbeitsverhältnisses besteht nicht.
(3) [1]Wäre der Bewerber auch bei benachteiligungsfreier Auswahl nicht eingestellt worden, so hat der Arbeitgeber eine angemessene Entschädigung in Höhe von höchstens drei Monatsverdiensten zu leisten. [2]Als Monatsverdienst gilt, was dem Bewerber bei regelmäßiger Arbeitszeit in dem Monat, in dem das Arbeitsverhältnis hätte begründet werden sollen, an Geld- und Sachbezügen zugestanden hätte.
(4) [1]Ein Anspruch nach den Absätzen 2 und 3 muss innerhalb einer Frist, die mit Zugang der Ablehnung der Bewerbung beginnt, schriftlich geltend gemacht werden. [2]Die Länge der Frist bemisst sich nach einer für die Geltendmachung von Schadensersatzansprüchen im angestrebten Arbeitsverhältnis vorgesehenen Ausschlussfrist; sie beträgt mindestens zwei Monate. [3]Ist eine solche Frist für das angestrebte Arbeitsverhältnis nicht bestimmt, so beträgt die Frist sechs Monate.
(5) [1]Die Absätze 2 bis 4 gelten beim beruflichen Aufstieg entsprechend, wenn auf den Aufstieg kein Anspruch besteht.

---

18) Amtlicher Hinweis:
   Dieser Titel dient der Umsetzung
   1. der Richtlinie 76/207/EWG des Rates vom 9. Februar 1976 zur Verwirklichung des Grundsatzes der Gleichbehandlung von Männern und Frauen hinsichtlich des Zugangs zur Beschäftigung, zur Berufsbildung und zum beruflichen Aufstieg sowie in Bezug auf die Arbeitsbedingungen (ABl. EG Nr. L 39 S. 40) und
   2. der Richtlinie 77/187/EWG des Rates vom 14. Februar 1977 zur Angleichung der Rechtsvorschriften der Mitgliedstaaten über die Wahrung von Ansprüchen der Arbeitnehmer beim Übergang von Unternehmen, Betrieben oder Betriebsteilen (ABl. EG Nr. L 61 S. 26).

§ 611 b Arbeitsplatzausschreibung
¹Der Arbeitgeber darf einen Arbeitsplatz weder öffentlich noch innerhalb des Betriebs nur für Männer oder nur für Frauen ausschreiben, es sei denn, dass ein Fall des § 611 a Abs. 1 Satz 2 vorliegt.

§ 612 Vergütung
(1) ¹Eine Vergütung gilt als stillschweigend vereinbart, wenn die Dienstleistung den Umständen nach nur gegen eine Vergütung zu erwarten ist.
(2) ¹Ist die Höhe der Vergütung nicht bestimmt, so ist bei dem Bestehen einer Taxe die taxmäßige Vergütung, in Ermangelung einer Taxe die übliche Vergütung als vereinbart anzusehen.
(3) ¹Bei einem Arbeitsverhältnis darf für gleiche oder für gleichwertige Arbeit nicht wegen des Geschlechts des Arbeitnehmers eine geringere Vergütung vereinbart werden als bei einem Arbeitnehmer des anderen Geschlechts. ²Die Vereinbarung einer geringeren Vergütung wird nicht dadurch gerechtfertigt, dass wegen des Geschlechts des Arbeitnehmers besondere Schutzvorschriften gelten. ³§ 611 a Abs. 1 Satz 3 ist entsprechend anzuwenden.

§ 612 a Maßregelungsverbot
¹Der Arbeitgeber darf einen Arbeitnehmer bei einer Vereinbarung oder einer Maßnahme nicht benachteiligen, weil der Arbeitnehmer in zulässiger Weise seine Rechte ausübt.

§ 613 Unübertragbarkeit
¹Der zur Dienstleistung Verpflichtete hat die Dienste im Zweifel in Person zu leisten. ²Der Anspruch auf die Dienste ist im Zweifel nicht übertragbar.

§ 613 a Rechte und Pflichten bei Betriebsübergang
(1) ¹Geht ein Betrieb oder Betriebsteil durch Rechtsgeschäft auf einen anderen Inhaber über, so tritt dieser in die Rechte und Pflichten aus den im Zeitpunkt des Übergangs bestehenden Arbeitsverhältnisse ein. ²Sind diese Rechte und Pflichten durch Rechtsnormen eines Tarifvertrags oder durch eine Betriebsvereinbarung geregelt, so werden sie Inhalt des Arbeitsverhältnisses zwischen dem neuen Inhaber und dem Arbeitnehmer und dürfen nicht vor Ablauf eines Jahres nach dem Zeitpunkt des Übergangs zum Nachteil des Arbeitnehmers geändert werden. ³Satz 2 gilt nicht, wenn die Rechte und Pflichten bei dem neuen Inhaber durch Rechtsnormen eines anderen Tarifvertrags oder durch eine andere Betriebsvereinbarung geregelt werden. ⁴Vor Ablauf der Frist nach Satz 2 können die Rechte und Pflichten geändert werden, wenn der Tarifvertrag oder die Betriebsvereinbarung nicht mehr gilt oder bei fehlender beiderseitiger Tarifgebundenheit im Geltungsbereich eines anderen Tarifvertrags dessen Anwendung zwischen dem neuen Inhaber und dem Arbeitnehmer vereinbart wird.
(2) ¹Der bisherige Arbeitgeber haftet neben dem neuen Inhaber für Verpflichtungen nach Absatz 1, soweit sie vor dem Zeitpunkt des Übergangs entstanden sind und vor Ablauf von einem Jahr nach diesem Zeitpunkt fällig werden, als Gesamtschuldner. ²Werden solche Verpflichtungen nach dem Zeitpunkt des Übergangs fällig, so haftet der bisherige Arbeitgeber für sie jedoch nur in dem Umfang, der dem im Zeitpunkt des Übergangs abgelaufenen Teil ihres Bemessungszeitraums entspricht.
(3) ¹Absatz 2 gilt nicht, wenn eine juristische Person oder eine Personenhandelsgesellschaft durch Umwandlung erlischt.
(4) ¹Die Kündigung des Arbeitsverhältnisses eines Arbeitnehmers durch den bisherigen Arbeitgeber oder durch den neuen Inhaber wegen des Übergangs eines Betriebs oder eines Betriebsteils ist unwirksam. ²Das Recht zur Kündigung des Arbeitsverhältnisses aus anderen Gründen bleibt unberührt.

(5) ¹Der bisherige Arbeitgeber oder der neue Inhaber hat die von einem Übergang betroffenen Arbeitnehmer vor dem Übergang in Textform zu unterrichten über:
1. den Zeitpunkt oder den geplanten Zeitpunkt des Übergangs,
2. den Grund für den Übergang,
3. die rechtlichen, wirtschaftlichen und sozialen Folgen des Übergangs für die Arbeitnehmer und
4. die hinsichtlich der Arbeitnehmer in Aussicht genommenen Maßnahmen.
(6) ¹Der Arbeitnehmer kann dem Übergang des Arbeitsverhältnisses innerhalb eines Monats nach Zugang der Unterrichtung nach Absatz 5 schriftlich widersprechen. ²Der Widerspruch kann gegenüber dem bisherigen Arbeitgeber oder dem neuen Inhaber erklärt werden.

§ 614 Fälligkeit der Vergütung ¹Die Vergütung ist nach der Leistung der Dienste zu entrichten. ²Ist die Vergütung nach Zeitabschnitten bemessen, so ist sie nach dem Ablauf der einzelnen Zeitabschnitte zu entrichten.

§ 615 Vergütung bei Annahmeverzug und bei Betriebsrisiko
¹Kommt der Dienstberechtigte mit der Annahme der Dienste in Verzug, so kann der Verpflichtete für die infolge des Verzugs nicht geleisteten Dienste die vereinbarte Vergütung verlangen, ohne zur Nachleistung verpflichtet zu sein. ²Er muss sich jedoch den Wert desjenigen anrechnen lassen, was er infolge des Unterbleibens der Dienstleistung erspart oder durch anderweitige Verwendung seiner Dienste erwirbt oder zu erwerben böswillig unterlässt. ³Die Sätze 1 und 2 gelten entsprechend in den Fällen, in denen der Arbeitgeber das Risiko des Arbeitsausfalls trägt.

§ 616 Vorübergehende Verhinderung ¹Der zur Dienstleistung Verpflichtete wird des Anspruchs auf die Vergütung nicht dadurch verlustig, dass er für eine verhältnismäßig nicht erhebliche Zeit durch einen in seiner Person liegenden Grund ohne sein Verschulden an der Dienstleistung verhindert wird. ²Er muss sich jedoch den Betrag anrechnen lassen, welcher ihm für die Zeit der Verhinderung aus einer auf Grund gesetzlicher Verpflichtung bestehenden Kranken- oder Unfallversicherung zukommt.

§ 617 Pflicht zur Krankenfürsorge (1) ¹Ist bei einem dauernden Dienstverhältnis, welches die Erwerbstätigkeit des Verpflichteten vollständig oder hauptsächlich in Anspruch nimmt, der Verpflichtete in die häusliche Gemeinschaft aufgenommen, so hat der Dienstberechtigte ihm im Falle der Erkrankung die erforderliche Verpflegung und ärztliche Behandlung bis zur Dauer von sechs Wochen, jedoch nicht über die Beendigung des Dienstverhältnisses hinaus, zu gewähren, sofern nicht die Erkrankung von dem Verpflichteten vorsätzlich oder durch grobe Fahrlässigkeit herbeigeführt worden ist. ²Die Verpflegung und ärztliche Behandlung kann durch Aufnahme des Verpflichteten in eine Krankenanstalt gewährt werden. ³Die Kosten können auf die für die Zeit der Erkrankung geschuldete Vergütung angerechnet werden. ⁴Wird das Dienstverhältnis wegen der Erkrankung von dem Dienstberechtigten nach § 626 gekündigt, so bleibt die dadurch herbeigeführte Beendigung des Dienstverhältnisses außer Betracht.
(2) ¹Die Verpflichtung des Dienstberechtigten tritt nicht ein, wenn für die Verpflegung und ärztliche Behandlung durch eine Versicherung oder durch eine Einrichtung der öffentlichen Krankenpflege Vorsorge getroffen ist.

§ 618 Pflicht zu Schutzmaßnahmen (1) ¹Der Dienstberechtigte hat Räume, Vorrichtungen oder Gerätschaften, die er zur Verrichtung der Dienste zu beschaffen hat, so einzurichten und zu unterhalten und Dienstleistungen, die unter seiner Anordnung oder seiner Leitung vorzunehmen sind, so zu regeln, dass

BGB   §§ 619–622

der Verpflichtete gegen Gefahr für Leben und Gesundheit soweit geschützt ist, als die Natur der Dienstleistung es gestattet.

(2) ¹Ist der Verpflichtete in die häusliche Gemeinschaft aufgenommen, so hat der Dienstberechtigte in Ansehung des Wohn- und Schlafraums, der Verpflegung sowie der Arbeits- und Erholungszeit diejenigen Einrichtungen und Anordnungen zu treffen, welche mit Rücksicht auf die Gesundheit, die Sittlichkeit und die Religion des Verpflichteten erforderlich sind.

(3) ¹Erfüllt der Dienstberechtigte die ihm in Ansehung des Lebens und der Gesundheit des Verpflichteten obliegenden Verpflichtungen nicht, so finden auf seine Verpflichtung zum Schadensersatz die für unerlaubte Handlungen geltenden Vorschriften der §§ 842 bis 846 entsprechende Anwendung.

§ 619 Unabdingbarkeit der Fürsorgepflichten ¹Die dem Dienstberechtigten nach den §§ 617, 618 obliegenden Verpflichtungen können nicht im Voraus durch Vertrag aufgehoben oder beschränkt werden.

§ 619 a Beweislast bei Haftung des Arbeitnehmers ¹Abweichend von § 280 Abs. 1 hat der Arbeitnehmer dem Arbeitgeber Ersatz für den aus der Verletzung einer Pflicht aus dem Arbeitsverhältnis entstehenden Schaden nur zu leisten, wenn er die Pflichtverletzung zu vertreten hat.

§ 620 Beendigung des Dienstverhältnisses (1) ¹Das Dienstverhältnis endigt mit dem Ablauf der Zeit, für die es eingegangen ist.

(2) ¹Ist die Dauer des Dienstverhältnisses weder bestimmt noch aus der Beschaffenheit oder dem Zwecke der Dienste zu entnehmen, so kann jeder Teil das Dienstverhältnis nach Maßgabe der §§ 621 bis 623 kündigen.

(3) ¹Für Arbeitsverträge, die auf bestimmte Zeit abgeschlossen werden, gilt das Teilzeit- und Befristungsgesetz.

§ 621 Kündigungsfristen bei Dienstverhältnissen ¹Bei einem Dienstverhältnis, das kein Arbeitsverhältnis im Sinne des § 622 ist, ist die Kündigung zulässig,
1. wenn die Vergütung nach Tagen bemessen ist, an jedem Tag für den Ablauf des folgenden Tages;
2. wenn die Vergütung nach Wochen bemessen ist, spätestens am ersten Werktag einer Woche für den Ablauf des folgenden Sonnabends;
3. wenn die Vergütung nach Monaten bemessen ist, spätestens am 15. eines Monats für den Schluss des Kalendermonats;
4. wenn die Vergütung nach Vierteljahren oder längeren Zeitabschnitten bemessen ist, unter Einhaltung einer Kündigungsfrist von sechs Wochen für den Schluss eines Kalendervierteljahrs;
5. wenn die Vergütung nicht nach Zeitabschnitten bemessen ist, jederzeit; bei einem die Erwerbstätigkeit des Verpflichteten vollständig oder hauptsächlich in Anspruch nehmenden Dienstverhältnis ist jedoch eine Kündigungsfrist von zwei Wochen einzuhalten.

§ 622 Kündigungsfristen bei Arbeitsverhältnissen (1) ¹Das Arbeitsverhältnis eines Arbeiters oder eines Angestellten (Arbeitnehmers) kann mit einer Frist von vier Wochen zum Fünfzehnten oder zum Ende eines Kalendermonats gekündigt werden.

(2) ¹Für eine Kündigung durch den Arbeitgeber beträgt die Kündigungsfrist, wenn das Arbeitsverhältnis in dem Betrieb oder Unternehmen
1. zwei Jahre bestanden hat, einen Monat zum Ende eines Kalendermonats,
2. fünf Jahre bestanden hat, zwei Monate zum Ende eines Kalendermonats,
3. acht Jahre bestanden hat, drei Monate zum Ende eines Kalendermonats,

4. zehn Jahre bestanden hat, vier Monate zum Ende eines Kalendermonats,
5. zwölf Jahre bestanden hat, fünf Monate zum Ende eines Kalendermonats,
6. 15 Jahre bestanden hat, sechs Monate zum Ende eines Kalendermonats,
7. 20 Jahre bestanden hat, sieben Monate zum Ende eines Kalendermonats.

²Bei der Berechnung der Beschäftigungsdauer werden Zeiten, die vor der Vollendung des 25. Lebensjahres des Arbeitnehmers liegen, nicht berücksichtigt.

(3) ¹Während einer vereinbarten Probezeit, längstens für die Dauer von sechs Monaten, kann das Arbeitsverhältnis mit einer Frist von zwei Wochen gekündigt werden.

(4) ¹Von den Absätzen 1 bis 3 abweichende Regelungen können durch Tarifvertrag vereinbart werden. ²Im Geltungsbereich eines solchen Tarifvertrags gelten die abweichenden tarifvertraglichen Bestimmungen zwischen nicht tarifgebundenen Arbeitgebern und Arbeitnehmern, wenn ihre Anwendung zwischen ihnen vereinbart ist.

(5) ¹Einzelvertraglich kann eine kürzere als die in Absatz 1 genannte Kündigungsfrist nur vereinbart werden,
1. wenn ein Arbeitnehmer zur vorübergehenden Aushilfe eingestellt ist; dies gilt nicht, wenn das Arbeitsverhältnis über die Zeit von drei Monaten hinaus fortgesetzt wird;
2. wenn der Arbeitgeber in der Regel nicht mehr als 20 Arbeitnehmer ausschließlich der zu ihrer Berufsbildung Beschäftigten beschäftigt und die Kündigungsfrist vier Wochen nicht unterschreitet.

²Bei der Feststellung der Zahl der beschäftigten Arbeitnehmer sind teilzeitbeschäftigte Arbeitnehmer mit einer regelmäßigen wöchentlichen Arbeitszeit von nicht mehr als 20 Stunden mit 0,5 und nicht mehr als 30 Stunden mit 0,75 zu berücksichtigen. ³Die einzelvertragliche Vereinbarung längerer als der in den Absätzen 1 bis 3 genannten Kündigungsfristen bleibt hiervon unberührt.

(6) ¹Für die Kündigung des Arbeitsverhältnisses durch den Arbeitnehmer darf keine längere Frist vereinbart werden als für die Kündigung durch den Arbeitgeber.

§ 623 Schriftform der Kündigung
¹Die Beendigung von Arbeitsverhältnissen durch Kündigung oder Auflösungsvertrag bedürfen zu ihrer Wirksamkeit der Schriftform; die elektronische Form ist ausgeschlossen.

§ 624 Kündigungsfrist bei Verträgen über mehr als fünf Jahre
¹Ist das Dienstverhältnis für die Lebenszeit einer Person oder für längere Zeit als fünf Jahre eingegangen, so kann es von dem Verpflichteten nach dem Ablauf von fünf Jahren gekündigt werden. ²Die Kündigungsfrist beträgt sechs Monate.

§ 625 Stillschweigende Verlängerung
¹Wird das Dienstverhältnis nach dem Ablauf der Dienstzeit von dem Verpflichteten mit Wissen des anderen Teiles fortgesetzt, so gilt es als auf unbestimmte Zeit verlängert, sofern nicht der andere Teil unverzüglich widerspricht.

§ 626 Fristlose Kündigung aus wichtigem Grund
(1) ¹Das Dienstverhältnis kann von jedem Vertragsteil aus wichtigem Grund ohne Einhaltung einer Kündigungsfrist gekündigt werden, wenn Tatsachen vorliegen, auf Grund derer dem Kündigenden unter Berücksichtigung aller Umstände des Einzelfalles und unter Abwägung der Interessen beider Vertragsteile die Fortsetzung des Dienstverhältnisses bis zum Ablauf der Kündigungsfrist oder bis zu der vereinbarten Beendigung des Dienstverhältnisses nicht zugemutet werden kann.

(2) ¹Die Kündigung kann nur innerhalb von zwei Wochen erfolgen. ²Die Frist beginnt mit dem Zeitpunkt, in dem der Kündigungsberechtigte von den für die Kündigung maßgebenden Tatsachen Kenntnis erlangt. ³Der Kündigende muss dem anderen Teil auf Verlangen den Kündigungsgrund unverzüglich schriftlich mitteilen.

§ 627 Fristlose Kündigung bei Vertrauensstellung (1) ¹Bei einem Dienstverhältnis, das kein Arbeitsverhältnis im Sinne des § 622 ist, ist die Kündigung auch ohne die in § 626 bezeichnete Voraussetzung zulässig, wenn der zur Dienstleistung Verpflichtete, ohne in einem dauernden Dienstverhältnis mit festen Bezügen zu stehen, Dienste höherer Art zu leisten hat, die auf Grund besonderen Vertrauens übertragen zu werden pflegen.

(2) ¹Der Verpflichtete darf nur in der Art kündigen, dass sich der Dienstberechtigte die Dienste anderweit beschaffen kann, es sei denn, dass ein wichtiger Grund für die unzeitige Kündigung vorliegt. ²Kündigt er ohne solchen Grund zur Unzeit, so hat er dem Dienstberechtigten den daraus entstehenden Schaden zu ersetzen.

§ 628 Teilvergütung und Schadensersatz bei fristloser Kündigung
(1) ¹Wird nach dem Beginn der Dienstleistung das Dienstverhältnis auf Grund des § 626 oder des § 627 gekündigt, so kann der Verpflichtete einen seinen bisherigen Leistungen entsprechenden Teil der Vergütung verlangen. ²Kündigt er, ohne durch vertragswidriges Verhalten des anderen Teiles dazu veranlasst zu sein, oder veranlasst er durch sein vertragswidriges Verhalten die Kündigung des anderen Teiles, so steht ihm ein Anspruch auf die Vergütung insoweit nicht zu, als seine bisherigen Leistungen infolge der Kündigung für den anderen Teil kein Interesse haben. ³Ist die Vergütung für eine spätere Zeit im Voraus entrichtet, so hat der Verpflichtete sie nach Maßgabe des § 346 oder, wenn die Kündigung wegen eines Umstands erfolgt, den er nicht zu vertreten hat, nach den Vorschriften über die Herausgabe einer ungerechtfertigten Bereicherung zurückzuerstatten.

(2) ¹Wird die Kündigung durch vertragswidriges Verhalten des anderen Teiles veranlasst, so ist dieser zum Ersatz des durch die Aufhebung des Dienstverhältnisses entstehenden Schadens verpflichtet.

§ 629 Freizeit zur Stellungssuche ¹Nach der Kündigung eines dauernden Dienstverhältnisses hat der Dienstberechtigte dem Verpflichteten auf Verlangen angemessene Zeit zum Aufsuchen eines anderen Dienstverhältnisses zu gewähren.

§ 630 Pflicht zur Zeugniserteilung ¹Bei der Beendigung eines dauernden Dienstverhältnisses kann der Verpflichtete von dem anderen Teil ein schriftliches Zeugnis über das Dienstverhältnis und dessen Dauer fordern. ²Das Zeugnis ist auf Verlangen auch die Leistungen und die Führung im Dienst zu erstrecken. ³Die Erteilung des Zeugnisses in elektronischer Form ist ausgeschlossen. ⁴Wenn der Verpflichtete ein Arbeitnehmer ist, findet § 109 der Gewerbeordnung Anwendung.

Titel 9: Werkvertrag und ähnliche Verträge

Untertitel 1: Werkvertrag

§ 631 Vertragstypische Pflichten beim Werkvertrag (1) ¹Durch den Werkvertrag wird der Unternehmer zur Herstellung des versprochenen Werkes, der Besteller zur Entrichtung der vereinbarten Vergütung verpflichtet.
(2) ¹Gegenstand des Werkvertrags kann sowohl die Herstellung oder Veränderung einer Sache als auch ein anderer durch Arbeit oder Dienstleistung herbeizuführender Erfolg sein.

§§ 632–634a BGB

§ 632 Vergütung (1) ¹Eine Vergütung gilt als stillschweigend vereinbart, wenn die Herstellung des Werkes den Umständen nach nur gegen eine Vergütung zu erwarten ist.

(2) ¹Ist die Höhe der Vergütung nicht bestimmt, so ist bei dem Bestehen einer Taxe die taxmäßige Vergütung, in Ermangelung einer Taxe die übliche Vergütung als vereinbart anzusehen.

(3) ¹Ein Kostenanschlag ist im Zweifel nicht zu vergüten.

§ 632a Abschlagszahlungen ¹Der Unternehmer kann von dem Besteller für in sich abgeschlossene Teile des Werkes Abschlagszahlungen für die erbrachten vertragsmäßigen Leistungen verlangen. ²Dies gilt auch für erforderliche Stoffe oder Bauteile, die eigens angefertigt oder angeliefert sind. ³Der Anspruch besteht nur, wenn dem Besteller Eigentum an den Teilen des Werkes, an den Stoffen oder Bauteilen übertragen oder Sicherheit hierfür geleistet wird.

§ 633 Sach- und Rechtsmangel (1) ¹Der Unternehmer hat dem Besteller das Werk frei von Sach- und Rechtsmängeln zu verschaffen.

(2) ¹Das Werk ist frei von Sachmängeln, wenn es die vereinbarte Beschaffenheit hat. ²Soweit die Beschaffenheit nicht vereinbart ist, ist das Werk frei von Sachmängeln,
1. wenn es sich für die nach dem Vertrag vorausgesetzte, sonst
2. für die gewöhnliche Verwendung eignet und eine Beschaffenheit aufweist, die bei Werken der gleichen Art üblich ist und die der Besteller nach der Art des Werkes erwarten kann.

³Einem Sachmangel steht es gleich, wenn der Unternehmer ein anderes als das bestellte Werk oder das Werk in zu geringer Menge herstellt.

(3) ¹Das Werk ist frei von Rechtsmängeln, wenn Dritte in Bezug auf das Werk keine oder nur die im Vertrag übernommenen Rechte gegen den Besteller geltend machen können.

§ 634 Rechte des Bestellers bei Mängeln ¹Ist das Werk mangelhaft, kann der Besteller, wenn die Voraussetzungen der folgenden Vorschriften vorliegen und soweit nicht ein anderes bestimmt ist,
1. nach § 635 Nacherfüllung verlangen,
2. nach § 637 den Mangel selbst beseitigen und Ersatz der erforderlichen Aufwendungen verlangen,
3. nach den §§ 636, 323 und 326 Abs. 5 von dem Vertrag zurücktreten oder nach § 638 die Vergütung mindern und
4. nach den §§ 636, 280, 281, 283 und 311a Schadensersatz oder nach § 284 Ersatz vergeblicher Aufwendungen verlangen.

§ 634a Verjährung der Mängelansprüche (1) ¹Die in § 634 Nr. 1, 2 und 4 bezeichneten Ansprüche verjähren
1. vorbehaltlich der Nummer 2 in zwei Jahren bei einem Werk, dessen Erfolg in der Herstellung, Wartung oder Veränderung einer Sache oder in der Erbringung von Planungs- oder Überwachungsleistungen hierfür besteht,
2. in fünf Jahren bei einem Bauwerk und einem Werk, dessen Erfolg in der Erbringung von Planungs- oder Überwachungsleistungen hierfür besteht, und
3. im Übrigen in der regelmäßigen Verjährungsfrist.

(2) ¹Die Verjährung beginnt in den Fällen des Absatzes 1 Nr. 1 und 2 mit der Abnahme.

BGB §§ 635–638

(3) ¹Abweichend von Absatz 1 Nr. 1 und 2 und Absatz 2 verjähren die Ansprüche in der regelmäßigen Verjährungsfrist, wenn der Unternehmer den Mangel arglistig verschwiegen hat. ²Im Falle des Absatzes 1 Nr. 2 tritt die Verjährung jedoch nicht vor Ablauf der dort bestimmten Frist ein.

(4) ¹Für das in § 634 bezeichnete Rücktrittsrecht gilt § 218. Der Besteller kann trotz einer Unwirksamkeit des Rücktritts nach § 218 Abs. 1 die Zahlung der Vergütung insoweit verweigern, als er auf Grund des Rücktritts dazu berechtigt sein würde. ²Macht er von diesem Recht Gebrauch, kann der Unternehmer vom Vertrag zurücktreten.

(5) ¹Auf das in § 634 bezeichnete Minderungsrecht finden § 218 und Absatz 4 Satz 2 entsprechende Anwendung.

§ 635 Nacherfüllung (1) ¹Verlangt der Besteller Nacherfüllung, so kann der Unternehmer nach seiner Wahl den Mangel beseitigen oder ein neues Werk herstellen.

(2) ¹Der Unternehmer hat die zum Zwecke der Nacherfüllung erforderlichen Aufwendungen, insbesondere Transport-, Wege-, Arbeits- und Materialkosten zu tragen.

(3) ¹Der Unternehmer kann die Nacherfüllung unbeschadet des § 275 Abs. 2 und 3 verweigern, wenn sie nur mit unverhältnismäßigen Kosten möglich ist.

(4) ¹Stellt der Unternehmer ein neues Werk her, so kann er vom Besteller Rückgewähr des mangelhaften Werkes nach Maßgabe der §§ 346 bis 348 verlangen.

§ 636 Besondere Bestimmungen für Rücktritt und Schadensersatz ¹Außer in den Fällen der §§ 281 Abs. 2 und 323 Abs. 2 bedarf es der Fristsetzung auch dann nicht, wenn der Unternehmer die Nacherfüllung gemäß § 635 Abs. 3 verweigert oder wenn die Nacherfüllung fehlgeschlagen oder dem Besteller unzumutbar ist.

§ 637 Selbstvornahme (1) ¹Der Besteller kann wegen eines Mangels des Werkes nach erfolglosem Ablauf einer von ihm zur Nacherfüllung bestimmten angemessenen Frist den Mangel selbst beseitigen und Ersatz der erforderlichen Aufwendungen verlangen, wenn nicht der Unternehmer die Nacherfüllung zu Recht verweigert.

(2) ¹§ 323 Abs. 2 findet entsprechende Anwendung. ²Der Bestimmung einer Frist bedarf es auch dann nicht, wenn die Nacherfüllung fehlgeschlagen oder dem Besteller unzumutbar ist.

(3) ¹Der Besteller kann von dem Unternehmer für die zur Beseitigung des Mangels erforderlichen Aufwendungen Vorschuss verlangen.

§ 638 Minderung (1) ¹Statt zurückzutreten, kann der Besteller die Vergütung durch Erklärung gegenüber dem Unternehmer mindern. ²Der Ausschlussgrund des § 323 Abs. 5 Satz 2 findet keine Anwendung.

(2) ¹Sind auf der Seite des Bestellers oder auf der Seite des Unternehmers mehrere beteiligt, so kann die Minderung nur von allen oder gegen alle erklärt werden.

(3) ¹Bei der Minderung ist die Vergütung in dem Verhältnis herabzusetzen, in welchem zur Zeit des Vertragsschlusses der Wert des Werkes in mangelfreiem Zustand zu dem wirklichen Wert gestanden haben würde. ²Die Minderung ist, soweit erforderlich, durch Schätzung zu ermitteln.

(4) ¹Hat der Besteller mehr als die geminderte Vergütung gezahlt, so ist der Mehrbetrag vom Unternehmer zu erstatten. ²§ 346 Abs. 1 und § 347 Abs. 1 finden entsprechende Anwendung.

§ 639 Haftungsausschluss

¹Auf eine Vereinbarung, durch welche die Rechte des Bestellers wegen eines Mangels ausgeschlossen oder beschränkt werden, kann sich der Unternehmer nicht berufen, wenn er den Mangel arglistig verschwiegen oder eine Garantie für die Beschaffenheit des Werkes übernommen hat.

§ 640 Abnahme

(1) ¹Der Besteller ist verpflichtet, das vertragsmäßig hergestellte Werk abzunehmen, sofern nicht nach der Beschaffenheit des Werkes die Abnahme ausgeschlossen ist. ²Wegen unwesentlicher Mängel kann die Abnahme nicht verweigert werden. ³Der Abnahme steht es gleich, wenn der Besteller das Werk nicht innerhalb einer ihm vom Unternehmer bestimmten angemessenen Frist abnimmt, obwohl er dazu verpflichtet ist.

(2) ¹Nimmt der Besteller ein mangelhaftes Werk gemäß Absatz 1 Satz 1 ab, obschon er den Mangel kennt, so stehen ihm die in § 634 Nr. 1 bis 3 bezeichneten Rechte nur zu, wenn er sich seine Rechte wegen des Mangels bei der Abnahme vorbehält.

§ 641 Fälligkeit der Vergütung

(1) ¹Die Vergütung ist bei der Abnahme des Werkes zu entrichten. ²Ist das Werk in Teilen abzunehmen und die Vergütung für die einzelnen Teile bestimmt, so ist die Vergütung für jeden Teil bei dessen Abnahme zu entrichten.

(2) ¹Die Vergütung des Unternehmers für ein Werk, dessen Herstellung der Besteller einem Dritten versprochen hat, wird spätestens fällig, wenn und soweit der Besteller von dem Dritten für das versprochene Werk wegen dessen Herstellung seine Vergütung oder Teile davon erhalten hat. ²Hat der Besteller dem Dritten wegen möglicher Mängel des Werkes Sicherheit geleistet, gilt dies nur, wenn der Unternehmer dem Besteller Sicherheit in entsprechender Höhe leistet.

(3) ¹Kann der Besteller die Beseitigung eines Mangels verlangen, so kann er nach der Abnahme die Zahlung eines angemessenen Teils der Vergütung verweigern, mindestens in Höhe des Dreifachen der für die Beseitigung des Mangels erforderlichen Kosten.

(4) ¹Eine in Geld festgesetzte Vergütung hat der Besteller von der Abnahme des Werkes an zu verzinsen, sofern nicht die Vergütung gestundet ist.

§ 641 a Fertigstellungsbescheinigung

(1) ¹Der Abnahme steht es gleich, wenn dem Unternehmer von einem Gutachter eine Bescheinigung darüber erteilt wird, dass

1. das versprochene Werk, im Falle des § 641 Abs. 1 Satz 2 auch ein Teil desselben, hergestellt ist und
2. das Werk frei von Mängeln ist, die der Besteller gegenüber dem Gutachter behauptet hat oder die für den Gutachter bei einer Besichtigung feststellbar sind,

(Fertigstellungsbescheinigung). ²Das gilt nicht, wenn das Verfahren nach den Absätzen 2 bis 4 nicht eingehalten worden ist oder wenn die Voraussetzungen des § 640 Abs. 1 Satz 1 und 2 nicht gegeben waren; im Streitfall hat dies der Besteller zu beweisen. ³§ 640 Abs. 2 ist nicht anzuwenden. ⁴Es wird vermutet, dass ein Aufmaß oder eine Stundenlohnabrechnung, die der Unternehmer seiner Rechnung zugrunde legt, zutreffen, wenn der Gutachter dies in der Fertigstellungsbescheinigung bestätigt.

(2) ¹Gutachter kann sein

1. ein Sachverständiger, auf den sich Unternehmer und Besteller verständigt haben, oder
2. ein auf Antrag des Unternehmers durch eine Industrie- und Handelskammer, eine Handwerkskammer, eine Architektenkammer oder eine Ingenieurkammer bestimmter öffentlich bestellter und vereidigter Sachverständiger.

²Der Gutachter wird vom Unternehmer beauftragt. ³Er ist diesem und dem Besteller des zu begutachtenden Werkes gegenüber verpflichtet, die Bescheinigung unparteiisch und nach bestem Wissen und Gewissen zu erteilen.

(3) ¹Der Gutachter muss mindestens einen Besichtigungstermin abhalten; eine Einladung hierzu unter Angabe des Anlasses muss dem Besteller mindestens zwei Wochen vorher zugehen. ²Ob das Werk frei von Mängeln ist, beurteilt der Gutachter nach einem schriftlichen Vertrag, den ihm der Unternehmer vorzulegen hat. ³Änderungen dieses Vertrags sind dabei nur zu berücksichtigen, wenn sie schriftlich vereinbart sind oder von den Vertragsteilen übereinstimmend gegenüber dem Gutachter vorgebracht werden. ⁴Wenn der Vertrag entsprechende Angaben nicht enthält, sind die allgemein anerkannten Regeln der Technik zugrunde zu legen. ⁵Vom Besteller geltend gemachte Mängel bleiben bei der Erteilung der Bescheinigung unberücksichtigt, wenn sie nach Abschluss der Besichtigung vorgebracht werden.

(4) ¹Der Besteller ist verpflichtet, eine Untersuchung des Werkes oder von Teilen desselben durch den Gutachter zu gestatten. ²Verweigert er die Untersuchung, wird vermutet, dass das zu untersuchende Werk vertragsgemäß hergestellt worden ist; die Bescheinigung nach Absatz 1 ist zu erteilen.

(5) ¹Dem Besteller ist vom Gutachter eine Abschrift der Bescheinigung zu erteilen. ²In Ansehung von Fristen, Zinsen und Gefahrübergang treten die Wirkungen der Bescheinigung erst mit ihrem Zugang beim Besteller ein.

§ 642 Mitwirkung des Bestellers
(1) ¹Ist bei der Herstellung des Werkes eine Handlung des Bestellers erforderlich, so kann der Unternehmer, wenn der Besteller durch das Unterlassen der Handlung in Verzug der Annahme kommt, eine angemessene Entschädigung verlangen.

(2) ¹Die Höhe der Entschädigung bestimmt sich einerseits nach der Dauer des Verzugs und der Höhe der vereinbarten Vergütung, andererseits nach demjenigen, was der Unternehmer infolge des Verzugs an Aufwendungen erspart oder durch anderweitige Verwendung seiner Arbeitskraft erwerben kann.

§ 643 Kündigung bei unterlassener Mitwirkung
¹Der Unternehmer ist im Falle des § 642 berechtigt, dem Besteller zur Nachholung der Handlung eine angemessene Frist mit der Erklärung zu bestimmen, dass er den Vertrag kündige, wenn die Handlung nicht bis zum Ablauf der Frist vorgenommen werde. ²Der Vertrag gilt als aufgehoben, wenn nicht die Nachholung bis zum Ablauf der Frist erfolgt.

§ 644 Gefahrtragung
(1) ¹Der Unternehmer trägt die Gefahr bis zur Abnahme des Werkes. ²Kommt der Besteller in Verzug der Annahme, so geht die Gefahr auf ihn über. ³Für den zufälligen Untergang und eine zufällige Verschlechterung des von dem Besteller gelieferten Stoffes ist der Unternehmer nicht verantwortlich.

(2) ¹Versendet der Unternehmer das Werk auf Verlangen des Bestellers nach einem anderen Ort als dem Erfüllungsort, so findet die für den Kauf geltende Vorschrift des § 447 entsprechende Anwendung.

§ 645 Verantwortlichkeit des Bestellers
(1) ¹Ist das Werk vor der Abnahme infolge eines Mangels des von dem Besteller gelieferten Stoffes oder

infolge einer von dem Besteller für die Ausführung erteilten Anweisung untergegangen, verschlechtert oder unausführbar geworden, ohne dass ein Umstand mitgewirkt hat, den der Unternehmer zu vertreten hat, so kann der Unternehmer einen der geleisteten Arbeit entsprechenden Teil der Vergütung und Ersatz der in der Vergütung nicht inbegriffenen Auslagen verlangen. ²Das Gleiche gilt, wenn der Vertrag in Gemäßheit des § 643 aufgehoben wird.
(2) ¹Eine weitergehende Haftung des Bestellers wegen Verschuldens bleibt unberührt.

§ 646 Vollendung statt Abnahme
¹Ist nach der Beschaffenheit des Werkes die Abnahme ausgeschlossen, so tritt in den Fällen des § 634 a Abs. 2 und der §§ 641, 644 und 645 an die Stelle der Abnahme die Vollendung des Werkes.

§ 647 Unternehmerpfandrecht
¹Der Unternehmer hat für seine Forderungen aus dem Vertrag ein Pfandrecht an den von ihm hergestellten oder ausgebesserten beweglichen Sachen des Bestellers, wenn sie bei der Herstellung oder zum Zwecke der Ausbesserung in seinen Besitz gelangt sind.

§ 648 Sicherungshypothek des Bauunternehmers
(1) ¹Der Unternehmer eines Bauwerks oder eines einzelnen Teiles eines Bauwerks kann für seine Forderungen aus dem Vertrag die Einräumung einer Sicherungshypothek an dem Baugrundstück des Bestellers verlangen. ²Ist das Werk noch nicht vollendet, so kann er die Einräumung der Sicherungshypothek für einen der geleisteten Arbeit entsprechenden Teil der Vergütung und für die in der Vergütung nicht inbegriffenen Auslagen verlangen.
(2) ¹Der Inhaber einer Schiffswerft kann für seine Forderungen aus dem Bau oder der Ausbesserung eines Schiffes die Einräumung einer Schiffshypothek an dem Schiffsbauwerk oder dem Schiff des Bestellers verlangen; Absatz 1 Satz 2 gilt sinngemäß. ²§ 647 findet keine Anwendung.

§ 648 a Bauhandwerkersicherung
(1) ¹Der Unternehmer eines Bauwerks, einer Außenanlage oder eines Teils davon kann vom Besteller Sicherheit für die von ihm zu erbringenden Vorleistungen einschließlich dazugehöriger Nebenforderungen in der Weise verlangen, dass er dem Besteller zur Leistung der Sicherheit eine angemessene Frist mit der Erklärung bestimmt, dass er nach dem Ablauf der Frist seine Leistung verweigere. ²Sicherheit kann bis zur Höhe des voraussichtlichen Vergütungsanspruchs, wie er sich aus dem Vertrag oder einem nachträglichen Zusatzauftrag ergibt, sowie wegen Nebenforderungen verlangt werden; die Nebenforderungen sind mit 10 vom Hundert des zu sichernden Vergütungsanspruchs anzusetzen. ³Sie gilt auch dann als ausreichend anzusehen, wenn sich der Sicherungsgeber das Recht vorbehält, sein Versprechen im Falle einer wesentlichen Verschlechterung der Vermögensverhältnisse des Bestellers mit Wirkung für Vergütungsansprüche aus Bauleistungen zu widerrufen, die der Unternehmer bei Zugang der Widerrufserklärung noch nicht erbracht hat.
(2) ¹Die Sicherheit kann auch durch eine Garantie oder ein sonstiges Zahlungsversprechen eines im Geltungsbereich dieses Gesetzes zum Geschäftsbetrieb befugten Kreditinstituts oder Kreditversicherers geleistet werden. ²Das Kreditinstitut oder der Kreditversicherer darf Zahlungen an den Unternehmer nur leisten, soweit der Besteller den Vergütungsanspruch des Unternehmers anerkennt oder durch vorläufig vollstreckbares Urteil zur Zahlung der Vergütung verurteilt worden ist und die Voraussetzungen vorliegen, unter denen die Zwangsvollstreckung begonnen werden darf.

BGB §§ 649–651

(3) ¹Der Unternehmer hat dem Besteller die üblichen Kosten der Sicherheitsleistung bis zu einem Höchstsatz von 2 vom Hundert für das Jahr zu erstatten. ²Dies gilt nicht, soweit eine Sicherheit wegen Einwendungen des Bestellers gegen den Vergütungsanspruch des Unternehmers aufrechterhalten werden muss und die Einwendungen sich als unbegründet erweisen.

(4) ¹Soweit der Unternehmer für seinen Vergütungsanspruch eine Sicherheit nach den Absätzen 1 oder 2 erlangt hat, ist der Anspruch auf Einräumung einer Sicherungshypothek nach § 648 Abs. 1 ausgeschlossen.

(5) ¹Leistet der Besteller die Sicherheit nicht fristgemäß, so bestimmen sich die Rechte des Unternehmers nach den §§ 643 und 645 Abs. 1. ²Gilt der Vertrag danach als aufgehoben, kann der Unternehmer auch Ersatz des Schadens verlangen, den er dadurch erleidet, dass er auf die Gültigkeit des Vertrags vertraut hat. ³Dasselbe gilt, wenn der Besteller in zeitlichem Zusammenhang mit dem Sicherheitsverlangen gemäß Absatz 1 kündigt, es sei denn, die Kündigung ist nicht erfolgt, um der Stellung der Sicherheit zu entgehen. ⁴Es wird vermutet, dass der Schaden 5 Prozent der Vergütung beträgt.

(6) ¹Die Vorschriften der Absätze 1 bis 5 finden keine Anwendung, wenn der Besteller

1. eine juristische Person des öffentlichen Rechts oder ein öffentlich-rechtliches Sondervermögen ist oder
2. eine natürliche Person ist und die Bauarbeiten zur Herstellung oder Instandsetzung eines Einfamilienhauses mit oder ohne Einliegerwohnung ausführen lässt; dies gilt nicht bei Betreuung des Bauvorhabens durch einen zur Verfügung über die Finanzierungsmittel des Bestellers ermächtigten Baubetreuer.

(7) ¹Eine von den Vorschriften der Absätze 1 bis 5 abweichende Vereinbarung ist unwirksam.

§ 649 Kündigungsrecht des Bestellers ¹Der Besteller kann bis zur Vollendung des Werkes jederzeit den Vertrag kündigen. ²Kündigt der Besteller, so ist der Unternehmer berechtigt, die vereinbarte Vergütung zu verlangen; er muss sich jedoch dasjenige anrechnen lassen, was er infolge der Aufhebung des Vertrags an Aufwendungen erspart oder durch anderweitige Verwendung seiner Arbeitskraft erwirbt oder zu erwerben böswillig unterlässt.

§ 650 Kostenanschlag (1) ¹Ist dem Vertrag ein Kostenanschlag zugrunde gelegt worden, ohne dass der Unternehmer die Gewähr für die Richtigkeit des Anschlags übernommen hat, und ergibt sich, dass das Werk nicht ohne eine wesentliche Überschreitung des Anschlags ausführbar ist, so steht dem Unternehmer, wenn der Besteller den Vertrag aus diesem Grund kündigt, nur der im § 645 Abs. 1 bestimmte Anspruch zu.

(2) ¹Ist eine solche Überschreitung des Anschlags zu erwarten, so hat der Unternehmer dem Besteller unverzüglich Anzeige zu machen.

§ 651 Anwendung des Kaufrechts[19] ¹Auf einen Vertrag, der die Lieferung herzustellender oder zu erzeugender beweglicher Sachen zum Gegenstand hat, finden die Vorschriften über den Kauf Anwendung. ²§ 442 Abs. 1 Satz 1 findet bei diesen Verträgen auch Anwendung, wenn der Mangel auf den vom Besteller gelieferten Stoff zurückzuführen ist. ³Soweit es sich bei den herzustellenden oder zu erzeugenden beweglichen Sachen um nicht vertretbare

---

19) Amtlicher Hinweis:
Diese Vorschrift dient der Umsetzung der Richtlinie 1999/44/EG des Europäischen Parlaments und des Rates vom 25. Mai 1999 zu bestimmten Aspekten des Verbrauchsgüterkaufs und der Garantien für Verbrauchsgüter (ABl. EG Nr. L 171 S. 12).

Sachen handelt, sind auch die §§ 642, 643, 645, 649 und 650 mit der Maßgabe anzuwenden, dass an die Stelle der Abnahme der nach den §§ 446 und 447 maßgebliche Zeitpunkt tritt.

Untertitel 2: Reisevertrag[20]

§ 651 a Vertragstypische Pflichten beim Reisevertrag (1) ¹Durch den Reisevertrag wird der Reiseveranstalter verpflichtet, dem Reisenden eine Gesamtheit von Reiseleistungen (Reise) zu erbringen. ²Der Reisende ist verpflichtet, dem Reiseveranstalter den vereinbarten Reisepreis zu zahlen.
(2) ¹Die Erklärung, nur Verträge mit den Personen zu vermitteln, welche die einzelnen Reiseleistungen ausführen sollen (Leistungsträger), bleibt unberücksichtigt, wenn nach den sonstigen Umständen der Anschein begründet wird, dass der Erklärende vertraglich vorgesehene Reiseleistungen in eigener Verantwortung erbringt.
(3) ¹Der Reiseveranstalter hat dem Reisenden bei oder unverzüglich nach Vertragsschluss eine Urkunde über den Reisevertrag (Reisebestätigung) zur Verfügung zu stellen. ²Die Reisebestätigung und ein Prospekt, den der Reiseveranstalter zur Verfügung stellt, müssen die in der Rechtsverordnung nach Artikel 238 des Einführungsgesetzes zum Bürgerlichen Gesetzbuche bestimmten Angaben enthalten.
(4) ¹Der Reiseveranstalter kann den Reisepreis nur erhöhen, wenn dies mit genauen Angaben zur Berechnung des neuen Preises im Vertrag vorgesehen ist und damit einer Erhöhung der Beförderungskosten, der Abgaben für bestimmte Leistungen, wie Hafen- oder Flughafengebühren, oder einer Änderung der für die betreffende Reise geltenden Wechselkurse Rechnung getragen wird. ²Eine Preiserhöhung, die ab dem 20. Tage vor dem vereinbarten Abreisetermin verlangt wird, ist unwirksam. ³§ 309 Nr. 1 bleibt unberührt.
(5) ¹Der Reiseveranstalter hat eine Änderung des Reisepreises nach Absatz 4, eine zulässige Änderung einer wesentlichen Reiseleistung oder eine zulässige Absage der Reise dem Reisenden unverzüglich nach Kenntnis von dem Änderungs- oder Absagegrund zu erklären. ²Im Falle einer Erhöhung des Reisepreises um mehr als fünf vom
Hundert oder einer erheblichen Änderung einer wesentlichen Reiseleistung kann der Reisende vom Vertrag zurücktreten. Er kann stattdessen, ebenso wie bei einer Absage der Reise durch den Reiseveranstalter, die Teilnahme an einer mindestens gleichwertigen anderen Reise verlangen, wenn der Reiseveranstalter in der Lage ist, eine solche Reise ohne Mehrpreis für den Reisenden aus seinem Angebot anzubieten. ³Der Reisende hat diese Rechte unverzüglich nach der Erklärung durch den Reiseveranstalter diesem gegenüber geltend zu machen.

§ 651 b Vertragsübertragung (1) ¹Bis zum Reisebeginn kann der Reisende verlangen, dass statt seiner ein Dritter in die Rechte und Pflichten aus dem Reisevertrag eintritt. ²Der Reiseveranstalter kann dem Eintritt des Dritten widersprechen, wenn dieser den besonderen Reiseerfordernissen nicht genügt oder seiner Teilnahme gesetzliche Vorschriften oder behördliche Anordnungen entgegenstehen.

---

20) Amtlicher Hinweis:
   Dieser Untertitel dient der Umsetzung der Richtlinie 90/314/EWG des Europäischen Parlaments und des Rates vom 13. Juni 1990 über Pauschalreisen (ABl. EG Nr. L 158 S. 59).

(2) ¹Tritt ein Dritter in den Vertrag ein, so haften er und der Reisende dem Reiseveranstalter als Gesamtschuldner für den Reisepreis und die durch den Eintritt des Dritten entstehenden Mehrkosten.

§ 651 c Abhilfe (1) ¹Der Reiseveranstalter ist verpflichtet, die Reise so zu erbringen, dass sie die zugesicherten Eigenschaften hat und nicht mit Fehlern behaftet ist, die den Wert oder die Tauglichkeit zu dem gewöhnlichen oder nach dem Vertrag vorausgesetzten Nutzen aufheben oder mindern.
(2) ¹Ist die Reise nicht von dieser Beschaffenheit, so kann der Reisende Abhilfe verlangen. ²Der Reiseveranstalter kann die Abhilfe verweigern, wenn sie einen unverhältnismäßigen Aufwand erfordert.
(3) ¹Leistet der Reiseveranstalter nicht innerhalb einer vom Reisenden bestimmten angemessenen Frist Abhilfe, so kann der Reisende selbst Abhilfe schaffen und Ersatz der erforderlichen Aufwendungen verlangen. ²Der Bestimmung einer Frist bedarf es nicht, wenn die Abhilfe von dem Reiseveranstalter verweigert wird oder wenn die sofortige Abhilfe durch ein besonderes Interesse des Reisenden geboten wird.

§ 651 d Minderung (1) ¹Ist die Reise im Sinne des § 651 c Abs. 1 mangelhaft, so mindert sich für die Dauer des Mangels der Reisepreis nach Maßgabe des § 638 Abs. 3. ²§ 638 Abs. 4 findet entsprechende Anwendung.
(2) ¹Die Minderung tritt nicht ein, soweit es der Reisende schuldhaft unterlässt, den Mangel anzuzeigen.

§ 651 e Kündigung wegen Mangels (1) ¹Wird die Reise infolge eines Mangels der in § 651 c bezeichneten Art erheblich beeinträchtigt, so kann der Reisende den Vertrag kündigen. ²Dasselbe gilt, wenn ihm die Reise infolge eines solchen Mangels aus wichtigem, dem Reiseveranstalter erkennbaren Grund nicht zuzumuten ist.
(2) ¹Die Kündigung ist erst zulässig, wenn der Reiseveranstalter eine ihm vom Reisenden bestimmte angemessene Frist hat verstreichen lassen, ohne Abhilfe zu leisten. ²Der Bestimmung einer Frist bedarf es nicht, wenn die Abhilfe unmöglich ist oder vom Reiseveranstalter verweigert wird oder wenn die sofortige Kündigung des Vertrags durch ein besonderes Interesse des Reisenden gerechtfertigt wird.
(3) ¹Wird der Vertrag gekündigt, so verliert der Reiseveranstalter den Anspruch auf den vereinbarten Reisepreis. ²Er kann jedoch für die bereits erbrachten oder zur Beendigung der Reise noch zu erbringenden Reiseleistungen eine nach § 638 Abs. 3 zu bemessende Entschädigung verlangen. ³Dies gilt nicht, soweit diese Leistungen infolge der Aufhebung des Vertrags für den Reisenden kein Interesse haben.
(4) ¹Der Reiseveranstalter ist verpflichtet, die infolge der Aufhebung des Vertrags notwendigen Maßnahmen zu treffen, insbesondere, falls der Vertrag die Rückbeförderung umfasste, den Reisenden zurückzubefördern. ²Die Mehrkosten fallen dem Reiseveranstalter zur Last.

§ 651 f Schadensersatz (1) ¹Der Reisende kann unbeschadet der Minderung oder der Kündigung Schadensersatz wegen Nichterfüllung verlangen, es sei denn, der Mangel der Reise beruht auf einem Umstand, den der Reiseveranstalter nicht zu vertreten hat.
(2) ¹Wird die Reise vereitelt oder erheblich beeinträchtigt, so kann der Reisende auch wegen nutzlos aufgewendeter Urlaubszeit eine angemessene Entschädigung in Geld verlangen.

§ 651 g Ausschlussfrist, Verjährung (1) [1]Ansprüche nach den §§ 651 c bis 651 f hat der Reisende innerhalb eines Monats nach der vertraglich vorgesehenen Beendigung der Reise gegenüber dem Reiseveranstalter geltend zu machen. [2]§ 174 ist nicht anzuwenden. [3]Nach Ablauf der Frist kann der Reisende Ansprüche nur geltend machen, wenn er ohne Verschulden an der Einhaltung der Frist verhindert worden ist.
(2) [1]Ansprüche des Reisenden nach den §§ 651 c bis 651 f verjähren in zwei Jahren. [2]Die Verjährung beginnt mit dem Tage, an dem die Reise dem Vertrag nach enden sollte.

§ 651 h Zulässige Haftungsbeschränkung (1) [1]Der Reiseveranstalter kann durch Vereinbarung mit dem Reisenden seine Haftung für Schäden, die nicht Körperschäden sind, auf den dreifachen Reisepreis beschränken,
1. soweit ein Schaden des Reisenden weder vorsätzlich noch grob fahrlässig herbeigeführt wird oder
2. soweit der Reiseveranstalter für einen dem Reisenden entstehenden Schaden allein wegen eines Verschuldens eines Leistungsträgers verantwortlich ist.

(2) [1]Gelten für eine von einem Leistungsträger zu erbringende Reiseleistung internationale Übereinkommen oder auf solchen beruhende gesetzliche Vorschriften, nach denen ein Anspruch auf Schadensersatz nur unter bestimmten Voraussetzungen oder Beschränkungen entsteht oder geltend gemacht werden kann oder unter bestimmten Voraussetzungen ausgeschlossen ist, so kann sich auch der Reiseveranstalter gegenüber dem Reisenden hierauf berufen.

§ 651 i Rücktritt vor Reisebeginn (1) [1]Vor Reisebeginn kann der Reisende jederzeit vom Vertrag zurücktreten.
(2) [1]Tritt der Reisende vom Vertrag zurück, so verliert der Reiseveranstalter den Anspruch auf den vereinbarten Reisepreis. [2]Er kann jedoch eine angemessene Entschädigung verlangen. [3]Die Höhe der Entschädigung bestimmt sich nach dem Reisepreis unter Abzug des Wertes der vom Reiseveranstalter ersparten Aufwendungen sowie dessen, was er durch anderweitige Verwendung der Reiseleistungen erwerben kann.
(3) [1]Im Vertrag kann für jede Reiseart unter Berücksichtigung der gewöhnlich ersparten Aufwendungen und des durch anderweitige Verwendung der Reiseleistungen gewöhnlich möglichen Erwerbs ein Vomhundertsatz des Reisepreises als Entschädigung festgesetzt werden.

§ 651 j Kündigung wegen höherer Gewalt (1) [1]Wird die Reise infolge bei Vertragsabschluss nicht voraussehbarer höherer Gewalt erheblich erschwert, gefährdet oder beeinträchtigt, so können sowohl der Reiseveranstalter als auch der Reisende den Vertrag allein nach Maßgabe dieser Vorschrift kündigen.
(2) [1]Wird der Vertrag nach Absatz 1 gekündigt, so findet die Vorschrift des § 651 e Abs. 3 Satz 1 und 2, Abs. 4 Satz 1 Anwendung. [2]Die Mehrkosten für die Rückbeförderung sind von den Parteien je zur Hälfte zu tragen. [3]Im Übrigen fallen die Mehrkosten dem Reisenden zur Last.

§ 651 k Sicherstellung, Zahlung (1) [1]Der Reiseveranstalter hat sicherzustellen, dass dem Reisenden erstattet werden
1. der gezahlte Reisepreis, soweit Reiseleistungen infolge Zahlungsunfähigkeit oder Eröffnung des Insolvenzverfahrens über das Vermögen des Reiseveranstalters ausfallen, und
2. notwendige Aufwendungen, die dem Reisenden infolge Zahlungsunfähigkeit oder Eröffnung des Insolvenzverfahrens über das Vermögen des Reiseveranstalters für die Rückreise entstehen.

[2]Die Verpflichtungen nach Satz 1 kann der Reiseveranstalter nur erfüllen

BGB § 651 I

1. durch eine Versicherung bei einem im Geltungsbereich dieses Gesetzes zum Geschäftsbetrieb befugten Versicherungsunternehmen oder
2. durch ein Zahlungsversprechen eines im Geltungsbereich dieses Gesetzes zum Geschäftsbetrieb befugten Kreditinstituts.

(2) [1]Der Versicherer oder das Kreditinstitut (Kundengeldabsicherer) kann seine Haftung für die von ihm in einem Jahr insgesamt nach diesem Gesetz zu erstattenden Beträge auf 110 Millionen Euro begrenzen. [2]Übersteigen die in einem Jahr von einem Kundengeldabsicherer insgesamt nach diesem Gesetz zu erstattenden Beträge die in Satz 1 genannten Höchstbeträge, so verringern sich die einzelnen Erstattungsansprüche in dem Verhältnis, in dem ihr Gesamtbetrag zum Höchstbetrag steht.

(3) [1]Zur Erfüllung seiner Verpflichtung nach Absatz 1 hat der Reiseveranstalter dem Reisenden einen unmittelbaren Anspruch gegen den Kundengeldabsicherer zu verschaffen und durch Übergabe einer von diesem oder auf dessen Veranlassung ausgestellten Bestätigung (Sicherungsschein) nachzuweisen. [2]Der Kundengeldabsicherer kann sich gegenüber einem Reisenden, dem ein Sicherungsschein ausgehändigt worden ist, weder auf Einwendungen aus dem Kundengeldabsicherungsvertrag noch darauf berufen, dass er den Sicherungsschein erst nach Beendigung des Kundengeldabsicherungsvertrags ausgestellt worden ist. [3]In den Fällen des Satzes 2 geht der Anspruch des Reisenden gegen den Reiseveranstalter auf den Kundengeldabsicherer über, soweit dieser den Reisenden befriedigt. [4]Ein Reisevermittler ist dem Reisenden gegenüber verpflichtet, den Sicherungsschein auf seine Gültigkeit hin zu überprüfen, wenn er ihn dem Reisenden aushändigt.

(4) [1]Reiseveranstalter und Reisevermittler dürfen Zahlungen des Reisenden auf den Reisepreis vor Beendigung der Reise nur fordern oder annehmen, wenn dem Reisenden ein Sicherungsschein übergeben wurde. [2]Ein Reisevermittler gilt als vom Reiseveranstalter zur Annahme von Zahlungen auf den Reisepreis ermächtigt, wenn er einen Sicherungsschein übergibt oder sonstige dem Reiseveranstalter zuzurechnende Umstände ergeben, dass er von diesem damit betraut ist, Reiseverträge für ihn zu vermitteln. [3]Dies gilt nicht, wenn die Annahme von Zahlungen durch den Reisevermittler in hervorgehobener Form gegenüber dem Reisenden ausgeschlossen ist.

(5) [1]Hat im Zeitpunkt des Vertragsschlusses der Reiseveranstalter seine Hauptniederlassung in einem anderen Mitgliedstaat der Europäischen Gemeinschaften oder in einem anderen Vertragsstaat des Abkommens über den Europäischen Wirtschaftsraum, so genügt der Reiseveranstalter seiner Verpflichtung nach Absatz 1 auch dann, wenn er dem Reisenden Sicherheit in Übereinstimmung mit den Vorschriften des anderen Staates leistet und diese den Anforderungen nach Absatz 1 Satz 1 entspricht. [2]Absatz 4 gilt mit der Maßgabe, dass dem Reisenden die Sicherheitsleistung nachgewiesen werden muss.

(6) [1]Die Absätze 1 bis 5 gelten nicht, wenn
1. der Reiseveranstalter nur gelegentlich und außerhalb seiner gewerblichen Tätigkeit Reisen veranstaltet,
2. die Reise nicht länger als 24 Stunden dauert, keine Übernachtung einschließt und der Reisepreis 75 Euro nicht übersteigt,
3. der Reiseveranstalter eine juristische Person des öffentlichen Rechts ist, über deren Vermögen ein Insolvenzverfahren unzulässig ist.

§ 651 l Gastschulaufenthalte (1) [1]Für einen Reisevertrag, der einen mindestens drei Monate andauernden und mit dem geregelten Besuch einer Schule verbundenen Aufenthalt des Gastschülers bei einer Gastfamilie in einem anderen Staat (Aufnahmeland) zum Gegenstand hat, gelten die nachfolgenden Vorschrif-

ten. ²Für einen Reisevertrag, der einen kürzeren Gastschulaufenthalt (Satz 1) oder einen mit der geregelten Durchführung eines Praktikums verbundenen Aufenthalt bei einer Gastfamilie im Aufnahmeland zum Gegenstand hat, gelten sie nur, wenn dies vereinbart ist.
(2) ¹Der Reiseveranstalter ist verpflichtet,
1. für eine bei Mitwirkung des Gastschülers und nach den Verhältnissen des Aufnahmelands angemessene Unterbringung, Beaufsichtigung und Betreuung des Gastschülers in einer Gastfamilie zu sorgen und
2. die Voraussetzungen für einen geregelten Schulbesuch des Gastschülers im Aufnahmeland zu schaffen.
(3) ¹Tritt der Reisende vor Reisebeginn zurück, findet § 651 i Abs. 2 Satz 2 und 3 und Abs. 3 keine Anwendung, wenn der Reiseveranstalter ihn nicht spätestens zwei Wochen vor Antritt der Reise jedenfalls über
1. Namen und Anschrift der für den Gastschüler nach Ankunft bestimmten Gastfamilie und
2. Namen und Erreichbarkeit eines Ansprechpartners im Aufnahmeland, bei dem auch Abhilfe verlangt werden kann,
informiert und auf den Aufenthalt angemessen vorbereitet hat.
(4) ¹Der Reisende kann den Vertrag bis zur Beendigung der Reise jederzeit kündigen. ²Kündigt der Reisende, so ist der Reiseveranstalter berechtigt, den vereinbarten Reisepreis abzüglich der ersparten Aufwendungen zu verlangen. ³Er ist verpflichtet, die infolge der Kündigung notwendigen Maßnahmen zu treffen, insbesondere, falls der Vertrag die Rückbeförderung umfasste, den Gastschüler zurückzubefördern. ⁴Die Mehrkosten fallen dem Reisenden zur Last. ⁵Die vorstehenden Sätze gelten nicht, wenn der Reisende nach § 651 e oder § 651 j kündigen kann.

§ 651 m Abweichende Vereinbarungen ¹Von den Vorschriften der §§ 651 a bis 651 l kann vorbehaltlich des Satzes 2 nicht zum Nachteil des Reisenden abgewichen werden. ²Die in § 651 g Abs. 2 bestimmte Verjährung kann erleichtert werden, vor Mitteilung eines Mangels an den Reiseveranstalter jedoch nicht, wenn die Vereinbarung zu einer Verjährungsfrist ab dem in § 651 g Abs. 2 Satz 2 bestimmten Verjährungsbeginn von weniger als einem Jahr führt.

Titel 10: Mäklervertrag

Untertitel 1: Allgemeine Vorschriften

§ 652 Entstehung des Lohnanspruchs (1) ¹Wer für den Nachweis der Gelegenheit zum Abschluss eines Vertrags oder für die Vermittlung eines Vertrags einen Mäklerlohn verspricht, ist zur Entrichtung des Lohnes nur verpflichtet, wenn der Vertrag infolge des Nachweises oder infolge der Vermittlung des Mäklers zustande kommt. ²Wird der Vertrag unter einer aufschiebenden Bedingung geschlossen, so kann der Mäklerlohn erst verlangt werden, wenn die Bedingung eintritt.
(2) ¹Aufwendungen sind dem Mäkler nur zu ersetzen, wenn es vereinbart ist. ²Dies gilt auch dann, wenn ein Vertrag nicht zustande kommt.

§ 653 Mäklerlohn (1) ¹Ein Mäklerlohn gilt als stillschweigend vereinbart, wenn die dem Mäkler übertragene Leistung den Umständen nach nur gegen eine Vergütung zu erwarten ist.
(2) ¹Ist die Höhe der Vergütung nicht bestimmt, so ist bei dem Bestehen einer Taxe der taxmäßige Lohn, in Ermangelung einer Taxe der übliche Lohn als vereinbart anzusehen.

§ 654 Verwirkung des Lohnanspruchs ¹Der Anspruch auf den Mäklerlohn und den Ersatz von Aufwendungen ist ausgeschlossen, wenn der Mäkler dem Inhalt des Vertrags zuwider auch für den anderen Teil tätig gewesen ist.

§ 655 Herabsetzung des Mäklerlohns ¹Ist für den Nachweis der Gelegenheit zum Abschluss eines Dienstvertrags oder für die Vermittlung eines solchen Vertrags ein unverhältnismäßig hoher Mäklerlohn vereinbart worden, so kann er auf Antrag des Schuldners durch Urteil auf den angemessenen Betrag herabgesetzt werden. ²Nach der Entrichtung des Lohnes ist die Herabsetzung ausgeschlossen.

Untertitel 2: Darlehensvermittlungsvertrag zwischen einem Unternehmer und einem Verbraucher

§ 655 a Darlehensvermittlungsvertrag ¹Für einen Vertrag, nach dem es ein Unternehmer unternimmt, einem Verbraucher gegen Entgelt einen Verbraucherdarlehensvertrag zu vermitteln oder ihm die Gelegenheit zum Abschluss eines Verbraucherdarlehensvertrags nachzuweisen, gelten vorbehaltlich des Satzes 2 die folgenden Vorschriften. ²Dies gilt nicht in dem in § 491 Abs. 2 bestimmten Umfang.

§ 655 b Schriftform (1) ¹Der Darlehensvermittlungsvertrag bedarf der schriftlichen Form. ²In dem Vertrag ist vorbehaltlich sonstiger Informationspflichten insbesondere die Vergütung des Darlehensvermittlers in einem Prozentsatz des Darlehens anzugeben; hat der Darlehensvermittler auch mit dem Unternehmer eine Vergütung vereinbart, so ist auch diese anzugeben. ³Der Vertrag darf nicht mit dem Antrag auf Hingabe des Darlehens verbunden werden. ⁴Der Darlehensvermittler hat dem Verbraucher den Vertragsinhalt in Textform mitzuteilen.

(2) ¹Ein Darlehensvermittlungsvertrag, der den Anforderungen des Absatzes 1 Satz 1 bis 3 nicht genügt, ist nichtig.

§ 655 c Vergütung ¹Der Verbraucher ist zur Zahlung der Vergütung nur verpflichtet, wenn infolge der Vermittlung oder des Nachweises des Darlehensvermittlers das Darlehen an den Verbraucher geleistet wird und ein Widerruf des Verbrauchers nach § 355 nicht mehr möglich ist. ²Soweit der Verbraucherdarlehensvertrag mit Wissen des Darlehensvermittlers der vorzeitigen Ablösung eines anderen Darlehens (Umschuldung) dient, entsteht ein Anspruch auf die Vergütung nur, wenn sich der effektive Jahreszins oder der anfängliche effektive Jahreszins nicht erhöht; bei der Berechnung des effektiven oder des anfänglichen effektiven Jahreszinses für das abzulösende Darlehen bleiben etwaige Vermittlungskosten außer Betracht.

§ 655 d Nebenentgelte ¹Der Darlehensvermittler darf für Leistungen, die mit der Vermittlung des Verbraucherdarlehensvertrags oder dem Nachweis der Gelegenheit zum Abschluss eines Verbraucherdarlehensvertrags zusammenhängen, außer der Vergütung nach § 655 c Satz 1 ein Entgelt nicht vereinbaren. ²Jedoch kann vereinbart werden, dass dem Darlehensvermittler entstandene, erforderliche Auslagen zu erstatten sind.

§ 655 e Abweichende Vereinbarungen, Anwendung auf Existenzgründer (1) ¹Von den Vorschriften dieses Untertitels darf nicht zum Nachteil des Verbrauchers abgewichen werden. ²Die Vorschriften dieses Untertitels finden auch Anwendung, wenn sie durch anderweitige Gestaltungen umgangen werden.

(2) ¹Dieser Untertitel gilt auch für Darlehensvermittlungsverträge zwischen einem Unternehmer und einem Existenzgründer im Sinne von § 507.

Untertitel 3: Ehevermittlung

§ 656 Heiratsvermittlung (1) ¹Durch das Versprechen eines Lohnes für den Nachweis der Gelegenheit zur Eingehung einer Ehe oder für die Vermittlung des Zustandekommens einer Ehe wird eine Verbindlichkeit nicht begründet. ²Das auf Grund des Versprechens Geleistete kann nicht deshalb zurückgefordert werden, weil eine Verbindlichkeit nicht bestanden hat.

(2) ¹Diese Vorschriften gelten auch für eine Vereinbarung, durch die der andere Teil zum Zwecke der Erfüllung des Versprechens dem Mäkler gegenüber eine Verbindlichkeit eingeht, insbesondere für ein Schuldanerkenntnis.

Titel 11: Auslobung

§ 657 Bindendes Versprechen ¹Wer durch öffentliche Bekanntmachung eine Belohnung für die Vornahme einer Handlung, insbesondere für die Herbeiführung eines Erfolges, aussetzt, ist verpflichtet, die Belohnung demjenigen zu entrichten, welcher die Handlung vorgenommen hat, auch wenn dieser nicht mit Rücksicht auf die Auslobung gehandelt hat.

§ 658 Widerruf (1) ¹Die Auslobung kann bis zur Vornahme der Handlung widerrufen werden. ²Der Widerruf ist nur wirksam, wenn er in derselben Weise wie die Auslobung bekannt gemacht wird oder wenn er durch besondere Mitteilung erfolgt.

(2) ¹Auf die Widerruflichkeit kann in der Auslobung verzichtet werden; ein Verzicht liegt im Zweifel in der Bestimmung einer Frist für die Vornahme der Handlung.

§ 659 Mehrfache Vornahme (1) ¹Ist die Handlung, für welche die Belohnung ausgesetzt ist, mehrmals vorgenommen worden, so gebührt die Belohnung demjenigen, welcher die Handlung zuerst vorgenommen hat.

(2) ¹Ist die Handlung von mehreren gleichzeitig vorgenommen worden, so gebührt jedem ein gleicher Teil der Belohnung. ²Lässt sich die Belohnung wegen ihrer Beschaffenheit nicht teilen oder soll nach dem Inhalt der Auslobung nur einer die Belohnung erhalten, so entscheidet das Los.

§ 660 Mitwirkung mehrerer (1) ¹Haben mehrere zu dem Erfolg mitgewirkt, für den die Belohnung ausgesetzt ist, so hat der Auslobende die Belohnung unter Berücksichtigung des Anteils eines jeden an dem Erfolg nach billigem Ermessen unter sie zu verteilen. ²Die Verteilung ist nicht verbindlich, wenn sie offenbar unbillig ist; sie erfolgt in einem solchen Fall durch Urteil.

(2) ¹Wird die Verteilung des Auslobenden von einem der Beteiligten nicht als verbindlich anerkannt, so ist der Auslobende berechtigt, die Erfüllung zu verweigern, bis die Beteiligten den Streit über ihre Berechtigung unter sich ausgetragen haben; jeder von ihnen kann verlangen, dass die Belohnung für alle hinterlegt wird.

(3) ¹Die Vorschrift des § 659 Abs. 2 Satz 2 findet Anwendung.

§ 661 Preisausschreiben (1) ¹Eine Auslobung, die eine Preisbewerbung zum Gegenstand hat, ist nur gültig, wenn in der Bekanntmachung eine Frist für die Bewerbung bestimmt wird.

(2) ¹Die Entscheidung darüber, ob eine innerhalb der Frist erfolgte Bewerbung der Auslobung entspricht oder welche von mehreren Bewerbungen den Vorzug verdient, ist durch die in der Auslobung bezeichnete Person, in Ermangelung einer solchen durch den Auslobenden zu treffen. ²Die Entscheidung ist für die Beteiligten verbindlich.

(3) [1]Bei Bewerbungen von gleicher Würdigkeit findet auf die Zuerteilung des Preises die Vorschrift des § 659 Abs. 2 Anwendung.
(4) [1]Die Übertragung des Eigentums an dem Werk kann der Auslobende nur verlangen, wenn er in der Auslobung bestimmt hat, dass die Übertragung erfolgen soll.

§ 661 a Gewinnzusagen [1]Ein Unternehmer, der Gewinnzusagen oder vergleichbare Mitteilungen an Verbraucher sendet und durch die Gestaltung dieser Zusendungen den Eindruck erweckt, dass der Verbraucher einen Preis gewonnen hat, hat dem Verbraucher diesen Preis zu leisten.

Titel 12: Auftrag und Geschäftsbesorgungsvertrag

Untertitel 1: Auftrag

§ 662 Vertragstypische Pflichten beim Auftrag [1]Durch die Annahme eines Auftrags verpflichtet sich der Beauftragte, ein ihm von dem Auftraggeber übertragenes Geschäft für diesen unentgeltlich zu besorgen.

§ 663 Anzeigepflicht bei Ablehnung [1]Wer zur Besorgung gewisser Geschäfte öffentlich bestellt ist oder sich öffentlich erboten hat, ist, wenn er einen auf solche Geschäfte gerichteten Auftrag nicht annimmt, verpflichtet, die Ablehnung dem Auftraggeber unverzüglich anzuzeigen. [2]Das Gleiche gilt, wenn sich jemand dem Auftraggeber gegenüber zur Besorgung gewisser Geschäfte erboten hat.

§ 664 Unübertragbarkeit; Haftung für Gehilfen (1) [1]Der Beauftragte darf im Zweifel die Ausführung des Auftrags nicht einem Dritten übertragen. [2]Ist die Übertragung gestattet, so hat er nur ein ihm bei der Übertragung zur Last fallendes Verschulden zu vertreten. [3]Für das Verschulden eines Gehilfen ist er nach § 278 verantwortlich.
(2) [1]Der Anspruch auf Ausführung des Auftrags ist im Zweifel nicht übertragbar.

§ 665 Abweichung von Weisungen [1]Der Beauftragte ist berechtigt, von den Weisungen des Auftraggebers abzuweichen, wenn er den Umständen nach annehmen darf, dass der Auftraggeber bei Kenntnis der Sachlage die Abweichung billigen würde. [2]Der Beauftragte hat vor der Abweichung dem Auftraggeber Anzeige zu machen und dessen Entschließung abzuwarten, wenn nicht mit dem Aufschub Gefahr verbunden ist.

§ 666 Auskunfts- und Rechenschaftspflicht [1]Der Beauftragte ist verpflichtet, dem Auftraggeber die erforderlichen Nachrichten zu geben, auf Verlangen über den Stand des Geschäfts Auskunft zu erteilen und nach der Ausführung des Auftrags Rechenschaft abzulegen.

§ 667 Herausgabepflicht [1]Der Beauftragte ist verpflichtet, dem Auftraggeber alles, was er zur Ausführung des Auftrags erhält und was er aus der Geschäftsbesorgung erlangt, herauszugeben.

§ 668 Verzinsung des verwendeten Geldes [1]Verwendet der Beauftragte Geld für sich, das er dem Auftraggeber herauszugeben oder für ihn zu verwenden hat, so ist er verpflichtet, es von der Zeit der Verwendung an zu verzinsen.

§ 669 Vorschusspflicht [1]Für die zur Ausführung des Auftrags erforderlichen Aufwendungen hat der Auftraggeber dem Beauftragten auf Verlangen Vorschuss zu leisten.

§ 670 Ersatz von Aufwendungen ¹Macht der Beauftragte zum Zwecke der Ausführung des Auftrags Aufwendungen, die er den Umständen nach für erforderlich halten darf, so ist der Auftraggeber zum Ersatz verpflichtet.

§ 671 Widerruf; Kündigung (1) ¹Der Auftrag kann von dem Auftraggeber jederzeit widerrufen, von dem Beauftragten jederzeit gekündigt werden.
(2) ¹Der Beauftragte darf nur in der Art kündigen, dass der Auftraggeber für die Besorgung des Geschäfts anderweit Fürsorge treffen kann, es sei denn, dass ein wichtiger Grund für die unzeitige Kündigung vorliegt. ²Kündigt er ohne solchen Grund zur Unzeit, so hat er dem Auftraggeber den daraus entstehenden Schaden zu ersetzen.
(3) ¹Liegt ein wichtiger Grund vor, so ist der Beauftragte zur Kündigung auch dann berechtigt, wenn er auf das Kündigungsrecht verzichtet hat.

§ 672 Tod oder Geschäftsunfähigkeit des Auftraggebers ¹Der Auftrag erlischt im Zweifel nicht durch den Tod oder den Eintritt der Geschäftsunfähigkeit des Auftraggebers. ²Erlischt der Auftrag, so hat der Beauftragte, wenn mit dem Aufschub Gefahr verbunden ist, die Besorgung des übertragenen Geschäfts fortzusetzen, bis der Erbe oder der gesetzliche Vertreter des Auftraggebers anderweit Fürsorge treffen kann; der Auftrag gilt insoweit als fortbestehend.

§ 673 Tod des Beauftragten ¹Der Auftrag erlischt im Zweifel durch den Tod des Beauftragten. ²Erlischt der Auftrag, so hat der Erbe des Beauftragten den Tod dem Auftraggeber unverzüglich anzuzeigen und, wenn mit dem Aufschub Gefahr verbunden ist, die Besorgung des übertragenen Geschäfts fortzusetzen, bis der Auftraggeber anderweit Fürsorge treffen kann; der Auftrag gilt insoweit als fortbestehend.

§ 674 Fiktion des Fortbestehens ¹Erlischt der Auftrag in anderer Weise als durch Widerruf, so gilt er zugunsten des Beauftragten gleichwohl als fortbestehend, bis der Beauftragte von dem Erlöschen Kenntnis erlangt oder das Erlöschen kennen muss.

Untertitel 2: Geschäftsbesorgungsvertrag[21]

Kapitel 1: Allgemeines

§ 675 Entgeltliche Geschäftsbesorgung (1) ¹Auf einen Dienstvertrag oder einen Werkvertrag, der eine Geschäftsbesorgung zum Gegenstand hat, finden, soweit in diesem Untertitel nichts Abweichendes bestimmt wird, die Vorschriften der §§ 663, 665 bis 670, 672 bis 674 und, wenn dem Verpflichteten das Recht zusteht, ohne Einhaltung einer Kündigungsfrist zu kündigen, auch die Vorschrift des § 671 Abs. 2 entsprechende Anwendung.

---

21) Amtlicher Hinweis:
Dieser Untertitel dient der Umsetzung
1. der Richtlinie 97/5/EG des Europäischen Parlaments und des Rates vom 27. Januar 1997 über grenzüberschreitende Überweisungen (ABl. EG Nr. L 43 S. 25) und
2. Artikel 3 bis 5 der Richtlinie 98/26/EG des Europäischen Parlaments und des Rates über die Wirksamkeit von Abrechnungen in Zahlungs- und Wertpapierliefer- und -abrechnungssystemen vom 19. Mai 1998 (ABl. EG Nr. L 166 S. 45).

BGB §§ 675a–676a

(2) ¹Wer einem anderen einen Rat oder eine Empfehlung erteilt, ist, unbeschadet der sich aus einem Vertragsverhältnis, einer unerlaubten Handlung oder einer sonstigen gesetzlichen Bestimmung ergebenden Verantwortlichkeit, zum Ersatz des aus der Befolgung des Rates oder der Empfehlung entstehenden Schadens nicht verpflichtet.

§ 675a Informationspflichten (1) ¹Wer zur Besorgung von Geschäften öffentlich bestellt ist oder sich dazu öffentlich erboten hat, stellt für regelmäßig anfallende standardisierte Geschäftsvorgänge (Standardgeschäfte) schriftlich, in geeigneten Fällen auch elektronisch, unentgeltlich Informationen über Entgelte und Auslagen der Geschäftsbesorgung zur Verfügung, soweit nicht eine Preisfestsetzung nach § 315 erfolgt oder die Entgelte und Auslagen gesetzlich verbindlich geregelt sind. ²Kreditinstitute (§ 1 Abs. 1 des Gesetzes über das Kreditwesen) haben zusätzlich Informationen über Ausführungsfristen, Wertstellungszeitpunkte, Referenzkurse von Überweisungen und weitere in der Verordnung nach Artikel 239 des Einführungsgesetzes zum Bürgerlichen Gesetzbuche bestimmte Einzelheiten in der dort vorgesehenen Form zur Verfügung zu stellen; dies gilt nicht für Überweisungen der in § 676c Abs. 3 bezeichneten Art.

(2) ¹Im Sinne dieses Titels stehen Kreditinstituten gleich:
1. die Deutsche Bundesbank,
2. andere Unternehmen, die gewerbsmäßig Überweisungen ausführen, und
3. inländische Zweigstellen von Kreditinstituten und anderen Unternehmen mit Sitz im Ausland, die gewerbsmäßig Überweisungen ausführen.

§ 676 Kündigung von Übertragungsverträgen ¹Die Kündigung eines Geschäftsbesorgungsvertrags, der die Weiterleitung von Wertpapieren oder Ansprüchen auf Herausgabe von Wertpapieren im Wege der Verbuchung oder auf sonstige Weise zum Gegenstand hat (Übertragungsvertrag), ist nur wirksam, wenn sie dem depotführenden Unternehmen des Begünstigten so rechtzeitig mitgeteilt wird, dass die Kündigung unter Wahrung der gebotenen Sorgfalt noch vor der Verbuchung auf dem Depot des Begünstigten berücksichtigt werden kann. ²Die Wertpapiere oder die Ansprüche auf Herausgabe von Wertpapieren sind in diesem Fall an das erstbeauftragte Unternehmen zurückzuleiten. ³Im Rahmen von Wertpapierlieferungs- und Abrechnungssystemen kann ein Übertragungsvertrag abweichend von Satz 1 bereits von dem in den Regeln des Systems bestimmten Zeitpunkt an nicht mehr gekündigt werden.

Kapitel 2: Überweisungsvertrag

§ 676a Vertragstypische Pflichten; Kündigung (1) ¹Durch den Überweisungsvertrag wird das Kreditinstitut (überweisendes Kreditinstitut) gegenüber demjenigen, der die Überweisung veranlasst (Überweisender), verpflichtet, dem Begünstigten einen bestimmten Geldbetrag zur Gutschrift auf dessen Konto beim überweisenden Kreditinstitut zur Verfügung zu stellen (Überweisung) sowie Angaben zur Person des Überweisenden und einen angegebenen Verwendungszweck, soweit üblich, mitzuteilen. ²Soll die Gutschrift durch ein anderes Kreditinstitut erfolgen, ist das überweisende Kreditinstitut verpflichtet, den Überweisungsbetrag rechtzeitig und, soweit nicht anders vereinbart, ungekürzt dem Kreditinstitut des Begünstigten unmittelbar oder unter Beteiligung zwischengeschalteter Kreditinstitute zu diesem Zweck zu übermitteln und die in Satz 1 bestimmten Angaben weiterzuleiten. ³Der Überweisende kann, soweit vereinbart, dem Kreditinstitut den zu überweisenden Geldbetrag auch in bar zur Verfügung stellen.

(2) ¹Soweit keine anderen Fristen vereinbart werden, sind Überweisungen baldmöglichst zu bewirken. ²Es sind
1. grenzüberschreitende Überweisungen in Mitgliedstaaten der Europäischen Union und in Vertragsstaaten des Abkommens über den Europäischen Wirtschaftsraum, die auf deren Währung oder Währungseinheit oder auf Euro lauten, soweit nichts anderes vereinbart ist, binnen fünf Werktagen, an denen alle beteiligten Kreditinstitute gewöhnlich geöffnet haben, ausgenommen Sonnabende, (Bankgeschäftstage) auf das Konto des Kreditinstituts des Begünstigten,
2. inländische Überweisungen in Inlandswährung längstens binnen drei Bankgeschäftstagen auf das Konto des Kreditinstituts des Begünstigten und
3. Überweisungen in Inlandswährung innerhalb einer Haupt- oder einer Zweigstelle eines Kreditinstituts längstens binnen eines Bankgeschäftstags, andere institutsinterne Überweisungen längstens binnen zwei Bankgeschäftstagen auf das Konto des Begünstigten

zu bewirken (Ausführungsfrist). ³Die Frist beginnt, soweit nichts anderes vereinbart ist, mit Ablauf des Tages, an dem der Name des Begünstigten, sein Konto, sein Kreditinstitut und die sonst zur Ausführung der Überweisung erforderlichen Angaben dem überweisenden Kreditinstitut vorliegen und ein zur Ausführung der Überweisung ausreichendes Guthaben vorhanden oder ein ausreichender Kredit eingeräumt ist.

(3) ¹Das überweisende Kreditinstitut kann den Überweisungsvertrag, solange die Ausführungsfrist noch nicht begonnen hat, ohne Angabe von Gründen, danach nur noch kündigen, wenn ein Insolvenzverfahren über das Vermögen des Überweisenden eröffnet worden oder ein zur Durchführung der Überweisung erforderlicher Kredit gekündigt worden ist. ²Im Rahmen von Zahlungsverkehrssystemen kann eine Überweisung abweichend von Satz 1 bereits von dem in den Regeln des Systems bestimmten Zeitpunkt an nicht mehr gekündigt werden.

(4) ¹Der Überweisende kann den Überweisungsvertrag vor Beginn der Ausführungsfrist jederzeit, danach nur kündigen, wenn die Kündigung dem Kreditinstitut des Begünstigten bis zu dem Zeitpunkt mitgeteilt wird, in dem der Überweisungsbetrag diesem Kreditinstitut endgültig zur Gutschrift auf dem Konto des Begünstigten zur Verfügung gestellt wird. ²Im Rahmen von Zahlungsverkehrssystemen kann eine Überweisung abweichend von Satz 1 bereits von dem in den Regeln des Systems bestimmten Zeitpunkt an nicht mehr gekündigt werden. ³Das überweisende Kreditinstitut hat die unverzügliche Information des Kreditinstituts des Begünstigten über eine Kündigung zu veranlassen.

§ 676 b Haftung für verspätete Ausführung; Geld-zurück-Garantie

(1) ¹Wird die Überweisung erst nach Ablauf der Ausführungsfrist bewirkt, so hat das überweisende Kreditinstitut dem Überweisenden den Überweisungsbetrag für die Dauer der Verspätung zu verzinsen, es sei denn, dass der Überweisende oder der Begünstigte die Verspätung zu vertreten hat. ²Der Zinssatz beträgt fünf Prozentpunkte über dem Basiszinssatz im Jahr.

(2) ¹Das überweisende Kreditinstitut hat von ihm selbst oder von einem der zwischengeschalteten Kreditinstitute entgegen dem Überweisungsvertrag einbehaltene Beträge ohne zusätzliche Entgelte und Auslagen nach Wahl des Überweisenden entweder diesem zu erstatten oder dem Begünstigten zu überweisen.

(3) ¹Der Überweisende kann die Erstattung des Überweisungsbetrags bis zu einem Betrag von 12 500 Euro (Garantiebetrag) zuzüglich bereits für die Überweisung entrichteter Entgelte und Auslagen verlangen, wenn die Überweisung weder bis zum Ablauf der Ausführungsfrist noch innerhalb einer Nachfrist

von 14 Bankgeschäftstagen vom Erstattungsverlangen des Überweisenden an bewirkt worden ist. ²Der Überweisungsbetrag ist in diesem Fall vom Beginn der Ausführungsfrist bis zur Gutschrift des Garantiebetrags auf dem Konto des Überweisenden mit dem in Absatz 1 Satz 2 bestimmten Zinssatz zu verzinsen. ³Mit dem Erstattungsverlangen des Überweisenden und dem Ablauf der Nachfrist gilt der Überweisungsvertrag als gekündigt. ⁴Das Kreditinstitut ist berechtigt, den Vertrag zu kündigen, wenn die Fortsetzung des Vertrags unter Abwägung der beiderseitigen Interessen für das Kreditinstitut nicht zumutbar ist und es den Garantiebetrag entrichtet hat oder gleichzeitig entrichtet. ⁵Der Überweisende hat in den Fällen der Sätze 3 und 4 die vereinbarten Entgelte und Auslagen nicht zu entrichten. ⁶Ansprüche nach diesem Absatz bestehen nicht, wenn die Überweisung nicht bewirkt worden ist, weil der Überweisende dem überweisenden Kreditinstitut eine fehlerhafte oder unvollständige Weisung erteilt oder wenn ein von dem Überweisenden ausdrücklich bestimmtes zwischengeschaltetes Kreditinstitut die Überweisung nicht ausgeführt hat. ⁷In dem zweiten Fall des Satzes 6 haftet das von dem Überweisenden ausdrücklich bestimmte Kreditinstitut diesem anstelle des überweisenden Kreditinstituts.
(4) ¹Ansprüche nach den Absätzen 1 bis 3 sind ausgeschlossen, wenn die Ursache für den Fehler bei der Abwicklung der Überweisung höhere Gewalt ist.

§ 676 c Verschuldensunabhängige Haftung; sonstige Ansprüche

(1) ¹Die Ansprüche nach § 676 b setzen ein Verschulden nicht voraus. ²Andere Ansprüche, die ein Verschulden voraussetzen, sowie Ansprüche aus ungerechtfertigter Bereicherung bleiben unberührt. ³Das überweisende Kreditinstitut hat hierbei ein Verschulden, das einem zwischengeschalteten Kreditinstitut zur Last fällt, wie eigenes Verschulden zu vertreten, es sei denn, dass die wesentliche Ursache bei einem zwischengeschalteten Kreditinstitut liegt, das der Überweisende vorgegeben hat. ⁴Die Haftung nach Satz 3 kann bei Überweisungen auf ein Konto im Ausland auf 25 000 Euro begrenzt werden. ⁵Die Haftung für den durch die Verzögerung oder Nichtausführung der Überweisung entstandenen Schaden kann auf 12 500 Euro begrenzt werden; dies gilt nicht für Vorsatz und grobe Fahrlässigkeit, den Zinsschaden und für Gefahren, die das Kreditinstitut besonders übernommen hat.
(2) ¹In den Fällen des Absatzes 1 Satz 3 Halbsatz 2 haftet das von dem Überweisenden vorgegebene zwischengeschaltete Kreditinstitut anstelle des überweisenden Kreditinstituts.
(3) ¹Von den Vorschriften des § 675 Abs. 1, der §§ 676 a und 676 b und des Absatzes 1 darf, soweit dort nichts anderes bestimmt ist, zum Nachteil des Überweisenden nur bei Überweisungen abgewichen werden,
1. deren Überweisender ein Kreditinstitut ist,
2. die den Betrag von 75 000 Euro übersteigen oder
3. die einem Konto eines Kreditinstituts mit Sitz außerhalb der Europäischen Union und des Europäischen Wirtschaftsraums gutgeschrieben werden sollen.

Kapitel 3: Zahlungsvertrag

§ 676 d Vertragstypische Pflichten beim Zahlungsvertrag

(1) ¹Durch den Zahlungsvertrag verpflichtet sich ein zwischengeschaltetes Kreditinstitut gegenüber einem anderen Kreditinstitut, im Rahmen des Überweisungsverkehrs einen Überweisungsbetrag an ein weiteres Kreditinstitut oder an das Kreditinstitut des Begünstigten weiterzuleiten.

(2) ¹Das Kreditinstitut des Begünstigten ist verpflichtet, einen Überweisungsbetrag an das überweisende Kreditinstitut zurückzuleiten, wenn ihm vor dessen Eingang eine entsprechende Mitteilung durch das überweisende Kreditinstitut zugeht. ²Im Rahmen von Zahlungsverkehrssystemen braucht die Kündigung von dem in den Regeln des Systems festgelegten Zeitpunkt an nicht mehr beachtet zu werden.

§ 676 e Ausgleichsansprüche (1) ¹Liegt die Ursache für eine verspätete Ausführung einer Überweisung in dem Verantwortungsbereich eines zwischengeschalteten Kreditinstituts, so hat dieses den Schaden zu ersetzen, der dem überweisenden Kreditinstitut aus der Erfüllung der Ansprüche des Überweisenden nach § 676 b Abs. 1 entsteht.

(2) ¹Das zwischengeschaltete Kreditinstitut hat die von ihm selbst entgegen dem Überweisungsvertrag einbehaltenen Beträge ohne zusätzliche Entgelte und Auslagen nach Wahl des überweisenden Kreditinstituts entweder diesem zu erstatten oder dem Begünstigten zu überweisen.

(3) ¹Das Kreditinstitut, das mit dem überweisenden Kreditinstitut einen Zahlungsvertrag geschlossen hat, ist verpflichtet, diesem die geleisteten Zahlungen zu erstatten, zu denen dieses nach § 676 b Abs. 3 gegenüber dem Überweisenden verpflichtet war. ²Jedes zwischengeschaltete Kreditinstitut ist verpflichtet, dem Kreditinstitut, mit dem es einen Zahlungsvertrag zur Weiterleitung der Überweisung abgeschlossen hat, die nach Satz 1 oder nach dieser Vorschrift geleisteten Zahlungen zu erstatten. ³Wird die Überweisung nicht bewirkt, weil ein Kreditinstitut dem von ihm zwischengeschalteten Kreditinstitut eine fehlerhafte oder unvollständige Weisung erteilt hat, ist der Erstattungsanspruch dieses Kreditinstituts nach den Sätzen 1 und 2 ausgeschlossen. ⁴Das Kreditinstitut, das den Fehler zu vertreten hat, hat dem überweisenden Kreditinstitut den ihm aus der Erfüllung seiner Verpflichtungen nach § 676 c Abs. 1 entstehenden weitergehenden Schaden zu ersetzen.

(4) ¹An der Weiterleitung eines Überweisungsbetrags beteiligte Kreditinstitute, die nicht nach Ersatz haften, haben selbständig nach dem Verbleib des Überweisungsbetrags zu forschen und dem Anspruchsberechtigten den von ihnen aufgefundenen Überweisungsbetrag abzüglich einer angemessenen Entschädigung für die Nachforschung zu erstatten.

(5) ¹Entfallen Ansprüche, weil der Überweisende das zur Weiterleitung beauftragte Kreditinstitut vorgegeben hat, so hat dieses den Überweisenden so zu stellen, wie er bei Anwendung des § 676 b Abs. 3 stünde. ²Im Übrigen gilt § 676 b Abs. 4 sinngemäß.

Kapitel 4: Girovertrag

§ 676 f Vertragstypische Pflichten beim Girovertrag ¹Durch den Girovertrag wird das Kreditinstitut verpflichtet, für den Kunden ein Konto einzurichten, eingehende Zahlungen auf dem Konto gutzuschreiben und abgeschlossene Überweisungsverträge zu Lasten dieses Kontos abzuwickeln. ²Es hat dem Kunden eine weitergeleitete Angabe zur Person des Überweisenden und zum Verwendungszweck mitzuteilen.

§ 676 g Gutschriftanspruch des Kunden (1) ¹Ist ein Überweisungsbetrag bei dem Kreditinstitut des Kunden eingegangen, so hat es diesen Betrag dem Kunden innerhalb der vereinbarten Frist, bei Fehlen einer Fristvereinbarung innerhalb eines Bankgeschäftstags nach dem Tag, an dem der Betrag dem Kreditinstitut gutgeschrieben wurde, gutzuschreiben, es sei denn, es hat vor dem

Eingang des Überweisungsbetrags eine Mitteilung nach § 676 d Abs. 2 Satz 1 erhalten. ²Wird der überwiesene Betrag nicht fristgemäß dem Konto des Kunden gutgeschrieben, so hat das Kreditinstitut dem Kunden den Überweisungsbetrag für die Dauer der Verspätung zu verzinsen, es sei denn, dass der Überweisende oder der Kunde die Verspätung zu vertreten hat. ³§ 676 b Abs. 1 Satz 2 ist anzuwenden. ⁴Die Gutschrift ist, auch wenn sie nachträglich erfolgt, so vorzunehmen, dass die Wertstellung des eingegangenen Betrags auf dem Konto des Kunden, soweit mit Unternehmern nichts anderes vereinbart ist, unter dem Datum des Tages erfolgt, an dem der Betrag dem Kreditinstitut zur Verfügung gestellt worden ist.

(2) ¹Hat das Kreditinstitut bei der Gutschrift auf dem Konto des Kunden den Überweisungsbetrag vertragswidrig gekürzt, so hat es den Fehlbetrag dem Begünstigten frei von Entgelten und Auslagen gutzuschreiben. ²Der Anspruch des Kreditinstituts auf ein im Girovertrag vereinbartes Entgelt für die Gutschrift von eingehenden Zahlungen bleibt unberührt.

(3) ¹Ist ein Zahlungsvertrag von einem Kreditinstitut nicht ausgeführt worden, das von dem Kreditinstitut des Begünstigten mit der Entgegennahme beauftragt worden ist, so hat dieses seinem Kunden den Überweisungsbetrag bis zu einem Betrag von 12 500 Euro ohne zusätzliche Entgelte und Kosten gutzuschreiben.

(4) ¹Die Ansprüche nach den Absätzen 1 bis 3 setzen ein Verschulden nicht voraus. ²Weitergehende Ansprüche, die ein Verschulden voraussetzen, bleiben unberührt. ³Das Kreditinstitut des Kunden hat hierbei ein Verschulden eines von ihm zwischengeschalteten Kreditinstituts wie eigenes Verschulden zu vertreten. ⁴Die Haftung nach Satz 3 kann bei Überweisungen auf ein Konto im Ausland auf 25 000 Euro begrenzt werden. ⁵Die Haftung für den durch die Verzögerung oder Nichtausführung der Überweisung entstandenen Schaden kann auf 12 500 Euro begrenzt werden; dies gilt nicht für Vorsatz und grobe Fahrlässigkeit, den Zinsschaden und für Gefahren, die das Kreditinstitut besonders übernommen hat. ⁶Die Ansprüche sind ausgeschlossen, soweit der Fehler bei der Ausführung des Vertrags auf höherer Gewalt beruht.

(5) ¹Von den Vorschriften der Absätze 1 bis 4 darf, soweit dort nichts anderes bestimmt ist, zum Nachteil des Begünstigten nur bei Überweisungen der in § 676 c Abs. 3 bezeichneten Art abgewichen werden.

§ 676 h Missbrauch von Zahlungskarten[22)] ¹Das Kreditinstitut kann Aufwendungsersatz für die Verwendung von Zahlungskarten oder von deren Daten nur verlangen, wenn diese nicht von einem Dritten missbräuchlich verwendet wurden. ²Wenn der Zahlungskarte nicht ein Girovertrag, sondern ein anderer Geschäftsbesorgungsvertrag zugrunde liegt, gilt Satz 1 für den Kartenaussteller entsprechend.

Titel 13: Geschäftsführung ohne Auftrag

§ 677 Pflichten des Geschäftsführers ¹Wer ein Geschäft für einen anderen besorgt, ohne von ihm beauftragt oder ihm gegenüber sonst dazu berechtigt zu sein, hat das Geschäft so zu führen, wie das Interesse des Geschäftsherrn mit Rücksicht auf dessen wirklichen oder mutmaßlichen Willen es erfordert.

---

22) Amtlicher Hinweis:
Diese Vorschrift dient der Umsetzung von Artikel 8 der Richtlinie 97/7/EG des Europäischen Parlaments und des Rates vom 20. Mai 1997 über den Verbraucherschutz bei Vertragsabschlüssen im Fernabsatz (ABl. EG Nr. L 144 S. 19).

§§ 678–686 BGB

§ 678 Geschäftsführung gegen den Willen des Geschäftsherrn
¹Steht die Übernahme der Geschäftsführung mit dem wirklichen oder dem mutmaßlichen Willen des Geschäftsherrn in Widerspruch und musste der Geschäftsführer dies erkennen, so ist er dem Geschäftsherrn zum Ersatz des aus der Geschäftsführung entstehenden Schadens auch dann verpflichtet, wenn ihm ein sonstiges Verschulden nicht zur Last fällt.

§ 679 Unbeachtlichkeit des entgegenstehenden Willens des Geschäftsherrn
¹Ein der Geschäftsführung entgegenstehender Wille des Geschäftsherrn kommt nicht in Betracht, wenn ohne die Geschäftsführung eine Pflicht des Geschäftsherrn, deren Erfüllung im öffentlichen Interesse liegt, oder eine gesetzliche Unterhaltspflicht des Geschäftsherrn nicht rechtzeitig erfüllt werden würde.

§ 680 Geschäftsführung zur Gefahrenabwehr
¹Bezweckt die Geschäftsführung die Abwendung einer dem Geschäftsherrn drohenden dringenden Gefahr, so hat der Geschäftsführer nur Vorsatz und grobe Fahrlässigkeit zu vertreten.

§ 681 Nebenpflichten des Geschäftsführers
¹Der Geschäftsführer hat die Übernahme der Geschäftsführung, sobald es tunlich ist, dem Geschäftsherrn anzuzeigen und, wenn nicht mit dem Aufschub Gefahr verbunden ist, dessen Entschließung abzuwarten. ²Im Übrigen finden auf die Verpflichtungen des Geschäftsführers die für einen Beauftragten geltenden Vorschriften der §§ 666 bis 668 entsprechende Anwendung.

§ 682 Fehlende Geschäftsfähigkeit des Geschäftsführers
¹Ist der Geschäftsführer geschäftsunfähig oder in der Geschäftsfähigkeit beschränkt, so ist er nur nach den Vorschriften über den Schadensersatz wegen unerlaubter Handlungen und über die Herausgabe einer ungerechtfertigten Bereicherung verantwortlich.

§ 683 Ersatz von Aufwendungen
¹Entspricht die Übernahme der Geschäftsführung dem Interesse und dem wirklichen oder dem mutmaßlichen Willen des Geschäftsherrn, so kann der Geschäftsführer wie ein Beauftragter Ersatz seiner Aufwendungen verlangen. ²In den Fällen des § 679 steht dieser Anspruch dem Geschäftsführer zu, auch wenn die Übernahme der Geschäftsführung mit dem Willen des Geschäftsherrn in Widerspruch steht.

§ 684 Herausgabe der Bereicherung
¹Liegen die Voraussetzungen des § 683 nicht vor, so ist der Geschäftsherr verpflichtet, dem Geschäftsführer alles, was er durch die Geschäftsführung erlangt, nach den Vorschriften über die Herausgabe einer ungerechtfertigten Bereicherung herauszugeben. ²Genehmigt der Geschäftsherr die Geschäftsführung, so steht dem Geschäftsführer der in § 683 bestimmte Anspruch zu.

§ 685 Schenkungsabsicht
(1) ¹Dem Geschäftsführer steht ein Anspruch nicht zu, wenn er nicht die Absicht hatte, von dem Geschäftsherrn Ersatz zu verlangen.
(2) ¹Gewähren Eltern oder Voreltern ihren Abkömmlingen oder diese jenen Unterhalt, so ist im Zweifel anzunehmen, dass die Absicht fehlt, von dem Empfänger Ersatz zu verlangen.

§ 686 Irrtum über die Person des Geschäftsherrn
¹Ist der Geschäftsführer über die Person des Geschäftsherrn im Irrtum, so wird der wirkliche Geschäftsherr aus der Geschäftsführung berechtigt und verpflichtet.

§ 687 Unechte Geschäftsführung (1) ¹Die Vorschriften der §§ 677 bis 686 finden keine Anwendung, wenn jemand ein fremdes Geschäft in der Meinung besorgt, dass es sein eigenes sei.

(2) ¹Behandelt jemand ein fremdes Geschäft als sein eigenes, obwohl er weiß, dass er nicht dazu berechtigt ist, so kann der Geschäftsherr die sich aus den §§ 677, 678, 681, 682 ergebenden Ansprüche geltend machen. ²Macht er sie geltend, so ist er dem Geschäftsführer nach § 684 Satz 1 verpflichtet.

Titel 14: Verwahrung

§ 688 Vertragstypische Pflichten bei der Verwahrung ¹Durch den Verwahrungsvertrag wird der Verwahrer verpflichtet, eine ihm von dem Hinterleger übergebene bewegliche Sache aufzubewahren.

§ 689 Vergütung ¹Eine Vergütung für die Aufbewahrung gilt als stillschweigend vereinbart, wenn die Aufbewahrung den Umständen nach nur gegen eine Vergütung zu erwarten ist.

§ 690 Haftung bei unentgeltlicher Verwahrung ¹Wird die Aufbewahrung unentgeltlich übernommen, so hat der Verwahrer nur für diejenige Sorgfalt einzustehen, welche er in eigenen Angelegenheiten anzuwenden pflegt.

§ 691 Hinterlegung bei Dritten ¹Der Verwahrer ist im Zweifel nicht berechtigt, die hinterlegte Sache bei einem Dritten zu hinterlegen. ²Ist die Hinterlegung bei einem Dritten gestattet, so hat der Verwahrer nur ein ihm bei dieser Hinterlegung zur Last fallendes Verschulden zu vertreten. ³Für das Verschulden eines Gehilfen ist er nach § 278 verantwortlich.

§ 692 Änderung der Aufbewahrung ¹Der Verwahrer ist berechtigt, die vereinbarte Art der Aufbewahrung zu ändern, wenn er den Umständen nach annehmen darf, dass der Hinterleger bei Kenntnis der Sachlage die Änderung billigen würde. ²Der Verwahrer hat vor der Änderung dem Hinterleger Anzeige zu machen und dessen Entschließung abzuwarten, wenn nicht mit dem Aufschub Gefahr verbunden ist.

§ 693 Ersatz von Aufwendungen ¹Macht der Verwahrer zum Zwecke der Aufbewahrung Aufwendungen, die er den Umständen nach für erforderlich halten darf, so ist der Hinterleger zum Ersatz verpflichtet.

§ 694 Schadensersatzpflicht des Hinterlegers ¹Der Hinterleger hat den durch die Beschaffenheit der hinterlegten Sache dem Verwahrer entstehenden Schaden zu ersetzen, es sei denn, dass er die Gefahr drohende Beschaffenheit der Sache bei der Hinterlegung weder kennt noch kennen muss oder dass er sie dem Verwahrer angezeigt oder dieser sie ohne Anzeige gekannt hat.

§ 695 Rückforderungsrecht des Hinterlegers ¹Der Hinterleger kann die hinterlegte Sache jederzeit zurückfordern, auch wenn für die Aufbewahrung eine Zeit bestimmt ist. ²Die Verjährung des Anspruchs auf Rückgabe der Sache beginnt mit der Rückforderung.

§ 696 Rücknahmeanspruch des Verwahrers ¹Der Verwahrer kann, wenn eine Zeit für die Aufbewahrung nicht bestimmt ist, jederzeit die Rücknahme der hinterlegten Sache verlangen. ²Ist eine Zeit bestimmt, so kann er die vorzeitige Rücknahme nur verlangen, wenn ein wichtiger Grund vorliegt. ³Die Verjährung des Anspruchs beginnt mit dem Verlangen auf Rücknahme.

§ 697 Rückgabeort ¹Die Rückgabe der hinterlegten Sache hat an dem Ort zu erfolgen, an welchem die Sache aufzubewahren war; der Verwahrer ist nicht verpflichtet, die Sache dem Hinterleger zu bringen.

§§ 698–701 BGB

§ 698 Verzinsung des verwendeten Geldes ¹Verwendet der Verwahrer hinterlegtes Geld für sich, so ist er verpflichtet, es von der Zeit der Verwendung an zu verzinsen.

§ 699 Fälligkeit der Vergütung (1) ¹Der Hinterleger hat die vereinbarte Vergütung bei der Beendigung der Aufbewahrung zu entrichten. ²Ist die Vergütung nach Zeitabschnitten bemessen, so ist sie nach dem Ablauf der einzelnen Zeitabschnitte zu entrichten.

(2) ¹Endigt die Aufbewahrung vor dem Ablauf der für sie bestimmten Zeit, so kann der Verwahrer einen seinen bisherigen Leistungen entsprechenden Teil der Vergütung verlangen, sofern nicht aus der Vereinbarung über die Vergütung sich ein anderes ergibt.

§ 700 Unregelmäßiger Verwahrungsvertrag (1) ¹Werden vertretbare Sachen in der Art hinterlegt, dass das Eigentum auf den Verwahrer übergehen und dieser verpflichtet sein soll, Sachen von gleicher Art, Güte und Menge zurückzugewähren, so finden bei Geld die Vorschriften über den Darlehensvertrag, bei anderen Sachen die Vorschriften über den Sachdarlehensvertrag Anwendung. ²Gestattet der Hinterleger dem Verwahrer, hinterlegte vertretbare Sachen zu verbrauchen, so finden bei Geld die Vorschriften über den Darlehensvertrag, bei anderen Sachen die Vorschriften über den Sachdarlehensvertrag von dem Zeitpunkt an Anwendung, in welchem der Verwahrer sich die Sachen aneignet. ³In beiden Fällen bestimmen sich jedoch Zeit und Ort der Rückgabe im Zweifel nach den Vorschriften über den Verwahrungsvertrag.

(2) ¹Bei der Hinterlegung von Wertpapieren ist eine Vereinbarung der im Absatz 1 bezeichneten Art nur gültig, wenn sie ausdrücklich getroffen wird.

Titel 15: Einbringung von Sachen bei Gastwirten

§ 701 Haftung des Gastwirts (1) ¹Ein Gastwirt, der gewerbsmäßig Fremde zur Beherbergung aufnimmt, hat den Schaden zu ersetzen, der durch den Verlust, die Zerstörung oder die Beschädigung von Sachen entsteht, die ein im Betrieb dieses Gewerbes aufgenommener Gast eingebracht hat.

(2) ¹Als eingebracht gelten
1. Sachen, welche in der Zeit, in der der Gast zur Beherbergung aufgenommen ist, in die Gastwirtschaft oder an einen von dem Gastwirt oder dessen Leuten angewiesenen oder von dem Gastwirt allgemein hierzu bestimmten Ort außerhalb der Gastwirtschaft oder sonst außerhalb der Gastwirtschaft von dem Gastwirt oder dessen Leuten in Obhut genommen sind,
2. Sachen, welche innerhalb einer angemessenen Frist vor oder nach der Zeit, in der der Gast zur Beherbergung aufgenommen war, von dem Gastwirt oder seinen Leuten in Obhut genommen sind.

²Im Falle einer Anweisung oder einer Übernahme der Obhut durch Leute des Gastwirts gilt dies jedoch nur, wenn sie dazu bestellt oder nach den Umständen als dazu bestellt anzusehen waren.

(3) ¹Die Ersatzpflicht tritt nicht ein, wenn der Verlust, die Zerstörung oder die Beschädigung von dem Gast, einem Begleiter des Gastes oder einer Person, die der Gast bei sich aufgenommen hat, oder durch die Beschaffenheit der Sachen oder durch höhere Gewalt verursacht wird.

(4) ¹Die Ersatzpflicht erstreckt sich nicht auf Fahrzeuge, auf Sachen, die in einem Fahrzeug belassen worden sind, und auf lebende Tiere.

§ 702 Beschränkung der Haftung; Wertsachen
(1) ¹Der Gastwirt haftet auf Grund des § 701 nur bis zu einem Betrag, der dem Hundertfachen des Beherbergungspreises für einen Tag entspricht, jedoch mindestens bis zu dem Betrag von 600 Euro und höchstens bis zu dem Betrag von 3 500 Euro; für Geld, Wertpapiere und Kostbarkeiten tritt an die Stelle von 3 500 Euro der Betrag von 800 Euro.
(2) ¹Die Haftung des Gastwirts ist unbeschränkt,
1. wenn der Verlust, die Zerstörung oder die Beschädigung von ihm oder seinen Leuten verschuldet ist,
2. wenn es sich um eingebrachte Sachen handelt, die er zur Aufbewahrung übernommen oder deren Übernahme zur Aufbewahrung er entgegen der Vorschrift des Absatzes 3 abgelehnt hat.
(3) ¹Der Gastwirt ist verpflichtet, Geld, Wertpapiere, Kostbarkeiten und andere Wertsachen zur Aufbewahrung zu übernehmen, es sei denn, dass sie im Hinblick auf die Größe oder den Rang der Gastwirtschaft von übermäßigem Wert oder Umfang oder dass sie gefährlich sind. ²Er kann verlangen, dass sie in einem verschlossenen oder versiegelten Behältnis übergeben werden.

§ 702 a Erlass der Haftung
(1) ¹Die Haftung des Gastwirts kann im Voraus nur erlassen werden, soweit sie den nach § 702 Abs. 1 maßgeblichen Höchstbetrag übersteigt. ²Auch insoweit kann sie nicht erlassen werden für den Fall, dass der Verlust, die Zerstörung oder die Beschädigung von dem Gastwirt oder von Leuten des Gastwirts vorsätzlich oder grob fahrlässig verursacht wird oder dass es sich um Sachen handelt, deren Übernahme zur Aufbewahrung der Gastwirt entgegen der Vorschrift des § 702 Abs. 3 abgelehnt hat.
(2) ¹Der Erlass ist nur wirksam, wenn die Erklärung des Gastes schriftlich erteilt ist und wenn sie keine anderen Bestimmungen enthält.

§ 703 Erlöschen des Schadensersatzanspruchs
¹Der dem Gast auf Grund der §§ 701, 702 zustehende Anspruch erlischt, wenn nicht der Gast unverzüglich, nachdem er von dem Verlust, der Zerstörung oder der Beschädigung Kenntnis erlangt hat, dem Gastwirt Anzeige macht. ²Dies gilt nicht, wenn die Sachen von dem Gastwirt zur Aufbewahrung übernommen waren oder wenn der Verlust, die Zerstörung oder die Beschädigung von ihm oder seinen Leuten verschuldet ist.

§ 704 Pfandrecht des Gastwirts
¹Der Gastwirt hat für seine Forderungen für Wohnung und andere dem Gast zur Befriedigung seiner Bedürfnisse gewährte Leistungen, mit Einschluss der Auslagen, ein Pfandrecht an den eingebrachten Sachen des Gastes. ²Die für das Pfandrecht des Vermieters geltenden Vorschriften des § 562 Abs. 1 Satz 2 und der §§ 562 a bis 562 d finden entsprechende Anwendung.

Titel 16: Gesellschaft

§ 705 Inhalt des Gesellschaftsvertrags
¹Durch den Gesellschaftsvertrag verpflichten sich die Gesellschafter gegenseitig, die Erreichung eines gemeinsamen Zweckes in der durch den Vertrag bestimmten Weise zu fördern, insbesondere die vereinbarten Beiträge zu leisten.

§ 706 Beiträge der Gesellschafter
(1) ¹Die Gesellschafter haben in Ermangelung einer anderen Vereinbarung gleiche Beiträge zu leisten.

(2) ¹Sind vertretbare oder verbrauchbare Sachen beizutragen, so ist im Zweifel anzunehmen, dass sie gemeinschaftliches Eigentum der Gesellschafter werden sollen. ²Das Gleiche gilt von nicht vertretbaren und nicht verbrauchbaren Sachen, wenn sie nach einer Schätzung beizutragen sind, die nicht bloß für die Gewinnverteilung bestimmt ist.
(3) ¹Der Beitrag eines Gesellschafters kann auch in der Leistung von Diensten bestehen.

§ 707 Erhöhung des vereinbarten Beitrags ¹Zur Erhöhung des vereinbarten Beitrags oder zur Ergänzung der durch Verlust verminderten Einlage ist ein Gesellschafter nicht verpflichtet.

§ 708 Haftung der Gesellschafter ¹Ein Gesellschafter hat bei der Erfüllung der ihm obliegenden Verpflichtungen nur für diejenige Sorgfalt einzustehen, welche er in eigenen Angelegenheiten anzuwenden pflegt.

§ 709 Gemeinschaftliche Geschäftsführung (1) ¹Die Führung der Geschäfte der Gesellschaft steht den Gesellschaftern gemeinschaftlich zu; für jedes Geschäft ist die Zustimmung aller Gesellschafter erforderlich.
(2) ¹Hat nach dem Gesellschaftsvertrag die Mehrheit der Stimmen zu entscheiden, so ist die Mehrheit im Zweifel nach der Zahl der Gesellschafter zu berechnen.

§ 710 Übertragung der Geschäftsführung ¹Ist in dem Gesellschaftsvertrag die Führung der Geschäfte einem Gesellschafter oder mehreren Gesellschaftern übertragen, so sind die übrigen Gesellschafter von der Geschäftsführung ausgeschlossen. ²Ist die Geschäftsführung mehreren Gesellschaftern übertragen, so findet die Vorschrift des § 709 entsprechende Anwendung.

§ 711 Widerspruchsrecht ¹Steht nach dem Gesellschaftsvertrag die Führung der Geschäfte allen oder mehreren Gesellschaftern in der Art zu, dass jeder allein zu handeln berechtigt ist, so kann jeder der Vornahme eines Geschäfts durch den anderen widersprechen. ²Im Falle des Widerspruchs muss das Geschäft unterbleiben.

§ 712 Entziehung und Kündigung der Geschäftsführung (1) ¹Die einem Gesellschafter durch den Gesellschaftsvertrag übertragene Befugnis zur Geschäftsführung kann ihm durch einstimmigen Beschluss oder, falls nach dem Gesellschaftsvertrag die Mehrheit der Stimmen entscheidet, durch Mehrheitsbeschluss der übrigen Gesellschafter entzogen werden, wenn ein wichtiger Grund vorliegt; ein solcher Grund ist insbesondere grobe Pflichtverletzung oder Unfähigkeit zur ordnungsmäßigen Geschäftsführung.
(2) ¹Der Gesellschafter kann auch seinerseits die Geschäftsführung kündigen, wenn ein wichtiger Grund vorliegt; die für den Auftrag geltende Vorschrift des § 671 Abs. 2, 3 findet entsprechende Anwendung.

§ 713 Rechte und Pflichten der geschäftsführenden Gesellschafter ¹Die Rechte und Verpflichtungen der geschäftsführenden Gesellschafter bestimmen sich nach den für den Auftrag geltenden Vorschriften der §§ 664 bis 670, soweit sich nicht aus dem Gesellschaftsverhältnis ein anderes ergibt.

§ 714 Vertretungsmacht ¹Soweit einem Gesellschafter nach dem Gesellschaftsvertrag die Befugnis zur Geschäftsführung zusteht, ist er im Zweifel auch ermächtigt, die anderen Gesellschafter Dritten gegenüber zu vertreten.

§ 715 Entziehung der Vertretungsmacht ¹Ist im Gesellschaftsvertrag ein Gesellschafter ermächtigt, die anderen Gesellschafter Dritten gegenüber zu vertreten, so kann die Vertretungsmacht nur nach Maßgabe des § 712 Abs. 1 und, wenn sie in Verbindung mit der Befugnis zur Geschäftsführung erteilt worden ist, nur mit dieser entzogen werden.

§ 716 Kontrollrecht der Gesellschafter
(1) ¹Ein Gesellschafter kann, auch wenn er von der Geschäftsführung ausgeschlossen ist, sich von den Angelegenheiten der Gesellschaft persönlich unterrichten, die Geschäftsbücher und die Papiere der Gesellschaft einsehen und sich aus ihnen eine Übersicht über den Stand des Gesellschaftsvermögens anfertigen.
(2) ¹Eine dieses Recht ausschließende oder beschränkende Vereinbarung steht der Geltendmachung des Rechts nicht entgegen, wenn Grund zu der Annahme unredlicher Geschäftsführung besteht.

§ 717 Nichtübertragbarkeit der Gesellschafterrechte
¹Die Ansprüche, die den Gesellschaftern aus dem Gesellschaftsverhältnis gegeneinander zustehen, sind nicht übertragbar. ²Ausgenommen sind die einem Gesellschafter aus seiner Geschäftsführung zustehenden Ansprüche, soweit deren Befriedigung vor der Auseinandersetzung verlangt werden kann, sowie die Ansprüche auf einen Gewinnanteil oder auf dasjenige, was dem Gesellschafter bei der Auseinandersetzung zukommt.

§ 718 Gesellschaftsvermögen
(1) ¹Die Beiträge der Gesellschafter und die durch die Geschäftsführung für die Gesellschaft erworbenen Gegenstände werden gemeinschaftliches Vermögen der Gesellschafter (Gesellschaftsvermögen).
(2) ¹Zu dem Gesellschaftsvermögen gehört auch, was auf Grund eines zu dem Gesellschaftsvermögen gehörenden Rechts oder als Ersatz für die Zerstörung, Beschädigung oder Entziehung eines zu dem Gesellschaftsvermögen gehörenden Gegenstands erworben wird.

§ 719 Gesamthänderische Bindung
(1) ¹Ein Gesellschafter kann nicht über seinen Anteil an dem Gesellschaftsvermögen und an den einzelnen dazu gehörenden Gegenständen verfügen; er ist nicht berechtigt, Teilung zu verlangen.
(2) ¹Gegen eine Forderung, die zum Gesellschaftsvermögen gehört, kann der Schuldner nicht eine ihm gegen einen einzelnen Gesellschafter zustehende Forderung aufrechnen.

§ 720 Schutz des gutgläubigen Schuldners
¹Die Zugehörigkeit einer nach § 718 Abs. 1 erworbenen Forderung zum Gesellschaftsvermögen hat der Schuldner erst dann gegen sich gelten zu lassen, wenn er von der Zugehörigkeit Kenntnis erlangt; die Vorschriften der §§ 406 bis 408 finden entsprechende Anwendung.

§ 721 Gewinn- und Verlustverteilung
(1) ¹Ein Gesellschafter kann den Rechnungsabschluss und die Verteilung des Gewinns und Verlusts erst nach der Auflösung der Gesellschaft verlangen.
(2) ¹Ist die Gesellschaft von längerer Dauer, so hat der Rechnungsabschluss und die Gewinnverteilung im Zweifel am Schluss jedes Geschäftsjahrs zu erfolgen.

§ 722 Anteile am Gewinn und Verlust
(1) ¹Sind die Anteile der Gesellschafter am Gewinn und Verlust nicht bestimmt, so hat jeder Gesellschafter ohne Rücksicht auf die Art und die Größe seines Beitrags einen gleichen Anteil am Gewinn und Verlust.
(2) ¹Ist nur der Anteil am Gewinn oder am Verlust bestimmt, so gilt die Bestimmung im Zweifel für Gewinn und Verlust.

§ 723 Kündigung durch Gesellschafter
(1) ¹Ist die Gesellschaft nicht für eine bestimmte Zeit eingegangen, so kann jeder Gesellschafter sie jederzeit kündigen. ²Ist eine Zeitdauer bestimmt, so ist die Kündigung vor dem Ablauf der Zeit zulässig, wenn ein wichtiger Grund vorliegt. ³Ein wichtiger Grund liegt insbesondere vor,

1. wenn ein anderer Gesellschafter eine ihm nach dem Gesellschaftsvertrag obliegende wesentliche Verpflichtung vorsätzlich oder aus grober Fahrlässigkeit verletzt hat oder wenn die Erfüllung einer solchen Verpflichtung unmöglich wird,
2. wenn der Gesellschafter das 18. Lebensjahr vollendet hat.

[4]Der volljährig Gewordene kann die Kündigung nach Nummer 2 nur binnen drei Monaten von dem Zeitpunkt an erklären, in welchem er von seiner Gesellschafterstellung Kenntnis hatte oder haben musste. [5]Das Kündigungsrecht besteht nicht, wenn der Gesellschafter bezüglich des Gegenstands der Gesellschaft zum selbständigen Betrieb eines Erwerbsgeschäfts gemäß § 112 ermächtigt war oder der Zweck der Gesellschaft allein der Befriedigung seiner persönlichen Bedürfnisse diente. [6]Unter den gleichen Voraussetzungen ist, wenn eine Kündigungsfrist bestimmt ist, die Kündigung ohne Einhaltung der Frist zulässig.

(2) [1]Die Kündigung darf nicht zur Unzeit geschehen, es sei denn, dass ein wichtiger Grund für die unzeitige Kündigung vorliegt. [2]Kündigt ein Gesellschafter ohne solchen Grund zur Unzeit, so hat er den übrigen Gesellschaftern den daraus entstehenden Schaden zu ersetzen.

(3) [1]Eine Vereinbarung, durch welche das Kündigungsrecht ausgeschlossen oder diesen Vorschriften zuwider beschränkt wird, ist nichtig.

§ 724 Kündigung bei Gesellschaft auf Lebenszeit oder fortgesetzter Gesellschaft
[1]Ist eine Gesellschaft für die Lebenszeit eines Gesellschafters eingegangen, so kann sie in gleicher Weise gekündigt werden wie eine für unbestimmte Zeit eingegangene Gesellschaft. [2]Dasselbe gilt, wenn eine Gesellschaft nach dem Ablauf der bestimmten Zeit stillschweigend fortgesetzt wird.

§ 725 Kündigung durch Pfändungspfandgläubiger
(1) [1]Hat ein Gläubiger eines Gesellschafters die Pfändung des Anteils des Gesellschafters an dem Gesellschaftsvermögen erwirkt, so kann er die Gesellschaft ohne Einhaltung einer Kündigungsfrist kündigen, sofern der Schuldtitel nicht bloß vorläufig vollstreckbar ist.

(2) [1]Solange die Gesellschaft besteht, kann der Gläubiger die sich aus dem Gesellschaftsverhältnis ergebenden Rechte des Gesellschafters, mit Ausnahme des Anspruchs auf einen Gewinnanteil, nicht geltend machen.

§ 726 Auflösung wegen Erreichens oder Unmöglichwerdens des Zweckes
[1]Die Gesellschaft endigt, wenn der vereinbarte Zweck erreicht oder dessen Erreichung unmöglich geworden ist.

§ 727 Auflösung durch Tod eines Gesellschafters
(1) [1]Die Gesellschaft wird durch den Tod eines der Gesellschafter aufgelöst, sofern nicht aus dem Gesellschaftsvertrag sich ein anderes ergibt.

(2) [1]Im Falle der Auflösung hat der Erbe des verstorbenen Gesellschafters den übrigen Gesellschaftern den Tod unverzüglich anzuzeigen und, wenn mit dem Aufschub Gefahr verbunden ist, die seinem Erblasser durch den Gesellschaftsvertrag übertragenen Geschäfte fortzuführen, bis die übrigen Gesellschafter in Gemeinschaft mit ihm anderweit Fürsorge treffen können. [2]Die übrigen Gesellschafter sind in gleicher Weise zur einstweiligen Fortführung der ihnen übertragenen Geschäfte verpflichtet. [3]Die Gesellschaft gilt insoweit als fortbestehend.

§ 728 Auflösung durch Insolvenz der Gesellschaft oder eines Gesellschafters
(1) [1]Die Gesellschaft wird durch die Eröffnung des Insolvenzverfahrens über das Vermögen der Gesellschaft aufgelöst. [2]Wird das Verfahren auf Antrag des Schuldners eingestellt oder nach der Bestätigung eines Insolvenzplans, der den Fortbestand der Gesellschaft vorsieht, aufgehoben, so können die Gesellschafter die Fortsetzung der Gesellschaft beschließen.

(2) ¹Die Gesellschaft wird durch die Eröffnung des Insolvenzverfahrens über das Vermögen eines Gesellschafters aufgelöst. ²Die Vorschrift des § 727 Abs. 2 Satz 2, 3 findet Anwendung.

§ 729 Fortdauer der Geschäftsführungsbefugnis
¹Wird die Gesellschaft aufgelöst, so gilt die Befugnis eines Gesellschafters zur Geschäftsführung zu seinen Gunsten gleichwohl als fortbestehend, bis er von der Auflösung Kenntnis erlangt oder die Auflösung kennen muss. ²Das Gleiche gilt bei Fortbestand der Gesellschaft für die Befugnis zur Geschäftsführung eines aus der Gesellschaft ausscheidenden Gesellschafters oder für ihren Verlust in sonstiger Weise.

§ 730 Auseinandersetzung; Geschäftsführung
(1) ¹Nach der Auflösung der Gesellschaft findet in Ansehung des Gesellschaftsvermögens die Auseinandersetzung unter den Gesellschaftern statt, sofern nicht über das Vermögen der Gesellschaft das Insolvenzverfahren eröffnet ist.

(2) ¹Für die Beendigung der schwebenden Geschäfte, für die dazu erforderliche Eingehung neuer Geschäfte sowie für die Erhaltung und Verwaltung des Gesellschaftsvermögens gilt die Gesellschaft als fortbestehend, soweit der Zweck der Auseinandersetzung es erfordert. ²Die einem Gesellschafter nach dem Gesellschaftsvertrag zustehende Befugnis zur Geschäftsführung erlischt jedoch, wenn nicht aus dem Vertrag sich ein anderes ergibt, mit der Auflösung der Gesellschaft; die Geschäftsführung steht von der Auflösung an allen Gesellschaftern gemeinschaftlich zu.

§ 731 Verfahren bei Auseinandersetzung
¹Die Auseinandersetzung erfolgt in Ermangelung einer anderen Vereinbarung in Gemäßheit der §§ 732 bis 735. Im Übrigen gelten für die Teilung die Vorschriften über die Gemeinschaft.

§ 732 Rückgabe von Gegenständen
¹Gegenstände, die ein Gesellschafter der Gesellschaft zur Benutzung überlassen hat, sind ihm zurückzugeben. ²Für einen durch Zufall in Abgang gekommenen oder verschlechterten Gegenstand kann er nicht Ersatz verlangen.

§ 733 Berichtigung der Gesellschaftsschulden; Erstattung der Einlagen
(1) ¹Aus dem Gesellschaftsvermögen sind zunächst die gemeinschaftlichen Schulden mit Einschluss derjenigen zu berichtigen, welche den Gläubigern gegenüber unter den Gesellschaftern geteilt sind oder für welche einem Gesellschafter die übrigen Gesellschafter als Schuldner haften. ²Ist eine Schuld noch nicht fällig oder ist sie streitig, so ist das zur Berichtigung Erforderliche zurückzubehalten.

(2) ¹Aus dem nach der Berichtigung der Schulden übrig bleibenden Gesellschaftsvermögen sind die Einlagen zurückzuerstatten. ²Für Einlagen, die nicht in Geld bestanden haben, ist der Wert zu ersetzen, den sie zur Zeit der Einbringung gehabt haben. ³Für Einlagen, die in der Leistung von Diensten oder in der Überlassung der Benutzung eines Gegenstands bestanden haben, kann nicht Ersatz verlangt werden.

(3) ¹Zur Berichtigung der Schulden und zur Rückerstattung der Einlagen ist das Gesellschaftsvermögen, soweit erforderlich, in Geld umzusetzen.

§ 734 Verteilung des Überschusses
¹Verbleibt nach der Berichtigung der gemeinschaftlichen Schulden und der Rückerstattung der Einlagen ein Überschuss, so gebührt er den Gesellschaftern nach dem Verhältnis ihrer Anteile am Gewinn.

§§ 735–740 BGB

§ 735 Nachschusspflicht bei Verlust [1]Reicht das Gesellschaftsvermögen zur Berichtigung der gemeinschaftlichen Schulden und zur Rückerstattung der Einlagen nicht aus, so haben die Gesellschafter für den Fehlbetrag nach dem Verhältnis aufzukommen, nach welchem sie den Verlust zu tragen haben. [2]Kann von einem Gesellschafter der auf ihn entfallende Beitrag nicht erlangt werden, so haben die übrigen Gesellschafter den Ausfall nach dem gleichen Verhältnis zu tragen.

§ 736 Ausscheiden eines Gesellschafters, Nachhaftung (1) [1]Ist im Gesellschaftsvertrag bestimmt, dass, wenn ein Gesellschafter kündigt oder stirbt oder wenn das Insolvenzverfahren über sein Vermögen eröffnet wird, die Gesellschaft unter den übrigen Gesellschaftern fortbestehen soll, so scheidet bei dem Eintritt eines solchen Ereignisses der Gesellschafter, in dessen Person es eintritt, aus der Gesellschaft aus.
(2) [1]Die für Personenhandelsgesellschaften geltenden Regelungen über die Begrenzung der Nachhaftung gelten sinngemäß.

§ 737 Ausschluss eines Gesellschafters [1]Ist im Gesellschaftsvertrag bestimmt, dass, wenn ein Gesellschafter kündigt, die Gesellschaft unter den übrigen Gesellschaftern fortbestehen soll, so kann ein Gesellschafter, in dessen Person ein die übrigen Gesellschafter nach § 723 Abs. 1 Satz 2 zur Kündigung berechtigender Umstand eintritt, aus der Gesellschaft ausgeschlossen werden. [2]Das Ausschließungsrecht steht den übrigen Gesellschaftern gemeinschaftlich zu. [3]Die Ausschließung erfolgt durch Erklärung gegenüber dem auszuschließenden Gesellschafter.

§ 738 Auseinandersetzung beim Ausscheiden (1) [1]Scheidet ein Gesellschafter aus der Gesellschaft aus, so wächst sein Anteil am Gesellschaftsvermögen den übrigen Gesellschaftern zu. [2]Diese sind verpflichtet, dem Ausscheidenden die Gegenstände, die er der Gesellschaft zur Benutzung überlassen hat, nach Maßgabe des § 732 zurückzugeben, ihn von den gemeinschaftlichen Schulden zu befreien und ihm dasjenige zu zahlen, was er bei der Auseinandersetzung erhalten würde, wenn die Gesellschaft zur Zeit seines Ausscheidens aufgelöst worden wäre. [3]Sind gemeinschaftliche Schulden noch nicht fällig, so können die übrigen Gesellschafter dem Ausscheidenden, statt ihn zu befreien, Sicherheit leisten.
(2) [1]Der Wert des Gesellschaftsvermögens ist, soweit erforderlich, im Wege der Schätzung zu ermitteln.

§ 739 Haftung für Fehlbetrag [1]Reicht der Wert des Gesellschaftsvermögens zur Deckung der gemeinschaftlichen Schulden und der Einlagen nicht aus, so hat der Ausscheidende den übrigen Gesellschaftern für den Fehlbetrag nach dem Verhältnis seines Anteils am Verlust aufzukommen.

§ 740 Beteiligung am Ergebnis schwebender Geschäfte (1) [1]Der Ausgeschiedene nimmt an dem Gewinn und dem Verlust teil, welcher sich aus den zur Zeit seines Ausscheidens schwebenden Geschäften ergibt. [2]Die übrigen Gesellschafter sind berechtigt, diese Geschäfte so zu beendigen, wie es ihnen am vorteilhaftesten erscheint.
(2) [1]Der Ausgeschiedene kann am Schluss jedes Geschäftsjahrs Rechenschaft über die inzwischen beendigten Geschäfte, Auszahlung des ihm gebührenden Betrags und Auskunft über den Stand der noch schwebenden Geschäfte verlangen.

Titel 17: Gemeinschaft

§ 741 Gemeinschaft nach Bruchteilen ¹Steht ein Recht mehreren gemeinschaftlich zu, so finden, sofern sich nicht aus dem Gesetz ein anderes ergibt, die Vorschriften der §§ 742 bis 758 Anwendung (Gemeinschaft nach Bruchteilen).

§ 742 Gleiche Anteile ¹Im Zweifel ist anzunehmen, dass den Teilhabern gleiche Anteile zustehen.

§ 743 Früchteanteil; Gebrauchsbefugnis (1) ¹Jedem Teilhaber gebührt ein seinem Anteil entsprechender Bruchteil der Früchte.

(2) ¹Jeder Teilhaber ist zum Gebrauch des gemeinschaftlichen Gegenstands insoweit befugt, als nicht der Mitgebrauch der übrigen Teilhaber beeinträchtigt wird.

§ 744 Gemeinschaftliche Verwaltung (1) ¹Die Verwaltung des gemeinschaftlichen Gegenstands steht den Teilhabern gemeinschaftlich zu.

(2) ¹Jeder Teilhaber ist berechtigt, die zur Erhaltung des Gegenstands notwendigen Maßregeln ohne Zustimmung der anderen Teilhaber zu treffen; er kann verlangen, dass diese ihre Einwilligung zu einer solchen Maßregel im Voraus erteilen.

§ 745 Verwaltung und Benutzung durch Beschluss (1) ¹Durch Stimmenmehrheit kann eine der Beschaffenheit des gemeinschaftlichen Gegenstands entsprechende ordnungsmäßige Verwaltung und Benutzung beschlossen werden. ²Die Stimmenmehrheit ist nach der Größe der Anteile zu berechnen.

(2) ¹Jeder Teilhaber kann, sofern nicht die Verwaltung und Benutzung durch Vereinbarung oder durch Mehrheitsbeschluss geregelt ist, eine dem Interesse aller Teilhaber nach billigem Ermessen entsprechende Verwaltung und Benutzung verlangen.

(3) ¹Eine wesentliche Veränderung des Gegenstands kann nicht beschlossen oder verlangt werden. ²Das Recht des einzelnen Teilhabers auf einen seinem Anteil entsprechenden Bruchteil der Nutzungen kann nicht ohne seine Zustimmung beeinträchtigt werden.

§ 746 Wirkung gegen Sondernachfolger ¹Haben die Teilhaber die Verwaltung und Benutzung des gemeinschaftlichen Gegenstands geregelt, so wirkt die getroffene Bestimmung auch für und gegen die Sondernachfolger.

§ 747 Verfügung über Anteil und gemeinschaftliche Gegenstände

¹Jeder Teilhaber kann über seinen Anteil verfügen. ²Über den gemeinschaftlichen Gegenstand im Ganzen können die Teilhaber nur gemeinschaftlich verfügen.

§ 748 Lasten- und Kostentragung ¹Jeder Teilhaber ist den anderen Teilhabern gegenüber verpflichtet, die Lasten des gemeinschaftlichen Gegenstands sowie die Kosten der Erhaltung, der Verwaltung und einer gemeinschaftlichen Benutzung nach dem Verhältnis seines Anteils zu tragen.

§ 749 Aufhebungsanspruch (1) ¹Jeder Teilhaber kann jederzeit die Aufhebung der Gemeinschaft verlangen.

(2) ¹Wird das Recht, die Aufhebung zu verlangen, durch Vereinbarung für immer oder auf Zeit ausgeschlossen, so kann die Aufhebung gleichwohl verlangt werden, wenn ein wichtiger Grund vorliegt. ²Unter der gleichen Voraussetzung kann, wenn eine Kündigungsfrist bestimmt wird, die Aufhebung ohne Einhaltung der Frist verlangt werden.

(3) ¹Eine Vereinbarung, durch welche das Recht, die Aufhebung zu verlangen, diesen Vorschriften zuwider ausgeschlossen oder beschränkt wird, ist nichtig.

§ 750 Ausschluss der Aufhebung im Todesfall ¹Haben die Teilhaber das Recht, die Aufhebung der Gemeinschaft zu verlangen, auf Zeit ausgeschlossen, so tritt die Vereinbarung im Zweifel mit dem Tode eines Teilhabers außer Kraft.

§ 751 Ausschluss der Aufhebung und Sondernachfolger ¹Haben die Teilhaber das Recht, die Aufhebung der Gemeinschaft zu verlangen, für immer oder auf Zeit ausgeschlossen oder eine Kündigungsfrist bestimmt, so wirkt die Vereinbarung auch für und gegen die Sondernachfolger. ²Hat ein Gläubiger die Pfändung des Anteils eines Teilhabers erwirkt, so kann er ohne Rücksicht auf die Vereinbarung die Aufhebung der Gemeinschaft verlangen, sofern der Schuldtitel nicht bloß vorläufig vollstreckbar ist.

§ 752 Teilung in Natur ¹Die Aufhebung der Gemeinschaft erfolgt durch Teilung in Natur, wenn der gemeinschaftliche Gegenstand oder, falls mehrere Gegenstände gemeinschaftlich sind, diese sich ohne Verminderung des Wertes in gleichartige, den Anteilen der Teilhaber entsprechende Teile zerlegen lassen. ²Die Verteilung gleicher Teile unter die Teilhaber geschieht durch das Los.

§ 753 Teilung durch Verkauf (1) ¹Ist die Teilung in Natur ausgeschlossen, so erfolgt die Aufhebung der Gemeinschaft durch Verkauf des gemeinschaftlichen Gegenstands nach den Vorschriften über den Pfandverkauf, bei Grundstücken durch Zwangsversteigerung und durch Teilung des Erlöses. ²Ist die Veräußerung an einen Dritten unstatthaft, so ist der Gegenstand unter den Teilhabern zu versteigern.
(2) ¹Hat der Versuch, den Gegenstand zu verkaufen, keinen Erfolg, so kann jeder Teilhaber die Wiederholung verlangen; er hat jedoch die Kosten zu tragen, wenn der wiederholte Versuch misslingt.

§ 754 Verkauf gemeinschaftlicher Forderungen ¹Der Verkauf einer gemeinschaftlichen Forderung ist nur zulässig, wenn sie noch nicht eingezogen werden kann. ²Ist die Einziehung möglich, so kann jeder Teilhaber gemeinschaftliche Einziehung verlangen.

§ 755 Berichtigung einer Gesamtschuld (1) ¹Haften die Teilhaber als Gesamtschuldner für eine Verbindlichkeit, die sie in Gemäßheit des § 748 nach dem Verhältnis ihrer Anteile zu erfüllen haben oder die sie zum Zwecke der Erfüllung einer solchen Verbindlichkeit eingegangen sind, so kann jeder Teilhaber bei der Aufhebung der Gemeinschaft verlangen, dass die Schuld aus dem gemeinschaftlichen Gegenstand berichtigt wird.
(2) ¹Der Anspruch kann auch gegen die Sondernachfolger geltend gemacht werden.
(3) ¹Soweit zur Berichtigung der Schuld der Verkauf des gemeinschaftlichen Gegenstands erforderlich ist, hat der Verkauf nach § 753 zu erfolgen.

§ 756 Berichtigung einer Teilhaberschuld ¹Hat ein Teilhaber gegen einen anderen Teilhaber eine Forderung, die sich auf die Gemeinschaft gründet, so kann er bei der Aufhebung der Gemeinschaft die Berichtigung seiner Forderung aus dem auf den Schuldner entfallenden Teil des gemeinschaftlichen Gegenstands verlangen. ²Die Vorschrift des § 755 Abs. 2, 3 findet Anwendung.

§ 757 Gewährleistung bei Zuteilung an einen Teilhaber ¹Wird bei der Aufhebung der Gemeinschaft ein gemeinschaftlicher Gegenstand einem der Teilhaber zugeteilt, so hat wegen eines Mangels im Recht oder wegen eines Mangels der Sache jeder der übrigen Teilhaber zu seinem Anteil in gleicher Weise wie ein Verkäufer Gewähr zu leisten.

§ 758 Unverjährbarkeit des Aufhebungsanspruchs
¹Der Anspruch auf Aufhebung der Gemeinschaft unterliegt nicht der Verjährung.

Titel 18: Leibrente

§ 759 Dauer und Betrag der Rente
(1) ¹Wer zur Gewährung einer Leibrente verpflichtet ist, hat die Rente im Zweifel für die Lebensdauer des Gläubigers zu entrichten.
(2) ¹Der für die Rente bestimmte Betrag ist im Zweifel der Jahresbetrag der Rente.

§ 760 Vorauszahlung
(1) ¹Die Leibrente ist im Voraus zu entrichten.
(2) ¹Eine Geldrente ist für drei Monate vorauszuzahlen; bei einer anderen Rente bestimmt sich der Zeitabschnitt, für den sie im Voraus zu entrichten ist, nach der Beschaffenheit und dem Zwecke der Rente.
(3) ¹Hat der Gläubiger den Beginn des Zeitabschnitts erlebt, für den die Rente im Voraus zu entrichten ist, so gebührt ihm der volle auf den Zeitabschnitt entfallende Betrag.

§ 761 Form des Leibrentenversprechens
¹Zur Gültigkeit eines Vertrags, durch den eine Leibrente versprochen wird, ist, soweit nicht eine andere Form vorgeschrieben ist, schriftliche Erteilung des Versprechens erforderlich. ²Die Erteilung des Leibrentenversprechens in elektronischer Form ist ausgeschlossen, soweit das Versprechen der Gewährung familienrechtlichen Unterhalts dient.

Titel 19: Unvollkommene Verbindlichkeiten

§ 762 Spiel, Wette
(1) ¹Durch Spiel oder durch Wette wird eine Verbindlichkeit nicht begründet. ²Das auf Grund des Spieles oder der Wette Geleistete kann nicht deshalb zurückgefordert werden, weil eine Verbindlichkeit nicht bestanden hat.
(2) ¹Diese Vorschriften gelten auch für eine Vereinbarung, durch die der verlierende Teil zum Zwecke der Erfüllung einer Spiel- oder einer Wettschuld dem gewinnenden Teil gegenüber eine Verbindlichkeit eingeht, insbesondere für ein Schuldanerkenntnis.

§ 763 Lotterie- und Ausspielvertrag
¹Ein Lotterievertrag oder ein Ausspielvertrag ist verbindlich, wenn die Lotterie oder die Ausspielung staatlich genehmigt ist. ²Anderenfalls findet die Vorschrift des § 762 Anwendung.

§ 764 (aufgehoben)

Titel 20: Bürgschaft

§ 765 Vertragstypische Pflichten bei der Bürgschaft
(1) ¹Durch den Bürgschaftsvertrag verpflichtet sich der Bürge gegenüber dem Gläubiger eines Dritten, für die Erfüllung der Verbindlichkeit des Dritten einzustehen.
(2) ¹Die Bürgschaft kann auch für eine künftige oder eine bedingte Verbindlichkeit übernommen werden.

§ 766 Schriftform der Bürgschaftserklärung
¹Zur Gültigkeit des Bürgschaftsvertrags ist schriftliche Erteilung der Bürgschaftserklärung erforderlich. ²Die Erteilung der Bürgschaftserklärung in elektronischer Form ist ausgeschlossen. ³Soweit der Bürge die Hauptverbindlichkeit erfüllt, wird der Mangel der Form geheilt.

§ 767 Umfang der Bürgschaftsschuld (1) ¹Für die Verpflichtung des Bürgen ist der jeweilige Bestand der Hauptverbindlichkeit maßgebend. ²Dies gilt insbesondere auch, wenn die Hauptverbindlichkeit durch Verschulden oder Verzug des Hauptschuldners geändert wird. ³Durch ein Rechtsgeschäft, das der Hauptschuldner nach der Übernahme der Bürgschaft vornimmt, wird die Verpflichtung des Bürgen nicht erweitert.

(2) ¹Der Bürge haftet für die dem Gläubiger von dem Hauptschuldner zu ersetzenden Kosten der Kündigung und der Rechtsverfolgung.

§ 768 Einreden des Bürgen (1) ¹Der Bürge kann die dem Hauptschuldner zustehenden Einreden geltend machen. ²Stirbt der Hauptschuldner, so kann sich der Bürge nicht darauf berufen, dass der Erbe für die Verbindlichkeit nur beschränkt haftet.

(2) ¹Der Bürge verliert eine Einrede nicht dadurch, dass der Hauptschuldner auf sie verzichtet.

§ 769 Mitbürgschaft ¹Verbürgen sich mehrere für dieselbe Verbindlichkeit, so haften sie als Gesamtschuldner, auch wenn sie die Bürgschaft nicht gemeinschaftlich übernehmen.

§ 770 Einreden der Anfechtbarkeit und der Aufrechenbarkeit
(1) ¹Der Bürge kann die Befriedigung des Gläubigers verweigern, solange dem Hauptschuldner das Recht zusteht, das seiner Verbindlichkeit zugrunde liegende Rechtsgeschäft anzufechten.

(2) ¹Die gleiche Befugnis hat der Bürge, solange sich der Gläubiger durch Aufrechnung gegen eine fällige Forderung des Hauptschuldners befriedigen kann.

§ 771 Einrede der Vorausklage ¹Der Bürge kann die Befriedigung des Gläubigers verweigern, solange nicht der Gläubiger eine Zwangsvollstreckung gegen den Hauptschuldner ohne Erfolg versucht hat (Einrede der Vorausklage). ²Erhebt der Bürge die Einrede der Vorausklage, ist die Verjährung des Anspruchs des Gläubigers gegen den Bürgen gehemmt, bis der Gläubiger eine Zwangsvollstreckung gegen den Hauptschuldner ohne Erfolg versucht hat.

§ 772 Vollstreckungs- und Verwertungspflicht des Gläubigers
(1) ¹Besteht die Bürgschaft für eine Geldforderung, so muss die Zwangsvollstreckung in die beweglichen Sachen des Hauptschuldners an seinem Wohnsitz und, wenn der Hauptschuldner an einem anderen Orte eine gewerbliche Niederlassung hat, auch an diesem Orte, in Ermangelung eines Wohnsitzes und einer gewerblichen Niederlassung an seinem Aufenthaltsort versucht werden.

(2) ¹Steht dem Gläubiger ein Pfandrecht oder ein Zurückbehaltungsrecht an einer beweglichen Sache des Hauptschuldners zu, so muss er auch aus dieser Sache Befriedigung suchen. ²Steht dem Gläubiger ein solches Recht an der Sache auch für eine andere Forderung zu, so gilt dies nur, wenn beide Forderungen durch den Wert der Sache gedeckt werden.

§ 773 Ausschluss der Einrede der Vorausklage (1) ¹Die Einrede der Vorausklage ist ausgeschlossen:
1. wenn der Bürge auf die Einrede verzichtet, insbesondere wenn er sich als Selbstschuldner verbürgt hat,
2. wenn die Rechtsverfolgung gegen den Hauptschuldner infolge einer nach der Übernahme der Bürgschaft eingetretenen Änderung des Wohnsitzes, der gewerblichen Niederlassung oder des Aufenthaltsorts des Hauptschuldners wesentlich erschwert ist,

3. wenn über das Vermögen des Hauptschuldners das Insolvenzverfahren eröffnet ist,
4. wenn anzunehmen ist, dass die Zwangsvollstreckung in das Vermögen des Hauptschuldners nicht zur Befriedigung des Gläubigers führen wird.

(2) ¹In den Fällen der Nummern 3, 4 ist die Einrede insoweit zulässig, als sich der Gläubiger aus einer beweglichen Sache des Hauptschuldners befriedigen kann, an der er ein Pfandrecht oder ein Zurückbehaltungsrecht hat; die Vorschrift des § 772 Abs. 2 Satz 2 findet Anwendung.

§ 774 Gesetzlicher Forderungsübergang
(1) ¹Soweit der Bürge den Gläubiger befriedigt, geht die Forderung des Gläubigers gegen den Hauptschuldner auf ihn über. ²Der Übergang kann nicht zum Nachteil des Gläubigers geltend gemacht werden. ³Einwendungen des Hauptschuldners aus einem zwischen ihm und dem Bürgen bestehenden Rechtsverhältnis bleiben unberührt.

(2) ¹Mitbürgen haften einander nur nach § 426.

§ 775 Anspruch des Bürgen auf Befreiung
(1) ¹Hat sich der Bürge im Auftrag des Hauptschuldners verbürgt oder stehen ihm nach den Vorschriften über die Geschäftsführung ohne Auftrag wegen der Übernahme der Bürgschaft die Rechte eines Beauftragten gegen den Hauptschuldner zu, so kann er von diesem Befreiung von der Bürgschaft verlangen:
1. wenn sich die Vermögensverhältnisse des Hauptschuldners wesentlich verschlechtert haben,
2. wenn die Rechtsverfolgung gegen den Hauptschuldner infolge einer nach der Übernahme der Bürgschaft eingetretenen Änderung des Wohnsitzes, der gewerblichen Niederlassung oder des Aufenthaltsorts des Hauptschuldners wesentlich erschwert ist,
3. wenn der Hauptschuldner mit der Erfüllung seiner Verbindlichkeit im Verzug ist,
4. wenn der Gläubiger gegen den Bürgen ein vollstreckbares Urteil auf Erfüllung erwirkt hat.

(2) ¹Ist die Hauptverbindlichkeit noch nicht fällig, so kann der Hauptschuldner dem Bürgen, statt ihn zu befreien, Sicherheit leisten.

§ 776 Aufgabe einer Sicherheit
¹Gibt der Gläubiger ein mit der Forderung verbundenes Vorzugsrecht, eine für sie bestehende Hypothek oder Schiffshypothek, ein für sie bestehendes Pfandrecht oder das Recht gegen einen Mitbürgen auf, so wird der Bürge insoweit frei, als er aus dem aufgegebenen Recht nach § 774 hätte Ersatz erlangen können. ²Dies gilt auch dann, wenn das aufgegebene Recht erst nach der Übernahme der Bürgschaft entstanden ist.

§ 777 Bürgschaft auf Zeit
(1) ¹Hat sich der Bürge für eine bestehende Verbindlichkeit auf bestimmte Zeit verbürgt, so wird er nach dem Ablauf der bestimmten Zeit frei, wenn nicht der Gläubiger die Einziehung der Forderung unverzüglich nach Maßgabe des § 772 betreibt, das Verfahren ohne wesentliche Verzögerung fortsetzt und unverzüglich nach der Beendigung des Verfahrens dem Bürgen anzeigt, dass er ihn in Anspruch nehme. ²Steht dem Bürgen die Einrede der Vorausklage nicht zu, so wird er nach dem Ablauf der bestimmten Zeit frei, wenn nicht der Gläubiger ihm unverzüglich diese Anzeige macht.

(2) ¹Erfolgt die Anzeige rechtzeitig, so beschränkt sich die Haftung des Bürgen im Falle des Absatzes 1 Satz 1 auf den Umfang, den die Hauptverbindlichkeit zur Zeit der Beendigung des Verfahrens hat, im Falle des Absatzes 1 Satz 2 auf den Umfang, den die Hauptverbindlichkeit bei dem Ablauf der bestimmten Zeit hat.

§§ 778–784 BGB

§ 778 Kreditauftrag ¹Wer einen anderen beauftragt, im eigenen Namen und auf eigene Rechnung einem Dritten ein Darlehen oder eine Finanzierungshilfe zu gewähren, haftet dem Beauftragten für die aus dem Darlehen oder der Finanzierungshilfe entstehende Verbindlichkeit des Dritten als Bürge.

Titel 21: Vergleich

§ 779 Begriff des Vergleichs, Irrtum über die Vergleichsgrundlage
(1) ¹Ein Vertrag, durch den der Streit oder die Ungewissheit der Parteien über ein Rechtsverhältnis im Wege gegenseitigen Nachgebens beseitigt wird (Vergleich), ist unwirksam, wenn der nach dem Inhalt des Vertrags als feststehend zugrunde gelegte Sachverhalt der Wirklichkeit nicht entspricht und der Streit oder die Ungewissheit bei Kenntnis der Sachlage nicht entstanden sein würde.
(2) ¹Der Ungewissheit über ein Rechtsverhältnis steht es gleich, wenn die Verwirklichung eines Anspruchs unsicher ist.

Titel 22: Schuldversprechen, Schuldanerkenntnis

§ 780 Schuldversprechen ¹Zur Gültigkeit eines Vertrags, durch den eine Leistung in der Weise versprochen wird, dass das Versprechen die Verpflichtung selbständig begründen soll (Schuldversprechen), ist, soweit nicht eine andere Form vorgeschrieben ist, schriftliche Erteilung des Versprechens erforderlich. ²Die Erteilung des Versprechens in elektronischer Form ist ausgeschlossen.

§ 781 Schuldanerkenntnis ¹Zur Gültigkeit eines Vertrags, durch den das Bestehen eines Schuldverhältnisses anerkannt wird (Schuldanerkenntnis), ist schriftliche Erteilung der Anerkennungserklärung erforderlich. ²Die Erteilung der Anerkennungserklärung in elektronischer Form ist ausgeschlossen. ³Ist für die Begründung des Schuldverhältnisses, dessen Bestehen anerkannt wird, eine andere Form vorgeschrieben, so bedarf der Anerkennungsvertrag dieser Form.

§ 782 Formfreiheit bei Vergleich ¹Wird ein Schuldversprechen oder ein Schuldanerkenntnis auf Grund einer Abrechnung oder im Wege des Vergleichs erteilt, so ist die Beobachtung der in den §§ 780, 781 vorgeschriebenen schriftlichen Form nicht erforderlich.

Titel 23: Anweisung

§ 783 Rechte aus der Anweisung ¹Händigt jemand eine Urkunde, in der er einen anderen anweist, Geld, Wertpapiere oder andere vertretbare Sachen an einen Dritten zu leisten, dem Dritten aus, so ist dieser ermächtigt, die Leistung bei dem Angewiesenen im eigenen Namen zu erheben; der Angewiesene ist ermächtigt, für Rechnung des Anweisenden an den Anweisungsempfänger zu leisten.

§ 784 Annahme der Anweisung (1) ¹Nimmt der Angewiesene die Anweisung an, so ist er dem Anweisungsempfänger gegenüber zur Leistung verpflichtet; er kann ihm nur solche Einwendungen entgegensetzen, welche die Gültigkeit der Annahme betreffen oder sich aus dem Inhalt der Annahme oder dem Inhalt der Anweisung ergeben oder dem Angewiesenen unmittelbar gegen den Anweisungsempfänger zustehen.
(2) ¹Die Annahme erfolgt durch einen schriftlichen Vermerk auf der Anweisung. ²Ist der Vermerk auf die Anweisung vor der Aushändigung an den Anweisungsempfänger gesetzt worden, so wird die Annahme diesem gegenüber erst mit der Aushändigung wirksam.

§ 785 Aushändigung der Anweisung ¹Der Angewiesene ist nur gegen Aushändigung der Anweisung zur Leistung verpflichtet.

§ 786 (weggefallen)

§ 787 Anweisung auf Schuld (1) ¹Im Falle einer Anweisung auf Schuld wird der Angewiesene durch die Leistung in deren Höhe von der Schuld befreit. (2) ¹Zur Annahme der Anweisung oder zur Leistung an den Anweisungsempfänger ist der Angewiesene dem Anweisenden gegenüber nicht schon deshalb verpflichtet, weil er Schuldner des Anweisenden ist.

§ 788 Valutaverhältnis ¹Erteilt der Anweisende die Anweisung zu dem Zwecke, um seinerseits eine Leistung an den Anweisungsempfänger zu bewirken, so wird die Leistung, auch wenn der Angewiesene die Anweisung annimmt, erst mit der Leistung des Angewiesenen an den Anweisungsempfänger bewirkt.

§ 789 Anzeigepflicht des Anweisungsempfängers ¹Verweigert der Angewiesene vor dem Eintritt der Leistungszeit die Annahme der Anweisung oder verweigert er die Leistung, so hat der Anweisungsempfänger dem Anweisenden unverzüglich Anzeige zu machen. ²Das Gleiche gilt, wenn der Anweisungsempfänger die Anweisung nicht geltend machen kann oder will.

§ 790 Widerruf der Anweisung ¹Der Anweisende kann die Anweisung dem Angewiesenen gegenüber widerrufen, solange nicht der Angewiesene sie dem Anweisungsempfänger gegenüber angenommen oder die Leistung bewirkt hat. ²Dies gilt auch dann, wenn der Anweisende durch den Widerruf einer ihm gegen den Anweisungsempfänger obliegenden Verpflichtung zuwiderhandelt.

§ 791 Tod oder Geschäftsunfähigkeit eines Beteiligten ¹Die Anweisung erlischt nicht durch den Tod oder den Eintritt der Geschäftsunfähigkeit eines der Beteiligten.

§ 792 Übertragung der Anweisung (1) ¹Der Anweisungsempfänger kann die Anweisung durch Vertrag mit einem Dritten auf diesen übertragen, auch wenn sie noch nicht angenommen worden ist. ²Die Übertragungserklärung bedarf der schriftlichen Form. ³Zur Übertragung ist die Aushändigung der Anweisung an den Dritten erforderlich.
(2) ¹Der Anweisende kann die Übertragung ausschließen. ²Die Ausschließung ist dem Angewiesenen gegenüber nur wirksam, wenn sie aus der Anweisung zu entnehmen ist oder wenn sie von dem Anweisenden dem Angewiesenen mitgeteilt wird, bevor dieser die Anweisung annimmt oder die Leistung bewirkt.
(3) ¹Nimmt der Angewiesene die Anweisung dem Erwerber gegenüber an, so kann er aus einem zwischen ihm und dem Anweisungsempfänger bestehenden Rechtsverhältnis Einwendungen nicht herleiten. ²Im Übrigen finden auf die Übertragung der Anweisung die für die Abtretung einer Forderung geltenden Vorschriften entsprechende Anwendung.

Titel 24: Schuldverschreibung auf den Inhaber

§ 793 Rechte aus der Schuldverschreibung auf den Inhaber
(1) ¹Hat jemand eine Urkunde ausgestellt, in der er dem Inhaber der Urkunde eine Leistung verspricht (Schuldverschreibung auf den Inhaber), so kann der Inhaber von ihm die Leistung nach Maßgabe des Versprechens verlangen, es sei denn, dass er zur Verfügung über die Urkunde nicht berechtigt ist. ²Der Aussteller wird jedoch auch durch die Leistung an einen nicht zur Verfügung berechtigten Inhaber befreit.

(2) ¹Die Gültigkeit der Unterzeichnung kann durch eine in die Urkunde aufgenommene Bestimmung von der Beobachtung einer besonderen Form abhängig gemacht werden. ²Zur Unterzeichnung genügt eine im Wege der mechanischen Vervielfältigung hergestellte Namensunterschrift.

§ 794 Haftung des Ausstellers (1) ¹Der Aussteller wird aus einer Schuldverschreibung auf den Inhaber auch dann verpflichtet, wenn sie ihm gestohlen worden oder verloren gegangen oder wenn sie sonst ohne seinen Willen in den Verkehr gelangt ist.

(2) Auf die Wirksamkeit einer Schuldverschreibung auf den Inhaber ist es ohne Einfluss, wenn die Urkunde ausgegeben wird, nachdem der Aussteller gestorben oder geschäftsunfähig geworden ist.

§ 795 (weggefallen)

§ 796 Einwendungen des Ausstellers ¹Der Aussteller kann dem Inhaber der Schuldverschreibung nur solche Einwendungen entgegensetzen, welche die Gültigkeit der Ausstellung betreffen oder sich aus der Urkunde ergeben oder dem Aussteller unmittelbar gegen den Inhaber zustehen.

§ 797 Leistungspflicht nur gegen Aushändigung ¹Der Aussteller ist nur gegen Aushändigung der Schuldverschreibung zur Leistung verpflichtet. ²Mit der Aushändigung erwirbt er das Eigentum an der Urkunde, auch wenn der Inhaber zur Verfügung über sie nicht berechtigt ist.

§ 798 Ersatzurkunde ¹Ist eine Schuldverschreibung auf den Inhaber infolge einer Beschädigung oder einer Verunstaltung zum Umlauf nicht mehr geeignet, so kann der Inhaber, sofern ihr wesentlicher Inhalt und ihre Unterscheidungsmerkmale noch mit Sicherheit erkennbar sind, von dem Aussteller die Erteilung einer neuen Schuldverschreibung auf den Inhaber gegen Aushändigung der beschädigten oder verunstalteten verlangen. ²Die Kosten hat er zu tragen und vorzuschießen.

§ 799 Kraftloserklärung (1) ¹Eine abhanden gekommene oder vernichtete Schuldverschreibung auf den Inhaber kann, wenn nicht in der Urkunde das Gegenteil bestimmt ist, im Wege des Aufgebotsverfahrens für kraftlos erklärt werden. ²Ausgenommen sind Zins-, Renten- und Gewinnanteilscheine sowie die auf Sicht zahlbaren unverzinslichen Schuldverschreibungen.

(2) ¹Der Aussteller ist verpflichtet, dem bisherigen Inhaber auf Verlangen die zur Erwirkung des Aufgebots oder der Zahlungssperre erforderliche Auskunft zu erteilen und die erforderlichen Zeugnisse auszustellen. ²Die Kosten der Zeugnisse hat der bisherige Inhaber zu tragen und vorzuschießen.

§ 800 Wirkung der Kraftloserklärung ¹Ist eine Schuldverschreibung auf den Inhaber für kraftlos erklärt, so kann derjenige, welcher das Ausschlussurteil erwirkt hat, von dem Aussteller, unbeschadet der Befugnis, den Anspruch aus der Urkunde geltend zu machen, die Erteilung einer neuen Schuldverschreibung auf den Inhaber anstelle der für kraftlos erklärten verlangen. ²Die Kosten hat er zu tragen und vorzuschießen.

§ 801 Erlöschen; Verjährung (1) ¹Der Anspruch aus einer Schuldverschreibung auf den Inhaber erlischt mit dem Ablauf von 30 Jahren nach dem Eintritt der für die Leistung bestimmten Zeit, wenn nicht die Urkunde vor dem Ablauf der 30 Jahre dem Aussteller zur Einlösung vorgelegt wird. ²Erfolgt die Vorlegung, so verjährt der Anspruch in zwei Jahren von dem Ende der Vorlegungsfrist an. ³Der Vorlegung steht die gerichtliche Geltendmachung des Anspruchs aus der Urkunde gleich.

(2) ¹Bei Zins-, Renten- und Gewinnanteilscheinen beträgt die Vorlegungsfrist vier Jahre. ²Die Frist beginnt mit dem Schluss des Jahres, in welchem die für die Leistung bestimmte Zeit eintritt.

(3) ¹Die Dauer und der Beginn der Vorlegungsfrist können von dem Aussteller in der Urkunde anders bestimmt werden.

§ 802 Zahlungssperre
¹Der Beginn und der Lauf der Vorlegungsfrist sowie der Verjährung werden durch die Zahlungssperre zugunsten des Antragstellers gehemmt. ²Die Hemmung beginnt mit der Stellung des Antrags auf Zahlungssperre; sie endet mit der Erledigung des Aufgebotsverfahrens und, falls die Zahlungssperre vor der Einleitung des Verfahrens verfügt worden ist, auch dann, wenn seit der Beseitigung des der Einleitung entgegenstehenden Hindernisses sechs Monate verstrichen sind und nicht vorher die Einleitung beantragt worden ist. ³Auf diese Frist finden die Vorschriften der §§ 206, 210, 211 entsprechende Anwendung.

§ 803 Zinsscheine
(1) ¹Werden für eine Schuldverschreibung auf den Inhaber Zinsscheine ausgegeben, so bleiben die Scheine, sofern sie nicht eine gegenteilige Bestimmung enthalten, in Kraft, auch wenn die Hauptforderung erlischt oder die Verpflichtung zur Verzinsung aufgehoben oder geändert wird.

(2) ¹Werden solche Zinsscheine bei der Einlösung der Hauptschuldverschreibung nicht zurückgegeben, so ist der Aussteller berechtigt, den Betrag zurückzubehalten, den er nach Absatz 1 für die Scheine zu zahlen verpflichtet ist.

§ 804 Verlust von Zins- oder ähnlichen Scheinen
(1) ¹Ist ein Zins-, Renten- oder Gewinnanteilschein abhanden gekommen oder vernichtet und hat der bisherige Inhaber den Verlust dem Aussteller vor dem Ablauf der Vorlegungsfrist angezeigt, so kann der bisherige Inhaber nach dem Ablauf der Frist die Leistung von dem Aussteller verlangen. ²Der Anspruch ist ausgeschlossen, wenn der abhanden gekommene Schein dem Aussteller zur Einlösung vorgelegt oder der Anspruch aus dem Schein gerichtlich geltend gemacht worden ist, es sei denn, dass die Vorlegung oder die gerichtliche Geltendmachung nach dem Ablauf der Frist erfolgt ist. ³Der Anspruch verjährt in vier Jahren.

(2) ¹In dem Zins-, Renten- oder Gewinnanteilschein kann der im Absatz 1 bestimmte Anspruch ausgeschlossen werden.

§ 805 Neue Zins- und Rentenscheine
¹Neue Zins- oder Rentenscheine für eine Schuldverschreibung auf den Inhaber dürfen an den Inhaber der zum Empfang der Scheine ermächtigenden Urkunde (Erneuerungsschein) nicht ausgegeben werden, wenn der Inhaber der Schuldverschreibung der Ausgabe widersprochen hat. ²Die Scheine sind in diesem Falle dem Inhaber der Schuldverschreibung auszuhändigen, wenn er die Schuldverschreibung vorlegt.

§ 806 Umschreibung auf den Namen
¹Die Umschreibung einer auf den Inhaber lautenden Schuldverschreibung auf den Namen eines bestimmten Berechtigten kann nur durch den Aussteller erfolgen. ²Der Aussteller ist zur Umschreibung nicht verpflichtet.

§ 807 Inhaberkarten und -marken
¹Werden Karten, Marken oder ähnliche Urkunden, in denen ein Gläubiger nicht bezeichnet ist, von dem Aussteller unter Umständen ausgegeben, aus welchen sich ergibt, dass er dem Inhaber zu einer Leistung verpflichtet sein will, so finden die Vorschriften des § 793 Abs. 1 und der §§ 794, 796, 797 entsprechende Anwendung.

§ 808 Namenspapiere mit Inhaberklausel (1) ¹Wird eine Urkunde, in welcher der Gläubiger benannt ist, mit der Bestimmung ausgegeben, dass die in der Urkunde versprochene Leistung an jeden Inhaber bewirkt werden kann, so wird der Schuldner durch die Leistung an den Inhaber der Urkunde befreit. ²Der Inhaber ist nicht berechtigt, die Leistung zu verlangen.

(2) ¹Der Schuldner ist nur gegen Aushändigung der Urkunde zur Leistung verpflichtet. ²Ist die Urkunde abhanden gekommen oder vernichtet, so kann sie, wenn nicht ein anderes bestimmt ist, im Wege des Aufgebotsverfahrens für kraftlos erklärt werden. ³Die in § 802 für die Verjährung gegebenen Vorschriften finden Anwendung.

Titel 25: Vorlegung von Sachen

§ 809 Besichtigung einer Sache ¹Wer gegen den Besitzer einer Sache einen Anspruch in Ansehung der Sache hat oder sich Gewissheit verschaffen will, ob ihm ein solcher Anspruch zusteht, kann, wenn die Besichtigung der Sache aus diesem Grunde für ihn von Interesse ist, verlangen, dass der Besitzer ihm die Sache zur Besichtigung vorlegt oder die Besichtigung gestattet.

§ 810 Einsicht in Urkunden ¹Wer ein rechtliches Interesse daran hat, eine in fremdem Besitz befindliche Urkunde einzusehen, kann von dem Besitzer die Gestattung der Einsicht verlangen, wenn die Urkunde in seinem Interesse errichtet oder in der Urkunde ein zwischen ihm und einem anderen bestehendes Rechtsverhältnis beurkundet ist oder wenn die Urkunde Verhandlungen über ein Rechtsgeschäft enthält, die zwischen ihm und einem anderen oder zwischen einem von beiden und einem gemeinschaftlichen Vermittler gepflogen worden sind.

§ 811 Vorlegungsort, Gefahr und Kosten (1) ¹Die Vorlegung hat in den Fällen der §§ 809, 810 an dem Orte zu erfolgen, an welchem sich die vorzulegende Sache befindet. ²Jeder Teil kann die Vorlegung an einem anderen Orte verlangen, wenn ein wichtiger Grund vorliegt.

(2) ¹Die Gefahr und die Kosten hat derjenige zu tragen, welcher die Vorlegung verlangt. ²Der Besitzer kann die Vorlegung verweigern, bis ihm der andere Teil die Kosten vorschießt und wegen der Gefahr Sicherheit leistet.

Titel 26: Ungerechtfertigte Bereicherung

§ 812 Herausgabeanspruch (1) ¹Wer durch die Leistung eines anderen oder in sonstiger Weise auf dessen Kosten etwas ohne rechtlichen Grund erlangt, ist ihm zur Herausgabe verpflichtet. ²Diese Verpflichtung besteht auch dann, wenn der rechtliche Grund später wegfällt oder der mit einer Leistung nach dem Inhalt des Rechtsgeschäfts bezweckte Erfolg nicht eintritt.

(2) ¹Als Leistung gilt auch die durch Vertrag erfolgte Anerkennung des Bestehens oder des Nichtbestehens eines Schuldverhältnisses.

§ 813 Erfüllung trotz Einrede (1) ¹Das zum Zwecke der Erfüllung einer Verbindlichkeit Geleistete kann auch dann zurückgefordert werden, wenn dem Anspruch eine Einrede entgegenstand, durch welche die Geltendmachung des Anspruchs dauernd ausgeschlossen wurde. ²Die Vorschrift des § 214 Abs. 2 bleibt unberührt.

(2) ¹Wird eine betagte Verbindlichkeit vorzeitig erfüllt, so ist die Rückforderung ausgeschlossen; die Erstattung von Zwischenzinsen kann nicht verlangt werden.

BGB §§ 814–820

§ 814 Kenntnis der Nichtschuld ¹Das zum Zwecke der Erfüllung einer Verbindlichkeit Geleistete kann nicht zurückgefordert werden, wenn der Leistende gewusst hat, dass er zur Leistung nicht verpflichtet war, oder wenn die Leistung einer sittlichen Pflicht oder einer auf den Anstand zu nehmenden Rücksicht entsprach.

§ 815 Nichteintritt des Erfolgs ¹Die Rückforderung wegen Nichteintritts des mit einer Leistung bezweckten Erfolgs ist ausgeschlossen, wenn der Eintritt des Erfolgs von Anfang an unmöglich war und der Leistende dies gewusst hat oder wenn der Leistende den Eintritt des Erfolgs wider Treu und Glauben verhindert hat.

§ 816 Verfügung eines Nichtberechtigten (1) ¹Trifft ein Nichtberechtigter über einen Gegenstand eine Verfügung, die dem Berechtigten gegenüber wirksam ist, so ist er dem Berechtigten zur Herausgabe des durch die Verfügung Erlangten verpflichtet. ²Erfolgt die Verfügung unentgeltlich, so trifft die gleiche Verpflichtung denjenigen, welcher auf Grund der Verfügung unmittelbar einen rechtlichen Vorteil erlangt.
(2) ¹Wird an einen Nichtberechtigten eine Leistung bewirkt, die dem Berechtigten gegenüber wirksam ist, so ist der Nichtberechtigte dem Berechtigten zur Herausgabe des Geleisteten verpflichtet.

§ 817 Verstoß gegen Gesetz oder gute Sitten ¹War der Zweck einer Leistung in der Art bestimmt, dass der Empfänger durch die Annahme gegen ein gesetzliches Verbot oder gegen die guten Sitten verstoßen hat, so ist der Empfänger zur Herausgabe verpflichtet. ²Die Rückforderung ist ausgeschlossen, wenn dem Leistenden gleichfalls ein solcher Verstoß zur Last fällt, es sei denn, dass die Leistung in der Eingehung einer Verbindlichkeit bestand; das zur Erfüllung einer solchen Verbindlichkeit Geleistete kann nicht zurückgefordert werden.

§ 818 Umfang des Bereicherungsanspruchs (1) ¹Die Verpflichtung zur Herausgabe erstreckt sich auf die gezogenen Nutzungen sowie auf dasjenige, was der Empfänger auf Grund eines erlangten Rechts oder als Ersatz für die Zerstörung, Beschädigung oder Entziehung des erlangten Gegenstands erwirbt.
(2) ¹Ist die Herausgabe wegen der Beschaffenheit des Erlangten nicht möglich oder ist der Empfänger aus einem anderen Grunde zur Herausgabe außerstande, so hat er den Wert zu ersetzen.
(3) ¹Die Verpflichtung zur Herausgabe oder zum Ersatz des Wertes ist ausgeschlossen, soweit der Empfänger nicht mehr bereichert ist.
(4) ¹Von dem Eintritt der Rechtshängigkeit an haftet der Empfänger nach den allgemeinen Vorschriften.

§ 819 Verschärfte Haftung bei Kenntnis und bei Gesetzes- oder Sittenverstoß (1) ¹Kennt der Empfänger den Mangel des rechtlichen Grundes bei dem Empfang oder erfährt er ihn später, so ist er von dem Empfang oder der Erlangung der Kenntnis an zur Herausgabe verpflichtet, wie wenn der Anspruch auf Herausgabe zu dieser Zeit rechtshängig geworden wäre.
(2) ¹Verstößt der Empfänger durch die Annahme der Leistung gegen ein gesetzliches Verbot oder gegen die guten Sitten, so ist er von dem Empfang der Leistung an in der gleichen Weise verpflichtet.

§ 820 Verschärfte Haftung bei ungewissem Erfolgseintritt
(1) ¹War mit der Leistung ein Erfolg bezweckt, dessen Eintritt nach dem Inhalt des Rechtsgeschäfts als ungewiss angesehen wurde, so ist der Empfänger, falls der Erfolg nicht eintritt, zur Herausgabe so verpflichtet, wie wenn der Anspruch auf

Herausgabe zur Zeit des Empfangs rechtshängig geworden wäre. ²Das Gleiche gilt, wenn die Leistung aus einem Rechtsgrund, dessen Wegfall nach dem Inhalt des Rechtsgeschäfts als möglich angesehen wurde, erfolgt ist und der Rechtsgrund wegfällt.

(2) ¹Zinsen hat der Empfänger erst von dem Zeitpunkt an zu entrichten, in welchem er erfährt, dass der Erfolg nicht eingetreten oder dass der Rechtsgrund weggefallen ist; zur Herausgabe von Nutzungen ist er insoweit nicht verpflichtet, als er zu dieser Zeit nicht mehr bereichert ist.

§ 821 Einrede der Bereicherung ¹Wer ohne rechtlichen Grund eine Verbindlichkeit eingeht, kann die Erfüllung auch dann verweigern, wenn der Anspruch auf Befreiung von der Verbindlichkeit verjährt ist.

§ 822 Herausgabepflicht Dritter ¹Wendet der Empfänger das Erlangte unentgeltlich einem Dritten zu, so ist, soweit infolgedessen die Verpflichtung des Empfängers zur Herausgabe der Bereicherung ausgeschlossen ist, der Dritte zur Herausgabe verpflichtet, wie wenn er die Zuwendung von dem Gläubiger ohne rechtlichen Grund erhalten hätte.

Titel 27: Unerlaubte Handlungen

§ 823 Schadensersatzpflicht (1) ¹Wer vorsätzlich oder fahrlässig das Leben, den Körper, die Gesundheit, die Freiheit, das Eigentum oder ein sonstiges Recht eines anderen widerrechtlich verletzt, ist dem anderen zum Ersatz des daraus entstehenden Schadens verpflichtet.
(2) ¹Die gleiche Verpflichtung trifft denjenigen, welcher gegen ein den Schutz eines anderen bezweckendes Gesetz verstößt. ²Ist nach dem Inhalt des Gesetzes ein Verstoß gegen dieses auch ohne Verschulden möglich, so tritt die Ersatzpflicht nur im Falle des Verschuldens ein.

§ 824 Kreditgefährdung (1) ¹Wer der Wahrheit zuwider eine Tatsache behauptet oder verbreitet, die geeignet ist, den Kredit eines anderen zu gefährden oder sonstige Nachteile für dessen Erwerb oder Fortkommen herbeizuführen, hat dem anderen den daraus entstehenden Schaden auch dann zu ersetzen, wenn er die Unwahrheit zwar nicht kennt, aber kennen muss.
(2) ¹Durch eine Mitteilung, deren Unwahrheit dem Mitteilenden unbekannt ist, wird dieser nicht zum Schadensersatz verpflichtet, wenn er oder der Empfänger der Mitteilung an ihr ein berechtigtes Interesse hat.

§ 825 Bestimmung zu sexuellen Handlungen ¹Wer einen anderen durch Hinterlist, Drohung oder Missbrauch eines Abhängigkeitsverhältnisses zur Vornahme oder Duldung sexueller Handlungen bestimmt, ist ihm zum Ersatz des daraus entstehenden Schadens verpflichtet.

§ 826 Sittenwidrige vorsätzliche Schädigung ¹Wer in einer gegen die guten Sitten verstoßenden Weise einem anderen vorsätzlich Schaden zufügt, ist dem anderen zum Ersatz des Schadens verpflichtet.

§ 827 Ausschluss und Minderung der Verantwortlichkeit ¹Wer im Zustand der Bewusstlosigkeit oder in einem die freie Willensbestimmung ausschließenden Zustand krankhafter Störung der Geistestätigkeit einem anderen Schaden zufügt, ist für den Schaden nicht verantwortlich. ²Hat er sich durch geistige Getränke oder ähnliche Mittel in einen vorübergehenden Zustand dieser Art versetzt, so ist er für einen Schaden, den er in diesem Zustand widerrechtlich verursacht hat, in gleicher Weise verantwortlich, wie wenn ihm Fahrlässigkeit zur Last fiele; die Verantwortlichkeit tritt nicht ein, wenn er ohne Verschulden in den Zustand geraten ist.

BGB §§ 828–833

§ 828 Minderjährige; Taubstumme (1) [1]Wer nicht das siebente Lebensjahr vollendet hat, ist für einen Schaden, den er einem anderen zufügt, nicht verantwortlich.

(2) [1]Wer das siebente, aber nicht das zehnte Lebensjahr vollendet hat, ist für den Schaden, den er bei einem Unfall mit einem Kraftfahrzeug, einer Schienenbahn oder einer Schwebebahn einem anderen zufügt, nicht verantwortlich. [2]Dies gilt nicht, wenn er die Verletzung vorsätzlich herbeigeführt hat.

(3) [1]Wer das 18. Lebensjahr noch nicht vollendet hat, ist, sofern seine Verantwortlichkeit nicht nach Absatz 1 oder 2 ausgeschlossen ist, für den Schaden, den er einem anderen zufügt, nicht verantwortlich, wenn er bei der Begehung der schädigenden Handlung nicht die zur Erkenntnis der Verantwortlichkeit erforderliche Einsicht hat.

§ 829 Ersatzpflicht aus Billigkeitsgründen [1]Wer in einem der in den §§ 823 bis 826 bezeichneten Fälle für einen von ihm verursachten Schaden auf Grund der §§ 827, 828 nicht verantwortlich ist, hat gleichwohl, sofern der Ersatz des Schadens nicht von einem aufsichtspflichtigen Dritten erlangt werden kann, den Schaden insoweit zu ersetzen, als die Billigkeit nach den Umständen, insbesondere nach den Verhältnissen der Beteiligten, eine Schadloshaltung erfordert und ihm nicht die Mittel entzogen werden, deren er zum angemessenen Unterhalt sowie zur Erfüllung seiner gesetzlichen Unterhaltspflichten bedarf.

§ 830 Mittäter und Beteiligte (1) [1]Haben mehrere durch eine gemeinschaftlich begangene unerlaubte Handlung einen Schaden verursacht, so ist jeder für den Schaden verantwortlich. [2]Das Gleiche gilt, wenn sich nicht ermitteln lässt, wer von mehreren Beteiligten den Schaden durch seine Handlung verursacht hat.

(2) [1]Anstifter und Gehilfen stehen Mittätern gleich.

§ 831 Haftung für den Verrichtungsgehilfen (1) [1]Wer einen anderen zu einer Verrichtung bestellt, ist zum Ersatz des Schadens verpflichtet, den der andere in Ausführung der Verrichtung einem Dritten widerrechtlich zufügt. [2]Die Ersatzpflicht tritt nicht ein, wenn der Geschäftsherr bei der Auswahl der bestellten Person und, sofern er Vorrichtungen oder Gerätschaften zu beschaffen oder die Ausführung der Verrichtung zu leiten hat, bei der Beschaffung oder der Leitung die im Verkehr erforderliche Sorgfalt beobachtet oder wenn der Schaden auch bei Anwendung dieser Sorgfalt entstanden sein würde.

(2) [1]Die gleiche Verantwortlichkeit trifft denjenigen, welcher für den Geschäftsherrn die Besorgung eines der im Absatz 1 Satz 2 bezeichneten Geschäfte durch Vertrag übernimmt.

§ 832 Haftung des Aufsichtspflichtigen (1) [1]Wer kraft Gesetzes zur Führung der Aufsicht über eine Person verpflichtet ist, die wegen Minderjährigkeit oder wegen ihres geistigen oder körperlichen Zustands der Beaufsichtigung bedarf, ist zum Ersatz des Schadens verpflichtet, den diese Person einem Dritten widerrechtlich zufügt. [2]Die Ersatzpflicht tritt nicht ein, wenn er seiner Aufsichtspflicht genügt oder wenn der Schaden auch bei gehöriger Aufsichtsführung entstanden sein würde.

(2) [1]Die gleiche Verantwortlichkeit trifft denjenigen, welcher die Führung der Aufsicht durch Vertrag übernimmt.

§ 833 Haftung des Tierhalters [1]Wird durch ein Tier ein Mensch getötet oder der Körper oder die Gesundheit eines Menschen verletzt oder eine Sache beschädigt, so ist derjenige, welcher das Tier hält, verpflichtet, dem Verletzten den daraus entstehenden Schaden zu ersetzen. [2]Die Ersatzpflicht tritt nicht ein, wenn der Schaden durch ein Haustier verursacht wird, das dem Beruf, der

Erwerbstätigkeit oder dem Unterhalt des Tierhalters zu dienen bestimmt ist, und entweder der Tierhalter bei der Beaufsichtigung des Tieres die im Verkehr erforderliche Sorgfalt beobachtet oder der Schaden auch bei Anwendung dieser Sorgfalt entstanden sein würde.

§ 834 Haftung des Tieraufsehers [1]Wer für denjenigen, welcher ein Tier hält, die Führung der Aufsicht über das Tier durch Vertrag übernimmt, ist für den Schaden verantwortlich, den das Tier einem Dritten in der im § 833 bezeichneten Weise zufügt. [2]Die Verantwortlichkeit tritt nicht ein, wenn er bei der Führung der Aufsicht die im Verkehr erforderliche Sorgfalt beobachtet oder wenn der Schaden auch bei Anwendung dieser Sorgfalt entstanden sein würde.

§ 835 (weggefallen)

§ 836 Haftung des Grundstücksbesitzers (1) [1]Wird durch den Einsturz eines Gebäudes oder eines anderen mit einem Grundstück verbundenen Werkes oder durch die Ablösung von Teilen des Gebäudes oder des Werkes ein Mensch getötet, der Körper oder die Gesundheit eines Menschen verletzt oder eine Sache beschädigt, so ist der Besitzer des Grundstücks, sofern der Einsturz oder die Ablösung die Folge fehlerhafter Errichtung oder mangelhafter Unterhaltung ist, verpflichtet, dem Verletzten den daraus entstehenden Schaden zu ersetzen. [2]Die Ersatzpflicht tritt nicht ein, wenn der Besitzer zum Zwecke der Abwendung der Gefahr die im Verkehr erforderliche Sorgfalt beobachtet hat.
(2) [1]Ein früherer Besitzer des Grundstücks ist für den Schaden verantwortlich, wenn der Einsturz oder die Ablösung innerhalb eines Jahres nach der Beendigung seines Besitzes eintritt, es sei denn, dass er während seines Besitzes die im Verkehr erforderliche Sorgfalt beobachtet hat oder ein späterer Besitzer durch Beobachtung dieser Sorgfalt die Gefahr hätte abwenden können.
(3) [1]Besitzer im Sinne dieser Vorschriften ist der Eigenbesitzer.

§ 837 Haftung des Gebäudebesitzers [1]Besitzt jemand auf einem fremden Grundstück in Ausübung eines Rechts ein Gebäude oder ein anderes Werk, so trifft ihn anstelle des Besitzers des Grundstücks die im § 836 bestimmte Verantwortlichkeit.

§ 838 Haftung des Gebäudeunterhaltungspflichtigen [1]Wer die Unterhaltung eines Gebäudes oder eines mit einem Grundstück verbundenen Werkes für den Besitzer übernimmt oder das Gebäude oder das Werk vermöge eines ihm zustehenden Nutzungsrechts zu unterhalten hat, ist für den durch den Einsturz oder die Ablösung von Teilen verursachten Schaden in gleicher Weise verantwortlich wie der Besitzer.

§ 839 Haftung bei Amtspflichtverletzung (1) [1]Verletzt ein Beamter vorsätzlich oder fahrlässig die ihm einem Dritten gegenüber obliegende Amtspflicht, so hat er dem Dritten den daraus entstehenden Schaden zu ersetzen. [2]Fällt dem Beamten nur Fahrlässigkeit zur Last, so kann er nur dann in Anspruch genommen werden, wenn der Verletzte nicht auf andere Weise Ersatz zu erlangen vermag.
(2) [1]Verletzt ein Beamter bei dem Urteil in einer Rechtssache seine Amtspflicht, so ist er für den daraus entstehenden Schaden nur dann verantwortlich, wenn die Pflichtverletzung in einer Straftat besteht. [2]Auf eine pflichtwidrige Verweigerung oder Verzögerung der Ausübung des Amts findet diese Vorschrift keine Anwendung.
(3) [1]Die Ersatzpflicht tritt nicht ein, wenn der Verletzte vorsätzlich oder fahrlässig unterlassen hat, den Schaden durch Gebrauch eines Rechtsmittels abzuwenden.

§ 839 a Haftung des gerichtlichen Sachverständigen
(1) ¹Erstattet ein vom Gericht ernannter Sachverständiger vorsätzlich oder grob fahrlässig ein unrichtiges Gutachten, so ist er zum Ersatz des Schadens verpflichtet, der einem Verfahrensbeteiligten durch eine gerichtliche Entscheidung entsteht, die auf diesem Gutachten beruht.
(2) ¹§ 839 Abs. 3 ist entsprechend anzuwenden. ²

§ 840 Haftung mehrerer
(1) ¹Sind für den aus einer unerlaubten Handlung entstehenden Schaden mehrere nebeneinander verantwortlich, so haften sie als Gesamtschuldner.
(2) ¹Ist neben demjenigen, welcher nach den §§ 831, 832 zum Ersatz des von einem anderen verursachten Schadens verpflichtet ist, auch der andere für den Schaden verantwortlich, so ist in ihrem Verhältnis zueinander der andere allein, im Falle des § 829 der Aufsichtspflichtige allein verpflichtet.
(3) ¹Ist neben demjenigen, welcher nach den §§ 833 bis 838 zum Ersatz des Schadens verpflichtet ist, ein Dritter für den Schaden verantwortlich, so ist in ihrem Verhältnis zueinander der Dritte allein verpflichtet.

§ 841 Ausgleichung bei Beamtenhaftung
¹Ist ein Beamter, der vermöge seiner Amtspflicht einen anderen zur Geschäftsführung für einen Dritten zu bestellen oder eine solche Geschäftsführung zu beaufsichtigen oder durch Genehmigung von Rechtsgeschäften bei ihr mitzuwirken hat, wegen Verletzung dieser Pflichten neben dem anderen für den von diesem verursachten Schaden verantwortlich, so ist in ihrem Verhältnis zueinander der andere allein verpflichtet.

§ 842 Umfang der Ersatzpflicht bei Verletzung einer Person
¹Die Verpflichtung zum Schadensersatz wegen einer gegen die Person gerichteten unerlaubten Handlung erstreckt sich auf die Nachteile, welche die Handlung für den Erwerb oder das Fortkommen des Verletzten herbeiführt.

§ 843 Geldrente oder Kapitalabfindung
(1) ¹Wird infolge einer Verletzung des Körpers oder der Gesundheit die Erwerbsfähigkeit des Verletzten aufgehoben oder gemindert oder tritt eine Vermehrung seiner Bedürfnisse ein, so ist dem Verletzten durch Entrichtung einer Geldrente Schadensersatz zu leisten.
(2) ¹Auf die Rente findet die Vorschrift des § 760 Anwendung. ²Ob, in welcher Art und für welchen Betrag der Ersatzpflichtige Sicherheit zu leisten hat, bestimmt sich nach den Umständen.
(3) ¹Statt der Rente kann der Verletzte eine Abfindung in Kapital verlangen, wenn ein wichtiger Grund vorliegt.
(4) ¹Der Anspruch wird nicht dadurch ausgeschlossen, dass ein anderer dem Verletzten Unterhalt zu gewähren hat.

§ 844 Ersatzansprüche Dritter bei Tötung
(1) ¹Im Falle der Tötung hat der Ersatzpflichtige die Kosten der Beerdigung demjenigen zu ersetzen, welchem die Verpflichtung obliegt, diese Kosten zu tragen.
(2) ¹Stand der Getötete zur Zeit der Verletzung zu einem Dritten in einem Verhältnis, vermöge dessen er diesem gegenüber kraft Gesetzes unterhaltspflichtig war oder unterhaltspflichtig werden konnte, und ist dem Dritten infolge der Tötung das Recht auf den Unterhalt entzogen, so hat der Ersatzpflichtige dem Dritten durch Entrichtung einer Geldrente insoweit Schadensersatz zu leisten, als der Getötete während der mutmaßlichen Dauer seines Lebens zur Gewährung des Unterhalts verpflichtet gewesen sein würde; die Vorschrift des § 843 Abs. 2 bis 4 findet entsprechende Anwendung. ²Die Ersatzpflicht tritt auch dann ein, wenn der Dritte zur Zeit der Verletzung gezeugt, aber noch nicht geboren war.

§§ 845–853 BGB

§ 845 Ersatzansprüche wegen entgangener Dienste ¹Im Falle der Tötung, der Verletzung des Körpers oder der Gesundheit sowie im Falle der Freiheitsentziehung hat der Ersatzpflichtige, wenn der Verletzte kraft Gesetzes einem Dritten zur Leistung von Diensten in dessen Hauswesen oder Gewerbe verpflichtet war, dem Dritten für die entgehenden Dienste durch Entrichtung einer Geldrente Ersatz zu leisten. ²Die Vorschrift des § 843 Abs. 2 bis 4 findet entsprechende Anwendung.

§ 846 Mitverschulden des Verletzten ¹Hat in den Fällen der §§ 844, 845 bei der Entstehung des Schadens, den der Dritte erleidet, ein Verschulden des Verletzten mitgewirkt, so findet auf den Anspruch des Dritten die Vorschrift des § 254 Anwendung.

§ 847 (aufgehoben)

§ 848 Haftung für Zufall bei Entziehung einer Sache ¹Wer zur Rückgabe einer Sache verpflichtet ist, die er einem anderen durch eine unerlaubte Handlung entzogen hat, ist auch für den zufälligen Untergang, eine aus einem anderen Grunde eintretende zufällige Unmöglichkeit der Herausgabe oder eine zufällige Verschlechterung der Sache verantwortlich, es sei denn, dass der Untergang, die anderweitige Unmöglichkeit der Herausgabe oder die Verschlechterung auch ohne die Entziehung eingetreten sein würde.

§ 849 Verzinsung der Ersatzsumme ¹Ist wegen der Entziehung einer Sache der Wert oder wegen der Beschädigung einer Sache die Wertminderung zu ersetzen, so kann der Verletzte Zinsen des zu ersetzenden Betrags von dem Zeitpunkt an verlangen, welcher der Bestimmung des Wertes zugrunde gelegt wird.

§ 850 Ersatz von Verwendungen ¹Macht der zur Herausgabe einer entzogenen Sache Verpflichtete Verwendungen auf die Sache, so stehen ihm dem Verletzten gegenüber die Rechte zu, die der Besitzer dem Eigentümer gegenüber wegen Verwendungen hat.

§ 851 Ersatzleistung an Nichtberechtigten ¹Leistet der wegen der Entziehung oder Beschädigung einer beweglichen Sache zum Schadensersatz Verpflichtete den Ersatz an denjenigen, in dessen Besitz sich die Sache zur Zeit der Entziehung oder der Beschädigung befunden hat, so wird er durch die Leistung auch dann befreit, wenn ein Dritter Eigentümer der Sache war oder ein sonstiges Recht an der Sache hatte, es sei denn, dass ihm das Recht des Dritten bekannt oder infolge grober Fahrlässigkeit unbekannt ist.

§ 852 Herausgabeanspruch nach Eintritt der Verjährung ¹Hat der Ersatzpflichtige durch eine unerlaubte Handlung auf Kosten des Verletzten etwas erlangt, so ist er auch nach Eintritt der Verjährung des Anspruchs auf Ersatz des aus einer unerlaubten Handlung entstandenen Schadens zur Herausgabe nach den Vorschriften über die Herausgabe einer ungerechtfertigten Bereicherung verpflichtet. ²Dieser Anspruch verjährt in zehn Jahren von seiner Entstehung an, ohne Rücksicht auf die Entstehung in 30 Jahren von der Begehung der Verletzungshandlung oder dem sonstigen, den Schaden auslösenden Ereignis an.

§ 853 Arglisteinrede ¹Erlangt jemand durch eine von ihm begangene unerlaubte Handlung eine Forderung gegen den Verletzten, so kann der Verletzte die Erfüllung auch dann verweigern, wenn der Anspruch auf Aufhebung der Forderung verjährt ist.

Buch 3: Sachenrecht

Abschnitt 1: Besitz

§ 854 Erwerb des Besitzes (1) ¹Der Besitz einer Sache wird durch die Erlangung der tatsächlichen Gewalt über die Sache erworben.
(2) ¹Die Einigung des bisherigen Besitzers und des Erwerbers genügt zum Erwerb, wenn der Erwerber in der Lage ist, die Gewalt über die Sache auszuüben.

§ 855 Besitzdiener ¹Übt jemand die tatsächliche Gewalt über eine Sache für einen anderen in dessen Haushalt oder Erwerbsgeschäft oder in einem ähnlichen Verhältnis aus, vermöge dessen er den sich auf die Sache beziehenden Weisungen des anderen Folge zu leisten hat, so ist nur der andere Besitzer.

§ 856 Beendigung des Besitzes (1) ¹Der Besitz wird dadurch beendigt, dass der Besitzer die tatsächliche Gewalt über die Sache aufgibt oder in anderer Weise verliert.
(2) ¹Durch eine ihrer Natur nach vorübergehende Verhinderung in der Ausübung der Gewalt wird der Besitz nicht beendigt.

§ 857 Vererblichkeit ¹Der Besitz geht auf den Erben über.

§ 858 Verbotene Eigenmacht (1) ¹Wer dem Besitzer ohne dessen Willen den Besitz entzieht oder ihn im Besitz stört, handelt, sofern nicht das Gesetz die Entziehung oder die Störung gestattet, wider-rechtlich (verbotene Eigenmacht).
(2) ¹Der durch verbotene Eigenmacht erlangte Besitz ist fehlerhaft. ²Die Fehlerhaftigkeit muss der Nachfolger im Besitz gegen sich gelten lassen, wenn er Erbe des Besitzers ist oder die Fehlerhaftigkeit des Besitzes seines Vorgängers bei dem Erwerb kennt.

§ 859 Selbsthilfe des Besitzers (1) ¹Der Besitzer darf sich verbotener Eigenmacht mit Gewalt erwehren.
(2) ¹Wird eine bewegliche Sache dem Besitzer mittels verbotener Eigenmacht weggenommen, so darf er sie dem auf frischer Tat betroffenen oder verfolgten Täter mit Gewalt wieder abnehmen.
(3) ¹Wird dem Besitzer eines Grundstücks der Besitz durch verbotene Eigenmacht entzogen, so darf er sofort nach der Entziehung sich des Besitzes durch Entsetzung des Täters wieder bemächtigen.
(4) ¹Die gleichen Rechte stehen dem Besitzer gegen denjenigen zu, welcher nach § 858 Abs. 2 die Fehlerhaftigkeit des Besitzes gegen sich gelten lassen muss.

§ 860 Selbsthilfe des Besitzdieners ¹Zur Ausübung der dem Besitzer nach § 859 zustehenden Rechte ist auch derjenige befugt, welcher die tatsächliche Gewalt nach § 855 für den Besitzer ausübt.

§ 861 Anspruch wegen Besitzentziehung (1) ¹Wird der Besitz durch verbotene Eigenmacht dem Besitzer entzogen, so kann dieser die Wiedereinräumung des Besitzes von demjenigen verlangen, welcher ihm gegenüber fehlerhaft besitzt.
(2) ¹Der Anspruch ist ausgeschlossen, wenn der entzogene Besitz dem gegenwärtigen Besitzer oder dessen Rechtsvorgänger gegenüber fehlerhaft war und in dem letzten Jahre vor der Entziehung erlangt worden ist.

§ 862 Anspruch wegen Besitzstörung (1) ¹Wird der Besitzer durch verbotene Eigenmacht im Besitz gestört, so kann er von dem Störer die Beseitigung der Störung verlangen. ²Sind weitere Störungen zu besorgen, so kann der Besitzer auf Unterlassung klagen.

(2) ¹Der Anspruch ist ausgeschlossen, wenn der Besitzer dem Störer oder dessen Rechtsvorgänger gegenüber fehlerhaft besitzt und der Besitz in dem letzten Jahre vor der Störung erlangt worden ist.

§ 863 Einwendungen des Entziehers oder Störers ¹Gegenüber den in den §§ 861, 862 bestimmten Ansprüchen kann ein Recht zum Besitz oder zur Vornahme der störenden Handlung nur zur Begründung der Behauptung geltend gemacht werden, dass die Entziehung oder die Störung des Besitzes nicht verbotene Eigenmacht sei.

§ 864 Erlöschen der Besitzansprüche (1) ¹Ein nach den §§ 861, 862 begründeter Anspruch erlischt mit dem Ablauf eines Jahres nach der Verübung der verbotenen Eigenmacht, wenn nicht vorher der Anspruch im Wege der Klage geltend gemacht wird.

(2) ¹Das Erlöschen tritt auch dann ein, wenn nach der Verübung der verbotenen Eigenmacht durch rechtskräftiges Urteil festgestellt wird, dass dem Täter ein Recht an der Sache zusteht, vermöge dessen er die Herstellung eines seiner Handlungsweise entsprechenden Besitzstands verlangen kann.

§ 865 Teilbesitz ¹Die Vorschriften der §§ 858 bis 864 gelten auch zugunsten desjenigen, welcher nur einen Teil einer Sache, insbesondere abgesonderte Wohnräume oder andere Räume, besitzt.

§ 866 Mitbesitz ¹Besitzen mehrere eine Sache gemeinschaftlich, so findet in ihrem Verhältnis zueinander ein Besitzschutz insoweit nicht statt, als es sich um die Grenzen des den einzelnen zustehenden Gebrauchs handelt.

§ 867 Verfolgungsrecht des Besitzers ¹Ist eine Sache aus der Gewalt des Besitzers auf ein im Besitz eines anderen befindliches Grundstück gelangt, so hat ihm der Besitzer des Grundstücks die Aufsuchung und die Wegschaffung zu gestatten, sofern nicht die Sache inzwischen in Besitz genommen worden ist. ²Der Besitzer des Grundstücks kann Ersatz des durch die Aufsuchung und die Wegschaffung entstehenden Schadens verlangen. ³Er kann, wenn die Entstehung eines Schadens zu besorgen ist, die Gestattung verweigern, bis ihm Sicherheit geleistet wird; die Verweigerung ist unzulässig, wenn mit dem Aufschub Gefahr verbunden ist.

§ 868 Mittelbarer Besitz ¹Besitzt jemand eine Sache als Nießbraucher, Pfandgläubiger, Pächter, Mieter, Verwahrer oder in einem ähnlichen Verhältnis, vermöge dessen er einem anderen gegenüber auf Zeit zum Besitz berechtigt oder verpflichtet ist, so ist auch der andere Besitzer (mittelbarer Besitz).

§ 869 Ansprüche des mittelbaren Besitzers ¹Wird gegen den Besitzer verbotene Eigenmacht verübt, so stehen die in den §§ 861, 862 bestimmten Ansprüche auch dem mittelbaren Besitzer zu. ²Im Falle der Entziehung des Besitzes ist der mittelbare Besitzer berechtigt, die Wiedereinräumung des Besitzes an den bisherigen Besitzer zu verlangen; kann oder will dieser den Besitz nicht wieder übernehmen, so kann der mittelbare Besitzer verlangen, dass ihm selbst der Besitz eingeräumt wird. ³Unter der gleichen Voraussetzung kann er im Falle des § 867 verlangen, dass ihm die Aufsuchung und Wegschaffung der Sache gestattet wird.

§ 870 Übertragung des mittelbaren Besitzes ¹Der mittelbare Besitz kann dadurch auf einen anderen übertragen werden, dass diesem der Anspruch auf Herausgabe der Sache abgetreten wird.

§ 871 Mehrstufiger mittelbarer Besitz ¹Steht der mittelbare Besitzer zu einem Dritten in einem Verhältnis der in § 868 bezeichneten Art, so ist auch der Dritte mittelbarer Besitzer.

§ 872 Eigenbesitz ¹Wer eine Sache als ihm gehörend besitzt, ist Eigenbesitzer.

Abschnitt 2: Allgemeine Vorschriften über Rechte an Grundstücken

§ 873 Erwerb durch Einigung und Eintragung (1) ¹Zur Übertragung des Eigentums an einem Grundstück, zur Belastung eines Grundstücks mit einem Recht sowie zur Übertragung oder Belastung eines solchen Rechts ist die Einigung des Berechtigten und des anderen Teils über den Eintritt der Rechtsänderung und die Eintragung der Rechtsänderung in das Grundbuch erforderlich, soweit nicht das Gesetz ein anderes vorschreibt.
(2) ¹Vor der Eintragung sind die Beteiligten an die Einigung nur gebunden, wenn die Erklärungen notariell beurkundet oder vor dem Grundbuchamt abgegeben oder bei diesem eingereicht sind oder wenn der Berechtigte dem anderen Teil eine den Vorschriften der Grundbuchordnung entsprechende Eintragungsbewilligung ausgehändigt hat.

§ 874 Bezugnahme auf die Eintragungsbewilligung ¹Bei der Eintragung eines Rechts, mit dem ein Grundstück belastet wird, kann zur näheren Bezeichnung des Inhalts des Rechts auf die Eintragungsbewilligung Bezug genommen werden, soweit nicht das Gesetz ein anderes vorschreibt.

§ 875 Aufhebung eines Rechts (1) ¹Zur Aufhebung eines Rechts an einem Grundstück ist, soweit nicht das Gesetz ein anderes vorschreibt, die Erklärung des Berechtigten, dass er das Recht aufgebe, und die Löschung des Rechts im Grundbuch erforderlich. ²Die Erklärung ist dem Grundbuchamt oder demjenigen gegenüber abzugeben, zu dessen Gunsten sie erfolgt.
(2) ¹Vor der Löschung ist der Berechtigte an seine Erklärung nur gebunden, wenn er sie dem Grundbuchamt gegenüber abgegeben oder demjenigen, zu dessen Gunsten sie erfolgt, eine den Vorschriften der Grundbuchordnung entsprechende Löschungsbewilligung ausgehändigt hat.

§ 876 Aufhebung eines belasteten Rechts ¹Ist ein Recht an einem Grundstück mit dem Recht eines Dritten belastet, so ist zur Aufhebung des belasteten Rechts die Zustimmung des Dritten erforderlich. ²Steht das aufzuhebende Recht dem jeweiligen Eigentümer eines anderen Grundstücks zu, so ist, wenn dieses Grundstück mit dem Recht eines Dritten belastet ist, die Zustimmung des Dritten erforderlich, es sei denn, dass dessen Recht durch die Aufhebung nicht berührt wird. ³Die Zustimmung ist dem Grundbuchamt oder demjenigen gegenüber zu erklären, zu dessen Gunsten sie erfolgt; sie ist unwiderruflich.

§ 877 Rechtsänderungen ¹Die Vorschriften der §§ 873, 874, 876 finden auch auf Änderungen des Inhalts eines Rechts an einem Grundstück Anwendung.

§ 878 Nachträgliche Verfügungsbeschränkungen ¹Eine von dem Berechtigten in Gemäßheit der §§ 873, 875, 877 abgegebene Erklärung wird nicht dadurch unwirksam, dass der Berechtigte in der Verfügung beschränkt wird, nachdem die Erklärung für ihn bindend geworden und der Antrag auf Eintragung bei dem Grundbuchamt gestellt worden ist.

§ 879 Rangverhältnis mehrerer Rechte (1) ¹Das Rangverhältnis unter mehreren Rechten, mit denen ein Grundstück belastet ist, bestimmt sich, wenn die Rechte in derselben Abteilung des Grundbuchs eingetragen sind, nach der Reihenfolge der Eintragungen. ²Sind die Rechte in verschiedenen Abteilungen eingetragen, so hat das unter Angabe eines früheren Tages eingetragene Recht den Vorrang; Rechte, die unter Angabe desselben Tages eingetragen sind, haben gleichen Rang.

(2) ¹Die Eintragung ist für das Rangverhältnis auch dann maßgebend, wenn die nach § 873 zum Erwerb des Rechts erforderliche Einigung erst nach der Eintragung zustande gekommen ist.

(3) ¹Eine abweichende Bestimmung des Rangverhältnisses bedarf der Eintragung in das Grundbuch.

§ 880 Rangänderung (1) ¹Das Rangverhältnis kann nachträglich geändert werden.

(2) ¹Zu der Rangänderung ist die Einigung des zurücktretenden und des vortretenden Berechtigten und die Eintragung der Änderung in das Grundbuch erforderlich; die Vorschriften des § 873 Abs. 2 und des § 878 finden Anwendung. ²Soll eine Hypothek, eine Grundschuld oder eine Rentenschuld zurücktreten, so ist außerdem die Zustimmung des Eigentümers erforderlich. ³Die Zustimmung ist dem Grundbuchamt oder einem der Beteiligten gegenüber zu erklären; sie ist unwiderruflich.

(3) ¹Ist das zurücktretende Recht mit dem Recht eines Dritten belastet, so findet die Vorschrift des § 876 entsprechende Anwendung.

(4) ¹Der dem vortretenden Recht eingeräumte Rang geht nicht dadurch verloren, dass das zurücktretende Recht durch Rechtsgeschäft aufgehoben wird.

(5) ¹Rechte, die den Rang zwischen dem zurücktretenden und dem vortretenden Recht haben, werden durch die Rangänderung nicht berührt.

§ 881 Rangvorbehalt (1) ¹Der Eigentümer kann sich bei der Belastung des Grundstücks mit einem Recht die Befugnis vorbehalten, ein anderes, dem Umfang nach bestimmtes Recht mit dem Rang vor jenem Recht eintragen zu lassen.

(2) ¹Der Vorbehalt bedarf der Eintragung in das Grundbuch; die Eintragung muss bei dem Recht erfolgen, das zurücktreten soll.

(3) ¹Wird das Grundstück veräußert, so geht die vorbehaltene Befugnis auf den Erwerber über.

(4) ¹Ist das Grundstück vor der Eintragung des Rechts, dem der Vorrang beigelegt ist, mit einem Recht ohne einen entsprechenden Vorbehalt belastet worden, so hat der Vorrang insoweit keine Wirkung, als das mit dem Vorbehalt eingetragene Recht infolge der inzwischen eingetretenen Belastung eine über den Vorbehalt hinausgehende Beeinträchtigung erleiden würde.

§ 882 Höchstbetrag des Wertersatzes ¹Wird ein Grundstück mit einem Recht belastet, für welches nach den für die Zwangsversteigerung geltenden Vorschriften dem Berechtigten im Falle des Erlöschens durch den Zuschlag der Wert aus dem Erlös zu ersetzen ist, so kann der Höchstbetrag des Ersatzes bestimmt werden. ²Die Bestimmung bedarf der Eintragung in das Grundbuch.

§ 883 Voraussetzungen und Wirkung der Vormerkung (1) ¹Zur Sicherung des Anspruchs auf Einräumung oder Aufhebung eines Rechts an einem Grundstück oder an einem das Grundstück belastenden Recht oder auf Änderung des Inhalts oder des Ranges eines solchen Rechts kann eine Vormerkung in das Grundbuch eingetragen werden. ²Die Eintragung einer Vormerkung ist auch zur Sicherung eines künftigen oder eines bedingten Anspruchs zulässig.

(2) ¹Eine Verfügung, die nach der Eintragung der Vormerkung über das Grundstück oder das Recht getroffen wird, ist insoweit unwirksam, als sie den Anspruch vereiteln oder beeinträchtigen würde. ²Dies gilt auch, wenn die Verfügung im Wege der Zwangsvollstreckung oder der Arrestvollziehung oder durch den Insolvenzverwalter erfolgt.

BGB §§ 884–891

(3) ¹Der Rang des Rechts, auf dessen Einräumung der Anspruch gerichtet ist, bestimmt sich nach der Eintragung der Vormerkung.

§ 884 Wirkung gegenüber Erben ¹Soweit der Anspruch durch die Vormerkung gesichert ist, kann sich der Erbe des Verpflichteten nicht auf die Beschränkung seiner Haftung berufen.

§ 885 Voraussetzung für die Eintragung der Vormerkung (1) ¹Die Eintragung einer Vormerkung erfolgt auf Grund einer einstweiligen Verfügung oder auf Grund der Bewilligung desjenigen, dessen Grundstück oder dessen Recht von der Vormerkung betroffen wird. ²Zur Erlassung der einstweiligen Verfügung ist nicht erforderlich, dass eine Gefährdung des zu sichernden Anspruchs glaubhaft gemacht wird.

(2) ¹Bei der Eintragung kann zur näheren Bezeichnung des zu sichernden Anspruchs auf die einstweilige Verfügung oder die Eintragungsbewilligung Bezug genommen werden.

§ 886 Beseitigungsanspruch ¹Steht demjenigen, dessen Grundstück oder dessen Recht von der Vormerkung betroffen wird, eine Einrede zu, durch welche die Geltendmachung des durch die Vormerkung gesicherten Anspruchs dauernd ausgeschlossen wird, so kann er von dem Gläubiger die Beseitigung der Vormerkung verlangen.

§ 887 Aufgebot des Vormerkungsgläubigers ¹Ist der Gläubiger, dessen Anspruch durch die Vormerkung gesichert ist, unbekannt, so kann er im Wege des Aufgebotsverfahrens mit seinem Recht ausgeschlossen werden, wenn die im § 1170 für die Ausschließung eines Hypothekengläubigers bestimmten Voraussetzungen vorliegen. ²Mit der Erlassung des Ausschlussurteils erlischt die Wirkung der Vormerkung.

§ 888 Anspruch des Vormerkungsberechtigten auf Zustimmung
(1) ¹Soweit der Erwerb eines eingetragenen Rechts oder eines Rechts an einem solchen Recht gegenüber demjenigen, zu dessen Gunsten die Vormerkung besteht, unwirksam ist, kann dieser von dem Erwerber die Zustimmung zu der Eintragung oder der Löschung verlangen, die zur Verwirklichung des durch die Vormerkung gesicherten Anspruchs erforderlich ist.

(2) ¹Das Gleiche gilt, wenn der Anspruch durch ein Veräußerungsverbot gesichert ist.

§ 889 Ausschluss der Konsolidation bei dinglichen Rechten ¹Ein Recht an einem fremden Grundstück erlischt nicht dadurch, dass der Eigentümer des Grundstücks das Recht oder der Berechtigte das Eigentum an dem Grundstück erwirbt.

§ 890 Vereinigung von Grundstücken; Zuschreibung (1) ¹Mehrere Grundstücke können dadurch zu einem Grundstück vereinigt werden, dass der Eigentümer sie als ein Grundstück in das Grundbuch eintragen lässt.

(2) ¹Ein Grundstück kann dadurch zum Bestandteil eines anderen Grundstücks gemacht werden, dass der Eigentümer es diesem im Grundbuch zuschreiben lässt.

§ 891 Gesetzliche Vermutung (1) ¹Ist im Grundbuch für jemand ein Recht eingetragen, so wird vermutet, dass ihm das Recht zustehe.

(2) ¹Ist im Grundbuch ein eingetragenes Recht gelöscht, so wird vermutet, dass das Recht nicht bestehe.

§ 892 Öffentlicher Glaube des Grundbuchs
(1) ¹Zugunsten desjenigen, welcher ein Recht an einem Grundstück oder ein Recht an einem solchen Recht durch Rechtsgeschäft erwirbt, gilt der Inhalt des Grundbuchs als richtig, es sei denn, dass ein Widerspruch gegen die Richtigkeit eingetragen oder die Unrichtigkeit dem Erwerber bekannt ist. ²Ist der Berechtigte in der Verfügung über ein im Grundbuch eingetragenes Recht zugunsten einer bestimmten Person beschränkt, so ist die Beschränkung dem Erwerber gegenüber nur wirksam, wenn sie aus dem Grundbuch ersichtlich oder dem Erwerber bekannt ist.
(2) ¹Ist zu dem Erwerb des Rechts die Eintragung erforderlich, so ist für die Kenntnis des Erwerbers die Zeit der Stellung des Antrags auf Eintragung oder, wenn die nach § 873 erforderliche Einigung erst später zustande kommt, die Zeit der Einigung maßgebend.

§ 893 Rechtsgeschäft mit dem Eingetragenen
¹Die Vorschrift des § 892 findet entsprechende Anwendung, wenn an denjenigen, für welchen ein Recht im Grundbuch eingetragen ist, auf Grund dieses Rechts eine Leistung bewirkt oder wenn zwischen ihm und einem anderen in Ansehung dieses Rechts ein nicht unter die Vorschrift des § 892 fallendes Rechtsgeschäft vorgenommen wird, das eine Verfügung über das Recht enthält.

§ 894 Berichtigung des Grundbuchs
¹Steht der Inhalt des Grundbuchs in Ansehung eines Rechts an dem Grundstück, eines Rechts an einem solchen Recht oder einer Verfügungsbeschränkung der in § 892 Abs. 1 bezeichneten Art mit der wirklichen Rechtslage nicht im Einklang, so kann derjenige, dessen Recht nicht oder nicht richtig eingetragen oder durch die Eintragung einer nicht bestehenden Belastung oder Beschränkung beeinträchtigt ist, die Zustimmung zu der Berichtigung des Grundbuchs von demjenigen verlangen, dessen Recht durch die Berichtigung betroffen wird.

§ 895 Voreintragung des Verpflichteten
¹Kann die Berichtigung des Grundbuchs erst erfolgen, nachdem das Recht des nach § 894 Verpflichteten eingetragen worden ist, so hat dieser auf Verlangen sein Recht eintragen zu lassen.

§ 896 Vorlegung des Briefes
¹Ist zur Berichtigung des Grundbuchs die Vorlegung eines Hypotheken-, Grundschuld- oder Rentenschuldbriefs erforderlich, so kann derjenige, zu dessen Gunsten die Berichtigung erfolgen soll, von dem Besitzer des Briefes verlangen, dass der Brief dem Grundbuchamt vorgelegt wird.

§ 897 Kosten der Berichtigung
¹Die Kosten der Berichtigung des Grundbuchs und der dazu erforderlichen Erklärungen hat derjenige zu tragen, welcher die Berichtigung verlangt, sofern nicht aus einem zwischen ihm und dem Verpflichteten bestehenden Rechtsverhältnis sich ein anderes ergibt.

§ 898 Unverjährbarkeit der Berichtigungsansprüche
¹Die in den §§ 894 bis 896 bestimmten Ansprüche unterliegen nicht der Verjährung.

§ 899 Eintragung eines Widerspruchs
(1) ¹In den Fällen des § 894 kann ein Widerspruch gegen die Richtigkeit des Grundbuchs eingetragen werden.
(2) ¹Die Eintragung erfolgt auf Grund einer einstweiligen Verfügung oder auf Grund einer Bewilligung desjenigen, dessen Recht durch die Berichtigung des Grundbuchs betroffen wird. ²Zur Erlassung der einstweiligen Verfügung ist nicht erforderlich, dass eine Gefährdung des Rechts des Widersprechenden glaubhaft gemacht wird.

BGB   §§ 900–906

§ 900 Buchersitzung (1) ¹Wer als Eigentümer eines Grundstücks im Grundbuch eingetragen ist, ohne dass er das Eigentum erlangt hat, erwirbt das Eigentum, wenn die Eintragung 30 Jahre bestanden und er während dieser Zeit das Grundstück im Eigenbesitz gehabt hat. ²Die dreißigjährige Frist wird in derselben Weise berechnet wie die Frist für die Ersitzung einer beweglichen Sache. ³Der Lauf der Frist ist gehemmt, solange ein Widerspruch gegen die Richtigkeit der Eintragung im Grundbuch eingetragen ist.
(2) ¹Diese Vorschriften finden entsprechende Anwendung, wenn für jemand ein ihm nicht zustehendes anderes Recht im Grundbuch eingetragen ist, das zum Besitz des Grundstücks berechtigt oder dessen Ausübung nach den für den Besitz geltenden Vorschriften geschützt ist. ²Für den Rang des Rechts ist die Eintragung maßgebend.

§ 901 Erlöschen nicht eingetragener Rechte ¹Ist ein Recht an einem fremden Grundstück im Grundbuch mit Unrecht gelöscht, so erlischt es, wenn der Anspruch des Berechtigten gegen den Eigentümer verjährt ist. ²Das Gleiche gilt, wenn ein kraft Gesetzes entstandenes Recht an einem fremden Grundstück nicht in das Grundbuch eingetragen worden ist.

§ 902 Unverjährbarkeit eingetragener Rechte (1) ¹Die Ansprüche aus eingetragenen Rechten unterliegen nicht der Verjährung. ²Dies gilt nicht für Ansprüche, die auf Rückstände wiederkehrender Leistungen oder auf Schadensersatz gerichtet sind.
(2) ¹Ein Recht, wegen dessen ein Widerspruch gegen die Richtigkeit des Grundbuchs eingetragen ist, steht einem eingetragenen Recht gleich.

Abschnitt 3: Eigentum

Titel 1: Inhalt des Eigentums

§ 903 Befugnisse des Eigentümers ¹Der Eigentümer einer Sache kann, soweit nicht das Gesetz oder Rechte Dritter entgegenstehen, mit der Sache nach Belieben verfahren und andere von jeder Einwirkung ausschließen. ²Der Eigentümer eines Tieres hat bei der Ausübung seiner Befugnisse die besonderen Vorschriften zum Schutz der Tiere zu beachten.

§ 904 Notstand ¹Der Eigentümer einer Sache ist nicht berechtigt, die Einwirkung eines anderen auf die Sache zu verbieten, wenn die Einwirkung zur Abwendung einer gegenwärtigen Gefahr notwendig und der drohende Schaden gegenüber dem aus der Einwirkung dem Eigentümer entstehenden Schaden unverhältnismäßig groß ist. ²Der Eigentümer kann Ersatz des ihm entstehenden Schadens verlangen.

§ 905 Begrenzung des Eigentums ¹Das Recht des Eigentümers eines Grundstücks erstreckt sich auf den Raum über der Oberfläche und auf den Erdkörper unter der Oberfläche. ²Der Eigentümer kann jedoch Einwirkungen nicht verbieten, die in solcher Höhe oder Tiefe vorgenommen werden, dass er an der Ausschließung kein Interesse hat.

§ 906 Zuführung unwägbarer Stoffe (1) ¹Der Eigentümer eines Grundstücks kann die Zuführung von Gasen, Dämpfen, Gerüchen, Rauch, Ruß, Wärme, Geräusch, Erschütterungen und ähnliche von einem anderen Grundstück ausgehende Einwirkungen insoweit nicht verbieten, als die Einwirkung die Benutzung seines Grundstücks nicht oder nur unwesentlich beeinträchtigt. ²Eine unwesentliche Beeinträchtigung liegt in der Regel vor, wenn die in Gesetzen oder Rechtsverordnungen festgelegten Grenz- oder Richtwerte von den nach diesen Vorschriften ermittelten und bewerteten Einwirkungen nicht überschritten werden. ³Gleiches gilt für Werte in allgemeinen Verwaltungsvorschriften, die nach § 48 des Bundes-Immissionsschutzgesetzes erlassen worden sind und den Stand der Technik wiedergeben.

(2) ¹Das Gleiche gilt insoweit, als eine wesentliche Beeinträchtigung durch eine ortsübliche Benutzung des anderen Grundstücks herbeigeführt wird und nicht durch Maßnahmen verhindert werden kann, die Benutzern dieser Art wirtschaftlich zumutbar sind. ²Hat der Eigentümer hiernach eine Einwirkung zu dulden, so kann er von dem Benutzer des anderen Grundstücks einen angemessenen Ausgleich in Geld verlangen, wenn die Einwirkung eine ortsübliche Benutzung seines Grundstücks oder dessen Ertrag über das zumutbare Maß hinaus beeinträchtigt.

(3) ¹Die Zuführung durch eine besondere Leitung ist unzulässig.

§ 907 Gefahr drohende Anlagen (1) ¹Der Eigentümer eines Grundstücks kann verlangen, dass auf den Nachbargrundstücken nicht Anlagen hergestellt oder gehalten werden, von denen mit Sicherheit vorauszusehen ist, dass ihr Bestand oder ihre Benutzung eine unzulässige Einwirkung auf sein Grundstück zur Folge hat. ²Genügt eine Anlage den landesgesetzlichen Vorschriften, die einen bestimmten Abstand von der Grenze oder sonstige Schutzmaßregeln vorschreiben, so kann die Beseitigung der Anlage erst verlangt werden, wenn die unzulässige Einwirkung tatsächlich hervortritt.

(2) ¹Bäume und Sträucher gehören nicht zu den Anlagen im Sinne dieser Vorschriften.

§ 908 Drohender Gebäudeeinsturz ¹Droht einem Grundstück die Gefahr, dass es durch den Einsturz eines Gebäudes oder eines anderen Werkes, das mit dem Nachbargrundstück verbunden ist, oder durch die Ablösung von Teilen des Gebäudes oder des Werkes beschädigt wird, so kann der Eigentümer von demjenigen, welcher nach dem § 836 Abs. 1 oder den §§ 837, 838 für den eintretenden Schaden verantwortlich sein würde, verlangen, dass er die zur Abwendung der Gefahr erforderliche Vorkehrung trifft.

§ 909 Vertiefung ¹Ein Grundstück darf nicht in der Weise vertieft werden, dass der Boden des Nachbargrundstücks die erforderliche Stütze verliert, es sei denn, dass für eine genügende anderweitige Befestigung gesorgt ist.

§ 910 Überhang (1) ¹Der Eigentümer eines Grundstücks kann Wurzeln eines Baumes oder eines Strauches, die von einem Nachbargrundstück eingedrungen sind, abschneiden und behalten. ²Das Gleiche gilt von herüberragenden Zweigen, wenn der Eigentümer dem Besitzer des Nachbargrundstücks eine angemessene Frist zur Beseitigung bestimmt hat und die Beseitigung nicht innerhalb der Frist erfolgt.

(2) ¹Dem Eigentümer steht dieses Recht nicht zu, wenn die Wurzeln oder die Zweige die Benutzung des Grundstücks nicht beeinträchtigen.

§ 911 Überfall ¹Früchte, die von einem Baume oder einem Strauche auf ein Nachbargrundstück hinüberfallen, gelten als Früchte dieses Grundstücks. ²Diese Vorschrift findet keine Anwendung, wenn das Nachbargrundstück dem öffentlichen Gebrauch dient.

§ 912 Überbau; Duldungspflicht (1) ¹Hat der Eigentümer eines Grundstücks bei der Errichtung eines Gebäudes über die Grenze gebaut, ohne dass ihm Vorsatz oder grobe Fahrlässigkeit zur Last fällt, so hat der Nachbar den Überbau zu dulden, es sei denn, dass er vor oder sofort nach der Grenzüberschreitung Widerspruch erhoben hat.

(2) ¹Der Nachbar ist durch eine Geldrente zu entschädigen. ²Für die Höhe der Rente ist die Zeit der Grenzüberschreitung maßgebend.

BGB §§ 913–919

§ 913 Zahlung der Überbaurente (1) ¹Die Rente für den Überbau ist dem jeweiligen Eigentümer des Nachbargrundstücks von dem jeweiligen Eigentümer des anderen Grundstücks zu entrichten.
(2) ¹Die Rente ist jährlich im Voraus zu entrichten.

§ 914 Rang, Eintragung und Erlöschen der Rente (1) ¹Das Recht auf die Rente geht allen Rechten an dem belasteten Grundstück, auch den älteren, vor. ²Es erlischt mit der Beseitigung des Überbaus.
(2) ¹Das Recht wird nicht in das Grundbuch eingetragen. ²Zum Verzicht auf das Recht sowie zur Feststellung der Höhe der Rente durch Vertrag ist die Eintragung erforderlich.
(3) ¹Im Übrigen finden die Vorschriften Anwendung, die für eine zugunsten des jeweiligen Eigentümers eines Grundstücks bestehende Reallast gelten.

§ 915 Abkauf (1) ¹Der Rentenberechtigte kann jederzeit verlangen, dass der Rentenpflichtige ihm gegen Übertragung des Eigentums an dem überbauten Teil des Grundstücks den Wert ersetzt, den dieser Teil zur Zeit der Grenzüberschreitung gehabt hat. ²Macht er von dieser Befugnis Gebrauch, so bestimmen sich die Rechte und Verpflichtungen beider Teile nach den Vorschriften über den Kauf.
(2) ¹Für die Zeit bis zur Übertragung des Eigentums ist die Rente fortzuentrichten.

§ 916 Beeinträchtigung von Erbbaurecht oder Dienstbarkeit
¹Wird durch den Überbau ein Erbbaurecht oder eine Dienstbarkeit an dem Nachbargrundstück beeinträchtigt, so finden zugunsten des Berechtigten die Vorschriften der §§ 912 bis 914 entsprechende Anwendung.

§ 917 Notweg (1) ¹Fehlt einem Grundstück die zur ordnungsmäßigen Benutzung notwendige Verbindung mit einem öffentlichen Wege, so kann der Eigentümer von den Nachbarn verlangen, dass sie bis zur Hebung des Mangels die Benutzung ihrer Grundstücke zur Herstellung der erforderlichen Verbindung dulden. ²Die Richtung des Notwegs und der Umfang des Benutzungsrechts werden erforderlichenfalls durch Urteil bestimmt.
(2) ¹Die Nachbarn, über deren Grundstücke der Notweg führt, sind durch eine Geldrente zu entschädigen. ²Die Vorschriften des § 912 Abs. 2 Satz 2 und der §§ 913, 914, 916 finden entsprechende Anwendung.

§ 918 Ausschluss des Notwegrechts (1) ¹Die Verpflichtung zur Duldung des Notwegs tritt nicht ein, wenn die bisherige Verbindung des Grundstücks mit dem öffentlichen Wege durch eine willkürliche Handlung des Eigentümers aufgehoben wird.
(2) ¹Wird infolge der Veräußerung eines Teils des Grundstücks der veräußerte oder der zurückbehaltene Teil von der Verbindung mit dem öffentlichen Wege abgeschnitten, so hat der Eigentümer desjenigen Teils, über welchen die Verbindung bisher stattgefunden hat, den Notweg zu dulden. ²Der Veräußerung eines Teils steht die Veräußerung eines von mehreren demselben Eigentümer gehörenden Grundstücken gleich.

§ 919 Grenzabmarkung (1) ¹Der Eigentümer eines Grundstücks kann von dem Eigentümer eines Nachbargrundstücks verlangen, dass dieser zur Errichtung fester Grenzzeichen und, wenn ein Grenzzeichen verrückt oder unkenntlich geworden ist, zur Wiederherstellung mitwirkt.
(2) ¹Die Art der Abmarkung und das Verfahren bestimmen sich nach den Landesgesetzen; enthalten diese keine Vorschriften, so entscheidet die Ortsüblichkeit.
(3) ¹Die Kosten der Abmarkung sind von den Beteiligten zu gleichen Teilen zu tragen, sofern nicht aus einem zwischen ihnen bestehenden Rechtsverhältnis sich ein anderes ergibt.

§ 920 Grenzverwirrung (1) ¹Lässt sich im Falle einer Grenzverwirrung die richtige Grenze nicht ermitteln, so ist für die Abgrenzung der Besitzstand maßgebend. ²Kann der Besitzstand nicht festgestellt werden, so ist jedem der Grundstücke ein gleich großes Stück der streitigen Fläche zuzuteilen.
(2) ¹Soweit eine diesen Vorschriften entsprechende Bestimmung der Grenze zu einem Ergebnis führt, das mit den ermittelten Umständen, insbesondere mit der feststehenden Größe der Grundstücke, nicht übereinstimmt, ist die Grenze so zu ziehen, wie es unter Berücksichtigung dieser Umstände der Billigkeit entspricht.

§ 921 Gemeinschaftliche Benutzung von Grenzanlagen ¹Werden zwei Grundstücke durch einen Zwischenraum, Rain, Winkel, einen Graben, eine Mauer, Hecke, Planke oder eine andere Einrichtung, die zum Vorteil beider Grundstücke dient, voneinander geschieden, so wird vermutet, dass die Eigentümer der Grundstücke zur Benutzung der Einrichtung gemeinschaftlich berechtigt seien, sofern nicht äußere Merkmale darauf hinweisen, dass die Einrichtung einem der Nachbarn allein gehört.

§ 922 Art der Benutzung und Unterhaltung ¹Sind die Nachbarn zur Benutzung einer der in § 921 bezeichneten Einrichtungen gemeinschaftlich berechtigt, so kann jeder sie zu dem Zwecke, der sich aus ihrer Beschaffenheit ergibt, insoweit benutzen, als nicht die Mitbenutzung des anderen beeinträchtigt wird. ²Die Unterhaltungskosten sind von den Nachbarn zu gleichen Teilen zu tragen. ³Solange einer der Nachbarn an dem Fortbestand der Einrichtung ein Interesse hat, darf sie nicht ohne seine Zustimmung beseitigt oder geändert werden. ⁴Im Übrigen bestimmt sich das Rechtsverhältnis zwischen den Nachbarn nach den Vorschriften über die Gemeinschaft.

§ 923 Grenzbaum (1) ¹Steht auf der Grenze ein Baum, so gebühren die Früchte und, wenn der Baum gefällt wird, auch der Baum den Nachbarn zu gleichen Teilen.
(2) ¹Jeder der Nachbarn kann die Beseitigung des Baumes verlangen. ²Die Kosten der Beseitigung fallen den Nachbarn zu gleichen Teilen zur Last. ³Der Nachbar, der die Beseitigung verlangt, hat jedoch die Kosten allein zu tragen, wenn der andere auf sein Recht an dem Baume verzichtet; er erwirbt in diesem Falle mit der Trennung das Alleineigentum. ⁴Der Anspruch auf die Beseitigung ist ausgeschlossen, wenn der Baum als Grenzzeichen dient und den Umständen nach nicht durch ein anderes zweckmäßiges Grenzzeichen ersetzt werden kann.
(3) ¹Diese Vorschriften gelten auch für einen auf der Grenze stehenden Strauch.

§ 924 Unverjährbarkeit nachbarrechtlicher Ansprüche ¹Die Ansprüche, die sich aus den §§ 907 bis 909, 915, dem § 917 Abs. 1, dem § 918 Abs. 2, den §§ 919, 920 und dem § 923 Abs. 2 ergeben, unterliegen nicht der Verjährung.

Titel 2: Erwerb und Verlust des Eigentums an Grundstücken

§ 925 Auflassung (1) ¹Die zur Übertragung des Eigentums an einem Grundstück nach § 873 erforderliche Einigung des Veräußerers und des Erwerbers (Auflassung) muss bei gleichzeitiger Anwesenheit beider Teile vor einer zuständigen Stelle erklärt werden. ²Zur Entgegennahme der Auflassung ist, unbeschadet der Zuständigkeit weiterer Stellen, jeder Notar zuständig. ³Eine Auflassung kann auch in einem gerichtlichen Vergleich oder in einem rechtskräftig bestätigten Insolvenzplan erklärt werden.
(2) ¹Eine Auflassung, die unter einer Bedingung oder einer Zeitbestimmung erfolgt, ist unwirksam.

BGB   §§ 925 a – 929 a

§ 925 a Urkunde über Grundgeschäft   ¹Die Erklärung einer Auflassung soll nur entgegengenommen werden, wenn die nach § 311 b Abs. 1 Satz 1 erforderliche Urkunde über den Vertrag vorgelegt oder gleichzeitig errichtet wird.

§ 926 Zubehör des Grundstücks   (1) ¹Sind der Veräußerer und der Erwerber darüber einig, dass sich die Veräußerung auf das Zubehör des Grundstücks erstrecken soll, so erlangt der Erwerber mit dem Eigentum an dem Grundstück auch das Eigentum an den zur Zeit des Erwerbs vorhandenen Zubehörstücken, soweit sie dem Veräußerer gehören. ²Im Zweifel ist anzunehmen, dass sich die Veräußerung auf das Zubehör erstrecken soll.
(2) ¹Erlangt der Erwerber auf Grund der Veräußerung den Besitz von Zubehörstücken, die dem Veräußerer nicht gehören oder mit Rechten Dritter belastet sind, so finden die Vorschriften der §§ 932 bis 936 Anwendung; für den guten Glauben des Erwerbers ist die Zeit der Erlangung des Besitzes maßgebend.

§ 927 Aufgebotsverfahren   (1) ¹Der Eigentümer eines Grundstücks kann, wenn das Grundstück seit 30 Jahren im Eigenbesitz eines anderen ist, im Wege des Aufgebotsverfahrens mit seinem Recht ausgeschlossen werden. ²Die Besitzzeit wird in gleicher Weise berechnet wie die Frist für die Ersitzung einer beweglichen Sache. ³Ist der Eigentümer im Grundbuch eingetragen, so ist das Aufgebotsverfahren nur zulässig, wenn er gestorben oder verschollen ist und eine Eintragung in das Grundbuch, die der Zustimmung des Eigentümers bedurfte, seit 30 Jahren nicht erfolgt ist.
(2) ¹Derjenige, welcher das Ausschlussurteil erwirkt hat, erlangt das Eigentum dadurch, dass er sich als Eigentümer in das Grundbuch eintragen lässt.
(3) ¹Ist vor der Erlassung des Ausschlussurteils ein Dritter als Eigentümer oder wegen des Eigentums eines Dritten ein Widerspruch gegen die Richtigkeit des Grundbuchs eingetragen worden, so wirkt das Urteil nicht gegen den Dritten.

§ 928 Aufgabe des Eigentums, Aneignung des Fiskus   (1) ¹Das Eigentum an einem Grundstück kann dadurch aufgegeben werden, dass der Eigentümer den Verzicht dem Grundbuchamt gegenüber erklärt und der Verzicht in das Grundbuch eingetragen wird.
(2) ¹Das Recht zur Aneignung des aufgegebenen Grundstücks steht dem Fiskus des Bundesstaats zu, in dessen Gebiet das Grundstück liegt. ²Der Fiskus erwirbt das Eigentum dadurch, dass er sich als Eigentümer in das Grundbuch eintragen lässt.

Titel 3: Erwerb und Verlust des Eigentums an beweglichen Sachen

Untertitel 1: Übertragung

§ 929 Einigung und Übergabe   ¹Zur Übertragung des Eigentums an einer beweglichen Sache ist erforderlich, dass der Eigentümer die Sache dem Erwerber übergibt und beide darüber einig sind, dass das Eigentum übergehen soll. ²Ist der Erwerber im Besitz der Sache, so genügt die Einigung über den Übergang des Eigentums.

§ 929 a Einigung bei nicht eingetragenem Seeschiff   (1) ¹Zur Übertragung des Eigentums an einem Seeschiff, das nicht im Schiffsregister eingetragen ist, oder an einem Anteil an einem solchen Schiff ist die Übergabe nicht erforderlich, wenn der Eigentümer und der Erwerber darüber einig sind, dass das Eigentum sofort übergehen soll.
(2) ¹Jeder Teil kann verlangen, dass ihm auf seine Kosten eine öffentlich beglaubigte Urkunde über die Veräußerung erteilt wird.

§ 930 Besitzkonstitut ¹Ist der Eigentümer im Besitz der Sache, so kann die Übergabe dadurch ersetzt werden, dass zwischen ihm und dem Erwerber ein Rechtsverhältnis vereinbart wird, vermöge dessen der Erwerber den mittelbaren Besitz erlangt.

§ 931 Abtretung des Herausgabeanspruchs ¹Ist ein Dritter im Besitz der Sache, so kann die Übergabe dadurch ersetzt werden, dass der Eigentümer dem Erwerber den Anspruch auf Herausgabe der Sache abtritt.

§ 932 Gutgläubiger Erwerb vom Nichtberechtigten (1) ¹Durch eine nach § 929 erfolgte Veräußerung wird der Erwerber auch dann Eigentümer, wenn die Sache nicht dem Veräußerer gehört, es sei denn, dass er zu der Zeit, zu der er nach diesen Vorschriften das Eigentum erwerben würde, nicht in gutem Glauben ist. ²In dem Falle des § 929 Satz 2 gilt dies jedoch nur dann, wenn der Erwerber den Besitz von dem Veräußerer erlangt hatte.
(2) ¹Der Erwerber ist nicht in gutem Glauben, wenn ihm bekannt oder infolge grober Fahrlässigkeit unbekannt ist, dass die Sache nicht dem Veräußerer gehört.

§ 142(2)

§ 932 a Gutgläubiger Erwerb nicht eingetragener Seeschiffe ¹Gehört ein nach § 929 a veräußertes Schiff nicht dem Veräußerer, so wird der Erwerber Eigentümer, wenn ihm das Schiff vom Veräußerer übergeben wird, es sei denn, dass er zu dieser Zeit nicht in gutem Glauben ist; ist ein Anteil an einem Schiff Gegenstand der Veräußerung, so tritt an die Stelle der Übergabe die Einräumung des Mitbesitzes an dem Schiff.

§ 933 Gutgläubiger Erwerb bei Besitzkonstitut ¹Gehört eine nach § 930 veräußerte Sache nicht dem Veräußerer, so wird der Erwerber Eigentümer, wenn ihm die Sache von dem Veräußerer übergeben wird, es sei denn, dass er zu dieser Zeit nicht in gutem Glauben ist.

§ 934 Gutgläubiger Erwerb bei Abtretung des Herausgabeanspruchs ¹Gehört eine nach § 931 veräußerte Sache nicht dem Veräußerer, so wird der Erwerber, wenn der Veräußerer mittelbarer Besitzer der Sache ist, mit der Abtretung des Anspruchs, anderenfalls dann Eigentümer, wenn er den Besitz der Sache von dem Dritten erlangt, es sei denn, dass er zur Zeit der Abtretung oder des Besitzerwerbs nicht in gutem Glauben ist.

§ 935 Kein gutgläubiger Erwerb von abhanden gekommenen Sachen (1) ¹Der Erwerb des Eigentums auf Grund der §§ 932 bis 934 tritt nicht ein, wenn die Sache dem Eigentümer gestohlen worden, verloren gegangen oder sonst abhanden gekommen war. ²Das Gleiche gilt, falls der Eigentümer nur mittelbarer Besitzer war, dann, wenn die Sache dem Besitzer abhanden gekommen war.
(2) ¹Diese Vorschriften finden keine Anwendung auf Geld oder Inhaberpapiere sowie auf Sachen, die im Wege öffentlicher Versteigerung veräußert werden.

§ 936 Erlöschen von Rechten Dritter (1) ¹Ist eine veräußerte Sache mit dem Recht eines Dritten belastet, so erlischt das Recht mit dem Erwerb des Eigentums. ²In dem Falle des § 929 Satz 2 gilt dies jedoch nur dann, wenn der Erwerber den Besitz von dem Veräußerer erlangt hatte. ³Erfolgt die Veräußerung nach § 929 a oder § 930 oder war die nach § 931 veräußerte Sache nicht im mittelbaren Besitz des Veräußerers, so erlischt das Recht des Dritten erst dann, wenn der Erwerber auf Grund der Veräußerung den Besitz der Sache erlangt.
(2) ¹Das Recht des Dritten erlischt nicht, wenn der Erwerber zu der nach Absatz 1 maßgebenden Zeit in Ansehung des Rechts nicht in gutem Glauben ist.
(3) ¹Steht im Falle des § 931 das Recht dem dritten Besitzer zu, so erlischt es auch dem gutgläubigen Erwerber gegenüber nicht.

Untertitel 2: Ersitzung

§ 937 Voraussetzungen, Ausschluss bei Kenntnis (1) ¹Wer eine bewegliche Sache zehn Jahre im Eigenbesitz hat, erwirbt das Eigentum (Ersitzung).
(2) ¹Die Ersitzung ist ausgeschlossen, wenn der Erwerber bei dem Erwerb des Eigenbesitzes nicht in gutem Glauben ist oder wenn er später erfährt, dass ihm das Eigentum nicht zusteht.

§ 938 Vermutung des Eigenbesitzes ¹Hat jemand eine Sache am Anfang und am Ende eines Zeitraums im Eigenbesitz gehabt, so wird vermutet, dass sein Eigenbesitz auch in der Zwischenzeit bestanden habe.

§ 939 Hemmung der Ersitzung (1) ¹Die Ersitzung ist gehemmt, wenn der Herausgabeanspruch gegen den Eigenbesitzer oder im Falle eines mittelbaren Eigenbesitzes gegen den Besitzer, der sein Recht zum Besitz von dem Eigenbesitzer ableitet, in einer nach den §§ 203 und 204 zur Hemmung der Verjährung geeigneten Weise geltend gemacht wird. ²Die Hemmung tritt jedoch nur zugunsten desjenigen ein, welcher sie herbeiführt.
(2) ¹Die Ersitzung ist ferner gehemmt, solange die Verjährung des Herausgabeanspruchs nach den §§ 205 bis 207 oder ihr Ablauf nach den §§ 210 und 211 gehemmt ist.

§ 940 Unterbrechung durch Besitzverlust (1) ¹Die Ersitzung wird durch den Verlust des Eigenbesitzes unterbrochen.
(2) ¹Die Unterbrechung gilt als nicht erfolgt, wenn der Eigenbesitzer den Eigenbesitz ohne seinen Willen verloren und ihn binnen Jahresfrist oder mittels einer innerhalb dieser Frist erhobenen Klage wiedererlangt hat.

§ 941 Unterbrechung durch Vollstreckungshandlung ¹Die Ersitzung wird durch Vornahme oder Beantragung einer gerichtlichen oder behördlichen Vollstreckungshandlung unterbrochen. ²§ 212 Abs. 2 und 3 gilt entsprechend.

§ 942 Wirkung der Unterbrechung ¹Wird die Ersitzung unterbrochen, so kommt die bis zur Unterbrechung verstrichene Zeit nicht in Betracht; eine neue Ersitzung kann erst nach der Beendigung der Unterbrechung beginnen.

§ 943 Ersitzung bei Rechtsnachfolge ¹Gelangt die Sache durch Rechtsnachfolge in den Eigenbesitz eines Dritten, so kommt die während des Besitzes des Rechtsvorgängers verstrichene Ersitzungszeit dem Dritten zugute.

§ 944 Erbschaftsbesitzer ¹Die Ersitzungszeit, die zugunsten eines Erbschaftsbesitzers verstrichen ist, kommt dem Erben zustatten.

§ 945 Erlöschen von Rechten Dritter ¹Mit dem Erwerb des Eigentums durch Ersitzung erlöschen die an der Sache vor dem Erwerb des Eigenbesitzes begründeten Rechte Dritter, es sei denn, dass der Eigenbesitzer bei dem Erwerb des Eigenbesitzes in Ansehung dieser Rechte nicht in gutem Glauben ist oder ihr Bestehen später erfährt. ²Die Ersitzungsfrist muss auch in Ansehung des Rechts des Dritten verstrichen sein; die Vorschriften der §§ 939 bis 944 finden entsprechende Anwendung.

Untertitel 3: Verbindung, Vermischung, Verarbeitung

§ 946 Verbindung mit einem Grundstück [1]Wird eine bewegliche Sache mit einem Grundstück dergestalt verbunden, dass sie wesentlicher Bestandteil des Grundstücks wird, so erstreckt sich das Eigentum an dem Grundstück auf diese Sache.

§ 947 Verbindung mit beweglichen Sachen (1) [1]Werden bewegliche Sachen miteinander dergestalt verbunden, dass sie wesentliche Bestandteile einer einheitlichen Sache werden, so werden die bisherigen Eigentümer Miteigentümer dieser Sache; die Anteile bestimmen sich nach dem Verhältnis des Wertes, den die Sachen zur Zeit der Verbindung haben.
(2) [1]Ist eine der Sachen als die Hauptsache anzusehen, so erwirbt ihr Eigentümer das Alleineigentum.

§ 948 Vermischung (1) [1]Werden bewegliche Sachen miteinander untrennbar vermischt oder vermengt, so findet die Vorschrift des § 947 entsprechende Anwendung.
(2) [1]Der Untrennbarkeit steht es gleich, wenn die Trennung der vermischten oder vermengten Sachen mit unverhältnismäßigen Kosten verbunden sein würde.

§ 949 Erlöschen von Rechten Dritter [1]Erlischt nach den §§ 946 bis 948 das Eigentum an einer Sache, so erlöschen auch die sonstigen an der Sache bestehenden Rechte. [2]Erwirbt der Eigentümer der belasteten Sache Miteigentum, so bestehen die Rechte an dem Anteil fort, der an die Stelle der Sache tritt. [3]Wird der Eigentümer der belasteten Sache Alleineigentümer, so erstrecken sich die Rechte auf die hinzutretende Sache.

§ 950 Verarbeitung (1) [1]Wer durch Verarbeitung oder Umbildung eines oder mehrerer Stoffe eine neue bewegliche Sache herstellt, erwirbt das Eigentum an der neuen Sache, sofern nicht der Wert der Verarbeitung oder der Umbildung erheblich geringer ist als der Wert des Stoffes. [2]Als Verarbeitung gilt auch das Schreiben, Zeichnen, Malen, Drucken, Gravieren oder eine ähnliche Bearbeitung der Oberfläche.
(2) [1]Mit dem Erwerb des Eigentums an der neuen Sache erlöschen die an dem Stoffe bestehenden Rechte.

§ 951 Entschädigung für Rechtsverlust (1) [1]Wer infolge der Vorschriften der §§ 946 bis 950 einen Rechtsverlust erleidet, kann von demjenigen, zu dessen Gunsten die Rechtsänderung eintritt, Vergütung in Geld nach den Vorschriften über die Herausgabe einer ungerechtfertigten Bereicherung fordern. [2]Die Wiederherstellung des früheren Zustands kann nicht verlangt werden.
(2) [1]Die Vorschriften über die Verpflichtung zum Schadensersatz wegen unerlaubter Handlungen sowie die Vorschriften über den Ersatz von Verwendungen und über das Recht zur Wegnahme einer Einrichtung bleiben unberührt. [2]In den Fällen der §§ 946, 947 ist die Wegnahme nach den für das Wegnahmerecht des Besitzers gegenüber dem Eigentümer geltenden Vorschriften auch dann zulässig, wenn die Verbindung nicht von dem Besitzer der Hauptsache bewirkt worden ist.

§ 952 Eigentum an Schuldurkunden (1) [1]Das Eigentum an dem über eine Forderung ausgestellten Schuldschein steht dem Gläubiger zu. [2]Das Recht eines Dritten an der Forderung erstreckt sich auf den Schuldschein.
(2) [1]Das Gleiche gilt für Urkunden über andere Rechte, kraft deren eine Leistung gefordert werden kann, insbesondere für Hypotheken-, Grundschuld- und Rentenschuldbriefe.

Untertitel 4: Erwerb von Erzeugnissen und sonstigen Bestandteilen einer Sache

§ 953 Eigentum an getrennten Erzeugnissen und Bestandteilen
[1]Erzeugnisse und sonstige Bestandteile einer Sache gehören auch nach der Trennung dem Eigentümer der Sache, soweit sich nicht aus den §§ 954 bis 957 ein anderes ergibt.

§ 954 Erwerb durch dinglich Berechtigten
[1]Wer vermöge eines Rechts an einer fremden Sache befugt ist, sich Erzeugnisse oder sonstige Bestandteile der Sache anzueignen, erwirbt das Eigentum an ihnen, unbeschadet der Vorschriften der §§ 955 bis 957, mit der Trennung.

§ 955 Erwerb durch gutgläubigen Eigenbesitzer
(1) [1]Wer eine Sache im Eigenbesitz hat, erwirbt das Eigentum an den Erzeugnissen und sonstigen zu den Früchten der Sache gehörenden Bestandteilen, unbeschadet der Vorschriften der §§ 956, 957, mit der Trennung. [2]Der Erwerb ist ausgeschlossen, wenn der Eigenbesitzer nicht zum Eigenbesitz oder ein anderer vermöge eines Rechts an der Sache zum Fruchtbezug berechtigt ist und der Eigenbesitzer bei dem Erwerb des Eigenbesitzes nicht in gutem Glauben ist oder vor der Trennung den Rechtsmangel erfährt.
(2) [1]Dem Eigenbesitzer steht derjenige gleich, welcher die Sache zum Zwecke der Ausübung eines Nutzungsrechts an ihr besitzt.
(3) [1]Auf den Eigenbesitz und den ihm gleichgestellten Besitz findet die Vorschrift des § 940 Abs. 2 entsprechende Anwendung.

§ 956 Erwerb durch persönlich Berechtigten
(1) [1]Gestattet der Eigentümer einem anderen, sich Erzeugnisse oder sonstige Bestandteile der Sache anzueignen, so erwirbt dieser das Eigentum an ihnen, wenn der Besitz der Sache ihm überlassen ist, mit der Trennung, anderenfalls mit der Besitzergreifung. [2]Ist der Eigentümer zu der Gestattung verpflichtet, so kann er sie nicht widerrufen, solange sich der andere in dem ihm überlassenen Besitz der Sache befindet.
(2) [1]Das Gleiche gilt, wenn die Gestattung nicht von dem Eigentümer, sondern von einem anderen ausgeht, dem Erzeugnisse oder sonstige Bestandteile einer Sache nach der Trennung gehören.

§ 957 Gestattung durch den Nichtberechtigten
[1]Die Vorschrift des § 956 findet auch dann Anwendung, wenn derjenige, welcher die Aneignung einem anderen gestattet, hierzu nicht berechtigt ist, es sei denn, dass der andere, falls ihm der Besitz der Sache überlassen wird, bei der Überlassung, anderenfalls bei der Ergreifung des Besitzes der Erzeugnisse oder der sonstigen Bestandteile nicht in gutem Glauben ist oder vor der Trennung den Rechtsmangel erfährt.

Untertitel 5: Aneignung

§ 958 Eigentumserwerb an beweglichen herrenlosen Sachen
(1) [1]Wer eine herrenlose bewegliche Sache in Eigenbesitz nimmt, erwirbt das Eigentum an der Sache.
(2) [1]Das Eigentum wird nicht erworben, wenn die Aneignung gesetzlich verboten ist oder wenn durch die Besitzergreifung das Aneignungsrecht eines anderen verletzt wird.

§ 959 Aufgabe des Eigentums
[1]Eine bewegliche Sache wird herrenlos, wenn der Eigentümer in der Absicht, auf das Eigentum zu verzichten, den Besitz der Sache aufgibt.

§§ 960–968 BGB

§ 960 Wilde Tiere (1) ¹Wilde Tiere sind herrenlos, solange sie sich in der Freiheit befinden. ²Wilde Tiere in Tiergärten und Fische in Teichen oder anderen geschlossenen Privatgewässern sind nicht herrenlos.
(2) ¹Erlangt ein gefangenes wildes Tier die Freiheit wieder, so wird es herrenlos, wenn nicht der Eigentümer das Tier unverzüglich verfolgt oder wenn er die Verfolgung aufgibt.
(3) ¹Ein gezähmtes Tier wird herrenlos, wenn es die Gewohnheit ablegt, an den ihm bestimmten Ort zurückzukehren.

§ 961 Eigentumsverlust bei Bienenschwärmen ¹Zieht ein Bienenschwarm aus, so wird er herrenlos, wenn nicht der Eigentümer ihn unverzüglich verfolgt oder wenn der Eigentümer die Verfolgung aufgibt.

§ 962 Verfolgungsrecht des Eigentümers ¹Der Eigentümer des Bienenschwarms darf bei der Verfolgung fremde Grundstücke betreten. ²Ist der Schwarm in eine fremde nicht besetzte Bienenwohnung eingezogen, so darf der Eigentümer des Schwarmes zum Zwecke des Einfangens die Wohnung öffnen und die Waben herausnehmen oder herausbrechen. ³Er hat den entstehenden Schaden zu ersetzen.

§ 963 Vereinigung von Bienenschwärmen ¹Vereinigen sich ausgezogene Bienenschwärme mehrerer Eigentümer, so werden die Eigentümer, welche ihre Schwärme verfolgt haben, Miteigentümer des eingefangenen Gesamtschwarms; die Anteile bestimmen sich nach der Zahl der verfolgten Schwärme.

§ 964 Vermischung von Bienenschwärmen ¹Ist ein Bienenschwarm in eine fremde besetzte Bienenwohnung eingezogen, so erstrecken sich das Eigentum und die sonstigen Rechte an den Bienen, mit denen die Wohnung besetzt war, auf den eingezogenen Schwarm. ²Das Eigentum und die sonstigen Rechte an dem eingezogenen Schwarm erlöschen.

Untertitel 6: Fund

§ 965 Anzeigepflicht des Finders (1) ¹Wer eine verlorene Sache findet und an sich nimmt, hat dem Verlierer oder dem Eigentümer oder einem sonstigen Empfangsberechtigten unverzüglich Anzeige zu machen.
(2) ¹Kennt der Finder die Empfangsberechtigten nicht oder ist ihm ihr Aufenthalt unbekannt, so hat er den Fund und die Umstände, welche für die Ermittlung der Empfangsberechtigten erheblich sein können, unverzüglich der zuständigen Behörde anzuzeigen. ²Ist die Sache nicht mehr als 10 Euro wert, so bedarf es der Anzeige nicht.

§ 966 Verwahrungspflicht (1) ¹Der Finder ist zur Verwahrung der Sache verpflichtet.
(2) ¹Ist der Verderb der Sache zu besorgen oder ist die Aufbewahrung mit unverhältnismäßigen Kosten verbunden, so hat der Finder die Sache öffentlich versteigern zu lassen. ²Vor der Versteigerung ist der zuständigen Behörde Anzeige zu machen. ³Der Erlös tritt an die Stelle der Sache.

§ 967 Ablieferungspflicht ¹Der Finder ist berechtigt und auf Anordnung der zuständigen Behörde verpflichtet, die Sache oder den Versteigerungserlös an die zuständige Behörde abzuliefern.

§ 968 Umfang der Haftung ¹Der Finder hat nur Vorsatz und grobe Fahrlässigkeit zu vertreten.

BGB §§ 969–976

§ 969 Herausgabe an den Verlierer ¹Der Finder wird durch die Herausgabe der Sache an den Verlierer auch den sonstigen Empfangsberechtigten gegenüber befreit.

§ 970 Ersatz von Aufwendungen ¹Macht der Finder zum Zwecke der Verwahrung oder Erhaltung der Sache oder zum Zwecke der Ermittlung eines Empfangsberechtigten Aufwendungen, die er den Umständen nach für erforderlich halten darf, so kann er von dem Empfangsberechtigten Ersatz verlangen.

§ 971 Finderlohn (1) ¹Der Finder kann von dem Empfangsberechtigten einen Finderlohn verlangen. ²Der Finderlohn beträgt von dem Werte der Sache bis zu 500 Euro fünf vom Hundert, von dem Mehrwert drei vom Hundert, bei Tieren drei vom Hundert. ³Hat die Sache nur für den Empfangsberechtigten einen Wert, so ist der Finderlohn nach billigem Ermessen zu bestimmen.
(2) ¹Der Anspruch ist ausgeschlossen, wenn der Finder die Anzeigepflicht verletzt oder den Fund auf Nachfrage verheimlicht.

§ 972 Zurückbehaltungsrecht des Finders ¹Auf die in den §§ 970, 971 bestimmten Ansprüche finden die für die Ansprüche des Besitzers gegen den Eigentümer wegen Verwendungen geltenden Vorschriften der §§ 1000 bis 1002 entsprechende Anwendung.

§ 973 Eigentumserwerb des Finders (1) ¹Mit dem Ablauf von sechs Monaten nach der Anzeige des Fundes bei der zuständigen Behörde erwirbt der Finder das Eigentum an der Sache, es sei denn, dass vorher ein Empfangsberechtigter dem Finder bekannt geworden ist oder sein Recht bei der zuständigen Behörde angemeldet hat. ²Mit dem Erwerb des Eigentums erlöschen die sonstigen Rechte an der Sache.
(2) ¹Ist die Sache nicht mehr als 10 Euro wert, so beginnt die sechsmonatige Frist mit dem Fund. ²Der Finder erwirbt das Eigentum nicht, wenn er den Fund auf Nachfrage verheimlicht. ³Die Anmeldung eines Rechts bei der zuständigen Behörde steht dem Erwerb des Eigentums nicht entgegen.

§ 974 Eigentumserwerb nach Verschweigung ¹Sind vor dem Ablauf der sechsmonatigen Frist Empfangsberechtigte dem Finder bekannt geworden oder haben sie bei einer Sache, die mehr als 10 Euro wert ist, ihre Rechte bei der zuständigen Behörde rechtzeitig angemeldet, so kann der Finder die Empfangsberechtigten nach der Vorschrift des § 1003 zur Erklärung über die ihm nach den §§ 970 bis 972 zustehenden Ansprüche auffordern. ²Mit dem Ablauf der für die Erklärung bestimmten Frist erwirbt der Finder das Eigentum und erlöschen die sonstigen Rechte an der Sache, wenn nicht die Empfangsberechtigten sich rechtzeitig zu der Befriedigung der Ansprüche bereit erklären.

§ 975 Rechte des Finders nach Ablieferung ¹Durch die Ablieferung der Sache oder des Versteigerungserlöses an die zuständige Behörde werden die Rechte des Finders nicht berührt. ²Lässt die zuständige Behörde die Sache versteigern, so tritt der Erlös an die Stelle der Sache. ³Die zuständige Behörde darf die Sache oder den Erlös nur mit Zustimmung des Finders einem Empfangsberechtigten herausgeben.

§ 976 Eigentumserwerb der Gemeinde (1) ¹Verzichtet der Finder der zuständigen Behörde gegenüber auf das Recht zum Erwerb des Eigentums an der Sache, so geht sein Recht auf die Gemeinde des Fundorts über.
(2) ¹Hat der Finder nach der Ablieferung der Sache oder des Versteigerungserlöses an die zuständige Behörde auf Grund der Vorschriften der §§ 973, 974 das Eigentum erworben, so geht es auf die Gemeinde des Fundorts über, wenn nicht der Finder vor dem Ablauf einer ihm von der zuständigen Behörde bestimmten Frist die Herausgabe verlangt.

§§ 977–981 BGB

§ 977 Bereicherungsanspruch [1]Wer infolge der Vorschriften der §§ 973, 974, 976 einen Rechtsverlust erleidet, kann in den Fällen der §§ 973, 974 von dem Finder, in den Fällen des § 976 von der Gemeinde des Fundorts die Herausgabe des durch die Rechtsänderung Erlangten nach den Vorschriften über die Herausgabe einer ungerechtfertigten Bereicherung fordern. [2]Der Anspruch erlischt mit dem Ablauf von drei Jahren nach dem Übergang des Eigentums auf den Finder oder die Gemeinde, wenn nicht die gerichtliche Geltendmachung vorher erfolgt.

§ 978 Fund in öffentlicher Behörde oder Verkehrsanstalt (1) [1]Wer eine Sache in den Geschäftsräumen oder den Beförderungsmitteln einer öffentlichen Behörde oder einer dem öffentlichen Verkehr dienenden Verkehrsanstalt findet und an sich nimmt, hat die Sache unverzüglich an die Behörde oder die Verkehrsanstalt oder an einen ihrer Angestellten abzuliefern. [2]Die Vorschriften der §§ 965 bis 967 und 969 bis 977 finden keine Anwendung.

(2) [1]Ist die Sache nicht weniger als 50 Euro wert, so kann der Finder von dem Empfangsberechtigten einen Finderlohn verlangen. [2]Der Finderlohn besteht in der Hälfte des Betrags, der sich bei Anwendung des § 971 Abs. 1 Satz 2, 3 ergeben würde. [3]Der Anspruch ist ausgeschlossen, wenn der Finder Bediensteter der Behörde oder der Verkehrsanstalt ist oder der Finder die Ablieferungspflicht verletzt. [4]Die für die Ansprüche des Besitzers gegen den Eigentümer wegen Verwendungen geltende Vorschrift des § 1001 findet auf den Finderlohnanspruch entsprechende Anwendung. [5]Besteht ein Anspruch auf Finderlohn, so hat die Behörde oder die Verkehrsanstalt dem Finder die Herausgabe der Sache an einen Empfangsberechtigten anzuzeigen.

(3) [1]Fällt der Versteigerungserlös oder gefundenes Geld an den nach § 981 Abs. 1 Berechtigten, so besteht ein Anspruch auf Finderlohn nach Absatz 2 Satz 1 bis 3 gegen diesen. [2]Der Anspruch erlischt mit dem Ablauf von drei Jahren nach seiner Entstehung gegen den in Satz 1 bezeichneten Berechtigten.

§ 979 Öffentliche Versteigerung (1) [1]Die Behörde oder die Verkehrsanstalt kann die an sie abgelieferte Sache öffentlich versteigern lassen. [2]Die öffentlichen Behörden und die Verkehrsanstalten des Reichs, der Bundesstaaten und der Gemeinden können die Versteigerung durch einen ihrer Beamten vornehmen lassen.

(2) [1]Der Erlös tritt an die Stelle der Sache.

§ 980 Öffentliche Bekanntmachung des Fundes (1) [1]Die Versteigerung ist erst zulässig, nachdem die Empfangsberechtigten in einer öffentlichen Bekanntmachung des Fundes zur Anmeldung ihrer Rechte unter Bestimmung einer Frist aufgefordert worden sind und die Frist verstrichen ist; sie ist unzulässig, wenn eine Anmeldung rechtzeitig erfolgt ist.

(2) [1]Die Bekanntmachung ist nicht erforderlich, wenn der Verderb der Sache zu besorgen oder die Aufbewahrung mit unverhältnismäßigen Kosten verbunden ist.

§ 981 Empfang des Versteigerungserlöses (1) [1]Sind seit dem Ablauf der in der öffentlichen Bekanntmachung bestimmten Frist drei Jahre verstrichen, so fällt der Versteigerungserlös, wenn nicht ein Empfangsberechtigter sein Recht angemeldet hat, bei Reichsbehörden und Reichsanstalten an den Reichsfiskus, bei Landesbehörden und Landesanstalten an den Fiskus des Bundesstaats, bei Gemeindebehörden und Gemeindeanstalten an die Gemeinde, bei Verkehrsanstalten, die von einer Privatperson betrieben werden, an diese.

(2) [1]Ist die Versteigerung ohne die öffentliche Bekanntmachung erfolgt, so beginnt die dreijährige Frist erst, nachdem die Empfangsberechtigten in einer

öffentlichen Bekanntmachung des Fundes zur Anmeldung ihrer Rechte aufgefordert worden sind. ²Das Gleiche gilt, wenn gefundenes Geld abgeliefert worden ist.
(3) ¹Die Kosten werden von dem herauszugebenden Betrag abgezogen.

§ 982 Ausführungsvorschriften ¹Die in den §§ 980, 981 vorgeschriebene Bekanntmachung erfolgt bei Reichsbehörden und Reichsanstalten nach den von dem Bundesrat, in den übrigen Fällen nach den von der Zentralbehörde des Bundesstaats erlassenen Vorschriften.

§ 983 Unanbringbare Sachen bei Behörden ¹Ist eine öffentliche Behörde im Besitz einer Sache, zu deren Herausgabe sie verpflichtet ist, ohne dass die Verpflichtung auf Vertrag beruht, so finden, wenn der Behörde der Empfangsberechtigte oder dessen Aufenthalt unbekannt ist, die Vorschriften der §§ 979 bis 982 entsprechende Anwendung.

§ 984 Schatzfund ¹Wird eine Sache, die so lange verborgen gelegen hat, dass der Eigentümer nicht mehr zu ermitteln ist (Schatz), entdeckt und infolge der Entdeckung in Besitz genommen, so wird das Eigentum zur Hälfte von dem Entdecker, zur Hälfte von dem Eigentümer der Sache erworben, in welcher der Schatz verborgen war.

Titel 4: Ansprüche aus dem Eigentum

§ 985 Herausgabeanspruch ¹Der Eigentümer kann von dem Besitzer die Herausgabe der Sache verlangen.

§ 986 Einwendungen des Besitzers (1) ¹Der Besitzer kann die Herausgabe der Sache verweigern, wenn er oder der mittelbare Besitzer, von dem er sein Recht zum Besitz ableitet, dem Eigentümer gegenüber zum Besitz berechtigt ist. ²Ist der mittelbare Besitzer dem Eigentümer gegenüber zur Überlassung des Besitzes an den Besitzer nicht befugt, so kann der Eigentümer von dem Besitzer die Herausgabe der Sache an den mittelbaren Besitzer oder, wenn dieser den Besitz nicht wieder übernehmen kann oder will, an sich selbst verlangen.
(2) ¹Der Besitzer einer Sache, die nach § 931 durch Abtretung des Anspruchs auf Herausgabe veräußert worden ist, kann dem neuen Eigentümer die Einwendungen entgegensetzen, welche ihm gegen den abgetretenen Anspruch zustehen.

§ 987 Nutzungen nach Rechtshängigkeit (1) ¹Der Besitzer hat dem Eigentümer die Nutzungen herauszugeben, die er nach dem Eintritt der Rechtshängigkeit zieht.
(2) ¹Zieht der Besitzer nach dem Eintritt der Rechtshängigkeit Nutzungen nicht, die er nach den Regeln einer ordnungsmäßigen Wirtschaft ziehen könnte, so ist er dem Eigentümer zum Ersatz verpflichtet, soweit ihm ein Verschulden zur Last fällt.

§ 988 Nutzungen des unentgeltlichen Besitzers ¹Hat ein Besitzer, der die Sache als ihm gehörig oder zum Zwecke der Ausübung eines ihm in Wirklichkeit nicht zustehenden Nutzungsrechts an der Sache besitzt, den Besitz unentgeltlich erlangt, so ist er dem Eigentümer gegenüber zur Herausgabe der Nutzungen, die er vor dem Eintritt der Rechtshängigkeit zieht, nach den Vorschriften über die Herausgabe einer ungerechtfertigten Bereicherung verpflichtet.

§ 989 Schadensersatz nach Rechtshängigkeit ¹Der Besitzer ist von dem Eintritt der Rechtshängigkeit an dem Eigentümer für den Schaden verantwortlich, der dadurch entsteht, dass infolge seines Verschuldens die Sache verschlechtert wird, untergeht oder aus einem anderen Grunde von ihm nicht herausgegeben werden kann.

§ 990 Haftung des Besitzers bei Kenntnis (1) ¹War der Besitzer bei dem Erwerb des Besitzes nicht in gutem Glauben, so haftet er dem Eigentümer von der Zeit des Erwerbs an nach den §§ 987, 989. Erfährt der Besitzer später, dass er zum Besitz nicht berechtigt ist, so haftet er in gleicher Weise von der Erlangung der Kenntnis an.
(2) ¹Eine weitergehende Haftung des Besitzers wegen Verzugs bleibt unberührt.

§ 991 Haftung des Besitzmittlers (1) ¹Leitet der Besitzer das Recht zum Besitz von einem mittelbaren Besitzer ab, so findet die Vorschrift des § 990 in Ansehung der Nutzungen nur Anwendung, wenn die Voraussetzungen des § 990 auch bei dem mittelbaren Besitzer vorliegen oder diesem gegenüber die Rechtshängigkeit eingetreten ist.
(2) ¹War der Besitzer bei dem Erwerb des Besitzes in gutem Glauben, so hat er gleichwohl von dem Erwerb an den im § 989 bezeichneten Schaden dem Eigentümer gegenüber insoweit zu vertreten, als er dem mittelbaren Besitzer verantwortlich ist.

§ 992 Haftung des deliktischen Besitzers ¹Hat sich der Besitzer durch verbotene Eigenmacht oder durch eine Straftat den Besitz verschafft, so haftet er dem Eigentümer nach den Vorschriften über den Schadensersatz wegen unerlaubter Handlungen.

§ 993 Haftung des redlichen Besitzers (1) ¹Liegen die in den §§ 987 bis 992 bezeichneten Voraussetzungen nicht vor, so hat der Besitzer die gezogenen Früchte, soweit sie nach den Regeln einer ordnungsmäßigen Wirtschaft nicht als Ertrag der Sache anzusehen sind, nach den Vorschriften über die Herausgabe einer ungerechtfertigten Bereicherung herauszugeben; im Übrigen ist er weder zur Herausgabe von Nutzungen noch zum Schadensersatz verpflichtet.
(2) ¹Für die Zeit, für welche dem Besitzer die Nutzungen verbleiben, findet auf ihn die Vorschrift des § 101 Anwendung.

§ 994 Notwendige Verwendungen (1) ¹Der Besitzer kann für die auf die Sache gemachten notwendigen Verwendungen von dem Eigentümer Ersatz verlangen. ²Die gewöhnlichen Erhaltungskosten sind ihm jedoch für die Zeit, für welche ihm die Nutzungen verbleiben, nicht zu ersetzen.
(2) ¹Macht der Besitzer nach dem Eintritt der Rechtshängigkeit oder nach dem Beginn der in § 990 bestimmten Haftung notwendige Verwendungen, so bestimmt sich die Ersatzpflicht des Eigentümers nach den Vorschriften über die Geschäftsführung ohne Auftrag.

§ 995 Lasten ¹Zu den notwendigen Verwendungen im Sinne des § 994 gehören auch die Aufwendungen, die der Besitzer zur Bestreitung von Lasten der Sache macht. ²Für die Zeit, für welche dem Besitzer die Nutzungen verbleiben, sind ihm nur die Aufwendungen für solche außerordentliche Lasten zu ersetzen, die als auf den Stammwert der Sache gelegt anzusehen sind.

§ 996 Nützliche Verwendungen ¹Für andere als notwendige Verwendungen kann der Besitzer Ersatz nur insoweit verlangen, als sie vor dem Eintritt der Rechtshängigkeit und vor dem Beginn der in § 990 bestimmten Haftung gemacht werden und der Wert der Sache durch sie noch zu der Zeit erhöht ist, zu welcher der Eigentümer die Sache wiedererlangt.

§ 997 Wegnahmerecht (1) ¹Hat der Besitzer mit der Sache eine andere Sache als wesentlichen Bestandteil verbunden, so kann er sie abtrennen und sich aneignen. ²Die Vorschrift des § 258 findet Anwendung.

(2) ¹Das Recht zur Abtrennung ist ausgeschlossen, wenn der Besitzer nach § 994 Abs. 1 Satz 2 für die Verwendung Ersatz nicht verlangen kann oder die Abtrennung für ihn keinen Nutzen hat oder ihm mindestens der Wert ersetzt wird, den der Bestandteil nach der Abtrennung für ihn haben würde.

§ 998 Bestellungskosten bei landwirtschaftlichem Grundstück
¹Ist ein landwirtschaftliches Grundstück herauszugeben, so hat der Eigentümer die Kosten, die der Besitzer auf die noch nicht getrennten, jedoch nach den Regeln einer ordnungsmäßigen Wirtschaft vor dem Ende des Wirtschaftsjahrs zu trennenden Früchte verwendet hat, insoweit zu ersetzen, als sie einer ordnungsmäßigen Wirtschaft entsprechen und den Wert dieser Früchte nicht übersteigen.

§ 999 Ersatz von Verwendungen des Rechtsvorgängers
(1) ¹Der Besitzer kann für die Verwendungen eines Vorbesitzers, dessen Rechtsnachfolger er geworden ist, in demselben Umfang Ersatz verlangen, in welchem ihn der Vorbesitzer fordern könnte, wenn er die Sache herauszugeben hätte.
(2) ¹Die Verpflichtung des Eigentümers zum Ersatz von Verwendungen erstreckt sich auch auf die Verwendungen, die gemacht worden sind, bevor er das Eigentum erworben hat.

§ 1000 Zurückbehaltungsrecht des Besitzers
¹Der Besitzer kann die Herausgabe der Sache verweigern, bis er wegen der ihm zu ersetzenden Verwendungen befriedigt wird. ²Das Zurückbehaltungsrecht steht ihm nicht zu, wenn er die Sache durch eine vorsätzlich begangene unerlaubte Handlung erlangt hat.

§ 1001 Klage auf Verwendungsersatz
¹Der Besitzer kann den Anspruch auf den Ersatz der Verwendungen nur geltend machen, wenn der Eigentümer die Sache wiedererlangt oder die Verwendungen genehmigt. ²Bis zur Genehmigung der Verwendungen kann sich der Eigentümer von dem Anspruch dadurch befreien, dass er die wiedererlangte Sache zurückgibt. ³Die Genehmigung gilt als erteilt, wenn der Eigentümer die ihm von dem Besitzer unter Vorbehalt des Anspruchs angebotene Sache annimmt.

§ 1002 Erlöschen des Verwendungsanspruchs
(1) ¹Gibt der Besitzer die Sache dem Eigentümer heraus, so erlischt der Anspruch auf den Ersatz der Verwendungen mit dem Ablauf eines Monats, bei einem Grundstück mit dem Ablauf von sechs Monaten nach der Herausgabe, wenn nicht vorher die gerichtliche Geltendmachung erfolgt oder der Eigentümer die Verwendungen genehmigt.
(2) ¹Auf diese Fristen finden die für die Verjährung geltenden Vorschriften der §§ 206, 210, 211 entsprechende Anwendung.

§ 1003 Befriedigungsrecht des Besitzers
(1) ¹Der Besitzer kann den Eigentümer unter Angabe des als Ersatz verlangten Betrags auffordern, sich innerhalb einer von ihm bestimmten angemessenen Frist darüber zu erklären, ob er die Verwendungen genehmige. ²Nach dem Ablauf der Frist ist der Besitzer berechtigt, Befriedigung aus der Sache nach den Vorschriften über den Pfandverkauf, bei einem Grundstück nach den Vorschriften über die Zwangsvollstreckung in das unbewegliche Vermögen zu suchen, wenn nicht die Genehmigung rechtzeitig erfolgt.
(2) ¹Bestreitet der Eigentümer den Anspruch vor dem Ablauf der Frist, so kann sich der Besitzer aus der Sache erst dann befriedigen, wenn er nach rechtskräftiger Feststellung des Betrags der Verwendungen den Eigentümer unter Bestimmung einer angemessenen Frist zur Erklärung aufgefordert hat und die Frist verstrichen ist; das Recht auf Befriedigung aus der Sache ist ausgeschlossen, wenn die Genehmigung rechtzeitig erfolgt.

§ 1004 Beseitigungs- und Unterlassungsanspruch

(1) ¹Wird das Eigentum in anderer Weise als durch Entziehung oder Vorenthaltung des Besitzes beeinträchtigt, so kann der Eigentümer von dem Störer die Beseitigung der Beeinträchtigung verlangen. ²Sind weitere Beeinträchtigungen zu besorgen, so kann der Eigentümer auf Unterlassung klagen.

(2) ¹Der Anspruch ist ausgeschlossen, wenn der Eigentümer zur Duldung verpflichtet ist.

§ 1005 Verfolgungsrecht

¹Befindet sich eine Sache auf einem Grundstück, das ein anderer als der Eigentümer der Sache besitzt, so steht diesem gegen den Besitzer des Grundstücks der in § 867 bestimmte Anspruch zu.

§ 1006 Eigentumsvermutung für Besitzer

(1) ¹Zugunsten des Besitzers einer beweglichen Sache wird vermutet, dass er Eigentümer der Sache sei. ²Dies gilt jedoch nicht einem früheren Besitzer gegenüber, dem die Sache gestohlen worden, verloren gegangen oder sonst abhanden gekommen ist, es sei denn, dass es sich um Geld oder Inhaberpapiere handelt.

(2) ¹Zugunsten eines früheren Besitzers wird vermutet, dass er während der Dauer seines Besitzes Eigentümer der Sache gewesen sei.

(3) ¹Im Falle eines mittelbaren Besitzes gilt die Vermutung für den mittelbaren Besitzer.

§ 1007 Ansprüche des früheren Besitzers, Ausschluss bei Kenntnis

(1) ¹Wer eine bewegliche Sache im Besitz gehabt hat, kann von dem Besitzer die Herausgabe der Sache verlangen, wenn dieser bei dem Erwerb des Besitzes nicht in gutem Glauben war.

(2) ¹Ist die Sache dem früheren Besitzer gestohlen worden, verloren gegangen oder sonst abhanden gekommen, so kann er die Herausgabe auch von einem gutgläubigen Besitzer verlangen, es sei denn, dass dieser Eigentümer der Sache ist oder die Sache ihm vor der Besitzzeit des früheren Besitzers abhanden gekommen war. ²Auf Geld und Inhaberpapiere findet diese Vorschrift keine Anwendung.

(3) ¹Der Anspruch ist ausgeschlossen, wenn der frühere Besitzer bei dem Erwerb des Besitzes nicht in gutem Glauben war oder wenn er den Besitz aufgegeben hat. ²Im Übrigen finden die Vorschriften der §§ 986 bis 1003 entsprechende Anwendung.

Titel 5: Miteigentum

§ 1008 Miteigentum nach Bruchteilen

¹Steht das Eigentum an einer Sache mehreren nach Bruchteilen zu, so gelten die Vorschriften der §§ 1009 bis 1011.

§ 1009 Belastung zugunsten eines Miteigentümers

(1) ¹Die gemeinschaftliche Sache kann auch zugunsten eines Miteigentümers belastet werden.

(2) ¹Die Belastung eines gemeinschaftlichen Grundstücks zugunsten des jeweiligen Eigentümers eines anderen Grundstücks sowie die Belastung eines anderen Grundstücks zugunsten der jeweiligen Eigentümer des gemeinschaftlichen Grundstücks wird nicht dadurch ausgeschlossen, dass das andere Grundstück einem Miteigentümer des gemeinschaftlichen Grundstücks gehört.

§ 1010 Sondernachfolger eines Miteigentümers

(1) ¹Haben die Miteigentümer eines Grundstücks die Verwaltung und Benutzung geregelt oder das Recht, die Aufhebung der Gemeinschaft zu verlangen, für immer oder auf Zeit ausgeschlossen oder eine Kündigungsfrist bestimmt, so wirkt die getroffene Bestimmung gegen den Sondernachfolger eines Miteigentümers nur, wenn sie als Belastung des Anteils im Grundbuch eingetragen ist.

(2) ¹Die in den §§ 755, 756 bestimmten Ansprüche können gegen den Sondernachfolger eines Miteigentümers nur geltend gemacht werden, wenn sie im Grundbuch eingetragen sind.

§ 1011 Ansprüche aus dem Miteigentum ¹Jeder Miteigentümer kann die Ansprüche aus dem Eigentum Dritten gegenüber in Ansehung der ganzen Sache geltend machen, den Anspruch auf Herausgabe jedoch nur in Gemäßheit des § 432.

§§ 1012 bis 1017 (weggefallen)

Abschnitt 4: Dienstbarkeiten

Titel 1: Grunddienstbarkeiten

§ 1018 Gesetzlicher Inhalt der Grunddienstbarkeit ¹Ein Grundstück kann zugunsten des jeweiligen Eigentümers eines anderen Grundstücks in der Weise belastet werden, dass dieser das Grundstück in einzelnen Beziehungen benutzen darf oder dass auf dem Grundstück gewisse Handlungen nicht vorgenommen werden dürfen oder dass die Ausübung eines Rechts ausgeschlossen ist, das sich aus dem Eigentum an dem belasteten Grundstück dem anderen Grundstück gegenüber ergibt (Grunddienstbarkeit).

§ 1019 Vorteil des herrschenden Grundstücks ¹Eine Grunddienstbarkeit kann nur in einer Belastung bestehen, die für die Benutzung des Grundstücks des Berechtigten Vorteil bietet. ²Über das sich hieraus ergebende Maß hinaus kann der Inhalt der Dienstbarkeit nicht erstreckt werden.

§ 1020 Schonende Ausübung ¹Bei der Ausübung einer Grunddienstbarkeit hat der Berechtigte das Interesse des Eigentümers des belasteten Grundstücks tunlichst zu schonen. ²Hält er zur Ausübung der Dienstbarkeit auf dem belasteten Grundstück eine Anlage, so hat er sie in ordnungsmäßigem Zustand zu erhalten, soweit das Interesse des Eigentümers es erfordert.

§ 1021 Vereinbarte Unterhaltungspflicht (1) ¹Gehört zur Ausübung einer Grunddienstbarkeit eine Anlage auf dem belasteten Grundstück, so kann bestimmt werden, dass der Eigentümer dieses Grundstücks die Anlage zu unterhalten hat, soweit das Interesse des Berechtigten es erfordert. ²Steht dem Eigentümer das Recht zur Mitbenutzung der Anlage zu, so kann bestimmt werden, dass der Berechtigte die Anlage zu unterhalten hat, soweit es für das Benutzungsrecht des Eigentümers erforderlich ist.

(2) ¹Auf eine solche Unterhaltungspflicht finden die Vorschriften über die Reallasten entsprechende Anwendung.

§ 1022 Anlagen auf baulichen Anlagen ¹Besteht die Grunddienstbarkeit in dem Recht, auf einer baulichen Anlage des belasteten Grundstücks eine bauliche Anlage zu halten, so hat, wenn nicht ein anderes bestimmt ist, der Eigentümer des belasteten Grundstücks seine Anlage zu unterhalten, soweit das Interesse des Berechtigten es erfordert. ²Die Vorschrift des § 1021 Abs. 2 gilt auch für diese Unterhaltungspflicht.

§ 1023 Verlegung der Ausübung (1) ¹Beschränkt sich die jeweilige Ausübung einer Grunddienstbarkeit auf einen Teil des belasteten Grundstücks, so kann der Eigentümer die Verlegung der Ausübung auf eine andere, für den Berechtigten ebenso geeignete Stelle verlangen, wenn die Ausübung an der bisherigen Stelle für ihn besonders beschwerlich ist; die Kosten der Verlegung hat er zu tragen und vorzuschießen. ²Dies gilt auch dann, wenn der Teil des Grundstücks, auf den sich die Ausübung beschränkt, durch Rechtsgeschäft bestimmt ist.

(2) ¹Das Recht auf die Verlegung kann nicht durch Rechtsgeschäft ausgeschlossen oder beschränkt werden.

§ 1024 Zusammentreffen mehrerer Nutzungsrechte ¹Trifft eine Grunddienstbarkeit mit einer anderen Grunddienstbarkeit oder einem sonstigen Nutzungsrecht an dem Grundstück dergestalt zusammen, dass die Rechte nebeneinander nicht oder nicht vollständig ausgeübt werden können, und haben die Rechte gleichen Rang, so kann jeder Berechtigte eine den Interessen aller Berechtigten nach billigem Ermessen entsprechende Regelung der Ausübung verlangen.

§ 1025 Teilung des herrschenden Grundstücks ¹Wird das Grundstück des Berechtigten geteilt, so besteht die Grunddienstbarkeit für die einzelnen Teile fort; die Ausübung ist jedoch im Zweifel nur in der Weise zulässig, dass sie für den Eigentümer des belasteten Grundstücks nicht beschwerlicher wird. ²Gereicht die Dienstbarkeit nur einem der Teile zum Vorteil, so erlischt sie für die übrigen Teile.

§ 1026 Teilung des dienenden Grundstücks ¹Wird das belastete Grundstück geteilt, so werden, wenn die Ausübung der Grunddienstbarkeit auf einen bestimmten Teil des belasteten Grundstücks beschränkt ist, die Teile, welche außerhalb des Bereichs der Ausübung liegen, von der Dienstbarkeit frei.

§ 1027 Beeinträchtigung der Grunddienstbarkeit ¹Wird eine Grunddienstbarkeit beeinträchtigt, so stehen dem Berechtigten die in § 1004 bestimmten Rechte zu.

§ 1028 Verjährung (1) ¹Ist auf dem belasteten Grundstück eine Anlage, durch welche die Grunddienstbarkeit beeinträchtigt wird, errichtet worden, so unterliegt der Anspruch des Berechtigten auf Beseitigung der Beeinträchtigung der Verjährung, auch wenn die Dienstbarkeit im Grundbuch eingetragen ist. ²Mit der Verjährung des Anspruchs erlischt die Dienstbarkeit, soweit der Bestand der Anlage mit ihr in Widerspruch steht.
(2) ¹Die Vorschrift des § 892 findet keine Anwendung.

§ 1029 Besitzschutz des Rechtsbesitzers ¹Wird der Besitzer eines Grundstücks in der Ausübung einer für den Eigentümer im Grundbuch eingetragenen Grunddienstbarkeit gestört, so finden die für den Besitzschutz geltenden Vorschriften entsprechende Anwendung, soweit die Dienstbarkeit innerhalb eines Jahres vor der Störung, sei es auch nur einmal, ausgeübt worden ist.

Titel 2: Nießbrauch

Untertitel 1: Nießbrauch an Sachen

§ 1030 Gesetzlicher Inhalt des Nießbrauchs an Sachen (1) ¹Eine Sache kann in der Weise belastet werden, dass derjenige, zu dessen Gunsten die Belastung erfolgt, berechtigt ist, die Nutzungen der Sache zu ziehen (Nießbrauch).
(2) ¹Der Nießbrauch kann durch den Ausschluss einzelner Nutzungen beschränkt werden.

§ 1031 Erstreckung auf Zubehör ¹Mit dem Nießbrauch an einem Grundstück erlangt der Nießbraucher den Nießbrauch an dem Zubehör nach der für den Erwerb des Eigentums geltenden Vorschrift des § 926.

§ 1032 Bestellung an beweglichen Sachen ¹Zur Bestellung des Nießbrauchs an einer beweglichen Sache ist erforderlich, dass der Eigentümer die Sache dem Erwerber übergibt und beide darüber einig sind, dass diesem der Nießbrauch zustehen soll. ²Die Vorschriften des § 929 Satz 2, der §§ 930 bis 932 und der §§ 933 bis 936 finden entsprechende Anwendung; in den Fällen des § 936 tritt nur die Wirkung ein, dass der Nießbrauch dem Recht des Dritten vorgeht.

§ 1033 Erwerb durch Ersitzung ¹Der Nießbrauch an einer beweglichen Sache kann durch Ersitzung erworben werden. ²Die für den Erwerb des Eigentums durch Ersitzung geltenden Vorschriften finden entsprechende Anwendung.

§ 1034 Feststellung des Zustands ¹Der Nießbraucher kann den Zustand der Sache auf seine Kosten durch Sachverständige feststellen lassen. ²Das gleiche Recht steht dem Eigentümer zu.

§ 1035 Nießbrauch an Inbegriff von Sachen; Verzeichnis ¹Bei dem Nießbrauch an einem Inbegriff von Sachen sind der Nießbraucher und der Eigentümer einander verpflichtet, zur Aufnahme eines Verzeichnisses der Sachen mitzuwirken. ²Das Verzeichnis ist mit der Angabe des Tages der Aufnahme zu versehen und von beiden Teilen zu unterzeichnen; jeder Teil kann verlangen, dass die Unterzeichnung öffentlich beglaubigt wird. ³Jeder Teil kann auch verlangen, dass das Verzeichnis durch die zuständige Behörde oder durch einen zuständigen Beamten oder Notar aufgenommen wird. ⁴Die Kosten hat derjenige zu tragen und vorzuschießen, welcher die Aufnahme oder die Beglaubigung verlangt.

§ 1036 Besitzrecht; Ausübung des Nießbrauchs (1) ¹Der Nießbraucher ist zum Besitz der Sache berechtigt.
(2) ¹Er hat bei der Ausübung des Nutzungsrechts die bisherige wirtschaftliche Bestimmung der Sache aufrechtzuerhalten und nach den Regeln einer ordnungsmäßigen Wirtschaft zu verfahren.

§ 1037 Umgestaltung (1) ¹Der Nießbraucher ist nicht berechtigt, die Sache umzugestalten oder wesentlich zu verändern.
(2) ¹Der Nießbraucher eines Grundstücks darf neue Anlagen zur Gewinnung von Steinen, Kies, Sand, Lehm, Ton, Mergel, Torf oder sonstigen Bodenbestandteilen errichten, sofern nicht die wirtschaftliche Bestimmung des Grundstücks dadurch wesentlich verändert wird.

§ 1038 Wirtschaftsplan für Wald und Bergwerk (1) ¹Ist ein Wald Gegenstand des Nießbrauchs, so kann sowohl der Eigentümer als der Nießbraucher verlangen, dass das Maß der Nutzung und die Art der wirtschaftlichen Behandlung durch einen Wirtschaftsplan festgestellt werden. ²Tritt eine erhebliche Änderung der Umstände ein, so kann jeder Teil eine entsprechende Änderung des Wirtschaftsplans verlangen. ³Die Kosten hat jeder Teil zur Hälfte zu tragen.
(2) ¹Das Gleiche gilt, wenn ein Bergwerk oder eine andere auf Gewinnung von Bodenbestandteilen gerichtete Anlage Gegenstand des Nießbrauchs ist.

§ 1039 Übermäßige Fruchtziehung (1) ¹Der Nießbraucher erwirbt das Eigentum auch an solchen Früchten, die er den Regeln einer ordnungsmäßigen Wirtschaft zuwider oder die er deshalb im Übermaß zieht, weil dies infolge eines besonderen Ereignisses notwendig geworden ist. ²Er ist jedoch, unbeschadet seiner Verantwortlichkeit für ein Verschulden, verpflichtet, den Wert der Früchte dem Eigentümer bei der Beendigung des Nießbrauchs zu ersetzen und für die Erfüllung dieser Verpflichtung Sicherheit zu leisten. ³Sowohl der Eigentümer als der Nießbraucher kann verlangen, dass der zu ersetzende Betrag zur Wiederherstellung der Sache insoweit verwendet wird, als es einer ordnungsmäßigen Wirtschaft entspricht.

(2) ¹Wird die Verwendung zur Wiederherstellung der Sache nicht verlangt, so fällt die Ersatzpflicht weg, soweit durch den ordnungswidrigen oder den übermäßigen Fruchtbezug die dem Nießbraucher gebührenden Nutzungen beeinträchtigt werden.

§ 1040 Schatz ¹Das Recht des Nießbrauchers erstreckt sich nicht auf den Anteil des Eigentümers an einem Schatze, der in der Sache gefunden wird.

§ 1041 Erhaltung der Sache ¹Der Nießbraucher hat für die Erhaltung der Sache in ihrem wirtschaftlichen Bestand zu sorgen. ²Ausbesserungen und Erneuerungen liegen ihm nur insoweit ob, als sie zu der gewöhnlichen Unterhaltung der Sache gehören.

§ 1042 Anzeigepflicht des Nießbrauchers ¹Wird die Sache zerstört oder beschädigt oder wird eine außergewöhnliche Ausbesserung oder Erneuerung der Sache oder eine Vorkehrung zum Schutze der Sache gegen eine nicht vorhergesehene Gefahr erforderlich, so hat der Nießbraucher dem Eigentümer unverzüglich Anzeige zu machen. ²Das Gleiche gilt, wenn sich ein Dritter ein Recht an der Sache anmaßt.

§ 1043 Ausbesserung oder Erneuerung ¹Nimmt der Nießbraucher eines Grundstücks eine erforderlich gewordene außergewöhnliche Ausbesserung oder Erneuerung selbst vor, so darf er zu diesem Zwecke innerhalb der Grenzen einer ordnungsmäßigen Wirtschaft auch Bestandteile des Grundstücks verwenden, die nicht zu den ihm gebührenden Früchten gehören.

§ 1044 Duldung von Ausbesserungen ¹Nimmt der Nießbraucher eine erforderlich gewordene Ausbesserung oder Erneuerung der Sache nicht selbst vor, so hat er dem Eigentümer die Vornahme und, wenn ein Grundstück Gegenstand des Nießbrauchs ist, die Verwendung der in § 1043 bezeichneten Bestandteile des Grundstücks zu gestatten.

§ 1045 Versicherungspflicht des Nießbrauchers (1) ¹Der Nießbraucher hat die Sache für die Dauer des Nießbrauchs gegen Brandschaden und sonstige Unfälle auf seine Kosten unter Versicherung zu bringen, wenn die Versicherung einer ordnungsmäßigen Wirtschaft entspricht. ²Die Versicherung ist so zu nehmen, dass die Forderung gegen den Versicherer dem Eigentümer zusteht.

(2) ¹Ist die Sache bereits versichert, so fallen die für die Versicherung zu leistenden Zahlungen dem Nießbraucher für die Dauer des Nießbrauchs zur Last, soweit er zur Versicherung verpflichtet sein würde.

§ 1046 Nießbrauch an der Versicherungsforderung (1) ¹An der Forderung gegen den Versicherer steht dem Nießbraucher der Nießbrauch nach den Vorschriften zu, die für den Nießbrauch an einer auf Zinsen ausstehenden Forderung gelten.

(2) ¹Tritt ein unter die Versicherung fallender Schaden ein, so kann sowohl der Eigentümer als der Nießbraucher verlangen, dass die Versicherungssumme zur Wiederherstellung der Sache oder zur Beschaffung eines Ersatzes insoweit verwendet wird, als es einer ordnungsmäßigen Wirtschaft entspricht. ²Der Eigentümer kann die Verwendung selbst besorgen oder dem Nießbraucher überlassen.

§ 1047 Lastentragung ¹Der Nießbraucher ist dem Eigentümer gegenüber verpflichtet, für die Dauer des Nießbrauchs die auf der Sache ruhenden öffentlichen Lasten mit Ausschluss der außerordentlichen Lasten, die als auf den Stammwert der Sache gelegt anzusehen sind, sowie diejenigen privatrechtlichen Lasten zu tragen, welche schon zur Zeit der Bestellung des Nießbrauchs auf der Sache ruhten, insbesondere die Zinsen der Hypothekenforderungen und Grundschulden sowie die auf Grund einer Rentenschuld zu entrichtenden Leistungen.

§ 1048 Nießbrauch an Grundstück mit Inventar (1) ¹Ist ein Grundstück samt Inventar Gegenstand des Nießbrauchs, so kann der Nießbraucher über die einzelnen Stücke des Inventars innerhalb der Grenzen einer ordnungsmäßigen Wirtschaft verfügen. ²Er hat für den gewöhnlichen Abgang sowie für die nach den Regeln einer ordnungsmäßigen Wirtschaft ausscheidenden Stücke Ersatz zu beschaffen; die von ihm angeschafften Stücke werden mit der Einverleibung in das Inventar Eigentum desjenigen, welchem das Inventar gehört.
(2) ¹Übernimmt der Nießbraucher das Inventar zum Schätzwert mit der Verpflichtung, es bei der Beendigung des Nießbrauchs zum Schätzwert zurückzugewähren, so findet die Vorschrift des § 582 a entsprechende Anwendung.

§ 1049 Ersatz von Verwendungen (1) ¹Macht der Nießbraucher Verwendungen auf die Sache, zu denen er nicht verpflichtet ist, so bestimmt sich die Ersatzpflicht des Eigentümers nach den Vorschriften über die Geschäftsführung ohne Auftrag.
(2) ¹Der Nießbraucher ist berechtigt, eine Einrichtung, mit der er die Sache versehen hat, wegzunehmen.

§ 1050 Abnutzung ¹Veränderungen oder Verschlechterungen der Sache, welche durch die ordnungsmäßige Ausübung des Nießbrauchs herbeigeführt werden, hat der Nießbraucher nicht zu vertreten.

§ 1051 Sicherheitsleistung ¹Wird durch das Verhalten des Nießbrauchers die Besorgnis einer erheblichen Verletzung der Rechte des Eigentümers begründet, so kann der Eigentümer Sicherheitsleistung verlangen.

§ 1052 Gerichtliche Verwaltung mangels Sicherheitsleistung
(1) ¹Ist der Nießbraucher zur Sicherheitsleistung rechtskräftig verurteilt, so kann der Eigentümer statt der Sicherheitsleistung verlangen, dass die Ausübung des Nießbrauchs für Rechnung des Nießbrauchers einem von dem Gericht zu bestellenden Verwalter übertragen wird. ²Die Anordnung der Verwaltung ist nur zulässig, wenn dem Nießbraucher auf Antrag des Eigentümers von dem Gericht eine Frist zur Sicherheitsleistung bestimmt worden und die Frist verstrichen ist; sie ist unzulässig, wenn die Sicherheit vor dem Ablauf der Frist geleistet wird.
(2) ¹Der Verwalter steht unter der Aufsicht des Gerichts wie ein für die Zwangsverwaltung eines Grundstücks bestellter Verwalter. ²Verwalter kann auch der Eigentümer sein.
(3) ¹Die Verwaltung ist aufzuheben, wenn die Sicherheit nachträglich geleistet wird.

§ 1053 Unterlassungsklage bei unbefugtem Gebrauch ¹Macht der Nießbraucher einen Gebrauch von der Sache, zu dem er nicht befugt ist, und setzt er den Gebrauch ungeachtet einer Abmahnung des Eigentümers fort, so kann der Eigentümer auf Unterlassung klagen.

§ 1054 Gerichtliche Verwaltung wegen Pflichtverletzung ¹Verletzt der Nießbraucher die Rechte des Eigentümers in erheblichem Maße und setzt er das verletzende Verhalten ungeachtet einer Abmahnung des Eigentümers fort, so kann der Eigentümer die Anordnung einer Verwaltung nach § 1052 verlangen.

§ 1055 Rückgabepflicht des Nießbrauchers (1) ¹Der Nießbraucher ist verpflichtet, die Sache nach der Beendigung des Nießbrauchs dem Eigentümer zurückzugeben.

(2) ¹Bei dem Nießbrauch an einem landwirtschaftlichen Grundstück finden die Vorschriften des § 596 Abs. 1 und des § 596 a, bei dem Nießbrauch an einem Landgut finden die Vorschriften des § 596 Abs. 1 und der §§ 596 a, 596 b entsprechende Anwendung.

§ 1056 Miet- und Pachtverhältnisse bei Beendigung des Nießbrauchs (1) ¹Hat der Nießbraucher ein Grundstück über die Dauer des Nießbrauchs hinaus vermietet oder verpachtet, so finden nach der Beendigung des Nießbrauchs die für den Fall der Veräußerung von vermietetem Wohnraum geltenden Vorschriften der §§ 566, 566 a, 566 b Abs. 1 und der §§ 566 c bis 566 e, 567 b entsprechende Anwendung.
(2) ¹Der Eigentümer ist berechtigt, das Miet- oder Pachtverhältnis unter Einhaltung der gesetzlichen Kündigungsfrist zu kündigen. ²Verzichtet der Nießbraucher auf den Nießbrauch, so ist die Kündigung erst von der Zeit an zulässig, zu welcher der Nießbrauch ohne den Verzicht erlöschen würde.
(3) ¹Der Mieter oder der Pächter ist berechtigt, den Eigentümer unter Bestimmung einer angemessenen Frist zur Erklärung darüber aufzufordern, ob er von dem Kündigungsrecht Gebrauch mache. ²Die Kündigung kann nur bis zum Ablauf der Frist erfolgen.

§ 1057 Verjährung der Ersatzansprüche ¹Die Ersatzansprüche des Eigentümers wegen Veränderungen oder Verschlechterungen der Sache sowie die Ansprüche des Nießbrauchers auf Ersatz von Verwendungen oder auf Gestattung der Wegnahme einer Einrichtung verjähren in sechs Monaten. ²Die Vorschrift des § 548 Abs. 1 Satz 2 und 3, Abs. 2 findet entsprechende Anwendung.

§ 1058 Besteller als Eigentümer ¹Im Verhältnis zwischen dem Nießbraucher und dem Eigentümer gilt zugunsten des Nießbrauchers der Besteller als Eigentümer, es sei denn, dass der Nießbraucher weiß, dass der Besteller nicht Eigentümer ist.

§ 1059 Unübertragbarkeit; Überlassung der Ausübung ¹Der Nießbrauch ist nicht übertragbar. ²Die Ausübung des Nießbrauchs kann einem anderen überlassen werden.

§ 1059 a Übertragbarkeit bei juristischer Person oder rechtsfähiger Personengesellschaft (1) ¹Steht ein Nießbrauch einer juristischen Person zu, so ist er nach Maßgabe der folgenden Vorschriften übertragbar:
1. Geht das Vermögen der juristischen Person auf dem Wege der Gesamtrechtsnachfolge auf einen anderen über, so geht auch der Nießbrauch auf den Rechtsnachfolger über, es sei denn, dass der Übergang ausdrücklich ausgeschlossen ist.
2. Wird sonst ein von einer juristischen Person betriebenes Unternehmen oder ein Teil eines solchen Unternehmens auf einen anderen übertragen, so kann auf den Erwerber auch ein Nießbrauch übertragen werden, sofern er den Zwecken des Unternehmens oder des Teils des Unternehmens zu dienen geeignet ist. Ob diese Voraussetzungen gegeben sind, wird durch eine Erklärung der obersten Landesbehörde oder der von ihr ermächtigten Behörde festgestellt. Die Erklärung bindet die Gerichte und die Verwaltungsbehörden.
(2) ¹Einer juristischen Person steht eine rechtsfähige Personengesellschaft gleich.

§ 1059 b Unpfändbarkeit ¹Ein Nießbrauch kann auf Grund der Vorschrift des § 1059 a weder gepfändet noch verpfändet noch mit einem Nießbrauch belastet werden.

§ 1059 c Übergang oder Übertragung des Nießbrauchs
(1) ¹Im Falle des Übergangs oder der Übertragung des Nießbrauchs tritt der Erwerber anstelle des bisherigen Berechtigten in die mit dem Nießbrauch verbundenen Rechte und Verpflichtungen gegenüber dem Eigentümer ein. ²Sind in Ansehung dieser Rechte und Verpflichtungen Vereinbarungen zwischen dem Eigentümer und dem Berechtigten getroffen worden, so wirken sie auch für und gegen den Erwerber.
(2) ¹Durch den Übergang oder die Übertragung des Nießbrauchs wird ein Anspruch auf Entschädigung weder für den Eigentümer noch für sonstige dinglich Berechtigte begründet.

§ 1059 d Miet- und Pachtverhältnisse bei Übertragung des Nießbrauchs
¹Hat der bisherige Berechtigte das mit dem Nießbrauch belastete Grundstück über die Dauer des Nießbrauchs hinaus vermietet oder verpachtet, so sind nach der Übertragung des Nießbrauchs die für den Fall der Veräußerung von vermietetem Wohnraum geltenden Vorschriften der §§ 566 bis 566 e, 567 a und 567 b entsprechend anzuwenden.

§ 1059 e Anspruch auf Einräumung des Nießbrauchs
¹Steht ein Anspruch auf Einräumung eines Nießbrauchs einer juristischen Person oder einer rechtsfähigen Personengesellschaft zu, so gelten die Vorschriften der §§ 1059 a bis 1059 d entsprechend.

§ 1060 Zusammentreffen mehrerer Nutzungsrechte
¹Trifft ein Nießbrauch mit einem anderen Nießbrauch oder mit einem sonstigen Nutzungsrecht an der Sache dergestalt zusammen, dass die Rechte nebeneinander nicht oder nicht vollständig ausgeübt werden können, und haben die Rechte gleichen Rang, so findet die Vorschrift des § 1024 Anwendung.

§ 1061 Tod des Nießbrauchers
¹Der Nießbrauch erlischt mit dem Tode des Nießbrauchers. ²Steht der Nießbrauch einer juristischen Person oder einer rechtsfähigen Personengesellschaft zu, so erlischt er mit dieser.

§ 1062 Erstreckung der Aufhebung auf das Zubehör
¹Wird der Nießbrauch an einem Grundstück durch Rechtsgeschäft aufgehoben, so erstreckt sich die Aufhebung im Zweifel auf den Nießbrauch an dem Zubehör.

§ 1063 Zusammentreffen mit dem Eigentum
(1) ¹Der Nießbrauch an einer beweglichen Sache erlischt, wenn er mit dem Eigentum in derselben Person zusammentrifft.
(2) ¹Der Nießbrauch gilt als nicht erloschen, soweit der Eigentümer ein rechtliches Interesse an dem Fortbestehen des Nießbrauchs hat.

§ 1064 Aufhebung des Nießbrauchs an beweglichen Sachen
¹Zur Aufhebung des Nießbrauchs an einer beweglichen Sache durch Rechtsgeschäft genügt die Erklärung des Nießbrauchers gegenüber dem Eigentümer oder dem Besteller, dass er den Nießbrauch aufgebe.

§ 1065 Beeinträchtigung des Nießbrauchsrechts
¹Wird das Recht des Nießbrauchers beeinträchtigt, so finden auf die Ansprüche des Nießbrauchers die für die Ansprüche aus dem Eigentum geltenden Vorschriften entsprechende Anwendung.

§ 1066 Nießbrauch am Anteil eines Miteigentümers
(1) ¹Besteht ein Nießbrauch an dem Anteil eines Miteigentümers, so übt der Nießbraucher die Rechte aus, die sich aus der Gemeinschaft der Miteigentümer in Ansehung der Verwaltung der Sache und der Art ihrer Benutzung ergeben.
(2) ¹Die Aufhebung der Gemeinschaft kann nur von dem Miteigentümer und dem Nießbraucher gemeinschaftlich verlangt werden.

(3) ¹Wird die Gemeinschaft aufgehoben, so gebührt dem Nießbraucher der Nießbrauch an den Gegenständen, welche an die Stelle des Anteils treten.

§ 1067 Nießbrauch an verbrauchbaren Sachen (1) ¹Sind verbrauchbare Sachen Gegenstand des Nießbrauchs, so wird der Nießbraucher Eigentümer der Sachen; nach der Beendigung des Nießbrauchs hat er dem Besteller den Wert zu ersetzen, den die Sachen zur Zeit der Bestellung hatten. ²Sowohl der Besteller als der Nießbraucher kann den Wert auf seine Kosten durch Sachverständige feststellen lassen.
(2) ¹Der Besteller kann Sicherheitsleistung verlangen, wenn der Anspruch auf Ersatz des Wertes gefährdet ist.

Untertitel 2: Nießbrauch an Rechten

§ 1068 Gesetzlicher Inhalt des Nießbrauchs an Rechten (1) ¹Gegenstand des Nießbrauchs kann auch ein Recht sein.
(2) ¹Auf den Nießbrauch an Rechten finden die Vorschriften über den Nießbrauch an Sachen entsprechende Anwendung, soweit sich nicht aus den §§ 1069 bis 1084 ein anderes ergibt.

§ 1069 Bestellung (1) ¹Die Bestellung des Nießbrauchs an einem Recht erfolgt nach den für die Übertragung des Rechts geltenden Vorschriften.
(2) ¹An einem Recht, das nicht übertragbar ist, kann ein Nießbrauch nicht bestellt werden.

§ 1070 Nießbrauch an Recht auf Leistung (1) ¹Ist ein Recht, kraft dessen eine Leistung gefordert werden kann, Gegenstand des Nießbrauchs, so finden auf das Rechtsverhältnis zwischen dem Nießbraucher und dem Verpflichteten die Vorschriften entsprechende Anwendung, welche im Falle der Übertragung des Rechts für das Rechtsverhältnis zwischen dem Erwerber und dem Verpflichteten gelten.
(2) ¹Wird die Ausübung des Nießbrauchs nach § 1052 einem Verwalter übertragen, so ist die Übertragung dem Verpflichteten gegenüber erst wirksam, wenn er von der getroffenen Anordnung Kenntnis erlangt oder wenn ihm eine Mitteilung von der Anordnung zugestellt wird. ²Das Gleiche gilt von der Aufhebung der Verwaltung.

§ 1071 Aufhebung oder Änderung des belasteten Rechts (1) ¹Ein dem Nießbrauch unterliegendes Recht kann durch Rechtsgeschäft nur mit Zustimmung des Nießbrauchers aufgehoben werden. ²Die Zustimmung ist demjenigen gegenüber zu erklären, zu dessen Gunsten sie erfolgt; sie ist unwiderruflich. ³Die Vorschrift des § 876 Satz 3 bleibt unberührt.
(2) ¹Das Gleiche gilt im Falle einer Änderung des Rechts, sofern sie den Nießbrauch beeinträchtigt.

§ 1072 Beendigung des Nießbrauchs ¹Die Beendigung des Nießbrauchs tritt nach den Vorschriften der §§ 1063, 1064 auch dann ein, wenn das dem Nießbrauch unterliegende Recht nicht ein Recht an einer beweglichen Sache ist.

§ 1073 Nießbrauch an einer Leibrente ¹Dem Nießbraucher einer Leibrente, eines Auszugs oder eines ähnlichen Rechts gebühren die einzelnen Leistungen, die auf Grund des Rechts gefordert werden können.

§ 1074 Nießbrauch an einer Forderung; Kündigung und Einziehung ¹Der Nießbraucher einer Forderung ist zur Einziehung der Forderung und, wenn die Fälligkeit von einer Kündigung des Gläubigers abhängt, zur Kündigung berechtigt. ²Er hat für die ordnungsmäßige Einziehung zu sorgen. ³Zu anderen Verfügungen über die Forderung ist er nicht berechtigt.

§ 1075 Wirkung der Leistung (1) ¹Mit der Leistung des Schuldners an den Nießbraucher erwirbt der Gläubiger den geleisteten Gegenstand und der Nießbraucher den Nießbrauch an dem Gegenstand.
(2) ¹Werden verbrauchbare Sachen geleistet, so erwirbt der Nießbraucher das Eigentum; die Vorschrift des § 1067 findet entsprechende Anwendung.

§ 1076 Nießbrauch an verzinslicher Forderung ¹Ist eine auf Zinsen ausstehende Forderung Gegenstand des Nießbrauchs, so gelten die Vorschriften der §§ 1077 bis 1079.

§ 1077 Kündigung und Zahlung (1) ¹Der Schuldner kann das Kapital nur an den Nießbraucher und den Gläubiger gemeinschaftlich zahlen. ²Jeder von beiden kann verlangen, dass an sie gemeinschaftlich gezahlt wird; jeder kann statt der Zahlung die Hinterlegung für beide fordern.
(2) ¹Der Nießbraucher und der Gläubiger können nur gemeinschaftlich kündigen. ²Die Kündigung des Schuldners ist nur wirksam, wenn sie dem Nießbraucher und dem Gläubiger erklärt wird.

§ 1078 Mitwirkung zur Einziehung ¹Ist die Forderung fällig, so sind der Nießbraucher und der Gläubiger einander verpflichtet, zur Einziehung mitzuwirken. ²Hängt die Fälligkeit von einer Kündigung ab, so kann jeder Teil die Mitwirkung des anderen zur Kündigung verlangen, wenn die Einziehung der Forderung wegen Gefährdung ihrer Sicherheit nach den Regeln einer ordnungsmäßigen Vermögensverwaltung geboten ist.

§ 1079 Anlegung des Kapitals ¹Der Nießbraucher und der Gläubiger sind einander verpflichtet, dazu mitzuwirken, dass das eingezogene Kapital nach den für die Anlegung von Mündelgeld geltenden Vorschriften verzinslich angelegt und gleichzeitig dem Nießbraucher der Nießbrauch bestellt wird. ²Die Art der Anlegung bestimmt der Nießbraucher.

§ 1080 Nießbrauch an Grund- oder Rentenschuld ¹Die Vorschriften über den Nießbrauch an einer Forderung gelten auch für den Nießbrauch an einer Grundschuld und an einer Rentenschuld.

§ 1081 Nießbrauch an Inhaber- oder Orderpapieren (1) ¹Ist ein Inhaberpapier oder ein Orderpapier, das mit Blankoindossament versehen ist, Gegenstand des Nießbrauchs, so steht der Besitz des Papiers und des zu dem Papier gehörenden Erneuerungsscheins dem Nießbraucher und dem Eigentümer gemeinschaftlich zu. ²Der Besitz der zu dem Papier gehörenden Zins-, Renten- oder Gewinnanteilscheine steht dem Nießbraucher zu.
(2) ¹Zur Bestellung des Nießbrauchs genügt anstelle der Übergabe des Papiers die Einräumung des Mitbesitzes.

§ 1082 Hinterlegung ¹Das Papier ist nebst dem Erneuerungsschein auf Verlangen des Nießbrauchers oder des Eigentümers bei einer Hinterlegungsstelle mit der Bestimmung zu hinterlegen, dass die Herausgabe nur von dem Nießbraucher und dem Eigentümer gemeinschaftlich verlangt werden kann. ²Der Nießbraucher kann auch Hinterlegung bei der Reichsbank, bei der *Deutschen Zentralgenossenschaftskasse* oder bei der Deutschen Girozentrale (Deutschen Kommunalbank) verlangen.

§ 1083 Mitwirkung zur Einziehung (1) ¹Der Nießbraucher und der Eigentümer des Papiers sind einander verpflichtet, zur Einziehung des fälligen Kapitals, zur Beschaffung neuer Zins-, Renten- oder Gewinnanteilscheine sowie zu sonstigen Maßnahmen mitzuwirken, die zur ordnungsmäßigen Vermögensverwaltung erforderlich sind.
(2) ¹Im Falle der Einlösung des Papiers findet die Vorschrift des § 1079 Anwendung. ²Eine bei der Einlösung gezahlte Prämie gilt als Teil des Kapitals.

§ 1084 Verbrauchbare Sachen ¹Gehört ein Inhaberpapier oder ein Orderpapier, das mit Blankoindossament versehen ist, nach § 92 zu den verbrauchbaren Sachen, so bewendet es bei der Vorschrift des § 1067.

Untertitel 3: Nießbrauch an einem Vermögen

§ 1085 Bestellung des Nießbrauchs an einem Vermögen ¹Der Nießbrauch an dem Vermögen einer Person kann nur in der Weise bestellt werden, dass der Nießbraucher den Nießbrauch an den einzelnen zu dem Vermögen gehörenden Gegenständen erlangt. ²Soweit der Nießbrauch bestellt ist, gelten die Vorschriften der §§ 1086 bis 1088.

§ 1086 Rechte der Gläubiger des Bestellers ¹Die Gläubiger des Bestellers können, soweit ihre Forderungen vor der Bestellung entstanden sind, ohne Rücksicht auf den Nießbrauch Befriedigung aus den dem Nießbrauch unterliegenden Gegenständen verlangen. ²Hat der Nießbraucher das Eigentum an verbrauchbaren Sachen erlangt, so tritt an die Stelle der Sachen der Anspruch des Bestellers auf Ersatz des Wertes; der Nießbraucher ist den Gläubigern gegenüber zum sofortigen Ersatz verpflichtet.

§ 1087 Verhältnis zwischen Nießbraucher und Besteller (1) ¹Der Besteller kann, wenn eine vor der Bestellung entstandene Forderung fällig ist, von dem Nießbraucher Rückgabe der zur Befriedigung des Gläubigers erforderlichen Gegenstände verlangen. ²Die Auswahl steht ihm zu; er kann jedoch nur die vorzugsweise geeigneten Gegenstände auswählen. ³Soweit die zurückgegebenen Gegenstände ausreichen, ist der Besteller dem Nießbraucher gegenüber zur Befriedigung des Gläubigers verpflichtet.
(2) ¹Der Nießbraucher kann die Verbindlichkeit durch Leistung des geschuldeten Gegenstands erfüllen. ²Gehört der geschuldete Gegenstand nicht zu dem Vermögen, das dem Nießbrauch unterliegt, so ist der Nießbraucher berechtigt, zum Zwecke der Befriedigung des Gläubigers einen zu dem Vermögen gehörenden Gegenstand zu veräußern, wenn die Befriedigung durch den Besteller nicht ohne Gefahr abgewartet werden kann. ³Er hat einen vorzugsweise geeigneten Gegenstand auszuwählen. ⁴Soweit er zum Ersatz des Wertes verbrauchbarer Sachen verpflichtet ist, darf er eine Veräußerung nicht vornehmen.

§ 1088 Haftung des Nießbrauchers (1) ¹Die Gläubiger des Bestellers, deren Forderungen schon zur Zeit der Bestellung verzinslich waren, können die Zinsen für die Dauer des Nießbrauchs auch von dem Nießbraucher verlangen. ²Das Gleiche gilt von anderen wiederkehrenden Leistungen, die bei ordnungsmäßiger Verwaltung aus den Einkünften des Vermögens bestritten werden, wenn die Forderung vor der Bestellung des Nießbrauchs entstanden ist.
(2) ¹Die Haftung des Nießbrauchers kann nicht durch Vereinbarung zwischen ihm und dem Besteller ausgeschlossen oder beschränkt werden.

(3) ¹Der Nießbraucher ist dem Besteller gegenüber zur Befriedigung der Gläubiger wegen der im Absatz 1 bezeichneten Ansprüche verpflichtet. ²Die Rückgabe von Gegenständen zum Zwecke der Befriedigung kann der Besteller nur verlangen, wenn der Nießbraucher mit der Erfüllung dieser Verbindlichkeit in Verzug kommt.

§ 1089 Nießbrauch an einer Erbschaft ¹Die Vorschriften der §§ 1085 bis 1088 finden auf den Nießbrauch an einer Erbschaft entsprechende Anwendung.

Titel 3: Beschränkte persönliche Dienstbarkeiten

§ 1090 Gesetzlicher Inhalt der beschränkten persönlichen Dienstbarkeit (1) ¹Ein Grundstück kann in der Weise belastet werden, dass derjenige, zu dessen Gunsten die Belastung erfolgt, berechtigt ist, das Grundstück in einzelnen Beziehungen zu benutzen, oder dass ihm eine sonstige Befugnis zusteht, die den Inhalt einer Grunddienstbarkeit bilden kann (beschränkte persönliche Dienstbarkeit).
(2) ¹Die Vorschriften der §§ 1020 bis 1024, 1026 bis 1029, 1061 finden entsprechende Anwendung.

§ 1091 Umfang ¹Der Umfang einer beschränkten persönlichen Dienstbarkeit bestimmt sich im Zweifel nach dem persönlichen Bedürfnis des Berechtigten.

§ 1092 Unübertragbarkeit; Überlassung der Ausübung (1) ¹Eine beschränkte persönliche Dienstbarkeit ist nicht übertragbar. ²Die Ausübung der Dienstbarkeit kann einem anderen nur überlassen werden, wenn die Überlassung gestattet ist.
(2) ¹Steht eine beschränkte persönliche Dienstbarkeit oder der Anspruch auf Einräumung einer beschränkten persönlichen Dienstbarkeit einer juristischen Person oder einer rechtsfähigen Personengesellschaft zu, so gelten die Vorschriften der §§ 1059 a bis 1059 d entsprechend.
(3) ¹Steht einer juristischen Person oder einer rechtsfähigen Personengesellschaft eine beschränkte persönliche Dienstbarkeit zu, die dazu berechtigt, ein Grundstück für Anlagen zur Fortleitung von Elektrizität, Gas, Fernwärme, Wasser, Abwasser, Öl oder Rohstoffen einschließlich aller dazugehörigen Anlagen, die der Fortleitung unmittelbar dienen, für Telekommunikationsanlagen, für Anlagen zum Transport von Produkten zwischen Betriebsstätten eines oder mehrerer privater oder öffentlicher Unternehmen oder für Straßenbahn- oder Eisenbahnanlagen zu benutzen, so ist die Dienstbarkeit übertragbar. ²Die Übertragbarkeit umfasst nicht das Recht, die Dienstbarkeit nach ihren Befugnissen zu teilen. ³Steht ein Anspruch auf Einräumung einer solchen beschränkten persönlichen Dienstbarkeit einer der in Satz 1 genannten Personen zu, so ist der Anspruch übertragbar. ⁴Die Vorschriften der §§ 1059 b bis 1059 d gelten entsprechend.

§ 1093 Wohnungsrecht (1) ¹Als beschränkte persönliche Dienstbarkeit kann auch das Recht bestellt werden, ein Gebäude oder einen Teil eines Gebäudes unter Ausschluss des Eigentümers als Wohnung zu benutzen. ²Auf dieses Recht finden die für den Nießbrauch geltenden Vorschriften der §§ 1031, 1034, 1036, des § 1037 Abs. 1 und der §§ 1041, 1042, 1044, 1049, 1050, 1057, 1062 entsprechende Anwendung.
(2) ¹Der Berechtigte ist befugt, seine Familie sowie die zur standesmäßigen Bedienung und zur Pflege erforderlichen Personen in die Wohnung aufzunehmen.
(3) ¹Ist das Recht auf einen Teil des Gebäudes beschränkt, so kann der Berechtigte die zum gemeinschaftlichen Gebrauch der Bewohner bestimmten Anlagen und Einrichtungen mitbenutzen.

Abschnitt 5: Vorkaufsrecht

§ 1094 Gesetzlicher Inhalt des dinglichen Vorkaufsrechts (1) ¹Ein Grundstück kann in der Weise belastet werden, dass derjenige, zu dessen Gunsten die Belastung erfolgt, dem Eigentümer gegenüber zum Vorkauf berechtigt ist.
(2) ¹Das Vorkaufsrecht kann auch zugunsten des jeweiligen Eigentümers eines anderen Grundstücks bestellt werden.

§ 1095 Belastung eines Bruchteils ¹Ein Bruchteil eines Grundstücks kann mit dem Vorkaufsrecht nur belastet werden, wenn er in dem Anteil eines Miteigentümers besteht.

§ 1096 Erstreckung auf Zubehör ¹Das Vorkaufsrecht kann auf das Zubehör erstreckt werden, das mit dem Grundstück verkauft wird. ²Im Zweifel ist anzunehmen, dass sich das Vorkaufsrecht auf dieses Zubehör erstrecken soll.

§ 1097 Bestellung für einen oder mehrere Verkaufsfälle ¹Das Vorkaufsrecht beschränkt sich auf den Fall des Verkaufs durch den Eigentümer, welchem das Grundstück zur Zeit der Bestellung gehört, oder durch dessen Erben; es kann jedoch auch für mehrere oder für alle Verkaufsfälle bestellt werden.

§ 1098 Wirkung des Vorkaufsrechts (1) ¹Das Rechtsverhältnis zwischen dem Berechtigten und dem Verpflichteten bestimmt sich nach den Vorschriften der §§ 463 bis 473. Das Vorkaufsrecht kann auch dann ausgeübt werden, wenn das Grundstück von dem Insolvenzverwalter aus freier Hand verkauft wird.
(2) ¹Dritten gegenüber hat das Vorkaufsrecht die Wirkung einer Vormerkung zur Sicherung des durch die Ausübung des Rechts entstehenden Anspruchs auf Übertragung des Eigentums.
(3) ¹Steht ein nach § 1094 Abs. 1 begründetes Vorkaufsrecht einer juristischen Person oder einer rechtsfähigen Personengesellschaft zu, so gelten, wenn seine Übertragbarkeit nicht vereinbart ist, für die Übertragung des Rechts die Vorschriften der §§ 1059 a bis 1059 d entsprechend.

§ 1099 Mitteilungen (1) ¹Gelangt das Grundstück in das Eigentum eines Dritten, so kann dieser in gleicher Weise wie der Verpflichtete dem Berechtigten den Inhalt des Kaufvertrags mit der im § 469 Abs. 2 bestimmten Wirkung mitteilen.
(2) ¹Der Verpflichtete hat den neuen Eigentümer zu benachrichtigen, sobald die Ausübung des Vorkaufsrechts erfolgt oder ausgeschlossen ist.

§ 1100 Rechte des Käufers ¹Der neue Eigentümer kann, wenn er der Käufer oder ein Rechtsnachfolger des Käufers ist, die Zustimmung zur Eintragung des Berechtigten als Eigentümer und die Herausgabe des Grundstücks verweigern, bis ihm der zwischen dem Verpflichteten und dem Käufer vereinbarte Kaufpreis, soweit er berichtigt ist, erstattet wird. ²Erlangt der Berechtigte die Eintragung als Eigentümer, so kann der bisherige Eigentümer von ihm die Erstattung des berichtigten Kaufpreises gegen Herausgabe des Grundstücks fordern.

§ 1101 Befreiung des Berechtigten ¹Soweit der Berechtigte nach § 1100 dem Käufer oder dessen Rechtsnachfolger den Kaufpreis zu erstatten hat, wird er von der Verpflichtung zur Zahlung des aus dem Vorkauf geschuldeten Kaufpreises frei.

§ 1102 Befreiung des Käufers ¹Verliert der Käufer oder sein Rechtsnachfolger infolge der Geltendmachung des Vorkaufsrechts das Eigentum, so wird der Käufer, soweit der von ihm geschuldete Kaufpreis noch nicht berichtigt ist, von seiner Verpflichtung frei; den berichtigten Kaufpreis kann er nicht zurückfordern.

§ 1103 Subjektiv-dingliches und subjektiv-persönliches Vorkaufsrecht
(1) ¹Ein zugunsten des jeweiligen Eigentümers eines Grundstücks bestehendes Vorkaufsrecht kann nicht von dem Eigentum an diesem Grundstück getrennt werden.
(2) ¹Ein zugunsten einer bestimmten Person bestehendes Vorkaufsrecht kann nicht mit dem Eigentum an einem Grundstück verbunden werden.

§ 1104 Ausschluss unbekannter Berechtigter
(1) ¹Ist der Berechtigte unbekannt, so kann er im Wege des Aufgebotsverfahrens mit seinem Recht ausgeschlossen werden, wenn die in § 1170 für die Ausschließung eines Hypothekengläubigers bestimmten Voraussetzungen vorliegen. ²Mit der Erlassung des Ausschlussurteils erlischt das Vorkaufsrecht.
(2) ¹Auf ein Vorkaufsrecht, das zugunsten des jeweiligen Eigentümers eines Grundstücks besteht, finden diese Vorschriften keine Anwendung.

Abschnitt 6: Reallasten

§ 1105 Gesetzlicher Inhalt der Reallast
(1) ¹Ein Grundstück kann in der Weise belastet werden, dass an denjenigen, zu dessen Gunsten die Belastung erfolgt, wiederkehrende Leistungen aus dem Grundstück zu entrichten sind (Reallast). ²Als Inhalt der Reallast kann auch vereinbart werden, dass die zu entrichtenden Leistungen sich ohne weiteres an veränderte Verhältnisse anpassen, wenn anhand der in der Vereinbarung festgelegten Voraussetzungen Art und Umfang der Belastung des Grundstücks bestimmt werden können.
(2) ¹Die Reallast kann auch zugunsten des jeweiligen Eigentümers eines anderen Grundstücks bestellt werden.

§ 1106 Belastung eines Bruchteils
¹Ein Bruchteil eines Grundstücks kann mit einer Reallast nur belastet werden, wenn er in dem Anteil eines Miteigentümers besteht.

§ 1107 Einzelleistungen
¹Auf die einzelnen Leistungen finden die für die Zinsen einer Hypothekenforderung geltenden Vorschriften entsprechende Anwendung.

§ 1108 Persönliche Haftung des Eigentümers
(1) ¹Der Eigentümer haftet für die während der Dauer seines Eigentums fällig werdenden Leistungen auch persönlich, soweit nicht ein anderes bestimmt ist.
(2) ¹Wird das Grundstück geteilt, so haften die Eigentümer der einzelnen Teile als Gesamtschuldner.

§ 1109 Teilung des herrschenden Grundstücks
(1) ¹Wird das Grundstück des Berechtigten geteilt, so besteht die Reallast für die einzelnen Teile fort. ²Ist die Leistung teilbar, so bestimmen sich die Anteile der Eigentümer nach dem Verhältnis der Größe der Teile; ist sie nicht teilbar, so findet die Vorschrift des § 432 Anwendung. ³Die Ausübung des Rechts ist im Zweifel nur in der Weise zulässig, dass sie für den Eigentümer des belasteten Grundstücks nicht beschwerlicher wird.
(2) ¹Der Berechtigte kann bestimmen, dass das Recht nur mit einem der Teile verbunden sein soll. ²Die Bestimmung hat dem Grundbuchamt gegenüber zu erfolgen und bedarf der Eintragung in das Grundbuch; die Vorschriften der §§ 876, 878 finden entsprechende Anwendung. ³Veräußert der Berechtigte einen Teil des Grundstücks, ohne eine solche Bestimmung zu treffen, so bleibt das Recht mit dem Teil verbunden, den er behält.
(3) ¹Gereicht die Reallast nur einem der Teile zum Vorteil, so bleibt sie mit diesem Teil allein verbunden.

§ 1110 Subjektiv-dingliche Reallast ¹Eine zugunsten des jeweiligen Eigentümers eines Grundstücks bestehende Reallast kann nicht von dem Eigentum an diesem Grundstück getrennt werden.

§ 1111 Subjektiv-persönliche Reallast (1) ¹Eine zugunsten einer bestimmten Person bestehende Reallast kann nicht mit dem Eigentum an einem Grundstück verbunden werden.
(2) ¹Ist der Anspruch auf die einzelne Leistung nicht übertragbar, so kann das Recht nicht veräußert oder belastet werden.

§ 1112 Ausschluss unbekannter Berechtigter ¹Ist der Berechtigte unbekannt, so findet auf die Ausschließung seines Rechts die Vorschrift des § 1104 entsprechende Anwendung.

Abschnitt 7: Hypothek, Grundschuld, Rentenschuld

Titel 1: Hypothek

§ 1113 Gesetzlicher Inhalt der Hypothek (1) ¹Ein Grundstück kann in der Weise belastet werden, dass an denjenigen, zu dessen Gunsten die Belastung erfolgt, eine bestimmte Geldsumme zur Befriedigung wegen einer ihm zustehenden Forderung aus dem Grundstück zu zahlen ist (Hypothek).
(2) ¹Die Hypothek kann auch für eine künftige oder eine bedingte Forderung bestellt werden.

§ 1114 Belastung eines Bruchteils ¹Ein Bruchteil eines Grundstücks kann außer in den in § 3 Abs. 6 der Grundbuchordnung bezeichneten Fällen mit einer Hypothek nur belastet werden, wenn er in dem Anteil eines Miteigentümers besteht.

§ 1115 Eintragung der Hypothek (1) ¹Bei der Eintragung der Hypothek müssen der Gläubiger, der Geldbetrag der Forderung und, wenn die Forderung verzinslich ist, der Zinssatz, wenn andere Nebenleistungen zu entrichten sind, ihr Geldbetrag im Grundbuch angegeben werden; im Übrigen kann zur Bezeichnung der Forderung auf die Eintragungsbewilligung Bezug genommen werden.
(2) ¹Bei der Eintragung der Hypothek für ein Darlehen einer Kreditanstalt, deren Satzung von der zuständigen Behörde öffentlich bekannt gemacht worden ist, genügt zur Bezeichnung der außer den Zinsen satzungsgemäß zu entrichtenden Nebenleistungen die Bezugnahme auf die Satzung.

§ 1116 Brief- und Buchhypothek (1) ¹Über die Hypothek wird ein Hypothekenbrief erteilt.
(2) ¹Die Erteilung des Briefes kann ausgeschlossen werden. ²Die Ausschließung kann auch nachträglich erfolgen. ³Zu der Ausschließung ist die Einigung des Gläubigers und des Eigentümers sowie die Eintragung in das Grundbuch erforderlich; die Vorschriften des § 873 Abs. 2 und der §§ 876, 878 finden entsprechende Anwendung.
(3) ¹Die Ausschließung der Erteilung des Briefes kann aufgehoben werden; die Aufhebung erfolgt in gleicher Weise wie die Ausschließung.

§ 1117 Erwerb der Briefhypothek (1) ¹Der Gläubiger erwirbt, sofern nicht die Erteilung des Hypothekenbriefs ausgeschlossen ist, die Hypothek erst, wenn ihm der Brief von dem Eigentümer des Grundstücks übergeben wird. ²Auf die Übergabe finden die Vorschriften des § 929 Satz 2 und der §§ 930, 931 Anwendung.

BGB   §§ 1118–1123

(2) ¹Die Übergabe des Briefes kann durch die Vereinbarung ersetzt werden, dass der Gläubiger berechtigt sein soll, sich den Brief von dem Grundbuchamt aushändigen zu lassen.

(3) ¹Ist der Gläubiger im Besitz des Briefes, so wird vermutet, dass die Übergabe erfolgt sei.

§ 1118 Haftung für Nebenforderungen   ¹Kraft der Hypothek haftet das Grundstück auch für die gesetzlichen Zinsen der Forderung sowie für die Kosten der Kündigung und der die Befriedigung aus dem Grundstück bezweckenden Rechtsverfolgung.

§ 1119 Erweiterung der Haftung für Zinsen   (1) ¹Ist die Forderung unverzinslich oder ist der Zinssatz niedriger als fünf vom Hundert, so kann die Hypothek ohne Zustimmung der im Range gleich- oder nachstehenden Berechtigten dahin erweitert werden, dass das Grundstück für Zinsen bis zu fünf vom Hundert haftet.

(2) ¹Zu einer Änderung der Zahlungszeit und des Zahlungsorts ist die Zustimmung dieser Berechtigten gleichfalls nicht erforderlich.

§ 1120 Erstreckung auf Erzeugnisse, Bestandteile und Zubehör
¹Die Hypothek erstreckt sich auf die von dem Grundstück getrennten Erzeugnisse und sonstigen Bestandteile, soweit sie nicht mit der Trennung nach den §§ 954 bis 957 in das Eigentum eines anderen als des Eigentümers oder des Eigenbesitzers des Grundstücks gelangt sind, sowie auf das Zubehör des Grundstücks mit Ausnahme der Zubehörstücke, welche nicht in das Eigentum des Eigentümers des Grundstücks gelangt sind.

§ 1121 Enthaftung durch Veräußerung und Entfernung   (1) ¹Erzeugnisse und sonstige Bestandteile des Grundstücks sowie Zubehörstücke werden von der Haftung frei, wenn sie veräußert und von dem Grundstück entfernt werden, bevor sie zugunsten des Gläubigers in Beschlag genommen worden sind.

(2) ¹Erfolgt die Veräußerung vor der Entfernung, so kann sich der Erwerber dem Gläubiger gegenüber nicht darauf berufen, dass er in Ansehung der Hypothek in gutem Glauben gewesen sei. ²Entfernt der Erwerber die Sache von dem Grundstück, so ist eine vor der Entfernung erfolgte Beschlagnahme ihm gegenüber nur wirksam, wenn er bei der Entfernung in Ansehung der Beschlagnahme nicht in gutem Glauben ist.

§ 1122 Enthaftung ohne Veräußerung   (1) ¹Sind die Erzeugnisse oder Bestandteile innerhalb der Grenzen einer ordnungsmäßigen Wirtschaft von dem Grundstück getrennt worden, so erlischt ihre Haftung auch ohne Veräußerung, wenn sie vor der Beschlagnahme von dem Grundstück entfernt werden, es sei denn, dass die Entfernung zu einem vorübergehenden Zwecke erfolgt.

(2) ¹Zubehörstücke werden ohne Veräußerung von der Haftung frei, wenn die Zubehöreigenschaft innerhalb der Grenzen einer ordnungsmäßigen Wirtschaft vor der Beschlagnahme aufgehoben wird.

§ 1123 Erstreckung auf Miet- oder Pachtforderung   (1) ¹Ist das Grundstück vermietet oder verpachtet, so erstreckt sich die Hypothek auf die Miet- oder Pachtforderung.

(2) ¹Soweit die Forderung fällig ist, wird sie mit dem Ablauf eines Jahres nach dem Eintritt der Fälligkeit von der Haftung frei, wenn nicht vorher die Beschlagnahme zugunsten des Hypothekengläubigers erfolgt. ²Ist die Miete oder Pacht im Voraus zu entrichten, so erstreckt sich die Befreiung nicht auf die Miete oder Pacht für eine spätere Zeit als den zur Zeit der Beschlagnahme laufenden Kalendermonat; erfolgt die Beschlagnahme nach dem fünfzehnten Tag

des Monats, so erstreckt sich die Befreiung auch auf den Miet- oder Pachtzins für den folgenden Kalendermonat.

§ 1124 Vorausverfügung über Miete oder Pacht (1) [1]Wird die Miete oder Pacht eingezogen, bevor sie zugunsten des Hypothekengläubigers in Beschlag genommen worden ist, oder wird vor der Beschlagnahme in anderer Weise über sie verfügt, so ist die Verfügung dem Hypothekengläubiger gegenüber wirksam. [2]Besteht die Verfügung in der Übertragung der Forderung auf einen Dritten, so erlischt die Haftung der Forderung; erlangt ein Dritter ein Recht an der Forderung, so geht es der Hypothek im Range vor.

(2) [1]Die Verfügung ist dem Hypothekengläubiger gegenüber unwirksam, soweit sie sich auf die Miete oder Pacht für eine spätere Zeit als den zur Zeit der Beschlagnahme laufenden Kalendermonat bezieht; erfolgt die Beschlagnahme nach dem fünfzehnten Tag des Monats, so ist die Verfügung jedoch insoweit wirksam, als sie sich auf die Miete oder Pacht für den folgenden Kalendermonat bezieht.

(3) [1]Der Übertragung der Forderung auf einen Dritten steht es gleich, wenn das Grundstück ohne die Forderung veräußert wird.

§ 1125 Aufrechnung gegen Miete oder Pacht [1]Soweit die Einziehung der Miete oder Pacht dem Hypothekengläubiger gegenüber unwirksam ist, kann der Mieter oder der Pächter nicht eine ihm gegen den Vermieter oder den Verpächter zustehende Forderung gegen den Hypothekengläubiger aufrechnen.

§ 1126 Erstreckung auf wiederkehrende Leistungen [1]Ist mit dem Eigentum an dem Grundstück ein Recht auf wiederkehrende Leistungen verbunden, so erstreckt sich die Hypothek auf die Ansprüche auf diese Leistungen. [2]Die Vorschriften des § 1123 Abs. 2 Satz 1, des § 1124 Abs. 1, 3 und des § 1125 finden entsprechende Anwendung. [3]Eine vor der Beschlagnahme erfolgte Verfügung über den Anspruch auf eine Leistung, die erst drei Monate nach der Beschlagnahme fällig wird, ist dem Hypothekengläubiger gegenüber unwirksam.

§ 1127 Erstreckung auf die Versicherungsforderung (1) [1]Sind Gegenstände, die der Hypothek unterliegen, für den Eigentümer oder den Eigenbesitzer des Grundstücks unter Versicherung gebracht, so erstreckt sich die Hypothek auf die Forderung gegen den Versicherer.

(2) [1]Die Haftung der Forderung gegen den Versicherer erlischt, wenn der versicherte Gegenstand wieder hergestellt oder Ersatz für ihn beschafft ist.

§ 1128 Gebäudeversicherung (1) [1]Ist ein Gebäude versichert, so kann der Versicherer die Versicherungssumme mit Wirkung gegen den Hypothekengläubiger an den Versicherten erst zahlen, wenn er oder der Versicherte den Eintritt des Schadens dem Hypothekengläubiger angezeigt hat und seit dem Empfang der Anzeige ein Monat verstrichen ist. [2]Der Hypothekengläubiger kann bis zum Ablauf der Frist dem Versicherer gegenüber der Zahlung widersprechen. [3]Die Anzeige darf unterbleiben, wenn sie untunlich ist; in diesem Falle wird der Monat von dem Zeitpunkt an berechnet, in welchem die Versicherungssumme fällig wird.

(2) [1]Hat der Hypothekengläubiger seine Hypothek dem Versicherer angemeldet, so kann der Versicherer mit Wirkung gegen den Hypothekengläubiger an den Versicherten nur zahlen, wenn der Hypothekengläubiger der Zahlung schriftlich zugestimmt hat.

(3) [1]Im Übrigen finden die für eine verpfändete Forderung geltenden Vorschriften Anwendung; der Versicherer kann sich jedoch nicht darauf berufen, dass er eine aus dem Grundbuch ersichtliche Hypothek nicht gekannt habe.

BGB §§ 1129–1136

§ 1129 Sonstige Schadensversicherung ¹Ist ein anderer Gegenstand als ein Gebäude versichert, so bestimmt sich die Haftung der Forderung gegen den Versicherer nach den Vorschriften des § 1123 Abs. 2 Satz 1 und des § 1124 Abs. 1, 3.

§ 1130 Wiederherstellungsklausel ¹Ist der Versicherer nach den Versicherungsbestimmungen nur verpflichtet, die Versicherungssumme zur Wiederherstellung des versicherten Gegenstands zu zahlen, so ist eine diesen Bestimmungen entsprechende Zahlung an den Versicherten dem Hypothekengläubiger gegenüber wirksam.

§ 1131 Zuschreibung eines Grundstücks ¹Wird ein Grundstück nach § 890 Abs. 2 einem anderen Grundstück im Grundbuch zugeschrieben, so erstrecken sich die an diesem Grundstück bestehenden Hypotheken auf das zugeschriebene Grundstück. ²Rechte, mit denen das zugeschriebene Grundstück belastet ist, gehen diesen Hypotheken im Range vor.

§ 1132 Gesamthypothek (1) ¹Besteht für die Forderung eine Hypothek an mehreren Grundstücken (Gesamthypothek), so haftet jedes Grundstück für die ganze Forderung. ²Der Gläubiger kann die Befriedigung nach seinem Belieben aus jedem der Grundstücke ganz oder zu einem Teil suchen.
(2) ¹Der Gläubiger ist berechtigt, den Betrag der Forderung auf die einzelnen Grundstücke in der Weise zu verteilen, dass jedes Grundstück nur für den zugeteilten Betrag haftet. ²Auf die Verteilung finden die Vorschriften der §§ 875, 876, 878 entsprechende Anwendung.

§ 1133 Gefährdung der Sicherheit der Hypothek ¹Ist infolge einer Verschlechterung des Grundstücks die Sicherheit der Hypothek gefährdet, so kann der Gläubiger dem Eigentümer eine angemessene Frist zur Beseitigung der Gefährdung bestimmen. ²Nach dem Ablauf der Frist ist der Gläubiger berechtigt, sofort Befriedigung aus dem Grundstück zu suchen, wenn nicht die Gefährdung durch Verbesserung des Grundstücks oder durch anderweitige Hypothekenbestellung beseitigt worden ist. ³Ist die Forderung unverzinslich und noch nicht fällig, so gebührt dem Gläubiger nur die Summe, welche mit Hinzurechnung der gesetzlichen Zinsen für die Zeit von der Zahlung bis zur Fälligkeit dem Betrag der Forderung gleichkommt.

§ 1134 Unterlassungsklage (1) ¹Wirkt der Eigentümer oder ein Dritter auf das Grundstück in solcher Weise ein, dass eine die Sicherheit der Hypothek gefährdende Verschlechterung des Grundstücks zu besorgen ist, so kann der Gläubiger auf Unterlassung klagen.
(2) ¹Geht die Einwirkung von dem Eigentümer aus, so hat das Gericht auf Antrag des Gläubigers die zur Abwendung der Gefährdung erforderlichen Maßregeln anzuordnen. ²Das Gleiche gilt, wenn die Verschlechterung deshalb zu besorgen ist, weil der Eigentümer die erforderlichen Vorkehrungen gegen Einwirkungen Dritter oder gegen andere Beschädigungen unterlässt.

§ 1135 Verschlechterung des Zubehörs ¹Einer Verschlechterung des Grundstücks im Sinne der §§ 1133, 1134 steht es gleich, wenn Zubehörstücke, auf die sich die Hypothek erstreckt, verschlechtert oder den Regeln einer ordnungsmäßigen Wirtschaft zuwider von dem Grundstück entfernt werden.

§ 1136 Rechtsgeschäftliche Verfügungsbeschränkung ¹Eine Vereinbarung, durch die sich der Eigentümer dem Gläubiger gegenüber verpflichtet, das Grundstück nicht zu veräußern oder nicht weiter zu belasten, ist nichtig.

§§ 1137–1144 BGB

§ 1137 Einreden des Eigentümers (1) ¹Der Eigentümer kann gegen die Hypothek die dem persönlichen Schuldner gegen die Forderung sowie die nach § 770 einem Bürgen zustehenden Einreden geltend machen. ²Stirbt der persönliche Schuldner, so kann sich der Eigentümer nicht darauf berufen, dass der Erbe für die Schuld nur beschränkt haftet.
(2) ¹Ist der Eigentümer nicht der persönliche Schuldner, so verliert er eine Einrede nicht dadurch, dass dieser auf sie verzichtet.

§ 1138 Öffentlicher Glaube des Grundbuchs ¹Die Vorschriften der §§ 891 bis 899 gelten für die Hypothek auch in Ansehung der Forderung und der dem Eigentümer nach § 1137 zustehenden Einreden.

§ 1139 Widerspruch bei Darlehensbuchhypothek ¹Ist bei der Bestellung einer Hypothek für ein Darlehen die Erteilung des Hypothekenbriefs ausgeschlossen worden, so genügt zur Eintragung eines Widerspruchs, der sich darauf gründet, dass die Hingabe des Darlehens unterblieben sei, der von dem Eigentümer an das Grundbuchamt gerichtete Antrag, sofern er vor dem Ablauf eines Monats nach der Eintragung der Hypothek gestellt wird. ²Wird der Widerspruch innerhalb des Monats eingetragen, so hat die Eintragung die gleiche Wirkung, wie wenn der Widerspruch zugleich mit der Hypothek eingetragen worden wäre.

§ 1140 Hypothekenbrief und Unrichtigkeit des Grundbuchs ¹Soweit die Unrichtigkeit des Grundbuchs aus dem Hypothekenbrief oder einem Vermerk auf dem Brief hervorgeht, ist die Berufung auf die Vorschriften der §§ 892, 893 ausgeschlossen. ²Ein Widerspruch gegen die Richtigkeit des Grundbuchs, der aus dem Briefe oder einem Vermerk auf dem Briefe hervorgeht, steht einem im Grundbuch eingetragenen Widerspruch gleich.

§ 1141 Kündigung der Hypothek (1) ¹Hängt die Fälligkeit der Forderung von einer Kündigung ab, so ist die Kündigung für die Hypothek nur wirksam, wenn sie von dem Gläubiger dem Eigentümer oder von dem Eigentümer dem Gläubiger erklärt wird. ²Zugunsten des Gläubigers gilt derjenige, welcher im Grundbuch als Eigentümer eingetragen ist, als der Eigentümer.
(2) ¹Hat der Eigentümer keinen Wohnsitz im Inland oder liegen die Voraussetzungen des § 132 Abs. 2 vor, so hat auf Antrag des Gläubigers das Amtsgericht, in dessen Bezirk das Grundstück liegt, dem Eigentümer einen Vertreter zu bestellen, dem gegenüber die Kündigung des Gläubigers erfolgen kann.

§ 1142 Befriedigungsrecht des Eigentümers (1) ¹Der Eigentümer ist berechtigt, den Gläubiger zu befriedigen, wenn die Forderung ihm gegenüber fällig geworden oder wenn der persönliche Schuldner zur Leistung berechtigt ist.
(2) ¹Die Befriedigung kann auch durch Hinterlegung oder durch Aufrechnung erfolgen.

§ 1143 Übergang der Forderung (1) ¹Ist der Eigentümer nicht der persönliche Schuldner, so geht, soweit er den Gläubiger befriedigt, die Forderung auf ihn über. ²Die für einen Bürgen geltende Vorschrift des § 774 Abs. 1 findet entsprechende Anwendung.
(2) ¹Besteht für die Forderung eine Gesamthypothek, so gilt für diese die Vorschrift des § 1173.

§ 1144 Aushändigung der Urkunden ¹Der Eigentümer kann gegen Befriedigung des Gläubigers die Aushändigung des Hypothekenbriefs und der sonstigen Urkunden verlangen, die zur Berichtigung des Grundbuchs oder zur Löschung der Hypothek erforderlich sind.

BGB §§ 1145–1154

§ 1145 Teilweise Befriedigung (1) [1]Befriedigt der Eigentümer den Gläubiger nur teilweise, so kann er die Aushändigung des Hypothekenbriefs nicht verlangen. [2]Der Gläubiger ist verpflichtet, die teilweise Befriedigung auf dem Brief zu vermerken und den Brief zum Zwecke der Berichtigung des Grundbuchs oder der Löschung dem Grundbuchamt oder zum Zwecke der Herstellung eines Teilhypothekenbriefs für den Eigentümer der zuständigen Behörde oder einem zuständigen Notar vorzulegen.
(2) [1]Die Vorschrift des Absatzes 1 Satz 2 gilt für Zinsen und andere Nebenleistungen nur, wenn sie später als in dem Kalendervierteljahr, in welchem der Gläubiger befriedigt wird, oder dem folgenden Vierteljahr fällig werden. [2]Auf Kosten, für die das Grundstück nach § 1118 haftet, findet die Vorschrift keine Anwendung.

§ 1146 Verzugszinsen [1]Liegen dem Eigentümer gegenüber die Voraussetzungen vor, unter denen ein Schuldner in Verzug kommt, so gebühren dem Gläubiger Verzugszinsen aus dem Grundstück.

§ 1147 Befriedigung durch Zwangsvollstreckung [1]Die Befriedigung des Gläubigers aus dem Grundstück und den Gegenständen, auf die sich die Hypothek erstreckt, erfolgt im Wege der Zwangsvollstreckung.

§ 1148 Eigentumsfiktion [1]Bei der Verfolgung des Rechts aus der Hypothek gilt zugunsten des Gläubigers derjenige, welcher im Grundbuch als Eigentümer eingetragen ist, als der Eigentümer. [2]Das Recht des nicht eingetragenen Eigentümers, die ihm gegen die Hypothek zustehenden Einwendungen geltend zu machen, bleibt unberührt.

§ 1149 Unzulässige Befriedigungsabreden [1]Der Eigentümer kann, solange nicht die Forderung ihm gegenüber fällig geworden ist, dem Gläubiger nicht das Recht einräumen, zum Zwecke der Befriedigung die Übertragung des Eigentums an dem Grundstück zu verlangen oder die Veräußerung des Grundstücks auf andere Weise als im Wege der Zwangsvollstreckung zu bewirken.

§ 1150 Ablösungsrecht Dritter [1]Verlangt der Gläubiger Befriedigung aus dem Grundstück, so finden die Vorschriften der §§ 268, 1144, 1145 entsprechende Anwendung.

§ 1151 Rangänderung bei Teilhypotheken [1]Wird die Forderung geteilt, so ist zur Änderung des Rangverhältnisses der Teilhypotheken untereinander die Zustimmung des Eigentümers nicht erforderlich.

§ 1152 Teilhypothekenbrief [1]Im Falle einer Teilung der Forderung kann, sofern nicht die Erteilung des Hypothekenbriefs ausgeschlossen ist, für jeden Teil ein Teilhypothekenbrief hergestellt werden; die Zustimmung des Eigentümers des Grundstücks ist nicht erforderlich. [2]Der Teilhypothekenbrief tritt für den Teil, auf den er sich bezieht, an die Stelle des bisherigen Briefes.

§ 1153 Übertragung von Hypothek und Forderung (1) [1]Mit der Übertragung der Forderung geht die Hypothek auf den neuen Gläubiger über.
(2) [1]Die Forderung kann nicht ohne die Hypothek, die Hypothek kann nicht ohne die Forderung übertragen werden.

§ 1154 Abtretung der Forderung (1) [1]Zur Abtretung der Forderung ist Erteilung der Abtretungserklärung in schriftlicher Form und Übergabe des Hypothekenbriefs erforderlich; die Vorschrift des § 1117 findet Anwendung. [2]Der bisherige Gläubiger hat auf Verlangen des neuen Gläubigers die Abtretungserklärung auf seine Kosten öffentlich beglaubigen zu lassen.
(2) [1]Die schriftliche Form der Abtretungserklärung kann dadurch ersetzt werden, dass die Abtretung in das Grundbuch eingetragen wird.

(3) ¹Ist die Erteilung des Hypothekenbriefs ausgeschlossen, so finden auf die Abtretung der Forderung die Vorschriften der §§ 873, 878 entsprechende Anwendung.

§ 1155 Öffentlicher Glaube beglaubigter Abtretungserklärungen
¹Ergibt sich das Gläubigerrecht des Besitzers des Hypothekenbriefs aus einer zusammenhängenden, auf einen eingetragenen Gläubiger zurückführenden Reihe von öffentlich beglaubigten Abtretungserklärungen, so finden die Vorschriften der §§ 891 bis 899 in gleicher Weise Anwendung, wie wenn der Besitzer des Briefes als Gläubiger im Grundbuch eingetragen wäre. ²Einer öffentlich beglaubigten Abtretungserklärung steht gleich ein gerichtlicher Überweisungsbeschluss und das öffentlich beglaubigte Anerkenntnis einer kraft Gesetzes erfolgten Übertragung der Forderung.

§ 1156 Rechtsverhältnis zwischen Eigentümer und neuem Gläubiger
¹Die für die Übertragung der Forderung geltenden Vorschriften der §§ 406 bis 408 finden auf das Rechtsverhältnis zwischen dem Eigentümer und dem neuen Gläubiger in Ansehung der Hypothek keine Anwendung. ²Der neue Gläubiger muss jedoch eine dem bisherigen Gläubiger gegenüber erfolgte Kündigung des Eigentümers gegen sich gelten lassen, es sei denn, dass die Übertragung zur Zeit der Kündigung dem Eigentümer bekannt oder im Grundbuch eingetragen ist.

§ 1157 Fortbestehen der Einreden gegen die Hypothek
¹Eine Einrede, die dem Eigentümer auf Grund eines zwischen ihm und dem bisherigen Gläubiger bestehenden Rechtsverhältnisses gegen die Hypothek zusteht, kann auch dem neuen Gläubiger entgegengesetzt werden. ²Die Vorschriften der §§ 892, 894 bis 899, 1140 gelten auch für diese Einrede.

§ 1158 Künftige Nebenleistungen
¹Soweit die Forderung auf Zinsen oder andere Nebenleistungen gerichtet ist, die nicht später als in dem Kalendervierteljahr, in welchem der Eigentümer von der Übertragung Kenntnis erlangt, oder dem folgenden Vierteljahr fällig werden, finden auf das Rechtsverhältnis zwischen dem Eigentümer und dem neuen Gläubiger die Vorschriften der §§ 406 bis 408 Anwendung; der Gläubiger kann sich gegenüber den Einwendungen, welche dem Eigentümer nach den §§ 404, 406 bis 408, 1157 zustehen, nicht auf die Vorschrift des § 892 berufen.

§ 1159 Rückständige Nebenleistungen
(1) ¹Soweit die Forderung auf Rückstände von Zinsen oder anderen Nebenleistungen gerichtet ist, bestimmt sich die Übertragung sowie das Rechtsverhältnis zwischen dem Eigentümer und dem neuen Gläubiger nach den für die Übertragung von Forderungen geltenden allgemeinen Vorschriften. ²Das Gleiche gilt für den Anspruch auf Erstattung von Kosten, für die das Grundstück nach § 1118 haftet.
(2) ¹Die Vorschrift des § 892 findet auf die im Absatz 1 bezeichneten Ansprüche keine Anwendung.

§ 1160 Geltendmachung der Briefhypothek
(1) ¹Der Geltendmachung der Hypothek kann, sofern nicht die Erteilung des Hypothekenbriefs ausgeschlossen ist, widersprochen werden, wenn der Gläubiger nicht den Brief vorlegt; ist der Gläubiger nicht im Grundbuch eingetragen, so sind auch die im § 1155 bezeichneten Urkunden vorzulegen.
(2) ¹Eine dem Eigentümer gegenüber erfolgte Kündigung oder Mahnung ist unwirksam, wenn der Gläubiger die nach Absatz 1 erforderlichen Urkunden nicht vorlegt und der Eigentümer die Kündigung oder die Mahnung aus diesem Grunde unverzüglich zurückweist.

(3) ¹Diese Vorschriften gelten nicht für die im § 1159 bezeichneten Ansprüche.

§ 1161 Geltendmachung der Forderung ¹Ist der Eigentümer der persönliche Schuldner, so findet die Vorschrift des § 1160 auch auf die Geltendmachung der Forderung Anwendung.

§ 1162 Aufgebot des Hypothekenbriefs ¹Ist der Hypothekenbrief abhanden gekommen oder vernichtet, so kann er im Wege des Aufgebotsverfahrens für kraftlos erklärt werden.

§ 1163 Eigentümerhypothek (1) ¹Ist die Forderung, für welche die Hypothek bestellt ist, nicht zur Entstehung gelangt, so steht die Hypothek dem Eigentümer zu. ²Erlischt die Forderung, so erwirbt der Eigentümer die Hypothek.
(2) ¹Eine Hypothek, für welche die Erteilung des Hypothekenbriefs nicht ausgeschlossen ist, steht bis zur Übergabe des Briefes an den Gläubiger dem Eigentümer zu.

§ 1164 Übergang der Hypothek auf den Schuldner (1) ¹Befriedigt der persönliche Schuldner den Gläubiger, so geht die Hypothek insoweit auf ihn über, als er von dem Eigentümer oder einem Rechtsvorgänger des Eigentümers Ersatz verlangen kann. ²Ist dem Schuldner nur teilweise Ersatz zu leisten, so kann der Eigentümer die Hypothek, soweit sie auf ihn übergegangen ist, nicht zum Nachteil der Hypothek des Schuldners geltend machen.
(2) ¹Der Befriedigung des Gläubigers steht es gleich, wenn sich Forderung und Schuld in einer Person vereinigen.

§ 1165 Freiwerden des Schuldners ¹Verzichtet der Gläubiger auf die Hypothek oder hebt er sie nach § 1183 auf oder räumt er einem anderen Recht den Vorrang ein, so wird der persönliche Schuldner insoweit frei, als er ohne diese Verfügung nach § 1164 aus der Hypothek hätte Ersatz erlangen können.

§ 1166 Benachrichtigung des Schuldners ¹Ist der persönliche Schuldner berechtigt, von dem Eigentümer Ersatz zu verlangen, falls er den Gläubiger befriedigt, so kann er, wenn der Gläubiger die Zwangsversteigerung des Grundstücks betreibt, ohne ihn unverzüglich zu benachrichtigen, die Befriedigung des Gläubigers wegen eines Ausfalls bei der Zwangsversteigerung insoweit verweigern, als er infolge der Unterlassung der Benachrichtigung einen Schaden erleidet. ²Die Benachrichtigung darf unterbleiben, wenn sie untunlich ist.

§ 1167 Aushändigung der Berichtigungsurkunden ¹Erwirbt der persönliche Schuldner, falls er den Gläubiger befriedigt, die Hypothek oder hat er im Falle der Befriedigung ein sonstiges rechtliches Interesse an der Berichtigung des Grundbuchs, so stehen ihm die in den §§ 1144, 1145 bestimmten Rechte zu.

§ 1168 Verzicht auf die Hypothek (1) ¹Verzichtet der Gläubiger auf die Hypothek, so erwirbt sie der Eigentümer.
(2) ¹Der Verzicht ist dem Grundbuchamt oder dem Eigentümer gegenüber zu erklären und bedarf der Eintragung in das Grundbuch. ²Die Vorschriften des § 875 Abs. 2 und der §§ 876, 878 finden entsprechende Anwendung.
(3) ¹Verzichtet der Gläubiger für einen Teil der Forderung auf die Hypothek, so stehen dem Eigentümer die im § 1145 bestimmten Rechte zu.

§ 1169 Rechtszerstörende Einrede ¹Steht dem Eigentümer eine Einrede zu, durch welche die Geltendmachung der Hypothek dauernd ausgeschlossen wird, so kann er verlangen, dass der Gläubiger auf die Hypothek verzichtet.

§§ 1170–1174 BGB

§ 1170 Ausschluss unbekannter Gläubiger (1) ¹Ist der Gläubiger unbekannt, so kann er im Wege des Aufgebotsverfahrens mit seinem Recht ausgeschlossen werden, wenn seit der letzten sich auf die Hypothek beziehenden Eintragung in das Grundbuch zehn Jahre verstrichen sind und das Recht des Gläubigers nicht innerhalb dieser Frist von dem Eigentümer in einer nach § 212 Abs. 1 Nr. 1 zum Neubeginn der Verjährung geeigneten Weise anerkannt worden ist. ²Besteht für die Forderung eine nach dem Kalender bestimmte Zahlungszeit, so beginnt die Frist nicht vor dem Ablauf des Zahlungstags.
(2) ¹Mit der Erlassung des Ausschlussurteils erwirbt der Eigentümer die Hypothek. ²Der dem Gläubiger erteilte Hypothekenbrief wird kraftlos.

§ 1171 Ausschluss durch Hinterlegung (1) ¹Der unbekannte Gläubiger kann im Wege des Aufgebotsverfahrens mit seinem Recht auch dann ausgeschlossen werden, wenn der Eigentümer zur Befriedigung des Gläubigers oder zur Kündigung berechtigt ist und den Betrag der Forderung für den Gläubiger unter Verzicht auf das Recht zur Rücknahme hinterlegt. ²Die Hinterlegung von Zinsen ist nur erforderlich, wenn der Zinssatz im Grundbuch eingetragen ist; Zinsen für eine frühere Zeit als das vierte Kalenderjahr vor der Erlassung des Ausschlussurteils sind nicht zu hinterlegen.
(2) ¹Mit der Erlassung des Ausschlussurteils gilt der Gläubiger als befriedigt, sofern nicht nach den Vorschriften über die Hinterlegung die Befriedigung schon vorher eingetreten ist. ²Der dem Gläubiger erteilte Hypothekenbrief wird kraftlos.
(3) ¹Das Recht des Gläubigers auf den hinterlegten Betrag erlischt mit dem Ablauf von 30 Jahren nach der Erlassung des Ausschlussurteils, wenn nicht der Gläubiger sich vorher bei der Hinterlegungsstelle meldet; der Hinterleger ist zur Rücknahme berechtigt, auch wenn er auf das Recht zur Rücknahme verzichtet hat.

§ 1172 Eigentümergesamthypothek (1) ¹Eine Gesamthypothek steht in den Fällen des § 1163 den Eigentümern der belasteten Grundstücke gemeinschaftlich zu.
(2) ¹Jeder Eigentümer kann, sofern nicht ein anderes vereinbart ist, verlangen, dass die Hypothek an seinem Grundstück auf den Teilbetrag, der dem Verhältnis des Wertes seines Grundstücks zu dem Werte der sämtlichen Grundstücke entspricht, nach § 1132 Abs. 2 beschränkt und in dieser Beschränkung ihm zugeteilt wird. ²Der Wert wird unter Abzug der Belastungen berechnet, die der Gesamthypothek im Range vorgehen.

§ 1173 Befriedigung durch einen der Eigentümer (1) ¹Befriedigt der Eigentümer eines der mit einer Gesamthypothek belasteten Grundstücke den Gläubiger, so erwirbt er die Hypothek an seinem Grundstück; die Hypothek an den übrigen Grundstücken erlischt. ²Der Befriedigung des Gläubigers durch den Eigentümer steht es gleich, wenn das Gläubigerrecht auf den Eigentümer übertragen wird oder wenn sich Forderung und Schuld in der Person des Eigentümers vereinigen.
(2) ¹Kann der Eigentümer, der den Gläubiger befriedigt, von dem Eigentümer eines der anderen Grundstücke oder einem Rechtsvorgänger dieses Eigentümers Ersatz verlangen, so geht in Höhe des Ersatzanspruchs auch die Hypothek an dem Grundstück dieses Eigentümers auf ihn über; sie bleibt mit der Hypothek an seinem eigenen Grundstück Gesamthypothek.

§ 1174 Befriedigung durch den persönlichen Schuldner (1) ¹Befriedigt der persönliche Schuldner den Gläubiger, dem eine Gesamthypothek zusteht, oder vereinigen sich bei einer Gesamthypothek Forderung und Schuld in einer Person, so geht, wenn der Schuldner nur von dem Eigentümer eines der

Grundstücke oder von einem Rechtsvorgänger des Eigentümers Ersatz verlangen kann, die Hypothek an diesem Grundstück auf ihn über; die Hypothek an den übrigen Grundstücken erlischt.

(2) ¹Ist dem Schuldner nur teilweise Ersatz zu leisten und geht deshalb die Hypothek nur zu einem Teilbetrag auf ihn über, so hat sich der Eigentümer diesen Betrag auf den ihm nach § 1172 gebührenden Teil des übrig bleibenden Betrags der Gesamthypothek anrechnen zu lassen.

§ 1175 Verzicht auf die Gesamthypothek
(1) ¹Verzichtet der Gläubiger auf die Gesamthypothek, so fällt sie den Eigentümern der belasteten Grundstücke gemeinschaftlich zu; die Vorschrift des § 1172 Abs. 2 findet Anwendung. ²Verzichtet der Gläubiger auf die Hypothek an einem der Grundstücke, so erlischt die Hypothek an diesem.

(2) ¹Das Gleiche gilt, wenn der Gläubiger nach § 1170 mit seinem Recht ausgeschlossen wird.

§ 1176 Eigentümerteilhypothek; Kollisionsklausel
¹Liegen die Voraussetzungen der §§ 1163, 1164, 1168, 1172 bis 1175 nur in Ansehung eines Teilbetrags der Hypothek vor, so kann die auf Grund dieser Vorschriften dem Eigentümer oder einem der Eigentümer oder dem persönlichen Schuldner zufallende Hypothek nicht zum Nachteil der dem Gläubiger verbleibenden Hypothek geltend gemacht werden.

§ 1177 Eigentümergrundschuld, Eigentümerhypothek
(1) ¹Vereinigt sich die Hypothek mit dem Eigentum in einer Person, ohne dass dem Eigentümer auch die Forderung zusteht, so verwandelt sich die Hypothek in eine Grundschuld. ²In Ansehung der Verzinslichkeit, des Zinssatzes, der Zahlungszeit, der Kündigung und des Zahlungsorts bleiben die für die Forderung getroffenen Bestimmungen maßgebend.

(2) ¹Steht dem Eigentümer auch die Forderung zu, so bestimmen sich seine Rechte aus der Hypothek, solange die Vereinigung besteht, nach den für eine Grundschuld des Eigentümers geltenden Vorschriften.

§ 1178 Hypothek für Nebenleistungen und Kosten
(1) ¹Die Hypothek für Rückstände von Zinsen und anderen Nebenleistungen sowie für Kosten, die dem Gläubiger zu erstatten sind, erlischt, wenn sie sich mit dem Eigentum in einer Person vereinigt. ²Das Erlöschen tritt nicht ein, solange einem Dritten ein Recht an dem Anspruch auf eine solche Leistung zusteht.

(2) ¹Zum Verzicht auf die Hypothek für die im Absatz 1 bezeichneten Leistungen genügt die Erklärung des Gläubigers gegenüber dem Eigentümer. ²Solange einem Dritten ein Recht an dem Anspruch auf eine solche Leistung zusteht, ist die Zustimmung des Dritten erforderlich. ³Die Zustimmung ist demjenigen gegenüber zu erklären, zu dessen Gunsten sie erfolgt; sie ist unwiderruflich.

§ 1179 Löschungsvormerkung
¹Verpflichtet sich der Eigentümer einem anderen gegenüber, die Hypothek löschen zu lassen, wenn sie sich mit dem Eigentum in einer Person vereinigt, so kann zur Sicherung des Anspruchs auf Löschung eine Vormerkung in das Grundbuch eingetragen werden, wenn demjenigen, zu dessen Gunsten die Eintragung vorgenommen werden soll,
1. ein anderes gleichrangiges oder nachrangiges Recht als eine Hypothek, Grundschuld oder Rentenschuld am Grundstück zusteht oder
2. ein Anspruch auf Einräumung eines solchen anderen Rechts oder auf Übertragung des Eigentums am Grundstück zusteht; der Anspruch kann auch ein künftiger oder bedingter sein.

§ 1179 a Löschungsanspruch bei fremden Rechten (1) ¹Der Gläubiger einer Hypothek kann von dem Eigentümer verlangen, dass dieser eine vorrangige oder gleichrangige Hypothek löschen lässt, wenn sie im Zeitpunkt der Eintragung der Hypothek des Gläubigers mit dem Eigentum in einer Person vereinigt ist oder eine solche Vereinigung später eintritt. ²Ist das Eigentum nach der Eintragung der nach Satz 1 begünstigten Hypothek durch Sondernachfolge auf einen anderen übergegangen, so ist jeder Eigentümer wegen der zur Zeit seines Eigentums bestehenden Vereinigungen zur Löschung verpflichtet. ³Der Löschungsanspruch ist in gleicher Weise gesichert, als wenn zu seiner Sicherung gleichzeitig mit der begünstigten Hypothek eine Vormerkung in das Grundbuch eingetragen worden wäre.
(2) ¹Die Löschung einer Hypothek, die nach § 1163 Abs. 1 Satz 1 mit dem Eigentum in einer Person vereinigt ist, kann nach Absatz 1 erst verlangt werden, wenn sich ergibt, dass die zu sichernde Forderung nicht mehr entstehen wird; der Löschungsanspruch besteht von diesem Zeitpunkt ab jedoch auch wegen der vorher bestehenden Vereinigungen. ²Durch die Vereinigung einer Hypothek mit dem Eigentum nach § 1163 Abs. 2 wird ein Anspruch nach Absatz 1 nicht begründet.
(3) ¹Liegen bei der begünstigten Hypothek die Voraussetzungen des § 1163 vor, ohne dass das Recht für den Eigentümer oder seinen Rechtsnachfolger im Grundbuch eingetragen ist, so besteht der Löschungsanspruch für den eingetragenen Gläubiger oder seinen Rechtsnachfolger.
(4) ¹Tritt eine Hypothek im Range zurück, so sind auf die Löschung der ihr infolge der Rangänderung vorgehenden oder gleichstehenden Hypothek die Absätze 1 bis 3 mit der Maßgabe entsprechend anzuwenden, dass an die Stelle des Zeitpunkts der Eintragung des zurückgetretenen Rechts der Zeitpunkt der Eintragung der Rangänderung tritt.
(5) ¹Als Inhalt einer Hypothek, deren Gläubiger nach den vorstehenden Vorschriften ein Anspruch auf Löschung zusteht, kann der Ausschluss dieses Anspruchs vereinbart werden; der Ausschluss kann auf einen bestimmten Fall der Vereinigung beschränkt werden. ²Der Ausschluss ist unter Bezeichnung der Hypotheken, die dem Löschungsanspruch ganz oder teilweise nicht unterliegen, im Grundbuch anzugeben; ist der Ausschluss nicht für alle Fälle der Vereinigung vereinbart, so kann zur näheren Bezeichnung der erfassten Fälle auf die Eintragungsbewilligung Bezug genommen werden. ³Wird der Ausschluss aufgehoben, so entstehen dadurch nicht Löschungsansprüche für Vereinigungen, die nur vor dieser Aufhebung bestanden haben.

§ 1179 b Löschungsanspruch bei eigenem Recht (1) ¹Wer als Gläubiger einer Hypothek im Grundbuch eingetragen oder nach Maßgabe des § 1155 als Gläubiger ausgewiesen ist, kann von dem Eigentümer die Löschung dieser Hypothek verlangen, wenn sie im Zeitpunkt ihrer Eintragung mit dem Eigentum in einer Person vereinigt ist oder eine solche Vereinigung später eintritt.
(2) ¹§ 1179 a Abs. 1 Satz 2, 3, Abs. 2, 5 ist entsprechend anzuwenden.

§ 1180 Auswechslung der Forderung (1) ¹An die Stelle der Forderung, für welche die Hypothek besteht, kann eine andere Forderung gesetzt werden. ²Zu der Änderung ist die Einigung des Gläubigers und des Eigentümers sowie die Eintragung in das Grundbuch erforderlich; die Vorschriften des § 873 Abs. 2 und §§ 876, 878 finden entsprechende Anwendung.
(2) ¹Steht die Forderung, die an die Stelle der bisherigen Forderung treten soll, nicht dem bisherigen Hypothekengläubiger zu, so ist dessen Zustimmung erforderlich; die Zustimmung ist dem Grundbuchamt oder demjenigen gegenüber

zu erklären, zu dessen Gunsten sie erfolgt. ²Die Vorschriften des § 875 Abs. 2 und des § 876 finden entsprechende Anwendung.

§ 1181 Erlöschen durch Befriedigung aus dem Grundstück
(1) ¹Wird der Gläubiger aus dem Grundstück befriedigt, so erlischt die Hypothek.
(2) ¹Erfolgt die Befriedigung des Gläubigers aus einem der mit einer Gesamthypothek belasteten Grundstücke, so werden auch die übrigen Grundstücke frei.
(3) ¹Der Befriedigung aus dem Grundstück steht die Befriedigung aus den Gegenständen gleich, auf die sich die Hypothek erstreckt.

§ 1182 Übergang bei Befriedigung aus der Gesamthypothek
¹Soweit im Falle einer Gesamthypothek der Eigentümer des Grundstücks, aus dem der Gläubiger befriedigt wird, von dem Eigentümer eines der anderen Grundstücke oder einem Rechtsvorgänger dieses Eigentümers Ersatz verlangen kann, geht die Hypothek an dem Grundstück dieses Eigentümers auf ihn über. ²Die Hypothek kann jedoch, wenn der Gläubiger nur teilweise befriedigt wird, nicht zum Nachteil der dem Gläubiger verbleibenden Hypothek und, wenn das Grundstück mit einem im Range gleich- oder nachstehenden Recht belastet ist, nicht zum Nachteil dieses Rechts geltend gemacht werden.

§ 1183 Aufhebung der Hypothek
¹Zur Aufhebung der Hypothek durch Rechtsgeschäft ist die Zustimmung des Eigentümers erforderlich. ²Die Zustimmung ist dem Grundbuchamt oder dem Gläubiger gegenüber zu erklären; sie ist unwiderruflich.

§ 1184 Sicherungshypothek
(1) ¹Eine Hypothek kann in der Weise bestellt werden, dass das Recht des Gläubigers aus der Hypothek sich nur nach der Forderung bestimmt und der Gläubiger sich zum Beweis der Forderung nicht auf die Eintragung berufen kann (Sicherungshypothek).
(2) ¹Die Hypothek muss im Grundbuch als Sicherungshypothek bezeichnet werden.

§ 1185 Buchhypothek; unanwendbare Vorschriften
(1) ¹Bei der Sicherungshypothek ist die Erteilung des Hypothekenbriefs ausgeschlossen.
(2) ¹Die Vorschriften der §§ 1138, 1139, 1141, 1156 finden keine Anwendung.

§ 1186 Zulässige Umwandlungen
¹Eine Sicherungshypothek kann in eine gewöhnliche Hypothek, eine gewöhnliche Hypothek kann in eine Sicherungshypothek umgewandelt werden. ²Die Zustimmung der im Range gleich- oder nachstehenden Berechtigten ist nicht erforderlich.

§ 1187 Sicherungshypothek für Inhaber- und Orderpapiere
¹Für die Forderung aus einer Schuldverschreibung auf den Inhaber, aus einem Wechsel oder aus einem anderen Papier, das durch Indossament übertragen werden kann, kann nur eine Sicherungshypothek bestellt werden. ²Die Hypothek gilt als Sicherungshypothek, auch wenn sie im Grundbuch nicht als solche bezeichnet ist. ³Die Vorschrift des § 1154 Abs. 3 findet keine Anwendung. ⁴Ein Anspruch auf Löschung der Hypothek nach den §§ 1179 a, 1179 b besteht nicht.

§ 1188 Sondervorschrift für Schuldverschreibungen auf den Inhaber
(1) ¹Zur Bestellung einer Hypothek für die Forderung aus einer Schuldverschreibung auf den Inhaber genügt die Erklärung des Eigentümers gegenüber dem Grundbuchamt, dass er die Hypothek bestelle, und die Eintragung in das Grundbuch; die Vorschrift des § 878 findet Anwendung.

(2) ¹Die Ausschließung des Gläubigers mit seinem Recht nach § 1170 ist nur zulässig, wenn die im § 801 bezeichnete Vorlegungsfrist verstrichen ist. ²Ist innerhalb der Frist die Schuldverschreibung vorgelegt oder der Anspruch aus der Urkunde gerichtlich geltend gemacht worden, so kann die Ausschließung erst erfolgen, wenn die Verjährung eingetreten ist.

§ 1189 Bestellung eines Grundbuchvertreters (1) ¹Bei einer Hypothek der im § 1187 bezeichneten Art kann für den jeweiligen Gläubiger ein Vertreter mit der Befugnis bestellt werden, mit Wirkung für und gegen jeden späteren Gläubiger bestimmte Verfügungen über die Hypothek zu treffen und den Gläubiger bei der Geltendmachung der Hypothek zu vertreten. ²Zur Bestellung des Vertreters ist die Eintragung in das Grundbuch erforderlich.
(2) ¹Ist der Eigentümer berechtigt, von dem Gläubiger eine Verfügung zu verlangen, zu welcher der Vertreter befugt ist, so kann er die Vornahme der Verfügung von dem Vertreter verlangen.

§ 1190 Höchstbetragshypothek (1) ¹Eine Hypothek kann in der Weise bestellt werden, dass nur der Höchstbetrag, bis zu dem das Grundstück haften soll, bestimmt, im Übrigen die Feststellung der Forderung vorbehalten wird. ²Der Höchstbetrag muss in das Grundbuch eingetragen werden.
(2) ¹Ist die Forderung verzinslich, so werden die Zinsen in den Höchstbetrag eingerechnet.
(3) ¹Die Hypothek gilt als Sicherungshypothek, auch wenn sie im Grundbuch nicht als solche bezeichnet ist.
(4) ¹Die Forderung kann nach den für die Übertragung von Forderungen geltenden allgemeinen Vorschriften übertragen werden. ²Wird sie nach diesen Vorschriften übertragen, so ist der Übergang der Hypothek ausgeschlossen.

Titel 2: Grundschuld, Rentenschuld

Untertitel 1: Grundschuld

§ 1191 Gesetzlicher Inhalt der Grundschuld (1) ¹Ein Grundstück kann in der Weise belastet werden, dass an denjenigen, zu dessen Gunsten die Belastung erfolgt, eine bestimmte Geldsumme aus dem Grundstück zu zahlen ist (Grundschuld).
(2) ¹Die Belastung kann auch in der Weise erfolgen, dass Zinsen von der Geldsumme sowie andere Nebenleistungen aus dem Grundstück zu entrichten sind.

§ 1192 Anwendbare Vorschriften (1) ¹Auf die Grundschuld finden die Vorschriften über die Hypothek entsprechende Anwendung, soweit sich nicht daraus ein anderes ergibt, dass die Grundschuld nicht eine Forderung voraussetzt.
(2) ¹Für Zinsen der Grundschuld gelten die Vorschriften über die Zinsen einer Hypothekenforderung.

§ 1193 Kündigung (1) ¹Das Kapital der Grundschuld wird erst nach vorgängiger Kündigung fällig. ²Die Kündigung steht sowohl dem Eigentümer als dem Gläubiger zu. ³Die Kündigungsfrist beträgt sechs Monate.
(2) ¹Abweichende Bestimmungen sind zulässig.

§ 1194 Zahlungsort ¹Die Zahlung des Kapitals sowie der Zinsen und anderen Nebenleistungen hat, soweit nicht ein anderes bestimmt ist, an dem Orte zu erfolgen, an dem das Grundbuchamt seinen Sitz hat.

BGB   §§ 1195–1202

§ 1195 Inhabergrundschuld [1]Eine Grundschuld kann in der Weise bestellt werden, dass der Grundschuldbrief auf den Inhaber ausgestellt wird. [2]Auf einen solchen Brief finden die Vorschriften über Schuldverschreibungen auf den Inhaber entsprechende Anwendung.

§ 1196 Eigentümergrundschuld   (1) [1]Eine Grundschuld kann auch für den Eigentümer bestellt werden.
(2) [1]Zu der Bestellung ist die Erklärung des Eigentümers gegenüber dem Grundbuchamt, dass die Grundschuld für ihn in das Grundbuch eingetragen werden soll, und die Eintragung erforderlich; die Vorschrift des § 878 findet Anwendung.
(3) [1]Ein Anspruch auf Löschung der Grundschuld nach § 1179 a oder § 1179 b besteht nur wegen solcher Vereinigungen der Grundschuld mit dem Eigentum in einer Person, die eintreten, nachdem die Grundschuld einem anderen als dem Eigentümer zugestanden hat.

§ 1197 Abweichungen von der Fremdgrundschuld   (1) [1]Ist der Eigentümer der Gläubiger, so kann er nicht die Zwangsvollstreckung zum Zwecke seiner Befriedigung betreiben.
(2) [1]Zinsen gebühren dem Eigentümer nur, wenn das Grundstück auf Antrag eines anderen zum Zwecke der Zwangsverwaltung in Beschlag genommen ist, und nur für die Dauer der Zwangsverwaltung.

§ 1198 Zulässige Umwandlungen   [1]Eine Hypothek kann in eine Grundschuld, eine Grundschuld kann in eine Hypothek umgewandelt werden. [2]Die Zustimmung der im Range gleich- oder nachstehenden Berechtigten ist nicht erforderlich.

Untertitel 2: Rentenschuld

§ 1199 Gesetzlicher Inhalt der Rentenschuld   (1) [1]Eine Grundschuld kann in der Weise bestellt werden, dass in regelmäßig wiederkehrenden Terminen eine bestimmte Geldsumme aus dem Grundstück zu zahlen ist (Rentenschuld).
(2) [1]Bei der Bestellung der Rentenschuld muss der Betrag bestimmt werden, durch dessen Zahlung die Rentenschuld abgelöst werden kann. [2]Die Ablösungssumme muss im Grundbuch angegeben werden.

§ 1200 Anwendbare Vorschriften   (1) [1]Auf die einzelnen Leistungen finden die für Hypothekenzinsen, auf die Ablösungssumme finden die für ein Grundschuldkapital geltenden Vorschriften entsprechende Anwendung.
(2) [1]Die Zahlung der Ablösungssumme an den Gläubiger hat die gleiche Wirkung wie die Zahlung des Kapitals einer Grundschuld.

§ 1201 Ablösungsrecht   (1) [1]Das Recht zur Ablösung steht dem Eigentümer zu.
(2) [1]Dem Gläubiger kann das Recht, die Ablösung zu verlangen, nicht eingeräumt werden. [2]Im Falle des § 1133 Satz 2 ist der Gläubiger berechtigt, die Zahlung der Ablösungssumme aus dem Grundstück zu verlangen.

§ 1202 Kündigung   (1) [1]Der Eigentümer kann das Ablösungsrecht erst nach vorgängiger Kündigung ausüben. [2]Die Kündigungsfrist beträgt sechs Monate, wenn nicht ein anderes bestimmt ist.
(2) [1]Eine Beschränkung des Kündigungsrechts ist nur soweit zulässig, dass der Eigentümer nach 30 Jahren unter Einhaltung der sechsmonatigen Frist kündigen kann.

(3) ¹Hat der Eigentümer gekündigt, so kann der Gläubiger nach dem Ablauf der Kündigungsfrist die Zahlung der Ablösungssumme aus dem Grundstück verlangen.

§ 1203 Zulässige Umwandlungen ¹Eine Rentenschuld kann in eine gewöhnliche Grundschuld, eine gewöhnliche Grundschuld kann in eine Rentenschuld umgewandelt werden. ²Die Zustimmung der im Range gleich- oder nachstehenden Berechtigten ist nicht erforderlich.

Abschnitt 8: Pfandrecht an beweglichen Sachen und an Rechten

Titel 1: Pfandrecht an beweglichen Sachen

§ 1204 Gesetzlicher Inhalt des Pfandrechts an beweglichen Sachen (1) ¹Eine bewegliche Sache kann zur Sicherung einer Forderung in der Weise belastet werden, dass der Gläubiger berechtigt ist, Befriedigung aus der Sache zu suchen (Pfandrecht).
(2) ¹Das Pfandrecht kann auch für eine künftige oder eine bedingte Forderung bestellt werden.

§ 1205 Bestellung (1) ¹Zur Bestellung des Pfandrechts ist erforderlich, dass der Eigentümer die Sache dem Gläubiger übergibt und beide darüber einig sind, dass dem Gläubiger das Pfandrecht zustehen soll. ²Ist der Gläubiger im Besitz der Sache, so genügt die Einigung über die Entstehung des Pfandrechts.
(2) ¹Die Übergabe einer im mittelbaren Besitz des Eigentümers befindlichen Sache kann dadurch ersetzt werden, dass der Eigentümer den mittelbaren Besitz auf den Pfandgläubiger überträgt und die Verpfändung dem Besitzer anzeigt.

§ 1206 Übergabeersatz durch Einräumung des Mitbesitzes ¹Anstelle der Übergabe der Sache genügt die Einräumung des Mitbesitzes, wenn sich die Sache unter dem Mitverschluss des Gläubigers befindet oder, falls sie im Besitz eines Dritten ist, die Herausgabe nur an den Eigentümer und den Gläubiger gemeinschaftlich erfolgen kann.

§ 1207 Verpfändung durch Nichtberechtigten ¹Gehört die Sache nicht dem Verpfänder, so finden auf die Verpfändung die für den Erwerb des Eigentums geltenden Vorschriften der §§ 932, 934, 935 entsprechende Anwendung.

§ 1208 Gutgläubiger Erwerb des Vorrangs ¹Ist die Sache mit dem Recht eines Dritten belastet, so geht das Pfandrecht dem Recht vor, es sei denn, dass der Pfandgläubiger zur Zeit des Erwerbs des Pfandrechts in Ansehung des Rechts nicht in gutem Glauben ist. ²Die Vorschriften des § 932 Abs. 1 Satz 2, des § 935 und des § 936 Abs. 3 finden entsprechende Anwendung.

§ 1209 Rang des Pfandrechts ¹Für den Rang des Pfandrechts ist die Zeit der Bestellung auch dann maßgebend, wenn es für eine künftige oder eine bedingte Forderung bestellt ist.

§ 1210 Umfang der Haftung des Pfandes (1) ¹Das Pfand haftet für die Forderung in deren jeweiligem Bestand, insbesondere auch für Zinsen und Vertragsstrafen. ²Ist der persönliche Schuldner nicht der Eigentümer des Pfandes, so wird durch ein Rechtsgeschäft, das der Schuldner nach der Verpfändung vornimmt, die Haftung nicht erweitert.
(2) ¹Das Pfand haftet für die Ansprüche des Pfandgläubigers auf Ersatz von Verwendungen, für die dem Pfandgläubiger zu ersetzenden Kosten der Kündigung und der Rechtsverfolgung sowie für die Kosten des Pfandverkaufs.

§ 1211 Einreden des Verpfänders
(1) ¹Der Verpfänder kann dem Pfandgläubiger gegenüber die dem persönlichen Schuldner gegen die Forderung sowie die nach § 770 einem Bürgen zustehenden Einreden geltend machen. ²Stirbt der persönliche Schuldner, so kann sich der Verpfänder nicht darauf berufen, dass der Erbe für die Schuld nur beschränkt haftet.
(2) ¹Ist der Verpfänder nicht der persönliche Schuldner, so verliert er eine Einrede nicht dadurch, dass dieser auf sie verzichtet.

§ 1212 Erstreckung auf getrennte Erzeugnisse
¹Das Pfandrecht erstreckt sich auf die Erzeugnisse, die von dem Pfande getrennt werden.

§ 1213 Nutzungspfand
(1) ¹Das Pfandrecht kann in der Weise bestellt werden, dass der Pfandgläubiger berechtigt ist, die Nutzungen des Pfandes zu ziehen.
(2) ¹Ist eine von Natur Frucht tragende Sache dem Pfandgläubiger zum Alleinbesitz übergeben, so ist im Zweifel anzunehmen, dass der Pfandgläubiger zum Fruchtbezug berechtigt sein soll.

§ 1214 Pflichten des nutzungsberechtigten Pfandgläubigers
(1) ¹Steht dem Pfandgläubiger das Recht zu, die Nutzungen zu ziehen, so ist er verpflichtet, für die Gewinnung der Nutzungen zu sorgen und Rechenschaft abzulegen.
(2) ¹Der Reinertrag der Nutzungen wird auf die geschuldete Leistung und, wenn Kosten und Zinsen zu entrichten sind, zunächst auf diese angerechnet.
(3) ¹Abweichende Bestimmungen sind zulässig.

§ 1215 Verwahrungspflicht
¹Der Pfandgläubiger ist zur Verwahrung des Pfandes verpflichtet.

§ 1216 Ersatz von Verwendungen
¹Macht der Pfandgläubiger Verwendungen auf das Pfand, so bestimmt sich die Ersatzpflicht des Verpfänders nach den Vorschriften über die Geschäftsführung ohne Auftrag. ²Der Pfandgläubiger ist berechtigt, eine Einrichtung, mit der er das Pfand versehen hat, wegzunehmen.

§ 1217 Rechtsverletzung durch den Pfandgläubiger
(1) ¹Verletzt der Pfandgläubiger die Rechte des Verpfänders in erheblichem Maße und setzt er das verletzende Verhalten ungeachtet einer Abmahnung des Verpfänders fort, so kann der Verpfänder verlangen, dass das Pfand auf Kosten des Pfandgläubigers hinterlegt oder, wenn es sich nicht zur Hinterlegung eignet, an einen gerichtlich zu bestellenden Verwahrer abgeliefert wird.
(2) ¹Statt der Hinterlegung oder der Ablieferung der Sache an einen Verwahrer kann der Verpfänder die Rückgabe des Pfandes gegen Befriedigung des Gläubigers verlangen. ²Ist die Forderung unverzinslich und noch nicht fällig, so gebührt dem Pfandgläubiger nur die Summe, welche mit Hinzurechnung der gesetzlichen Zinsen für die Zeit von der Zahlung bis zur Fälligkeit dem Betrag der Forderung gleichkommt.

§ 1218 Rechte des Verpfänders bei drohendem Verderb
(1) ¹Ist der Verderb des Pfandes oder eine wesentliche Minderung des Wertes zu besorgen, so kann der Verpfänder die Rückgabe des Pfandes gegen anderweitige Sicherheitsleistung verlangen; die Sicherheitsleistung durch Bürgen ist ausgeschlossen.
(2) ¹Der Pfandgläubiger hat dem Verpfänder von dem drohenden Verderb unverzüglich Anzeige zu machen, sofern nicht die Anzeige untunlich ist.

§ 1219 Rechte des Pfandgläubigers bei drohendem Verderb
(1) ¹Wird durch den drohenden Verderb des Pfandes oder durch eine zu besorgende wesentliche Minderung des Wertes die Sicherheit des Pfandgläubigers gefährdet, so kann dieser das Pfand öffentlich versteigern lassen.

(2) ¹Der Erlös tritt an die Stelle des Pfandes. ²Auf Verlangen des Verpfänders ist der Erlös zu hinterlegen.

§ 1220 Androhung der Versteigerung (1) ¹Die Versteigerung des Pfandes ist erst zulässig, nachdem sie dem Verpfänder angedroht worden ist; die Androhung darf unterbleiben, wenn das Pfand dem Verderb ausgesetzt und mit dem Aufschub der Versteigerung Gefahr verbunden ist. ²Im Falle der Wertminderung ist außer der Androhung erforderlich, dass der Pfandgläubiger dem Verpfänder zur Leistung anderweitiger Sicherheit eine angemessene Frist bestimmt hat und diese verstrichen ist.

(2) ¹Der Pfandgläubiger hat den Verpfänder von der Versteigerung unverzüglich zu benachrichtigen; im Falle der Unterlassung ist er zum Schadensersatz verpflichtet.

(3) ¹Die Androhung, die Fristbestimmung und die Benachrichtigung dürfen unterbleiben, wenn sie untunlich sind.

§ 1221 Freihändiger Verkauf ¹Hat das Pfand einen Börsen- oder Marktpreis, so kann der Pfandgläubiger den Verkauf aus freier Hand durch einen zu solchen Verkäufen öffentlich ermächtigten Handelsmäkler oder durch eine zur öffentlichen Versteigerung befugte Person zum laufenden Preis bewirken.

§ 1222 Pfandrecht an mehreren Sachen ¹Besteht das Pfandrecht an mehreren Sachen, so haftet jede für die ganze Forderung.

§ 1223 Rückgabepflicht; Einlösungsrecht (1) ¹Der Pfandgläubiger ist verpflichtet, das Pfand nach dem Erlöschen des Pfandrechts dem Verpfänder zurückzugeben.

(2) ¹Der Verpfänder kann die Rückgabe des Pfandes gegen Befriedigung des Pfandgläubigers verlangen, sobald der Schuldner zur Leistung berechtigt ist.

§ 1224 Befriedigung durch Hinterlegung oder Aufrechnung ¹Die Befriedigung des Pfandgläubigers durch den Verpfänder kann auch durch Hinterlegung oder durch Aufrechnung erfolgen.

§ 1225 Forderungsübergang auf den Verpfänder ¹Ist der Verpfänder nicht der persönliche Schuldner, so geht, soweit er den Pfandgläubiger befriedigt, die Forderung auf ihn über. ²Die für einen Bürgen geltende Vorschrift des § 774 findet entsprechende Anwendung.

§ 1226 Verjährung der Ersatzansprüche ¹Die Ersatzansprüche des Verpfänders wegen Veränderungen oder Verschlechterungen des Pfandes sowie die Ansprüche des Pfandgläubigers auf Ersatz von Verwendungen oder auf Gestattung der Wegnahme einer Einrichtung verjähren in sechs Monaten. ²Die Vorschrift des § 548 Abs. 1 Satz 2 und 3, Abs. 2 findet entsprechende Anwendung.

§ 1227 Schutz des Pfandrechts ¹Wird das Recht des Pfandgläubigers beeinträchtigt, so finden auf die Ansprüche des Pfandgläubigers die für die Ansprüche aus dem Eigentum geltenden Vorschriften entsprechende Anwendung.

§ 1228 Befriedigung durch Pfandverkauf (1) ¹Die Befriedigung des Pfandgläubigers aus dem Pfande erfolgt durch Verkauf.

(2) ¹Der Pfandgläubiger ist zum Verkauf berechtigt, sobald die Forderung ganz oder zum Teil fällig ist. ²Besteht der geschuldete Gegenstand nicht in Geld, so ist der Verkauf erst zulässig, wenn die Forderung in eine Geldforderung übergegangen ist.

§ 1229 Verbot der Verfallvereinbarung ¹Eine vor dem Eintritt der Verkaufsberechtigung getroffene Vereinbarung, nach welcher dem Pfandgläubiger, falls er nicht oder nicht rechtzeitig befriedigt wird, das Eigentum an der Sache zufallen oder übertragen werden soll, ist nichtig.

BGB   §§ 1230–1238

§ 1230 Auswahl unter mehreren Pfändern ¹Unter mehreren Pfändern kann der Pfandgläubiger, soweit nicht ein anderes bestimmt ist, diejenigen auswählen, welche verkauft werden sollen. ²Er kann nur so viele Pfänder zum Verkauf bringen, als zu seiner Befriedigung erforderlich sind.

§ 1231 Herausgabe des Pfandes zum Verkauf ¹Ist der Pfandgläubiger nicht im Alleinbesitz des Pfandes, so kann er nach dem Eintritt der Verkaufsberechtigung die Herausgabe des Pfandes zum Zwecke des Verkaufs fordern. ²Auf Verlangen des Verpfänders hat anstelle der Herausgabe die Ablieferung an einen gemeinschaftlichen Verwahrer zu erfolgen; der Verwahrer hat sich bei der Ablieferung zu verpflichten, das Pfand zum Verkauf bereitzustellen.

§ 1232 Nachstehende Pfandgläubiger ¹Der Pfandgläubiger ist nicht verpflichtet, einem ihm im Range nachstehenden Pfandgläubiger das Pfand zum Zwecke des Verkaufs herauszugeben. ²Ist er nicht im Besitz des Pfandes, so kann er, sofern er nicht selbst den Verkauf betreibt, dem Verkauf durch einen nachstehenden Pfandgläubiger nicht widersprechen.

§ 1233 Ausführung des Verkaufs (1) ¹Der Verkauf des Pfandes ist nach den Vorschriften der §§ 1234 bis 1240 zu bewirken.
(2) ¹Hat der Pfandgläubiger für sein Recht zum Verkauf einen vollstreckbaren Titel gegen den Eigentümer erlangt, so kann er den Verkauf auch nach den für den Verkauf einer gepfändeten Sache geltenden Vorschriften bewirken lassen.

§ 1234 Verkaufsandrohung; Wartefrist (1) ¹Der Pfandgläubiger hat dem Eigentümer den Verkauf vorher anzudrohen und dabei den Geldbetrag zu bezeichnen, wegen dessen der Verkauf stattfinden soll. ²Die Androhung kann erst nach dem Eintritt der Verkaufsberechtigung erfolgen; sie darf unterbleiben, wenn sie untunlich ist.
(2) ¹Der Verkauf darf nicht vor dem Ablauf eines Monats nach der Androhung erfolgen. ²Ist die Androhung untunlich, so wird der Monat von dem Eintritt der Verkaufsberechtigung an berechnet.

§ 1235 Öffentliche Versteigerung (1) ¹Der Verkauf des Pfandes ist im Wege öffentlicher Versteigerung zu bewirken.
(2) ¹Hat das Pfand einen Börsen- oder Marktpreis, so findet die Vorschrift des § 1221 Anwendung.

§ 1236 Versteigerungsort ¹Die Versteigerung hat an dem Orte zu erfolgen, an dem das Pfand aufbewahrt wird. ²Ist von einer Versteigerung an dem Aufbewahrungsort ein angemessener Erfolg nicht zu erwarten, so ist das Pfand an einem geeigneten anderen Orte zu versteigern.

§ 1237 Öffentliche Bekanntmachung ¹Zeit und Ort der Versteigerung sind unter allgemeiner Bezeichnung des Pfandes öffentlich bekannt zu machen. ²Der Eigentümer und Dritte, denen Rechte an dem Pfande zustehen, sind besonders zu benachrichtigen; die Benachrichtigung darf unterbleiben, wenn sie untunlich ist.

§ 1238 Verkaufsbedingungen (1) ¹Das Pfand darf nur mit der Bestimmung verkauft werden, dass der Käufer den Kaufpreis sofort bar zu entrichten hat und seiner Rechte verlustig sein soll, wenn dies nicht geschieht.
(2) ¹Erfolgt der Verkauf ohne diese Bestimmung, so ist der Kaufpreis als von dem Pfandgläubiger empfangen anzusehen; die Rechte des Pfandgläubigers gegen den Ersteher bleiben unberührt. ²Unterbleibt die sofortige Entrichtung des Kaufpreises, so gilt das Gleiche, wenn nicht vor dem Schluss des Versteigerungstermins von dem Vorbehalt der Rechtsverwirkung Gebrauch gemacht wird.

§§ 1239–1247 BGB

§ 1239 Mitbieten durch Gläubiger und Eigentümer (1) ¹Der Pfandgläubiger und der Eigentümer können bei der Versteigerung mitbieten. ²Erhält der Pfandgläubiger den Zuschlag, so ist der Kaufpreis als von ihm empfangen anzusehen.
(2) ¹Das Gebot des Eigentümers darf zurückgewiesen werden, wenn nicht der Betrag bar erlegt wird. ²Das Gleiche gilt von dem Gebot des Schuldners, wenn das Pfand für eine fremde Schuld haftet.

§ 1240 Gold- und Silbersachen (1) ¹Gold- und Silbersachen dürfen nicht unter dem Gold- oder Silberwert zugeschlagen werden.
(2) ¹Wird ein genügendes Gebot nicht abgegeben, so kann der Verkauf durch eine zur öffentlichen Versteigerung befugte Person aus freier Hand zu einem den Gold- oder Silberwert erreichenden Preis erfolgen.

§ 1241 Benachrichtigung des Eigentümers ¹Der Pfandgläubiger hat den Eigentümer von dem Verkauf des Pfandes und dem Ergebnis unverzüglich zu benachrichtigen, sofern nicht die Benachrichtigung untunlich ist.

§ 1242 Wirkungen der rechtmäßigen Veräußerung (1) ¹Durch die rechtmäßige Veräußerung des Pfandes erlangt der Erwerber die gleichen Rechte, wie wenn er die Sache von dem Eigentümer erworben hätte. ²Dies gilt auch dann, wenn dem Pfandgläubiger der Zuschlag erteilt wird.
(2) ¹Pfandrechte an der Sache erlöschen, auch wenn sie dem Erwerber bekannt waren. ²Das Gleiche gilt von einem Nießbrauch, es sei denn, dass er allen Pfandrechten im Range vorgeht.

§ 1243 Rechtswidrige Veräußerung (1) ¹Die Veräußerung des Pfandes ist nicht rechtmäßig, wenn gegen die Vorschriften des § 1228 Abs. 2, des § 1230 Satz 2, des § 1235, des § 1237 Satz 1 oder des § 1240 verstoßen wird.
(2) ¹Verletzt der Pfandgläubiger eine andere für den Verkauf geltende Vorschrift, so ist er zum Schadensersatz verpflichtet, wenn ihm ein Verschulden zur Last fällt.

§ 1244 Gutgläubiger Erwerb ¹Wird eine Sache als Pfand veräußert, ohne dass dem Veräußerer ein Pfandrecht zusteht oder den Erfordernissen genügt wird, von denen die Rechtmäßigkeit der Veräußerung abhängt, so finden die Vorschriften der §§ 932 bis 934, 936 entsprechende Anwendung, wenn die Veräußerung nach § 1233 Abs. 2 erfolgt ist oder die Vorschriften des § 1235 oder des § 1240 Abs. 2 beobachtet worden sind.

§ 1245 Abweichende Vereinbarungen (1) ¹Der Eigentümer und der Pfandgläubiger können eine von den Vorschriften der §§ 1234 bis 1240 abweichende Art des Pfandverkaufs vereinbaren. ²Steht einem Dritten an dem Pfande ein Recht zu, das durch die Veräußerung erlischt, so ist die Zustimmung des Dritten erforderlich. ³Die Zustimmung ist demjenigen gegenüber zu erklären, zu dessen Gunsten sie erfolgt; sie ist unwiderruflich.
(2) ¹Auf die Beobachtung der Vorschriften des § 1235, des § 1237 Satz 1 und des § 1240 kann nicht vor dem Eintritt der Verkaufsberechtigung verzichtet werden.

§ 1246 Abweichung aus Billigkeitsgründen (1) ¹Entspricht eine von den Vorschriften der §§ 1235 bis 1240 abweichende Art des Pfandverkaufs nach billigem Ermessen den Interessen der Beteiligten, so kann jeder von ihnen verlangen, dass der Verkauf in dieser Art erfolge.
(2) ¹Kommt eine Einigung nicht zustande, so entscheidet das Gericht.

§ 1247 Erlös aus dem Pfande ¹Soweit der Erlös aus dem Pfande dem Pfandgläubiger zu seiner Befriedigung gebührt, gilt die Forderung als von dem Eigentümer berichtigt. ²Im Übrigen tritt der Erlös an die Stelle des Pfandes.

§ 1248 Eigentumsvermutung ¹Bei dem Verkauf des Pfandes gilt zugunsten des Pfandgläubigers der Verpfänder als der Eigentümer, es sei denn, dass der Pfandgläubiger weiß, dass der Verpfänder nicht der Eigentümer ist.

§ 1249 Ablösungsrecht ¹Wer durch die Veräußerung des Pfandes ein Recht an dem Pfande verlieren würde, kann den Pfandgläubiger befriedigen, sobald der Schuldner zur Leistung berechtigt ist. ²Die Vorschrift des § 268 Abs. 2, 3 findet entsprechende Anwendung.

§ 1250 Übertragung der Forderung (1) ¹Mit der Übertragung der Forderung geht das Pfandrecht auf den neuen Gläubiger über. ²Das Pfandrecht kann nicht ohne die Forderung übertragen werden.
(2) ¹Wird bei der Übertragung der Forderung der Übergang des Pfandrechts ausgeschlossen, so erlischt das Pfandrecht.

§ 1251 Wirkung des Pfandrechtsübergangs (1) ¹Der neue Pfandgläubiger kann von dem bisherigen Pfandgläubiger die Herausgabe des Pfandes verlangen.
(2) ¹Mit der Erlangung des Besitzes tritt der neue Pfandgläubiger anstelle des bisherigen Pfandgläubigers in die mit dem Pfandrecht verbundenen Verpflichtungen gegen den Verpfänder ein. ²Erfüllt er die Verpflichtungen nicht, so haftet für den von ihm zu ersetzenden Schaden der bisherige Pfandgläubiger wie ein Bürge, der auf die Einrede der Vorausklage verzichtet hat. ³Die Haftung des bisherigen Pfandgläubigers tritt nicht ein, wenn die Forderung kraft Gesetzes auf den neuen Pfandgläubiger übergeht oder ihm auf Grund einer gesetzlichen Verpflichtung abgetreten wird.

§ 1252 Erlöschen mit der Forderung ¹Das Pfandrecht erlischt mit der Forderung, für die es besteht.

§ 1253 Erlöschen durch Rückgabe (1) ¹Das Pfandrecht erlischt, wenn der Pfandgläubiger das Pfand dem Verpfänder oder dem Eigentümer zurückgibt. ²Der Vorbehalt der Fortdauer des Pfandrechts ist unwirksam.
(2) ¹Ist das Pfand im Besitz des Verpfänders oder des Eigentümers, so wird vermutet, dass das Pfand ihm von dem Pfandgläubiger zurückgegeben worden sei. ²Diese Vermutung gilt auch dann, wenn sich das Pfand im Besitz eines Dritten befindet, der den Besitz nach der Entstehung des Pfandrechts von dem Verpfänder oder dem Eigentümer erlangt hat.

§ 1254 Anspruch auf Rückgabe ¹Steht dem Pfandrecht eine Einrede entgegen, durch welche die Geltendmachung des Pfandrechts dauernd ausgeschlossen wird, so kann der Verpfänder die Rückgabe des Pfandes verlangen. ²Das gleiche Recht hat der Eigentümer.

§ 1255 Aufhebung des Pfandrechts (1) ¹Zur Aufhebung des Pfandrechts durch Rechtsgeschäft genügt die Erklärung des Pfandgläubigers gegenüber dem Verpfänder oder dem Eigentümer, dass er das Pfandrecht aufgebe.
(2) ¹Ist das Pfandrecht mit dem Recht eines Dritten belastet, so ist die Zustimmung des Dritten erforderlich. ²Die Zustimmung ist demjenigen gegenüber zu erklären, zu dessen Gunsten sie erfolgt; sie ist unwiderruflich.

§ 1256 Zusammentreffen von Pfandrecht und Eigentum (1) ¹Das Pfandrecht erlischt, wenn es mit dem Eigentum in derselben Person zusammentrifft. ²Das Erlöschen tritt nicht ein, solange die Forderung, für welche das Pfandrecht besteht, mit dem Recht eines Dritten belastet ist.
(2) ¹Das Pfandrecht gilt als nicht erloschen, soweit der Eigentümer ein rechtliches Interesse an dem Fortbestehen des Pfandrechts hat.

§ 1257 Gesetzliches Pfandrecht
[1]Die Vorschriften über das durch Rechtsgeschäft bestellte Pfandrecht finden auf ein kraft Gesetzes entstandenes Pfandrecht entsprechende Anwendung.

§ 1258 Pfandrecht am Anteil eines Miteigentümers
(1) [1]Besteht ein Pfandrecht an dem Anteil eines Miteigentümers, so übt der Pfandgläubiger die Rechte aus, die sich aus der Gemeinschaft der Miteigentümer in Ansehung der Verwaltung der Sache und der Art ihrer Benutzung ergeben.
(2) [1]Die Aufhebung der Gemeinschaft kann vor dem Eintritt der Verkaufsberechtigung des Pfandgläubigers nur von dem Miteigentümer und dem Pfandgläubiger gemeinschaftlich verlangt werden. [2]Nach dem Eintritt der Verkaufsberechtigung kann der Pfandgläubiger die Aufhebung der Gemeinschaft verlangen, ohne dass es der Zustimmung des Miteigentümers bedarf; er ist nicht an eine Vereinbarung gebunden, durch welche die Miteigentümer das Recht, die Aufhebung der Gemeinschaft zu verlangen, für immer oder auf Zeit ausgeschlossen oder eine Kündigungsfrist bestimmt haben.
(3) [1]Wird die Gemeinschaft aufgehoben, so gebührt dem Pfandgläubiger das Pfandrecht an den Gegenständen, welche an die Stelle des Anteils treten.
(4) [1]Das Recht des Pfandgläubigers zum Verkauf des Anteils bleibt unberührt.

§§ 1259 bis 1272 (weggefallen)

Titel 2: Pfandrecht an Rechten

§ 1273 Gesetzlicher Inhalt des Pfandrechts an Rechten
(1) [1]Gegenstand des Pfandrechts kann auch ein Recht sein.
(2) [1]Auf das Pfandrecht an Rechten finden die Vorschriften über das Pfandrecht an beweglichen Sachen entsprechende Anwendung, soweit sich nicht aus den §§ 1274 bis 1296 ein anderes ergibt. [2]Die Anwendung der Vorschriften des § 1208 und des § 1213 Abs. 2 ist ausgeschlossen.

§ 1274 Bestellung
(1) [1]Die Bestellung des Pfandrechts an einem Recht erfolgt nach den für die Übertragung des Rechts geltenden Vorschriften. [2]Ist zur Übertragung des Rechts die Übergabe einer Sache erforderlich, so finden die Vorschriften der §§ 1205, 1206 Anwendung.
(2) [1]Soweit ein Recht nicht übertragbar ist, kann ein Pfandrecht an dem Recht nicht bestellt werden.

§ 1275 Pfandrecht an Recht auf Leistung
[1]Ist ein Recht, kraft dessen eine Leistung gefordert werden kann, Gegenstand des Pfandrechts, so finden auf das Rechtsverhältnis zwischen dem Pfandgläubiger und dem Verpflichteten die Vorschriften, welche im Falle der Übertragung des Rechts für das Rechtsverhältnis zwischen dem Erwerber und dem Verpflichteten gelten, und im Falle einer nach § 1217 Abs. 1 getroffenen gerichtlichen Anordnung die Vorschrift des § 1070 Abs. 2 entsprechende Anwendung.

§ 1276 Aufhebung oder Änderung des verpfändeten Rechts
(1) [1]Ein verpfändetes Recht kann durch Rechtsgeschäft nur mit Zustimmung des Pfandgläubigers aufgehoben werden. [2]Die Zustimmung ist demjenigen gegenüber zu erklären, zu dessen Gunsten sie erfolgt; sie ist unwiderruflich. [3]Die Vorschrift des § 876 Satz 3 bleibt unberührt.
(2) [1]Das Gleiche gilt im Falle einer Änderung des Rechts, sofern sie das Pfandrecht beeinträchtigt.

BGB §§ 1277–1285

§ 1277 Befriedigung durch Zwangsvollstreckung ¹Der Pfandgläubiger kann seine Befriedigung aus dem Recht nur auf Grund eines vollstreckbaren Titels nach den für die Zwangsvollstreckung geltenden Vorschriften suchen, sofern nicht ein anderes bestimmt ist. ²Die Vorschriften des § 1229 und des § 1245 Abs. 2 bleiben unberührt.

§ 1278 Erlöschen durch Rückgabe ¹Ist ein Recht, zu dessen Verpfändung die Übergabe einer Sache erforderlich ist, Gegenstand des Pfandrechts, so findet auf das Erlöschen des Pfandrechts durch die Rückgabe der Sache die Vorschrift des § 1253 entsprechende Anwendung.

§ 1279 Pfandrecht an einer Forderung ¹Für das Pfandrecht an einer Forderung gelten die besonderen Vorschriften der §§ 1280 bis 1290.

§ 1280 Anzeige an den Schuldner ¹Die Verpfändung einer Forderung, zu deren Übertragung der Abtretungsvertrag genügt, ist nur wirksam, wenn der Gläubiger sie dem Schuldner anzeigt.

§ 1281 Leistung vor Fälligkeit ¹Der Schuldner kann nur an den Pfandgläubiger und den Gläubiger gemeinschaftlich leisten. ²Jeder von beiden kann verlangen, dass an sie gemeinschaftlich geleistet wird; jeder kann statt der Leistung verlangen, dass die geschuldete Sache für beide hinterlegt oder, wenn sie sich nicht zur Hinterlegung eignet, an einen gerichtlich zu bestellenden Verwahrer abgeliefert wird.

§ 1282 Leistung nach Fälligkeit (1) ¹Sind die Voraussetzungen des § 1228 Abs. 2 eingetreten, so ist der Pfandgläubiger zur Einziehung der Forderung berechtigt und kann der Schuldner nur an ihn leisten. ²Die Einziehung einer Geldforderung steht dem Pfandgläubiger nur insoweit zu, als sie zu seiner Befriedigung erforderlich ist. ³Soweit er zur Einziehung berechtigt ist, kann er auch verlangen, dass ihm die Geldforderung an Zahlungs statt abgetreten wird.
(2) ¹Zu anderen Verfügungen über die Forderung ist der Pfandgläubiger nicht berechtigt; das Recht, die Befriedigung aus der Forderung nach § 1277 zu suchen, bleibt unberührt.

§ 1283 Kündigung (1) ¹Hängt die Fälligkeit der verpfändeten Forderung von einer Kündigung ab, so bedarf der Gläubiger zur Kündigung der Zustimmung des Pfandgläubigers nur, wenn dieser berechtigt ist, die Nutzungen zu ziehen.
(2) ¹Die Kündigung des Schuldners ist nur wirksam, wenn sie dem Pfandgläubiger und dem Gläubiger erklärt wird.
(3) ¹Sind die Voraussetzungen des § 1228 Abs. 2 eingetreten, so ist auch der Pfandgläubiger zur Kündigung berechtigt; für die Kündigung des Schuldners genügt die Erklärung gegenüber dem Pfandgläubiger.

§ 1284 Abweichende Vereinbarungen ¹Die Vorschriften der §§ 1281 bis 1283 finden keine Anwendung, soweit der Pfandgläubiger und der Gläubiger ein anderes vereinbaren.

§ 1285 Mitwirkung zur Einziehung (1) ¹Hat die Leistung an den Pfandgläubiger und den Gläubiger gemeinschaftlich zu erfolgen, so sind beide einander verpflichtet, zur Einziehung mitzuwirken, wenn die Forderung fällig ist.
(2) ¹Soweit der Pfandgläubiger berechtigt ist, die Forderung ohne Mitwirkung des Gläubigers einzuziehen, hat er für die ordnungsmäßige Einziehung zu sorgen. ²Von der Einziehung hat er den Gläubiger unverzüglich zu benachrichtigen, sofern nicht die Benachrichtigung untunlich ist.

§ 1286 Kündigungspflicht bei Gefährdung
¹Hängt die Fälligkeit der verpfändeten Forderung von einer Kündigung ab, so kann der Pfandgläubiger, sofern nicht das Kündigungsrecht ihm zusteht, von dem Gläubiger die Kündigung verlangen, wenn die Einziehung der Forderung wegen Gefährdung ihrer Sicherheit nach den Regeln einer ordnungsmäßigen Vermögensverwaltung geboten ist. ²Unter der gleichen Voraussetzung kann der Gläubiger von dem Pfandgläubiger die Zustimmung zur Kündigung verlangen, sofern die Zustimmung erforderlich ist.

§ 1287 Wirkung der Leistung
¹Leistet der Schuldner in Gemäßheit der §§ 1281, 1282, so erwirbt mit der Leistung der Gläubiger den geleisteten Gegenstand und der Pfandgläubiger ein Pfandrecht an dem Gegenstand. ²Besteht die Leistung in der Übertragung des Eigentums an einem Grundstück, so erwirbt der Pfandgläubiger eine Sicherungshypothek; besteht sie in der Übertragung des Eigentums an einem eingetragenen Schiff oder Schiffsbauwerk, so erwirbt der Pfandgläubiger eine Schiffshypothek.

§ 1288 Anlegung eingezogenen Geldes
(1) ¹Wird eine Geldforderung in Gemäßheit des § 1281 eingezogen, so sind der Pfandgläubiger und der Gläubiger einander verpflichtet, dazu mitzuwirken, dass der eingezogene Betrag, soweit es ohne Beeinträchtigung des Interesses des Pfandgläubigers tunlich ist, nach den für die Anlegung von Mündelgeld geltenden Vorschriften verzinslich angelegt und gleichzeitig dem Pfandgläubiger das Pfandrecht bestellt wird. ²Die Art der Anlegung bestimmt der Gläubiger.
(2) ¹Erfolgt die Einziehung in Gemäßheit des § 1282, so gilt die Forderung des Pfandgläubigers, soweit ihm der eingezogene Betrag zu seiner Befriedigung gebührt, als von dem Gläubiger berichtigt.

§ 1289 Erstreckung auf die Zinsen
¹Das Pfandrecht an einer Forderung erstreckt sich auf die Zinsen der Forderung. ²Die Vorschriften des § 1123 Abs. 2 und der §§ 1124, 1125 finden entsprechende Anwendung; an die Stelle der Beschlagnahme tritt die Anzeige des Pfandgläubigers an den Schuldner, dass er von dem Einziehungsrecht Gebrauch mache.

§ 1290 Einziehung bei mehrfacher Verpfändung
¹Bestehen mehrere Pfandrechte an einer Forderung, so ist zur Einziehung nur derjenige Pfandgläubiger berechtigt, dessen Pfandrecht den übrigen Pfandrechten vorgeht.

§ 1291 Pfandrecht an Grund- oder Rentenschuld
¹Die Vorschriften über das Pfandrecht an einer Forderung gelten auch für das Pfandrecht an einer Grundschuld und an einer Rentenschuld.

§ 1292 Verpfändung von Orderpapieren
¹Zur Verpfändung eines Wechsels oder eines anderen Papiers, das durch Indossament übertragen werden kann, genügt die Einigung des Gläubigers und des Pfandgläubigers und die Übergabe des indossierten Papiers.

§ 1293 Pfandrecht an Inhaberpapieren
¹Für das Pfandrecht an einem Inhaberpapier gelten die Vorschriften über das Pfandrecht an beweglichen Sachen.

§ 1294 Einziehung und Kündigung
¹Ist ein Wechsel, ein anderes Papier, das durch Indossament übertragen werden kann, oder ein Inhaberpapier Gegenstand des Pfandrechts, so ist, auch wenn die Voraussetzungen des § 1228 Abs. 2 noch nicht eingetreten sind, der Pfandgläubiger zur Einziehung und, falls Kündigung erforderlich ist, zur Kündigung berechtigt und kann der Schuldner nur an ihn leisten.

BGB §§ 1295–1302

§ 1295 Freihändiger Verkauf von Orderpapieren ¹Hat ein verpfändetes Papier, das durch Indossament übertragen werden kann, einen Börsen- oder Marktpreis, so ist der Gläubiger nach dem Eintritt der Voraussetzungen des § 1228 Abs. 2 berechtigt, das Papier nach § 1221 verkaufen zu lassen.

§ 1296 Erstreckung auf Zinsscheine ¹Das Pfandrecht an einem Wertpapier erstreckt sich auf die zu dem Papier gehörenden Zins-, Renten- oder Gewinnanteilscheine nur dann, wenn sie dem Pfandgläubiger übergeben sind. ²Der Verpfänder kann, sofern nicht ein anderes bestimmt ist, die Herausgabe der Scheine verlangen, soweit sie vor dem Eintritt der Voraussetzungen des § 1228 Abs. 2 fällig werden.

Buch 4: Familienrecht

Abschnitt 1: Bürgerliche Ehe

Titel 1: Verlöbnis

§ 1297 Unklagbarkeit, Nichtigkeit eines Strafversprechens
(1) ¹Aus einem Verlöbnis kann nicht auf Eingehung der Ehe geklagt werden.
(2) ¹Das Versprechen einer Strafe für den Fall, dass die Eingehung der Ehe unterbleibt, ist nichtig.

§ 1298 Ersatzpflicht bei Rücktritt (1) ¹Tritt ein Verlobter von dem Verlöbnis zurück, so hat er dem anderen Verlobten und dessen Eltern sowie dritten Personen, welche anstelle der Eltern gehandelt haben, den Schaden zu ersetzen, der daraus entstanden ist, dass sie in Erwartung der Ehe Aufwendungen gemacht haben oder Verbindlichkeiten eingegangen sind. ²Dem anderen Verlobten hat er auch den Schaden zu ersetzen, den dieser dadurch erleidet, dass er in Erwartung der Ehe sonstige sein Vermögen oder seine Erwerbsstellung berührende Maßnahmen getroffen hat.
(2) ¹Der Schaden ist nur insoweit zu ersetzen, als die Aufwendungen, die Eingehung der Verbindlichkeiten und die sonstigen Maßnahmen den Umständen nach angemessen waren.
(3) ¹Die Ersatzpflicht tritt nicht ein, wenn ein wichtiger Grund für den Rücktritt vorliegt.

§ 1299 Rücktritt aus Verschulden des anderen Teils ¹Veranlasst ein Verlobter den Rücktritt des anderen durch ein Verschulden, das einen wichtigen Grund für den Rücktritt bildet, so ist er nach Maßgabe des § 1298 Abs. 1, 2 zum Schadensersatz verpflichtet.

§ 1300 (weggefallen)

§ 1301 Rückgabe der Geschenke ¹Unterbleibt die Eheschließung, so kann jeder Verlobte von dem anderen die Herausgabe desjenigen, was er ihm geschenkt oder zum Zeichen des Verlöbnisses gegeben hat, nach den Vorschriften über die Herausgabe einer ungerechtfertigten Bereicherung fordern. ²Im Zweifel ist anzunehmen, dass die Rückforderung ausgeschlossen sein soll, wenn das Verlöbnis durch den Tod eines der Verlobten aufgelöst wird.

§ 1302 Verjährung ¹Die in den §§ 1298 bis 1301 bestimmten Ansprüche verjähren in zwei Jahren von der Auflösung des Verlöbnisses an.

Titel 2: Eingehung der Ehe

Untertitel 1: Ehefähigkeit

§ 1303 Ehemündigkeit (1) ¹Eine Ehe soll nicht vor Eintritt der Volljährigkeit eingegangen werden.
(2) ¹Das Familiengericht kann auf Antrag von dieser Vorschrift Befreiung erteilen, wenn der Antragsteller das 16. Lebensjahr vollendet hat und sein künftiger Ehegatte volljährig ist.
(3) ¹Widerspricht der gesetzliche Vertreter des Antragstellers oder ein sonstiger Inhaber der Personensorge dem Antrag, so darf das Familiengericht die Befreiung nur erteilen, wenn der Widerspruch nicht auf triftigen Gründen beruht.
(4) ¹Erteilt das Familiengericht die Befreiung nach Absatz 2, so bedarf der Antragsteller zur Eingehung der Ehe nicht mehr der Einwilligung des gesetzlichen Vertreters oder eines sonstigen Inhabers der Personensorge.

§ 1304 Geschäftsunfähigkeit ¹Wer geschäftsunfähig ist, kann eine Ehe nicht eingehen.

§ 1305 (weggefallen)

Untertitel 2: Eheverbote

§ 1306 Doppelehe ¹Eine Ehe darf nicht geschlossen werden, wenn zwischen einer der Personen, die die Ehe miteinander eingehen wollen, und einer dritten Person eine Ehe besteht.

§ 1307 Verwandtschaft ¹Eine Ehe darf nicht geschlossen werden zwischen Verwandten in gerader Linie sowie zwischen vollbürtigen und halbbürtigen Geschwistern. ²Dies gilt auch, wenn das Verwandtschaftsverhältnis durch Annahme als Kind erloschen ist.

§ 1308 Annahme als Kind (1) ¹Eine Ehe soll nicht geschlossen werden zwischen Personen, deren Verwandtschaft im Sinne des § 1307 durch Annahme als Kind begründet worden ist. ²Dies gilt nicht, wenn das Annahmeverhältnis aufgelöst worden ist.
(2) ¹Das Familiengericht kann auf Antrag von dieser Vorschrift Befreiung erteilen, wenn zwischen dem Antragsteller und seinem künftigen Ehegatten durch die Annahme als Kind eine Verwandtschaft in der Seitenlinie begründet worden ist. ²Die Befreiung soll versagt werden, wenn wichtige Gründe der Eingehung der Ehe entgegenstehen.

Untertitel 3: Ehefähigkeitszeugnis

§ 1309 Ehefähigkeitszeugnis für Ausländer (1) ¹Wer hinsichtlich der Voraussetzungen der Eheschließung vorbehaltlich des Artikels 13 Abs. 2 des Einführungsgesetzes zum Bürgerlichen Gesetzbuche ausländischem Recht unterliegt, soll eine Ehe nicht eingehen, bevor er ein Zeugnis der inneren Behörde seines Heimatstaats darüber beigebracht hat, dass der Eheschließung nach dem Recht dieses Staates kein Ehehindernis entgegensteht. ²Als Zeugnis der inneren Behörde gilt auch eine Bescheinigung, die von einer anderen Stelle nach Maßgabe eines mit dem Heimatstaat des Betroffenen geschlossenen Vertrags erteilt ist. ³Das Zeugnis verliert seine Kraft, wenn die Ehe nicht binnen sechs Monaten seit der Ausstellung geschlossen wird; ist in dem Zeugnis eine kürzere Geltungsdauer angegeben, ist diese maßgebend.

(2) ¹Von dem Erfordernis nach Absatz 1 Satz 1 kann der Präsident des Oberlandesgerichts, in dessen Bezirk der Standesbeamte, bei dem die Eheschließung angemeldet worden ist, seinen Sitz hat, Befreiung erteilen. ²Die Befreiung soll nur Staatenlosen mit gewöhnlichem Aufenthalt im Ausland und Angehörigen solcher Staaten erteilt werden, deren Behörden keine Ehefähigkeitszeugnisse im Sinne des Absatzes 1 ausstellen. ³In besonderen Fällen darf sie auch Angehörigen anderer Staaten erteilt werden. ⁴Die Befreiung gilt nur für die Dauer von sechs Monaten.

Untertitel 4: Eheschließung

§ 1310 Zuständigkeit des Standesbeamten, Heilung fehlerhafter Ehen
(1) ¹Die Ehe wird nur dadurch geschlossen, dass die Eheschließenden vor dem Standesbeamten erklären, die Ehe miteinander eingehen zu wollen. ²Der Standesbeamte darf seine Mitwirkung an der Eheschließung nicht verweigern, wenn die Voraussetzungen der Eheschließung vorliegen; er muss seine Mitwirkung verweigern, wenn offenkundig ist, dass die Ehe nach § 1314 Abs. 2 aufhebbar wäre.
(2) ¹Als Standesbeamter gilt auch, wer, ohne Standesbeamter zu sein, das Amt eines Standesbeamten öffentlich ausgeübt und die Ehe in das Heiratsbuch eingetragen hat.
(3) ¹Eine Ehe gilt auch dann als geschlossen, wenn die Ehegatten erklärt haben, die Ehe miteinander eingehen zu wollen, und
1. der Standesbeamte die Ehe in das Heiratsbuch oder in das Familienbuch eingetragen hat,
2. der Standesbeamte im Zusammenhang mit der Beurkundung der Geburt eines gemeinsamen Kindes der Ehegatten einen Hinweis auf die Eheschließung in das Geburtenbuch eingetragen hat oder
3. der Standesbeamte von den Ehegatten eine familienrechtliche Erklärung, die zu ihrer Wirksamkeit eine bestehende Ehe voraussetzt, entgegengenommen hat und den Ehegatten hierüber eine in Rechtsvorschriften vorgesehene Bescheinigung erteilt worden ist

und die Ehegatten seitdem zehn Jahre oder bis zum Tode eines der Ehegatten, mindestens jedoch fünf Jahre, als Ehegatten miteinander gelebt haben.

§ 1311 Persönliche Erklärung
¹Die Eheschließenden müssen die Erklärungen nach § 1310 Abs. 1 persönlich und bei gleichzeitiger Anwesenheit abgeben. ²Die Erklärungen können nicht unter einer Bedingung oder Zeitbestimmung abgegeben werden.

§ 1312 Trauung, Eintragung
(1) ¹Der Standesbeamte soll bei der Eheschließung die Eheschließenden einzeln befragen, ob sie die Ehe miteinander eingehen wollen, und, nachdem die Eheschließenden diese Frage bejaht haben, aussprechen, dass sie nunmehr kraft Gesetzes rechtmäßig verbundene Eheleute sind. ²Die Eheschließung kann in Gegenwart von einem oder zwei Zeugen erfolgen, sofern die Eheschließenden dies wünschen.
(2) ¹Der Standesbeamte soll die Eheschließung in das Heiratsbuch eintragen.

Titel 3: Aufhebung der Ehe

§ 1313 Aufhebung durch Urteil ¹Eine Ehe kann nur durch gerichtliches Urteil auf Antrag aufgehoben werden. ²Die Ehe ist mit der Rechtskraft des Urteils aufgelöst. ³Die Voraussetzungen, unter denen die Aufhebung begehrt werden kann, ergeben sich aus den folgenden Vorschriften.

§ 1314 Aufhebungsgründe (1) ¹Eine Ehe kann aufgehoben werden, wenn sie entgegen den Vorschriften der §§ 1303, 1304, 1306, 1307, 1311 geschlossen worden ist.

(2) ¹Eine Ehe kann ferner aufgehoben werden, wenn

1. ein Ehegatte sich bei der Eheschließung im Zustand der Bewusstlosigkeit oder vorübergehender Störung der Geistestätigkeit befand;
2. ein Ehegatte bei der Eheschließung nicht gewusst hat, dass es sich um eine Eheschließung handelt;
3. ein Ehegatte zur Eingehung der Ehe durch arglistige Täuschung über solche Umstände bestimmt worden ist, die ihn bei Kenntnis der Sachlage und bei richtiger Würdigung des Wesens der Ehe von der Eingehung der Ehe abgehalten hätten; dies gilt nicht, wenn die Täuschung Vermögensverhältnisse betrifft oder von einem Dritten ohne Wissen des anderen Ehegatten verübt worden ist;
4. ein Ehegatte zur Eingehung der Ehe widerrechtlich durch Drohung bestimmt worden ist;
5. beide Ehegatten sich bei der Eheschließung darüber einig waren, dass sie keine Verpflichtung gemäß § 1353 Abs. 1 begründen wollen.

§ 1315 Ausschluss der Aufhebung (1) ¹Eine Aufhebung der Ehe ist ausgeschlossen

1. bei Verstoß gegen § 1303, wenn die Voraussetzungen des § 1303 Abs. 2 bei der Eheschließung vorlagen und das Familiengericht, solange der Ehegatte nicht volljährig ist, die Eheschließung genehmigt oder wenn der Ehegatte, nachdem er volljährig geworden ist, zu erkennen gegeben hat, dass er die Ehe fortsetzen will (Bestätigung),
2. bei Verstoß gegen § 1304, wenn der Ehegatte nach Wegfall der Geschäftsunfähigkeit zu erkennen gegeben hat, dass er die Ehe fortsetzen will (Bestätigung),
3. im Falle des § 1314 Abs. 2 Nr. 1, wenn der Ehegatte nach Wegfall der Bewusstlosigkeit oder der Störung der Geistestätigkeit zu erkennen gegeben hat, dass er die Ehe fortsetzen will (Bestätigung),
4. in den Fällen des § 1314 Abs. 2 Nr. 2 bis 4, wenn der Ehegatte nach Entdeckung des Irrtums oder der Täuschung oder nach Aufhören der Zwangslage zu erkennen gegeben hat, dass er die Ehe fortsetzen will (Bestätigung),
5. in den Fällen des § 1314 Abs. 2 Nr. 5, wenn die Ehegatten nach der Eheschließung als Ehegatten miteinander gelebt haben.

²Die Bestätigung eines Geschäftsunfähigen ist unwirksam. ³Die Bestätigung eines Minderjährigen bedarf bei Verstoß gegen § 1304 und im Falle des § 1314 Abs. 2 Nr. 1 der Zustimmung des gesetzlichen Vertreters; verweigert der gesetzliche Vertreter die Zustimmung ohne triftige Gründe, so kann das Familiengericht die Zustimmung auf Antrag des Minderjährigen ersetzen.

(2) ¹Eine Aufhebung der Ehe ist ferner ausgeschlossen

1. bei Verstoß gegen § 1306, wenn vor der Schließung der neuen Ehe die Scheidung oder Aufhebung der früheren Ehe ausgesprochen ist und dieser Ausspruch nach der Schließung der neuen Ehe rechtskräftig wird;
2. bei Verstoß gegen § 1311, wenn die Ehegatten nach der Eheschließung fünf Jahre oder, falls einer von ihnen vorher verstorben ist, bis zu dessen Tode, jedoch mindestens drei Jahre als Ehegatten miteinander gelebt haben, es sei denn, dass bei Ablauf der fünf Jahre oder zur Zeit des Todes die Aufhebung beantragt ist.

§ 1316 Antragsberechtigung
(1) ¹Antragsberechtigt
1. sind bei Verstoß gegen die §§ 1303, 1304, 1306, 1307, 1311 sowie in den Fällen des § 1314 Abs. 2 Nr. 1 und 5 jeder Ehegatte, die zuständige Verwaltungsbehörde und in den Fällen des § 1306 auch die dritte Person. Die zuständige Verwaltungsbehörde wird durch Rechtsverordnung der Landesregierungen bestimmt. Die Landesregierungen können die Ermächtigung nach Satz 2 durch Rechtsverordnung auf die zuständigen obersten Landesbehörden übertragen;
2. ist in den Fällen des § 1314 Abs. 2 Nr. 2 bis 4 der dort genannte Ehegatte.

(2) ¹Der Antrag kann für einen geschäftsunfähigen Ehegatten nur von seinem gesetzlichen Vertreter gestellt werden. ²In den übrigen Fällen kann ein minderjähriger Ehegatte den Antrag nur selbst stellen; er bedarf dazu nicht der Zustimmung seines gesetzlichen Vertreters.

(3) ¹Bei Verstoß gegen die §§ 1304, 1306, 1307 sowie in den Fällen des § 1314 Abs. 2 Nr. 1 und 5 soll die zuständige Verwaltungsbehörde den Antrag stellen, wenn nicht die Aufhebung der Ehe für einen Ehegatten oder für die aus der Ehe hervorgegangenen Kinder eine so schwere Härte darstellen würde, dass die Aufrechterhaltung der Ehe ausnahmsweise geboten erscheint.

§ 1317 Antragsfrist
(1) ¹Der Antrag kann in den Fällen des § 1314 Abs. 2 Nr. 2 bis 4 nur binnen eines Jahres gestellt werden. ²Die Frist beginnt mit der Entdeckung des Irrtums oder der Täuschung oder mit dem Aufhören der Zwangslage; für den gesetzlichen Vertreter eines geschäftsunfähigen Ehegatten beginnt die Frist jedoch nicht vor dem Zeitpunkt, in welchem ihm die den Fristbeginn begründenden Umstände bekannt werden, für einen minderjährigen Ehegatten nicht vor dem Eintritt der Volljährigkeit. ³Auf den Lauf der Frist sind die §§ 206, 210 Abs. 1 Satz 1 entsprechend anzuwenden.

(2) ¹Hat der gesetzliche Vertreter eines geschäftsunfähigen Ehegatten den Antrag nicht rechtzeitig gestellt, so kann der Ehegatte selbst innerhalb von sechs Monaten nach dem Wegfall der Geschäftsunfähigkeit den Antrag stellen.

(3) ¹Ist die Ehe bereits aufgelöst, so kann der Antrag nicht mehr gestellt werden.

§ 1318 Folgen der Aufhebung
(1) ¹Die Folgen der Aufhebung einer Ehe bestimmen sich nur in den nachfolgend genannten Fällen nach den Vorschriften über die Scheidung.

(2) ¹Die §§ 1569 bis 1586 b finden entsprechende Anwendung
1. zugunsten eines Ehegatten, der bei Verstoß gegen die §§ 1303, 1304, 1306, 1307 oder § 1311 oder in den Fällen des § 1314 Abs. 2 Nr. 1 oder 2 die Aufhebbarkeit der Ehe bei der Eheschließung nicht gekannt hat oder der in den Fällen des § 1314 Abs. 2 Nr. 3 oder 4 von dem anderen Ehegatten oder mit dessen Wissen getäuscht oder bedroht worden ist;
2. zugunsten beider Ehegatten bei Verstoß gegen die §§ 1306, 1307 oder § 1311, wenn beide Ehegatten die Aufhebbarkeit kannten; dies gilt nicht bei Verstoß gegen § 1306, soweit der Anspruch eines Ehegatten auf Unterhalt einen entsprechenden Anspruch der dritten Person beeinträchtigen würde.

²Die Vorschriften über den Unterhalt wegen der Pflege oder Erziehung eines gemeinschaftlichen Kindes finden auch insoweit entsprechende Anwendung, als eine Versagung des Unterhalts im Hinblick auf die Belange des Kindes grob unbillig wäre.
(3) ¹Die §§ 1363 bis 1390 und die §§ 1587 bis 1587 p finden entsprechende Anwendung, soweit dies nicht im Hinblick auf die Umstände bei der Eheschließung oder bei Verstoß gegen § 1306 im Hinblick auf die Belange der dritten Person grob unbillig wäre.
(4) ¹Die Vorschriften der Hausratsverordnung finden entsprechende Anwendung; dabei sind die Umstände bei der Eheschließung und bei Verstoß gegen § 1306 die Belange der dritten Person besonders zu berücksichtigen.
(5) ¹§ 1931 findet zugunsten eines Ehegatten, der bei Verstoß gegen die §§ 1304, 1306, 1307 oder § 1311 oder im Falle des § 1314 Abs. 2 Nr. 1 die Aufhebbarkeit der Ehe bei der Eheschließung gekannt hat, keine Anwendung.

Titel 4: Wiederverheiratung nach Todeserklärung

§ 1319 Aufhebung der bisherigen Ehe (1) ¹Geht ein Ehegatte, nachdem der andere Ehegatte für tot erklärt worden ist, eine neue Ehe ein, so kann, wenn der für tot erklärte Ehegatte noch lebt, die neue Ehe nur dann wegen Verstoßes gegen § 1306 aufgehoben werden, wenn beide Ehegatten bei der Eheschließung wussten, dass der für tot erklärte Ehegatte im Zeitpunkt der Todeserklärung noch lebte.
(2) ¹Mit der Schließung der neuen Ehe wird die frühere Ehe aufgelöst, es sei denn, dass beide Ehegatten der neuen Ehe bei der Eheschließung wussten, dass der für tot erklärte Ehegatte im Zeitpunkt der Todeserklärung noch lebte. ²Sie bleibt auch dann aufgelöst, wenn die Todeserklärung aufgehoben wird.

§ 1320 Aufhebung der neuen Ehe (1) ¹Lebt der für tot erklärte Ehegatte noch, so kann unbeschadet des § 1319 sein früherer Ehegatte die Aufhebung der neuen Ehe begehren, es sei denn, dass er bei der Eheschließung wusste, dass der für tot erklärte Ehegatte zum Zeitpunkt der Todeserklärung noch gelebt hat. ²Die Aufhebung kann nur binnen eines Jahres begehrt werden. ³Die Frist beginnt mit dem Zeitpunkt, in dem der Ehegatte aus der früheren Ehe Kenntnis davon erlangt hat, dass der für tot erklärte Ehegatte noch lebt. ⁴§ 1317 Abs. 1 Satz 3, Abs. 2 gilt entsprechend.
(2) ¹Für die Folgen der Aufhebung gilt § 1318 entsprechend.

§§ 1321 bis 1352 (weggefallen)

Titel 5: Wirkungen der Ehe im Allgemeinen

§ 1353 Eheliche Lebensgemeinschaft (1) ¹Die Ehe wird auf Lebenszeit geschlossen. ²Die Ehegatten sind einander zur ehelichen Lebensgemeinschaft verpflichtet; sie tragen füreinander Verantwortung.
(2) ¹Ein Ehegatte ist nicht verpflichtet, dem Verlangen des anderen Ehegatten nach Herstellung der Gemeinschaft Folge zu leisten, wenn sich das Verlangen als Missbrauch seines Rechts darstellt oder wenn die Ehe gescheitert ist.

§ 1354 (weggefallen)

§ 1355 Ehename (1) ¹Die Ehegatten sollen einen gemeinsamen Familiennamen (Ehenamen) bestimmen. ²Die Ehegatten führen den von ihnen bestimmten Ehenamen. ³Bestimmen die Ehegatten keinen Ehenamen, so führen sie ihren zur Zeit der Eheschließung geführten Namen auch nach der Eheschließung.

BGB   §§ 1356–1360

(2) ¹Zum Ehenamen können die Ehegatten durch Erklärung gegenüber dem Standesbeamten den Geburtsnamen des Mannes oder den Geburtsnamen der Frau bestimmen.
(3) ¹Die Erklärung über die Bestimmung des Ehenamens soll bei der Eheschließung erfolgen. ²Wird die Erklärung später abgegeben, so muss sie öffentlich beglaubigt werden.
(4) ¹Ein Ehegatte, dessen Geburtsname nicht Ehename wird, kann durch Erklärung gegenüber dem Standesbeamten dem Ehenamen seinen Geburtsnamen oder den zur Zeit der Erklärung über die Bestimmung des Ehenamens geführten Namen voranstellen oder anfügen. ²Dies gilt nicht, wenn der Ehename aus mehreren Namen besteht. ³Besteht der Name eines Ehegatten aus mehreren Namen, so kann nur einer dieser Namen hinzugefügt werden. ⁴Die Erklärung kann gegenüber dem Standesbeamten widerrufen werden; in diesem Falle ist eine erneute Erklärung nach Satz 1 nicht zulässig. ⁵Die Erklärung und der Widerruf müssen öffentlich beglaubigt werden.
(5) ¹Der verwitwete oder geschiedene Ehegatte behält den Ehenamen. ²Er kann durch Erklärung gegenüber dem Standesbeamten seinen Geburtsnamen oder den Namen wieder annehmen, den er bis zur Bestimmung des Ehenamens geführt hat, oder seinen Geburtsnamen dem Ehenamen voranstellen oder anfügen. ³Absatz 4 gilt entsprechend.
(6) ¹Geburtsname ist der Name, der in die Geburtsurkunde eines Ehegatten zum Zeitpunkt der Erklärung gegenüber dem Standesbeamten einzutragen ist.

§ 1356 Haushaltsführung, Erwerbstätigkeit (1) ¹Die Ehegatten regeln die Haushaltsführung im gegenseitigen Einvernehmen. ²Ist die Haushaltsführung einem der Ehegatten überlassen, so leitet dieser den Haushalt in eigener Verantwortung.
(2) ¹Beide Ehegatten sind berechtigt, erwerbstätig zu sein. ²Bei der Wahl und Ausübung einer Erwerbstätigkeit haben sie auf die Belange des anderen Ehegatten und der Familie die gebotene Rücksicht zu nehmen.

§ 1357 Geschäfte zur Deckung des Lebensbedarfs (1) ¹Jeder Ehegatte ist berechtigt, Geschäfte zur angemessenen Deckung des Lebensbedarfs der Familie mit Wirkung auch für den anderen Ehegatten zu besorgen. ²Durch solche Geschäfte werden beide Ehegatten berechtigt und verpflichtet, es sei denn, dass sich aus den Umständen etwas anderes ergibt.
(2) ¹Ein Ehegatte kann die Berechtigung des anderen Ehegatten, Geschäfte mit Wirkung für ihn zu besorgen, beschränken oder ausschließen; besteht für die Beschränkung oder Ausschließung kein ausreichender Grund, so hat das Vormundschaftsgericht sie auf Antrag aufzuheben. ²Dritten gegenüber wirkt die Beschränkung oder Ausschließung nur nach Maßgabe des § 1412.
(3) ¹Absatz 1 gilt nicht, wenn die Ehegatten getrennt leben.

§ 1358 (weggefallen)

§ 1359 Umfang der Sorgfaltspflicht ¹Die Ehegatten haben bei der Erfüllung der sich aus dem ehelichen Verhältnis ergebenden Verpflichtungen einander nur für diejenige Sorgfalt einzustehen, welche sie in eigenen Angelegenheiten anzuwenden pflegen.

§ 1360 Verpflichtung zum Familienunterhalt ¹Die Ehegatten sind einander verpflichtet, durch ihre Arbeit und mit ihrem Vermögen die Familie angemessen zu unterhalten. ²Ist einem Ehegatten die Haushaltsführung überlassen, so erfüllt er seine Verpflichtung, durch Arbeit zum Unterhalt der Familie beizutragen, in der Regel durch die Führung des Haushalts.

§ 1360 a Umfang der Unterhaltspflicht

(1) ¹Der angemessene Unterhalt der Familie umfasst alles, was nach den Verhältnissen der Ehegatten erforderlich ist, um die Kosten des Haushalts zu bestreiten und die persönlichen Bedürfnisse der Ehegatten und den Lebensbedarf der gemeinsamen unterhaltsberechtigten Kinder zu befriedigen.

(2) ¹Der Unterhalt ist in der Weise zu leisten, die durch die eheliche Lebensgemeinschaft geboten ist. ²Die Ehegatten sind einander verpflichtet, die zum gemeinsamen Unterhalt der Familie erforderlichen Mittel für einen angemessenen Zeitraum im Voraus zur Verfügung zu stellen.

(3) ¹Die für die Unterhaltspflicht der Verwandten geltenden Vorschriften der §§ 1613 bis 1615 sind entsprechend anzuwenden.

(4) ¹Ist ein Ehegatte nicht in der Lage, die Kosten eines Rechtsstreits zu tragen, der eine persönliche Angelegenheit betrifft, so ist der andere Ehegatte verpflichtet, ihm diese Kosten vorzuschießen, soweit dies der Billigkeit entspricht. ²Das Gleiche gilt für die Kosten der Verteidigung in einem Strafverfahren, das gegen einen Ehegatten gerichtet ist.

§ 1360 b Zuvielleistung

¹Leistet ein Ehegatte zum Unterhalt der Familie einen höheren Beitrag als ihm obliegt, so ist im Zweifel anzunehmen, dass er nicht beabsichtigt, von dem anderen Ehegatten Ersatz zu verlangen.

§ 1361 Unterhalt bei Getrenntleben

(1) ¹Leben die Ehegatten getrennt, so kann ein Ehegatte von dem anderen den nach den Lebensverhältnissen und den Erwerbs- und Vermögensverhältnissen der Ehegatten angemessenen Unterhalt verlangen; für Aufwendungen infolge eines Körper- oder Gesundheitsschadens gilt § 1610 a. ²Ist zwischen den getrennt lebenden Ehegatten ein Scheidungsverfahren rechtshängig, so gehören zum Unterhalt vom Eintritt der Rechtshängigkeit an auch die Kosten einer angemessenen Versicherung für den Fall des Alters sowie der verminderten Erwerbsfähigkeit.

(2) ¹Der nicht erwerbstätige Ehegatte kann nur dann darauf verwiesen werden, seinen Unterhalt durch eine Erwerbstätigkeit selbst zu verdienen, wenn dies von ihm nach seinen persönlichen Verhältnissen, insbesondere wegen einer früheren Erwerbstätigkeit unter Berücksichtigung der Dauer der Ehe, und nach den wirtschaftlichen Verhältnissen beider Ehegatten erwartet werden kann.

(3) ¹Die Vorschrift des § 1579 Nr. 2 bis 7 über die Herabsetzung des Unterhaltsanspruchs aus Billigkeitsgründen ist entsprechend anzuwenden.

(4) ¹Der laufende Unterhalt ist durch Zahlung einer Geldrente zu gewähren. ²Die Rente ist monatlich im Voraus zu zahlen. ³Der Verpflichtete schuldet den vollen Monatsbetrag auch dann, wenn der Berechtigte im Laufe des Monats stirbt. ⁴§ 1360 a Abs. 3, 4 und die §§ 1360 b, 1605 sind entsprechend anzuwenden.

§ 1361 a Hausratsverteilung bei Getrenntleben

(1) ¹Leben die Ehegatten getrennt, so kann jeder von ihnen die ihm gehörenden Haushaltsgegenstände von dem anderen Ehegatten herausverlangen. ²Er ist jedoch verpflichtet, sie dem anderen Ehegatten zum Gebrauch zu überlassen, soweit dieser sie zur Führung eines abgesonderten Haushalts benötigt und die Überlassung nach den Umständen des Falles der Billigkeit entspricht.

(2) ¹Haushaltsgegenstände, die den Ehegatten gemeinsam gehören, werden zwischen ihnen nach den Grundsätzen der Billigkeit verteilt.

(3) ¹Können sich die Ehegatten nicht einigen, so entscheidet das zuständige Gericht. ²Dieses kann eine angemessene Vergütung für die Benutzung der Haushaltsgegenstände festsetzen.

(4) ¹Die Eigentumsverhältnisse bleiben unberührt, sofern die Ehegatten nichts anderes vereinbaren.

§ 1361 b Ehewohnung bei Getrenntleben (1) ¹Leben die Ehegatten voneinander getrennt oder will einer von ihnen getrennt leben, so kann ein Ehegatte verlangen, dass ihm der andere die Ehewohnung oder einen Teil zur alleinigen Benutzung überlässt, soweit dies auch unter Berücksichtigung der Belange des anderen Ehegatten notwendig ist, um eine unbillige Härte zu vermeiden. ²Eine unbillige Härte kann auch dann gegeben sein, wenn das Wohl von im Haushalt lebenden Kindern beeinträchtigt ist. ³Steht einem Ehegatten allein oder gemeinsam mit einem Dritten das Eigentum, das Erbbaurecht oder der Nießbrauch an dem Grundstück zu, auf dem sich die Ehewohnung befindet, so ist dies besonders zu berücksichtigen; Entsprechendes gilt für das Wohnungseigentum, das Dauerwohnrecht und das dingliche Wohnrecht.

(2) ¹Hat der Ehegatte, gegen den sich der Antrag richtet, den anderen Ehegatten widerrechtlich und vorsätzlich am Körper, der Gesundheit oder der Freiheit verletzt oder mit einer solchen Verletzung oder der Verletzung des Lebens widerrechtlich gedroht, ist in der Regel die gesamte Wohnung zur alleinigen Benutzung zu überlassen. ²Der Anspruch auf Wohnungsüberlassung ist nur dann ausgeschlossen, wenn keine weiteren Verletzungen und widerrechtlichen Drohungen zu besorgen sind, es sei denn, dass dem verletzten Ehegatten das weitere Zusammenleben mit dem anderen wegen der Schwere der Tat nicht zuzumuten ist.

(3) ¹Wurde einem Ehegatten die Ehewohnung ganz oder zum Teil überlassen, so hat der andere alles zu unterlassen, was geeignet ist, die Ausübung dieses Nutzungsrechts zu erschweren oder zu vereiteln. ²Er kann von dem nutzungsberechtigten Ehegatten eine Vergütung für die Nutzung verlangen, soweit dies der Billigkeit entspricht.

(4) ¹Ist nach der Trennung der Ehegatten im Sinne des § 1567 Abs. 1 ein Ehegatte aus der Ehewohnung ausgezogen und hat er binnen sechs Monaten nach seinem Auszug eine ernstliche Rückkehrabsicht dem anderen Ehegatten gegenüber nicht bekundet, so wird unwiderleglich vermutet, dass er dem in der Ehewohnung verbliebenen Ehegatten das alleinige Nutzungsrecht überlassen hat.

§ 1362 Eigentumsvermutung (1) ¹Zugunsten der Gläubiger des Mannes und der Gläubiger der Frau wird vermutet, dass die im Besitz eines Ehegatten oder beider Ehegatten befindlichen beweglichen Sachen dem Schuldner gehören. ²Diese Vermutung gilt nicht, wenn die Ehegatten getrennt leben und sich die Sachen im Besitz des Ehegatten befinden, der nicht Schuldner ist. ³Inhaberpapiere und Orderpapiere, die mit Blankoindossament versehen sind, stehen den beweglichen Sachen gleich.

(2) ¹Für die ausschließlich zum persönlichen Gebrauch eines Ehegatten bestimmten Sachen wird im Verhältnis der Ehegatten zueinander und zu den Gläubigern vermutet, dass sie dem Ehegatten gehören, für dessen Gebrauch sie bestimmt sind.

Titel 6: Eheliches Güterrecht

Untertitel 1: Gesetzliches Güterrecht

§ 1363 Zugewinngemeinschaft (1) ¹Die Ehegatten leben im Güterstand der Zugewinngemeinschaft, wenn sie nicht durch Ehevertrag etwas anderes vereinbaren.

§§ 1364–1369 BGB

(2) ¹Das Vermögen des Mannes und das Vermögen der Frau werden nicht gemeinschaftliches Vermögen der Ehegatten; dies gilt auch für Vermögen, das ein Ehegatte nach der Eheschließung erwirbt. ²Der Zugewinn, den die Ehegatten in der Ehe erzielen, wird jedoch ausgeglichen, wenn die Zugewinngemeinschaft endet.

§ 1364 Vermögensverwaltung ¹Jeder Ehegatte verwaltet sein Vermögen selbständig; er ist jedoch in der Verwaltung seines Vermögens nach Maßgabe der folgenden Vorschriften beschränkt.

§ 1365 Verfügung über Vermögen im Ganzen (1) ¹Ein Ehegatte kann sich nur mit Einwilligung des anderen Ehegatten verpflichten, über sein Vermögen im Ganzen zu verfügen. ²Hat er sich ohne Zustimmung des anderen Ehegatten verpflichtet, so kann er die Verpflichtung nur erfüllen, wenn der andere Ehegatte einwilligt.

(2) ¹Entspricht das Rechtsgeschäft den Grundsätzen einer ordnungsmäßigen Verwaltung, so kann das Vormundschaftsgericht auf Antrag des Ehegatten die Zustimmung des anderen Ehegatten ersetzen, wenn dieser sie ohne ausreichenden Grund verweigert oder durch Krankheit oder Abwesenheit an der Abgabe einer Erklärung verhindert und mit dem Aufschub Gefahr verbunden ist.

§ 1366 Genehmigung von Verträgen (1) ¹Ein Vertrag, den ein Ehegatte ohne die erforderliche Einwilligung des anderen Ehegatten schließt, ist wirksam, wenn dieser ihn genehmigt.

(2) ¹Bis zur Genehmigung kann der Dritte den Vertrag widerrufen. ²Hat er gewusst, dass der Mann oder die Frau verheiratet ist, so kann er nur widerrufen, wenn der Mann oder die Frau wahrheitswidrig behauptet hat, der andere Ehegatte habe eingewilligt; er kann auch in diesem Falle nicht widerrufen, wenn ihm beim Abschluss des Vertrags bekannt war, dass der andere Ehegatte nicht eingewilligt hatte.

(3) ¹Fordert der Dritte den Ehegatten auf, die erforderliche Genehmigung des anderen Ehegatten zu beschaffen, so kann dieser sich nur dem Dritten gegenüber über die Genehmigung erklären; hat er sich bereits vor der Aufforderung seinem Ehegatten gegenüber erklärt, so wird die Erklärung unwirksam. ²Die Genehmigung kann nur innerhalb von zwei Wochen seit dem Empfang der Aufforderung erklärt werden; wird sie nicht erklärt, so gilt sie als verweigert. ³Ersetzt das Vormundschaftsgericht die Genehmigung, so ist sein Beschluss nur wirksam, wenn der Ehegatte ihn dem Dritten innerhalb der zweiwöchigen Frist mitteilt; andernfalls gilt die Genehmigung als verweigert.

(4) ¹Wird die Genehmigung verweigert, so ist der Vertrag unwirksam.

§ 1367 Einseitige Rechtsgeschäfte ¹Ein einseitiges Rechtsgeschäft, das ohne die erforderliche Einwilligung vorgenommen wird, ist unwirksam.

§ 1368 Geltendmachung der Unwirksamkeit ¹Verfügt ein Ehegatte ohne die erforderliche Zustimmung des anderen Ehegatten über sein Vermögen, so ist auch der andere Ehegatte berechtigt, die sich aus der Unwirksamkeit der Verfügung ergebenden Rechte gegen den Dritten gerichtlich geltend zu machen.

§ 1369 Verfügungen über Haushaltsgegenstände (1) ¹Ein Ehegatte kann über ihm gehörende Gegenstände des ehelichen Haushalts nur verfügen und sich zu einer solchen Verfügung auch nur verpflichten, wenn der andere Ehegatte einwilligt.

(2) ¹Das Vormundschaftsgericht kann auf Antrag des Ehegatten die Zustimmung des anderen Ehegatten ersetzen, wenn dieser sie ohne ausreichenden Grund verweigert oder durch Krankheit oder Abwesenheit verhindert ist, eine Erklärung abzugeben.

(3) ¹Die Vorschriften der §§ 1366 bis 1368 gelten entsprechend.

§ 1370 Ersatz von Haushaltsgegenständen ¹Haushaltsgegenstände, die anstelle von nicht mehr vorhandenen oder wertlos gewordenen Gegenständen angeschafft werden, werden Eigentum des Ehegatten, dem die nicht mehr vorhandenen oder wertlos gewordenen Gegenstände gehört haben.

§ 1371 Zugewinnausgleich im Todesfall (1) ¹Wird der Güterstand durch den Tod eines Ehegatten beendet, so wird der Ausgleich des Zugewinns dadurch verwirklicht, dass sich der gesetzliche Erbteil des überlebenden Ehegatten um ein Viertel der Erbschaft erhöht; hierbei ist unerheblich, ob die Ehegatten im einzelnen Falle einen Zugewinn erzielt haben.

(2) ¹Wird der überlebende Ehegatte nicht Erbe und steht ihm auch kein Vermächtnis zu, so kann er Ausgleich des Zugewinns nach den Vorschriften der §§ 1373 bis 1383, 1390 verlangen; der Pflichtteil des überlebenden Ehegatten oder eines anderen Pflichtteilsberechtigten bestimmt sich in diesem Falle nach dem nicht erhöhten gesetzlichen Erbteil des Ehegatten.

(3) ¹Schlägt der überlebende Ehegatte die Erbschaft aus, so kann er neben dem Ausgleich des Zugewinns den Pflichtteil auch dann verlangen, wenn dieser ihm nach den erbrechtlichen Bestimmungen nicht zustünde; dies gilt nicht, wenn er durch Vertrag mit seinem Ehegatten auf sein gesetzliches Erbrecht oder sein Pflichtteilsrecht verzichtet hat.

(4) ¹Sind erbberechtigte Abkömmlinge des verstorbenen Ehegatten, welche nicht aus der durch den Tod dieses Ehegatten aufgelösten Ehe stammen, vorhanden, so ist der überlebende Ehegatte verpflichtet, diesen Abkömmlingen, wenn und soweit sie dessen bedürfen, die Mittel zu einer angemessenen Ausbildung aus dem nach Absatz 1 zusätzlich gewährten Viertel zu gewähren.

§ 1372 Zugewinnausgleich in anderen Fällen ¹Wird der Güterstand auf andere Weise als durch den Tod eines Ehegatten beendet, so wird der Zugewinn nach den Vorschriften der §§ 1373 bis 1390 ausgeglichen.

§ 1373 Zugewinn ¹Zugewinn ist der Betrag, um den das Endvermögen eines Ehegatten das Anfangsvermögen übersteigt.

§ 1374 Anfangsvermögen (1) ¹Anfangsvermögen ist das Vermögen, das einem Ehegatten nach Abzug der Verbindlichkeiten beim Eintritt des Güterstands gehört; die Verbindlichkeiten können nur bis zur Höhe des Vermögens abgezogen werden.

(2) ¹Vermögen, das ein Ehegatte nach Eintritt des Güterstands von Todes wegen oder mit Rücksicht auf ein künftiges Erbrecht, durch Schenkung oder als Ausstattung erwirbt, wird nach Abzug der Verbindlichkeiten dem Anfangsvermögen hinzugerechnet, soweit es nicht den Umständen nach zu den Einkünften zu rechnen ist.

§ 1375 Endvermögen (1) ¹Endvermögen ist das Vermögen, das einem Ehegatten nach Abzug der Verbindlichkeiten bei der Beendigung des Güterstands gehört. ²Die Verbindlichkeiten werden, wenn Dritte gemäß § 1390 in Anspruch genommen werden können, auch insoweit abgezogen, als sie die Höhe des Vermögens übersteigen.

(2) ¹Dem Endvermögen eines Ehegatten wird der Betrag hinzugerechnet, um den dieses Vermögen dadurch vermindert ist, dass ein Ehegatte nach Eintritt des Güterstands

1. unentgeltliche Zuwendungen gemacht hat, durch die er nicht einer sittlichen Pflicht oder einer auf den Anstand zu nehmenden Rücksicht entsprochen hat,
2. Vermögen verschwendet hat oder
3. Handlungen in der Absicht vorgenommen hat, den anderen Ehegatten zu benachteiligen.

(3) ¹Der Betrag der Vermögensminderung wird dem Endvermögen nicht hinzugerechnet, wenn sie mindestens zehn Jahre vor Beendigung des Güterstands eingetreten ist oder wenn der andere Ehegatte mit der unentgeltlichen Zuwendung oder der Verschwendung einverstanden gewesen ist.

§ 1376 Wertermittlung des Anfangs- und Endvermögens (1) ¹Der Berechnung des Anfangsvermögens wird der Wert zugrunde gelegt, den das beim Eintritt des Güterstands vorhandene Vermögen in diesem Zeitpunkt, das dem Anfangsvermögen hinzuzurechnende Vermögen im Zeitpunkt des Erwerbs hatte.

(2) ¹Der Berechnung des Endvermögens wird der Wert zugrunde gelegt, den das bei Beendigung des Güterstands vorhandene Vermögen in diesem Zeitpunkt, eine dem Endvermögen hinzuzurechnende Vermögensminderung in dem Zeitpunkt hatte, in dem sie eingetreten ist.

(3) ¹Die vorstehenden Vorschriften gelten entsprechend für die Bewertung von Verbindlichkeiten.

(4) ¹Ein land- oder forstwirtschaftlicher Betrieb, der bei der Berechnung des Anfangsvermögens und des Endvermögens zu berücksichtigen ist, ist mit dem Ertragswert anzusetzen, wenn der Eigentümer nach § 1378 Abs. 1 in Anspruch genommen wird und eine Weiterführung oder Wiederaufnahme des Betriebs durch den Eigentümer oder einen Abkömmling erwartet werden kann; die Vorschrift des § 2049 Abs. 2 ist anzuwenden.

§ 1377 Verzeichnis des Anfangsvermögens (1) ¹Haben die Ehegatten den Bestand und den Wert des einem Ehegatten gehörenden Anfangsvermögens und der diesem Vermögen hinzuzurechnenden Gegenstände gemeinsam in einem Verzeichnis festgestellt, so wird im Verhältnis der Ehegatten zueinander vermutet, dass das Verzeichnis richtig ist.

(2) ¹Jeder Ehegatte kann verlangen, dass der andere Ehegatte bei der Aufnahme des Verzeichnisses mitwirkt. ²Auf die Aufnahme des Verzeichnisses sind die für den Nießbrauch geltenden Vorschriften des § 1035 anzuwenden. ³Jeder Ehegatte kann den Wert der Vermögensgegenstände und der Verbindlichkeiten auf seine Kosten durch Sachverständige feststellen lassen.

(3) ¹Soweit kein Verzeichnis aufgenommen ist, wird vermutet, dass das Endvermögen eines Ehegatten seinen Zugewinn darstellt.

§ 1378 Ausgleichsforderung (1) ¹Übersteigt der Zugewinn des einen Ehegatten den Zugewinn des anderen, so steht die Hälfte des Überschusses dem anderen Ehegatten als Ausgleichsforderung zu.

(2) ¹Die Höhe der Ausgleichsforderung wird durch den Wert des Vermögens begrenzt, das nach Abzug der Verbindlichkeiten bei Beendigung des Güterstands vorhanden ist.

(3) ¹Die Ausgleichsforderung entsteht mit der Beendigung des Güterstands und ist von diesem Zeitpunkt an vererblich und übertragbar. ²Eine Vereinbarung, die die Ehegatten während eines Verfahrens, das auf die Auflösung der Ehe gerichtet ist, für den Fall der Auflösung der Ehe über den Ausgleich des Zugewinns treffen, bedarf der notariellen Beurkundung; § 127 a findet auch auf eine Vereinbarung Anwendung, die in einem Verfahren in Ehesachen vor dem Prozessgericht

protokolliert wird. ³Im Übrigen kann sich kein Ehegatte vor der Beendigung des Güterstands verpflichten, über die Ausgleichsforderung zu verfügen.
(4) ¹Die Ausgleichsforderung verjährt in drei Jahren; die Frist beginnt mit dem Zeitpunkt, in dem der Ehegatte erfährt, dass der Güterstand beendet ist. ²Die Forderung verjährt jedoch spätestens 30 Jahre nach der Beendigung des Güterstands. ³Endet der Güterstand durch den Tod eines Ehegatten, so sind im Übrigen die Vorschriften anzuwenden, die für die Verjährung eines Pflichtteilsanspruchs gelten.

§ 1379 Auskunftspflicht
(1) ¹Nach der Beendigung des Güterstands ist jeder Ehegatte verpflichtet, dem anderen Ehegatten über den Bestand seines Endvermögens Auskunft zu erteilen. ²Jeder Ehegatte kann verlangen, dass er bei der Aufnahme des ihm nach § 260 vorzulegenden Verzeichnisses zugezogen und dass der Wert der Vermögensgegenstände und der Verbindlichkeiten ermittelt wird. ³Er kann auch verlangen, dass das Verzeichnis auf seine Kosten durch die zuständige Behörde oder durch einen zuständigen Beamten oder Notar aufgenommen wird.
(2) ¹Hat ein Ehegatte die Scheidung oder die Aufhebung der Ehe beantragt, gilt Absatz 1 entsprechend.

§ 1380 Anrechnung von Vorausempfängen
(1) ¹Auf die Ausgleichsforderung eines Ehegatten wird angerechnet, was ihm von dem anderen Ehegatten durch Rechtsgeschäft unter Lebenden mit der Bestimmung zugewendet ist, dass es auf die Ausgleichsforderung angerechnet werden soll. ²Im Zweifel ist anzunehmen, dass Zuwendungen angerechnet werden sollen, wenn ihr Wert den Wert von Gelegenheitsgeschenken übersteigt, die nach den Lebensverhältnissen der Ehegatten üblich sind.
(2) ¹Der Wert der Zuwendung wird bei der Berechnung der Ausgleichsforderung dem Zugewinn des Ehegatten hinzugerechnet, der die Zuwendung gemacht hat. ²Der Wert bestimmt sich nach dem Zeitpunkt der Zuwendung.

§ 1381 Leistungsverweigerung wegen grober Unbilligkeit
(1) ¹Der Schuldner kann die Erfüllung der Ausgleichsforderung verweigern, soweit der Ausgleich des Zugewinns nach den Umständen des Falles grob unbillig wäre.
(2) ¹Grobe Unbilligkeit kann insbesondere dann vorliegen, wenn der Ehegatte, der den geringeren Zugewinn erzielt hat, längere Zeit hindurch die wirtschaftlichen Verpflichtungen, die sich aus dem ehelichen Verhältnis ergeben, schuldhaft nicht erfüllt hat.

§ 1382 Stundung
(1) ¹Das Familiengericht stundet auf Antrag eine Ausgleichsforderung, soweit sie vom Schuldner nicht bestritten wird, wenn die sofortige Zahlung auch unter Berücksichtigung der Interessen des Gläubigers zur Unzeit erfolgen würde. ²Die sofortige Zahlung würde auch dann zur Unzeit erfolgen, wenn sie die Wohnverhältnisse oder sonstigen Lebensverhältnisse gemeinschaftlicher Kinder nachhaltig verschlechtern würde.
(2) ¹Eine gestundete Forderung hat der Schuldner zu verzinsen.
(3) ¹Das Familiengericht kann auf Antrag anordnen, dass der Schuldner für eine gestundete Forderung Sicherheit zu leisten hat.
(4) ¹Über Höhe und Fälligkeit der Zinsen und über Art und Umfang der Sicherheitsleistung entscheidet das Familiengericht nach billigem Ermessen.
(5) ¹Soweit über die Ausgleichsforderung ein Rechtsstreit anhängig wird, kann der Schuldner einen Antrag auf Stundung nur in diesem Verfahren stellen.

(6) ¹Das Familiengericht kann eine rechtskräftige Entscheidung auf Antrag aufheben oder ändern, wenn sich die Verhältnisse nach der Entscheidung wesentlich geändert haben.

§ 1383 Übertragung von Vermögensgegenständen (1) ¹Das Familiengericht kann auf Antrag des Gläubigers anordnen, dass der Schuldner bestimmte Gegenstände seines Vermögens dem Gläubiger unter Anrechnung auf die Ausgleichsforderung zu übertragen hat, wenn dies erforderlich ist, um eine grobe Unbilligkeit für den Gläubiger zu vermeiden, und wenn dies dem Schuldner zugemutet werden kann; in der Entscheidung ist der Betrag festzusetzen, der auf die Ausgleichsforderung angerechnet wird.
(2) ¹Der Gläubiger muss die Gegenstände, deren Übertragung er begehrt, in dem Antrag bezeichnen.
(3) ¹§ 1382 Abs. 5 gilt entsprechend.

§ 1384 Berechnungszeitpunkt bei Scheidung ¹Wird die Ehe geschieden, so tritt für die Berechnung des Zugewinns an die Stelle der Beendigung des Güterstands der Zeitpunkt der Rechtshängigkeit des Scheidungsantrags.

§ 1385 Vorzeitiger Zugewinnausgleich bei Getrenntleben ¹Leben die Ehegatten seit mindestens drei Jahren getrennt, so kann jeder von ihnen auf vorzeitigen Ausgleich des Zugewinns klagen.

§ 1386 Vorzeitiger Zugewinnausgleich in sonstigen Fällen
(1) ¹Ein Ehegatte kann auf vorzeitigen Ausgleich des Zugewinns klagen, wenn der andere Ehegatte längere Zeit hindurch die wirtschaftlichen Verpflichtungen, die sich aus dem ehelichen Verhältnis ergeben, schuldhaft nicht erfüllt hat und anzunehmen ist, dass er sie auch in Zukunft nicht erfüllen wird.
(2) ¹Ein Ehegatte kann auf vorzeitigen Ausgleich des Zugewinns klagen, wenn der andere Ehegatte
1. ein Rechtsgeschäft der in § 1365 bezeichneten Art ohne die erforderliche Zustimmung vorgenommen hat oder
2. sein Vermögen durch eine der in § 1375 bezeichneten Handlungen vermindert hat

und eine erhebliche Gefährdung der künftigen Ausgleichsforderung zu besorgen ist.
(3) ¹Ein Ehegatte kann auf vorzeitigen Ausgleich des Zugewinns klagen, wenn der andere Ehegatte sich ohne ausreichenden Grund beharrlich weigert, ihn über den Bestand seines Vermögens zu unterrichten.

§ 1387 Berechnungszeitpunkt bei vorzeitigem Ausgleich ¹Wird auf vorzeitigen Ausgleich des Zugewinns erkannt, so tritt für die Berechnung des Zugewinns an die Stelle der Beendigung des Güterstands der Zeitpunkt, in dem die Klage auf vorzeitigen Ausgleich erhoben ist.

§ 1388 Eintritt der Gütertrennung ¹Mit der Rechtskraft des Urteils, durch das auf vorzeitigen Ausgleich des Zugewinns erkannt ist, tritt Gütertrennung ein.

§ 1389 Sicherheitsleistung ¹Ist die Klage auf vorzeitigen Ausgleich des Zugewinns erhoben oder der Antrag auf Scheidung oder Aufhebung der Ehe gestellt, so kann ein Ehegatte Sicherheitsleistung verlangen, wenn wegen des Verhaltens des anderen Ehegatten zu besorgen ist, dass seine Rechte auf den künftigen Ausgleich des Zugewinns erheblich gefährdet werden.

§ 1390 Ansprüche des Ausgleichsberechtigten gegen Dritte

(1) ¹Soweit einem Ehegatten gemäß § 1378 Abs. 2 eine Ausgleichsforderung nicht zusteht, weil der andere Ehegatte in der Absicht, ihn zu benachteiligen, unentgeltliche Zuwendungen an einen Dritten gemacht hat, ist der Dritte verpflichtet, das Erlangte nach den Vorschriften über die Herausgabe einer ungerechtfertigten Bereicherung an den Ehegatten zum Zwecke der Befriedigung wegen der ausgefallenen Ausgleichsforderung herauszugeben. ²Der Dritte kann die Herausgabe durch Zahlung des fehlenden Betrags abwenden.

(2) ¹Das Gleiche gilt für andere Rechtshandlungen, wenn die Absicht, den Ehegatten zu benachteiligen, dem Dritten bekannt war.

(3) ¹Der Anspruch verjährt in drei Jahren nach der Beendigung des Güterstands. ²Endet der Güterstand durch den Tod eines Ehegatten, so wird die Verjährung nicht dadurch gehemmt, dass der Anspruch erst geltend gemacht werden kann, wenn der Ehegatte die Erbschaft oder ein Vermächtnis ausgeschlagen hat.

(4) ¹Ist die Klage auf vorzeitigen Ausgleich des Zugewinns erhoben oder der Antrag auf Scheidung oder Aufhebung der Ehe gestellt, so kann ein Ehegatte von dem Dritten Sicherheitsleistung wegen der ihm nach den Absätzen 1 und 2 zustehenden Ansprüche verlangen.

§§ 1391 bis 1407 (weggefallen)

Untertitel 2: Vertragliches Güterrecht

Kapitel 1: Allgemeine Vorschriften

§ 1408 Ehevertrag, Vertragsfreiheit (1) ¹Die Ehegatten können ihre güterrechtlichen Verhältnisse durch Vertrag (Ehevertrag) regeln, insbesondere auch nach der Eingehung der Ehe den Güterstand aufheben oder ändern.

(2) ¹In einem Ehevertrag können die Ehegatten durch eine ausdrückliche Vereinbarung auch den Versorgungsausgleich ausschließen. ²Der Ausschluss ist unwirksam, wenn innerhalb eines Jahres nach Vertragsschluss Antrag auf Scheidung der Ehe gestellt wird.

§ 1409 Beschränkung der Vertragsfreiheit ¹Der Güterstand kann nicht durch Verweisung auf nicht mehr geltendes oder ausländisches Recht bestimmt werden.

§ 1410 Form ¹Der Ehevertrag muss bei gleichzeitiger Anwesenheit beider Teile zur Niederschrift eines Notars geschlossen werden.

§ 1411 Eheverträge beschränkt Geschäftsfähiger und Geschäftsunfähiger (1) ¹Wer in der Geschäftsfähigkeit beschränkt ist, kann einen Ehevertrag nur mit Zustimmung seines gesetzlichen Vertreters schließen. ²Dies gilt auch für einen Betreuten, soweit für diese Angelegenheit ein Einwilligungsvorbehalt angeordnet ist. ³Ist der gesetzliche Vertreter ein Vormund oder Betreuer, so ist außer der Zustimmung des gesetzlichen Vertreters die Genehmigung des Vormundschaftsgerichts erforderlich, wenn der Ausgleich des Zugewinns ausgeschlossen oder eingeschränkt oder wenn Gütergemeinschaft vereinbart oder aufgehoben wird. ⁴Der gesetzliche Vertreter kann für einen in der Geschäftsfähigkeit beschränkten Ehegatten oder einen geschäftsfähigen Betreuten keinen Ehevertrag schließen.

(2) ¹Für einen geschäftsunfähigen Ehegatten schließt der gesetzliche Vertreter den Vertrag; Gütergemeinschaft kann er nicht vereinbaren oder aufheben. ²Ist der gesetzliche Vertreter ein Vormund oder Betreuer, so kann er den Vertrag nur mit Genehmigung des Vormundschaftsgerichts schließen.

§ 1412 Wirkung gegenüber Dritten

(1) ¹Haben die Ehegatten den gesetzlichen Güterstand ausgeschlossen oder geändert, so können sie hieraus einem Dritten gegenüber Einwendungen gegen ein Rechtsgeschäft, das zwischen einem von ihnen und dem Dritten vorgenommen worden ist, nur herleiten, wenn der Ehevertrag im Güterrechtsregister des zuständigen Amtsgerichts eingetragen oder dem Dritten bekannt war, als das Rechtsgeschäft vorgenommen wurde; Einwendungen gegen ein rechtskräftiges Urteil, das zwischen einem der Ehegatten und dem Dritten ergangen ist, sind nur zulässig, wenn der Ehevertrag eingetragen oder dem Dritten bekannt war, als der Rechtsstreit anhängig wurde.

(2) ¹Das Gleiche gilt, wenn die Ehegatten eine im Güterrechtsregister eingetragene Regelung der güterrechtlichen Verhältnisse durch Ehevertrag aufheben oder ändern.

§ 1413 Widerruf der Überlassung der Vermögensverwaltung

¹Überlässt ein Ehegatte sein Vermögen der Verwaltung des anderen Ehegatten, so kann das Recht, die Überlassung jederzeit zu widerrufen, nur durch Ehevertrag ausgeschlossen oder eingeschränkt werden; ein Widerruf aus wichtigem Grunde bleibt gleichwohl zulässig.

Kapitel 2: Gütertrennung

§ 1414 Eintritt der Gütertrennung

¹Schließen die Ehegatten den gesetzlichen Güterstand aus oder heben sie ihn auf, so tritt Gütertrennung ein, falls sich nicht aus dem Ehevertrag etwas anderes ergibt. ²Das Gleiche gilt, wenn der Ausgleich des Zugewinns oder der Versorgungsausgleich ausgeschlossen oder die Gütergemeinschaft aufgehoben wird.

Kapitel 3: Gütergemeinschaft

Unterkapitel 1: Allgemeine Vorschriften

§ 1415 Vereinbarung durch Ehevertrag

¹Vereinbaren die Ehegatten durch Ehevertrag Gütergemeinschaft, so gelten die nachstehenden Vorschriften.

§ 1416 Gesamtgut

(1) ¹Das Vermögen des Mannes und das Vermögen der Frau werden durch die Gütergemeinschaft gemeinschaftliches Vermögen beider Ehegatten (Gesamtgut). ²Zu dem Gesamtgut gehört auch das Vermögen, das der Mann oder die Frau während der Gütergemeinschaft erwirbt.

(2) ¹Die einzelnen Gegenstände werden gemeinschaftlich; sie brauchen nicht durch Rechtsgeschäft übertragen zu werden.

(3) ¹Wird ein Recht gemeinschaftlich, das im Grundbuch eingetragen ist oder in das Grundbuch eingetragen werden kann, so kann jeder Ehegatte von dem anderen verlangen, dass er zur Berichtigung des Grundbuchs mitwirke. ²Entsprechendes gilt, wenn ein Recht gemeinschaftlich wird, das im Schiffsregister oder im Schiffsbauregister eingetragen ist.

§ 1417 Sondergut

(1) ¹Vom Gesamtgut ist das Sondergut ausgeschlossen.

(2) ¹Sondergut sind die Gegenstände, die nicht durch Rechtsgeschäft übertragen werden können.

(3) ¹Jeder Ehegatte verwaltet sein Sondergut selbständig. ²Er verwaltet es für Rechnung des Gesamtguts.

§ 1418 Vorbehaltsgut

(1) ¹Vom Gesamtgut ist das Vorbehaltsgut ausgeschlossen.

(2) ¹Vorbehaltsgut sind die Gegenstände,

1. die durch Ehevertrag zum Vorbehaltsgut eines Ehegatten erklärt sind,
2. die ein Ehegatte von Todes wegen erwirbt oder die ihm von einem Dritten unentgeltlich zugewendet werden, wenn der Erblasser durch letztwillige Verfügung, der Dritte bei der Zuwendung bestimmt hat, dass der Erwerb Vorbehaltsgut sein soll,
3. die ein Ehegatte auf Grund eines zu seinem Vorbehaltsgut gehörenden Rechts oder als Ersatz für die Zerstörung, Beschädigung oder Entziehung eines zum Vorbehaltsgut gehörenden Gegenstands oder durch ein Rechtsgeschäft erwirbt, das sich auf das Vorbehaltsgut bezieht.

(3) [1]Jeder Ehegatte verwaltet das Vorbehaltsgut selbständig. [2]Er verwaltet es für eigene Rechnung.

(4) [1]Gehören Vermögensgegenstände zum Vorbehaltsgut, so ist dies Dritten gegenüber nur nach Maßgabe des § 1412 wirksam.

§ 1419 Gesamthandsgemeinschaft (1) [1]Ein Ehegatte kann nicht über seinen Anteil am Gesamtgut und an den einzelnen Gegenständen verfügen, die zum Gesamtgut gehören; er ist nicht berechtigt, Teilung zu verlangen.
(2) [1]Gegen eine Forderung, die zum Gesamtgut gehört, kann der Schuldner nur mit einer Forderung aufrechnen, deren Berichtigung er aus dem Gesamtgut verlangen kann.

§ 1420 Verwendung zum Unterhalt [1]Die Einkünfte, die in das Gesamtgut fallen, sind vor den Einkünften, die in das Vorbehaltsgut fallen, der Stamm des Gesamtguts ist vor dem Stamm des Vorbehaltsguts oder des Sonderguts für den Unterhalt der Familie zu verwenden.

§ 1421 Verwaltung des Gesamtguts [1]Die Ehegatten sollen in dem Ehevertrag, durch den sie die Gütergemeinschaft vereinbaren, bestimmen, ob das Gesamtgut von dem Mann oder der Frau oder von ihnen gemeinschaftlich verwaltet wird. [2]Enthält der Ehevertrag keine Bestimmung hierüber, so verwalten die Ehegatten das Gesamtgut gemeinschaftlich.

Unterkapitel 2: Verwaltung des Gesamtguts durch den Mann oder die Frau

§ 1422 Inhalt des Verwaltungsrechts [1]Der Ehegatte, der das Gesamtgut verwaltet, ist insbesondere berechtigt, die zum Gesamtgut gehörenden Sachen in Besitz zu nehmen und über das Gesamtgut zu verfügen; er führt Rechtsstreitigkeiten, die sich auf das Gesamtgut beziehen, im eigenen Namen. [2]Der andere Ehegatte wird durch die Verwaltungshandlungen nicht persönlich verpflichtet.

§ 1423 Verfügung über das Gesamtgut im Ganzen [1]Der Ehegatte, der das Gesamtgut verwaltet, kann sich nur mit Einwilligung des anderen Ehegatten verpflichten, über das Gesamtgut im Ganzen zu verfügen. [2]Hat er sich ohne Zustimmung des anderen Ehegatten verpflichtet, so kann er die Verpflichtung nur erfüllen, wenn der andere Ehegatte einwilligt.

§ 1424 Verfügung über Grundstücke, Schiffe oder Schiffsbauwerke [1]Der Ehegatte, der das Gesamtgut verwaltet, kann nur mit Einwilligung des anderen Ehegatten über ein zum Gesamtgut gehörendes Grundstück verfügen; er kann sich zu einer solchen Verfügung auch nur mit Einwilligung seines Ehegatten verpflichten. [2]Dasselbe gilt, wenn ein eingetragenes Schiff oder Schiffsbauwerk zum Gesamtgut gehört.

§ 1425 Schenkungen (1) ¹Der Ehegatte, der das Gesamtgut verwaltet, kann nur mit Einwilligung des anderen Ehegatten Gegenstände aus dem Gesamtgut verschenken; hat er ohne Zustimmung des anderen Ehegatten versprochen, Gegenstände aus dem Gesamtgut zu verschenken, so kann er dieses Versprechen nur erfüllen, wenn der andere Ehegatte einwilligt. ²Das Gleiche gilt von einem Schenkungsversprechen, das sich nicht auf das Gesamtgut bezieht.
(2) ¹Ausgenommen sind Schenkungen, durch die einer sittlichen Pflicht oder einer auf den Anstand zu nehmenden Rücksicht entsprochen wird.

§ 1426 Ersetzung der Zustimmung des anderen Ehegatten ¹Ist ein Rechtsgeschäft, das nach den §§ 1423, 1424 nur mit Einwilligung des anderen Ehegatten vorgenommen werden kann, zur ordnungsmäßigen Verwaltung des Gesamtguts erforderlich, so kann das Vormundschaftsgericht auf Antrag die Zustimmung des anderen Ehegatten ersetzen, wenn dieser sie ohne ausreichenden Grund verweigert oder durch Krankheit oder Abwesenheit an der Abgabe einer Erklärung verhindert und mit dem Aufschub Gefahr verbunden ist.

§ 1427 Rechtsfolgen fehlender Einwilligung (1) ¹Nimmt der Ehegatte, der das Gesamtgut verwaltet, ein Rechtsgeschäft ohne die erforderliche Einwilligung des anderen Ehegatten vor, so gelten die Vorschriften des § 1366 Abs. 1, 3, 4 und des § 1367 entsprechend.
(2) ¹Einen Vertrag kann der Dritte bis zur Genehmigung widerrufen. ²Hat er gewusst, dass der Ehegatte in Gütergemeinschaft lebt, so kann er nur widerrufen, wenn dieser wahrheitswidrig behauptet hat, der andere Ehegatte habe eingewilligt; er kann auch in diesem Falle nicht widerrufen, wenn ihm beim Abschluss des Vertrags bekannt war, dass der andere Ehegatte nicht eingewilligt hatte.

§ 1428 Verfügungen ohne Zustimmung ¹Verfügt der Ehegatte, der das Gesamtgut verwaltet, ohne die erforderliche Zustimmung des anderen Ehegatten über ein zum Gesamtgut gehörendes Recht, so kann dieser das Recht gegen Dritte gerichtlich geltend machen; der Ehegatte, der das Gesamtgut verwaltet, braucht hierzu nicht mitzuwirken.

§ 1429 Notverwaltungsrecht ¹Ist der Ehegatte, der das Gesamtgut verwaltet, durch Krankheit oder durch Abwesenheit verhindert, ein Rechtsgeschäft vorzunehmen, das sich auf das Gesamtgut bezieht, so kann der andere Ehegatte das Rechtsgeschäft vornehmen, wenn mit dem Aufschub Gefahr verbunden ist; er kann hierbei im eigenen Namen oder im Namen des verwaltenden Ehegatten handeln. ²Das Gleiche gilt für die Führung eines Rechtsstreits, der sich auf das Gesamtgut bezieht.

§ 1430 Ersetzung der Zustimmung des Verwalters ¹Verweigert der Ehegatte, der das Gesamtgut verwaltet, ohne ausreichenden Grund die Zustimmung zu einem Rechtsgeschäft, das der andere Ehegatte zur ordnungsmäßigen Besorgung seiner persönlichen Angelegenheiten vornehmen muss, aber ohne diese Zustimmung nicht mit Wirkung für das Gesamtgut vornehmen kann, so kann das Vormundschaftsgericht die Zustimmung auf Antrag ersetzen.

§ 1431 Selbständiges Erwerbsgeschäft (1) ¹Hat der Ehegatte, der das Gesamtgut verwaltet, darin eingewilligt, dass der andere Ehegatte selbständig ein Erwerbsgeschäft betreibt, so ist seine Zustimmung zu solchen Rechtsgeschäften und Rechtsstreitigkeiten nicht erforderlich, die der Geschäftsbetrieb mit sich bringt. ²Einseitige Rechtsgeschäfte, die sich auf das Erwerbsgeschäft beziehen, sind dem Ehegatten gegenüber vorzunehmen, der das Erwerbsgeschäft betreibt.

(2) ¹Weiß der Ehegatte, der das Gesamtgut verwaltet, dass der andere Ehegatte ein Erwerbsgeschäft betreibt, und hat er hiergegen keinen Einspruch eingelegt, so steht dies einer Einwilligung gleich.

(3) ¹Dritten gegenüber ist ein Einspruch und der Widerruf der Einwilligung nur nach Maßgabe des § 1412 wirksam.

§ 1432 Annahme einer Erbschaft; Ablehnung von Vertragsantrag oder Schenkung
(1) ¹Ist dem Ehegatten, der das Gesamtgut nicht verwaltet, eine Erbschaft oder ein Vermächtnis angefallen, so ist nur er berechtigt, die Erbschaft oder das Vermächtnis anzunehmen oder auszuschlagen; die Zustimmung des anderen Ehegatten ist nicht erforderlich. ²Das Gleiche gilt von dem Verzicht auf den Pflichtteil oder auf den Ausgleich eines Zugewinns sowie von der Ablehnung eines Vertragsantrags oder einer Schenkung.

(2) ¹Der Ehegatte, der das Gesamtgut nicht verwaltet, kann ein Inventar über eine ihm angefallene Erbschaft ohne Zustimmung des anderen Ehegatten errichten.

§ 1433 Fortsetzung eines Rechtsstreits
¹Der Ehegatte, der das Gesamtgut nicht verwaltet, kann ohne Zustimmung des anderen Ehegatten einen Rechtsstreit fortsetzen, der beim Eintritt der Gütergemeinschaft anhängig war.

§ 1434 Ungerechtfertigte Bereicherung des Gesamtguts
¹Wird durch ein Rechtsgeschäft, das ein Ehegatte ohne die erforderliche Zustimmung des anderen Ehegatten vornimmt, das Gesamtgut bereichert, so ist die Bereicherung nach den Vorschriften über die ungerechtfertigte Bereicherung aus dem Gesamtgut herauszugeben.

§ 1435 Pflichten des Verwalters
¹Der Ehegatte hat das Gesamtgut ordnungsmäßig zu verwalten. ²Er hat den anderen Ehegatten über die Verwaltung zu unterrichten und ihm auf Verlangen über den Stand der Verwaltung Auskunft zu erteilen. ³Mindert sich das Gesamtgut, so muss er zu dem Gesamtgut Ersatz leisten, wenn er den Verlust verschuldet oder durch ein Rechtsgeschäft herbeigeführt hat, das er ohne die erforderliche Zustimmung des anderen Ehegatten vorgenommen hat.

§ 1436 Verwalter unter Vormundschaft oder Betreuung
¹Steht der Ehegatte, der das Gesamtgut verwaltet, unter Vormundschaft oder fällt die Verwaltung des Gesamtguts in den Aufgabenkreis seines Betreuers, so hat ihn der Vormund oder Betreuer in den Rechten und Pflichten zu vertreten, die sich aus der Verwaltung des Gesamtguts ergeben. ²Dies gilt auch dann, wenn der andere Ehegatte zum Vormund oder Betreuer bestellt ist.

§ 1437 Gesamtgutsverbindlichkeiten; persönliche Haftung
(1) ¹Aus dem Gesamtgut können die Gläubiger des Ehegatten, der das Gesamtgut verwaltet, und, soweit sich aus den §§ 1438 bis 1440 nichts anderes ergibt, auch die Gläubiger des anderen Ehegatten Befriedigung verlangen (Gesamtgutsverbindlichkeiten).

(2) ¹Der Ehegatte, der das Gesamtgut verwaltet, haftet für die Verbindlichkeiten des anderen Ehegatten, die Gesamtgutsverbindlichkeiten sind, auch persönlich als Gesamtschuldner. ²Die Haftung erlischt mit der Beendigung der Gütergemeinschaft, wenn die Verbindlichkeiten im Verhältnis der Ehegatten zueinander dem anderen Ehegatten zur Last fallen.

§ 1438 Haftung des Gesamtguts
(1) ¹Das Gesamtgut haftet für eine Verbindlichkeit aus einem Rechtsgeschäft, das während der Gütergemeinschaft vorgenommen wird, nur dann, wenn der Ehegatte, der das Gesamtgut verwaltet, das Rechtsgeschäft vornimmt oder wenn er ihm zustimmt oder wenn das Rechtsgeschäft ohne seine Zustimmung für das Gesamtgut wirksam ist.

(2) ¹Für die Kosten eines Rechtsstreits haftet das Gesamtgut auch dann, wenn das Urteil dem Gesamtgut gegenüber nicht wirksam ist.

§ 1439 Keine Haftung bei Erwerb einer Erbschaft
¹Das Gesamtgut haftet nicht für Verbindlichkeiten, die durch den Erwerb einer Erbschaft entstehen, wenn der Ehegatte, der Erbe ist, das Gesamtgut nicht verwaltet und die Erbschaft während der Gütergemeinschaft als Vorbehaltsgut oder als Sondergut erwirbt; das Gleiche gilt beim Erwerb eines Vermächtnisses.

§ 1440 Haftung für Vorbehalts- oder Sondergut
¹Das Gesamtgut haftet nicht für eine Verbindlichkeit, die während der Gütergemeinschaft infolge eines zum Vorbehaltsgut oder Sondergut gehörenden Rechts oder des Besitzes einer dazu gehörenden Sache in der Person des Ehegatten entsteht, der das Gesamtgut nicht verwaltet. ²Das Gesamtgut haftet jedoch, wenn das Recht oder die Sache zu einem Erwerbsgeschäft gehört, das der Ehegatte mit Einwilligung des anderen Ehegatten selbständig betreibt, oder wenn die Verbindlichkeit zu den Lasten des Sonderguts gehört, die aus den Einkünften beglichen zu werden pflegen.

§ 1441 Haftung im Innenverhältnis
¹Im Verhältnis der Ehegatten zueinander fallen folgende Gesamtgutsverbindlichkeiten dem Ehegatten zur Last, in dessen Person sie entstehen:
1. die Verbindlichkeiten aus einer unerlaubten Handlung, die er nach Eintritt der Gütergemeinschaft begeht, oder aus einem Strafverfahren, das wegen einer solchen Handlung gegen ihn gerichtet wird;
2. die Verbindlichkeiten aus einem sich auf sein Vorbehaltsgut oder sein Sondergut beziehenden Rechtsverhältnis, auch wenn sie vor Eintritt der Gütergemeinschaft oder vor der Zeit entstanden sind, zu der das Gut Vorbehaltsgut oder Sondergut geworden ist;
3. die Kosten eines Rechtsstreits über eine der in den Nummern 1 und 2 bezeichneten Verbindlichkeiten.

§ 1442 Verbindlichkeiten des Sonderguts und eines Erwerbsgeschäfts
¹Die Vorschrift des § 1441 Nr. 2, 3 gilt nicht, wenn die Verbindlichkeiten zu den Lasten des Sonderguts gehören, die aus den Einkünften beglichen zu werden pflegen. ²Die Vorschrift gilt auch dann nicht, wenn die Verbindlichkeiten durch den Betrieb eines für Rechnung des Gesamtguts geführten Erwerbsgeschäfts oder infolge zu einem solchen Erwerbsgeschäft gehörenden Rechts oder des Besitzes einer dazu gehörenden Sache entstehen.

§ 1443 Prozesskosten
(1) ¹Im Verhältnis der Ehegatten zueinander fallen die Kosten eines Rechtsstreits, den die Ehegatten miteinander führen, dem Ehegatten zur Last, der sie nach allgemeinen Vorschriften zu tragen hat.
(2) ¹Führt der Ehegatte, der das Gesamtgut nicht verwaltet, einen Rechtsstreit mit einem Dritten, so fallen die Kosten des Rechtsstreits im Verhältnis der Ehegatten zueinander diesem Ehegatten zur Last. ²Die Kosten fallen jedoch dem Gesamtgut zur Last, wenn das Urteil dem Gesamtgut gegenüber wirksam ist oder wenn der Rechtsstreit eine persönliche Angelegenheit oder eine Gesamtgutsverbindlichkeit des Ehegatten betrifft und die Aufwendung der Kosten den Umständen nach geboten ist; § 1441 Nr. 3 und § 1442 bleiben unberührt.

§ 1444 Kosten der Ausstattung eines Kindes
(1) ¹Verspricht oder gewährt der Ehegatte, der das Gesamtgut verwaltet, einem gemeinschaftlichen Kind aus dem Gesamtgut eine Ausstattung, so fällt ihm im Verhältnis der Ehegatten zueinander die Ausstattung zur Last, soweit sie das Maß übersteigt, das dem Gesamtgut entspricht.

BGB §§ 1445–1449

(2) ¹Verspricht oder gewährt der Ehegatte, der das Gesamtgut verwaltet, einem nicht gemeinschaftlichen Kind eine Ausstattung aus dem Gesamtgut, so fällt sie im Verhältnis der Ehegatten zueinander dem Vater oder der Mutter zur Last; für den Ehegatten, der das Gesamtgut nicht verwaltet, gilt dies jedoch nur insoweit, als er zustimmt oder die Ausstattung nicht das Maß übersteigt, das dem Gesamtgut entspricht.

§ 1445 Ausgleichung zwischen Vorbehalts-, Sonder- und Gesamtgut (1) ¹Verwendet der Ehegatte, der das Gesamtgut verwaltet, Gesamtgut in sein Vorbehaltsgut oder in sein Sondergut, so hat er den Wert des Verwendeten zum Gesamtgut zu ersetzen.

(2) ¹Verwendet er Vorbehaltsgut oder Sondergut in das Gesamtgut, so kann er Ersatz aus dem Gesamtgut verlangen.

§ 1446 Fälligkeit des Ausgleichsanspruchs (1) ¹Was der Ehegatte, der das Gesamtgut verwaltet, zum Gesamtgut schuldet, braucht er erst nach der Beendigung der Gütergemeinschaft zu leisten; was er aus dem Gesamtgut zu fordern hat, kann er erst nach der Beendigung der Gütergemeinschaft fordern.

(2) ¹Was der Ehegatte, der das Gesamtgut nicht verwaltet, zum Gesamtgut oder was er zum Vorbehaltsgut oder Sondergut des anderen Ehegatten schuldet, braucht er erst nach der Beendigung der Gütergemeinschaft zu leisten; er hat die Schuld jedoch schon vorher zu berichtigen, soweit sein Vorbehaltsgut und sein Sondergut hierzu ausreichen.

§ 1447 Aufhebungsklage des nicht verwaltenden Ehegatten ¹Der Ehegatte, der das Gesamtgut nicht verwaltet, kann auf Aufhebung der Gütergemeinschaft klagen,

1. wenn seine Rechte für die Zukunft dadurch erheblich gefährdet werden können, dass der andere Ehegatte zur Verwaltung des Gesamtguts unfähig ist oder sein Recht, das Gesamtgut zu verwalten, missbraucht,
2. wenn der andere Ehegatte seine Verpflichtung, zum Familienunterhalt beizutragen, verletzt hat und für die Zukunft eine erhebliche Gefährdung des Unterhalts zu besorgen ist,
3. wenn das Gesamtgut durch Verbindlichkeiten, die in der Person des anderen Ehegatten entstanden sind, in solchem Maße überschuldet ist, dass ein späterer Erwerb des Ehegatten, der das Gesamtgut nicht verwaltet, erheblich gefährdet wird,
4. wenn die Verwaltung des Gesamtguts in den Aufgabenkreis des Betreuers des anderen Ehegatten fällt.

§ 1448 Aufhebungsklage des Verwalters ¹Der Ehegatte, der das Gesamtgut verwaltet, kann auf Aufhebung der Gütergemeinschaft klagen, wenn das Gesamtgut infolge von Verbindlichkeiten des anderen Ehegatten, die diesem im Verhältnis der Ehegatten zueinander zur Last fallen, in solchem Maße überschuldet ist, dass ein späterer Erwerb erheblich gefährdet wird.

§ 1449 Wirkung des Aufhebungsurteils (1) ¹Mit der Rechtskraft des Urteils ist die Gütergemeinschaft aufgehoben; für die Zukunft gilt Gütertrennung.

(2) ¹Dritten gegenüber ist die Aufhebung der Gütergemeinschaft nur nach Maßgabe des § 1412 wirksam.

Unterkapitel 3 : Gemeinschaftliche Verwaltung des Gesamtguts durch die Ehegatten

§ 1450 Gemeinschaftliche Verwaltung durch die Ehegatten
(1) ¹Wird das Gesamtgut von den Ehegatten gemeinschaftlich verwaltet, so sind die Ehegatten insbesondere nur gemeinschaftlich berechtigt, über das Gesamtgut zu verfügen und Rechtsstreitigkeiten zu führen, die sich auf das Gesamtgut beziehen. ²Der Besitz an den zum Gesamtgut gehörenden Sachen gebührt den Ehegatten gemeinschaftlich.
(2) ¹Ist eine Willenserklärung den Ehegatten gegenüber abzugeben, so genügt die Abgabe gegenüber einem Ehegatten.

§ 1451 Mitwirkungspflicht beider Ehegatten
¹Jeder Ehegatte ist dem anderen gegenüber verpflichtet, zu Maßregeln mitzuwirken, die zur ordnungsmäßigen Verwaltung des Gesamtguts erforderlich sind.

§ 1452 Ersetzung der Zustimmung
(1) ¹Ist zur ordnungsmäßigen Verwaltung des Gesamtguts die Vornahme eines Rechtsgeschäfts oder die Führung eines Rechtsstreits erforderlich, so kann das Vormundschaftsgericht auf Antrag eines Ehegatten die Zustimmung des anderen Ehegatten ersetzen, wenn dieser sie ohne ausreichenden Grund verweigert.
(2) ¹Die Vorschrift des Absatzes 1 gilt auch, wenn zur ordnungsmäßigen Besorgung der persönlichen Angelegenheiten eines Ehegatten ein Rechtsgeschäft erforderlich ist, das der Ehegatte mit Wirkung für das Gesamtgut nicht ohne Zustimmung des anderen Ehegatten vornehmen kann.

§ 1453 Verfügung ohne Einwilligung
(1) ¹Verfügt ein Ehegatte ohne die erforderliche Einwilligung des anderen Ehegatten über das Gesamtgut, so gelten die Vorschriften des § 1366 Abs. 1, 3, 4 und des § 1367 entsprechend.
(2) ¹Einen Vertrag kann der Dritte bis zur Genehmigung widerrufen. ²Hat er gewusst, dass die Ehegatten in Gütergemeinschaft lebten, so kann er nur widerrufen, wenn dieser wahrheitswidrig behauptet hat, der andere Ehegatte habe eingewilligt; er kann auch in diesem Falle nicht widerrufen, wenn ihm beim Abschluss des Vertrags bekannt war, dass der andere Ehegatte nicht eingewilligt hatte.

§ 1454 Notverwaltungsrecht
¹Ist ein Ehegatte durch Krankheit oder Abwesenheit verhindert, bei einem Rechtsgeschäft mitzuwirken, das sich auf das Gesamtgut bezieht, so kann der andere Ehegatte das Rechtsgeschäft vornehmen, wenn mit dem Aufschub Gefahr verbunden ist; er kann hierbei im eigenen Namen oder im Namen beider Ehegatten handeln. ²Das Gleiche gilt für die Führung eines Rechtsstreits, der sich auf das Gesamtgut bezieht.

§ 1455 Verwaltungshandlungen ohne Mitwirkung des anderen Ehegatten
¹Jeder Ehegatte kann ohne Mitwirkung des anderen Ehegatten
1. eine ihm angefallene Erbschaft oder ein ihm angefallenes Vermächtnis annehmen oder ausschlagen,
2. auf seinen Pflichtteil oder auf den Ausgleich eines Zugewinns verzichten,
3. ein Inventar über eine ihm oder dem anderen Ehegatten angefallene Erbschaft errichten, es sei denn, dass die dem anderen Ehegatten angefallene Erbschaft zu dessen Vorbehaltsgut oder Sondergut gehört,
4. einen ihm gemachten Vertragsantrag oder eine ihm gemachte Schenkung ablehnen,
5. ein sich auf das Gesamtgut beziehendes Rechtsgeschäft gegenüber dem anderen Ehegatten vornehmen,

BGB   §§ 1456–1461

6. ein zum Gesamtgut gehörendes Recht gegen den anderen Ehegatten gerichtlich geltend machen,
7. einen Rechtsstreit fortsetzen, der beim Eintritt der Gütergemeinschaft anhängig war,
8. ein zum Gesamtgut gehörendes Recht gegen einen Dritten gerichtlich geltend machen, wenn der andere Ehegatte ohne die erforderliche Zustimmung über das Recht verfügt hat,
9. ein Widerspruchsrecht gegenüber einer Zwangsvollstreckung in das Gesamtgut gerichtlich geltend machen,
10. die zur Erhaltung des Gesamtguts notwendigen Maßnahmen treffen, wenn mit dem Aufschub Gefahr verbunden ist.

§ 1456 Selbständiges Erwerbsgeschäft (1) ¹Hat ein Ehegatte darin eingewilligt, dass der andere Ehegatte selbständig ein Erwerbsgeschäft betreibt, so ist seine Zustimmung zu solchen Rechtsgeschäften und Rechtsstreitigkeiten nicht erforderlich, die der Geschäftsbetrieb mit sich bringt. ²Einseitige Rechtsgeschäfte, die sich auf das Erwerbsgeschäft beziehen, sind dem Ehegatten gegenüber vorzunehmen, der das Erwerbsgeschäft betreibt.
(2) ¹Weiß ein Ehegatte, dass der andere ein Erwerbsgeschäft betreibt, und hat er hiergegen keinen Einspruch eingelegt, so steht dies einer Einwilligung gleich.
(3) ¹Dritten gegenüber ist ein Einspruch und der Widerruf der Einwilligung nur nach Maßgabe des § 1412 wirksam.

§ 1457 Ungerechtfertigte Bereicherung des Gesamtguts ¹Wird durch ein Rechtsgeschäft, das ein Ehegatte ohne die erforderliche Zustimmung des anderen Ehegatten vornimmt, das Gesamtgut bereichert, so ist die Bereicherung nach den Vorschriften über die ungerechtfertigte Bereicherung aus dem Gesamtgut herauszugeben.

§ 1458 Vormundschaft über einen Ehegatten ¹Solange ein Ehegatte unter elterlicher Sorge oder unter Vormundschaft steht, verwaltet der andere Ehegatte das Gesamtgut allein; die Vorschriften der §§ 1422 bis 1449 sind anzuwenden.

§ 1459 Gesamtgutsverbindlichkeiten; persönliche Haftung
(1) ¹Die Gläubiger des Mannes und die Gläubiger der Frau können, soweit sich aus den §§ 1460 bis 1462 nichts anderes ergibt, aus dem Gesamtgut Befriedigung verlangen (Gesamtgutsverbindlichkeiten).
(2) ¹Für die Gesamtgutsverbindlichkeiten haften die Ehegatten auch persönlich als Gesamtschuldner. ²Fallen die Verbindlichkeiten im Verhältnis der Ehegatten zueinander einem der Ehegatten zur Last, so erlischt die Verbindlichkeit des anderen Ehegatten mit der Beendigung der Gütergemeinschaft.

§ 1460 Haftung des Gesamtguts (1) ¹Das Gesamtgut haftet für eine Verbindlichkeit aus einem Rechtsgeschäft, das ein Ehegatte während der Gütergemeinschaft vornimmt, nur dann, wenn der andere Ehegatte dem Rechtsgeschäft zustimmt oder wenn das Rechtsgeschäft ohne seine Zustimmung für das Gesamtgut wirksam ist.
(2) ¹Für die Kosten eines Rechtsstreits haftet das Gesamtgut auch dann, wenn das Urteil dem Gesamtgut gegenüber nicht wirksam ist.

§ 1461 Keine Haftung bei Erwerb einer Erbschaft ¹Das Gesamtgut haftet nicht für Verbindlichkeiten eines Ehegatten, die durch den Erwerb einer Erbschaft oder eines Vermächtnisses entstehen, wenn der Ehegatte die Erbschaft oder das Vermächtnis während der Gütergemeinschaft als Vorbehaltsgut oder als Sondergut erwirbt.

§ 1462 Haftung für Vorbehalts- oder Sondergut ¹Das Gesamtgut haftet nicht für eine Verbindlichkeit eines Ehegatten, die während der Gütergemeinschaft infolge eines zum Vorbehaltsgut oder zum Sondergut gehörenden Rechts oder des Besitzes einer dazu gehörenden Sache entsteht. ²Das Gesamtgut haftet jedoch, wenn das Recht oder die Sache zu einem Erwerbsgeschäft gehört, das ein Ehegatte mit Einwilligung des anderen Ehegatten selbständig betreibt, oder wenn die Verbindlichkeit zu den Lasten des Sonderguts gehört, die aus den Einkünften beglichen zu werden pflegen.

§ 1463 Haftung im Innenverhältnis ¹Im Verhältnis der Ehegatten zueinander fallen folgende Gesamtgutsverbindlichkeiten dem Ehegatten zur Last, in dessen Person sie entstehen:
1. die Verbindlichkeiten aus einer unerlaubten Handlung, die er nach Eintritt der Gütergemeinschaft begeht, oder aus einem Strafverfahren, das wegen einer solchen Handlung gegen ihn gerichtet wird,
2. die Verbindlichkeiten aus einem sich auf sein Vorbehaltsgut oder sein Sondergut beziehenden Rechtsverhältnis, auch wenn sie vor Eintritt der Gütergemeinschaft oder vor der Zeit entstanden sind, zu der das Gut Vorbehaltsgut oder Sondergut geworden ist,
3. die Kosten eines Rechtsstreits über eine der in den Nummern 1 und 2 bezeichneten Verbindlichkeiten.

§ 1464 Verbindlichkeiten des Sonderguts und eines Erwerbsgeschäfts ¹Die Vorschrift des § 1463 Nr. 2, 3 gilt nicht, wenn die Verbindlichkeiten zu den Lasten des Sonderguts gehören, die aus den Einkünften beglichen zu werden pflegen. ²Die Vorschrift gilt auch dann nicht, wenn die Verbindlichkeiten durch den Betrieb eines für Rechnung des Gesamtguts geführten Erwerbsgeschäfts oder infolge eines zu einem solchen Erwerbsgeschäft gehörenden Rechts oder des Besitzes einer dazu gehörenden Sache entstehen.

§ 1465 Prozesskosten (1) ¹Im Verhältnis der Ehegatten zueinander fallen die Kosten eines Rechtsstreits, den die Ehegatten miteinander führen, dem Ehegatten zur Last, der sie nach allgemeinen Vorschriften zu tragen hat.
(2) ¹Führt ein Ehegatte einen Rechtsstreit mit einem Dritten, so fallen die Kosten des Rechtsstreits im Verhältnis der Ehegatten zueinander dem Ehegatten zur Last, der den Rechtsstreit führt. ²Die Kosten fallen jedoch dem Gesamtgut zur Last, wenn das Urteil dem Gesamtgut gegenüber wirksam ist oder wenn der Rechtsstreit eine persönliche Angelegenheit oder eine Gesamtgutsverbindlichkeit des Ehegatten betrifft und die Aufwendung der Kosten den Umständen nach geboten ist; § 1463 Nr. 3 und § 1464 bleiben unberührt.

§ 1466 Kosten der Ausstattung eines nicht gemeinschaftlichen Kindes ¹Im Verhältnis der Ehegatten zueinander fallen die Kosten der Ausstattung eines nicht gemeinschaftlichen Kindes dem Vater oder der Mutter des Kindes zur Last.

§ 1467 Ausgleichung zwischen Vorbehalts-, Sonder- und Gesamtgut (1) ¹Verwendet ein Ehegatte Gesamtgut in sein Vorbehaltsgut oder in sein Sondergut, so hat er den Wert des Verwendeten zum Gesamtgut zu ersetzen.
(2) ¹Verwendet ein Ehegatte Vorbehaltsgut oder Sondergut in das Gesamtgut, so kann er Ersatz aus dem Gesamtgut verlangen.

§ 1468 Fälligkeit des Ausgleichsanspruchs ¹Was ein Ehegatte zum Gesamtgut oder was er zum Vorbehaltsgut oder Sondergut des anderen Ehegatten schuldet, braucht er erst nach Beendigung der Gütergemeinschaft zu leisten; soweit jedoch das Vorbehaltsgut und das Sondergut des Schuldners ausreichen, hat er die Schuld schon vorher zu berichtigen.

BGB §§ 1469–1473

§ 1469 Aufhebungsklage ¹Jeder Ehegatte kann auf Aufhebung der Gütergemeinschaft klagen,
1. wenn seine Rechte für die Zukunft dadurch erheblich gefährdet werden können, dass der andere Ehegatte ohne seine Mitwirkung Verwaltungshandlungen vornimmt, die nur gemeinschaftlich vorgenommen werden dürfen,
2. wenn der andere Ehegatte sich ohne ausreichenden Grund beharrlich weigert, zur ordnungsmäßigen Verwaltung des Gesamtguts mitzuwirken,
3. wenn der andere Ehegatte seine Verpflichtung, zum Familienunterhalt beizutragen, verletzt hat und für die Zukunft eine erhebliche Gefährdung des Unterhalts zu besorgen ist,
4. wenn das Gesamtgut durch Verbindlichkeiten, die in der Person des anderen Ehegatten entstanden sind und diesem im Verhältnis der Ehegatten zueinander zur Last fallen, in solchem Maße überschuldet ist, dass sein späterer Erwerb erheblich gefährdet wird,
5. wenn die Wahrnehmung eines Rechts des anderen Ehegatten, das sich aus der Gütergemeinschaft ergibt, vom Aufgabenkreis eines Betreuers erfasst wird.

§ 1470 Wirkung des Aufhebungsurteils (1) ¹Mit der Rechtskraft des Urteils ist die Gütergemeinschaft aufgehoben; für die Zukunft gilt Gütertrennung.
(2) ¹Dritten gegenüber ist die Aufhebung der Gütergemeinschaft nur nach Maßgabe des § 1412 wirksam.

Unterkapitel 4: Auseinandersetzung des Gesamtguts

§ 1471 Beginn der Auseinandersetzung (1) ¹Nach der Beendigung der Gütergemeinschaft setzen sich die Ehegatten über das Gesamtgut auseinander.
(2) ¹Bis zur Auseinandersetzung gilt für das Gesamtgut die Vorschrift des § 1419.

§ 1472 Gemeinschaftliche Verwaltung des Gesamtguts (1) ¹Bis zur Auseinandersetzung verwalten die Ehegatten das Gesamtgut gemeinschaftlich.
(2) ¹Jeder Ehegatte darf das Gesamtgut in derselben Weise wie vor der Beendigung der Gütergemeinschaft verwalten, bis er von der Beendigung Kenntnis erlangt oder sie kennen muss. ²Ein Dritter kann sich hierauf nicht berufen, wenn er bei der Vornahme eines Rechtsgeschäfts weiß oder wissen muss, dass die Gütergemeinschaft beendet ist.
(3) ¹Jeder Ehegatte ist dem anderen gegenüber verpflichtet, zu Maßregeln mitzuwirken, die zur ordnungsmäßigen Verwaltung des Gesamtguts erforderlich sind; die zur Erhaltung notwendigen Maßregeln kann jeder Ehegatte allein treffen.
(4) ¹Endet die Gütergemeinschaft durch den Tod eines Ehegatten, so hat der überlebende Ehegatte die Geschäfte, die zur ordnungsmäßigen Verwaltung erforderlich sind und nicht ohne Gefahr aufgeschoben werden können, so lange zu führen, bis der Erbe anderweit Fürsorge treffen kann. ²Diese Verpflichtung besteht nicht, wenn der verstorbene Ehegatte das Gesamtgut allein verwaltet hat.

§ 1473 Unmittelbare Ersetzung (1) ¹Was auf Grund eines zum Gesamtgut gehörenden Rechts oder als Ersatz für die Zerstörung, Beschädigung oder Entziehung eines zum Gesamtgut gehörenden Gegenstands oder durch ein Rechtsgeschäft erworben wird, das sich auf das Gesamtgut bezieht, wird Gesamtgut.
(2) ¹Gehört eine Forderung, die durch Rechtsgeschäft erworben ist, zum Gesamtgut, so braucht der Schuldner dies erst dann gegen sich gelten zu lassen, wenn er erfährt, dass die Forderung zum Gesamtgut gehört; die Vorschriften der §§ 406 bis 408 sind entsprechend anzuwenden.

§ 1474 Durchführung der Auseinandersetzung ¹Die Ehegatten setzen sich, soweit sie nichts anderes vereinbaren, nach den §§ 1475 bis 1481 auseinander.

§ 1475 Berichtigung der Gesamtgutsverbindlichkeiten (1) ¹Die Ehegatten haben zunächst die Gesamtgutsverbindlichkeiten zu berichtigen. ²Ist eine Verbindlichkeit noch nicht fällig oder ist sie streitig, so müssen die Ehegatten zurückbehalten, was zur Berichtigung dieser Verbindlichkeit erforderlich ist.

(2) ¹Fällt eine Gesamtgutsverbindlichkeit im Verhältnis der Ehegatten zueinander einem der Ehegatten allein zur Last, so kann dieser nicht verlangen, dass die Verbindlichkeit aus dem Gesamtgut berichtigt wird.

(3) ¹Das Gesamtgut ist in Geld umzusetzen, soweit dies erforderlich ist, um die Gesamtgutsverbindlichkeiten zu berichtigen.

§ 1476 Teilung des Überschusses (1) ¹Der Überschuss, der nach der Berichtigung der Gesamtgutsverbindlichkeiten verbleibt, gebührt den Ehegatten zu gleichen Teilen.

(2) ¹Was einer der Ehegatten zum Gesamtgut zu ersetzen hat, muss er sich auf seinen Teil anrechnen lassen. ²Soweit er den Ersatz nicht auf diese Weise leistet, bleibt er dem anderen Ehegatten verpflichtet.

§ 1477 Durchführung der Teilung (1) ¹Der Überschuss wird nach den Vorschriften über die Gemeinschaft geteilt.

(2) ¹Jeder Ehegatte kann gegen Ersatz des Wertes die Sachen übernehmen, die ausschließlich zu seinem persönlichen Gebrauch bestimmt sind, insbesondere Kleider, Schmucksachen und Arbeitsgeräte. ²Das Gleiche gilt für die Gegenstände, die ein Ehegatte in die Gütergemeinschaft eingebracht oder während der Gütergemeinschaft durch Erbfolge, durch Vermächtnis oder mit Rücksicht auf ein künftiges Erbrecht, durch Schenkung oder als Ausstattung erworben hat.

§ 1478 Auseinandersetzung nach Scheidung (1) ¹Ist die Ehe geschieden, bevor die Auseinandersetzung beendet ist, so ist auf Verlangen eines Ehegatten jedem von ihnen der Wert dessen zurückzuerstatten, was er in die Gütergemeinschaft eingebracht hat; reicht hierzu der Wert des Gesamtguts nicht aus, so ist der Fehlbetrag von den Ehegatten nach dem Verhältnis des Wertes des von ihnen Eingebrachten zu tragen.

(2) ¹Als eingebracht sind anzusehen
1. die Gegenstände, die einem Ehegatten beim Eintritt der Gütergemeinschaft gehört haben,
2. die Gegenstände, die ein Ehegatte von Todes wegen oder mit Rücksicht auf ein künftiges Erbrecht, durch Schenkung oder als Ausstattung erworben hat, es sei denn, dass der Erwerb den Umständen nach zu den Einkünften zu rechnen war,
3. die Rechte, die mit dem Tode eines Ehegatten erlöschen oder deren Erwerb durch den Tod eines Ehegatten bedingt ist.

(3) ¹Der Wert des Eingebrachten bestimmt sich nach der Zeit der Einbringung.

§ 1479 Auseinandersetzung nach Aufhebungsurteil ¹Wird die Gütergemeinschaft auf Grund der §§ 1447, 1448 oder des § 1469 durch Urteil aufgehoben, so kann der Ehegatte, der das Urteil erwirkt hat, verlangen, dass die Auseinandersetzung so erfolgt, wie wenn der Anspruch auf Auseinandersetzung in dem Zeitpunkt rechtshängig geworden wäre, in dem die Klage auf Aufhebung der Gütergemeinschaft erhoben ist.

BGB   §§ 1480–1484

§ 1480 Haftung nach der Teilung gegenüber Dritten   [1]Wird das Gesamtgut geteilt, bevor eine Gesamtgutsverbindlichkeit berichtigt ist, so haftet dem Gläubiger auch der Ehegatte persönlich als Gesamtschuldner, für den zur Zeit der Teilung eine solche Haftung nicht besteht. [2]Seine Haftung beschränkt sich auf die ihm zugeteilten Gegenstände; die für die Haftung des Erben geltenden Vorschriften der §§ 1990, 1991 sind entsprechend anzuwenden.

§ 1481 Haftung der Ehegatten untereinander   (1) [1]Wird das Gesamtgut geteilt, bevor eine Gesamtgutsverbindlichkeit berichtigt ist, die im Verhältnis der Ehegatten zueinander dem Gesamtgut zur Last fällt, so hat der Ehegatte, der das Gesamtgut während der Gütergemeinschaft allein verwaltet hat, dem anderen Ehegatten dafür einzustehen, dass dieser weder über die Hälfte der Verbindlichkeit noch über das aus dem Gesamtgut Erlangte hinaus in Anspruch genommen wird.

(2) [1]Haben die Ehegatten das Gesamtgut während der Gütergemeinschaft gemeinschaftlich verwaltet, so hat jeder Ehegatte dem anderen dafür einzustehen, dass dieser von dem Gläubiger nicht über die Hälfte der Verbindlichkeit hinaus in Anspruch genommen wird.

(3) [1]Fällt die Verbindlichkeit im Verhältnis der Ehegatten zueinander einem der Ehegatten zur Last, so hat dieser dem anderen dafür einzustehen, dass der andere Ehegatte von dem Gläubiger nicht in Anspruch genommen wird.

§ 1482 Eheauflösung durch Tod   [1]Wird die Ehe durch den Tod eines Ehegatten aufgelöst, so gehört der Anteil des verstorbenen Ehegatten am Gesamtgut zum Nachlass. [2]Der verstorbene Ehegatte wird nach den allgemeinen Vorschriften beerbt.

Unterkapitel 5: Fortgesetzte Gütergemeinschaft

§ 1483 Eintritt der fortgesetzten Gütergemeinschaft   (1) [1]Die Ehegatten können durch Ehevertrag vereinbaren, dass die Gütergemeinschaft nach dem Tod eines Ehegatten zwischen dem überlebenden Ehegatten und den gemeinschaftlichen Abkömmlingen fortgesetzt wird. [2]Treffen die Ehegatten eine solche Vereinbarung, so wird die Gütergemeinschaft mit den gemeinschaftlichen Abkömmlingen fortgesetzt, die bei gesetzlicher Erbfolge als Erben berufen sind. [3]Der Anteil des verstorbenen Ehegatten am Gesamtgut gehört nicht zum Nachlass; im Übrigen wird der Ehegatte nach den allgemeinen Vorschriften beerbt.

(2) [1]Sind neben den gemeinschaftlichen Abkömmlingen andere Abkömmlinge vorhanden, so bestimmen sich ihr Erbrecht und ihre Erbteile so, wie wenn fortgesetzte Gütergemeinschaft nicht eingetreten wäre.

§ 1484 Ablehnung der fortgesetzten Gütergemeinschaft   (1) [1]Der überlebende Ehegatte kann die Fortsetzung der Gütergemeinschaft ablehnen.

(2) [1]Auf die Ablehnung finden die für die Ausschlagung einer Erbschaft geltenden Vorschriften der §§ 1943 bis 1947, 1950, 1952, 1954 bis 1957, 1959 entsprechende Anwendung. [2]Steht der überlebende Ehegatte unter elterlicher Sorge oder unter Vormundschaft, so ist zur Ablehnung die Genehmigung des Vormundschaftsgerichts erforderlich. [3]Dies gilt auch für die Ablehnung durch den Betreuer des überlebenden Ehegatten.

(3) [1]Lehnt der Ehegatte die Fortsetzung der Gütergemeinschaft ab, so gilt das Gleiche wie im Falle des § 1482.

§§ 1485–1490 BGB

§ 1485 Gesamtgut (1) ¹Das Gesamtgut der fortgesetzten Gütergemeinschaft besteht aus dem ehelichen Gesamtgut, soweit es nicht nach § 1483 Abs. 2 einem nicht anteilsberechtigten Abkömmling zufällt, und aus dem Vermögen, das der überlebende Ehegatte aus dem Nachlass des verstorbenen Ehegatten oder nach dem Eintritt der fortgesetzten Gütergemeinschaft erwirbt.

(2) ¹Das Vermögen, das ein gemeinschaftlicher Abkömmling zur Zeit des Eintritts der fortgesetzten Gütergemeinschaft hat oder später erwirbt, gehört nicht zu dem Gesamtgut.

(3) ¹Auf das Gesamtgut findet die für die eheliche Gütergemeinschaft geltende Vorschrift des § 1416 Abs. 2 und 3 entsprechende Anwendung.

§ 1486 Vorbehaltsgut; Sondergut (1) ¹Vorbehaltsgut des überlebenden Ehegatten ist, was er bisher als Vorbehaltsgut gehabt hat oder was er nach § 1418 Abs. 2 Nr. 2, 3 als Vorbehaltsgut erwirbt.

(2) ¹Sondergut des überlebenden Ehegatten ist, was er bisher als Sondergut gehabt hat oder was er als Sondergut erwirbt.

§ 1487 Rechtsstellung des Ehegatten und der Abkömmlinge
(1) ¹Die Rechte und Verbindlichkeiten des überlebenden Ehegatten sowie der anteilsberechtigten Abkömmlinge in Ansehung des Gesamtguts der fortgesetzten Gütergemeinschaft bestimmen sich nach den für die eheliche Gütergemeinschaft geltenden Vorschriften der §§ 1419, 1422 bis 1428, 1434, des § 1435 Satz 1, 3 und der §§ 1436, 1445; der überlebende Ehegatte hat die rechtliche Stellung des Ehegatten, der das Gesamtgut allein verwaltet, die anteilsberechtigten Abkömmlinge haben die rechtliche Stellung des anderen Ehegatten.

(2) ¹Was der überlebende Ehegatte zu dem Gesamtgut schuldet oder aus dem Gesamtgut zu fordern hat, ist erst nach der Beendigung der fortgesetzten Gütergemeinschaft zu leisten.

§ 1488 Gesamtgutsverbindlichkeiten ¹Gesamtgutsverbindlichkeiten der fortgesetzten Gütergemeinschaft sind die Verbindlichkeiten des überlebenden Ehegatten sowie solche Verbindlichkeiten des verstorbenen Ehegatten, die Gesamtgutsverbindlichkeiten der ehelichen Gütergemeinschaft waren.

§ 1489 Persönliche Haftung für die Gesamtgutsverbindlichkeiten
(1) ¹Für die Gesamtgutsverbindlichkeiten der fortgesetzten Gütergemeinschaft haftet der überlebende Ehegatte persönlich.

(2) ¹Soweit die persönliche Haftung den überlebenden Ehegatten nur infolge des Eintritts der fortgesetzten Gütergemeinschaft trifft, finden die für die Haftung des Erben für die Nachlassverbindlichkeiten geltenden Vorschriften entsprechende Anwendung; an die Stelle des Nachlasses tritt das Gesamtgut in dem Bestand, den es zur Zeit des Eintritts der fortgesetzten Gütergemeinschaft hat.

(3) ¹Eine persönliche Haftung der anteilsberechtigten Abkömmlinge für die Verbindlichkeiten des verstorbenen oder des überlebenden Ehegatten wird durch die fortgesetzte Gütergemeinschaft nicht begründet.

§ 1490 Tod eines Abkömmlings ¹Stirbt ein anteilsberechtigter Abkömmling, so gehört sein Anteil an dem Gesamtgut nicht zu seinem Nachlass. ²Hinterlässt er Abkömmlinge, die anteilsberechtigt sein würden, wenn er den verstorbenen Ehegatten nicht überlebt hätte, so treten die Abkömmlinge an seine Stelle. ³Hinterlässt er solche Abkömmlinge nicht, so wächst sein Anteil den übrigen anteilsberechtigten Abkömmlingen und, wenn solche nicht vorhanden sind, dem überlebenden Ehegatten an.

BGB §§ 1491–1495

§ 1491 Verzicht eines Abkömmlings (1) ¹Ein anteilsberechtigter Abkömmling kann auf seinen Anteil an dem Gesamtgut verzichten. ²Der Verzicht erfolgt durch Erklärung gegenüber dem für den Nachlass des verstorbenen Ehegatten zuständigen Gericht; die Erklärung ist in öffentlich beglaubigter Form abzugeben. ³Das Nachlassgericht soll die Erklärung dem überlebenden Ehegatten und den übrigen anteilsberechtigten Abkömmlingen mitteilen.
(2) ¹Der Verzicht kann auch durch Vertrag mit dem überlebenden Ehegatten und den übrigen anteilsberechtigten Abkömmlingen erfolgen. ²Der Vertrag bedarf der notariellen Beurkundung.
(3) ¹Steht der Abkömmling unter elterlicher Sorge oder unter Vormundschaft, so ist zu dem Verzicht die Genehmigung des Vormundschaftsgerichts erforderlich. ²Dies gilt auch für den Verzicht durch den Betreuer des Abkömmlings.
(4) ¹Der Verzicht hat die gleichen Wirkungen, wie wenn der Verzichtende zur Zeit des Verzichts ohne Hinterlassung von Abkömmlingen gestorben wäre.

§ 1492 Aufhebung durch den überlebenden Ehegatten (1) ¹Der überlebende Ehegatte kann die fortgesetzte Gütergemeinschaft jederzeit aufheben. ²Die Aufhebung erfolgt durch Erklärung gegenüber dem für den Nachlass des verstorbenen Ehegatten zuständigen Gericht; die Erklärung ist in öffentlich beglaubigter Form abzugeben. ³Das Nachlassgericht soll die Erklärung den anteilsberechtigten Abkömmlingen und, wenn der überlebende Ehegatte gesetzlicher Vertreter eines der Abkömmlinge ist, dem Vormundschaftsgericht mitteilen.
(2) ¹Die Aufhebung kann auch durch Vertrag zwischen dem überlebenden Ehegatten und den anteilsberechtigten Abkömmlingen erfolgen. ²Der Vertrag bedarf der notariellen Beurkundung.
(3) ¹Steht der überlebende Ehegatte unter elterlicher Sorge oder unter Vormundschaft, so ist zu der Aufhebung die Genehmigung des Vormundschaftsgerichts erforderlich. ²Dies gilt auch für die Aufhebung durch den Betreuer des überlebenden Ehegatten.

§ 1493 Wiederverheiratung oder Begründung einer Lebenspartnerschaft des überlebenden Ehegatten (1) ¹Die fortgesetzte Gütergemeinschaft endet, wenn der überlebende Ehegatte wieder heiratet oder eine Lebenspartnerschaft begründet.
(2) ¹Der überlebende Ehegatte hat, wenn ein anteilsberechtigter Abkömmling minderjährig ist, die Absicht der Wiederverheiratung dem Vormundschaftsgericht anzuzeigen, ein Verzeichnis des Gesamtguts einzureichen, die Gütergemeinschaft aufzuheben und die Auseinandersetzung herbeizuführen. ²Dies gilt auch, wenn die Sorge für das Vermögen eines anteilsberechtigten Abkömmlings zum Aufgabenkreis eines Betreuers gehört. ³Das Vormundschaftsgericht kann gestatten, dass die Aufhebung der Gütergemeinschaft bis zur Eheschließung unterbleibt und dass die Auseinandersetzung erst später erfolgt.

§ 1494 Tod des überlebenden Ehegatten (1) ¹Die fortgesetzte Gütergemeinschaft endet mit dem Tode des überlebenden Ehegatten.
(2) ¹Wird der überlebende Ehegatte für tot erklärt oder wird seine Todeszeit nach den Vorschriften des Verschollenheitsgesetzes festgestellt, so endet die fortgesetzte Gütergemeinschaft mit dem Zeitpunkt, der als Zeitpunkt des Todes gilt.

§ 1495 Aufhebungsklage eines Abkömmlings ¹Ein anteilsberechtigter Abkömmling kann gegen den überlebenden Ehegatten auf Aufhebung der fortgesetzten Gütergemeinschaft klagen,

1. wenn seine Rechte für die Zukunft dadurch erheblich gefährdet werden können, dass der überlebende Ehegatte zur Verwaltung des Gesamtguts unfähig ist oder sein Recht, das Gesamtgut zu verwalten, missbraucht,
2. wenn der überlebende Ehegatte seine Verpflichtung, dem Abkömmling Unterhalt zu gewähren, verletzt hat und für die Zukunft eine erhebliche Gefährdung des Unterhalts zu besorgen ist,
3. wenn die Verwaltung des Gesamtguts in den Aufgabenkreis des Betreuers des überlebenden Ehegatten fällt,
4. wenn der überlebende Ehegatte die elterliche Sorge für den Abkömmling verwirkt hat oder, falls sie ihm zugestanden hätte, verwirkt haben würde.

§ 1496 Wirkung des Aufhebungsurteils [1]Die Aufhebung der fortgesetzten Gütergemeinschaft tritt in den Fällen des § 1495 mit der Rechtskraft des Urteils ein. [2]Sie tritt für alle Abkömmlinge ein, auch wenn das Urteil auf die Klage eines der Abkömmlinge ergangen ist.

§ 1497 Rechtsverhältnis bis zur Auseinandersetzung (1) [1]Nach der Beendigung der fortgesetzten Gütergemeinschaft setzen sich der überlebende Ehegatte und die Abkömmlinge über das Gesamtgut auseinander.
(2) [1]Bis zur Auseinandersetzung bestimmt sich ihr Rechtsverhältnis am Gesamtgut nach den §§ 1419, 1472, 1473.

§ 1498 Durchführung der Auseinandersetzung [1]Auf die Auseinandersetzung sind die Vorschriften der §§ 1475, 1476, des § 1477 Abs. 1, der §§ 1479, 1480 und des § 1481 Abs. 1, 3 anzuwenden; an die Stelle des Ehegatten, der das Gesamtgut allein verwaltet hat, tritt der überlebende Ehegatte, an die Stelle des anderen Ehegatten treten die anteilsberechtigten Abkömmlinge. [2]Die in § 1476 Abs. 2 Satz 2 bezeichnete Verpflichtung besteht nur für den überlebenden Ehegatten.

§ 1499 Verbindlichkeiten zu Lasten des überlebenden Ehegatten
[1]Bei der Auseinandersetzung fallen dem überlebenden Ehegatten zur Last:
1. die ihm bei dem Eintritt der fortgesetzten Gütergemeinschaft obliegenden Gesamtgutsverbindlichkeiten, für die das eheliche Gesamtgut nicht haftete oder die im Verhältnis der Ehegatten zueinander ihm zur Last fielen;
2. die nach dem Eintritt der fortgesetzten Gütergemeinschaft entstandenen Gesamtgutsverbindlichkeiten, die, wenn sie während der ehelichen Gütergemeinschaft in seiner Person entstanden wären, im Verhältnis der Ehegatten zueinander ihm zur Last gefallen sein würden;
3. eine Ausstattung, die er einem anteilsberechtigten Abkömmling über das dem Gesamtgut entsprechende Maß hinaus oder die er einem nicht anteilsberechtigten Abkömmling versprochen oder gewährt hat.

§ 1500 Verbindlichkeiten zu Lasten der Abkömmlinge (1) [1]Die anteilsberechtigten Abkömmlinge müssen sich Verbindlichkeiten des verstorbenen Ehegatten, die diesem im Verhältnis der Ehegatten zueinander zur Last fielen, bei der Auseinandersetzung auf ihren Anteil insoweit anrechnen lassen, als der überlebende Ehegatte nicht von dem Erben des verstorbenen Ehegatten Deckung hat erlangen können.
(2) [1]In gleicher Weise haben sich die anteilsberechtigten Abkömmlinge anrechnen zu lassen, was der verstorbene Ehegatte zu dem Gesamtgut zu ersetzen hatte.

§ 1501 Anrechnung von Abfindungen (1) [1]Ist einem anteilsberechtigten Abkömmling für den Verzicht auf seinen Anteil eine Abfindung aus dem Gesamtgut gewährt worden, so wird sie bei der Auseinandersetzung in das Gesamtgut eingerechnet und auf die den Abkömmlingen gebührende Hälfte angerechnet.

(2) ¹Der überlebende Ehegatte kann mit den übrigen anteilsberechtigten Abkömmlingen schon vor der Aufhebung der fortgesetzten Gütergemeinschaft eine abweichende Vereinbarung treffen. ²Die Vereinbarung bedarf der notariellen Beurkundung; sie ist auch denjenigen Abkömmlingen gegenüber wirksam, welche erst später in die fortgesetzte Gütergemeinschaft eintreten.

§ 1502 Übernahmerecht des überlebenden Ehegatten
(1) ¹Der überlebende Ehegatte ist berechtigt, das Gesamtgut oder einzelne dazu gehörende Gegenstände gegen Ersatz des Wertes zu übernehmen. ²Das Recht geht nicht auf den Erben über.
(2) ¹Wird die fortgesetzte Gütergemeinschaft auf Grund des § 1495 durch Urteil aufgehoben, so steht dem überlebenden Ehegatten das im Absatz 1 bestimmte Recht nicht zu. ²Die anteilsberechtigten Abkömmlinge können in diesem Falle diejenigen Gegenstände gegen Ersatz des Wertes übernehmen, welche der verstorbene Ehegatte nach § 1477 Abs. 2 zu übernehmen berechtigt sein würde. ³Das Recht kann von ihnen nur gemeinschaftlich ausgeübt werden.

§ 1503 Teilung unter den Abkömmlingen
(1) ¹Mehrere anteilsberechtigte Abkömmlinge teilen die ihnen zufallende Hälfte des Gesamtguts nach dem Verhältnis der Anteile, zu denen sie im Falle der gesetzlichen Erbfolge als Erben des verstorbenen Ehegatten berufen sein würden, wenn dieser erst zur Zeit der Beendigung der fortgesetzten Gütergemeinschaft gestorben wäre.
(2) ¹Das Vorempfangene kommt nach den für die Ausgleichung unter Abkömmlingen geltenden Vorschriften zur Ausgleichung, soweit nicht eine solche bereits bei der Teilung des Nachlasses des verstorbenen Ehegatten erfolgt ist.
(3) ¹Ist einem Abkömmling, der auf seinen Anteil verzichtet hat, eine Abfindung aus dem Gesamtgut gewährt worden, so fällt sie den Abkömmlingen zur Last, denen der Verzicht zustatten kommt.

§ 1504 Haftungsausgleich unter Abkömmlingen
¹Soweit die anteilsberechtigten Abkömmlinge nach § 1480 den Gesamtgutsgläubigern haften, sind sie im Verhältnis zueinander nach der Größe ihres Anteils an dem Gesamtgut verpflichtet. ²Die Verpflichtung beschränkt sich auf die ihnen zugeteilten Gegenstände; die für die Haftung des Erben geltenden Vorschriften der §§ 1990, 1991 finden entsprechende Anwendung.

§ 1505 Ergänzung des Anteils des Abkömmlings
¹Die Vorschriften über das Recht auf Ergänzung des Pflichtteils finden zugunsten eines anteilsberechtigten Abkömmlings entsprechende Anwendung; an die Stelle des Erbfalls tritt die Beendigung der fortgesetzten Gütergemeinschaft; als gesetzlicher Erbteil gilt der dem Abkömmling zur Zeit der Beendigung gebührende Anteil an dem Gesamtgut, als Pflichtteil gilt die Hälfte des Wertes dieses Anteils.

§ 1506 Anteilsunwürdigkeit
¹Ist ein gemeinschaftlicher Abkömmling erbunwürdig, so ist er auch des Anteils an dem Gesamtgut unwürdig. ²Die Vorschriften über die Erbunwürdigkeit finden entsprechende Anwendung.

§ 1507 Zeugnis über Fortsetzung der Gütergemeinschaft
¹Das Nachlassgericht hat dem überlebenden Ehegatten auf Antrag ein Zeugnis über die Fortsetzung der Gütergemeinschaft zu erteilen. ²Die Vorschriften über den Erbschein finden entsprechende Anwendung.

§ 1508 (weggefallen)

§ 1509 Ausschließung der fortgesetzten Gütergemeinschaft durch letztwillige Verfügung
¹Jeder Ehegatte kann für den Fall, dass die Ehe durch seinen Tod aufgelöst wird, die Fortsetzung der Gütergemeinschaft durch letztwillige Verfügung ausschließen, wenn er berechtigt ist, dem anderen

Ehegatten den Pflichtteil zu entziehen oder auf Aufhebung der Gütergemeinschaft zu klagen. ²Das Gleiche gilt, wenn der Ehegatte berechtigt ist, die Aufhebung der Ehe zu beantragen, und den Antrag gestellt hat. ³Auf die Ausschließung finden die Vorschriften über die Entziehung des Pflichtteils entsprechende Anwendung.

§ 1510 Wirkung der Ausschließung ¹Wird die Fortsetzung der Gütergemeinschaft ausgeschlossen, so gilt das Gleiche wie im Falle des § 1482.

§ 1511 Ausschließung eines Abkömmlings (1) ¹Jeder Ehegatte kann für den Fall, dass die Ehe durch seinen Tod aufgelöst wird, einen gemeinschaftlichen Abkömmling von der fortgesetzten Gütergemeinschaft durch letztwillige Verfügung ausschließen.
(2) ¹Der ausgeschlossene Abkömmling kann, unbeschadet seines Erbrechts, aus dem Gesamtgut der fortgesetzten Gütergemeinschaft die Zahlung des Betrags verlangen, der ihm von dem Gesamtgut der ehelichen Gütergemeinschaft als Pflichtteil gebühren würde, wenn die fortgesetzte Gütergemeinschaft nicht eingetreten wäre. ²Die für den Pflichtteilsanspruch geltenden Vorschriften finden entsprechende Anwendung.
(3) ¹Der dem ausgeschlossenen Abkömmling gezahlte Betrag wird bei der Auseinandersetzung den anteilsberechtigten Abkömmlingen nach Maßgabe des § 1501 angerechnet. ²Im Verhältnis der Abkömmlinge zueinander fällt er den Abkömmlingen zur Last, denen die Ausschließung zustatten kommt.

§ 1512 Herabsetzung des Anteils ¹Jeder Ehegatte kann für den Fall, dass mit seinem Tode die fortgesetzte Gütergemeinschaft eintritt, den einem anteilsberechtigten Abkömmling nach der Beendigung der fortgesetzten Gütergemeinschaft gebührenden Anteil an dem Gesamtgut durch letztwillige Verfügung bis auf die Hälfte herabsetzen.

§ 1513 Entziehung des Anteils (1) ¹Jeder Ehegatte kann für den Fall, dass mit seinem Tode die fortgesetzte Gütergemeinschaft eintritt, einem anteilsberechtigten Abkömmling den diesem nach der Beendigung der fortgesetzten Gütergemeinschaft gebührenden Anteil an dem Gesamtgut durch letztwillige Verfügung entziehen, wenn er berechtigt ist, dem Abkömmling den Pflichtteil zu entziehen. Die Vorschrift des § 2336 Abs. 2 bis 4 findet entsprechende Anwendung.
(2) ¹Der Ehegatte kann, wenn er nach § 2338 berechtigt ist, das Pflichtteilsrecht des Abkömmlings zu beschränken, den Anteil des Abkömmlings am Gesamtgut einer entsprechenden Beschränkung unterwerfen.

§ 1514 Zuwendung des entzogenen Betrags ¹Jeder Ehegatte kann den Betrag, den er nach § 1512 oder nach § 1513 Abs. 1 einem Abkömmling entzieht, auch einem Dritten durch letztwillige Verfügung zuwenden.

§ 1515 Übernahmerecht eines Abkömmlings und des Ehegatten
(1) ¹Jeder Ehegatte kann für den Fall, dass mit seinem Tode die fortgesetzte Gütergemeinschaft eintritt, durch letztwillige Verfügung anordnen, dass ein anteilsberechtigter Abkömmling das Recht haben soll, bei der Teilung das Gesamtgut oder einzelne dazu gehörende Gegenstände gegen Ersatz des Wertes zu übernehmen.
(2) ¹Gehört zu dem Gesamtgut ein Landgut, so kann angeordnet werden, dass das Landgut mit dem Ertragswert oder mit einem Preis, der den Ertragswert mindestens erreicht, angesetzt werden soll. ²Die für die Erbfolge geltende Vorschrift des § 2049 findet Anwendung.
(3) ¹Das Recht, das Landgut zu dem in Absatz 2 bezeichneten Werte oder Preis zu übernehmen, kann auch dem überlebenden Ehegatten eingeräumt werden.

§ 1516 Zustimmung des anderen Ehegatten
(1) ¹Zur Wirksamkeit der in den §§ 1511 bis 1515 bezeichneten Verfügungen eines Ehegatten ist die Zustimmung des anderen Ehegatten erforderlich.
(2) ¹Die Zustimmung kann nicht durch einen Vertreter erteilt werden. ²Ist der Ehegatte in der Geschäftsfähigkeit beschränkt, so ist die Zustimmung seines gesetzlichen Vertreters nicht erforderlich. ³Die Zustimmungserklärung bedarf der notariellen Beurkundung. ⁴Die Zustimmung ist unwiderruflich.
(3) ¹Die Ehegatten können die in den §§ 1511 bis 1515 bezeichneten Verfügungen auch in einem gemeinschaftlichen Testament treffen.

§ 1517 Verzicht eines Abkömmlings auf seinen Anteil
(1) ¹Zur Wirksamkeit eines Vertrags, durch den ein gemeinschaftlicher Abkömmling einem der Ehegatten gegenüber für den Fall, dass die Ehe durch dessen Tod aufgelöst wird, auf seinen Anteil am Gesamtgut der fortgesetzten Gütergemeinschaft verzichtet oder durch den ein solcher Verzicht aufgehoben wird, ist die Zustimmung des anderen Ehegatten erforderlich. ²Für die Zustimmung gilt die Vorschrift des § 1516 Abs. 2 Satz 3, 4.
(2) ¹Die für den Erbverzicht geltenden Vorschriften finden entsprechende Anwendung.

§ 1518 Zwingendes Recht
¹Anordnungen, die mit den Vorschriften der §§ 1483 bis 1517 in Widerspruch stehen, können von den Ehegatten weder durch letztwillige Verfügung noch durch Vertrag getroffen werden. ²Das Recht der Ehegatten, den Vertrag, durch den sie die Fortsetzung der Gütergemeinschaft vereinbart haben, durch Ehevertrag aufzuheben, bleibt unberührt.

§§ 1519 bis 1557 (weggefallen)

Untertitel 3: Güterrechtsregister

§ 1558 Zuständiges Registergericht
(1) ¹Die Eintragungen in das Güterrechtsregister sind bei jedem Amtsgericht zu bewirken, in dessen Bezirk auch nur einer der Ehegatten seinen gewöhnlichen Aufenthalt hat.
(2) ¹Durch Anordnung der Landesjustizverwaltung kann die Führung des Registers für mehrere Amtsgerichtsbezirke einem Amtsgericht übertragen werden.

§ 1559 Verlegung des gewöhnlichen Aufenthalts
¹Verlegt ein Ehegatte nach der Eintragung seinen gewöhnlichen Aufenthalt in einen anderen Bezirk, so muss die Eintragung im Register dieses Bezirks wiederholt werden. ²Die frühere Eintragung gilt als von neuem erfolgt, wenn ein Ehegatte den gewöhnlichen Aufenthalt in den früheren Bezirk zurückverlegt.

§ 1560 Antrag auf Eintragung
¹Eine Eintragung in das Register soll nur auf Antrag und nur insoweit erfolgen, als sie beantragt ist. ²Der Antrag ist in öffentlich beglaubigter Form zu stellen.

§ 1561 Antragserfordernisse
(1) ¹Zur Eintragung ist der Antrag beider Ehegatten erforderlich; jeder Ehegatte ist dem anderen gegenüber zur Mitwirkung verpflichtet.
(2) ¹Der Antrag eines Ehegatten genügt
1. zur Eintragung eines Ehevertrags oder einer auf gerichtlicher Entscheidung beruhenden Änderung der güterrechtlichen Verhältnisse der Ehegatten, wenn mit dem Antrag der Ehevertrag oder die mit dem Zeugnis der Rechtskraft versehene Entscheidung vorgelegt wird;
2. zur Wiederholung einer Eintragung in das Register eines anderen Bezirks, wenn mit dem Antrag eine nach der Aufhebung des bisherigen Wohnsitzes

erteilte, öffentlich beglaubigte Abschrift der früheren Eintragung vorgelegt wird;
3. zur Eintragung des Einspruchs gegen den selbständigen Betrieb eines Erwerbsgeschäfts durch den anderen Ehegatten und zur Eintragung des Widerrufs der Einwilligung, wenn die Ehegatten in Gütergemeinschaft leben und der Ehegatte, der den Antrag stellt, das Gesamtgut allein oder mit dem anderen Ehegatten gemeinschaftlich verwaltet;
4. zur Eintragung der Beschränkung oder Ausschließung der Berechtigung des anderen Ehegatten, Geschäfte mit Wirkung für den Antragsteller zu besorgen (§ 1357 Abs. 2).

§ 1562 Öffentliche Bekanntmachung (1) ¹Das Amtsgericht hat die Eintragung durch das für seine Bekanntmachungen bestimmte Blatt zu veröffentlichen.
(2) ¹Wird eine Änderung des Güterstands eingetragen, so hat sich die Bekanntmachung auf die Bezeichnung des Güterstands und, wenn dieser abweichend von dem Gesetz geregelt ist, auf eine allgemeine Bezeichnung der Abweichung zu beschränken.

§ 1563 Registereinsicht ¹Die Einsicht des Registers ist jedem gestattet. ²Von den Eintragungen kann eine Abschrift gefordert werden; die Abschrift ist auf Verlangen zu beglaubigen.

Titel 7: Scheidung der Ehe

Untertitel 1: Scheidungsgründe

§ 1564 Scheidung durch Urteil ¹Eine Ehe kann nur durch gerichtliches Urteil auf Antrag eines oder beider Ehegatten geschieden werden. ²Die Ehe ist mit der Rechtskraft des Urteils aufgelöst. ³Die Voraussetzungen, unter denen die Scheidung begehrt werden kann, ergeben sich aus den folgenden Vorschriften.

§ 1565 Scheitern der Ehe (1) ¹Eine Ehe kann geschieden werden, wenn sie gescheitert ist. ²Die Ehe ist gescheitert, wenn die Lebensgemeinschaft der Ehegatten nicht mehr besteht und nicht erwartet werden kann, dass die Ehegatten sie wiederherstellen.
(2) ¹Leben die Ehegatten noch nicht ein Jahr getrennt, so kann die Ehe nur geschieden werden, wenn die Fortsetzung der Ehe für den Antragsteller aus Gründen, die in der Person des anderen Ehegatten liegen, eine unzumutbare Härte darstellen würde.

§ 1566 Vermutung für das Scheitern (1) ¹Es wird unwiderlegbar vermutet, dass die Ehe gescheitert ist, wenn die Ehegatten seit einem Jahr getrennt leben und beide Ehegatten die Scheidung beantragen oder der Antragsgegner der Scheidung zustimmt.
(2) ¹Es wird unwiderlegbar vermutet, dass die Ehe gescheitert ist, wenn die Ehegatten seit drei Jahren getrennt leben.

§ 1567 Getrenntleben (1) ¹Die Ehegatten leben getrennt, wenn zwischen ihnen keine häusliche Gemeinschaft besteht und ein Ehegatte sie erkennbar nicht herstellen will, weil er die eheliche Lebensgemeinschaft ablehnt. ²Die häusliche Gemeinschaft besteht auch dann nicht mehr, wenn die Ehegatten innerhalb der ehelichen Wohnung getrennt leben.
(2) ¹Ein Zusammenleben über kürzere Zeit, das der Versöhnung der Ehegatten dienen soll, unterbricht oder hemmt die in § 1566 bestimmten Fristen nicht.

BGB §§ 1568–1573

§ 1568 Härteklausel (1) ¹Die Ehe soll nicht geschieden werden, obwohl sie gescheitert ist, wenn und solange die Aufrechterhaltung der Ehe im Interesse der aus der Ehe hervorgegangenen minderjährigen Kinder aus besonderen Gründen ausnahmsweise notwendig ist oder wenn und solange die Scheidung für den Antragsgegner, der sie ablehnt, auf Grund außergewöhnlicher Umstände eine so schwere Härte darstellen würde, dass die Aufrechterhaltung der Ehe auch unter Berücksichtigung der Belange des Antragstellers ausnahmsweise geboten erscheint.
(2) (weggefallen)

Untertitel 2: Unterhalt des geschiedenen Ehegatten

Kapitel 1: Grundsatz

§ 1569 Abschließende Regelung ¹Kann ein Ehegatte nach der Scheidung nicht selbst für seinen Unterhalt sorgen, so hat er gegen den anderen Ehegatten einen Anspruch auf Unterhalt nach den folgenden Vorschriften.

Kapitel 2: Unterhaltsberechtigung

§ 1570 Unterhalt wegen Betreuung eines Kindes ¹Ein geschiedener Ehegatte kann von dem anderen Unterhalt verlangen, solange und soweit von ihm wegen der Pflege oder Erziehung eines gemeinschaftlichen Kindes eine Erwerbstätigkeit nicht erwartet werden kann.

§ 1571 Unterhalt wegen Alters ¹Ein geschiedener Ehegatte kann von dem anderen Unterhalt verlangen, soweit von ihm im Zeitpunkt
1. der Scheidung,
2. der Beendigung der Pflege oder Erziehung eines gemeinschaftlichen Kindes oder
3. des Wegfalls der Voraussetzungen für einen Unterhaltsanspruch nach den §§ 1572 und 1573

wegen seines Alters eine Erwerbstätigkeit nicht mehr erwartet werden kann.

§ 1572 Unterhalt wegen Krankheit oder Gebrechen ¹Ein geschiedener Ehegatte kann von dem anderen Unterhalt verlangen, solange und soweit von ihm vom Zeitpunkt
1. der Scheidung,
2. der Beendigung der Pflege oder Erziehung eines gemeinschaftlichen Kindes,
3. der Beendigung der Ausbildung, Fortbildung oder Umschulung oder
4. des Wegfalls der Voraussetzungen für einen Unterhaltsanspruch nach § 1573

an wegen Krankheit oder anderer Gebrechen oder Schwäche seiner körperlichen oder geistigen Kräfte eine Erwerbstätigkeit nicht erwartet werden kann.

§ 1573 Unterhalt wegen Erwerbslosigkeit und Aufstockungsunterhalt (1) ¹Soweit ein geschiedener Ehegatte keinen Unterhaltsanspruch nach den §§ 1570 bis 1572 hat, kann er gleichwohl Unterhalt verlangen, solange und soweit er nach der Scheidung keine angemessene Erwerbstätigkeit zu finden vermag.
(2) ¹Reichen die Einkünfte aus einer angemessenen Erwerbstätigkeit zum vollen Unterhalt (§ 1578) nicht aus, kann er, soweit er nicht bereits einen Unterhaltsanspruch nach den §§ 1570 bis 1572 hat, den Unterschiedsbetrag zwischen den Einkünften und dem vollen Unterhalt verlangen.

(3) ¹Absätze 1 und 2 gelten entsprechend, wenn Unterhalt nach den §§ 1570 bis 1572, 1575 zu gewähren war, die Voraussetzungen dieser Vorschriften aber entfallen sind.

(4) ¹Der geschiedene Ehegatte kann auch dann Unterhalt verlangen, wenn die Einkünfte aus einer angemessenen Erwerbstätigkeit wegfallen, weil es ihm trotz seiner Bemühungen nicht gelungen war, den Unterhalt durch die Erwerbstätigkeit nach der Scheidung nachhaltig zu sichern. ²War es ihm gelungen, den Unterhalt teilweise nachhaltig zu sichern, so kann er den Unterschiedsbetrag zwischen dem nachhaltig gesicherten und dem vollen Unterhalt verlangen.

(5) ¹Die Unterhaltsansprüche nach Absatz 1 bis 4 können zeitlich begrenzt werden, soweit insbesondere unter Berücksichtigung der Dauer der Ehe sowie der Gestaltung von Haushaltsführung und Erwerbstätigkeit ein zeitlich unbegrenzter Unterhaltsanspruch unbillig wäre; dies gilt in der Regel nicht, wenn der Unterhaltsberechtigte nicht nur vorübergehend ein gemeinschaftliches Kind allein oder überwiegend betreut hat oder betreut. ²Die Zeit der Kindesbetreuung steht der Ehedauer gleich.

§ 1574 Angemessene Erwerbstätigkeit

(1) ¹Der geschiedene Ehegatte braucht nur eine ihm angemessene Erwerbstätigkeit auszuüben.

(2) ¹Angemessen ist eine Erwerbstätigkeit, die der Ausbildung, den Fähigkeiten, dem Lebensalter und dem Gesundheitszustand des geschiedenen Ehegatten sowie den ehelichen Lebensverhältnissen entspricht; bei den ehelichen Lebensverhältnissen sind die Dauer der Ehe und die Dauer der Pflege oder Erziehung eines gemeinschaftlichen Kindes zu berücksichtigen.

(3) ¹Soweit es zur Aufnahme einer angemessenen Erwerbstätigkeit erforderlich ist, obliegt es dem geschiedenen Ehegatten, sich ausbilden, fortbilden oder umschulen zu lassen, wenn ein erfolgreicher Abschluss der Ausbildung zu erwarten ist.

§ 1575 Ausbildung, Fortbildung oder Umschulung

(1) ¹Ein geschiedener Ehegatte, der in Erwartung der Ehe oder während der Ehe eine Schul- oder Berufsausbildung nicht aufgenommen oder abgebrochen hat, kann von dem anderen Ehegatten Unterhalt verlangen, wenn er diese oder eine entsprechende Ausbildung sobald wie möglich aufnimmt, um eine angemessene Erwerbstätigkeit, die den Unterhalt nachhaltig sichert, zu erlangen und der erfolgreiche Abschluss der Ausbildung zu erwarten ist. ²Der Anspruch besteht längstens für die Zeit, in der eine solche Ausbildung im Allgemeinen abgeschlossen wird; dabei sind ehebedingte Verzögerungen der Ausbildung zu berücksichtigen.

(2) ¹Entsprechendes gilt, wenn sich der geschiedene Ehegatte fortbilden oder umschulen lässt, um Nachteile auszugleichen, die durch die Ehe eingetreten sind.

(3) ¹Verlangt der geschiedene Ehegatte nach Beendigung der Ausbildung, Fortbildung oder Umschulung Unterhalt nach § 1573, so bleibt bei der Bestimmung der ihm angemessenen Erwerbstätigkeit (§ 1574 Abs. 2) der erreichte höhere Ausbildungsstand außer Betracht.

§ 1576 Unterhalt aus Billigkeitsgründen

¹Ein geschiedener Ehegatte kann von dem anderen Unterhalt verlangen, soweit und solange von ihm aus sonstigen schwerwiegenden Gründen eine Erwerbstätigkeit nicht erwartet werden kann und die Versagung von Unterhalt unter Berücksichtigung der Belange beider Ehegatten grob unbillig wäre. ²Schwerwiegende Gründe dürfen nicht allein deswegen berücksichtigt werden, weil sie zum Scheitern der Ehe geführt haben.

§ 1577 Bedürftigkeit (1) [1]Der geschiedene Ehegatte kann den Unterhalt nach den §§ 1570 bis 1573, 1575 und 1576 nicht verlangen, solange und soweit er sich aus seinen Einkünften und seinem Vermögen selbst unterhalten kann.
(2) [1]Einkünfte sind nicht anzurechnen, soweit der Verpflichtete nicht den vollen Unterhalt (§ 1578) leistet. [2]Einkünfte, die den vollen Unterhalt übersteigen, sind insoweit anzurechnen, als dies unter Berücksichtigung der beiderseitigen wirtschaftlichen Verhältnisse der Billigkeit entspricht.
(3) [1]Den Stamm des Vermögens braucht der Berechtigte nicht zu verwerten, soweit die Verwertung unwirtschaftlich oder unter Berücksichtigung der beiderseitigen wirtschaftlichen Verhältnisse unbillig wäre.
(4) [1]War zum Zeitpunkt der Ehescheidung zu erwarten, dass der Unterhalt des Berechtigten aus seinem Vermögen nachhaltig gesichert sein würde, fällt das Vermögen aber später weg, so besteht kein Anspruch auf Unterhalt. [2]Dies gilt nicht, wenn im Zeitpunkt des Vermögenswegfalls von dem Ehegatten wegen der Pflege oder Erziehung eines gemeinschaftlichen Kindes eine Erwerbstätigkeit nicht erwartet werden kann.

§ 1578 Maß des Unterhalts (1) [1]Das Maß des Unterhalts bestimmt sich nach den ehelichen Lebensverhältnissen. [2]Die Bemessung des Unterhaltsanspruchs nach den ehelichen Lebensverhältnissen kann zeitlich begrenzt und danach auf den angemessenen Lebensbedarf abgestellt werden, soweit insbesondere unter Berücksichtigung der Dauer der Ehe sowie der Gestaltung von Haushaltsführung und Erwerbstätigkeit eine zeitlich unbegrenzte Bemessung nach Satz 1 unbillig wäre; dies gilt in der Regel nicht, wenn der Unterhaltsberechtigte nicht nur vorübergehend ein gemeinschaftliches Kind allein oder überwiegend betreut hat oder betreut. [3]Die Zeit der Kindesbetreuung steht der Ehedauer gleich. [4]Der Unterhalt umfasst den gesamten Lebensbedarf.
(2) [1]Zum Lebensbedarf gehören auch die Kosten einer angemessenen Versicherung für den Fall der Krankheit und der Pflegebedürftigkeit sowie die Kosten einer Schul- oder Berufsausbildung, einer Fortbildung oder einer Umschulung nach den §§ 1574, 1575.
(3) [1]Hat der geschiedene Ehegatte einen Unterhaltsanspruch nach den §§ 1570 bis 1573 oder § 1576, so gehören zum Lebensbedarf auch die Kosten einer angemessenen Versicherung für den Fall des Alters sowie der verminderten Erwerbsfähigkeit.

§ 1578 a Deckungsvermutung bei schadensbedingten Mehraufwendungen [1]Für Aufwendungen infolge eines Körper- oder Gesundheitsschadens gilt § 1610 a.

§ 1579 Beschränkung oder Wegfall der Verpflichtung [1]Ein Unterhaltsanspruch ist zu versagen, herabzusetzen oder zeitlich zu begrenzen, soweit die Inanspruchnahme des Verpflichteten auch unter Wahrung der Belange eines dem Berechtigten zur Pflege oder Erziehung anvertrauten gemeinschaftlichen Kindes grob unbillig wäre, weil
1. die Ehe von kurzer Dauer war; der Ehedauer steht die Zeit gleich, in welcher der Berechtigte wegen der Pflege oder Erziehung eines gemeinschaftlichen Kindes nach § 1570 Unterhalt verlangen konnte,
2. der Berechtigte sich eines Verbrechens oder eines schweren vorsätzlichen Vergehens gegen den Verpflichteten oder einen nahen Angehörigen des Verpflichteten schuldig gemacht hat,
3. der Berechtigte seine Bedürftigkeit mutwillig herbeigeführt hat,
4. der Berechtigte sich über schwerwiegende Vermögensinteressen des Verpflichteten mutwillig hinweggesetzt hat,

5. der Berechtigte vor der Trennung längere Zeit hindurch seine Pflicht, zum Familienunterhalt beizutragen, gröblich verletzt hat,
6. dem Berechtigten ein offensichtlich schwerwiegendes, eindeutig bei ihm liegendes Fehlverhalten gegen den Verpflichteten zur Last fällt oder
7. ein anderer Grund vorliegt, der ebenso schwer wiegt wie die in den Nummern 1 bis 6 aufgeführten Gründe.

§ 1580 Auskunftspflicht ¹Die geschiedenen Ehegatten sind einander verpflichtet, auf Verlangen über ihre Einkünfte und ihr Vermögen Auskunft zu erteilen. ²§ 1605 ist entsprechend anzuwenden.

Kapitel 3: Leistungsfähigkeit und Rangfolge

§ 1581 Leistungsfähigkeit ¹Ist der Verpflichtete nach seinen Erwerbs- und Vermögensverhältnissen unter Berücksichtigung seiner sonstigen Verpflichtungen außerstande, ohne Gefährdung des eigenen angemessenen Unterhalts dem Berechtigten Unterhalt zu gewähren, so braucht er nur insoweit Unterhalt zu leisten, als es mit Rücksicht auf die Bedürfnisse und die Erwerbs- und Vermögensverhältnisse der geschiedenen Ehegatten der Billigkeit entspricht. ²Den Stamm des Vermögens braucht er nicht zu verwerten, soweit die Verwertung unwirtschaftlich oder unter Berücksichtigung der beiderseitigen wirtschaftlichen Verhältnisse unbillig wäre.

§ 1582 Rangverhältnisse mehrerer Unterhaltsbedürftiger (1) ¹Bei Ermittlung des Unterhalts des geschiedenen Ehegatten geht im Falle des § 1581 der geschiedene Ehegatte einem neuen Ehegatten vor, wenn dieser nicht bei entsprechender Anwendung der §§ 1569 bis 1574, § 1576 und des § 1577 Abs. 1 unterhaltsberechtigt wäre. ²Hätte die neue Ehegatte nach diesen Vorschriften einen Unterhaltsanspruch, geht ihm der geschiedene Ehegatte gleichwohl vor, wenn er nach § 1570 oder nach § 1576 unterhaltsberechtigt ist oder die Ehe mit dem geschiedenen Ehegatten von langer Dauer war. ³Der Ehedauer steht die Zeit gleich, in der ein Ehegatte wegen der Pflege oder Erziehung eines gemeinschaftlichen Kindes nach § 1570 unterhaltsberechtigt war.
(2) ¹§ 1609 bleibt im Übrigen unberührt.

§ 1583 Einfluss des Güterstands ¹Lebt der Verpflichtete im Falle der Wiederheirat mit seinem neuen Ehegatten im Güterstand der Gütergemeinschaft, so ist § 1604 entsprechend anzuwenden.

§ 1584 Rangverhältnisse mehrerer Unterhaltsverpflichteter ¹Der unterhaltspflichtige geschiedene Ehegatte haftet vor den Verwandten des Berechtigten. ²Soweit jedoch der Verpflichtete nicht leistungsfähig ist, haften die Verwandten vor dem geschiedenen Ehegatten. ³§ 1607 Abs. 2 und 4 gilt entsprechend.

Kapitel 4: Gestaltung des Unterhaltsanspruchs

§ 1585 Art der Unterhaltsgewährung (1) ¹Der laufende Unterhalt ist durch Zahlung einer Geldrente zu gewähren. ²Die Rente ist monatlich im Voraus zu entrichten. ³Der Verpflichtete schuldet den vollen Monatsbetrag auch dann, wenn der Unterhaltsanspruch im Laufe des Monats durch Wiederheirat oder Tod des Berechtigten erlischt.
(2) ¹Statt der Rente kann der Berechtigte eine Abfindung in Kapital verlangen, wenn ein wichtiger Grund vorliegt und der Verpflichtete dadurch nicht unbillig belastet wird.

§ 1585 a Sicherheitsleistung (1) [1]Der Verpflichtete hat auf Verlangen Sicherheit zu leisten. [2]Die Verpflichtung, Sicherheit zu leisten, entfällt, wenn kein Grund zu der Annahme besteht, dass die Unterhaltsleistung gefährdet ist oder wenn der Verpflichtete durch die Sicherheitsleistung unbillig belastet würde. [3]Der Betrag, für den Sicherheit zu leisten ist, soll den einfachen Jahresbetrag der Unterhaltsrente nicht übersteigen, sofern nicht nach den besonderen Umständen des Falles eine höhere Sicherheitsleistung angemessen erscheint.
(2) [1]Die Art der Sicherheitsleistung bestimmt sich nach den Umständen; die Beschränkung des § 232 gilt nicht.

§ 1585 b Unterhalt für die Vergangenheit (1) [1]Wegen eines Sonderbedarfs (§ 1613 Abs. 2) kann der Berechtigte Unterhalt für die Vergangenheit verlangen.
(2) [1]Im Übrigen kann der Berechtigte für die Vergangenheit Erfüllung oder Schadensersatz wegen Nichterfüllung erst von der Zeit an fordern, in der der Unterhaltspflichtige in Verzug gekommen oder der Unterhaltsanspruch rechtshängig geworden ist.
(3) [1]Für eine mehr als ein Jahr vor der Rechtshängigkeit liegende Zeit kann Erfüllung oder Schadensersatz wegen Nichterfüllung nur verlangt werden, wenn anzunehmen ist, dass der Verpflichtete sich der Leistung absichtlich entzogen hat.

§ 1585 c Vereinbarungen über den Unterhalt [1]Die Ehegatten können über die Unterhaltspflicht für die Zeit nach der Scheidung Vereinbarungen treffen.

Kapitel 5: Ende des Unterhaltsanspruchs

§ 1586 Wiederverheiratung, Begründung einer Lebenspartnerschaft oder Tod des Berechtigten (1) [1]Der Unterhaltsanspruch erlischt mit der Wiederheirat, der Begründung einer Lebenspartnerschaft oder dem Tode des Berechtigten.
(2) [1]Ansprüche auf Erfüllung oder Schadensersatz wegen Nichterfüllung für die Vergangenheit bleiben bestehen. [2]Das Gleiche gilt für den Anspruch auf den zur Zeit der Wiederheirat, der Begründung einer Lebenspartnerschaft oder des Todes fälligen Monatsbetrag.

§ 1586 a Wiederaufleben des Unterhaltsanspruchs (1) [1]Geht ein geschiedener Ehegatte eine neue Ehe ein und wird die Ehe wieder aufgelöst, so kann er von dem früheren Ehegatten Unterhalt nach § 1570 verlangen, wenn er ein Kind aus der früheren Ehe zu pflegen oder zu erziehen hat. [2]Ist die Pflege oder Erziehung beendet, so kann er Unterhalt nach den §§ 1571 bis 1573, 1575 verlangen.
(2) [1]Der Ehegatte der später aufgelösten Ehe haftet vor dem Ehegatten der früher aufgelösten Ehe.

§ 1586 b Kein Erlöschen bei Tod des Verpflichteten (1) [1]Mit dem Tode des Verpflichteten geht die Unterhaltspflicht auf den Erben als Nachlassverbindlichkeit über. [2]Die Beschränkungen nach § 1581 fallen weg. [3]Der Erbe haftet jedoch nicht über einen Betrag hinaus, der dem Pflichtteil entspricht, welcher dem Berechtigten zustände, wenn die Ehe nicht geschieden worden wäre.
(2) [1]Für die Berechnung des Pflichtteils bleiben Besonderheiten auf Grund des Güterstands, in dem die geschiedenen Ehegatten gelebt haben, außer Betracht.

Untertitel 3: Versorgungsausgleich

Kapitel 1: Grundsatz

§ 1587 Auszugleichende Versorgungsanrechte (1) ¹Zwischen den geschiedenen Ehegatten findet ein Versorgungsausgleich statt, soweit für sie oder einen von ihnen in der Ehezeit Anwartschaften oder Aussichten auf eine Versorgung wegen Alters oder verminderte Erwerbsfähigkeit der in § 1587 a Abs. 2 genannten Art begründet oder aufrechterhalten worden sind. ²Außer Betracht bleiben Anwartschaften oder Aussichten, die weder mit Hilfe des Vermögens noch durch Arbeit der Ehegatten begründet oder aufrechterhalten worden sind.

(2) ¹Als Ehezeit im Sinne der Vorschriften über den Versorgungsausgleich gilt die Zeit vom Beginn des Monats, in dem die Ehe geschlossen worden ist, bis zum Ende des Monats, der dem Eintritt der Rechtshängigkeit des Scheidungsantrags vorausgeht.

(3) ¹Für Anwartschaften oder Aussichten, über die der Versorgungsausgleich stattfindet, gelten ausschließlich die nachstehenden Vorschriften; die güterrechtlichen Vorschriften finden keine Anwendung.

Kapitel 2: Wertausgleich von Anwartschaften oder Aussichten auf eine Versorgung

§ 1587 a Ausgleichsanspruch (1) ¹Ausgleichspflichtig ist der Ehegatte mit den werthöheren Anwartschaften oder Aussichten auf eine auszugleichende Versorgung. ²Dem berechtigten Ehegatten steht als Ausgleich die Hälfte des Wertunterschieds zu.

(2) ¹Für die Ermittlung des Wertunterschieds sind folgende Werte zugrunde zu legen:
1. Bei einer Versorgung oder Versorgungsanwartschaft aus einem öffentlich-rechtlichen Dienstverhältnis oder aus einem Arbeitsverhältnis mit Anspruch auf Versorgung nach beamtenrechtlichen Vorschriften oder Grundsätzen ist von dem Betrag auszugehen, der sich im Zeitpunkt des Eintritts der Rechtshängigkeit des Scheidungsantrags als Versorgung ergäbe. Dabei wird die bis zu diesem Zeitpunkt zurückgelegte ruhegehaltfähige Dienstzeit um die Zeit bis zur Altersgrenze erweitert (Gesamtzeit). Maßgebender Wert ist der Teil der Versorgung, der dem Verhältnis der in die Ehezeit fallenden ruhegehaltfähigen Dienstzeit zu der Gesamtzeit entspricht. Unfallbedingte Erhöhungen bleiben außer Betracht. Insofern stehen Dienstbezüge entpflichteter Professoren Versorgungsbezügen gleich und gelten die beamtenrechtlichen Vorschriften über die ruhegehaltfähige Dienstzeit entsprechend.
2. Bei Renten oder Rentenanwartschaften aus der gesetzlichen Rentenversicherung ist der Betrag zugrunde zu legen, der sich am Ende der Ehezeit aus den auf die Ehezeit entfallenden Entgeltpunkten ohne Berücksichtigung des Zugangsfaktors als Vollrente wegen Alters ergäbe.
3. Bei Leistungen, Anwartschaften oder Aussichten auf Leistungen der betrieblichen Altersversorgung ist,
   a) wenn bei Eintritt der Rechtshängigkeit des Scheidungsantrags die Betriebszugehörigkeit andauert, der Teil der Versorgung zugrunde zu legen, der dem Verhältnis der in die Ehezeit fallenden Betriebszugehörigkeit zu der Zeit vom Beginn der Betriebszugehörigkeit bis zu der in der Versorgungsregelung vorgesehenen festen Altersgrenze entspricht, wobei der Betriebszugehörigkeit gleichgestellte Zeiten einzubeziehen sind;

die Versorgung berechnet sich nach dem Betrag, der sich bei Erreichen der in der Versorgungsregelung vorgesehenen festen Altersgrenze ergäbe, wenn die Bemessungsgrundlagen im Zeitpunkt des Eintritts der Rechtshängigkeit des Scheidungsantrags zugrunde gelegt würden;

b) wenn vor dem Eintritt der Rechtshängigkeit des Scheidungsantrags die Betriebszugehörigkeit beendet worden ist, der Teil der erworbenen Versorgung zugrunde zu legen, der dem Verhältnis der in die Ehezeit fallenden Betriebszugehörigkeit zu der gesamten Betriebszugehörigkeit entspricht, wobei der Betriebszugehörigkeit gleichgestellte Zeiten einzubeziehen sind.

Dies gilt nicht für solche Leistungen oder Anwartschaften auf Leistungen aus einem Versicherungsverhältnis zu einer zusätzlichen Versorgungseinrichtung des öffentlichen Dienstes, auf die Nummer 4 Buchstabe c anzuwenden ist. Für Anwartschaften oder Aussichten auf Leistungen der betrieblichen Altersversorgung, die im Zeitpunkt des Erlasses der Entscheidung noch nicht unverfallbar sind, finden die Vorschriften über den schuldrechtlichen Versorgungsausgleich Anwendung.

4. Bei sonstigen Renten oder ähnlichen wiederkehrenden Leistungen, die der Versorgung wegen Alters oder verminderte Erwerbsfähigkeit zu dienen bestimmt sind, oder Anwartschaften oder Aussichten hierauf ist,

a) wenn sich die Rente oder Leistung nach der Dauer einer Anrechnungszeit bemisst, der Betrag der Versorgungsleistung zugrunde zu legen, der sich aus der in die Ehezeit fallenden Anrechnungszeit ergäbe, wenn bei Eintritt der Rechtshängigkeit des Scheidungsantrags der Versorgungsfall eingetreten wäre;

b) wenn sich die Rente oder Leistung nicht oder nicht nur nach der Dauer einer Anrechnungszeit und auch nicht nach Buchstabe d bemisst, der Teilbetrag der vollen bestimmungsmäßigen Rente oder Leistung zugrunde zu legen, der dem Verhältnis der in die Ehezeit fallenden, bei der Ermittlung dieser Rente oder Leistung zu berücksichtigenden Zeit zu deren voraussichtlicher Gesamtdauer bis zur Erreichung der für das Ruhegehalt maßgeblichen Altersgrenze entspricht;

c) wenn sich die Rente oder Leistung nach einem Bruchteil entrichteter Beiträge bemisst, der Betrag zugrunde zu legen, der sich aus den für die Ehezeit entrichteten Beiträgen ergäbe, wenn bei Eintritt der Rechtshängigkeit des Scheidungsantrags der Versorgungsfall eingetreten wäre;

d) wenn sich die Rente oder Leistung nach den für die gesetzlichen Rentenversicherungen geltenden Grundsätzen bemisst, der Teilbetrag der sich bei Eintritt der Rechtshängigkeit des Scheidungsantrags ergebenden Rente wegen Alters zugrunde zu legen, der dem Verhältnis der in die Ehezeit fallenden Versicherungsjahre zu den insgesamt zu berücksichtigenden Versicherungsjahren entspricht.

5. Bei Renten oder Rentenanwartschaften auf Grund eines Versicherungsvertrags, der zur Versorgung des Versicherten eingegangen wurde, ist,

a) wenn es sich um eine Versicherung mit einer über den Eintritt der Rechtshängigkeit des Scheidungsantrags hinaus fortbestehenden Prämienzahlungspflicht handelt, von dem Rentenbetrag auszugehen, der sich nach vorheriger Umwandlung in eine prämienfreie Versicherung als Leistung des Versicherers ergäbe, wenn in diesem Zeitpunkt der Versicherungsfall eingetreten wäre. Sind auf die Versicherung Prämien

auch für die Zeit vor der Ehe gezahlt worden, so ist der Rentenbetrag entsprechend geringer anzusetzen;
   b) wenn eine Prämienzahlungspflicht über den Eintritt der Rechtshängigkeit des Scheidungsantrags hinaus nicht besteht, von dem Rentenbetrag auszugehen, der sich als Leistung des Versicherers ergäbe, wenn in diesem Zeitpunkt der Versicherungsfall eingetreten wäre. Buchstabe a Satz 2 ist anzuwenden.

(3) ¹Bei Versorgungen oder Anwartschaften oder Aussichten auf eine Versorgung nach Absatz 2 Nr. 4, deren Wert nicht in gleicher oder nahezu gleicher Weise steigt wie der Wert der in Absatz 2 Nr. 1 und 2 genannten Anwartschaften, sowie in den Fällen des Absatzes 2 Nr. 5 gilt Folgendes:
1. Werden die Leistungen aus einem Deckungskapital oder einer vergleichbaren Deckungsrücklage gewährt, ist die Regelaltersrente zugrunde zu legen, die sich ergäbe, wenn der während der Ehe gebildete Teil des Deckungskapitals oder der auf diese Zeit entfallende Teil der Deckungsrücklage als Beitrag in der gesetzlichen Rentenversicherung entrichtet würde;
2. werden die Leistungen nicht oder nicht ausschließlich aus einem Deckungskapital oder einer vergleichbaren Deckungsrücklage gewährt, ist die Regelaltersrente zugrunde zu legen, die sich ergäbe, wenn ein Barwert der Teilversorgung für den Zeitpunkt des Eintritts der Rechtshängigkeit des Scheidungsantrags ermittelt und als Beitrag in der gesetzlichen Rentenversicherung entrichtet würde. Das Nähere über die Ermittlung des Barwerts bestimmt die Bundesregierung durch Rechtsverordnung mit Zustimmung des Bundesrates.

(4) ¹Bei Leistungen oder Anwartschaften oder Aussichten auf Leistungen der betrieblichen Altersversorgung nach Absatz 2 Nr. 3 findet Absatz 3 Nr. 2 Anwendung.

(5) ¹Bemisst sich die Versorgung nicht nach den in den vorstehenden Absätzen genannten Bewertungsmaßstäben, so bestimmt das Familiengericht die auszugleichende Versorgung in sinngemäßer Anwendung der vorstehenden Vorschriften nach billigem Ermessen.

(6) ¹Stehen einem Ehegatten mehrere Versorgungsanwartschaften im Sinne von Absatz 2 Nr. 1 zu, so ist für die Wertberechnung von den sich nach Anwendung von Ruhensvorschriften ergebenden gesamten Versorgungsbezügen und der gesamten in die Ehezeit fallenden ruhegehaltfähigen Dienstzeit auszugehen; sinngemäß ist zu verfahren, wenn die Versorgung wegen einer Rente oder einer ähnlichen wiederkehrenden Leistung einer Ruhens- oder Anrechnungsvorschrift unterliegen würde.

(7) ¹Für die Zwecke der Bewertung nach Absatz 2 bleibt außer Betracht, dass eine für die Versorgung maßgebliche Wartezeit, Mindestbeschäftigungszeit, Mindestversicherungszeit oder ähnliche zeitliche Voraussetzungen im Zeitpunkt des Eintritts der Rechtshängigkeit des Scheidungsantrags noch nicht erfüllt sind; Absatz 2 Nr. 3 Satz 3 bleibt unberührt. ²Dies gilt nicht für solche Zeiten, von denen die Rente nach Mindesteinkommen in den gesetzlichen Rentenversicherungen abhängig ist.

(8) ¹Bei der Wertberechnung sind die in einer Versorgung, Rente oder Leistung enthaltenen Zuschläge, die nur auf Grund einer bestehenden Ehe gewährt werden, sowie Kinderzuschläge und ähnliche familienbezogene Bestandteile auszuscheiden.

§ 1587 b Übertragung und Begründung von Rentenanwartschaften durch das Familiengericht (1) ¹Hat ein Ehegatte in der Ehezeit

BGB § 1587 c

Rentenanwartschaften in einer gesetzlichen Rentenversicherung im Sinne des § 1587 a Abs. 2 Nr. 2 erworben und übersteigen diese die Anwartschaften im Sinne des § 1587 a Abs. 2 Nr. 1, 2, die der andere Ehegatte in der Ehezeit erworben hat, so überträgt das Familiengericht auf diesen Rentenanwartschaften in Höhe der Hälfte des Wertunterschieds. ²Das Nähere bestimmt sich nach den Vorschriften über die gesetzlichen Rentenversicherungen.

(2) ¹Hat ein Ehegatte in der Ehezeit eine Anwartschaft im Sinne des § 1587 a Abs. 2 Nr. 1 gegenüber einer Körperschaft, Anstalt oder Stiftung des öffentlichen Rechts, einem ihrer Verbände einschließlich der Spitzenverbände oder einer ihrer Arbeitsgemeinschaften erworben und übersteigt diese Anwartschaft allein oder zusammen mit einer Rentenanwartschaft im Sinne des § 1587 a Abs. 2 Nr. 2 die Anwartschaften im Sinne des § 1587 a Abs. 2 Nr. 1, 2, die der andere Ehegatte in der Ehezeit erworben hat, so begründet das Familiengericht für diesen Rentenanwartschaften in einer gesetzlichen Rentenversicherung in Höhe der Hälfte des nach Anwendung von Absatz 1 noch verbleibenden Wertunterschieds. ²Das Nähere bestimmt sich nach den Vorschriften über die gesetzlichen Rentenversicherungen.

(3) ¹Soweit der Ausgleich nicht nach Absatz 1 oder 2 vorzunehmen ist, hat der ausgleichspflichtige Ehegatte für den Berechtigten als Beiträge zur Begründung von Anwartschaften auf eine bestimmte Rente in einer gesetzlichen Rentenversicherung den Betrag zu zahlen, der erforderlich ist, um den Wertunterschied auszugleichen;*) dies gilt nur, solange der Berechtigte die Voraussetzungen für ein Altersruhegeld aus einer gesetzlichen Rentenversicherung noch nicht erfüllt. ²Das Nähere bestimmt sich nach den Vorschriften über die gesetzlichen Rentenversicherungen. ³Nach Absatz 1 zu übertragende oder nach Absatz 2 zu begründende Rentenanwartschaften sind in den Ausgleich einzubeziehen; im Wege der Verrechnung ist nur ein einmaliger Ausgleich vorzunehmen.

(4) ¹Würde sich die Übertragung oder Begründung von Rentenanwartschaften in den gesetzlichen Rentenversicherungen voraussichtlich nicht zugunsten des Berechtigten auswirken (Anmerkung: Dieser Halbsatz ist gemäß Urteil des Bundesverfassungsgerichts vom 27. Januar 1983 [BGBl. I S. 375] nichtig) oder wäre der Versorgungsausgleich in dieser Form nach den Umständen des Falles unwirtschaftlich, soll das Familiengericht den Ausgleich auf Antrag einer Partei in anderer Weise regeln; § 1587 o Abs. 1 Satz 2 gilt entsprechend.

(5) ¹Der Monatsbetrag der nach Absatz 1 zu übertragenden oder nach Absatz 2, 3 zu begründenden Rentenanwartschaften in den gesetzlichen Rentenversicherungen darf zusammen mit dem Monatsbetrag der in den gesetzlichen Rentenversicherungen bereits begründeten Rentenanwartschaften des ausgleichsberechtigten Ehegatten den in § 76 Abs. 2 Satz 3 des Sechsten Buches Sozialgesetzbuch bezeichneten Höchstbetrag nicht übersteigen.

(6) ¹Bei der Übertragung oder Begründung von Rentenanwartschaften in der gesetzlichen Rentenversicherung hat das Familiengericht anzuordnen, dass der Monatsbetrag der zu übertragenden oder zu begründenden Rentenanwartschaften in Entgeltpunkte umzurechnen ist.

§ 1587 c Beschränkung oder Wegfall des Ausgleichs
¹Ein Versorgungsausgleich findet nicht statt,
1. soweit die Inanspruchnahme des Verpflichteten unter Berücksichtigung der beiderseitigen Verhältnisse, insbesondere des beiderseitigen Vermögenserwerbs während der Ehe oder im Zusammenhang mit der Scheidung, grob

unbillig wäre; hierbei dürfen Umstände nicht allein deshalb berücksichtigt werden, weil sie zum Scheitern der Ehe geführt haben;
2. soweit der Berechtigte in Erwartung der Scheidung oder nach der Scheidung durch Handeln oder Unterlassen bewirkt hat, dass ihm zustehende Anwartschaften oder Aussichten auf eine Versorgung, die nach § 1587 Abs. 1 auszugleichen wären, nicht entstanden oder entfallen sind;
3. soweit der Berechtigte während der Ehe längere Zeit hindurch seine Pflicht, zum Familienunterhalt beizutragen, gröblich verletzt hat.

§ 1587 d Ruhen der Verpflichtung zur Begründung von Rentenanwartschaften

(1) ¹Auf Antrag des Verpflichteten kann das Familiengericht anordnen, dass die Verpflichtung nach § 1587 b Abs. 3 ruht, solange und soweit der Verpflichtete durch die Zahlung unbillig belastet, insbesondere außerstande gesetzt würde, sich selbst angemessen zu unterhalten und seinen gesetzlichen Unterhaltspflichten gegenüber dem geschiedenen Ehegatten und den mit diesem gleichrangig Berechtigten nachzukommen. ²Ist der Verpflichtete in der Lage, Raten zu zahlen, so hat das Gericht ferner die Höhe der dem Verpflichteten obliegenden Ratenzahlungen festzusetzen.

(2) ¹Das Familiengericht kann eine rechtskräftige Entscheidung auf Antrag aufheben oder ändern, wenn sich die Verhältnisse nach der Scheidung wesentlich geändert haben.

§ 1587 e Auskunftspflicht; Erlöschen des Ausgleichsanspruchs

(1) ¹Für den Versorgungsausgleich nach § 1587 b gilt § 1580 entsprechend.

(2) ¹Mit dem Tode des Berechtigten erlischt der Ausgleichsanspruch.

(3) ¹Der Anspruch auf Entrichtung von Beiträgen (§ 1587 b Abs. 3) erlischt außerdem, sobald der schuldrechtliche Versorgungsausgleich nach § 1587 g Abs. 1 Satz 2 verlangt werden kann.

(4) ¹Der Ausgleichsanspruch erlischt nicht mit dem Tode des Verpflichteten. ²Er ist gegen die Erben geltend zu machen.

Kapitel 3: Schuldrechtlicher Versorgungsausgleich

§ 1587 f Voraussetzungen   ¹In den Fällen, in denen

1. die Begründung von Rentenanwartschaften in einer gesetzlichen Rentenversicherung mit Rücksicht auf die Vorschrift des § 1587 b Abs. 3 Satz 1 zweiter Halbsatz nicht möglich ist,
2. die Übertragung oder Begründung von Rentenanwartschaften in einer gesetzlichen Rentenversicherung mit Rücksicht auf die Vorschrift des § 1587 b Abs. 5 ausgeschlossen ist,
3. der ausgleichspflichtige Ehegatte die ihm nach § 1587 b Abs. 3 Satz 1 erster Halbsatz auferlegten Zahlungen zur Begründung von Rentenanwartschaften in einer gesetzlichen Rentenversicherung nicht erbracht hat,
4. in den Ausgleich Leistungen der betrieblichen Altersversorgung auf Grund solcher Anwartschaften oder Aussichten einzubeziehen sind, die im Zeitpunkt des Erlasses der Entscheidung noch nicht unverfallbar waren,
5. das Familiengericht nach § 1587 b Abs. 4 eine Regelung in der Form des schuldrechtlichen Versorgungsausgleichs getroffen hat oder die Ehegatten nach § 1587 o den schuldrechtlichen Versorgungsausgleich vereinbart haben,

erfolgt insoweit der Ausgleich auf Antrag eines Ehegatten nach den Vorschriften der §§ 1587 g bis 1587 n (schuldrechtlicher Versorgungsausgleich).

BGB §§ 1587 g – 1587 l

§ 1587 g Anspruch auf Rentenzahlung
(1) ¹Der Ehegatte, dessen auszugleichende Versorgung die des anderen übersteigt, hat dem anderen Ehegatten als Ausgleich eine Geldrente (Ausgleichsrente) in Höhe der Hälfte des jeweils übersteigenden Betrags zu entrichten. ²Die Rente kann erst dann verlangt werden, wenn beide Ehegatten eine Versorgung erlangt haben oder wenn der ausgleichspflichtige Ehegatte eine Versorgung erlangt hat und der andere Ehegatte wegen Krankheit oder anderer Gebrechen oder Schwäche seiner körperlichen oder geistigen Kräfte auf nicht absehbare Zeit eine ihm nach Ausbildung und Fähigkeiten zumutbare Erwerbstätigkeit nicht ausüben kann oder das 65. Lebensjahr vollendet hat.
(2) ¹Für die Ermittlung der auszugleichenden Versorgung gilt § 1587 a entsprechend. ²Hat sich seit Eintritt der Rechtshängigkeit des Scheidungsantrags der Wert einer Versorgung oder einer Anwartschaft oder Aussicht auf Versorgung geändert oder ist eine bei Eintritt der Rechtshängigkeit des Scheidungsantrags vorhandene Versorgung oder eine Anwartschaft oder Aussicht auf Versorgung weggefallen oder sind Voraussetzungen einer Versorgung eingetreten, die bei Eintritt der Rechtshängigkeit gefehlt haben, so ist dies zusätzlich zu berücksichtigen.
(3) ¹§ 1587 d Abs. 2 gilt entsprechend.

§ 1587 h Beschränkung oder Wegfall des Ausgleichsanspruchs
¹Ein Ausgleichsanspruch gemäß § 1587 g besteht nicht,
1. soweit der Berechtigte den nach seinen Lebensverhältnissen angemessenen Unterhalt aus seinen Einkünften und seinem Vermögen bestreiten kann und die Gewährung des Versorgungsausgleichs für den Verpflichteten bei Berücksichtigung der beiderseitigen wirtschaftlichen Verhältnisse eine unbillige Härte bedeuten würde; § 1577 Abs. 3 gilt entsprechend;
2. soweit der Berechtigte in Erwartung der Scheidung oder nach der Scheidung durch Handeln oder Unterlassen bewirkt hat, dass ihm eine Versorgung, die nach § 1587 auszugleichen wäre, nicht gewährt wird;
3. soweit der Berechtigte während der Ehe längere Zeit hindurch seine Pflicht, zum Familienunterhalt beizutragen, gröblich verletzt hat.

§ 1587 i Abtretung von Versorgungsansprüchen
(1) ¹Der Berechtigte kann vom Verpflichteten in Höhe der laufenden Ausgleichsrente Abtretung der in den Ausgleich einbezogenen Versorgungsansprüche verlangen, die für den gleichen Zeitabschnitt fällig geworden sind oder fällig werden.
(2) ¹Der Wirksamkeit der Abtretung an den Ehegatten gemäß Absatz 1 steht der Ausschluss der Übertragbarkeit und Pfändbarkeit der Ansprüche nicht entgegen.
(3) ¹§ 1587 d Abs. 2 gilt entsprechend.

§ 1587 k Anwendbare Vorschriften; Erlöschen des Ausgleichsanspruchs
(1) ¹Für den Ausgleichsanspruch nach § 1587 g Abs. 1 Satz 1 gelten die §§ 1580, 1585 Abs. 1 Satz 2, 3 und § 1585 b Abs. 2, 3 entsprechend.
(2) ¹Der Anspruch erlischt mit dem Tode des Berechtigten; § 1586 Abs. 2 gilt entsprechend. ²Soweit hiernach der Anspruch erlischt, gehen die nach § 1587 i Abs. 1 abgetretenen Ansprüche auf den Verpflichteten über.

§ 1587 l Anspruch auf Abfindung künftiger Ausgleichsansprüche
(1) ¹Ein Ehegatte kann wegen seiner künftigen Ausgleichsansprüche von dem anderen eine Abfindung verlangen, wenn diesem die Zahlung nach seinen wirtschaftlichen Verhältnissen zumutbar ist.
(2) ¹Für die Höhe der Abfindung ist der nach § 1587 g Abs. 2 ermittelte Zeitwert der beiderseitigen Anwartschaften oder Aussichten auf eine auszugleichende Versorgung zugrunde zu legen.

(3) ¹Die Abfindung kann nur in Form der Zahlung von Beiträgen zu einer gesetzlichen Rentenversicherung oder zu einer privaten Lebens- oder Rentenversicherung verlangt werden. ²Wird die Abfindung in Form der Zahlung von Beiträgen zu einer privaten Lebens- oder Rentenversicherung gewählt, so muss der Versicherungsvertrag vom Berechtigten auf seine Person für den Fall des Todes und des Erlebens des 65. oder eines niedrigeren Lebensjahrs abgeschlossen sein und vorsehen, dass Gewinnanteile zur Erhöhung der Versicherungsleistungen verwendet werden. ³Auf Antrag ist dem Verpflichteten Ratenzahlung zu gestatten, soweit dies nach seinen wirtschaftlichen Verhältnissen der Billigkeit entspricht.

§ 1587 m Erlöschen des Abfindungsanspruchs ¹Mit dem Tode des Berechtigten erlischt der Anspruch auf Leistung der Abfindung, soweit er von dem Verpflichteten noch nicht erfüllt ist.

§ 1587 n Anrechnung auf Unterhaltsanspruch ¹Ist der Berechtigte nach § 1587 l abgefunden worden, so hat er sich auf einen Unterhaltsanspruch gegen den geschiedenen Ehegatten den Betrag anrechnen zu lassen, den er als Versorgungsausgleich nach § 1587 g erhalten würde, wenn die Abfindung nicht geleistet worden wäre.

Kapitel 4: Parteivereinbarungen

§ 1587 o Vereinbarungen über den Ausgleich (1) ¹Die Ehegatten können im Zusammenhang mit der Scheidung eine Vereinbarung über den Ausgleich von Anwartschaften oder Anrechten auf eine Versorgung wegen Alters oder verminderter Erwerbsfähigkeit (§ 1587) schließen. ²Durch die Vereinbarung können Anwartschaftsrechte in einer gesetzlichen Rentenversicherung nach § 1587 b Abs. 1 oder 2 nicht begründet oder übertragen werden.
(2) ¹Die Vereinbarung nach Absatz 1 muss notariell beurkundet werden. ²§ 127 a ist entsprechend anzuwenden. ³Die Vereinbarung bedarf der Genehmigung des Familiengerichts. ⁴Die Genehmigung soll nur verweigert werden, wenn unter Einbeziehung der Unterhaltsregelung und der Vermögensauseinandersetzung offensichtlich die vereinbarte Leistung nicht zu einer dem Ziel des Versorgungsausgleichs entsprechenden Sicherung des Berechtigten geeignet ist oder zu keinem nach Art und Höhe angemessenen Ausgleich unter den Ehegatten führt.

Kapitel 5: Schutz des Versorgungsschuldners

§ 1587 p Leistung an den bisherigen Berechtigten ¹Sind durch die rechtskräftige Entscheidung des Familiengerichts Rentenanwartschaften in einer gesetzlichen Rentenversicherung auf den berechtigten Ehegatten übertragen worden, so muss dieser eine Leistung an den verpflichteten Ehegatten gegen sich gelten lassen, die der Schuldner der Versorgung bis zum Ablauf des Monats an den verpflichteten Ehegatten bewirkt, der dem Monat folgt, in dem ihm die Entscheidung zugestellt worden ist.

BGB §§ 1588—1595

Titel 8: Kirchliche Verpflichtungen

§ 1588 (keine Überschrift) ¹Die kirchlichen Verpflichtungen in Ansehung der Ehe werden durch die Vorschriften dieses Abschnitts nicht berührt.

Abschnitt 2: Verwandtschaft

Titel 1: Allgemeine Vorschriften

§ 1589 Verwandtschaft (1) ¹Personen, deren eine von der anderen abstammt, sind in gerader Linie verwandt. ²Personen, die nicht in gerader Linie verwandt sind, aber von derselben dritten Person abstammen, sind in der Seitenlinie verwandt. ³Der Grad der Verwandtschaft bestimmt sich nach der Zahl der sie vermittelnden Geburten.
(2) (weggefallen)

§ 1590 Schwägerschaft (1) ¹Die Verwandten eines Ehegatten sind mit dem anderen Ehegatten verschwägert. ²Die Linie und der Grad der Schwägerschaft bestimmen sich nach der Linie und dem Grade der sie vermittelnden Verwandtschaft.
(2) ¹Die Schwägerschaft dauert fort, auch wenn die Ehe, durch die sie begründet wurde, aufgelöst ist.

Titel 2: Abstammung

§ 1591 Mutterschaft ¹Mutter eines Kindes ist die Frau, die es geboren hat.

§ 1592 Vaterschaft ¹Vater eines Kindes ist der Mann,
1. der zum Zeitpunkt der Geburt mit der Mutter des Kindes verheiratet ist,
2. der die Vaterschaft anerkannt hat oder
3. dessen Vaterschaft nach § 1600 d gerichtlich festgestellt ist.

§ 1593 Vaterschaft bei Auflösung der Ehe durch Tod ¹§ 1592 Nr. 1 gilt entsprechend, wenn die Ehe durch Tod aufgelöst wurde und innerhalb von 300 Tagen nach der Auflösung ein Kind geboren wird. ²Steht fest, dass das Kind mehr als 300 Tage vor seiner Geburt empfangen wurde, so ist dieser Zeitraum maßgebend. ³Wird von einer Frau, die eine weitere Ehe geschlossen hat, ein Kind geboren, das sowohl nach den Sätzen 1 und 2 Kind des früheren Ehemanns als auch nach § 1592 Nr. 1 Kind des neuen Ehemanns wäre, so ist es nur als Kind des neuen Ehemanns anzusehen. ⁴Wird die Vaterschaft angefochten und wird rechtskräftig festgestellt, dass der neue Ehemann nicht Vater des Kindes ist, so ist es Kind des früheren Ehemanns.

§ 1594 Anerkennung der Vaterschaft (1) ¹Die Rechtswirkungen der Anerkennung können, soweit sich nicht aus dem Gesetz anderes ergibt, erst von dem Zeitpunkt an geltend gemacht werden, zu dem die Anerkennung wirksam wird.
(2) ¹Eine Anerkennung der Vaterschaft ist nicht wirksam, solange die Vaterschaft eines anderen Mannes besteht.
(3) ¹Eine Anerkennung unter einer Bedingung oder Zeitbestimmung ist unwirksam.
(4) ¹Die Anerkennung ist schon vor der Geburt des Kindes zulässig.

§ 1595 Zustimmungsbedürftigkeit der Anerkennung (1) ¹Die Anerkennung bedarf der Zustimmung der Mutter.
(2) ¹Die Anerkennung bedarf auch der Zustimmung des Kindes, wenn der Mutter insoweit die elterliche Sorge nicht zusteht.

(3) ¹Für die Zustimmung gilt § 1594 Abs. 3 und 4 entsprechend.

§ 1596 Anerkennung und Zustimmung bei fehlender oder beschränkter Geschäftsfähigkeit (1) ¹Wer in der Geschäftsfähigkeit beschränkt ist, kann nur selbst anerkennen. ²Die Zustimmung des gesetzlichen Vertreters ist erforderlich. ³Für einen Geschäftsunfähigen kann der gesetzliche Vertreter mit Genehmigung des Vormundschaftsgerichts anerkennen. ⁴Für die Zustimmung der Mutter gelten die Sätze 1 bis 3 entsprechend.

(2) ¹Für ein Kind, das geschäftsunfähig oder noch nicht 14 Jahre alt ist, kann nur der gesetzliche Vertreter der Anerkennung zustimmen. ²Im Übrigen kann ein Kind, das in der Geschäftsfähigkeit beschränkt ist, nur selbst zustimmen; es bedarf hierzu der Zustimmung des gesetzlichen Vertreters.

(3) ¹Ein geschäftsfähiger Betreuter kann nur selbst anerkennen oder zustimmen; § 1903 bleibt unberührt.

(4) ¹Anerkennung und Zustimmung können nicht durch einen Bevollmächtigten erklärt werden.

§ 1597 Formerfordernisse; Widerruf (1) ¹Anerkennung und Zustimmung müssen öffentlich beurkundet werden.

(2) ¹Beglaubigte Abschriften der Anerkennung und aller Erklärungen, die für die Wirksamkeit der Anerkennung bedeutsam sind, sind dem Vater, der Mutter und dem Kind sowie dem Standesbeamten zu übersenden.

(3) ¹Der Mann kann die Anerkennung widerrufen, wenn sie ein Jahr nach der Beurkundung noch nicht wirksam geworden ist. ²Für den Widerruf gelten die Absätze 1 und 2 sowie § 1594 Abs. 3 und § 1596 Abs. 1, 3 und 4 entsprechend.

§ 1598 Unwirksamkeit von Anerkennung, Zustimmung und Widerruf (1) ¹Anerkennung, Zustimmung und Widerruf sind nur unwirksam, wenn sie den Erfordernissen der vorstehenden Vorschriften nicht genügen.

(2) ¹Sind seit der Eintragung in ein deutsches Personenstandsbuch fünf Jahre verstrichen, so ist die Anerkennung wirksam, auch wenn sie den Erfordernissen der vorstehenden Vorschriften nicht genügt.

§ 1599 Nichtbestehen der Vaterschaft (1) ¹§ 1592 Nr. 1 und 2 und § 1593 gelten nicht, wenn auf Grund einer Anfechtung rechtskräftig festgestellt ist, dass der Mann nicht der Vater des Kindes ist.

(2) ¹§ 1592 Nr. 1 und § 1593 gelten auch nicht, wenn das Kind nach Anhängigkeit eines Scheidungsantrags geboren wird und ein Dritter spätestens bis zum Ablauf eines Jahres nach Rechtskraft des dem Scheidungsantrag stattgebenden Urteils die Vaterschaft anerkennt; § 1594 Abs. 2 ist nicht anzuwenden. ²Neben den nach den §§ 1595 und 1596 notwendigen Erklärungen bedarf die Anerkennung der Zustimmung des Mannes, der im Zeitpunkt der Geburt mit der Mutter des Kindes verheiratet ist; für diese Zustimmung gelten § 1594 Abs. 3 und 4, § 1596 Abs. 1 Satz 1 bis 3, Abs. 3 und 4, § 1597 Abs. 1 und 2 und § 1598 Abs. 1 entsprechend. ³Die Anerkennung wird frühestens mit Rechtskraft des dem Scheidungsantrag stattgebenden Urteils wirksam.

§ 1600 Anfechtungsberechtigte (1) ¹Berechtigt, die Vaterschaft anzufechten, sind der Mann, dessen Vaterschaft nach § 1592 Nr. 1 und 2, § 1593 besteht, die Mutter und das Kind.

(2) ¹Ist das Kind mit Einwilligung des Mannes und der Mutter durch künstliche Befruchtung mittels Samenspende eines Dritten gezeugt worden, so ist die Anfechtung der Vaterschaft durch den Mann oder der Mutter ausgeschlossen.

§ 1600 a Persönliche Anfechtung; Anfechtung bei fehlender oder beschränkter Geschäftsfähigkeit (1) ¹Die Anfechtung kann nicht durch einen Bevollmächtigten erfolgen.

BGB §§ 1600 b – 1600 d

(2) ¹Der Mann, dessen Vaterschaft nach § 1592 Nr. 1 und 2, § 1593 besteht, und die Mutter können die Vaterschaft nur selbst anfechten. ²Dies gilt auch, wenn sie in der Geschäftsfähigkeit beschränkt sind; sie bedürfen hierzu nicht der Zustimmung ihres gesetzlichen Vertreters. ³Sind sie geschäftsunfähig, so kann nur ihr gesetzlicher Vertreter anfechten.
(3) ¹Für ein geschäftsunfähiges oder in der Geschäftsfähigkeit beschränktes Kind kann nur der gesetzliche Vertreter anfechten.
(4) ¹Die Anfechtung durch den gesetzlichen Vertreter ist nur zulässig, wenn sie dem Wohl des Vertretenen dient.
(5) ¹Ein geschäftsfähiger Betreuter kann die Vaterschaft nur selbst anfechten.

§ 1600 b Anfechtungsfristen (1) ¹Die Vaterschaft kann binnen zwei Jahren gerichtlich angefochten werden. ²Die Frist beginnt mit dem Zeitpunkt, in dem der Berechtigte von den Umständen erfährt, die gegen die Vaterschaft sprechen.
(2) ¹Die Frist beginnt nicht vor der Geburt des Kindes und nicht, bevor die Anerkennung wirksam geworden ist. ²In den Fällen des § 1593 Satz 4 beginnt die Frist nicht vor der Rechtskraft der Entscheidung, durch die festgestellt wird, dass der neue Ehemann der Mutter nicht der Vater des Kindes ist.
(3) ¹Hat der gesetzliche Vertreter eines minderjährigen Kindes die Vaterschaft nicht rechtzeitig angefochten, so kann das Kind nach dem Eintritt der Volljährigkeit selbst anfechten. ²In diesem Falle beginnt die Frist nicht vor Eintritt der Volljährigkeit und nicht vor dem Zeitpunkt, in dem das Kind von den Umständen erfährt, die gegen die Vaterschaft sprechen.
(4) ¹Hat der gesetzliche Vertreter eines Geschäftsunfähigen die Vaterschaft nicht rechtzeitig angefochten, so kann der Anfechtungsberechtigte nach dem Wegfall der Geschäftsunfähigkeit selbst anfechten. ²Absatz 3 Satz 2 gilt entsprechend.
(5) ¹Erlangt das Kind Kenntnis von Umständen, auf Grund derer die Folgen der Vaterschaft für es unzumutbar werden, so beginnt für das Kind mit diesem Zeitpunkt die Frist des Absatzes 1 Satz 1 erneut.
(6) ¹Der Fristablauf ist gehemmt, solange der Anfechtungsberechtigte widerrechtlich durch Drohung an der Anfechtung gehindert wird. ²Im Übrigen sind die für die Verjährung geltenden Vorschriften der §§ 206, 210 entsprechend anzuwenden.

§ 1600 c Vaterschaftsvermutung im Anfechtungsverfahren
(1) ¹In dem Verfahren auf Anfechtung der Vaterschaft wird vermutet, dass das Kind von dem Mann abstammt, dessen Vaterschaft nach § 1592 Nr. 1 und 2, § 1593 besteht.
(2) ¹Die Vermutung nach Absatz 1 gilt nicht, wenn der Mann, der die Vaterschaft anerkannt hat, die Vaterschaft anficht und seine Anerkennung unter einem Willensmangel nach § 119 Abs. 1, § 123 leidet; in diesem Falle ist § 1600 d Abs. 2 und 3 entsprechend anzuwenden.

§ 1600 d Gerichtliche Feststellung der Vaterschaft (1) ¹Besteht keine Vaterschaft nach § 1592 Nr. 1 und 2, § 1593, so ist die Vaterschaft gerichtlich festzustellen.
(2) ¹Im Verfahren auf gerichtliche Feststellung der Vaterschaft wird als Vater vermutet, wer der Mutter während der Empfängniszeit beigewohnt hat. ²Die Vermutung gilt nicht, wenn schwerwiegende Zweifel an der Vaterschaft bestehen.
(3) ¹Als Empfängniszeit gilt die Zeit von dem 300. bis zu dem 181. Tage vor der Geburt des Kindes, mit Einschluss sowohl des 300. als auch des 181. Tages. ²Steht fest, dass das Kind außerhalb des Zeitraums des Satzes 1 empfangen worden ist, so gilt dieser abweichende Zeitraum als Empfängniszeit.

(4) ¹Die Rechtswirkungen der Vaterschaft können, soweit sich nicht aus dem Gesetz anderes ergibt, erst vom Zeitpunkt ihrer Feststellung an geltend gemacht werden.

§ 1600 e Zuständigkeit des Familiengerichts; Aktiv- und Passivlegitimation (1) ¹Auf Klage des Mannes gegen das Kind oder auf Klage der Mutter oder des Kindes gegen den Mann entscheidet das Familiengericht über die Feststellung oder Anfechtung der Vaterschaft.

(2) ¹Ist die Person, gegen die die Klage zu richten wäre, verstorben, so entscheidet das Familiengericht auf Antrag der Person, die nach Absatz 1 klagebefugt wäre.

Titel 3: Unterhaltspflicht

Untertitel 1: Allgemeine Vorschriften

§ 1601 Unterhaltsverpflichtete ¹Verwandte in gerader Linie sind verpflichtet, einander Unterhalt zu gewähren.

§ 1602 Bedürftigkeit (1) ¹Unterhaltsberechtigt ist nur, wer außerstande ist, sich selbst zu unterhalten.

(2) ¹Ein minderjähriges unverheiratetes Kind kann von seinen Eltern, auch wenn es Vermögen hat, die Gewährung des Unterhalts insoweit verlangen, als die Einkünfte seines Vermögens und der Ertrag seiner Arbeit zum Unterhalt nicht ausreichen.

§ 1603 Leistungsfähigkeit (1) ¹Unterhaltspflichtig ist nicht, wer bei Berücksichtigung seiner sonstigen Verpflichtungen außerstande ist, ohne Gefährdung seines angemessenen Unterhalts den Unterhalt zu gewähren.

(2) ¹Befinden sich Eltern in dieser Lage, so sind sie ihren minderjährigen unverheirateten Kindern gegenüber verpflichtet, alle verfügbaren Mittel zu ihrem und der Kinder Unterhalt gleichmäßig zu verwenden. ²Den minderjährigen unverheirateten Kindern stehen volljährige unverheiratete Kinder bis zur Vollendung des 21. Lebensjahrs gleich, solange sie im Haushalt der Eltern oder eines Elternteils leben und sich in der allgemeinen Schulausbildung befinden. ³Diese Verpflichtung tritt nicht ein, wenn ein anderer unterhaltspflichtiger Verwandter vorhanden ist; sie tritt auch nicht ein gegenüber einem Kind, dessen Unterhalt aus dem Stamme seines Vermögens bestritten werden kann.

§ 1604 Einfluss des Güterstands ¹Besteht zwischen Ehegatten Gütergemeinschaft, so bestimmt sich die Unterhaltspflicht des Mannes oder der Frau Verwandten gegenüber so, wie wenn das Gesamtgut dem unterhaltspflichtigen Ehegatten gehörte. ²Sind bedürftige Verwandte beider Ehegatten vorhanden, so ist der Unterhalt aus dem Gesamtgut so zu gewähren, wie wenn die Bedürftigen zu beiden Ehegatten in dem Verwandtschaftsverhältnis ständen, auf dem die Unterhaltspflicht des verpflichteten Ehegatten beruht.

§ 1605 Auskunftspflicht (1) ¹Verwandte in gerader Linie sind einander verpflichtet, auf Verlangen über ihre Einkünfte und ihr Vermögen Auskunft zu erteilen, soweit dies zur Feststellung eines Unterhaltsanspruchs oder einer Unterhaltsverpflichtung erforderlich ist. ²Über die Höhe der Einkünfte sind auf Verlangen Belege, insbesondere Bescheinigungen des Arbeitgebers, vorzulegen. ³Die §§ 260, 261 sind entsprechend anzuwenden.

(2) ¹Vor Ablauf von zwei Jahren kann Auskunft erneut nur verlangt werden, wenn glaubhaft gemacht wird, dass der zur Auskunft Verpflichtete später wesentlich höhere Einkünfte oder weiteres Vermögen erworben hat.

BGB   §§ 1606–1610 a

§ 1606 Rangverhältnisse mehrerer Pflichtiger (1) ¹Die Abkömmlinge sind vor den Verwandten der aufsteigenden Linie unterhaltspflichtig.
(2) ¹Unter den Abkömmlingen und unter den Verwandten der aufsteigenden Linie haften die näheren vor den entfernteren.
(3) ¹Mehrere gleich nahe Verwandte haften anteilig nach ihren Erwerbs- und Vermögensverhältnissen. ²Der Elternteil, der ein minderjähriges unverheiratetes Kind betreut, erfüllt seine Verpflichtung, zum Unterhalt des Kindes beizutragen, in der Regel durch die Pflege und die Erziehung des Kindes.

§ 1607 Ersatzhaftung und gesetzlicher Forderungsübergang
(1) ¹Soweit ein Verwandter auf Grund des § 1603 nicht unterhaltspflichtig ist, hat der nach ihm haftende Verwandte den Unterhalt zu gewähren.
(2) ¹Das Gleiche gilt, wenn die Rechtsverfolgung gegen einen Verwandten im Inland ausgeschlossen oder erheblich erschwert ist. ²Der Anspruch gegen einen solchen Verwandten geht, soweit ein anderer nach Absatz 1 verpflichteter Verwandter den Unterhalt gewährt, auf diesen über.
(3) ¹Der Unterhaltsanspruch eines Kindes gegen einen Elternteil geht, soweit unter den Voraussetzungen des Absatzes 2 Satz 1 anstelle des Elternteils ein anderer, nicht unterhaltspflichtiger Verwandter oder der Ehegatte des anderen Elternteils Unterhalt leistet, auf diesen über. ²Satz 1 gilt entsprechend, wenn dem Kind ein Dritter als Vater Unterhalt gewährt.
(4) ¹Der Übergang des Unterhaltsanspruchs kann nicht zum Nachteil des Unterhaltsberechtigten geltend gemacht werden.

§ 1608 Haftung des Ehegatten oder Lebenspartners (1) ¹Der Ehegatte des Bedürftigen haftet vor dessen Verwandten. ²Soweit jedoch der Ehegatte bei Berücksichtigung seiner sonstigen Verpflichtungen außerstande ist, ohne Gefährdung seines angemessenen Unterhalts den Unterhalt zu gewähren, haften die Verwandten vor dem Ehegatten. ³§ 1607 Abs. 2 und 4 gilt entsprechend. ⁴Der Lebenspartner des Bedürftigen haftet in gleicher Weise wie ein Ehegatte.
(2) (weggefallen)

§ 1609 Rangverhältnisse mehrerer Bedürftiger (1) ¹Sind mehrere Bedürftige vorhanden und ist der Unterhaltspflichtige außerstande, allen Unterhalt zu gewähren, so gehen die Kinder im Sinne des § 1603 Abs. 2 den anderen Kindern, die Kinder den übrigen Abkömmlingen, die Abkömmlinge den Verwandten der aufsteigenden Linie und unter den Verwandten der aufsteigenden Linie die näheren den entfernteren vor.
(2) ¹Der Ehegatte steht den Kindern im Sinne des § 1603 Abs. 2 gleich; er geht anderen Kindern und den übrigen Verwandten vor. ²Ist die Ehe geschieden oder aufgehoben, so geht der unterhaltsberechtigte Ehegatte den anderen Kindern im Sinne des Satzes 1 sowie den übrigen Verwandten des Unterhaltspflichtigen vor.

§ 1610 Maß des Unterhalts (1) ¹Das Maß des zu gewährenden Unterhalts bestimmt sich nach der Lebensstellung des Bedürftigen (angemessener Unterhalt).
(2) ¹Der Unterhalt umfasst den gesamten Lebensbedarf einschließlich der Kosten einer angemessenen Vorbildung zu einem Beruf, bei einer der Erziehung bedürftigen Person auch die Kosten der Erziehung.

§ 1610 a Deckungsvermutung bei schadensbedingten Mehraufwendungen ¹Werden für Aufwendungen infolge eines Körper- oder Gesundheitsschadens Sozialleistungen in Anspruch genommen, wird bei der Feststellung eines Unterhaltsanspruchs vermutet, dass die Kosten der Aufwendungen nicht geringer sind als die Höhe dieser Sozialleistungen.

§§ 1611–1612 a BGB

§ 1611 Beschränkung oder Wegfall der Verpflichtung (1) ¹Ist der Unterhaltsberechtigte durch sein sittliches Verschulden bedürftig geworden, hat er seine eigene Unterhaltspflicht gegenüber dem Unterhaltspflichtigen gröblich vernachlässigt oder sich vorsätzlich einer schweren Verfehlung gegen den Unterhaltspflichtigen oder einen nahen Angehörigen des Unterhaltspflichtigen schuldig gemacht, so braucht der Verpflichtete nur einen Beitrag zum Unterhalt in der Höhe zu leisten, die der Billigkeit entspricht. ²Die Verpflichtung fällt ganz weg, wenn die Inanspruchnahme des Verpflichteten grob unbillig wäre.

(2) ¹Die Vorschriften des Absatzes 1 sind auf die Unterhaltspflicht von Eltern gegenüber ihren minderjährigen unverheirateten Kindern nicht anzuwenden.

(3) ¹Der Bedürftige kann wegen einer nach diesen Vorschriften eintretenden Beschränkung seines Anspruchs nicht andere Unterhaltspflichtige in Anspruch nehmen.

§ 1612 Art der Unterhaltsgewährung (1) ¹Der Unterhalt ist durch Entrichtung einer Geldrente zu gewähren. ²Der Verpflichtete kann verlangen, dass ihm die Gewährung des Unterhalts in anderer Art gestattet wird, wenn besondere Gründe es rechtfertigen.

(2) ¹Haben Eltern einem unverheirateten Kind Unterhalt zu gewähren, so können sie bestimmen, in welcher Art und für welche Zeit im Voraus der Unterhalt gewährt werden soll, wobei auf die Belange des Kindes die gebotene Rücksicht zu nehmen ist. ²Aus besonderen Gründen kann das Familiengericht auf Antrag des Kindes die Bestimmung der Eltern ändern. ³Ist das Kind minderjährig, so kann ein Elternteil, dem die Sorge für die Person des Kindes nicht zusteht, eine Bestimmung nur für die Zeit treffen, in der das Kind in seinen Haushalt aufgenommen ist.

(3) ¹Eine Geldrente ist monatlich im Voraus zu zahlen. ²Der Verpflichtete schuldet den vollen Monatsbetrag auch dann, wenn der Berechtigte im Laufe des Monats stirbt.

§ 1612 a Art der Unterhaltsgewährung bei minderjährigen Kindern (1) ¹Ein minderjähriges Kind kann von einem Elternteil, mit dem es nicht in einem Haushalt lebt, den Unterhalt als Vomhundertsatz des jeweiligen Regelbetrags nach der Regelbetrag-Verordnung verlangen.

(2) ¹Der Vomhundertsatz ist auf eine Dezimalstelle zu begrenzen; jede weitere sich ergebende Dezimalstelle wird nicht berücksichtigt. ²Der sich bei der Berechnung des Unterhalts ergebende Betrag ist auf volle Euro aufzurunden.

(3) ¹Die Regelbeträge werden in der Regelbetrag-Verordnung nach dem Alter des Kindes für die Zeit bis zur Vollendung des sechsten Lebensjahrs (erste Altersstufe), die Zeit vom siebten bis zur Vollendung des zwölften Lebensjahrs (zweite Altersstufe) und für die Zeit vom 13. Lebensjahr an (dritte Altersstufe) festgesetzt. ²Der Regelbetrag einer höheren Altersstufe ist ab dem Beginn des Monats maßgebend, in dem das Kind das betreffende Lebensjahr vollendet.

(4) ¹Die Regelbeträge ändern sich entsprechend der Entwicklung des durchschnittlich verfügbaren Arbeitsentgelts erstmals zum 1. Juli 1999 und danach zum 1. Juli jeden zweiten Jahres. ²Die neuen Regelbeträge ergeben sich, indem die zuletzt geltenden Regelbeträge mit den Faktoren aus den jeweils zwei der Veränderung vorausgegangenen Kalenderjahren für die Entwicklung

1. der Bruttolohn- und -gehaltssumme je durchschnittlich beschäftigten Arbeitnehmer und
2. der Belastung bei Arbeitsentgelten

BGB §§ 1612 b–1613

vervielfältigt werden; das Ergebnis ist auf volle Euro aufzurunden. ³Das Bundesministerium der Justiz hat die Regelbetrag-Verordnung durch Rechtsverordnung, die nicht der Zustimmung des Bundesrates bedarf, rechtzeitig anzupassen.
(5) ¹Die Faktoren im Sinne von Absatz 4 Satz 2 werden ermittelt, indem jeweils der für das Kalenderjahr, für das die Entwicklung festzustellen ist, maßgebende Wert durch den entsprechenden Wert für das diesem vorausgegangene Kalenderjahr geteilt wird. ²Der Berechnung sind
1. für das der Veränderung vorausgegangene Kalenderjahr die dem Statistischen Bundesamt zu Beginn des folgenden Kalenderjahrs vorliegenden Daten der Volkswirtschaftlichen Gesamtrechnung,
2. für das Kalenderjahr, in dem die jeweils letzte Veränderung vorgenommen wurde, die vom Statistischen Bundesamt endgültig festgestellten Daten der Volkswirtschaftlichen Gesamtrechnung, sowie
3. im Übrigen die der Bestimmung der bisherigen Regelbeträge zugrunde gelegten Daten der Volkswirtschaftlichen Gesamtrechnung

zugrunde zu legen; sie ist auf zwei Dezimalstellen durchzuführen.

§ 1612 b Anrechnung von Kindergeld
(1) ¹Das auf das Kind entfallende Kindergeld ist zur Hälfte anzurechnen, wenn an den barunterhaltspflichtigen Elternteil Kindergeld nicht ausgezahlt wird, weil ein anderer vorrangig berechtigt ist.
(2) ¹Sind beide Elternteile zum Barunterhalt verpflichtet, so erhöht sich der Unterhaltsanspruch gegen den das Kindergeld beziehenden Elternteil um die Hälfte des auf das Kind entfallenden Kindergelds.
(3) ¹Hat nur der barunterhaltspflichtige Elternteil Anspruch auf Kindergeld, wird es aber nicht an ihn ausgezahlt, ist es in voller Höhe anzurechnen.
(4) ¹Ist das Kindergeld wegen Berücksichtigung eines nicht gemeinschaftlichen Kindes erhöht, ist es im Umfang der Erhöhung nicht anzurechnen.
(5) ¹Eine Anrechnung des Kindergelds unterbleibt, soweit der Unterhaltspflichtige außerstande ist, Unterhalt in Höhe von 135 Prozent des Regelbetrags nach der Regelbetrag-Verordnung zu leisten.

§ 1612 c Anrechnung anderer kindbezogener Leistungen
¹§ 1612 b gilt entsprechend für regelmäßig wiederkehrende kindbezogene Leistungen, soweit sie den Anspruch auf Kindergeld ausschließen.

§ 1613 Unterhalt für die Vergangenheit
(1) ¹Für die Vergangenheit kann der Berechtigte Erfüllung oder Schadensersatz wegen Nichterfüllung nur von dem Zeitpunkt an fordern, zu welchem der Verpflichtete zum Zwecke der Geltendmachung des Unterhaltsanspruchs aufgefordert worden ist, über seine Einkünfte und sein Vermögen Auskunft zu erteilen, zu welchem der Verpflichtete in Verzug gekommen oder der Unterhaltsanspruch rechtshängig geworden ist. ²Der Unterhalt wird ab dem Ersten des Monats, in den die bezeichneten Ereignisse fallen, geschuldet, wenn der Unterhaltsanspruch dem Grunde nach zu diesem Zeitpunkt bestanden hat.
(2) ¹Der Berechtigte kann für die Vergangenheit ohne die Einschränkung des Absatzes 1 Erfüllung verlangen
1. wegen eines unregelmäßigen außergewöhnlich hohen Bedarfs (Sonderbedarf); nach Ablauf eines Jahres seit seiner Entstehung kann dieser Anspruch nur geltend gemacht werden, wenn vorher der Verpflichtete in Verzug gekommen oder der Anspruch rechtshängig geworden ist;
2. für den Zeitraum, in dem er
   a) aus rechtlichen Gründen oder

b) aus tatsächlichen Gründen, die in den Verantwortungsbereich des Unterhaltspflichtigen fallen, an der Geltendmachung des Unterhaltsanspruchs gehindert war.

(3) ¹In den Fällen des Absatzes 2 Nr. 2 kann Erfüllung nicht, nur in Teilbeträgen oder erst zu einem späteren Zeitpunkt verlangt werden, soweit die volle oder die sofortige Erfüllung für den Verpflichteten eine unbillige Härte bedeuten würde. ²Dies gilt auch, soweit ein Dritter vom Verpflichteten Ersatz verlangt, weil er anstelle des Verpflichteten Unterhalt gewährt hat.

§ 1614 Verzicht auf den Unterhaltsanspruch; Vorausleistung

(1) ¹Für die Zukunft kann auf den Unterhalt nicht verzichtet werden.
(2) ¹Durch eine Vorausleistung wird der Verpflichtete bei erneuter Bedürftigkeit des Berechtigten nur für den im § 760 Abs. 2 bestimmten Zeitabschnitt oder, wenn er selbst den Zeitabschnitt zu bestimmen hatte, für einen den Umständen nach angemessenen Zeitabschnitt befreit.

§ 1615 Erlöschen des Unterhaltsanspruchs

(1) ¹Der Unterhaltsanspruch erlischt mit dem Tode des Berechtigten oder des Verpflichteten, soweit er nicht auf Erfüllung oder Schadensersatz wegen Nichterfüllung für die Vergangenheit oder auf solche im Voraus zu bewirkende Leistungen gerichtet ist, die zur Zeit des Todes des Berechtigten oder des Verpflichteten fällig sind.
(2) ¹Im Falle des Todes des Berechtigten hat der Verpflichtete die Kosten der Beerdigung zu tragen, soweit ihre Bezahlung nicht von dem Erben zu erlangen ist.

Untertitel 2: Besondere Vorschriften für das Kind und seine nicht miteinander verheirateten Eltern

§ 1615 a Anwendbare Vorschriften

¹Besteht für ein Kind keine Vaterschaft nach § 1592 Nr. 1, § 1593 und haben die Eltern das Kind auch nicht während ihrer Ehe gezeugt oder nach seiner Geburt die Ehe miteinander geschlossen, gelten die allgemeinen Vorschriften, soweit sich nichts anderes aus den folgenden Vorschriften ergibt.

§§ 1615 b bis 1615 k (weggefallen)

§ 1615 l Unterhaltsanspruch von Mutter und Vater aus Anlass der Geburt

(1) ¹Der Vater hat der Mutter für die Dauer von sechs Wochen vor und acht Wochen nach der Geburt des Kindes Unterhalt zu gewähren. ²Dies gilt auch hinsichtlich der Kosten, die infolge der Schwangerschaft oder der Entbindung außerhalb dieses Zeitraums entstehen.
(2) ¹Soweit die Mutter einer Erwerbstätigkeit nicht nachgeht, weil sie infolge der Schwangerschaft oder einer durch die Schwangerschaft oder die Entbindung verursachten Krankheit dazu außerstande ist, ist der Vater verpflichtet, ihr über die in Absatz 1 Satz 1 bezeichnete Zeit hinaus Unterhalt zu gewähren. ²Das Gleiche gilt, soweit von der Mutter wegen der Pflege oder Erziehung des Kindes eine Erwerbstätigkeit nicht erwartet werden kann. ³Die Unterhaltspflicht beginnt frühestens vier Monate vor der Geburt; sie endet drei Jahre nach der Geburt, sofern es nicht insbesondere unter Berücksichtigung der Belange des Kindes grob unbillig wäre, einen Unterhaltsanspruch nach Ablauf dieser Frist zu versagen.
(3) ¹Die Vorschriften über die Unterhaltspflicht zwischen Verwandten sind entsprechend anzuwenden. ²Die Verpflichtung des Vaters geht der Verpflichtung der Verwandten der Mutter vor. ³Die Ehefrau und minderjährige unverheiratete Kinder des Vaters gehen bei Anwendung des § 1609 der Mutter vor; die Mutter geht den übrigen Verwandten des Vaters vor. ⁴§ 1613 Abs. 2 gilt entsprechend. ⁵Der Anspruch erlischt nicht mit dem Tode des Vaters.

(4) [1]Wenn der Vater das Kind betreut, steht ihm der Anspruch nach Absatz 2 Satz 2 gegen die Mutter zu. [2]In diesem Falle gilt Absatz 3 entsprechend.

§ 1615 m Beerdigungskosten für die Mutter [1]Stirbt die Mutter infolge der Schwangerschaft oder der Entbindung, so hat der Vater die Kosten der Beerdigung zu tragen, soweit ihre Bezahlung nicht von dem Erben der Mutter zu erlangen ist.

§ 1615 n Kein Erlöschen bei Tod des Vaters oder Totgeburt [1]Die Ansprüche nach den §§ 1615 l, 1615 m bestehen auch dann, wenn der Vater vor der Geburt des Kindes gestorben oder wenn das Kind tot geboren ist. [2]Bei einer Fehlgeburt gelten die Vorschriften der §§ 1615 l, 1615 m sinngemäß.

§ 1615 o Einstweilige Verfügung (1) [1]Auf Antrag des Kindes kann durch einstweilige Verfügung angeordnet werden, dass der Mann, der die Vaterschaft anerkannt hat oder der nach § 1600 d Abs. 2 als Vater vermutet wird, den für die ersten drei Monate dem Kind zu gewährenden Unterhalt zu zahlen hat. [2]Der Antrag kann bereits vor der Geburt des Kindes durch die Mutter oder einen für die Leibesfrucht bestellten Pfleger gestellt werden; in diesem Falle kann angeordnet werden, dass der erforderliche Betrag angemessene Zeit vor der Geburt zu hinterlegen ist.
(2) [1]Auf Antrag der Mutter kann durch einstweilige Verfügung angeordnet werden, dass der Mann, der die Vaterschaft anerkannt hat oder der nach § 1600 d Abs. 2 als Vater vermutet wird, die nach § 1615 l Abs. 1 voraussichtlich zu leistenden Beträge an die Mutter zu zahlen hat; auch kann die Hinterlegung eines angemessenen Betrags angeordnet werden.
(3) [1]Eine Gefährdung des Anspruchs braucht nicht glaubhaft gemacht zu werden.

Titel 4: Rechtsverhältnis zwischen den Eltern und dem Kind im Allgemeinen

§ 1616 Geburtsname bei Eltern mit Ehenamen [1]Das Kind erhält den Ehenamen seiner Eltern als Geburtsnamen.

§ 1617 Geburtsname bei Eltern ohne Ehenamen und gemeinsamer Sorge (1) [1]Führen die Eltern keinen Ehenamen und steht ihnen die Sorge gemeinsam zu, so bestimmen sie durch Erklärung gegenüber dem Standesbeamten den Namen, den der Vater oder die Mutter zur Zeit der Erklärung führt, zum Geburtsnamen des Kindes. [2]Eine nach der Beurkundung der Geburt abgegebene Erklärung muss öffentlich beglaubigt werden. [3]Die Bestimmung der Eltern gilt auch für ihre weiteren Kinder.
(2) [1]Treffen die Eltern binnen eines Monats nach der Geburt des Kindes keine Bestimmung, überträgt das Familiengericht das Bestimmungsrecht einem Elternteil. [2]Absatz 1 gilt entsprechend. [3]Das Gericht kann dem Elternteil für die Ausübung des Bestimmungsrechts eine Frist setzen. [4]Ist nach Ablauf der Frist das Bestimmungsrecht nicht ausgeübt worden, so erhält das Kind den Namen des Elternteils, dem das Bestimmungsrecht übertragen ist.
(3) [1]Ist ein Kind nicht im Inland geboren, so überträgt das Gericht einem Elternteil das Bestimmungsrecht nach Absatz 2 nur dann, wenn ein Elternteil oder das Kind dies beantragt oder die Eintragung des Namens des Kindes in ein deutsches Personenstandsbuch oder in ein amtliches deutsches Identitätspapier erforderlich wird.

§ 1617 a Geburtsname bei Eltern ohne Ehenamen und Alleinsorge
(1) [1]Führen die Eltern keinen Ehenamen und steht die elterliche Sorge nur einem Elternteil zu, so erhält das Kind den Namen, den dieser Elternteil im Zeitpunkt der Geburt des Kindes führt.

(2) ¹Der Elternteil, dem die elterliche Sorge für ein unverheiratetes Kind allein zusteht, kann dem Kind durch Erklärung gegenüber dem Standesbeamten den Namen des anderen Elternteils erteilen. ²Die Erteilung des Namens bedarf der Einwilligung des anderen Elternteils und, wenn das Kind das fünfte Lebensjahr vollendet hat, auch der Einwilligung des Kindes. ³Die Erklärungen müssen öffentlich beglaubigt werden. ⁴Für die Einwilligung des Kindes gilt § 1617 c Abs. 1 entsprechend.

§ 1617 b Name bei nachträglicher gemeinsamer Sorge oder Scheinvaterschaft (1) ¹Wird eine gemeinsame Sorge der Eltern erst begründet, wenn das Kind bereits einen Namen führt, so kann der Name des Kindes binnen drei Monaten nach der Begründung der gemeinsamen Sorge neu bestimmt werden. ²Die Frist endet, wenn ein Elternteil bei Begründung der gemeinsamen Sorge seinen gewöhnlichen Aufenthalt nicht im Inland hat, nicht vor Ablauf eines Monats nach Rückkehr in das Inland. ³Hat das Kind das fünfte Lebensjahr vollendet, so ist die Bestimmung nur wirksam, wenn es sich der Bestimmung anschließt. ⁴§ 1617 Abs. 1 und § 1617 c Abs. 1 Satz 2 und 3 und Abs. 3 gelten entsprechend.

(2) ¹Wird rechtskräftig festgestellt, dass ein Mann, dessen Familienname Geburtsname des Kindes geworden ist, nicht der Vater des Kindes ist, so erhält das Kind auf seinen Antrag oder, wenn das Kind das fünfte Lebensjahr noch nicht vollendet hat, auch auf Antrag des Mannes den Namen, den die Mutter im Zeitpunkt der Geburt des Kindes führt, als Geburtsnamen. ²Der Antrag erfolgt durch Erklärung gegenüber dem Standesbeamten, die öffentlich beglaubigt werden muss. ³Für den Antrag des Kindes gilt § 1617 c Abs. 1 Satz 2 und 3 entsprechend.

§ 1617 c Name bei Namensänderung der Eltern (1) ¹Bestimmen die Eltern einen Ehenamen, nachdem das Kind das fünfte Lebensjahr vollendet hat, so erstreckt sich der Ehename auf den Geburtsnamen des Kindes nur dann, wenn es sich der Namensgebung anschließt. ²Ein in der Geschäftsfähigkeit beschränktes Kind, welches das 14. Lebensjahr vollendet hat, kann die Erklärung nur selbst abgeben; es bedarf hierzu der Zustimmung seines gesetzlichen Vertreters. ³Die Erklärung ist gegenüber dem Standesbeamten abzugeben; sie muss öffentlich beglaubigt werden.

(2) ¹Absatz 1 gilt entsprechend,
1. wenn sich der Ehename, der Geburtsname eines Kindes geworden ist, ändert oder
2. wenn sich in den Fällen der §§ 1617, 1617 a und 1617 b der Familienname eines Elternteils, der Geburtsname eines Kindes geworden ist, auf andere Weise als durch Eheschließung oder Begründung einer Lebenspartnerschaft ändert.

(3) ¹Eine Änderung des Geburtsnamens erstreckt sich auf den Ehenamen oder den Lebenspartnerschaftsnamen des Kindes nur dann, wenn sich auch der Ehegatte oder der Lebenspartner der Namensänderung anschließt; Absatz 1 Satz 3 gilt entsprechend.

§ 1618 Einbenennung ¹Der Elternteil, dem die elterliche Sorge für ein unverheiratetes Kind allein oder gemeinsam mit dem anderen Elternteil zusteht, und sein Ehegatte, der nicht Elternteil des Kindes ist, können dem Kind, das sie in ihren gemeinsamen Haushalt aufgenommen haben, durch Erklärung gegenüber dem Standesbeamten ihren Ehenamen erteilen. ²Sie können diesen Namen auch dem von dem Kind zurzeit der Erklärung geführten Namen voranstellen oder anfügen; ein bereits zuvor nach Halbsatz 1 vorangestellter oder angefügter

Ehename entfällt. ³Die Erteilung, Voranstellung oder Anfügung des Namens bedarf der Einwilligung des anderen Elternteils, wenn ihm die elterliche Sorge gemeinsam mit dem den Namen erteilenden Elternteil zusteht oder das Kind seinen Namen führt, und, wenn das Kind das fünfte Lebensjahr vollendet hat, auch der Einwilligung des Kindes. ⁴Das Familiengericht kann die Einwilligung des anderen Elternteils ersetzen, wenn die Erteilung, Voranstellung oder Anfügung des Namens zum Wohl des Kindes erforderlich ist. ⁵Die Erklärungen müssen öffentlich beglaubigt werden. ⁶§ 1617 c gilt entsprechend.

§ 1618 a Pflicht zu Beistand und Rücksicht ¹Eltern und Kinder sind einander Beistand und Rücksicht schuldig.

§ 1619 Dienstleistungen in Haus und Geschäft ¹Das Kind ist, solange es dem elterlichen Hausstand angehört und von den Eltern erzogen oder unterhalten wird, verpflichtet, in einer seinen Kräften und seiner Lebensstellung entsprechenden Weise den Eltern in ihrem Hauswesen und Geschäft Dienste zu leisten.

§ 1620 Aufwendungen des Kindes für den elterlichen Haushalt ¹Macht ein dem elterlichen Hausstand angehörendes volljähriges Kind zur Bestreitung der Kosten des Haushalts aus seinem Vermögen eine Aufwendung oder überlässt es den Eltern zu diesem Zwecke etwas aus seinem Vermögen, so ist im Zweifel anzunehmen, dass die Absicht fehlt, Ersatz zu verlangen.

§§ 1621 bis 1623 (weggefallen)

§ 1624 Ausstattung aus dem Elternvermögen (1) ¹Was einem Kind mit Rücksicht auf seine Verheiratung oder auf die Erlangung einer selbständigen Lebensstellung zur Begründung oder zur Erhaltung der Wirtschaft oder der Lebensstellung von dem Vater oder der Mutter zugewendet wird (Ausstattung), gilt, auch wenn eine Verpflichtung nicht besteht, nur insoweit als Schenkung, als die Ausstattung das den Umständen, insbesondere den Vermögensverhältnissen des Vaters oder der Mutter, entsprechende Maß übersteigt.

(2) ¹Die Verpflichtung des Ausstattenden zur Gewährleistung wegen eines Mangels im Recht oder wegen eines Fehlers der Sache bestimmt sich, auch soweit die Ausstattung nicht als Schenkung gilt, nach den für die Gewährleistungspflicht des Schenkers geltenden Vorschriften.

§ 1625 Ausstattung aus dem Kindesvermögen ¹Gewährt der Vater einem Kind, dessen Vermögen kraft elterlicher Sorge, Vormundschaft oder Betreuung seiner Verwaltung unterliegt, eine Ausstattung, so ist im Zweifel anzunehmen, dass er sie aus diesem Vermögen gewährt. ²Diese Vorschrift findet auf die Mutter entsprechende Anwendung.

Titel 5: Elterliche Sorge

§ 1626 Elterliche Sorge, Grundsätze (1) ¹Die Eltern haben die Pflicht und das Recht, für das minderjährige Kind zu sorgen (elterliche Sorge). ²Die elterliche Sorge umfasst die Sorge für die Person des Kindes (Personensorge) und das Vermögen des Kindes (Vermögenssorge).

(2) ¹Bei der Pflege und Erziehung berücksichtigen die Eltern die wachsende Fähigkeit und das wachsende Bedürfnis des Kindes zu selbständigem verantwortungsbewusstem Handeln. ²Sie besprechen mit dem Kind, soweit es nach dessen Entwicklungsstand angezeigt ist, Fragen der elterlichen Sorge und streben Einvernehmen an.

(3) ¹Zum Wohl des Kindes gehört in der Regel der Umgang mit beiden Elternteilen. ²Gleiches gilt für den Umgang mit anderen Personen, zu denen das Kind Bindungen besitzt, wenn ihre Aufrechterhaltung für seine Entwicklung förderlich ist.

§ 1626 a Elterliche Sorge nicht miteinander verheirateter Eltern; Sorgeerklärungen (1) ¹Sind die Eltern bei der Geburt des Kindes nicht miteinander verheiratet, so steht ihnen die elterliche Sorge dann gemeinsam zu, wenn sie
1. erklären, dass sie die Sorge gemeinsam übernehmen wollen (Sorgeerklärungen), oder
2. einander heiraten.

(2) ¹Im Übrigen hat die Mutter die elterliche Sorge.

§ 1626 b Besondere Wirksamkeitsvoraussetzungen der Sorgeerklärung (1) ¹Eine Sorgeerklärung unter einer Bedingung oder einer Zeitbestimmung ist unwirksam.

(2) ¹Die Sorgeerklärung kann schon vor der Geburt des Kindes abgegeben werden.

(3) ¹Eine Sorgeerklärung ist unwirksam, soweit eine gerichtliche Entscheidung über die elterliche Sorge nach den §§ 1671, 1672 getroffen oder eine solche Entscheidung nach § 1696 Abs. 1 geändert wurde.

§ 1626 c Persönliche Abgabe; beschränkt geschäftsfähiger Elternteil (1) ¹Die Eltern können die Sorgeerklärungen nur selbst abgeben.

(2) ¹Die Sorgeerklärung eines beschränkt geschäftsfähigen Elternteils bedarf der Zustimmung seines gesetzlichen Vertreters. ²Die Zustimmung kann nur von diesem selbst abgegeben werden; § 1626 b Abs. 1 und 2 gilt entsprechend. ³Das Familiengericht hat die Zustimmung auf Antrag des beschränkt geschäftsfähigen Elternteils zu ersetzen, wenn die Sorgeerklärung dem Wohl dieses Elternteils nicht widerspricht.

§ 1626 d Form; Mitteilungspflicht (1) ¹Sorgeerklärungen und Zustimmungen müssen öffentlich beurkundet werden.

(2) ¹Die beurkundende Stelle teilt die Abgabe von Sorgeerklärungen und Zustimmungen unter Angabe des Geburtsorts des Kindes sowie des Namens, den das Kind zur Zeit der Beurkundung seiner Geburt geführt hat, dem nach § 87 c Abs. 6 Satz 2 des Achten Buches Sozialgesetzbuch zuständigen Jugendamt zum Zwecke der Auskunftserteilung nach § 58 a des Achten Buches Sozialgesetzbuch unverzüglich mit.

§ 1626 e Unwirksamkeit ¹Sorgeerklärungen und Zustimmungen sind nur unwirksam, wenn sie den Erfordernissen der vorstehenden Vorschriften nicht genügen.

§ 1627 Ausübung der elterlichen Sorge ¹Die Eltern haben die elterliche Sorge in eigener Verantwortung und in gegenseitigem Einvernehmen zum Wohl des Kindes auszuüben. ²Bei Meinungsverschiedenheiten müssen sie versuchen, sich zu einigen.

§ 1628 Gerichtliche Entscheidung bei Meinungsverschiedenheiten der Eltern ¹Können sich die Eltern in einer einzelnen Angelegenheit oder in einer bestimmten Art von Angelegenheiten der elterlichen Sorge, deren Regelung für das Kind von erheblicher Bedeutung ist, nicht einigen, so kann das Familiengericht auf Antrag eines Elternteils die Entscheidung einem Elternteil übertragen. ²Die Übertragung kann mit Beschränkungen oder mit Auflagen verbunden werden.

BGB   §§ 1629–1629 a

§ 1629 Vertretung des Kindes   (1) ¹Die elterliche Sorge umfasst die Vertretung des Kindes. ²Die Eltern vertreten das Kind gemeinschaftlich; ist eine Willenserklärung gegenüber dem Kind abzugeben, so genügt die Abgabe gegenüber einem Elternteil. ³Ein Elternteil vertritt das Kind allein, soweit er die elterliche Sorge allein ausübt oder ihm die Entscheidung nach § 1628 übertragen ist. ⁴Bei Gefahr im Verzug ist jeder Elternteil dazu berechtigt, alle Rechtshandlungen vorzunehmen, die zum Wohl des Kindes notwendig sind; der andere Elternteil ist unverzüglich zu unterrichten.

(2) ¹Der Vater und die Mutter können das Kind insoweit nicht vertreten, als nach § 1795 ein Vormund von der Vertretung des Kindes ausgeschlossen ist. ²Steht die elterliche Sorge für ein Kind den Eltern gemeinsam zu, so kann der Elternteil, in dessen Obhut sich das Kind befindet, Unterhaltsansprüche des Kindes gegen den anderen Elternteil geltend machen. ³Das Familiengericht kann dem Vater und der Mutter nach § 1796 die Vertretung entziehen; dies gilt nicht für die Feststellung der Vaterschaft.

(3) ¹Sind die Eltern des Kindes miteinander verheiratet, so kann ein Elternteil, solange die Eltern getrennt leben oder eine Ehesache zwischen ihnen anhängig ist, Unterhaltsansprüche des Kindes gegen den anderen Elternteil nur im eigenen Namen geltend machen. ²Eine von einem Elternteil erwirkte gerichtliche Entscheidung und ein zwischen den Eltern geschlossener gerichtlicher Vergleich wirken auch für und gegen das Kind.

§ 1629 a Beschränkung der Minderjährigenhaftung   (1) ¹Die Haftung für Verbindlichkeiten, die die Eltern im Rahmen ihrer gesetzlichen Vertretungsmacht oder sonstige vertretungsberechtigte Personen im Rahmen ihrer Vertretungsmacht durch Rechtsgeschäft oder eine sonstige Handlung mit Wirkung für das Kind begründet haben, oder die auf Grund eines während der Minderjährigkeit erfolgten Erwerbs von Todes wegen entstanden sind, beschränkt sich auf den Bestand des bei Eintritt der Volljährigkeit vorhandenen Vermögens des Kindes; dasselbe gilt für Verbindlichkeiten aus Rechtsgeschäften, die der Minderjährige gemäß §§ 107, 108 oder § 111 mit Zustimmung seiner Eltern vorgenommen hat, oder für Verbindlichkeiten aus Rechtsgeschäften, zu denen die Eltern die Genehmigung des Vormundschaftsgerichts erhalten haben. ²Beruft sich der volljährig Gewordene auf die Beschränkung der Haftung, so finden die für die Haftung des Erben geltenden Vorschriften der §§ 1990, 1991 entsprechende Anwendung.

(2) ¹Absatz 1 gilt nicht für Verbindlichkeiten aus dem selbständigen Betrieb eines Erwerbsgeschäfts, soweit der Minderjährige hierzu nach § 112 ermächtigt war, und für Verbindlichkeiten aus Rechtsgeschäften, die allein der Befriedigung seiner persönlichen Bedürfnisse dienten.

(3) ¹Die Rechte der Gläubiger gegen Mitschuldner und Mithaftende sowie deren Rechte aus einer für die Forderung bestellten Sicherheit oder aus einer deren Bestellung sichernden Vormerkung werden von Absatz 1 nicht berührt.

(4) ¹Hat das volljährig gewordene Mitglied einer Erbengemeinschaft oder Gesellschaft nicht binnen drei Monaten nach Eintritt der Volljährigkeit die Auseinandersetzung des Nachlasses verlangt oder die Kündigung der Gesellschaft erklärt, ist im Zweifel anzunehmen, dass aus einem solchen Verhältnis herrührende Verbindlichkeit nach dem Eintritt der Volljährigkeit entstanden ist; Entsprechendes gilt für den volljährig gewordenen Inhaber eines Handelsgeschäfts, der dieses nicht binnen drei Monaten nach Eintritt der Volljährigkeit einstellt. ²Unter den in Satz 1 bezeichneten Voraussetzungen wird ferner vermutet, dass

das gegenwärtige Vermögen des volljährig Gewordenen bereits bei Eintritt der Volljährigkeit vorhanden war.

§ 1630 Elterliche Sorge bei Pflegerbestellung oder Familienpflege
(1) ¹Die elterliche Sorge erstreckt sich nicht auf Angelegenheiten des Kindes, für die ein Pfleger bestellt ist.
(2) ¹Steht die Personensorge oder die Vermögenssorge einem Pfleger zu, so entscheidet das Familiengericht, falls sich die Eltern und der Pfleger in einer Angelegenheit nicht einigen können, die sowohl die Person als auch das Vermögen des Kindes betrifft.
(3) ¹Geben die Eltern das Kind für längere Zeit in Familienpflege, so kann das Familiengericht auf Antrag der Eltern oder der Pflegeperson Angelegenheiten der elterlichen Sorge auf die Pflegeperson übertragen. ²Für die Übertragung auf Antrag der Pflegeperson ist die Zustimmung der Eltern erforderlich. ³Im Umfang der Übertragung hat die Pflegeperson die Rechte und Pflichten eines Pflegers.

§ 1631 Inhalt und Grenzen der Personensorge
(1) ¹Die Personensorge umfasst insbesondere die Pflicht und das Recht, das Kind zu pflegen, zu erziehen, zu beaufsichtigen und seinen Aufenthalt zu bestimmen.
(2) ¹Kinder haben ein Recht auf gewaltfreie Erziehung. ²Körperliche Bestrafungen, seelische Verletzungen und andere entwürdigende Maßnahmen sind unzulässig.
(3) ¹Das Familiengericht hat die Eltern auf Antrag bei der Ausübung der Personensorge in geeigneten Fällen zu unterstützen.

§ 1631 a Ausbildung und Beruf
¹In Angelegenheiten der Ausbildung und des Berufs nehmen die Eltern insbesondere auf Eignung und Neigung des Kindes Rücksicht. ²Bestehen Zweifel, so soll der Rat eines Lehrers oder einer anderen geeigneten Person eingeholt werden.

§ 1631 b Mit Freiheitsentziehung verbundene Unterbringung
¹Eine Unterbringung des Kindes, die mit Freiheitsentziehung verbunden ist, ist nur mit Genehmigung des Familiengerichts zulässig. ²Ohne die Genehmigung ist die Unterbringung nur zulässig, wenn mit dem Aufschub Gefahr verbunden ist; die Genehmigung ist unverzüglich nachzuholen. ³Das Gericht hat die Genehmigung zurückzunehmen, wenn das Wohl des Kindes die Unterbringung nicht mehr erfordert.

§ 1631 c Verbot der Sterilisation
¹Die Eltern können nicht in eine Sterilisation des Kindes einwilligen. ²Auch das Kind selbst kann nicht in die Sterilisation einwilligen. ³§ 1909 findet keine Anwendung.

§ 1632 Herausgabe des Kindes; Bestimmung des Umgangs; Verbleibensanordnung bei Familienpflege
(1) ¹Die Personensorge umfasst das Recht, die Herausgabe des Kindes von jedem zu verlangen, der es den Eltern oder einem Elternteil widerrechtlich vorenthält.
(2) ¹Die Personensorge umfasst ferner das Recht, den Umgang des Kindes auch mit Wirkung für und gegen Dritte zu bestimmen.
(3) ¹Über Streitigkeiten, die eine Angelegenheit nach Absatz 1 oder 2 betreffen, entscheidet das Familiengericht auf Antrag eines Elternteils.
(4) ¹Lebt das Kind seit längerer Zeit in Familienpflege und wollen die Eltern das Kind von der Pflegeperson wegnehmen, so kann das Familiengericht von Amts wegen oder auf Antrag der Pflegeperson anordnen, dass das Kind bei der Pflegeperson verbleibt, wenn und solange das Kindeswohl durch die Wegnahme gefährdet würde.

§ 1633 Personensorge für verheirateten Minderjährigen ¹Die Personensorge für einen Minderjährigen, der verheiratet ist oder war, beschränkt sich auf die Vertretung in den persönlichen Angelegenheiten.

§§ 1634 bis 1637 (weggefallen)

§ 1638 Beschränkung der Vermögenssorge (1) ¹Die Vermögenssorge erstreckt sich nicht auf das Vermögen, welches das Kind von Todes wegen erwirbt oder welches ihm unter Lebenden unentgeltlich zugewendet wird, wenn der Erblasser durch letztwillige Verfügung, der Zuwendende bei der Zuwendung bestimmt hat, dass die Eltern das Vermögen nicht verwalten sollen.
(2) ¹Was das Kind auf Grund eines zu einem solchen Vermögen gehörenden Rechts oder als Ersatz für die Zerstörung, Beschädigung oder Entziehung eines zu dem Vermögen gehörenden Gegenstands oder durch ein Rechtsgeschäft erwirbt, das sich auf das Vermögen bezieht, können die Eltern gleichfalls nicht verwalten.
(3) ¹Ist durch letztwillige Verfügung oder bei der Zuwendung bestimmt, dass ein Elternteil das Vermögen nicht verwalten soll, so verwaltet es der andere Elternteil. ²Insoweit vertritt dieser das Kind.

§ 1639 Anordnungen des Erblassers oder Zuwendenden (1) ¹Was das Kind von Todes wegen erwirbt oder was ihm unter Lebenden unentgeltlich zugewendet wird, haben die Eltern nach den Anordnungen zu verwalten, die durch letztwillige Verfügung oder bei der Zuwendung getroffen worden sind.
(2) ¹Die Eltern dürfen von den Anordnungen insoweit abweichen, als es nach § 1803 Abs. 2, 3 einem Vormund gestattet ist.

§ 1640 Vermögensverzeichnis (1) ¹Die Eltern haben das ihrer Verwaltung unterliegende Vermögen, welches das Kind von Todes wegen erwirbt, zu verzeichnen, das Verzeichnis mit der Versicherung der Richtigkeit und Vollständigkeit zu versehen und dem Familiengericht einzureichen. ²Gleiches gilt für Vermögen, welches das Kind sonst anlässlich eines Sterbefalls erwirbt, sowie für Abfindungen, die anstelle von Unterhalt gewährt werden, und unentgeltliche Zuwendungen. ³Bei Haushaltsgegenständen genügt die Angabe des Gesamtwerts.
(2) ¹Absatz 1 gilt nicht,
1. wenn der Wert eines Vermögenserwerbs 15 000 Euro nicht übersteigt oder
2. soweit der Erblasser durch letztwillige Verfügung oder der Zuwendende bei der Zuwendung eine abweichende Anordnung getroffen hat.

(3) ¹Reichen die Eltern entgegen Absatz 1, 2 ein Verzeichnis nicht ein oder ist das eingereichte Verzeichnis ungenügend, so kann das Familiengericht anordnen, dass das Verzeichnis durch eine zuständige Behörde oder einen zuständigen Beamten oder Notar aufgenommen wird.

§ 1641 Schenkungsverbot ¹Die Eltern können nicht in Vertretung des Kindes Schenkungen machen. ²Ausgenommen sind Schenkungen, durch die einer sittlichen Pflicht oder einer auf den Anstand zu nehmenden Rücksicht entsprochen wird.

§ 1642 Anlegung von Geld ¹Die Eltern haben das ihrer Verwaltung unterliegende Geld des Kindes nach den Grundsätzen einer wirtschaftlichen Vermögensverwaltung anzulegen, soweit es nicht zur Bestreitung von Ausgaben bereitzuhalten ist.

§ 1643 Genehmigungspflichtige Rechtsgeschäfte (1) ¹Zu Rechtsgeschäften für das Kind bedürfen die Eltern der Genehmigung des Familiengerichts in den Fällen, in denen nach § 1821 und nach § 1822 Nr. 1, 3, 5, 8 bis 11 ein Vormund der Genehmigung bedarf.

(2) ¹Das Gleiche gilt für die Ausschlagung einer Erbschaft oder eines Vermächtnisses sowie für den Verzicht auf einen Pflichtteil. ²Tritt der Anfall an das Kind erst infolge der Ausschlagung eines Elternteils ein, der das Kind allein oder gemeinsam mit dem anderen Elternteil vertritt, so ist die Genehmigung nur erforderlich, wenn dieser neben dem Kind berufen war.
(3) ¹Die Vorschriften der §§ 1825, 1828 bis 1831 sind entsprechend anzuwenden.

§ 1644 Überlassung von Vermögensgegenständen an das Kind
¹Die Eltern können Gegenstände, die sie nur mit Genehmigung des Familiengerichts veräußern dürfen, dem Kind nicht ohne diese Genehmigung zur Erfüllung eines von dem Kind geschlossenen Vertrags oder zu freier Verfügung überlassen.

§ 1645 Neues Erwerbsgeschäft
¹Die Eltern sollen nicht ohne Genehmigung des Familiengerichts ein neues Erwerbsgeschäft im Namen des Kindes beginnen.

§ 1646 Erwerb mit Mitteln des Kindes
(1) ¹Erwerben die Eltern mit Mitteln des Kindes bewegliche Sachen, so geht mit dem Erwerb das Eigentum auf das Kind über, es sei denn, dass die Eltern nicht für Rechnung des Kindes erwerben wollen. ²Dies gilt insbesondere auch von Inhaberpapieren und von Orderpapieren, die mit Blankoindossament versehen sind.
(2) ¹Die Vorschriften des Absatzes 1 sind entsprechend anzuwenden, wenn die Eltern mit Mitteln des Kindes ein Recht an Sachen der bezeichneten Art oder ein anderes Recht erwerben, zu dessen Übertragung der Abtretungsvertrag genügt.

§ 1647 (weggefallen)

§ 1648 Ersatz von Aufwendungen
¹Machen die Eltern bei der Ausübung der Personensorge oder der Vermögenssorge Aufwendungen, die sie den Umständen nach für erforderlich halten dürfen, so können sie von dem Kind Ersatz verlangen, sofern nicht die Aufwendungen ihnen selbst zur Last fallen.

§ 1649 Verwendung der Einkünfte des Kindesvermögens
(1) ¹Die Einkünfte des Kindesvermögens, die zur ordnungsmäßigen Verwaltung des Vermögens nicht benötigt werden, sind für den Unterhalt des Kindes zu verwenden. ²Soweit die Vermögenseinkünfte nicht ausreichen, können die Einkünfte verwendet werden, die das Kind durch seine Arbeit oder durch den ihm nach § 112 gestatteten selbständigen Betrieb eines Erwerbsgeschäfts erwirbt.
(2) ¹Die Eltern können die Einkünfte des Vermögens, die zur ordnungsmäßigen Verwaltung des Vermögens und für den Unterhalt des Kindes nicht benötigt werden, für ihren eigenen Unterhalt und für den Unterhalt der minderjährigen unverheirateten Geschwister des Kindes verwenden, soweit dies unter Berücksichtigung der Vermögens- und Erwerbsverhältnisse der Beteiligten der Billigkeit entspricht. ²Diese Befugnis erlischt mit der Eheschließung des Kindes.

§§ 1650 bis 1663 (weggefallen)

§ 1664 Beschränkte Haftung der Eltern
(1) ¹Die Eltern haben bei der Ausübung der elterlichen Sorge dem Kind gegenüber nur für die Sorgfalt einzustehen, die sie in eigenen Angelegenheiten anzuwenden pflegen.
(2) ¹Sind für einen Schaden beide Eltern verantwortlich, so haften sie als Gesamtschuldner.

§ 1665 (weggefallen)

§ 1666 Gerichtliche Maßnahmen bei Gefährdung des Kindeswohls
(1) ¹Wird das körperliche, geistige oder seelische Wohl des Kindes oder sein Vermögen durch missbräuchliche Ausübung der elterlichen Sorge, durch Vernachlässigung des Kindes, durch unverschuldetes Versagen der Eltern

BGB §§ 1666 a–1667

oder durch das Verhalten eines Dritten gefährdet, so hat das Familiengericht, wenn die Eltern nicht gewillt oder nicht in der Lage sind, die Gefahr abzuwenden, die zur Abwendung der Gefahr erforderlichen Maßnahmen zu treffen.

(2) ¹In der Regel ist anzunehmen, dass das Vermögen des Kindes gefährdet ist, wenn der Inhaber der Vermögenssorge seine Unterhaltspflicht gegenüber dem Kind oder seine mit der Vermögenssorge verbundenen Pflichten verletzt oder Anordnungen des Gerichts, die sich auf die Vermögenssorge beziehen, nicht befolgt.

(3) ¹Das Gericht kann Erklärungen des Inhabers der elterlichen Sorge ersetzen.

(4) ¹In Angelegenheiten der Personensorge kann das Gericht auch Maßnahmen mit Wirkung gegen einen Dritten treffen.

§ 1666 a Grundsatz der Verhältnismäßigkeit; Vorrang öffentlicher Hilfen

(1) ¹Maßnahmen, mit denen eine Trennung des Kindes von der elterlichen Familie verbunden ist, sind nur zulässig, wenn der Gefahr nicht auf andere Weise, auch nicht durch öffentliche Hilfen, begegnet werden kann. ²Dies gilt auch, wenn einem Elternteil vorübergehend oder auf unbestimmte Zeit die Nutzung der Familienwohnung untersagt werden soll. ³Wird einem Elternteil oder einem Dritten die Nutzung der vom Kind mitbewohnten oder einer anderen Wohnung untersagt, ist bei der Bemessung der Dauer der Maßnahme auch zu berücksichtigen, ob diesem das Eigentum, das Erbbaurecht oder der Nießbrauch an dem Grundstück zusteht, auf dem sich die Wohnung befindet; Entsprechendes gilt für das Wohnungseigentum, das Dauerwohnrecht, das dingliche Wohnrecht oder wenn der Elternteil oder Dritte Mieter der Wohnung ist.

(2) ¹Die gesamte Personensorge darf nur entzogen werden, wenn andere Maßnahmen erfolglos geblieben sind oder wenn anzunehmen ist, dass sie zur Abwendung der Gefahr nicht ausreichen.

§ 1667 Gerichtliche Maßnahmen bei Gefährdung des Kindesvermögens

(1) ¹Das Familiengericht kann anordnen, dass die Eltern ein Verzeichnis des Vermögens des Kindes einreichen und über die Verwaltung Rechnung legen. ²Die Eltern haben das Verzeichnis mit der Versicherung der Richtigkeit und Vollständigkeit zu versehen. ³Ist das eingereichte Verzeichnis ungenügend, so kann das Familiengericht anordnen, dass das Verzeichnis durch eine zuständige Behörde oder durch einen zuständigen Beamten oder Notar aufgenommen wird.

(2) ¹Das Familiengericht kann anordnen, dass das Geld des Kindes in bestimmter Weise anzulegen und dass zur Abhebung seine Genehmigung erforderlich ist. ²Gehören Wertpapiere, Kostbarkeiten oder Schuldbuchforderungen gegen den Bund oder ein Land zum Vermögen des Kindes, so kann das Familiengericht dem Elternteil, der das Kind vertritt, die gleichen Verpflichtungen auferlegen, die nach §§ 1814 bis 1816, 1818 einem Vormund obliegen; die §§ 1819, 1820 sind entsprechend anzuwenden.

(3) ¹Das Familiengericht kann dem Elternteil, der das Vermögen des Kindes gefährdet, Sicherheitsleistung für das seiner Verwaltung unterliegende Vermögen auferlegen. ²Die Art und den Umfang der Sicherheitsleistung bestimmt das Familiengericht nach seinem Ermessen. ³Bei der Bestellung und Aufhebung der Sicherheit wird die Mitwirkung des Kindes durch die Anordnung des Familiengerichts ersetzt. ⁴Die Sicherheitsleistung darf nur dadurch erzwungen werden, dass die Vermögenssorge gemäß § 1666 Abs. 1 ganz oder teilweise entzogen wird.

(4) ¹Die Kosten der angeordneten Maßnahmen trägt der Elternteil, der sie veranlasst hat.

§§ 1668 bis 1670 (weggefallen)

§ 1671 Getrenntleben bei gemeinsamer elterlicher Sorge (1) ¹Leben Eltern, denen die elterliche Sorge gemeinsam zusteht, nicht nur vorübergehend getrennt, so kann jeder Elternteil beantragen, dass ihm das Familiengericht die elterliche Sorge oder einen Teil der elterlichen Sorge allein überträgt.
(2) ¹Dem Antrag ist stattzugeben, soweit
1. der andere Elternteil zustimmt, es sei denn, dass das Kind das 14. Lebensjahr vollendet hat und der Übertragung widerspricht, oder
2. zu erwarten ist, dass die Aufhebung der gemeinsamen Sorge und die Übertragung auf den Antragsteller dem Wohl des Kindes am besten entspricht.
(3) ¹Dem Antrag ist nicht stattzugeben, soweit die elterliche Sorge auf Grund anderer Vorschriften abweichend geregelt werden muss.

§ 1672 Getrenntleben bei elterlicher Sorge der Mutter (1) ¹Leben die Eltern nicht nur vorübergehend getrennt und steht die elterliche Sorge nach § 1626 a Abs. 2 der Mutter zu, so kann der Vater mit Zustimmung der Mutter beantragen, dass ihm das Familiengericht die elterliche Sorge oder einen Teil der elterlichen Sorge allein überträgt. ²Dem Antrag ist stattzugeben, wenn die Übertragung dem Wohl des Kindes dient.
(2) ¹Soweit eine Übertragung nach Absatz 1 stattgefunden hat, kann das Familiengericht auf Antrag eines Elternteils mit Zustimmung des anderen Elternteils entscheiden, dass die elterliche Sorge den Eltern gemeinsam zusteht, wenn dies dem Wohl des Kindes nicht widerspricht. ²Das gilt auch, soweit die Übertragung nach Absatz 1 wieder aufgehoben wurde.

§ 1673 Ruhen der elterlichen Sorge bei rechtlichem Hindernis
(1) ¹Die elterliche Sorge eines Elternteils ruht, wenn er geschäftsunfähig ist.
(2) ¹Das Gleiche gilt, wenn er in der Geschäftsfähigkeit beschränkt ist. ²Die Personensorge für das Kind steht ihm neben dem gesetzlichen Vertreter des Kindes zu; zur Vertretung des Kindes ist er nicht berechtigt. ³Bei einer Meinungsverschiedenheit geht die Meinung des minderjährigen Elternteils vor, wenn der gesetzliche Vertreter des Kindes ein Vormund oder Pfleger ist; andernfalls gelten § 1627 Satz 2 und § 1628.

§ 1674 Ruhen der elterlichen Sorge bei tatsächlichem Hindernis
(1) ¹Die elterliche Sorge eines Elternteils ruht, wenn das Familiengericht feststellt, dass er auf längere Zeit die elterliche Sorge tatsächlich nicht ausüben kann.
(2) ¹Die elterliche Sorge lebt wieder auf, wenn das Familiengericht feststellt, dass der Grund des Ruhens nicht mehr besteht.

§ 1675 Wirkung des Ruhens ¹Solange die elterliche Sorge ruht, ist ein Elternteil nicht berechtigt, sie auszuüben.

§ 1676 (weggefallen)

§ 1677 Beendigung der Sorge durch Todeserklärung ¹Die elterliche Sorge eines Elternteils endet, wenn er für tot erklärt oder seine Todeszeit nach den Vorschriften des Verschollenheitsgesetzes festgestellt wird, mit dem Zeitpunkt, der als Zeitpunkt des Todes gilt.

§ 1678 Folgen der tatsächlichen Verhinderung oder des Ruhens für den anderen Elternteil (1) ¹Ist ein Elternteil tatsächlich verhindert, die elterliche Sorge auszuüben, oder ruht seine elterliche Sorge, so übt der andere Teil die elterliche Sorge allein aus; dies gilt nicht, wenn die elterliche Sorge dem Elternteil nach § 1626 a Abs. 2, § 1671 oder § 1672 Abs. 1 allein zustand.

BGB   §§ 1679–1684   342

(2) ¹Ruht die elterliche Sorge des Elternteils, dem sie nach § 1626 a Abs. 2 allein zustand, und besteht keine Aussicht, dass der Grund des Ruhens wegfallen werde, so hat das Familiengericht die elterliche Sorge dem anderen Elternteil zu übertragen, wenn dies dem Wohl des Kindes dient.

§ 1679 (weggefallen)

§ 1680 Tod eines Elternteils oder Entziehung des Sorgerechts

(1) ¹Stand die elterliche Sorge den Eltern gemeinsam zu und ist ein Elternteil gestorben, so steht die elterliche Sorge dem überlebenden Elternteil zu.

(2) ¹Ist ein Elternteil, dem die elterliche Sorge gemäß § 1671 oder § 1672 Abs. 1 allein zustand, gestorben, so hat das Familiengericht die elterliche Sorge dem überlebenden Elternteil zu übertragen, wenn dies dem Wohl des Kindes nicht widerspricht. ²Stand die elterliche Sorge der Mutter gemäß § 1626 a Abs. 2 allein zu, so hat das Familiengericht die elterliche Sorge dem Vater zu übertragen, wenn dies dem Wohl des Kindes dient.

(3) ¹Absatz 1 und Absatz 2 Satz 2 gelten entsprechend, soweit einem Elternteil, dem die elterliche Sorge gemeinsam mit dem anderen Elternteil oder gemäß § 1626 a Abs. 2 allein zustand, die elterliche Sorge entzogen wird.

§ 1681 Todeserklärung eines Elternteils

(1) ¹§ 1680 Abs. 1 und 2 gilt entsprechend, wenn die elterliche Sorge eines Elternteils endet, weil er für tot erklärt oder seine Todeszeit nach den Vorschriften des Verschollenheitsgesetzes festgestellt worden ist.

(2) ¹Lebt dieser Elternteil noch, so hat ihm das Familiengericht auf Antrag die elterliche Sorge in dem Umfang zu übertragen, in dem sie ihm vor dem nach § 1677 maßgebenden Zeitpunkt zustand, wenn dies dem Wohl des Kindes nicht widerspricht.

§ 1682 Verbleibensanordnung zugunsten von Bezugspersonen

¹Hat das Kind seit längerer Zeit in einem Haushalt mit einem Elternteil und dessen Ehegatten gelebt und will der andere Elternteil, der nach den §§ 1678, 1680, 1681 den Aufenthalt des Kindes nunmehr allein bestimmen kann, das Kind von dem Ehegatten wegnehmen, so kann das Familiengericht von Amts wegen oder auf Antrag des Ehegatten anordnen, dass das Kind bei dem Ehegatten verbleibt, wenn und solange das Kindeswohl durch die Wegnahme gefährdet würde. ²Satz 1 gilt entsprechend, wenn das Kind seit längerer Zeit in einem Haushalt mit einem Elternteil und dessen Lebenspartner oder einer nach § 1685 Abs. 1 umgangsberechtigten volljährigen Person gelebt hat.

§ 1683 Vermögensverzeichnis bei Wiederheirat

(1) ¹Sind die Eltern des Kindes nicht oder nicht mehr miteinander verheiratet und will der Elternteil, dem die Vermögenssorge zusteht, die Ehe mit einem Dritten schließen, so hat er dies dem Familiengericht anzuzeigen, auf seine Kosten ein Verzeichnis des Kindesvermögens einzureichen und, soweit eine Vermögensgemeinschaft zwischen ihm und dem Kind besteht, die Auseinandersetzung herbeizuführen.

(2) ¹Das Familiengericht kann gestatten, dass die Auseinandersetzung erst nach der Eheschließung vorgenommen wird.

(3) ¹Das Familiengericht kann ferner gestatten, dass die Auseinandersetzung ganz oder teilweise unterbleibt, wenn dies den Vermögensinteressen des Kindes nicht widerspricht.

§ 1684 Umgang des Kindes mit den Eltern

(1) ¹Das Kind hat das Recht auf Umgang mit jedem Elternteil; jeder Elternteil ist zum Umgang mit dem Kind verpflichtet und berechtigt.

(2) ¹Die Eltern haben alles zu unterlassen, was das Verhältnis des Kindes zum jeweils anderen Elternteil beeinträchtigt oder die Erziehung erschwert. ²Entsprechendes gilt, wenn sich das Kind in der Obhut einer anderen Person befindet.
(3) ¹Das Familiengericht kann über den Umfang des Umgangsrechts entscheiden und seine Ausübung, auch gegenüber Dritten, näher regeln. ²Es kann die Beteiligten durch Anordnungen zur Erfüllung der in Absatz 2 geregelten Pflicht anhalten.
(4) ¹Das Familiengericht kann das Umgangsrecht oder den Vollzug früherer Entscheidungen über das Umgangsrecht einschränken oder ausschließen, soweit dies zum Wohl des Kindes erforderlich ist. ²Eine Entscheidung, die das Umgangsrecht oder seinen Vollzug für längere Zeit oder auf Dauer einschränkt oder ausschließt, kann nur ergehen, wenn andernfalls das Wohl des Kindes gefährdet wäre. ³Das Familiengericht kann insbesondere anordnen, dass der Umgang nur stattfinden darf, wenn ein mitwirkungsbereiter Dritter anwesend ist. ⁴Dritter kann auch ein Träger der Jugendhilfe oder ein Verein sein; dieser bestimmt dann jeweils, welche Einzelperson die Aufgabe wahrnimmt.

§ 1685 Umgang des Kindes mit anderen Bezugspersonen

(1) ¹Großeltern und Geschwister haben ein Recht auf Umgang mit dem Kind, wenn dieser dem Wohl des Kindes dient.
(2) ¹Gleiches gilt für den Ehegatten oder früheren Ehegatten sowie den Lebenspartner oder früheren Lebenspartner eines Elternteils, der mit dem Kind längere Zeit in häuslicher Gemeinschaft gelebt hat, und für Personen, bei denen das Kind längere Zeit in Familienpflege war.
(3) ¹§ 1684 Abs. 2 bis 4 gilt entsprechend.

§ 1686 Auskunft über die persönlichen Verhältnisse des Kindes

¹Jeder Elternteil kann vom anderen Elternteil bei berechtigtem Interesse Auskunft über die persönlichen Verhältnisse des Kindes verlangen, soweit dies dem Wohl des Kindes nicht widerspricht. ²Über Streitigkeiten entscheidet das Familiengericht.

§ 1687 Ausübung der gemeinsamen Sorge bei Getrenntleben

(1) ¹Leben Eltern, denen die elterliche Sorge gemeinsam zusteht, nicht nur vorübergehend getrennt, so ist bei Entscheidungen in Angelegenheiten, deren Regelung für das Kind von erheblicher Bedeutung ist, ihr gegenseitiges Einvernehmen erforderlich. ²Der Elternteil, bei dem sich das Kind mit Einwilligung des anderen Elternteils oder auf Grund einer gerichtlichen Entscheidung gewöhnlich aufhält, hat die Befugnis zur alleinigen Entscheidung in Angelegenheiten des täglichen Lebens. ³Entscheidungen in Angelegenheiten des täglichen Lebens sind in der Regel solche, die häufig vorkommen und die keine schwer abzuändernden Auswirkungen auf die Entwicklung des Kindes haben. ⁴Solange sich das Kind mit Einwilligung dieses Elternteils oder auf Grund einer gerichtlichen Entscheidung bei dem anderen Elternteil aufhält, hat dieser die Befugnis zur alleinigen Entscheidung in Angelegenheiten der tatsächlichen Betreuung. ⁵§ 1629 Abs. 1 Satz 4 und § 1684 Abs. 2 Satz 1 gelten entsprechend.
(2) ¹Das Familiengericht kann die Befugnisse nach Absatz 1 Satz 2 und 4 einschränken oder ausschließen, wenn dies zum Wohl des Kindes erforderlich ist.

§ 1687 a Entscheidungsbefugnisse des nicht sorgeberechtigten Elternteils

¹Für jeden Elternteil, der nicht Inhaber der elterlichen Sorge ist und bei dem sich das Kind mit Einwilligung des anderen Elternteils oder eines

sonstigen Inhabers der Sorge oder auf Grund einer gerichtlichen Entscheidung aufhält, gilt § 1687 Abs. 1 Satz 4 und 5 und Abs. 2 entsprechend.

§ 1687 b Sorgerechtliche Befugnisse des Ehegatten (1) [1]Der Ehegatte eines allein sorgeberechtigten Elternteils, der nicht Elternteil des Kindes ist, hat im Einvernehmen mit dem sorgeberechtigten Elternteil die Befugnis zur Mitentscheidung in Angelegenheiten des täglichen Lebens des Kindes. [2]§ 1629 Abs. 2 Satz 1 gilt entsprechend.
(2) [1]Bei Gefahr im Verzug ist der Ehegatte dazu berechtigt, alle Rechtshandlungen vorzunehmen, die zum Wohl des Kindes notwendig sind; der sorgeberechtigte Elternteil ist unverzüglich zu unterrichten.
(3) [1]Das Familiengericht kann die Befugnisse nach Absatz 1 einschränken oder ausschließen, wenn dies zum Wohl des Kindes erforderlich ist.
(4) [1]Die Befugnisse nach Absatz 1 bestehen nicht, wenn die Ehegatten nicht nur vorübergehend getrennt leben.

§ 1688 Entscheidungsbefugnisse der Pflegeperson (1) [1]Lebt ein Kind für längere Zeit in Familienpflege, so ist die Pflegeperson berechtigt, in Angelegenheiten des täglichen Lebens zu entscheiden sowie den Inhaber der elterlichen Sorge in solchen Angelegenheiten zu vertreten. [2]Sie ist befugt, den Arbeitsverdienst des Kindes zu verwalten sowie Unterhalts-, Versicherungs-, Versorgungs- und sonstige Sozialleistungen für das Kind geltend zu machen und zu verwalten. [3]§ 1629 Abs. 1 Satz 4 gilt entsprechend.
(2) [1]Der Pflegeperson steht eine Person gleich, die im Rahmen der Hilfe nach den §§ 34, 35 und 35 a Abs. 1 Satz 2 Nr. 3 und 4 des Achten Buches Sozialgesetzbuch die Erziehung und Betreuung eines Kindes übernommen hat.
(3) [1]Die Absätze 1 und 2 gelten nicht, wenn der Inhaber der elterlichen Sorge etwas anderes erklärt. [2]Das Familiengericht kann die Befugnisse nach den Absätzen 1 und 2 einschränken oder ausschließen, wenn dies zum Wohl des Kindes erforderlich ist.
(4) [1]Für eine Person, bei der sich das Kind auf Grund einer gerichtlichen Entscheidung nach § 1632 Abs. 4 oder § 1682 aufhält, gelten die Absätze 1 und 3 mit der Maßgabe, dass die genannten Befugnisse nur das Familiengericht einschränken oder ausschließen kann.

§§ 1689 bis 1692 (weggefallen)

§ 1693 Gerichtliche Maßnahmen bei Verhinderung der Eltern
[1]Sind die Eltern verhindert, die elterliche Sorge auszuüben, so hat das Familiengericht die im Interesse des Kindes erforderlichen Maßregeln zu treffen.

§§ 1694, 1695 (weggefallen)

§ 1696 Abänderung und Überprüfung gerichtlicher Anordnungen
(1) [1]Das Vormundschaftsgericht und das Familiengericht haben ihre Anordnungen zu ändern, wenn dies aus triftigen, das Wohl des Kindes nachhaltig berührenden Gründen angezeigt ist.
(2) [1]Maßnahmen nach den §§ 1666 bis 1667 sind aufzuheben, wenn eine Gefahr für das Wohl des Kindes nicht mehr besteht.
(3) [1]Länger dauernde Maßnahmen nach den § § 1666 bis 1667 hat das Gericht in angemessenen Zeitabständen zu überprüfen.

§ 1697 Anordnung von Vormundschaft oder Pflegschaft durch das Familiengericht [1]Ist auf Grund einer Maßnahme des Familiengerichts eine Vormundschaft oder Pflegschaft anzuordnen, so kann das Familiengericht auch diese Anordnung treffen und den Vormund oder Pfleger auswählen.

§ 1697 a Kindeswohlprinzip

¹Soweit nichts anderes bestimmt ist, trifft das Gericht in Verfahren über die in diesem Titel geregelten Angelegenheiten diejenige Entscheidung, die unter Berücksichtigung der tatsächlichen Gegebenheiten und Möglichkeiten sowie der berechtigten Interessen der Beteiligten dem Wohl des Kindes am besten entspricht.

§ 1698 Herausgabe des Kindesvermögens; Rechnungslegung

(1) ¹Endet oder ruht die elterliche Sorge der Eltern oder hört aus einem anderen Grunde ihre Vermögenssorge auf, so haben sie dem Kind das Vermögen herauszugeben und auf Verlangen über die Verwaltung Rechenschaft abzulegen.

(2) ¹Über die Nutzungen des Kindesvermögens brauchen die Eltern nur insoweit Rechenschaft abzulegen, als Grund zu der Annahme besteht, dass sie die Nutzungen entgegen der Vorschrift des § 1649 verwendet haben.

§ 1698 a Fortführung der Geschäfte in Unkenntnis der Beendigung der elterlichen Sorge

(1) ¹Die Eltern dürfen die mit der Personensorge und mit der Vermögenssorge für das Kind verbundenen Geschäfte fortführen, bis sie von der Beendigung der elterlichen Sorge Kenntnis erlangen oder sie kennen müssen. ²Ein Dritter kann sich auf diese Befugnis nicht berufen, wenn er bei der Vornahme eines Rechtsgeschäfts die Beendigung kennt oder kennen muss.

(2) ¹Diese Vorschriften sind entsprechend anzuwenden, wenn die elterliche Sorge ruht.

§ 1698 b Fortführung dringender Geschäfte nach Tod des Kindes

¹Endet die elterliche Sorge durch den Tod des Kindes, so haben die Eltern die Geschäfte, die nicht ohne Gefahr aufgeschoben werden können, zu besorgen, bis der Erbe anderweit Fürsorge treffen kann.

§§ 1699 bis 1711 (weggefallen)

Titel 6: Beistandschaft

§ 1712 Beistandschaft des Jugendamts; Aufgaben

(1) ¹Auf schriftlichen Antrag eines Elternteils wird das Jugendamt Beistand des Kindes für folgende Aufgaben:
1. die Feststellung der Vaterschaft,
2. die Geltendmachung von Unterhaltsansprüchen einschließlich der Ansprüche auf eine anstelle des Unterhalts zu gewährende Abfindung sowie die Verfügung über diese Ansprüche; ist das Kind bei einem Dritten entgeltlich in Pflege, so ist der Beistand berechtigt, aus dem vom Unterhaltspflichtigen Geleisteten den Dritten zu befriedigen.

(2) ¹Der Antrag kann auf einzelne der in Absatz 1 bezeichneten Aufgaben beschränkt werden.

§ 1713 Antragsberechtigte

(1) ¹Den Antrag kann ein Elternteil stellen, dem für den Aufgabenkreis der beantragten Beistandschaft die alleinige elterliche Sorge zusteht oder zustünde, wenn das Kind bereits geboren wäre. ²Steht die elterliche Sorge für das Kind den Eltern gemeinsam zu, kann der Antrag von dem Elternteil gestellt werden, in dessen Obhut sich das Kind befindet. ³Der Antrag kann auch von einem nach § 1776 berufenen Vormund gestellt werden. ⁴Er kann nicht durch einen Vertreter gestellt werden.

(2) ¹Vor der Geburt des Kindes kann die werdende Mutter den Antrag auch dann stellen, wenn das Kind, sofern es bereits geboren wäre, unter Vormundschaft stünde. ²Ist die werdende Mutter in der Geschäftsfähigkeit beschränkt, so kann sie den Antrag nur selbst stellen; sie bedarf hierzu nicht der Zustimmung ihres gesetzlichen Vertreters. ³Für eine geschäftsunfähige werdende Mutter kann nur ihr gesetzlicher Vertreter den Antrag stellen.

§ 1714 Eintritt der Beistandschaft
¹Die Beistandschaft tritt ein, sobald der Antrag dem Jugendamt zugeht. ²Dies gilt auch, wenn der Antrag vor der Geburt des Kindes gestellt wird.

§ 1715 Beendigung der Beistandschaft
(1) ¹Die Beistandschaft endet, wenn der Antragsteller dies schriftlich verlangt. ²§ 1712 Abs. 2 und § 1714 gelten entsprechend.

(2) ¹Die Beistandschaft endet auch, sobald der Antragsteller keine der in § 1713 genannten Voraussetzungen mehr erfüllt.

§ 1716 Wirkungen der Beistandschaft
¹Durch die Beistandschaft wird die elterliche Sorge nicht eingeschränkt. ²Im Übrigen gelten die Vorschriften über die Pflegschaft mit Ausnahme derjenigen über die Aufsicht des Vormundschaftsgerichts und die Rechnungslegung sinngemäß; die §§ 1791, 1791 c Abs. 3 sind nicht anzuwenden.

§ 1717 Erfordernis des gewöhnlichen Aufenthalts im Inland
¹Die Beistandschaft tritt nur ein, wenn das Kind seinen gewöhnlichen Aufenthalt im Inland hat; sie endet, wenn das Kind seinen gewöhnlichen Aufenthalt im Ausland begründet. ²Dies gilt für die Beistandschaft vor der Geburt des Kindes entsprechend.

§§ 1718 bis 1740 (weggefallen)

Titel 7: Annahme als Kind

Untertitel 1: Annahme Minderjähriger

§ 1741 Zulässigkeit der Annahme
(1) ¹Die Annahme als Kind ist zulässig, wenn sie dem Wohl des Kindes dient und zu erwarten ist, dass zwischen dem Annehmenden und dem Kind ein Eltern-Kind-Verhältnis entsteht. ²Wer an einer gesetzes- oder sittenwidrigen Vermittlung oder Verbringung eines Kindes zum Zwecke der Annahme mitgewirkt oder einen Dritten hiermit beauftragt oder hierfür belohnt hat, soll ein Kind nur dann annehmen, wenn dies zum Wohl des Kindes erforderlich ist.

(2) ¹Wer nicht verheiratet ist, kann ein Kind nur allein annehmen. ²Ein Ehepaar kann ein Kind nur gemeinschaftlich annehmen. ³Ein Ehegatte kann ein Kind seines Ehegatten allein annehmen. ⁴Er kann ein Kind auch dann allein annehmen, wenn der andere Ehegatte das Kind nicht annehmen kann, weil er geschäftsunfähig ist oder das 21. Lebensjahr noch nicht vollendet hat.

§ 1742 Annahme nur als gemeinschaftliches Kind
¹Ein angenommenes Kind kann, solange das Annahmeverhältnis besteht, bei Lebzeiten eines Annehmenden nur von dessen Ehegatten angenommen werden.

§ 1743 Mindestalter
¹Der Annehmende muss das 25., in den Fällen des § 1741 Abs. 2 Satz 3 das 21. Lebensjahr vollendet haben. ²In den Fällen des § 1741 Abs. 2 Satz 2 muss ein Ehegatte das 25. Lebensjahr, der andere Ehegatte das 21. Lebensjahr vollendet haben.

§§ 1744–1748 BGB

§ 1744 Probezeit ¹Die Annahme soll in der Regel erst ausgesprochen werden, wenn der Annehmende das Kind eine angemessene Zeit in Pflege gehabt hat.

§ 1745 Verbot der Annahme ¹Die Annahme darf nicht ausgesprochen werden, wenn ihr überwiegende Interessen der Kinder des Annehmenden oder des Anzunehmenden entgegenstehen oder wenn zu befürchten ist, dass Interessen des Anzunehmenden durch Kinder des Annehmenden gefährdet werden. ²Vermögensrechtliche Interessen sollen nicht ausschlaggebend sein.

§ 1746 Einwilligung des Kindes (1) ¹Zur Annahme ist die Einwilligung des Kindes erforderlich. ²Für ein Kind, das geschäftsunfähig oder noch nicht 14 Jahre alt ist, kann nur sein gesetzlicher Vertreter die Einwilligung erteilen. ³Im Übrigen kann das Kind die Einwilligung nur selbst erteilen; es bedarf hierzu der Zustimmung seines gesetzlichen Vertreters. ⁴Die Einwilligung bedarf bei unterschiedlicher Staatsangehörigkeit des Annehmenden und des Kindes der Genehmigung des Vormundschaftsgerichts; dies gilt nicht, wenn die Annahme deutschem Recht unterliegt.
(2) ¹Hat das Kind das 14. Lebensjahr vollendet und ist es nicht geschäftsunfähig, so kann es die Einwilligung bis zum Wirksamwerden des Ausspruchs der Annahme gegenüber dem Vormundschaftsgericht widerrufen. ²Der Widerruf bedarf der öffentlichen Beurkundung. ³Eine Zustimmung des gesetzlichen Vertreters ist nicht erforderlich.
(3) ¹Verweigert der Vormund oder Pfleger die Einwilligung oder Zustimmung ohne triftigen Grund, so kann das Vormundschaftsgericht sie ersetzen; einer Erklärung nach Absatz 1 durch die Eltern bedarf es nicht, soweit diese nach den §§ 1747, 1750 unwiderruflich in die Annahme eingewilligt haben oder ihre Einwilligung nach § 1748 durch das Vormundschaftsgericht ersetzt worden ist.

§ 1747 Einwilligung der Eltern des Kindes (1) ¹Zur Annahme eines Kindes ist die Einwilligung der Eltern erforderlich. ²Sofern kein anderer Mann nach § 1592 als Vater anzusehen ist, gilt im Sinne des Satzes 1 und des § 1748 Abs. 4 als Vater, wer die Voraussetzung des § 1600 d Abs. 2 Satz 1 glaubhaft macht.
(2) ¹Die Einwilligung kann erst erteilt werden, wenn das Kind acht Wochen alt ist. ²Sie ist auch dann wirksam, wenn der Einwilligende die schon feststehenden Annehmenden nicht kennt.
(3) ¹Sind die Eltern nicht miteinander verheiratet und haben sie keine Sorgeerklärungen abgegeben,
1. kann die Einwilligung des Vaters bereits vor der Geburt erteilt werden;
2. darf, wenn der Vater die Übertragung der Sorge nach § 1672 Abs. 1 beantragt hat, eine Annahme erst ausgesprochen werden, nachdem über den Antrag des Vaters entschieden worden ist;
3. kann der Vater darauf verzichten, die Übertragung der Sorge nach § 1672 Abs. 1 zu beantragen. Die Verzichtserklärung muss öffentlich beurkundet werden. § 1750 gilt sinngemäß mit Ausnahme von Absatz 4 Satz 1.
(4) ¹Die Einwilligung eines Elternteils ist nicht erforderlich, wenn er zur Abgabe einer Erklärung dauernd außerstande oder sein Aufenthalt dauernd unbekannt ist.

§ 1748 Ersetzung der Einwilligung eines Elternteils (1) ¹Das Vormundschaftsgericht hat auf Antrag des Kindes die Einwilligung eines Elternteils zu ersetzen, wenn dieser seine Pflichten gegenüber dem Kind anhaltend gröblich verletzt hat oder durch sein Verhalten gezeigt hat, dass ihm das Kind gleichgültig ist, und wenn das Unterbleiben der Annahme dem Kind zu unverhältnismäßigem Nachteil gereichen würde. ²Die Einwilligung kann auch ersetzt werden, wenn die

Pflichtverletzung zwar nicht anhaltend, aber besonders schwer ist und das Kind voraussichtlich dauernd nicht mehr der Obhut des Elternteils anvertraut werden kann.

(2) ¹Wegen Gleichgültigkeit, die nicht zugleich eine anhaltende gröbliche Pflichtverletzung ist, darf die Einwilligung nicht ersetzt werden, bevor der Elternteil vom Jugendamt über die Möglichkeit ihrer Ersetzung belehrt und nach Maßgabe des § 51 Abs. 2 des Achten Buches Sozialgesetzbuch beraten worden ist und seit der Belehrung wenigstens drei Monate verstrichen sind; in der Belehrung ist auf die Frist hinzuweisen. ²Der Belehrung bedarf es nicht, wenn der Elternteil seinen Aufenthaltsort ohne Hinterlassung seiner neuen Anschrift gewechselt hat und der Aufenthaltsort vom Jugendamt während eines Zeitraums von drei Monaten trotz angemessener Nachforschungen nicht ermittelt werden konnte; in diesem Falle beginnt die Frist mit der ersten auf die Belehrung und Beratung oder auf die Ermittlung des Aufenthaltsorts gerichteten Handlung des Jugendamts. ³Die Fristen laufen frühestens fünf Monate nach der Geburt des Kindes ab.

(3) ¹Die Einwilligung eines Elternteils kann ferner ersetzt werden, wenn er wegen einer besonders schweren psychischen Krankheit oder einer besonders schweren geistigen oder seelischen Behinderung zur Pflege und Erziehung des Kindes dauernd unfähig ist und wenn das Kind bei Unterbleiben der Annahme nicht in einer Familie aufwachsen könnte und dadurch in seiner Entwicklung schwer gefährdet wäre.

(4) ¹In den Fällen des § 1626 a Abs. 2 hat das Vormundschaftsgericht die Einwilligung des Vaters zu ersetzen, wenn das Unterbleiben der Annahme dem Kind zu unverhältnismäßigem Nachteil gereichen würde.

§ 1749 Einwilligung des Ehegatten
(1) ¹Zur Annahme eines Kindes durch einen Ehegatten allein ist die Einwilligung des anderen Ehegatten erforderlich. ²Das Vormundschaftsgericht kann auf Antrag des Annehmenden die Einwilligung ersetzen. ³Die Einwilligung darf nicht ersetzt werden, wenn berechtigte Interessen des anderen Ehegatten und der Familie der Annahme entgegenstehen.

(2) ¹Zur Annahme eines Verheirateten ist die Einwilligung seines Ehegatten erforderlich.

(3) ¹Die Einwilligung des Ehegatten ist nicht erforderlich, wenn er zur Abgabe der Erklärung dauernd außerstande oder sein Aufenthalt dauernd unbekannt ist.

§ 1750 Einwilligungserklärung
(1) ¹Die Einwilligung nach §§ 1746, 1747 und 1749 ist dem Vormundschaftsgericht gegenüber zu erklären. ²Die Erklärung bedarf der notariellen Beurkundung. ³Die Einwilligung wird in dem Zeitpunkt wirksam, in dem sie dem Vormundschaftsgericht zugeht.

(2) ¹Die Einwilligung kann nicht unter einer Bedingung oder einer Zeitbestimmung erteilt werden. ²Sie ist unwiderruflich; die Vorschrift des § 1746 Abs. 2 bleibt unberührt.

(3) ¹Die Einwilligung kann nicht durch einen Vertreter erteilt werden. ²Ist der Einwilligende in der Geschäftsfähigkeit beschränkt, so bedarf seine Einwilligung nicht der Zustimmung seines gesetzlichen Vertreters. ³Die Vorschrift des § 1746 Abs. 1 Satz 2, 3 bleibt unberührt.

(4) ¹Die Einwilligung verliert ihre Kraft, wenn der Antrag zurückgenommen oder die Annahme versagt wird. ²Die Einwilligung eines Elternteils verliert ferner ihre Kraft, wenn das Kind nicht innerhalb von drei Jahren seit dem Wirksamwerden der Einwilligung angenommen wird.

§ 1751 Wirkung der elterlichen Einwilligung, Verpflichtung zum Unterhalt
(1) ¹Mit der Einwilligung eines Elternteils in die Annahme ruht

die elterliche Sorge dieses Elternteils; die Befugnis zum persönlichen Umgang mit dem Kind darf nicht ausgeübt werden. ²Das Jugendamt wird Vormund; dies gilt nicht, wenn der andere Elternteil die elterliche Sorge allein ausübt oder wenn bereits ein Vormund bestellt ist. ³Eine bestehende Pflegschaft bleibt unberührt. ⁴Das Vormundschaftsgericht hat dem Jugendamt unverzüglich eine Bescheinigung über den Eintritt der Vormundschaft zu erteilen; § 1791 ist nicht anzuwenden. ⁵Für den Annehmenden gilt während der Zeit der Adoptionspflege § 1688 Abs. 1 und 3 entsprechend. ⁶Hat die Mutter in die Annahme eingewilligt, so bedarf ein Antrag des Vaters nach § 1672 Abs. 1 nicht ihrer Zustimmung.

(2) ¹Absatz 1 ist nicht anzuwenden auf einen Ehegatten, dessen Kind vom anderen Ehegatten angenommen wird.

(3) ¹Hat die Einwilligung eines Elternteils ihre Kraft verloren, so hat das Vormundschaftsgericht die elterliche Sorge dem Elternteil zu übertragen, wenn und soweit dies dem Wohl des Kindes nicht widerspricht.

(4) ¹Der Annehmende ist dem Kind vor den Verwandten des Kindes zur Gewährung des Unterhalts verpflichtet, sobald die Eltern des Kindes die erforderliche Einwilligung erteilt haben und das Kind in die Obhut des Annehmenden mit dem Ziel der Annahme aufgenommen ist. ²Will ein Ehegatte ein Kind seines Ehegatten annehmen, so sind die Ehegatten dem Kind vor den anderen Verwandten des Kindes zur Gewährung des Unterhalts verpflichtet, sobald die erforderliche Einwilligung der Eltern des Kindes erteilt und das Kind in die Obhut der Ehegatten aufgenommen ist.

§ 1752 Beschluss des Vormundschaftsgerichts, Antrag
(1) ¹Die Annahme als Kind wird auf Antrag des Annehmenden vom Vormundschaftsgericht ausgesprochen.

(2) ¹Der Antrag kann nicht unter einer Bedingung oder einer Zeitbestimmung oder durch einen Vertreter gestellt werden. ²Er bedarf der notariellen Beurkundung.

§ 1753 Annahme nach dem Tode
(1) ¹Der Ausspruch der Annahme kann nicht nach dem Tode des Kindes erfolgen.

(2) ¹Nach dem Tode des Annehmenden ist der Ausspruch nur zulässig, wenn der Annehmende den Antrag beim Vormundschaftsgericht eingereicht oder bei oder nach der notariellen Beurkundung des Antrags den Notar damit betraut hat, den Antrag einzureichen.

(3) ¹Wird die Annahme nach dem Tode des Annehmenden ausgesprochen, so hat sie die gleiche Wirkung, wie wenn sie vor dem Tode erfolgt wäre.

§ 1754 Wirkung der Annahme
(1) ¹Nimmt ein Ehepaar ein Kind an oder nimmt ein Ehegatte ein Kind des anderen Ehegatten an, so erlangt das Kind die rechtliche Stellung eines gemeinschaftlichen Kindes der Ehegatten.

(2) ¹In den anderen Fällen erlangt das Kind die rechtliche Stellung eines Kindes des Annehmenden.

(3) ¹Die elterliche Sorge steht in den Fällen des Absatzes 1 den Ehegatten gemeinsam, in den Fällen des Absatzes 2 dem Annehmenden zu.

§ 1755 Erlöschen von Verwandtschaftsverhältnissen
(1) ¹Mit der Annahme erlöschen das Verwandtschaftsverhältnis des Kindes und seiner Abkömmlinge zu den bisherigen Verwandten und die sich aus ihm ergebenden Rechte und Pflichten. ²Ansprüche des Kindes, die bis zur Annahme entstanden sind, insbesondere auf Renten, Waisengeld und andere entsprechende wiederkehrende Leistungen, werden durch die Annahme nicht berührt; dies gilt nicht für Unterhaltsansprüche.

(2) ¹Nimmt ein Ehegatte das Kind seines Ehegatten an, so tritt das Erlöschen nur im Verhältnis zu dem anderen Elternteil und dessen Verwandten ein.

§ 1756 Bestehenbleiben von Verwandtschaftsverhältnissen
(1) ¹Sind die Annehmenden mit dem Kind im zweiten oder dritten Grad verwandt oder verschwägert, so erlöschen nur das Verwandtschaftsverhältnis des Kindes und seiner Abkömmlinge zu den Eltern des Kindes und die sich aus ihm ergebenden Rechte und Pflichten.
(2) ¹Nimmt ein Ehegatte das Kind seines Ehegatten an, so erlischt das Verwandtschaftsverhältnis nicht im Verhältnis zu den Verwandten des anderen Elternteils, wenn dieser die elterliche Sorge hatte und verstorben ist.

§ 1757 Name des Kindes
(1) ¹Das Kind erhält als Geburtsnamen den Familiennamen des Annehmenden. ²Als Familienname gilt nicht der dem Ehenamen oder dem Lebenspartnerschaftsnamen hinzugefügte Name (§ 1355 Abs. 4; § 3 Abs. 2 des Lebenspartnerschaftsgesetzes).
(2) ¹Nimmt ein Ehepaar ein Kind an oder nimmt ein Ehegatte ein Kind des anderen Ehegatten an und führen die Ehegatten keinen Ehenamen, so bestimmen sie den Geburtsnamen des Kindes vor dem Ausspruch der Annahme durch Erklärung gegenüber dem Vormundschaftsgericht; § 1617 Abs. 1 gilt entsprechend. ²Hat das Kind das fünfte Lebensjahr vollendet, so ist die Bestimmung nur wirksam, wenn es sich der Bestimmung vor dem Ausspruch der Annahme durch Erklärung gegenüber dem Vormundschaftsgericht anschließt; § 1617 c Abs. 1 Satz 2 gilt entsprechend.
(3) ¹Die Änderung des Geburtsnamens erstreckt sich auf den Ehenamen des Kindes nur dann, wenn sich auch der Ehegatte der Namensänderung vor dem Ausspruch der Annahme durch Erklärung gegenüber dem Vormundschaftsgericht anschließt; die Erklärung muss öffentlich beglaubigt werden.
(4) ¹Das Vormundschaftsgericht kann auf Antrag des Annehmenden mit Einwilligung des Kindes mit dem Ausspruch der Annahme
1. Vornamen des Kindes ändern oder ihm einen oder mehrere neue Vornamen beigeben, wenn dies dem Wohl des Kindes entspricht;
2. dem neuen Familiennamen des Kindes den bisherigen Familiennamen voranstellen oder anfügen, wenn dies aus schwerwiegenden Gründen zum Wohl des Kindes erforderlich ist.

§ 1746 Abs. 1 Satz 2, 3, Abs. 3 erster Halbsatz ist entsprechend anzuwenden.

§ 1758 Offenbarungs- und Ausforschungsverbot
(1) ¹Tatsachen, die geeignet sind, die Annahme und ihre Umstände aufzudecken, dürfen ohne Zustimmung des Annehmenden und des Kindes nicht offenbart oder ausgeforscht werden, es sei denn, dass besondere Gründe des öffentlichen Interesses dies erfordern.
(2) ¹Absatz 1 gilt sinngemäß, wenn die nach § 1747 erforderliche Einwilligung erteilt ist. ²Das Vormundschaftsgericht kann anordnen, dass die Wirkungen des Absatzes 1 eintreten, wenn ein Antrag auf Ersetzung der Einwilligung eines Elternteils gestellt worden ist.

§ 1759 Aufhebung des Annahmeverhältnisses
¹Das Annahmeverhältnis kann nur in den Fällen der §§ 1760, 1763 aufgehoben werden.

§ 1760 Aufhebung wegen fehlender Erklärungen
(1) ¹Das Annahmeverhältnis kann auf Antrag vom Vormundschaftsgericht aufgehoben werden, wenn es ohne Antrag des Annehmenden, ohne die Einwilligung des Kindes oder ohne die erforderliche Einwilligung eines Elternteils begründet worden ist.
(2) ¹Der Antrag oder eine Einwilligung ist nur dann unwirksam, wenn der Erklärende

a) zur Zeit der Erklärung sich im Zustand der Bewusstlosigkeit oder vorübergehenden Störung der Geistestätigkeit befand, wenn der Antragsteller geschäftsunfähig war oder das geschäftsunfähige oder noch nicht 14 Jahre alte Kind die Einwilligung selbst erteilt hat,
b) nicht gewusst hat, dass es sich um eine Annahme als Kind handelt, oder wenn er dies zwar gewusst hat, aber einen Annahmeantrag nicht hat stellen oder eine Einwilligung zur Annahme nicht hat abgeben wollen, oder wenn sich der Annehmende in der Person des anzunehmenden Kindes oder wenn sich das anzunehmende Kind in der Person des Annehmenden geirrt hat,
c) durch arglistige Täuschung über wesentliche Umstände zur Erklärung bestimmt worden ist,
d) widerrechtlich durch Drohung zur Erklärung bestimmt worden ist,
e) die Einwilligung vor Ablauf der in § 1747 Abs. 2 Satz 1 bestimmten Frist erteilt hat.

(3) ¹Die Aufhebung ist ausgeschlossen, wenn der Erklärende nach Wegfall der Geschäftsunfähigkeit, der Bewusstlosigkeit, der Störung der Geistestätigkeit, der durch die Drohung bestimmten Zwangslage, nach der Entdeckung des Irrtums oder nach Ablauf der in § 1747 Abs. 2 Satz 1 bestimmten Frist den Antrag oder die Einwilligung nachgeholt oder sonst zu erkennen gegeben hat, dass das Annahmeverhältnis aufrechterhalten werden soll. ²Die Vorschriften des § 1746 Abs. 1 Satz 2, 3 und des § 1750 Abs. 3 Satz 1, 2 sind entsprechend anzuwenden.

(4) ¹Die Aufhebung wegen arglistiger Täuschung über wesentliche Umstände ist ferner ausgeschlossen, wenn über Vermögensverhältnisse des Annehmenden oder des Kindes getäuscht worden ist oder wenn die Täuschung ohne Wissen eines Antrags- oder Einwilligungsberechtigten von jemand verübt worden ist, der weder antrags- noch einwilligungsberechtigt noch zur Vermittlung der Annahme befugt war.

(5) ¹Ist beim Ausspruch der Annahme zu Unrecht angenommen worden, dass ein Elternteil zur Abgabe der Erklärung dauernd außerstande oder sein Aufenthalt dauernd unbekannt sei, so ist die Aufhebung ausgeschlossen, wenn der Elternteil die Einwilligung nachgeholt oder sonst zu erkennen gegeben hat, dass das Annahmeverhältnis aufrechterhalten werden soll. ²Die Vorschrift des § 1750 Abs. 3 Satz 1, 2 ist entsprechend anzuwenden.

§ 1761 Aufhebungshindernisse

(1) ¹Das Annahmeverhältnis kann nicht aufgehoben werden, weil eine erforderliche Einwilligung nicht eingeholt worden oder nach § 1760 Abs. 2 unwirksam ist, wenn die Voraussetzungen für die Ersetzung der Einwilligung beim Ausspruch der Annahme vorgelegen haben oder wenn sie zum Zeitpunkt der Entscheidung über den Aufhebungsantrag vorliegen; dabei ist es unschädlich, wenn eine Belehrung oder Beratung nach § 1748 Abs. 2 nicht erfolgt ist.

(2) ¹Das Annahmeverhältnis darf nicht aufgehoben werden, wenn dadurch das Wohl des Kindes erheblich gefährdet würde, es sei denn, dass überwiegende Interessen des Annehmenden die Aufhebung erfordern.

§ 1762 Antragsberechtigung; Antragsfrist, Form

(1) ¹Antragsberechtigt ist nur derjenige, ohne dessen Antrag oder Einwilligung das Kind angenommen worden ist. ²Für ein Kind, das geschäftsunfähig oder noch nicht 14 Jahre alt ist, und für den Annehmenden, der geschäftsunfähig ist, können die gesetzlichen Vertreter den Antrag stellen. ³Im Übrigen kann der Antrag nicht durch einen Vertreter gestellt werden. ⁴Ist der Antragsberechtigte in der

BGB §§ 1763–1764

Geschäftsfähigkeit beschränkt, so ist die Zustimmung des gesetzlichen Vertreters nicht erforderlich.

(2) ¹Der Antrag kann nur innerhalb eines Jahres gestellt werden, wenn seit der Annahme noch keine drei Jahre verstrichen sind. ²Die Frist beginnt

a) in den Fällen des § 1760 Abs. 2 Buchstabe a mit dem Zeitpunkt, in dem der Erklärende zumindest die beschränkte Geschäftsfähigkeit erlangt hat oder in dem dem gesetzlichen Vertreter des geschäftsunfähigen Annehmenden oder des noch nicht 14 Jahre alten oder geschäftsunfähigen Kindes die Erklärung bekannt wird;

b) in den Fällen des § 1760 Abs. 2 Buchstabe b, c mit dem Zeitpunkt, in dem der Erklärende den Irrtum oder die Täuschung entdeckt;

c) in dem Falle des § 1760 Abs. 2 Buchstabe d mit dem Zeitpunkt, in dem die Zwangslage aufhört;

d) in dem Falle des § 1760 Abs. 2 Buchstabe e nach Ablauf der in § 1747 Abs. 2 Satz 1 bestimmten Frist;

e) in den Fällen des § 1760 Abs. 5 mit dem Zeitpunkt, in dem dem Elternteil bekannt wird, dass die Annahme ohne seine Einwilligung erfolgt ist.

Die für die Verjährung geltenden Vorschriften der §§ 206, 210 sind entsprechend anzuwenden.

(3) ¹Der Antrag bedarf der notariellen Beurkundung.

§ 1763 Aufhebung von Amts wegen (1) ¹Während der Minderjährigkeit des Kindes kann das Vormundschaftsgericht das Annahmeverhältnis von Amts wegen aufheben, wenn dies aus schwerwiegenden Gründen zum Wohl des Kindes erforderlich ist.

(2) ¹Ist das Kind von einem Ehepaar angenommen, so kann auch das zwischen dem Kind und einem Ehegatten bestehende Annahmeverhältnis aufgehoben werden.

(3) ¹Das Annahmeverhältnis darf nur aufgehoben werden,

a) wenn in dem Falle des Absatzes 2 der andere Ehegatte oder wenn ein leiblicher Elternteil bereit ist, die Pflege und Erziehung des Kindes zu übernehmen, und wenn die Ausübung der elterlichen Sorge durch ihn dem Wohl des Kindes nicht widersprechen würde oder

b) wenn die Aufhebung eine erneute Annahme des Kindes ermöglichen soll.

§ 1764 Wirkung der Aufhebung (1) ¹Die Aufhebung wirkt nur für die Zukunft. ²Hebt das Vormundschaftsgericht das Annahmeverhältnis nach dem Tode des Annehmenden auf dessen Antrag oder nach dem Tode des Kindes auf dessen Antrag auf, so hat dies die gleiche Wirkung, wie wenn das Annahmeverhältnis vor dem Tode aufgehoben worden wäre.

(2) ¹Mit der Aufhebung der Annahme als Kind erlöschen das durch die Annahme begründete Verwandtschaftsverhältnis des Kindes und seiner Abkömmlinge zu den bisherigen Verwandten und die sich aus ihm ergebenden Rechte und Pflichten.

(3) ¹Gleichzeitig leben das Verwandtschaftsverhältnis des Kindes und seiner Abkömmlinge zu den leiblichen Verwandten des Kindes und die sich aus ihm ergebenden Rechte und Pflichten, mit Ausnahme der elterlichen Sorge, wieder auf.

(4) ¹Das Vormundschaftsgericht hat den leiblichen Eltern die elterliche Sorge zurückzuübertragen, wenn und soweit dies dem Wohl des Kindes nicht widerspricht; andernfalls bestellt es einen Vormund oder Pfleger.

(5) ¹Besteht das Annahmeverhältnis zu einem Ehepaar und erfolgt die Aufhebung nur im Verhältnis zu einem Ehegatten, so treten die Wirkungen des

Absatzes 2 nur zwischen dem Kind und seinen Abkömmlingen und diesem Ehegatten und dessen Verwandten ein; die Wirkungen des Absatzes 3 treten nicht ein.

§ 1765 Name des Kindes nach der Aufhebung (1) [1]Mit der Aufhebung der Annahme als Kind verliert das Kind das Recht, den Familiennamen des Annehmenden als Geburtsnamen zu führen. [2]Satz 1 ist in den Fällen des § 1754 Abs. 1 nicht anzuwenden, wenn das Kind einen Geburtsnamen nach § 1757 Abs. 1 führt und das Annahmeverhältnis zu einem Ehegatten allein aufgehoben wird. [3]Ist der Geburtsname zum Ehenamen oder Lebenspartnerschaftsnamen des Kindes geworden, so bleibt dieser unberührt.

(2) [1]Auf Antrag des Kindes kann das Vormundschaftsgericht mit der Aufhebung anordnen, dass das Kind den Familiennamen behält, den es durch die Annahme erworben hat, wenn das Kind ein berechtigtes Interesse an der Führung dieses Namens hat. [2]§ 1746 Abs. 1 Satz 2, 3 ist entsprechend anzuwenden.

(3) [1]Ist der durch die Annahme erworbene Name zum Ehenamen oder Lebenspartnerschaftsnamen geworden, so hat das Vormundschaftsgericht auf gemeinsamen Antrag der Ehegatten oder Lebenspartner mit der Aufhebung anzuordnen, dass die Ehegatten oder Lebenspartner als Ehenamen oder Lebenspartnerschaftsnamen den Geburtsnamen führen, den das Kind vor der Annahme geführt hat.

§ 1766 Ehe zwischen Annehmendem und Kind [1]Schließt ein Annehmender mit dem Angenommenen oder einem seiner Abkömmlinge den eherechtlichen Vorschriften zuwider die Ehe, so wird mit der Eheschließung das durch die Annahme zwischen ihnen begründete Rechtsverhältnis aufgehoben. [2]§§ 1764, 1765 sind nicht anzuwenden.

Untertitel 2: Annahme Volljähriger

§ 1767 Zulässigkeit der Annahme, anzuwendende Vorschriften
(1) [1]Ein Volljähriger kann als Kind angenommen werden, wenn die Annahme sittlich gerechtfertigt ist; dies ist insbesondere anzunehmen, wenn zwischen dem Annehmenden und dem Anzunehmenden ein Eltern-Kind-Verhältnis bereits entstanden ist.

(2) [1]Für die Annahme Volljähriger gelten die Vorschriften über die Annahme Minderjähriger sinngemäß, soweit sich aus den folgenden Vorschriften nichts anderes ergibt. [2]§ 1757 Abs. 3 ist entsprechend anzuwenden, wenn der Angenommene eine Lebenspartnerschaft begründet hat und sein Geburtsname zum Lebenspartnerschaftsnamen bestimmt worden ist.

§ 1768 Antrag (1) [1]Die Annahme eines Volljährigen wird auf Antrag des Annehmenden und des Anzunehmenden vom Vormundschaftsgericht ausgesprochen. [2]§§ 1742, 1744, 1745, 1746 Abs. 1, 2, § 1747 sind nicht anzuwenden.

(2) [1]Für einen Anzunehmenden, der geschäftsunfähig ist, kann der Antrag nur von seinem gesetzlichen Vertreter gestellt werden.

§ 1769 Verbot der Annahme [1]Die Annahme eines Volljährigen darf nicht ausgesprochen werden, wenn ihr überwiegende Interessen der Kinder des Annehmenden oder des Anzunehmenden entgegenstehen.

§ 1770 Wirkung der Annahme (1) [1]Die Wirkungen der Annahme eines Volljährigen erstrecken sich nicht auf die Verwandten des Annehmenden. [2]Der Ehegatte des Annehmenden wird nicht mit dem Angenommenen, dessen Ehegatte wird nicht mit dem Annehmenden verschwägert.

(2) ¹Die Rechte und Pflichten aus dem Verwandtschaftsverhältnis des Angenommenen und seiner Abkömmlinge zu ihren Verwandten werden durch die Annahme nicht berührt, soweit das Gesetz nichts anderes vorschreibt.

(3) ¹Der Annehmende ist dem Angenommenen und dessen Abkömmlingen vor den leiblichen Verwandten des Angenommenen zur Gewährung des Unterhalts verpflichtet.

§ 1771 Aufhebung des Annahmeverhältnisses ¹Das Vormundschaftsgericht kann das Annahmeverhältnis, das zu einem Volljährigen begründet worden ist, auf Antrag des Annehmenden und des Angenommenen aufheben, wenn ein wichtiger Grund vorliegt. ²Im Übrigen kann das Annahmeverhältnis nur in sinngemäßer Anwendung der Vorschrift des § 1760 Abs. 1 bis 5 aufgehoben werden. ³An die Stelle der Einwilligung des Kindes tritt der Antrag des Anzunehmenden.

§ 1772 Annahme mit den Wirkungen der Minderjährigenannahme
(1) ¹Das Vormundschaftsgericht kann beim Ausspruch der Annahme eines Volljährigen auf Antrag des Annehmenden und des Anzunehmenden bestimmen, dass sich die Wirkungen der Annahme nach den Vorschriften über die Annahme eines Minderjährigen oder eines verwandten Minderjährigen richten (§§ 1754 bis 1756), wenn

a) ein minderjähriger Bruder oder eine minderjährige Schwester des Anzunehmenden von dem Annehmenden als Kind angenommen worden ist oder gleichzeitig angenommen wird oder
b) der Anzunehmende bereits als Minderjähriger in die Familie des Annehmenden aufgenommen worden ist oder
c) der Annehmende das Kind seines Ehegatten annimmt oder
d) der Anzunehmende in dem Zeitpunkt, in dem der Antrag auf Annahme bei dem Vormundschaftsgericht eingereicht wird, noch nicht volljährig ist.

Eine solche Bestimmung darf nicht getroffen werden, wenn ihr überwiegende Interessen der Eltern des Anzunehmenden entgegenstehen.

(2) ¹Das Annahmeverhältnis kann in den Fällen des Absatzes 1 nur in sinngemäßer Anwendung der Vorschrift des § 1760 Abs. 1 bis 5 aufgehoben werden. ²An die Stelle der Einwilligung des Kindes tritt der Antrag des Anzunehmenden.

Abschnitt 3: Vormundschaft, Rechtliche Betreuung, Pflegschaft

Titel 1: Vormundschaft

Untertitel 1: Begründung der Vormundschaft

§ 1773 Voraussetzungen (1) ¹Ein Minderjähriger erhält einen Vormund, wenn er nicht unter elterlicher Sorge steht oder wenn die Eltern weder in der die Person noch in den das Vermögen betreffenden Angelegenheiten zur Vertretung des Minderjährigen berechtigt sind.

(2) ¹Ein Minderjähriger erhält einen Vormund auch dann, wenn sein Familienstand nicht zu ermitteln ist.

§ 1774 Anordnung von Amts wegen ¹Das Vormundschaftsgericht hat die Vormundschaft von Amts wegen anzuordnen. ²Ist anzunehmen, dass ein Kind mit seiner Geburt eines Vormunds bedarf, so kann schon vor der Geburt des Kindes ein Vormund bestellt werden; die Bestellung wird mit der Geburt des Kindes wirksam.

§ 1775 Mehrere Vormünder
¹Das Vormundschaftsgericht kann ein Ehepaar gemeinschaftlich zu Vormündern bestellen. ²Im Übrigen soll das Vormundschaftsgericht, sofern nicht besondere Gründe für die Bestellung mehrerer Vormünder vorliegen, für den Mündel und, wenn Geschwister zu bevormunden sind, für alle Mündel nur einen Vormund bestellen.

§ 1776 Benennungsrecht der Eltern
(1) ¹Als Vormund ist berufen, wer von den Eltern des Mündels als Vormund benannt ist.
(2) ¹Haben der Vater und die Mutter verschiedene Personen benannt, so gilt die Benennung durch den zuletzt verstorbenen Elternteil.

§ 1777 Voraussetzungen des Benennungsrechts
(1) ¹Die Eltern können einen Vormund nur benennen, wenn ihnen zur Zeit ihres Todes die Sorge für die Person und das Vermögen des Kindes zusteht.
(2) ¹Der Vater kann für ein Kind, das erst nach seinem Tode geboren wird, einen Vormund benennen, wenn er dazu berechtigt sein würde, falls das Kind vor seinem Tode geboren wäre.
(3) ¹Der Vormund wird durch letztwillige Verfügung benannt.

§ 1778 Übergehen des benannten Vormunds
(1) ¹Wer nach § 1776 als Vormund berufen ist, darf ohne seine Zustimmung nur übergangen werden,
1. wenn er nach den §§ 1780 bis 1784 nicht zum Vormund bestellt werden kann oder soll,
2. wenn er an der Übernahme der Vormundschaft verhindert ist,
3. wenn er die Übernahme verzögert,
4. wenn seine Bestellung das Wohl des Mündels gefährden würde,
5. wenn der Mündel, der das 14. Lebensjahr vollendet hat, der Bestellung widerspricht, es sei denn, der Mündel ist geschäftsunfähig.

(2) ¹Ist der Berufene nur vorübergehend verhindert, so hat ihn das Vormundschaftsgericht nach dem Wegfall des Hindernisses auf seinen Antrag anstelle des bisherigen Vormunds zum Vormund zu bestellen.
(3) ¹Für einen minderjährigen Ehegatten darf der andere Ehegatte vor den nach § 1776 Berufenen zum Vormund bestellt werden.
(4) ¹Neben dem Berufenen darf nur mit dessen Zustimmung ein Mitvormund bestellt werden.

§ 1779 Auswahl durch das Vormundschaftsgericht
(1) ¹Ist die Vormundschaft nicht einem nach § 1776 Berufenen zu übertragen, so hat das Vormundschaftsgericht nach Anhörung des Jugendamts den Vormund auszuwählen.
(2) ¹Das Vormundschaftsgericht soll eine Person auswählen, die nach ihren persönlichen Verhältnissen und ihrer Vermögenslage sowie nach den sonstigen Umständen zur Führung der Vormundschaft geeignet ist. ²Bei der Auswahl unter mehreren geeigneten Personen sind der mutmaßliche Wille der Eltern, die persönlichen Bindungen des Mündels, die Verwandtschaft oder Schwägerschaft mit dem Mündel sowie das religiöse Bekenntnis des Mündels zu berücksichtigen.
(3) ¹Das Vormundschaftsgericht soll bei der Auswahl des Vormunds Verwandte oder Verschwägerte des Mündels hören, wenn dies ohne erhebliche Verzögerung und ohne unverhältnismäßige Kosten geschehen kann. ²Die Verwandten und Verschwägerten können von dem Mündel Ersatz ihrer Auslagen verlangen; der Betrag der Auslagen wird von dem Vormundschaftsgericht festgesetzt.

§ 1780 Unfähigkeit zur Vormundschaft
¹Zum Vormund kann nicht bestellt werden, wer geschäftsunfähig ist.

§ 1781 Untauglichkeit zur Vormundschaft
Zum Vormund soll nicht bestellt werden:
1. wer minderjährig ist,
2. derjenige, für den ein Betreuer bestellt ist.

§ 1782 Ausschluss durch die Eltern
(1) ¹Zum Vormund soll nicht bestellt werden, wer durch Anordnung der Eltern des Mündels von der Vormundschaft ausgeschlossen ist. ²Haben die Eltern einander widersprechende Anordnungen getroffen, so gilt die Anordnung des zuletzt verstorbenen Elternteils.
(2) ¹Auf die Ausschließung ist die Vorschrift des § 1777 anzuwenden.

§ 1783 (weggefallen)

§ 1784 Beamter oder Religionsdiener als Vormund
(1) ¹Ein Beamter oder Religionsdiener, der nach den Landesgesetzen einer besonderen Erlaubnis zur Übernahme einer Vormundschaft bedarf, soll nicht ohne die vorgeschriebene Erlaubnis zum Vormund bestellt werden.
(2) ¹Diese Erlaubnis darf nur versagt werden, wenn ein wichtiger dienstlicher Grund vorliegt.

§ 1785 Übernahmepflicht
¹Jeder Deutsche hat die Vormundschaft, für die er von dem Vormundschaftsgericht ausgewählt wird, zu übernehmen, sofern nicht seiner Bestellung zum Vormund einer der in den §§ 1780 bis 1784 bestimmten Gründe entgegensteht.

§ 1786 Ablehnungsrecht
(1) ¹Die Übernahme der Vormundschaft kann ablehnen:
1. ein Elternteil, welcher zwei oder mehr noch nicht schulpflichtige Kinder überwiegend betreut oder glaubhaft macht, dass die ihm obliegende Fürsorge für die Familie die Ausübung des Amts dauernd besonders erschwert,
2. wer das 60. Lebensjahr vollendet hat,
3. wem die Sorge für die Person oder das Vermögen von mehr als drei minderjährigen Kindern zusteht,
4. wer durch Krankheit oder durch Gebrechen verhindert ist, die Vormundschaft ordnungsmäßig zu führen,
5. wer wegen Entfernung seines Wohnsitzes von dem Sitz des Vormundschaftsgerichts die Vormundschaft nicht ohne besondere Belästigung führen kann,
6. (weggefallen)
7. wer mit einem anderen zur gemeinschaftlichen Führung der Vormundschaft bestellt werden soll,
8. wer mehr als eine Vormundschaft, Betreuung oder Pflegschaft führt; die Vormundschaft oder Pflegschaft über mehrere Geschwister gilt nur als eine; die Führung von zwei Gegenvormundschaften steht der Führung einer Vormundschaft gleich.

(2) ¹Das Ablehnungsrecht erlischt, wenn es nicht vor der Bestellung bei dem Vormundschaftsgericht geltend gemacht wird.

§ 1787 Folgen der unbegründeten Ablehnung
(1) ¹Wer die Übernahme der Vormundschaft ohne Grund ablehnt, ist, wenn ihm ein Verschulden zur Last fällt, für den Schaden verantwortlich, der dem Mündel dadurch entsteht, dass sich die Bestellung des Vormunds verzögert.
(2) ¹Erklärt das Vormundschaftsgericht die Ablehnung für unbegründet, so hat der Ablehnende, unbeschadet der ihm zustehenden Rechtsmittel, die Vormundschaft auf Erfordern des Vormundschaftsgerichts vorläufig zu übernehmen.

§ 1788 Zwangsgeld
(1) ¹Das Vormundschaftsgericht kann den zum Vormund Ausgewählten durch Festsetzung von Zwangsgeld zur Übernahme der Vormundschaft anhalten.

(2) ¹Die Zwangsgelder dürfen nur in Zwischenräumen von mindestens einer Woche festgesetzt werden. ²Mehr als drei Zwangsgelder dürfen nicht festgesetzt werden.

§ 1789 Bestellung durch das Vormundschaftsgericht ¹Der Vormund wird von dem Vormundschaftsgericht durch Verpflichtung zu treuer und gewissenhafter Führung der Vormundschaft bestellt. ²Die Verpflichtung soll mittels Handschlags an Eides statt erfolgen.

§ 1790 Bestellung unter Vorbehalt ¹Bei der Bestellung des Vormunds kann die Entlassung für den Fall vorbehalten werden, dass ein bestimmtes Ereignis eintritt oder nicht eintritt.

§ 1791 Bestallungsurkunde (1) ¹Der Vormund erhält eine Bestallung.
(2) ¹Die Bestallung soll enthalten den Namen und die Zeit der Geburt des Mündels, die Namen des Vormunds, des Gegenvormunds und der Mitvormünder sowie im Falle der Teilung der Vormundschaft die Art der Teilung.

§ 1791 a Vereinsvormundschaft (1) ¹Ein rechtsfähiger Verein kann zum Vormund bestellt werden, wenn er vom Landesjugendamt hierzu für geeignet erklärt worden ist. ²Der Verein darf nur zum Vormund bestellt werden, wenn eine als Einzelvormund geeignete Person nicht vorhanden ist oder wenn er nach § 1776 als Vormund berufen ist; die Bestellung bedarf der Einwilligung des Vereins.
(2) ¹Die Bestellung erfolgt durch schriftliche Verfügung des Vormundschaftsgerichts; die §§ 1789, 1791 sind nicht anzuwenden.
(3) ¹Der Verein bedient sich bei der Führung der Vormundschaft einzelner seiner Mitglieder oder Mitarbeiter; eine Person, die den Mündel in einem Heim des Vereins als Erzieher betreut, darf die Aufgaben des Vormunds nicht ausüben. ²Für ein Verschulden des Mitglieds oder des Mitarbeiters ist der Verein dem Mündel in gleicher Weise verantwortlich wie für ein Verschulden eines verfassungsmäßig berufenen Vertreters.
(4) ¹Will das Vormundschaftsgericht neben dem Verein einen Mitvormund oder will es einen Gegenvormund bestellen, so soll es vor der Entscheidung den Verein hören.

§ 1791 b Bestellte Amtsvormundschaft des Jugendamts (1) ¹Ist eine als Einzelvormund geeignete Person nicht vorhanden, so kann auch das Jugendamt zum Vormund bestellt werden. ²Das Jugendamt kann von den Eltern des Mündels weder benannt noch ausgeschlossen werden.
(2) ¹Die Bestellung erfolgt durch schriftliche Verfügung des Vormundschaftsgerichts; die §§ 1789, 1791 sind nicht anzuwenden.

§ 1791 c Gesetzliche Amtsvormundschaft des Jugendamts
(1) ¹Mit der Geburt eines Kindes, dessen Eltern nicht miteinander verheiratet sind und das eines Vormunds bedarf, wird das Jugendamt Vormund, wenn das Kind seinen gewöhnlichen Aufenthalt im Geltungsbereich dieses Gesetzes hat; dies gilt nicht, wenn bereits vor der Geburt des Kindes ein Vormund bestellt ist. ²Wurde die Vaterschaft nach § 1592 Nr. 1 oder 2 durch Anfechtung beseitigt und bedarf das Kind eines Vormunds, so wird das Jugendamt in dem Zeitpunkt Vormund, in dem die Entscheidung rechtskräftig wird.
(2) ¹War das Jugendamt Pfleger eines Kindes, dessen Eltern nicht miteinander verheiratet sind, endet die Pflegschaft kraft Gesetzes und bedarf das Kind eines Vormunds, so wird das Jugendamt Vormund, das bisher Pfleger war.
(3) ¹Das Vormundschaftsgericht hat dem Jugendamt unverzüglich eine Bescheinigung über den Eintritt der Vormundschaft zu erteilen; § 1791 ist nicht anzuwenden.

BGB §§ 1792–1797

§ 1792 Gegenvormund (1) ¹Neben dem Vormund kann ein Gegenvormund bestellt werden. ²Ist das Jugendamt Vormund, so kann kein Gegenvormund bestellt werden; das Jugendamt kann Gegenvormund sein.
(2) ¹Ein Gegenvormund soll bestellt werden, wenn mit der Vormundschaft eine Vermögensverwaltung verbunden ist, es sei denn, dass die Verwaltung nicht erheblich oder dass die Vormundschaft von mehreren Vormündern gemeinschaftlich zu führen ist.
(3) ¹Ist die Vormundschaft von mehreren Vormündern nicht gemeinschaftlich zu führen, so kann der eine Vormund zum Gegenvormund des anderen bestellt werden.
(4) ¹Auf die Berufung und Bestellung des Gegenvormunds sind die für die Begründung der Vormundschaft geltenden Vorschriften anzuwenden.

Untertitel 2: Führung der Vormundschaft

§ 1793 Aufgaben des Vormunds, Haftung des Mündels (1) ¹Der Vormund hat das Recht und die Pflicht, für die Person und das Vermögen des Mündels zu sorgen, insbesondere den Mündel zu vertreten. ²§ 1626 Abs. 2 gilt entsprechend. ³Ist der Mündel auf längere Dauer in den Haushalt des Vormunds aufgenommen, so gelten auch die §§ 1618 a, 1619, 1664 entsprechend.
(2) ¹Für Verbindlichkeiten, die im Rahmen der Vertretungsmacht nach Absatz 1 gegenüber dem Mündel begründet werden, haftet der Mündel entsprechend § 1629 a.

§ 1794 Beschränkung durch Pflegschaft ¹Das Recht und die Pflicht des Vormunds, für die Person und das Vermögen des Mündels zu sorgen, erstreckt sich nicht auf Angelegenheiten des Mündels, für die ein Pfleger bestellt ist.

§ 1795 Ausschluss der Vertretungsmacht (1) ¹Der Vormund kann den Mündel nicht vertreten:
1. bei einem Rechtsgeschäft zwischen seinem Ehegatten, seinem Lebenspartner oder einem seiner Verwandten in gerader Linie einerseits und dem Mündel andererseits, es sei denn, dass das Rechtsgeschäft ausschließlich in der Erfüllung einer Verbindlichkeit besteht,
2. bei einem Rechtsgeschäft, das die Übertragung oder Belastung einer durch Pfandrecht, Hypothek, Schiffshypothek oder Bürgschaft gesicherten Forderung des Mündels gegen den Vormund oder die Aufhebung oder Minderung dieser Sicherheit zum Gegenstand hat oder die Verpflichtung des Mündels zu einer solchen Übertragung, Belastung, Aufhebung oder Minderung begründet,
3. bei einem Rechtsstreit zwischen den in Nummer 1 bezeichneten Personen sowie bei einem Rechtsstreit über eine Angelegenheit der in Nummer 2 bezeichneten Art.

(2) ¹Die Vorschrift des § 181 bleibt unberührt.

§ 1796 Entziehung der Vertretungsmacht (1) ¹Das Vormundschaftsgericht kann dem Vormund die Vertretung für einzelne Angelegenheiten oder für einen bestimmten Kreis von Angelegenheiten entziehen.
(2) ¹Die Entziehung soll nur erfolgen, wenn das Interesse des Mündels zu dem Interesse des Vormunds oder eines von diesem vertretenen Dritten oder einer der in § 1795 Nr. 1 bezeichneten Personen in erheblichem Gegensatz steht.

§ 1797 Mehrere Vormünder (1) ¹Mehrere Vormünder führen die Vormundschaft gemeinschaftlich. ²Bei einer Meinungsverschiedenheit entscheidet das Vormundschaftsgericht, sofern nicht bei der Bestellung ein anderes bestimmt wird.

(2) ¹Das Vormundschaftsgericht kann die Führung der Vormundschaft unter mehrere Vormünder nach bestimmten Wirkungskreisen verteilen. ²Innerhalb des ihm überwiesenen Wirkungskreises führt jeder Vormund die Vormundschaft selbständig.

(3) ¹Bestimmungen, die der Vater oder die Mutter für die Entscheidung von Meinungsverschiedenheiten zwischen den von ihnen benannten Vormündern und für die Verteilung der Geschäfte unter diese nach Maßgabe des § 1777 getroffen hat, sind von dem Vormundschaftsgericht zu befolgen, sofern nicht ihre Befolgung das Interesse des Mündels gefährden würde.

§ 1798 Meinungsverschiedenheiten
¹Steht die Sorge für die Person und die Sorge für das Vermögen des Mündels verschiedenen Vormündern zu, so entscheidet bei einer Meinungsverschiedenheit über die Vornahme einer sowohl die Person als das Vermögen des Mündels betreffenden Handlung das Vormundschaftsgericht.

§ 1799 Pflichten und Rechte des Gegenvormunds
(1) ¹Der Gegenvormund hat darauf zu achten, dass der Vormund die Vormundschaft pflichtmäßig führt. ²Er hat dem Vormundschaftsgericht Pflichtwidrigkeiten des Vormunds sowie jeden Fall unverzüglich anzuzeigen, in welchem das Vormundschaftsgericht zum Einschreiten berufen ist, insbesondere den Tod des Vormunds oder den Eintritt eines anderen Umstands, infolgedessen das Amt des Vormunds endigt oder die Entlassung des Vormunds erforderlich wird.

(2) ¹Der Vormund hat dem Gegenvormund auf Verlangen über die Führung der Vormundschaft Auskunft zu erteilen und die Einsicht der sich auf die Vormundschaft beziehenden Papiere zu gestatten.

§ 1800 Umfang der Personensorge
¹Das Recht und die Pflicht des Vormunds, für die Person des Mündels zu sorgen, bestimmen sich nach §§ 1631 bis 1633.

§ 1801 Religiöse Erziehung
(1) ¹Die Sorge für die religiöse Erziehung des Mündels kann dem Einzelvormund von dem Vormundschaftsgericht entzogen werden, wenn der Vormund nicht dem Bekenntnis angehört, in dem der Mündel zu erziehen ist.

(2) ¹Hat das Jugendamt oder ein Verein als Vormund über die Unterbringung des Mündels zu entscheiden, so ist hierbei auf das religiöse Bekenntnis oder die Weltanschauung des Mündels und seiner Familie Rücksicht zu nehmen.

§ 1802 Vermögensverzeichnis
(1) ¹Der Vormund hat das Vermögen, das bei der Anordnung der Vormundschaft vorhanden ist oder später dem Mündel zufällt, zu verzeichnen und das Verzeichnis, nachdem er es mit der Versicherung der Richtigkeit und Vollständigkeit versehen hat, dem Vormundschaftsgericht einzureichen. ²Ist ein Gegenvormund vorhanden, so hat ihn der Vormund bei der Aufnahme des Verzeichnisses zuzuziehen; das Verzeichnis ist auch von dem Gegenvormund mit der Versicherung der Richtigkeit und Vollständigkeit zu versehen.

(2) ¹Der Vormund kann sich bei der Aufnahme des Verzeichnisses der Hilfe eines Beamten, eines Notars oder eines anderen Sachverständigen bedienen.

(3) ¹Ist das eingereichte Verzeichnis ungenügend, so kann das Vormundschaftsgericht anordnen, dass das Verzeichnis durch eine zuständige Behörde oder durch einen zuständigen Beamten oder Notar aufgenommen wird.

§ 1803 Vermögensverwaltung bei Erbschaft oder Schenkung
(1) ¹Was der Mündel von Todes wegen erwirbt oder was ihm unter Lebenden von einem Dritten unentgeltlich zugewendet wird, hat der Vormund nach

BGB §§ 1804–1809

den Anordnungen des Erblassers oder des Dritten zu verwalten, wenn die Anordnungen von dem Erblasser durch letztwillige Verfügung, von dem Dritten bei der Zuwendung getroffen worden sind.

(2) ¹Der Vormund darf mit Genehmigung des Vormundschaftsgerichts von den Anordnungen abweichen, wenn ihre Befolgung das Interesse des Mündels gefährden würde.

(3) ¹Zu einer Abweichung von den Anordnungen, die ein Dritter bei einer Zuwendung unter Lebenden getroffen hat, ist, solange er lebt, seine Zustimmung erforderlich und genügend. ²Die Zustimmung des Dritten kann durch das Vormundschaftsgericht ersetzt werden, wenn der Dritte zur Abgabe einer Erklärung dauernd außerstande oder sein Aufenthalt dauernd unbekannt ist.

§ 1804 Schenkungen des Vormunds ¹Der Vormund kann nicht in Vertretung des Mündels Schenkungen machen. ²Ausgenommen sind Schenkungen, durch die einer sittlichen Pflicht oder einer auf den Anstand zu nehmenden Rücksicht entsprochen wird.

§ 1805 Verwendung für den Vormund ¹Der Vormund darf Vermögen des Mündels weder für sich noch für den Gegenvormund verwenden. ²Ist das Jugendamt Vormund oder Gegenvormund, so ist die Anlegung von Mündelgeld gemäß § 1807 auch bei der Körperschaft zulässig, bei der das Jugendamt errichtet ist.

§ 1806 Anlegung von Mündelgeld ¹Der Vormund hat das zum Vermögen des Mündels gehörende Geld verzinslich anzulegen, soweit es nicht zur Bestreitung von Ausgaben bereitzuhalten ist.

§ 1807 Art der Anlegung (1) ¹Die im § 1806 vorgeschriebene Anlegung von Mündelgeld soll nur erfolgen:
1. in Forderungen, für die eine sichere Hypothek an einem inländischen Grundstück besteht, oder in sicheren Grundschulden oder Rentenschulden an inländischen Grundstücken;
2. in verbrieften Forderungen gegen den Bund oder ein Land sowie in Forderungen, die in das Bundesschuldbuch oder in das Landesschuldbuch eines Landes eingetragen sind;
3. in verbrieften Forderungen, deren Verzinsung vom Bund oder einem Land gewährleistet ist;
4. in Wertpapieren, insbesondere Pfandbriefen, sowie in verbrieften Forderungen jeder Art gegen eine inländische kommunale Körperschaft oder die Kreditanstalt einer solchen Körperschaft, sofern die Wertpapiere oder die Forderungen von der Bundesregierung mit Zustimmung des Bundesrates zur Anlegung von Mündelgeld für geeignet erklärt sind;
5. bei einer inländischen öffentlichen Sparkasse, wenn sie von der zuständigen Behörde des Bundesstaats, in welchem sie ihren Sitz hat, zur Anlegung von Mündelgeld für geeignet erklärt ist, oder bei einem anderen Kreditinstitut, das einer für die Anlage ausreichenden Sicherungseinrichtung angehört.

(2) ¹Die Landesgesetze können für die innerhalb ihres Geltungsbereichs belegenen Grundstücke die Grundsätze bestimmen, nach denen die Sicherheit einer Hypothek, einer Grundschuld oder einer Rentenschuld festzustellen ist.

§ 1808 (weggefallen)

§ 1809 Anlegung mit Sperrvermerk ¹Der Vormund soll Mündelgeld nach § 1807 Abs. 1 Nr. 5 nur mit der Bestimmung anlegen, dass zur Erhebung des Geldes die Genehmigung des Gegenvormunds oder des Vormundschaftsgerichts erforderlich ist.

§§ 1810–1815 BGB

§ 1810 Mitwirkung von Gegenvormund oder Vormundschaftsgericht ¹Der Vormund soll die in den §§ 1806, 1807 vorgeschriebene Anlegung nur mit Genehmigung des Gegenvormunds bewirken; die Genehmigung des Gegenvormunds wird durch die Genehmigung des Vormundschaftsgerichts ersetzt. ²Ist ein Gegenvormund nicht vorhanden, so soll die Anlegung nur mit Genehmigung des Vormundschaftsgerichts erfolgen, sofern nicht die Vormundschaft von mehreren Vormündern gemeinschaftlich geführt wird.

§ 1811 Andere Anlegung ¹Das Vormundschaftsgericht kann dem Vormund eine andere Anlegung als die in § 1807 vorgeschriebene gestatten. ²Die Erlaubnis soll nur verweigert werden, wenn die beabsichtigte Art der Anlegung nach Lage des Falles den Grundsätzen einer wirtschaftlichen Vermögensverwaltung zuwiderlaufen würde.

§ 1812 Verfügungen über Forderungen und Wertpapiere (1) ¹Der Vormund kann über eine Forderung oder über ein anderes Recht, kraft dessen der Mündel eine Leistung verlangen kann, sowie über ein Wertpapier des Mündels nur mit Genehmigung des Gegenvormunds verfügen, sofern nicht nach den §§ 1819 bis 1822 die Genehmigung des Vormundschaftsgerichts erforderlich ist. ²Das Gleiche gilt von der Eingehung der Verpflichtung zu einer solchen Verfügung.
(2) ¹Die Genehmigung des Gegenvormunds wird durch die Genehmigung des Vormundschaftsgerichts ersetzt.
(3) ¹Ist ein Gegenvormund nicht vorhanden, so tritt an die Stelle der Genehmigung des Gegenvormunds die Genehmigung des Vormundschaftsgerichts, sofern nicht die Vormundschaft von mehreren Vormündern gemeinschaftlich geführt wird.

§ 1813 Genehmigungsfreie Geschäfte (1) ¹Der Vormund bedarf nicht der Genehmigung des Gegenvormunds zur Annahme einer geschuldeten Leistung:
1. wenn der Gegenstand der Leistung nicht in Geld oder Wertpapieren besteht,
2. wenn der Anspruch nicht mehr als 3 000 Euro beträgt,
3. wenn Geld zurückgezahlt wird, das der Vormund angelegt hat,
4. wenn der Anspruch zu den Nutzungen des Mündelvermögens gehört,
5. wenn der Anspruch auf Erstattung von Kosten der Kündigung oder der Rechtsverfolgung oder auf sonstige Nebenleistungen gerichtet ist.
(2) ¹Die Befreiung nach Absatz 1 Nr. 2, 3 erstreckt sich nicht auf die Erhebung von Geld, bei dessen Anlegung ein anderes bestimmt worden ist. ²Die Befreiung nach Absatz 1 Nr. 3 gilt auch nicht für die Erhebung von Geld, das nach § 1807 Abs. 1 Nr. 1 bis 4 angelegt ist.

§ 1814 Hinterlegung von Inhaberpapieren ¹Der Vormund hat die zu dem Vermögen des Mündels gehörenden Inhaberpapiere nebst den Erneuerungsscheinen bei einer Hinterlegungsstelle oder bei einem der in § 1807 Abs. 1 Nr. 5 genannten Kreditinstitute mit der Bestimmung zu hinterlegen, dass die Herausgabe der Papiere nur mit Genehmigung des Vormundschaftsgerichts verlangt werden kann. ²Die Hinterlegung von Inhaberpapieren, die nach § 92 zu den verbrauchbaren Sachen gehören, sowie von Zins-, Renten- oder Gewinnanteilscheinen ist nicht erforderlich. ³Den Inhaberpapieren stehen Orderpapiere gleich, die mit Blankoindossament versehen sind.

§ 1815 Umschreibung und Umwandlung von Inhaberpapieren
(1) ¹Der Vormund kann die Inhaberpapiere, statt sie nach § 1814 zu hinterlegen, auf den Namen des Mündels mit der Bestimmung umschreiben lassen, dass er über sie nur mit Genehmigung des Vormundschaftsgerichts verfügen kann.

²Sind die Papiere vom Bund oder einem Land ausgestellt, so kann er sie mit der gleichen Bestimmung in Schuldbuchforderungen gegen den Bund oder das Land umwandeln lassen.

(2) ¹Sind Inhaberpapiere zu hinterlegen, die in Schuldbuchforderungen gegen den Bund oder ein Land umgewandelt werden können, so kann das Vormundschaftsgericht anordnen, dass sie nach Absatz 1 in Schuldbuchforderungen umgewandelt werden.

§ 1816 Sperrung von Buchforderungen ¹Gehören Schuldbuchforderungen gegen den Bund oder ein Land bei der Anordnung der Vormundschaft zu dem Vermögen des Mündels oder erwirbt der Mündel später solche Forderungen, so hat der Vormund in das Schuldbuch den Vermerk eintragen zu lassen, dass er über die Forderungen nur mit Genehmigung des Vormundschaftsgerichts verfügen kann.

§ 1817 Befreiung (1) ¹Das Vormundschaftsgericht kann den Vormund auf dessen Antrag von den ihm nach den §§ 1806 bis 1816 obliegenden Verpflichtungen entbinden, soweit
1. der Umfang der Vermögensverwaltung dies rechtfertigt und
2. eine Gefährdung des Vermögens nicht zu besorgen ist.

²Die Voraussetzungen der Nummer 1 liegen im Regelfall vor, wenn der Wert des Vermögens ohne Berücksichtigung von Grundbesitz 6 000 Euro nicht übersteigt.

(2) ¹Das Vormundschaftsgericht kann aus besonderen Gründen den Vormund von den ihm nach den §§ 1814, 1816 obliegenden Verpflichtungen auch dann entbinden, wenn die Voraussetzungen des Absatzes 1 Nr. 1 nicht vorliegen.

§ 1818 Anordnung der Hinterlegung ¹Das Vormundschaftsgericht kann aus besonderen Gründen anordnen, dass der Vormund auch solche zu dem Vermögen des Mündels gehörende Wertpapiere, zu deren Hinterlegung er nach § 1814 nicht verpflichtet ist, sowie Kostbarkeiten des Mündels in der in § 1814 bezeichneten Weise zu hinterlegen hat; auf Antrag des Vormunds kann die Hinterlegung von Zins-, Renten- und Gewinnanteilscheinen angeordnet werden, auch wenn ein besonderer Grund nicht vorliegt.

§ 1819 Genehmigung bei Hinterlegung ¹Solange die nach § 1814 oder nach § 1818 hinterlegten Wertpapiere oder Kostbarkeiten nicht zurückgenommen sind, bedarf der Vormund zu einer Verfügung über sie und, wenn Hypotheken-, Grundschuld- oder Rentenschuldbriefe hinterlegt sind, zu einer Verfügung über die Hypothekenforderung, die Grundschuld oder die Rentenschuld der Genehmigung des Vormundschaftsgerichts. ²Das Gleiche gilt von der Eingehung der Verpflichtung zu einer solchen Verfügung.

§ 1820 Genehmigung nach Umschreibung und Umwandlung
(1) ¹Sind Inhaberpapiere nach § 1815 auf den Namen des Mündels umgeschrieben oder in Schuldbuchforderungen umgewandelt, so bedarf der Vormund auch zur Eingehung der Verpflichtung zu einer Verfügung über die sich aus der Umschreibung oder der Umwandlung ergebenden Stammforderungen der Genehmigung des Vormundschaftsgerichts.

(2) ¹Das Gleiche gilt, wenn bei einer Schuldbuchforderung des Mündels der im § 1816 bezeichnete Vermerk eingetragen ist.

§ 1821 Genehmigung für Geschäfte über Grundstücke, Schiffe oder Schiffsbauwerke (1) ¹Der Vormund bedarf der Genehmigung des Vormundschaftsgerichts:

1. zur Verfügung über ein Grundstück oder über ein Recht an einem Grundstück;
2. zur Verfügung über eine Forderung, die auf Übertragung des Eigentums an einem Grundstück oder auf Begründung oder Übertragung eines Rechts an einem Grundstück oder auf Befreiung eines Grundstücks von einem solchen Recht gerichtet ist;
3. zur Verfügung über ein eingetragenes Schiff oder Schiffsbauwerk oder über eine Forderung, die auf Übertragung des Eigentums an einem eingetragenen Schiff oder Schiffsbauwerk gerichtet ist;
4. zur Eingehung einer Verpflichtung zu einer der in den Nummern 1 bis 3 bezeichneten Verfügungen;
5. zu einem Vertrag, der auf den entgeltlichen Erwerb eines Grundstücks, eines eingetragenen Schiffes oder Schiffsbauwerks oder eines Rechts an einem Grundstück gerichtet ist.

(2) ¹Zu den Rechten an einem Grundstück im Sinne dieser Vorschriften gehören nicht Hypotheken, Grundschulden und Rentenschulden.

§ 1822 Genehmigung für sonstige Geschäfte
Der Vormund bedarf der Genehmigung des Vormundschaftsgerichts:
1. zu einem Rechtsgeschäft, durch das der Mündel zu einer Verfügung über sein Vermögen im Ganzen oder über eine ihm angefallene Erbschaft oder über seinen künftigen gesetzlichen Erbteil oder seinen künftigen Pflichtteil verpflichtet wird, sowie zu einer Verfügung über den Anteil des Mündels an einer Erbschaft,
2. zur Ausschlagung einer Erbschaft oder eines Vermächtnisses, zum Verzicht auf einen Pflichtteil sowie zu einem Erbteilungsvertrag,
3. zu einem Vertrag, der auf den entgeltlichen Erwerb oder die Veräußerung eines Erwerbsgeschäfts gerichtet ist, sowie zu einem Gesellschaftsvertrag, der zum Betrieb eines Erwerbsgeschäfts eingegangen wird,
4. zu einem Pachtvertrag über ein Landgut oder einen gewerblichen Betrieb,
5. zu einem Miet- oder Pachtvertrag oder einem anderen Vertrag, durch den der Mündel zu wiederkehrenden Leistungen verpflichtet wird, wenn das Vertragsverhältnis länger als ein Jahr nach dem Eintritt der Volljährigkeit des Mündels fortdauern soll,
6. zu einem Lehrvertrag, der für längere Zeit als ein Jahr geschlossen wird,
7. zu einem auf die Eingehung eines Dienst- oder Arbeitsverhältnisses gerichteten Vertrag, wenn der Mündel zu persönlichen Leistungen für längere Zeit als ein Jahr verpflichtet werden soll,
8. zur Aufnahme von Geld auf den Kredit des Mündels,
9. zur Ausstellung einer Schuldverschreibung auf den Inhaber oder zur Eingehung einer Verbindlichkeit aus einem Wechsel oder einem anderen Papier, das durch Indossament übertragen werden kann,
10. zur Übernahme einer fremden Verbindlichkeit, insbesondere zur Eingehung einer Bürgschaft,
11. zur Erteilung einer Prokura,
12. zu einem Vergleich oder einem Schiedsvertrag, es sei denn, dass der Gegenstand des Streites oder der Ungewissheit in Geld schätzbar ist und den Wert von 3 000 Euro nicht übersteigt oder der Vergleich einem schriftlichen oder protokollierten gerichtlichen Vergleichsvorschlag entspricht,
13. zu einem Rechtsgeschäft, durch das die für eine Forderung des Mündels bestehende Sicherheit aufgehoben oder gemindert oder die Verpflichtung dazu begründet wird.

§ 1823 Genehmigung bei einem Erwerbsgeschäft des Mündels

¹Der Vormund soll nicht ohne Genehmigung des Vormundschaftsgerichts ein neues Erwerbsgeschäft im Namen des Mündels beginnen oder ein bestehendes Erwerbsgeschäft des Mündels auflösen.

§ 1824 Genehmigung für die Überlassung von Gegenständen an den Mündel

¹Der Vormund kann Gegenstände, zu deren Veräußerung die Genehmigung des Gegenvormunds oder des Vormundschaftsgerichts erforderlich ist, dem Mündel nicht ohne diese Genehmigung zur Erfüllung eines von diesem geschlossenen Vertrags oder zu freier Verfügung überlassen.

§ 1825 Allgemeine Ermächtigung

(1) ¹Das Vormundschaftsgericht kann dem Vormund zu Rechtsgeschäften, zu denen nach § 1812 die Genehmigung des Gegenvormunds erforderlich ist, sowie zu den in § 1822 Nr. 8 bis 10 bezeichneten Rechtsgeschäften eine allgemeine Ermächtigung erteilen.

(2) ¹Die Ermächtigung soll nur erteilt werden, wenn sie zum Zwecke der Vermögensverwaltung, insbesondere zum Betrieb eines Erwerbsgeschäfts, erforderlich ist.

§ 1826 Anhörung des Gegenvormunds vor Erteilung der Genehmigung

¹Das Vormundschaftsgericht soll vor der Entscheidung über die zu einer Handlung des Vormunds erforderliche Genehmigung den Gegenvormund hören, sofern ein solcher vorhanden und die Anhörung tunlich ist.

§ 1827 (weggefallen)

§ 1828 Erklärung der Genehmigung

¹Das Vormundschaftsgericht kann die Genehmigung zu einem Rechtsgeschäft nur dem Vormund gegenüber erklären.

§ 1829 Nachträgliche Genehmigung

(1) ¹Schließt der Vormund einen Vertrag ohne die erforderliche Genehmigung des Vormundschaftsgerichts, so hängt die Wirksamkeit des Vertrags von der nachträglichen Genehmigung des Vormundschaftsgerichts ab. ²Die Genehmigung sowie deren Verweigerung wird dem anderen Teil gegenüber erst wirksam, wenn sie ihm durch den Vormund mitgeteilt wird.

(2) ¹Fordert der andere Teil den Vormund zur Mitteilung darüber auf, ob die Genehmigung erteilt sei, so kann die Mitteilung der Genehmigung nur bis zum Ablauf von zwei Wochen nach dem Empfang der Aufforderung erfolgen; erfolgt sie nicht, so gilt die Genehmigung als verweigert.

(3) ¹Ist der Mündel volljährig geworden, so tritt seine Genehmigung an die Stelle der Genehmigung des Vormundschaftsgerichts.

§ 1830 Widerrufsrecht des Geschäftspartners

¹Hat der Vormund dem anderen Teil gegenüber der Wahrheit zuwider die Genehmigung des Vormundschaftsgerichts behauptet, so ist der andere Teil bis zur Mitteilung der nachträglichen Genehmigung des Vormundschaftsgerichts zum Widerruf berechtigt, es sei denn, dass ihm das Fehlen der Genehmigung bei dem Abschluss des Vertrags bekannt war.

§ 1831 Einseitiges Rechtsgeschäft ohne Genehmigung

¹Ein einseitiges Rechtsgeschäft, das der Vormund ohne die erforderliche Genehmigung des Vormundschaftsgerichts vornimmt, ist unwirksam. ²Nimmt der Vormund mit dieser Genehmigung ein solches Rechtsgeschäft einem anderen gegenüber vor, so ist das Rechtsgeschäft unwirksam, wenn der Vormund die Genehmigung nicht in schriftlicher Form vorlegt und der andere das Rechtsgeschäft aus diesem Grunde unverzüglich zurückweist.

§ 1832 Genehmigung des Gegenvormunds ¹Soweit der Vormund zu einem Rechtsgeschäft der Genehmigung des Gegenvormunds bedarf, finden die Vorschriften der §§ 1828 bis 1831 entsprechende Anwendung.

§ 1833 Haftung des Vormunds (1) ¹Der Vormund ist dem Mündel für den aus einer Pflichtverletzung entstehenden Schaden verantwortlich, wenn ihm ein Verschulden zur Last fällt. ²Das Gleiche gilt von dem Gegenvormund.

(2) ¹Sind für den Schaden mehrere nebeneinander verantwortlich, so haften sie als Gesamtschuldner. ²Ist neben dem Vormund für den von diesem verursachten Schaden der Gegenvormund oder ein Mitvormund nur wegen Verletzung seiner Aufsichtspflicht verantwortlich, so ist in ihrem Verhältnis zueinander der Vormund allein verpflichtet.

§ 1834 Verzinsungspflicht ¹Verwendet der Vormund Geld des Mündels für sich, so hat er es von der Zeit der Verwendung an zu verzinsen.

§ 1835 Aufwendungsersatz (1) ¹Macht der Vormund zum Zwecke der Führung der Vormundschaft Aufwendungen, so kann er nach den für den Auftrag geltenden Vorschriften der §§ 669, 670 von dem Mündel Vorschuss oder Ersatz verlangen; für den Ersatz von Fahrtkosten gilt die in § 9 des Gesetzes über die Entschädigung von Zeugen und Sachverständigen für Sachverständige getroffene Regelung entsprechend. ²Das gleiche Recht steht dem Gegenvormund zu. ³Ersatzansprüche erlöschen, wenn sie nicht binnen 15 Monaten nach ihrer Entstehung gerichtlich geltend gemacht werden; die Geltendmachung des Anspruchs beim Vormundschaftsgericht gilt dabei auch als Geltendmachung gegenüber dem Mündel. ⁴Das Vormundschaftsgericht kann in sinngemäßer Anwendung von § 15 Abs. 3 Satz 1 bis 5 des Gesetzes über die Entschädigung von Zeugen und Sachverständigen eine abweichende Frist bestimmen.

(2) ¹Aufwendungen sind auch die Kosten einer angemessenen Versicherung gegen Schäden, die dem Mündel durch den Vormund oder Gegenvormund zugefügt werden können oder die dem Vormund oder Gegenvormund dadurch entstehen können, dass er einem Dritten zum Ersatz eines durch die Führung der Vormundschaft verursachten Schadens verpflichtet ist; dies gilt nicht für die Kosten der Haftpflichtversicherung des Halters eines Kraftfahrzeugs. ²Satz 1 ist nicht anzuwenden, wenn der Vormund oder Gegenvormund eine Vergütung nach § 1836 Abs. 2 erhält.

(3) ¹Als Aufwendungen gelten auch solche Dienste des Vormunds oder des Gegenvormunds, die zu seinem Gewerbe oder seinem Beruf gehören.

(4) ¹Ist der Mündel mittellos, so kann der Vormund Vorschuss und Ersatz aus der Staatskasse verlangen. ²Absatz 1 Satz 3 und 4 gilt entsprechend.

(5) ¹Das Jugendamt oder ein Verein kann als Vormund oder Gegenvormund für Aufwendungen keinen Vorschuss und Ersatz nur insoweit verlangen, als das einzusetzende Einkommen und Vermögen des Mündels ausreicht. ²Allgemeine Verwaltungskosten einschließlich der Kosten nach Absatz 2 werden nicht ersetzt.

§ 1835 a Aufwandsentschädigung (1) ¹Zur Abgeltung seines Anspruchs auf Aufwendungsersatz kann der Vormund als Aufwandsentschädigung für jede Vormundschaft, für die ihm eine Vergütung zusteht, einen Geldbetrag verlangen, der für ein Jahr dem Vierundzwanzigfachen dessen entspricht, was einem Zeugen als Höchstbetrag der Entschädigung für eine Stunde versäumter Arbeitszeit gewährt werden kann (Aufwandsentschädigung). ²Hat der Vormund für solche Aufwendungen bereits Vorschuss oder Ersatz erhalten, so verringert sich die Aufwandsentschädigung entsprechend.

(2) ¹Die Aufwandsentschädigung ist jährlich zu zahlen, erstmals ein Jahr nach Bestellung des Vormunds.

(3) ¹Ist der Mündel mittellos, so kann der Vormund die Aufwandsentschädigung aus der Staatskasse verlangen; Unterhaltsansprüche des Mündels gegen den Vormund sind insoweit bei der Bestimmung des Einkommens nach § 1836 c Nr. 1 nicht zu berücksichtigen.

(4) ¹Der Anspruch auf Aufwandsentschädigung erlischt, wenn er nicht binnen drei Monaten nach Ablauf des Jahres, in dem der Anspruch entsteht, geltend gemacht wird; die Geltendmachung des Anspruchs beim Vormundschaftsgericht gilt auch als Geltendmachung gegenüber dem Mündel.

(5) ¹Dem Jugendamt oder einem Verein kann keine Aufwandsentschädigung gewährt werden.

§ 1836 Vergütung des Vormunds
(1) ¹Die Vormundschaft wird unentgeltlich geführt. ²Sie wird ausnahmsweise entgeltlich geführt, wenn das Gericht bei der Bestellung des Vormunds feststellt, dass der Vormund die Vormundschaft berufsmäßig führt. ³Das Gericht hat diese Feststellung zu treffen, wenn dem Vormund in einem solchen Umfang Vormundschaften übertragen sind, dass er sie nur im Rahmen seiner Berufsausübung führen kann, oder wenn zu erwarten ist, dass dem Vormund in absehbarer Zeit Vormundschaften in diesem Umfang übertragen sein werden. ⁴Die Voraussetzungen des Satzes 3 erste Alternative liegen im Regelfall vor, wenn der Vormund
a) mehr als zehn Vormundschaften führt oder
b) die für die Führung der Vormundschaften erforderliche Zeit voraussichtlich 20 Wochenstunden nicht unterschreitet.

(2) ¹Liegen die Voraussetzungen des Absatzes 1 Satz 2 vor, so hat das Vormundschaftsgericht dem Vormund oder Gegenvormund eine Vergütung zu bewilligen. ²Die Höhe der Vergütung bestimmt sich nach den für die Führung der Vormundschaft nutzbaren Fachkenntnissen des Vormunds sowie nach dem Umfang und der Schwierigkeit der vormundschaftlichen Geschäfte. ³Der Vormund kann Abschlagszahlungen verlangen. ⁴Der Vergütungsanspruch erlischt, wenn er nicht binnen 15 Monaten nach seiner Entstehung beim Vormundschaftsgericht geltend gemacht wird; das Vormundschaftsgericht kann in sinngemäßer Anwendung von § 15 Abs. 3 Satz 1 bis 5 des Gesetzes über die Entschädigung von Zeugen und Sachverständigen eine abweichende Frist bestimmen.

(3) ¹Trifft das Gericht keine Feststellung nach Absatz 1 Satz 2, so kann es dem Vormund und aus besonderen Gründen auch dem Gegenvormund gleichwohl eine angemessene Vergütung bewilligen, soweit der Umfang oder die Schwierigkeit der vormundschaftlichen Geschäfte dies rechtfertigen; dies gilt nicht, wenn der Mündel mittellos ist.

(4) ¹Dem Jugendamt oder einem Verein kann keine Vergütung bewilligt werden.

§ 1836 a Vergütung aus der Staatskasse
¹Ist der Mündel mittellos, so kann der Vormund die nach § 1836 Abs. 1 Satz 2, Abs. 2 zu bewilligende Vergütung nach Maßgabe des § 1 des Gesetzes über die Vergütung von Berufsvormündern aus der Staatskasse verlangen.

§ 1836 b Vergütung des Berufsvormunds, Zeitbegrenzung
¹In den Fällen des § 1836 Abs. 1 Satz 2 kann das Vormundschaftsgericht
1. dem Vormund einen festen Geldbetrag als Vergütung zubilligen, wenn die für die Führung der vormundschaftlichen Geschäfte erforderliche Zeit vorhersehbar und ihre Ausschöpfung durch den Vormund gewährleistet ist. Bei der Bemessung des Geldbetrags ist die voraussichtlich erforderliche Zeit mit den in § 1 Abs. 1 des Gesetzes über die Vergütung von Berufsvormündern bestimmten Beträgen zu vergüten. Einer Nachweisung der vom Vormund

aufgewandten Zeit bedarf es in diesem Falle nicht; weitergehende Vergütungsansprüche des Vormunds sind ausgeschlossen;
2. die für die Führung der vormundschaftlichen Geschäfte erforderliche Zeit begrenzen. Eine Überschreitung der Begrenzung bedarf der Genehmigung des Vormundschaftsgerichts.

²Eine Entscheidung nach Satz 1 kann zugleich mit der Bestellung des Vormunds getroffen werden.

§ 1836 c Einzusetzende Mittel des Mündels
Der Mündel hat einzusetzen:
1. nach Maßgabe des § 84 des Bundessozialhilfegesetzes sein Einkommen, soweit es zusammen mit dem Einkommen seines nicht getrennt lebenden Ehegatten oder Lebenspartners die nach den §§ 76, 79 Abs. 1, 3, § 81 Abs. 1 und § 82 des Bundessozialhilfegesetzes maßgebende Einkommensgrenze für Hilfe in besonderen Lebenslagen übersteigt; wird im Einzelfall der Einsatz eines Teils des Einkommens zur Deckung eines bestimmten Bedarfs im Rahmen der Hilfe in besonderen Lebenslagen nach dem Bundessozialhilfegesetz zugemutet oder verlangt, darf dieser Teil des Einkommens bei der Prüfung, inwieweit der Einsatz des Einkommens zur Deckung der Kosten der Vormundschaft einzusetzen ist, nicht mehr berücksichtigt werden. Als Einkommen gelten auch Unterhaltsansprüche sowie die wegen Entziehung einer solchen Forderung zu entrichtenden Renten;
2. sein Vermögen nach Maßgabe des § 88 des Bundessozialhilfegesetzes.

§ 1836 d Mittellosigkeit des Mündels   ¹Der Mündel gilt als mittellos, wenn er den Aufwendungsersatz oder die Vergütung aus seinem einzusetzenden Einkommen oder Vermögen
1. nicht oder nur zum Teil oder nur in Raten oder
2. nur im Wege gerichtlicher Geltendmachung von Unterhaltsansprüchen aufbringen kann.

§ 1836 e Gesetzlicher Forderungsübergang   (1) ¹Soweit die Staatskasse den Vormund oder Gegenvormund befriedigt, gehen Ansprüche des Vormundes oder Gegenvormunds gegen den Mündel auf die Staatskasse über. ²Der übergegangene Anspruch erlischt in zehn Jahren vom Ablauf des Jahres an, in dem die Staatskasse die Aufwendungen ersetzt oder die Vergütung bezahlt hat. ³Nach dem Tod des Mündels haftet sein Erbe nur mit dem Wert des im Zeitpunkt des Erbfalls vorhandenen Nachlasses; § 92 c Abs. 3 und 4 des Bundessozialhilfegesetzes gilt entsprechend, § 1836 c findet auf den Erben keine Anwendung.
(2) ¹Soweit Ansprüche gemäß § 1836 c Nr. 1 Satz 2 einzusetzen sind, findet zugunsten der Staatskasse § 850 b der Zivilprozessordnung keine Anwendung.

Untertitel 3: Fürsorge und Aufsicht des Vormundschaftsgerichts

§ 1837 Beratung und Aufsicht   (1) ¹Das Vormundschaftsgericht berät die Vormünder. ²Es wirkt dabei mit, sie in ihre Aufgaben einzuführen.
(2) ¹Das Vormundschaftsgericht hat über die gesamte Tätigkeit des Vormunds und des Gegenvormunds die Aufsicht zu führen und gegen Pflichtwidrigkeiten durch geeignete Gebote und Verbote einzuschreiten. ²Es kann dem Vormund und dem Gegenvormund aufgeben, eine Versicherung gegen Schäden, die sie dem Mündel zufügen können, einzugehen.
(3) ¹Das Vormundschaftsgericht kann den Vormund und den Gegenvormund zur Befolgung seiner Anordnungen durch Festsetzung von Zwangsgeld anhalten. ²Gegen das Jugendamt oder einen Verein wird kein Zwangsgeld festgesetzt.

(4) ¹§§ 1666, 1666 a und 1696 gelten entsprechend.

§ 1838 (weggefallen)

§ 1839 Auskunftspflicht des Vormunds
¹Der Vormund sowie der Gegenvormund hat dem Vormundschaftsgericht auf Verlangen jederzeit über die Führung der Vormundschaft und über die persönlichen Verhältnisse des Mündels Auskunft zu erteilen.

§ 1840 Bericht und Rechnungslegung
(1) ¹Der Vormund hat über die persönlichen Verhältnisse des Mündels dem Vormundschaftsgericht mindestens einmal jährlich zu berichten.
(2) ¹Der Vormund hat über seine Vermögensverwaltung dem Vormundschaftsgericht Rechnung zu legen.
(3) ¹Die Rechnung ist jährlich zu legen. ²Das Rechnungsjahr wird von dem Vormundschaftsgericht bestimmt.
(4) ¹Ist die Verwaltung von geringem Umfang, so kann das Vormundschaftsgericht, nachdem die Rechnung für das erste Jahr gelegt worden ist, anordnen, dass die Rechnung für längere, höchstens dreijährige Zeitabschnitte zu legen ist.

§ 1841 Inhalt der Rechnungslegung
(1) ¹Die Rechnung soll eine geordnete Zusammenstellung der Einnahmen und Ausgaben enthalten, über den Ab- und Zugang des Vermögens Auskunft geben und, soweit Belege erteilt zu werden pflegen, mit Belegen versehen sein.
(2) ¹Wird ein Erwerbsgeschäft mit kaufmännischer Buchführung betrieben, so genügt als Rechnung ein aus den Büchern gezogener Jahresabschluss. ²Das Vormundschaftsgericht kann jedoch die Vorlegung der Bücher und sonstigen Belege verlangen.

§ 1842 Mitwirkung des Gegenvormunds
¹Ist ein Gegenvormund vorhanden oder zu bestellen, so hat ihm der Vormund die Rechnung unter Nachweisung des Vermögensbestands vorzulegen. ²Der Gegenvormund hat die Rechnung mit den Bemerkungen zu versehen, zu denen die Prüfung ihm Anlass gibt.

§ 1843 Prüfung durch das Vormundschaftsgericht
(1) ¹Das Vormundschaftsgericht hat die Rechnung rechnungsmäßig und sachlich zu prüfen und, soweit erforderlich, ihre Berichtigung und Ergänzung herbeizuführen.
(2) ¹Ansprüche, die zwischen dem Vormund und dem Mündel streitig bleiben, können schon vor der Beendigung des Vormundschaftsverhältnisses im Rechtsweg geltend gemacht werden.

§ 1844 (weggefallen)

§ 1845 Eheschließung des zum Vormund bestellten Elternteils
¹Will der zum Vormund bestellte Vater oder die zum Vormund bestellte Mutter des Mündels eine Ehe eingehen, so gilt § 1683 entsprechend.

§ 1846 Einstweilige Maßregeln des Vormundschaftsgerichts
¹Ist ein Vormund noch nicht bestellt oder ist der Vormund an der Erfüllung seiner Pflichten verhindert, so hat das Vormundschaftsgericht die im Interesse des Betroffenen erforderlichen Maßregeln zu treffen.

§ 1847 Anhörung von Angehörigen
(1) ¹Das Vormundschaftsgericht soll in wichtigen Angelegenheiten Verwandte oder Verschwägerte des Mündels hören, wenn dies ohne erhebliche Verzögerung und ohne unverhältnismäßige Kosten geschehen kann. ²§ 1779 Abs. 3 Satz 2 gilt entsprechend.
(2) (weggefallen)

§ 1848 (weggefallen)

Untertitel 4: Mitwirkung des Jugendamts

§§ 1849, 1850 (weggefallen)

§ 1851 Mitteilungspflichten (1) [1]Das Vormundschaftsgericht hat dem Jugendamt die Anordnung der Vormundschaft unter Bezeichnung des Vormunds und des Gegenvormunds sowie einen Wechsel in der Person und die Beendigung der Vormundschaft mitzuteilen.
(2) [1]Wird der gewöhnliche Aufenthalt eines Mündels in den Bezirk eines anderen Jugendamts verlegt, so hat der Vormund dem Jugendamt des bisherigen gewöhnlichen Aufenthalts und dieses dem Jugendamt des neuen gewöhnlichen Aufenthalts die Verlegung mitzuteilen.
(3) [1]Ist ein Verein Vormund, so sind die Absätze 1 und 2 nicht anzuwenden.

Untertitel 5: Befreite Vormundschaft

§ 1852 Befreiung durch den Vater (1) [1]Der Vater kann, wenn er einen Vormund benennt, die Bestellung eines Gegenvormunds ausschließen.
(2) [1]Der Vater kann anordnen, dass der von ihm benannte Vormund bei der Anlegung von Geld den in den §§ 1809, 1810 bestimmten Beschränkungen nicht unterliegen und zu den im § 1812 bezeichneten Rechtsgeschäften der Genehmigung des Gegenvormunds oder des Vormundschaftsgerichts nicht bedürfen soll. [2]Diese Anordnungen sind als getroffen anzusehen, wenn der Vater die Bestellung eines Gegenvormunds ausgeschlossen hat.

§ 1853 Befreiung von Hinterlegung und Sperrung [1]Der Vater kann den von ihm benannten Vormund von der Verpflichtung entbinden, Inhaber- und Orderpapiere zu hinterlegen und den in § 1816 bezeichneten Vermerk in das Bundesschuldbuch oder das Schuldbuch eines Landes eintragen zu lassen.

§ 1854 Befreiung von der Rechnungslegungspflicht (1) [1]Der Vater kann den von ihm benannten Vormund von der Verpflichtung entbinden, während der Dauer seines Amtes Rechnung zu legen.
(2) [1]Der Vormund hat in einem solchen Falle nach dem Ablauf von je zwei Jahren eine Übersicht über den Bestand des seiner Verwaltung unterliegenden Vermögens dem Vormundschaftsgericht einzureichen. [2]Das Vormundschaftsgericht kann anordnen, dass die Übersicht in längeren, höchstens fünfjährigen Zwischenräumen einzureichen ist.
(3) [1]Ist ein Gegenvormund vorhanden oder zu bestellen, so hat ihm der Vormund die Übersicht unter Nachweisung des Vermögensbestands vorzulegen. [2]Der Gegenvormund hat die Übersicht mit den Bemerkungen zu versehen, zu denen die Prüfung ihm Anlass gibt.

§ 1855 Befreiung durch die Mutter [1]Benennt die Mutter einen Vormund, so kann sie die gleichen Anordnungen treffen wie nach den §§ 1852 bis 1854 der Vater.

§ 1856 Voraussetzungen der Befreiung [1]Auf die nach den §§ 1852 bis 1855 zulässigen Anordnungen ist die Vorschrift des § 1777 anzuwenden. [2]Haben die Eltern denselben Vormund benannt, aber einander widersprechende Anordnungen getroffen, so gelten die Anordnungen des zuletzt verstorbenen Elternteils.

§ 1857 Aufhebung der Befreiung durch das Vormundschaftsgericht
¹Die Anordnungen des Vaters oder der Mutter können von dem Vormundschaftsgericht außer Kraft gesetzt werden, wenn ihre Befolgung das Interesse des Mündels gefährden würde.

§ 1857 a Befreiung des Jugendamts und des Vereins
¹Dem Jugendamt und einem Verein als Vormund stehen die nach § 1852 Abs. 2, §§ 1853, 1854 zulässigen Befreiungen zu.

§§ 1858 bis 1881 (weggefallen)

Untertitel 6: Beendigung der Vormundschaft

§ 1882 Wegfall der Voraussetzungen
¹Die Vormundschaft endigt mit dem Wegfall der in § 1773 für die Begründung der Vormundschaft bestimmten Voraussetzungen.

§ 1883 (weggefallen)

§ 1884 Verschollenheit und Todeserklärung des Mündels
(1) ¹Ist der Mündel verschollen, so endigt die Vormundschaft erst mit der Aufhebung durch das Vormundschaftsgericht. ²Das Vormundschaftsgericht hat die Vormundschaft aufzuheben, wenn ihm der Tod des Mündels bekannt wird.
(2) ¹Wird der Mündel für tot erklärt oder wird seine Todeszeit nach den Vorschriften des Verschollenheitsgesetzes festgestellt, so endigt die Vormundschaft mit der Rechtskraft des Beschlusses über die Todeserklärung oder die Feststellung der Todeszeit.

§ 1885 (weggefallen)

§ 1886 Entlassung des Einzelvormunds
¹Das Vormundschaftsgericht hat den Einzelvormund zu entlassen, wenn die Fortführung des Amts, insbesondere wegen pflichtwidrigen Verhaltens des Vormunds, das Interesse des Mündels gefährden würde oder wenn in der Person des Vormunds einer der in § 1781 bestimmten Gründe vorliegt.

§ 1887 Entlassung des Jugendamts oder Vereins
(1) ¹Das Vormundschaftsgericht hat das Jugendamt oder den Verein als Vormund zu entlassen und einen anderen Vormund zu bestellen, wenn dies dem Wohl des Mündels dient und eine andere als Vormund geeignete Person vorhanden ist.
(2) ¹Die Entscheidung ergeht von Amts wegen oder auf Antrag. ²Zum Antrag ist berechtigt der Mündel, der das 14. Lebensjahr vollendet hat, sowie jeder, der ein berechtigtes Interesse des Mündels geltend macht. ³Das Jugendamt oder der Verein sollen den Antrag stellen, sobald sie erfahren, dass die Voraussetzungen des Absatzes 1 vorliegen.
(3) ¹Das Vormundschaftsgericht soll vor seiner Entscheidung auch das Jugendamt oder den Verein hören.

§ 1888 Entlassung von Beamten und Religionsdienern
¹Ist ein Beamter oder ein Religionsdiener zum Vormund bestellt, so hat ihn das Vormundschaftsgericht zu entlassen, wenn die Erlaubnis, die nach den Landesgesetzen zur Übernahme der Vormundschaft oder zur Fortführung der vor dem Eintritt in das Amts- oder Dienstverhältnis übernommenen Vormundschaft erforderlich ist, versagt oder zurückgenommen wird oder wenn die nach den Landesgesetzen zulässige Untersagung der Fortführung der Vormundschaft erfolgt.

§ 1889 Entlassung auf eigenen Antrag (1) ¹Das Vormundschaftsgericht hat den Einzelvormund auf seinen Antrag zu entlassen, wenn ein wichtiger Grund vorliegt; ein wichtiger Grund ist insbesondere der Eintritt eines Umstands, der den Vormund nach § 1786 Abs. 1 Nr. 2 bis 7 berechtigen würde, die Übernahme der Vormundschaft abzulehnen.

(2) ¹Das Vormundschaftsgericht hat das Jugendamt oder den Verein als Vormund auf seinen Antrag zu entlassen, wenn eine andere als Vormund geeignete Person vorhanden ist und das Wohl des Mündels dieser Maßnahme nicht entgegensteht. ²Ein Verein ist auf seinen Antrag ferner zu entlassen, wenn ein wichtiger Grund vorliegt.

§ 1890 Vermögensherausgabe und Rechnungslegung ¹Der Vormund hat nach der Beendigung seines Amts dem Mündel das verwaltete Vermögen herauszugeben und über die Verwaltung Rechenschaft abzulegen. ²Soweit er dem Vormundschaftsgericht Rechnung gelegt hat, genügt die Bezugnahme auf diese Rechnung.

§ 1891 Mitwirkung des Gegenvormunds (1) ¹Ist ein Gegenvormund vorhanden, so hat ihm der Vormund die Rechnung vorzulegen. ²Der Gegenvormund hat die Rechnung mit den Bemerkungen zu versehen, zu denen die Prüfung ihm Anlass gibt.

(2) ¹Der Gegenvormund hat über die Führung der Gegenvormundschaft und, soweit er dazu imstande ist, über das von dem Vormund verwaltete Vermögen auf Verlangen Auskunft zu erteilen.

§ 1892 Rechnungsprüfung und -anerkennung (1) ¹Der Vormund hat die Rechnung, nachdem er sie dem Gegenvormund vorgelegt hat, dem Vormundschaftsgericht einzureichen.

(2) ¹Das Vormundschaftsgericht hat die Rechnung rechnungsmäßig und sachlich zu prüfen und deren Abnahme durch Verhandlung mit den Beteiligten unter Zuziehung des Gegenvormunds zu vermitteln. ²Soweit die Rechnung als richtig anerkannt wird, hat das Vormundschaftsgericht das Anerkenntnis zu beurkunden.

§ 1893 Fortführung der Geschäfte nach Beendigung der Vormundschaft, Rückgabe von Urkunden (1) ¹Im Falle der Beendigung der Vormundschaft oder des vormundschaftlichen Amts finden die Vorschriften der §§ 1698 a, 1698 b entsprechende Anwendung.

(2) ¹Der Vormund hat nach Beendigung seines Amts die Bestallung dem Vormundschaftsgericht zurückzugeben. ²In den Fällen der §§ 1791 a, 1791 b ist die schriftliche Verfügung des Vormundschaftsgerichts, im Falle des § 1791 c die Bescheinigung über den Eintritt der Vormundschaft zurückzugeben.

§ 1894 Anzeige bei Tod des Vormunds (1) ¹Den Tod des Vormunds hat dessen Erbe dem Vormundschaftsgericht unverzüglich anzuzeigen.

(2) ¹Den Tod des Gegenvormunds oder eines Mitvormunds hat der Vormund unverzüglich anzuzeigen.

§ 1895 Amtsende des Gegenvormunds ¹Die Vorschriften der §§ 1886 bis 1889, 1893, 1894 finden auf den Gegenvormund entsprechende Anwendung.

Titel 2: Rechtliche Betreuung

§ 1896 Voraussetzungen (1) ¹Kann ein Volljähriger auf Grund einer psychischen Krankheit oder einer körperlichen, geistigen oder seelischen Behinderung seine Angelegenheiten ganz oder teilweise nicht besorgen, so bestellt das Vormundschaftsgericht auf seinen Antrag oder von Amts wegen für ihn einen Betreuer. ²Den Antrag kann auch ein Geschäftsunfähiger stellen. ³Soweit der Volljährige auf Grund einer körperlichen Behinderung seine Angelegenheiten nicht besorgen kann, darf der Betreuer nur auf Antrag des Volljährigen bestellt werden, es sei denn, dass dieser seinen Willen nicht kundtun kann.
(2) ¹Ein Betreuer darf nur für Aufgabenkreise bestellt werden, in denen die Betreuung erforderlich ist. ²Die Betreuung ist nicht erforderlich, soweit die Angelegenheiten des Volljährigen durch einen Bevollmächtigten, der nicht zu den in § 1897 Abs. 3 bezeichneten Personen gehört, oder durch andere Hilfen, bei denen kein gesetzlicher Vertreter bestellt wird, ebenso gut wie durch einen Betreuer besorgt werden können.
(3) ¹Als Aufgabenkreis kann auch die Geltendmachung von Rechten des Betreuten gegenüber seinem Bevollmächtigten bestimmt werden.
(4) ¹Die Entscheidung über den Fernmeldeverkehr des Betreuten und über die Entgegennahme, das Öffnen und das Anhalten seiner Post werden vom Aufgabenkreis des Betreuers nur dann erfasst, wenn das Gericht dies ausdrücklich angeordnet hat.

§ 1897 Bestellung einer natürlichen Person (1) ¹Zum Betreuer bestellt das Vormundschaftsgericht eine natürliche Person, die geeignet ist, in dem gerichtlich bestimmten Aufgabenkreis die Angelegenheiten des Betreuten rechtlich zu besorgen und ihn in dem hierfür erforderlichen Umfang persönlich zu betreuen.
(2) ¹Der Mitarbeiter eines nach § 1908 f anerkannten Betreuungsvereins, der dort ausschließlich oder teilweise als Betreuer tätig ist (Vereinsbetreuer), darf nur mit Einwilligung des Vereins bestellt werden. ²Entsprechendes gilt für den Mitarbeiter einer in Betreuungsangelegenheiten zuständigen Behörde, der dort ausschließlich oder teilweise als Betreuer tätig ist (Behördenbetreuer).
(3) ¹Wer zu einer Anstalt, einem Heim oder einer sonstigen Einrichtung, in welcher der Volljährige untergebracht ist oder wohnt, in einem Abhängigkeitsverhältnis oder in einer anderen engen Beziehung steht, darf nicht zum Betreuer bestellt werden.
(4) ¹Schlägt der Volljährige eine Person vor, die zum Betreuer bestellt werden kann, so ist diesem Vorschlag zu entsprechen, wenn es dem Wohl des Volljährigen nicht zuwiderläuft. ²Schlägt er vor, eine bestimmte Person nicht zu bestellen, so soll hierauf Rücksicht genommen werden. ³Die Sätze 1 und 2 gelten auch für Vorschläge, die der Volljährige vor dem Betreuungsverfahren gemacht hat, es sei denn, dass er an diesen Vorschlägen erkennbar nicht festhalten will.
(5) ¹Schlägt der Volljährige niemanden vor, der zum Betreuer bestellt werden kann, so ist bei der Auswahl des Betreuers auf die verwandtschaftlichen und sonstigen persönlichen Bindungen des Volljährigen, insbesondere auf die Bindungen zu Eltern, zu Kindern, zum Ehegatten und zum Lebenspartner, sowie auf die Gefahr von Interessenkonflikten Rücksicht zu nehmen.
(6) ¹Wer Betreuungen im Rahmen seiner Berufsausübung führt, soll nur dann zum Betreuer bestellt werden, wenn keine andere geeignete Person zur Verfügung steht, die zur ehrenamtlichen Führung der Betreuung bereit ist. ²Werden dem Betreuer Umstände bekannt, aus denen sich ergibt, dass der Volljährige durch

eine oder mehrere andere geeignete Personen außerhalb einer Berufsausübung betreut werden kann, so hat er dies dem Gericht mitzuteilen.

(7) [1]Wird eine Person unter den Voraussetzungen des Absatzes 6 Satz 1 erstmals in dem Bezirk des Vormundschaftsgerichts zum Betreuer bestellt, soll das Gericht zuvor die zuständige Behörde zur Eignung des ausgewählten Betreuers und zu den nach § 1836 Abs. 1 Satz 3 zweite Alternative zu treffenden Feststellungen anhören.

§ 1898 Übernahmepflicht (1) [1]Der vom Vormundschaftsgericht Ausgewählte ist verpflichtet, die Betreuung zu übernehmen, wenn er zur Betreuung geeignet ist und ihm die Übernahme unter Berücksichtigung seiner familiären, beruflichen und sonstigen Verhältnisse zugemutet werden kann.

(2) [1]Der Ausgewählte darf erst dann zum Betreuer bestellt werden, wenn er sich zur Übernahme der Betreuung bereit erklärt hat.

§ 1899 Mehrere Betreuer (1) [1]Das Vormundschaftsgericht kann mehrere Betreuer bestellen, wenn die Angelegenheiten des Betreuten hierdurch besser besorgt werden können. [2]In diesem Falle bestimmt es, welcher Betreuer mit welchem Aufgabenkreis betraut wird.

(2) [1]Für die Entscheidung über die Einwilligung in eine Sterilisation des Betreuten ist stets ein besonderer Betreuer zu bestellen.

(3) [1]Soweit mehrere Betreuer mit demselben Aufgabenkreis betraut werden, können sie die Angelegenheiten des Betreuten nur gemeinsam besorgen, es sei denn, dass das Gericht etwas anderes bestimmt hat oder mit dem Aufschub Gefahr verbunden ist.

(4) [1]Das Gericht kann mehrere Betreuer auch in der Weise bestellen, dass der eine die Angelegenheiten des Betreuten nur zu besorgen hat, soweit der andere verhindert ist oder ihm die Besorgung überträgt.

§ 1900 Betreuung durch Verein oder Behörde (1) [1]Kann der Volljährige durch eine oder mehrere natürliche Personen nicht hinreichend betreut werden, so bestellt das Vormundschaftsgericht einen anerkannten Betreuungsverein zum Betreuer. [2]Die Bestellung bedarf der Einwilligung des Vereins.

(2) [1]Der Verein überträgt die Wahrnehmung der Betreuung einzelnen Personen. [2]Vorschlägen des Volljährigen hat er hierbei zu entsprechen, soweit nicht wichtige Gründe entgegenstehen. [3]Der Verein teilt dem Gericht alsbald mit, wem er die Wahrnehmung der Betreuung übertragen hat.

(3) [1]Werden dem Verein Umstände bekannt, aus denen sich ergibt, dass der Volljährige durch eine oder mehrere natürliche Personen hinreichend betreut werden kann, so hat er dies dem Gericht mitzuteilen.

(4) [1]Kann der Volljährige durch eine oder mehrere natürliche Personen oder durch einen Verein nicht hinreichend betreut werden, so bestellt das Gericht die zuständige Behörde zum Betreuer. [2]Die Absätze 2 und 3 gelten entsprechend.

(5) [1]Vereinen oder Behörden darf die Entscheidung über die Einwilligung in eine Sterilisation des Betreuten nicht übertragen werden.

§ 1901 Umfang der Betreuung, Pflichten des Betreuers (1) [1]Die Betreuung umfasst alle Tätigkeiten, die erforderlich sind, um die Angelegenheiten des Betreuten nach Maßgabe der folgenden Vorschriften rechtlich zu besorgen.

(2) [1]Der Betreuer hat die Angelegenheiten des Betreuten so zu besorgen, wie es dessen Wohl entspricht. [2]Zum Wohl des Betreuten gehört auch die Möglichkeit, im Rahmen seiner Fähigkeiten sein Leben nach seinen eigenen Wünschen und Vorstellungen zu gestalten.

BGB   §§ 1901 a–1904

(3) ¹Der Betreuer hat Wünschen des Betreuten zu entsprechen, soweit dies dessen Wohl nicht zuwiderläuft und dem Betreuer zuzumuten ist. ²Dies gilt auch für Wünsche, die der Betreute vor der Bestellung des Betreuers geäußert hat, es sei denn, dass er an diesen Wünschen erkennbar nicht festhalten will. ³Ehe der Betreuer wichtige Angelegenheiten erledigt, bespricht er sie mit dem Betreuten, sofern dies dessen Wohl nicht zuwiderläuft.

(4) ¹Innerhalb seines Aufgabenkreises hat der Betreuer dazu beizutragen, dass Möglichkeiten genutzt werden, die Krankheit oder Behinderung des Betreuten zu beseitigen, zu bessern, ihre Verschlimmerung zu verhüten oder ihre Folgen zu mildern.

(5) ¹Werden dem Betreuer Umstände bekannt, die eine Aufhebung der Betreuung ermöglichen, so hat er dies dem Vormundschaftsgericht mitzuteilen. ²Gleiches gilt für Umstände, die eine Einschränkung des Aufgabenkreises ermöglichen oder dessen Erweiterung, die Bestellung eines weiteren Betreuers oder die Anordnung eines Einwilligungsvorbehalts (§ 1903) erfordern.

§ 1901 a Schriftliche Betreuungswünsche   ¹Wer ein Schriftstück besitzt, in dem jemand für den Fall seiner Betreuung Vorschläge zur Auswahl des Betreuers oder Wünsche zur Wahrnehmung der Betreuung geäußert hat, hat es unverzüglich an das Vormundschaftsgericht abzuliefern, nachdem er von der Einleitung eines Verfahrens über die Bestellung eines Betreuers Kenntnis erlangt hat.

§ 1902 Vertretung des Betreuten   ¹In seinem Aufgabenkreis vertritt der Betreuer den Betreuten gerichtlich und außergerichtlich.

§ 1903 Einwilligungsvorbehalt   (1) ¹Soweit dies zur Abwendung einer erheblichen Gefahr für die Person oder das Vermögen des Betreuten erforderlich ist, ordnet das Vormundschaftsgericht an, dass der Betreute zu einer Willenserklärung, die den Aufgabenkreis des Betreuers betrifft, dessen Einwilligung bedarf (Einwilligungsvorbehalt). ²Die §§ 108 bis 113, 131 Abs. 2 und § 210 gelten entsprechend.

(2) ¹Ein Einwilligungsvorbehalt kann sich nicht erstrecken auf Willenserklärungen, die auf Eingehung einer Ehe oder Begründung einer Lebenspartnerschaft gerichtet sind, auf Verfügungen von Todes wegen und auf Willenserklärungen, zu denen ein beschränkt Geschäftsfähiger nach den Vorschriften des Buches vier und fünf nicht der Zustimmung seines gesetzlichen Vertreters bedarf.

(3) ¹Ist ein Einwilligungsvorbehalt angeordnet, so bedarf der Betreute dennoch nicht der Einwilligung seines Betreuers, wenn die Willenserklärung dem Betreuten lediglich einen rechtlichen Vorteil bringt. ²Soweit das Gericht nichts anderes anordnet, gilt dies auch, wenn die Willenserklärung eine geringfügige Angelegenheit des täglichen Lebens betrifft.

(4) ¹§ 1901 Abs. 5 gilt entsprechend.

§ 1904 Genehmigung des Vormundschaftsgerichts bei ärztlichen Maßnahmen   (1) ¹Die Einwilligung des Betreuers in eine Untersuchung des Gesundheitszustands, eine Heilbehandlung oder einen ärztlichen Eingriff bedarf der Genehmigung des Vormundschaftsgerichts, wenn die begründete Gefahr besteht, dass der Betreute auf Grund der Maßnahme stirbt oder einen schweren und länger dauernden gesundheitlichen Schaden erleidet. ²Ohne die Genehmigung darf die Maßnahme nur durchgeführt werden, wenn mit dem Aufschub Gefahr verbunden ist.

(2) ¹Absatz 1 gilt auch für die Einwilligung eines Bevollmächtigten. ²Sie ist nur wirksam, wenn die Vollmacht schriftlich erteilt ist und die in Absatz 1 Satz 1 genannten Maßnahmen ausdrücklich umfasst.

§§ 1905–1906 BGB

§ 1905 Sterilisation (1) ¹Besteht der ärztliche Eingriff in einer Sterilisation des Betreuten, in die dieser nicht einwilligen kann, so kann der Betreuer nur einwilligen, wenn
1. die Sterilisation dem Willen des Betreuten nicht widerspricht,
2. der Betreute auf Dauer einwilligungsunfähig bleiben wird,
3. anzunehmen ist, dass es ohne die Sterilisation zu einer Schwangerschaft kommen würde,
4. infolge dieser Schwangerschaft eine Gefahr für das Leben oder die Gefahr einer schwerwiegenden Beeinträchtigung des körperlichen oder seelischen Gesundheitszustands der Schwangeren zu erwarten wäre, die nicht auf zumutbare Weise abgewendet werden könnte, und
5. die Schwangerschaft nicht durch andere zumutbare Mittel verhindert werden kann.

²Als schwerwiegende Gefahr für den seelischen Gesundheitszustand der Schwangeren gilt auch die Gefahr eines schweren und nachhaltigen Leides, das ihr drohen würde, weil vormundschaftsgerichtliche Maßnahmen, die mit ihrer Trennung vom Kind verbunden wären (§§ 1666, 1666 a), gegen sie ergriffen werden müssten.

(2) ¹Die Einwilligung bedarf der Genehmigung des Vormundschaftsgerichts. ²Die Sterilisation darf erst zwei Wochen nach Wirksamkeit der Genehmigung durchgeführt werden. ³Bei der Sterilisation ist stets der Methode der Vorzug zu geben, die eine Refertilisierung zulässt.

§ 1906 Genehmigung des Vormundschaftsgerichts bei der Unterbringung (1) ¹Eine Unterbringung des Betreuten durch den Betreuer, die mit Freiheitsentziehung verbunden ist, ist nur zulässig, solange sie zum Wohl des Betreuten erforderlich ist, weil
1. auf Grund einer psychischen Krankheit oder geistigen oder seelischen Behinderung des Betreuten die Gefahr besteht, dass er sich selbst tötet oder erheblichen gesundheitlichen Schaden zufügt, oder
2. eine Untersuchung des Gesundheitszustands, eine Heilbehandlung oder ein ärztlicher Eingriff notwendig ist, ohne die Unterbringung des Betreuten nicht durchgeführt werden kann und der Betreute auf Grund einer psychischen Krankheit oder geistigen oder seelischen Behinderung die Notwendigkeit der Unterbringung nicht erkennen oder nicht nach dieser Einsicht handeln kann.

(2) ¹Die Unterbringung ist nur mit Genehmigung des Vormundschaftsgerichts zulässig. ²Ohne die Genehmigung ist die Unterbringung nur zulässig, wenn mit dem Aufschub Gefahr verbunden ist; die Genehmigung ist unverzüglich nachzuholen.

(3) ¹Der Betreuer hat die Unterbringung zu beenden, wenn ihre Voraussetzungen wegfallen. ²Er hat die Beendigung der Unterbringung dem Vormundschaftsgericht anzuzeigen.

(4) ¹Die Absätze 1 bis 3 gelten entsprechend, wenn dem Betreuten, der sich in einer Anstalt, einem Heim oder einer sonstigen Einrichtung aufhält, ohne untergebracht zu sein, durch mechanische Vorrichtungen, Medikamente oder auf andere Weise über einen längeren Zeitraum oder regelmäßig die Freiheit entzogen werden soll.

(5) ¹Die Unterbringung durch einen Bevollmächtigten und die Einwilligung eines Bevollmächtigten in Maßnahmen nach Absatz 4 setzt voraus, dass die Vollmacht schriftlich erteilt ist und die in den Absätzen 1 und 4 genannten

Maßnahmen ausdrücklich umfasst. ²Im Übrigen gelten die Absätze 1 bis 4 entsprechend.

§ 1907 Genehmigung des Vormundschaftsgerichts bei der Aufgabe der Mietwohnung
(1) ¹Zur Kündigung eines Mietverhältnisses über Wohnraum, den der Betreute gemietet hat, bedarf der Betreuer der Genehmigung des Vormundschaftsgerichts. ²Gleiches gilt für eine Willenserklärung, die auf die Aufhebung eines solchen Mietverhältnisses gerichtet ist.

(2) ¹Treten andere Umstände ein, auf Grund derer die Beendigung des Mietverhältnisses in Betracht kommt, so hat der Betreuer dies dem Vormundschaftsgericht unverzüglich mitzuteilen, wenn sein Aufgabenkreis das Mietverhältnis oder die Aufenthaltsbestimmung umfasst. ²Will der Betreuer Wohnraum des Betreuten auf andere Weise als durch Kündigung oder Aufhebung eines Mietverhältnisses aufgeben, so hat er dies gleichfalls unverzüglich mitzuteilen.

(3) ¹Zu einem Miet- oder Pachtvertrag oder zu einem anderen Vertrag, durch den der Betreute zu wiederkehrenden Leistungen verpflichtet wird, bedarf der Betreuer der Genehmigung des Vormundschaftsgerichts, wenn das Vertragsverhältnis länger als vier Jahre dauern oder vom Betreuer Wohnraum vermietet werden soll.

§ 1908 Genehmigung des Vormundschaftsgerichts bei der Ausstattung
¹Der Betreuer kann eine Ausstattung aus dem Vermögen des Betreuten nur mit Genehmigung des Vormundschaftsgerichts versprechen oder gewähren.

§ 1908 a Vorsorgliche Betreuerbestellung und Anordnung des Einwilligungsvorbehalts für Minderjährige
¹Maßnahmen nach den §§ 1896, 1903 können auch für einen Minderjährigen, der das 17. Lebensjahr vollendet hat, getroffen werden, wenn anzunehmen ist, dass sie bei Eintritt der Volljährigkeit erforderlich werden. ²Die Maßnahmen werden erst mit dem Eintritt der Volljährigkeit wirksam.

§ 1908 b Entlassung des Betreuers
(1) ¹Das Vormundschaftsgericht hat den Betreuer zu entlassen, wenn seine Eignung, die Angelegenheiten des Betreuten zu besorgen, nicht mehr gewährleistet ist oder ein anderer wichtiger Grund für die Entlassung vorliegt. ²Das Gericht soll den nach § 1897 Abs. 6 bestellten Betreuer entlassen, wenn der Betreute durch eine oder mehrere andere Personen außerhalb einer Berufsausübung betreut werden kann.

(2) ¹Der Betreuer kann seine Entlassung verlangen, wenn nach seiner Bestellung Umstände eintreten, auf Grund derer ihm die Betreuung nicht mehr zugemutet werden kann.

(3) ¹Das Gericht kann den Betreuer entlassen, wenn der Betreute eine gleich geeignete Person, die zur Übernahme bereit ist, als neuen Betreuer vorschlägt.

(4) ¹Der Vereinsbetreuer ist auch zu entlassen, wenn der Verein dies beantragt. ²Ist die Entlassung nicht zum Wohl des Betreuten erforderlich, so kann das Vormundschaftsgericht stattdessen mit Einverständnis des Betreuers aussprechen, dass dieser die Betreuung künftig als Privatperson weiterführt. ³Die Sätze 1 und 2 gelten für den Behördenbetreuer entsprechend.

(5) ¹Der Verein oder die Behörde ist zu entlassen, sobald der Betreute durch eine oder mehrere natürliche Personen hinreichend betreut werden kann.

§ 1908 c Bestellung eines neuen Betreuers
¹Stirbt der Betreuer oder wird er entlassen, so ist ein neuer Betreuer zu bestellen.

§ 1908 d Aufhebung oder Änderung von Betreuung und Einwilligungsvorbehalt
(1) ¹Die Betreuung ist aufzuheben, wenn ihre Voraussetzungen wegfallen. ²Fallen diese Voraussetzungen nur für einen Teil der Aufgaben des Betreuers weg, so ist dessen Aufgabenkreis einzuschränken.

(2) ¹Ist der Betreuer auf Antrag des Betreuten bestellt, so ist die Betreuung auf dessen Antrag aufzuheben, es sei denn, dass eine Betreuung von Amts wegen erforderlich ist. ²Den Antrag kann auch ein Geschäftsunfähiger stellen. ³Die Sätze 1 und 2 gelten für die Einschränkung des Aufgabenkreises entsprechend.

(3) ¹Der Aufgabenkreis des Betreuers ist zu erweitern, wenn dies erforderlich wird. ²Die Vorschriften über die Bestellung des Betreuers gelten hierfür entsprechend.

(4) ¹Für den Einwilligungsvorbehalt gelten die Absätze 1 und 3 entsprechend.

§ 1908 e Aufwendungsersatz und Vergütung für Vereine
(1) ¹Ist ein Vereinsbetreuer bestellt, so kann der Verein Vorschuss und Ersatz für Aufwendungen nach § 1835 Abs. 1 und 4 und eine Vergütung nach § 1836 Abs. 2, §§ 1836 a, 1836 b verlangen; § 1836 Abs. 1 Satz 2 und 3 findet keine Anwendung. ²Allgemeine Verwaltungskosten werden nicht ersetzt.

(2) ¹Der Vereinsbetreuer selbst kann keine Rechte nach den §§ 1835 bis 1836 b geltend machen.

§ 1908 f Anerkennung als Betreuungsverein
(1) ¹Ein rechtsfähiger Verein kann als Betreuungsverein anerkannt werden, wenn er gewährleistet, dass er
1. eine ausreichende Zahl geeigneter Mitarbeiter hat und diese beaufsichtigen, weiterbilden und gegen Schäden, die diese anderen im Rahmen ihrer Tätigkeit zufügen können, angemessen versichern wird,
2. sich planmäßig um die Gewinnung ehrenamtlicher Betreuer bemüht, diese in ihre Aufgaben einführt, fortbildet und berät,
2 a. planmäßig über Vorsorgevollmachten und Betreuungsverfügungen informiert,
3. einen Erfahrungsaustausch zwischen den Mitarbeitern ermöglicht.

(2) ¹Die Anerkennung gilt für das jeweilige Bundesland; sie kann auf einzelne Landesteile beschränkt werden. ²Sie ist widerruflich und kann unter Auflagen erteilt werden.

(3) ¹Das Nähere regelt das Landesrecht. ²Es kann auch weitere Voraussetzungen für die Anerkennung vorsehen.

§ 1908 g Behördenbetreuer
(1) ¹Gegen einen Behördenbetreuer wird kein Zwangsgeld nach § 1837 Abs. 3 Satz 1 festgesetzt.

(2) ¹Der Behördenbetreuer kann Geld des Betreuten gemäß § 1807 auch bei der Körperschaft anlegen, bei der er tätig ist.

§ 1908 h Aufwendungsersatz und Vergütung für Behördenbetreuer
(1) ¹Ist ein Behördenbetreuer bestellt, so kann die zuständige Behörde Ersatz für Aufwendungen nach § 1835 Abs. 1 Satz 1 und 2 verlangen, soweit eine Inanspruchnahme des Betreuten nach § 1836 c zulässig ist. ²§ 1835 Abs. 5 Satz 2 gilt entsprechend.

(2) ¹Der zuständigen Behörde kann eine Vergütung nach § 1836 Abs. 3 bewilligt werden, soweit eine Inanspruchnahme des Betreuten nach § 1836 c zulässig ist.

(3) ¹Der Behördenbetreuer selbst kann keine Rechte nach den §§ 1835 bis 1836 b geltend machen.

BGB §§ 1908 i–1909

§ 1908 i Entsprechend anwendbare Vorschriften (1) ¹Im Übrigen sind auf die Betreuung § 1632 Abs. 1 bis 3, §§ 1784, 1787 Abs. 1, § 1791 a Abs. 3 Satz 1 zweiter Halbsatz und Satz 2, §§ 1792, 1795 bis 1797 Abs. 1 Satz 2, §§ 1798, 1799, 1802 Abs. 1 Satz 1, Abs. 2 und 3, §§ 1803, 1805 bis 1821, 1822 Nr. 1 bis 4, 6 bis 13, §§ 1823 bis 1825, 1828 bis 1831, 1833 bis 1836 e, 1837 Abs. 1 bis 3, §§ 1839 bis 1841, 1843, 1845, 1846, 1857 a, 1888, 1890, 1892 bis 1894 sinngemäß anzuwenden. ²Durch Landesrecht kann bestimmt werden, dass Vorschriften, welche die Aufsicht des Vormundschaftsgerichts in vermögensrechtlicher Hinsicht sowie beim Abschluss von Lehr- und Arbeitsverträgen betreffen, gegenüber der zuständigen Behörde außer Anwendung bleiben.

(2) ¹§ 1804 ist sinngemäß anzuwenden, jedoch kann der Betreuer in Vertretung des Betreuten Gelegenheitsgeschenke auch dann machen, wenn dies dem Wunsch des Betreuten entspricht und nach seinen Lebensverhältnissen üblich ist. ²§ 1857 a ist auf die Betreuung durch den Vater, die Mutter, den Ehegatten, den Lebenspartner oder einen Abkömmling des Betreuten sowie auf den Vereinsbetreuer und den Behördenbetreuer sinngemäß anzuwenden, soweit das Vormundschaftsgericht nichts anderes anordnet.

§ 1908 k Mitteilung an die Betreuungsbehörde (1) ¹Wer Betreuungen entgeltlich führt, hat der Betreuungsbehörde, in deren Bezirk er seinen Sitz oder Wohnsitz hat, kalenderjährlich

1. die Zahl der von ihm im Kalenderjahr geführten Betreuungen,
2. die von ihm für die Führung dieser Betreuungen insgesamt in Rechnung gestellte Zeit,
3. den von ihm für die Führung dieser Betreuungen insgesamt in Rechnung gestellten Geldbetrag und
4. den von ihm für die Führung von Betreuungen im Kalenderjahr erhaltenen Geldbetrag

mitzuteilen.

(2) ¹Die Mitteilung erfolgt jeweils bis spätestens 31. März für den Schluss des vorangegangenen Kalenderjahrs. ²Die Betreuungsbehörde kann verlangen, dass der Betreuer die Richtigkeit der Mitteilung an Eides Statt versichert.

(3) ¹Die Betreuungsbehörde ist berechtigt und auf Verlangen des Vormundschaftsgerichts verpflichtet, dem Vormundschaftsgericht diese Mitteilung zu übermitteln.

Titel 3: Pflegschaft

§ 1909 Ergänzungspflegschaft (1) ¹Wer unter elterlicher Sorge oder unter Vormundschaft steht, erhält für Angelegenheiten, an deren Besorgung die Eltern oder der Vormund verhindert sind, einen Pfleger. ²Er erhält insbesondere einen Pfleger zur Verwaltung des Vermögens, das er von Todes wegen erwirbt oder das ihm unter Lebenden unentgeltlich zugewendet wird, wenn der Erblasser durch letztwillige Verfügung, der Zuwendende bei der Zuwendung bestimmt hat, dass die Eltern oder der Vormund das Vermögen nicht verwalten sollen.

(2) ¹Wird eine Pflegschaft erforderlich, so haben die Eltern oder der Vormund dies dem Vormundschaftsgericht unverzüglich anzuzeigen.

(3) ¹Die Pflegschaft ist auch dann anzuordnen, wenn die Voraussetzungen für die Anordnung einer Vormundschaft vorliegen, ein Vormund aber noch nicht bestellt ist.

§ 1910 (weggefallen)

§ 1911 Abwesenheitspflegschaft (1) ¹Ein abwesender Volljähriger, dessen Aufenthalt unbekannt ist, erhält für seine Vermögensangelegenheiten, soweit sie der Fürsorge bedürfen, einen Abwesenheitspfleger. ²Ein solcher Pfleger ist ihm insbesondere auch dann zu bestellen, wenn er durch Erteilung eines Auftrags oder einer Vollmacht Fürsorge getroffen hat, aber Umstände eingetreten sind, die zum Widerruf des Auftrags oder der Vollmacht Anlass geben.

(2) ¹Das Gleiche gilt von einem Abwesenden, dessen Aufenthalt bekannt, der aber an der Rückkehr und der Besorgung seiner Vermögensangelegenheiten verhindert ist.

§ 1912 Pflegschaft für eine Leibesfrucht (1) ¹Eine Leibesfrucht erhält zur Wahrung ihrer künftigen Rechte, soweit diese einer Fürsorge bedürfen, einen Pfleger.

(2) ¹Die Fürsorge steht jedoch den Eltern insoweit zu, als ihnen die elterliche Sorge zustünde, wenn das Kind bereits geboren wäre.

§ 1913 Pflegschaft für unbekannte Beteiligte ¹Ist unbekannt oder ungewiss, wer bei einer Angelegenheit der Beteiligte ist, so kann dem Beteiligten für diese Angelegenheit, soweit eine Fürsorge erforderlich ist, ein Pfleger bestellt werden. ²Insbesondere kann einem Nacherben, der noch nicht gezeugt ist oder dessen Persönlichkeit erst durch ein künftiges Ereignis bestimmt wird, für die Zeit bis zum Eintritt der Nacherbfolge ein Pfleger bestellt werden.

§ 1914 Pflegschaft für gesammeltes Vermögen ¹Ist durch öffentliche Sammlung Vermögen für einen vorübergehenden Zweck zusammengebracht worden, so kann zum Zwecke der Verwaltung und Verwendung des Vermögens ein Pfleger bestellt werden, wenn die zu der Verwaltung und Verwendung berufenen Personen weggefallen sind.

§ 1915 Anwendung des Vormundschaftsrechts (1) ¹Auf die Pflegschaft finden die für die Vormundschaft geltenden Vorschriften entsprechende Anwendung, soweit sich nicht aus dem Gesetz ein anderes ergibt.
(2) ¹Die Bestellung eines Gegenvormunds ist nicht erforderlich.
(3) ¹§ 1793 Abs. 2 findet auf die Pflegschaft für Volljährige keine Anwendung.

§ 1916 Berufung als Ergänzungspfleger ¹Für die nach § 1909 anzuordnende Pflegschaft gelten die Vorschriften über die Berufung zur Vormundschaft nicht.

§ 1917 Ernennung des Ergänzungspflegers durch Erblasser und Dritte (1) ¹Wird die Anordnung einer Pflegschaft nach § 1909 Abs. 1 Satz 2 erforderlich, so ist als Pfleger berufen, wer durch letztwillige Verfügung oder bei der Zuwendung benannt worden ist; die Vorschrift des § 1778 ist entsprechend anzuwenden.

(2) ¹Für den benannten Pfleger können durch letztwillige Verfügung oder bei der Zuwendung die in den §§ 1852 bis 1854 bezeichneten Befreiungen angeordnet werden. ²Das Vormundschaftsgericht kann die Anordnungen außer Kraft setzen, wenn sie das Interesse des Pfleglings gefährden.

(3) ¹Zu einer Abweichung von den Anordnungen des Zuwendenden ist, solange er lebt, seine Zustimmung erforderlich und genügend. ²Ist er zur Abgabe einer Erklärung dauernd außerstande oder ist sein Aufenthalt dauernd unbekannt, so kann das Vormundschaftsgericht die Zustimmung ersetzen.

BGB   §§ 1918–1925

§ 1918 Ende der Pflegschaft kraft Gesetzes (1) ¹Die Pflegschaft für eine unter elterlicher Sorge oder unter Vormundschaft stehende Person endigt mit der Beendigung der elterlichen Sorge oder der Vormundschaft.
(2) ¹Die Pflegschaft für eine Leibesfrucht endigt mit der Geburt des Kindes.
(3) ¹Die Pflegschaft zur Besorgung einer einzelnen Angelegenheit endigt mit deren Erledigung.

§ 1919 Aufhebung der Pflegschaft bei Wegfall des Grundes ¹Die Pflegschaft ist von dem Vormundschaftsgericht aufzuheben, wenn der Grund für die Anordnung der Pflegschaft weggefallen ist.

§ 1920 (weggefallen)

§ 1921 Aufhebung der Abwesenheitspflegschaft (1) ¹Die Pflegschaft für einen Abwesenden ist von dem Vormundschaftsgericht aufzuheben, wenn der Abwesende an der Besorgung seiner Vermögensangelegenheiten nicht mehr verhindert ist.
(2) ¹Stirbt der Abwesende, so endigt die Pflegschaft erst mit der Aufhebung durch das Vormundschaftsgericht. ²Das Vormundschaftsgericht hat die Pflegschaft aufzuheben, wenn ihm der Tod des Abwesenden bekannt wird.
(3) ¹Wird der Abwesende für tot erklärt oder wird seine Todeszeit nach den Vorschriften des Verschollenheitsgesetzes festgestellt, so endigt die Pflegschaft mit der Rechtskraft des Beschlusses über die Todeserklärung oder die Feststellung der Todeszeit.

Buch 5: Erbrecht

Abschnitt 1: Erbfolge

§ 1922 Gesamtrechtsnachfolge (1) ¹Mit dem Tode einer Person (Erbfall) geht deren Vermögen (Erbschaft) als Ganzes auf eine oder mehrere andere Personen (Erben) über.
(2) ¹Auf den Anteil eines Miterben (Erbteil) finden die sich auf die Erbschaft beziehenden Vorschriften Anwendung.

§ 1923 Erbfähigkeit (1) ¹Erbe kann nur werden, wer zur Zeit des Erbfalls lebt.
(2) ¹Wer zur Zeit des Erbfalls noch nicht lebte, aber bereits gezeugt war, gilt als vor dem Erbfall geboren.

§ 1924 Gesetzliche Erben erster Ordnung (1) ¹Gesetzliche Erben der ersten Ordnung sind die Abkömmlinge des Erblassers.
(2) ¹Ein zur Zeit des Erbfalls lebender Abkömmling schließt die durch ihn mit dem Erblasser verwandten Abkömmlinge von der Erbfolge aus.
(3) ¹An die Stelle eines zur Zeit des Erbfalls nicht mehr lebenden Abkömmlings treten die durch ihn mit dem Erblasser verwandten Abkömmlinge (Erbfolge nach Stämmen).
(4) ¹Kinder erben zu gleichen Teilen.

§ 1925 Gesetzliche Erben zweiter Ordnung (1) ¹Gesetzliche Erben der zweiten Ordnung sind die Eltern des Erblassers und deren Abkömmlinge.
(2) ¹Leben zur Zeit des Erbfalls die Eltern, so erben sie allein und zu gleichen Teilen.
(3) ¹Lebt zur Zeit des Erbfalls der Vater oder die Mutter nicht mehr, so treten an die Stelle des Verstorbenen dessen Abkömmlinge nach den für die Beerbung in der ersten Ordnung geltenden Vorschriften. ²Sind Abkömmlinge nicht vorhanden, so erbt der überlebende Teil allein.

(4) ¹In den Fällen des § 1756 sind das angenommene Kind und die Abkömmlinge der leiblichen Eltern oder des anderen Elternteils des Kindes im Verhältnis zueinander nicht Erben der zweiten Ordnung.

§ 1926 Gesetzliche Erben dritter Ordnung (1) ¹Gesetzliche Erben der dritten Ordnung sind die Großeltern des Erblassers und deren Abkömmlinge.

(2) ¹Leben zur Zeit des Erbfalls die Großeltern, so erben sie allein und zu gleichen Teilen.

(3) ¹Lebt zur Zeit des Erbfalls von einem Großelternpaar der Großvater oder die Großmutter nicht mehr, so treten an die Stelle des Verstorbenen dessen Abkömmlinge. ²Sind Abkömmlinge nicht vorhanden, so fällt der Anteil des Verstorbenen dem anderen Teil des Großelternpaars und, wenn dieser nicht mehr lebt, dessen Abkömmlingen zu.

(4) ¹Lebt zur Zeit des Erbfalls ein Großelternpaar nicht mehr und sind Abkömmlinge der Verstorbenen nicht vorhanden, so erben die anderen Großeltern oder ihre Abkömmlinge allein.

(5) ¹Soweit Abkömmlinge an die Stelle ihrer Eltern oder ihrer Voreltern treten, finden die für die Beerbung in der ersten Ordnung geltenden Vorschriften Anwendung.

§ 1927 Mehrere Erbteile bei mehrfacher Verwandtschaft ¹Wer in der ersten, der zweiten oder der dritten Ordnung verschiedenen Stämmen angehört, erhält den in jedem dieser Stämme ihm zufallenden Anteil. ²Jeder Anteil gilt als besonderer Erbteil.

§ 1928 Gesetzliche Erben vierter Ordnung (1) ¹Gesetzliche Erben der vierten Ordnung sind die Urgroßeltern des Erblassers und deren Abkömmlinge.

(2) ¹Leben zur Zeit des Erbfalls Urgroßeltern, so erben sie allein; mehrere erben zu gleichen Teilen, ohne Unterschied, ob sie derselben Linie oder verschiedenen Linien angehören.

(3) ¹Leben zur Zeit des Erbfalls Urgroßeltern nicht mehr, so erbt von ihren Abkömmlingen derjenige, welcher mit dem Erblasser dem Grade nach am nächsten verwandt ist; mehrere gleich nahe Verwandte erben zu gleichen Teilen.

§ 1929 Fernere Ordnungen (1) ¹Gesetzliche Erben der fünften Ordnung und der ferneren Ordnungen sind die entfernteren Voreltern des Erblassers und deren Abkömmlinge.

(2) ¹Die Vorschrift des § 1928 Abs. 2, 3 findet entsprechende Anwendung.

§ 1930 Rangfolge der Ordnungen ¹Ein Verwandter ist nicht zur Erbfolge berufen, solange ein Verwandter einer vorhergehenden Ordnung vorhanden ist.

§ 1931 Gesetzliches Erbrecht des Ehegatten (1) ¹Der überlebende Ehegatte des Erblassers ist neben Verwandten der ersten Ordnung zu einem Viertel, neben Verwandten der zweiten Ordnung oder neben Großeltern zur Hälfte der Erbschaft als gesetzlicher Erbe berufen. ²Treffen mit Großeltern Abkömmlinge von Großeltern zusammen, so erhält der Ehegatte auch von der anderen Hälfte den Anteil, der nach § 1926 den Abkömmlingen zufallen würde.

(2) ¹Sind weder Verwandte der ersten oder der zweiten Ordnung noch Großeltern vorhanden, so erhält der überlebende Ehegatte die ganze Erbschaft.

(3) ¹Die Vorschrift des § 1371 bleibt unberührt.

(4) ¹Bestand beim Erbfall Gütertrennung und sind als gesetzliche Erben neben dem überlebenden Ehegatten ein oder zwei Kinder des Erblassers berufen, so erben der überlebende Ehegatte und jedes Kind zu gleichen Teilen; § 1924 Abs. 3 gilt auch in diesem Falle.

§ 1932 Voraus des Ehegatten
(1) ¹Ist der überlebende Ehegatte neben Verwandten der zweiten Ordnung oder neben Großeltern gesetzlicher Erbe, so gebühren ihm außer dem Erbteil die zum ehelichen Haushalt gehörenden Gegenstände, soweit sie nicht Zubehör eines Grundstücks sind, und die Hochzeitsgeschenke als Voraus. ²Ist der überlebende Ehegatte neben Verwandten der ersten Ordnung gesetzlicher Erbe, so gebühren ihm diese Gegenstände, soweit er sie zur Führung eines angemessenen Haushalts benötigt.
(2) ¹Auf den Voraus sind die für Vermächtnisse geltenden Vorschriften anzuwenden.

§ 1933 Ausschluss des Ehegattenerbrechts
¹Das Erbrecht des überlebenden Ehegatten sowie das Recht auf den Voraus ist ausgeschlossen, wenn zur Zeit des Todes des Erblassers die Voraussetzungen für die Scheidung der Ehe gegeben waren und der Erblasser die Scheidung beantragt oder ihr zugestimmt hatte. ²Das Gleiche gilt, wenn der Erblasser berechtigt war, die Aufhebung der Ehe zu beantragen, und den Antrag gestellt hatte. ³In diesen Fällen ist der Ehegatte nach Maßgabe der §§ 1569 bis 1586 b unterhaltsberechtigt.

§ 1934 Erbrecht des verwandten Ehegatten
¹Gehört der überlebende Ehegatte zu den erbberechtigten Verwandten, so erbt er zugleich als Verwandter. ²Der Erbteil, der ihm auf Grund der Verwandtschaft zufällt, gilt als besonderer Erbteil.

§ 1935 Folgen der Erbteilserhöhung
¹Fällt ein gesetzlicher Erbe vor oder nach dem Erbfall weg und erhöht sich infolgedessen der Erbteil eines anderen gesetzlichen Erben, so gilt der Teil, um welchen sich der Erbteil erhöht, in Ansehung der Vermächtnisse und Auflagen, mit denen dieser Erbe oder der wegfallende Erbe beschwert ist, sowie in Ansehung der Ausgleichungspflicht als besonderer Erbteil.

§ 1936 Gesetzliches Erbrecht des Fiskus
(1) ¹Ist zur Zeit des Erbfalls weder ein Verwandter, ein Lebenspartner noch ein Ehegatte des Erblassers vorhanden, so ist der Fiskus des Bundesstaats, dem der Erblasser zur Zeit des Todes angehört hat, gesetzlicher Erbe. ²Hat der Erblasser mehreren Bundesstaaten angehört, so ist der Fiskus eines jeden dieser Staaten zu gleichem Anteil zur Erbfolge berufen.
(2) ¹War der Erblasser ein Deutscher, der keinem Bundesstaat angehörte, so ist der Reichsfiskus gesetzlicher Erbe.

§ 1937 Erbeinsetzung durch letztwillige Verfügung
¹Der Erblasser kann durch einseitige Verfügung von Todes wegen (Testament, letztwillige Verfügung) den Erben bestimmen.

§ 1938 Enterbung ohne Erbeinsetzung
¹Der Erblasser kann durch Testament einen Verwandten, den Ehegatten oder den Lebenspartner von der gesetzlichen Erbfolge ausschließen, ohne einen Erben einzusetzen.

§ 1939 Vermächtnis
¹Der Erblasser kann durch Testament einem anderen, ohne ihn als Erben einzusetzen, einen Vermögensvorteil zuwenden (Vermächtnis).

§ 1940 Auflage
¹Der Erblasser kann durch Testament den Erben oder einen Vermächtnisnehmer zu einer Leistung verpflichten, ohne einem anderen ein Recht auf die Leistung zuzuwenden (Auflage).

§ 1941 Erbvertrag
(1) ¹Der Erblasser kann durch Vertrag einen Erben einsetzen sowie Vermächtnisse und Auflagen anordnen (Erbvertrag).
(2) ¹Als Erbe (Vertragserbe) oder als Vermächtnisnehmer kann sowohl der andere Vertragschließende als ein Dritter bedacht werden.

Abschnitt 2: Rechtliche Stellung des Erben

Titel 1: Annahme und Ausschlagung der Erbschaft, Fürsorge des Nachlassgerichts

§ 1942 Anfall und Ausschlagung der Erbschaft (1) ¹Die Erbschaft geht auf den berufenen Erben unbeschadet des Rechts über, sie auszuschlagen (Anfall der Erbschaft).
(2) ¹Der Fiskus kann die ihm als gesetzlichem Erben angefallene Erbschaft nicht ausschlagen.

§ 1943 Annahme und Ausschlagung der Erbschaft ¹Der Erbe kann die Erbschaft nicht mehr ausschlagen, wenn er sie angenommen hat oder wenn die für die Ausschlagung vorgeschriebene Frist verstrichen ist; mit dem Ablauf der Frist gilt die Erbschaft als angenommen.

§ 1944 Ausschlagungsfrist (1) ¹Die Ausschlagung kann nur binnen sechs Wochen erfolgen.
(2) ¹Die Frist beginnt mit dem Zeitpunkt, in welchem der Erbe von dem Anfall und dem Grunde der Berufung Kenntnis erlangt. ²Ist der Erbe durch Verfügung von Todes wegen berufen, so beginnt die Frist nicht vor der Verkündung der Verfügung. ³Auf den Lauf der Frist finden die für die Verjährung geltenden Vorschriften der §§ 206, 210 entsprechende Anwendung.
(3) ¹Die Frist beträgt sechs Monate, wenn der Erblasser seinen letzten Wohnsitz nur im Ausland gehabt hat oder wenn sich der Erbe bei dem Beginn der Frist im Ausland aufhält.

§ 1945 Form der Ausschlagung (1) ¹Die Ausschlagung erfolgt durch Erklärung gegenüber dem Nachlassgericht; die Erklärung ist zur Niederschrift des Nachlassgerichts oder in öffentlich beglaubigter Form abzugeben.
(2) ¹Die Niederschrift des Nachlassgerichts wird nach den Vorschriften des Beurkundungsgesetzes errichtet.
(3) ¹Ein Bevollmächtigter bedarf einer öffentlich beglaubigten Vollmacht. ²Die Vollmacht muss der Erklärung beigefügt oder innerhalb der Ausschlagungsfrist nachgebracht werden.

§ 1946 Zeitpunkt für Annahme oder Ausschlagung ¹Der Erbe kann die Erbschaft annehmen oder ausschlagen, sobald der Erbfall eingetreten ist.

§ 1947 Bedingung und Zeitbestimmung ¹Die Annahme und die Ausschlagung können nicht unter einer Bedingung oder einer Zeitbestimmung erfolgen.

§ 1948 Mehrere Berufungsgründe (1) ¹Wer durch Verfügung von Todes wegen als Erbe berufen ist, kann, wenn er ohne die Verfügung als gesetzlicher Erbe berufen sein würde, die Erbschaft als eingesetzter Erbe ausschlagen und als gesetzlicher Erbe annehmen.
(2) ¹Wer durch Testament und durch Erbvertrag als Erbe berufen ist, kann die Erbschaft aus dem einen Berufungsgrund annehmen und aus dem anderen ausschlagen.

§ 1949 Irrtum über den Berufungsgrund (1) ¹Die Annahme gilt als nicht erfolgt, wenn der Erbe über den Berufungsgrund im Irrtum war.
(2) ¹Die Ausschlagung erstreckt sich im Zweifel auf alle Berufungsgründe, die dem Erben zur Zeit der Erklärung bekannt sind.

§ 1950 Teilannahme; Teilausschlagung ¹Die Annahme und die Ausschlagung können nicht auf einen Teil der Erbschaft beschränkt werden. ²Die Annahme oder Ausschlagung eines Teils ist unwirksam.

§ 1951 Mehrere Erbteile (1) ¹Wer zu mehreren Erbteilen berufen ist, kann, wenn die Berufung auf verschiedenen Gründen beruht, den einen Erbteil annehmen und den anderen ausschlagen.
(2) ¹Beruht die Berufung auf demselben Grund, so gilt die Annahme oder Ausschlagung des einen Erbteils auch für den anderen, selbst wenn der andere erst später anfällt. ²Die Berufung beruht auf demselben Grund auch dann, wenn sie in verschiedenen Testamenten oder vertragsmäßig in verschiedenen zwischen denselben Personen geschlossenen Erbverträgen angeordnet ist.
(3) ¹Setzt der Erblasser einen Erben auf mehrere Erbteile ein, so kann er ihm durch Verfügung von Todes wegen gestatten, den einen Erbteil anzunehmen und den anderen auszuschlagen.

§ 1952 Vererblichkeit des Ausschlagungsrechts (1) ¹Das Recht des Erben, die Erbschaft auszuschlagen, ist vererblich.
(2) ¹Stirbt der Erbe vor dem Ablauf der Ausschlagungsfrist, so endigt die Frist nicht vor dem Ablauf der für die Erbschaft des Erben vorgeschriebenen Ausschlagungsfrist.
(3) ¹Von mehreren Erben des Erben kann jeder den seinem Erbteil entsprechenden Teil der Erbschaft ausschlagen.

§ 1953 Wirkung der Ausschlagung (1) ¹Wird die Erbschaft ausgeschlagen, so gilt der Anfall an den Ausschlagenden als nicht erfolgt.
(2) ¹Die Erbschaft fällt demjenigen an, welcher berufen sein würde, wenn der Ausschlagende zur Zeit des Erbfalls nicht gelebt hätte; der Anfall gilt als mit dem Erbfall erfolgt.
(3) ¹Das Nachlassgericht soll die Ausschlagung demjenigen mitteilen, welchem die Erbschaft infolge der Ausschlagung angefallen ist. ²Es hat die Einsicht der Erklärung jedem zu gestatten, der ein rechtliches Interesse glaubhaft macht.

§ 1954 Anfechtungsfrist (1) ¹Ist die Annahme oder die Ausschlagung anfechtbar, so kann die Anfechtung nur binnen sechs Wochen erfolgen.
(2) ¹Die Frist beginnt im Falle der Anfechtbarkeit wegen Drohung mit dem Zeitpunkt, in welchem die Zwangslage aufhört, in den übrigen Fällen mit dem Zeitpunkt, in welchem der Anfechtungsberechtigte von dem Anfechtungsgrund Kenntnis erlangt. ²Auf den Lauf der Frist finden die für die Verjährung geltenden Vorschriften der §§ 206, 210, 211 entsprechende Anwendung.
(3) ¹Die Frist beträgt sechs Monate, wenn der Erblasser seinen letzten Wohnsitz nur im Ausland gehabt hat oder wenn sich der Erbe bei dem Beginn der Frist im Ausland aufhält.
(4) ¹Die Anfechtung ist ausgeschlossen, wenn seit der Annahme oder der Ausschlagung 30 Jahre verstrichen sind.

§ 1955 Form der Anfechtung ¹Die Anfechtung der Annahme oder der Ausschlagung erfolgt durch Erklärung gegenüber dem Nachlassgericht. ²Für die Erklärung gelten die Vorschriften des § 1945.

§ 1956 Anfechtung der Fristversäumung ¹Die Versäumung der Ausschlagungsfrist kann in gleicher Weise wie die Annahme angefochten werden.

§ 1957 Wirkung der Anfechtung (1) ¹Die Anfechtung der Annahme gilt als Ausschlagung, die Anfechtung der Ausschlagung gilt als Annahme.
(2) ¹Das Nachlassgericht soll die Anfechtung der Ausschlagung demjenigen mitteilen, welchem die Erbschaft infolge der Ausschlagung angefallen war. ²Die Vorschrift des § 1953 Abs. 3 Satz 2 findet Anwendung.

§ 1958 Gerichtliche Geltendmachung von Ansprüchen gegen den Erben ¹Vor der Annahme der Erbschaft kann ein Anspruch, der sich gegen den Nachlass richtet, nicht gegen den Erben gerichtlich geltend gemacht werden.

§ 1959 Geschäftsführung vor der Ausschlagung (1) ¹Besorgt der Erbe vor der Ausschlagung erbschaftliche Geschäfte, so ist er demjenigen gegenüber, welcher Erbe wird, wie ein Geschäftsführer ohne Auftrag berechtigt und verpflichtet.
(2) ¹Verfügt der Erbe vor der Ausschlagung über einen Nachlassgegenstand, so wird die Wirksamkeit der Verfügung durch die Ausschlagung nicht berührt, wenn die Verfügung nicht ohne Nachteil für den Nachlass verschoben werden konnte.
(3) ¹Ein Rechtsgeschäft, das gegenüber dem Erben als solchem vorgenommen werden muss, bleibt, wenn es vor der Ausschlagung dem Ausschlagenden gegenüber vorgenommen wird, auch nach der Ausschlagung wirksam.

§ 1960 Sicherung des Nachlasses; Nachlasspfleger (1) ¹Bis zur Annahme der Erbschaft hat das Nachlassgericht für die Sicherung des Nachlasses zu sorgen, soweit ein Bedürfnis besteht. ²Das Gleiche gilt, wenn der Erbe unbekannt oder wenn ungewiss ist, ob er die Erbschaft angenommen hat.
(2) ¹Das Nachlassgericht kann insbesondere die Anlegung von Siegeln, die Hinterlegung von Geld, Wertpapieren und Kostbarkeiten sowie die Aufnahme eines Nachlassverzeichnisses anordnen und für denjenigen, welcher Erbe wird, einen Pfleger (Nachlasspfleger) bestellen.
(3) ¹Die Vorschrift des § 1958 findet auf den Nachlasspfleger keine Anwendung.

§ 1961 Nachlasspflegschaft auf Antrag ¹Das Nachlassgericht hat in den Fällen des § 1960 Abs. 1 einen Nachlasspfleger zu bestellen, wenn die Bestellung zum Zwecke der gerichtlichen Geltendmachung eines Anspruchs, der sich gegen den Nachlass richtet, von dem Berechtigten beantragt wird.

§ 1962 Zuständigkeit des Nachlassgerichts ¹Für die Nachlasspflegschaft tritt an die Stelle des Vormundschaftsgerichts das Nachlassgericht.

§ 1963 Unterhalt der werdenden Mutter eines Erben ¹Ist zur Zeit des Erbfalls die Geburt eines Erben zu erwarten, so kann die Mutter, falls sie außerstande ist, sich selbst zu unterhalten, bis zur Entbindung angemessenen Unterhalt aus dem Nachlass oder, wenn noch andere Personen als Erben berufen sind, aus dem Erbteil des Kindes verlangen. ²Bei der Bemessung des Erbteils ist anzunehmen, dass nur ein Kind geboren wird.

§ 1964 Erbvermutung für den Fiskus durch Feststellung (1) ¹Wird der Erbe nicht innerhalb einer den Umständen entsprechenden Frist ermittelt, so hat das Nachlassgericht festzustellen, dass ein anderer Erbe als der Fiskus nicht vorhanden ist.
(2) ¹Die Feststellung begründet die Vermutung, dass der Fiskus gesetzlicher Erbe sei.

§ 1965 Öffentliche Aufforderung zur Anmeldung der Erbrechte
(1) ¹Der Feststellung hat eine öffentliche Aufforderung zur Anmeldung der Erbrechte unter Bestimmung einer Anmeldungsfrist vorauszugehen; die Art der Bekanntmachung und die Dauer der Anmeldungsfrist bestimmen sich nach den für das Aufgebotsverfahren geltenden Vorschriften. ²Die Aufforderung darf unterbleiben, wenn die Kosten dem Bestand des Nachlasses gegenüber unverhältnismäßig groß sind.
(2) ¹Ein Erbrecht bleibt unberücksichtigt, wenn nicht dem Nachlassgericht binnen drei Monaten nach dem Ablauf der Anmeldungsfrist nachgewiesen wird, dass das Erbrecht besteht oder dass es gegen den Fiskus im Wege der Klage geltend gemacht ist. ²Ist eine öffentliche Aufforderung nicht ergangen, so beginnt die dreimonatige Frist mit der gerichtlichen Aufforderung, das Erbrecht oder die Erhebung der Klage nachzuweisen.

§ 1966 Rechtsstellung des Fiskus vor Feststellung [1]Von dem Fiskus als gesetzlichem Erben und gegen den Fiskus als gesetzlichen Erben kann ein Recht erst geltend gemacht werden, nachdem von dem Nachlassgericht festgestellt worden ist, dass ein anderer Erbe nicht vorhanden ist.

Titel 2: Haftung des Erben für die Nachlassverbindlichkeiten

Untertitel 1: Nachlassverbindlichkeiten

§ 1967 Erbenhaftung, Nachlassverbindlichkeiten (1) [1]Der Erbe haftet für die Nachlassverbindlichkeiten.
(2) [1]Zu den Nachlassverbindlichkeiten gehören außer den vom Erblasser herrührenden Schulden die den Erben als solchen treffenden Verbindlichkeiten, insbesondere die Verbindlichkeiten aus Pflichtteilsrechten, Vermächtnissen und Auflagen.

§ 1968 Beerdigungskosten [1]Der Erbe trägt die Kosten der Beerdigung des Erblassers.

§ 1969 Dreißigster (1) [1]Der Erbe ist verpflichtet, Familienangehörigen des Erblassers, die zur Zeit des Todes des Erblassers zu dessen Hausstand gehören und von ihm Unterhalt bezogen haben, in den ersten 30 Tagen nach dem Eintritt des Erbfalls in demselben Umfang, wie der Erblasser es getan hat, Unterhalt zu gewähren und die Benutzung der Wohnung und der Haushaltsgegenstände zu gestatten. [2]Der Erblasser kann durch letztwillige Verfügung eine abweichende Anordnung treffen.
(2) [1]Die Vorschriften über Vermächtnisse finden entsprechende Anwendung.

Untertitel 2: Aufgebot der Nachlassgläubiger

§ 1970 Anmeldung der Forderungen [1]Die Nachlassgläubiger können im Wege des Aufgebotsverfahrens zur Anmeldung ihrer Forderungen aufgefordert werden.

§ 1971 Nicht betroffene Gläubiger [1]Pfandgläubiger und Gläubiger, die im Insolvenzverfahren den Pfandgläubigern gleichstehen, sowie Gläubiger, die bei der Zwangsvollstreckung in das unbewegliche Vermögen ein Recht auf Befriedigung aus diesem Vermögen haben, werden, soweit es sich um die Befriedigung aus den ihnen haftenden Gegenständen handelt, durch das Aufgebot nicht betroffen. [2]Das Gleiche gilt von Gläubigern, deren Ansprüche durch eine Vormerkung gesichert sind oder denen im Insolvenzverfahren ein Aussonderungsrecht zusteht, in Ansehung des Gegenstands ihres Rechts.

§ 1972 Nicht betroffene Rechte [1]Pflichtteilsrechte, Vermächtnisse und Auflagen werden durch das Aufgebot nicht betroffen, unbeschadet der Vorschrift des § 2060 Nr. 1.

§ 1973 Ausschluss von Nachlassgläubigern (1) [1]Der Erbe kann die Befriedigung eines im Aufgebotsverfahren ausgeschlossenen Nachlassgläubigers insoweit verweigern, als der Nachlass durch die Befriedigung der nicht ausgeschlossenen Gläubiger erschöpft wird. [2]Der Erbe hat jedoch den ausgeschlossenen Gläubiger vor den Verbindlichkeiten aus Pflichtteilsrechten, Vermächtnissen und Auflagen zu befriedigen, es sei denn, dass der Gläubiger seine Forderung erst nach der Berichtigung dieser Verbindlichkeiten geltend macht.

(2) ¹Einen Überschuss hat der Erbe zum Zwecke der Befriedigung des Gläubigers im Wege der Zwangsvollstreckung nach den Vorschriften über die Herausgabe einer ungerechtfertigten Bereicherung herauszugeben. ²Er kann die Herausgabe der noch vorhandenen Nachlassgegenstände durch Zahlung des Wertes abwenden. ³Die rechtskräftige Verurteilung des Erben zur Befriedigung eines ausgeschlossenen Gläubigers wirkt einem anderen Gläubiger gegenüber wie die Befriedigung.

§ 1974 Verschweigungseinrede (1) ¹Ein Nachlassgläubiger, der seine Forderung später als fünf Jahre nach dem Erbfall dem Erben gegenüber geltend macht, steht einem ausgeschlossenen Gläubiger gleich, es sei denn, dass die Forderung dem Erben vor dem Ablauf der fünf Jahre bekannt geworden oder im Aufgebotsverfahren angemeldet worden ist. ²Wird der Erblasser für tot erklärt oder wird seine Todeszeit nach den Vorschriften des Verschollenheitsgesetzes festgestellt, so beginnt die Frist nicht vor dem Eintritt der Rechtskraft des Beschlusses über die Todeserklärung oder die Feststellung der Todeszeit.
(2) ¹Die dem Erben nach § 1973 Abs. 1 Satz 2 obliegende Verpflichtung tritt im Verhältnis von Verbindlichkeiten aus Pflichtteilsrechten, Vermächtnissen und Auflagen zueinander nur insoweit ein, als der Gläubiger im Falle des Nachlassinsolvenzverfahrens im Range vorgehen würde.
(3) ¹Soweit ein Gläubiger nach § 1971 von dem Aufgebot nicht betroffen wird, finden die Vorschriften des Absatzes 1 auf ihn keine Anwendung.

Untertitel 3: Beschränkung der Haftung des Erben

§ 1975 Nachlassverwaltung; Nachlassinsolvenz ¹Die Haftung des Erben für die Nachlassverbindlichkeiten beschränkt sich auf den Nachlass, wenn eine Nachlasspflegschaft zum Zwecke der Befriedigung der Nachlassgläubiger (Nachlassverwaltung) angeordnet oder das Nachlassinsolvenzverfahren eröffnet ist.

§ 1976 Wirkung auf durch Vereinigung erloschene Rechtsverhältnisse ¹Ist die Nachlassverwaltung angeordnet oder das Nachlassinsolvenzverfahren eröffnet, so gelten die infolge des Erbfalls durch Vereinigung von Recht und Verbindlichkeit oder von Recht und Belastung erloschenen Rechtsverhältnisse als nicht erloschen.

§ 1977 Wirkung auf eine Aufrechnung (1) ¹Hat ein Nachlassgläubiger vor der Anordnung der Nachlassverwaltung oder vor der Eröffnung des Nachlassinsolvenzverfahrens seine Forderung gegen eine nicht zum Nachlass gehörende Forderung des Erben ohne dessen Zustimmung aufgerechnet, so ist nach der Anordnung der Nachlassverwaltung oder der Eröffnung des Nachlassinsolvenzverfahrens die Aufrechnung als nicht erfolgt anzusehen.
(2) ¹Das Gleiche gilt, wenn ein Gläubiger, der nicht Nachlassgläubiger ist, die ihm gegen den Erben zustehende Forderung gegen eine zum Nachlass gehörende Forderung aufgerechnet hat.

§ 1978 Verantwortlichkeit des Erben für bisherige Verwaltung, Aufwendungsersatz (1) ¹Ist die Nachlassverwaltung angeordnet oder das Nachlassinsolvenzverfahren eröffnet, so ist der Erbe den Nachlassgläubigern für die bisherige Verwaltung des Nachlasses so verantwortlich, wie wenn er von der Annahme der Erbschaft an die Verwaltung für sie als Beauftragter zu führen gehabt hätte. ²Auf die vor der Annahme der Erbschaft von dem Erben besorgten erbschaftlichen Geschäfte finden die Vorschriften über die Geschäftsführung ohne Auftrag entsprechende Anwendung.

(2) ¹Die den Nachlassgläubigern nach Absatz 1 zustehenden Ansprüche gelten als zum Nachlass gehörend.

(3) ¹Aufwendungen sind dem Erben aus dem Nachlass zu ersetzen, soweit er nach den Vorschriften über den Auftrag oder über die Geschäftsführung ohne Auftrag Ersatz verlangen könnte.

§ 1979 Berichtigung von Nachlassverbindlichkeiten ¹Die Berichtigung einer Nachlassverbindlichkeit durch den Erben müssen die Nachlassgläubiger als für Rechnung des Nachlasses erfolgt gelten lassen, wenn der Erbe den Umständen nach annehmen durfte, dass der Nachlass zur Berichtigung aller Nachlassverbindlichkeiten ausreiche.

§ 1980 Antrag auf Eröffnung des Nachlassinsolvenzverfahrens
(1) ¹Hat der Erbe von der Zahlungsunfähigkeit oder der Überschuldung des Nachlasses Kenntnis erlangt, so hat er unverzüglich die Eröffnung des Nachlassinsolvenzverfahrens zu beantragen. ²Verletzt er diese Pflicht, so ist er den Gläubigern für den daraus entstehenden Schaden verantwortlich. ³Bei der Bemessung der Zulänglichkeit des Nachlasses bleiben die Verbindlichkeiten aus Vermächtnissen und Auflagen außer Betracht.

(2) ¹Der Kenntnis der Zahlungsunfähigkeit oder der Überschuldung steht die auf Fahrlässigkeit beruhende Unkenntnis gleich. ²Als Fahrlässigkeit gilt es insbesondere, wenn der Erbe das Aufgebot der Nachlassgläubiger nicht beantragt, obwohl er Grund hat, das Vorhandensein unbekannter Nachlassverbindlichkeiten anzunehmen; das Aufgebot ist nicht erforderlich, wenn die Kosten des Verfahrens dem Bestand des Nachlasses gegenüber unverhältnismäßig groß sind.

§ 1981 Anordnung der Nachlassverwaltung (1) ¹Die Nachlassverwaltung ist von dem Nachlassgericht anzuordnen, wenn der Erbe die Anordnung beantragt.

(2) ¹Auf Antrag eines Nachlassgläubigers ist die Nachlassverwaltung anzuordnen, wenn Grund zu der Annahme besteht, dass die Befriedigung der Nachlassgläubiger aus dem Nachlass durch das Verhalten oder die Vermögenslage des Erben gefährdet wird. ²Der Antrag kann nicht mehr gestellt werden, wenn seit der Annahme der Erbschaft zwei Jahre verstrichen sind.

(3) ¹Die Vorschrift des § 1785 findet keine Anwendung.

§ 1982 Ablehnung der Anordnung der Nachlassverwaltung mangels Masse ¹Die Anordnung der Nachlassverwaltung kann abgelehnt werden, wenn eine den Kosten entsprechende Masse nicht vorhanden ist.

§ 1983 Bekanntmachung ¹Das Nachlassgericht hat die Anordnung der Nachlassverwaltung durch das für seine Bekanntmachungen bestimmte Blatt zu veröffentlichen.

§ 1984 Wirkung der Anordnung (1) ¹Mit der Anordnung der Nachlassverwaltung verliert der Erbe die Befugnis, den Nachlass zu verwalten und über ihn zu verfügen. ²Die Vorschriften der §§ 81 und 82 der Insolvenzordnung finden entsprechende Anwendung. ³Ein Anspruch, der sich gegen den Nachlass richtet, kann nur gegen den Nachlassverwalter geltend gemacht werden.

(2) ¹Zwangsvollstreckungen und Arreste in den Nachlass zugunsten eines Gläubigers, der nicht Nachlassgläubiger ist, sind ausgeschlossen.

§ 1985 Pflichten und Haftung des Nachlassverwalters (1) ¹Der Nachlassverwalter hat den Nachlass zu verwalten und die Nachlassverbindlichkeiten aus dem Nachlass zu berichtigen.

(2) ¹Der Nachlassverwalter ist für die Verwaltung des Nachlasses auch den Nachlassgläubigern verantwortlich. ²Die Vorschriften des § 1978 Abs. 2 und der §§ 1979, 1980 finden entsprechende Anwendung.

§ 1986 Herausgabe des Nachlasses (1) ¹Der Nachlassverwalter darf den Nachlass dem Erben erst ausantworten, wenn die bekannten Nachlassverbindlichkeiten berichtigt sind.
(2) ¹Ist die Berichtigung einer Verbindlichkeit zur Zeit nicht ausführbar oder ist eine Verbindlichkeit streitig, so darf die Ausantwortung des Nachlasses nur erfolgen, wenn dem Gläubiger Sicherheit geleistet wird. ²Für eine bedingte Forderung ist Sicherheitsleistung nicht erforderlich, wenn die Möglichkeit des Eintritts der Bedingung eine so entfernte ist, dass die Forderung einen gegenwärtigen Vermögenswert nicht hat.

§ 1987 Vergütung des Nachlassverwalters ¹Der Nachlassverwalter kann für die Führung seines Amts eine angemessene Vergütung verlangen.

§ 1988 Ende und Aufhebung der Nachlassverwaltung (1) ¹Die Nachlassverwaltung endigt mit der Eröffnung des Nachlassinsolvenzverfahrens.
(2) ¹Die Nachlassverwaltung kann aufgehoben werden, wenn sich ergibt, dass eine den Kosten entsprechende Masse nicht vorhanden ist.

§ 1989 Erschöpfungseinrede des Erben ¹Ist das Nachlassinsolvenzverfahren durch Verteilung der Masse oder durch einen Insolvenzplan beendet, so findet auf die Haftung des Erben die Vorschrift des § 1973 entsprechende Anwendung.

§ 1990 Dürftigkeitseinrede des Erben (1) ¹Ist die Anordnung der Nachlassverwaltung oder die Eröffnung des Nachlassinsolvenzverfahrens wegen Mangels einer den Kosten entsprechenden Masse nicht tunlich oder wird aus diesem Grunde die Nachlassverwaltung aufgehoben oder das Insolvenzverfahren eingestellt, so kann der Erbe die Befriedigung eines Nachlassgläubigers insoweit verweigern, als der Nachlass nicht ausreicht. ²Der Erbe ist in diesem Falle verpflichtet, den Nachlass zum Zwecke der Befriedigung des Gläubigers im Wege der Zwangsvollstreckung herauszugeben.
(2) ¹Das Recht des Erben wird nicht dadurch ausgeschlossen, dass der Gläubiger nach dem Eintritt des Erbfalls im Wege der Zwangsvollstreckung oder der Arrestvollziehung ein Pfandrecht oder eine Hypothek oder im Wege der einstweiligen Verfügung eine Vormerkung erlangt hat.

§ 1991 Folgen der Dürftigkeitseinrede (1) ¹Macht der Erbe von dem ihm nach § 1990 zustehenden Recht Gebrauch, so finden auf seine Verantwortlichkeit und den Ersatz seiner Aufwendungen die Vorschriften der §§ 1978, 1979 Anwendung.
(2) ¹Die infolge des Erbfalls durch Vereinigung von Recht und Verbindlichkeit oder von Recht und Belastung erloschenen Rechtsverhältnisse gelten im Verhältnis zwischen dem Gläubiger und dem Erben als nicht erloschen.
(3) ¹Die rechtskräftige Verurteilung des Erben zur Befriedigung eines Gläubigers wirkt einem anderen Gläubiger gegenüber wie die Befriedigung.
(4) ¹Die Verbindlichkeiten aus Pflichtteilsrechten, Vermächtnissen und Auflagen hat der Erbe so zu berichtigen, wie sie im Falle des Insolvenzverfahrens zur Berichtigung kommen würden.

§ 1992 Überschuldung durch Vermächtnisse und Auflagen ¹Beruht die Überschuldung des Nachlasses auf Vermächtnissen und Auflagen, so ist der Erbe, auch wenn die Voraussetzungen des § 1990 nicht vorliegen, berechtigt, die Berichtigung dieser Verbindlichkeiten nach den Vorschriften der §§ 1990, 1991 zu bewirken. ²Er kann die Herausgabe der noch vorhandenen Nachlassgegenstände durch Zahlung des Wertes abwenden.

Untertitel 4: Inventarerrichtung, unbeschränkte Haftung des Erben

§ 1993 Inventarerrichtung ¹Der Erbe ist berechtigt, ein Verzeichnis des Nachlasses (Inventar) bei dem Nachlassgericht einzureichen (Inventarerrichtung).

§ 1994 Inventarfrist (1) ¹Das Nachlassgericht hat dem Erben auf Antrag eines Nachlassgläubigers zur Errichtung des Inventars eine Frist (Inventarfrist) zu bestimmen. ²Nach dem Ablauf der Frist haftet der Erbe für die Nachlassverbindlichkeiten unbeschränkt, wenn nicht vorher das Inventar errichtet wird.
(2) ¹Der Antragsteller hat seine Forderung glaubhaft zu machen. ²Auf die Wirksamkeit der Fristbestimmung ist es ohne Einfluss, wenn die Forderung nicht besteht.

§ 1995 Dauer der Frist (1) ¹Die Inventarfrist soll mindestens einen Monat, höchstens drei Monate betragen. ²Sie beginnt mit der Zustellung des Beschlusses, durch den die Frist bestimmt wird.
(2) ¹Wird die Frist vor der Annahme der Erbschaft bestimmt, so beginnt sie erst mit der Annahme der Erbschaft.
(3) ¹Auf Antrag des Erben kann das Nachlassgericht die Frist nach seinem Ermessen verlängern.

§ 1996 Bestimmung einer neuen Frist (1) ¹Ist der Erbe durch höhere Gewalt verhindert worden, das Inventar rechtzeitig zu errichten oder die nach den Umständen gerechtfertigte Verlängerung der Inventarfrist zu beantragen, so hat ihm auf seinen Antrag das Nachlassgericht eine neue Inventarfrist zu bestimmen. ²Das Gleiche gilt, wenn der Erbe von der Zustellung des Beschlusses, durch den die Inventarfrist bestimmt worden ist, ohne sein Verschulden Kenntnis nicht erlangt hat.
(2) ¹Der Antrag muss binnen zwei Wochen nach der Beseitigung des Hindernisses und spätestens vor dem Ablauf eines Jahres nach dem Ende der zuerst bestimmten Frist gestellt werden.
(3) ¹Vor der Entscheidung soll der Nachlassgläubiger, auf dessen Antrag die erste Frist bestimmt worden ist, wenn tunlich gehört werden.

§ 1997 Hemmung des Fristablaufs ¹Auf den Lauf der Inventarfrist und der in § 1996 Abs. 2 bestimmten Frist von zwei Wochen finden die für die Verjährung geltenden Vorschriften der §§ 206, 210 entsprechende Anwendung.

§ 1998 Tod des Erben vor Fristablauf ¹Stirbt der Erbe vor dem Ablauf der Inventarfrist oder der in § 1996 Abs. 2 bestimmten Frist von zwei Wochen, so endigt die Frist nicht vor dem Ablauf der für die Erbschaft des Erben vorgeschriebenen Ausschlagungsfrist.

§ 1999 Mitteilung an das Vormundschaftsgericht ¹Steht der Erbe unter elterlicher Sorge oder unter Vormundschaft, so soll das Nachlassgericht dem Vormundschaftsgericht von der Bestimmung der Inventarfrist Mitteilung machen. ²Dies gilt auch, wenn die Nachlassangelegenheit in den Aufgabenkreis eines Betreuers des Erben fällt.

§ 2000 Unwirksamkeit der Fristbestimmung ¹Die Bestimmung einer Inventarfrist wird unwirksam, wenn eine Nachlassverwaltung angeordnet oder das Nachlassinsolvenzverfahren eröffnet wird. ²Während der Dauer der Nachlassverwaltung oder des Nachlassinsolvenzverfahrens kann eine Inventarfrist nicht bestimmt werden. ³Ist das Nachlassinsolvenzverfahren durch Verteilung der Masse oder durch einen Insolvenzplan beendet, so bedarf es zur Abwendung der unbeschränkten Haftung der Inventarerrichtung nicht.

§§ 2001–2006 BGB

§ 2001 Inhalt des Inventars (1) ¹In dem Inventar sollen die bei dem Eintritt des Erbfalls vorhandenen Nachlassgegenstände und die Nachlassverbindlichkeiten vollständig angegeben werden.

(2) ¹Das Inventar soll außerdem eine Beschreibung der Nachlassgegenstände, soweit eine solche zur Bestimmung des Wertes erforderlich ist, und die Angabe des Wertes enthalten.

§ 2002 Aufnahme des Inventars durch den Erben ¹Der Erbe muss zu der Aufnahme des Inventars eine zuständige Behörde oder einen zuständigen Beamten oder Notar zuziehen.

§ 2003 Amtliche Aufnahme des Inventars (1) ¹Auf Antrag des Erben hat das Nachlassgericht entweder das Inventar selbst aufzunehmen oder die Aufnahme einer zuständigen Behörde oder einem zuständigen Beamten oder Notar zu übertragen. ²Durch die Stellung des Antrags wird die Inventarfrist gewahrt.

(2) ¹Der Erbe ist verpflichtet, die zur Aufnahme des Inventars erforderliche Auskunft zu erteilen.

(3) ¹Das Inventar ist von der Behörde, dem Beamten oder dem Notar bei dem Nachlassgericht einzureichen.

§ 2004 Bezugnahme auf ein vorhandenes Inventar ¹Befindet sich bei dem Nachlassgericht schon ein den Vorschriften der §§ 2002, 2003 entsprechendes Inventar, so genügt es, wenn der Erbe vor dem Ablauf der Inventarfrist dem Nachlassgericht gegenüber erklärt, dass das Inventar als von ihm eingereicht gelten soll.

§ 2005 Unbeschränkte Haftung des Erben bei Unrichtigkeit des Inventars (1) ¹Führt der Erbe absichtlich eine erhebliche Unvollständigkeit der im Inventar enthaltenen Angabe der Nachlassgegenstände herbei oder bewirkt er in der Absicht, die Nachlassgläubiger zu benachteiligen, die Aufnahme einer nicht bestehenden Nachlassverbindlichkeit, so haftet er für die Nachlassverbindlichkeiten unbeschränkt. ²Das Gleiche gilt, wenn er im Falle des § 2003 die Erteilung der Auskunft verweigert oder absichtlich in erheblichem Maße verzögert.

(2) ¹Ist die Angabe der Nachlassgegenstände unvollständig, ohne dass ein Fall des Absatzes 1 vorliegt, so kann dem Erben zur Ergänzung eine neue Inventarfrist bestimmt werden.

§ 2006 Eidesstattliche Versicherung (1) ¹Der Erbe hat auf Verlangen eines Nachlassgläubigers zu Protokoll des Nachlassgerichts an Eides statt zu versichern, dass er nach bestem Wissen die Nachlassgegenstände so vollständig angegeben habe, als er dazu imstande sei.

(2) ¹Der Erbe kann vor der Abgabe der eidesstattlichen Versicherung das Inventar vervollständigen.

(3) ¹Verweigert der Erbe die Abgabe der eidesstattlichen Versicherung, so haftet er dem Gläubiger, der den Antrag gestellt hat, unbeschränkt. ²Das Gleiche gilt, wenn er weder in dem Termin noch in einem auf Antrag des Gläubigers bestimmten neuen Termin erscheint, es sei denn, dass ein Grund vorliegt, durch den das Nichterscheinen in diesem Termin genügend entschuldigt wird.

(4) ¹Eine wiederholte Abgabe der eidesstattlichen Versicherung kann derselbe Gläubiger oder ein anderer Gläubiger nur verlangen, wenn Grund zu der Annahme besteht, dass dem Erben nach der Abgabe der eidesstattlichen Versicherung weitere Nachlassgegenstände bekannt geworden sind.

§ 2007 Haftung bei mehreren Erbteilen
¹Ist ein Erbe zu mehreren Erbteilen berufen, so bestimmt sich seine Haftung für die Nachlassverbindlichkeiten in Ansehung eines jeden der Erbteile so, wie wenn die Erbteile verschiedenen Erben gehörten. ²In den Fällen der Anwachsung und des § 1935 gilt dies nur dann, wenn die Erbteile verschieden beschwert sind.

§ 2008 Inventar für eine zum Gesamtgut gehörende Erbschaft
(1) ¹Ist ein in Gütergemeinschaft lebender Ehegatte Erbe und gehört die Erbschaft zum Gesamtgut, so ist die Bestimmung der Inventarfrist nur wirksam, wenn sie auch dem anderen Ehegatten gegenüber erfolgt, sofern dieser das Gesamtgut allein oder mit seinem Ehegatten gemeinschaftlich verwaltet. ²Solange die Frist diesem gegenüber nicht verstrichen ist, endet sie auch nicht dem Ehegatten gegenüber, der Erbe ist. ³Die Errichtung des Inventars durch den anderen Ehegatten kommt dem Ehegatten, der Erbe ist, zustatten.
(2) ¹Die Vorschriften des Absatzes 1 gelten auch nach der Beendigung der Gütergemeinschaft.

§ 2009 Wirkung der Inventarerrichtung
¹Ist das Inventar rechtzeitig errichtet worden, so wird im Verhältnis zwischen dem Erben und den Nachlassgläubigern vermutet, dass zur Zeit des Erbfalls weitere Nachlassgegenstände als die angegebenen nicht vorhanden gewesen seien.

§ 2010 Einsicht des Inventars
¹Das Nachlassgericht hat die Einsicht des Inventars jedem zu gestatten, der ein rechtliches Interesse glaubhaft macht.

§ 2011 Keine Inventarfrist für den Fiskus als Erben
¹Dem Fiskus als gesetzlichem Erben kann eine Inventarfrist nicht bestimmt werden. ²Der Fiskus ist den Nachlassgläubigern gegenüber verpflichtet, über den Bestand des Nachlasses Auskunft zu erteilen.

§ 2012 Keine Inventarfrist für den Nachlasspfleger und Nachlassverwalter
(1) ¹Einem nach den §§ 1960, 1961 bestellten Nachlasspfleger kann eine Inventarfrist nicht bestimmt werden. ²Der Nachlasspfleger ist den Nachlassgläubigern gegenüber verpflichtet, über den Bestand des Nachlasses Auskunft zu erteilen. ³Der Nachlasspfleger kann nicht auf die Beschränkung der Haftung des Erben verzichten.
(2) ¹Diese Vorschriften gelten auch für den Nachlassverwalter.

§ 2013 Folgen der unbeschränkten Haftung des Erben
(1) ¹Haftet der Erbe für die Nachlassverbindlichkeiten unbeschränkt, so finden die Vorschriften der §§ 1973 bis 1975, 1977 bis 1980, 1989 bis 1992 keine Anwendung; der Erbe ist nicht berechtigt, die Anordnung einer Nachlassverwaltung zu beantragen. ²Auf eine nach § 1973 oder nach § 1974 eingetretene Beschränkung der Haftung kann sich der Erbe jedoch berufen, wenn später der Fall des § 1994 Abs. 1 Satz 2 oder des § 2005 Abs. 1 eintritt.
(2) ¹Die Vorschriften der §§ 1977 bis 1980 und das Recht des Erben, die Anordnung einer Nachlassverwaltung zu beantragen, werden nicht dadurch ausgeschlossen, dass der Erbe einzelnen Nachlassgläubigern gegenüber unbeschränkt haftet.

Untertitel 5: Aufschiebende Einreden

§ 2014 Dreimonatseinrede ¹Der Erbe ist berechtigt, die Berichtigung einer Nachlassverbindlichkeit bis zum Ablauf der ersten drei Monate nach der Annahme der Erbschaft, jedoch nicht über die Errichtung des Inventars hinaus, zu verweigern.

§ 2015 Einrede des Aufgebotsverfahrens (1) ¹Hat der Erbe den Antrag auf Erlassung des Aufgebots der Nachlassgläubiger innerhalb eines Jahres nach der Annahme der Erbschaft gestellt und ist der Antrag zugelassen, so ist der Erbe berechtigt, die Berichtigung einer Nachlassverbindlichkeit bis zur Beendigung des Aufgebotsverfahrens zu verweigern.
(2) ¹Der Beendigung des Aufgebotsverfahrens steht es gleich, wenn der Erbe in dem Aufgebotstermin nicht erschienen ist und nicht binnen zwei Wochen die Bestimmung eines neuen Termins beantragt oder wenn er auch in dem neuen Termin nicht erscheint.
(3) ¹Wird das Ausschlussurteil erlassen oder der Antrag auf Erlassung des Urteils zurückgewiesen, so ist das Verfahren nicht vor dem Ablauf einer mit der Verkündung der Entscheidung beginnenden Frist von zwei Wochen und nicht vor der Erledigung einer rechtzeitig eingelegten Beschwerde als beendigt anzusehen.

§ 2016 Ausschluss der Einreden bei unbeschränkter Erbenhaftung (1) ¹Die Vorschriften der §§ 2014, 2015 finden keine Anwendung, wenn der Erbe unbeschränkt haftet.
(2) ¹Das Gleiche gilt, soweit ein Gläubiger nach § 1971 von dem Aufgebot der Nachlassgläubiger nicht betroffen wird, mit der Maßgabe, dass ein erst nach dem Eintritt des Erbfalls im Wege der Zwangsvollstreckung oder der Arrestvollziehung erlangtes Recht sowie eine erst nach diesem Zeitpunkt im Wege der einstweiligen Verfügung erlangte Vormerkung außer Betracht bleibt.

§ 2017 Fristbeginn bei Nachlasspflegschaft ¹Wird vor der Annahme der Erbschaft zur Verwaltung des Nachlasses ein Nachlasspfleger bestellt, so beginnen die in § 2014 und in § 2015 Abs. 1 bestimmten Fristen mit der Bestellung.

Titel 3: Erbschaftsanspruch

§ 2018 Herausgabepflicht des Erbschaftsbesitzers ¹Der Erbe kann von jedem, der auf Grund eines ihm in Wirklichkeit nicht zustehenden Erbrechts etwas aus der Erbschaft erlangt hat (Erbschaftsbesitzer), die Herausgabe des Erlangten verlangen.

§ 2019 Unmittelbare Ersetzung (1) ¹Als aus der Erbschaft erlangt gilt auch, was der Erbschaftsbesitzer durch Rechtsgeschäft mit Mitteln der Erbschaft erwirbt.
(2) ¹Die Zugehörigkeit einer in solcher Weise erworbenen Forderung zur Erbschaft hat der Schuldner erst dann gegen sich gelten zu lassen, wenn er von der Zugehörigkeit Kenntnis erlangt; die Vorschriften der §§ 406 bis 408 finden entsprechende Anwendung.

§ 2020 Nutzungen und Früchte ¹Der Erbschaftsbesitzer hat dem Erben die gezogenen Nutzungen herauszugeben; die Verpflichtung zur Herausgabe erstreckt sich auch auf Früchte, an denen er das Eigentum erworben hat.

§ 2021 Herausgabepflicht nach Bereicherungsgrundsätzen ¹Soweit der Erbschaftsbesitzer zur Herausgabe außerstande ist, bestimmt sich seine Verpflichtung nach den Vorschriften über die Herausgabe einer ungerechtfertigten Bereicherung.

§ 2022 Ersatz von Verwendungen und Aufwendungen (1) ¹Der Erbschaftsbesitzer ist zur Herausgabe der zur Erbschaft gehörenden Sachen nur gegen Ersatz aller Verwendungen verpflichtet, soweit nicht die Verwendungen durch Anrechnung auf die nach § 2021 herauszugebende Bereicherung gedeckt werden. ²Die für den Eigentumsanspruch geltenden Vorschriften der §§ 1000 bis 1003 finden Anwendung.
(2) ¹Zu den Verwendungen gehören auch die Aufwendungen, die der Erbschaftsbesitzer zur Bestreitung von Lasten der Erbschaft oder zur Berichtigung von Nachlassverbindlichkeiten macht.
(3) ¹Soweit der Erbe für Aufwendungen, die nicht auf einzelne Sachen gemacht worden sind, insbesondere für die im Absatz 2 bezeichneten Aufwendungen, nach den allgemeinen Vorschriften in weiterem Umfang Ersatz zu leisten hat, bleibt der Anspruch des Erbschaftsbesitzers unberührt.

§ 2023 Haftung bei Rechtshängigkeit, Nutzungen und Verwendungen (1) ¹Hat der Erbschaftsbesitzer zur Erbschaft gehörende Sachen herauszugeben, so bestimmt sich von dem Eintritt der Rechtshängigkeit an der Anspruch des Erben auf Schadensersatz wegen Verschlechterung, Untergangs oder einer aus einem anderen Grund eintretenden Unmöglichkeit der Herausgabe nach den Vorschriften, die für das Verhältnis zwischen dem Eigentümer und dem Besitzer von dem Eintritt der Rechtshängigkeit des Eigentumsanspruchs an gelten.
(2) ¹Das Gleiche gilt von dem Anspruch des Erben auf Herausgabe oder Vergütung von Nutzungen und von dem Anspruch des Erbschaftsbesitzers auf Ersatz von Verwendungen.

§ 2024 Haftung bei Kenntnis ¹Ist der Erbschaftsbesitzer bei dem Beginn des Erbschaftsbesitzes nicht in gutem Glauben, so haftet er so, wie wenn der Anspruch des Erben zu dieser Zeit rechtshängig geworden wäre. ²Erfährt der Erbschaftsbesitzer später, dass er nicht Erbe ist, so haftet er in gleicher Weise von der Erlangung der Kenntnis an. ³Eine weitergehende Haftung wegen Verzugs bleibt unberührt.

§ 2025 Haftung bei unerlaubter Handlung ¹Hat der Erbschaftsbesitzer einen Erbschaftsgegenstand durch eine Straftat oder eine zur Erbschaft gehörende Sache durch verbotene Eigenmacht erlangt, so haftet er nach den Vorschriften über den Schadensersatz wegen unerlaubter Handlungen. ²Ein gutgläubiger Erbschaftsbesitzer haftet jedoch wegen verbotener Eigenmacht nach diesen Vorschriften nur, wenn der Erbe den Besitz der Sache bereits tatsächlich ergriffen hatte.

§ 2026 Keine Berufung auf Ersitzung ¹Der Erbschaftsbesitzer kann sich dem Erben gegenüber, solange nicht der Erbschaftsanspruch verjährt ist, nicht auf die Ersitzung einer Sache berufen, die er als zur Erbschaft gehörend im Besitz hat.

§ 2027 Auskunftpflicht des Erbschaftsbesitzers (1) ¹Der Erbschaftsbesitzer ist verpflichtet, dem Erben über den Bestand der Erbschaft und über den Verbleib der Erbschaftsgegenstände Auskunft zu erteilen.
(2) ¹Die gleiche Verpflichtung hat, wer, ohne Erbschaftsbesitzer zu sein, eine Sache aus dem Nachlass in Besitz nimmt, bevor der Erbe den Besitz tatsächlich ergriffen hat.

§ 2028 Auskunftpflicht des Hausgenossen (1) ¹Wer sich zur Zeit des Erbfalls mit dem Erblasser in häuslicher Gemeinschaft befunden hat, ist verpflichtet, dem Erben auf Verlangen Auskunft darüber zu erteilen, welche

erbschaftlichen Geschäfte er geführt hat und was ihm über den Verbleib der Erbschaftsgegenstände bekannt ist.
(2) ¹Besteht Grund zu der Annahme, dass die Auskunft nicht mit der erforderlichen Sorgfalt erteilt worden ist, so hat der Verpflichtete auf Verlangen des Erben zu Protokoll an Eides statt zu versichern, dass er seine Angaben nach bestem Wissen so vollständig gemacht habe, als er dazu imstande sei.
(3) ¹Die Vorschriften des § 259 Abs. 3 und des § 261 finden Anwendung.

§ 2029 Haftung bei Einzelansprüchen des Erben ¹Die Haftung des Erbschaftsbesitzers bestimmt sich auch gegenüber den Ansprüchen, die dem Erben in Ansehung der einzelnen Erbschaftsgegenstände zustehen, nach den Vorschriften über den Erbschaftsanspruch.

§ 2030 Rechtsstellung des Erbschaftserwerbers ¹Wer die Erbschaft durch Vertrag von einem Erbschaftsbesitzer erwirbt, steht im Verhältnis zu dem Erben einem Erbschaftsbesitzer gleich.

§ 2031 Herausgabeanspruch des für tot Erklärten (1) ¹Überlebt eine Person, die für tot erklärt oder deren Todeszeit nach den Vorschriften des Verschollenheitsgesetzes festgestellt ist, den Zeitpunkt, der als Zeitpunkt ihres Todes gilt, so kann sie die Herausgabe ihres Vermögens nach den für den Erbschaftsanspruch geltenden Vorschriften verlangen. ²Solange sie noch lebt, wird die Verjährung ihres Anspruchs nicht vor dem Ablauf eines Jahres nach dem Zeitpunkt vollendet, in welchem sie von der Todeserklärung oder der Feststellung der Todeszeit Kenntnis erlangt.
(2) ¹Das Gleiche gilt, wenn der Tod einer Person ohne Todeserklärung oder Feststellung der Todeszeit mit Unrecht angenommen worden ist.

Titel 4: Mehrheit von Erben

Untertitel 1: Rechtsverhältnis der Erben untereinander

§ 2032 Erbengemeinschaft (1) ¹Hinterlässt der Erblasser mehrere Erben, so wird der Nachlass gemeinschaftliches Vermögen der Erben.
(2) ¹Bis zur Auseinandersetzung gelten die Vorschriften der §§ 2033 bis 2041.

§ 2033 Verfügungsrecht des Miterben (1) ¹Jeder Miterbe kann über seinen Anteil an dem Nachlass verfügen. ²Der Vertrag, durch den ein Miterbe über seinen Anteil verfügt, bedarf der notariellen Beurkundung.
(2) ¹Über seinen Anteil an den einzelnen Nachlassgegenständen kann ein Miterbe nicht verfügen.

§ 2034 Vorkaufsrecht gegenüber dem Verkäufer (1) ¹Verkauft ein Miterbe seinen Anteil an einen Dritten, so sind die übrigen Miterben zum Vorkauf berechtigt.
(2) ¹Die Frist für die Ausübung des Vorkaufsrechts beträgt zwei Monate. ²Das Vorkaufsrecht ist vererblich.

§ 2035 Vorkaufsrecht gegenüber dem Käufer (1) ¹Ist der verkaufte Anteil auf den Käufer übertragen, so können die Miterben das ihnen nach § 2034 dem Verkäufer gegenüber zustehende Vorkaufsrecht dem Käufer gegenüber ausüben. ²Dem Verkäufer gegenüber erlischt das Vorkaufsrecht mit der Übertragung des Anteils.
(2) ¹Der Verkäufer hat die Miterben von der Übertragung unverzüglich zu benachrichtigen.

BGB §§ 2036–2044

§ 2036 Haftung des Erbteilkäufers ¹Mit der Übertragung des Anteils auf die Miterben wird der Käufer von der Haftung für die Nachlassverbindlichkeiten frei. ²Seine Haftung bleibt jedoch bestehen, soweit er den Nachlassgläubigern nach den §§ 1978 bis 1980 verantwortlich ist; die Vorschriften der §§ 1990, 1991 finden entsprechende Anwendung.

§ 2037 Weiterveräußerung des Erbteils ¹Überträgt der Käufer den Anteil auf einen anderen, so finden die Vorschriften der §§ 2033, 2035, 2036 entsprechende Anwendung.

§ 2038 Gemeinschaftliche Verwaltung des Nachlasses (1) ¹Die Verwaltung des Nachlasses steht den Erben gemeinschaftlich zu. ²Jeder Miterbe ist den anderen gegenüber verpflichtet, zu Maßregeln mitzuwirken, die zur ordnungsmäßigen Verwaltung erforderlich sind; die zur Erhaltung notwendigen Maßregeln kann jeder Miterbe ohne Mitwirkung der anderen treffen.
(2) ¹Die Vorschriften der §§ 743, 745, 746, 748 finden Anwendung. ²Die Teilung der Früchte erfolgt erst bei der Auseinandersetzung. ³Ist die Auseinandersetzung auf längere Zeit als ein Jahr ausgeschlossen, so kann jeder Miterbe am Schluss jedes Jahres die Teilung des Reinertrags verlangen.

§ 2039 Nachlassforderungen ¹Gehört ein Anspruch zum Nachlass, so kann der Verpflichtete nur an alle Erben gemeinschaftlich leisten und jeder Miterbe nur die Leistung an alle Erben fordern. ²Jeder Miterbe kann verlangen, dass der Verpflichtete die zu leistende Sache für alle Erben hinterlegt oder, wenn sie sich nicht zur Hinterlegung eignet, an einen gerichtlich zu bestellenden Verwahrer abliefert.

§ 2040 Verfügung über Nachlassgegenstände, Aufrechnung
(1) ¹Die Erben können über einen Nachlassgegenstand nur gemeinschaftlich verfügen.
(2) ¹Gegen eine zum Nachlass gehörende Forderung kann der Schuldner nicht eine ihm gegen einen einzelnen Miterben zustehende Forderung aufrechnen.

§ 2041 Unmittelbare Ersetzung ¹Was auf Grund eines zum Nachlass gehörenden Rechts oder als Ersatz für die Zerstörung, Beschädigung oder Entziehung eines Nachlassgegenstands oder durch ein Rechtsgeschäft erworben wird, das sich auf den Nachlass bezieht, gehört zum Nachlass. ²Auf eine durch ein solches Rechtsgeschäft erworbene Forderung findet die Vorschrift des § 2019 Abs. 2 Anwendung.

§ 2042 Auseinandersetzung (1) ¹Jeder Miterbe kann jederzeit die Auseinandersetzung verlangen, soweit sich nicht aus den §§ 2043 bis 2045 ein anderes ergibt.
(2) ¹Die Vorschriften des § 749 Abs. 2, 3 und der §§ 750 bis 758 finden Anwendung.

§ 2043 Aufschub der Auseinandersetzung (1) ¹Soweit die Erbteile wegen der zu erwartenden Geburt eines Miterben noch unbestimmt sind, ist die Auseinandersetzung bis zur Hebung der Unbestimmtheit ausgeschlossen.
(2) ¹Das Gleiche gilt, soweit die Erbteile deshalb noch unbestimmt sind, weil die Entscheidung über einen Antrag auf Annahme als Kind, über die Aufhebung des Annahmeverhältnisses oder über die Anerkennung einer vom Erblasser errichteten Stiftung als rechtsfähig noch aussteht.

§ 2044 Ausschluss der Auseinandersetzung (1) ¹Der Erblasser kann durch letztwillige Verfügung die Auseinandersetzung in Ansehung des Nachlasses oder einzelner Nachlassgegenstände ausschließen oder von der Einhaltung einer Kündigungsfrist abhängig machen. ²Die Vorschriften des § 749 Abs. 2, 3, der §§ 750, 751 und des § 1010 Abs. 1 finden entsprechende Anwendung.

(2) ¹Die Verfügung wird unwirksam, wenn 30 Jahre seit dem Eintritt des Erbfalls verstrichen sind. ²Der Erblasser kann jedoch anordnen, dass die Verfügung bis zum Eintritt eines bestimmten Ereignisses in der Person eines Miterben oder, falls er eine Nacherbfolge oder ein Vermächtnis anordnet, bis zum Eintritt der Nacherbfolge oder bis zum Anfall des Vermächtnisses gelten soll. ³Ist der Miterbe, in dessen Person das Ereignis eintreten soll, eine juristische Person, so bewendet es bei der dreißigjährigen Frist.

§ 2045 Aufschub der Auseinandersetzung
¹Jeder Miterbe kann verlangen, dass die Auseinandersetzung bis zur Beendigung des nach § 1970 zulässigen Aufgebotsverfahrens oder bis zum Ablauf der in § 2061 bestimmten Anmeldungsfrist aufgeschoben wird. ²Ist das Aufgebot noch nicht beantragt oder die öffentliche Aufforderung nach § 2061 noch nicht erlassen, so kann der Aufschub nur verlangt werden, wenn unverzüglich der Antrag gestellt oder die Aufforderung erlassen wird.

§ 2046 Berichtigung der Nachlassverbindlichkeiten
(1) ¹Aus dem Nachlass sind zunächst die Nachlassverbindlichkeiten zu berichtigen. ²Ist eine Nachlassverbindlichkeit noch nicht fällig oder ist sie streitig, so ist das zur Berichtigung Erforderliche zurückzubehalten.

(2) ¹Fällt eine Nachlassverbindlichkeit nur einigen Miterben zur Last, so können diese die Berichtigung nur aus dem verlangen, was ihnen bei der Auseinandersetzung zukommt.

(3) ¹Zur Berichtigung ist der Nachlass, soweit erforderlich, in Geld umzusetzen.

§ 2047 Verteilung des Überschusses
(1) ¹Der nach der Berichtigung der Nachlassverbindlichkeiten verbleibende Überschuss gebührt den Erben nach dem Verhältnis der Erbteile.

(2) ¹Schriftstücke, die sich auf die persönlichen Verhältnisse des Erblassers, auf dessen Familie oder auf den ganzen Nachlass beziehen, bleiben gemeinschaftlich.

§ 2048 Teilungsanordnungen des Erblassers
¹Der Erblasser kann durch letztwillige Verfügung Anordnungen für die Auseinandersetzung treffen. ²Er kann insbesondere anordnen, dass die Auseinandersetzung nach dem billigen Ermessen eines Dritten erfolgen soll. ³Die von dem Dritten auf Grund der Anordnung getroffene Bestimmung ist für die Erben nicht verbindlich, wenn sie offenbar unbillig ist; die Bestimmung erfolgt in diesem Falle durch Urteil.

§ 2049 Übernahme eines Landguts
(1) ¹Hat der Erblasser angeordnet, dass einer der Miterben das Recht haben soll, ein zum Nachlass gehörendes Landgut zu übernehmen, so ist im Zweifel anzunehmen, dass das Landgut zu dem Ertragswert angesetzt werden soll.

(2) ¹Der Ertragswert bestimmt sich nach dem Reinertrag, den das Landgut nach seiner bisherigen wirtschaftlichen Bestimmung bei ordnungsmäßiger Bewirtschaftung nachhaltig gewähren kann.

§ 2050 Ausgleichungspflicht für Abkömmlinge als gesetzliche Erben
(1) ¹Abkömmlinge, die als gesetzliche Erben zur Erbfolge gelangen, sind verpflichtet, dasjenige, was sie von dem Erblasser bei dessen Lebzeiten als Ausstattung erhalten haben, bei der Auseinandersetzung untereinander zur Ausgleichung zu bringen, soweit nicht der Erblasser bei der Zuwendung ein anderes angeordnet hat.

(2) ¹Zuschüsse, die zu dem Zwecke gegeben worden sind, als Einkünfte verwendet zu werden, sowie Aufwendungen für die Vorbildung zu einem Beruf sind insoweit zur Ausgleichung zu bringen, als sie das den Vermögensverhältnissen des Erblassers entsprechende Maß überstiegen haben.

(3) ¹Andere Zuwendungen unter Lebenden sind zur Ausgleichung zu bringen, wenn der Erblasser bei der Zuwendung die Ausgleichung angeordnet hat.

§ 2051 Ausgleichungspflicht bei Wegfall eines Abkömmlings

(1) ¹Fällt ein Abkömmling, der als Erbe zur Ausgleichung verpflichtet sein würde, vor oder nach dem Erbfall weg, so ist wegen der ihm gemachten Zuwendungen der an seine Stelle tretende Abkömmling zur Ausgleichung verpflichtet.

(2) ¹Hat der Erblasser für den wegfallenden Abkömmling einen Ersatzerben eingesetzt, so ist im Zweifel anzunehmen, dass dieser nicht mehr erhalten soll, als der Abkömmling unter Berücksichtigung der Ausgleichungspflicht erhalten würde.

§ 2052 Ausgleichungspflicht für Abkömmlinge als gewillkürte Erben

¹Hat der Erblasser die Abkömmlinge auf dasjenige als Erben eingesetzt, was sie als gesetzliche Erben erhalten würden, oder hat er ihre Erbteile so bestimmt, dass sie zueinander in demselben Verhältnis stehen wie die gesetzlichen Erbteile, so ist im Zweifel anzunehmen, dass die Abkömmlinge nach den §§ 2050, 2051 zur Ausgleichung verpflichtet sein sollen.

§ 2053 Zuwendung an entfernteren oder angenommenen Abkömmling

(1) ¹Eine Zuwendung, die ein entfernterer Abkömmling vor dem Wegfall des ihn von der Erbfolge ausschließenden näheren Abkömmlings oder ein an die Stelle eines Abkömmlings als Ersatzerbe tretender Abkömmling von dem Erblasser erhalten hat, ist nicht zur Ausgleichung zu bringen, es sei denn, dass der Erblasser bei der Zuwendung die Ausgleichung angeordnet hat.

(2) ¹Das Gleiche gilt, wenn ein Abkömmling, bevor er die rechtliche Stellung eines solchen erlangt hatte, eine Zuwendung von dem Erblasser erhalten hat.

§ 2054 Zuwendung aus dem Gesamtgut

(1) ¹Eine Zuwendung, die aus dem Gesamtgut der Gütergemeinschaft erfolgt, gilt als von jedem der Ehegatten zur Hälfte gemacht. ²Die Zuwendung gilt jedoch, wenn sie an einen Abkömmling erfolgt, der nur von einem der Ehegatten abstammt, oder wenn einer der Ehegatten wegen der Zuwendung zu dem Gesamtgut Ersatz zu leisten hat, als von diesem Ehegatten gemacht.

(2) ¹Diese Vorschriften sind auf eine Zuwendung aus dem Gesamtgut der fortgesetzten Gütergemeinschaft entsprechend anzuwenden.

§ 2055 Durchführung der Ausgleichung

(1) ¹Bei der Auseinandersetzung wird jedem Miterben der Wert der Zuwendung, die er zur Ausgleichung zu bringen hat, auf seinen Erbteil angerechnet. ²Der Wert der sämtlichen Zuwendungen, die zur Ausgleichung zu bringen sind, wird dem Nachlass hinzugerechnet, soweit dieser den Miterben zukommt, unter denen die Ausgleichung stattfindet.

(2) ¹Der Wert bestimmt sich nach der Zeit, zu der die Zuwendung erfolgt ist.

§ 2056 Mehrempfang

¹Hat ein Miterbe durch die Zuwendung mehr erhalten, als ihm bei der Auseinandersetzung zukommen würde, so ist er zur Herauszahlung des Mehrbetrags nicht verpflichtet. ²Der Nachlass wird in einem solchen Falle unter den übrigen Erben in der Weise geteilt, dass der Wert der Zuwendung und der Erbteil des Miterben außer Ansatz bleiben.

§ 2057 Auskunftspflicht ¹Jeder Miterbe ist verpflichtet, den übrigen Erben auf Verlangen Auskunft über die Zuwendungen zu erteilen, die er nach den §§ 2050 bis 2053 zur Ausgleichung zu bringen hat. ²Die Vorschriften der §§ 260, 261 über die Verpflichtung zur Abgabe der eidesstattlichen Versicherung finden entsprechende Anwendung.

§ 2057 a Ausgleichungspflicht bei besonderen Leistungen eines Abkömmlings (1) ¹Ein Abkömmling, der durch Mitarbeit im Haushalt, Beruf oder Geschäft des Erblassers während längerer Zeit, durch erhebliche Geldleistungen oder in anderer Weise in besonderem Maße dazu beigetragen hat, dass das Vermögen des Erblassers erhalten oder vermehrt wurde, kann bei der Auseinandersetzung eine Ausgleichung unter den Abkömmlingen verlangen, die mit ihm als gesetzliche Erben zur Erbfolge gelangen; § 2052 gilt entsprechend. ²Dies gilt auch für einen Abkömmling, der unter Verzicht auf berufliches Einkommen den Erblasser während längerer Zeit gepflegt hat.
(2) ¹Eine Ausgleichung kann nicht verlangt werden, wenn für die Leistungen ein angemessenes Entgelt gewährt oder vereinbart worden ist oder soweit dem Abkömmling wegen seiner Leistungen ein Anspruch aus anderem Rechtsgrund zusteht. ²Der Ausgleichungspflicht steht es nicht entgegen, wenn die Leistungen nach den §§ 1619, 1620 erbracht worden sind.
(3) ¹Die Ausgleichung ist so zu bemessen, wie es mit Rücksicht auf die Dauer und den Umfang der Leistungen und auf den Wert des Nachlasses der Billigkeit entspricht.
(4) ¹Bei der Auseinandersetzung wird der Ausgleichungsbetrag dem Erbteil des ausgleichungsberechtigten Miterben hinzugerechnet. ²Sämtliche Ausgleichungsbeträge werden vom Werte des Nachlasses abgezogen, soweit dieser den Miterben zukommt, unter denen die Ausgleichung stattfindet.

Untertitel 2: Rechtsverhältnis zwischen den Erben und den Nachlassgläubigern

§ 2058 Gesamtschuldnerische Haftung ¹Die Erben haften für die gemeinschaftlichen Nachlassverbindlichkeiten als Gesamtschuldner.

§ 2059 Haftung bis zur Teilung (1) ¹Bis zur Teilung des Nachlasses kann jeder Miterbe die Berichtigung der Nachlassverbindlichkeiten aus dem Vermögen, das er außer seinem Anteil an dem Nachlass hat, verweigern. ²Haftet er für eine Nachlassverbindlichkeit unbeschränkt, so steht ihm dieses Recht in Ansehung des seinem Erbteil entsprechenden Teils der Verbindlichkeit nicht zu.
(2) ¹Das Recht der Nachlassgläubiger, die Befriedigung aus dem ungeteilten Nachlass von sämtlichen Miterben zu verlangen, bleibt unberührt.

§ 2060 Haftung nach der Teilung ¹Nach der Teilung des Nachlasses haftet jeder Miterbe nur für den seinem Erbteil entsprechenden Teil einer Nachlassverbindlichkeit:
1. wenn der Gläubiger im Aufgebotsverfahren ausgeschlossen ist; das Aufgebot erstreckt sich insoweit auch auf die in § 1972 bezeichneten Gläubiger sowie auf die Gläubiger, denen der Miterbe unbeschränkt haftet;
2. wenn der Gläubiger seine Forderung später als fünf Jahre nach dem in § 1974 Abs. 1 bestimmten Zeitpunkt geltend macht, es sei denn, dass die Forderung vor dem Ablauf der fünf Jahre dem Miterben bekannt geworden oder im Aufgebotsverfahren angemeldet worden ist; die Vorschrift findet keine Anwendung, soweit der Gläubiger nach § 1971 von dem Aufgebot nicht betroffen wird;

3. wenn das Nachlassinsolvenzverfahren eröffnet und durch Verteilung der Masse oder durch einen Insolvenzplan beendigt worden ist.

§ 2061 Aufgebot der Nachlassgläubiger (1) ¹Jeder Miterbe kann die Nachlassgläubiger öffentlich auffordern, ihre Forderungen binnen sechs Monaten bei ihm oder bei dem Nachlassgericht anzumelden. ²Ist die Aufforderung erfolgt, so haftet nach der Teilung jeder Miterbe nur für den seinem Erbteil entsprechenden Teil einer Forderung, soweit nicht vor dem Ablauf der Frist die Anmeldung erfolgt oder die Forderung ihm zur Zeit der Teilung bekannt ist.
(2) ¹Die Aufforderung ist durch den Bundesanzeiger und durch das für die Bekanntmachungen des Nachlassgerichts bestimmte Blatt zu veröffentlichen. ²Die Frist beginnt mit der letzten Einrückung. ³Die Kosten fallen dem Erben zur Last, der die Aufforderung erlässt.

§ 2062 Antrag auf Nachlassverwaltung ¹Die Anordnung einer Nachlassverwaltung kann von den Erben nur gemeinschaftlich beantragt werden; sie ist ausgeschlossen, wenn der Nachlass geteilt ist.

§ 2063 Errichtung eines Inventars, Haftungsbeschränkung
(1) ¹Die Errichtung des Inventars durch einen Miterben kommt auch den übrigen Erben zustatten, soweit nicht ihre Haftung für die Nachlassverbindlichkeiten unbeschränkt ist.
(2) ¹Ein Miterbe kann sich den übrigen Erben gegenüber auf die Beschränkung seiner Haftung auch dann berufen, wenn er den anderen Nachlassgläubigern gegenüber unbeschränkt haftet.

Abschnitt 3: Testament

Titel 1: Allgemeine Vorschriften

§ 2064 Persönliche Errichtung ¹Der Erblasser kann ein Testament nur persönlich errichten.

§ 2065 Bestimmung durch Dritte (1) ¹Der Erblasser kann eine letztwillige Verfügung nicht in der Weise treffen, dass ein anderer zu bestimmen hat, ob sie gelten oder nicht gelten soll.
(2) ¹Der Erblasser kann die Bestimmung der Person, die eine Zuwendung erhalten soll, sowie die Bestimmung des Gegenstands der Zuwendung nicht einem anderen überlassen.

§ 2066 Gesetzliche Erben des Erblassers ¹Hat der Erblasser seine gesetzlichen Erben ohne nähere Bestimmung bedacht, so sind diejenigen, welche zur Zeit des Erbfalls seine gesetzlichen Erben sein würden, nach dem Verhältnis ihrer gesetzlichen Erbteile bedacht. ²Ist die Zuwendung unter einer aufschiebenden Bedingung oder unter Bestimmung eines Anfangstermins gemacht und tritt die Bedingung oder der Termin erst nach dem Erbfall ein, so sind im Zweifel diejenigen als bedacht anzusehen, welche die gesetzlichen Erben sein würden, wenn der Erblasser zur Zeit des Eintritts der Bedingung oder des Termins gestorben wäre.

§ 2067 Verwandte des Erblassers ¹Hat der Erblasser seine Verwandten oder seine nächsten Verwandten ohne nähere Bestimmung bedacht, so sind im Zweifel diejenigen Verwandten, welche zur Zeit des Erbfalls seine gesetzlichen Erben sein würden, als nach dem Verhältnis ihrer gesetzlichen Erbteile bedacht anzusehen. ²Die Vorschrift des § 2066 Satz 2 findet Anwendung.

§ 2068 Kinder des Erblassers ¹Hat der Erblasser seine Kinder ohne nähere Bestimmung bedacht und ist ein Kind vor der Errichtung des Testaments mit Hinterlassung von Abkömmlingen gestorben, so ist im Zweifel anzunehmen, dass die Abkömmlinge insoweit bedacht sind, als sie bei der gesetzlichen Erbfolge an die Stelle des Kindes treten würden.

§ 2069 Abkömmlinge des Erblassers ¹Hat der Erblasser einen seiner Abkömmlinge bedacht und fällt dieser nach der Errichtung des Testaments weg, so ist im Zweifel anzunehmen, dass dessen Abkömmlinge insoweit bedacht sind, als sie bei der gesetzlichen Erbfolge an dessen Stelle treten würden.

§ 2070 Abkömmlinge eines Dritten ¹Hat der Erblasser die Abkömmlinge eines Dritten ohne nähere Bestimmung bedacht, so ist im Zweifel anzunehmen, dass diejenigen Abkömmlinge nicht bedacht sind, welche zur Zeit des Erbfalls oder, wenn die Zuwendung unter einer aufschiebenden Bedingung oder unter Bestimmung eines Anfangstermins gemacht ist und die Bedingung oder der Termin erst nach dem Erbfall eintritt, zur Zeit des Eintritts der Bedingung oder des Termins noch nicht gezeugt sind.

§ 2071 Personengruppe ¹Hat der Erblasser ohne nähere Bestimmung eine Klasse von Personen oder Personen bedacht, die zu ihm in einem Dienst- oder Geschäftsverhältnis stehen, so ist im Zweifel anzunehmen, dass diejenigen bedacht sind, welche zur Zeit des Erbfalls der bezeichneten Klasse angehören oder in dem bezeichneten Verhältnis stehen.

§ 2072 Die Armen ¹Hat der Erblasser die Armen ohne nähere Bestimmung bedacht, so ist im Zweifel anzunehmen, dass die öffentliche Armenkasse der Gemeinde, in deren Bezirk er seinen letzten Wohnsitz gehabt hat, unter der Auflage bedacht ist, das Zugewendete unter Arme zu verteilen.

§ 2073 Mehrdeutige Bezeichnung ¹Hat der Erblasser den Bedachten in einer Weise bezeichnet, die auf mehrere Personen passt, und lässt sich nicht ermitteln, wer von ihnen bedacht werden sollte, so gelten sie als zu gleichen Teilen bedacht.

§ 2074 Aufschiebende Bedingung ¹Hat der Erblasser eine letztwillige Zuwendung unter einer aufschiebenden Bedingung gemacht, so ist im Zweifel anzunehmen, dass die Zuwendung nur gelten soll, wenn der Bedachte den Eintritt der Bedingung erlebt.

§ 2075 Auflösende Bedingung ¹Hat der Erblasser eine letztwillige Zuwendung unter der Bedingung gemacht, dass der Bedachte während eines Zeitraums von unbestimmter Dauer etwas unterlässt oder fortgesetzt tut, so ist, wenn das Unterlassen oder das Tun lediglich in der Willkür des Bedachten liegt, im Zweifel anzunehmen, dass die Zuwendung von der auflösenden Bedingung abhängig sein soll, dass der Bedachte die Handlung vornimmt oder das Tun unterlässt.

§ 2076 Bedingung zum Vorteil eines Dritten ¹Bezweckt die Bedingung, unter der eine letztwillige Zuwendung gemacht ist, den Vorteil eines Dritten, so gilt sie im Zweifel als eingetreten, wenn der Dritte die zum Eintritt der Bedingung erforderliche Mitwirkung verweigert.

§ 2077 Unwirksamkeit letztwilliger Verfügungen bei Auflösung der Ehe oder Verlobung (1) ¹Eine letztwillige Verfügung, durch die der Erblasser seinen Ehegatten bedacht hat, ist unwirksam, wenn die Ehe vor dem Tode des Erblassers aufgelöst worden ist. ²Der Auflösung der Ehe steht es gleich, wenn zur Zeit des Todes des Erblassers die Voraussetzungen für die Scheidung

BGB   §§ 2078–2082

der Ehe gegeben waren und der Erblasser die Scheidung beantragt oder ihr zugestimmt hatte. ³Das Gleiche gilt, wenn der Erblasser zur Zeit seines Todes berechtigt war, die Aufhebung der Ehe zu beantragen, und den Antrag gestellt hatte.
(2) ¹Eine letztwillige Verfügung, durch die der Erblasser seinen Verlobten bedacht hat, ist unwirksam, wenn das Verlöbnis vor dem Tode des Erblassers aufgelöst worden ist.
(3) ¹Die Verfügung ist nicht unwirksam, wenn anzunehmen ist, dass der Erblasser sie auch für einen solchen Fall getroffen haben würde.

§ 2078 Anfechtung wegen Irrtums oder Drohung (1) ¹Eine letztwillige Verfügung kann angefochten werden, soweit der Erblasser über den Inhalt seiner Erklärung im Irrtum war oder eine Erklärung dieses Inhalts überhaupt nicht abgeben wollte und anzunehmen ist, dass er die Erklärung bei Kenntnis der Sachlage nicht abgegeben haben würde.
(2) ¹Das Gleiche gilt, soweit der Erblasser zu der Verfügung durch die irrige Annahme oder Erwartung des Eintritts oder Nichteintritts eines Umstands oder widerrechtlich durch Drohung bestimmt worden ist.
(3) ¹Die Vorschrift des § 122 findet keine Anwendung.

§ 2079 Anfechtung wegen Übergehung eines Pflichtteilsberechtigten ¹Eine letztwillige Verfügung kann angefochten werden, wenn der Erblasser einen zur Zeit des Erbfalls vorhandenen Pflichtteilsberechtigten übergangen hat, dessen Vorhandensein ihm bei der Errichtung der Verfügung nicht bekannt war oder der erst nach der Errichtung geboren oder pflichtteilsberechtigt geworden ist. ²Die Anfechtung ist ausgeschlossen, soweit anzunehmen ist, dass der Erblasser auch bei Kenntnis der Sachlage die Verfügung getroffen haben würde.

§ 2080 Anfechtungsberechtigte (1) ¹Zur Anfechtung ist derjenige berechtigt, welchem die Aufhebung der letztwilligen Verfügung unmittelbar zustatten kommen würde.
(2) ¹Bezieht sich in den Fällen des § 2078 der Irrtum nur auf eine bestimmte Person und ist diese anfechtungsberechtigt oder würde sie anfechtungsberechtigt sein, wenn sie zur Zeit des Erbfalls gelebt hätte, so ist ein anderer zur Anfechtung nicht berechtigt.
(3) ¹Im Falle des § 2079 steht das Anfechtungsrecht nur dem Pflichtteilsberechtigten zu.

§ 2081 Anfechtungserklärung (1) ¹Die Anfechtung einer letztwilligen Verfügung, durch die ein Erbe eingesetzt, ein gesetzlicher Erbe von der Erbfolge ausgeschlossen, ein Testamentsvollstrecker ernannt oder eine Verfügung solcher Art aufgehoben wird, erfolgt durch Erklärung gegenüber dem Nachlassgericht.
(2) ¹Das Nachlassgericht soll die Anfechtungserklärung demjenigen mitteilen, welchem die angefochtene Verfügung unmittelbar zustatten kommt. ²Es hat die Einsicht der Erklärung jedem zu gestatten, der ein rechtliches Interesse glaubhaft macht.
(3) ¹Die Vorschrift des Absatzes 1 gilt auch für die Anfechtung einer letztwilligen Verfügung, durch die ein Recht für einen anderen nicht begründet wird, insbesondere für die Anfechtung einer Auflage.

§ 2082 Anfechtungsfrist (1) ¹Die Anfechtung kann nur binnen Jahresfrist erfolgen.
(2) ¹Die Frist beginnt mit dem Zeitpunkt, in welchem der Anfechtungsberechtigte von dem Anfechtungsgrund Kenntnis erlangt. ²Auf den Lauf der Frist finden die für die Verjährung geltenden Vorschriften der §§ 206, 210, 211 entsprechende Anwendung.

(3) ¹Die Anfechtung ist ausgeschlossen, wenn seit dem Erbfall 30 Jahre verstrichen sind.

§ 2083 Anfechtbarkeitseinrede ¹Ist eine letztwillige Verfügung, durch die eine Verpflichtung zu einer Leistung begründet wird, anfechtbar, so kann der Beschwerte die Leistung verweigern, auch wenn die Anfechtung nach § 2082 ausgeschlossen ist.

§ 2084 Auslegung zugunsten der Wirksamkeit ¹Lässt der Inhalt einer letztwilligen Verfügung verschiedene Auslegungen zu, so ist im Zweifel diejenige Auslegung vorzuziehen, bei welcher die Verfügung Erfolg haben kann.

§ 2085 Teilweise Unwirksamkeit ¹Die Unwirksamkeit einer von mehreren in einem Testament enthaltenen Verfügungen hat die Unwirksamkeit der übrigen Verfügungen nur zur Folge, wenn anzunehmen ist, dass der Erblasser diese ohne die unwirksame Verfügung nicht getroffen haben würde.

§ 2086 Ergänzungsvorbehalt ¹Ist einer letztwilligen Verfügung der Vorbehalt einer Ergänzung beigefügt, die Ergänzung aber unterblieben, so ist die Verfügung wirksam, sofern nicht anzunehmen ist, dass die Wirksamkeit von der Ergänzung abhängig sein sollte.

Titel 2: Erbeinsetzung

§ 2087 Zuwendung des Vermögens, eines Bruchteils oder einzelner Gegenstände (1) ¹Hat der Erblasser sein Vermögen oder einen Bruchteil seines Vermögens dem Bedachten zugewendet, so ist die Verfügung als Erbeinsetzung anzusehen, auch wenn der Bedachte nicht als Erbe bezeichnet ist.
(2) ¹Sind dem Bedachten nur einzelne Gegenstände zugewendet, so ist im Zweifel nicht anzunehmen, dass er Erbe sein soll, auch wenn er als Erbe bezeichnet ist.

§ 2088 Einsetzung auf Bruchteile (1) ¹Hat der Erblasser nur einen Erben eingesetzt und die Einsetzung auf einen Bruchteil der Erbschaft beschränkt, so tritt in Ansehung des übrigen Teils die gesetzliche Erbfolge ein.
(2) ¹Das Gleiche gilt, wenn der Erblasser mehrere Erben unter Beschränkung eines jeden auf einen Bruchteil eingesetzt hat und die Bruchteile das Ganze nicht erschöpfen.

§ 2089 Erhöhung der Bruchteile ¹Sollen die eingesetzten Erben nach dem Willen des Erblassers die alleinigen Erben sein, so tritt, wenn jeder von ihnen auf einen Bruchteil der Erbschaft eingesetzt ist und die Bruchteile das Ganze nicht erschöpfen, eine verhältnismäßige Erhöhung der Bruchteile ein.

§ 2090 Minderung der Bruchteile ¹Ist jeder der eingesetzten Erben auf einen Bruchteil der Erbschaft eingesetzt und übersteigen die Bruchteile das Ganze, so tritt eine verhältnismäßige Minderung der Bruchteile ein.

§ 2091 Unbestimmte Bruchteile ¹Sind mehrere Erben eingesetzt, ohne dass die Erbteile bestimmt sind, so sind sie zu gleichen Teilen eingesetzt, soweit sich nicht aus den §§ 2066 bis 2069 ein anderes ergibt.

§ 2092 Teilweise Einsetzung auf Bruchteile (1) ¹Sind von mehreren Erben die einen auf Bruchteile, die anderen ohne Bruchteile eingesetzt, so erhalten die letzteren den freigebliebenen Teil der Erbschaft.
(2) ¹Erschöpfen die bestimmten Bruchteile die Erbschaft, so tritt eine verhältnismäßige Minderung der Bruchteile in der Weise ein, dass jeder der ohne Bruchteile eingesetzten Erben so viel erhält wie der mit dem geringsten Bruchteil bedachte Erbe.

§ 2093 Gemeinschaftlicher Erbteil ¹Sind einige von mehreren Erben auf einen und denselben Bruchteil der Erbschaft eingesetzt (gemeinschaftlicher Erbteil), so finden in Ansehung des gemeinschaftlichen Erbteils die Vorschriften der §§ 2089 bis 2092 entsprechende Anwendung.

§ 2094 Anwachsung (1) ¹Sind mehrere Erben in der Weise eingesetzt, dass sie die gesetzliche Erbfolge ausschließen, und fällt einer der Erben vor oder nach dem Eintritt des Erbfalls weg, so wächst dessen Erbteil den übrigen Erben nach dem Verhältnis ihrer Erbteile an. ²Sind einige der Erben auf einen gemeinschaftlichen Erbteil eingesetzt, so tritt die Anwachsung zunächst unter ihnen ein.
(2) ¹Ist durch die Erbeinsetzung nur über einen Teil der Erbschaft verfügt und findet in Ansehung des übrigen Teils die gesetzliche Erbfolge statt, so tritt die Anwachsung unter den eingesetzten Erben nur ein, soweit sie auf einen gemeinschaftlichen Erbteil eingesetzt sind.
(3) ¹Der Erblasser kann die Anwachsung ausschließen.

§ 2095 Angewachsener Erbteil ¹Der durch Anwachsung einem Erben anfallende Erbteil gilt in Ansehung der Vermächtnisse und Auflagen, mit denen dieser Erbe oder der wegfallende Erbe beschwert ist, sowie in Ansehung der Ausgleichungspflicht als besonderer Erbteil.

§ 2096 Ersatzerbe ¹Der Erblasser kann für den Fall, dass ein Erbe vor oder nach dem Eintritt des Erbfalls wegfällt, einen anderen als Erben einsetzen (Ersatzerbe).

§ 2097 Auslegungsregel bei Ersatzerben ¹Ist jemand für den Fall, dass der zunächst berufene Erbe nicht Erbe sein kann, oder für den Fall, dass er nicht Erbe sein will, als Ersatzerbe eingesetzt, so ist im Zweifel anzunehmen, dass er für beide Fälle eingesetzt ist.

§ 2098 Wechselseitige Einsetzung als Ersatzerben (1) ¹Sind die Erben gegenseitig oder sind für einen von ihnen die übrigen als Ersatzerben eingesetzt, so ist im Zweifel anzunehmen, dass sie nach dem Verhältnis ihrer Erbteile als Ersatzerben eingesetzt sind.
(2) ¹Sind die Erben gegenseitig als Ersatzerben eingesetzt, so gehen Erben, die auf einen gemeinschaftlichen Erbteil eingesetzt sind, im Zweifel als Ersatzerben für diesen Erbteil den anderen vor.

§ 2099 Ersatzerbe und Anwachsung ¹Das Recht des Ersatzerben geht dem Anwachsungsrecht vor.

Titel 3: Einsetzung eines Nacherben

§ 2100 Nacherbe ¹Der Erblasser kann einen Erben in der Weise einsetzen, dass dieser erst Erbe wird, nachdem zunächst ein anderer Erbe geworden ist (Nacherbe).

§ 2101 Noch nicht erzeugter Nacherbe (1) ¹Ist eine zur Zeit des Erbfalls noch nicht gezeugte Person als Erbe eingesetzt, so ist im Zweifel anzunehmen, dass sie als Nacherbe eingesetzt ist. ²Entspricht es nicht dem Willen des Erblassers, dass der Eingesetzte Nacherbe werden soll, so ist die Einsetzung unwirksam.
(2) ¹Das Gleiche gilt von der Einsetzung einer juristischen Person, die erst nach dem Erbfall zur Entstehung gelangt; die Vorschrift des § 84 bleibt unberührt.

§ 2102 Nacherbe und Ersatzerbe (1) ¹Die Einsetzung als Nacherbe enthält im Zweifel auch die Einsetzung als Ersatzerbe.

(2) ¹Ist zweifelhaft, ob jemand als Ersatzerbe oder als Nacherbe eingesetzt ist, so gilt er als Ersatzerbe.

§ 2103 Anordnung der Herausgabe der Erbschaft ¹Hat der Erblasser angeordnet, dass der Erbe mit dem Eintritt eines bestimmten Zeitpunkts oder Ereignisses die Erbschaft einem anderen herausgeben soll, so ist anzunehmen, dass der andere als Nacherbe eingesetzt ist.

§ 2104 Gesetzliche Erben als Nacherben ¹Hat der Erblasser angeordnet, dass der Erbe nur bis zu dem Eintritt eines bestimmten Zeitpunkts oder Ereignisses Erbe sein soll, ohne zu bestimmen, wer alsdann die Erbschaft erhalten soll, so ist anzunehmen, dass als Nacherben diejenigen eingesetzt sind, welche die gesetzlichen Erben des Erblassers sein würden, wenn er zur Zeit des Eintritts des Zeitpunkts oder des Ereignisses gestorben wäre. ²Der Fiskus gehört nicht zu den gesetzlichen Erben im Sinne dieser Vorschrift.

§ 2105 Gesetzliche Erben als Vorerben (1) ¹Hat der Erblasser angeordnet, dass der eingesetzte Erbe die Erbschaft erst mit dem Eintritt eines bestimmten Zeitpunkts oder Ereignisses erhalten soll, ohne zu bestimmen, wer bis dahin Erbe sein soll, so sind die gesetzlichen Erben des Erblassers die Vorerben.
(2) ¹Das Gleiche gilt, wenn die Persönlichkeit des Erben durch ein erst nach dem Erbfall eintretendes Ereignis bestimmt werden soll oder wenn die Einsetzung einer zur Zeit des Erbfalls noch nicht gezeugten Person oder einer zu dieser Zeit noch nicht entstandenen juristischen Person als Erbe nach § 2101 als Nacherbeinsetzung anzusehen ist.

§ 2106 Eintritt der Nacherbfolge (1) ¹Hat der Erblasser einen Nacherben eingesetzt, ohne den Zeitpunkt oder das Ereignis zu bestimmen, mit dem die Nacherbfolge eintreten soll, so fällt die Erbschaft dem Nacherben mit dem Tode des Vorerben an.
(2) ¹Ist die Einsetzung einer noch nicht gezeugten Person als Erbe nach § 2101 Abs. 1 als Nacherbeinsetzung anzusehen, so fällt die Erbschaft dem Nacherben mit dessen Geburt an. ²Im Falle des § 2101 Abs. 2 tritt der Anfall mit der Entstehung der juristischen Person ein.

§ 2107 Kinderloser Vorerbe ¹Hat der Erblasser einem Abkömmling, der zur Zeit der Errichtung der letztwilligen Verfügung keinen Abkömmling hat oder von dem der Erblasser zu dieser Zeit nicht weiß, dass er einen Abkömmling hat, für die Zeit nach dessen Tode einen Nacherben bestimmt, so ist anzunehmen, dass der Nacherbe nur für den Fall eingesetzt ist, dass der Abkömmling ohne Nachkommenschaft stirbt.

§ 2108 Erbfähigkeit; Vererblichkeit des Nacherbrechts (1) ¹Die Vorschrift des § 1923 findet auf die Nacherbfolge entsprechende Anwendung.
(2) ¹Stirbt der eingesetzte Nacherbe vor dem Eintritt des Falles der Nacherbfolge, aber nach dem Eintritt des Erbfalls, so geht sein Recht auf seine Erben über, sofern nicht ein anderer Wille des Erblassers anzunehmen ist. ²Ist der Nacherbe unter einer aufschiebenden Bedingung eingesetzt, so bewendet es bei der Vorschrift des § 2074.

§ 2109 Unwirksamwerden der Nacherbschaft (1) ¹Die Einsetzung eines Nacherben wird mit dem Ablauf von 30 Jahren nach dem Erbfall unwirksam, wenn nicht vorher der Fall der Nacherbfolge eingetreten ist. ²Sie bleibt auch nach dieser Zeit wirksam,

1. wenn die Nacherbfolge für den Fall angeordnet ist, dass in der Person des Vorerben oder des Nacherben ein bestimmtes Ereignis eintritt, und derjenige, in dessen Person das Ereignis eintreten soll, zur Zeit des Erbfalls lebt,
2. wenn dem Vorerben oder einem Nacherben für den Fall, dass ihm ein Bruder oder eine Schwester geboren wird, der Bruder oder die Schwester als Nacherbe bestimmt ist.

(2) ¹Ist der Vorerbe oder der Nacherbe, in dessen Person das Ereignis eintreten soll, eine juristische Person, so bewendet es bei der dreißigjährigen Frist.

§ 2110 Umfang des Nacherbrechts
(1) ¹Das Recht des Nacherben erstreckt sich im Zweifel auf einen Erbteil, der dem Vorerben infolge des Wegfalls eines Miterben anfällt.

(2) ¹Das Recht des Nacherben erstreckt sich im Zweifel nicht auf ein dem Vorerben zugewendetes Vorausvermächtnis.

§ 2111 Unmittelbare Ersetzung
(1) ¹Zur Erbschaft gehört, was der Vorerbe auf Grund eines zur Erbschaft gehörenden Rechts oder als Ersatz für die Zerstörung, Beschädigung oder Entziehung eines Erbschaftsgegenstands oder durch Rechtsgeschäft mit Mitteln der Erbschaft erwirbt, sofern nicht der Erwerb ihm als Nutzung gebührt. ²Die Zugehörigkeit einer durch Rechtsgeschäft erworbenen Forderung zur Erbschaft hat der Schuldner erst dann gegen sich gelten zu lassen, wenn er von der Zugehörigkeit Kenntnis erlangt; die Vorschriften der §§ 406 bis 408 finden entsprechende Anwendung.

(2) ¹Zur Erbschaft gehört auch, was der Vorerbe dem Inventar eines erbschaftlichen Grundstücks einverleibt.

§ 2112 Verfügungsrecht des Vorerben
¹Der Vorerbe kann über die zur Erbschaft gehörenden Gegenstände verfügen, soweit sich nicht aus den Vorschriften der §§ 2113 bis 2115 ein anderes ergibt.

§ 2113 Verfügungen über Grundstücke, Schiffe und Schiffsbauwerke; Schenkungen
(1) ¹Die Verfügung des Vorerben über ein zur Erbschaft gehörendes Grundstück oder Recht an einem Grundstück oder über ein zur Erbschaft gehörendes eingetragenes Schiff oder Schiffsbauwerk ist im Falle des Eintritts der Nacherbfolge insoweit unwirksam, als sie das Recht des Nacherben vereiteln oder beeinträchtigen würde.

(2) ¹Das Gleiche gilt von der Verfügung über einen Erbschaftsgegenstand, die unentgeltlich oder zum Zwecke der Erfüllung eines von dem Vorerben erteilten Schenkungsversprechens erfolgt. ²Ausgenommen sind Schenkungen, durch die einer sittlichen Pflicht oder einer auf den Anstand zu nehmenden Rücksicht entsprochen wird.

(3) ¹Die Vorschriften zugunsten derjenigen, welche Rechte von einem Nichtberechtigten herleiten, finden entsprechende Anwendung.

§ 2114 Verfügungen über Hypothekenforderungen, Grund- und Rentenschulden
¹Gehört zur Erbschaft eine Hypothekenforderung, eine Grundschuld, eine Rentenschuld oder eine Schiffshypothekenforderung, so steht die Kündigung und die Einziehung dem Vorerben zu. ²Der Vorerbe kann jedoch nur verlangen, dass das Kapital an ihn nach Beibringung der Einwilligung des Nacherben gezahlt oder dass es für ihn und den Nacherben hinterlegt wird. ³Auf andere Verfügungen über die Hypothekenforderung, die Grundschuld, die Rentenschuld oder die Schiffshypothekenforderung findet die Vorschrift des § 2113 Anwendung.

§§ 2115–2121 BGB

§ 2115 Zwangsvollstreckungsverfügungen gegen Vorerben ¹Eine Verfügung über einen Erbschaftsgegenstand, die im Wege der Zwangsvollstreckung oder der Arrestvollziehung oder durch den Insolvenzverwalter erfolgt, ist im Falle des Eintritts der Nacherbfolge insoweit unwirksam, als sie das Recht des Nacherben vereiteln oder beeinträchtigen würde. ²Die Verfügung ist unbeschränkt wirksam, wenn der Anspruch eines Nachlassgläubigers oder ein an einem Erbschaftsgegenstand bestehendes Recht geltend gemacht wird, das im Falle des Eintritts der Nacherbfolge dem Nacherben gegenüber wirksam ist.

§ 2116 Hinterlegung von Wertpapieren (1) ¹Der Vorerbe hat auf Verlangen des Nacherben die zur Erbschaft gehörenden Inhaberpapiere nebst den Erneuerungsscheinen bei einer Hinterlegungsstelle oder bei der Reichsbank, bei der Deutschen Zentralgenossenschaftskasse oder bei der Deutschen Girozentrale (Deutschen Kommunalbank) mit der Bestimmung zu hinterlegen, dass die Herausgabe nur mit Zustimmung des Nacherben verlangt werden kann. ²Die Hinterlegung von Inhaberpapieren, die nach § 92 zu den verbrauchbaren Sachen gehören, sowie von Zins-, Renten- oder Gewinnanteilscheinen kann nicht verlangt werden. ³Den Inhaberpapieren stehen Orderpapiere gleich, die mit Blankoindossament versehen sind.
(2) ¹Über die hinterlegten Papiere kann der Vorerbe nur mit Zustimmung des Nacherben verfügen.

§ 2117 Umschreibung; Umwandlung ¹Der Vorerbe kann die Inhaberpapiere, statt sie nach § 2116 zu hinterlegen, auf seinen Namen mit der Bestimmung umschreiben lassen, dass er über sie nur mit Zustimmung des Nacherben verfügen kann. ²Sind die Papiere vom Bund oder von einem Land ausgestellt, so kann er sie mit der gleichen Bestimmung in Buchforderungen gegen den Bund oder das Land umwandeln lassen.

§ 2118 Sperrvermerk im Schuldbuch ¹Gehören zur Erbschaft Buchforderungen gegen den Bund oder ein Land, so ist der Vorerbe auf Verlangen des Nacherben verpflichtet, in das Schuldbuch den Vermerk eintragen zu lassen, dass er über die Forderungen nur mit Zustimmung des Nacherben verfügen kann.

§ 2119 Anlegung von Geld ¹Geld, das nach den Regeln einer ordnungsmäßigen Wirtschaft dauernd anzulegen ist, darf der Vorerbe nur nach den für die Anlegung von Mündelgeld geltenden Vorschriften anlegen.

§ 2120 Einwilligungspflicht des Nacherben ¹Ist zur ordnungsmäßigen Verwaltung, insbesondere zur Berichtigung von Nachlassverbindlichkeiten, eine Verfügung erforderlich, die der Vorerbe nicht mit Wirkung gegen den Nacherben vornehmen kann, so ist der Nacherbe dem Vorerben gegenüber verpflichtet, seine Einwilligung zu der Verfügung zu erteilen. ²Die Einwilligung ist auf Verlangen in öffentlich beglaubigter Form zu erklären. ³Die Kosten der Beglaubigung fallen dem Vorerben zur Last.

§ 2121 Verzeichnis der Erbschaftsgegenstände (1) ¹Der Vorerbe hat dem Nacherben auf Verlangen ein Verzeichnis der zur Erbschaft gehörenden Gegenstände mitzuteilen. ²Das Verzeichnis ist mit der Angabe des Tages der Aufnahme zu versehen und von dem Vorerben zu unterzeichnen; der Vorerbe hat auf Verlangen die Unterzeichnung öffentlich beglaubigen zu lassen.
(2) ¹Der Nacherbe kann verlangen, dass er bei der Aufnahme des Verzeichnisses zugezogen wird.
(3) ¹Der Vorerbe ist berechtigt und auf Verlangen des Nacherben verpflichtet, das Verzeichnis durch die zuständige Behörde oder durch einen zuständigen Beamten oder Notar aufnehmen zu lassen.

(4) [1]Die Kosten der Aufnahme und der Beglaubigung fallen der Erbschaft zur Last.

§ 2122 Feststellung des Zustands der Erbschaft [1]Der Vorerbe kann den Zustand der zur Erbschaft gehörenden Sachen auf seine Kosten durch Sachverständige feststellen lassen. [2]Das gleiche Recht steht dem Nacherben zu.

§ 2123 Wirtschaftsplan (1) [1]Gehört ein Wald zur Erbschaft, so kann sowohl der Vorerbe als der Nacherbe verlangen, dass das Maß der Nutzung und die Art der wirtschaftlichen Behandlung durch einen Wirtschaftsplan festgestellt werden. [2]Tritt eine erhebliche Änderung der Umstände ein, so kann jeder Teil eine entsprechende Änderung des Wirtschaftsplans verlangen. [3]Die Kosten fallen der Erbschaft zur Last.
(2) [1]Das Gleiche gilt, wenn ein Bergwerk oder eine andere auf Gewinnung von Bodenbestandteilen gerichtete Anlage zur Erbschaft gehört.

§ 2124 Erhaltungskosten (1) [1]Der Vorerbe trägt dem Nacherben gegenüber die gewöhnlichen Erhaltungskosten.
(2) [1]Andere Aufwendungen, die der Vorerbe zum Zwecke der Erhaltung von Erbschaftsgegenständen den Umständen nach für erforderlich halten darf, kann er aus der Erbschaft bestreiten. [2]Bestreitet er sie aus seinem Vermögen, so ist der Nacherbe im Falle des Eintritts der Nacherbfolge zum Ersatz verpflichtet.

§ 2125 Verwendungen; Wegnahmerecht (1) [1]Macht der Vorerbe Verwendungen auf die Erbschaft, die nicht unter die Vorschrift des § 2124 fallen, so ist der Nacherbe im Falle des Eintritts der Nacherbfolge nach den Vorschriften über die Geschäftsführung ohne Auftrag zum Ersatz verpflichtet.
(2) [1]Der Vorerbe ist berechtigt, eine Einrichtung, mit der er eine zur Erbschaft gehörende Sache versehen hat, wegzunehmen.

§ 2126 Außerordentliche Lasten [1]Der Vorerbe hat im Verhältnis zu dem Nacherben nicht die außerordentlichen Lasten zu tragen, die als auf den Stammwert der Erbschaftsgegenstände gelegt anzusehen sind. [2]Auf diese Lasten findet die Vorschrift des § 2124 Abs. 2 Anwendung.

§ 2127 Auskunftsrecht des Nacherben [1]Der Nacherbe ist berechtigt, von dem Vorerben Auskunft über den Bestand der Erbschaft zu verlangen, wenn Grund zu der Annahme besteht, dass der Vorerbe durch seine Verwaltung die Rechte des Nacherben erheblich verletzt.

§ 2128 Sicherheitsleistung (1) [1]Wird durch das Verhalten des Vorerben oder durch seine ungünstige Vermögenslage die Besorgnis einer erheblichen Verletzung der Rechte des Nacherben begründet, so kann der Nacherbe Sicherheitsleistung verlangen.
(2) [1]Die für die Verpflichtung des Nießbrauchers zur Sicherheitsleistung geltende Vorschrift des § 1052 findet entsprechende Anwendung.

§ 2129 Wirkung einer Entziehung der Verwaltung (1) [1]Wird dem Vorerben die Verwaltung nach der Vorschrift des § 1052 entzogen, so verliert er das Recht, über Erbschaftsgegenstände zu verfügen.
(2) [1]Die Vorschriften zugunsten derjenigen, welche Rechte von einem Nichtberechtigten herleiten, finden entsprechende Anwendung. [2]Für die zur Erbschaft gehörenden Forderungen ist die Entziehung der Verwaltung dem Schuldner gegenüber erst wirksam, wenn er von der getroffenen Anordnung Kenntnis erlangt oder wenn ihm eine Mitteilung von der Anordnung zugestellt wird. [3]Das Gleiche gilt von der Aufhebung der Entziehung.

§ 2130–2138 BGB

§ 2130 Herausgabepflicht nach dem Eintritt der Nacherbfolge, Rechenschaftspflicht (1) ¹Der Vorerbe ist nach dem Eintritt der Nacherbfolge verpflichtet, dem Nacherben die Erbschaft in dem Zustand herauszugeben, der sich bei einer bis zur Herausgabe fortgesetzten ordnungsmäßigen Verwaltung ergibt. ²Auf die Herausgabe eines landwirtschaftlichen Grundstücks findet die Vorschrift des § 596 a, auf die Herausgabe eines Landguts finden die Vorschriften der §§ 596 a, 596 b entsprechende Anwendung.
(2) ¹Der Vorerbe hat auf Verlangen Rechenschaft abzulegen.

§ 2131 Umfang der Sorgfaltspflicht ¹Der Vorerbe hat dem Nacherben gegenüber in Ansehung der Verwaltung nur für diejenige Sorgfalt einzustehen, welche er in eigenen Angelegenheiten anzuwenden pflegt.

§ 2132 Keine Haftung für gewöhnliche Abnutzung ¹Veränderungen oder Verschlechterungen von Erbschaftssachen, die durch ordnungsmäßige Benutzung herbeigeführt werden, hat der Vorerbe nicht zu vertreten.

§ 2133 Ordnungswidrige oder übermäßige Fruchtziehung ¹Zieht der Vorerbe Früchte den Regeln einer ordnungsmäßigen Wirtschaft zuwider oder zieht er Früchte deshalb im Übermaß, weil infolge eines besonderen Ereignisses notwendig geworden ist, so gebührt ihm der Wert der Früchte nur insoweit, als durch den ordnungswidrigen oder den übermäßigen Fruchtbezug die ihm gebührenden Nutzungen beeinträchtigt werden und nicht der Wert der Früchte nach den Regeln einer ordnungsmäßigen Wirtschaft zur Wiederherstellung der Sache zu verwenden ist.

§ 2134 Eigennützige Verwendung ¹Hat der Vorerbe einen Erbschaftsgegenstand für sich verwendet, so ist er nach dem Eintritt der Nacherbfolge dem Nacherben gegenüber zum Ersatz des Wertes verpflichtet. ²Eine weitergehende Haftung wegen Verschuldens bleibt unberührt.

§ 2135 Miet- und Pachtverhältnis bei der Nacherbfolge ¹Hat der Vorerbe ein zur Erbschaft gehörendes Grundstück oder eingetragenes Schiff vermietet oder verpachtet, so findet, wenn das Miet- oder Pachtverhältnis bei dem Eintritt der Nacherbfolge noch besteht, die Vorschrift des § 1056 entsprechende Anwendung.

§ 2136 Befreiung des Vorerben ¹Der Erblasser kann den Vorerben von den Beschränkungen und Verpflichtungen des § 2113 Abs. 1 und der §§ 2114, 2116 bis 2119, 2123, 2127 bis 2131, 2133, 2134 befreien.

§ 2137 Auslegungsregel für die Befreiung (1) ¹Hat der Erblasser den Nacherben auf dasjenige eingesetzt, was von der Erbschaft bei dem Eintritt der Nacherbfolge übrig sein wird, so gilt die Befreiung von allen in § 2136 bezeichneten Beschränkungen und Verpflichtungen als angeordnet.
(2) ¹Das Gleiche ist im Zweifel anzunehmen, wenn der Erblasser bestimmt hat, dass der Vorerbe zur freien Verfügung über die Erbschaft berechtigt sein soll.

§ 2138 Beschränkte Herausgabepflicht (1) ¹Die Herausgabepflicht des Vorerben beschränkt sich in den Fällen des § 2137 auf die bei ihm noch vorhandenen Erbschaftsgegenstände. ²Für Verwendungen auf Gegenstände, die er infolge dieser Beschränkung nicht herauszugeben hat, kann er nicht Ersatz verlangen.
(2) ¹Hat der Vorerbe der Vorschrift des § 2113 Abs. 2 zuwider über einen Erbschaftsgegenstand verfügt oder hat er die Erbschaft in der Absicht, den Nacherben zu benachteiligen, vermindert, so ist er dem Nacherben zum Schadensersatz verpflichtet.

§ 2139 Wirkung des Eintritts der Nacherbfolge [1]Mit dem Eintritt des Falles der Nacherbfolge hört der Vorerbe auf, Erbe zu sein, und fällt die Erbschaft dem Nacherben an.

§ 2140 Verfügungen des Vorerben nach Eintritt der Nacherbfolge [1]Der Vorerbe ist auch nach dem Eintritt des Falles der Nacherbfolge zur Verfügung über Nachlassgegenstände in dem gleichen Umfang wie vorher berechtigt, bis er von dem Eintritt Kenntnis erlangt oder ihn kennen muss. [2]Ein Dritter kann sich auf diese Berechtigung nicht berufen, wenn er bei der Vornahme eines Rechtsgeschäfts den Eintritt kennt oder kennen muss.

§ 2141 Unterhalt der werdenden Mutter eines Nacherben [1]Ist bei dem Eintritt des Falles der Nacherbfolge die Geburt eines Nacherben zu erwarten, so findet auf den Unterhaltsanspruch der Mutter die Vorschrift des § 1963 entsprechende Anwendung.

§ 2142 Ausschlagung der Nacherbschaft (1) [1]Der Nacherbe kann die Erbschaft ausschlagen, sobald der Erbfall eingetreten ist.
(2) [1]Schlägt der Nacherbe die Erbschaft aus, so verbleibt sie dem Vorerben, soweit nicht der Erblasser ein anderes bestimmt hat.

§ 2143 Wiederaufleben erloschener Rechtsverhältnisse [1]Tritt die Nacherbfolge ein, so gelten die infolge des Erbfalls durch Vereinigung von Recht und Verbindlichkeit oder von Recht und Belastung erloschenen Rechtsverhältnisse als nicht erloschen.

§ 2144 Haftung des Nacherben für Nachlassverbindlichkeiten
(1) [1]Die Vorschriften über die Beschränkung der Haftung des Erben für die Nachlassverbindlichkeiten gelten auch für den Nacherben; an die Stelle des Nachlasses tritt dasjenige, was der Nacherbe aus der Erbschaft erlangt, mit Einschluss der ihm gegen den Vorerben als solchen zustehenden Ansprüche.
(2) [1]Das von dem Vorerben errichtete Inventar kommt auch dem Nacherben zustatten.
(3) [1]Der Nacherbe kann sich dem Vorerben gegenüber auf die Beschränkung seiner Haftung auch dann berufen, wenn er den übrigen Nachlassgläubigern gegenüber unbeschränkt haftet.

§ 2145 Haftung des Vorerben für Nachlassverbindlichkeiten
(1) [1]Der Vorerbe haftet nach dem Eintritt der Nacherbfolge für die Nachlassverbindlichkeiten noch insoweit, als der Nacherbe nicht haftet. [2]Die Haftung bleibt auch für diejenigen Nachlassverbindlichkeiten bestehen, welche im Verhältnis zwischen dem Vorerben und dem Nacherben dem Vorerben zur Last fallen.
(2) [1]Der Vorerbe kann nach dem Eintritt der Nacherbfolge die Berichtigung der Nachlassverbindlichkeiten, sofern nicht seine Haftung unbeschränkt ist, insoweit verweigern, als dasjenige nicht ausreicht, was ihm von der Erbschaft gebührt. [2]Die Vorschriften der §§ 1990, 1991 finden entsprechende Anwendung.

§ 2146 Anzeigepflicht des Vorerben gegenüber Nachlassgläubigern (1) [1]Der Vorerbe ist den Nachlassgläubigern gegenüber verpflichtet, den Eintritt der Nacherbfolge unverzüglich dem Nachlassgericht anzuzeigen. [2]Die Anzeige des Vorerben wird durch die Anzeige des Nacherben ersetzt.
(2) [1]Das Nachlassgericht hat die Einsicht der Anzeige jedem zu gestatten, der ein rechtliches Interesse glaubhaft macht.

Titel 4: Vermächtnis

§ 2147 Beschwerter ¹Mit einem Vermächtnis kann der Erbe oder ein Vermächtnisnehmer beschwert werden. ²Soweit nicht der Erblasser ein anderes bestimmt hat, ist der Erbe beschwert.

§ 2148 Mehrere Beschwerte ¹Sind mehrere Erben oder mehrere Vermächtnisnehmer mit demselben Vermächtnis beschwert, so sind im Zweifel die Erben nach dem Verhältnis der Erbteile, die Vermächtnisnehmer nach dem Verhältnis des Wertes der Vermächtnisse beschwert.

§ 2149 Vermächtnis an die gesetzlichen Erben ¹Hat der Erblasser bestimmt, dass dem eingesetzten Erben ein Erbschaftsgegenstand nicht zufallen soll, so gilt der Gegenstand als den gesetzlichen Erben vermacht. ²Der Fiskus gehört nicht zu den gesetzlichen Erben im Sinne dieser Vorschrift.

§ 2150 Vorausvermächtnis ¹Das einem Erben zugewendete Vermächtnis (Vorausvermächtnis) gilt als Vermächtnis auch insoweit, als der Erbe selbst beschwert ist.

§ 2151 Bestimmungsrecht des Beschwerten oder eines Dritten bei mehreren Bedachten (1) ¹Der Erblasser kann mehrere mit einem Vermächtnis in der Weise bedenken, dass der Beschwerte oder ein Dritter zu bestimmen hat, wer von den mehreren das Vermächtnis erhalten soll.
(2) ¹Die Bestimmung des Beschwerten erfolgt durch Erklärung gegenüber demjenigen, welcher das Vermächtnis erhalten soll; die Bestimmung des Dritten erfolgt durch Erklärung gegenüber dem Beschwerten.
(3) ¹Kann der Beschwerte oder der Dritte die Bestimmung nicht treffen, so sind die Bedachten Gesamtgläubiger. ²Das Gleiche gilt, wenn das Nachlassgericht dem Beschwerten oder dem Dritten auf Antrag eines der Beteiligten eine Frist zur Abgabe der Erklärung bestimmt hat und die Frist verstrichen ist, sofern nicht vorher die Erklärung erfolgt. ³Der Bedachte, der das Vermächtnis erhält, ist im Zweifel nicht zur Teilung verpflichtet.

§ 2152 Wahlweise Bedachte ¹Hat der Erblasser mehrere mit einem Vermächtnis in der Weise bedacht, dass nur der eine oder der andere das Vermächtnis erhalten soll, so ist anzunehmen, dass der Beschwerte bestimmen soll, wer von ihnen das Vermächtnis erhält.

§ 2153 Bestimmung der Anteile (1) ¹Der Erblasser kann mehrere mit einem Vermächtnis in der Weise bedenken, dass der Beschwerte oder ein Dritter zu bestimmen hat, was jeder von dem vermachten Gegenstand erhalten soll. ²Die Bestimmung erfolgt nach § 2151 Abs. 2.
(2) ¹Kann der Beschwerte oder der Dritte die Bestimmung nicht treffen, so sind die Bedachten zu gleichen Teilen berechtigt. ²Die Vorschrift des § 2151 Abs. 3 Satz 2 findet entsprechende Anwendung.

§ 2154 Wahlvermächtnis (1) ¹Der Erblasser kann ein Vermächtnis in der Art anordnen, dass der Bedachte von mehreren Gegenständen nur den einen oder den anderen erhalten soll. ²Ist in einem solchen Falle die Wahl einem Dritten übertragen, so erfolgt sie durch Erklärung gegenüber dem Beschwerten.
(2) ¹Kann der Dritte die Wahl nicht treffen, so geht das Wahlrecht auf den Beschwerten über. ²Die Vorschrift des § 2151 Abs. 3 Satz 2 findet entsprechende Anwendung.

§ 2155 Gattungsvermächtnis (1) ¹Hat der Erblasser die vermachte Sache nur der Gattung nach bestimmt, so ist eine den Verhältnissen des Bedachten entsprechende Sache zu leisten.

BGB   §§ 2156–2163

(2) ¹Ist die Bestimmung der Sache dem Bedachten oder einem Dritten übertragen, so finden die nach § 2154 für die Wahl des Dritten geltenden Vorschriften Anwendung.

(3) ¹Entspricht die von dem Bedachten oder dem Dritten getroffene Bestimmung den Verhältnissen des Bedachten offenbar nicht, so hat der Beschwerte so zu leisten, wie wenn der Erblasser über die Bestimmung der Sache keine Anordnung getroffen hätte.

§ 2156 Zweckvermächtnis ¹Der Erblasser kann bei der Anordnung eines Vermächtnisses, dessen Zweck er bestimmt hat, die Bestimmung der Leistung dem billigen Ermessen des Beschwerten oder eines Dritten überlassen. ²Auf ein solches Vermächtnis finden die Vorschriften der §§ 315 bis 319 entsprechende Anwendung.

§ 2157 Gemeinschaftliches Vermächtnis ¹Ist mehreren derselbe Gegenstand vermacht, so finden die Vorschriften der §§ 2089 bis 2093 entsprechende Anwendung.

§ 2158 Anwachsung (1) ¹Ist mehreren derselbe Gegenstand vermacht, so wächst, wenn einer von ihnen vor oder nach dem Erbfall wegfällt, dessen Anteil den übrigen Bedachten nach dem Verhältnis ihrer Anteile an. ²Dies gilt auch dann, wenn der Erblasser die Anteile der Bedachten bestimmt hat. ³Sind einige der Bedachten zu demselben Anteil berufen, so tritt die Anwachsung zunächst unter ihnen ein.

(2) ¹Der Erblasser kann die Anwachsung ausschließen.

§ 2159 Selbständigkeit der Anwachsung ¹Der durch Anwachsung einem Vermächtnisnehmer anfallende Anteil gilt in Ansehung der Vermächtnisse und Auflagen, mit denen dieser oder der wegfallende Vermächtnisnehmer beschwert ist, als besonderes Vermächtnis.

§ 2160 Vorversterben des Bedachten ¹Ein Vermächtnis ist unwirksam, wenn der Bedachte zur Zeit des Erbfalls nicht mehr lebt.

§ 2161 Wegfall des Beschwerten ¹Ein Vermächtnis bleibt, sofern nicht ein anderer Wille des Erblassers anzunehmen ist, wirksam, wenn der Beschwerte nicht Erbe oder Vermächtnisnehmer wird. ²Beschwert ist in diesem Falle derjenige, welchem der Wegfall des zunächst Beschwerten unmittelbar zustatten kommt.

§ 2162 Dreißigjährige Frist für aufgeschobenes Vermächtnis
(1) ¹Ein Vermächtnis, das unter einer aufschiebenden Bedingung oder unter Bestimmung eines Anfangstermins angeordnet ist, wird mit dem Ablauf von 30 Jahren nach dem Erbfall unwirksam, wenn nicht vorher die Bedingung oder der Termin eingetreten ist.

(2) ¹Ist der Bedachte zur Zeit des Erbfalls noch nicht gezeugt oder wird seine Persönlichkeit durch ein erst nach dem Erbfall eintretendes Ereignis bestimmt, so wird das Vermächtnis mit dem Ablauf von 30 Jahren nach dem Erbfall unwirksam, wenn nicht vorher der Bedachte gezeugt oder das Ereignis eingetreten ist, durch das seine Persönlichkeit bestimmt wird.

§ 2163 Ausnahmen von der dreißigjährigen Frist (1) ¹Das Vermächtnis bleibt in den Fällen des § 2162 auch nach dem Ablauf von 30 Jahren wirksam:

1. wenn es für den Fall angeordnet ist, dass in der Person des Beschwerten oder des Bedachten ein bestimmtes Ereignis eintritt, und derjenige, in dessen Person das Ereignis eintreten soll, zur Zeit des Erbfalls lebt,
2. wenn ein Erbe, ein Nacherbe oder ein Vermächtnisnehmer für den Fall, dass ihm ein Bruder oder eine Schwester geboren wird, mit einem Vermächtnis zugunsten des Bruders oder der Schwester beschwert ist.

(2) ¹Ist der Beschwerte oder der Bedachte, in dessen Person das Ereignis eintreten soll, eine juristische Person, so bewendet es bei der dreißigjährigen Frist.

§ 2164 Erstreckung auf Zubehör und Ersatzansprüche
(1) ¹Das Vermächtnis einer Sache erstreckt sich im Zweifel auf das zur Zeit des Erbfalls vorhandene Zubehör.

(2) ¹Hat der Erblasser wegen einer nach der Anordnung des Vermächtnisses erfolgten Beschädigung der Sache einen Anspruch auf Ersatz der Minderung des Wertes, so erstreckt sich im Zweifel das Vermächtnis auf diesen Anspruch.

§ 2165 Belastungen
(1) ¹Ist ein zur Erbschaft gehörender Gegenstand vermacht, so kann der Vermächtnisnehmer im Zweifel nicht die Beseitigung der Rechte verlangen, mit denen der Gegenstand belastet ist. ²Steht dem Erblasser ein Anspruch auf die Beseitigung zu, so erstreckt sich im Zweifel das Vermächtnis auf diesen Anspruch.

(2) ¹Ruht auf einem vermachten Grundstück eine Hypothek, Grundschuld oder Rentenschuld, die dem Erblasser selbst zusteht, so ist aus den Umständen zu entnehmen, ob die Hypothek, Grundschuld oder Rentenschuld als mitvermacht zu gelten hat.

§ 2166 Belastung mit einer Hypothek
(1) ¹Ist ein vermachtes Grundstück, das zur Erbschaft gehört, mit einer Hypothek für eine Schuld des Erblassers oder für eine Schuld belastet, zu deren Berichtigung der Erblasser dem Schuldner gegenüber verpflichtet ist, so ist der Vermächtnisnehmer im Zweifel dem Erben gegenüber zur rechtzeitigen Befriedigung des Gläubigers insoweit verpflichtet, als die Schuld durch den Wert des Grundstücks gedeckt wird. ²Der Wert bestimmt sich nach der Zeit, zu welcher das Eigentum auf den Vermächtnisnehmer übergeht; er wird unter Abzug der Belastungen berechnet, die der Hypothek im Range vorgehen.

(2) ¹Ist dem Erblasser gegenüber ein Dritter zur Berichtigung der Schuld verpflichtet, so besteht die Verpflichtung des Vermächtnisnehmers im Zweifel nur insoweit, als der Erbe die Berichtigung nicht von dem Dritten erlangen kann.

(3) ¹Auf eine Hypothek der in § 1190 bezeichneten Art finden diese Vorschriften keine Anwendung.

§ 2167 Belastung mit einer Gesamthypothek
¹Sind neben dem vermachten Grundstück andere zur Erbschaft gehörende Grundstücke mit der Hypothek belastet, so beschränkt sich die in § 2166 bestimmte Verpflichtung des Vermächtnisnehmers im Zweifel auf den Teil der Schuld, der dem Verhältnis des Wertes des vermachten Grundstücks zu dem Werte der sämtlichen Grundstücke entspricht. ²Der Wert wird nach § 2166 Abs. 1 Satz 2 berechnet.

§ 2168 Belastung mit einer Gesamtgrundschuld
(1) ¹Besteht an mehreren zur Erbschaft gehörenden Grundstücken eine Gesamtgrundschuld oder eine Gesamtrentenschuld und ist eines dieser Grundstücke vermacht, so ist der Vermächtnisnehmer im Zweifel dem Erben gegenüber zur Befriedigung des Gläubigers in Höhe des Teils der Grundschuld oder der Rentenschuld verpflichtet, der dem Verhältnis des Wertes des vermachten Grundstücks zu dem Wert der sämtlichen Grundstücke entspricht. ²Der Wert wird nach § 2166 Abs. 1 Satz 2 berechnet.

(2) ¹Ist neben dem vermachten Grundstück ein nicht zur Erbschaft gehörendes Grundstück mit einer Gesamtgrundschuld oder einer Gesamtrentenschuld belastet, so finden, wenn der Erblasser zur Zeit des Erbfalls gegenüber dem Eigentümer des anderen Grundstücks oder einem Rechtsvorgänger des Eigentümers zur Befriedigung des Gläubigers verpflichtet ist, die Vorschriften des § 2166 Abs. 1 und des § 2167 entsprechende Anwendung.

§ 2168 a Anwendung auf Schiffe, Schiffsbauwerke und Schiffshypotheken ¹§ 2165 Abs. 2, §§ 2166, 2167 gelten sinngemäß für eingetragene Schiffe und Schiffsbauwerke und für Schiffshypotheken.

§ 2169 Vermächtnis fremder Gegenstände (1) ¹Das Vermächtnis eines bestimmten Gegenstands ist unwirksam, soweit der Gegenstand zur Zeit des Erbfalls nicht zur Erbschaft gehört, es sei denn, dass der Gegenstand dem Bedachten auch für den Fall zugewendet sein soll, dass er nicht zur Erbschaft gehört.
(2) ¹Hat der Erblasser nur den Besitz der vermachten Sache, so gilt im Zweifel der Besitz als vermacht, es sei denn, dass er dem Bedachten keinen rechtlichen Vorteil gewährt.
(3) ¹Steht dem Erblasser ein Anspruch auf Leistung des vermachten Gegenstands oder, falls der Gegenstand nach der Anordnung des Vermächtnisses untergegangen oder dem Erblasser entzogen worden ist, ein Anspruch auf Ersatz des Wertes zu, so gilt im Zweifel der Anspruch als vermacht.
(4) ¹Zur Erbschaft gehört im Sinne des Absatzes 1 ein Gegenstand nicht, wenn der Erblasser zu dessen Veräußerung verpflichtet ist.

§ 2170 Verschaffungsvermächtnis (1) ¹Ist das Vermächtnis eines Gegenstands, der zur Zeit des Erbfalls nicht zur Erbschaft gehört, nach § 2169 Abs. 1 wirksam, so hat der Beschwerte den Gegenstand dem Bedachten zu verschaffen.
(2) ¹Ist der Beschwerte zur Verschaffung außerstande, so hat er den Wert zu entrichten. ²Ist die Verschaffung nur mit unverhältnismäßigen Aufwendungen möglich, so kann sich der Beschwerte durch Entrichtung des Wertes befreien.

§ 2171 Unmöglichkeit, gesetzliches Verbot (1) ¹Ein Vermächtnis, das auf eine zur Zeit des Erbfalls für jedermann unmögliche Leistung gerichtet ist oder gegen ein zu dieser Zeit bestehendes gesetzliches Verbot verstößt, ist unwirksam.
(2) ¹Die Unmöglichkeit der Leistung steht der Gültigkeit des Vermächtnisses nicht entgegen, wenn die Unmöglichkeit behoben werden kann und das Vermächtnis für den Fall zugewendet ist, dass die Leistung möglich wird.
(3) ¹Wird ein Vermächtnis, das auf eine unmögliche Leistung gerichtet ist, unter einer anderen aufschiebenden Bedingung oder unter Bestimmung eines Anfangstermins zugewendet, so ist das Vermächtnis gültig, wenn die Unmöglichkeit vor dem Eintritt der Bedingung oder des Termins behoben wird.

§ 2172 Verbindung, Vermischung, Vermengung der vermachten Sache (1) ¹Die Leistung einer vermachten Sache gilt auch dann als unmöglich, wenn die Sache mit einer anderen Sache in solcher Weise verbunden, vermischt oder vermengt worden ist, dass nach den §§ 946 bis 948 das Eigentum an der anderen Sache sich auf sie erstreckt oder Miteigentum eingetreten ist, oder wenn sie in solcher Weise verarbeitet oder umgebildet worden ist, dass nach § 950 derjenige, welcher die neue Sache hergestellt hat, Eigentümer geworden ist.
(2) ¹Ist die Verbindung, Vermischung oder Vermengung durch einen anderen als den Erblasser erfolgt und hat der Erblasser dadurch Miteigentum erworben, so gilt im Zweifel das Miteigentum als vermacht; steht dem Erblasser ein Recht zur Wegnahme der verbundenen Sache zu, so gilt im Zweifel dieses Recht als

vermacht. ²Im Falle der Verarbeitung oder Umbildung durch einen anderen als den Erblasser bewendet es bei der Vorschrift des § 2169 Abs. 3.

§ 2173 Forderungsvermächtnis ¹Hat der Erblasser eine ihm zustehende Forderung vermacht, so ist, wenn vor dem Erbfall die Leistung erfolgt und der geleistete Gegenstand noch in der Erbschaft vorhanden ist, im Zweifel anzunehmen, dass dem Bedachten dieser Gegenstand zugewendet sein soll. ²War die Forderung auf die Zahlung einer Geldsumme gerichtet, so gilt im Zweifel die entsprechende Geldsumme als vermacht, auch wenn sich eine solche in der Erbschaft nicht vorfindet.

§ 2174 Vermächtnisanspruch ¹Durch das Vermächtnis wird für den Bedachten das Recht begründet, von dem Beschwerten die Leistung des vermachten Gegenstands zu fordern.

§ 2175 Wiederaufleben erloschener Rechtsverhältnisse ¹Hat der Erblasser eine ihm gegen den Erben zustehende Forderung oder hat er ein Recht vermacht, mit dem eine Sache oder ein Recht des Erben belastet ist, so gelten die infolge des Erbfalls durch Vereinigung von Recht und Verbindlichkeit oder von Recht und Belastung erloschenen Rechtsverhältnisse in Ansehung des Vermächtnisses als nicht erloschen.

§ 2176 Anfall des Vermächtnisses ¹Die Forderung des Vermächtnisnehmers kommt, unbeschadet des Rechts, das Vermächtnis auszuschlagen, zur Entstehung (Anfall des Vermächtnisses) mit dem Erbfall.

§ 2177 Anfall bei einer Bedingung oder Befristung ¹Ist das Vermächtnis unter einer aufschiebenden Bedingung oder unter Bestimmung eines Anfangstermins angeordnet und tritt die Bedingung oder der Termin erst nach dem Erbfall ein, so erfolgt der Anfall des Vermächtnisses mit dem Eintritt der Bedingung oder des Termins.

§ 2178 Anfall bei einem noch nicht erzeugten oder bestimmten Bedachten ¹Ist der Bedachte zur Zeit des Erbfalls noch nicht gezeugt oder wird seine Persönlichkeit durch ein erst nach dem Erbfall eintretendes Ereignis bestimmt, so erfolgt der Anfall des Vermächtnisses im ersteren Fall mit der Geburt, im letzteren Fall mit dem Eintritt des Ereignisses.

§ 2179 Schwebezeit ¹Für die Zeit zwischen dem Erbfall und dem Anfall des Vermächtnisses finden in den Fällen der §§ 2177, 2178 die Vorschriften Anwendung, die für den Fall gelten, dass eine Leistung unter einer aufschiebenden Bedingung geschuldet wird.

§ 2180 Annahme und Ausschlagung (1) ¹Der Vermächtnisnehmer kann das Vermächtnis nicht mehr ausschlagen, wenn er es angenommen hat.
(2) ¹Die Annahme sowie die Ausschlagung des Vermächtnisses erfolgt durch Erklärung gegenüber dem Beschwerten. ²Die Erklärung kann erst nach dem Eintritt des Erbfalls abgegeben werden; sie ist unwirksam, wenn sie unter einer Bedingung oder einer Zeitbestimmung abgegeben wird.
(3) ¹Die für die Annahme und die Ausschlagung einer Erbschaft geltenden Vorschriften des § 1950, des § 1952 Abs. 1, 3 und des § 1953 Abs. 1, 2 finden entsprechende Anwendung.

§ 2181 Fälligkeit bei Beliebigkeit ¹Ist die Zeit der Erfüllung eines Vermächtnisses dem freien Belieben des Beschwerten überlassen, so wird die Leistung im Zweifel mit dem Tod des Beschwerten fällig.

BGB §§ 2182–2188

§ 2182 Gewährleistung für Rechtsmängel (1) ¹Ist eine nur der Gattung nach bestimmte Sache vermacht, so hat der Beschwerte die gleichen Verpflichtungen wie ein Verkäufer nach den Vorschriften des § 433 Abs. 1 Satz 1, der §§ 436, 452 und 453. Er hat die Sache dem Vermächtnisnehmer frei von Rechtsmängeln im Sinne des § 435 zu verschaffen. ²§ 444 findet entsprechende Anwendung.

(2) ¹Dasselbe gilt im Zweifel, wenn ein bestimmter nicht zur Erbschaft gehörender Gegenstand vermacht ist, unbeschadet der sich aus dem § 2170 ergebenden Beschränkung der Haftung.

(3) ¹Ist ein Grundstück Gegenstand des Vermächtnisses, so haftet der Beschwerte im Zweifel nicht für die Freiheit des Grundstücks von Grunddienstbarkeiten, beschränkten persönlichen Dienstbarkeiten und Reallasten.

§ 2183 Gewährleistung für Sachmängel ¹Ist eine nur der Gattung nach bestimmte Sache vermacht, so kann der Vermächtnisnehmer, wenn die geleistete Sache mangelhaft ist, verlangen, dass ihm anstelle der mangelhaften Sache eine mangelfreie geliefert wird. ²Hat der Beschwerte einen Sachmangel arglistig verschwiegen, so kann der Vermächtnisnehmer statt der Lieferung einer mangelfreien Sache Schadensersatz wegen Nichterfüllung verlangen. ³Auf diese Ansprüche finden die für die Gewährleistung wegen Mängeln einer verkauften Sache geltenden Vorschriften entsprechende Anwendung.

§ 2184 Früchte; Nutzungen ¹Ist ein bestimmter zur Erbschaft gehörender Gegenstand vermacht, so hat der Beschwerte dem Vermächtnisnehmer auch die seit dem Anfall des Vermächtnisses gezogenen Früchte sowie das sonst auf Grund des vermachten Rechts Erlangte herauszugeben. ²Für Nutzungen, die nicht zu den Früchten gehören, hat der Beschwerte nicht Ersatz zu leisten.

§ 2185 Ersatz von Verwendungen und Aufwendungen ¹Ist eine bestimmte zur Erbschaft gehörende Sache vermacht, so kann der Beschwerte für die nach dem Erbfall auf die Sache gemachten Verwendungen sowie für Aufwendungen, die er nach dem Erbfall zur Bestreitung von Lasten der Sache gemacht hat, Ersatz nach den Vorschriften verlangen, die für das Verhältnis zwischen dem Besitzer und dem Eigentümer gelten.

§ 2186 Fälligkeit eines Untervermächtnisses oder einer Auflage
¹Ist ein Vermächtnisnehmer mit einem Vermächtnis oder einer Auflage beschwert, so ist er zur Erfüllung erst dann verpflichtet, wenn er die Erfüllung des ihm zugewendeten Vermächtnisses zu verlangen berechtigt ist.

§ 2187 Haftung des Hauptvermächtnisnehmers (1) ¹Ein Vermächtnisnehmer, der mit einem Vermächtnis oder einer Auflage beschwert ist, kann die Erfüllung auch nach der Annahme des ihm zugewendeten Vermächtnisses insoweit verweigern, als dasjenige, was er aus dem Vermächtnis erhält, zur Erfüllung nicht ausreicht.

(2) ¹Tritt nach § 2161 ein anderer an die Stelle des beschwerten Vermächtnisnehmers, so haftet er nicht weiter, als der Vermächtnisnehmer haften würde.

(3) ¹Die für die Haftung des Erben geltende Vorschrift des § 1992 findet entsprechende Anwendung.

§ 2188 Kürzung der Beschwerungen ¹Wird die einem Vermächtnisnehmer gebührende Leistung auf Grund der Beschränkung der Haftung des Erben, wegen eines Pflichtteilsanspruchs oder in Gemäßheit des § 2187 gekürzt, so kann der Vermächtnisnehmer, sofern nicht ein anderer Wille des Erblassers anzunehmen ist, die ihm auferlegten Beschwerungen verhältnismäßig kürzen.

§ 2189 Anordnung eines Vorrangs ¹Der Erblasser kann für den Fall, dass die dem Erben oder einem Vermächtnisnehmer auferlegten Vermächtnisse und Auflagen auf Grund der Beschränkung der Haftung des Erben, wegen eines Pflichtteilsanspruchs oder in Gemäßheit der §§ 2187, 2188 gekürzt werden, durch Verfügung von Todes wegen anordnen, dass ein Vermächtnis oder eine Auflage den Vorrang vor den übrigen Beschwerungen haben soll.

§ 2190 Ersatzvermächtnisnehmer ¹Hat der Erblasser für den Fall, dass der zunächst Bedachte das Vermächtnis nicht erwirbt, den Gegenstand des Vermächtnisses einem anderen zugewendet, so finden die für die Einsetzung eines Ersatzerben geltenden Vorschriften der §§ 2097 bis 2099 entsprechende Anwendung.

§ 2191 Nachvermächtnisnehmer (1) ¹Hat der Erblasser den vermachten Gegenstand von einem nach dem Anfall des Vermächtnisses eintretenden bestimmten Zeitpunkt oder Ereignis an einem Dritten zugewendet, so gilt der erste Vermächtnisnehmer als beschwert.
(2) ¹Auf das Vermächtnis finden die für die Einsetzung eines Nacherben geltenden Vorschriften des § 2102, des § 2106 Abs. 1, des § 2107 und des § 2110 Abs. 1 entsprechende Anwendung.

Titel 5: Auflage

§ 2192 Anzuwendende Vorschriften ¹Auf eine Auflage finden die für letztwillige Zuwendungen geltenden Vorschriften der §§ 2065, 2147, 2148, 2154 bis 2156, 2161, 2171, 2181 entsprechende Anwendung.

§ 2193 Bestimmung des Begünstigten, Vollziehungsfrist (1) ¹Der Erblasser kann bei der Anordnung einer Auflage, deren Zweck er bestimmt hat, die Bestimmung der Person, an welche die Leistung erfolgen soll, dem Beschwerten oder einem Dritten überlassen.
(2) ¹Steht die Bestimmung dem Beschwerten zu, so kann ihm, wenn er zur Vollziehung der Auflage rechtskräftig verurteilt ist, von dem Kläger eine angemessene Frist zur Vollziehung bestimmt werden; nach dem Ablauf der Frist ist der Kläger berechtigt, die Bestimmung zu treffen, wenn nicht die Vollziehung rechtzeitig erfolgt.
(3) ¹Steht die Bestimmung einem Dritten zu, so erfolgt sie durch Erklärung gegenüber dem Beschwerten. ²Kann der Dritte die Bestimmung nicht treffen, so geht das Bestimmungsrecht auf den Beschwerten über. ³Die Vorschrift des § 2151 Abs. 3 Satz 2 findet entsprechende Anwendung; zu den Beteiligten im Sinne dieser Vorschrift gehören der Beschwerte und diejenigen, welche die Vollziehung der Auflage zu verlangen berechtigt sind.

§ 2194 Anspruch auf Vollziehung ¹Die Vollziehung einer Auflage können der Erbe, der Miterbe und derjenige verlangen, welchem der Wegfall des mit der Auflage zunächst Beschwerten unmittelbar zustatten kommen würde. ²Liegt die Vollziehung im öffentlichen Interesse, so kann auch die zuständige Behörde die Vollziehung verlangen.

§ 2195 Verhältnis von Auflage und Zuwendung ¹Die Unwirksamkeit einer Auflage hat die Unwirksamkeit der unter der Auflage gemachten Zuwendung nur zur Folge, wenn anzunehmen ist, dass der Erblasser die Zuwendung nicht ohne die Auflage gemacht haben würde.

BGB §§ 2196–2202

§ 2196 Unmöglichkeit der Vollziehung (1) ¹Wird die Vollziehung einer Auflage infolge eines von dem Beschwerten zu vertretenden Umstands unmöglich, so kann derjenige, welchem der Wegfall des zunächst Beschwerten unmittelbar zustatten kommen würde, die Herausgabe der Zuwendung nach den Vorschriften über die Herausgabe einer ungerechtfertigten Bereicherung insoweit fordern, als die Zuwendung zur Vollziehung der Auflage hätte verwendet werden müssen.

(2) ¹Das Gleiche gilt, wenn der Beschwerte zur Vollziehung einer Auflage, die nicht durch einen Dritten vollzogen werden kann, rechtskräftig verurteilt ist und die zulässigen Zwangsmittel erfolglos gegen ihn angewendet worden sind.

Titel 6: Testamentsvollstrecker

§ 2197 Ernennung des Testamentsvollstreckers (1) ¹Der Erblasser kann durch Testament einen oder mehrere Testamentsvollstrecker ernennen.

(2) ¹Der Erblasser kann für den Fall, dass der ernannte Testamentsvollstrecker vor oder nach der Annahme des Amts wegfällt, einen anderen Testamentsvollstrecker ernennen.

§ 2198 Bestimmung des Testamentsvollstreckers durch einen Dritten (1) ¹Der Erblasser kann die Bestimmung der Person des Testamentsvollstreckers einem Dritten überlassen. ²Die Bestimmung erfolgt durch Erklärung gegenüber dem Nachlassgericht; die Erklärung ist in öffentlich beglaubigter Form abzugeben.

(2) ¹Das Bestimmungsrecht des Dritten erlischt mit dem Ablauf einer ihm auf Antrag eines der Beteiligten von dem Nachlassgericht bestimmten Frist.

§ 2199 Ernennung eines Mitvollstreckers oder Nachfolgers (1) ¹Der Erblasser kann den Testamentsvollstrecker ermächtigen, einen oder mehrere Mitvollstrecker zu ernennen.

(2) ¹Der Erblasser kann den Testamentsvollstrecker ermächtigen, einen Nachfolger zu ernennen.

(3) ¹Die Ernennung erfolgt nach § 2198 Abs. 1 Satz 2.

§ 2200 Ernennung durch das Nachlassgericht (1) ¹Hat der Erblasser in dem Testament das Nachlassgericht ersucht, einen Testamentsvollstrecker zu ernennen, so kann das Nachlassgericht die Ernennung vornehmen.

(2) ¹Das Nachlassgericht soll vor der Ernennung die Beteiligten hören, wenn es ohne erhebliche Verzögerung und ohne unverhältnismäßige Kosten geschehen kann.

§ 2201 Unwirksamkeit der Ernennung ¹Die Ernennung des Testamentsvollstreckers ist unwirksam, wenn er zu der Zeit, in welcher er das Amt anzutreten hat, geschäftsunfähig oder in der Geschäftsfähigkeit beschränkt ist oder nach § 1896 zur Besorgung seiner Vermögensangelegenheiten einen Betreuer erhalten hat.

§ 2202 Annahme und Ablehnung des Amts (1) ¹Das Amt des Testamentsvollstreckers beginnt mit dem Zeitpunkt, in welchem der Ernannte das Amt annimmt.

(2) ¹Die Annahme sowie die Ablehnung des Amts erfolgt durch Erklärung gegenüber dem Nachlassgericht. ²Die Erklärung kann erst nach dem Eintritt des Erbfalls abgegeben werden; sie ist unwirksam, wenn sie unter einer Bedingung oder einer Zeitbestimmung abgegeben wird.

(3) ¹Das Nachlassgericht kann dem Ernannten auf Antrag eines der Beteiligten eine Frist zur Erklärung über die Annahme bestimmen. ²Mit dem Ablauf der Frist gilt das Amt als abgelehnt, wenn nicht die Annahme vorher erklärt wird.

§ 2203 Aufgabe des Testamentsvollstreckers ¹Der Testamentsvollstrecker hat die letztwilligen Verfügungen des Erblassers zur Ausführung zu bringen.

§ 2204 Auseinandersetzung unter Miterben (1) ¹Der Testamentsvollstrecker hat, wenn mehrere Erben vorhanden sind, die Auseinandersetzung unter ihnen nach Maßgabe der §§ 2042 bis 2056 zu bewirken.
(2) ¹Der Testamentsvollstrecker hat die Erben über den Auseinandersetzungsplan vor der Ausführung zu hören.

§ 2205 Verwaltung des Nachlasses, Verfügungsbefugnis ¹Der Testamentsvollstrecker hat den Nachlass zu verwalten. ²Er ist insbesondere berechtigt, den Nachlass in Besitz zu nehmen und über die Nachlassgegenstände zu verfügen. ³Zu unentgeltlichen Verfügungen ist er nur berechtigt, soweit sie einer sittlichen Pflicht oder einer auf den Anstand zu nehmenden Rücksicht entsprechen.

§ 2206 Eingehung von Verbindlichkeiten (1) ¹Der Testamentsvollstrecker ist berechtigt, Verbindlichkeiten für den Nachlass einzugehen, soweit die Eingehung zur ordnungsmäßigen Verwaltung erforderlich ist. ²Die Verbindlichkeit zu einer Verfügung über einen Nachlassgegenstand kann der Testamentsvollstrecker für den Nachlass auch dann eingehen, wenn er zu der Verfügung berechtigt ist.
(2) ¹Der Erbe ist verpflichtet, zur Eingehung solcher Verbindlichkeiten seine Einwilligung zu erteilen, unbeschadet des Rechts, die Beschränkung seiner Haftung für die Nachlassverbindlichkeiten geltend zu machen.

§ 2207 Erweiterte Verpflichtungsbefugnis ¹Der Erblasser kann anordnen, dass der Testamentsvollstrecker in der Eingehung von Verbindlichkeiten für den Nachlass nicht beschränkt sein soll. ²Der Testamentsvollstrecker ist auch in einem solchen Falle zu einem Schenkungsversprechen nur nach Maßgabe des § 2205 Satz 3 berechtigt.

§ 2208 Beschränkung der Rechte des Testamentsvollstreckers, Ausführung durch den Erben (1) ¹Der Testamentsvollstrecker hat die in den §§ 2203 bis 2206 bestimmten Rechte nicht, soweit anzunehmen ist, dass sie nach dem Willen des Erblassers nicht zustehen sollen. ²Unterliegen der Verwaltung des Testamentsvollstreckers nur einzelne Nachlassgegenstände, so stehen ihm die in § 2205 Satz 2 bestimmten Befugnisse nur in Ansehung dieser Gegenstände zu.
(2) ¹Hat der Testamentsvollstrecker Verfügungen des Erblassers nicht selbst zur Ausführung zu bringen, so kann er die Ausführung von dem Erben verlangen, sofern nicht ein anderer Wille des Erblassers anzunehmen ist.

§ 2209 Dauervollstreckung ¹Der Erblasser kann einem Testamentsvollstrecker die Verwaltung des Nachlasses übertragen, ohne ihm andere Aufgaben als die Verwaltung zuzuweisen; er kann auch anordnen, dass der Testamentsvollstrecker die Verwaltung nach der Erledigung der ihm sonst zugewiesenen Aufgaben fortzuführen hat. ²Im Zweifel ist anzunehmen, dass einem solchen Testamentsvollstrecker die in § 2207 bezeichnete Ermächtigung erteilt ist.

BGB   §§ 2210–2216

§ 2210 Dreißigjährige Frist für die Dauervollstreckung ¹Eine nach § 2209 getroffene Anordnung wird unwirksam, wenn seit dem Erbfall 30 Jahre verstrichen sind. ²Der Erblasser kann jedoch anordnen, dass die Verwaltung bis zum Tod des Erben oder des Testamentsvollstreckers oder bis zum Eintritt eines anderen Ereignisses in der Person des einen oder des anderen fortdauern soll. ³Die Vorschrift des § 2163 Abs. 2 findet entsprechende Anwendung.

§ 2211 Verfügungsbeschränkung des Erben (1) ¹Über einen der Verwaltung des Testamentsvollstreckers unterliegenden Nachlassgegenstand kann der Erbe nicht verfügen.

(2) ¹Die Vorschriften zugunsten derjenigen, welche Rechte von einem Nichtberechtigten herleiten, finden entsprechende Anwendung.

§ 2212 Gerichtliche Geltendmachung von der Testamentsvollstreckung unterliegenden Rechten ¹Ein der Verwaltung des Testamentsvollstreckers unterliegendes Recht kann nur von dem Testamentsvollstrecker gerichtlich geltend gemacht werden.

§ 2213 Gerichtliche Geltendmachung von Ansprüchen gegen den Nachlass (1) ¹Ein Anspruch, der sich gegen den Nachlass richtet, kann sowohl gegen den Erben als gegen den Testamentsvollstrecker gerichtlich geltend gemacht werden. ²Steht dem Testamentsvollstrecker nicht die Verwaltung des Nachlasses zu, so ist die Geltendmachung nur gegen den Erben zulässig. ³Ein Pflichtteilsanspruch kann, auch wenn dem Testamentsvollstrecker die Verwaltung des Nachlasses zusteht, nur gegen den Erben geltend gemacht werden.

(2) ¹Die Vorschrift des § 1958 findet auf den Testamentsvollstrecker keine Anwendung.

(3) ¹Ein Nachlassgläubiger, der seinen Anspruch gegen den Erben geltend macht, kann den Anspruch auch gegen den Testamentsvollstrecker dahin geltend machen, dass dieser die Zwangsvollstreckung in die seiner Verwaltung unterliegenden Nachlassgegenstände dulde.

§ 2214 Gläubiger des Erben ¹Gläubiger des Erben, die nicht zu den Nachlassgläubigern gehören, können sich nicht an die der Verwaltung des Testamentsvollstreckers unterliegenden Nachlassgegenstände halten.

§ 2215 Nachlassverzeichnis (1) ¹Der Testamentsvollstrecker hat dem Erben unverzüglich nach der Annahme des Amts ein Verzeichnis der seiner Verwaltung unterliegenden Nachlassgegenstände und der bekannten Nachlassverbindlichkeiten mitzuteilen und ihm die zur Aufnahme des Inventars sonst erforderliche Beihilfe zu leisten.

(2) ¹Das Verzeichnis ist mit der Angabe des Tages der Aufnahme zu versehen und von dem Testamentsvollstrecker zu unterzeichnen; der Testamentsvollstrecker hat auf Verlangen die Unterzeichnung öffentlich beglaubigen zu lassen.

(3) ¹Der Erbe kann verlangen, dass er bei der Aufnahme des Verzeichnisses zugezogen wird.

(4) ¹Der Testamentsvollstrecker ist berechtigt und auf Verlangen des Erben verpflichtet, das Verzeichnis durch die zuständige Behörde oder durch einen zuständigen Beamten oder Notar aufnehmen zu lassen.

(5) ¹Die Kosten der Aufnahme und der Beglaubigung fallen dem Nachlass zur Last.

§ 2216 Ordnungsmäßige Verwaltung des Nachlasses, Befolgung von Anordnungen (1) ¹Der Testamentsvollstrecker ist zur ordnungsmäßigen Verwaltung des Nachlasses verpflichtet.

(2) ¹Anordnungen, die der Erblasser für die Verwaltung durch letztwillige Verfügung getroffen hat, sind von dem Testamentsvollstrecker zu befolgen. ²Sie können jedoch auf Antrag des Testamentsvollstreckers oder eines anderen Beteiligten von dem Nachlassgericht außer Kraft gesetzt werden, wenn ihre Befolgung den Nachlass erheblich gefährden würde. ³Das Gericht soll vor der Entscheidung, soweit tunlich, die Beteiligten hören.

§ 2217 Überlassung von Nachlassgegenständen (1) ¹Der Testamentsvollstrecker hat Nachlassgegenstände, deren er zur Erfüllung seiner Obliegenheiten offenbar nicht bedarf, dem Erben auf Verlangen zur freien Verfügung zu überlassen. ²Mit der Überlassung erlischt sein Recht zur Verwaltung der Gegenstände.

(2) ¹Wegen Nachlassverbindlichkeiten, die nicht auf einem Vermächtnis oder einer Auflage beruhen, sowie wegen bedingter und betagter Vermächtnisse oder Auflagen kann der Testamentsvollstrecker die Überlassung der Gegenstände nicht verweigern, wenn der Erbe für die Berichtigung der Verbindlichkeiten oder für die Vollziehung der Vermächtnisse oder Auflagen Sicherheit leistet.

§ 2218 Rechtsverhältnis zum Erben; Rechnungslegung (1) ¹Auf das Rechtsverhältnis zwischen dem Testamentsvollstrecker und dem Erben finden die für den Auftrag geltenden Vorschriften der §§ 664, 666 bis 668, 670, des § 673 Satz 2 und des § 674 entsprechende Anwendung.

(2) ¹Bei einer länger dauernden Verwaltung kann der Erbe jährlich Rechnungslegung verlangen.

§ 2219 Haftung des Testamentsvollstreckers (1) ¹Verletzt der Testamentsvollstrecker die ihm obliegenden Verpflichtungen, so ist er, wenn ihm ein Verschulden zur Last fällt, für den daraus entstehenden Schaden dem Erben und, soweit ein Vermächtnis zu vollziehen ist, auch dem Vermächtnisnehmer verantwortlich.

(2) ¹Mehrere Testamentsvollstrecker, denen ein Verschulden zur Last fällt, haften als Gesamtschuldner.

§ 2220 Zwingendes Recht ¹Der Erblasser kann den Testamentsvollstrecker nicht von den ihm nach den §§ 2215, 2216, 2218, 2219 obliegenden Verpflichtungen befreien.

§ 2221 Vergütung des Testamentsvollstreckers ¹Der Testamentsvollstrecker kann für die Führung seines Amts eine angemessene Vergütung verlangen, sofern nicht der Erblasser ein anderes bestimmt hat.

§ 2222 Nacherbenvollstrecker ¹Der Erblasser kann einen Testamentsvollstrecker auch zu dem Zwecke ernennen, dass dieser bis zu dem Eintritt einer angeordneten Nacherbfolge die Rechte des Nacherben ausübt und dessen Pflichten erfüllt.

§ 2223 Vermächtnisvollstrecker ¹Der Erblasser kann einen Testamentsvollstrecker auch zu dem Zwecke ernennen, dass dieser für die Ausführung der einem Vermächtnisnehmer auferlegten Beschwerungen sorgt.

§ 2224 Mehrere Testamentsvollstrecker (1) ¹Mehrere Testamentsvollstrecker führen das Amt gemeinschaftlich; bei einer Meinungsverschiedenheit entscheidet das Nachlassgericht. ²Fällt einer von ihnen weg, so führen die übrigen das Amt allein. ³Der Erblasser kann abweichende Anordnungen treffen.

(2) ¹Jeder Testamentsvollstrecker ist berechtigt, ohne Zustimmung der anderen Testamentsvollstrecker diejenigen Maßregeln zu treffen, welche zur Erhaltung eines der gemeinschaftlichen Verwaltung unterliegenden Nachlassgegenstands notwendig sind.

BGB   §§ 2225–2247   422

§ 2225 Erlöschen des Amts des Testamentsvollstreckers   ¹Das Amt des Testamentsvollstreckers erlischt, wenn er stirbt oder wenn ein Fall eintritt, in welchem die Ernennung nach § 2201 unwirksam sein würde.

§ 2226 Kündigung durch den Testamentsvollstrecker   ¹Der Testamentsvollstrecker kann das Amt jederzeit kündigen. ²Die Kündigung erfolgt durch Erklärung gegenüber dem Nachlassgericht. ³Die Vorschrift des § 671 Abs. 2, 3 findet entsprechende Anwendung.

§ 2227 Entlassung des Testamentsvollstreckers   (1) ¹Das Nachlassgericht kann den Testamentsvollstrecker auf Antrag eines der Beteiligten entlassen, wenn ein wichtiger Grund vorliegt; ein solcher Grund ist insbesondere grobe Pflichtverletzung oder Unfähigkeit zur ordnungsmäßigen Geschäftsführung.
(2) ¹Der Testamentsvollstrecker soll vor der Entlassung, wenn tunlich, gehört werden.

§ 2228 Akteneinsicht   ¹Das Nachlassgericht hat die Einsicht der nach § 2198 Abs. 1 Satz 2, § 2199 Abs. 3, § 2202 Abs. 2, § 2226 Satz 2 abgegebenen Erklärungen jedem zu gestatten, der ein rechtliches Interesse glaubhaft macht.

Titel 7: Errichtung und Aufhebung eines Testaments

§ 2229 Testierfähigkeit Minderjähriger, Testierunfähigkeit
(1) ¹Ein Minderjähriger kann ein Testament erst errichten, wenn er das 16. Lebensjahr vollendet hat.
(2) ¹Der Minderjährige bedarf zur Errichtung eines Testaments nicht der Zustimmung seines gesetzlichen Vertreters.
(3) (weggefallen)
(4) ¹Wer wegen krankhafter Störung der Geistestätigkeit, wegen Geistesschwäche oder wegen Bewusstseinsstörung nicht in der Lage ist, die Bedeutung einer von ihm abgegebenen Willenserklärung einzusehen und nach dieser Einsicht zu handeln, kann ein Testament nicht errichten.

§ 2230 (weggefallen)

§ 2231 Ordentliche Testamente   ¹Ein Testament kann in ordentlicher Form errichtet werden
1. zur Niederschrift eines Notars,
2. durch eine vom Erblasser nach § 2247 abgegebene Erklärung.

§ 2232 Öffentliches Testament   ¹Zur Niederschrift eines Notars wird ein Testament errichtet, indem der Erblasser dem Notar seinen letzten Willen erklärt oder ihm eine Schrift mit der Erklärung übergibt, dass die Schrift seinen letzten Willen enthalte. ²Der Erblasser kann die Schrift offen oder verschlossen übergeben; sie braucht nicht von ihm geschrieben zu sein.

§ 2233 Sonderfälle   (1) ¹Ist der Erblasser minderjährig, so kann er das Testament nur durch eine Erklärung gegenüber dem Notar oder durch Übergabe einer offenen Schrift errichten.
(2) ¹Ist der Erblasser nach seinen Angaben oder nach der Überzeugung des Notars nicht im Stande, Geschriebenes zu lesen, so kann er das Testament nur durch eine Erklärung gegenüber dem Notar errichten.

§§ 2234 bis 2246 (weggefallen)

§ 2247 Eigenhändiges Testament   (1) ¹Der Erblasser kann ein Testament durch eine eigenhändig geschriebene und unterschriebene Erklärung errichten.

(2) ¹Der Erblasser soll in der Erklärung angeben, zu welcher Zeit (Tag, Monat und Jahr) und an welchem Orte er sie niedergeschrieben hat.

(3) ¹Die Unterschrift soll den Vornamen und den Familiennamen des Erblassers enthalten. ²Unterschreibt der Erblasser in anderer Weise und reicht diese Unterzeichnung zur Feststellung der Urheberschaft des Erblassers und der Ernstlichkeit seiner Erklärung aus, so steht eine solche Unterzeichnung der Gültigkeit des Testaments nicht entgegen.

(4) ¹Wer minderjährig ist oder Geschriebenes nicht zu lesen vermag, kann ein Testament nicht nach obigen Vorschriften errichten.

(5) ¹Enthält ein nach Absatz 1 errichtetes Testament keine Angabe über die Zeit der Errichtung und ergeben sich hieraus Zweifel über seine Gültigkeit, so ist das Testament nur dann als gültig anzusehen, wenn sich die notwendigen Feststellungen über die Zeit der Errichtung anderweit treffen lassen. ²Dasselbe gilt entsprechend für ein Testament, das keine Angabe über den Ort der Errichtung enthält.

§ 2248 Verwahrung des eigenhändigen Testaments
¹Ein nach der Vorschrift des § 2247 errichtetes Testament ist auf Verlangen des Erblassers in besondere amtliche Verwahrung zu nehmen (§§ 2258 a, 2258 b). ²Dem Erblasser soll über das in Verwahrung genommene Testament ein Hinterlegungsschein erteilt werden.

§ 2249 Nottestament vor dem Bürgermeister
(1) ¹Ist zu besorgen, dass der Erblasser früher sterben werde, als die Errichtung eines Testaments vor einem Notar möglich ist, so kann er das Testament zur Niederschrift des Bürgermeisters der Gemeinde, in der er sich aufhält, errichten. ²Der Bürgermeister muss zu der Beurkundung zwei Zeugen zuziehen. ³Als Zeuge kann nicht zugezogen werden, wer in dem zu beurkundenden Testament bedacht oder zum Testamentsvollstrecker ernannt wird; die Vorschriften der §§ 7 und 27 des Beurkundungsgesetzes gelten entsprechend. ⁴Für die Errichtung gelten die Vorschriften der §§ 2232, 2233 sowie die Vorschriften der §§ 2, 4, 5 Abs. 1, §§ 6 bis 10, 11 Abs. 1 Satz 2, Abs. 2, § 13 Abs. 1, 3, §§ 16, 17, 23, 24, 26 Abs. 1 Nr. 3, 4, Abs. 2, §§ 27, 28, 30, 32, 34, 35 des Beurkundungsgesetzes; der Bürgermeister tritt an die Stelle des Notars. ⁵Die Niederschrift muss auch von den Zeugen unterschrieben werden. ⁶Vermag der Erblasser nach seinen Angaben oder nach der Überzeugung des Bürgermeisters seinen Namen nicht zu schreiben, so wird die Unterschrift des Erblassers durch die Feststellung dieser Angabe oder Überzeugung in der Niederschrift ersetzt.

(2) ¹Die Besorgnis, dass die Errichtung eines Testaments vor einem Notar nicht mehr möglich sein werde, soll in der Niederschrift festgestellt werden. ²Der Gültigkeit des Testaments steht nicht entgegen, dass die Besorgnis nicht begründet war.

(3) ¹Der Bürgermeister soll den Erblasser darauf hinweisen, dass das Testament seine Gültigkeit verliert, wenn der Erblasser den Ablauf der in § 2252 Abs. 1, 2 vorgesehenen Frist überlebt. ²Er soll in der Niederschrift feststellen, dass dieser Hinweis gegeben ist.

(4) ¹Für die Anwendung der vorstehenden Vorschriften steht der Vorsteher eines Gutsbezirks dem Bürgermeister einer Gemeinde gleich.

(5) ¹Das Testament kann auch vor demjenigen errichtet werden, der nach den gesetzlichen Vorschriften zur Vertretung des Bürgermeisters oder des Gutsvorstehers befugt ist. ²Der Vertreter soll in der Niederschrift angeben, worauf sich seine Vertretungsbefugnis stützt.

BGB §§ 2250–2255

(6) ¹Sind bei Abfassung der Niederschrift über die Errichtung des in den vorstehenden Absätzen vorgesehenen Testaments Formfehler unterlaufen, ist aber dennoch mit Sicherheit anzunehmen, dass das Testament eine zuverlässige Wiedergabe der Erklärung des Erblassers enthält, so steht der Formverstoß der Wirksamkeit der Beurkundung nicht entgegen.

§ 2250 Nottestament vor drei Zeugen (1) ¹Wer sich an einem Orte aufhält, der infolge außerordentlicher Umstände dergestalt abgesperrt ist, dass die Errichtung eines Testaments vor einem Notar nicht möglich oder erheblich erschwert ist, kann das Testament in der durch § 2249 bestimmten Form oder durch mündliche Erklärung vor drei Zeugen errichten.

(2) ¹Wer sich in so naher Todesgefahr befindet, dass voraussichtlich auch die Errichtung eines Testaments nach § 2249 nicht mehr möglich ist, kann das Testament durch mündliche Erklärung vor drei Zeugen errichten.

(3) ¹Wird das Testament durch mündliche Erklärung vor drei Zeugen errichtet, so muss hierüber eine Niederschrift aufgenommen werden. ²Auf die Zeugen sind die Vorschriften des § 6 Abs. 1 Nr. 1 bis 3, der §§ 7, 26 Abs. 2 Nr. 2 bis 5 und des § 27 des Beurkundungsgesetzes; auf die Niederschrift sind die Vorschriften der §§ 8 bis 10, 11 Abs. 1 Satz 2, Abs. 2, § 13 Abs. 1, 3 Satz 1, §§ 23, 28 des Beurkundungsgesetzes sowie die Vorschriften des § 2249 Abs. 1 Satz 5, 6, Abs. 2, 6 entsprechend anzuwenden. ³Die Niederschrift kann außer in der deutschen auch in einer anderen Sprache aufgenommen werden. ⁴Der Erblasser und die Zeugen müssen der Sprache der Niederschrift hinreichend kundig sein; dies soll in der Niederschrift festgestellt werden, wenn sie in einer anderen als der deutschen Sprache aufgenommen wird.

§ 2251 Nottestament auf See ¹Wer sich während einer Seereise an Bord eines deutschen Schiffes außerhalb eines inländischen Hafens befindet, kann ein Testament durch mündliche Erklärung vor drei Zeugen nach § 2250 Abs. 3 errichten.

§ 2252 Gültigkeitsdauer der Nottestamente (1) ¹Ein nach § 2249, § 2250 oder § 2251 errichtetes Testament gilt als nicht errichtet, wenn seit der Errichtung drei Monate verstrichen sind und der Erblasser noch lebt.

(2) ¹Beginn und Lauf der Frist sind gehemmt, solange der Erblasser außerstande ist, ein Testament vor einem Notar zu errichten.

(3) ¹Tritt im Falle des § 2251 der Erblasser vor dem Ablauf der Frist eine neue Seereise an, so wird die Frist mit der Wirkung unterbrochen, dass nach Beendigung der neuen Reise die volle Frist von neuem zu laufen beginnt.

(4) ¹Wird der Erblasser nach dem Ablauf der Frist für tot erklärt oder wird seine Todeszeit nach den Vorschriften des Verschollenheitsgesetzes festgestellt, so behält das Testament seine Kraft, wenn die Frist zu der Zeit, zu welcher der Erblasser nach den vorhandenen Nachrichten noch gelebt hat, noch nicht verstrichen war.

§ 2253 Widerruf eines Testaments ¹Der Erblasser kann ein Testament sowie eine einzelne in einem Testament enthaltene Verfügung jederzeit widerrufen.

§ 2254 Widerruf durch Testament ¹Der Widerruf erfolgt durch Testament.

§ 2255 Widerruf durch Vernichtung oder Veränderungen ¹Ein Testament kann auch dadurch widerrufen werden, dass der Erblasser in der Absicht, es aufzuheben, die Testamentsurkunde vernichtet oder an ihr Veränderungen vornimmt, durch die der Wille, eine schriftliche Willenserklärung aufzuheben, ausgedrückt zu werden pflegt. ²Hat der Erblasser die Testamentsurkunde vernichtet oder in der bezeichneten Weise verändert, so wird vermutet, dass er die Aufhebung des Testaments beabsichtigt habe.

§ 2256 Widerruf durch Rücknahme des Testaments aus der amtlichen Verwahrung
(1) ¹Ein vor einem Notar oder nach § 2249 errichtetes Testament gilt als widerrufen, wenn die in amtliche Verwahrung genommene Urkunde dem Erblasser zurückgegeben wird. ²Die zurückgebende Stelle soll den Erblasser über die in Satz 1 vorgesehene Folge der Rückgabe belehren, dies auf der Urkunde vermerken und aktenkundig machen, dass beides geschehen ist.

(2) ¹Der Erblasser kann die Rückgabe jederzeit verlangen. ²Das Testament darf nur an den Erblasser persönlich zurückgegeben werden.

(3) ¹Die Vorschriften des Absatzes 2 gelten auch für ein nach § 2248 hinterlegtes Testament; die Rückgabe ist auf die Wirksamkeit des Testaments ohne Einfluss.

§ 2257 Widerruf des Widerrufs
¹Wird der durch Testament erfolgte Widerruf einer letztwilligen Verfügung widerrufen, so ist im Zweifel die Verfügung wirksam, wie wenn sie nicht widerrufen worden wäre.

§ 2258 Widerruf durch ein späteres Testament
(1) ¹Durch die Errichtung eines Testaments wird ein früheres Testament insoweit aufgehoben, als das spätere Testament mit dem früheren in Widerspruch steht.

(2) ¹Wird das spätere Testament widerrufen, so ist im Zweifel das frühere Testament in gleicher Weise wirksam, wie wenn es nicht aufgehoben worden wäre.

§ 2258 a Zuständigkeit für die besondere amtliche Verwahrung
(1) ¹Für die besondere amtliche Verwahrung der Testamente sind die Amtsgerichte zuständig.

(2) ¹Örtlich zuständig ist:
1. wenn das Testament vor einem Notar errichtet ist, das Amtsgericht, in dessen Bezirk der Notar seinen Amtssitz hat,
2. wenn das Testament vor dem Bürgermeister einer Gemeinde oder dem Vorsteher eines Gutsbezirks errichtet ist, das Amtsgericht, zu dessen Bezirk die Gemeinde oder der Gutsbezirk gehört,
3. wenn das Testament nach § 2247 errichtet ist, jedes Amtsgericht.

(3) ¹Der Erblasser kann jederzeit die Verwahrung bei einem anderen Amtsgericht verlangen.

§ 2258 b Verfahren bei der besonderen amtlichen Verwahrung
(1) ¹Die Annahme zur Verwahrung sowie die Herausgabe des Testaments ist von dem Richter anzuordnen und von ihm und dem Urkundsbeamten der Geschäftsstelle gemeinschaftlich zu bewirken.

(2) ¹Die Verwahrung erfolgt unter gemeinschaftlichem Verschluss des Richters und des Urkundsbeamten der Geschäftsstelle.

(3) ¹Dem Erblasser soll über das in Verwahrung genommene Testament ein Hinterlegungsschein erteilt werden. ²Der Hinterlegungsschein ist von dem Richter und dem Urkundsbeamten der Geschäftsstelle zu unterschreiben und mit dem Dienstsiegel zu versehen.

§ 2259 Ablieferungspflicht
(1) ¹Wer ein Testament, das nicht in besondere amtliche Verwahrung gebracht ist, im Besitz hat, ist verpflichtet, es unverzüglich, nachdem er von dem Tod des Erblassers Kenntnis erlangt hat, an das Nachlassgericht abzuliefern.

BGB §§ 2260–2266

(2) ¹Befindet sich ein Testament bei einer anderen Behörde als einem Gericht in amtlicher Verwahrung, so ist es nach dem Tode des Erblassers an das Nachlassgericht abzuliefern. ²Das Nachlassgericht hat, wenn es von dem Testament Kenntnis erlangt, die Ablieferung zu veranlassen.

§ 2260 Eröffnung des Testaments durch das Nachlassgericht
(1) ¹Das Nachlassgericht hat, sobald es von dem Tode des Erblassers Kenntnis erlangt, zur Eröffnung eines in seiner Verwahrung befindlichen Testaments einen Termin zu bestimmen. ²Zu dem Termin sollen die gesetzlichen Erben des Erblassers und die sonstigen Beteiligten, soweit tunlich, geladen werden.
(2) ¹In dem Termin ist das Testament zu öffnen, den Beteiligten zu verkünden und ihnen auf Verlangen vorzulegen. ²Die Verkündung darf im Falle der Vorlegung unterbleiben. ³Die Verkündung unterbleibt ferner, wenn im Termin keiner der Beteiligten erscheint.
(3) ¹Über die Eröffnung ist eine Niederschrift aufzunehmen. ²War das Testament verschlossen, so ist in der Niederschrift festzustellen, ob der Verschluss unversehrt war.

§ 2261 Eröffnung durch ein anderes Gericht ¹Hat ein anderes Gericht als das Nachlassgericht das Testament in amtlicher Verwahrung, so liegt dem anderen Gericht die Eröffnung des Testaments ob. ²Das Testament ist nebst einer beglaubigten Abschrift der über die Eröffnung aufgenommenen Niederschrift dem Nachlassgericht zu übersenden; eine beglaubigte Abschrift des Testaments ist zurückzubehalten.

§ 2262 Benachrichtigung der Beteiligten durch das Nachlassgericht ¹Das Nachlassgericht hat die Beteiligten, welche bei der Eröffnung des Testaments nicht zugegen gewesen sind, von dem sie betreffenden Inhalt des Testaments in Kenntnis zu setzen.

§ 2263 Nichtigkeit eines Eröffnungsverbots ¹Eine Anordnung des Erblassers, durch die er verbietet, das Testament alsbald nach seinem Tod zu eröffnen, ist nichtig.

§ 2263 a Eröffnungsfrist für Testamente ¹Befindet sich ein Testament seit mehr als 30 Jahren in amtlicher Verwahrung, so hat die verwahrende Stelle von Amts wegen, soweit tunlich, Ermittlungen darüber anzustellen, ob der Erblasser noch lebt. ²Führen die Ermittlungen nicht zu der Feststellung des Fortlebens des Erblassers, so ist das Testament zu eröffnen. ³Die Vorschriften der §§ 2260 bis 2262 sind entsprechend anzuwenden.

§ 2264 Einsichtnahme in das und Abschrifterteilung von dem eröffneten Testament ¹Wer ein rechtliches Interesse glaubhaft macht, ist berechtigt, ein eröffnetes Testament einzusehen sowie eine Abschrift des Testaments oder einzelner Teile zu fordern; die Abschrift ist auf Verlangen zu beglaubigen.

Titel 8: Gemeinschaftliches Testament

§ 2265 Errichtung durch Ehegatten ¹Ein gemeinschaftliches Testament kann nur von Ehegatten errichtet werden.

§ 2266 Gemeinschaftliches Nottestament ¹Ein gemeinschaftliches Testament kann nach den §§ 2249, 2250 auch dann errichtet werden, wenn die dort vorgesehenen Voraussetzungen nur bei einem der Ehegatten vorliegen.

§§ 2267–2272 BGB

§ 2267 Gemeinschaftliches eigenhändiges Testament [1]Zur Errichtung eines gemeinschaftlichen Testaments nach § 2247 genügt es, wenn einer der Ehegatten das Testament in der dort vorgeschriebenen Form errichtet und der andere Ehegatte die gemeinschaftliche Erklärung eigenhändig mitunterzeichnet. [2]Der mitunterzeichnende Ehegatte soll hierbei angeben, zu welcher Zeit (Tag, Monat und Jahr) und an welchem Orte er seine Unterschrift beigefügt hat.

§ 2268 Wirkung der Ehenichtigkeit oder -auflösung (1) [1]Ein gemeinschaftliches Testament ist in den Fällen des § 2077 seinem ganzen Inhalt nach unwirksam.

(2) [1]Wird die Ehe vor dem Tode eines der Ehegatten aufgelöst oder liegen die Voraussetzungen des § 2077 Abs. 1 Satz 2 oder 3 vor, so bleiben die Verfügungen insoweit wirksam, als anzunehmen ist, dass sie auch für diesen Fall getroffen sein würden.

§ 2269 Gegenseitige Einsetzung (1) [1]Haben die Ehegatten in einem gemeinschaftlichen Testament, durch das sie sich gegenseitig als Erben einsetzen, bestimmt, dass nach dem Tode des Überlebenden der beiderseitige Nachlass an einen Dritten fallen soll, so ist im Zweifel anzunehmen, dass der Dritte für den gesamten Nachlass als Erbe des zuletzt versterbenden Ehegatten eingesetzt ist.

(2) [1]Haben die Ehegatten in einem solchen Testament ein Vermächtnis angeordnet, das nach dem Tode des Überlebenden erfüllt werden soll, so ist im Zweifel anzunehmen, dass das Vermächtnis dem Bedachten erst mit dem Tode des Überlebenden anfallen soll.

§ 2270 Wechselbezügliche Verfügungen (1) [1]Haben die Ehegatten in einem gemeinschaftlichen Testament Verfügungen getroffen, von denen anzunehmen ist, dass die Verfügung des einen nicht ohne die Verfügung des anderen getroffen sein würde, so hat die Nichtigkeit oder der Widerruf der einen Verfügung die Unwirksamkeit der anderen zur Folge.

(2) [1]Ein solches Verhältnis der Verfügungen zueinander ist im Zweifel anzunehmen, wenn sich die Ehegatten gegenseitig bedenken oder wenn dem einen Ehegatten von dem anderen eine Zuwendung gemacht und für den Fall des Überlebens des Bedachten eine Verfügung zugunsten einer Person getroffen wird, die mit dem anderen Ehegatten verwandt ist oder ihm sonst nahe steht.

(3) [1]Auf andere Verfügungen als Erbeinsetzungen, Vermächtnisse oder Auflagen findet die Vorschrift des Absatzes 1 keine Anwendung.

§ 2271 Widerruf wechselbezüglicher Verfügungen (1) [1]Der Widerruf einer Verfügung, die mit einer Verfügung des anderen Ehegatten in dem in § 2270 bezeichneten Verhältnis steht, erfolgt bei Lebzeiten der Ehegatten nach der für den Rücktritt von einem Erbvertrag geltenden Vorschrift des § 2296. Durch eine neue Verfügung von Todes wegen kann ein Ehegatte bei Lebzeiten des anderen seine Verfügung nicht einseitig aufheben.

(2) [1]Das Recht zum Widerruf erlischt mit dem Tode des anderen Ehegatten; der Überlebende kann jedoch seine Verfügung aufheben, wenn er das ihm Zugewendete ausschlägt. [2]Auch nach der Annahme der Zuwendung ist der Überlebende zur Aufhebung nach Maßgabe des § 2294 und des § 2336 berechtigt.

(3) [1]Ist ein pflichtteilsberechtigter Abkömmling der Ehegatten oder eines der Ehegatten bedacht, so findet die Vorschrift des § 2289 Abs. 2 entsprechende Anwendung.

§ 2272 Rücknahme aus amtlicher Verwahrung [1]Ein gemeinschaftliches Testament kann nach § 2256 nur von beiden Ehegatten zurückgenommen werden.

BGB   §§ 2273–2280

§ 2273 Eröffnung   (1) ¹Bei der Eröffnung eines gemeinschaftlichen Testaments sind die Verfügungen des überlebenden Ehegatten, soweit sie sich sondern lassen, weder zu verkünden noch sonst zur Kenntnis der Beteiligten zu bringen.
(2) ¹Von den Verfügungen des verstorbenen Ehegatten ist eine beglaubigte Abschrift anzufertigen. ²Das Testament ist wieder zu verschließen und in die besondere amtliche Verwahrung zurückzubringen.
(3) ¹Die Vorschriften des Absatzes 2 gelten nicht, wenn das Testament nur Anordnungen enthält, die sich auf den Erbfall beziehen, der mit dem Tod des erstversterbenden Ehegatten eintritt, insbesondere wenn das Testament sich auf die Erklärung beschränkt, dass die Ehegatten sich gegenseitig zu Erben einsetzen.

Abschnitt 4: Erbvertrag

§ 2274 Persönlicher Abschluss   ¹Der Erblasser kann einen Erbvertrag nur persönlich schließen.

§ 2275 Voraussetzungen   (1) ¹Einen Erbvertrag kann als Erblasser nur schließen, wer unbeschränkt geschäftsfähig ist.
(2) ¹Ein Ehegatte kann als Erblasser mit seinem Ehegatten einen Erbvertrag schließen, auch wenn er in der Geschäftsfähigkeit beschränkt ist. ²Er bedarf in diesem Falle der Zustimmung seines gesetzlichen Vertreters; ist der gesetzliche Vertreter ein Vormund, so ist auch die Genehmigung des Vormundschaftsgerichts erforderlich.
(3) ¹Die Vorschriften des Absatzes 2 gelten auch für Verlobte.

§ 2276 Form   (1) ¹Ein Erbvertrag kann nur zur Niederschrift eines Notars bei gleichzeitiger Anwesenheit beider Teile geschlossen werden. ²Die Vorschriften des § 2231 Nr. 1 und der §§ 2232, 2233 sind anzuwenden; was nach diesen Vorschriften für den Erblasser gilt, gilt für jeden der Vertragschließenden.
(2) ¹Für einen Erbvertrag zwischen Ehegatten oder zwischen Verlobten, der mit einem Ehevertrag in derselben Urkunde verbunden wird, genügt die für den Ehevertrag vorgeschriebene Form.

§ 2277 Besondere amtliche Verwahrung   ¹Wird ein Erbvertrag in besondere amtliche Verwahrung genommen, so soll jedem der Vertragschließenden ein Hinterlegungsschein erteilt werden.

§ 2278 Zulässige vertragsmäßige Verfügungen   (1) ¹In einem Erbvertrag kann jeder der Vertragschließenden vertragsmäßige Verfügungen von Todes wegen treffen.
(2) ¹Andere Verfügungen als Erbeinsetzungen, Vermächtnisse und Auflagen können vertragsmäßig nicht getroffen werden.

§ 2279 Vertragsmäßige Zuwendungen und Auflagen; Anwendung von § 2077   (1) ¹Auf vertragsmäßige Zuwendungen und Auflagen finden die für letztwillige Zuwendungen und Auflagen geltenden Vorschriften entsprechende Anwendung.
(2) ¹Die Vorschrift des § 2077 gilt für einen Erbvertrag zwischen Ehegatten, Lebenspartnern oder Verlobten auch insoweit, als ein Dritter bedacht ist.

§ 2280 Anwendung von § 2269   ¹Haben Ehegatten oder Lebenspartner in einem Erbvertrag, durch den sie sich gegenseitig als Erben einsetzen, bestimmt, dass nach dem Tod des Überlebenden der beiderseitige Nachlass an einen Dritten fallen soll, oder ein Vermächtnis angeordnet, das nach dem Tod des Überlebenden zu erfüllen ist, so findet die Vorschrift des § 2269 entsprechende Anwendung.

§§ 2281–2288 BGB

§ 2281 Anfechtung durch den Erblasser (1) ¹Der Erbvertrag kann auf Grund der §§ 2078, 2079 auch von dem Erblasser angefochten werden; zur Anfechtung auf Grund des § 2079 ist erforderlich, dass der Pflichtteilsberechtigte zur Zeit der Anfechtung vorhanden ist.

(2) ¹Soll nach dem Tode des anderen Vertragschließenden eine zugunsten eines Dritten getroffene Verfügung von dem Erblasser angefochten werden, so ist die Anfechtung dem Nachlassgericht gegenüber zu erklären. ²Das Nachlassgericht soll die Erklärung dem Dritten mitteilen.

§ 2282 Vertretung, Form der Anfechtung (1) ¹Die Anfechtung kann nicht durch einen Vertreter des Erblassers erfolgen. ²Ist der Erblasser in der Geschäftsfähigkeit beschränkt, so bedarf er zur Anfechtung nicht der Zustimmung seines gesetzlichen Vertreters.

(2) ¹Für einen geschäftsunfähigen Erblasser kann sein gesetzlicher Vertreter mit Genehmigung des Vormundschaftsgerichts den Erbvertrag anfechten.

(3) ¹Die Anfechtungserklärung bedarf der notariellen Beurkundung.

§ 2283 Anfechtungsfrist (1) ¹Die Anfechtung durch den Erblasser kann nur binnen Jahresfrist erfolgen.

(2) ¹Die Frist beginnt im Falle der Anfechtbarkeit wegen Drohung mit dem Zeitpunkt, in welchem die Zwangslage aufhört, in den übrigen Fällen mit dem Zeitpunkt, in welchem der Erblasser von dem Anfechtungsgrund Kenntnis erlangt. ²Auf den Lauf der Frist finden die für die Verjährung geltenden Vorschriften der §§ 206, 210 entsprechende Anwendung.

(3) ¹Hat im Falle des § 2282 Abs. 2 der gesetzliche Vertreter den Erbvertrag nicht rechtzeitig angefochten, so kann nach dem Wegfall der Geschäftsunfähigkeit der Erblasser selbst den Erbvertrag in gleicher Weise anfechten, wie wenn er ohne gesetzlichen Vertreter gewesen wäre.

§ 2284 Bestätigung ¹Die Bestätigung eines anfechtbaren Erbvertrags kann nur durch den Erblasser persönlich erfolgen. ²Ist der Erblasser in der Geschäftsfähigkeit beschränkt, so ist die Bestätigung ausgeschlossen.

§ 2285 Anfechtung durch Dritte ¹Die in § 2080 bezeichneten Personen können den Erbvertrag auf Grund der §§ 2078, 2079 nicht mehr anfechten, wenn das Anfechtungsrecht des Erblassers zur Zeit des Erbfalls erloschen ist.

§ 2286 Verfügungen unter Lebenden ¹Durch den Erbvertrag wird das Recht des Erblassers, über sein Vermögen durch Rechtsgeschäft unter Lebenden zu verfügen, nicht beschränkt.

§ 2287 Den Vertragserben beeinträchtigende Schenkungen (1) ¹Hat der Erblasser in der Absicht, den Vertragserben zu beeinträchtigen, eine Schenkung gemacht, so kann der Vertragserbe, nachdem ihm die Erbschaft angefallen ist, von dem Beschenkten die Herausgabe des Geschenks nach den Vorschriften über die Herausgabe einer ungerechtfertigten Bereicherung fordern.

(2) ¹Der Anspruch verjährt in drei Jahren von dem Anfall der Erbschaft an.

§ 2288 Beeinträchtigung des Vermächtnisnehmers (1) ¹Hat der Erblasser den Gegenstand eines vertragsmäßig angeordneten Vermächtnisses in der Absicht, den Bedachten zu beeinträchtigen, zerstört, beiseite geschafft oder beschädigt, so tritt, soweit der Erbe dadurch außerstande gesetzt ist, die Leistung zu bewirken, an die Stelle des Gegenstands der Wert.

(2) ¹Hat der Erblasser den Gegenstand in der Absicht, den Bedachten zu beeinträchtigen, veräußert oder belastet, so ist der Erbe verpflichtet, dem Bedachten den Gegenstand zu verschaffen oder die Belastung zu beseitigen; auf diese Verpflichtung findet die Vorschrift des § 2170 Abs. 2 entsprechende Anwendung. ²Ist die Veräußerung oder die Belastung schenkweise erfolgt, so steht dem Bedachten, soweit er Ersatz nicht von dem Erben erlangen kann, der im § 2287 bestimmte Anspruch gegen den Beschenkten zu.

§ 2289 Wirkung des Erbvertrags auf letztwillige Verfügungen; Anwendung von § 2338
(1) ¹Durch den Erbvertrag wird eine frühere letztwillige Verfügung des Erblassers aufgehoben, soweit sie das Recht des vertragsmäßig Bedachten beeinträchtigen würde. ²In dem gleichen Umfang ist eine spätere Verfügung von Todes wegen unwirksam, unbeschadet der Vorschrift des § 2297.
(2) ¹Ist der Bedachte ein pflichtteilsberechtigter Abkömmling des Erblassers, so kann der Erblasser durch eine spätere letztwillige Verfügung die nach § 2338 zulässigen Anordnungen treffen.

§ 2290 Aufhebung durch Vertrag
(1) ¹Ein Erbvertrag sowie eine einzelne vertragsmäßige Verfügung kann durch Vertrag von den Personen aufgehoben werden, die den Erbvertrag geschlossen haben. ²Nach dem Tod einer dieser Personen kann die Aufhebung nicht mehr erfolgen.
(2) ¹Der Erblasser kann den Vertrag nur persönlich schließen. ²Ist er in der Geschäftsfähigkeit beschränkt, so bedarf er nicht der Zustimmung seines gesetzlichen Vertreters.
(3) ¹Steht der andere Teil unter Vormundschaft oder wird die Aufhebung vom Aufgabenkreis eines Betreuers erfasst, so ist die Genehmigung des Vormundschaftsgerichts erforderlich. ²Das Gleiche gilt, wenn er unter elterlicher Sorge steht, es sei denn, dass der Vertrag unter Ehegatten oder unter Verlobten geschlossen wird.
(4) ¹Der Vertrag bedarf der in § 2276 für den Erbvertrag vorgeschriebenen Form.

§ 2291 Aufhebung durch Testament
(1) ¹Eine vertragsmäßige Verfügung, durch die ein Vermächtnis oder eine Auflage angeordnet ist, kann von dem Erblasser durch Testament aufgehoben werden. ²Zur Wirksamkeit der Aufhebung ist die Zustimmung des anderen Vertragschließenden erforderlich; die Vorschrift des § 2290 Abs. 3 findet Anwendung.
(2) ¹Die Zustimmungserklärung bedarf der notariellen Beurkundung; die Zustimmung ist unwiderruflich.

§ 2292 Aufhebung durch gemeinschaftliches Testament
¹Ein zwischen Ehegatten oder Lebenspartnern geschlossener Erbvertrag kann auch durch ein gemeinschaftliches Testament der Ehegatten oder Lebenspartner aufgehoben werden; die Vorschrift des § 2290 Abs. 3 findet Anwendung.

§ 2293 Rücktritt bei Vorbehalt
¹Der Erblasser kann von dem Erbvertrag zurücktreten, wenn er sich den Rücktritt im Vertrag vorbehalten hat.

§ 2294 Rücktritt bei Verfehlungen des Bedachten
¹Der Erblasser kann von einer vertragsmäßigen Verfügung zurücktreten, wenn sich der Bedachte einer Verfehlung schuldig macht, die den Erblasser zur Entziehung des Pflichtteils berechtigt oder, falls der Bedachte nicht zu den Pflichtteilsberechtigten gehört, zu der Entziehung berechtigen würde, wenn der Bedachte ein Abkömmling des Erblassers wäre.

§ 2295 Rücktritt bei Aufhebung der Gegenverpflichtung
[1]Der Erblasser kann von einer vertragsmäßigen Verfügung zurücktreten, wenn die Verfügung mit Rücksicht auf eine rechtsgeschäftliche Verpflichtung des Bedachten, dem Erblasser für dessen Lebenszeit wiederkehrende Leistungen zu entrichten, insbesondere Unterhalt zu gewähren, getroffen ist und die Verpflichtung vor dem Tod des Erblassers aufgehoben wird.

§ 2296 Vertretung, Form des Rücktritts
(1) [1]Der Rücktritt kann nicht durch einen Vertreter erfolgen. [2]Ist der Erblasser in der Geschäftsfähigkeit beschränkt, so bedarf er nicht der Zustimmung seines gesetzlichen Vertreters.

(2) [1]Der Rücktritt erfolgt durch Erklärung gegenüber dem anderen Vertragschließenden. [2]Die Erklärung bedarf der notariellen Beurkundung.

§ 2297 Rücktritt durch Testament
[1]Soweit der Erblasser zum Rücktritt berechtigt ist, kann er nach dem Tod des anderen Vertragschließenden die vertragsmäßige Verfügung durch Testament aufheben. [2]In den Fällen des § 2294 findet die Vorschrift des § 2336 Abs. 2 bis 4 entsprechende Anwendung.

§ 2298 Gegenseitiger Erbvertrag
(1) [1]Sind in einem Erbvertrag von beiden Teilen vertragsmäßige Verfügungen getroffen, so hat die Nichtigkeit einer dieser Verfügungen die Unwirksamkeit des ganzen Vertrags zur Folge.

(2) [1]Ist in einem solchen Vertrag der Rücktritt vorbehalten, so wird durch den Rücktritt eines der Vertragschließenden der ganze Vertrag aufgehoben. [2]Das Rücktrittsrecht erlischt mit dem Tod des anderen Vertragschließenden. [3]Der Überlebende kann jedoch, wenn er das ihm durch den Vertrag Zugewendete ausschlägt, seine Verfügung durch Testament aufheben.

(3) [1]Die Vorschriften des Absatzes 1 und des Absatzes 2 Sätze 1 und 2 finden keine Anwendung, wenn ein anderer Wille der Vertragschließenden anzunehmen ist.

§ 2299 Einseitige Verfügungen
(1) [1]Jeder der Vertragschließenden kann in dem Erbvertrag einseitig jede Verfügung treffen, die durch Testament getroffen werden kann.

(2) [1]Für eine Verfügung dieser Art gilt das Gleiche, wie wenn sie durch Testament getroffen worden wäre. [2]Die Verfügung kann auch in einem Vertrag aufgehoben werden, durch den eine vertragsmäßige Verfügung aufgehoben wird.

(3) [1]Wird der Erbvertrag durch Ausübung des Rücktrittsrechts oder durch Vertrag aufgehoben, so tritt die Verfügung außer Kraft, sofern nicht ein anderer Wille des Erblassers anzunehmen ist.

§ 2300 Amtliche Verwahrung; Eröffnung
(1) [1]Die für die amtliche Verwahrung und die Eröffnung eines Testaments geltenden Vorschriften der §§ 2258 a bis 2263, 2273 sind auf den Erbvertrag entsprechend anzuwenden, die Vorschrift des § 2273 Abs. 2, 3 jedoch nur dann, wenn sich der Erbvertrag in besonderer amtlicher Verwahrung befindet.

(2) [1]Ein Erbvertrag, der nur Verfügungen von Todes wegen enthält, kann aus der amtlichen oder notariellen Verwahrung zurückgenommen und den Vertragsschließenden zurückgegeben werden. [2]Die Rückgabe kann nur an alle Vertragsschließenden gemeinschaftlich erfolgen; die Vorschrift des § 2290 Abs. 1 Satz 2, Abs. 2 und 3 findet Anwendung. [3]Wird ein Erbvertrag nach den Sätzen 1 und 2 zurückgenommen, gilt § 2256 Abs. 1 entsprechend.

§ 2300 a Eröffnungsfrist
[1]Befindet sich ein Erbvertrag seit mehr als 50 Jahren in amtlicher Verwahrung, so ist § 2263 a entsprechend anzuwenden.

§ 2301 Schenkungsversprechen von Todes wegen (1) [1]Auf ein Schenkungsversprechen, welches unter der Bedingung erteilt wird, dass der Beschenkte den Schenker überlebt, finden die Vorschriften über Verfügungen von Todes wegen Anwendung. [2]Das Gleiche gilt für ein schenkweise unter dieser Bedingung erteiltes Schuldversprechen oder Schuldanerkenntnis der in den §§ 780, 781 bezeichneten Art.
(2) [1]Vollzieht der Schenker die Schenkung durch Leistung des zugewendeten Gegenstands, so finden die Vorschriften über Schenkungen unter Lebenden Anwendung.

§ 2302 Unbeschränkbare Testierfreiheit [1]Ein Vertrag, durch den sich jemand verpflichtet, eine Verfügung von Todes wegen zu errichten oder nicht zu errichten, aufzuheben oder nicht aufzuheben, ist nichtig.

Abschnitt 5: Pflichtteil

§ 2303 Pflichtteilsberechtigte; Höhe des Pflichtteils (1) [1]Ist ein Abkömmling des Erblassers durch Verfügung von Todes wegen von der Erbfolge ausgeschlossen, so kann er von dem Erben den Pflichtteil verlangen. [2]Der Pflichtteil besteht in der Hälfte des Wertes des gesetzlichen Erbteils.
(2) [1]Das gleiche Recht steht den Eltern und dem Ehegatten des Erblassers zu, wenn sie durch Verfügung von Todes wegen von der Erbfolge ausgeschlossen sind. [2]Die Vorschrift des § 1371 bleibt unberührt.

§ 2304 Auslegungsregel [1]Die Zuwendung des Pflichtteils ist im Zweifel nicht als Erbeinsetzung anzusehen.

§ 2305 Zusatzpflichtteil [1]Ist einem Pflichtteilsberechtigten ein Erbteil hinterlassen, der geringer ist als die Hälfte des gesetzlichen Erbteils, so kann der Pflichtteilsberechtigte von den Miterben als Pflichtteil den Wert des an der Hälfte fehlenden Teils verlangen.

§ 2306 Beschränkungen und Beschwerungen (1) [1]Ist ein als Erbe berufener Pflichtteilsberechtigter durch die Einsetzung eines Nacherben, die Ernennung eines Testamentsvollstreckers oder eine Teilungsanordnung beschränkt oder ist er mit einem Vermächtnis oder einer Auflage beschwert, so gilt die Beschränkung oder die Beschwerung als nicht angeordnet, wenn der ihm hinterlassene Erbteil die Hälfte des gesetzlichen Erbteils nicht übersteigt. [2]Ist der hinterlassene Erbteil größer, so kann der Pflichtteilsberechtigte den Pflichtteil verlangen, wenn er den Erbteil ausschlägt; die Ausschlagungsfrist beginnt erst, wenn der Pflichtteilsberechtigte von der Beschränkung oder der Beschwerung Kenntnis erlangt.
(2) [1]Einer Beschränkung der Erbeinsetzung steht es gleich, wenn der Pflichtteilsberechtigte als Nacherbe eingesetzt ist.

§ 2307 Zuwendung eines Vermächtnisses (1) [1]Ist ein Pflichtteilsberechtigter mit einem Vermächtnis bedacht, so kann er den Pflichtteil verlangen, wenn er das Vermächtnis ausschlägt. [2]Schlägt er nicht aus, so steht ihm ein Recht auf den Pflichtteil nicht zu, soweit der Wert des Vermächtnisses reicht; bei der Berechnung des Wertes bleiben Beschränkungen und Beschwerungen der in § 2306 bezeichneten Art außer Betracht.
(2) [1]Der mit dem Vermächtnis beschwerte Erbe kann den Pflichtteilsberechtigten unter Bestimmung einer angemessenen Frist zur Erklärung über die Annahme des Vermächtnisses auffordern. [2]Mit dem Ablauf der Frist gilt das Vermächtnis als ausgeschlagen, wenn nicht vorher die Annahme erklärt wird.

§ 2308 Anfechtung der Ausschlagung (1) ¹Hat ein Pflichtteilsberechtigter, der als Erbe oder als Vermächtnisnehmer in der in § 2306 bezeichneten Art beschränkt oder beschwert ist, die Erbschaft oder das Vermächtnis ausgeschlagen, so kann er die Ausschlagung anfechten, wenn die Beschränkung oder die Beschwerung zur Zeit der Ausschlagung weggefallen und der Wegfall ihm nicht bekannt war.

(2) ¹Auf die Anfechtung der Ausschlagung eines Vermächtnisses finden die für die Anfechtung der Ausschlagung einer Erbschaft geltenden Vorschriften entsprechende Anwendung. ²Die Anfechtung erfolgt durch Erklärung gegenüber dem Beschwerten.

§ 2309 Pflichtteilsrecht der Eltern und entfernteren Abkömmlinge
¹Entferntere Abkömmlinge und die Eltern des Erblassers sind insoweit nicht pflichtteilsberechtigt, als ein Abkömmling, der sie im Falle der gesetzlichen Erbfolge ausschließen würde, den Pflichtteil verlangen kann oder das ihm Hinterlassene annimmt.

§ 2310 Feststellung des Erbteils für die Berechnung des Pflichtteils ¹Bei der Feststellung des für die Berechnung des Pflichtteils maßgebenden Erbteils werden diejenigen mitgezählt, welche durch letztwillige Verfügung von der Erbfolge ausgeschlossen sind oder die Erbschaft ausgeschlagen haben oder für erbunwürdig erklärt sind. ²Wer durch Erbverzicht von der gesetzlichen Erbfolge ausgeschlossen ist, wird nicht mitgezählt.

§ 2311 Wert des Nachlasses (1) ¹Der Berechnung des Pflichtteils wird der Bestand und der Wert des Nachlasses zur Zeit des Erbfalls zugrunde gelegt. ²Bei der Berechnung des Pflichtteils eines Abkömmlings und der Eltern des Erblassers bleibt der dem überlebenden Ehegatten gebührende Voraus außer Ansatz.

(2) ¹Der Wert ist, soweit erforderlich, durch Schätzung zu ermitteln. ²Eine vom Erblasser getroffene Wertbestimmung ist nicht maßgebend.

§ 2312 Wert eines Landguts (1) ¹Hat der Erblasser angeordnet oder ist nach § 2049 anzunehmen, dass einer von mehreren Erben das Recht haben soll, ein Nachlass gehörendes Landgut zu dem Ertragswert zu übernehmen, so ist, wenn von dem Recht Gebrauch gemacht wird, der Ertragswert auch für die Berechnung des Pflichtteils maßgebend. ²Hat der Erblasser einen anderen Übernahmepreis bestimmt, so ist dieser maßgebend, wenn er den Ertragswert erreicht und den Schätzungswert nicht übersteigt.

(2) ¹Hinterlässt der Erblasser nur einen Erben, so kann er anordnen, dass der Berechnung des Pflichtteils der Ertragswert oder ein nach Absatz 1 Satz 2 bestimmter Wert zugrunde gelegt werden soll.

(3) ¹Diese Vorschriften finden nur Anwendung, wenn der Erbe, der das Landgut erwirbt, zu den in § 2303 bezeichneten pflichtteilsberechtigten Personen gehört.

§ 2313 Ansatz bedingter, ungewisser oder unsicherer Rechte; Feststellungspflicht des Erben (1) ¹Bei der Feststellung des Wertes des Nachlasses bleiben Rechte und Verbindlichkeiten, die von einer aufschiebenden Bedingung abhängig sind, außer Ansatz. ²Rechte und Verbindlichkeiten, die von einer auflösenden Bedingung abhängig sind, kommen als unbedingte in Ansatz. ³Tritt die Bedingung ein, so hat die der veränderten Rechtslage entsprechende Ausgleichung zu erfolgen.

(2) ¹Für ungewisse oder unsichere Rechte sowie für zweifelhafte Verbindlichkeiten gilt das Gleiche wie für Rechte und Verbindlichkeiten, die von einer aufschiebenden Bedingung abhängig sind. ²Der Erbe ist dem Pflichtteilsberechtigten gegenüber verpflichtet, für die Feststellung eines ungewissen und für die

Verfolgung eines unsicheren Rechts zu sorgen, soweit es einer ordnungsmäßigen Verwaltung entspricht.

§ 2314 Auskunftspflicht des Erben (1) ¹Ist der Pflichtteilsberechtigte nicht Erbe, so hat ihm der Erbe auf Verlangen über den Bestand des Nachlasses Auskunft zu erteilen. ²Der Pflichtteilsberechtigte kann verlangen, dass er bei der Aufnahme des ihm nach § 260 vorzulegenden Verzeichnisses der Nachlassgegenstände zugezogen und dass der Wert der Nachlassgegenstände ermittelt wird. ³Er kann auch verlangen, dass das Verzeichnis durch die zuständige Behörde oder durch einen zuständigen Beamten oder Notar aufgenommen wird.
(2) ¹Die Kosten fallen dem Nachlass zur Last.

§ 2315 Anrechnung von Zuwendungen auf den Pflichtteil (1) ¹Der Pflichtteilsberechtigte hat sich auf den Pflichtteil anrechnen zu lassen, was ihm von dem Erblasser durch Rechtsgeschäft unter Lebenden mit der Bestimmung zugewendet worden ist, dass es auf den Pflichtteil angerechnet werden soll.
(2) ¹Der Wert der Zuwendung wird bei der Bestimmung des Pflichtteils dem Nachlass hinzugerechnet. ²Der Wert bestimmt sich nach der Zeit, zu welcher die Zuwendung erfolgt ist.
(3) ¹Ist der Pflichtteilsberechtigte ein Abkömmling des Erblassers, so findet die Vorschrift des § 2051 Abs. 1 entsprechende Anwendung.

§ 2316 Ausgleichungspflicht (1) ¹Der Pflichtteil eines Abkömmlings bestimmt sich, wenn mehrere Abkömmlinge vorhanden sind und unter ihnen im Falle der gesetzlichen Erbfolge eine Zuwendung des Erblassers oder Leistungen der in § 2057 a bezeichneten Art zur Ausgleichung zu bringen sein würden, nach demjenigen, was bei der gesetzlichen Erbteil unter Berücksichtigung der Ausgleichungspflichten bei der Teilung entfallen würde. ²Ein Abkömmling, der durch Erbverzicht von der gesetzlichen Erbfolge ausgeschlossen ist, bleibt bei der Berechnung außer Betracht.
(2) ¹Ist der Pflichtteilsberechtigte Erbe und beträgt der Pflichtteil nach Absatz 1 mehr als der Wert des hinterlassenen Erbteils, so kann der Pflichtteilsberechtigte von den Miterben den Mehrbetrag als Pflichtteil verlangen, auch wenn der hinterlassene Erbteil die Hälfte des gesetzlichen Erbteils erreicht oder übersteigt.
(3) ¹Eine Zuwendung der in § 2050 Abs. 1 bezeichneten Art kann der Erblasser nicht zum Nachteil eines Pflichtteilsberechtigten von der Berücksichtigung ausschließen.
(4) ¹Ist eine nach Absatz 1 zu berücksichtigende Zuwendung zugleich nach § 2315 auf den Pflichtteil anzurechnen, so kommt sie auf diesen nur mit der Hälfte des Wertes zur Anrechnung.

§ 2317 Entstehung und Übertragbarkeit des Pflichtteilsanspruchs
(1) ¹Der Anspruch auf den Pflichtteil entsteht mit dem Erbfall.
(2) ¹Der Anspruch ist vererblich und übertragbar.

§ 2318 Pflichtteilslast bei Vermächtnissen und Auflagen (1) ¹Der Erbe kann die Erfüllung eines ihm auferlegten Vermächtnisses soweit verweigern, dass die Pflichtteilslast von ihm und dem Vermächtnisnehmer verhältnismäßig getragen wird. ²Das Gleiche gilt von einer Auflage.
(2) ¹Einem pflichtteilsberechtigten Vermächtnisnehmer gegenüber ist die Kürzung nur soweit zulässig, dass ihm der Pflichtteil verbleibt.
(3) ¹Ist der Erbe selbst pflichtteilsberechtigt, so kann er wegen der Pflichtteilslast das Vermächtnis und die Auflage soweit kürzen, dass ihm sein eigener Pflichtteil verbleibt.

§ 2319 Pflichtteilsberechtigter Miterbe
¹Ist einer von mehreren Erben selbst pflichtteilsberechtigt, so kann er nach der Teilung die Befriedigung eines anderen Pflichtteilsberechtigten soweit verweigern, dass ihm sein eigener Pflichtteil verbleibt. ²Für den Ausfall haften die übrigen Erben.

§ 2320 Pflichtteilslast des an die Stelle des Pflichtteilsberechtigten getretenen Erben
(1) ¹Wer anstelle des Pflichtteilsberechtigten gesetzlicher Erbe wird, hat im Verhältnis zu Miterben die Pflichtteilslast und, wenn der Pflichtteilsberechtigte ein ihm zugewendetes Vermächtnis annimmt, das Vermächtnis in Höhe des erlangten Vorteils zu tragen.
(2) ¹Das Gleiche gilt im Zweifel von demjenigen, welchem der Erblasser den Erbteil des Pflichtteilsberechtigten durch Verfügung von Todes wegen zugewendet hat.

§ 2321 Pflichtteilslast bei Vermächtnisausschlagung
¹Schlägt der Pflichtteilsberechtigte ein ihm zugewendetes Vermächtnis aus, so hat im Verhältnis der Erben und der Vermächtnisnehmer zueinander derjenige, welchem die Ausschlagung zustatten kommt, die Pflichtteilslast in Höhe des erlangten Vorteils zu tragen.

§ 2322 Kürzung von Vermächtnissen und Auflagen
¹Ist eine von dem Pflichtteilsberechtigten ausgeschlagene Erbschaft oder ein von ihm ausgeschlagenes Vermächtnis mit einem Vermächtnis oder einer Auflage beschwert, so kann derjenige, welchem die Ausschlagung zustatten kommt, das Vermächtnis oder die Auflage soweit kürzen, dass ihm der zur Deckung der Pflichtteilslast erforderliche Betrag verbleibt.

§ 2323 Nicht pflichtteilsbelasteter Erbe
¹Der Erbe kann die Erfüllung eines Vermächtnisses oder einer Auflage auf Grund des § 2318 Abs. 1 insoweit nicht verweigern, als er die Pflichtteilslast nach den §§ 2320 bis 2322 nicht zu tragen hat.

§ 2324 Abweichende Anordnungen des Erblassers hinsichtlich der Pflichtteilslast
¹Der Erblasser kann durch Verfügung von Todes wegen die Pflichtteilslast im Verhältnis der Erben zueinander einzelnen Erben auferlegen und von den Vorschriften des § 2318 Abs. 1 und der §§ 2320 bis 2323 abweichende Anordnungen treffen.

§ 2325 Pflichtteilsergänzungsanspruch bei Schenkungen
(1) ¹Hat der Erblasser einem Dritten eine Schenkung gemacht, so kann der Pflichtteilsberechtigte als Ergänzung des Pflichtteils den Betrag verlangen, um den sich der Pflichtteil erhöht, wenn der verschenkte Gegenstand dem Nachlass hinzugerechnet wird.
(2) ¹Eine verbrauchbare Sache kommt mit dem Wert in Ansatz, den sie zur Zeit der Schenkung hatte. ²Ein anderer Gegenstand kommt mit dem Wert in Ansatz, den er zur Zeit des Erbfalls hat; hatte er zur Zeit der Schenkung einen geringeren Wert, so wird nur dieser in Ansatz gebracht.
(3) ¹Die Schenkung bleibt unberücksichtigt, wenn zur Zeit des Erbfalls zehn Jahre seit der Leistung des verschenkten Gegenstands verstrichen sind; ist die Schenkung an den Ehegatten des Erblassers erfolgt, so beginnt die Frist nicht vor der Auflösung der Ehe.

§ 2326 Ergänzung über die Hälfte des gesetzlichen Erbteils
¹Der Pflichtteilsberechtigte kann die Ergänzung des Pflichtteils auch dann verlangen, wenn ihm die Hälfte des gesetzlichen Erbteils hinterlassen ist. ²Ist dem Pflichtteilsberechtigten mehr als die Hälfte hinterlassen, so ist der Anspruch ausgeschlossen, soweit der Wert des mehr Hinterlassenen reicht.

§ 2327 Beschenkter Pflichtteilsberechtigter (1) ¹Hat der Pflichtteilsberechtigte selbst ein Geschenk von dem Erblasser erhalten, so ist das Geschenk in gleicher Weise wie das dem Dritten gemachte Geschenk dem Nachlass hinzuzurechnen und zugleich dem Pflichtteilsberechtigten auf die Ergänzung anzurechnen. ²Ein nach § 2315 anzurechnendes Geschenk ist auf den Gesamtbetrag des Pflichtteils und der Ergänzung anzurechnen.
(2) ¹Ist der Pflichtteilsberechtigte ein Abkömmling des Erblassers, so findet die Vorschrift des § 2051 Abs. 1 entsprechende Anwendung.

§ 2328 Selbst pflichtteilsberechtigter Erbe ¹Ist der Erbe selbst pflichtteilsberechtigt, so kann er die Ergänzung des Pflichtteils soweit verweigern, dass ihm sein eigener Pflichtteil mit Einschluss dessen verbleibt, was ihm zur Ergänzung des Pflichtteils gebühren würde.

§ 2329 Anspruch gegen den Beschenkten (1) ¹Soweit der Erbe zur Ergänzung des Pflichtteils nicht verpflichtet ist, kann der Pflichtteilsberechtigte von dem Beschenkten die Herausgabe des Geschenks zum Zwecke der Befriedigung wegen des fehlenden Betrags nach den Vorschriften über die Herausgabe einer ungerechtfertigten Bereicherung fordern. ²Ist der Pflichtteilsberechtigte der alleinige Erbe, so steht ihm das gleiche Recht zu.
(2) ¹Der Beschenkte kann die Herausgabe durch Zahlung des fehlenden Betrags abwenden.
(3) ¹Unter mehreren Beschenkten haftet der früher Beschenkte nur insoweit, als der später Beschenkte nicht verpflichtet ist.

§ 2330 Anstandsschenkungen ¹Die Vorschriften der §§ 2325 bis 2329 finden keine Anwendung auf Schenkungen, durch die einer sittlichen Pflicht oder einer auf den Anstand zu nehmenden Rücksicht entsprochen wird.

§ 2331 Zuwendungen aus dem Gesamtgut (1) ¹Eine Zuwendung, die aus dem Gesamtgut der Gütergemeinschaft erfolgt, gilt als von jedem der Ehegatten zur Hälfte gemacht. ²Die Zuwendung gilt jedoch, wenn sie an einen Abkömmling, der nur von einem der Ehegatten abstammt, oder an eine Person, von der nur einer der Ehegatten abstammt, erfolgt, oder wenn einer der Ehegatten wegen der Zuwendung zu dem Gesamtgut Ersatz zu leisten hat, als von diesem Ehegatten gemacht.
(2) ¹Diese Vorschriften sind auf eine Zuwendung aus dem Gesamtgut der fortgesetzten Gütergemeinschaft entsprechend anzuwenden.

§ 2331 a Stundung (1) ¹Ist der Erbe selbst pflichtteilsberechtigt, so kann er Stundung des Pflichtteilsanspruchs verlangen, wenn die sofortige Erfüllung des gesamten Anspruchs den Erben wegen der Art der Nachlassgegenstände ungewöhnlich hart treffen, insbesondere ihn zur Aufgabe seiner Familienwohnung oder zur Veräußerung eines Wirtschaftsguts zwingen würde, das für den Erben und seine Familie die wirtschaftliche Lebensgrundlage bildet. ²Stundung kann nur verlangt werden, soweit sie dem Pflichtteilsberechtigten bei Abwägung der Interessen beider Teile zugemutet werden kann.
(2) ¹Für die Entscheidung über eine Stundung ist, wenn der Anspruch nicht bestritten wird, das Nachlassgericht zuständig. ²§ 1382 Abs. 2 bis 6 gilt entsprechend; an die Stelle des Familiengerichts tritt das Nachlassgericht.

§ 2332 Verjährung (1) ¹Der Pflichtteilsanspruch verjährt in drei Jahren von dem Zeitpunkt an, in welchem der Pflichtteilsberechtigte von dem Eintritt des Erbfalls und von der ihn beeinträchtigenden Verfügung Kenntnis erlangt, ohne Rücksicht auf diese Kenntnis in 30 Jahren von dem Eintritt des Erbfalls an.

(2) ¹Der nach § 2329 dem Pflichtteilsberechtigten gegen den Beschenkten zustehende Anspruch verjährt in drei Jahren von dem Eintritt des Erbfalls an.
(3) ¹Die Verjährung wird nicht dadurch gehemmt, dass die Ansprüche erst nach der Ausschlagung der Erbschaft oder eines Vermächtnisses geltend gemacht werden können.

§ 2333 Entziehung des Pflichtteils eines Abkömmlings
¹Der Erblasser kann einem Abkömmling den Pflichtteil entziehen:
1. wenn der Abkömmling dem Erblasser, dem Ehegatten oder einem anderen Abkömmling des Erblassers nach dem Leben trachtet,
2. wenn der Abkömmling sich einer vorsätzlichen körperlichen Misshandlung des Erblassers oder des Ehegatten des Erblassers schuldig macht, im Falle der Misshandlung des Ehegatten jedoch nur, wenn der Abkömmling von diesem abstammt,
3. wenn der Abkömmling sich eines Verbrechens oder eines schweren vorsätzlichen Vergehens gegen den Erblasser oder dessen Ehegatten schuldig macht,
4. wenn der Abkömmling die ihm dem Erblasser gegenüber gesetzlich obliegende Unterhaltspflicht böswillig verletzt,
5. wenn der Abkömmling einen ehrlosen oder unsittlichen Lebenswandel wider den Willen des Erblassers führt.

§ 2334 Entziehung des Elternpflichtteils
¹Der Erblasser kann dem Vater den Pflichtteil entziehen, wenn dieser sich einer der in § 2333 Nr. 1, 3, 4 bezeichneten Verfehlungen schuldig macht. ²Das gleiche Recht steht dem Erblasser der Mutter gegenüber zu, wenn diese sich einer solchen Verfehlung schuldig macht.

§ 2335 Entziehung des Ehegattenpflichtteils
Der Erblasser kann dem Ehegatten den Pflichtteil entziehen:
1. wenn der Ehegatte dem Erblasser oder einem Abkömmling des Erblassers nach dem Leben trachtet,
2. wenn der Ehegatte sich einer vorsätzlichen körperlichen Misshandlung des Erblassers schuldig macht,
3. wenn der Ehegatte sich eines Verbrechens oder eines schweren vorsätzlichen Vergehens gegen den Erblasser schuldig macht,
4. wenn der Ehegatte die ihm dem Erblasser gegenüber gesetzlich obliegende Unterhaltspflicht böswillig verletzt.

§ 2336 Form, Beweislast, Unwirksamwerden
(1) ¹Die Entziehung des Pflichtteils erfolgt durch letztwillige Verfügung.
(2) ¹Der Grund der Entziehung muss zur Zeit der Errichtung bestehen und in der Verfügung angegeben werden.
(3) ¹Der Beweis des Grundes liegt demjenigen ob, welcher die Entziehung geltend macht.
(4) ¹Im Falle des § 2333 Nr. 5 ist die Entziehung unwirksam, wenn sich der Abkömmling zur Zeit des Erbfalls von dem ehrlosen oder unsittlichen Lebenswandel dauernd abgewendet hat.

§ 2337 Verzeihung
¹Das Recht zur Entziehung des Pflichtteils erlischt durch Verzeihung. ²Eine Verfügung, durch die der Erblasser die Entziehung angeordnet hat, wird durch die Verzeihung unwirksam.

§ 2338 Pflichtteilsbeschränkung
(1) ¹Hat sich ein Abkömmling in solchem Maße der Verschwendung ergeben oder ist er in solchem Maße überschuldet, dass sein späterer Erwerb erheblich gefährdet wird, so kann der Erblasser

das Pflichtteilsrecht des Abkömmlings durch die Anordnung beschränken, dass nach dem Tod des Abkömmlings dessen gesetzliche Erben das ihm Hinterlassene oder den ihm gebührenden Pflichtteil als Nacherben oder als Nachvermächtnisnehmer nach dem Verhältnis ihrer gesetzlichen Erbteile erhalten sollen. ²Der Erblasser kann auch für die Lebenszeit des Abkömmlings die Verwaltung einem Testamentsvollstrecker übertragen; der Abkömmling hat in einem solchen Fall Anspruch auf den jährlichen Reinertrag.

(2) ¹Auf Anordnungen dieser Art findet die Vorschrift des § 2336 Abs. 1 bis 3 entsprechende Anwendung. ²Die Anordnungen sind unwirksam, wenn zur Zeit des Erbfalls der Abkömmling sich dauernd von dem verschwenderischen Leben abgewendet hat oder die den Grund der Anordnung bildende Überschuldung nicht mehr besteht.

Abschnitt 6: Erbunwürdigkeit

§ 2339 Gründe für Erbunwürdigkeit (1) ¹Erbunwürdig ist:
1. wer den Erblasser vorsätzlich und widerrechtlich getötet oder zu töten versucht oder in einen Zustand versetzt hat, infolge dessen der Erblasser bis zu seinem Tod unfähig war, eine Verfügung von Todes wegen zu errichten oder aufzuheben,
2. wer den Erblasser vorsätzlich und widerrechtlich verhindert hat, eine Verfügung von Todes wegen zu errichten oder aufzuheben,
3. wer den Erblasser durch arglistige Täuschung oder widerrechtlich durch Drohung bestimmt hat, eine Verfügung von Todes wegen zu errichten oder aufzuheben,
4. wer sich in Ansehung einer Verfügung des Erblassers von Todes wegen einer Straftat nach den §§ 267, 271 bis 274 des Strafgesetzbuchs schuldig gemacht hat.

(2) ¹Die Erbunwürdigkeit tritt in den Fällen des Absatzes 1 Nr. 3, 4 nicht ein, wenn vor dem Eintritt des Erbfalls die Verfügung, zu deren Errichtung der Erblasser bestimmt oder in Ansehung deren die Straftat begangen worden ist, unwirksam geworden ist, oder die Verfügung, zu deren Aufhebung er bestimmt worden ist, unwirksam geworden sein würde.

§ 2340 Geltendmachung der Erbunwürdigkeit durch Anfechtung
(1) ¹Die Erbunwürdigkeit wird durch Anfechtung des Erbschaftserwerbs geltend gemacht.

(2) ¹Die Anfechtung ist erst nach dem Anfall der Erbschaft zulässig. ²Einem Nacherben gegenüber kann die Anfechtung erfolgen, sobald die Erbschaft dem Vorerben angefallen ist.

(3) ¹Die Anfechtung kann nur innerhalb der in § 2082 bestimmten Fristen erfolgen.

§ 2341 Anfechtungsberechtigte ¹Anfechtungsberechtigt ist jeder, dem der Wegfall des Erbunwürdigen, sei es auch nur bei dem Wegfall eines anderen, zustatten kommt.

§ 2342 Anfechtungsklage (1) ¹Die Anfechtung erfolgt durch Erhebung der Anfechtungsklage. ²Die Klage ist darauf zu richten, dass der Erbe für erbunwürdig erklärt wird.

(2) ¹Die Wirkung der Anfechtung tritt erst mit der Rechtskraft des Urteils ein.

§ 2343 Verzeihung ¹Die Anfechtung ist ausgeschlossen, wenn der Erblasser dem Erbunwürdigen verziehen hat.

§ 2344 Wirkung der Erbunwürdigerklärung
(1) ¹Ist ein Erbe für erbunwürdig erklärt, so gilt der Anfall an ihn als nicht erfolgt.
(2) ¹Die Erbschaft fällt demjenigen an, welcher berufen sein würde, wenn der Erbunwürdige zur Zeit des Erbfalls nicht gelebt hätte; der Anfall gilt als mit dem Eintritt des Erbfalls erfolgt.

§ 2345 Vermächtnisunwürdigkeit; Pflichtteilsunwürdigkeit
(1) ¹Hat sich ein Vermächtnisnehmer einer der in § 2339 Abs. 1 bezeichneten Verfehlungen schuldig gemacht, so ist der Anspruch aus dem Vermächtnis anfechtbar. ²Die Vorschriften der §§ 2082, 2083, 2339 Abs. 2 und der §§ 2341, 2343 finden Anwendung.
(2) ¹Das Gleiche gilt für einen Pflichtteilsanspruch, wenn der Pflichtteilsberechtigte sich einer solchen Verfehlung schuldig gemacht hat.

Abschnitt 7: Erbverzicht

§ 2346 Wirkung des Erbverzichts, Beschränkungsmöglichkeit
(1) ¹Verwandte sowie der Ehegatte des Erblassers können durch Vertrag mit dem Erblasser auf ihr gesetzliches Erbrecht verzichten. ²Der Verzichtende ist von der gesetzlichen Erbfolge ausgeschlossen, wie wenn er zur Zeit des Erbfalls nicht mehr lebte; er hat kein Pflichtteilsrecht.
(2) ¹Der Verzicht kann auf das Pflichtteilsrecht beschränkt werden.

§ 2347 Persönliche Anforderungen, Vertretung
(1) ¹Zu dem Erbverzicht ist, wenn der Verzichtende unter Vormundschaft steht, die Genehmigung des Vormundschaftsgerichts erforderlich; steht er unter elterlicher Sorge, so gilt das Gleiche, sofern nicht der Vertrag unter Ehegatten oder unter Verlobten geschlossen wird. ²Die Genehmigung des Vormundschaftsgerichts ist auch für den Verzicht durch den Betreuer erforderlich.
(2) ¹Der Erblasser kann den Vertrag nur persönlich schließen; ist er in der Geschäftsfähigkeit beschränkt, so bedarf er nicht der Zustimmung seines gesetzlichen Vertreters. ²Ist der Erblasser geschäftsunfähig, so kann der Vertrag durch den gesetzlichen Vertreter geschlossen werden; die Genehmigung des Vormundschaftsgerichts ist in gleichem Umfang wie nach Absatz 1 erforderlich.

§ 2348 Form
¹Der Erbverzichtsvertrag bedarf der notariellen Beurkundung.

§ 2349 Erstreckung auf Abkömmlinge
¹Verzichtet ein Abkömmling oder ein Seitenverwandter des Erblassers auf das gesetzliche Erbrecht, so erstreckt sich die Wirkung des Verzichts auf seine Abkömmlinge, sofern nicht ein anderes bestimmt wird.

§ 2350 Verzicht zugunsten eines anderen
(1) ¹Verzichtet jemand zugunsten eines anderen auf das gesetzliche Erbrecht, so ist im Zweifel anzunehmen, dass der Verzicht nur für den Fall gelten soll, dass der andere Erbe wird.
(2) ¹Verzichtet ein Abkömmling des Erblassers auf das gesetzliche Erbrecht, so ist im Zweifel anzunehmen, dass der Verzicht nur zugunsten der anderen Abkömmlinge und des Ehegatten des Erblassers gelten soll.

§ 2351 Aufhebung des Erbverzichts
¹Auf einen Vertrag, durch den ein Erbverzicht aufgehoben wird, findet die Vorschrift des § 2348 und in Ansehung des Erblassers auch die Vorschrift des § 2347 Abs. 2 Satz 1 erster Halbsatz, Satz 2 Anwendung.

§ 2352 Verzicht auf Zuwendungen ¹Wer durch Testament als Erbe eingesetzt oder mit einem Vermächtnis bedacht ist, kann durch Vertrag mit dem Erblasser auf die Zuwendung verzichten. ²Das Gleiche gilt für eine Zuwendung, die in einem Erbvertrag einem Dritten gemacht ist. ³Die Vorschriften der §§ 2347, 2348 finden Anwendung.

Abschnitt 8: Erbschein

§ 2353 Zuständigkeit des Nachlassgerichts, Antrag ¹Das Nachlassgericht hat dem Erben auf Antrag ein Zeugnis über sein Erbrecht und, wenn er nur zu einem Teil der Erbschaft berufen ist, über die Größe des Erbteils zu erteilen (Erbschein).

§ 2354 Angaben des gesetzlichen Erben im Antrag (1) ¹Wer die Erteilung des Erbscheins als gesetzlicher Erbe beantragt, hat anzugeben:
1. die Zeit des Todes des Erblassers,
2. das Verhältnis, auf dem sein Erbrecht beruht,
3. ob und welche Personen vorhanden sind oder vorhanden waren, durch die er von der Erbfolge ausgeschlossen oder sein Erbteil gemindert werden würde,
4. ob und welche Verfügungen des Erblassers von Todes wegen vorhanden sind,
5. ob ein Rechtsstreit über sein Erbrecht anhängig ist.

(2) ¹Ist eine Person weggefallen, durch die der Antragsteller von der Erbfolge ausgeschlossen oder sein Erbteil gemindert werden würde, so hat der Antragsteller anzugeben, in welcher Weise die Person weggefallen ist.

§ 2355 Angaben des gewillkürten Erben im Antrag ¹Wer die Erteilung des Erbscheins auf Grund einer Verfügung von Todes wegen beantragt, hat die Verfügung zu bezeichnen, auf der sein Erbrecht beruht, anzugeben, ob und welche sonstigen Verfügungen des Erblassers von Todes wegen vorhanden sind, und die in § 2354 Abs. 1 Nr. 1, 5, Abs. 2 vorgeschriebenen Angaben zu machen.

§ 2356 Nachweis der Richtigkeit der Angaben (1) ¹Der Antragsteller hat die Richtigkeit der in Gemäßheit des § 2354 Abs. 1 Nr. 1 und 2, Abs. 2 gemachten Angaben durch öffentliche Urkunden nachzuweisen und im Falle des § 2355 die Urkunde vorzulegen, auf der sein Erbrecht beruht. ²Sind die Urkunden nicht oder nur mit unverhältnismäßigen Schwierigkeiten zu beschaffen, so genügt die Angabe anderer Beweismittel.

(2) ¹Zum Nachweis, dass der Erblasser zur Zeit seines Todes im Güterstand der Zugewinngemeinschaft gelebt hat, und in Ansehung der übrigen nach den §§ 2354, 2355 erforderlichen Angaben hat der Antragsteller vor Gericht oder vor einem Notar an Eides statt zu versichern, dass ihm nichts bekannt sei, was der Richtigkeit seiner Angaben entgegensteht. ²Das Nachlassgericht kann die Versicherung erlassen, wenn es sie für nicht erforderlich erachtet.

(3) ¹Diese Vorschriften finden keine Anwendung, soweit die Tatsachen bei dem Nachlassgericht offenkundig sind.

§ 2357 Gemeinschaftlicher Erbschein (1) ¹Sind mehrere Erben vorhanden, so ist auf Antrag ein gemeinschaftlicher Erbschein zu erteilen. ²Der Antrag kann von jedem der Erben gestellt werden.

(2) ¹In dem Antrag sind die Erben und ihre Erbteile anzugeben.

(3) ¹Wird der Antrag nicht von allen Erben gestellt, so hat er die Angabe zu enthalten, dass die übrigen Erben die Erbschaft angenommen haben. ²Die Vorschrift des § 2356 gilt auch für die sich auf die übrigen Erben beziehenden Angaben des Antragstellers.

§§ 2358–2364 BGB

(4) ¹Die Versicherung an Eides statt ist von allen Erben abzugeben, sofern nicht das Nachlassgericht die Versicherung eines oder einiger von ihnen für ausreichend erachtet.

§ 2358 Ermittlungen des Nachlassgerichts (1) ¹Das Nachlassgericht hat unter Benutzung der von dem Antragsteller angegebenen Beweismittel von Amts wegen die zur Feststellung der Tatsachen erforderlichen Ermittlungen zu veranstalten und die geeignet erscheinenden Beweise aufzunehmen.
(2) ¹Das Nachlassgericht kann eine öffentliche Aufforderung zur Anmeldung der anderen Personen zustehenden Erbrechte erlassen; die Art der Bekanntmachung und die Dauer der Anmeldungsfrist bestimmen sich nach den für das Aufgebotsverfahren geltenden Vorschriften.

§ 2359 Voraussetzungen für die Erteilung des Erbscheins ¹Der Erbschein ist nur zu erteilen, wenn das Nachlassgericht die zur Begründung des Antrags erforderlichen Tatsachen für festgestellt erachtet.

§ 2360 Anhörung von Betroffenen (1) ¹Ist ein Rechtsstreit über das Erbrecht anhängig, so soll vor der Erteilung des Erbscheins der Gegner des Antragstellers gehört werden.
(2) ¹Ist die Verfügung, auf der das Erbrecht beruht, nicht in einer dem Nachlassgericht vorliegenden öffentlichen Urkunde enthalten, so soll vor der Erteilung des Erbscheins derjenige über die Gültigkeit der Verfügung gehört werden, welcher im Falle der Unwirksamkeit der Verfügung Erbe sein würde.
(3) ¹Die Anhörung ist nicht erforderlich, wenn sie untunlich ist.

§ 2361 Einziehung oder Kraftloserklärung des unrichtigen Erbscheins (1) ¹Ergibt sich, dass der erteilte Erbschein unrichtig ist, so hat ihn das Nachlassgericht einzuziehen. ²Mit der Einziehung wird der Erbschein kraftlos.
(2) ¹Kann der Erbschein nicht sofort erlangt werden, so hat ihn das Nachlassgericht durch Beschluss für kraftlos zu erklären. ²Der Beschluss ist nach den für die öffentliche Zustellung einer Ladung geltenden Vorschriften der Zivilprozessordnung bekannt zu machen. ³Mit dem Ablauf eines Monats nach der letzten Einrückung des Beschlusses in die öffentlichen Blätter wird die Kraftloserklärung wirksam.
(3) ¹Das Nachlassgericht kann von Amts wegen über die Richtigkeit eines erteilten Erbscheins Ermittlungen veranstalten.

§ 2362 Herausgabe- und Auskunftsanspruch des wirklichen Erben (1) ¹Der wirkliche Erbe kann von dem Besitzer eines unrichtigen Erbscheins die Herausgabe an das Nachlassgericht verlangen.
(2) ¹Derjenige, welchem ein unrichtiger Erbschein erteilt worden ist, hat dem wirklichen Erben über den Bestand der Erbschaft und über den Verbleib der Erbschaftsgegenstände Auskunft zu erteilen.

§ 2363 Inhalt des Erbscheins für den Vorerben (1) ¹In dem Erbschein, der einem Vorerben erteilt wird, ist anzugeben, dass eine Nacherbfolge angeordnet ist, unter welchen Voraussetzungen sie eintritt und wer der Nacherbe ist. ²Hat der Erblasser den Nacherben auf dasjenige eingesetzt, was von der Erbschaft bei dem Eintritt der Nacherbfolge übrig sein wird, oder hat er bestimmt, dass der Vorerbe zur freien Verfügung über die Erbschaft berechtigt sein soll, so ist auch dies anzugeben.
(2) ¹Dem Nacherben steht das in § 2362 Abs. 1 bestimmte Recht zu.

§ 2364 Angabe des Testamentsvollstreckers im Erbschein, Herausgabeanspruch des Testamentsvollstreckers (1) ¹Hat der Erblasser einen Testamentsvollstrecker ernannt, so ist die Ernennung in dem Erbschein anzugeben.

(2) ¹Dem Testamentsvollstrecker steht das in § 2362 Abs. 1 bestimmte Recht zu.

§ 2365 Vermutung der Richtigkeit des Erbscheins ¹Es wird vermutet, dass demjenigen, welcher in dem Erbschein als Erbe bezeichnet ist, das in dem Erbschein angegebene Erbrecht zustehe und dass er nicht durch andere als die angegebenen Anordnungen beschränkt sei.

§ 2366 Öffentlicher Glaube des Erbscheins ¹Erwirbt jemand von demjenigen, welcher in einem Erbschein als Erbe bezeichnet ist, durch Rechtsgeschäft einen Erbschaftsgegenstand, ein Recht an einem solchen Gegenstand oder die Befreiung von einem zur Erbschaft gehörenden Recht, so gilt zu seinen Gunsten der Inhalt des Erbscheins, soweit die Vermutung des § 2365 reicht, als richtig, es sei denn, dass er die Unrichtigkeit kennt oder weiß, dass das Nachlassgericht die Rückgabe des Erbscheins wegen Unrichtigkeit verlangt hat.

§ 2367 Leistung an Erbscheinserben ¹Die Vorschrift des § 2366 findet entsprechende Anwendung, wenn an denjenigen, welcher in einem Erbschein als Erbe bezeichnet ist, auf Grund eines zur Erbschaft gehörenden Rechts eine Leistung bewirkt oder wenn zwischen ihm und einem anderen in Ansehung eines solchen Rechts ein nicht unter die Vorschrift des § 2366 fallendes Rechtsgeschäft vorgenommen wird, das eine Verfügung über das Recht enthält.

§ 2368 Testamentsvollstreckerzeugnis (1) ¹Einem Testamentsvollstrecker hat das Nachlassgericht auf Antrag ein Zeugnis über die Ernennung zu erteilen. ²Ist der Testamentsvollstrecker in der Verwaltung des Nachlasses beschränkt oder hat der Erblasser angeordnet, dass der Testamentsvollstrecker in der Eingehung von Verbindlichkeiten für den Nachlass nicht beschränkt sein soll, so ist dies in dem Zeugnis anzugeben.
(2) ¹Ist die Ernennung nicht in einer dem Nachlassgericht vorliegenden öffentlichen Urkunde enthalten, so soll vor der Erteilung des Zeugnisses der Erbe wenn tunlich über die Gültigkeit der Ernennung gehört werden.
(3) ¹Die Vorschriften über den Erbschein finden auf das Zeugnis entsprechende Anwendung; mit der Beendigung des Amts des Testamentsvollstreckers wird das Zeugnis kraftlos.

§ 2369 Gegenständlich beschränkter Erbschein (1) ¹Gehören zu einer Erbschaft, für die es an einem zur Erteilung des Erbscheins zuständigen deutschen Nachlassgericht fehlt, Gegenstände, die sich im Inland befinden, so kann die Erteilung eines Erbscheins für diese Gegenstände verlangt werden.
(2) ¹Ein Gegenstand, für den von einer deutschen Behörde ein zur Eintragung des Berechtigten bestimmtes Buch oder Register geführt wird, gilt als im Inland befindlich. ²Ein Anspruch gilt als im Inland befindlich, wenn für die Klage ein deutsches Gericht zuständig ist.

§ 2370 Öffentlicher Glaube bei Todeserklärung (1) ¹Hat eine Person, die für tot erklärt oder deren Todeszeit nach den Vorschriften des Verschollenheitsgesetzes festgestellt ist, den Zeitpunkt überlebt, der als Zeitpunkt ihres Todes gilt, oder ist sie vor diesem Zeitpunkt gestorben, so gilt derjenige, welcher auf Grund der Todeserklärung oder der Feststellung der Todeszeit Erbe sein würde, in Ansehung der in den §§ 2366, 2367 bezeichneten Rechtsgeschäfte zugunsten des Dritten auch ohne Erteilung eines Erbscheins als Erbe, es sei denn, dass der Dritte die Unrichtigkeit der Todeserklärung oder der Feststellung der Todeszeit kennt oder weiß, dass sie aufgehoben worden sind.
(2) ¹Ist ein Erbschein erteilt worden, so stehen demjenigen, der für tot erklärt oder dessen Todeszeit nach den Vorschriften des Verschollenheitsgesetzes festgestellt ist, wenn er noch lebt, die in § 2362 bestimmten Rechte zu. ²Die gleichen Rechte

hat eine Person, deren Tod ohne Todeserklärung oder Feststellung der Todeszeit mit Unrecht angenommen worden ist.

Abschnitt 9: Erbschaftskauf

§ 2371 Form ¹Ein Vertrag, durch den der Erbe die ihm angefallene Erbschaft verkauft, bedarf der notariellen Beurkundung.

§ 2372 Dem Käufer zustehende Vorteile ¹Die Vorteile, welche sich aus dem Wegfall eines Vermächtnisses oder einer Auflage oder aus der Ausgleichungspflicht eines Miterben ergeben, gebühren dem Käufer.

§ 2373 Dem Verkäufer verbleibende Teile ¹Ein Erbteil, der dem Verkäufer nach dem Abschluss des Kaufs durch Nacherbfolge oder infolge des Wegfalls eines Miterben anfällt, sowie ein dem Verkäufer zugewendetes Vorausvermächtnis ist im Zweifel nicht als mitverkauft anzusehen. ²Das Gleiche gilt von Familienpapieren und Familienbildern.

§ 2374 Herausgabepflicht ¹Der Verkäufer ist verpflichtet, dem Käufer die zur Zeit des Verkaufs vorhandenen Erbschaftsgegenstände mit Einschluss dessen herauszugeben, was er vor dem Verkauf auf Grund eines zur Erbschaft gehörenden Rechts oder als Ersatz für die Zerstörung, Beschädigung oder Entziehung eines Erbschaftsgegenstands oder durch ein Rechtsgeschäft erlangt hat, das sich auf die Erbschaft bezog.

§ 2375 Ersatzpflicht (1) ¹Hat der Verkäufer vor dem Verkauf einen Erbschaftsgegenstand verbraucht, unentgeltlich veräußert oder unentgeltlich belastet, so ist er verpflichtet, dem Käufer den Wert des verbrauchten oder veräußerten Gegenstands, im Falle der Belastung die Wertminderung zu ersetzen. ²Die Ersatzpflicht tritt nicht ein, wenn der Käufer den Verbrauch oder die unentgeltliche Verfügung bei dem Abschluss des Kaufs kennt.
(2) ¹Im Übrigen kann der Käufer wegen Verschlechterung, Untergangs oder einer aus einem anderen Grunde eingetretenen Unmöglichkeit der Herausgabe eines Erbschaftsgegenstands nicht Ersatz verlangen.

§ 2376 Haftung des Verkäufers (1) ¹Die Verpflichtung des Verkäufers zur Gewährleistung wegen eines Mangels im Recht beschränkt sich auf die Haftung dafür, dass ihm das Erbrecht zusteht, dass es nicht durch das Recht eines Nacherben oder durch die Ernennung eines Testamentsvollstreckers beschränkt ist, dass nicht Vermächtnisse, Auflagen, Pflichtteilslasten, Ausgleichungspflichten oder Teilungsanordnungen bestehen und dass nicht unbeschränkte Haftung gegenüber den Nachlassgläubigern oder einzelnen von ihnen eingetreten ist.
(2) ¹Sachmängel einer zur Erbschaft gehörenden Sache hat der Verkäufer nicht zu vertreten.

§ 2377 Wiederaufleben erloschener Rechtsverhältnisse ¹Die infolge des Erbfalls durch Vereinigung von Recht und Verbindlichkeit oder von Recht und Belastung erloschenen Rechtsverhältnisse gelten im Verhältnis zwischen dem Käufer und dem Verkäufer als nicht erloschen. ²Erforderlichenfalls ist ein solches Rechtsverhältnis wiederherzustellen.

§ 2378 Nachlassverbindlichkeiten (1) ¹Der Käufer ist dem Verkäufer gegenüber verpflichtet, die Nachlassverbindlichkeiten zu erfüllen, soweit nicht der Verkäufer nach § 2376 dafür haftet, dass sie nicht bestehen.
(2) ¹Hat der Verkäufer vor dem Verkauf eine Nachlassverbindlichkeit erfüllt, so kann er von dem Käufer Ersatz verlangen.

BGB §§ 2379–2385

§ 2379 Nutzungen und Lasten vor Verkauf [1]Dem Verkäufer verbleiben die auf die Zeit vor dem Verkauf fallenden Nutzungen. [2]Er trägt für diese Zeit die Lasten, mit Einschluss der Zinsen der Nachlassverbindlichkeiten. [3]Den Käufer treffen jedoch die von der Erbschaft zu entrichtenden Abgaben sowie die außerordentlichen Lasten, welche als auf den Stammwert der Erbschaftsgegenstände gelegt anzusehen sind.

§ 2380 Gefahrübergang, Nutzungen und Lasten nach Verkauf [1]Der Käufer trägt von dem Abschluss des Kaufs an die Gefahr des zufälligen Untergangs und einer zufälligen Verschlechterung der Erbschaftsgegenstände. [2]Von diesem Zeitpunkt an gebühren ihm die Nutzungen und trägt er die Lasten.

§ 2381 Ersatz von Verwendungen und Aufwendungen (1) [1]Der Käufer hat dem Verkäufer die notwendigen Verwendungen zu ersetzen, die der Verkäufer vor dem Verkauf auf die Erbschaft gemacht hat.
(2) [1]Für andere vor dem Verkauf gemachte Aufwendungen hat der Käufer insoweit Ersatz zu leisten, als durch sie der Wert der Erbschaft zur Zeit des Verkaufs erhöht ist.

§ 2382 Haftung des Käufers gegenüber Nachlassgläubigern (1) [1]Der Käufer haftet von dem Abschluss des Kaufs an den Nachlassgläubigern, unbeschadet der Fortdauer der Haftung des Verkäufers. [2]Dies gilt auch von den Verbindlichkeiten, zu deren Erfüllung der Käufer dem Verkäufer gegenüber nach den §§ 2378, 2379 nicht verpflichtet ist.
(2) [1]Die Haftung des Käufers den Gläubigern gegenüber kann nicht durch Vereinbarung zwischen dem Käufer und dem Verkäufer ausgeschlossen oder beschränkt werden.

§ 2383 Umfang der Haftung des Käufers (1) [1]Für die Haftung des Käufers gelten die Vorschriften über die Beschränkung der Haftung des Erben. [2]Er haftet unbeschränkt, soweit der Verkäufer zur Zeit des Verkaufs unbeschränkt haftete. [3]Beschränkt sich die Haftung des Käufers auf die Erbschaft, so gelten seine Ansprüche aus dem Kauf als zur Erbschaft gehörend.
(2) [1]Die Errichtung des Inventars durch den Verkäufer oder den Käufer kommt auch dem anderen Teil zustatten, es sei denn, dass dieser unbeschränkt haftet.

§ 2384 Anzeigepflicht des Verkäufers gegenüber Nachlassgläubigern, Einsichtsrecht (1) [1]Der Verkäufer ist den Nachlassgläubigern gegenüber verpflichtet, den Verkauf der Erbschaft und den Namen des Käufers unverzüglich dem Nachlassgericht anzuzeigen. [2]Die Anzeige des Verkäufers wird durch die Anzeige des Käufers ersetzt.
(2) [1]Das Nachlassgericht hat die Einsicht der Anzeige jedem zu gestatten, der ein rechtliches Interesse glaubhaft macht.

§ 2385 Anwendung auf ähnliche Verträge (1) [1]Die Vorschriften über den Erbschaftskauf finden entsprechende Anwendung auf den Kauf einer von dem Verkäufer durch Vertrag erworbenen Erbschaft sowie auf andere Verträge, die auf die Veräußerung einer dem Veräußerer angefallenen oder anderweit von ihm erworbenen Erbschaft gerichtet sind.
(2) [1]Im Falle einer Schenkung ist der Schenker nicht verpflichtet, für die vor der Schenkung verbrauchten oder unentgeltlich veräußerten Erbschaftsgegenstände oder für eine vor der Schenkung unentgeltlich vorgenommene Belastung dieser Gegenstände Ersatz zu leisten. [2]Die in § 2376 bestimmte Verpflichtung zur Gewährleistung wegen eines Mangels im Recht trifft den Schenker nicht; hat der Schenker den Mangel arglistig verschwiegen, so ist er verpflichtet, dem Beschenkten den daraus entstehenden Schaden zu ersetzen.

Synopse zum neuen Schuldrecht

Vorliegende Synopse dient dem Rechtsanwender als Orientierungshilfe für den Umgang mit den neuen Vorschriften nach dem Schuldrechtsmodernisierungsgesetz. Sie erhebt nicht den Anspruch, die neue Rechtslage en détail darzustellen oder gar zu erläutern, sondern will allein das Auffinden der im konkreten Fall relevanten Normen erleichtern.

bisher	neu	Inhalt, evtl. Änderung
§§ 1–193	§§ 1-193	Die Vorschriften bleiben im Wesentlichen unverändert. Geringfügige Änderungen sind im Anfechtungsrecht vorgesehen.
§ 121 II	§ 121 II	Verkürzung der Ausschlussfrist von 30 auf 10 Jahre.
§ 124	§ 124	Verkürzung der Ausschlussfrist von 30 auf 10 Jahre.
§ 124 II 2	§ 124 II 2	Redaktionelle Anpassungen an die Änderungen im Verjährungsrecht.
§ 194	§ 194	Gegenstand der Verjährung.
§ 195	§ 195	Die regelmäßige Verjährungsfrist wird von 30 auf 3 Jahre verkürzt. Eine spezielle 30-jährige Verjährungsfrist ist in § 197 n. F. geregelt.
§ 196	keine Entsprechung	§ 196 n. F. betrifft die Verjährungsfrist bei Rechten an einem Grundstück.
§ 197	keine Entsprechung	§ 197 n. F. regelt die spezielle 30-jährige Verjährungsfrist.
§ 198	§ 199	Beginn der regelmäßigen Verjährung.
§ 199	keine Entsprechung	
§ 200	keine Entsprechung	
§ 201	§ 200	Der Beginn abweichender Verjährungsfristen ist nunmehr in § 200 n. F. geregelt.
§ 202	§ 205	§ 205 n. F. regelt die Hemmung der Verjährung bei Vorliegen eines Leistungsverweigerungsrechts.
§ 203 I	keine Entsprechung	Hemmung aus tatsächlichen Gründen.
§ 203 II	§ 206	Hemmung der Verjährung bei höherer Gewalt.
§ 204	§ 207	Hemmung der Verjährung aus familiären oder ähnlichen Gründen. Der „Katalog" vergleichbarer Gründe wurde erweitert.
§ 205	§ 209	Wirkung der Hemmung.
§ 206	§ 210	Hemmung des Ablaufs der Verjährung bei nicht voll Geschäftsfähigen.
§ 207	§ 211	Ablaufhemmung in Nachlassfällen.

Synopse

bisher	neu	Inhalt, evtl. Änderung
§ 208	§ 212	§ 212 n. F. betrifft die vormals in § 208 geregelten Fälle der Verjährungsunterbrechung. Nunmehr ist vom Neubeginn der Verjährung die Rede und § 212 n. F. ist weiter gefasst.
§ 209	§ 204	§ 204 n. F. enthält eine ähnliche Regelung wie § 209 a. F., ist aber weiter gefasst. Außerdem führen die aufgeführten Ereignisse wie z. B. Klageerhebung nicht mehr zur Unterbrechung, sondern zur Hemmung.
§ 210	§ 204 I Nr. 12	Eine der Unterbrechung durch Antrag auf Vorentscheidung (§ 210 a. F.) vergleichbare Regelung findet sich in § 204 I Nr. 12 n. F. Die Rechtsfolge ist allerdings nunmehr die Hemmung.
§ 211	keine Entsprechung	Die Regelung über Dauer und Ende der Unterbrechung bei Klageerhebung ist hinfällig, weil die Klageerhebung nur noch zur Hemmung führt. Die Beendigung der Hemmung im Fall der Klageerhebung ergibt sich aus § 204 I Nr. 4 n. F.
§ 212a	§ 204 I Nr. 4	Die Bekanntgabe eines Güteantrags führt nunmehr zur Hemmung.
§ 213	§ 204 I Nr. 3	Die Zustellung eines Mahnbescheids führt nunmehr zur Hemmung.
§ 214	§ 204 I Nr. 10	Die Anmeldung im Insolvenzverfahren führt nunmehr zur Hemmung.
§ 215	§ 204 I Nr. 5	Die Geltendmachung der Aufrechnung im Prozess und die Zustellung der Streitverkündung führt nunmehr zur Hemmung.
§ 216	§ 212 II, III	Neubeginn der Verjährung bei Vollstreckungshandlungen.
§ 217	keine Entsprechung	Die n. F. ersetzt den Begriff der Unterbrechung durch die Formulierung „Neubeginn der Verjährung".
§ 218	197 I	Ein rechtskräftig festgestellter Anspruch oder ein Anspruch aus einem vollstreckbaren Vergleich/Urkunde verjährt in 30 Jahren.
§ 219	keine Entsprechung	Verjährung des Anspruchs aus Vorbehaltsurteil.
§ 220	§ 204 I Nr. 11	Neubeginn der Verjährung bei sonstigen Verfahren.
§ 221	§ 198	Verjährung bei Rechtsnachfolge.
§ 222	§ 214	Wirkung der Verjährung.
§ 223	§ 216	Wirkung der Verjährung bei gesicherten Ansprüchen. Neu ist die Regelung hinsichtlich des Eigentumsvorbehalts.

Synopse

bisher	neu	Inhalt, evtl. Änderung
§ 224	§ 217	Verjährung von Nebenleistungen.
§ 225	§ 202	Fälle der Unzulässigkeit der Vereinbarungen über die Verjährung.
§§ 226–231	§§ 226–231	Keine Änderung.
§§ 232–240	§§ 232–240	Keine Änderung.
§ 241	§ 241 I § 241 II	Der bisherige Wortlaut der Vorschrift wird in Absatz 1 übernommen. Schutz- und Rücksichtnahmepflichten, die oftmals ein Vertragsverhältnis begleiten, sind im neu angefügten Absatz 2 kodifiziert.
§§ 241a–274	§§ 241a–274	Keine Änderungen.
keine Entsprechung	§ 247	Der neu eingefügte § 247 n. F. enthält eine Definition des Basiszinssatzes.
§ 275	§ 275	Die Rechtsfolgen der Unmöglichkeit werden tief greifend verändert. Die Rechte des Gläubigers ergeben sich nunmehr aus §§ 280, 283 bis 285 und 326 n. F. (§ 275 III n. F.). Die einzelnen Erscheinungsformen der Unmöglichkeit sind nun explizit geregelt: Tatsächliche Unmöglichkeit in Absatz 1 und faktische/praktische Unmöglichkeit in Absatz 2. Die Regelung der vorübergehenden Unmöglichkeit, die der Regierungsentwurf noch traf, wurde auf Empfehlung des BT-Rechtsausschusses wieder gestrichen.
§ 276	§ 276	Die Verantwortlichkeit für eigenes Verschulden bleibt in § 276 n. F. normiert, erfährt aber nachhaltige Modifikationen.
§ 277	§ 277	Sorgfalt in eigenen Angelegenheiten.
§ 278	§ 278	Die Vorschrift wird redaktionell an die Änderungen in § 276 n. F. angepasst.
§ 279	keine Entsprechung	Der bis dahin in § 279 normierte Gedanke der Haftung für Beschaffungsrisiken wird nun in verallgemeinerter Form in § 276 I 1 n. F. aufgegriffen.
§ 280	§§ 280 I, III, 283	Ist die Leistung infolge eines vom Schuldner zu vertretenden Umstandes unmöglich geworden (nachträgliche Unmöglichkeit), beurteilt sich der Anspruch auf Schadensersatz nach §§ 280 I, III, 283 n. F. Die Unmöglichkeit wird als Unterfall der Pflichtverletzung begriffen.
§ 281	§ 285	Erlangt der Schuldner infolge eines Umstandes, aufgrund dessen die Leistung unmöglich wurde, für den geschuldeten Gegenstand einen Ersatz oder einen Ersatzanspruch, so kann er vom Gläubiger Herausgabe nach § 285 n. F. verlangen.

Synopse

bisher	neu	Inhalt, evtl. Änderung
§ 282	§ 280 I 2	Eine Beweislastregel für alle Fälle der Pflichtverletzung und nicht allein für die Unmöglichkeit findet sich nun in § 280 I 2 n. F.
§ 283	keine Entsprechung	
§ 284	§ 286	Die Voraussetzungen des Verzugs sind in § 286 n. F. geregelt. Der Tatbestand ist weiter gefasst als bisher, insbesondere macht auch schon die bloße Berechenbarkeit nach dem Kalender die Mahnung entbehrlich.
§ 285	§ 280 I 1/§ 286 IV	Eine Beweislastregel für alle Fälle der Leistungsstörung findet sich in § 280 I 1 n. F. Die Regelung des § 286 IV ist daneben erforderlich, weil an den Schuldnerverzug außer dem Schadensersatzanspruch auch andere Rechtsfolgen angeknüpft werden (z. B. die Pflicht zur Zahlung von Verzugszinsen nach § 288 n. F.), die ein Vertretenmüssen des Schuldners nicht gesondert fordern.
§ 286 I	§§ 280 I, II, 286	Ersatz des Verzögerungsschadens.
§ 286 II	§ 280 I, III, 281	Ersatz des Nichterfüllungsschadens.
§ 287	§ 287	Verantwortlichkeit während des Verzugs.
§ 288	§ 288	Die Vorschrift über die Verzugszinsen wurde neu gefasst und inhaltlich modifiziert. Beachtlich ist die Sonderregelung für Verbrauchergeschäfte.
§ 289, § 290	§ 289, § 290	Zinseszinsverbot, Verzinsung des Wertersatzes.
§ 291	§ 291	Die Regelung über die Prozesszinsen wird hinsichtlich der Verweisung auf § 288 n. F. redaktionell angepasst.
§ 292	§ 292	Haftung bei Herausgabepflicht.
§§ 293–304	§§ 293–304	Die Vorschriften über den Gläubigerverzug bleiben weitgehend unberührt.
§ 296	§ 296	Allein die Regelung über die Entbehrlichkeit des Angebots in § 296 wird in § 296 n. F. dem neu gefassten § 286 II Nr. 2 n. F. angepasst. Insoweit wird „Kündigung" durch „Ereignis" ersetzt.
§ 305	§ 311 I	§ 305 ist nun in § 311 I n. F. enthalten. § 311 II n. F. erfasst vorvertragliche Schuldverhältnisse. Absatz 3 betrifft die Haftung Dritter infolge vertragsähnlicher Schuldverhältnisse.
§ 306	keine Entsprechung	Der Vertrag ist bei anfänglicher objektiver Unmöglichkeit nicht nichtig, vgl. § 311a I n. F. Regelungen enthalten nunmehr die §§ 275 I, II n. F. und § 311a n. F.

Synopse

bisher	neu	Inhalt, evtl. Änderung
§ 307	keine Entsprechung	Schadensersatz statt der Leistung oder Aufwendungsersatz kann der Gläubiger nach § 311a II n. F. verlangen.
§ 308	keine Entsprechung	Der Gedanke der vorübergehenden Unmöglichkeit, wie er noch im Regierungsentwurf aufgegriffen wurde, hat im letztendlichen Gesetzestext keine Entsprechung mehr.
§ 309	§§ 311 II i. V. m § 280	Schadensersatzansprüche bei einem Verstoß gegen ein Verbotsgesetz i. S. d § 134 n. F. können sich aus §§ 311 II n. F. iVm. 280 n. F. ergeben.
§ 310	§ 311b II	Nichtigkeit eines Vertrages über künftiges Vermögen.
§ 311	§ 311b III	Beurkundungsbedürftigkeit eines Vertrages über gegenwärtiges Vermögen.
§ 312	§ 311b IV, V	Vertrag über den Nachlass eines lebenden Dritten.
§ 313	§ 311b I	Beurkundungsbedürftigkeit eines Grundstückkaufvertrages.
§ 314	§ 311c	Erstreckung auf das Zubehör bei Veräußerung oder Belastung einer Sache.
§§ 315–319	§§ 315–319	Vorschriften über das einseitige Leistungsbestimmungsrecht.
§ 320	§ 320	Einrede des nichterfüllten Vertrages.
§ 321	§ 321	Die Einrede der Vermögensverschlechterung wird nunmehr in modifizierter Form von Unsicherheitseinrede in § 321 n. F. erfasst.
§ 322	§ 322	Verurteilung zur Leistung Zug-um-Zug.
§ 323	§ 326	Die Auswirkungen der Unmöglichkeit der Leistungspflicht auf die Gegenleistung und auf weitere Ansprüche ist nunmehr in § 326 n. F. geregelt.
§ 324	§ 326 II	Rechtsfolgen der vom Gläubiger zu vertretenden Unmöglichkeit.
§ 325	vollständige Neuregelung	Grundsätzlich erlischt der Anspruch auf die Gegenleistung im Falle der Unmöglichkeit kraft Gesetz, § 326 I 1 n. F. Das Rücktrittsrecht des Gläubigers bei teilweiser Unmöglichkeit der Leistung ergibt sich nunmehr aus § 326 I HS 2 n. F. Der Schadensersatzanspruch des Gläubigers folgt aus den §§ 280 I, III, 283 n. F. Die Alternativität von Schadensersatz und Rücktritt wird aufgehoben, § 325 n. F.

Synopse

bisher	neu	Inhalt, evtl. Änderung
§ 326	vollständige Neuregelung	Die Auswirkungen des Schuldnerverzugs ergeben sich nunmehr aus §§ 323 n. F. (Rücktritt) und §§ 280, 281 n. F. (Schadensersatz). Auch hier ist die Alternativität von Schadensersatz und Rücktritt aufgehoben.
§ 327	keine Entsprechung	
§§ 328–335	§§ 328–335	Vertrag zugunsten Dritter.
§§ 336–345	§§ 336–345	Draufgabe und Vertragsstrafe.
§ 346	§ 346	Wirkungen des Rücktritts. Erheblich erweiterter Anwendungsbereich; so fällt nunmehr auch die Rückabwicklung bei Mangelhaftigkeit des Werkes oder der Kaufsache unter die allgemeinen Rücktrittsvorschriften.
§ 347	§§ 346, 347	Rücktritt (Nutzungs- und Verwendungsersatz).
§§ 348, 349	§§ 348, 349	Erfüllung Zug-um-Zug; Erklärung des Rücktritts.
§ 350–354	keine Entsprechung	Ausschluss des Rücktritts.
§ 355	§ 350	Erlöschen des Rücktrittsrechts nach Fristsetzung.
§ 356	§ 351	Unteilbarkeit des Rücktrittsrechts.
§ 357	§ 352	Aufrechnung nach Nichterfüllung.
§ 358	keine Entsprechung	
§ 359	§ 353	Rücktritt gegen Reugeld.
§ 360	§ 354	Verwirkungsklausel.
§ 361	§ 323 II	Rücktritt bei Fixgeschäften.
§ 361a I	§ 355	Widerruf bei Verbraucherverträgen. Der Übersichtlichkeit wegen ist die Vorschrift geteilt worden. In Absatz 3 ist nun eine einheitliche Ausschlussfrist für das Widerrufsrecht von 6 Monaten geregelt. Vorher wurde dies uneinheitlich in den einzelnen Verbrauchergesetzen geregelt.
§ 361a II 1, 2	§ 357 I	Rechtsfolgen des Widerrufs und der Rückgabe. Es finden die Vorschriften des gesetzlichen Rücktrittsrechts §§ 346 ff. n. F. Anwendung.
§ 361a III	§§ 126 b, 130	Die Einführung der neuen Textform in § 126b n. F. hat die Definition des dauerhaften Datenträgers in § 361a III n. F. überflüssig gemacht.
§ 361b	§§ 356, 357	Rückgaberecht bei Verbraucherverträgen. § 361b I, II 1, 3, 4 finden sich nunmehr in § 356, der die Regelungen zusammenfasst und strafft. Der sonstige Inhalt des § 361b (Kosten der Rücksendung) geht in § 357 n. F. auf.

Synopse

bisher	neu	Inhalt, evtl. Änderung
§§ 362–371	§§ 362–371	Erfüllung.
§§ 372–386	§§ 372–386	Hinterlegung.
§§ 387–396	§§ 387–396	Aufrechnung. Lediglich § 390 S. 2 a. F. (Aufrechnung bei verjährten Forderungen) ist nun in § 215 n. F. geregelt.
§ 397	§ 397	Erlass.
§§ 398–418	§§ 398–418	Übertragung der Forderung.
§§ 420–432	§§ 420–432	Mehrheit von Schuldnern und Gläubigern.
§ 1 AGBG	§ 305 I	Begriff der Allgemeinen Geschäftsbedingungen.
§ 2 AGBG	§ 305 II, III	Einbeziehung Allgemeiner Geschäftsbedingungen. Künftig wird eine Körperbehinderung der anderen Vertragspartei berücksichtigt.
§ 3 AGBG	§ 305c I	Überraschende Klauseln.
§ 4 AGBG	§ 305b	Vorrang der Individualabrede.
§ 5 AGBG	§ 305c II	Mehrdeutige Klauseln.
§ 6 AGBG	§ 306	Rechtsfolgen bei Nichteinbeziehung und Unwirksamkeit.
§ 7 AGBG	§ 306a	Umgehungsverbot.
§ 8 AGBG	§ 307 III	Schranken der Inhaltskontrolle. Klarstellung, dass das nunmehr in § 307 I S. 2 n. F. geregelte Transparenzgebot hiervon unberührt bleibt.
§ 9 AGBG	§ 307 I, II	Generalklausel (Inhaltskontrolle). Eine unangemessene Benachteiligung kann sich nunmehr ausdrücklich auch bei intransparenten Klauseln ergeben.
§ 10 AGBG	§ 308	Klauselverbote mit Wertungsmöglichkeiten. Weitgehend ohne inhaltliche Änderungen (Ausnahme: Klauselverbot hinsichtlich fingierter Erklärungen gilt nicht im Fall der Einbeziehung der VOB/B als Ganzes).
§ 11 AGBG	§ 309	Klauselverbote ohne Wertungsmöglichkeit. Geringe Änderungen.
§§ 13–22 AGBG	Unterlassungsklagengesetz	Verfahrensvorschriften sind mit anderen formellen verbraucherschutzrechtlichen Vorschriften im UKlaG geregelt.
§ 23 AGBG	§§ 305a, 308 Nr. 5, 309 Nr. 7-9, 310 II und IV	Sachlicher Anwendungsbereich der AGB-rechtlichen Vorschriften.
§ 24 AGBG	§ 310 I	Persönlicher Anwendungsbereich der AGB-rechtlichen Vorschriften.
§ 27 AGBG	Art. 243 EGBGB	Ermächtigung zum Erlass von Rechtsverordnungen.
§ 27a AGBG	Art. 244 EGBGB	Abschlagszahlungen beim Hausbau.
§ 28 AGBG	Art. 229 § 4 II EGBGB	Übergangsvorschriften. § 28 III-V AGBG entfallen.

Synopse

bisher	neu	Inhalt, evtl. Änderung
§ 29 AGBG	§ 13 UKlaG	Kundenbeschwerden.
§ 1 HaustürWG	§ 312	Widerrufsrecht.
§ 2 HaustürWG	§ 355 III	Ausübung des Widerrufsrechts. Die Erlöschensfrist bei fehlerhafter Belehrung beträgt einheitlich 6 Monate ab Vertragsschluss bzw. Lieferung der Ware.
§ 5 HaustürWG	§ 312f	Unabdingbarkeit, Umgehungsverbot.
§ 6 HaustürWG	§ 312 II HS. 1	Anwendungsbereich.
§ 7 HaustürWG	§ 29c ZPO	Ausschließlicher Gerichtsstand; betrifft nur Klagen gegen Verbraucher.
§ 9 HaustürWG	keine Entsprechung	Übergangsvorschriften; vgl. nunmehr Art. 229 § 4 I EGBGB.
§ 1 FernAbsG	§ 312b	Anwendungsbereich der Regelungen über Fernabsatzverträge.
§ 2 FernAbsG	§ 312c	Unterrichtung des Verbrauchers.
§ 3 FernAbsG	§ 312d	Widerrufsrecht, Rückgaberecht.
keine Entsprechung	§ 312e	Pflichten im elektronischen Rechtsverkehr. Die Vorschrift dient der Umsetzung der Art. 10 und 11 der E-Commerce-Richtlinie.
§ 4 FernAbsG	§ 358	§ 4 FernAbsG regelte den Fall, dass ein Fernabsatzvertrag mit einem Darlehensvertrag zu einer wirtschaftlichen Einheit zusammengefasst war. Die Vorschrift geht in § 358 n. F. auf, der die verbundenen finanzierten Verbrauchergeschäfte nunmehr einheitlich regelt.
§ 5 FernAbsG	§ 312f	Unabdingbarkeit, Umgehungsverbot.
§ 433	§ 433	Hauptpflichten beim Kauf. Der Verkäufer hat nunmehr die Sache frei von Sach- und Rechtsmängeln zu verschaffen („Erfüllungstheorie"). Der Rechtskauf wird in § 453 I n. F. geregelt.
§ 434	§§ 433 I, 435	Rechtsmängelhaftung. Eine Definition des Rechtsmangels findet sich nun in § 435 n. F.
§ 435	§ 435	Nicht bestehende Buchbelastungen.
§ 436	§ 436	Öffentliche Lasten von Grundstücken.
§ 437	§§ 453 I, 433 I 1	Pflichten des Verkäufers beim Rechtskauf.
§ 438	keine Entsprechung	
§ 439	§ 442	§ 439 und § 460 a. F. werden infolge der Gleichstellung von Sach- und Rechtsmängeln in § 442 n. F. zusammengefasst.

Synopse

bisher	neu	Inhalt, evtl. Änderung
§§ 440–441	§§ 437–441	Rechtsmängelhaftung. Die Rechtsmängel werden den Sachmängeln gleichgestellt und unterstehen dem allgemeinen Leistungsstörungsrecht.
§ 442	keine Entsprechung	Beweislast bei Rechtsmängeln. Es gilt nunmehr die allgemeine Regel des § 363 n. F.
§ 443	§ 444	Beweislast bei Annahme als Erfüllung.
§ 444	keine Entsprechung	Auskunftspflicht. Diese ergibt sich nunmehr als Nebenpflicht aus dem Kaufvertrag.
§ 445	keine Entsprechung	Kaufähnliche Verträge. Die Regelung wird für überflüssig gehalten.
§ 446	§ 446	Gefahr- und Lastenübergang.
§ 447	§ 447	Gefahrtragung bei Versendungskauf.
§§ 448, 449	§§ 448	Kosten von Übergabe und Beurkundung. Für den Schiffskauf verweist § 452 auf § 448 n. F.
§ 450	keine Entsprechung	Verwendungsersatz.
§ 451	§ 453 I	Gefahrübergang und Kosten bei Rechtskauf.
§ 452	keine Entsprechung	Verzinsung des Kaufpreises.
§ 453	keine Entsprechung	Marktpreis.
§ 454	keine Entsprechung	Ausschluss des Rücktritts nach Erfüllung und Kaufpreisstundung.
§ 455	§ 449	Eigentumsvorbehalt. Die Vermutung eines vertraglichen Rücktrittsrechts wurde aufgegeben. Der Verkäufer muss nun nach § 323 n. F. nach Fristsetzung zurücktreten.
§ 456	§ 450 I	Ausgeschlossene Käufer bei Zwangsvollstreckung.
§ 457	§ 450 II	Ausgeschlossene Käufer bei Pfandverkauf.
§ 458	§ 451	Kauf durch ausgeschlossene Käufer.
§ 459	§ 434	Sachmängelgewährleistung. Erhebliche Änderungen, u. a. Erweiterung des Fehlerbegriffs (es gilt nunmehr ausdrücklich der subjektive Fehlerbegriff), Einfluss von Werbeaussagen, Aufgabe des Begriffs der zugesicherten Eigenschaft. Eine fehlerhafte Montage durch den Verkäufer gilt als Sachmangel, ebenso eine fehlerhafte Montageanleitung. Aliud und quantitative Abweichungen werden dem Sachmangel gleichgestellt.
§ 460	§ 442	Kenntnis des Sachmangels.
§ 461	§ 445	Haftungsbegrenzung bei öffentlichen Versteigerungen, Pfandverkauf.

Synopse

bisher	neu	Inhalt, evtl. Änderung
§ 462	§§ 437 ff.	Wandlung wird ersetzt durch Rücktritt (§§ 437, 440 n. F.), Minderung bleibt nahezu unverändert bestehen. Diesen Gestaltungsrechten geht allerdings ein Nacherfüllungsanspruch (§ 437 n. F.) vor.
§ 463	§ 437	Schadensersatz des Käufers. Dieser Anspruch besteht nunmehr bei jeder schuldhaften Pflichtverletzung.
§ 464	keine Entsprechung	Vorbehalt bei Annahme entfällt, da mit Verbrauchsgüterkaufrichtlinie nicht vereinbar.
§ 465	keine Entsprechung	Vollziehung der Wandlung und Minderung. Diese sind nun Gestaltungsrechte.
§ 466	keine Entsprechung	Ausschlussfrist für Wandlung. Das nunmehr anwendbare Rücktrittsrecht kennt keine Fristsetzung.
§ 467	keine Entsprechung	Durchführung der Wandlung wird überflüssig durch Verweis auf die Rücktrittsregelungen.
§ 468	keine Entsprechung	Zusicherung der Grundstücksgröße wird vom allgemeinen Tatbestand der Pflichtverletzung (§ 437 n. F.) erfasst.
§§ 469–471	§§ 323 IV	Wandlung bei Verkauf mehrerer Sachen, Erstreckung auf Nebensachen und bei Gesamtpreis wird nunmehr in § 323 IV n. F. (Rücktritt bei Erbringung von Teilleistungen) geregelt.
§ 472	§ 441	Berechnung der Minderung. Die Rechtsfolgen der Minderung sind nun in § 441 n. F. geregelt. Die Berechnung kann aber aufgrund ausdrücklicher Anordnung in Zweifelsfällen durch Schätzung ermittelt werden. Beachte aber Vorrang der Nacherfüllung.
§ 473	keine Entsprechung	Minderung bei Sachleistungen als Kaufpreis.
§ 474	§ 441 II	Minderung bei mehreren Beteiligten.
§ 475	keine Entsprechung	Mehrmalige Gewährleistung. Dies ergibt sich nunmehr aus § 442 n. F.
§ 476	§§ 444, 475	Vertraglicher Ausschluss der Gewährleistung. Beim Verbrauchsgüterkauf ist künftig eine Beschränkung der Gewährleistung nur noch in engen Grenzen möglich.
§ 467a	§ 439 II	Nacherfüllung ist künftig der gesetzliche Regelfall.

Synopse

bisher	neu	Inhalt, evtl. Änderung
§ 477	§ 438	Verjährung von Gewährleistungsansprüchen. Die gewöhnliche Verjährung wurde von 6 Monaten (bei Grundstücken: einem Jahr) auf 2 Jahre verlängert. Bei arglistigem Verschweigen gilt die Regelverjährung in § 197 I Nr. 1 n. F. Die Verjährungsregelung gilt auch für Mangelfolgeschäden, nicht aber für mangelunabhängige Nebenpflichtverletzungen.
§ 478	§§ 438 IV, 441 V	Erhaltung der Mängeleinrede; diese bleibt künftig auch ohne Mängelanzeige erhalten.
§ 479	keine Entsprechung	Erhaltung des Aufrechnungsrechts. Vorschrift wurde überflüssig durch Einführung des Nacherfüllungsanspruchs als Regelfall.
§ 480	keine Entsprechung	Gewährleistung beim Gattungskauf. Dieser wird nunmehr von den §§ 437–441 n. F. mitumfasst.
§§ 481–492	keine Entsprechung	Viehkauf.
§ 493	keine Entsprechung	Gewährleistung bei kaufähnlichen Verträgen.
§ 494	keine Entsprechung	Kauf nach Probe. Vorschrift wurde überflüssig durch die Aufgabe des Begriffs der zugesicherten Eigenschaft.
§§ 495–496	§§ 454–455	Kauf auf Probe.
§§ 497–503	§§ 456–462	Wiederkauf.
§§ 504–514	§§ 463–473	Vorkauf.
keine Entsprechung	§ 474	Verbrauchsgüterkauf. Ausschluss der §§ 445–447 (Absatz 2).
keine Entsprechung	§ 475	Beschränkte Dispositivität der Gewährleistungsregelungen beim Verbrauchsgüterkauf.
keine Entsprechung	§ 476	Beweislastregelung bzgl. des Vorliegens eines Mangels z. Zt. des Gefahrenübergangs.
keine Entsprechung	§ 477	Sonderbestimmung zur Transparenz von Garantien.
keine Entsprechung	§ 478	Rückgriff des Unternehmers gegenüber seinem Lieferanten beim Verbrauchsgüterkauf.
keine Entsprechung	§ 479	Verjährung/Ablaufhemmung der Regressansprüche.
§ 515	§ 480	Tausch.
§§ 516–534	§§ 516–534	Schenkung.
§§ 535–597	§§ 535–597	Miete. Beachte die Änderungen durch das Mietrechtsreformgesetz (In-Kraft-Treten 1.9.2001).
§§ 598–606	§§ 598–606	Leihe.

Synopse

bisher	neu	Inhalt, evtl. Änderung
§§ 607–610	§§ 607–609, §§ 488–490	Darlehen. Die Vorschriften regeln nur noch das Sachdarlehen. Das Gelddarlehen wird nun in den §§ 488–490 n. F. geregelt.
§§ 611–630	§§ 611–630	Dienstvertrag.
§ 631	§ 631	Rechte und Pflichten aus dem Werkvertrag.
§ 632	§ 632	Vergütung. Nach der Neuregelung ist ein Kostenvoranschlag im Zweifel nicht zu vergüten (Absatz 3).
§ 632a	§ 632a	Abschlagszahlungen.
§ 633	§ 633	Sach- und Rechtsmängelgewährleistung. Geregelt sind Nachbesserung und Mängelbeseitigung. Der Fehlerbegriff wird modifiziert. Zudem wird auch erstmals ausdrücklich der Rechtsmangel mitbehandelt. Beabsichtigt war eine Anpassung an die kaufrechtlichen Gewährleistungsvorschriften. Ebenso wie im Kaufrecht wurde auch hier die zugesicherte Eigenschaft als eigener Haftungstatbestand abgeschafft.
§ 634	§ 634	Rechtsfolgen der Sach- und Rechtsmängelgewährleistung. Die Nacherfüllung wird nun auch von § 634 n. F. statt von § 633 a. F. erfasst.
§ 635	§ 634 Nr. 4	Schadensersatz.
§ 636	§ 323	Verspätete Herstellung. Rechtsfolgen ergeben sich nunmehr aus den allgemeinen Vorschriften.
§ 637	§ 639	Vertraglicher Ausschluss der Haftung.
§ 638	§ 634a	Verjährung der Mängelansprüche.
§ 639	keine Entsprechung	Unterbrechung und Hemmung der Verjährung. Die Regelung wurde überflüssig durch die Neufassung der Verjährungsvorschriften.
§§ 640–650	§§ 640–650	Weitere Vorschriften des Werkvertragsrechts. Lediglich einige redaktionelle Anpassungen wurden vorgenommen.
§ 651	§ 651	Werklieferungsvertrag. Die Norm enthält nunmehr eine Einschränkung für die Anwendbarkeit der werkvertraglichen zu Gunsten der kaufrechtlichen Vorschriften.
§§ 651a–651l	§§ 651a–651l	Reisevertrag.
§§ 652–655	§§ 652–655	Maklervertrag.
§ 656	§ 656	Ehevermittlung.
§§ 657–661a	§§ 657–661a	Auslobung.
§§ 662–674	§§ 662–674	Auftrag.
§§ 675–676	§§ 675–676	Geschäftsbesorgung.
§ 676a–676h	§ 676a–676h	Überweisungs-, Zahlungs- und Girovertrag.

Synopse

bisher	neu	Inhalt, evtl. Änderung
§§ 677–687	§§ 677–687	Geschäftsführung ohne Auftrag.
§§ 688–700	§§ 688–700	Verwahrung.
§§ 701–853	§§ 701–853	Weitere Vertragsarten.
§ 1 I VerbrKrG	§§ 491 I, 655a	Anwendungsbereich.
§ 1 II VerbrKrG	§§ 488 I, 499 I	Vormals Definition des Verbraucherkreditvertrags, nunmehr Gelddarlehensvertrag (§ 488 I n. F.) bzw. sonstige Finanzierungshilfen (§ 499 I n. F.).
§ 1 III VerbrKrG	§ 655a	Darlehensvermittlungsvertrag.
§ 2 VerbrKrG	§ 505	Ratenlieferungsverträge.
§ 3 VerbrKrG	§§ 491 II und III, 499 I, 500	Ausnahmen vom Anwendungsbereich.
§ 4 VerbrKrG	§§ 492, 502 I	Formerfordernisse und notwendiger Vertragsinhalt.
§ 5 VerbrKrG	§ 493	Überziehungskredit.
§ 6 VerbrKrG	§§ 494, 502 III	Rechtsfolgen von Formmängeln.
§ 7 VerbrKrG	§§ 355 III, 358, 495, 503 I	Widerrufsrecht. Bei verbundenen Geschäften wird das Widerrufsrecht einheitlich in § 358 n. F. geregelt.
§ 8 VerbrKrG	§§ 502 II, 358	Sondervorschriften für den Fernabsatz. Die Sonderregelungen des bisherigen Absatz 2 für finanzierte Fernabsatzgeschäfte geht in § 358 n. F. auf, ohne dass damit inhaltliche Änderungen verbunden sind.
§ 9 VerbrKrG	§§ 358, 359	Verbundene Geschäfte.
§ 10 VerbrKrG	§ 496	Einwendungsverzicht, Wechsel- und Scheckverbot.
§ 11 VerbrKrG	§ 497	Behandlung der Verzugszinsen. Anrechnung von Teilleistungen.
§ 12 VerbrKrG	§ 498	Gesamtfälligstellung bei Teilzahlungskrediten.
§ 13 VerbrKrG	§§ 503 II, 355-357	Rücktritt des Kreditgebers.
§ 14 VerbrKrG	§ 504	Vorzeitige Erfüllung des Kreditvertrages durch den Verbraucher.
§ 15 VerbrKrG	§ 655b	Form des Darlehensvermittlungsvertrags.
§ 16 VerbrKrG	§ 655c	Vergütung des Darlehensvermittlers.
§ 17 VerbrKrG	§ 655d	Nebenentgelte des Darlehensvermittlers.
§ 18 VerbrKrG	§§ 506, 655e	Unabdingbarkeit der verbraucherkreditrechtlichen Vorschriften.
§ 19 VerbrKrG	keine Entsprechung	Übergangsvorschriften. Vgl. nun Art. 229 § 4 I EGBGB.
§ 1 TzWrG	§ 481	Anwendungsbereich, Begriff.
§ 2 TzWrG	§§ 482, 483 I	Prospektpflicht bei Teilzeit-Wohnrechteverträgen.
§ 3 TzWrG	§§ 483, 484	Prospektsprache bei Teilzeit-Wohnrechteverträgen.

Synopse

bisher	neu	Inhalt, evtl. Änderung
§ 4 TzWrG	§§ 484 I 4 BGB, 2 Verordnung über Informationspflichten nach Bürgerlichem Recht	Pflichtangaben, Schriftform.
§ 5 TzWrG	§ 485	Widerrufsrecht.
§ 6 TzWrG	§ 358 I und III-V	Widerrufsrecht bei finanzierten Teilzeit-Wohnrechteverträgen.
§ 7 TzWrG	§ 486	Anzahlungsverbot bei Teilzeit-Wohnrechteverträgen; wird auf die gesamte Widerrufsfrist ausgedehnt.
§ 9 TzWrG	§ 487	Unabdingbarkeit, Umgehungsverbot.
§ 11 TzWrG	keine Entsprechung	Übergangsvorschrift. Vgl. nunmehr Art. 229 § 4 I EGBGB.

Register

Die Zahlen verweisen auf den entsprechenden Paragraf des BGB. Die in Klammern gesetzten Erläuterungen beziehen sich auf Änderungen durch das Gesetz zur Modernisierung des Schuldrechts.

Abänderung durch die Annahme 150
Abfindung Anrechnung bei Auseinandersetzung fortgesetzter Gütergemeinschaften 1501
Abgang von Inventar bei Pachtvertrag 582
Abhanden gekommene Sachen gutgläubiger Erwerb 935
Abhilfe unterlassene Mängelanzeige 536c, Reisevertrag 651c
Abkömmling Aufhebungsklage bei fortgesetzter Gütergemeinschaft 1495, Ausgleichungspflicht bei Auseinandersetzung 2050, 2051, Auslegung von Testamenten 2069, Entziehung des Anteils bei fortgesetzter Gütergemeinschaft 1513 f., Entziehung des Pflichtteils 2333, gesetzlicher Erbe 1924 ff., Erbverzicht 2349, Haftungsausgleich bei fortgesetzten Gütergemeinschaft 1504, Herabsetzung des Anteils bei fortgesetzter Gütergemeinschaft 1512, Rechtsstellung bei Anteilsberechtigung an Gesamtgut 1487, Teilung unter A. bei Auseinandersetzung einer Gütergemeinschaft 1503, Tod bei Anteilsberechtigung an Gesamtgut 1490, Übernahmerecht bei fortgesetzter Gütergemeinschaft 1515, Verzicht auf Anteil bei fortgesetzter Gütergemeinschaft 1517
Ablaufhemmung bei nicht voller Geschäftsfähigkeit 210, in Nachlassfällen 211, Verjährung der Rückgriffsansprüche (Im Falle des Rückgriffs des Letztverkäufers bei Verbrauchsgüterkauf verjähren Rechte aus § 437 BGB und der Aufwendungsersatzanspruch nach § 479 II BGB frühestens zwei Monate nach Erfüllung der Verbraucherrechte, spätestens aber 5 Jahre nach Lieferung) 479
Ablehnung eines Angebotes, Auftrag 663, durch abändernde Annahme 150, der Vormundschaft 1786
Ablieferung der Kaufsache, Verjährungsbeginn 438
Ablieferungspflicht bei Fundsachen 967, Testament 2259
Ablösungsrecht eines Dritten bei drohendem Rechts-/Besitzverlust 268, Dritter bei Hypothek 1150, bei Rentenschuld 1201, des Verpfänders 1249
Ablösungssumme einer Rentenschuld 1199
Abmahnung bei vertragswidrigem Gebrauch der Mietsache 541, bei vertragswidrigem Gebrauch der Pachtsache 590a
Abnahme der Kaufsache 433, Kosten 448, Verjährungsbeginn bei Werkvertrag 634a, Vollendung des Werkes 646, des Werkes 640, des Werkes, Gefahrtragung 644
Abnutzung der Leihsache 602, der Mietsache durch vertragsgemäßen Gebrauch 538
Abrechnung von Betriebskosten 560
Abrechnungsmaßstab für Betriebskosten 556a
Abschlagszahlung Neubeginn der Verjährung 212, bei Werkvertrag 632a
Abschlussvertreter Haftung in Allgemeinen Geschäftsbedingungen 309
Abschrift Anspruch auf A. bei Testamenten 2264, der Fertigstellungsbescheinigung, Werkvertrag 641a, der Vertragserklärungen 492
Absendung des Widerrufs 355
Abspaltungsverbot Gesellschafterrechte 717
Abstammung 1591 ff.
Abtretung 398-413, Einwendungen des Schuldners 404, von Ersatzansprüchen 255, mehrfache 408, unter Urkundenvorlegung 405
Abtretungsanzeige durch den bisherigen Gläubiger 410
Abtretungsausschluss bei unpfändbaren Forderungen 400, bei Inhaltsänderung, durch Vereinbarung 399
Abtretungsurkunde Aushändigung 410
Abweichung von Weisungen bei Auftrag 665
Abwendung des Pächterpfandrechtes durch Sicherheitsleistung 583, des Vermieterpfandrechtes durch Sicherheitsleistung 562c
Abwesenheit Abgabe einer Willenserklärung bei A. 130
Abwesenheitspflegschaft 1911, Aufhebung 1921
Adoption siehe Kindesannahme 1745

Register

Änderung der Aufbewahrung bei Verwahrung 692, der landwirtschaftlichen Bestimmung 590, der Miethöhe bei Wohnraummietvertrag 557, der bisherigen Nutzung, Landpachtvertrag 590, des Reisepreises 651a, der Vereinssatzung 33, des Vorstandes eines Vereins 67, des Zwecks des Vereins 33

Änderungsvorbehalt in Allgemeinen Geschäftsbedingungen 308

Ärztliche Maßnahmen Einwilligung in bei Betreuung 1904

Äußerungen des Verkäufers, Sachmangel 434

AGBG (materiell-rechtliche Vorschriften eingefügt ins BGB, §§ 305-310; die verfahrensrechtlichen Vorschriften sind mit anderen formellen verbraucherschutzrechtlichen Vorschriften im neuen Unterlassungsklagengesetz zusammengefasst) 305 f.

Akteneinsicht durch Nachlassgericht bei Testamentsvollstreckung 2228

Akzessorietät der Bürgschaft 767, Hypothek 1153 f., beim Pfand 1250, 1252, bei Pfandrecht an Rechten 1287

Aliudlieferung Sachmangel (Die Aliudlieferung wird nunmehr von Gesetzes wegen als mangelhafte Leistung behandelt, unterliegt also der Sachmängelhaftung, § 434 III BGB) 434

Allgemeine Geschäftsbedingungen 305, Vorschriften, Anwendungsbereich 310

Amtliche Verwahrung eines Erbvertrages 2277, 2300, eines Testaments 2248, 2256, 2258a, 2258b 2259

Amtsgericht Berufung einer Mitgliederversammlung durch 37, Eintragung nicht wirtschaftlicher Verein 21, Kraftloserklärung der Vollmachtsurkunde 176, Notbestellung des Vorstandes durch 29, Notbestellung durch 29, Zeugnis des A. über die Eintragung 69, Zuständigkeit für öffentliche Verwahrung eines Testaments 2258a, Zuständigkeit zur Eintragung des Vereins 55

Amtsvormundschaft 1791b f., gesetzliche 1791c

Anbahnung eines Vertrages 311

Androhung der Besitzaufgabe bei Annahmeverzug 303, der Kündigung bei unterlassener Mitwirkungshandlung, Werkvertrag 643

Aneignung 958-964

Anerkenntnis Neubeginn de Verjährung 212, Rückforderung nach Verjährung 214

Anerkennung der Vaterschaft 1594 ff.

Anfall des Vereinsvermögens 45, des Vereinsvermögens an den Fiskus 46

Anfallberechtigter bei Liquidation des Vereinsvermögens 45f, 51

Anfang des Monats 192

Anfangstermin Rechtsgeschäft 162

Anfangsvermögen bei Zugewinngemeinschaft 1374

Anfechtung Ausschlagung eines Pflichtteils 2308, der Ausschlagung und Annahme einer Erbschaft 1954 ff., Einrede der Anfechtbarkeit, Bürgschaft 770, des Erbschaftserwerbs wegen Unwürdigkeit 2340, eines Erbvertrags 2281 ff., Erklärung 143, Frist (Verkürzung der Ausschlussfrist von 30 auf 10 Jahre) 121, 124, der Fristversäumung bei Ausschlagung und Annahme einer Erbschaft 1956, Geltendmachung der Erbunwürdigkeit 2340, wegen Irrtums 119, der Leistungsbestimmung 318, wegen Täuschung und Drohung 123, wegen falscher Übermittlung 120, der Vaterschaft 1600 ff., von letztwilligen Verfügungen 2078, Wirkung 142

Anfechtungsfrist (Verkürzung der Ausschlussfrist von 30 auf 10 Jahre) 121, 124

Anfechtungsgegner bei einseitigem Rechtsgeschäft 143, bei Vertrag 143

Anfechtungsklage Erbunwürdigkeit 2342, Vaterschaft 1600e

Angabe erforderliche A. bei Teilzahlungsgeschäften 502, der rechtfertigten Gründe im Kündigungsschreiben 573, zum Inhalt der Garantie bei Verbrauchsgüterkauf 477

Angebot Entbehrlichkeit, Annahmeverzug (Satz 2 des § 296 BGB wird an die veränderte Fassung des § 286 II Nr. 2 BGB angepasst. Die „Kündigung" ist durch „Ereignis" ersetzt worden.) 296, tatsächliches, Annahmeverzug 294, wörtliches, Annahmeverzug 295

Angehörige Eintrittsrecht in den Mietvertrag im Todesfall 563

Angelegenheiten des Vereins 32

Angriff rechtswidriger, Notwehr 227

Anlage von Mietsicherheiten 551

Anlagen gefahrdrohende 907

Anlegung Pflicht zur A. eingezogenen Geldes bei Pfandrecht an Rechten 1288

Anliegerbeitrag Rechtsmangel 436

Anmaßung eines Rechtes an der Mietsache 536c

Anmeldung von Ansprüchen der Gläubiger 50, Eintragung der Liquidatoren 76, Eintragung der Satzungsänderung 71, zur Eintragung, Verein 59, Form, Eintragung der

Register

Liquidatoren 77, Zurückweisung der Anmeldung, Verein 60

Annahme unter Abänderungen 150, eines Antrags 147, der Anweisung 784, bei Anweisung auf Schuld 787, von Anzahlungen bei Teilzeit-Wohnrechtevertrag 486, bei notarieller Beurkundung 128, 152, der Erbschaft 1942 ff., an Erfüllungs Statt 364, ohne Erklärung an den Antragenden 151, Fiktion bei Schenkung 516, als Kind siehe Kindesannahme, vorübergehende Verhinderung 299, verspäteter Zugang 149, 150

Annahmefrist 147, in Allgemeinen Geschäftsbedingungen 308, Bestimmung 148

Annahmeverzug 293 ff., Fortbestand des Gegenanspruches bei 326, Gefahrtragung bei Werkvertrag 644, Gefahrübergang bei Kauf 446, Haftung während des A. 300, Hinterlegung 372, Vergütung bei 615, Versteigerung hinterlegungsunfähiger Sachen 383

Anordnung einstweilige, Hemmung der Verjährung 204, der Nachlassverwaltung 1981

Anpassung des Landpachtvertrages an Veränderungen 593, von Verträgen 313 ff.

Anrechnung der Draufgabe 337, der Leistung auf mehrere Forderungen 366, von Teilleistungen bei Verbraucherdarlehensvertrag 497, einer Versicherungsleistung bei vorübergehender Verhinderung, Dienstvertrag 616

Anspruch zwischen Ehegatten, Ende der Verjährungshemmung 207, familien- und erbrechtliche Verjährung 197, rechtskräftig festgestellter, Verjährung 197, aus familienrechtlichem Verhältnis 194, Verjährung 194, Verjährung bei gesicherten Ansprüchen (früher § 223; neu ist die Regelung hinsichtlich der mittels Eigentumsvorbehalt gesicherten Ansprüche; insoweit wurde die frühere Rechtsprechung kodifiziert) 216

Anstalt des öffentlichen Rechts 89, Zuweisung des Vereinsvermögens an 45

Anstandspflicht Erfüllung trotz 814

Anstandsschenkung 534, Pflichtteilsergänzung 2330

Anteilsunwürdigkeit des gemeinschaftlichen Abkömmlings bei fortgesetzter Gütergemeinschaft 1506

Antrag neuer A. durch Abänderung 150, unter Abwesenden 147, unter Anwesenden 147, auf Beistandschaft 1712, Bindung an den 145, Erlöschen 146, mittels Fernsprecher 147

Anwachsung bei Ausscheiden eines Gesellschafters 738, von Erbteilen 2094 ff., bei Vermächtnis 2158

Anwartschaft Wertausgleich zwischen geschiedenen Ehegatten 1587a-1587e

Anweisung 783-792, Annahme 784, Aushändigung 785, des Käufers bei Versendungskauf 447, Haftung des Gastwirtes für Schäden an eingebrachten Sachen 701, auf Schuld 787, Valutaverhältnis 788, Widerrufsrecht des Anweisenden 790

Anzahlungsverbot bei Teilzeit-Wohnrechtevertrag 486

Anzeige 777, unterlassene A. eines Reisemangels 651d, der Abtretung 409, bei Abweichung von Weisungen bei Auftrag 665, von der Änderung der Aufbewahrung bei Verwahrung 692, der Gefahr drohenden Beschaffenheit der Sache bei Verwahrung, Schadensersatz 694, des Erben bei Tod des Beauftragten 673, Erlöschen des Schadensersatzanspruches des Gastes, Beherbergungsvertrag 703, Formvorschrift in Allgemeinen Geschäftsbedingungen 309, Tod eines Gesellschafters 727, Übernahme der Geschäftsführung bei Geschäftsführung ohne Auftrag 681, bei Überschreitung des Kostenanschlages, Werkvertrag 650

Anzeigepflicht bei Ablehnung eines Auftrages 663, des Anweisungsempfängers 789, des Erbes bei Tod eines Vormundes 1894, des Erbschaftskäufers 2384, des Finders 965, Hinterlegung 374, des Nießbrauchers 1042, des Vorerben 2146

Arbeit Kosten bei Nacherfüllung 439

Arbeitgeber Darlehensvertrag mit Arbeitnehmer 491

Arbeitnehmer Darlehensvertrag mit Arbeitgeber 491

Arbeitsplatz Abschluss eines Vertrages am 312

Arbeitsplatzausschreibung Dienstvertrag 611b

Arbeitsrecht Allgemeine Geschäftsbedingungen 310

Arbeitsverhältnis Kündigungsfristen 622, eines Minderjährigen 113, Übergang der A. bei Betriebsübergang 613a

Arglist Anfechtung wegen Täuschung 123, Einrede der A. bei unerlaubter Handlung 853, des Minderjährigen 109, bei Pfandverkauf 445, Verjährung von Mängelansprüchen bei Kauf 438, Verschweigen eines Mangels bei Leihe 600, Verschweigen eines Mangels bei vertraglichem Haftungsaus-

schluss 639, Verschweigen eines Mangels der Kaufsache 442, arglistiges Verschweigen eines Mangels der Mietsache 536b, 536d, Verschweigen eines Sachmangels bei Schenkung 524, Verschweigen eines Werkmangels, Verjährung 634a
Armenkasse Auslegung von Testamenten 2072
Arrest Hemmung der Verjährung 204
Arrestvollziehung bei bedingtem Rechtsgeschäft 161
Aufbewahrung Änderung bei Verwahrung 692, Verwahrungsvertrag 688
Aufforderung zur Genehmigung der Vertretung 177
Aufgabe einer Sicherheit durch den Gläubiger, Bürgschaft 776
Aufgebot der Nachlassgläubiger 1970 ff., Verfahren 927
Aufgebotsverfahren Aufschiebung der Auseinandersetzung bis Abschluss 2045, bei Hypothekenbrief 1162
Aufhebung der Bruchteilsgemeinschaft, Teilung in Natur 752, eines Erbvertrags 2290 ff., der Fürsorgepflichten, Dienstvertrag 619, der Gemeinschaft im Todesfall 749, des Insolvenzverfahrens bei Verein 42, des Wohnsitzes 7, des Wohnsitzes eines Kindes 10
Aufhebungsanspruch Bruchteilsgemeinschaft 749, Unverjährbarkeit, Bruchteilsgemeinschaft 758
Aufhebungsklage des Abkömmlings bei fortgesetzter Gütergemeinschaft 1495, bei Gütergemeinschaft 1447 ff., 1469 ff.
Aufhebungssperre Antragsrecht und -frist bei Aufhebung der K. 1762, Aufhebung von Amts wegen 1763, der Kindesannahme 1761, Wirkung der Aufhebung 1764
Aufhebungsvertrag Schriftform, Arbeitsverhältnis 623
Auflage 2192 ff., vom Aufgebot nicht betroffene A. 1972, Bestimmung des Begünstigten 2193, des Erblassers 1940, durch Erbvertrag 2279, durch Schenkung 525, Selbstständigkeit 2195, Überschuldung des Nachlasses durch A. 1992, Unmöglichkeit der Vollziehung 2196, Verweigerung der Vollziehung 526, Vollziehungsanspruch 2194
Auflassung 925, Gültigkeit des Vertrages durch 311b, Kosten 448
Auflösung Bekanntmachung der A. des Vereins 50, der Gesellschaft bei Tod eines Gesellschafters 727, der Gesellschaft durch Insolvenzverfahren 728, der Gesellschaft, Gewinn- und Verlustverteilung 721, Verein 74, des Vereins 41, des Vereins durch Insolvenzverfahren 42
Aufrechnung 387-396, bei Ablösungsrecht 268, Einrede der Aufrechenbarkeit, Bürgschaft 770, gegen beschlagnahmte Forderung 392, bei Forderung wegen zu viel gezahlter Miete 556b, gegen eine zum Gesellschaftsvermögen gehörende Forderung 719, gegenüber dem neuen Gläubiger 406, im Prozess, Hemmung der Verjährung 204, bei Mehrheit von Forderungen 396, durch den Mieter bei Veräußerung der Mietsache 566 d, nach Nichterfüllung 352, bei Schuldübernahme 417, trotz Verjährung (§ 215 BGB übernimmt den Regelungsinhalt des § 390 S. 2 BGB a. F. und dehnt den Anwendungsbereich auf das Bestehen eines Zurückbehaltungsrechtes aus.) 215, Verzicht bei Verbraucherdarlehensvertrag 496, Wirkung 389, Wirkung bei Gesamtschuld 422
Aufrechnungsverbot in Allgemeinen Geschäftsbedingungen 309
Aufstieg Benachteiligungsverbot aufgrund des Geschlechtes 611a
Auftrag 662-674, Befreiungsanspruch des Bürgen 775
Auftraggeber Tod oder Geschäftsunfähigkeit 672
Aufwandsentschädigung des Vormundes 1835a
Aufwendung Anrechnung ersparter A., Mietvertrag 537, Beschränkung in Allgemeinen Geschäftsbedingungen 309, Ersatzanspruch gegen Lieferanten 478, Ersatzansprüche des Mieters, Verjährung 548, des Maklers 652, bei Mangelhaftigkeit der Kaufsache 437, bei Nacherfüllung 439, bei Nacherfüllung, Werkvertrag 635, Rücktritt bei Teilzahlungsgeschäft 503, Schenkungsvermutung bei A. des Kindes 1620, unverhältnismäßige, Schadensersatz 251, Verzinsung 256, Vorschusspflicht des Auftraggebers 669
Aufwendungsersatz von A. für Zahlungskarte bei Girovertrag 676h, Anspruch des Finders 970, bei Auftrag 670, bei berechtigter Geschäftsführung ohne Auftrag 683, der Eltern gegen das Kind 1648, bei anfänglichem Leistungshindernis 311a, bei Mangel der Mietsache 536a, bei Mangelhaftigkeit des Werkes 634, bei Selbstvornahme, Mangelhaftigkeit des Werkes 637, sonstiger A. durch Vermieter 539, bei unberechtigter

Geschäftsführung ohne Auftrag 684, des Vereinsbetreuers 1908e, vergebliche Aufwendungen 284, bei Verwahrung 693, bei Vollziehung einer Auflage 526, des Vormundes 1835

Ausbesserung gewöhnliche, Landpachtvertrag 586, bei Nießbrauch 1043, 1044

Ausbeutung einer Zwangslage 138

Ausbildung Personensorge 1631a, Unterhaltsanspruch des geschiedenen Ehegatten 1575

Auseinandersetzung bei Ausscheiden eines Gesellschafters 738, bei Beendigung einer Gütergemeinschaft 1471 ff., Berichtigung der Gesellschaftsschulden 733, der Erbengemeinschaft 2042 ff., der Gesellschaft nach Auflösung 730, der Gesellschaft, Rückgabe von Gegenständen 732, Nachschusspflicht bei Fehlbetrag, Gesellschaft 735, Übertragbarkeit der Ansprüche aus A., Gesellschaft 717, Verfahren, Gesellschaft 731

Ausfall eines Gesamtschuldners 426

Ausforschungsverbot Kindesannahme 1758

Ausführungsfrist für Überweisungen 676a

Ausgleich bei Gesamtgläubigerschaft 430, unter den Gesamtschuldnern 426

Ausgleichsanspruch bei Beendigung einer Gütergemeinschaft 1445 f., 1467 f., siehe Versorgungsausgleich, bei Zahlungsvertrag 676e

Ausgleichsforderung bei Zugewinnausgleich 1378

Ausgleichspflicht bei Auseinandersetzung einer Erbengemeinschaft 2050 ff., 2050 ff., 2057a, zwischen geschiedenen Ehegatten bezüglich Anwartschaften und Aussichten auf Versorgungsansprüche 1587a ff., der Gesamtschuldner 426, Pflichtteil 2316

Aushändigung der Anweisung 785, Leistungspflicht bei Schuldverschreibung auf den Inhaber 797, bei Übertragung der Anweisung auf Dritte 792, der Vertragserklärungen 492

Auskunft über die Gründe des Widerspruchs 574b, über den Stand der noch schwebenden Geschäfte 740

Auskunftsanspruch des Elternteils über persönliche Verhältnisse des Kindes 1686

Auskunftspflicht bei Auftrag 666, der Ehegatten bei Beendigung des Güterstandes 1379, des Erben gegenüber Pflichtteilsberechtigten 2314, bei Erbschaftsbesitz 2027, 2028, über abgetretene Forderung 402, bei Herausgabepflicht 260, der Miterben 2057, über Vermögen und Einkünfte bei Unterhaltsverpflichtung 1580, des Verwandten zur Feststellung eines Unterhaltsanspruchs 1605, des Vormundes gegenüber dem Vormundschaftsgericht 1839

Auslagen Erstattung bei Darlehensvermittlungsvertrag 655d

Auslegung von Testamenten 2066 ff., von Testamenten bei Mehrdeutigkeit 2073, Vertrag 157, Willenserklärung 133

Auslobung 657-661a, bindendes Versprechen 657

Ausscheiden eines Gesellschafters, Auseinandersetzung 738, eines Gesellschafters, Haftung für Fehlbetrag 739, eines Gesellschafters, Nachhaftung 736

Ausschlagung Anfechtung 1954 ff., Bedingungsfeindlichkeit 1947, bei mehreren Berufungsgründen 1948, 1951, der Erbschaft durch Nacherben 2142, Erbschaft und Vermächtnis, Schenkung 517, bei mehreren Erbteilen 1951, des Fiskus 1942, Form 1945, Frist 1944, Geschäftsführung des Erben vor A. 1959, Irrtum über Berufungsgrund 1949, Teilausschlagung 1950, Vererblichkeit des Ausschlagungsrechts 1952, Wirkung 1953, Zeitpunkt 1956

Ausschlagungsfrist bei Erbanfall 1944 f.

Ausschluss der Anfechtung 121, des Aufhebungsanspruches, Bruchteilsgemeinschaft 749, Aufrechnung bei beschlagnahmter Forderung 392, der Bindung an den Antrag 145, Einrede der Vorausklage 773, eines Gesellschafters 737, mietrechtlicher Kündigungsbestimmungen 584a, des ordentlichen Kündigungsrechtes, Darlehen 489, des Kündigungsrechtes, Gesellschaft 723, der Leistungspflicht bei Unmöglichkeit (es wird nicht mehr zwischen nachträglicher und anfänglicher, objektiver und subjektiver und zu vertretender und nicht zu vertretender Unmöglichkeit unterschieden) 275, der Mängelansprüche bei Kenntnis 442, der Mängelhaftung bei arglistigem Verschweigen 536d, der Mängelhaftung bei Kaufvertrag (Beim Verbrauchsgüterkauf ist künftig eine Beschränkung der Gewährleistung nur noch in engen Grenzen möglich.) 444, der Mängelhaftung bei Werkvertrag 639, der Minderung 441, des Rücknahmerechts bei Hinterlegung 376, Schadensersatz bei Verbrauchsgüterkauf 475, vom Stimmrecht 34, Übertragbarkeit der Anweisung 792, des Vorkaufsrechtes bei Zwangsvollstreckung und Insolvenz

Register

471, des Widerrufs der Schenkung 532, des Zurückbehaltungsrechtes gegen den Vermieter 570
Ausschlussfrist Rechte bei Reisemangel 651g, Wiederkaufsrecht 462
Ausschreibung des Arbeitsplatzes 611b
Ausspielvertrag staatliche Genehmigung 763, Haftungsausschluss in Allgemeinen Geschäftsbedingungen 309
Ausstattung des Betreuten 1908, aus dem Elternvermögen 1624, aus dem Kindesvermögen 1625
Aussteller Haftung, Schuldverschreibung auf den Inhaber 794
Austritt aus dem Verein 39
Ausübung der Mitgliedschaftsrechte im Verein 38, Vorkaufsrecht 463 f., des Vorkaufsrechtes des Mieters 577, des Wiederkaufsrechtes 456
Ausübungsfrist Vorkaufsrecht 469
Bankgeschäft Zinseszins 248
Bankgeschäftstage Ausführungsfrist bei Überweisungen 676a
Barrierefreiheit 554a
Basiszinssatz 247
Bauhandwerkersicherung Werkvertrag 648a
Bausparkasse Allgemeine Geschäftsbedingungen 305a
Bauunternehmer Sicherungshypothek 648
Bauwerk Sicherungshypothek des Bauunternehmers 648, Verjährung der Mängelansprüche 438, Verjährung der Mängelansprüche, Werkvertrag 634a
Beamter Entlassung als Vormund 1888, Gehaltsabtretung 411, als Vormund 1784
Beauftragter Tod 673
Bedachter eines Vermächtnisses 2147 ff.
Bedingung 158-162, auflösende 158, Aufrechnungserklärung 388, aufschiebende 158, aufschiebende, Eigentumsvorbehalt 449, Auslegung von Testamenten 2074 ff., keine B. bei Annahme und Ausschlagung der Erbschaft 1947, aufschiebende B. der Billigung 454, Herbeiführung, Verhinderung des Eintritts 162, bei Maklervertrag 652, Mietverhältnis unter auflösender B. 572
Bedürftigkeit vorsätzliche Herbeiführung durch den Schenker 529
Beeinträchtigung des Namensrechtes 12, von Sonderrechten 35, des vertraglichen Vermächtnisnehmers 2288, des Vertragserben durch Schenkungen 2287
Beendigung schwebender Geschäfte 49, der schwebenden Geschäfte, Gesellschaft 730, des Mietverhältnisses 568-580a, des Pachtverhältnisses, Rücklassungspflicht 596b, von Verträgen 313 ff.
Beerdigungskosten 1968, Kostentragungspflicht des Vaters bei Tod der Mutter infolge der Schwangerschaft 1615m f.
Beförderung Fernabsatz 312b
Beförderungsbedingungen der Eisenbahnen 305a, Haftungsausschluss 309
Beförderungsmittel Fund in B. 978
Beförderungsvertrag Einbeziehung von Allgemeinen Geschäftsbedingungen 305a
Befreiung bei Anweisung auf Schuld 787, von Gesellschaftsschulden bei Ausscheiden 738, durch Leistung an einen Nichtberechtigten, Schuldverschreibung auf den Inhaber 793, von Mietzins wegen Mangels 536
Befreiungsanspruch 257, des Bürgen 775
Befriedigung durch einen Gesamtschuldner 426
Befriedigungsabreden Unzulässigkeit bei Hypothek 1149
Befriedigungsrecht des Eigentümers bei Hypothek 1142, bei drohendem Rechtsverlust 268
Befristung 163, Aufrechnungserklärung 388, des Mietverhältnisses 575
Beginn der Frist 187, regelmäßige Verjährung 199, anderer Verjährungsfristen 200
Beglaubigung öffentliche 129
Begrenzung von Mietsicherheiten 551, der Nachhaftung bei Ausscheiden eines Gesellschafters 736
Begründung keine B. des Widerrufs 355, der Mieterhöhung 558a, Schuldverhältnis 311-311c, des Wohnsitzes 7
Begünstigter einer Auflage 2193
Begutachtungsverfahren Hemmung der Verjährung 204
Behandlung Pflicht zur Krankenfürsorge, Dienstvertrag 617
Beherbergungsvertrag 701 ff., Erlass der Haftung des Gastwirtes 702a
Behinderte Anspruch auf Zustimmung zu baulichen Änderungen 554a
Behörde Abgabe einer Willenserklärung gegenüber 130, als Anfechtungsgegner 143, Antrag, Hemmung der Verjährung 204, Betreuer 1900, Fund in B. 978
Behördenbetreuer Aufwendungsersatz 1908h, Bestellung 1900, Zwangsgeld 1908g
Beistandpflicht zwischen Eltern und Kindern 1618a

Beistandschaft 1712 ff., Antragsbefugnis 1713, Antragserfordernis 1712, Beendigung 1715, Eintritt 1714, Gegenstand 1712, Geltung nur für Inland 1717, Verjährungshemmung 207, Wirkungen 1716

Beitrag Erhöhung bei Gesellschaft 707, der Gesellschafter 705, 706

Beitragsschuld Rechtsmangel 436

Bekanntmachung der Auflösung des Vereins 50, der Auflösung, Entziehung der Rechtsfähigkeit 50, der Eintragung 66, Erteilung der Vollmacht durch öffentliche 171, eines Fundes vor Versteigerung 980, Kraftloserklärung der Vollmachtsurkunde durch öffentliche 176, öffentliche, Auslobung 657

Belastung des verpachteten Grundstücks, Landpachtvertrag 593b, der Mietsache durch den Erwerber 567b, vor der Überlassung des Wohnraums 567a, Wertersatz bei Rücktritt 346, des Wohnraums durch den Vermieter 567

Belehrung über das Widerrufsrecht 355, über Widerrufsrecht bei Teilzeit-Wohnrechtevertrag 485, über das Widerrufsrecht bei Verbraucherdarlehensvertrag 495, über das Widerrufsrecht bei verbundenen Verträgen 358

Belieben des Käufers, Billigung bei Kauf auf Probe 454

Belohnung bei Auslobung 657

Benachrichtigung des Erwerbers bei Schuldübernahme 416, des Verpächters von der Betriebsübergabe, Landpachtvertrag 593a

Benachteiligung unangemessene, durch Allgemeine Geschäftsbedingungen (Bei intransparenten Klauseln ist nunmehr im Zweifel anzunehmen, dass sie die andere Partei unangemessen benachteiligen) 307

Benachteiligungsverbot geschlechtsbezogenes, Dienstvertrag 611a

Berechnung der Minderung (Die Minderungsberechnung wurde vereinfacht. Die Berechnung kann aber aufgrund ausdrücklicher Anordnung in Zweifelsfällen durch Schätzung ermittelt werden.) 440, Zeitraum 191

Berechtigung Anfall des Vereinsvermögens 45, zum Austritt aus dem Verein 39, zur Einsicht in das Vereinsregister 79, zur Fruchtziehung 101, zum Widerruf 109

Bereicherung eines anderen durch Schenkung 516

Bereicherungsanspruch 812 ff., Erfüllung trotz Einrede 813, Gesetzesverstoß 817, verschärfte Haftung 820 f., Kenntnis der Nichtschuld 814, Nichteintritt des Erfolges 815, bei Rechtsverlust an Fundsachen 977, Sittenverstoß 817, Umfang 818, Verfügung eines Nichtberechtigten 816

Bergwerk Nießbrauch an B. 1038

Berichtigung Anspruch auf B. bei falschem Grundbucheintrag 894, Anspruch auf Voreintragung des Verpflichteten 895, von Eingabefehlern, elektronischer Geschäftsverkehr 312e, einer Gesamtschuld, Bruchteilsgemeinschaft 755, der Gesellschaftsschulden, Auseinandersetzung 733, einer Teilhaberschuld, Bruchteilsgemeinschaft 756

Berliner Testament 2269

Beruf Personensorge 1631a

Berufsunfähigkeit des Landpächters, Kündigung 594c

Berufsvormund 1836b

Berufung der Mitgliederversammlung 36, auf Verlangen einer Minderheit 37

Berufungsgrund Annahme und Ausschlagung der Erbschaft 1948 ff.

Beschädigung von bei Gastwirten eingebrachten Sachen 701, einer Sache, Schadensersatz 249, Selbsthilfe 229, der Urkunde, Schuldverschreibung auf den Inhaber 798

Beschäftigungsdauer Kündigungsfristen von Arbeitsverhältnissen 622

Beschaffenheit der Kaufsache 434

Beschaffungsrisiko Verantwortlichkeit für eigenes Verschulden (Die Aufnahme dieser Fallgruppe in § 276 BGB wurde wegen der Aufhebung des § 279 BGB notwendig.) 276

Bescheinigung der Mitgliederzahl 72

Beschlagnahme Aufrechnung 392

Beschluss zur Änderung der Vereinssatzung 33, gesetzeswidriger B. der Mitgliederversammlung 43, einstimmiger, Entziehung der Geschäftsführung bei Gesellschaft 712, der Mitgliederversammlung 27, 35, Über Verwaltung und Benutzung bei Bruchteilsgemeinschaft 745

Beschlussfassung Beschränkung des Vereinsvorstandes 70, der Mitgliederversammlung 32, im Verein 28

Beschränkt Geschäftsfähige Ehemündigkeit 1303, Eheverträge 1411

Beschränkte persönliche Dienstbarkeiten 1090 ff.

Beschränkung des Aufhebungsanspruches, Bruchteilsgemeinschaft 749, eines Erben und Pflichtteilsrecht 2306, der Fürsorgepflichten, Dienstvertrag 619, der Haftung

des Gastwirtes 702, der Haftung zugunsten des Reiseveranstalters 651h, Schadensersatz bei Verbrauchsgüterkauf 475, der Vertretungsmacht durch Satzung 26
Beschreibung der Pachtsache 585b
Beschwerter eines Vermächtnisses 2147
Beseitigung der Beeinträchtigung des Namens 12, des Mangels als Nacherfüllung 439, des Mangels der Mietsache 536a, von Rechten Dritter 458
Beseitigungsanspruch bei Beeinträchtigungen von Grunddienstbarkeiten 1027, bei Eigentumsbeeinträchtigungen 1004, bei Eigentumsstörungen 1004, bei Vormerkung 886
Besichtigung Kauf auf 454 f., einer Sache 809
Besichtigungstermin Fertigstellungsbescheinigung 641a
Besitz 854-872, Ansprüche bei Entziehung 861, Ansprüche bei Störung 862, Beendigung 856, Besitzrecht des Nießbrauchers 1036, Eigenbesitz 872, Eigentumsvermutung 1006, Erlöschen der Besitzansprüche 864, Erwerb 854, Herausgabeansprüche des früheren Besitzers 1007, Inbesitznahme durch den Vermieter 562b, Mitbesitz 866, Mittelbarer B. 868-871, Selbsthilfe 859, Teilbesitz 865, Vererblichkeit 857, Verfolgungsrecht des Besitzers 867, Verjährung bei Rechtsnachfolge 198
Besitzaufgabe Recht auf B. bei Annahmeverzug 303
Besitzdiener 855, Selbsthilfe 860
Besitzentziehung Ansprüche des Besitzers 861, Einwendungen des Entziehers 863
Besitzer Ansprüche des früheren B. 1007, Befriedigungsrecht des Besitzers 1003, Einwendungen gegen Herausgabeanspruch 986, Haftung des deliktischen B. 992, Haftung des redlichen B. 993, Verhältnis zum Eigentümer 986 ff.
Besitzkonstitut 930
Besitzschutz 859 ff., des Rechtsbesitzers 1029
Besitzstörung Ansprüche des Besitzers 862, Einwendungen des Störers 863
Besorgung eines Geschäftes, Auftrag 662
Bestätigung eines anfechtbaren Erbvertrags 2284, eines nichtigen Rechtsgeschäftes 141, des anfechtbaren Rechtsgeschäftes 144, der Vertragsbedingungen bei Überziehungskredit 493
Bestallung des Vormundes 1791

Bestandsverzeichnis Inbegriff von Gegenständen 260
Bestandteil wesentlicher B. 93 f.
Besteller Kündigungsrecht bei Werkvertrag 649, Mitwirkung bei Herstellung des Werkes 642, Sicherheitsleistung bei Arbeiten an einem Bauwerk 648a, Verantwortlichkeit 645
Bestellung im elektronischen Geschäftsverkehr 312e, von Liquidatoren 46, des Vereinsvorstandes 27
Bestellungskosten Ersatz 998
Bestimmung einer Annahmefrist 148, landwirtschaftliche, Änderung 590
Beteiligte Pflegschaft für unbekannte B. 1913
Beteiligung am Ergebnis schwebender Geschäfte, Gesellschaft 740
Betreuer siehe Betreuung
Betreuung 1896 ff., Änderung 1908d, Aufhebung 1908d, Aufwendungsersatz 1908e, Ausstattung des Betreuten 1908, durch Behörde 1900, Behördenbetreuer 1908g, Bestellung einer natürlichen Person 1897, Bestellung eines neuen Betreuers 1908c, Betreuungswünsche 1901a, Einwilligungsvorbehalt 1903, Entlassung des Betreuers 1908b, Erweiterung des Aufgabenkreises 1908d, ärztliche Maßnahmen 1904, Mehrheit von Betreuern 1899, und Minderjährige 1908a, Mitteilungen an Betreuungsbehörde 1908k, Pflichten des Betreuers 1901, Stellvertretung 1902, Sterilisation 1905, Tod des Betreuers 1908c, Übernahmepflicht 1898, Unterbringung 1906, Unterhaltsanspruch wegen Betreuung eines Kindes 1570, durch Verein 1900, Vergütung 1836 ff., 1908e, Verjährungshemmung 207, Voraussetzungen 1896
Betreuungsbehörde Mitteilungen an B. 1908k
Betreuungsunterhalt 1570, von Mutter und Vater aus Anlass der Geburt 16151
Betreuungsverein Anerkennung 1908f, Aufwendungsersatz 1908e, Bestellung als Betreuer 1900, Vergütung 1908e
Betrieb Landpachtvertrag 585, Übergabe bei Landpachtvertrag 593a
Betriebskosten Abrechnungsmaßstab 556a, Nichteinbeziehung bei Berechnung der Mietsicherheit 551, Veränderung 560, bei Wohnraummiete 556
Betriebsübergabe Landpachtvertrag 593a
Betriebsübergang Übergang der bestehenden Arbeitsverhältnisse 613a

Betriebsvereinbarung Betriebsübergang 613a

Beurkundung Annahme bei notarieller 152, von Grundstücksverträgen 311b, des Kaufvertrages, Kosten 448, notarielle 128, Pflicht bei Abtretung 403, eines Schenkungsversprechens 518, Stiftungsgeschäft 81, von Teilzeit-Wohnrechtevertrag 483, Vertrag über gegenwärtiges Vermögen 311b, der Willenserklärung bei Haustürgeschäft 312

Bewegliche Sachen Erwerb 929 ff., Gutgläubiger Erwerb 932 ff.

Beweislast in Allgemeinen Geschäftsbedingungen 309, bei Annahme als Erfüllung 363, bei Rechtsmangel, Kauf (§ 442 BGB a. F. wurde aufgehoben; es gilt nunmehr die allgemeine Regelung des § 363 BGB) 363, bei Kündigung aus wichtigem grund wegen Nichtgewährung des Gebrauchs 542, Schadensersatz bei Pflichtverletzung (Eine Beweislastregel findet sich nun für alle Fälle der Pflichtverletzung in § 280 I 2 BGB, nicht mehr nur für Unmöglichkeit und Verzug, vgl. §§ 282, 285 BGB a. F.) 280, bei Verstoß gegen geschlechtsbezogenes Benachteiligungsverbot, Dienstvertrag 611a, bei Vertragsstrafe 345

Beweislastumkehr Sachmängel bei Verbrauchsgüterkauf 476

Beweisverfahren selbständiges, Hemmung der Verjährung 204

Bewirken der geschuldeten Leistung 362

Bewusstlosigkeit Nichtigkeit der Willenserklärung 105

Bezug wiederkehrender B,. von Sachen 505

Bezugsperson eines Kindes 1682, Umgangsrecht 1685

Bienenrecht 961-964

Bienenwohnung Einzug in fremde B. 964

Bildung von Wohnungseigentum an vermieteten Wohnungen 577

Billigkeit weiterer Schadensersatz bei verspäteter Rückgabe der Mietsache 571

Billigung bei Kauf auf Probe 454

Billigungsfrist 455

Bindung gesamthänderische, Gesellschaft 719

Bösgläubigkeit bei ungerechtfertigter Bereicherung 819, bei Erlöschen der Vollmacht 169, Haftung für bei Erbschaftsanspruch 2024

Briefhypothek 1116 f., Aushändigung des Briefes bei Ablösung 1144, Ausschluss bei Sicherungshypothek 1185, Geltendmachung 1161

Briefwechsel bei gewillkürter Schriftform 127

Bruchteil Erbeinsetzung auf B. 2088 ff.

Bruchteilseigentum 1008-1011

Bruchteilsgemeinschaft Aufhebungsanspruch 749, Früchte 743, Lasten- und Kostentragung 748

Buchersitzung 900

Buchforderungen Sicherheitsleistung 236

Bürgenhaftung des Veräußerers einer vermieteten Sache 566

Bürgermeister Errichtung eines Nottestaments 2249

Bürgschaft 765-778, Erlöschen bei Schuldübernahme 418, gesetzlicher Forderungsübergang 774, vertragstypische Pflichten 765, als Sicherheitsleistung 232, 239, Übergang bei Abtretung 401, auf Zeit 777

Bürgschaftsschuld Umfang 767

Bundesrat Beschluss des B., ausländischer Verein 23

Culpa in Contrahendo c. i. c. (erstmals kodifiziert, vorher richterrechtliches Institut, entwickelt aus dem Rechtsgedanken der §§ 122, 307 BGB a. F.) 311

Darlehen (früher sowohl Darlehensvaluta als auch Darlehensvertrag, nach neuer Diktion nur noch Darlehensvaluta) 488 ff., 607 ff., Zinseszins 248

Darlehensgeber Pflichten 488, 607

Darlehensnehmer Pflichten 488, 607

Darlehensvermittlungsvertrag zwischen Verbraucher und Unternehmer 655a-655e

Darlehensvertrag 488-490, (In §§ 488 ff. BGB ist das Gelddarlehen, in §§ 607 ff. nunmehr nur noch das Sachdarlehen geregelt. Das verzinsliche Darlehen wird zum gesetzlichen Regelfall, § 488 II BGB.) 488 ff., 607 ff., Anwendung der Vorschriften bei unregelmäßiger Verwahrung 700, Widerruf bei verbundenen Verträgen 358

Daten personenbezogene, Vereinsregister 79, Übermittlung, maschinelles Vereinsregister 79

Datenschutz maschinelles Vereinsregister 79

Datenträger dauerhafter, Fernabsatzverträge 312c, dauerhafter, Widerruf 355

Dauerschuldverhältnis Kündigung aus wichtigem Grund (Kündbarkeit von Dauerschuldverhältnissen aus wichtigem Grund war bisher ein anerkannter Rechtsgrundsatz (Gesamtanalogie zu §§ 554a, 626, 723 BGB), der nunmehr kodifiziert wurde)

Register

314, Laufzeit in Allgemeinen Geschäftsbedingungen 309
Dauervollstreckung Frist 2210, Testamentvollstrecker 2209
Defensivnotstand 228
Deliktsrecht 823 ff.
Dereliktion von Grundstücken 928, von beweglichen Sachen 959
Derivate Darlehensvertrag zum Zwecke des Erwerbs 491
Devisen Darlehensvertrag zum Zwecke des Erwerbs 491
Dienst höherer Art, Kündigung des Dienstvertrages 627
Dienstbarkeit Beeinträchtigung durch Überbau 916
Dienstleistung als Beitrag, Gesellschaft 706, Fernabsatz 312b ff.
Dienstleistungspflicht des Kindes im elterlichen Hauswesen und Geschäft 1619
Dienstleistungssystem Fernabsatz 312b
Dienstverhältnis Kündigungsfristen 621, eines Minderjährigen 113, über mehr als 5 Jahre, Kündigungsfrist 624, Werkwohnungen 576
Dienstvertrag 611-630, Beendigung 620, als Geschäftsbesorgungsvertrag 675, vertragstypische Pflichten 611, Vergütung 612
Dienstwohnung 576 f.
Differenzgeschäft Spiel und Wette 764
Dingliche Einigung 873
Dingliche Surrogation bei Auseinandersetzung des Gesamtgutes bei Gütergemeinschaft 1473, bei Erbschaft 2019, bei Erwerb beweglicher Sachen mit Kindesmitteln 1646, bei Fundversteigerung 975, Gesellschaft bürgerlichen Rechts, bei Nacherbenrecht 2111, und Pfandrecht 1247, bei Verfügung über Nachlassgegenstände 2041
Dissens offener 154, versteckter 155
Doppelehe 1306
Draufgabe 336-338
Dreimonatseinrede des Erben 2014
Dreißigster 1969
Dritter Anfechtung wegen Täuschung 123, Anweisung 783, Beseitigung von Rechten bei Wiederkauf 458, Bewirken der Leistung an einen D. 362, Eintritt in den Reisevertrag 651b, Gebrauchsüberlassung an D. bei Mietvertrag 540, Hinterlegung bei D., Verwahrung 691, Kenntnis vom Erlöschen der Vollmacht 173, Mitteilung bei Vorkauf 469, Pfändung der mit Vermieterpfandrecht belasteten Sache 562d, Pflichten aus Schuldverhältnis (Durch § 311 Abs. 3 BGB wird nunmehr anerkannt, dass ein Schuldverhältnis auch zu Personen entstehen kann, die nicht Vertragspartei sind. Damit wird insbesondere die Vertreterhaftung aus c. i. c. bei Inanspruchnahme besonderen persönlichen Vertrauens normiert) 311, Recht an der Mietsache 536, Rechte am Werk 633, Rechte an der Kaufsache 435, Rückforderung der Pachtsache, Landpachtvertrag 596, Rückgabepflicht bei Leihe 604, Überlassung der Leihsache an D. 603, Überlassung der Mietsache an einen D. 537, Überlassung der Pachtsache, Landpachtvertrag 589, Übertragung des Auftrages auf D. 664, unstatthafter Verkauf, Bruchteilsgemeinschaft 753, Vertrag über Nachlass eines lebenden D. 311b, Vollmachterteilung durch Mitteilung 171, Zustimmung zu einem Rechtsgeschäft 182
Drittmittel Nichtanrechnung bei Mieterhöhung nach Modernisierung 559a
Drohung Anfechtung der Leistungsbestimmung 318, Anfechtung von Testamenten wegen D. 2078, widerrechtliche, Anfechtung 123
Duldungspflicht bei Überbau 912
Edelmetalle Darlehensvertrag zum Zwecke des Erwerbs 491
Ehe 1303 ff., zwischen Annehmenden und Kind 1766, Aufhebung 1313, 1314, Aufrechterhaltung 1568, Ausgleich des Zugewinns bei Beendigung 1372, Ehemündigkeit 1303, Ehenamen 1355, Eheschließung 1310, Eheverbote 1306, Erbrecht 1931 ff., Form 1311, Geschäftsunfähiger 1304, gesetzliches Güterrecht 1363-1390, Lebensgemeinschaft 1353, Maklerlohn 656, Namensgestaltung 1355, Nichtigkeitserklärung 2268, 2279, Scheidung 1564 ff., Scheitern 1565, 1566, Unklagbarkeit 1297, kirchliche Verpflichtungen 1588, 1588, Wirkungen 1353-1262
Eheaufhebung 1389, 1390
Eheauflösung Auswirkung auf gemeinschaftliches Testament 2268
Ehefähigkeitszeugnis 1309
Ehegatte Anfangsvermögen 1374, Ausgleichsforderung 1378, Ausgleichsrente 1578g, Auskunftspflicht 1379, 1580, 1587e, Ausschließung von der Erbfolge 1938, Ehenamen 1355, Ehevertrag 1408, Eigentumsvermutung 1362, Einschränkung der Verfügungsmacht 1365, Eintrittsrecht in den Mietvertrag im Todesfall 563, Endvermögen 1375, Entzug des Pflicht-

Register

teils 2335, gesetzliches Erbrecht 1931, Erbrecht 1931-1934, Erbschaft 1432, 2008, Erbvertrag 2275 ff., Erbvertrag in Verbindung mit Ehevertrag 2276, Erbvertrag unter E. 2275, 2279 2280, 2290, 2292, Erbverzicht 2346, Erwerbstätigkeit 1356, angemessene Erwerbstätigkeit 1574, Familienname 1355, Familienunterhalt 1360, Genehmigung von Verträgen 1366, Gesamtgut 1416, geschäftsunfähige 1411, Getrenntleben 1361, 1567, gesetzlicher Güterstand 1363, Haftung 1608, Haftung des geschiedenen E. für Unterhalt 1584, Haushaltsführung 1356, Hausratsverteilung 1361a, Lebensbedarf 1357, Lebensgemeinschaft 1353, Mitwirkung bei Grundbuchberichtigung 1377, Nichterfüllung wirtschaftlicher Verpflichtungen 1381, 1386, gemeinschaftliches Nottestament 2266, Pflichtteil 1371, Pflichtteilsrecht 2303, Pflichtteilsverzicht 1432, Rechte gegen Dritte 1386, einseitige Rechtsgeschäfte 1367, 1431, Schenkung 1425, Schlüsselgewalt 1357, Sondergut 1417, Sorgfaltspflicht 1359, 1435, gemeinschaftliches Testament 2265 ff., Tod 1371, Umgangsrecht 1685, Unterhalt 1361, 1569 ff., Unterhaltspflicht 1360, 1604, Unterhaltsrecht 1609, Unterhaltsverträge 1585c, Verfügung über Haushaltsgegenstände 1369, letztwillige Verfügungen 2077, 2268, 2279, Verfügungsbeschränkungen 1365, Verjährung 204, Vermächtnis 1432, unwirksame Vermögensverfügung 1368, Vermögensverhältnisse 1581, Vermögensverwaltung 1364 ff., 1413, Verschwägerung 1590, Versorgungsausgleich für geschiedenen E. 1587, Verwaltung des Gesamtgutes 1451, Vorbehaltsgut 1418, Zugewinnausgleich 1371, 1372, vorzeitiger Zugewinnausgleich 1385 ff., Zugewinngemeinschaften 1363 ff., Zuwendungen 2077, 2268, 2279
Ehegattenerbrecht 1931 ff., Ausschluss 1933
Ehegattenerbvertrag 2280
Eheliche Lebensgemeinschaft 1353
Ehemündigkeit 1303
Ehename 1355, als Geburtsname des Kindes 1616 ff.
Ehenichtigkeit Auswirkung auf gemeinschaftliches Testament 2268
Ehescheidung 1564 ff., Erfordernis eines Urteils 1564, Getrenntleben 1567, Härteklauseln 1568, Mindesttrenndauer 1565, Unterhalt 1569 ff., Versorgungsausgleich 1587, schuldrechtlicher Versorgungsausgleich 1587f ff., Versorgungsausgleich 1587 ff., Wertausgleich bei Anwartschaften und Aussichten 1587a ff., Zerrüttungsprinzip 1565, Zerrüttungsvermutung 1566
Ehevermittlung 656
Ehevertrag 1408 ff., Beschränkungen der Vertragsfreiheit 1409, Form 1410, Wirkung gegenüber Dritten 1412
Ehewohnung bei Getrenntlebenden 1361b
Eidesstattliche Versicherung des Erbschaftsbesitzers 2028
Eigenbedarf Befristung des Mietverhältnisses bei E. 575, Kündigung des Mietverhältnisses wegen E. 573
Eigenbesitz 872
Eigengeschäftsführung vorsätzliche und fahrlässige 687
Eigenschaft Anfechtung wegen Irrtum über verkehrswesentliche E. 119, zugesicherte E. bei Kauf (Zusicherung kommt der Übernahme einer Garantie i. S. d. § 276 gleich; daher auch weiterhin verschuldensunabhängiger Schadensersatzanspruch aus §§ 440, 280, 281, 276 [früher § 463]) 276, Garantie bei Pfandverkauf 445, der Kaufsache 434
Eigentümer Abwehransprüche 1004, Befriedigungsrecht 1142, Herausgabeanspruch 985, Unterlassungsklage bei Nießbrauch 1053, Verfolgungsrecht 962, 1005
Eigentümer-Besitzer-Verhältnis Haftung des Besitzmittlers 991, Haftung des deliktischen Besitzers 992, Haftung des redlichen Besitzers 993, Herausgabe von Nutzungen 987, 988, 990, Schadensersatzpflicht des Besitzers 989, Verwendungsersatz 994-996
Eigentümergrundschuld 1196
Eigentümerhypothek 1163, 1176 f.
Eigentum Ansprüche aus E. 985-1007, Aufgabe von beweglichen Sachen 959, Aufgabe von Grundstücken 928, Beeinträchtigungen 823, 904 ff., 1004, Befugnisse des Eigentümers 903, Beseitigungsanspruch 1004, Einwendungen des Besitzers 986, Erwerb des Finders 973 f., Erwerb durch Verbindung, Vermischung, Verarbeitung 946-950, Erwerb von beweglichen Sachen 929 ff., Erwerb von Grundstücken 873, 925, Herausgabeanspruch 985, Inhalt 903 ff., Miteigentum 1008 ff., an Schuldurkunden 952, Unterlassungsanspruch 1004, Vermutung für den Besitzer 1006, Vermutung für den im Grundbuch Eingetragenen 891, 1148, Vermutung für den Nießbrauchbesteller 1058, Vermutung

Register

für den Verpfänder 1248, Vermutung für Ehegatten 1362
Eigentumserwerb gutgläubiger Erwerb 932 ff., von Grundstücken 873, 925, von beweglichen Sachen 929 ff., an Schuldurkunden 952, durch Verbindung, Vermischung, Verarbeitung 946 ff.
Eigentumsübergang Mitteilung durch den Vermieter 566e, Schiffsmiete 578a
Eigentumsverschaffung Kauf 433
Eigentumsvorbehalt (Die Vermutung eines vertraglichen Rücktrittsrechts wurde aufgegeben. Der Verkäufer muss nun nach § 323 BGB nach Fristsetzung zurücktreten.) 449, bei Teilzahlungsgeschäften 502, Verjährung des gesicherten Anspruches 216
Einbenennung 1618
Einbeziehung von Allgemeinen Geschäftsbedingungen (Künftig wird bei der Frage der wirksamen Einbeziehung auch eine Körperbehinderung der anderen Vertragspartei berücksichtigt, siehe § 305 II Nr. 2 BGB) 305
Eingabefehler elektronischer Geschäftsverkehr 312e
Eingriffskondiktion 812, 816
Einheit wirtschaftliche, verbundene Verträge 358
Einigung dingliche E. 873, offener Einigungsmangel 154, versteckter Einigungsmangel 155, bei Erwerb beweglicher Sachen 929
Einlagen Rückerstattung in der Auseinandersetzung 733
Einleitung eines Rechtsstreites mit einem Mitglied 34
Einrede der Anfechtbarkeit bei letztwilligen Verfügungen 2083, der Anfechtbarkeit und Aufrechenbarkeit 770, Aufrechnung mit einredebehafteter Forderung 390, der ungerechtfertigten Bereicherung 821, des Bürgen 768, Erfüllung trotz E. 813, der Mangelhaftigkeit, Kaufvertrag (Die Mängeleinrede bleibt künftig auch ohne Mängelanzeige erhalten.) 438, 441, Unsicherheitseinrede (Zur Verhinderung des Schwebezustandes nach Erheben der Unsicherheitseinrede sieht Abs. 2 nunmehr ein Rücktrittsrecht des Vorleistungspflichtigen vor.) 321, des nicht erfüllten Vertrages 320, der Vorausklage, Ausschluss 773, der Vorausklage, Bürgschaft 771
Einrichtungen Wegnahmerecht bei Wiederkauf 459, Wegnahmerecht des Pächters, Landpachtvertrag 591a

Einseitiges Rechtsgeschäft von Ehegatten 1367, eines Minderjährigen 111, Vertretung ohne Vertretungsmacht 180, Vollmacht 180, Zustimmung eines Dritten 182
Einsichtnahme bei Testamenten 2264, Vereinsregister 79
Einstellung des Insolvenzverfahrens bei Verein 42
Einstweilige Verfügung Unterhalt aus Anlass der Geburt 1615o
Eintragung einer Änderung des Vorstandes 67, Anmeldung zur E., Verein 59, Auflösung des Vereins 74, Bekanntmachung der 66, Grundbuch, Gültigkeit des Vertrages 311b, ins Grundbuch, Kosten 448, Insolvenzverfahren, Verein 75, der Liquidatoren 76, eines Vereins 21, ins Vereinsregister, Inhalt 64
Eintragungsbewilligung Bezugnahme auf E. bei Belastung eines Grundstücks 874
Eintritt in Mietvertrag bei gewerblicher Weitervermietung 565
Eintrittsrecht bei Tod des Mieters 563
Einverständnis bei Scheingeschäft 117
Einwendungen bei Annahme der Anweisung 784, des Ausstellers, Schuldverschreibung auf den Inhaber 796, gegen Betriebskostenabrechnung 556, des Schuldners bei Abtretung 404, des Übernehmers eines Schuld 417, bei verbundenen Verträgen 359, Vertrag zugunsten Dritter 334
Einwendungsverzicht Unwirksamkeit bei Verbraucherdarlehensvertrag 496
Einwilligung 182-186, 183, der Eltern zur Kindesannahme 1747 f., des Kindes zur Kindesannahme 1746, bei Leistung durch Dritte 267, bei Minderjährigkeit 107 f., Rechtsfolgen fehlender Einwilligung bei genehmigungspflichtiger Verfügung über Gesamtgut 1427, Verfügung eines Nichtberechtigten 185, Vertragsschluss ohne 108, des gesetzlichen Vertreters 107, Widerruf 183
Einziehung eines Erbscheins 2361, gemeinschaftlicher Forderungen, Bruchteilsgemeinschaft 754, von Forderungen in der Liquidation 49
Eisenbahn Beförderungsbedingungen 305a
Elterliche Sorge 1626 ff., Alleinentscheidungsrecht des nicht sorgeberechtigten Elternteils 1687a, Anordnungen des Familien- oder Vormundschaftsgerichts 1696 ff., Aufwendungsersatz 1648, Ausübung 1627, Ausübung bei Verhinderung und Ruhen 1678, Beendigung durch Tod des Kin-

des 1698b, Begründung gemeinsamer Sorge 1672, Beistandspflicht 1712 ff., Eingreifen des Familiengerichts 1693, Entscheidungsrecht bei gemeinsamer Sorge Getrenntlebender 1687, Entziehung 1666a, 1671 ff., neues Erwerbsgeschäft 1645, und Familienpflege 1630, gemeinsame e. S. 1626a, Grundsätze 1626, Haftungsbeschränkung 1664, für nichteheliche Kinder 1712 ff., gerichtliche Maßnahmen 1666, Meinungsverschiedenheiten 1628, Modalitäten der Sorgeerklärung 1626b, Ruhen bei Einschränkung der Geschäftsfähigkeit 1673, Ruhen bei Kindesannahme 1751, Ruhen bei Unvermögen 1674, Sorgeerklärung 1626a, Tod eines Elternteils 1677, 1680, Übertragung auf den Vater 1672, Übertragung der Alleinsorge bei Getrenntleben der Eltern 1671, Vermögensherausgabe bei Beendigung 1698, Verwendung der Einkünfte des Kindesvermögens 1649, Wirkung des Ruhens 1675

Eltern 1591 ff., Auskunftsanspruch gegeneinander 1686, Beistandspflicht gegenüber Kind 1618a, Entziehung des Pflichtteils 2334, gesetzliche Erben 1925, Pflichtteilsanspruch 2309, elterliche Sorge 1626 ff., Tod eines Elternteils 1677, 1680, Umgangsrecht 1684, Versagen bei elterlicher Sorge 1666 ff., gesetzliche Vertretung des Kindes 1629, Wohnsitz des Kindes 10

Elternteil Wohnsitz des Kindes 10

Elternvermögen Ausstattung aus dem E. 1624

Empfangsbekenntnis Quittung 368

Empfangsberechtigung Nachweis bei Hinterlegung 380

Empfangsbestätigung im elektronischen Geschäftsverkehr 312e

Empfehlung Schadensersatz 675

Ende des Landpachtvertrags 594, des Mietverhältnisses 542, des Monats 192

Endtermin Rechtsgeschäft 162

Endvermögen bei Zugewinngemeinschaft 1375

Entbehrlichkeit des Angebots, Annahmeverzug (Satz 2 des § 296 BGB wird an die veränderte Fassung des § 286 II Nr. 2 BGB angepasst. Die „Kündigung" ist durch „Ereignis" ersetzt worden.) 296

Enterbung 1938

Entfernung der Sachen, Erlöschen des Vermieterpfandrechtes 562a

Entgelt Sachdarlehensvertrag 609

Entlassung des Testamentsvollstreckers 2227

Entrichtung des Mietzinses bei persönlicher Verhinderung 537

Entschädigung Abwendung des Wegnahmerechts, Landpachtvertrag 591a, des Vermieters bei verspäteter Rückgabe 546a, bei unterlassener Mitwirkungshandlung, Werkvertrag 642, für Rechtsverlust bei Verbindung, Vermischung, Verarbeitung 951, des Reiseveranstalters bei Kündigung 651e, des Reiseveranstalters bei Rücktritt vor Reisebeginn 651i, bei verspäteter Rückgabe der Pachtsache 584b, bei nutzlos aufgewandter Urlaubszeit 651f, bei Verstoß gegen geschlechtsbezogenes Benachteiligungsverbot, Dienstvertrag 611a

Entscheidung rechtskräftige, Ende der Verjährungshemmung 204

Entstehung des Schadens, Mitverschulden 254, rechtsfähige Stiftung 80

Entziehung der Geschäftsführung, Gesellschaft 712, des Pflichtteils 2333 ff., der Rechtsfähigkeit 73, der Vertretungsmacht bei Gesellschaft 715

Erbannahme 1943, Anfechtung 1954 ff., Bedingungsfeindlichkeit 1947, keine Prozessführungsbefugnis vor E. 1958, Teilannahme 1950, Zeitpunkt 1946

Erbbaurecht Beeinträchtigung durch Überbau 916

Erbe Annahme der Erbschaft 1942 ff., Anordnung der Nachlassverwaltung 1981, Anspruch auf Inventarerrichtung 1993, Ansprüche gegen Erbschaftsbesitzer 2018 ff., Anzeigepflicht bei Tod eines Gesellschafters 727, Ausschlagung bei mehreren Berufungsgründen 1948, 1951, Ausschlagung der Erbschaft 1942 ff., Ausschlagungsrecht 1942 ff., Ausschluss von der Erbfolge 1938, selbst pflichtteilsberechtigter E. 1217, nicht pflichtteilsbelasteter E. 2323, verwandter Ehegatte 1934, Einsetzung 2087 ff., Einsetzung auf Bruchteil 2088 ff., Erbfähigkeit 1923, gesetzliche Erbfolge 1924 ff., Erbrecht des Ehegatten 1931, Erbscheinantrag 2354, 2355, gemeinschaftlicher Erbteil 2093, Erbvermutung für Fiskus 1964, Ersatzerbe 2096 ff., Fiskus als gesetzlicher E. 1936, 1936, Gesamtrechtsnachfolge 1922, Haftung 1967 ff., Haftung bei Tod des Mieters 563b, Mehrheit von Erben 2032 ff., Nacherbe 2100 ff., Pflichtteilsanspruch 2303 ff., Rechtsverhältnis zum Testamentsvollstrecker 2218, rechtliche Stellung 1942 ff., Teilannahme 1950, Teilausschla-

gung 1950, Verfügungsbeschränkung bei Testamentsvollstreckung 2211, Verkauf an gesetzliche E. bei Vorkaufsrecht 470, Voraus des Ehegatten 1932
Erbeinsetzung 2087, Anwachsung 2094, Auslegung 2087, 2097, gegenseitige Einsetzung als Ersatzerbe 2098, Einsetzung auf Bruchteil 2088, gemeinschaftlicher Erbteil 2093, angewachsener Erbteil 2095, unbestimmte Erbteile 2091, Erhöhung eines Bruchteils 2089, Ersatzerbe 2096, Ersatzerbe und Anwachsung 2099, Minderung eines Bruchteils 2090, teilweise Einsetzung 2092, durch Testament 1937
Erbengemeinschaft 2032 ff., Aufschub der Auseinandersetzung 2043, Auseinandersetzung 2042, Auseinandersetzung durch Testamentvollstrecker 2204, Ausgleichungspflicht bei pflegendem Abkömmling 2057a, Ausgleichungspflicht bei Wegfall eines Abkömmlings 2051, Ausgleichungspflicht für gesetzliche Erben 2050, Ausgleichungspflicht für Testamenterben 2052, Auskunftspflicht der Miterben 2057, Ausschließung der Auseinandersetzung 2044, Berichtigung der Nachlassverbindlichkeiten 2046, Durchführung der Ausgleichung 2055, Gläubigerermittlung 2045, Haftung des Erbteilkäufers 2036, Mehrempfang des Miterben 2056, Nachlassforderung 2039, dingliche Surrogation 2041, Teilungsanordnung 2048, Übernahme eines Landgutes 2049, Verfügung über Nachlassgegenstände 2040, Verfügungsrecht des Miterben 2033, Verteilung des Überschusses 2047, gemeinschaftliche Verwaltung 2038, Vorkaufsrecht des Miterben 2034, 2035, Weiterveräußerung des Erbteils 2037, Zuwendung an entfernte Abkömmlinge 2053, Zuwendung aus dem Gesamtgut 2054
Erbenhaftung 1967 ff., Aufgebot der Nachlassgläubiger 1970 ff., Ausschluss von Einreden 2016, Dreimonatseinrede 2014, Dreißigster 1969, Einrede des Aufgebotsverfahrens 2015, Einreden und Nachlasspflegschaft 2017, Erschöpfungseinrede 1989, unbeschränkte Haftung 2013, Haftung bei mehreren Erbteilen 2007, Haftung für Beerdigungskosten 1968, Haftungsbeschränkung 1975 ff., Unzulänglichkeitseinrede 1990, für bisherige Verwaltung 1978
Erbfolge Ausschluss durch Enterbung 1938, gesetzliche E. 1924 ff., Rangfolge 1930

Erbieten öffentliches Erbieten zur Geschäftsbesorgung 663
Erblasser Anordnungen über die Pflichtteilslast 2324, Ausschließung der Auseinandersetzung einer Erbengemeinschaft 2044, siehe Erbschaft, Erbe, Errichtung eines Testaments 2064, Teilungsanordnung 2047
Erbrecht 1922 ff., Allgemeine Geschäftsbedingungen 310
Erbschaft Ablaufhemmung der Verjährung 211, Anfall der E. 1942, Annahme 1943, Ausschlagung 1942 ff., Ausschlagungsfrist 1944, eines in Gütergemeinschaft lebenden Ehegatten 1432, eines Mündels 1803, Nießbrauch an E. 1089, Übergang auf Erben 1922
Erbschaftsanspruch 2018 ff., Auskunftspflicht des Erbschaftsbesitzers 2027, Auskunftspflicht des Hausgenossen 2028, Bereicherungsgrundsätze 2021, des für tot Erklärten 2031, keine Ersitzung 2026, Früchte 2020, Haftung bei Bösgläubigkeit 2024, Haftung bei Rechtshängigkeit 2023, Haftung bei unerlaubter Handlung 2025, Nutzungen 2020, dingliche Surrogation 2019, Verwendungsersatz 2022
Erbschaftsbesitzer Auskunftspflicht 2027, keine Ersitzung 2026, Haftung für Einzelansprüche 2029, Herausgabepflicht 2019, Rechtsstellung des Erbschaftserwerbers 2030, eidesstattliche Versicherung 2028
Erbschaftserwerber Gleichstellung mit Erbschaftsbesitzer 2030
Erbschaftskauf 2371, nachträglicher Anfall 2373, Anzeigepflicht 2384, Ersatzpflicht 2375, Form 2372, Gefahrübergang 2380, Haftung des Käufers 2383, Haftung des Verkäufers 2376, Haftung gegenüber Gläubigern 2382, Herausgabepflicht 2374, Lasten 2379, Nachlassverbindlichkeiten 2378, Nutzungen 2379, erloschene Rechtsverhältnisse 2377, Umfang 2372, ähnliche Verträge 2385, Verwendungsersatz 2381
Erbschein 2353 ff., Angabe des Testamentsvollstreckers 2364, Angaben 2354, 2355, Anhörung des Gegners 2360, gemeinschaftlicher E. 2357, Einziehung 2361, beschränkter Erbschein 2369, Ermittlungen des Nachlassgerichts 2358, Erteilung 2353, Feststellung des Erbrechts 2359, öffentlicher Glaube 2366, Herausgabeanspruch 2362, Kraftloserklärung 2361, Leistung an Erbscheinserben 2367, Nachweis der Richtigkeit 2356, Testamentsvollstreckerzeug-

nis 2368, Todeserklärung 2370, Vermutung der Richtigkeit 2365, Vorerbe 2363
Erbscheinserbe Leistung an E. 2367
Erbteil Annahme und Ausschlagung bei mehreren E. 1951, Begriff 1922, gemeinschaftlicher E. 2093, des verwandten Ehegatten 1934, Erbeinsetzung auf E. 2088 ff., Erbteilserhöhung 1935, Feststellung des E. bei Pflichtteilsanspruch 2310, mehrfache Verwandtschaft 1927, Voraus des Ehegatten 1932, Weiterveräußerung 2037
Erbteilkäufer Haftung gegenüber Miterben 2036
Erbunwürdigkeit 2339 ff., Anfechtungsberechtigter 2341, Anfechtungsklage 2342, Geltendmachung 2340, Pflichtteilsunwürdigkeit 2345, Vermächtnisunwürdigkeit 2345, Verzeihung 2343, Wirkung der Erklärung der E. 2344
Erbunwürdigkeitserklärung Wirkung 2344
Erbvermutung für den Fiskus 1964
Erbvertrag 1941, 2274 ff., persönlicher Abschluss 2274, Anfechtung 2281, Anfechtung durch Dritte 2285, Anfechtungsfrist 2283, Aufhebung der Gegenverpflichtung 2295, Aufhebung durch Testament 2291, 2292, Aufhebung durch Vertrag 2290, Auflagen 2279, Beeinträchtigung des Vermächtnisnehmers 2288, Bestätigung 2284, gegenseitiger E. 2298, Ehegattenerbvertrag 2280, Eröffnung 2300, Eröffnungsfrist 2300a, Form 2276, Form der Anfechtung 2282, Form des Rücktritts 2296, Rücktritt 2293, Rücktritt durch Testament 2297, beeinträchtigende Schenkungen 2287, Verfehlungen des Bedachten 2294, Verfügungen 2278, und letztwillige Verfügungen 2289, einseitige Verfügungen 2299, Verfügungen unter Lebenden 2286, amtliche Verwahrung 2277, 2300, Voraussetzungen 2275, Zuwendungen 2279
Erbverzicht 2346 ff., Aufhebung 2351, zugunsten eines Dritten 2350, Form 2348, Verzicht auf Zuwendungen 2352, Voraussetzungen 2347 ff., Wirkung auf Abkömmlinge 2349
Erfolg Bereicherungsanspruch bei Nichteintritt des E. 815, Gegenstand des Werkvertrages 631
Erforderlichkeit von Aufwendungen bei Auftrag 670, von Aufwendungen bei Verwahrung 693
Erfüllung 362, Beweislast bei Annahme als 363, Pflicht des Vertreters ohne Vertretungsmacht 179, einer Verbindlichkeit durch Insichgeschäft 181, Wirkung bei Gesamtschuld 422, Zug um Zug 274
Erfüllung trotz Einrede 813
Erfüllungs statt Annahme an 364, Gewährleistung 364, Leistung an, Wirkung bei Gesamtschuld 422
Erfüllungsgehilfe Haftung 278, Montage als Sachmangel 434
Erfüllungsort Versendungskauf 447
Erfüllungsübernahme Auslegungsregel 329
Ergänzung des Pflichtteils 2325 ff.
Ergänzungspfleger 1909, Berufung 1916
Ergänzungspflegschaft 1909
Ergänzungspflicht bei Sicherheitsleistung 240
Ergänzungsvorbehalt bei letztwilliger Verfügung 2086
Erhaltung des Inventars bei Pachtvertrag 582, der Pachtsache, Duldungspflicht bei Landpachtvertrag 588, der Pachtsache, Landpachtvertrag 586
Erhaltungskosten bei Leihe 601
Erhaltungsmaßnahmen Duldung bei Wohnraummietvertrag 554
Erhaltungspflicht Mietsache 535
Erhöhung des vereinbarten Beitrags, Gesellschaft 707, des Pachtzinses nach Verbesserung der Pachtsache 588, des Reisepreises 651a
Erhöhungserklärung Wirkung, Miete 559b
Erholungszwecke Teilzeit-Wohnrechtevertrag 481
Erklärung der Anfechtung 143, der Annahme 147, der Aufrechnung 388, Erteilung der Vollmacht 167, fingierte, in Allgemeinen Geschäftsbedingungen 308, Formvorschriften in Allgemeinen Geschäftsbedingungen 309, der Minderung 441, des Widerrufs der Schenkung 531
Erklärungsirrtum 119
Erlass der Haftung des Gastwirtes Beherbergungsvertrag 702a, Wirkung bei Gesamtschuld 423
Erlassvertrag 397
Erlaubnis Änderung der landwirtschaftlichen Bestimmung, Landpachtvertrag 590, des Vermieters zur Untervermietung 540
Erledigung eines Rechtsstreites mit einem Mitglied 34
Erleichterung der Verjährung 202, der Verjährung bei Verbrauchsgüterkauf 475, der Verjährung in Allgemeinen Geschäftsbedingungen 309
Erlöschen Anspruch aus Schuldverschreibung auf den Inhaber 801, des Antrags

Register

146, des Gläubigerrechts bei Hinterlegung 382, nicht eingetragener Rechte 901, eines Rentenversprechens 520, des Rücktrittsrechtes bei mehreren Berechtigten 351, des Rücktrittsrechts nach Fristsetzung 350, des Schadensersatzanspruches des Gastes 703, der Schuld durch Erlass 397, von Schuldverhältnissen 362-397, des Vermieterpfandrechtes 562a, des Vorkaufsrechtes für einen berechtigten 472, von Vorzugs- und Sicherungsrechten 418, des Widerrufsrechtes 355

Ermächtigung zum Betrieb eines Erwerbsgeschäftes 112, zur Leistung für Rechnung eines anderen, Anweisung 783, zum Verkauf für Rechnung eines anderen 450

Ermäßigung der Betriebskosten 560, des Zinssatzes bei Heilung 494

Ermessen Bestimmung der Leistung durch eine Partei 315

Ernstlichkeit Mangel 118

Ernterisiko bei vorzeitigem Pachtende, Landpachtvertrag 596a

Eröffnungsfrist für Testamente 2263a

Eröffnungsverbot Nichtigkeit eines E. des Erblassers 2263

Ersatz von Aufwendungen bei berechtigter Geschäftsführung ohne Auftrag 683, von Aufwendungen bei Verwahrung 693, Herausgabe 285, Inventar, Pachtvertrag 582, von Mehraufwendungen 304, von Nutzungen bei Annahmeverzug 302, Wertminderung bei Widerruf und Rückgabe 357

Ersatzanspruch Abtretung 255, 285, des Vermieter, Verjährung 548, des Verpächters, Verjährung bei Landpachtvertrag 591b

Ersatzerbe 2096 ff., und Anwachsung 2099, Auslegungsregel 2097, gegenseitige Einsetzung 2098, und Nacherbe 2102

Ersatzhaftung eines Verwandten für Unterhaltsanspruch 1607

Ersatzlieferung Sachmangel bei Schenkung 524

Ersatzmann Pflichtteilslast 2320

Ersatzpflicht bei Erbschaftskauf 2375, bei vorzeitigem Pachtende, Landpachtvertrag 596a

Ersatzurkunde Schuldverschreibung auf den Inhaber 798

Ersatzvermächtnis 2190

Erschließungsbeitrag Rechtsmangel 436

Erschöpfungseinrede des Erben 1989

Erschwerung Anspruchsverwirklichung 229, des ordentlichen Kündigungsrechtes, Darlehen 489, der Verjährung 202

Ersitzung von Grundstücken 900, von Nießbrauch 1033, von beweglichen Sachen 937-945

Erstattung der einbehaltenen Beträge bei Zahlungvertrag 676e, einbehaltener Beträge, Überweisungsvertrag 676b, des Mehrbetrages bei Minderung 441, von im Voraus entrichteter Miete 547

Erteilung der Bürgschaftserklärung, Schriftform 766, eines Zeugnisses, Dienstvertrag 630, der Zustimmung 182

Ertrag einer Sache, eines Rechtes 99, der Sache, Pachtvertrag 581

Ertragswert bei Landgut 2049

Erwerb wiederkehrender Erwerb von Sachen 505, von Rechten an einem Grundstück 873

Erwerbsgeschäft Betrieb durch Minderjährigen 112, selbstständiges E. bei Gütergemeinschaft 1431, 1456, 1464, bei Vormundschaft 1823

Erwerbstätigkeit Ausschluss des Unterhaltsanspruch bei Erlangung einer angemessenen E. 1573, 1574

Erzeugnisse Bestandteil Grundstück 94, Eigentum an E. 953-957, Erwerb durch dinglich Berechtigten 954, Erwerb durch gutgläubigen Eigenbesitzer 955, Erwerb durch persönlich Berechtigten 956, 957, einer Sache 99, Zubehör Landgut 98

Erziehung religiöse E. durch Vormund 1801, Kosten der E. 1610, Recht des Kindes auf gewaltfreie E. 1631

Existenzgründer Verbraucherdarlehensvertrag 491, Vorschriften über Verbraucherdarlehensvertrag 507

Fälligkeit Beginn regelmäßige Verjährungsfrist 199, der Miete bei Grundstück, Raum, Schiff 579, der Miete bei Wohnraummietvertrag 556b, der Pacht, Landpachtvertrag 587, und Pfandrecht an Rechten 1281, 1282, Rückerstattung des Empfangenen, Sachdarlehensvertrag 607, des Rückerstattungsanspruches 488, der Vergütung bei Dienstvertrag 614, der Vergütung bei Verwahrung 699, Verzug 286

Fahrlässige Unkenntnis der Änderung des Vorstandes 68

Fahrlässigkeit grobe 277, grobe, Beginn der Verjährung 199, Haftung während des Verzugs 287, des Schuldners 276, der Unkenntnis 122

Familiengericht Anordnung von Vormundschaft oder Pflegschaft 1697, Eingreifen in elterliche Sorge 1693, Prüfung von Anordnungen zur elterlichen Sorge 1696

Familienname 1355
Familienpflege 1630, Personensorge 1631 ff., Vermögenssorge 1638 ff.
Familienrecht Allgemeine Geschäftsbedingungen 310, Ansprüche, Verjährung 194
Familienunterhalt bei Getrenntlebenden 1361, Umfang 1360a ff., Verpflichtung 1360
Fehlbetrag Haftung des ausscheidenden Gesellschafters 739, Nachschusspflicht bei Auseinandersetzung, Gesellschaft 735
Fehler der Mietsache (jetzt Mangel), einer Reise 651c
Fehlschlag der Nachbesserung 440
Feiertage 193
Fernabsatzvertrag 312b
Fernsprecher Fernabsatz 312b
Fernunterricht Fernabsatz 312b, Haustürgeschäft 312a
Fertigstellungsbescheinigung Werkvertrag 641a
Festnahme Selbsthilfe 229
Festsetzung Zwangsgeld 78
Feststellungsklage Vaterschaft 1600e
Fiktion des Fortbestehens bei Auftrag 674
Finanzgeschäfte Fernabsatz 312b
Finanzierung verbundene Verträge 358
Finanzierungshilfen 499-504
Finanzierungsleasing zwischen Verbraucher und Unternehmer 500
Finderlohn 971
Fiskus Anfall des Vereinsvermögens an 45, kein Ausschlagungsrecht 1942, als gesetzlicher Erbe 1936, Erbvermutung 1964, Erwerb von aufgegebenen Grundstücken 928, Rechtsstellung vor Feststellung der Erbenstellung 1966
Forderung Aufrechnung mit einredebehafteter F. 390, Einziehung in der Liquidation 49, öffentlich-rechtlicher Körperschaften, Aufrechnung 395, Pfandrecht an F. 1279-1290, unpfändbar, keine Aufrechnung 394
Forderungsabtretung Formerfordernis bei hypothekarisch gesicherter F. 1154
Forderungsauswechselung Hypothek 1180
Forderungsrecht des Versprechensempfängers bei Vertrag zugunsten Dritter 335
Forderungsübergang bei Ablösung einer Hypothek 1143, bei Ablösungsrecht 268, bei Befriedigung des Vormundes aus der Staatskasse 1836e, bei Gesamtschuld 426, bei Gesamtschuldnerausgleich 426, gesetzlicher 412, gesetzlicher, Bürgschaft 774, des Unterhaltsanspruchs bei Ersatzhaftung eines Verwandten 1607

Form bei Ausübung der Vorkaufsrechtes 464, der Bestätigung bei Anfechtbarkeit 144, Erklärung bei Wiederkauf 456, der Kündigung bei Mietverhältnissen 568, des Landpachtvertrages 585a, des Leibrentenversprechens 761, Mangel der 125, der Mieterhöhung 558a, des Schenkungsversprechens 518, Schuldverschreibung auf den Inhaber 793, Stiftungsgeschäft 81, bei Teilzeit-Wohnrechtevertrag 484, der Vollmacht 167, des Widerspruchs gegen Kündigung 574b, Zustimmung zu Rechtsgeschäft 182
Formmängel Rechtsfolgen bei Teilzahlungsgeschäften 502, Rechtsfolgen bei Verbraucherdarlehensvertrag 494
Forstwirtschaft Pachtvertrag 585
Fortbestehen Fiktion des F. bei Auftrag 674, der Gesellschaft bei Ausscheiden eines Gesellschafters 736, 737
Fortdauer der Geschäftsführungsbefugnis bei Auflösung der Gesellschaft 729
Fortführung der Geschäfte bei Tod eines Gesellschafters 727
Fortsetzung weitere F. des Mietverhältnisses bei unvorhergesehenen Umständen 574, stillschweigende F. einer Gesellschaft 724, des Mietverhältnisses mit den Erben 564, des Mietverhältnisses nach Widerspruch 574a, des Mietvertrages mit überlebenden Mietern 563a, des Pachtverhältnisses bei Landpachtvertrag 595, des Zeitmietverhältnisses 575a
Frachtführer Versendungskauf 447
Freihändiger Verkauf von gepfändeten Orderpapieren 1295, von Pfand 1221, 1235
Freiheit Verletzung, Verjährung von Ansprüchen 199
Freizeit Anspruch bei Stellungssuche, Dienstvertrag 629
Frist 186-193, Anfechtung 121, 124, zur Annahme eines Antrages 147, 148, Verlängerung 190, Widerrufsrecht (Durch § 355 III BGB werden die Fristen, die in den verschiedenen Verbraucherschutzgesetzen unterschiedlich waren, vereinheitlicht [6 Monate nach Vertragsschluss]) 355, des Widerspruchs nach Kündigung 574b
Fristbeginn 187
Fristende 188
Fristsetzung in Allgemeinen Geschäftsbedingungen 309, Annahme der Schenkung 516, für Bewerbung bei Preisausschreiben 661, Entbehrlichkeit bei Rückgriff 478, Erlöschen des Rücktrittsrechtes 350, bei

Register

Gefährdung der Gegenleistung 321, bei Kauf auf Probe 455, bei nicht erbrachter Leistung 323, zur Mitwirkung bei Werkvertrag 643, bei Reisemangel 651e, Schadensersatz in Geld nach F. 250, bei Wahlschuld 264

Fristversäumung Anfechtung bei Ausschlagung und Annahme einer Erbschaft 1956

Früchte bei Bruchteilsgemeinschaft 743, Ersatz bei vorzeitigem Pachtende, Landpachtvertrag 596a, übermäßige Fruchtziehung bei Nacherbfolge 2133, Herausgabe von F. bei Vermächtnis 2184, eines Rechtes 99, einer Sache 99, der Sache, Pachtvertrag 581, Verteilung 101

Fürsorgepflichten Unabdingbarkeit, Dienstvertrag 619

Fund 965-984, Ablieferungspflicht 967, Eigentumserwerb an Fundsache 973 ff., Haftungsumfang 968, Herausgabe an Verlierer 969, Schatzfund 984, Verwahrungspflicht 966

Garantie kein Ausschluss von Mängelansprüchen 442, Haftungsausschluss bei Werkvertrag 639, Kauf (In § 443 BGB wird die Rechtsprechung zur unselbständigen Garantie teilweise normiert.) 443, bei Pfandverkauf 445, bei Verbrauchsgüterkauf 477, Verschuldensmaßstab bei G. (Garantie in diesem Sinne stellt u.a. die Zusicherung einer Eigenschaft im Kaufrecht dar, daher auch weiterhin verschuldensunabhängiger Schadensersatzanspruch (§§ 437 Nr. 3, 440, 280 f, 276), früher § 463) 276

Garantiebetrag Überweisungsvertrag 676b

Gastschulaufenthalte Werkvertrag 6511

Gastwirt Beschränkung der Haftung 702, Einbringung von Sachen 701-704, Haftung 701, Pfandrecht, Beherbergungsvertrag 704

Gattungskauf Gewährleistung (Die Gewährleistung bei Gattungskauf wird nunmehr von §§ 437–441 geregelt.) 433 ff.

Gattungsschuld 243, Gefahrübergang bei Annahmeverzug 300, Unvermögen bei G. (früher § 279, jetzt Fall der Übernahme des Beschaffungsrisikos, § 276) 276

Gattungsvermächtnis 2155

Gebäude wesentlicher Bestandteil 94

Gebäudeeinsturz Abwendungsanspruch 908, Haftung des Grundstücksbesitzers 836

Gebäudeversicherung und Hypotheken 1128

Gebot bei Versteigerung 156

Gebrauch Abnutzung der Mietsache durch vertragsgemäßen G. 538, vertragsmäßiger G. der Leihsache 603, vertragswidriger G. der Pachtsache 590a, Gewährung während der Mietzeit 535, der Sache, Pachtvertrag 581

Gebrauchsbefugnis Bruchteilsgemeinschaft 743

Gebrauchsüberlassung an Dritte bei Mietvertrag 540, an Dritte, Wohnraummietvertrag 553

Gebrauchsvorteile einer Sache, eines Rechtes 100

Gebühren maschinelles Vereinsregister 79

Geburt Anspruch auf Unterhalt aus Anlass der Geburt 1615l, Vollendung der 1

Geburtsname 1616 ff.

Gefährdung der Gegenleistung 321, der Gesundheit durch die Mietsache 569

Gefährdungshaftung Verjährung von Ansprüchen 199

Gefahr drohende, Notstand 228, der Rücksendung bei Widerruf und Rückgabe 357, Selbsthilfe 229, bei Vorlegung von Sachen 811

Gefahrenabwehr Geschäftsführung zur G., ohne Auftrag 680

Gefahrtragung bei Geldschuld 270, bei Hinterlegung 379, bei Werkvertrag 644

Gefahrübergang bei Annahmeverzug 300, Freiheit von Sachmängeln bei G. 434, bei Kauf 446

Gegenleistung bei Ausschluss der Leistungspflicht (Die Auswirkungen der Unmöglichkeit der Leistungspflicht auf die Gegenleistung und auf weitere Ansprüche ist nunmehr in §326 BGB geregelt.) 326, Bestimmung durch eine Partei 315, Gefährdung 321

Gegenseitigkeit der Leistungen, Aufrechnung 387

Gegenstand körperlicher 90

Gegenvormund 1792, Anhörung vor Genehmigung 1826, Ausschließung durch Vater 1852, Beendigung der Vormundschaft 1895, Genehmigung von Geschäften des Vormundes 1832, Mitwirkung an Rechnungslegung 1842, Mitwirkung bei Beendigung 1891, Pflichten 1799

Gehaltsabtretung 411

Gehilfe des mit der Zwangsversteigerung Beauftragten 450, des Herstellers, Sachmangel 434, Verantwortlichkeit für Gehilfen bei Auftrag 664, Verantwortlichkeit für Verschulden bei Verwahrung 691

Geistlicher Entlassung als Vormund 1888, Gehaltsabtretung 411, als Vormund 1784

Geld Hinterlegung 372, Verzinsung bei Auftrag 668, Verzinsung von hinterlegtem Geld bei Verwendung 698
Geldanlage von Mündelgeld 1806 ff., Verpflichtung der Eltern im Rahmen der Vermögenssorge 1642
Gelddarlehen 488 ff.
Geldrente Anspruch auf G. bei Scheidung 1585
Geldschuld Verantwortlichkeit 276
Geldsortenschuld 245
Geldstrafe Versprechen einer anderen Strafe 342
Geldsumme als Mietsicherheit 551
Geld-zurück-Garantie Überweisungsvertrag 676b
Geltendmachung der Mieterhöhung 559b
Geltungsdauer Auftreten eines Sachmangels bei Garantie 443
Gemeinde Eigentumserwerb an Fundsache 976
Gemeinschaft nach Bruchteilen 741-758
Gemeinschaftliche Verwaltung vor Auseinandersetzung 1472, des Gesamtgutes bei Gütergemeinschaft 1450 ff., Selbständiges Erwerbsgeschäft 1456, Verhinderung eines Ehegatten 1454, Verwaltungsverhandlungen ohne Mitwirkung des anderen Ehegatten 1455
Gemeinschaftliches Testament Berliner Testament 2269, Eheauflösung 2268, Ehenichtigkeit 2268, eigenhändiges 2267, Eröffnung 2273, Errichtung 2265, Nottestament 2266, Rücknahme aus amtlicher Verwahrung 2272, wechselseitige Verfügungen 2270, Widerruf wechselseitiger Verfügungen 2271
Gemeinwohl Gefährdung durch Stiftung 87, Gefährdung durch Vereinsvorstand 43
Genehmigung 182-186, 184, Entstehung einer Stiftung 80, Erfordernis einer G. bei Geschäften des Vormundes 1821 f., staatliche G. zur Satzungsänderung 33, der Geschäftsführung durch den Geschäftsherrn 684, des Gläubigers bei Schuldübernahme 415, des Kauf durch ausgeschlossene Person 451, Rückwirkung 184, der Schuldübernahme bei Hypothekenschuld 416, nach Tod des Stifters 84, maschinelles Vereinsregister 79, von Verträgen von Ehegatten 1366, des gesetzlichen Vertreters 108, Vertretung ohne Vertretungsmacht 177, des Vormundschaftsgerichtes, Erwerbsgeschäft 112
Gerichtliche Feststellung der Vaterschaft 1600d

Gerichtsvollzieher Zugang einer Willenserklärung 132
Gesamtbelastung effektiver Jahreszins 492
Gesamtgläubiger 428, Ausgleichungspflicht 430
Gesamtgrundschuld Belastung eines vermachten Grundstücks mit G. 2168
Gesamtgut Annahme einer Erbschaft 1432, Auseinandersetzung 1471, Auseinandersetzung nach Aufhebungsurteil 1479, Auseinandersetzung nach Scheidung 1478, Ausgleichung zwischen Vorbehalts-, Sonder- und Gesamtgut 1445, 1467, Begriff 1416, bei fortgesetzter Gütergemeinschaft 1485, ungerechtfertigte Bereicherung 1434, Berichtigung der Gesamtgutsverbindlichkeiten bei Auseinandersetzung 1475, Durchführung der Auseinandersetzung 1474, Eheauflösung durch Tod 1482, Einwilligung bei gemeinschaftlicher Verwaltung 1452 ff., Ersetzung der Zustimmung bei genehmigungspflichtigen Geschäften 1426, Fortsetzung eines Rechtsstreits 1433, genehmigungspflichtige Geschäfte 1423 ff., Gesamthandsgemeinschaft 1419, Geschäfte über das G. im ganzen 1423, bei Gütergemeinschaft 1416, 1419, 1421, Haftung der Ehegatten untereinander 1481, Haftung des Gesamtgutes 1438 ff., 1460 ff., Haftung im Innenverhältnis 1441, 1463, Haftung nach Teilung gegenüber Dritten 1480, Mitwirkungspflicht bei gemeinschaftlicher Verwaltung 1451, Persönliche Haftung der Ehegatten 1437, 1459, 1489, Pflichten des Verwalters 1435, und Pflichtteilsrecht 2331, Schenkungen 1425, Selbstständiges Erwerbsgeschäft 1431, Teilung des Überschusses bei Auseinandersetzung, Übernahmerecht des überlebenden Ehegatten bei fortgesetzter Gütergemeinschaft 1502, Verbindlichkeiten 1437, 1459, Verbindlichkeiten bei fortgesetzter Gütergemeinschaft 1488, Verfügungen ohne Zustimmung 1428, Verwaltung 1421, gemeinschaftliche Verwaltung 1450, gemeinschaftliche Verwaltung und Verhinderung eines Ehegatten 1454, Verwendung zum Unterhalt 1420, Widerruf der Überlassung der Verwaltung der G. an Ehegatten 1413, Zuwendungen aus G. und Erbengemeinschaft 2054
Gesamthandsgemeinschaft zwischen Ehegatten bei Gütergemeinschaft 1419
Gesamthandsprinzip Gesellschaft 719

Gesamthypothek 1132, 1172 ff., Belastung eines vermachten Grundstücks mit G. 2167
Gesamtpreis Teilzeit-Wohnrechtevertrag 481, bei Vorkauf 467
Gesamtrechtsnachfolge 1922
Gesamtschuld 421-426, Berichtigung bei Aufhebung der Bruchteilsgemeinschaft 755, Mitbürgschaft 769, der Miterben 2058
Gesamtschuldnerausgleich 426
Geschäfte schwebende, Beteiligung des ausscheidenden Gesellschafters 740
Geschäftsanmaßung unechte Geschäftsführung ohne Auftrag 687
Geschäftsbesorgungsvertrag 675-676h
Geschäftsbetrieb eines Vereins 21, 22
Geschäftsfähigkeit 104-113, beschränkte 106-113, beschränkte, Ablaufhemmung der Verjährung 210, beschränkte G. des Geschäftsführers bei Geschäftsführung ohne Auftrag 682
Geschäftsführer fehlende Geschäftsfähigkeit, Geschäftsführung ohne Auftrag 682, Nebenpflichten bei Geschäftsführung ohne Auftrag 681, Pflichten bei Geschäftsführung ohne Auftrag 677
Geschäftsführung ohne Auftrag 677-687, ohne Auftrag, unechte 687, Entziehung und Kündigung, Geschäftsführung 712, des Erben vor der Ausschlagung 1959, zur Gefahrenabwehr 680, gemeinschaftliche, Gesellschaft 709, Genehmigung durch den Geschäftsherrn 684, Übertragbarkeit der Ansprüche bei Gesellschaft 717, Übertragung auf einen oder mehrere Gesellschafter 710, des Vorstandes 27, gegen den Willen des Geschäftsherrn 678
Geschäftsführungsbefugnis bei Bruchteilsgemeinschaft 744, Fortdauer bei Auflösung der Gesellschaft 729
Geschäftsgrundlage Störung 313
Geschäftsherr Irrtum über die Person bei Geschäftsführung ohne Auftrag 686
Geschäftsjahr Austritt am Schluss 39
Geschäftskreis von besonderen Vertretern des Vereins 30
Geschäftsräume Mietverhältnis, Kündigungsfrist 580a
Geschäftsunfähige fehlende Ehemündigkeit 1411, Eheverträge 1411
Geschäftsunfähigkeit 104, nach Abgabe einer Willenserklärung 130, Ablaufhemmung, Verjährung 210, des Auftraggebers 672, eines Beteiligten bei Anweisung 791, Eheunmündigkeit 1304, Eintritt vor Erklärung der Annahme 153, Geschäftsführer bei Geschäftsführung ohne Auftrag 682, Nichtigkeit von Willenserklärungen 105
Geschäftsverkehr elektronischer, Pflichten 312e
Geschenke Rückgabe bei Auflösung des Verlöbnisses 1301
Geschlecht Benachteiligungsverbot bei Dienstvertrag 611a
Geschwister Umgangsrecht 1685
Gesellschaft Auseinandersetzung nach Auflösung 730, bürgerlichen Rechts 705-740, Kündigung durch Gesellschafter 723
Gesellschafter Ausscheiden und Ausschluss 736, 737, Haftung 708, Kontrollrecht des nicht geschäftsführenden Gesellschafters 716
Gesellschafterrechte Abspaltungsverbot 717
Gesellschaftsrecht Allgemeine Geschäftsbedingungen 310
Gesellschaftsschulden Berichtigung in der Auseinandersetzung 733
Gesellschaftsvermögen 718
Gesellschaftsvertrag Inhalt 705
Gesetzesverstoß verschärfte Haftung 819
Gesetzwidrigkeit eines Beschlusses der Mitgliederversammlung 43, des Verhaltens des Vorstandes 43
Gesetzliche Vertretung des Kindes 1629
Gesetzlicher Vertreter Begründung, Aufhebung des Wohnsitzes des Willen des 8, Einwilligung 107, Haftung für 278, Stellung des Vereinsvorstandes 26, Zustimmung bei fehlender Vertretungsmacht 179
Gestattung Insichgeschäft 181, der Untersuchung bei Kauf auf Probe 454
Gesundheit Gefährdung durch die Mietsache 569, Verletzung, Verjährung von Ansprüchen 199
Gesundheitsgefährdung Kündigung aus wichtigem Grund 569
Getrenntleben Begriff 1567
Getrenntlebende Ehewohnung 1361b, Hausratsverteilung 1361a, Umgangsrecht 1687, Unterhalt 1361
Gewährleistung bei Annahme an Erfüllungs statt 365, bei Zuteilung an einen Teilhaber, Bruchteilsgemeinschaft 757
Gewalt höhere, Hemmung der Verjährung 206
Gewinn entgangener 252, Verteilung bei Gesellschaft 721
Gewinnanteilscheine Schuldverschreibung auf den Inhaber 799
Gewinnungskosten Ersatz 102
Gewinnzusagen eines Unternehmers 661a

Girovertrag 676f-676h, vertragstypische Pflichten 676f
Gläubiger 241, Befriedigung in der Liquidation 49, Kündigung der Gesellschaft 725, Mehrheit von 420 ff., Sicherung für G. 52
Gläubigerrecht Erlöschen bei Hinterlegung 382
Gläubigerverzug 293 ff., Wirkung bei Gesamtschuld 424
Gleichartigkeit der Leistungen, Aufrechnung 387
Gold und Silber Pfandrecht an 1240
Großeltern gesetzliche Erben 1926, Umgangsrecht 1685
Grundbuch Berichtigungsanspruch 894, Eintragungserfordernis 873, öffentlicher Glaube 891, eingetragenes Recht als Rechtsmangel 435, Unrichtigkeit und Hypothekenbrief 1140, Unverjährbarkeit eingetragener Rechte 902
Grundbuchberichtigung Anspruch 894, Kosten der G. 897, Unverjährbarkeit 898, Unverjährbarkeit des Anspruchs auf G. 898, Voreintragung des Verpflichteten 895, Vorlegung des Briefs 896
Grundbuchvertreter 1189
Grunddienstbarkeiten 1018 ff., bauliche Anlage 1022, schonende Ausübung 1020, Beeinträchtigungen 1027, Unterhaltungspflicht 1021
Grundmiete Wohnraummietvertrag 556
Grundpfandrecht mit G. gesichertes Darlehen 489, als Sicherung eines Verbraucherdarlehens 491, Zinssatz bei Verbraucherdarlehensvertrag 497
Grundschuld 1191 ff., Anspruch auf Vorlegung des Briefs bei Grundbuchberichtigung 896, Eigentümergrundschuld 1196, Inhabergrundschuld 1195, Pfandrecht an G. 1291, als Sicherheitsleistung 232, 238
Grundstück Änderungen des Inhalts eines Rechts 877, Aufhebung von Rechten an einem G. 875-876, Ausschlussfrist bei Wiederkaufsrecht 462, Ausübungsrecht bei Vorkauf 469, wesentlicher Bestandteil 94, Buchersitzung 900, Duldungsrecht bei Überbau 912, Eintragungserfordernis bei Rechtsänderung 873, Erlöschen nicht eingetragener Rechte 901, Ersatz von Bestellungskosten 998, Erwerb von Eigentum 873, 925, Erwerb von Rechten an G. 873 ff., Fälligkeit der Miete 579, Fernabsatz 312b, Genehmigungspflicht bei Vormundschaft 1821, Grenze 919 ff., Konsolidation von Rechten 889, Kündigungsfrist bei Pachtvertrag 584, öffentliche Lasten, Rechtsmangel 436, Mietverhältnis über 578, nachträgliche Verfügungsbeschränkungen 878, Notwegerecht 917 f., Rangänderung eines Rechts an G. 880, Rangverhältnis mehrerer Rechte 879, Rangvorbehalt bei Recht an G. 881, Recht als Bestandteil 96, Überbau 912, Überbaurente 913, Überfall 911, Überhang 910, Vereinigung 890, Verjährungsfrist bei Rechten an einem G. 195, Vertiefung 909, Vertrag über Eigentum an 311b, Zuschreibung 890
Grundstücksgrenze Grenzbaum 923, Markierung 919, Nutzung von Grenzanlagen 921-922, Verwirrung 920
Gültigkeit eines Beschlusses der Mitgliederversammlung 32
Güteantrag Bekanntgabe, Hemmung der Verjährung 204
Gütergemeinschaft 1415 ff., Annahme einer Erbschaft 1432, Auseinandersetzung einer fortgesetzten G. 1498, Ausschließung der fortgesetzten G. durch letztwillige Verfügung 1509 ff., fehlende Dispositivität der Regelungen über die fortgesetzte G. 1518, fortgesetzte G. 1483 ff., genehmigungspflichtige Geschäfte 1423 ff., 1452 ff., Gesamtgut 1416, 1460, Gesamthandsgemeinschaft 1419, persönliche Haftung der Ehegatten 1437, 1459, Haftung des Gesamtgutes 1438 ff., 1460 ff., Notverwaltungsrecht 1429, Rechtsverhältnis bis zur Aufhebung einer fortgesetzten G. 1497, Schenkungen 1425, Selbständiges Erwerbsgeschäft 1431, Sondergut 1417, 1462, Verbindlichkeiten bei fortgesetzter G. 1499 ff., Vereinbarung 1415, Verwaltung des Gesamtgutes 1421, gemeinschaftliche Verwaltung des Gesamtgutes 1450, Verwaltungsrecht 1422 ff., Vorbehaltsgut 1418, 1462
Güterrecht 1363-1563, Einfluss des Güterstandes auf Unterhaltspflicht eines Verwandten 1604, gesetzliches G. 1363 ff., vertragsmäßiges G. 1408 ff., Gütergemeinschaft 1415 ff., Güterrechtsregister 1558 ff., Gütertrennung 1414
Güterrechtsregister 1558 ff.
Güterstand siehe Güterrecht
Gütertrennung 1414, Eintritt bei vorzeitigem Zugewinnausgleich 1388
Gutachter Beauftragung, Hemmung der Verjährung 204, Fertigstellungsbescheinigung bei Werkvertrag 641a
Gute Sitten Verstoß 817

Register

Gutgläubiger Erwerb Ausschluss bei abhanden gekommenen Sachen 935, Erlöschen von Rechten Dritter 936, von Pfand 1244, beweglicher Sachen 932 ff.

Guthaben zur Überweisung ausreichendes G. 676a

Gutschrift Überweisungsvertrag 676a, eingehender Zahlungen, Girovertrag 676f, Zahlungsvertrag 676g

Gutsübernahme Vertrag zugunsten Dritter 330

Händlerregress Verbrauchsgüterkauf 478 f.

Härteklauseln bei Ehescheidung 1568

Haftung Abschlussvertreter in Allgemeinen Geschäftsbedingungen 309, bei Amtspflichtverletzung 839, während des Annahmeverzugs 300, des Aufsichtspflichtigen 832, für verspätete Ausführung, Überweisungsvertrag 676b, Ausgleich bei Beamtenhaftung 839, vertraglicher Ausschluss der Mängelhaftung bei Werkvertrag 639, des Ausstellers, Schuldverschreibung auf den Inhaber 794, des bisherigen Betriebsinhabers bei Betriebsübergang 613a, bei Eintritt und Fortsetzung des Mietverhältnisses 563b, Erbenhaftung 1967 ff., für Erfüllungsgehilfen 278, Erlass der Haftung des Gastwirtes, Beherbergungsvertrag 702a, des Gastwirtes 701, des Gastwirtes, Beschränkung 702, des Gebäudebesitzers 837, des Gebäudeunterhaltspflichtigen 838, für Gehilfen bei Auftrag 664, des Gesamtguts bei Gütergemeinschaft 1438 f., 1459 ff., der Gesellschafter 708, des Grundstücksbesitzers 836, bei Kreditauftrag 778, juristische Person des öffentlichen Rechts 89, für Rechtsmängel beim Kauf 435 f., für Sachmängel beim Kauf 434, für Sachmangel bei Schenkung 524, des Schenkers 521, während der Schwebezeit, Bedingung 160, des Tieraufsehers 834, des Tierhalters 833, des Vereins 31, des Verleihers 599, des Verleihers für Mängel 600, für Verrichtungsgehilfen 831, für eigenes Verschulden 276, für Verschulden eines Gehilfen bei Verwahrung 691, für gesetzlichen Vertreter 278, des Vertreters ohne Vertretungsmacht 179, bei unentgeltlicher Verwahrung 690, wegen Vorsatz, Verjährungsvereinbarung 202, des Wiederverkäufers 457

Haftungsausschluss in Allgemeinen Geschäftsbedingungen 309, wegen Vorsatzes 276

Haftungsbegrenzung bei öffentlichen Versteigerungen 445

Haftungsbeschränkung der Eltern bei Ausübung der elterlichen Sorge 1664, bei Minderjährigen 1626a, zugunsten des Reiseveranstalters 651h

Halmtaxe Landpachtvertrag 596a

Haltbarkeitsgarantie Kauf 443

Handelndenhaftung bei nichtrechtsfähigem Verein 54

Handelsmäkler freihändiger Verkauf 385

Handlung unerlaubt, Verjährung von Ansprüchen 199

Handzeichen notariell beglaubigtes 126

Hauptpflichten des Mietvertrages 535

Hauptvermächtnis 2187

Hausfrieden Störung, Kündigung aus wichtigem Grund 569

Hausgenosse Auskunftspflicht 2028

Haushaltsführung 1356

Haushaltsgegenstände 1368 f.

Hausrat Verteilung bei Getrenntlebenden 1361a

Haustürgeschäfte 312

Haustürwiderrufsgesetz (eingefügt ins BGB in §§ 312, 312a, 312 f, 355 III) 312

Heilung Formmangel der Bürgschaftserklärung 766, formnichtiges Schenkungsversprechen 518, des Verbraucherdarlehensvertrages bei Formmängeln 494

Hemmung der Verjährung, Wirkung bei Gesamtschuld 425, der Verjährung 203 ff., der Verjährung aus familiären Gründen (früher § 204; Hemmung der Verjährung aus familiären oder ähnlichen Gründen. Der „Katalog" vergleichbarer Gründe wurde erweitert.) 207, der Verjährung aus familiären oder ähnlichen Gründen 207, der Verjährung bei höherer Gewalt (früher § 203 II) 206, der Verjährung bei Leistungsverweigerungsrecht (früher § 202) 205, der Verjährung bei Rechtsverfolgung (Die Rechtsverfolgung führt nicht mehr wie bisher zur Unterbrechung der Verjährung, sondern nur noch zur Hemmung.) 204, der Verjährung bei Reisemangel 651g, der Verjährung, Wirkung 209, der Vorlegungsfrist, Schuldverschreibung auf den Inhaber 802, Wirkung 209

Herabsetzung des Kaufpreises, Minderung (Die Minderungsberechnung wird von der proportionalen Berechnungsweise auf eine verhältnismäßige umgestellt) 441, des Maklerlohns durch gerichtliche Entscheidung 655, der Vertragsstrafe 343

Herausgabe bei Ablehnung der Schenkung 516, der Bereicherung bei unberechtigter

Register

Geschäftsführung ohne Auftrag 684, des Ersatzes 285, des Gegenstandes bei Wiederkauf 457, des Geschenkes nach Widerruf 531, des Geschenkes wegen Verarmung 528, Haftung bei Herausgabepflicht 292, von Nutzungen bei Annahmeverzug 302, eines Wechsels oder Schecks 496

Herausgabeanspruch auf Bereicherung 812, des früheren Besitzers 1007, Eigentumserwerb durch Abtretung des H. 931, bei Eigentumsvorbehalt 449, Kind 1632, Verjährung 197, des Vermieters bei Vermieterpfandrecht 562b

Herausgabepflicht des Beauftragten 667, Dritter bei ungerechtfertigter Bereicherung 822, bei Erbschaftskauf 2374

Herbeiführung Bedingungseintritt 162

Herrenloswerden eines Bienenschwarms 961, von Grundstücken 928, von beweglichen Sachen 959

Hersteller öffentliche Äußerungen, Sachmangel 434

Hinterleger Rückforderungsrecht bei Verwahrung 695, Schadensersatzpflicht bei gefahrdrohender Beschaffenheit 695

Hinterlegung 372, bei Ablösungsrecht 268, bei Dritten, Verwahrung 691, für den Gläubiger des Vereins 52, Mitwirkung mehrerer bei Auslobung 660, als Sicherheitsleistung 232, Wirkung 233, Wirkung bei ausgeschlossener Rücknahme 378, Wirkung bei Gesamtschuld 422, Wirkung bei nicht ausgeschlossener Rücknahme 379

Hinterlegungsort 374

Hinweis Allgemeine Geschäftsbedingungen 305, auf Form und Frist des Widerspruchs 568, Garantie bei Verbrauchsgüterkauf 477

Höchstbetragshypothek 1190

Höchstgrenze des Darlehensbetrages, Inhalt Verbraucherdarlehensvertrag 492

Höhere Gewalt Kündigungsrecht bei Reisevertrag 651j

Hypothek 1113-1190, Akzessorietät 1153 f., Anspruch auf Vorlegung des Briefs bei Grundschuldberichtigung 896, Aufgabe durch den Gläubiger, Bürgschaft 776, Aufhebung 1183, Aushändigung der Berichtigungsurkunden 1167, Ausschluss 1170 f., Auswechselung der Forderung 1180, Befriedigung durch Zwangsvollstreckung 1147, Belastung eines vermachten Grundstücks mit H. 2166, Benachrichtigung des Schuldners 1166, Beseitigungsanspruch 1133, Einreden des Eigentümers 1137, Einreden gegen H. 1157, 1169, Eintragungspflicht 1115, Erlöschen bei Schuldübernahme 418, Erlöschen durch Befriedigung aus dem Grundstück 1181 f., Erwerb 1117, Kündigung 1141, und Nebenleistungen 1158 f., bei Schuldübernahme 416, als Sicherheitsleistung 232, 238, Stundung bei Vorkauf 468, teilweise Befriedigung 1145, Übergang bei Abtretung 401, Übergang bei Leistung des Schuldners 1164, Übertragung 1153, Umfang 1118 ff., Umwandelungen 1186, Unterlassungsklage 1134, Verjährung des gesicherten Anspruches 216, Verzicht 1168

IKEA-Klausel (§ 434 II BGB stellt Montagefehler und fehlerhafte Montageanleitung einem Sachmangel gleich, sog. IKEA-Klausel.) 434

Imponderabilien 906

Inbegriff von Gegenständen, Pflichten bei Herausgabe 260, von Sachen, Nießbrauch an 1035

Indexmiete bei Wohnraummietvertrag 557b

Individualabrede Vorrang, Allgemeine Geschäftsbedingungen 305b

Informationspflicht bei öffentlicher Bestellung oder Erbieten zur Geschäftsbesorgung 675a, im elektronischen Geschäftsverkehr 312e

Inhabergrundschuld 1195

Inhaberkarten Schuldverschreibung auf den Inhaber 807

Inhabermarken Schuldverschreibung auf den Inhaber 807

Inhaberpapiere Hinterlegung 234, Hinterlegungspflicht des Vormundes 1814, Schuldverschreibung auf den Inhaber 808

Inhalt der Garantie bei Verbrauchsgüterkauf 477, zwingender I. bei Verbraucherdarlehensverträgen 492, der Kündigung bei Mietverhältnis 568, des Mietvertrages 535

Inhaltsänderung Ausschluss der Abtretung 399

Inhaltsirrtum 119

Inhaltskontrolle von Allgemeinen Geschäftsbedingungen (In § 307 II Nr. 3 BGB wurde das von der Rechtsprechung entwickelte Transparenzgebot aufgenommen.) 307

Insichgeschäft 181

Insolvenz Ausschluss des Vorkaufsrechtes 471, des Reiseveranstalters 651k, des Vereins 42

Insolvenzmasse Verkauf aus der I. 450

Insolvenzverfahren Auflösung und Eröffnung, Gesellschaft 728, Ausschluss der Einrede der Vorausklage, Bürgschaft 773,

Register

Eröffnung, Verein 75, Hemmung der Verjährung 204, Kündigung des Überweisungsvertrages 676a, Verjährung festgestellter Ansprüche 197, Vorzugsrechte nach Schuldübernahme 418

Insolvenzverwalter Verfügungen während der Schwebezeit 161

Interesse des Geschäftsherrn, Geschäftsführung ohne Auftrag 677, Rücksicht bei Schuldverhältnis 241, des Vereins 36

Inventar amtliche Aufnahme 2003, Aufnahme durch Erben 2002, Begriff 1993, Bezugnahme auf vorhandenes Verzeichnis 2004, Einsicht 2010, Erhaltung, Pachtvertrag 582, Frist 1994 ff., zum Gesamtgut gehörende Erbschaft 2008, gewerbliches und landwirtschaftliches 98, Haftungsbeschränkung auch für Miterben 2063, Inhalt 2001, Mitwirkungspflicht des Testamentsvollstreckers 2215, Pächterpfandrecht 583, Unrichtigkeit 2005, Verfügungsbeschränkungen, Pachtvertrag 583a, Verfügungsrecht des Nießbrauchers 1048, eidesstattliche Versicherung 2006, Wirkung 2009

Inventarerrichtung 1993

Inventarfrist 1994 ff., Bestimmung einer neuen I. 1996, Dauer 1995, Fiskus als Erbe 2011, Hemmung 1997, Nachlasspfleger 2012, Nachlassverwalter 2012, Tod des Erben 1998, Unwirksamkeit 2000

Inventarübernahme zum Schätzwert, Pachtvertrag 582a

Investmentanteile Haustürgeschäft 312a

Irrtum Anfechtung der Leistungsbestimmung 318, Anfechtung von Testamenten wegen I. 2078, verkehrswesentliche Eigenschaft 119, Inhalt, Erklärung 119, über die Person des Geschäftsherrn 686, über die Vergleichsgrundlage 779

Jahreszins effektiver J. als Angabe 492, 493, 494, 502

Jugendamt als Beistand des Kindes 1712 ff., Bestellung als Vormund 1791b, Entlassung als Vormund 1887, Mitteilungspflicht des Vormundschaftsgerichts 1851

Jugendwohnheim anwendbare Vorschriften des Wohnraummietrechtes 549

Juristische Person 21-89, des öffentlichen Rechts, des öffentlichen Rechts, Allgemeine Geschäftsbedingungen 310

Käufer ausgeschlossene bei bestimmten Verkäufen 450, Vorkaufsrecht 1100

Kapitalanlagegesellschaft Allgemeine Geschäftsbedingungen 305a

Kappungsgrenze bei Mieterhöhungen 558

Kauf besondere Arten 454-473, Erbschaftskauf 2371 ff., von sonstigen Gegenständen 453, durch ausgeschlossene Käufer, Rechtsfolgen 451, bricht nicht Miete 566, auf Probe 454, 455

Kaufpreis Minderung (Die Minderung ist nunmehr ein Gestaltungsrecht, kein ius variandi des Käufers mehr.) 437, 441, Zahlung 433

Kaufvertrag 433 ff.

Kennenmüssen 122, Abtretung unter Urkundenvorlegung 405, der öffentlichen Äußerung 434, bei Aufrechnung gegenüber dem neuen Gläubiger 406, bei Erlöschen der Vollmacht 169, des Leistungshindernisses 311a, Mängel der Kaufsache 442, Mangel der Vertretungsmacht 178, 179, anspruchsbegründender Umstände 199, bei Vertretung 166

Kenntnis Abtretung unter Urkundenvorlegung 405, der öffentlichen Äußerung 434, der Anfechtbarkeit 142, vom Anfechtungsgrund 121, bei Aufrechnung gegenüber dem neuen Gläubiger 406, von der Einwilligung 111, vom Erlöschen der Vollmacht 169, des Erlöschens der Vollmacht 173, des Käufers vom Mangel 442, des Leistungshindernisses 311a, Mangel der Vertretungsmacht 178, 179, des Mieters vom Mangel 536b, der Nichtschuld 814, von anspruchsbegründenden Umständen 199, bei Vertretung 166, des Vorbehalts 116

Kind Adoption 1741 ff., Auslegung von Testamenten 2068, Beistandspflicht gegenüber Eltern 1618a, Eintrittsrecht in den Mietvertrag im Todesfall 563, Kindeswohl 1697a, Kosten der Ausstattung 1444, 1466, Recht auf gewaltfreie Erziehung 1631, Recht auf Umgang mit Eltern 1684, Schenkungsvermutung bei Aufwendungen des K. 1620, Tod des Kindes 1698b, Unterhaltsanspruch wegen Betreuung eines K. zwischen geschiedenen Ehegatten 1570, Verjährungshemmung während Minderjährigkeit 207, 208, gesetzliche Vertretung durch Eltern 1629, Wohnsitz 10

Kindergeld Anrechnung auf Unterhaltsanspruch gegen barunterhaltspflichtiges Elternteil 1612b

Kindesannahme 1741 ff., Alterserfordernis 1743, Annahme als gemeinschaftliches Kind 1742, Annahme nach dem Tod 1753, Annahme Volljähriger 1767 ff., Antrag auf Annahme Volljähriger 1768, Aufhebung 1759 ff., Aufhebung bei Annahme Volljähriger 1771, Aufhebung durch Ehe zwischen Kind und Annehmenden 1766, Aufhebung wegen fehlender Erklärungen 1760, Ausforschungsverbot 1758, Ausschluss der Aufhebung 1761, Berücksichtigung von Kindesinteressen 1745, Einwilligung der Eltern 1747, Einwilligung des Ehegatten 1749, Einwilligung des Kindes 1746, Einwilligungserklärung 1750, Entscheidung des Vormundschaftsgerichtes über K. 1752, Ersetzung der elterlichen Einwilligung 1748, Name des Kindes 1757, Offenbarungsverbot 1758, Probezeit vor Annahme 1744, Rechtliche Stellung des Kindes 1754, Verhältnis zu bisherigen Verwandten 1755, vorherige Verwandtschaft der Annehmenden mit dem Kind 1756, Zulässigkeit 1741, Zulässigkeit der Annahme Volljähriger 1767

Kindesinteressen Berücksichtigung bei Annahme als Kind 1745

Kindesunterhalt Anrechnung anderer kindbezogener Leistungen 1612c, Anrechnung von Kindergeld 1612a, Anspruch auf Prozentsatz vom Regelbetrag 1612a, Forderungsübergang bei Ersatzhaftung eines Verwandten 1607

Kindesvermögen Ausstattung aus dem K. 1625, Gefährdung 1667

Kindeswohl 1697a, Gefährdung durch Aufhebung der Kindesannahme 1761, gerichtliche Maßnahmen bei Gefährdung 1666

Kirchliche Verpflichtungen 1588

Klageerhebung Hemmung der Verjährung 204, Schuldnerverzug 286

Klauseln überraschende, mehrdeutige in Allgemeinen Geschäftsbedingungen 305c

Klauselverbote mit Wertungsmöglichkeit 308, ohne Wertungsmöglichkeit 309

Köper Verletzung, Verjährung von Ansprüchen 199

Körperschäden Haftungsausschluss in Allgemeinen Geschäftsbedingungen 309

Körperschaft Aufrechnung gegen öffentlich-rechtliche Körperschaft, des öffentlichen Rechts 89

Kommunikationsmittel Fernabsatz 312b

Konkretisierung Gattungsschuld 243

Konsolidation Ausschluss der K. bei dinglichen Rechten 889

Kontakt geschäftlicher, Entstehung eines Schuldverhältnisses (Durch § 311 II BGB ist die C.i.c nunmehr kodifiziert.) 311

Konto Einrichtung, Gegenstand des Girovertrages 676f, Überziehung des laufenden K. 493, für Verzugszinsen bei Verbraucherdarlehensvertrag 497

Kontoauszug Änderung des Jahreszinses 493

Kontrollrecht der nicht geschäftsführenden Gesellschafter 716

Konzernvorbehalt 449

Kosten der Begründung oder Übertragung des Rechtes 453, der Beurkundung bei Abtretung 403, bei Bruchteilsgemeinschaft 748, der Hinterlegung 381, laufzeitabhängige 504, der Nacherfüllung 439, der Quittung 369, Rückabwicklung eines verbundenen Darlehensvertrages 358, der Rücksendung bei Widerruf und Rückgabe 357, Tilgungsreihenfolge 367, der Übergabe und vergleichbare K. 448, des neuen Verkaufs 451, wiederholter Verkaufsversuch bei Bruchteilsgemeinschaft 753, der Versteigerung 386, bei Vorlegung von Sachen 811, bei Widerruf von Teilzeit-Wohnrechtevertrag 485

Kostenanschlag bei Werkvertrag 650

Kraftloserklärung eines Erbscheins 2361, bei Hypothekenbrief 1162, Schuldverschreibung auf den Inhaber 799, Wirkung bei Schuldverschreibung auf den Inhaber 800

Krankenfürsorge Pflicht, Dienstvertrag 617

Krankheit Pflicht zur Krankenfürsorge, Dienstvertrag 617

Kreditanstalten Zinseszins 248

Kreditauftrag Haftung des Auftraggebers 778

Kreditinstitut Informationspflicht 675a, Überweisungsvertrag 676a, Überziehungskredit 493

Kündigung des Arbeitsverhältnisses bei Betriebsübergang 613a, des Auftrags durch Beauftragten 671, außerordentliche, fristlose K. aus wichtigem Grund 594e, geschlechtsbezogenes Benachteiligungsverbot, Dienstvertrag 611a, bei Berufsunfähigkeit des Landpächters 594c, des Darlehens 488, eines Dauerschuldverhältnisses aus wichtigem Grund (Kündbarkeit von Dauerschuldverhältnissen aus wichtigem Grund war bisher ein anerkannter Rechtsgrundsatz (Gesamtanalogie zu den §§ 554a, 626, 723 BGB, die nunmehr kodifiziert wurden) 314, des Dienstverhältnisses zur Unzeit 627, wegen Eigenbedarfs 573, Form und Inhalt bei Mietverhältnis 568, Genehmigung des Vormundschaftsgerichts bei K. einer Mietwohnung 1907, der Geschäftsführung, Gesellschaft 712, einer Gesellschaft auf Lebenszeit 724, der Gesellschaft durch Pfändungspfandgläubiger 725, durch Gesellschafter, Gesellschaft 723, eines Gesellschafters, Nachhaftung 736, des neuen Gläubigers 410, aus wichtigem Grund bei Dauerschuldverhältnissen 314, einer Grundschuld 1193, fristlose K. aus wichtigem Grund, Dienstvertrag 626, fristlose K. bei Vertrauensstellung, Dienstvertrag 627, vorzeitige K. des Landpachtvertrags 595a, außerordentliche K. mit gesetzlicher Frist, Zeitmietvertrag 575a, außerordentliche fristlose Kündigung aus wichtigem Grund 569, Landpachtvertrag über mehr als dreißig Jahre 594b, des Landpachtvertrags bei Tod des Pächters 594d, wegen Mangels, Reisevertrag 651e, des Mieters nach Mieterhöhung 561, des Mietverhältnisses 542, des Mietverhältnisses auf unbestimmte Zeit 573, des Mietverhältnisses aus wichtigem Grund 543, eines Mietvertrages über mehr als dreißig Jahre 544, eines Pfandrechts an Rechten 1283, 1286, einer Rentenschuld 1202, des Sachdarlehensvertrages 608, Schriftform, Arbeitsverhältnis 623, Schriftform bei Landpachtvertrag 594 f., bei Staffelmietvereinbarung 557a, Störung des Geschäftsgrundlage 313, des Testamentsvollstreckers 2226, außerordentliche bei Tod des Mieters 580, des Überweisungsvertrages 676a, bei Unterpacht, Tod oder Versetzung 584a, Widerspruch des Mieters 574, Wirkung bei Gesamtschuld 425, bei Wohnraummietvertrag über länger als ein Jahr 550, zum Zwecke der Mieterhöhung 573

Kündigungsbeschränkung bei Wohnungsumwandlung 577a

Kündigungsfrist bei Arbeitsverhältnissen 622, bei Austritt aus Verein 39, bei Dienstverhältnis über mehr als 5 Jahre 624, bei Dienstverhältnissen 621, ordentliche Kündigung bei Untervermietung 573c, ordentliche Kündigung des Mietverhältnisses 573c, außerordentliche Kündigung mit gesetzlicher Frist 573d, Landpachtvertrag 594a, Landpachtvertrag über mehr als dreißig Jahre 594b, Mietverhältnis über Grundstück, Raum, Schiff 580a, Pachtvertrag über Grundstück oder Recht 584, bei Werkmietwohnungen 576

Kündigungsmöglichkeit erleichterte K. des Vermieters 573

Kündigungspflicht bei Pfandrecht an Rechten 1286

Kündigungsrecht Ausschluss mietrechtlicher K. bei Pacht 584a, außerordentliches, Darlehensvertrag (In § 490 geht der bisherige § 610 BGB a.F. auf. Kündigungsrecht statt Widerrufsrecht, Kündigungsmöglichkeit auch nach Valutierung und schon bei unmittelbar bevorstehender Vermögensverschlechterung) 490, des Bestellers bei Werkvertrag 649, bei Eintritt eines Familienangehörigen in den Mietvertrag 563, wegen höherer Gewalt bei Reisevertrag 651j, ordentliches K. des Darlehensnehmers 489, bei Leihe 605, des Mieters bei unterlassener Mängelanzeige 536c, des Mieters nach Mieterhöhung 561, bei wesentlicher Überschreitung des Kostenanschlages, Werkvertrag 650, bei Unterpacht, Tod, Versetzung 584a, des Verpächters bei Betriebsübergabe, Landpachtvertrag 593a, gegen Vorfälligkeitsentschädigung (Die Rechtsprechung des BGH zur Vorfälligkeitsentschädigung wird – rechtstechnisch verändert – gesetzlich kodifiziert) 490

Kündigungsschreiben Angabe der rechtfertigten Gründe 573, Angabe des wichtigen Grundes 569

Kunde elektronischer Geschäftsverkehr 312e

Landesjustizverwaltung Zuweisung von Zuständigkeit 55

Landgut Berechnung des Pflichtteils 2312, Übernahme durch Miterben 2049

Landpachtvertrag 585-597, Änderung der landwirtschaftlichen Bestimmung der Sache 590, Anpassung an veränderte Umstände 593, außerordentliche, fristlose Kündigung aus wichtigem Grund 594e, Ende und Verlängerung 594, Fortsetzung nach Kündigung 595, vertragswidriger Gebrauch der Pachtsache 590a, Pfandrecht des Verpächters 592, vertragstypische Pflichten 586, über mehr als dreißig Jahre 594b, Überlassung an Dritte 589, Überlassungs- und Erhaltungspflicht 586, Veräußerung und Belastung des verpachteten Grundstücks 593b

Landwirtschaft Pachtvertrag 585

Landwirtschaftsgericht Entscheidung über Duldungspflicht 588, Entscheidung über Verwendungsersatz, Landpachtvertrag 591, Ernennung eines Sachverständigen 585b

Lasten als notwendige Aufwendungen 995, bei Bruchteilsgemeinschaft 748, bei Erbschaftskauf 2380, der Mietsache 535, der Pachtsache, Landpachtvertrag 586a, Verteilung der L. einer Sache 103

Lastentragung des Nießbrauchers 1047

Lastenübergang bei Kauf 446

Leben Verletzung, Verjährung von Ansprüchen 199
Lebensbedarf Geschäfte zur Deckung des L. 1357, Unterhaltsanspruch zur Deckung des L. 1578
Lebensdauer Leibrente 759
Lebensgemeinschaft eheliche 1353
Lebenshaltungsindex Koppelung der Miethöhe an L. 557b
Lebensmittel Fernabsatz 312b
Lebenspartner Eintrittsrecht in den Mietvertrag im Todesfall 563
Lebenspartnerschaft Verjährungshemmung 207
Lebensversicherungsvertrag zugunsten Dritter 330
Lebenszeit Gesellschaft auf L., Kündigung 724, Mietvertrag auf L. 544
Legalzession bei Ablösung einer Hypothek 1143
Lehrer Gehaltsabtretung 411
Leibesfrucht Pflegschaft 1912
Leibrente 759-761, Dauer und Betrag 759
Leibrentenversprechen Form 761
Leibrentenvertrag zugunsten Dritter 330
Leihe 598-606, Kündigungsrecht 605, vertragstypische Pflichten 598
Leihsache Abnutzung 602
Leistung 241, Bewirken mit eigenen Mitteln 110, versprochener Dienste, Dienstvertrag 611, durch Dritte 267, an Dritte nach Todesfall 331, an Erfüllungs statt 364 f., Erlöschen des Schuldverhältnisses durch 362, auf mehrere Forderungen 366, an den bisherigen Gläubiger 407, an einen Nichtberechtigten, Schuldverschreibung auf den Inhaber 793, Nichtverfügbarkeit, in Allgemeinen Geschäftsbedingungen 308, Schadensersatz statt der L. (früher Schadensersatz wegen Nichterfüllung) 280 ff., teilbare, Mehrheit von Schuldnern und Gläubigern 420, an den Überbringer der Quittung 370, unteilbare, Gläubigermehrheit 431, unteilbare, Mehrheit von Schuldnern 430, durch Unterlassen 241, Unzulässigkeit von Teilleistungen 266, Zug um Zug, Annahmeverzug 298
Leistungsbestimmung Anfechtung 318, durch einen Dritten 317, einseitige 315-319, Gegenleistung 316, nach dem Kalender, Verzug 286, durch eine Partei 315, Unwirksamkeit der Bestimmung 318
Leistungsfrist in Allgemeinen Geschäftsbedingungen 308

Leistungshindernis bei Vertragsschluss (Der Vertrag ist bei anfänglicher objektiver Unmöglichkeit nicht nichtig, vgl. § 311a I BGB. Regelungen enthalten nunmehr die §§ 275 I, II BGB und § 311a BGB.) 311a
Leistungskondiktion 812
Leistungsort 269, Verschiedenheit bei Aufrechnung 391
Leistungsträger Reisevertrag 651a
Leistungsverweigerung Entbehrlichkeit der Fristsetzung 281, Verzug 286
Leistungsverweigerungsrecht in Allgemeinen Geschäftsbedingungen 309, bei unzumutbarem Aufwand 275, Hemmung der Verjährung 205, wegen grober Unbilligkeit bei Zugewinnausgleich 1380, bei Verjährung 214
Leistungszeit 271
Letztverkäufer Regress bei Verbrauchsgüterkauf 478 f.
Letztwillige Verfügung Anfechtung wegen Drohung 2078, Anfechtung wegen Irrtum 2078, Anfechtung wegen Übergehung eines Pflichtteilsberechtigten 2079, Anfechtungsberechtigter 2080, Anfechtungserklärung 2081, Anfechtungsfrist 2082, auflösende Bedingung 2075, aufschiebende Bedingung 2074, Ausführung durch Testamentsvollstrecker 2203, Auslegungsregeln 2066, Ausschluss der Auseinandersetzung einer Erbengemeinschaft 2044, Bedingung zum Vorteil eines Dritten 2076, Einrede der Anfechtbarkeit 2083, Ergänzungsvorbehalt 2086, mehrdeutige Bezeichnung 2073, Teilunwirksamkeit 2085, siehe Testament 2064 ff., Unwirksamkeit durch Eheauflösung 2077
Lieferant bei Verbrauchsgüterkauf 478
Lieferkette Rückgriffsansprüche des Käufers 479
Lieferung Fernabsatz 312b, einer zu geringen Menge 434, einer anderen Sache 434, unbestellter Sachen 241a, einer mangelfreien Ware, Nacherfüllung 439
Liquidation des Vereinsvermögens 47
Liquidatoren Aufgaben der 49, frühzeitige Auszahlung des Vereinsvermögens 53, Eintragung 76, Pflichtverletzung 53, Schadensersatzpflicht der L. 53, des Vereins 48
Löschungsvormerkung bei Hypothek 1179 ff.
Lohn des Maklers 653
Los Verteilung nach Aufhebung der Bruchteilsgemeinschaft 752

Losentscheid bei Auslobung 659
Lotterieverträge staatliche Genehmigung 763, Haftungsauschluss in Allgemeinen Geschäftsbedingungen 309
Mängel Haftungsbeschränkung in Allgemeinen Geschäftsbedingungen 309
Mängelansprüche Verjährung beim Kauf 438
Mängelanzeige Ausschlussfrist in Allgemeinen Geschäftsbedingungen 309, Mietvertrag 536c
Mängeleinrede Kaufvertrag (Die Mängeleinrede bleibt künftig auch ohne Mängelanzeige erhalten.) 437
Mahnbescheid Hemmung der Verjährung 204, Schuldnerverzug 286
Mahnung in Allgemeinen Geschäftsbedingungen 309, des neuen Gläubigers 410, Schuldnerverzug 286
Mahnverfahren Schuldnerverzug 286
Maklerlohn 653, Herabsetzung durch gerichtliche Entscheidung 655
Maklervertrag 652-655
Mangel Haftung des Verleihers 600, Mietminderung 536, während der Mietzeit auftretender M. 536c, Rechte bei M. der Reise 651c ff.
Mankolieferung Sachmangel, Kaufvertrag (Die Mankolieferung wird nunmehr von Gesetzes wegen als mangelhafte Leistung behandelt, unterliegt also der Sachmängelhaftung, § 434 III BGB) 434
Marktentwicklung Anpassung des Mietspiegels 558c
Maßregelungsverbot Dienstvertrag 612a
Material Kosten bei Nacherfüllung 439
Mehraufwendungen Ersatz bei Annahmeverzug 304
Mehrheit von Beschenkten 519, von Beschenkten, Verarmung des Schenkers 528, von Bürgen, Gesamtschuld 769, von Forderungen, Aufrechnung 396, von Gläubigern bei unteilbarer Leistung 430, 431, von Gläubigern und Schuldnern 420-432, der erschienen Mitglieder 32, verkaufter Sachen Ratenlieferungsvertrag 505, von Schuldnern bei unteilbarer Leistung 430, von drei Vierteilen bei Auflösung 41, von Vorkaufsberechtigten 472, von Wiederkaufsberechtigten 461
Mehrkosten bei Kündigung wegen höherer Gewalt, Reisevertrag 651j, bei Reisemangel 651e
Meinungsverschiedenheiten über Ausübung der elterlichen Sorge 1628, mehrerer Vormünder 1798

Mensch Rechtsfähigkeit des 1
Mietdatenbank Auskunft zur Begründung einer Mieterhöhung 558a, Begriff 558e
Miete (Beachte die Änderungen durch das Mietrechtsreformgesetz [In-Kraft-Treten am 1.9.2001]) 535 ff., keine Befreiung bei persönlicher Verhinderung 537, Fälligkeit bei Grundstück, Raum, Schiff 579, Fälligkeit bei Wohnraummietvertrag 556b, und Nacherbfolge 2135, Vorausverfügung über die Miete bei Veräußerung 566b, bei Wohnraummietvertrag 556, Zahlungspflicht 535
Mieterdarlehen Modernisierung, Anrechnung 559a
Mieterhöhung Form und Begründung bei Wohnraummietvertrag 558a, bei Modernisierung 559, bei Modernisierungsmaßnahmen 554, Sonderkündigungsrecht des Mieters 561, nach Vereinbarung der Gesetz 557, bis zur ortsüblichen Vergleichsmiete 558, Zustimmung 558b
Mietminderung wegen Sach- und Rechtsmangel 536
Mietsache Abnutzung durch vertragsgemäßen Gebrauch 538
Mietsicherheit Begrenzung und Anlage 551, zusätzliche M. bei baulichen Veränderungen 554a, keine Pflicht zur Anlage bei Studenten- oder Jugendwohnheim 551, bei Veräußerung der vermieteten Sache 566a
Mietspiegel Begriff 558c, Begründung der Mieterhöhung 558a, qualifizierter 558a, qualifizierter, Begriff 558d
Mietverhältnis unter auflösender Bedingung 572, Beendigung 568-580a, Ende 542, Fortsetzung mit den Erben 564, Fortsetzung nach Widerspruch 574, 574a ff., über Grundstücke und Räume 578, vereinbartes Rücktrittsrecht 572, über andere Sachen als Wohnungen 578-580a, über eingetragene Schiffe 578a, über Wohnraum, siehe auch Wohnraummietverhältnis 549-570b, auf unbestimmte Zeit 573-574c, auf bestimmte Zeit 575 f.
Mietvertrag 535-580a, Kauf bricht nicht Miete 566, auf Lebenszeit 544, über eine längere Zeit als dreißig Jahre 544, über Wohnraum, siehe auch Wohnraummietvertrag 549-570b
Mietvorauszahlung Anrechnung auf Mieterhöhung bei Modernisierung 559a
Mietwohnung Kündigung durch Betreuer 1907
Mietzins 535 ff., Verfügung bei Schiffen 578a
Mindererlös nach Kauf durch ausgeschlossenen Käufer 451

Minderheit Berufung der Mitgliederversammlung auf Verlangen einer 37
Minderjährigenhaftungsbeschränkung 1629a
Minderjähriger Arbeits- und Dienstverhältnis 113, Begründung, Aufhebung des Wohnsitzes 8, Beschränkung der Geschäftsfähigkeit 106, Vormundschaft 1773 ff., Wirksamkeit von Willenserklärungen, eines Vertrages 106 ff.
Minderjährigkeit Verjährungshemmung 207
Minderung Berechnung (Die Minderungsberechnung wurde vereinfacht. Die Berechnung kann aber aufgrund ausdrücklicher Anordnung in Zweifelsfällen durch Schätzung ermittelt werden.) 440, bei mehreren Beteiligten 441, bei Mangelhaftigkeit der Kaufsache (Die Minderung ist nunmehr ein Gestaltungsrecht. Die Minderungsberechnung wird vereinfacht.) 441, bei Mangelhaftigkeit des Werkes 634, bei Reisevertrag 651d, bei Werkvertrag 638, bei Wiederkauf 457
Missbrauch maschinelles Vereinsregister 79, einer Zahlungskarte 676h
Mitbesitz 866
Mitbürgschaft gesetzlicher Forderungsübergang 774, gesamtschuldnerische Haftung 769
Miteigentum 1008-1011, und Nießbrauch 1066, und Pfandrecht 1258
Miterbe Anteil an Erbschaft 1922, Antrag auf Nachlassverwaltung 2062, Aufgebot der Nachlassgläubiger 2061, siehe auch Erbengemeinschaft, gesamtschuldnerische Haftung 2058, Haftung nach Teilung des Nachlasses 2060, Haftung vor Teilung des Nachlasses 2059, pflichtteilsberechtigter M. 2319
Mitgebrauch Bruchteilsgemeinschaft 743
Mitgläubigerschaft 432
Mitglieder Beschlussfassung der M. des Vereins 28
Mitgliederversammlung Berufung der M. 36, Beschluss der 27, Beschlussfassung der 32
Mitgliederzahl Absinken 72, Bescheinigung 72, des Vereins 56
Mitgliedschaft im Verein 38
Mitgliedschaftsrechte Ausübung der 38
Mitte des Monats 192
Mitteilung des Dritten bei Vorkauf 469, Eigentumsübergangs durch den Vermieter 566e, Erteilung der Vollmacht 171, Grund für Befristung des Mietverhältnisses 575, an den Mieter über Vorkaufsrecht 577, des Veräußerers bei Hypothekenschuld 416, bei Vorkauf 469
Mittel Bewirken mit eigenen 110
Mittelbarer Besitz 868-871, Ansprüche des mittelbaren Besitzers 869, Haftung des Besitzmittlers 991, mehrstufiger 871, Übertragung 870
Mittellosigkeit des Mündels 1836d
Mitverschulden 254, bei unerlaubter Handlung 846
Mitvollstrecker 2199
Mitvormund 1775
Mitwirkung mehrerer bei Auslobung 660
Mitwirkungspflicht bei Einziehung eines verpfändeten Rechts 1285
Modernisierung Mieterhöhung, Anrechnung von Drittmitteln 559a
Modernisierungsmaßnahmen Duldung bei Wohnraummietvertrag 554
Monat Anfang, Mitte, Ende 191, halber 189
Montage unsachgemäße, Sachmangel (§ 434 II BGB stellt Montagefehler und fehlerhafte Montageanleitung einem Sachmangel gleich, sog. IKEA-Klausel.) 434
Mündel Arbeitsverhältnis 113, siehe Vormundschaft 1778
Mutter 1591
Nachbarrechtliche Ansprüche 906 ff., Unverjährbarkeit 924
Nachbesserung (siehe auch Nacherfüllung) 437, 439
Nacherbe 2100, Anlegung von Geld durch Vorerben 2119, Anzeigepflicht des Vorerben 2146, notwendige Aufwendungen 2124, Auskunftsrecht 2127, Ausschlagung 2142, Befreiung des Vorerben 2136, Einfluss auf Miete und Pacht 2135, Einsetzung auf Überrest 2137, Eintritt der Nacherbfolge 2106, 2130, Einwilligungspflicht des N. 2120, Entziehung der Verwaltung 2129, gesetzliche Erben als N. 2104, Erbfähigkeit 2108, und Ersatzerbe 2102, Feststellung des Zustands der Erbschaft 2122, Frist für Nacherbschaft 2109, Haftung des Nacherben 2144, Haftung des Vorerben 2131 ff., 2145, kinderloser Vorerbe 2107, außerordentliche Lasten 2126, noch nicht erzeugte Person 2101, Schenkungen des Vorerben 2113, Sicherheitsleistung 2128, Umfang des Nacherbenrechts 2110, Unterhalt der werdenden Mutter 2141, Unwirksamkeit von Verfügungen des Vorerben 2113, Vererblichkeit des Nacherbenrecht 2108, Verfügungen des Vorerben nach Eintritt der Nacherbfolge

Register

2139, Verfügungen über dingliche Rechte 2114, Verfügungsrecht des Vorerben 2112, Vermutung bei Herausgabeanordnung 2103, Verwendungsersatz 2125, Verzeichnis der Erbschaftsgegenstände 2121, Wertpapiere 2116 ff., Wiederaufleben erloschener Rechtsverhältnisse 2143, Wirkung des Eintritts der Nacherbfolge 2138, Wirtschaftsplan 2123

Nacherbenrecht 2100 ff.

Nacherbenvollstrecker 2222

Nacherbfolge Anzeigepflicht 2146, Eintritt 2130, Haftung des Nacherben 2144, Haftung des Vorerben 2131 ff., 2145, Verfügungen des Vorerben nach Eintritt der N. 2140, Wirkung 2139

Nacherfüllung Beschränkung in Allgemeinen Geschäftsbedingungen (erfasst Nachbesserung und Nachlieferung) 309, Beschränkung in Allgemeinen Geschäftsbedingungen 309, bei Mangelhaftigkeit der Kaufsache (Die Nacherfüllung hat künftig Vorrang vor den anderen Gewährleistungsrechten.) 437, 439, Werkvertrag (Im Unterschied zum Nacherfüllungsanspruch des Käufers gemäß § 439 I BGB hat der Besteller nach § 635 BGB kein Wahlrecht.) 634, 635

Nachforderung von Betriebskosten 556

Nachfrist in Allgemeinen Geschäftsbedingungen 308

Nachhaftung bei Ausscheiden eines Gesellschafters 736

Nachlass Ablaufhemmung der Verjährung (früher § 207, weitgehend unverändert) 211, Berechnung des Pflichtteils 2311, Herausgabe durch Nachlassverwalter 1986, Inventar 1993, Sicherung vor Erbannahme 1960, Überschuldung 1982, 1989, 1990, 1991, 1992, Unterhalt aus N. 1963, Verbindlichkeiten 1967 ff., Verfügungen über bei Erbengemeinschaft 2040, Vertrag über N. eines lebenden Dritten 311b

Nachlassforderung bei Erbengemeinschaft 2039

Nachlassgegenstände Überlassung durch Testamentsvollstrecker 2217

Nachlassgericht Akteneinsicht 2228, Amtsermittlung bei Erbscheinerteilung 2358, Anordnung der Nachlassverwaltung 1981, Bekanntmachung der Nachlassverwaltung 1983, Bestimmung einer Inventarfrist 1994, Ernennung eines Testamentsvollstreckers 2200, Genehmigung der Stiftung 83, Inventar 1993, Mitteilung an Vormundschaftsgericht 1999, Sicherung des Nachlasses 1960, Testamentseröffnung 2260, Zuständigkeit 1962

Nachlassgläubiger Aufgebot 1970 ff., 2061, vom Aufgebot nicht betroffene 1971, Ausschließung 1973, Haftung gegenüber N. bei Erbschaftskauf 2382, Rechtsverhältnis zu Erben 2058 ff., Verschweigung 1974

Nachlassinsolvenzverfahren 1975, Ende der Nachlassverwaltung 1988, Eröffnungsantrag 1980, Erschöpfungseinrede nach Beendigung 1989, siehe auch Nachlassverwaltung

Nachlasspfleger Bestellung 1960

Nachlasspflegschaft 1960, Antrag 1961, zur Befriedigung der Nachlassgläubiger 1975

Nachlassverbindlichkeiten 1967 ff., Berichtigung durch Erben 1979, Berichtigung von N. bei Auseinandersetzung 2046, bei Erbschaftskauf 2378, unbeschränkte Haftung bei Inventarfristversäumnis 1994, gesamtschuldnerische Haftung der Miterben 2058

Nachlassverwalter Haftung 1985, Herausgabe des Nachlasses 1986, Pflichten 1985, Vergütung 1987

Nachlassverwaltung 2216 ff., Ablehnung mangels Masse 1982, Anordnung 1981, gemeinsamer Antrag der Miterben 2062, Begriff 1975, Ende 1988, Haftung für bisherige Verwaltung 1978, gemeinschaftliche N. 2038, erloschene Rechtsverhältnisse 1976, durch Testamentvollstrecker 2205, Unwirksamkeit der Aufrechnung 1977, Wirkung der Anordnung 1984

Nachlassverzeichnis Errichtung durch Testamentsvollstrecker 2215

Nachleistung keine N. bei Dienstvertrag 615

Nachlieferung (siehe auch Nacherfüllung)

Nachschusspflicht Verlust bei Auseinandersetzung, Gesellschaft 735

Nachvermächtnis 2191

Nachweis Abschluss eines Darlehensvermittlungsvertrages 655a, der Empfangsberechtigung bei Hinterlegung 380, des Vereinsvorstandes 69

Nachweismakler Maklervertrag 652

Name Ehename 1355, Handeln in fremdem N. 164, des Kindes 1616 ff., des Kindes bei Kindesannahme 1757, des Kindes nach Aufhebung einer Kindesannahme 1765, Recht zum Gebrauch eines 12, des Vereins 64

Namensänderung nachträgliche Änderung 1617c, nachträgliche Bestimmung 1617c, eines Kindes infolge Änderungen im

Sorgerecht oder bei Wegfall der Vaterschaft 1617b
Namenspapiere mit Inhaberklausel 808
Namensrecht 12
Namenszusatz des eingetragenen Vereins 65
Nasciturus Erbfähigkeit 1923
Natürliche Person Unternehmer 14, Verbraucher 13
Naturalobligation Ehevermittlung 656, Lotterie- und Ausspielvertrag 763, Spiel und Wette 762
Nebenanspuch Hemmung und Neubeginn der Verjährung 213
Nebenentgelte bei Darlehensvermittlungsvertrag 655d
Nebenleistungen Verjährung 217, bei Vorkauf 466
Nebenpflichten des Geschäftsführers, Geschäftsführung ohne Auftrag 681
Nebenrechte Übergang bei Abtretung 401
Negative Publizität des Vereinsregisters 68
Nettodarlehensbetrag 492, als Angabe bei Verbraucherdarlehensvertrag 492
Neubeginn der Verjährung, Wirkung bei Gesamtschuld 425, der Verjährung (früher Unterbrechung) 203 ff.
Nichtberechtigter Bereicherungsanspruch bei Verfügung eines N. 816, Erwerb beweglicher Sachen vom N. 932 ff., Schadensersatzleistung an nicht berechtigten Besitzer 851, gesetzliches Veräußerungsverbot 135, bedingte Verfügung 161, Verfügung 185
Nichteheliche Kinder siehe uneheliche Kinder
Nichteinbeziehung von Allgemeinen Geschäftsbedingungen, Rechtsfolgen 306
Nichteintritt des Erfolges 815
Nichterfüllung Schadensersatz wegen (nun Schadensersatz statt der Leistung) 280 ff., Strafversprechen 340
Nichtigkeit bei Anfechtung 142, Bestätigung 141, wegen Formmangels 125, wegen Gesetzesverstoß 134, einer das Kündigungsrecht ausschließenden Vereinbarung, Gesellschaft 723, wegen Mangel der Ernstlichkeit 118, Nichteinhaltung der Schriftform bei Teilzahlungsgeschäft 502, Scheingeschäft 117, wegen Sittenverstoß 138, eines Teils des Rechtsgeschäftes 139, bei Teilzeit-Wohnrechtevertrag 483, Umdeutung 140, bei Vorbehalt 116, Willenserklärung 105, wegen Wucher 138
Nichtschuld Kenntnis der N. 814
Nichtübertragbarkeit der Gesellschafterrechte 717
Nichtvollziehung der Auflage 527
Niederlassung Aufgabe der 7
Nießbrauch 1030 ff., Abwehrrechte des Nießbrauchers 1065, Bestellung 1032, 1069, an einer Erbschaft 1089, Erhaltung der Sache 1041, Erlöschen 1061, 1063, 1064, 1071 f., Ersitzung 1033, an Forderungen 1076-1079, an Grund- oder Rentenschuld 1080, an Inhaber- oder Orderpapieren 1081 ff., an Rechten 1068 ff., Rückgabepflicht 1055, Übertragbarkeit 1059 f., Umgestaltung 1037, an künftigen Vermögen 311b, an einem Vermögen 1085-1089
Notar öffentliche Beglaubigung 129, Beurkundung 128, Testament 2231, Zuständigkeit bei Auflassung 925
Notbedarf Einrede bei Schenkungsversprechen 519
Notbestellung des Vorstandes 29
Notgeschäftsführungsbefugnis Bruchteilsgemeinschaft 744
Notstand 228
Nottestament 2249 ff., gemeinschaftliches N. 2266
Notverwaltungsrecht bei Gütergemeinschaft 1429
Notweg 917, Ausschluss des Notwegerechts 918
Notwehr 227
Nutzungen 100, bei Annahmeverzug 302, bei Erbschaftskauf 2379, Ersatz bei Hinterlegung 379, Ersatz bei Rücktritt 347, Erstreckung auf N. bei Erbschaftsanspruch 2020, Haftung bei Herausgabepflicht 292, Herausgabe 987, 988, Herausgabe von N. bei Vermächtnis 2184, der Kaufsache ab Gefahrübergang 446
Nutzungspfand 1213
Nutzungsrechte Zusammentreffen mehrerer N. 1024, 1060
Öffentliche Aufforderung zur Anmeldung von Erbrechten 1965
Öffentlicher Glaube beglaubigter Abtretungserklärungen 155, des Erbscheins 2366, 2370, Geltung für Hypothek 1138, des Grundbuches 892
Offenbarungsverbot der Kindesannahme 1758
Orderpapiere Hinterlegung 234
Organe Haftung des Vereins für 31
Pacht 581, Fälligkeit, Landpachtvertrag 587, und Nacherbfolge 2135
Pachtsache Beschreibung 585b, vertragswidriger Gebrauch 590a, Lasten bei Landpachtvertrag 586a, Rückgabe, Landpachtvertrag 596

Register

Pachtvertrag 581-597, Anwendbarkeit der Mietvorschriften 581, Erhaltung des Inventars 582, 582, Landpacht 585-597, vertragstypische Pflichten 581

Pachtzins Entrichtung, Hauptpflicht 581, Erhöhung nach Verbesserungsmaßnahmen 588, bei persönlicher Verhinderung des Pächters 587

Pächterpfandrecht am Inventar 583

Passivvertretung des Vereins 28

Pauschalierung Schadensersatzanspruch in Allgemeinen Geschäftsbedingungen 309

Personengesellschaft rechtsfähige 14

Personengruppe Auslegung von Testamenten 2071

Personensorge 1630 ff., Anspruch auf Herausgabe des Kindes 1632, Ausbildung und Beruf 1631a, Fortführung von Geschäften bei Unkenntnis der Beendigung 1698a, Inhalt 1631, verheiratete Minderjährige 1633, Sterilisation 1631c, Unterbringung des Kindes 1631b, des Vormunds 1800

Pfändung keine Aufrechnung gegen unpfändbare Forderung 394, durch Dritte, Vermieterpfandrecht 562d, eines Gesellschaftsanteils, Kündigung 725

Pfändungspfandgläubiger Kündigung der Gesellschaft 725

Pfand Versteigerung, Haftungsbegrenzungen 445

Pfandgläubiger siehe Pfandrecht

Pfandrecht Aufgabe durch den Gläubiger, Bürgschaft 776, Erlöschen bei Schuldübernahme 418, Erwerb durch Hinterlegung 233, des Gastwirtes, Beherbergungsvertrag 704, des Pächters am Inventar 583, Übergang bei Abtretung 401, Verjährung des gesicherten Anspruches 216, des Vermieters 562, des Verpächters, Landpachtvertrag 592, Verwertungspflicht bei Bürgschaft 772, des Werkunternehmers 647

Pfandrecht an beweglichen Sachen 1204-1258, Aufhebung durch Rechtsgeschäft 1255, Auswahl unter mehreren Pfändern 1230, Befriedigung aus P. 1220 f., 1224, 1228, 1233 ff., Benachrichtigung bei Verkauf 1241, Bestellung 1205, Einreden des Verpfänders 1211, Erlöschen 1252, Erlöschen durch Rückgabe 1253, gesetzliches Pfandrecht 1257, gutgläubiger Erwerb des Vorrangs 1208, Herausgabe zum Verkauf 1231, Pflichten des Pfandgläubigers 1214 ff., Rang 1209, 1232, Rechte des Verpfänders 1217 ff., Rückgabeanspruch 1254, Rückgabepflicht 1223, Schutz des Pfandrechtes 1227, Übergabeersatz 1206, Umfang 1210, 1212, Veräußerung 1242 ff., Verbot der Verfallvereinbarung 1229, Zusammentreffen von P. und Eigentum 1256

Pfandrecht an Rechten 1273-1296, Aufhebung und Änderung 1276, Bestellung 1274, Erlöschen durch Rückgabe 1278, Inhaber- und Orderpapiere 1292 f.

Pfandrechtsübertragung 1250 f.

Pfandverkauf Aufhebung der Bruchteilsgemeinschaft 753, ausgeschlossene Käufer 450

Pflanze wesentlicher Bestandteil 94

Pflege Ausgleichungsanspruch des pflegenden Abkömmlings 2057a

Pflegeperson Entscheidungsrecht 1688, Familienpflege 1630

Pflegschaft 1909, Abwesenheitspflegschaft 1911, Anordnung durch Familiengericht 1697, Anwendung des Vormundschaftsrechts 1915, Aufhebung 1919 f., Beendigung kraft Gesetzes 1918, Benennung durch Erblasser und Dritte 1917, Berufung als Ergänzungspfleger 1916, Beschränkung des Vormundes durch P. 1794, für unbekannte Beteiligte 1913, Ergänzungspflegschaft 1909, für Leibesfrucht 1912, für Sammelvermögen 1914, Verjährungshemmung 207

Pflicht vertragstypische bei Darlehensvertrag 488, des Geschäftsführers bei Geschäftsführung ohne Auftrag 677, im elektronischen Geschäftsverkehr 312e, der geschäftsführenden Gesellschafter 713, beim Kaufvertrag (Es gehört nunmehr von Gesetzes wegen zu den Erfüllungspflichten des Verkäufers, die Sache sach- und rechtsmängelfrei zu verschaffen, § 433 I 2 BGB [Erfüllungstheorie]) 433, zur Krankenfürsorge, Dienstvertrag 617, Schuldverhältnis 241, 311, zu Schutzmaßnahmen, Dienstvertrag 618, Unübertragbarkeit bei Dienstvertrag 613, zur Zeugniserteilung, Dienstvertrag 630

Pflichtschenkung 534

Pflichtteil Anfechtung der Ausschlagung 2308, abweichende Anordnungen 2324, Anrechnung von Zuwendungen 2315, Anspruch auf P. der Eltern 2309, Anspruch gegen Beschenkten 2329, Anstandsschenkungen 2330, Ausgleichungspflicht 2316, Auskunftspflicht 2314, Auslegung 2304, Berechtigter 2303, beschenkter Berechtigter 2327, Beschränkung in guter Absicht 2338, Beschränkungen und Beschwerungen 2306, eines lebenden Dritten 311b, Entstehung des Pflichtteilsanspruchs 2317, Entziehung 2333 ff., Entziehungsgrund 2336, nicht pflichtteilsbelasteter Erbe 2323, selbst pflichtteilsberechtigter Erbe 2328, Ergänzung durch Schenkung 2325, Ergänzung über die Hälfte des ges. Erbteils 2326, Ersatzmann 2320, Feststellung des Erbteils 2310, Form der Entziehung 2336, Höhe 2303, Kürzung von Vermächtnissen und Auflagen 2322, Landgut 2312, Miterbe 2319, Pflichtteilslast bei Vermächtnis 2318, unsichere Rechte 2313, Stundung des Anspruchs auf P. 2331a, Übertragbarkeit des Anspruchs auf P. 2317, Unwürdigkeit 2345, Verjährung 2332, Vermächtnisausschlagung 2321, Verzeihung 2337, Wert des Nachlasses 2311, Zusatzpflichtteil 2305, Zuwendung eines Vermächtnisses 2307, Zuwendungen aus dem Gesamtgut 2331

Pflichtteilsberechtigter 2303, Anfechtung letztwilliger Verfügungen wegen Übergehung 2079

Pflichtteilslast 2303 ff., Auferlegung durch Erblasser 2324, nicht belasteter Erbe 2323, des Ersatzmannes 2320, bei Vermächtnisausschlagung 2321, bei Vermächtnissen 2318

Pflichtteilsrecht 2303 ff., und Aufgebot der Nachlassgläubiger 1972

Pflichtverletzung Beweislast (Eine Beweislastregel findet sich nun für alle Fälle der Pflichtverletzung in § 280 I 2 BGB, nicht mehr nur für Unmöglichkeit und Verzug, vgl. §§ 282, 285 BGB a. F.) 280, Entziehung der Geschäftsführung, Gesellschaft 712, Haftungsausschluss in Allgemeinen Geschäftsbedingungen (erfasst die Tatbestände der Unmöglichkeit, Verzug, pVV, CiC) 309, Kündigung des Mietverhältnisses 573, Rücktritt bei gegenseitigem Vertrag 324, Schadensersatz (erfasst die Tatbestände Unmöglichkeit, Verzug, pVV, CiC) 280, des Vorstandes 27

Positive Vertragsverletzung pVV, pFV (erstmals kodifiziert; von der Rechtsprechung als Gesamtanalogie zu §§ 280, 286, 325, 326 BGB entwickelt) 280 ff.

Post Allgemeine Geschäftsbedingungen 305a

Postübersendung Rückwirkung der Hinterlegung 375

Preis Gewinnaussagen eines Unternehmers 661a

Preisausschreiben Auslobung 661

Preiserhöhungen in Allgemeinen Geschäftsbedingungen 309

Privatwohnung Abschluss eines Vertrages in 312

Probezeit Kündigungsfrist für Arbeitsverhältnis 622

Produkthaftungsgesetz Sachmangel 434

Prospekt notwendiger Inhalt bei Reisevertrag 651a

Prospektpflicht bei Teilzeit-Wohnrechtevertrag 482

Prospektsprache bei Teilzeit-Wohnrechtevertrag 483

Prozessaufrechnung Hemmung der Verjährung 204

Prozessführungsbefugnis keine passive P. vor Annahme der Erbschaft 1958, des Testamentsvollstreckers 2212, 2213

Prozesskostenhilfe Antrag, Hemmung der Verjährung 204

Prozesszinsen 291

Publizität negative P. des Vereinsregisters 68

Quittung 368, Kosten 369, Leistung an den Überbringer 370

Räume Fälligkeit der Miete 579, Mietverhältnis 578

Rat Schadensersatz 675

Ratenlieferungsvertrag 505

Reallast 1105-1112, Bindung an Person oder Grundstück 1110, 1111

Rechenschaftspflicht bei Auftrag 666, Umfang 259

Rechnung Zugang, Verzug (Der bisher missverständliche § 284 III BGB a.F. wird korrigiert. Der Schuldner kommt nach § 286 III BGB spätestens 30 Tage nach Fälligkeit und Rechnungszugang in Verzug.) 286

Rechnungsabschluss Gesellschaft 721

Rechnungslegung des Vormundes 1840 f.

Rechnungsprüfung des Vormundschaftsgerichts bei Beendigung 1892

Rechte aus der Anweisung 783, Bestandteil eines Grundstücks 96, des Bestellers bei Mängeln (Im Wesentlichen gleicht die Regelung derjenigen beim Kauf, vgl. § 437 BGB. Lediglich für die Nacherfüllung trifft § 635 BGB eine Sonderregelung. Insbesondere kann der Unternehmer die Form der Nacherfüllung auswählen.) 634, Dritter, Rechtsmangel 435, der geschäftsführenden Gesellschafter 713, des Käufers bei Mängeln (§ 434 II BGB stellt Montagefehler und fehlerhafte Montageanleitung einem Sachmangel gleich, sog. IKEA-Klausel)

Register

437, Kündigungsfrist bei Pachtvertrag 584, Rücksicht bei Schuldverhältnis 241, aus der Schuldverschreibung auf den Inhaber 793, Übertragung anderer R. 413

Rechtsausübung Schikane 226, zulässige, Maßregelungsverbot bei Dienstvertrag 612a

Rechtsfähigkeit Beginn 1, Entziehung bei Absinken der Zahl 73, Entziehung der R. 43, Entziehung der, Verein 43, Personengesellschaft 14, Verein 21 ff., Verfahren und Zuständigkeit bei Entziehung 44, Zuständigkeit und Verfahren bei Entziehung 44

Rechtsfolgen Eintritt bei Bedingung 159, bei Formmängeln, Verbraucherdarlehensvertrag 494, Kauf durch ausgeschlossen Käufer 451, bei Mangelhaftigkeit des Werkes 634, Nichteinbeziehung, Unwirksamkeit von Allgemeinen Geschäftsbedingungen 306, der Verjährung 214-218, von Widerruf und Rückgabe 357

Rechtsfrüchte mittelbare 99

Rechtsgeschäft 104-185, bedingtes 158-162, befristetes 163, Bestätigung des anfechtbaren 144, Bestätigung eines nichtigen 141, über die Miete bei Veräußerung der Sache 566c, einseitiges R. eines Minderjährigen 111, Sittenwidrigkeit 138, Teilnichtigkeit 139, nach Übernahme der Bürgschaft 767, Umdeutung 140, Veräußerungsverbot 137, Vereinbarung über Verjährung 202, Verstoß gegen gesetzliches Verbot 134, Vornahme mit Vereinsmitglied 34, zwischen Vorstand und Dritten 68, Zustimmung 182

Rechtsgüter Rücksicht bei Schuldverhältnis 241

Rechtshängigkeit Haftung für bei Erbschaftsanspruch 2023

Rechtskauf Anwendung der Vorschriften über Sachen 453

Rechtsmangel Gewährleistung für R. bei Vermächtnis 2182, Haftung bei Schenkung 523, Kaufvertrag (Die Rechtsmängel werden den Sachmängeln gleichgestellt. Die Rechtsfolgen ergeben sich aus allgemeinem Leistungsstörungsrecht.) 433, 435, Leihe 600, bei Leistung an Erfüllungs statt 364, Mietminderung 536, bei Rechtskauf 453, bei Werkvertrag 633

Rechtsnachfolge Verjährung 198

Rechtsstreit zwischen Verein und Mitglied 34

Rechtsverfolgung Hemmung der Verjährung (Die Rechtsverfolgung führt nicht mehr wie bisher zur Unterbrechung der Verjährung, sondern nur noch zur Hemmung.) 203, Hinderung durch höhere Gewalt 206

Rechtsverordnung Angaben in Teilzeitwohnrechte-Verträgen 482, automatisiertes Vereinsregister 79

Registereinsicht Güterrechtsregister 1563

Registergericht Güterrechtsregister 1558

Regress des Letztverkäufers, Verbrauchsgüterkauf 478 f.

Reise 651a

Reisebeginn Rücktrittsrecht des Reisenden vor R. 651i

Reisebestätigung Reisevertrag 651a

Reisemangel Verjährung und Ausschlussfrist (Die Gewährleistungsfrist wird an die des Werkvertrages angepasst und beträgt nunmehr zwei Jahre [vorher sechs Monate]) 651g

Reisepreis Änderung und Erhöhung 651a

Reisevertrag 651a-651k, Insolvenz des Reiseveranstalters 651k, vertragstypische Pflichten 651a

Rentenanteilscheine Schuldverschreibung auf den Inhaber 799

Rentenanwartschaften Ausgleichspflicht zwischen geschiedenen Ehegatten 1587b, Leistungen an den bisherigen Renteninhaber 1587p

Rentenschuld 1199, Anspruch auf Vorlegung des Briefs bei Grundschuldberichtigung 896, Pfandrecht an R. 1291, als Sicherheitsleistung 232, 238

Rentenversprechen Erlöschen 520

Rentenzahlung Anspruch auf R. bei Versorgungsausgleich 1587g

Restschuld Gesamtfälligstellung bei Teilzahlungsdarlehen 498

Reugeld Draufgabe 336, Rücktritt gegen R. 353

Risikoverteilung Störung der Geschäftsgrundlage 313

Rückbeförderung bei Reisemangel 651e

Rückbeziehung von Rechtsfolgen bei Bedingung 159

Rückerstattung des Darlehensbetrages 488, der Einlagen, Auseinandersetzung der Gesellschaft 733, Hinterlegung 234

Rückforderung Ausschluss bei Verarmung 529, des Geleisteten 281, wegen Verarmung des Schenkers 528

Rückforderungsrecht des Hinterlegers 695

Rückgabe von zur Benutzung überlassenen Gegenständen, Auseinandersetzung, Gesellschaft 732, von Gegenständen bei Ausscheiden aus der Gesellschaft 738, der

Register

Pachtsache, Landpachtvertrag 596, verspätete R. der Pachtsache 584b, verspätete R. der Pachtsache, Landpachtvertrag 597, Rechtsfolgen 357, des Schuldscheins bei Leistung 371, der Vollmachtsurkunde 175
Rückgabeort bei Verwahrung 697
Rückgabepflicht des Entleihers 604, des Mieters 546, des Nießbrauchers 1055
Rückgaberecht bei Fernabsatzverträgen 312c, bei Haustürgeschäften 312, bei Teilzahlungsgeschäften 503, bei Verbraucherverträgen 356
Rückgewähr des Geleisteten nach Rücktritt 346, des Inventars bei Beendigung der Pacht 582a, der mangelhaften Kaufsache bei Rücktritt 439, der Mietsicherheit bei Veräußerung der vermieteten Sache 566a
Rückgriff gegen Lieferanten, Verjährung 479, des Unternehmers bei Verbrauchsgüterkauf 478
Rücklassungspflicht bei Pachtende, Landpachtvertrag 596b
Rücknahme der hinterlegten Sache 379
Rücknahmeanspruch des Verwahrers bei Verwahrung 696
Rücknahmerecht bei Hinterlegung 376, Unpfändbarkeit 377
Rücksendung Kosten bei unbestellten Sachen 241a, bei Widerruf und Rückgabe 357
Rücksichtnahmepflichten Schuldverhältnis 241
Rücktritt bei Ausschluss der Leistungspflicht 326, kein Ausschluss des Schadensersatzes (Nach bisher geltendem Recht musste der Gläubiger zwischen Aufhebung [Rücktritt, Wandelung] des Vertrages und Schadensersatz wählen. Diese Alternativität wird aufgehoben.) 325, Ausschluss in Allgemeinen Geschäftsbedingungen 309, Eigentumsvorbehalt (Die Vermutung eines vertraglichen Rücktrittsrechts wurde aufgegeben. Der Verkäufer muss nun nach § 323 BGB nach Fristsetzung zurücktreten.) 449, vom Erbvertrag 2293 ff., bei Erhöhung des Reisepreises 651a, bei Gefährdung der Gegenleistung (Um einen Schwebezustand zu verhindern, sieht § 321 II BGB nunmehr ein Rücktrittsrecht vor.) 321, bei Mangelhaftigkeit der Kaufsache (früher Wandelung, nun Gestaltungsrecht; es wird auf das allgemeine Rücktrittsrecht in § 323 BGB verwiesen. Rücktritt aber nur noch subsidiär zu Nacherfüllungsanspruch) 437, bei Mangelhaftigkeit des Werkes (früher Wandelung) 634, bei Nichtvollziehung der Auflage 527, Störung der Geschäftsgrundlage 313, bei Teilzahlungsgeschäften 503, Unwirksamkeit bei Verjährung 218, wegen Verletzung sonstiger Pflicht 324, vom Verlöbnis 1298 f., wegen nicht oder nicht vertragsgemäß erbrachter Leistung 323, bei Werkvertrag, besondere Bestimmungen 636, Wirkungen 346
Rücktrittsrecht Erlöschen nach Fristsetzung 350, des Reisenden vor Reisebeginn 651i, Unteilbarkeit 351, Vereinbarung bei Mietvertrag 572, bei Verwirkungsklausel 354
Rücktrittsvorbehalt in Allgemeinen Geschäftsbedingungen 308, bei Erbvertrag 2293
Rückwirkung bei Erhöhung der Betriebskosten 560, Genehmigung 184, der Hinterlegung bei Postübersendung 375
Rückzahlungspflicht bei Widerruf des Verbraucherdarlehensvertrages 495
Sachdarlehensvertrag (Die Vorschriften regeln nur noch das Sachdarlehen. Das Gelddarlehen wird nun in den §§ 488-491 geregelt.) 607-609, Entgelt 609, Kündigung 608, vertragstypische Pflichten 607
Sache 90-103, abhanden gekommene 935, Begriff 90, Lieferung unbestellter S. 241a, Sicherheitsleistung mit beweglichen S. 237, verbrauchbare 92, verlorene 965 ff., vertretbare 91
Sachfrüchte mittelbare 99
Sachmangel Freiheit von S. beim Kauf (Die sachmängelfreie Verschaffung ist nunmehr von Gesetzes wegen eine Erfüllungspflicht des Verkäufers, § 433 I 2 BGB.) 433, Gewährleistung für S. bei Vermächtnis 2183, bei Kauf (In der Sache wird der herrschende objektiv-subjektive Fehlerbegriff gesetzlich festgeschrieben. Dieser wird aber durch § 433 I 3, II, III BGB erweitert.) 434, bei Leistung an Erfüllungs statt 364, Mankolieferung, Aliud, Kaufvertrag (Die Aliud- und die Mankolieferung werden nunmehr von Gesetzes wegen als mangelhafte Leistung behandelt, unterliegen also der Sachmängelhaftung, § 434 III BGB), Mietminderung 536, bei Rechtskauf 453, bei Schenkung 524, bei Leihvertrag, Kaufvertrag (Die gewöhnliche Verjährung wurde von 6 Monaten (bei Grundstücken: einem Jahr) auf 2 Jahre verlängert. Bei arglistigem Verschweigen gilt die Regelverjährung in § 197 Abs. 1 Nr. 1. Die Verjährungsregelung gilt auch für Mangelfolgeschäden, nicht aber für mangelun-

Register

abhängige Nebenpflichtverletzungen) 438, bei Werkvertrag 633
Sachverständiger Beschreibung der Pachtsache 585b, Fertigstellungsbescheinigung bei Werkvertrag 641a, Gutachten zur Begründung einer Mieterhöhung 558a
Samen wesentlicher Bestandteil 94
Sammelvermögen Pflegschaft für S. 1914
Sammlung Pflegschaft für Sammelvermögen 1914
Satzung 66, Änderung der Vereinssatzung 71, Beschränkung der Vertretungsmacht durch 26, des Vereins 25, 36, 37
Satzungsänderung 33
Schaden durch Handlung von verfassungsmäßig berufenen Vertretern 31, immaterieller 253, Notstand 228, bei Wiederkauf 457
Schadensersatz Abtretung von Ersatzansprüchen 255, bei unterlassener Androhung der Versteigerung 384, Anrechnung der Draufgabe 338, Anspruch gegen den Besitzer 989, Ansprüche Dritter bei Tötung 844, Ansprüche wegen entgangener Dienste 845, Art und Umfang 249, Aufrechnung bei verschiedenen Leistungsorten 392, kein Ausschluss durch Rücktritt (Nach bisher geltendem Recht musste der Gläubiger zwischen Aufhebung [Rücktritt, Wandelung] des Vertrages und Schadensersatz wählen. Diese Alternativität wird aufgehoben.) 325, Ausschluss oder Beschränkung bei Verbrauchsgüterkauf 475, Ausschluss oder Minderung der Verantwortlichkeit 827, bei sittenwidriger, vorsätzlicher Schädigung 826, bei Einbringung von Sachen bei Gastwirt 701, Eintritt der Bedingung 160, Ersatzpflicht aus Billigkeitsgründen 829, Geschäftsführung ohne Auftrag bei fehlender Geschäftsfähigkeit 682, für entgangenen Gewinn 252, bei sexuellen Handlungen 825, des Hinterlegers bei Gefahr drohender Beschaffenheit der Sache 694, bei Hinterlegung 374, bei Kreditgefährdung 824, bei fristloser Kündigung, Dienstvertrag 628, bei Kündigung zur Unzeit, Dienstvertrag 627, Leistung an Nichtberechtigten 851, bei unterlassener Mängelanzeige, Mietvertrag 536c, Mängelhaftung des Verleihers 600, bei Mangel der Mietsache 536a, Mangel der Vertretungsmacht 179, bei Mangelhaftigkeit der Kaufsache (Schadensersatzanspruch besteht nunmehr bei jeder schuldhaften Mangelhaftigkeit der Kaufsache, §§ 440, 437, 434, 280, 281, 311a, 284 BGB. Es sind alle Schäden zu ersetzen. Unterscheidung zwischen Mangel- und Mangelfolgeschäden wird daher obsolet.) 437, bei Mangelhaftigkeit des Werkes (Der Ersatzanspruch folgt nunmehr aus §§ 636, 634, 280, 281, 283, 311a, 284 BGB: Es sind alle Schäden zu ersetzen. Es entfällt daher die Unterscheidung zwischen unmittelbaren und entfernten Mangelfolgeschäden.) 634, Minderjährige, Taubstumme 828, Mittäter und Beteiligte 830, Pauschalierung in Allgemeinen Geschäftsbedingungen 309, wegen Pflichtverletzung (erfasst die Tatbestände: Unmöglichkeit, Verzug, Schlechtleistung, pVV, CiC; § 280 BGB ist die zentrale Anspruchsgrundlage für den Schadensersatzanspruch des Gläubigers, vgl. aber auch § 311a Abs. 2) 280, bei Rat und Empfehlung 675, Rechtsmangel bei Schenkung 523, bei Reisemangel 651e, bei verspäteter Rückgabe der Mietsache 546a, bei verspäteter Rückgabe der Pachtsache 584a, weiterer S. bei verspäteter Rückgabe 571, Sachmangel bei Schenkung 524, für immaterielle Schäden 253, bei mehreren Schädigern 840, Schutzmaßnahmen, Dienstvertrag 618, bei irrtümlicher Selbsthilfe 231, Strafversprechen als Mindestbetrag 340, bei Übernahmeverschulden 678, Überweisung bei Zahlungsvertrag 676e, Umfang bei Körperverletzung 842 f., bei zufälligem Untergang einer entzogenen Sache 848, Verjährung 852, Verjährung bei Gefährdungshaftung 199, Verjährung bei unerlaubter Handlung 199, bei Verletzung der Rückgewährpflicht 346, bei Verletzung eines absoluten Rechtsguts 823 ff., bei Verstoß gegen ein Verbotsgesetz (Schadensersatzansprüche bei einem Verstoß gegen ein Verbotsgesetz i. S. d. § 134 BGB können sich aus §§ 311 II BGB i. V. m. 280 BGB ergeben [früher § 309 BGB]), bei Verzögerung der Leistung (Der Anspruch auf Ersatz des Verzögerungsschadens ergibt sich aus §§ 280 I, II, 286 BGB. Der Anspruch auf Ersatz des Nichterfüllungsschadens [§ 286 II BGB a. F.] folgt aus §§ 280 I, III, 281 BGB.) 280, 286, Wechselbegebung bei Verbraucherdarlehensvertrag 496, bei Werkvertrag, besondere Bestimmungen 636

Schadensersatz statt der Leistung (früher Schadensersatz wegen Nichterfüllung) 280 ff, (früher Schadensersatz wegen Nichterfüllung) 280 ff., bei Ausschluss der Leistungspflicht (Anspruchsgrundlage ist §

280 I i. V. m. § 283 BGB. Voraussetzung ist, dass der Schuldner nach § 275 I, II BGB nicht zu leisten braucht.) 283, Ausschluss in Allgemeinen Geschäftsbedingungen 309, bei anfänglichem Leistungshindernis (Anders als nach § 306 BGB a. F. ist der Vertrag bei anfänglicher objektiver Unmöglichkeit nicht mehr nichtig, lediglich die Primärleistungspflicht entfällt.) 311a, wegen nicht oder nicht wie geschuldet erbrachter Leistung (Die Anspruchsgrundlage ergibt sich aus § 281 i. V. m. § 280 BGB. § 281 gilt nur für die Fälle des Verzuges und der Schlechtleistung, nicht auch für die der Unmöglichkeit, siehe dazu § 283 BGB) 281

Schadensersatz wegen Nichterfüllung (jetzt Schadensersatz statt der Leistung) 280 ff.

Schadensersatzanspruch des Gastes, Erlöschen, Beherbergungsvertrag 703

Schadensersatzpflicht des Anfechtenden 122, des Hinterlegers, Verwahrung 694, der Liquidatoren eines Vereins 53, des Vereins 31

Schadensminderung Pflicht 254

Schadloshaltung bei verspäteter Rückgabe der Mietsache 571

Schätzung des Gesellschaftsvermögens bei Ausscheiden 738, des Wertes bei Minderung 441

Schätzungswert Wiederkauf zum 460

Schatzfund 984, Anspruch des Nießbrauchers 1040

Scheckverbot bei Verbraucherdarlehensvertrag 496

Scheidung siehe Ehescheidung 1564 ff.

Scheinbestandteile 95

Scheingeschäft 117

Schenkung 516-534, Anstandsschenkung bei Pflichtteilsergänzung 2330, unter Auflage 525, Begriff 516, Pflichtteilsergänzung wegen S. 2325, Pflicht- und Anstandsschenkung 534, beeinträchtigende S. bei Erbvertrag 2287, Schenkungsverbot der Eltern in Vertretung des Kindes 1641, Vermutung der S. bei Aufwendungen des Kindes 1620, des Vorerben 2113, des Vormundes 1804, Widerruf 530

Schenkungsabsicht bei Geschäftsführung ohne Auftrag 685

Schenkungsverbot der Eltern in Vertretung des Kindes 1641

Schenkungsversprechen Form 518, von Todes wegen 331, 2301

Schiedsgericht Hemmung der Verjährung 204

Schiff Fälligkeit der Miete 579, Mietverhältnis über eingetragene S. 578a, Pacht 2135, Versteigerung hinterlegungsunfähiger Sachen 383

Schiffshypothek 1287, Erlöschen bei Schuldübernahme 418, als Sicherheitsleistung 232, des Unternehmers bei Ausbesserung eines Schiffes 648, Verjährung des gesicherten Anspruches 216, und Vermächtnis 2168a

Schiffskauf 451

Schiffspfandrecht mit S. gesichertes Darlehen 489

Schikane Verbot 226

Schmerzensgeld bei unerlaubter Handlung 847

Schriftform der Bürgschaftserklärung 766, des Darlehensvermittlungsvertrages 655b, der Einwilligung 111, Erlass der Haftung des Gastwirtes, Beherbergungsvertrag 702a, bei Erteilung einer Quittung 368, der Garantieerklärung bei Verbrauchsgüterkauf 477, gesetzliche 126, gewillkürte 127, der Kündigung, Landpachtvertrag 594f, der Kündigung und des Aufhebungsvertrages eines Arbeitsverhältnisses 623, des Landpachtvertrages 585a, Leibrentenversprechen 761, Nichteinhaltung bei Teilzahlungsgeschäft 502, des Ratenlieferungsvertrags 505, Rechtsfolgen für Nichteinhaltung 494, Schuldanerkenntnis 781, Schuldversprechen 780, Stiftungsgeschäft 81, bei Teilzeit-Wohnrechtevertrag 484, Übertragung der Anweisung 792, des Verbraucherdarlehensvertrages 492, Verlangen nach Fortsetzung des Landpachtvertrags 595, des Widerrufs 355

Schriftstück Betreuungswünsche 1901a

Schuldanerkenntnis 781, bei Ehevermittlung 656, Form bei schenkweiser Erteilung 518, negatives 397, unvollkommene Verbindlichkeit bei Spiel und Wette 762

Schuldner 241, Einwendungen bei Abtretung der Forderung 404, Mehrheit von 420 ff., Schutz des gutgläubigen S., Gesellschaft 720, Verzug 286

Schuldschein Rückgabepflicht bei Leistung 371

Schuldübernahme Vertrag zwischen Gläubiger und Übernehmer 414, Vertrag zwischen Schuldner und Übernehmer 415

Schuldurkunden Eigentum an S. 952

Schuldverhältnis Begründung 311-311c, Erlöschen 362-397, Erlöschen durch Erlass

Register

397, Inhalt 241 ff., Pflichten 241, rechtsgeschäftliches 311
Schuldverschreibung auf den Inhaber 793-808a
Schuldversprechen 780, Form bei schenkweiser Erteilung 518
Schutz des gutgläubigen Schuldners bei Gesellschaft 720
Schutzmaßnahmen Pflicht, Dienstvertrag 618
Schutzpflichten Schuldverhältnis 241
Schutzrecht in Allgemeinen Geschäftsbedingungen 309
Schwägerschaft 1590
Schwebezeit Haftung bei Bedingung 160, Verfügungen während der S. Bedingung 161
Schweigen als Billigung, Kauf auf Probe 455
Seeschiffe Erwerb nicht eingetragener S. 929a, 932a
Seetestament 2251
Selbständiges Erwerbsgeschäft bei Gütergemeinschaft 1431, 1456, 1464
Selbstbestimmung sexuelle, Verjährungshemmung (Die Verjährung von Ansprüchen wegen Verletzung der sexuellen Selbstbestimmung ist bis zur Vollendung des 18. Lebensjahres gehemmt.) 208
Selbsthilfe 228, des Besitzers 859, Grenzen 229, irrtümliche 231
Selbsthilferecht des Vermieters bei Vermieterpfandrecht 562b
Selbstkontrahieren 181
Selbstvornahme bei Mangelhaftigkeit des Werkes 637
Senkung der Miete bei Teilkündigung des Vermieters 573b
Sicherheit als Angabe in Verbraucherdarlehensverträgen 492, Aufgabe durch den Gläubiger, Bürgschaft 776
Sicherheitsleistung 232-240, Abschlagszahlung gegen Sicherheitsleistung, Werkvertrag 632a, Abwendung des Pächterpfandrechtes 583, Abwendung des Vermieterpfandrechtes 562c, Anspruch auf S. bei Unterhaltsverpflichtung 1585a, bei Ausscheiden eines Gesellschafters 738, bei Befreiungsanspruch 257, Befreiungsanspruch des Bürgen 775, bei Fortsetzung des Mietverhältnisses im Todesfall 563b, zugunsten des Gläubigers 52, Neubeginn der Verjährung 212, Recht auf S. bei Klage auf vorzeitigen Zugewinnausgleich 1389, Rückforderung nach Verjährung 214, Stundung bei Vorkauf 468, bei Wegnahmerecht 258, des Werkunternehmers bei

Arbeiten an einem Bauwerk 648a, bei Zurückbehaltungsrecht 273
Sicherstellung Erstattungsansprüche des Reisenden 651k
Sicherung für Gläubiger 52
Sicherungshypothek 1184, des Bauunternehmers 648, für Inhaber- und Orderpapiere 1187 f., Sicherheitsleistung 238
Sicherungsrechte Erlöschen bei Schuldübernahme 418
Sicherungsschein Reisevertrag 651k
Sicherungsübereignung Verjährung des gesicherten Anspruches 216
Sittenpflicht Erfüllung trotz 814
Sittenverstoß verschärfte Haftung 819
Sittenwidrigkeit 138
Sittliches Verschulden Beschränkung oder Wegfall der Unterhaltspflicht 1611
Sitz Stiftung 80, des Vereins 24, 64
Soldat Wohnsitz eines 9
Sondergut bei Gütergemeinschaft 1417, 1462, bei fortgesetzter Gütergemeinschaft 1486
Sonderkündigungsrecht des Mieters nach Mieterhöhung 561
Sondernachfolger Wirkung einer aufhebungsausschließenden Vereinbarung, Bruchteilsgemeinschaft 751, Wirkung von Verwaltungsregelungen, Bruchteilsgemeinschaft 746
Sonderrechte eines Vereinsmitgliedes 35
Sondervermögen öffentlich-rechtliches, Allgemeine Geschäftsbedingungen 310
Sonnabende Frist 193
Sonntage Frist 193
Sorgeerklärung 1626a ff., persönliche Abgabe 1626c, Form 1626d, Modalitäten 1626b, Unwirksamkeit 1626e
Sorgfalt in eigenen Angelegenheiten 277, in eigenen Angelegenheiten, Gesellschaft 708, in eigenen Angelegenheiten, unentgeltliche Verwahrung 690, in eigenen Angelegenheiten bei gesetzlichem Rücktrittsrecht 347
Sorgfaltspflicht bei Bestandsverzeichnis 260, zwischen Ehegatten 1359, Fahrlässigkeit 276
Sozialleistungen Vermutung unterhaltsrechtlicher Bedarfserfüllung von S. 1610a
Sozialwohnungen Vorschriften über Mieterhöhung und Mieterschutz 549
Spanne in Mietspiegel 558a
Sparkassen Zinseszins 248
Spediteur Versendungskauf 447
Sperrjahr nach Auflösung des Vereins 51

Spiel und Wette 762-764, unvollkommene Verbindlichkeit 762
Sprache bei Teilzeit-Wohnrechtevertrag 483
Staatskasse Vergütung des Vormundes 1836a
Staffelmiete bei Wohnraummietvertrag 557a
Standardgeschäfte Informationspflicht bei Geschäftsbesorgung 675a
Standort Wohnsitz eines Soldaten 9
Stellungssuche Anspruch auf Freizeit 629
Sterilisation eines Betreuten 1905, des Kindes 1631c
Stiftung 80-88, unter Lebenden 81, des öffentlichen Rechts 89, rechtsfähige 80, von Todes wegen 83, Übertragung des Vermögens 82, Verfassung 85, Vermögensanfall 88, Vorstand 87, Zuweisung des Vereinsvermögens an 45
Stiftungsgeschäft Form und Widerruf 81
Stimmenmehrheit Vereinbarung im Gesellschaftsvertrag 709
Stimmrecht Ausschluss vom 34
Störer Ansprüche gegen Eigentumsstörer 823, 985, 1004
Störung des Hausfriedens, Kündigung aus wichtigem Grund 569
Störung der Geschäftsgrundlage (erstmals kodifiziert, vorher richterrechtliches Rechtsinstitut, sachlich ist keine Änderung der bestehenden Rechtslage erstrebt) 313
Strafversprechen für nicht gehörige Erfüllung 341, für Nichterfüllung 340
Straßenbahn Allgemeine Geschäftsbedingungen 305a, Haftungsausschluss in Allgemeinen Geschäftsbedingungen 309
Streitverkündung Hemmung der Verjährung 204
Studentenwohnheim anwendbare Vorschriften des Wohnraummietrechtes 549
Stundung des Kaufpreises 468, des Pflichtteilsanspruchs 2331a
Substitution bei Auftrag 664
Surrogat Herausgabe bei Unmöglichkeit 285
Surrogation dingliche, Gesellschaft 718, siehe dingliche Surrogation
Täuschung Anfechtung 123, Anfechtung der Leistungsbestimmung 318, eines Dritten 123
Tarifvertrag Betriebsübergang 613a
Taschengeldparagraph 110
Tausch 480
Taxe Maklerlohn 653, Vergütung bei Dienstvertrag 612, Vergütung bei Werkvertrag 632
Teilabrechnungen über Betriebskosten 556
Teilannahme der Erbschaft 1950
Teilausschlagung der Erbschaft 1950
Teilbesitz 865
Teilhaberschuld Berichtigung bei Bruchteilsgemeinschaft 756
Teilhypotheken 1145, Brief 1152, Rangänderung 1151
Teilkündigung des Vermieters 573b
Teilleistung 266, bei Verbraucherdarlehensvertrag 497
Teilnichtigkeit 139
Teilung durch Verkauf, Bruchteilsgemeinschaft 753, und Grunddienstbarkeiten 1025 f., in Natur, Bruchteilsgemeinschaft 752, und Reallasten 1109
Teilungsanordnung des Erblassers 2047
Teilvergütung bei fristloser Kündigung 628, bei Werkvertrag 641
Teilzahlungen Berechtigung zu T. bei Mietsicherheit 551
Teilzahlungsdarlehen Gesamtfälligstellung 498
Teilzahlungsgeschäft zwischen Verbraucher und Unternehmer 501, vorzeitige Zahlung 504
Teilzeitnutzung Fernabsatz 312b
Teilzeit- und Befristungsgesetz Geltung für Arbeitsverträge 620
Teilzeit-Wohnrechtegesetz (eingefügt ins BGB, §§ 481-487, 358) 481 ff.
Teilzeit-Wohnrechtevertrag 481-487
Telekommunikation Allgemeine Geschäftsbedingungen 305a
Termin 186-193
Testament 2064 ff., Ablieferungspflicht 2259, Abschrifterteilung 2264, Anfechtung wegen Drohung 2078, Anfechtung wegen Irrtum 2078, Anfechtung wegen Übergehung eines Pflichtteilberechtigten 2079, Anfechtungsberechtigter 2080, Anfechtungserklärung 2081, Anfechtungsfrist 2082, Aufhebung 2229, auflösende Bedingung 2075, aufschiebende Bedingung 2074, Auslegungsregeln 2066 ff., Bedingung zum Vorteil eines Dritten 2076, Benachrichtigung der Beteiligten 2262, Einrede der Anfechtbarkeit 2083, Einsichtnahme 2264, Ergänzungsvorbehalt 2086, Ernennung eines Testamentsvollstreckers 2197, Eröffnungsfrist 2263a, Errichtung 2229, Form 2231 ff., Form des Widerrufs 2254, Nichtigkeit eines Eröffnungsverbotes 2263, Nottestament 2249, 2250, 2252, 2266, Rücknahme 2256, Seetestament 2251, Sonderfälle der Errichtung 2233, öffentliches T. 2232, eigenhändiges T. 2247, gemeinschaftliches T. 2265 ff.,

Register

Teilunwirksamkeit 2085, Testamentseröffnung 2260, 2261, Testierunfähigkeit 2229, Unwirksamkeit wegen Eheauflösung 2077, Veränderungen 2255, Vernichtung 2255, Verwahrung 2248, amtliche Verwahrung 2248, 2256, 2258a, 2258b 2259, Widerruf 2253 ff., Widerruf des Widerrufs 2257, Widerruf durch späteres Testament 2258

Testamenterben Ausgleichungspflicht bei Auseinandersetzung 2052

Testamentformen 2231

Testamentsvollstrecker 2197 ff., Ablehnung des Amtes 2202, Akteneinsicht 2228, Angabe auf Erbschein 2364, Annahme des Amtes 2202, Beschränkung der Rechte 2208, Bestimmung durch einen Dritten 2198, Bewirkung der Auseinandersetzung 2204, Dauervollstreckung 2209, Eingehung von Verbindlichkeiten 2206, 2207, Entlassung 2227, Erlöschen des Amtes 2225, Ernennung durch Mitvollstrecker 2199, Ernennung durch Nachlassgericht 2200, Ernennung durch Testament 2197, Frist für Dauervollstreckung 2210, Haftung 2219, Kündigung 2226, Nacherbenvollstrecker 2222, Nachlassverwaltung 2205, Nachlassverzeichnis 2215, Pflichten 2203, Prozessführungsbefugnis 2212, Rechnungslegung 2218, Rechtsverhältnis zum Erben 2218, Stiftungsgeschäft 83, mehrere T. 2224, Überlassung von Nachlassgegenständen 2217, Unwirksamkeit der Ernennung 2201, Verfügungsbeschränkung der Erben 2211, Vergütung 2221, Vermächtnisvollstrecker 2223, ordnungsgemäße Verwaltung 2216, Zeugnis 2368

Testierfreiheit keine vertragsmäßige Einschränkung 2302

Testierunfähigkeit 2229

Textform der Erhöhungserklärung 559b

Tier 90a, Eigentum an wilden T. 960, Kosten einer Heilbehandlung 251

Tilgungsreihenfolge bei Leistung auf mehrere Forderungen 366

Tod nach Abgabe einer Willenserklärung 130, des Antragenden vor der Annahme 153, Aufhebungsanspruch bei Bruchteilsgemeinschaft im Todesfall 749, des Auftraggebers 672, des Beauftragten 673, eines Beteiligten bei Anweisung 791, des Entleihers, Kündigungsrecht 605, Erlöschen eines Rentenversprechens 520, eines Gesellschafters, Auflösung der Gesellschaft 727, eines Gesellschafters, Nachhaftung 736, Kündigungsrecht Pachtvertrag 584a, Leistung nach Todesfall 331, des Mieters 563 ff., des Mieters, außerordentliches Kündigungsrecht 580, des Mieters, Eintrittsrecht 563, des Pächters, Landpachtvertrag 594d, Stiftung von T. wegen 83, Überleben des Todeszeitpunkt durch den für tot Erklärten 2031

Todeserklärung eines Elternteils 1681

Todeszeitpunkt Überleben des T. durch den für tot Erklärten 2031

Tötung vorsätzliche, Widerruf der Schenkung durch Erben 530

Transport Kosten bei Nacherfüllung 439

Trennung des Kindes von den Eltern 1666a

Treu und Glauben bei Allgemeinen Geschäftsbedingungen 307, Auslegung von Verträgen 157, Ausschluss der Einrede des nichterfüllten Vertrages 320, Leistung 242, Verhinderung, Herbeiführung einer Bedingung wider 162

Tun Anspruch, Verjährung 194

Überbau Beeinträchtigung von Rechten 916, Duldungspflicht 912, Überbaurente 912-916

Überbaurente 912 ff., Abkauf 915, Untergang 914, Vorrang 914, Zahlung 913

Überfall von Früchten auf Nachbargrundstück 911

Übergabe des Betriebs bei Landpachtvertrag 593, Gefahrübergang bei Kauf 446, Kauf 433, Kosten 448, beweglicher Sachen 929, der Urkunden bei Abtretung 402

Überhang 910

Überlassung der Mietsache an einen Dritten 540, der Pachtsache an Dritte, Landpachtvertrag 589, der Pachtsache, Landpachtvertrag 586, einer vertretbaren Sache, Sachdarlehensvertrag 607

Übermaßfrüchte Herausgabepflicht des redlichen Besitzers 993, bei Nießbrauch 1039

Übermittlung falsche Ü. einer Willenserklärung 120

Übernahme der Geschäftsführung, Anzeigepflicht 681

Übernahmepflicht zur Vormundschaft 1785

Übernahmeverschulden Schadensersatz bei Geschäftsführung ohne Auftrag 678

Überschuldung Pflichten des Vereinsvorstandes bei 42

Überschuss nach Liquidation des Vereinsvermögens 49, Verteilung bei Auseinandersetzung, Gesellschaft 734, Verteilung des Überschusses bei Auseinandersetzung einer Erbengemeinschaft 2047

Übersetzung bei Teilzeit-Wohnrechtevertrag 483

Übertragbarkeit der Vereinsmitgliedschaft 38, des Vorkaufsrechtes 473

Übertragung der Anweisung 792, des Auftrages auf einen Dritten 664, der Forderung auf einen Gesamtgläubiger 429, der Geschäftsführung bei Gesellschaft 710, anderer Rechte 413

Übertragungspflicht des Stifters 82

Übertragungsvertrag Kündigung 675a

Überweisender Mitteilung der Person bei Überweisungsvertrag 676a

Überweisung Abwicklung, Girovertrag 676f

Überweisungsvertrag 676a, Haftung für verspätete Ausführung 676b, vertragstypische Pflichten 676a

Überziehung eines laufenden Kontos 493

Überziehungskredit 493

Umdeutung eines nichtigen Rechtsgeschäftes 140

Umfang der Bürgschaftsschuld 767, der Rechenschaftspflicht 259, des Vermieterpfandrechtes 562, der Vertretungsmacht des Vereinsvorstandes 70, der Vertretungsmacht des Vorstandes 26

Umgangsbestimmungen Personensorge 1632

Umgangsrecht anderer Bezugspersonen des Kindes 1685, von Kind und Eltern 1684

Umgehungsverbot Allgemeine Geschäftsbedingungen 306a

Umgestaltung Wertersatz bei Rücktritt 346

Umkehr der Beweislast bei Verbrauchsgüterkauf (Beweislastumkehr für alle Mängel, die sich innerhalb von 6 Monaten zeigen zugunsten des Verbrauchers) 476

Umlage bei Betriebskostenpauschale 560, der Betriebskosten 556a

Umrechnung von Kurswerten 244

Umschreibung einer Schuldverschreibung auf den Inhaber 804

Umsetzung des Gesellschaftsvermögens in Geld 733, des Vereinsvermögens in der Liquidation 49

Umtauschrecht Hinterlegung 235

Umwandlung Grundschuld 1198, Hypothek 1186, einer Personengesellschaft oder juristischen Person, Betriebsübergang 613a, Rentenschuld 1203

Unabdingbarkeit der Fürsorgepflichten, Dienstvertrag 619, Vorschriften über Verbraucherdarlehensverträge 506

Unbefugter Gebrauch des Nießbrauchers 1051 ff.

Undank grober, Widerruf der Schenkung 530, Verzicht auf Widerrufsrecht 533

Uneheliches Kind Unterhalt 1615a-1615o, Unterhaltsanspruch aus Anlass der Geburt 1615l

Unerlaubte Handlung 823 ff., Arglisteinrede 853, keine Aufrechnung gegen eine Forderung aus 393, Haftung für bei Erbschaftsanspruch 2025, Haftung für im Eigentümer-Besitzer-Verhältnis 992, Mitverschulden 846, Schmerzensgeld 847, Verjährung 852

Unfähigkeit zur Geschäftsführung 27, zur ordnungsgemäßen Geschäftsführung, Gesellschaft 712, als Vormund 1780

Ungerechtfertigte Bereicherung 812 ff., Anwendung bei Erbschaftsanspruch 2021, des Gesamtgutes 1434, 1457

Ungewisser Erfolgseintritt Verschärfte Haftung 820

Ungewissheit über ein Rechtsverhältnis; Vergleich 779

Universalsukzession 1922

Unkenntnis grob fahrlässige, bei Mängeln 442, grob fahrlässige U. des Mangels 536b

Unklagbarkeit des Verlöbnisses 1297

Unmöglichkeit (Die Rechtsfolgen der Unmöglichkeit werden tiefgreifend verändert. Die Rechte des Gläubigers ergeben sich nunmehr aus §§ 280, 283 bis 285 und 326 BGB) 275 ff., Ausschluss der Leistungspflicht (nunmehr ein Unterfall des umfassenderen Tatbestandes der Pflichtverletzung; nach der Neuregelung wird nicht mehr zwischen nachträglicher und anfänglicher, subjektiver und objektiver und zu vertretender und nicht zu vertretender Unmöglichkeit unterschieden) 275, Draufgabe bei zu vertretender U. 338, Erfüllung des Stiftungsgeschäftes 87, faktische (praktische) (Leistungsverweigerungsrecht aus § 275 II S. 1; die wirtschaftliche Unmöglichkeit ist dagegen ein Anwendungsfall des Wegfalls der Geschäftsgrundlage, siehe § 313 BGB) 275, des Gesellschaftszweckes, Auflösung der Gesellschaft 726, der Herausgabe bei Wiederkauf 457, der Vollziehung einer Auflage 2196, bei Wahlschuld 265, der Wiederherstellung 251, Wirkung bei Gesamtschuld 425, wirtschaftliche (Anwendungsfall des Wegfalls der Geschäftsgrundlage) 313

Unpfändbarkeit des Rücknahmerechts bei Hinterlegung 377

Register

Unsicherheitseinrede (Zur Verhinderung des Schwebezustandes nach Erheben der Unsicherheitseinrede sieht Abs. 2 nunmehr ein Rücktrittsrecht des Vorleistungspflichtigen vor.) 321
Untauglichkeit als Vormund 1781
Unteilbarkeit des Rücktrittsrechtes 351
Unterbrechung der Verjährung (jetzt Neubeginn) 203 ff.
Unterbringung eines Betreuten 1906, Fernabsatz 312b, des Kindes 1631b
Untergang Gefahrübergang bei Kauf 446, bei Übernahme von Inventarstücken zum Schätzwert 582a, Wertersatz bei Rücktritt 346, bei Wiederkaufsrecht 457
Unterhalt Ansprüche, Verjährung 197, des geschiedenen Ehegatten 1569 ff., kein Ersatzanspruch aus Geschäftsführung ohne Auftrag 685, Gefährdung durch Schenkungsversprechen 519, der werdenden Mutter aus dem Nachlass 1963, angemessener U. für Verwandten 1610
Unterhaltsanspruch wegen Alters 1571, Anrechnung von Einkünften und Vermögen 1577, Art 1585, Art der Unterhaltsgewährung 1612, bei Ausbildung, Fortbildung und Umschulung 1575, Auskunftspflicht des geschiedenen Ehegatten 1580, Auskunftspflicht zwischen Verwandten 1605, Ausschluss bei Unbilligkeit 1579, Berücksichtigung der Leistungsfähigkeit 1581, wegen Betreuung eines Kindes 1570, aus Billigkeitsgründen 1576, zur Deckung des Lebensbedarfs 1578, Dreißigster 1969, des geschiedenen Ehegatten 1569, und Erlangung einer angemessenen Erwerbstätigkeit 1573, 1574, Erlöschen 1573, 1586 ff., 1615, Forderungsübergang bei Ersatzhaftung eines Verwandten 1607, vorrangige Haftung des Ehegatten vor Verwandten 1608, des Kindes siehe Kindesunterhalt, wegen Krankheit und Gebrechen 1572, der werdenden Mutter eines Nacherben 2141, Rangfolge mehrerer Verpflichteter 1584, Reihenfolge der Verpflichteten bei U. zwischen Verwandten 1606, Tod des Verpflichteten 1586b, Umfang 1578, für die Vergangenheit 1585b, Vermutung der Bedarfserfüllung von Sozialleistungen 1610a, Verträge über Unterhalt 1585c, Verzicht 1614, Vorausleistung 1614, Wiederaufleben 1586a, Zusammentreffen mehrerer Ansprüche 1582
Unterhaltsberechtigter 1602
Unterhaltsgewährung 1612

Unterhaltspflicht Beschränkung oder Wegfall bei U. zwischen Verwandten 1611, des geschiedenen Ehegatten 1569 ff., Gefährdung bei Schenkungsversprechen 519, Ruhen bei Kindesannahme 1751, Unterhalt für die Vergangenheit 1613, des Vaters aus Anlass der Geburt 1615l, Verletzung, Unbeachtlichkeit des entgegenstehenden Willens bei ohne Auftrag 678, zwischen Verwandten 1601 ff., Voraussetzungen der U. zwischen Verwandten 1603
Unterhaltsverpflichtung siehe Unterhaltspflicht
Unterlassen Anspruch, Verjährung 194, Beginn der Verjährung 199, als Leistung 241, eines Vermögenserwerbs, keine Schenkung 516
Unterlassung der Beeinträchtigung des Namens 12, der Mängelanzeige, Mietvertrag 536c, der Rechtsausübung bei belasteter Mietsache 567
Unterlassungsanspruch bei Eigentumsstörungen 1004
Unterlassungsklage bei vertragswidrigem Gebrauch der Mietsache 541
Untermiete 540
Unternehmer 14, Allgemeine Geschäftsbedingungen 310, Pfandrecht bei Werkvertrag 647, Regress bei Verbrauchsgüterkauf 478 f.
Unternehmerpfandrecht Werkvertrag 647
Unterpacht Kündigungsrecht 584a, bei Landpachtvertrag 589
Unterrichtung des Mieters über Vorkaufsrecht 577, des Verbrauchers bei Fernabsatzverträgen 312c
Unterschrift des Ausstellers 126
Untersuchung bei Kauf auf Probe 454, des Werkes, Fertigstellungsbescheinigung 641a
Untervermächtnis 2186
Untervermietung ordentliche Kündigungsfrist 573c, erleichterte Kündigungsmöglichkeit des Vermieters 573, Vorschriften über Mieterhöhung und Mieterschutz 549, bei Wohnraummietvertrag 553
Unübertragbarkeit der Pflichten aus Dienstvertrag 613, des Vorkaufsrechtes 473
Unverjährbarkeit nachbarrechtlicher Ansprüche 924, des Aufhebungsanspruches, Bruchteilsgemeinschaft 758, Grundbuchberichtigungsansprüche 898, eingetragener Rechte 902
Unvermögen des Schuldners, Annahmeverzug 297
Unverzüglichkeit der Anfechtung 121

Unwägbare Stoffe Zuführung 906
Unwirksamkeit von Allgemeinen Geschäftsbedingungen, Rechtsfolgen 306, des Einwendungsverzichts bei Verbraucherdarlehensvertrag 496, des Rücktritts wegen Aufrechnung 352, des Strafversprechens 344, bei Veräußerungsverbot 135, 136, einer Vertragsstrafe bei Wohnraummietvertrag 555
Unzeit Kündigung der Gesellschaft 723, Kündigung des Dienstverhältnisses 627
Unzulänglichkeitseinrede des Erben 1990
Urgroßeltern gesetzliche Erben 1928
Urheberrecht in Allgemeinen Geschäftsbedingungen 309
Urkunde über die Abtretung 409, Auslieferung bei Abtretung 402, Einsichtsrecht 810, über Grundstücksgeschäft 925a, Hinterlegung 372, Leistung gegen Aushändigung 410, über den Reisevertrag 651a, Verjährung, Anspruch aus vollstreckbarer U. 197
Urkundenauslieferung bei Abtretung 402
Urlaubszeit nutzlos aufgewendete, Entschädigung bei Reisevertrag 651f
Urteil nach der Abtretung 407, rechtskräftiges, Wirkung bei Gesamtschuld 425
Valutaverhältnis bei Anweisung 788
Vater 1592 ff., Ausschließung der Bestellung eines Gegenvormundes 1852
Vaterschaft 1592 ff., Anerkennung 1594, Anerkennung bei beschränkter Geschäftsfähigkeit 1596, Anfechtung 1600 ff., Anfechtungsberechtigter 1600, Anfechtungsfristen 1600b, Durchführung der Anfechtung 1600a, in besonderen Fällen 1593, gerichtliche Feststellung 1600d, Feststellungs- und Anfechtungsklage 1600e, Form der Anerkennung 1597, Nichtbestehen 1599, Unwirksamkeit der Anerkennung 1598, Vermutung 1600c, Zustimmung zur Anerkennung 1595
Veränderung der Verhältnisse bei Landpachtvertrag 593, wesentliche, bei Wiederkauf 457
Veränderungen von Betriebskosten 560, bei Gesamtgläubigerschaft 429, der Leihsache 602, der Mietsache durch vertragsgemäßen Gebrauch 538, Widerruf eines Testaments durch V. 2255
Veräußerung des verpachteten Grundstücks, Landpachtvertrag 593b, der Mietsache während der Mietzeit 566, verbrauchbare Sache 92, vor der Überlassung des Wohnraums 567a, Wertersatz bei Rücktritt 346

Veräußerung bricht nicht Miete 571 ff., entsprechende Anwendung bei Nießbrauch 1056, 1059d
Veräußerungsverbot 135, 136, relatives 135
Verantwortlichkeit während des Annahmeverzugs 300, des Bestellers, Werkvertrag 645, für Gehilfen bei Auftrag 664, des Geschäftsführers bei Gefahrenabwehr, Geschäftsführung ohne Auftrag 680, für eigenes Verschulden (§ 276 BGB wird im Wesentlichen beibehalten. Die Fallgruppen „Übernahme des Beschaffungsrisikos" und „Natur der Schuld" sollen den Wegfall des § 279 BGB a. F. kompensieren) 276, für Verschulden eines Gehilfen bei Verwahrung 691, des Vorstands für Insolvenzschaden 42
Verarbeitung Erwerb von Eigentum 950, Wertersatz bei Rücktritt 346
Verarmung des Schenkers 528
Verbesserung der Mietsache, Duldungspflicht 554, der Pachtsache, Duldungspflicht bei Landpachtvertrag 588
Verbindlichkeit Anspruch auf Befreiung 257, Berichtigung einer 52, vorzeitige Erfüllung bei Teilzahlungsgeschäft 504, der Leistungsbestimmung 315, einer Personengesellschaft 14
Verbindung Erwerb von Eigentum 946 f., mit einem Grundstück 94, nur vorübergehend 95
Verbot gesetzliches 134
Verbotene Eigenmacht 858
Verbotsgesetz (Schadensersatzansprüche bei einem Verstoß gegen ein Verbotsgesetz i. S. d. §134 BGB können sich aus §§ 311 II BGB i. V. m. 280 BGB ergeben [früher § 309]) 134
Verbrauch Wertersatz bei Rücktritt 346
Verbrauchbare Sachen Nießbrauch an 1067
Verbraucher 13, Verbrauchsgüterkauf 474
Verbraucherdarlehen Haustürgeschäft 312a
Verbraucherdarlehensvertrag 491-506, Widerruf bei verbundenen Verträgen 358
Verbraucherkreditgesetz (eingefügt ins BGB, §§ 491-506; Darlehensvermittlungsvertrag, §§ 655a-655e) 491 ff.
Verbraucherverträge Allgemeine Geschäftsbedingungen 310
Verbrauchsgüterkauf 474-479
Verbuchung Übertragungsvertrag 6756
Verderb Versteigerung hinterlegungsunfähiger Sachen 383
Verein 21-54, Anmeldung zur Eintragung 59, Anwendung von Vorschriften über die Gesellschaft 54, Auflösung 41, 74, ausländi-

scher 23, Austritt aus dem V. 39, Bestellung als Vormund 1791a, als Betreuer 1900, eingetragener 55-79, 55-79, 55 ff., Eintragung ins Vereinsregister 55, Entlassung als Vormund 1887, Fortbestehen als nicht rechtsfähiger 42, Insolvenz des 42, 42, Mindestmitgliederzahl des 56, nicht wirtschaftlicher 21, Rechtsfähigkeit 21 ff., Schadensersatzpflicht 31, nicht rechtsfähiger V. 54, Verfassung des rechtsfähigen 25, besondere Vertreter 30, wirtschaftlicher 22

Vereinbarung Ausschluss der Abtretung 399, Ausschluss der Mängelhaftung 536d, Haftungsausschluss für Mängel 444, über Mängel bei Verbrauchsgüterkauf 475, über die Miete bei Veräußerung der Sache 566c, über Mieterhöhung bei Wohnraummietvertrag 557, über die Verjährung (Die Verjährung kann bei Haftung wegen Vorsatzes nicht mehr im Voraus durch Rechtsgeschäft erleichtert werden. Auch verjährungsverlängernde Vereinbarungen sind in den Grenzen des § 202 II BGB jetzt möglich.) 201

Vereinigung von Forderung und Schuld bei Gesamtgläubigerschaft 429, von Forderung und Schuld, Gesamtschuld 425, von Grundstücken 890

Vereinsmitglieder Bescheinigung der Zahl 72

Vereinsregister 29, Einsicht 79, Eintragung der Auflösung 74, Eintragung der Liquidatoren 76, Eintragung eines Vereins 21, elektronisches 55a, Inhalt der Eintragung 64, Satzungsänderung 71, automatisiertes Verfahren 79, Vertrauensschutz durch 68

Vereinssatzung Mindesterfordernisse an die V. 57, Sollinhalt der 58

Vereinsvermögen Anfall des 45, Liquidation des V. 47

Vereinsvorstand Nachweis des 69

Vereitelung Anspruchsverwirklichung 229

Vererbbarkeit des Vorkaufsrechtes 473

Vererblichkeit des Ausschlagungsrechts 1952, des Besitzes 857, der Mitgliedschaft 38, des Nacherbenrechts 2108

Verfahren bei Auseinandersetzung, Gesellschaft 731, bei Einsicht ins Vereinsregister 79, bei Entziehung der Rechtsfähigkeit 44

Verfassung Stiftung 85, des rechtsfähigen Vereins 25

Verfehlung schwere, Widerruf der Schenkung 530

Verfehlungen Rücktrittsgrund bei Erbvertrag 2294

Verfolgungsrecht des Eigentümers 1005, des Eigentümers eines Bienenschwarms 962

Verfügung über Anteil, Bruchteilsgemeinschaft 747, Darlehensbetrag 488, einstweilige, Hemmung der Verjährung 204, über gemeinschaftliche Gegenstände, Bruchteilsgemeinschaft 747, über Inventarstücke, Pachtvertrag 582a, über den Mietzins bei Schiffen 578a, eines Nichtberechtigten 185, während der Schwebezeit 161, wechselseitige V. beim gemeinschaftlichen Testament 2270, im Wege der Zwangsvollstreckung 458, Wirksamkeit bei Genehmigung 184

Verfügung eines Nichtberechtigten 816

Verfügungsbefugnis über ein veräußerliches Recht 137

Verfügungsbeschränkungen bei Inventar, Pachtvertrag 583a

Vergangenheit Unterhalt für die V. 1613

Vergleich Begriff, Irrtum über die Vergleichsgrundlage 779, gerichtlicher, Ersatz für Beurkundung 127a

Vergleichsmiete ortsübliche 558

Vergütung bei Annahmeverzug 615, des Betreuers 1836 ff., Darlehensvermittlungsvertrag 655c, Dienstvertrag 611, bei Dienstvertrag 612, Fälligkeit bei Arbeitsvertrag 614, Fälligkeit bei Verwahrung 699, Fälligkeit bei Werkvertrag 641, trotz Kündigung des Bestellers, Werkvertrag 649, des Nachlassverwalters 1987, des Testamentsvollstreckers 2221, geringere V. aufgrund Geschlecht, Dienstvertrag 612, des Vereinsbetreuers 1908e, trotz vorübergehender Verhinderung, Dienstvertrag 616, des Vormundes 1836 ff., Werkvertrag 632

Verhältnis der Gesamtschuldner untereinander 426

Verhältnismäßigkeit der Notstandshandlung 228

Verhandlung Hemmung der Verjährung 203

Verhinderung Bedingungseintritt 162, persönliche, Entrichtung der Pacht 587, vorübergehende V. bei Dienstvertrag 616, vorübergehende V. der Annahme 299, persönliche V. des Mieters 537, des Widerrufs der Schenkung 530

Verjährung (Das Recht der Verjährung wird vollständig umstrukturiert und vereinfacht. Die regelmäßige Verjährung beträgt nunmehr nur noch 3 Jahre und beginnt grundsätzlich mit Fälligkeit und Kenntnis des Gläubigers von den anspruchsbegründenden Umständen.) 194-218, Anspruch auf Unterhaltsleistung 197, Anspruch aus Schuldverschreibung auf den Inhaber 801, Anspruch aus vollstreckbarem Vergleich und Urkunde 197, Anspruch Insolvenzverfahren 198, des Anspruchs aus der Anweisung 786, von Ansprüchen aus aufgelöstem Verlöbnis 1302, von Ansprüchen aus unerlaubter Handlung 852, Aufrechnung mit verjährter Forderung 390, Beginn abweichender Verjährungsfristen (Früher war der Beginn abweichender Verjährungsfristen etwa in § 201 geregelt. Die Verjährung beginnt grundsätzlich schon mit Fälligkeit des Anspruches (absolute Verjährungsfrist)) 200, Beginn, regelmäßige (Die Verjährung beginnt – anders als nach § 198 BGB a. F. – mit Fälligkeit des Anspruchs und Kenntnis des Gläubigers von den anspruchsbegründenden Umständen [relative Verjährungsfrist]) 199, dreißigjährige 199, Erleichterung in Allgemeinen Geschäftsbedingungen 309, der Ersatzansprüche, Landpachtvertrag 591b, der Ersatzansprüche und des Wegnahmerechtes bei Miete 548, familien- und erbrechtlicher Anspruch 197, Gegenstand 194, Hemmung 203 ff., Hemmung durch Rechtsverfolgung (Die Rechtsverfolgung führt nicht mehr wie bisher zur Unterbrechung der Verjährung, sondern nur noch zur Hemmung.) 204, der Mängelansprüche bei Werkvertrag (Die Verjährungsfrist beträgt grundsätzlich zwei Jahre, bei einem Bauwerk fünf Jahre und bei unkörperlichen Werken gilt die regelmäßige Verjährungsfrist, § 195 BGB) 634a, der Mängelansprüche beim Kauf 338, von Mängelansprüchen, Kaufvertrag (Die gewöhnliche Verjährung wurde von 6 Monaten (bei Grundstücken: einem Jahr) auf 2 Jahre verlängert. Bei arglistigem Verschweigen gilt die Regelverjährung in § 197 Abs. 1 Nr. 1. Die Verjährungsregelung gilt auch für Mangelfolgeschäden, nicht aber für mangelunabhängige Nebenpflichtverletzungen) 438, Neubeginn (früher Unterbrechung; § 212 BGB betrifft die vormals in § 208 BGB a. F. geregelten Fälle der Verjährungsunterbrechung. Nunmehr ist vom Neubeginn der Verjährung die Rede und § 212 BGB ist weiter gefasst.) 212, Nießbrauch 1057, des Pflichtteilsanspruchs 2332, Rechte bei Reisemangel (Die Gewährleistungsfrist beträgt nicht mehr 6 Monate, sondern nunmehr 2 Jahre.) 651g, rechtskräftig festgestellter Anspruch 197, bei Rechtsnachfolge 198, von Rückgriffsansprüchen gegen Lieferanten (Im Falle des Rückgriffs des Letztverkäufers bei Verbrauchsgüterkauf verjähren Rechte aus § 437 BGB und der Aufwendungsersatzanspruch nach § 478 II BGB frühestens zwei Monate nach Erfüllung der Verbraucherrechte, spätestens aber 5 Jahre nach Lieferung.) 479, Unterbrechung (jetzt Neubeginn) 212, Unverjährbarkeit des Grundbuchberichtigungsanspruchs 898, Unverjährbarkeit eingetragener Rechte 902, kurze V. bei Leihe 605, bei Verbrauchsgüterkauf 475, Vereinbarungen (Die Verjährung kann bei Haftung wegen Vorsatzes nicht mehr im Voraus durch Rechtsgeschäft erleichtert werden. Auch verjährungsverlängernde Vereinbarungen sind in den Grenzen des § 202 II BGB jetzt möglich.) 202, Wirkung 214, Wirkung bei Gesamtschuld 425, Wirkung bei gesicherten Ansprüchen (früher § 223; neu ist die Regelung hinsichtlich der mittels Eigentumsvorbehalt gesicherten Ansprüche; insoweit wurde die frühere Rechtsprechung kodifiziert.) 216, Wirkung bei gesicherten Ansprüchen 216, Wirkung der Hemmung 209

Verjährungsbeginn bei festgestellten Ansprüchen 201, bei Mängelansprüchen, Kaufvertrag 438, regelmäßige Verjährung (Die Verjährung beginnt – anders als nach § 198 BGB a. F. – mit Fälligkeit des Anspruchs und Kenntnis des Gläubigers von den anspruchsbegründenden Umständen [relative Verjährungsfrist]) 199, andere Verjährungsfristen (Früher war der Beginn abweichender Verjährungsfristen etwa in § 201 geregelt. Die Verjährung beginnt grundsätzlich schon mit Fälligkeit des Anspruches [absolute Verjährungsfrist].) 200

Verjährungsfrist dreißigjährige 197, regelmäßige (Die regelmäßige Verjährungsfrist wird von 30 auf 3 Jahre verkürzt. Eine spezielle dreißigjährige Verjährungsfrist ist in §197 BGB geregelt.) 195, Verkürzung bei Verbrauchsgüterkauf 475, zehnjährige 196

Verkauf gemeinschaftlicher Forderungen, Bruchteilsgemeinschaft 754, freihändiger 385, aus der Insolvenzmasse 450, im Wege der Zwangsvollstreckung 450, außerhalb der Zwangsvollstreckung 450

Verkaufsprospekt Einräumung eines Rückgaberechtes 356

Verkehrssitte 242

Register

Verkürzung der Verjährungsfrist 202
Verlängerung Frist 190, des Landpachtvertrags 594, des Mietverhältnisses 542, stillschweigende V. des Dienstverhältnisses 625, stillschweigende V. eines Mietvertrages 545, der Verjährungsfrist 202
Verlangen zur Berufung einer Mitgliederversammlung 37, Versendung der Kaufsache auf V. 447
Verleiher Haftung 599
Verleihung Rechtsfähigkeit an einen Verein 22
Verletzung Datenschutz, Vereinsregister 79, einer Person, Schadensersatz 249
Verlierer einer Sache 965 ff.
Verlöbnis 1297-1302
Verlust Nachschusspflicht bei Auseinandersetzung, Gesellschaft 735, Verteilung bei Gesellschaft 721, von Zinsscheinen, Schuldverschreibung auf den Inhaber 804
Vermächtnis 1939, 2147 ff., Anfall 2176, Anfall bei Bedingung und Frist 2177, Anfall bei Ungewissheit 2178, Annahme 2180, Anordnung eines Vorrangs 2189, Anspruch auf V. 2174, Anwachsung 2158, 2159, und Aufgebot der Nachlassgläubiger 1972, Ausnahmen von Frist 2163, Ausschlagung 2180, mehrere Bedachte 2151, wahlweise Bedachte 2152, Belastung mit Grundpfandrechten 2166 ff., mehrere Beschwerte 2148, Beschwerter 2147, Beseitigung von Belastungen 2165, Bestimmung der Anteile 2153, eines lebenden Dritten 311b, an gesetzlichen Erben 2149, Ersatzvermächtnis 2190, Erstreckung auf Zubehör 2164, Fälligkeit der Leistung 2181, Fälligkeit des Untervermächtnisses 2186, Forderungsvermächtnis 2173, Frist bei Aufschiebung 2162, Früchte 2184, Gattungsvermächtnis 2155, fremde Gegenstände 2169, Gewährleistung 2182, 2183, Haftung des Hauptvermächtnisnehmers 2187, Kürzung der Beschwerungen 2188, Nachvermächtnis 2191, Nutzungen 2184, Pflichtteilsanspruch des Bedachten 2307, Pflichtteilslast bei Ausschlagung eines V. 2321, Rechtsmängel 2182, Sachmängel 2183, Schwebezeit 2179, Tragung der Pflichtteilslast 2318, Überschuldung des Nachlasses durch V. 1992, Unwürdigkeit 2345, unmögliches V. 2171, verbotenes V. 2171, Verbindung usw. der vermachten Sache 2172, gemeinschaftliches Vermächtnis 2157, Verschaffungsvermächtnis 2170, Verwendungsersatz 2185, Vorausvermächtnis 2150, Vorversterben des Bedachten 2160, Wahlvermächtnis 2154, Wegfall des Beschwerten 2161, Wiederaufleben erloschener Rechtsverhältnisse 2175, Zweckvermächtnis 2156
Vermächtnisvollstrecker 2223
Vermerk Annahme der Anweisung durch schriftlichen V. 784
Vermieterpfandrecht Abwendung durch Sicherheitsleistung 562c, Anwendung der Vorschriften auf Pfandrecht des Gastwirtes 704, Erlöschen 562a, Pfändung der belasteten Sache 562d, Umfang 562
Vermischung Erwerb von Eigentum 948
Vermittlungsmakler Maklervertrag 652
Vermögen der Gesellschaft 718, Nießbrauch an V. 1085 ff., Vertrag über künftiges/gegenwärtiges 311b
Vermögensanfall Stiftung 88
Vermögenserwerb Unterlassen, keine Schenkung 517
Vermögensherausgabe bei Beendigung der Vormundschaft 1890
Vermögenssorge 1630, 1638 ff., Fortführung von Geschäften bei Unkenntnis der Beendigung 1698a, Genehmigungspflicht bei Eingehen eines Erwerbsgeschäfts 1645, genehmigungspflichtige Rechtsgeschäfte 1643, Schenkungsverbot 1641, Überlassung von Vermögen an das Kind 1644, Vermögensherausgabe bei Beendigung 1698, Verpflichtung zur Geldanlage 1642
Vermögensübernahme Vertrag zugunsten Dritter 330
Vermögensverwaltung durch Ehegatten 1422 ff., bei Vormundschaft 1803, Widerruf der Überlassung an Ehegatten 1413
Vermögensverzeichnis des Kindes bei Wiederheirat 1683, über Vermögen des Kindes 1640, bei Vormundschaft 1802
Vermutung bei Auslegung von Testamenten 2066 ff., Gesetzliche V. der Richtigkeit des Grundbuches 891
Vernichtung Widerruf eines Testaments durch V. 2255
Verpächterpfandrecht Landpachtvertrag 592
Verpfändung 1204 ff., 1273 ff., an Nichtberechtigten 1207, als Sicherheitsleistung 232
Verpflichtung gemeinschaftliche vertragliche 427
Verpflichtungsbefugnis des Testamentsvollstreckers 2206 f.
Verrichtungen der verfassungsmäßig berufenen Vertreter 31
Versammlung der Mitglieder 32

Verschaffung des Werkes frei von Mängeln 633
Verschaffungsvermächtnis 2170
Verschlechterung vor Ausübung des Wiederkaufsrechtes 457, Gefahrübergang bei Kauf 445, bei Inventarübernahme zum Schätzwert 582a, der Leihsache 602, der Mietsache durch vertragsgemäßen Gebrauch 538, in den Vermögensverhältnissen des Darlehensnehmers (In § 490 geht der bisherige § 610 BGB a. F. auf. Kündigungsrecht statt Widerrufsrecht, Kündigungsmöglichkeit auch nach Valutierung und schon bei unmittelbar bevorstehender Vermögensverschlechterung.) 490, Wertersatz bei Rücktritt 346
Verschulden des Dritten bei Untermiete 540, eigenes 276, Gefahr 228, verschuldensunabhängige Haftung bei Überweisungsvertrag 676b, Haftungsausschluss in Allgemeinen Geschäftsbedingungen 309, der Liquidatoren 53, während der Schwebezeit, Bedingung 160, bei der Übertragung eines Auftrages 664, des Vorstandes bei Insolvenz 42, bei Wiederkauf 457
Verschweigen arglistiges, Verjährung von Mängelansprüchen 438, des Mangels einer Kaufsache 442, arglistiges V. bei Pfandverkauf 445, arglistiges V. eines Mangels der Mietsache 536b, 536d, arglistiges V. eines Sachmangels bei Schenkung 524, arglistiges V. eines Werkmangels, Verjährung 634a
Versendung Kosten 448, Kostenübernahme 269, des Werkes, Gefahrtragung 644
Versendungskauf Gefahrübergang 447
Versetzung Kündigungsrecht Pachtvertrag 584a
Versicherung eidesstattliche, Abgabe 261, eidesstattliche, bei Rechenschaftspflicht 259, eidesstattliche bei Herausgabepflicht 260, gegen Insolvenz des Reiseveranstalters 651k
Versicherungspflicht des Nießbrauchers 1045, 1046
Versicherungsvertrag als Haustürgeschäft 312, Laufzeit in Allgemeinen Geschäftsbedingungen 309
Versorgungsansprüche Wertausgleich zwischen geschiedenen Ehegatten 1587a-1587e
Versorgungsausgleich Abfindung künftiger Ausgleichsansprüche 1587l, Abtretung von Versorgungsansprüchen 1587i, Anwartschaften und Aussichten auf Versorgungsansprüche 1587a ff., Auskunftspflicht 1587e, Ausschluss bei Anwartschaften 1587c, Ausschluss des Anspruchs bei schuldrechtlichem V. 1587h, zwischen geschiedenen Ehegatten 1587, Erlöschen des Anspruchs bei schuldrechtlichem V. 1587k, Erlöschen des Ausgleichsanspruchs 1587e, Ruhen der Verpflichtung 1587d, Schutz des Versorgungsschuldners 1587p, Tod des Berechtigten 1587m, schuldrechtlicher V. 1587f ff., Vereinbarungen über den Ausgleich 1587o, Voraussetzungen des schuldrechtlichen V. 1587f
Versorgungsunternehmen Allgemeine Geschäftsbedingungen 310
Verspätung der Annahme 149, 150, Entschädigung des Vermieters bei verspäteter Rückgabe 546a
Versteigerung Androhung 383, von Fundsachen 979-982, Kosten 386, von Pfand 1220 1235 ff., hinterlegungsunfähiger Sachen 383, Vertragsschluss 156
Versteigerungen öffentliche, Haftungsbegrenzungen 445
Versteigerungserlös von Fundsachen 981
Verstoß gegen geschlechtsbezogenes Benachteiligungsverbot, Dienstvertrag 611a, gegen die guten Sitten 138, gegen ein gesetzliches Verbot 134
Verteidigung Notwehr 227
Verteilung des Überschusses bei Auseinandersetzung 734
Vertiefung eines Grundstücks 909
Vertrag 145-157, Abwicklung, in Allgemeinen Geschäftsbedingungen 308, Anpassung und Beendigung 313 ff., Antrag 145, Auslegung 157, Bestätigung eines nichtigen 141, zugunsten Dritter 328, Einbeziehung Allgemeiner Geschäftsbedingungen 305 ff., Erbvertrag 1941, gegenseitiger 320 ff., im elektronischen Geschäftsverkehr 312e, mit Minderjährigem 106 ff., öffentlich-rechtlicher 79, über künftiges und gegenwärtiges Vermögen 311b, verbundene Verträge 358, Wirksamkeit bei fehlender Vertretungsmacht 177, Zustandekommen bei Versteigerung 156
Vertragschluss Dissens 154, 155, bei Versteigerung 156, ohne Vertretungsmacht 177 ff.
Vertragspartner Wechsel in Allgemeinen Geschäftsbedingungen 309
Vertragsschluss Draufgabe 336, ohne Einwilligung 107, Kenntnis des Mangels bei V. 536b, Leistungshindernis bei V. 311a

Vertragssprache bei Teilzeit-Wohnrechtevertrag 483
Vertragsstrafe 339-345, in Allgemeinen Geschäftsbedingungen 309, Unwirksamkeit bei Wohnraummietvertrag 555
Vertragsübertragung Reisevertrag 651b
Vertragsverhandlungen Aufnahme, Entstehung eines Schuldverhältnisses 311
Vertrauensschutz durch Vereinsregister 68
Vertrauensstellung fristlose Kündigung des Dienstverhältnisses 627
Vertretenmüssen während des Annahmeverzugs 300, Berücksichtigung bei Leistungshindernis, Unmöglichkeit 275, des Gläubigers bei Ausschluss der Leistungspflicht 326, Verzug 286, Vorsatz und Fahrlässigkeit 276
Vertreter besondere 30, beschränkte Geschäftsfähigkeit 165, verfassungsmäßig berufener 31
Vertretung 164-181, Ausschluss bei Errichtung eines Testaments 2065, durch beschränkt Geschäftsfähigen 165, des Vereins 26, ohne Vertretungsmacht 177-180
Vertretungsmacht 164, Ausschluss bei Vormundschaft 1795, Beschränkung der V. des Vereinsvorstandes 70, Entziehung 1796, Entziehung, Gesellschaft 715, Gesellschaft 714, Vertreter ohne V. 177
Vertriebsformen besondere 312-312f
Vertriebssystem Fernabsatz 312b
Verunstaltung der Urkunde, Schuldverschreibung auf den Inhaber 798
Verwahrer Haftung bei unentgeltlicher Verwahrung 690, Rücknahmeanspruch 696
Verwahrung 688-700, Änderung der Aufbewahrung 692, vertragstypische Pflichten 688, eines eigenhändigen Testaments 2248, unentgeltliche, Haftung des Verwahrers 690, unregelmäßige 700, Vergütung 689
Verwahrungspflicht des Finders 966
Verwahrungsvertrag unregelmäßiger 700
Verwalter des Gesamtgutes bei Gütergemeinschaft 1422 ff.
Verwaltung Sitz des Vereins 24, gemeinschaftliche V. bei Bruchteilsgemeinschaft 744
Verwandte Auslegung von Testamenten 2067
Verwandtschaft 1307, 1589 ff., Begriff 1589, Einfluss des Güterstandes auf Unterhaltspflicht eines Verwandten 1604, gesetzliche Erben 1927, Mutter 1591, Unterhaltsberechtigter 1602, Unterhaltspflicht 1601 ff., Vater 1592 ff., Voraussetzungen der Unterhaltspflicht 1603

Verweigerung der Abnahme, Werkvertrag 640, Anfertigung einer Beschreibung der Pachtsache 585b, der Erfüllung wegen Notbedarfs 519, der Erlaubnis zur Untervermietung 540, der Genehmigung bei Kauf durch ausgeschlossene 451, Genehmigung bei Schuldübernahme 415, 416, der Kaufpreiszahlung 438, der Leistung oder der Annahme bei Anweisung (1) 789, der gewählten Nacherfüllung 439, der Nacherfüllung bei Werkvertrag 635, der Vollziehung einer Auflage 526, der Zustimmung 182
Verwender von Allgemeinen Geschäftsbedingungen 305
Verwendung von hinterlegtem Geld, Verzinsung 699, der Kaufsache 434, der Kaufsache, Sachmangel 434
Verwendungen Erlöschen des Anspruchs 1002, Erlöschen des Anspruchs auf Ersatz von V. 1002, Ersatz 994 ff., Ersatz bei Leihe 601, Ersatz bei Wiederkauf 459, Ersatz nach Rücktritt 347, Ersatz von notwendigen V. 994, Ersatz von nützlichen V. 996, Ersatz von V. bei Erbschaftsanspruch 2022, Ersatzanspruch des zu Herausgabe einer entzogenen Sache Verpflichteten 850, Haftung bei Herausgabepflicht 292, Klage auf Ersatz von V. 1001, Klage auf Ersatz von Verwendungsersatz 1001, notwendige V. des Pächters, Landpachtvertrag 590b, wertverbessernde, Landpachtvertrag 591, Zurückbehaltungsrecht 273
Verwendungsersatz des Beschwerten bei Vermächtnis 2185, bei Erbschaftskauf 2381, des Nießbrauchers 1049, des Vorerben 2125
Verwendungszweck Mitteilung bei Überweisung 676a
Verwertungspflicht des Gläubigers, Bürgschaft 772
Verwirkung des Maklerlohnanspruches 654, der Vertragsstrafe 339
Verwirkungsklausel 354
Verzeichnis des Anfangsvermögens bei Zugewinngemeinschaft 1377, bei Nießbrauch an Inbegriff von Sachen 1035
Verzeihung 2337, Ausschluss der Anfechtung 2343
Verzicht auf die Annahmeerklärung 151, auf Einrede der Vorausklage 773, auf Einwendungen bei Verbraucherdarlehensvertrag 496, des Hauptschuldners auf Einrede, Bürgschaft 768, auf Kündigungsrecht bei Auftrag 671, Rücknahmerecht bei Hinterle-

Register

gung 376, Schenkung 517, auf den Widerruf der Auslobung 658, auf Widerrufsrecht 533
Verzinsung von Aufwendungen 256, von hinterlegtem Geld bei Verwendung 698, des verwendeten Geldes bei Auftrag 668, des Überweisungsbetrages bei Verspätung 676b, Wegfall bei Annahmeverzug 301
Verzögerung der Leistung (Der Anspruch auf Ersatz des Verzögerungsschadens ergibt sich aus §§ 280 I, II, 286 BGB) 280
Verzug mit der Beseitigung des Mangels der Mietsache 536a, Gesamtfälligstellung bei Teilzahlungsdarlehen 498, des Gläubigers 293 ff., mit der Miete, Kündigung aus wichtigem Grund 542, mit dem Pachtzins, Kündigung aus wichtigem Grund 594e, Schadensersatzanspruch (Der Anspruch auf Ersatz des Verzögerungsschadens ergibt sich aus §§ 280 I, II, 286 BGB. Der Anspruch auf Ersatz des Nichterfüllungsschadens [§ 286 II BGB a. F.] folgt aus §§ 280 I, III, 281 BGB.) 280 f., 286, des Schuldners (der Tatbestand des § 286 BGB [§ 284 a. F.] ist weiter gefasst als bisher, insbesondere macht auch schon die bloße Berechenbarkeit nach dem Kalender die Mahnung entbehrlich.) 286, Verantwortlichkeit während des V. 287, Verwirkung der Vertragsstrafe 339, der Wahlberechtigten, Wahlschuld 264, Wirkung bei Gesamtschuld 425, Zinsen (Die Vorschrift über die Verzugszinsen wurde neu gefasst und inhaltlich modifiziert. Beachtlich ist die Sonderregelung für Verbrauchergeschäfte.) 288, durch Zugang einer Rechnung (Der bisher missverständliche § 284 III BGB a. F. wird korrigiert. Der Schuldner kommt nach § 286 III BGB spätestens 30 Tage nach Fälligkeit und Rechnungszugang in Verzug.) 286
Verzugszinsen bei Hypothek 1146, keine V. bei Schenkung 522, bei Verbraucherdarlehensvertrag 497
Viehkauf (Sonderregelungen aufgehoben, es gilt normales Kaufgewährleistungsrecht) 434 ff.
Vindikationszession 931
Vollendung Abnahme des Werkes 646, der Geburt 1
Volljährigkeit 2
Vollmacht 164-181, Erlöschen 168, Erteilung 167, Form 167, bei einseitigem Rechtsgeschäft 174, Wissenszurechnung 166
Vollmachtsurkunde 172, Kraftloserklärung 176, Rückgabe 175

Vollstrecker siehe Testamentvollstrecker 2198
Vollstreckungshandlung Neubeginn der Verjährung 212
Vollstreckungspflicht des Gläubigers, Bürgschaft 772
Vollstreckungstitel Teilleistungen bei Verbraucherdarlehensvertrag 497
Vollziehung einer Auflage bei Schenkung 525
Vorausempfänge Anrechnung bei Zugewinnausgleich 1380
Vorausklage Ausschluss der Einrede 773, Einrede bei Bürgschaft auf Zeit 777, Einrede, bei Sicherheitsleistung 239, Einrede, Bürgschaft 771
Voraussetzungen Aufrechnung 387
Vorausverfügung über die Miete bei Veräußerung der vermieteten Sache 566b
Vorausvermächtnis 2150
Vorauszahlung auf Betriebskosten 556, der Leibrente 760
Vorbehalt geheimer 116, Recht des Wiederkaufs 456
Vorbehaltsgut bei Gütergemeinschaft 1418, 1462, bei fortgesetzter Gütergemeinschaft 1486
Vorbehaltung der Rechte bei Annahme der Mietsache 536b
Voreintragung des Verpflichteten 895
Vorenthaltung der Mietsache, Entschädigung des Vermieters 546a
Vorerbe gewöhnliche Abnutzung 2132, Befreiung 2136, gesetzliche Erben als V. 2105, Erbschein 2363, übermäßige Fruchtziehung 2133, Haftung 2131 ff., 2145, kinderloser V. 2107, unwirksame Verfügungen 2113, Verfügungen über dingliche Rechte 2114, Verfügungsrecht 2112, eigennützige Verwendung 2134, und Wertpapiere 2116
Vorfälligkeitsentschädigung (Die Rechtsprechung des BGH zur Vorfälligkeitsentschädigung wird – rechtstechnisch verändert – gesetzlich kodifiziert.) 490
Vorkauf 463-473, Mehrheit von Berechtigten 472
Vorkaufsrecht 1094-1104, Ausschluss bei Zwangsvollstreckung und Insolvenz 471, Ausübung 463 f, Bindung an den Eigentümer 1103, des Mieters nach Begründung von Wohnungseigentum 577, der Miterben 2034, 2035, Wirkung 1098
Vorlage der Vollmachtsurkunde durch Vertreter 172

Register

Vorlegung Frist bei Schuldverschreibung auf den Inhaber 801, von Sachen 809-811, der Urkunde bei Abtretung 405

Vorlegungsort Vorlegung von Sachen 811

Vormerkung 883-888, Anspruch des Vormerkungsberechtigten 888, Aufgebot des Vormerkungsgläubigers 887, Beseitigungsanspruch 886, Eintragung 885, Haftung des Erben 884, Wesen und Wirkung 883

Vormerkungsberechtigter Anspruch des V. 888

Vormund Genehmigung eines Arbeitsverhältnisses 113, siehe Vormundschaft

Vormundschaft 1773 ff., Ablehnung der Übernahme 1786, allgemeine Ermächtigung des Vormundes 1825, Anhörung des Gegenvormundes 1826, Anordnung durch Familiengericht 1697, Anordnung von Amts wegen 1774, Aufgaben des Vormundes 1793, Aufwandsentschädigung 1835a, Aufwendungsersatz 1835, Auskunftspflicht des Vormundes 1839, Ausschließung eines Gegenvormundes 1852, Ausschließung eines Vormundes durch die Eltern 1782, Auswahl des Vormundes durch Vormundschaftsgericht 1779, Beamter oder Religionsdiener als Vormund 1784, Beendigung 1882 ff., Beendigung durch Entlassung 1886 ff., Beendigung durch Tod des Mündels 1884, Befreiung von Beschränkungen der Vermögensvorsorge 1817, Befreiung von Pflichten des Vormundes 1853 ff., Benennungsrecht der Eltern 1776, Berichterstattung 1839, Beschränkung der Vertretungsmacht 1795, Beschränkung durch Pflegschaft 1794, Bestallungsurkunde 1791, Bestellung 1789, Bestellung unter Vorbehalt 1790, Bestellung von Mitvormündern 1775, Eheschließung des Vormundes 1845, Entlassung auf eigenen Antrag 1889, Entziehung der Vertretungsmacht 1796, bei Erbanfall 1960 ff., Erwerbsgeschäft 1823, religiöse Erziehung 1801, Folgen unbegründeter Ablehnung 1787, Führung der V. 1793 ff., Gegenvormund 1792, Genehmigung durch Gegenvormund 1832, Genehmigung durch Vormundschaftsgericht 1828 f., genehmigungsfreie Geschäfte 1813, Geschäftsfortführung nach Beendigung 1893, Grundstücksgeschäfte 1821, Haftung des Vormundes 1833, Hinterlegungspflicht 1818 f., Jugendamt als Vormund 1791b f., Meinungsverschiedenheiten 1798, Mittellosigkeit des Mündels 1836d, Rechnungslegung 1840, Rechnungslegung bei Beendigung 1890, Rechnungsprüfung bei Beendigung 1892, genehmigungspflichtige Rechtsgeschäfte 1821 ff., einseitige Rechtsgeschäfte des Vormundes 1831, Schenkungen des Vormundes 1804, Übergehen des benannten Vormundes 1778, Überlassung von Gegenständen an den Mündel 1824, Übernahmepflicht 1785, Unfähigkeit 1780, Untauglichkeit 1781, eines Vereins 1791a, Vergütung 1836 ff., Vermögensherausgabe bei Beendigung 1890, Vermögensverwaltung 1803 ff., Vermögensverwendung 1805, Vermögensverzeichnis 1802, Verwalter des Gesamtgutes unter V. 1436, Verzinsungspflicht 1834, Voraussetzungen 1773, Voraussetzungen des Benennungsrechts 1777, mehrere Vormünder 1797, Wertpapiere, Forderungen, Inhaberpapiere 1812 ff., Widerrufsrecht bei Geschäften des Vormundes 1830, Zwangsgeld zur Übernahme 1788

Vormundschaftsgericht Anhörung von Verwandten 1847, Beratung und Aufsicht 1837, Bestellung eines Betreuers 1896, Einwilligungsvorbehalt bei Betreuung 1903, Entscheidung über Kindesannahme 1752, siehe auch Familiengericht, Nachlassgericht, Genehmigung der Mietwohnungskündigung bei Betreuung 1907, Genehmigung des Erbverzichts 2347, Genehmigung, Erwerbsgeschäft eines Minderjährigen 112, Genehmigung von Geschäften des Vormundes 1821 ff., Maßregelungen 1846, Mitteilung über Inventarfrist 1999, Mitteilungspflicht 1851, Nachlasspflegschaft 1962, Rechnungsprüfung 1843

Vornahme mehrfache V. bei Auslobung 659

Vorrang Anordnung eines V. bei Vermächtnis 2189

Vorsatz des Schuldners 276

Vorschriften nachgiebige 40

Vorschuss Selbstvornahme bei Mangelhaftigkeit des Werkes 637

Vorschusspflicht des Auftraggebers 669

Vorsitz Anordnung über den 37

Vorstand Änderung des 67, Bestellung des 27, Geschäftsführung des 27, Kenntnis von der Änderung des 68, Mitglieder des V., Verein 64

Vorteil rechtlicher 107

Vorteilsanrechnung bei persönlicher Verhinderung des Mieters 537

Register

Vorzugsrecht Aufgabe durch den Gläubiger, Bürgschaft 776, Erlöschen bei Schuldübernahme 418, Übergang bei Abtretung 401
Währung ausländische, Geldschuld 244
Wahlrecht Ausübung, Wirkung 263, bei Wahlschuld 262
Wahlschuld 262, Ausübung, Wirkung des Wahlrechtes 263, Unmöglichkeit einer Leistung 265, Verzug des Wahlberechtigten 264
Wahlvermächtnis 2154
Wald Nießbrauch an W. 1038
Wandelung bei Mangelhaftigkeit der Kaufsache (jetzt Rücktritt, der Rücktritt ist ein Gestaltungsrecht, der Streit um Wandelungstheorien hat sich damit erledigt; beachte Vorrang der Nacherfüllung) 437, bei Mangelhaftigkeit des Werkes (jetzt Rücktritt) 634
Waren Differenzgeschäft 764
Warenautomaten Fernabsatz 312b
Warenlager verbrauchbare Sache 92
Warenlieferung Fernabsatz 312b ff.
Wechsel der Vertragsparteien bei Mietvertrag 563
Wechselverbot bei Verbraucherdarlehensvertrag 496
Wegfall der Verzinsung bei Annahmeverzug 301
Wegfall der Geschäftsgrundlage (erstmals kodifiziert, vorher richterrechtliches Rechtsinstitut) 313
Wegnahme Selbsthilfe 229
Wegnahmerecht 258, 997, Abwendung bei Mietverhältnis über Wohnraum 552, im Eigentümer-Besitzer-Verhältnis 994-996, des Entleihers 601, des Mieters 539, des Pächters, Landpachtvertrag 591a, Verjährung bei Miete 548, des Vorerben 2125, bei Wiederkauf 459
Wehrdienst 9
Wehrpflicht 9
Weisung Abweichung bei Auftrag 665, geschlechtsbezogenes Benachteiligungsverbot, Dienstvertrag 611a, fehlerhafte, Zahlungsvertrag 676e, Handeln des Vertreters auf 166
Weiterveräußerung der Mietsache durch den Erwerber 567b
Weitervermietung gewerbliche 565
Werbung bei Abschluss von Teilzeit-Wohnrechteverträgen 482, Äußerungen, Sachmangel 434, bei Garantie (In § 443 BGB wird die Rechtsprechung zur unselbständigen Garantie teilweise normiert.) 443

Werklieferungsvertrag (Die Regelung ist stark vereinfacht. Auf den Werklieferungsvertrag über bewegliche Sachen ist nur noch Kaufrecht anwendbar.) 651
Werkvertrag 631-651, als Geschäftsbesorgungsvertrag 675, Kündigungsrecht des Bestellers 649, vertragstypische Pflichten 631, Sach- und Rechtsmängelhaftung 633, Sicherungshypothek des Bauunternehmers 648, Unternehmerpfandrecht 647
Werkwohnungen Fristen der ordentlichen Kündigung 576
Wertausgleich von Anwartschaften zwischen geschiedenen Ehegatten 1587a–1587e
Wertermittlung bei Zugewinngemeinschaft 1376
Wertersatz bei Rücktritt 346, Verzinsung 290
Wertminderung Ersatz bei Widerruf und Rückgabe 357
Wertpapiere Darlehensvertrag zum Zwecke des Erwerbs 491, Differenzgeschäft 764, Hinterlegung 233, 234, 372, Hinterlegung, unregelmäßige Verwahrung 700, Verfügung über W. durch Vormund 1812
Wertsachen Beschränkung der Haftung des Gastwirtes 702
Wesentlicher Bestandteil eines Grundstückes 946, einer beweglichen Sache 947, Wegnamerecht des Besitzers 997
Wette siehe Spiel und Wette 762 ff.
Wichtiger Grund Kündigung des Auftrages 671, Kündigung eines Dauerschuldverhältnisses aus wichtigem Grund (Kündbarkeit von Dauerschuldverhältnissen aus wichtigem Grund war bisher ein anerkannter Rechtsgrundsatz (Gesamtanalogie zu §§ 554a, 626, 723 BGB), der nunmehr kodifiziert wurde) 314
Widerruf der Anweisung 790, des Auftrags durch Auftraggeber 671, der Auslobung 658, Einwilligung 182, des Geschäftsgegners bei Geschäften des Vormundes 1830, Rechtsfolgen 357, der Schenkung 530, der Schenkung, Ausschluss 532, Stiftungsgeschäft 81, des anderen Teils bei Minderjährigkeit 109, eines Testaments 2253 ff., wechselseitiger Verfügungen 2271, bei Vertretung ohne Vertretungsmacht 178, einer Willenserklärung 130
Widerruflichkeit der Bestellung 27
Widerrufsfrist bei Fernabsatzverträgen 312d
Widerrufsrecht bei Fernabsatzverträgen 312d, Frist (Durch § 355 III BGB werden die Fristen, die in den verschiedenen Verbraucherschutzgesetzen unterschiedlich waren,

Register

vereinheitlicht [sechs Monate nach Vertragsschluss]) 355, bei Haustürgeschäften 312, bei Teilzeit-Wohnrechtevertrag 485, bei Verbraucherdarlehensvertrag 495, bei Verbraucherverträgen 355, Verzicht bei Schenkung 533

Widerspruch Betriebsüberlassung, bei Berufsunfähigkeit, Landpachtvertrag 594c, bei Darlehensbuchhypothek 1139, gegen Eintritt Dritter in den Reisevertrag 651b, gegen Kündigung nach Tod des Landpächters 594d, des Mieters bei Kündigung 574, gegen Richtigkeit des Grundbuchs 899, stillschweigende Verlängerung des Dienstverhältnisses 625, des Vermieters bei Vermieterpfandrecht 562a, zu wirklichem oder mutmaßlichem Willen bei ohne Auftrag 678

Widerspruchsfrist nach Kündigung des Mietverhältnisses 574b

Widerspruchsrecht Besonderheiten bei Werkwohnungen 576a, Geschäftsführung in der Gesellschaft 711

Widerstand Selbsthilfe 229

Wiederkauf 456 ff, zum Schätzungswert 460

Wiederkaufsrecht bei mehreren Berechtigten 461

Wiederverheiratung im Fall der Todeserklärung 1319 f.

Wille Auslegung 133, des Geschäftsherrn bei Geschäftsführung ohne Auftrag 677

Willenserklärung 116-144, Abgabe 130, Abgabe gegenüber Verein 28, Auslegung 133, 157, Entfallen der Bindung durch Widerruf 355, gegenüber beschränkt Geschäftsfähigem 130, gegenüber Geschäftsunfähige 130, Minderjährige 106 ff., Nichtigkeit 105, falsche Übermittlung 120, bei Vertretung 164, geheimer Vorbehalt 116, Wirksamwerden unter Abwesenden 129

Willensmangel bei Vertretung 166

Wirksamkeit Veräußerungsverbot 137, von Verfügungsbeschränkungen über Inventar 583a, des Vertrages bei fehlender Vertretungsmacht 177, des Vertrages bei Minderjährigkeit 106 ff., Vorausverfügung über die Miete 566b, Widerruf der Auslobung 658, einer Willenserklärung 130

Wirkung der Anfechtung 142, der Aufrechnung 389, Bedingung 158, der Erfüllung bei Gesamtschuld 422, Erlass bei Gesamtschuld 424, der Hinterlegung bei ausgeschlossener Rücknahme 378, anderer Tatsachen bei Gesamtschuld 425, von Veränderungen bei Gesamtgläubigerschaft 429, der Verjährung bei gesicherten Ansprüchen (früher § 223; neu ist die Regelung hinsichtlich der mittels Eigentumsvorbehalt gesicherten Ansprüche; insoweit wurde die frühere Rechtsprechung kodifiziert) 216, der Vertretung 164

Wirkungsdauer der Vollmacht 170, 171

Wirtschaftlichkeit Grundsatz bei Abrechnung der Betriebskosten 556

Wirtschaftsplan 1038

Wissenszurechnung bei Vertretung 166

Wohlfahrtspflege Wohnungen, Vorschriften über Mieterhöhung und Mieterschutz 549

Wohngebäude Teilzeit-Wohnrechtevertrag 481

Wohnraum Belastung durch den Vermieter 567, Erstattung von im Voraus entrichteter Miete 547, Vorkaufsrecht des Mieters nach Begründung von Wohnungseigentum 577

Wohnraummiete Mietminderung 536

Wohnraummietvertrag 549-570b, Abwendung des Wegnahmerechtes 552, Form 550, Indexmiete 557b, behindertengerechte Nutzung 554a, Staffelmiete 557a, Studenten- oder Jugendwohnheim 549, Untervermietung 553, für längere Zeit als ein Jahr 550

Wohnsitz Begründung und Aufhebung 7, nicht voll Geschäftsfähiger 8, Geschäftsunfähiger 8, des Kindes 11, an mehreren Orten 7, eines Soldaten 9

Wohnungseigentum Bildung an vermieteten Wohnungen 577

Wohnungsrecht 1093

Wohnungsumwandlung Kündigungsbeschränkung 577a

Wohnzwecke Teilzeit-Wohnrechtevertrag 481

Wucher 138

Würdigkeit der Bewerber bei Preisausschreiben 661

Zahlung des Darlehensentgeltes, Sachdarlehensvertrag 607, des Kaufpreises 433, des Kaufpreises, Eigentumsvorbehalt 449, vorzeitige Z. bei Teilzahlungsgeschäft 504

Zahlungsaufschub zwischen Verbraucher und Unternehmer 499

Zahlungskarte Missbrauch 676h

Zahlungsort 270, bei Grundschuld 1194, Umrechnung von Kurswerten 244

Zahlungssperre Schuldverschreibung auf den Inhaber 802

Zahlungsunfähigkeit Pflichten des Vereinsvorstandes bei 42, des Reiseveranstalters 651k

Register

Zahlungsverkehrssystem Kündigung des Zahlungsvertrages 676d, Kündigung eines Überweisungsvertrages 676a

Zahlungsvertrag 676d, vertragstypische Pflichten 676d

Zeitbestimmung Aufrechnungserklärung 388, vgl. Befristung

Zeitmietvertrag 575

Zeitraum Berechnung 191

Zerrüttungsprinzip 1565

Zerstörung von bei Gastwirten eingebrachten Sachen 701, Selbsthilfe 229

Zeugen drei Z. bei Nottestament 2250

Zeugnis des Amtsgerichtes über die Eintragung 69, über Fortsetzung der Gütergemeinschaft 1507, Testamentsvollstrecker 2368

Zeugniserteilung Pflicht bei Dienstvertrag 630

Zinsanteilscheine Schuldverschreibung auf den Inhaber 799

Zinsen Abzug von Zwischenzinsen 272, bei Darlehen 488, für Ersatzsumme einer entzogenen Sache 849, Erstreckung auf Z. bei Pfandrecht an Rechten 1289, bei Hinterlegung 379, Pflicht zur Verzinsung bei Vormundschaft 1834, Prozess 291, Rückabwicklung eines verbundenen Darlehensvertrages 358, Tilgungsreihenfolge 367, Verzinsung von Aufwendungen 256, Verzug (Die Vorschrift über die Verzugszinsen wurde neu gefasst und inhaltlich modifiziert. Beachtlich ist die Sonderregelung für Verbrauchergeschäfte.) 288, Verzug bei Verbraucherdarlehensvertrag 497, Wegfall bei Annahmeverzug 301, bei Wertersatzpflicht 290, Zinseszins 289

Zinseszinsen 248, 289

Zinssatz fester, Kündigungsrecht 489, gesetzlicher 246

Zinsscheine bei Erlöschen der Hauptforderung, Schuldverschreibung auf den Inhaber 803, Verlust, Schuldverschreibung auf den Inhaber 804

Zinszahlung Neubeginn der Verjährung 212

Zubehör 97, Erstreckung auf 311c, Erstreckung auf Z. bei Grundstücksveräußerung 926, Erstreckung auf Z. bei Hypothek 1120, Erstreckung auf Z. bei Nießbrauch 1031, Erstreckung auf Z. bei Vermächtnis 2164, Erstreckung auf Z. beim Vorkaufsrecht 1096, bei Wiederkauf 457

Züchtigung Verbot der Z. 1631

Zufall Haftung bei zufälligem Untergang einer entzogenen Sache 848, Haftung während des Verzugs 287

Zuführung unwägbarer Stoffe 906

Zug um Zug Leistung bei Hinterlegung 373, Verurteilung zur Leistung 321

Zugang Erklärungen im elektronischen Geschäftsverkehr 312e, Fiktion, in Allgemeinen Geschäftsbedingungen 308, einer Rechnung, Verzug (Der bisher missverständliche § 284 III BGB a. F. wird korrigiert. Der Schuldner kommt nach § 286 III BGB spätestens 30 Tage nach Fälligkeit und Rechnungszugang in Verzug.) 286, einer Willenserklärung 130, Willenserklärung beschränkt Geschäftsfähiger 130, verspäteter Z. der Annahmeerklärung 149

Zugesicherte Eigenschaft Mietminderung 536

Zugewinn 1363-1390, Ausgleich 1371-1390, Begriff 1373

Zugewinnausgleich Ansprüche gegen Dritte 1390, Auskunftspflicht 1379, Berechnungszeitpunkt bei Scheidung 1384, Berechnungszeitpunkt bei vorzeitigem Ausgleich 1387, Eintritt der Gütertrennung 1388, in anderen Fällen 1372-1390, Leistungsverweigerungsrecht 1381, bei Scheidung 1384, Stundung 1382, im Todesfall 1371, vorzeitiger Z. bei Getrenntlebenden 1385, vorzeitiger Z. in sonstigen Fällen 1386

Zugewinngemeinschaft 1363 ff., Beendigung durch Tod 1371, Beendigung in anderen Fällen 1372-1390

Zumutbarkeit Störung der Geschäftsgrundlage 313

Zurechnung des Wissens bei Vertretung 166

Zurückbehaltungsrecht 273, des Besitzers 1000, des Finders 972, wegen zu viel gezahlter Miete 556b, gegen Rückgabeanspruch des Vermieters 570, trotz Verjährung (§ 215 BGB übernimmt den Regelungsinhalt des § 390 S. 2 BGB a. F. und dehnt den Anwendungsbereich auf das Bestehen eines Zurückbehaltungsrechtes aus.) 215, Verwertungspflicht bei Bürgschaft 772, an Vollmachtsurkunde 175, Wirkung 274, kein Z. an Pachtsache, Landpachtvertrag 596

Zurückweisung der Anmeldung des Vereins 60, der Mängelansprüche bei Reisevertrag 651g, des Rechts bei Vertrag zugunsten Dritter 333, einseitiges Rechtsgeschäft 111, einseitiges Rechtsgeschäft bei Vertretung 174, einseitiges Rechtsgeschäft, Minder-

Register

jähriger 111, des Rücktritts bei Reugeld 353

Zusatzpflichtteil 2305

Zuschlag Versteigerung 156

Zuschreibung Erstreckung der Hypothek 1131, bei Grundstücken 890

Zusicherung einer Eigenschaft bei Reisevertrag 651c, einer Eigenschaft, Kaufvertrag (Zusicherung kommt der Übernahme einer Garantie i. S. d. § 276 gleich; daher auch weiterhin verschuldensunabhängiger Schadensersatzanspruch aus §§ 440, 280, 281, 276 BGB [früher § 463 BGB a. F.]) 276

Zuständigkeit bei Entziehung der Rechtsfähigkeit 44, Kraftloserklärung der Vollmachtsurkunde 176

Zustellung Ersatz des Zugehens einer Willenserklärung 132, bei Unkenntnis 132

Zustimmung aller Gesellschafter bei Geschäftsführungsmaßnahmen 709, bei Kauf durch ausgeschlossenen Käufer 451, Mangel der Vertretungsmacht 179, zu Mieterhöhungen 558b, der Mitglieder zu dem Beschluss 32, der nicht erschienenen Mitglieder zur Satzungsänderung 33, Rechtsgeschäft 182, zur Rücknahme der Abtretungsanzeige 409, zur Rücknahme der Mitteilung 566e, des gesetzlichen Vertreters 110

Zuteilung Gewährleistung bei Z. an einen Teilhaber 757

Zuwendung Anrechnung auf Pflichtteil 2315, Selbständigkeit im Verhältnis zur Auflage 2195, unentgeltliche, Schenkung 516, Verzicht auf Z. 2352

Zuweniglieferung Sachmangel, Kaufvertrag (Die Mankolieferung wird nunmehr von Gesetzes wegen als mangelhafte Leistung behandelt, unterliegt also der Sachmängelhaftung, § 434 III BGB.) 434

Zwangsgeld Festsetzung 78, zur Übernahme der Vormundschaft 1788

Zwangsversteigerung Aufhebung der Bruchteilsgemeinschaft 753

Zwangsvollstreckung Ausschluss bei Nachlassverwaltung 1984, Ausschluss des Vorkaufsrechtes 471, Befriedigung durch Z. bei Hypothek 1147, bei Pfandrecht an Rechten 1277, bei bedingtem Rechtsgeschäft 161

Zweck gemeinsamer, Gesellschaft 705

Zweckbestimmung Aufhebung und Änderung 87

Zweckerreichung Auflösung der Gesellschaft 726

Zweckvermächtnis 2156

Zwischenverfügungen 161

Zwischenzinsen 272